Anton Mayer

Wiens Buchdruckergeschichte

1482-1882

Anton Mayer

Wiens Buchdruckergeschichte
1482-1882

ISBN/EAN: 9783743430884

Hergestellt in Europa, USA, Kanada, Australien, Japan

Cover: Foto ©ninafisch / pixelio.de

Weitere Bücher finden Sie auf **www.hansebooks.com**

WIENS

BUCHDRUCKER-GESCHICHTE

1482–1882

HERAUSGEGEBEN VON DEN BUCHDRUCKERN WIENS

VERFASST VON

DR. ANTON MAYER

CUSTOS DES NIEDER-ÖSTERREICHISCHEN LANDES-ARCHIVES UND DER BIBLIOTHEK, SECRETÄR UND AUSSCHUSS DES VEREINES FÜR LANDESKUNDE VON NIEDER-ÖSTERREICH, REDACTEUR DER BLÄTTER FÜR LANDESKUNDE VON NIEDER-ÖSTERREICH
CORRESPONDENT DER K. K. CENTRAL-COMMISSION ZUR ERFORSCHUNG UND ERHALTUNG DER KUNST- UND HISTORISCHEN DENKMALE

ZWEITER BAND 1682–1882.

WIEN 1887.

VERLAG DES COMITÉS ZUR FEIER DER VIERHUNDERTJ. EINFÜHRUNG DER BUCHDRUCKERKUNST IN WIEN.

IN COMMISSION BEI WILHELM FRICK, K. K. HOFBUCHHÄNDLER

DRUCK VON FRIEDRICH JASPER IN WIEN

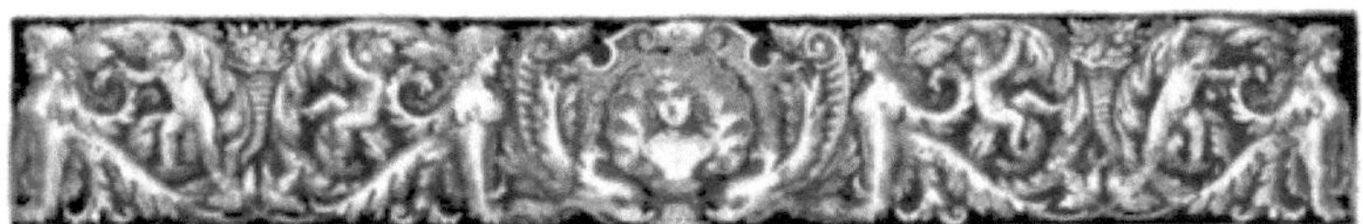

VORWORT.

Mit dem vorliegenden zweiten Bande ist «Wiens Buchdrucker-Geschichte» abgeschlossen. Das Programm, das dem ersten Bande zu Grunde gelegt war, wurde auch im zweiten beibehalten, doch der Natur der Sache nach mehr auf actenmässiger Grundlage weitergeführt; die Bibliographie konnte sich daher nur auf die hervorragendsten Werke der Wiener Buchdrucker beschränken.

Was den in Wiener Archiven und Registraturen vorhandenen Stoff zu diesem Werke aus der neueren und neuesten Zeit (1782–1882) anbelangt, so war derselbe oft recht gering und lückenhaft. Noch vor drei oder vier Decennien, ehe daselbst die großen Scartierungen aus Raummangel vorgenommen wurden, waren viele auch für Wiens Buchdrucker-Geschichte schätzbare Acten noch unangetastet; sie hätten dem heutigen Forscher gewiss die willkommensten Aufschlüsse gegeben. Nun ist das anders und mussten die umfangreichen Indices — z. B. in der Registratur der k. k. n. ö. Statthalterei 70 Foliobände, in der des Wiener Magistrates 132 Indices — wenn sorgfältig, mit großem Zeitaufwande von mir durchgearbeitet werden. Die hier verzeichneten Regesten, welche wegen ihrer unfachmännischen Kürze nur zu oft undeutlich sind und für meinen Zweck die eigentliche Sache vermissen liessen, boten bei dem Umstande, als die betreffenden Actenstücke nicht mehr zur Hand waren, allein noch einige Aufklärung oder Ergänzung. Wie sehr aber dieses zu beklagen ist, zeigten die wenigen erhaltenen Actenstücke, durch welche so manche wichtige Frage erst mit wünschenswerter Gründlichkeit behandelt werden konnte. Das ist es aber auch, warum ich mir nicht verhehle, dass Unkundige dieser Sachlage vielleicht Etwas vermissen, was sie suchen, und ob des Fehlenden Scrupel haben werden.

Es erscheint auffällig, dass das Gremium der Wiener Buchdrucker so wenig archivalisches Materiale für seine Geschichte besitzt. Was bei ihm noch zu finden ist, sind einige Stücke aus dem Aufange dieses Jahrhunderts (Eingaben der Repräsentanten der Wiener Buchdrucker an die Behörden); erst seit den Sechziger Jahren wird sorgfältig registriert und aufgehoben, was an ämtlichen Stücken einläuft, oder vom Gremium mit den Behörden oder von jenem mit den Principalen correspondiert wird. Im Kreise der Wiener Buchdrucker wird zwar erzählt, ein früherer Repräsentant habe ältere Schriften und Documente, ob mit oder ohne Vorsatz ist unerwiesen, verbrannt. Meine aus den Studien sich ergebende Ansicht geht aber dahin, dass jenes vernichtete Materiale allein diesem Jahrhundert (etwa auch noch aus dem vorigen von 1783 an) und die heute noch vorhandenen, oberwähnten Bruchstücke vielleicht einmal dieser Sammlung angehört haben. *Ein Buchdrucker-Archiv, in weit ältere Zeiten zurückreichend, hat es aber sicher nie gegeben.* Es hängt dies mit der rechtlichen und socialen Stellung der Wiener Buchdrucker zusammen. Dieselben haben nie eine Zunft gebildet, daher auch nie eine Zunftlade besessen. So lange sie unter der Jurisdiction der Universität standen, verkehrte das «Venerabile Consistorium Universitatis Vindobonensis» mit den wenigen Wiener Buchdruckern nur separat, selten mit der Gesammtheit derselben, und wenn ja, wurde Jeder separat für eine bestimmte gemeinsame Zusammenkunft Aller im Consistorialsaale vorgeladen. Darum hat sich noch in einigen Buchdrucker-Familien oder bei deren Nachkommen ein oder das

andere unbedeutende Schriftstück — Adelsdiplome ausgenommen — erhalten; die eigentlichen und wichtigsten Actenstücke zur Geschichte der Wiener Buchdruckerkunst für die ältere Zeit sind aber größtentheils im Archive der Wiener Universität vorhanden (in den Fascikeln »Parteiensachen« und »Verlassenschafts-Abhandlungen« von Universitäts-Angehörigen). Über das Commercielle und die Neugestaltung der Rechtsverhältnisse seit dem Aufhören des Forum judicii Universitatis Vindobonensis enthält das Reichs-Finanz-Ministerial-Archiv wichtige und interessante Actenstücke.

Mit der Beendigung dieses Bandes ist die Aufgabe des »Comités für die Herausgabe von Wiens Buchdrucker-Geschichte« gelöst. Mit Befriedigung dürfen alle jene Männer — Principale und Gehilfen — welche sich seinerzeit zu dem schönen Zwecke vereinigt hatten, die Einführung der Buchdruckerkunst in Wien 1482 zu feiern, und bis zum Schlusse ausharrten, auf Alles zurückblicken, was zur Feier der 400jährigen Einführung der Buchdruckerkunst in Wien geplant und auch durchgeführt wurde: auf die *Festtage, 24. und 25. Juni 1882*, und die sich daran schließende hochinteressante *Ausstellung von Wiener Drucken 1482–1882 im k. k. österreichischen Museum für Kunst und Industrie*. Nunmehr ist auch das dritte Unternehmen, »*Wiens Buchdrucker-Geschichte 1482–1882*« glücklich zu Ende gebracht.

Mit freudigen Gefühlen übergebe ich den zweiten Band derselben Wiens Buchdruckern. Ist das ganze Werk der Natur der Sache nach auch nicht so schnell von Statten gegangen, als Manche vermeinten und wollten, so wird sich aus dem Studium desselben ergeben, welche und wie viele Quellen erst mühsam und mit großem Zeitaufwande eröffnet wurden.

Allen Denjenigen aber, welche mir zur Behebung und Durchforschung der Materialien ihre hochsinnige Gewährung zu Theil werden ließen, oder bei deren Benützung mich unterstützten, schulde ich den lebhaftesten Dank: Vor Allen Seiner Excellenz dem Herrn Statthalter von Niederösterreich, Ludwig Freiherrn von Possinger, und dem Bürgermeister der k. k. Reichshaupt- und Residenzstadt Wien, Eduard Uhl; sodann dem Director der k. k. Hof- und Staatsdruckerei, Hofrath Dr. Anton Ritter von Beck, dem k. k. Statthaltereirathe August Freiherrn von Czapka, dem k. und k. Haus-, Hof- und Staatsarchivar Dr. Karl Schrauf, dem kaiserl. Rathe Ratky von Salamonfa, Adjuncten im k. und k. Reichs-Finanz-Ministerial-Archive, dem Scriptor an der k. k. Universitäts-Bibliothek Dr. Wilhelm Haas, dem hochw. P. Gottfried Reichart, einer. Bibliothekar des Benediktinerstiftes Göttweig, dem hochw. P. Johannes Thumajan, Generalsecretär der Mechitharisten-Congregation in Wien, dem Directions-Adjuncten in der Registratur des Wiener Magistrates, Franz Kleindienst, und dem Buchdruckereibesitzer Friedrich Jasper, Obmann des Säcularfeier-Comités, sowie des Comités zur Herausgabe von Wiens Buchdrucker-Geschichte, u. m. a.

Die künstlerische und typographische Ausstattung ist dieselbe, wie im ersten Bande.

Die meisterhaften Kopfleisten, die Initialen und die großen Schlussvignetten bei jedem Abschnitte, sowie die kleinen Kopfleisten und Schlussvignetten für jedes Capitel wurden von dem Inspector der erzherzoglichen Kunstsammlung »Albertina«, Josef Schönbrunner, entworfen und gezeichnet, im Atelier F. W. Bader in Holz geschnitten und von Carl Pietsch, Druckerfactor der Buchdruckerei Jasper, gedruckt. Die übrigen Text-Illustrationen, Reproductionen älterer Drucke, stellte mit Zuhilfenahme der Photo-Zinkographie die k. k. Hof-Photographische Kunstanstalt von Angerer & Göschl her. Das Papier zu dem Werke lieferte die Papierfabrik »Schlöglmühl«, die Druckfarbe F. Wüste in Pfaffstätten.

Das stilvolle Titelblatt zu den Druckbeilagen hat die Gesellschaft für vervielfältigende Kunst in hochsinniger Weise unentgeltlich beigestellt, wofür ihr der wärmste Dank der Buchdrucker Wiens gebührt. Ebenso sei allen Buchdruckern, welche Druckbeilagen geliefert haben, der beste Dank gezollt.

Den Druck besorgte Friedrich Jasper, der sich in dieser Richtung um das Werk, wie auch um die Buchdrucker Wiens die größten Verdienste erworben hat. Seine Ausdauer und Opferwilligkeit ermöglichten es, dass dasselbe überhaupt beendigt werden konnte.

Wien, im November 1887.

DR. ANTON MAYER.

INHALT.

DRITTER ABSCHNITT. (1682—1782.) DIE WIENER BUCHDRUCKERKUNST IN DER ZEIT STRENGER CENSUR. — REFORMEN UNTER MARIA THERESIA UND AUFSCHWUNG DER WIENER BUCHDRUCKERKUNST.

VIERTER ABSCHNITT. (1782—1882.) DIE WIENER BUCHDRUCKERKUNST IN DER ZEIT STAATLICHER REACTION. — DAS JAHR 1848 UND SEINE FOLGEN AUF DEM GEBIETE DES BUCHDRUCKES. — TECHNISCHER UND COMMERCIELLER AUFSCHWUNG.

DRITTER ABSCHNITT

(1682–1782)

DIE WIENER BUCHDRUCKERKUNST IN DER ZEIT STRENGER CENSUR. REFORMEN UNTER MARIA THERESIA UND AUFSCHWUNG DER WIENER BUCHDRUCKERKUNST.

ERSTES CAPITEL.

CHARAKTERISTISCHE MOMENTE DER WIENER BUCHDRUCKERKUNST AM BEGINNE UND IM VERLAUFE DES DRITTEN SÄCULUMS. – DIE EINZELNEN OFFICINEN UND IHRE THÄTIGKEIT.

ESTERREICH unter der Enns, besonders aber die kaiserliche Residenzstadt Wien und deren Umgebung waren in den Jahren 1679 und 1683 durch Pest und Krieg schwer heimgesucht worden, schwerer als gerado zwei Jahrhunderte vorher.

Der schrecklichen Pest von 1679 waren in Wien allein vom Jänner bis Ende November 49.486 in der inneren Stadt und 73.363 in den Vorstädten, zusammen 122.849 Menschen erlegen, und standen mehr als 300 Häuser ganz verlassen.[1] Und als die Folgen jenes Elends wie Wellen sich allmählich verlaufen hatten, tauchte im Hintergrunde der ungarischen Wirren schon eine neue Gefahr furchtbar drohend auf – ein Türkenkrieg. Der Großwessir Kara Mustapha zog mit einem ungeheueren Heere gegen Wien heran, das er um jeden Preis in seine Gewalt zu bekommen beabsichtigte. Durch volle 61 Tage, vom 14. Juli bis 12. September, dem Tage des glorreichen Entsatzes durch das vereinigte christliche Heer, hatte die Belagerung gedauert. Groß waren die Verluste an Menschen, Hab und Gut, weit und breit war alles verwüstet und überall zeigten sich die Spuren einer großen Verarmung. Daraus dürfte sich von selbst ergeben, dass die Buchdrucker Wiens mehr als die Gewerbetreibenden, sowohl durch die Tage der Noth selbst, als auch von deren unmittelbaren Folgen betroffen wurden. Die Universität und die Schulen waren geschlossen, jedes wissenschaftliche Leben war erloschen und die Lust ein Buch herauszugeben oder zu lesen entschwunden, daher Bücher ganz geringen Umfanges, ja selbst Einblattdrucke, die zur Pestzeit oder während der Belagerung in Wien gedruckt wurden, sehr selten sind. Was sich aus den Jahren 1679 und 1683 erhalten hat, fällt eben in den Anfang und

[1] Hormayr, Wien, seine Geschichte und Denkwürdigkeiten, IV. 3. S. 149.

in das Ende derselben: in den letzten drei Monaten von 1683 war die Druckthätigkeit in Wien sogar eine größere, als vor den Katastrophen.

Der Pest von 1482 und der Belagerung Wiens und Einnahme durch Matthias Corvinus 1485 stehen entgegen die Pest von 1679 und die Belagerung Wiens 1683. Merkwürdig, dass an der Neige des zweiten und am Beginne des dritten Jahrhunderts, seit Gutenbergs Kunst in Wien nachweisbar ist, derselben hier gleiche Grund, Pest und Krieg, unhold waren, wie zur Zeit ihrer Einführung.

Aber das dritte Säculum der Buchdruckerkunst in Wien hat in seinem weiteren Verlaufe auch noch andere Züge mit dem ersten gemeinsam.

An die Stelle des absterbenden Scholasticismus war unter dem den Wissenschaften und Künsten geneigten Kaiser Maximilian I. der Alles durchdringende und verjüngende Humanismus getreten, mit ihm eine neue Zeit des ganzen Denkens und Fühlens angebrochen. Stern an Stern reihte sich damals am wissenschaftlichen und poetischen Himmel Wiens. Celtes, Cuspinian, Stabius, Stiborius, Fuchsmagen, Collimitius, Velseianus, Ursinus Velius u. v. A. machten dasselbe zum Mittelpunkte eines geistigen Ringens und Schaffens, das auch unter den großen Geistern Deutschlands vielen Beifall gefunden hatte. Rührig und ehrwürdig in ihrem edlen Streben standen jenen Männern die ersten Buchdrucker Wiens zur Seite, Winterburger, Victor und Singrenius.

1553 zogen die ersten Jesuiten in Wien ein und verdrängten den nur zu bald entarteten Humanismus; die Scholastik mit ihrer unfruchtbaren Dialectik ward wieder belebt. Jesuiten besetzten die Lehrstühle der Universitäten, die Katheder der Gymnasien und leiteten die Convicte. Zwei Jahrhunderte lang blieben sie unangefochten im Besitze der Macht, bis unter der Kaiserin Maria Theresia wie einst unter Kaiser Maximilian I. ein frischer, heller Geist in Wissenschaft und Kunst sich regte und auch die höheren Gesellschaftskreise in seinen Bann zog. Damals begannen die Piaristen die Realien, Naturwissenschaften, Mathematik und Physik, zu lehren, daneben auch die Geschichte, während ein wohlwollendes und aufgeklärtes Streben sich der von den Jesuiten vernachlässigten Volksschule annahm.

Während ein so reges Streben, entgegengesetzt dem Geiste und der Methode der Jesuiten, immer mehr sich entfaltete, erstarkte die Staatsgewalt. Schon ihrem Wesen nach musste diese im Verlaufe der Entwickelung mit jeder Autonomie, der der Jesuiten so gut wie jener der Universität, in Conflicte kommen. Damit veränderte sich aber auch die Stellung der Wiener Buchdrucker zur Universität, die beide seit den Zeiten des Humanismus im Verhältnisse der Unter- und Überordnung zu einander gestanden hatten. Die Lösung dieses Verhältnisses durch die Regierung bildet nun das interessanteste Merkmal der Wiener Buchdrucker-Geschichte am Schlusse des dritten Säculums.

Bereits im Patente vom 16. November 1735 sind die ersten Andeutungen enthalten, dass die Wirksamkeit der Jesuiten unter die Controle des Staates gestellt werde; seither wurde dieses Verhältnis der Unterordnung bei jeder Gelegenheit schärfer betont. Die Autonomie der Universität erfuhr das gleiche Geschick. Gerhard van Swieten erklärte in seinem Reformplane für die Universität die Unterordnung derselben unter einen höheren Willen und die gänzliche Umwälzung ihres statutarischen Bestandes als erstes Axiom. «Die abgesonderte Jurisdiction», heißt es unter andern in seinen Reformvorschlägen vom 17. Januar 1749, «wenn sie auch ursprünglich ihre Zwecke gehabt haben möge, sei jetzt ein Missbrauch». Wenigstens strebte er an, dass, wenn sie schon nicht ganz aufgehoben würde, sie auf die wirklichen Facultäts-Mitglieder beschränkt werden solle. Gestützt auf ihre Privilegien und voll Eifersucht auf ihre Autonomie, nahm die Universität, welche völlig in eine Staatsanstalt umgewandelt werden sollte, den Kampf auf, der aber zu ihren Ungunsten endigte. Damals trat die für die Buchdrucker bedeutsame Frage in den Vordergrund: «Ist die Buchdruckerei eine Kunst oder ein Gewerbe?» Während die Universität die erstere Ansicht verfocht, um sich das Forum über die Buchdrucker zu wahren, entschied die Regierung in dem Sinne, dass die Buchdruckerei bloß ein Gewerbe sei und daher in erster Instanz dem Magistrate, in zweiter der Regierung zu unterstehen habe. Am 4. August 1783 erfolgte auch die Aufhebung der besonderen Jurisdiction der Universität, daher die Buchdrucker aus deren Verbande ausgeschieden und unter das Forum des Magistrates gestellt wurden. Das war das bisher wichtigste und folgenreichste Ereignis in der äußeren Geschichte der Wiener Buchdruckerkunst, da nachweisbar seit dem XVI. Jahrhunderte die Buchdrucker immer unter der Gerichtsbarkeit der Universität gestanden. Wir werden den Verlauf dieser Frage an geeigneter Stelle ausführlich darlegen.

Die Zahl der Officinen im dritten Säculum der Wiener Buchdruckerkunst unterschied sich wenig von der des früheren Jahrhunderts; während wir in der Zeit von 1582 bis 1682 schon 39 Officinen verzeichnet haben, gegenüber 19 im ersten Jahrhundert, werden es jetzt 43 sein, deren Geschichte den Inhalt dieses Abschnittes bilden wird. Interessant ist dabei die Thatsache, wie die Privilegien dieser Officinen sich von altersher vererbt haben oder durch Kauf übergegangen sind. Die Officin Vivians, dessen Erben an der Spitze dieses Abschnittes stehen, war einst die Thurnmayers und kam von den Vivianischen Erben an Sischowitz, welchem seine Frau und deren Erben folgten. Cosmerovius hatte Formicas Officin übernommen; sie gieng von den Cosmerovischen Erben durch Kauf an Schönwetter, dann an Jahn und Trattner über. Manns Privilegien brachten nach einander Heyinger, Schulz und Sonnleithner an sich. Die Jahn'sche Officin, die noch zu Anfang unseres Jahrhunderts bestand, war die einst Lercher-Schmid Schilgen'sche. Johann Georg Schlegels Privilegium wurde an Wolfgang Schwendimann, von diesem an Johann Leopold Kaliwoda und von diesem wieder an Josef Gerold verkauft, dessen Nachkommen heute noch im Besitze ein und derselben Buchdruckerei sind. Die lange Jahre bestehende Officin der Familie Voigt hatte Kaliwoda durch Kauf an sich gebracht, sie aber bald an Franz Andreas Kirchberger verkauft, von dessen Sohne Leopold sie Matthias Andreas Schmidt käuflich erwarb. Die berühmte Kurzböck'sche Officin lässt sich bezüglich ihrer Übertragung auf die Familie Kürner, und von dieser auf Gregor Gelbhaar und Wolf Schumpen zurück verfolgen. Johann van Ghelen hatte im Jahre 1678 die Officin des Johann B. Hacque erworben; seitdem verblieb das Privilegium bei der Ghelen'schen Familie durch 180 Jahre.

VIVIANISCHE ERBEN.

(1683 bis 1688)

Peter Paul Vivian war bekanntlich im Jahre 1683 mit Hinterlassung zweier minderjähriger Töchter gestorben. Das Universitäts-Consistorium hatte den Universitäts-Buchdrucker Johann van Ghelen und Vivians Schwager Matthias Sischowitz, welcher Vivians Schwester zur Frau hatte, als Vormünder bestimmt. Diese führten nun für die Pupillen die Buchdruckerei unter der Firma »Vivianische Erben« (Manentes Viviani, haeredes Viviani, gli heredi del Viviani, eredi del Viviani) im Hause zum sogenannten Schabenrüssel beim rothen Thurm (prope rubram Turrim) durch nahezu fünf Jahre fort.

Satz und Druck unterscheiden sich wenig von den Erzeugnissen Vivians; auch verwendeten sie öfters dessen Druckerzeichen, den Phönix. Die Officin scheint aber keine materiellen Erfolge gehabt zu haben, und die Vormünder mussten sogar im Jahre 1687 beim Consistorium der Universität Schulden halber ein Gesuch um Feilbietung einbringen, sollten die Pupillen nicht gar zu sehr verkürzt werden. Das Consistorium fand die Gründe auch für berechtigt und willigte ein. Matthias Sischowitz bot sich selbst zum Kaufe an und erhielt als Meistbietender die Buchdruckerei im Jahre 1688.[1]

Von den Drucken dieser Officin, von welchen nur wenige noch vorhanden sind, erwähnen wir: *M. Hertzog*, Denck- und Merckwürdige Grund-Beschreibung der Kayserlichen Haubt- und Residentz-Statt Wienn (1683),[2] 4°; des kaiserlichen Historiographen *Giovanni B. Comazzi* (geb. 1654, gest. 1711) »Lamento del Savio«, gewidmet der Kaiserin Eleonora (1685), 8°, und dessen »Istoria di Leopoldo Primo« . . . 2 Thle. in 2 Bdn. (1686 und 1688), die ein Compendium der Ausgabe von 1657–1670 ist; *Luc. Ant. Portius*, »De militis in castris sanitate tuenda, Oder von des Soldaten im Läger Gesundheitserhaltung« (1685), 12°; *Matteo Loreto*, »Le Parafrasi Toscani« (1686);[3] *Girolamo Bianchi*, »Il Teatro del Tempo aperto nel chiudersi

[1] Archiv der Wiener Universität. Fasc. »Testamente und Verlassenschaften«, Lit. V.

[2] Am Schlusse das Druckerzeichen »der Phönix«. (Heinrich Kabdebo, Bibliographie, S. 103, Nr. 150. — Das Exemplar befindet sich in der königlichen Bibliothek in München.)

[3] »Cioè sette cantici biblici, e li tre Evangelici e il Cantico de S. S. Ambrogio e Agostino con le parti principali della christiana dottrina e finalmente il Cantico de cantici di Salamone esposto in senso morale« . . . (Das Exemplar befindet sich in der k. k. Hofbibliothek zu Wien.)

ja gloriosa campagna dell' anno 1686» (1686),[5] 4°; die «Societas humana in nativis seminibus sita» … (der Verfasser ist *Nicolaus Beloutte*), mit 13 ziemlich schlechten Kupferstichen von G. Poleuin (1687), 4°; das «Diarium Von der Kayserlichen Haupt-Armee in Hungarn».[6]

SUSANNA CHRISTINA COSMEROVIN.

(1686 bis 1702.)

Susanna Christina Cosmerovin war 1632 in Wien geboren. Sie hieß mit ihrem Familiennamen Saher und gehörte wahrscheinlich der wohlhabenden Wiener Bürgerfamilie gleichen Namens an. Sie heiratete Matthäus Cosmerovius, dem sie nebst materiellen Mitteln für den Aufschwung seiner Buchdruckerei und seines Buchhandels auch häuslichen Sinn und eine besondere Neigung für diese Geschäfte mitgebracht hatte; seither stand sie ihm in allen Unternehmungen tüchtig zur Seite. Nach dem Tode ihres Gemahls, 1674,[7] zeigte sie diese Eigenschaften in hervorragender Weise, nahm in dem Jurisdictionsstreite, der sich über die Abhandlung zwischen Universität und Stadtrath entsponnen hatte, ihre Interessen energisch wahr und führte durch ein wohlmotiviertes Hofgesuch auch die für sie günstige Entscheidung der Regierung herbei, wonach sie so lange von beiden Behörden unbehelligt bleiben sollte, bis zwischen ihnen der Conflict entschieden wäre.

Als ihr Sohn Johann Christoph großjährig geworden war, überließ sie demselben die Buchdruckerei allein. Nach seinem Tode im Jahre 1685 wurde der Witwe und der einzigen noch minderjährigen Tochter Anna Maria die Buchdruckerei übertragen. Aber schon am 15. April 1686, nach dem Tode ihrer Schwiegertochter, erhielt Susanna Christina Cosmerovin nebst ihrer Enkelin Anna Maria ein kaiserliches Privilegium. Da diese mittlerweile großjährig geworden war und den Hof- und Gerichtsadvocaten Dr. Ferdinand Josef Slaby geheiratet hatte, so wurde über Ansuchen der Cosmerovin unterm 14. Juni 1698 die Buchdruckerei auf ihre Enkelin «Anna Maria Slabyn mit allen und jeden Prärogativen vnd Freyheiten dergestalten transferirt vnd vndtgefertigt, daß nach ihr der Cosmerovin Wittib über kurtz oder lang erfolgenden zeitlichen Hintritt die so lange Jahr vnd fast damals vor einem halben Säculo biß anhero vnter dem Cosmerovischen Namen gestanden: vnd auß Vnsern a. h. Kayserlichen Gnaden privilegirte Hofbuchdruckerey von mehr ernannt ihrer Enklin Anna Maria Slabyn mittels eines Factorn, allein fortgeführt vnd continuirt werden solle».

Anna Maria Slaby starb aber noch vor ihrer Großmutter mit Hinterlassung eines Töchterleins, ebenfalls Anna Maria geheißen, wodurch das Privilegium vom 14. Juni 1698 null und nichtig wurde. Da aber der Susanna Christina Cosmerovin ganzes Streben schon lange dahin gerichtet war, die mit so vielen kaiserlichen Gnadenbezeugungen versehene Buchdruckerei ihres Mannes auch in der Zukunft unter dessen Namen zu erhalten und fortgepflanzt zu wissen, so erbat sie sich noch kurz vor ihrem Tode von Kaiser Leopold I. die Gnade, dass alle früheren Privilegien und Freiheiten der Cosmerovischen Officin auch auf ihre «Ur-Enkelin Anna Maria Slabyn und deren Vattern Josef Slaby beeder Rechten Doctorn allergnädigst transferirt, extendirt vnd vndtgefertiget würden». Die kaiserliche Bewilligung erfolgte in Form eines neuen, alle früheren Freiheiten bekräftigenden Privilegiums ddto. Laxenburg am 29. Mai 1702.[8]

[5] Es ist dies eine Kaiser Leopold I. gewidmete Ode auf die siegreiche kaiserliche Armee gegen die Türken in Ungarn im Jahre 1686. Mit Randeinfassungen und Kopfleisten. (Das Exemplar befindet sich in der Museums-Bibliothek in Pest.)

[6] Eine kurze Beschreibung des Feldzuges der sammtlichen Christlichen hohen Alliirten gegen die Türken. Von J. M. G. Vor dem Titelblatte zwei einander sich gegenüberstehende Porträts von dem Kurfürsten Max Emanuel von Baiern und Herzog Karl (V.) von Lothringen. Am Ende mit einem Plane und Grundrisse von Komorn. (Das Exemplar befindet sich in der k. k. Studienbibliothek in Olmütz.)

[7] Das Testament des Matthäus Cosmerovius von Loewenberg liegt im Archive des Wiener Landesgerichtes (Fasc. 3/27). Es wurde errichtet am 15. Juni 1670 und eröffnet am 2. Juni 1674. In demselben sprach Cosmerovius den Wunsch aus, bei den Dominikanern begraben zu werden, woselbst auch 100 Messen gelesen werden sollten. Er hinterließ außer der Witwe Susanna Christina Cosmerovius zwei minderjährige Kinder: einen Sohn, Johann Christoph, und eine Tochter, Maria Susanna. Von dem, was er im Laufe der Jahre mit schwerer Mühe und Arbeit erspart und zusammen gebracht hatte, sollte seine Frau Universalerbin sein; nur die Buchdruckerei, die ihm stets am Herzen gelegen, wäre zu gleichen Theilen unter die drei nach dem Erbgenusse zu theilen. Seinem Vetter Johann Rausch, welcher die Buchdruckerei bei ihm ehrlich und fleißig angelernt hatte, vermachte er 50 fl., den beiden Buchdruckergesellen Matthias Onarkowics und Nicolaus Trolanovics, die bereits 19 Jahre bei ihm im Dienste gestanden, je 20 fl. Für seinen Sohn Johann Christoph, der keine besondere Lust hatte, die Buchdruckerei zu erlernen, sondern Geistlicher werden wollte, bestimmte er 200 fl., wenn er letzteres thatsächlich ausführen würde; doch wünschte der Vater, er möchte es nicht vor seinem 18. Lebensjahre thun. Bekanntlich wurde jener doch Buchdrucker. Das Testament enthält sonst keine weiteren Details zur Geschichte der Cosmerovischen Officin.

[8] Archiv der Wiener Universität, Fasc. III. «Partheyensachen». Lit. C. Nr. 34.

Susanna Christina Cosmerovin starb schon am 5. Juni 1702 in ihrem Hause in der unteren Bäckerstraße in einem Alter von siebzig Jahren. Sie wurde an der Seite ihres Gemahls und Sohnes auf dem St. Stephansfreithofe begraben.

Die Cosmerovische Officin hatte seit dem Jahre 1685 an Umfang und Art der Arbeiten keine wesentlichen Veränderungen erfahren. Die Witwe Cosmerovin druckte in lateinischer, italienischer, deutscher und ungarischer Sprache. Besonders zahlreich giengen aus ihren Pressen die in den Privilegien bezeichneten Werke hervor, als: Kalender, wöchentliche Zeitungen, von denen uns aber keine untergekommen sind, außerordentliche Zeitungen oder Relationen und Beschreibungen,[9] alle Hofsachen, worunter auch Oratorien,[10] zahlreiche Operntexte und Singspiele,[11] liturgische Bücher, zahlreiche geistliche Schriften und alle für die Facultäten der Universität nöthigen Druckschriften. (Dissertationen, Festreden, akademische Kalender, welche seit dem Jahre 1670 erschienen.) Von größeren oder literarisch bedeutsamen Werken erwähnen wir nur: »Des Laurentius *Schaffen* auferweckten Christen-Ruhm«[12] und die Fortsetzung dazu,[13] des Johann Constantin *Feigius* »Ungarisches Geschichts Wäldel«,[14] von Daniel de *Nessel* »Prodromus Historiae Pacificatoriae«,[15] die »Nova praxis construendi circinum proportionalem Horographicum«,[16] von Anton *Römer* »Triumphus novem saeculorum imperii Romani-Germanici«,[17] Johann Ferdinand Xaver *Fechner* »Erfreutes Wien«,[18] Gabriel *Fröhlich* »Collectiones mathematicae de architectura militari«[19] und Ignaz *Reiffenstuell* »Ephemerides Leopoldinae« und »Vienna Gloriosa«.[20] Die Drucke dieser Officin tragen nahezu alle die gleiche Bezeichnung: »bei Susanna Christina Cosmerovin, Röm. K. M. Hoff-Buchdruckerin«, »apud Susannam Christinam, Mathaei Cosmerovij, S. C. M. typographi aulici viduam«.

MATTHIAS SISCHOWITZ.

(1687 bis 1700.)

Matthias Sischowitz hatte am 26. März 1688 die Buchdruckerei der Vivianischen Erben gekauft, welche er nunmehr besser einrichtete, ohne sie aber wesentlich zu erweitern, wie die noch vorhandenen Drucke beweisen. Ob er sie auch in den Lazenhof auf dem alten Fleischmarkte (?) verlegte, wo er wohnte

[9] Die Abreise der kaiserlichen Gesandten nach Constantinopel und deren Einzug daselbst wurde genau beschrieben, ebenso der Einzug türkischer Botschafter in Wien, z. B. die bei der Cosmerovin 1700 gedruckte »Ausführliche Beschreibung des Türkischen Groß-Botschafters Ibrahim Bassa etc. prächtig gehaltenen Einzugs in die Kayserliche Haupt- und Residentz-Statt Wienn, So beschehen den 30. January Anno 1700«.

[10] Die Oratorien wurden an den Tagen der Charwoche in der Burgkapelle und bei den Jesuiten in der Universitätskirche oft in Gegenwart des Kaisers und der Kaiserin aufgeführt. Am Charsamstage des Jahres 1686 (13. April) wurde in der Universitätskirche in Anwesenheit Leopold's I. und seiner Gemahlin Eleonore aufgeführt: »[illegible]«, wozu der Kapellmeister im Professhause der Jesuiten, Johann Bernard Staudt, die Musik geschrieben hatte. Das Textbuch (k. k. Universitäts-Bibliothek in Graz) wurde bei der Cosmerovin gedruckt. S. auch Köchel, Johann Josef Fux, Hofcompositor und Hofkapellmeister der Kaiser Leopold I., Josef I. und Karl VI. (Wien 1872), S. 507 und 508.

[11] Wir erwähnen hier nur einige, welche bei Köchel l. c. nicht vorkommen. 1686: »Die Kraft-Höhle des [illegible]«. Aus dem Welschen von Karl Ignaz Langetl. 4°. (Weilen, Annalen, II. 100.) — »Il Nodo Gordiano«. Musik von Antonio Draghi. 4°. (Museums-Bibliothek in Pest.) Der deutsche Text: »Der Gordische Knopff« befindet sich in der Wiener Stadtbibliothek. — 1689: »Das Stillschweigen des Harpocrates«. 12°. 62 S. (Piaristen-Bibliothek in Krems.) — 1690: »Die Erstlinge der Tugend in dem noch unmündigen Cato von Utica«. 4°. 19 Bl. (Stadtbibliothek in Wien.) — »Österreichisches Freuden-Gepräng, Oder der durchleuchtigste Österreichische Neugebohrne Erb-Prinz Unter der Person Achilles [illegible] vorgestellet ... Gewidmet von [illegible] Abbate und dessen Geistlichen Convent zu H. Creutz Cistercienser-Ordens«. Aus dem Lateinischen. 4°. 77 S. (Stadtbibliothek in Wien.) — 1694: »Pelopidas aus Theben«. 4°. 25 Bl. (Stadtbibliothek in Wien.) — »Leonida zu Tegea«. 12°. 78 S. (Piaristen-Bibliothek in Krems.) — 1695: »Amore da Senno, overo le [illegible] d'Hippolito«. 8°. 95 S. (Studienbibliothek in Olmütz; die deutsche Ausgabe in der k. k. Hofbibliothek in Wien.) — »[illegible]«. 8°. 48 S. (Stadtbibliothek in Wien.) — »[illegible]«. Die Musik zu diesem Drama war von Kaiser Leopold I. selbst geschrieben worden. (Stadtbibliothek in Wien und Piaristen-Bibliothek in Krems.) Auch andere deutsche Textbücher, wovon die italienischen bei Köchel vorkommen.

[12] Der vollständige Titel bei [illegible], Bibliographie l. c. (Stiftsbibliothek in Melk; k. k. Studienbibliothek in Olmütz; Museums-Bibliothek in Pest.)

[13] »Continuatio deß außerweckten Christen-Ruhms, Das ist Eine Ausführliche Relation Alles dessen, Was sich vom 2. Novembris 1686 biß zu [illegible] 1687. Jahr in Ungarn, Siebenbürgen, [illegible], Pohlen, Morea und Dalmatia bey allen Eroberungen biß auf Erlau inclusive, [illegible] ..., Türkisch- Fried-Begehrungen, jetzigem Land-Tag zu Preßburg und der [illegible] Crönung zugetragen ... In Druck gegeben durch Laurentium Schaffen [illegible] ... Wienn in Österr. bey S. C. Kays. Hoffbuchd. 1687«. kl. 8°. [illegible] (Museums-Bibliothek in Pest.)

[14] »Das ist Eine kurtze Beschreibung von deren Regierungen, Kriegen und Denckwürdigsten Begebenheiten aller Ungarischen Könige biß auf den jetzt gekrönten Erb-König Josephum«. 12°. 1690. (Das einzige uns bekannte Exemplar in der Schotten-Bibliothek in Wien.)

[15] Ein chronologischer Index aller Friedensschlüsse und Bündnisse etc. Fol. 1690. (K. k. Hofbibliothek und Universitäts-Bibliothek in Wien.)

[16] Wien 1694. 29 S. und 22 Fig. auf 18 Tafeln.

[17] 64 Bl. Fol. Mit einem von Peter Schubart von Ehrenberg gezeichneten und von Johann Andreas Pfeffel und Christian Engelbrecht gestochenen Titelkupfer und acht anderen Kupferstichen. Enthält die Geschichte von Kaiser Karl dem Großen bis auf Leopold I. mit Lobgedichten auf [illegible].

[18] »Welches denen: Mayestäten Josepho I. Und Wilhelminae Amaliae gebohrnen Hertzogin von Braunschweig-Lüneburg etc. zur Jubelvollen Ehren-Bezeugung drey Ruhm- und Ehren-Porten aufgerichtet und mit dem Einzug der Königl. Gespons den 24. Februarij dieses 1699. Jahrs [illegible] worden. Das ist Eine Beschreibung alles dessen, was Denckwürdiges vor und nach dem Pompösen Einzug und Königl. Vermählung zu sehen ist gewesen. Alles mit Kupferstichen außgezieret«. 4°. (K. k. Hofbibliothek und Universitäts-Bibliothek in Wien.)

[19] 8°. Mit Titelkupfer und 21 Kupfertafeln.

[20] Wien 1703. Fol. und mit Karten. Erschien 1705 wieder, aber in 8°.

und starb, lässt sich mit Bestimmtheit nicht angeben. Seine Drucke sind nur unterzeichnet: «Gedruckt zu Wienn in Österreich bei Mathias Sischowitz». (Viennae Austriae typis Mathiae Sischowitz; In Vienna d'Austria appresso Mathia Sischowitz stampatore.) Auch führte er nicht den Titel Universitäts-Buchdrucker, wenngleich er zu ihnen gezählt werden muss. Sischowitz starb im Jahre 1700 und hinterließ eine Witwe namens Anna Regina, welche eine Schwester Vivians war, und eine minderjährige Tochter, Maria Magdalena, zu deren Vormund der Universitäts-Buchdrucker Leopold Voigt bestellt wurde.

Sischowitz druckte in deutscher, lateinischer, italienischer und ungarischer[21] Sprache. Die Drucke, die von ihm bekannt und meistens einfach ausgestattet sind, erheben sich nicht über das Niveau guter Mittelmäßigkeit. Wir erwähnen nur: Giovanni Paolo *Zenarella* «Effeti di querra, e trattati di Leopoldo Imo... sotto l'anno 1687»; eine Dedicationsschrift an den Abt Gregor von Melk;[22] *Martelli* «Relatio captivo-redempti»,[23] Elias von *Leunep* «Problemata mathematica», Giovanni Battista *Comazzi* «Istoria di Leopoldo Primo»[24] und andere italienische Schriften desselben, ein «Wienerisches, vollständiges Teutsch-Französisch und Italiänisches Titulatur-Buch», verfasst von dem Secretär Christian *Böttger*, Gedichte und andere kleinere Schriften.[25]

JOHANN JACOB MANN.

(1688 bis 1692.)

Johann Jacob Mann wurde im Jahre 1647 geboren. Sein Geburtsort ist aus den Universitätsacten nicht ersichtlich; doch dürfte er wahrscheinlich aus deutschen Landen nach Wien gekommen sein. Hier erhielt er im Jahre 1688 über Beschluss des Consistoriums der Universität eine Universitäts-Buchdruckerei, welche er im Hause zum schwarzen Adler in der Neuen Welt betrieb, wo einst auch Michael Rickhes seine Officin hatte. Mann starb in noch verhältnismäßig jungen Jahren am 3. Juni 1692 im Gerstorffer'schen Hause beim Heiligenkreuzerhof mit Hinterlassung einer Witwe, Maria Veronica, auf welche er in seinem am 31. Mai 1692 unterzeichneten Testamente die Officin übertrug. Kinder besaß er keine.

Manns Officin war nur mit dem nothwendigsten Materiale eingerichtet, etwa wie die eines Vivian und Sischowitz. Seine Drucke zeigen auch keine Besonderheiten, sind aber doch typographisch nett ausgestattet; grobe Cicero Antiqua und solche Cursiv sind bei ihm nicht selten, hier und da ist der Titel roth und schwarz gedruckt und findet sich ein von P. Kilian gestochenes Titelblatt.

Mann druckte meistens für den Frankfurter Buchhändler Philipp Fievet, der in Wien eine Filiale hatte. Das Impressum lautet: «Wienn, gedruckt bey Johann Jacob Mann in der Neuen Welt im schwarzen Adler», manchmal auch mit dem Zusatze «akademischer (Universitäts-) Buchdrucker». (Typis Joannis Jacobi Mann, typographi Universitatis.)

Von seinen Drucken erwähnen wir: Das Werkchen, betitelt «Der Türkische Groß-Sultan», aus dem Jahre 1688,[26] die Fortsetzung von des Laurentius *Schaffen* «aufferwecktem Christen-Ruhm»,[27] des Amandus

[21] Karl Szabó in «Régi Magyar Könyvtár. Az 1531–1711» nennt drei von Josef Andreas Illyés Schriften (S. 576 Nr. 1416, S. 585 Nr. 1485). Von demselben Verfasser besitzt die k. k. Hofbibliothek in Wien eine Anzahl lateinischer Reden unter dem Titel: «Verbum abbreviatum, id est [illegible]», ebenfalls bei Sischowitz gedruckt. In diesem Sammelbande sind 74 Reden über Glaubensartikel, aus den heil. Vätern [illegible], enthalten. Ein ziemlich bedeutendes Werk des J. A. Illyés ist auch: «Exemplum et speculum vitae Christi, h. e. Vitae Sanctorum», 1694 bei M. Sischowitz gedruckt. P. Titelkupfer, 5 Thle. (K. k. Hofbibliothek und Serviten-Bibliothek in Wien.)

[22] Ign. Keiblinger, Geschichte des Benedictinerstiftes Melk, I. Bd. S. 911 ff.

[23] «Das ist: Wahrhaft und Eigentliche Beschreibung der Anno 1683 von dem Türkischen Erb-Feind erlittenen ... (und schmerzlichst ausgestandenen) Gefängnuß deß ... Herrn Claudii Angeli de Martelli ... des [illegible] Caprarischen Regiments Rittmeisters, Anietzo aber würcklichen General Adjutantens». 1689. Mit Martellis Porträt, gestochen von dem Universitäts-Kupferstecher J. Sigmund Schott.

[24] Der erste Theil dieser Geschichte erschien Wien 1686, der zweite Theil 1688, [illegible] 1689, 1697. Eine deutsche Ausgabe kam zu Augsburg 1690 heraus.

[25] «Auf Zeitlichen Todes-Streit folgt Ewiger Fried; oder die vermittels dessen Tugend-Vollkommen erworbenen Vergötterung des Christlichen Herculis in einem [illegible] vorgestellet, welche zu [illegible] Andenken des, der Sterblichkeit entrückten [illegible] Fürst- und Herrn Leopoldi, ... Erst Röm. Kaisers ... [illegible] Trauerungs-Zeit in ... Stephani [illegible] ... Universität auf ... Angeh ... des ... Martini Antonii Edlen von Iwahn ... [illegible] ... den 16. 17. & 18. [illegible] Monats-Tage des [illegible] 1705ten Jahres [illegible]. Aus dem Lateinischen ins Deutsche und übersetzt von Joanne Thoma Kemetinger ... [illegible]. Mit einem Kupferstiche von Joh. Jac. Hoffmann, das Castrum bei St. Stephan darstellend. (K. k. Universitäts-Bibliothek.)

[26] «Der Türkische Groß-Sultan liegt aus lauter Furcht und Schröcken krank». (Darunter ein Türke, liegend: «Alla [illegible]», in Holzschnitt.) Wien, Joh. Jac. Mann, 1688. — Auf dem zweiten Blatte: «[illegible] in der Stadt Constantinopel Über die Grosse [illegible] Krankheit des Türkischen Kaysers, in welchem sich mit [illegible] Rath befunden Groß-Sultans Leib-Medicus, Groß-Vezier [illegible], Burger in Constantinopel, Tökely, Bajazeth, der Wahrsager aus Egypten. Wienn, gedruckt bey Joh. Jac. Mann in der Neuen Welt im schwarzen Adler. 1688». 4°. (K. k. Hofbibliothek in Wien.)

[27] «II. I. Eine ausführliche Relation All dessen, was sich vom September 1688 biß zu geendigter Campagne 1689 in Hungarn ... zugetragen». 4°. (K. k. Ambraser Sammlung.)

Reyer «Methodus meditandi»,[28] des *Wagner von Wagenfels* (Johann Jacob) «Ehren-Ruff Teutschlands, der Teutschen und ihres Reichs»,[29] des Johann Constanz *Feigius* «Coronatiologia»,[30] des Basilius *Finckeneis* «Veritas extracta» und Daniel de *Nessele* «Supplementum Bruschianum».[31]

MARIA VERONICA MANN.

(1692.)

Dieselbe hatte nach dem Tode ihres Mannes die Buchdruckerei fortgeführt, wie es aber scheint, nur sehr kurze Zeit. Es ist uns von ihr nur Ein Druck bekannt geworden, nämlich der weitverbreitete «Nucleus Historicus Bipartitus in Historiam tum Universalem tum Particularem»[32] von Gottfried Ferdinand de *Buckisch von Löwenfels*.

ANDREAS HEYINGER.

(1692 bis 1733.)

Johann Andreas Heyinger war, wie die Universitäts-Matrikel bemerkt, 1651 in Wien geboren, hatte die Buchdruckerei erlernt und war zuletzt in der Mann'schen Officin beschäftigt. Er erscheint auch in einem Extracte der Universitäts-Matrikel vom Jahre 1687 als «Universitäts-Buchdrucker» immatriculiert. Noch im Jahre 1692 heiratete er die dreiunddreißigjährige Witwe des Johann Jacob Mann, Maria Veronica, und übernahm mit ihr die Mann'sche Officin. Heyinger besaß anfangs seine Buchdruckerei auf dem Kohlmarkte bei den drei Laufern, später im eigenen Hause in der Riemerstraße. (S. Nr. 1.)

Nr. 1. Das Heyinger-Haus in der Riemerstraße. Nach einer Handzeichnung von Emil Hütter.

Heyinger lebte in sehr günstigen materiellen Verhältnissen; ihm gehörten das eben erwähnte Haus in der Riemerstraße und eine gut eingerichtete Officin. Von seinen Familienverhältnissen möge nur hervorgehoben werden, dass ihm am 8. December 1720 ein neunzehnjähriger Sohn, Johann Anton, und am 18. October 1730 eine dreißigjährige Tochter, Maria Magdalena, starben; ein Sohn, namens Johann Ignaz, welcher die Buchdruckerei fortführte, überlebte ihn. Am 16. Februar 1723 starb Heyingers Gemahlin, Maria Veronica, in einem Alter von vierundsechzig Jahren, er selbst zehn Jahre später, am 14. Mai 1733, in einem Alter von zweiundachtzig Jahren.

Andreas Heyinger war Universitäts-Buchdrucker, sowie auch «Stadtbuchdrucker» (gemeiner Stadt Wien Buchdrucker). Sein Impressum lautet: «Gedruckt bey Andreas Heyinger», «Gedruckt bey Andreas Heyinger, Academischer Buchdrucker», «der Löblichen Universität Buchdrucker» oder «Universitätischen Buchdrucker». (Viennae Austriae literis, oder typis, Andreae Heyingeri, Universitatis typographi, oder Academici typographi.)

Heyinger druckte meistens nur in lateinischer und deutscher Sprache, sehr wenig in italienischer, fast gar nichts in anderen Sprachen. Aus seiner Officin giengen hervor Krakauer- und Bauern-Kalender, Gebetbücher, kleinere liturgische Bücher, für welche er Privilegien hatte, viele ascetische und andere theologische Schriften, Dissertationen und historische Abhandlungen. Hier und da findet man eine gute Antiquaschrift,

[28] Amandus Reyer war Benedictiner im Stifte Altenburg in Niederösterreich (V. O. M. B.).

[29] Wurde 1692 bei Andreas Heyinger in Wien neuerdings gedruckt.

[30] «Das ist: Beschreibung Von denen Kayser- und Churfürstlichen [illegible] in des Heiligen Reichs Stadt Augspurg, [illegible] Churfürstlichen [illegible], der kayserlichen [illegible] und Beyden [illegible] Crönungen ... Ihro Kayserl. Mayestät Eleonorae Magdalenae Theresiae, Und Josephi I.» 4°. (K. k. Hofbibliothek in Wien und Stiftsbibliothek in St. Paul.)

[31] Der vollständige Titel in D. Gottl. Wenzel, Literatur der deutschen Staatengeschichte, 1. Th. S. 783. Nessel hatte dieses Supplement dem Abte Bernhard von Wilhering und dessen [illegible] gewidmet.

[32] Wien 1692, Fol. Mit einer von Ehmann gestochenen Karte. Buckisch von Löwenfels war kaiserlicher Rath und Professor des öffentlichen Rechtes und der Geschichte an der Wiener Universität und für Geschichte an der ständischen Akademie in Wien (1682 bis 1694).

aber das Papier ist schlecht, weshalb Typen und Druck nicht zur Geltung kommen. Die typographische Ausstattung ist meistens sehr einfach.

Von Heyingers Drucken erwähnen wir die bekannte Schrift des Franciscus *Caccia* »Monumentum gloriae Seraphicae«, des Basilius *Finckeneis* theologische Werke, welche in den Bibliotheken häufig zu finden sind, des Justus Paul *Böning* Schriften, *Wagners von Wagenfels* Geschichtswerke,[33] Josef *Mayers* »Vortrefflich- Hoch Adeliches Contrafeé«,[34] sodann Festschriften, Beschreibungen,[35] Kalender[36] u. dgl. m.[37]

CHRISTOPH LERCHER (LERCH).

(1698 bis 1713.)

Christoph Lercher oder Lerch war im Jahre 1643 zu Innsbruck geboren und kommt in einem Auszuge der Universitäts-Matrikel vom Jahre 1687 als »Universitäts-Buchdrucker« vor. Er war vermählt mit Maria Eva, geborenen Tremlin, und hinterließ bei seinem Tode am 19. März 1713 drei Kinder, Christoph Adam ($4\frac{1}{2}$ Jahr alt), Maria Susanna ($3\frac{1}{2}$ Jahr alt) und Johann Michael ($\frac{1}{4}$ Jahr alt), über welche der Universitäts-Buchdrucker Johann Jacob Kürner vom Consistorium der Universität zum Vormund eingesetzt wurde. Von diesen Kindern erlernten Christoph Adam und Johann Michael ebenfalls die Buchdruckerei; letzterer war Factor in der Officin seines Stiefvaters Schilgen und nach dessen Tode bei seiner Mutter, gieng auf die Wanderschaft, führte aber in Innsbruck ein liederliches Leben.

Lercher hatte seine Buchdruckerei im sogenannten Quendlischen Hause auf dem alten Bauernmarkte, wo er auch starb. Als er geheiratet hatte, befand sich nach der Aussage seiner Frau die Officin in einem so ärmlichen Stande und in solcher Unvollkommenheit, dass er außer der Mittel- und Ciceroschrift — von anderen Typen gar nicht zu reden — kaum in der Lage war, eine Columne über einen Bogen auszusetzen; er besaß nicht mehr als eine Presse, und auch diese war ganz mangelhaft. Die junge, energische und unternehmende Frau vermehrte aber, wie sie selbst sagt, »durch Gottes Segen und die von ihrem Vater erlernte Kunst und durch geschickte Handarbeit«[38] ihre dreißig Gulden Heiratsgut und fünfzig Gulden Erbtheil« zu einer für ihre Verhältnisse anständigen Summe, welche sie ganz auf die bessere Einrichtung der Buchdruckerei verwendete, so dass sie beim Tode ihres Mannes mit Recht sagen durfte, die Buchdruckerei gehöre schon ihr, sie sei mit ihrem Gelde so hergestellt worden, »wie dies

[33] Wagner von Wagenfels war Instructor des römischen Königs Joseph I. in der Geschichte. Er schrieb: »Allgemeine Geschichten von Erschaffung der Welt, [illegible] Zeiten, [illegible] Zeiten, [illegible] ... 2 Thle. Fol. — »Officina [illegible] ... Introductarum« ... 12°.

[34] »Das ist Vollkommenes Adel durch dreifach — mit völligen Meriten unvergleichlich erworbene Glory, In Geistlich-, Staat- und Kriegs-Ständen des Hochfürstlich und Hochgräflich Uralten Hauses von Lamberg: beschrieben durch Joseph Mayer, Ord. P. P. E. Abbten zu S. Andree vom Saar und Monastra« ... 1709. Fol. Mit Kupfern von van der Bruggen.

[35] »Ein rechte außführliche und wahrhaffte Beschreibung, Was in jüngster grossen Feld-Schlacht, deß 1697. Jahr den 11. September bey Zenta [illegible] zwischen der Theyß und Donau, unter Commando Ihro Durchlaucht Prinz Eugenius von Savoyen, wider den Türckischen Sultan und dessen gantze Armee vorbey gangen. Im Thon: Mit viel Mühe und grossen Sorgen etc. Componirt durch Johann [illegible]. 2 Bl. mit Titelwappen. 25 Strophen. (Wallner, Annalen II. S. 129.) — »Beschreibung des Bauls und Frey-Schiessens, Welches von Ihro Kayser- und Königlichen Catholischen Majestät Carolo Sexto, Wegen erfreulichster Geburt Leopoldi, Dero Erst-Gebohrnen Ertz-Hertzogens zu Österreich und Printzens von Asturien, der Wienerischen Burgerschaft gegeben worden«. 1716. Fol. Mit Kupfern, gestochen von Franz Leop. Kollmann, gezeichnet von Elias Schaffhauser. »[illegible] Baad-Buch, oder Beschreibung von der wunderbahren Tugend, Krafft und Würckung des heylsamen Baadbrunnens, gelegen bey der Herrschafft und Schloß Teutschen-Altenburg an der Donau in Österreich unter der Enß 8 Meil von Wien. Auff Begehren Verschiedener, so wohl Hoch- als niedern Standts Personen ... durch ... Joannem Wilhelm [illegible], [illegible] weyland der Röm. Kays. Majestät Ferdinand II. [illegible] Landschafft gewesten Medicum und zusammen getragen. Editio secunda«. (1710.) Das Exemplar befindet sich auf der Universitäts-Bibliothek in Wien. Vgl. Bd. I, SS. 232, 257 und 366 dieses Werkes. — »Historia [illegible] Caroli VI. [illegible] ... Casus Damianus Hugo Virmondius ... [illegible] ... 1721«. 8°. (K. k. Universitäts-Bibliothek in Wien.) — Die Pest-Beschreibung und Infections-Ordnung, die früher in besonderen Tractaten herausgegeben, [illegible] 1727 — in ein Werk zusammengezogen wurde, enthält die bildliche Abbildung der Karlskirche, gezeichnet von Sal. Kleiner, gestochen von Hieron. Sperling.

[36] Interessant ist sein »Neuer Hand-Calender, Auf das Jahr 1722, in welchem zu ersehen, wer unter den Bürgerl. Herren Handelsstand [illegible] und wo sie ihre Gewölber und Schild haben etc. Durch Johann Georg Frau, der Zeit bestellter Ausgeber. 12°. (Austria, österr. Universal-Kalender, 1845.) Am 5. Februar 1720 erhielt Heyinger ein zehnjähriges Privilegium zum Drucke und Verschleiß des »Bauern-Kalenders«. (Wiener Stadtarchiv, alte Registratur, Nr. 18/720.)

[37] Ausgaben [illegible] Abraham a S. Clara. 1693; über die Zerstörung von Heidelberg von Franz Ruprecht von und zu [illegible], 1693; eine Übersetzung von Bossuets Auslegung katholischer Kirchenlehre über streitige Glaubenspunkte, 1693. — Trauer-Klag-Rede des Jesuiten und Dompredigers bei St. Stephan in Wien Franz Peickhart beim Tode des Abtes Gerhard in Heiligenkreuz. 1728.

[38] Von solchen Arbeiten sind in den Acten genannt: »Vom Markte in Graz zweimal 182 Gulden, von zehn Diamanten [illegible] Gulden, von einem Theatre zu sticken 40 Gulden, vom [illegible] 50 Gulden. Von einem [illegible] Kauffmann für [illegible] Porzellan 150 Gulden, vom Grafen von Questenberg für einen neu erfundenen Ofen 14 [illegible] u. s. w.

ihre Beistände Friedrich Sonnewald, Factor in der Cosmerovischen Buchdruckerei, und der Buchführer Paul Sedelmayer bestätigen könnten».

Von Lerchers Drucken erwähnen wir: Francis. *Caccia* «Jerusalem seu Palaestina nova»[38] und des *Abraham a S. Clara* «Centifolium»[39]. Auch auf L. *Vogemonte* «Trattato intorno ...», ein größeres italienisches Werk seiner Officin, sei hier noch verwiesen.[40]

–

JOHANN GEORG SCHLEGEL.

(1692 bis 1716.)

Johann Georg Schlegel war laut der Universitäts-Matrikel im Jahre 1654 zu Schwyz in der Schweiz geboren. Auch er kam, wie fast alle seine Berufsgenossen, nach Wien, um hier die erlernte Kunst Gutenbergs auszuüben. In einem Extracte der Universitäts-Matrikel des Jahres 1693 erscheint er schon als «Universitäts-Buchdrucker» eingetragen und hatte später seine Officin auf dem alten Fleischmarkte im sogenannten Drach'schen Hause. Über seine Familienverhältnisse ist nur soviel aus den Acten zu ersehen, dass er mit seiner Frau Eva Rosina, geborenen Eckhart, in ehelichem Conflicte sich befand, der schließlich zur Trennung der Ehe führte. (1711.)[41] Am 6. Januar 1716 errichtete Schlegel sein Testament und starb am 5. Februar d. J. im obgenannten Hause in einem Alter von zweiundsechzig Jahren.

Im Testamente hatte er den Buchdruckergesellen Wolfgang Schwendimann, seinen Vetter, der auch viele Jahre bei ihm in Arbeit gestanden, zum Universalerben eingesetzt. Von den in seinen Diensten befindlichen Gesellen sollte jeder einen Hut, einen Klagflor, ein Paar Strümpfe und ein Paar Schuhe erhalten. Auch wünschte er auf dem Stephansfreithofe begraben zu werden.

Seine Drucke, von denen einige eine gute Antiquatype zeigen, sind mit Kupferstichen von Peter Schubart von Ehrenberg, Johann Andreas Pfeffel u. a. versehen. Sein Impressum lautet: «Gedruckt zu Wienn bey Johann Georg Schlegel, Universitäts-Buchdruckern» (Viennae Austriae, Typis Joannis Georgii Schlegel, Universitatis Typographi). Schlegel druckte das Meiste in deutscher und lateinischer, nur wenig in italienischer und ungarischer Sprache.

Von Drucken aus dieser Officin erwähnen wir die erste uns bekannte Schrift, eine Rede des Franz Josef Georg *Drapatsch* auf die heilige Katharina, die Patronin der philosophischen Facultät, Cölestin *Sfondratis* «Innocentia vindicata», eine Predigt von *Abraham a S. Clara*,[42] Peter Paul *Zettlers* Beschreibung der Stadt Rom und besonders der sieben Hauptkirchen, das «Chronicon Mellicense» von Anselm *Schramb*,[43] eine vorzügliche Leistung der Schlegel'schen Officin, *Borgsdorfs* «Fortification»,[44] *Suttingers* «Vienna gloriosa» und zahlreiche Universitäts- und sonstige Schriften verschiedenen Inhalts.[45]

ANNA ROSINA SISCHOWITZ.

(1700 bis 1703.)

Dieselbe führte nach dem Tode ihres Mannes Matthias Sischowitz die Buchdruckerei noch durch drei Jahre fort, und zwar auch im Laz'schen Hause auf dem alten Fleischmarkte. Hier starb sie am

[38] «Urbs das von Christo Jesu selbsten geliebte Heilige Land mit seinen Städten, Festungen ... mit schönen Kupffern vorgestellet». 1706. 4°.

[39] «Centifolium stultorum in quarto, oder Hundert Ausbündige Narren in Folio. (Wien) gedruckt bey ... im lustigen Jahr als diese Narren-Schaar erschienen gar. 1709». 4°. Mit Kupfern.

[40] «Trattato intorno allo stabilimento del commercio, che introdur si potrebbe nella Germania; rendendo navigabili i fiumi diessa ed unendoli per mezzo di Canali con il Danubio ed altri fiumi del Mezzogiorno ... composto da L. Vogemonte e tradotto dal Latino». Mit 3 Karten. (1708.)

[41] Archiv der Wiener Universität. Fasc. «Partheyensachen». III, S. Nr 201.

[42] «Alter Freud' und Fried', Freud' und Freud', sowohl bey denen Lebendigen, als Abgestorbenen ist Ursach Mariae». 16°. Mit 9 Kupfern.

[43] Fol. 1702. Mit einem großen Kupferstiche von Pfeffel. Vgl. A. Mayer, Geschichte der geistigen Cultur in Niederösterreich. S. 191, Anm. 87, S. 248, Anm. 29°.

[44] «Mit vielen schönen Figuren erklärt. Verlegt und in Kupfer gebracht von Joh. A. Pfeffel».

[45] Z. B. «Teutschlands vermehrter Wohlstand oder Vorstellung einer gründlichen Einrichtung der Handlung, wie nemblich solche in Teutschland durch Schiffbarmachung und Vereinigung deren Flüssen zuwege gebracht werden könne ..., Sambt einem Vortrag einiger neu erfundener und zu der Schiffahrt nutzbarer Maschinen ... durch Lotharium Vogemont». 8°. Mit einer Karte. (1712.) Vgl. oben Note 40. — Ein Buch über des Tacitus Annalen: «Thesaurus expositus sive dictiones aberrantia in Cornelii Taciti annalibus quaes ad commentarii captum exposuit Comes Bapt. Crasalari». 8°. (1715.)

20. December 1703 im 57. Jahre ihres Alters. Die Buchdruckerei gieng dann auf ihre Tochter Maria Magdalena Sischowitz über und wurde unter der Firma «Sischowitzische Erben» weitergeführt.

Von den wenigen Drucken, die sich aus ihrer Officin noch erhalten haben, nennen wir: «Erinnerung, Kurtz: Lesens-Würdige, von Herrührung, Erbau: und Benambsung, auch vielfältig anderen ... Seltenheiten ... sowohl in: als um die Kayserliche Haubt: und Residentz-Stadt Wien in Österreich ... mit Kupffer-Stichen gezieret im Jahr 1702. Wienn, gedruckt bey Anna Rosina Sischowitzin Wittib». Fol. Ansicht der Stadt Wien von Daniel Suttinger, vortrefflich in Kupfer gestochen.

COSMEROVISCHE ERBEN.

([illegible] bis 1715.)

Wir haben bereits oben darauf hingewiesen, wie die Susanna Christina Cosmerovin sich eifrigst bemüht hatte, die kaiserliche Gunst und Gnade auch auf ihre Urenkelin, Anna Maria Slaby, zu lenken und bei der Cosmerovischen Officin zu erhalten, welche unter der Bezeichnung «bey denen Cosmerovischen Erben, der Römischen Kayserlichen Mayest: Hoff-Buchdruckerei» weitergeführt werden sollte. So geschah es auch. Die Hofbuchdruckerei «Cosmerovische Erben» – Anna Maria Slaby und ihr Vater, der frühere Advocat und nunmehrige niederösterreichische Regierungsrath Dr. Josef Ferdinand Slaby, waren die Träger dieser Bezeichnung — wurde unter der Leitung des früheren Factors Johann Friedrich Sonnewald im alten Umfange fortgeführt.

Am 15. December 1705 schritten die Cosmerovischen Erben um die kaiserliche Confirmation ihres «Privilegiums der teutschen Zeitungen, Wiener Blättl und Reichs Blättl» ein. Über abgeforderte Äußerung hatten die gesammten Universitäts-Buchdrucker und besonders der «privilegirte Wellisch und Lateinische Zeitungs-Truckher» kein Bedenken dagegen, daher die neuerliche Bestättigung des Cosmerovischen Privilegiums erfolgte. Dasselbe schützte aber gegen den Nachdruck nicht. Bereits im Jahre 1706 beschwerten sich die Cosmerovischen Erben gegen den Buchführer Johann Baptist Schönwetter wegen Nachdrucks der kaiserlichen Patente, Ordnungen u. dgl. und gegen den Buchführer Paul Sedelmayer wegen Nachdrucks der Zeitungen. Ersterem wurde durch kaiserliche Resolution «bey namhaffter Straff und Cassirung seines Privilegij inhibiret, die ausgehend l. f. Patente vnd dgl. dahier publicierende Resolutiones dem Diario per extensum zu inseriren oder in einem andern Format nachdrucken zu lassen», ebenso dem Paul Sedelmayer aufs strengste verboten, Zeitungen nachzudrucken.

Im März des Jahres 1715 wurde die Cosmerovische Buchdruckerei an den Buchführer Johann Baptist Schönwetter um die Summe von 6500 Gulden verkauft, aber der Hoftitel kam im Jahre 1719 an Johann van Ghelen.

Drucke mit der Bezeichnung «Cosmerovische Erben» finden sich in den Bibliotheken noch in ziemlicher Anzahl.[17]

SISCHOWITZISCHE ERBEN.

(1703 bis 1707.)

Maria Magdalena «Sitschowitzin», die Tochter des Matthias und der Anna Regina Sischowitz, war mit ihren Kindern die Erbin der Buchdruckerei, welche nun unter der Firma «Sischowitzische Erben (typis Mathiae Sischoviz haeredis)» durch vier Jahre fortbestand. Im Jahre 1707 «verkaufft Maria Magdalena Sischowitz an Josef Chos und seine Ehewürthin die Universitetische Buchdruckerey um

[17] Es sind deutsche und italienische Textbücher zu Opern, wie sie bei Hofe an Namens- und Geburtstagen des Kaisers und der Kaiserin aufgeführt wurden, oder zu Oratorien, die meist zu Ostern und Weihnachten gesungen wurden (z. B. 1705, Il sacrificio d'Isacco (?); 1706, [illegible]; 1710, [illegible] d'Ercole [illegible] in Spagna; 1713, [illegible]; Ercole in [illegible]; 1714, Alba Cornelia, I satiri in Arcadia und Alessandro), dann Dissertationen und Gelegenheitsschriften. Von letzteren Drucken erwähnen wir ihres Inhalts wegen nur: «Morgen Stern bey der Sonne. Der Kayser mit Gott. Das ist: Leopold der Erste Römischer Kayser, König in Hungarn und Böheimb, Ertzhertzog in Österreich etc. etc. Predigt (Klag-rede), des [illegible] Hofpredigers Ferdinand [illegible], als Seiner Kayserlichen Majestät Leich Begängnuß in Kayserl. Hof Kirchen bey [illegible] Trauer Gerüst gehalten worden. Fol. 1705. K. k. Universitäts-Bibliothek in Wien.) — «Horoscopus gloriae felicitatis et perennitatis Josephi Primi Romanorum Imperatoris semper Augusti» . . . von Joseph [illegible] (vormals [illegible]), Doctor der Medicin. 1705. Fol.

1850 Gulden», wobei Ratenzahlungen vereinbart wurden. Würden diese nicht eingehalten, so stünde es ihr — der Maria Magdalena Sischowitz — frei, ohne gerichtliche Interpellation gegen Zurückgabe «deß in abschlag empfangenen Kaufschilling die Buchtruckherei an wen immer zu verkauffen».[18] Über die Schicksale dieses Verkaufsprojectes sowie über das der Buchdruckerei selbst ist nichts weiter bekannt. Von dem Verkaufe scheint man später Umgang genommen zu haben, da der Name Chos in der Reihe der damaligen Buchdrucker Wiens nicht vorkommt.

ANNA FRANCISCA VOIGT (VOIGTIN).

(1706 bis 1711.)

Anna Francisca Voigt, die Witwe des Leopold Voigt, führte nach dem Tode ihres Mannes die Universitäts-Buchdruckerei «im Jesuiterhaus am Predigerplatz» noch durch fünf Jahre fort. Nach den wenigen noch vorhandenen Drucken dieser Officin zu urtheilen, wurde sie in derselben Weise geleitet und erhielt sie sich in gleichem Umfange wie unter Leopold Voigt. Anna Francisca Voigt starb im Jahre 1711. Über diese Officin ist in den Universitätsacten nichts zu finden.[19]

IGNAZ DOMINIK VOIGT.

(1711 bis 1723.)

Ignaz Dominik Voigt wurde im Jahre 1678 zu Wien im «Jesuiterhaus am Predigerplatz» geboren. Seine Eltern waren Leopold und Anna Francisca Voigt, Universitäts-Buchdrucker. Er genoss mit seinem Bruder eine gute Erziehung, ward aber für die Buchdruckerei bestimmt, die er auch im elterlichen Hause erlernte. In einem Alter von dreiunddreißig Jahren übernahm er nach dem Tode seiner Mutter die Buchdruckerei und wurde am 23. August 1712 als Universitäts-Buchdrucker nach Ablegung des Eides vor dem Rector und nach Erlag der üblichen Taxe von 50 Gulden an die Quästur in die Matrikel eingetragen. In der Consistorialsitzung vom 6. September 1712 wurden ihm in Ansehung, dass er das «Munus Caesareum» gedruckt, 20 Gulden von seiner Taxe nachgesehen. Während einer zwölfjährigen Thätigkeit hat er die Officin mit Eifer und Umsicht geleitet, manches Privilegium und manches gute Buch zeigen eine für die Zeit des Verfalles der Wiener Buchdruckerkunst nicht geringe Sorge für einen vortheilhaften Ruf. Mit Schriften war er ebenfalls gut versehen.

Voigt starb am 4. August 1723 und wurde auf dem St. Stephansfreithofe begraben. Er hinterließ eine Witwe, Maria Theresia Voigt(in), und fünf Kinder, namens Ignaz Wolfgang (10 Jahre alt), Maria Anna (9 Jahre alt), Maria Katharina (8 Jahre alt), Maria Theresia (6 Jahre alt) und Maria Francisca (1 Jahr alt).

Unter den Drucken des Ignaz Dominik Voigt sind bemerkenswert: des Universitäts-Rectors Paul Christoph von *Schlütern* «Divinae providentiae»[20] und des Fürsten Raimund von *Montecuccoli* «Commentarien».[21]

MARIA EVA LERCHER (LERCHIN).

(1723.)

Mit Zustimmung des Consistoriums der Wiener Universität setzte Maria Eva Lerch, welche schon bei Lebzeiten ihres Mannes Christoph Lercher sich der Buchdruckerei energisch angenommen hatte und eigentlich als die zweite Begründerin angesehen werden kann, dieselbe in der bisherigen Art fort. Über

[18] Archiv der Wiener Universität. Fasc. «Partheyensachen». III. Lit. C, Nr. 36. 13. September [illegible].

[19] Von den Drucken der Anna Francisca Voigt erwähnen wir: «*Primus Jacob*, Quinquertium historicum, sive praeludens historiae de bellis augustissimae domus Austriacae . . . dedicatum a Christophoro Leopoldo Schilt Domino de Quartet et Haall». Fol. Mit einem Titelkupfer, gezeichnet von A. Pozzo, gestochen von J. A. Pfeffel. — «Freiwillig Aufgesprungener Granat-Apfel deß Christlichen Samaritans . . . Von der Eleonora, Maria Rosalia Hertzogin zu Troppau . . . Auffs neue vermehrt», 1709. (S. I. Bd. dieses Werkes, S. [illegible].) — «Homiliae et sermones SS. D. N. Clementis Papae XI. In Venetiis MDCCIV per Andrea Poletti. Nunc denuo Viennae Austriae typis . . . 1707», 8°.

[20] «Divinae providentiae cura singularis in Erigenda, Conservanda, Augendaque Augustissima Domo Habsburgo-Austriaca Augustissimo Romanor. Imperatori Carolo Sexto . . . inter Sermonem Imperii Auspicium, Et Felicitatem eidem in Posteris Perennaturam . . . Universitate Viennensi, Sub Rectore [illegible] . . . Paulo Christophoro Schilt P. de Schlütern . . . Anno salutis MDCCXII». Fol. Mit 6 Kupferstiche von Gottlieb Elias Heiß in Augsburg. Ferner Doppeltitel Antiqua.

[21] «Commentarii bellici Raymundi Sac. Rom. Imp. Principis Montecuccoli juncto Artis bellicae systemate ex augustissimae bibliothecae autographo figuris aeneis illustrati Anno MDCCXVIII». Fol. Verschiedene Schriftgattungen.

ihre Kinder war der n.-ö. Landschafts-Buchdrucker Johann Jacob Kürner Vormund; in der Sitzung des Universitäts-Consistoriums vom 28. April wurde derselbe über sein Ansuchen seines Amtes (Gerhabschaft) entlassen und der Universitäts-Buchdrucker Andreas Heyinger bestellt.[52] Noch im Jahre 1713 heiratete sie den Buchdrucker Simon Schmid.

SIMON SCHMID.

(1713 bis 1718.)

Schmid war im Jahre 1664 zu Unter-Mentzig in Baiern geboren. Sein Vater, Joachim Benedict Schmid, hatte ihn für die Buchdruckerei bestimmt, und er erscheint auch schon in einem Extracte der Universitäts-Matrikel vom Jahre 1693 als Buchdrucker. Vom Jahre 1713 an, wo er die Eva Maria Lerch in geheiratet hatte, erscheint er als Universitäts-Buchdrucker und hatte die Officin im Winkler'schen Hause in der Weihburggasse.

Simon Schmid starb am 4. Juni 1718 in einem Alter von vierundfünfzig Jahren; er hinterließ einen Sohn, Johann Benedict Schmid, nachmals «Hofsecretarius». In seinem Testamente wünschte er auch, dass der Lehrjunge Georg Stottensteiner vierzehn Tage vor Jacobi freigesprochen werden möge.

Von seinen Drucken erwähnen wir «Erb-FelnD sVfs HaVpt geschLagen VnD BeLgraD besieget»[53] und das interessante «Neu Wiennerische Studenten Calender».[54] Der Universitäts-Buchhändler Paul Sedelmayer hatte ihm auch das von Kaiser Leopold I. im Jahre 1702 ertheilte «Special Privilegium Impressorium», die sogenannte «Wiennerische allwochentlich zweimal Posttägliche Mercurij Zeitung» betreffend, gegen einen gewissen Gelderlag ganz cediert.[55]

JOHANN BAPTIST SCHÖNWETTER.

(1715 bis 1741.)

Die Buchführerfamilie Schönwetter hatte ihren Stammsitz in Frankfort am Main, doch blühten auch Zweige derselben in Köln und Mainz. Welchem von ihnen Johann Baptist Schönwetter angehörte, der am Ende des XVII. Jahrhunderts als Universitäts-, später auch als Hofbuchführer und Reichs-Hofbuchdrucker in Wien, im Hause zum rothen Igel unter den Tuchlauben, genannt wird, ist aus den Acten des Universitäts-Archives nicht ersichtlich. Schönwetter, welcher ein gebildeter und strebsamer Mann, auch selbst Literat war, nahm als Buchhändler in Wien bald eine hervorragende Stellung ein. Am 10. Januar 1702 hatte er ein kaiserliches Privilegium impressorium auf die sogenannten Staatskalender,[56] Festkalender[57] und zugleich auf eine wöchentliche Zeitung, das «Wiener Diarium», erhalten,[58] jedoch mit der Clausel, dass sie nicht Ordinari-Zeitung sein dürfe, worauf die Cosmerovische Familie das Privilegium besaß.

[52] Archiv der Wiener Universität, Sitzungsprotokoll vom 15. April 1712 bis 12. September 1715.

[53] «18. I. Geographische Vorstellung alles dessen so sich von Anfang heurigen Feld-Zugs biß gegenwärtigen Monat zwischen Ihro Röm. Kayserl. ... Majestät siegreichen Armee unter Commando ... Eugenij Francisci Printzen von Savoyen ... und der feindlich Türkischen Armee bey Belagerung der Haubtstadt und Vestung Belgrad ... zugetragen ... Teutsch-lateinisch-französisch & ital. Wienn gedruckt und zu finden bey ... wie auch bey Johann Ulrich [illegible], Kupferstecher in der Wallnerstraß in Fürst Esterhasischen Hauß.» s. a. 1717) 4°, 9 Bl. (K. k. Universitäts-Bibliothek in Wien.)

[54] «Neu Wiennerischer Studenten Calender, Nie erschen: doch zum priv. et perm. Sup. [illegible], Alles Was das Jahr so wohl, als die Zeit, und sonderbahr Staat- und Universitätsordnung betrifft, auf neu erdachte Art Griff und Begriffweiß in sich haltend. Sambt sonders einem zu letzt beygesetzten kürtzesten, doch unfehlbaren Controversistischen Werck-Zeug: Wormit man, wie in einem Schrauf-Stock, alle Un-Katholische [illegible] Irrthumb weiß hart zwicken, ja wohl auch mit wohlgehaltener Syllogistischer Schnell-[illegible] und Dialectica jedesmahl von Argument zu Argument in Sack [illegible] schieben. Vor das 1717. Jahr allen [illegible] als LIBRUM von Benedict [illegible], Universitätischen Buchhändler, an einem Neuen Jahr feil gebotten. Zu finden bei der Peters-Kirchen.» Ein [illegible] Compendium für [illegible] Interessant, welch ein Geist damals an der Universität herrschte. (Austria, Österreichischer Universal-Kalender 1855, S. 11.)

[55] Archiv der Wiener Universität. Fasc. III. «Partheyensachen» Lit. S. Nr. 236.

[56] Der «k. k. Staats- und Standeskalender mit Inserirung aller hohen und niederen Dicasterien, Raths-Collegien und Instanzen, Hofstäbe als der Wappen-, Stand- oder Tafel-Kalender».

[57] Das «Wiennerische Andachtsbüchl oder Fest-Calender mit allen vorfallenden Hof- und Kirchenfesten, sambt allen denkwürdigen Ceremonien und Solemnitäten mit oder ohne Kupfer».

[58] Von der niederösterreichischen Regierung an die Universität sub dato 13. August 1703. (Archiv der Wiener Universität. Fasc. III. Lit. S.) Die erste Nummer des Wiener Diariums erschien aber schon am 8. August 1703 unter dem Titel: «Num. 1. Wiennerisches Diarium, Enthaltend alles Denckwürdige, so von Tag zu Tag so wohl in dieser Kayserlichen Residentz-Stadt Wienn selbsten sich zugetragen, als auch von andern Orthen und der gantzen Welt allda nachrichtlich eingeloffen. Mit diesem beygefügten Anhang, daß auch alle diejenige Persohnen, welche wochentlich allhier gestorben, hingegen was von Vornehmen gebohren, dann copuliret worden, ferner ankommend und von dannen verreist darinnen befindlich. Mit Ihro Römischen Kayserlichen Majestät allergnädigsten Privilegio.» 4°, 8 S. Auf der ersten Seite erschien der Titel, auf der zweiten das Programm in der Form einer «Anmerkung», auf der dritten begannen die Localnachrichten, ihnen folgen die Correspondenzen aus Italien, Köln, der Schweiz, Berlin, London, Haag und Breslau, die Listen der Gestorbenen, Vermählten und Verstorbenen, endlich ein Verzeichnis der angekommenen Fremden. Das Wiener Diarium erschien wöchentlich zweimal. Schönwetter blieb im Besitze desselben bis ersten Jänner 1722, von wo an, nicht ohne seine Schuld, Johann Peter van Ghelen als Herausgeber und Drucker des Wiener Diariums nachfolgt. Die für den Bau und die Einrichtung der neuen Hofbibliothek eingesetzte Hofcommission hatte, um Geld zu diesem

Im Jahre 1715 hatte Schönwetter mit Genehmigung der Universität die Buchdruckerei der Cosmerovischen Erben durch Kauf an sich gebracht, welche nunmehr unter seinem Namen durch einen der Universität präsentierten und von ihr approbierten fachkundigen Factor — zuerst Friedrich Sonnewald,[59] dann Johann Georg Frey[60] und Philipp Bredbeck — geleitet wurde. 1716 erscheint Schönwetter als Universitäts- und Hofbuchhändler, und am 7. December 1719 erhielt er die Bestätigung und Erweiterung seiner früheren Privilegien auf die Kalender und andere Schriften, zugleich aber auch den Titel eines kaiserlichen Reichs-Hofbuchdruckers.[61]

Schönwetter hatte eine gutgeleitete und vollständig eingerichtete Officin übernommen. Als dieselbe nach vier Jahren zu «Ihrer Röm. Kayserl. Majestät Reichs- und Hof-Buchdruckerey» erhoben worden war, erweiterte er sie in dem Maße, dass er selbst sie in einem von ihm angelegten Vermögensverzeichnisse mit 20.000 fl. bewertete. Da aber finanzielle Bedrängnisse in seinen letzten Lebensjahren über ihn hereinbrachen, gieng auch die Officin wieder zurück, und als sie gar unter den Hammer kam, ward sie im Schätzungswerte nahezu um die gleiche Summe geschätzt, um welche Schönwetter sie einst erstanden hatte.[62] Bei der von Ignaz Heyinger und Johann Baptist Schilgen vorgenommenen Schätzung fand man nämlich 173 Centner 50 Pfund Schrift im Werte von 5807 fl. 37 kr.,[63] drei complete Pressen, jede zu 70 fl., zwei incomplete, jede zu 35 fl., und andere Utensilien,[64] so dass die ganze Druckerei auf 6278 fl. 31 kr. geschätzt wurde.

Schönwetter druckte Zeitungen, Kalender, Gebetbücher, Reden, Relationen, politische und Kriegsnachrichten, wozu der spanische Erbfolgekrieg und der Krieg gegen Rakoczy reichlichen Stoff boten; der Verlag des Diariums, seine schriftstellerische und Geschäftspraxis, sowie die dadurch erlangte Annäherung an officielle Kreise, führten ihm denselben durch mannigfache Quellen zu. In den Bibliotheken ist aber von seinen größeren Drucken nur wenig mehr vorhanden, sie gehören zu den literarischen und typographischen Seltenheiten. Schönwetter pflegte im Drucke und Verlage ein eigenes Genre mit nicht besonderer typo-

Zwecke herbeizuschaffen [illegible] Calender und Zeitungen [illegible] Schönwetter als Verleger des Diariums [illegible] Schönwetter für das Diarium jährlich nicht dreitausend Gulden zahle, [illegible] am 18. October 1721 das Wiener Diarium. (Archiv des k. k. Ministeriums des Innern. Fasc. IV. D. 7 Buchdrucker, 61, Nr. 3.)

[59] Friedrich Sonnewald stand durch mehr als elf Jahre als Factor im Dienste der Cosmerovischen Officin, wurde 1715 in gleicher Eigenschaft von Schönwetter übernommen und starb noch in demselben Jahre. Sein Sohn Jacob S. war Hofmusikus. (Diarium vom Jahre 1716, Nr. 97. Universitäts-Archiv, Testamente und Verlassenschaften.)

[60] Johann Georg Frey, Factor bei Schönwetter von 1715 bis 1731 (starb am 23. April 1731), war zu Zell am Untersee geboren und kommt 1693 in einem Extracte der Universitäts-Matrikel als Buchdruckergeselle vor. Er hatte sich 1711 mit der Witwe Johanna Francisca Gmainer bei St. Michael verheiratet. In seiner Hinterlassenschaft befanden sich auch ein Degen mit messingenem Gefäße und silbernem Griff und ein Stock mit silbernem Knopf. (Universitäts-Archiv l. c. Fasc. 19. Postägl. Anzeiger vom Jahre 1731, Nr. 32.)

[61] Archiv der Wiener Universität, Fasc. III. «Partheyensachen», Lit. S. Nr. 161.

[62] 1721 waren in der Reichs-Hofbuchdruckerei und Hofbuchdruckerei Schönwetters zum ersten Mal beschäftigt: Ein Translator und Corrector (Anton Hollinger), ein Sollicitant (Ignatius Dominicus Devrient de Zawisky), ein Factor (Johann Georg Frey), 7 Buchdruckerei-Verwandte oder Gesellen, zwei Jungen, ein Tabellarius und ein Heizer, welche mit Ausnahme der beiden ersten alle bei Schönwetter im [illegible] wohnten; 1725 gab es daselbst einen Factor (Johann Georg Frey), 7 Buchdruckerei-Verwandte und einen Heizer; 1731 einen Actuarius und Corrector (Friedrich Caspar [illegible]), einen Factor (Philipp Konrad Bredbeck), 3 Buchdruckerei-Verwandte und 2 Heizer; 1735 den eben genannten Actuarius und Corrector, sowie Factor und 4 Buchdruckerei-Verwandte. (S. K. u. K. auch [illegible] und Ihres Residenz-Stadt Wien Staats- und Stands-Calender auf die Jahre 1721, 1725, 1731 u. 1735.)

[63] Diese Schriften vertheilen sich nach Form und Kosten in folgender Weise:

Cent.	Pfund	Schrift	Preis	Wert
16	29	Petit Fractur	à Cent. 45 fl.	737 fl. 23 kr.
5	62	" Antiqua u. Cursiv	45 fl.	252 fl. 54 kr.
7	17	Garm. Antiqua u. Cursiv Schwabacher	36 fl.	258 fl. 7½ kr.
9	21	Garm. Fractur u. Schwabacher	36 fl.	295 fl. 33¾ kr.
13	71	do. Tertia	25 fl.	342 fl. 45 kr.
[illegible]	[illegible]	Tertia Antiqua u. Cursiv	25 fl.	300 fl.
11	62	Mittel Fractur u. Schwabacher	27 fl.	313 fl. 44¼ kr.
11	17	Mittel Antiqua u. Cursiv	27 fl.	301 fl. 35¼ kr.
12	40	Cicero Fractur u. Schwabacher	28 fl.	345 fl. 21 kr.
15	92	Cicero Antiqua u. Cursiv	30 fl.	477 fl. 36 kr.
5	53	«Bibeln»	32 fl.	175 fl. 58½ kr.
1	77	Linien	40 fl.	70 fl. 48 kr.
5	61	Titelschriften	35 fl.	196 fl. 21 kr.
—	22	böhmische u. hebräische Schriften	à Pfund 18 kr.	6 fl. 36 kr.
3	26	große und kleine Canon Antiqua u. Cursiv	à Cent. 30 fl.	97 fl. 48 kr.
7	44	Doppelte Mittel Fractur, Antiqua u. Cursiv	21 fl.	156 fl. 14¼ kr.
2	57	Tertia Graecum	30 fl.	77 fl. 6 kr.
2	30	Paragon Antiqua und Schwabacher	20 fl.	46 fl. —
1	46	Roman Antiqua u. Cursiv	24 fl.	35 fl. 2¼ kr.
7	67	Text Fractur u. Schwabacher	20 fl.	153 fl. 24 kr.
6	96	Tertia Antiqua u. Cursiv	27 fl.	185 fl. 17 kr.
11	2	Miscellanea	25 fl.	275 fl. 30 kr.
6	90	Noten	35 fl.	241 fl. 30 kr.
173	50			5555 fl. 7¼ kr.
		Aufgeschlagene Alphabete um		252 fl. 30 kr.
				5807 fl. 37¼ kr.

[64] 16 Stück Winkelhaken 1 fl. 36 kr. 26 Stück Instrumente zum Gießen und 3 incomplete Kästen, Setzbretter, Rahmen und Stege 130 fl.

graphischen Ausstattung, so Zeitungs-Nachrichten, Beschreibungen, die auf die nächsten Ereignisse Bezug hatten und nur einige Blätter stark waren;[65] er wusste genau, was der Geschmack des Publicums verlangte, und war durch und durch Geschäftsmann, hatte es daher auch zu großem Reichthume gebracht und bewertete einmal selbst sein ganzes Vermögen auf 134.000 fl., eine für damals ganz respectable Summe.[66]

Welche finanzielle Katastrophen über Schönwetter hereingebrochen waren, so dass er in den letzten Jahren seines Lebens in Schulden gerieth, wissen wir nicht. Thatsache ist, dass 1737 und 1738 beim Universitäts-Consistorium mehrfache Schuldklagen, zuletzt Gesuche um Execution einlangten.[67] Seine Tochter Maria Francisca, verehelichte Belein, klagte ihn auf die Herausgabe des mütterlichen Erbtheiles von 3000 fl., Franz Freiherr von Glanzdorf auf 4000 fl.; auch seine Frau Katharina wurde mehrfach geklagt. Stockhammer, in dessen Hause »am Lugeck« (Regensburgerhof) sich Schönwetters Druckerei befand, hatte ebenfalls eine größere Forderung an ihn. Dem mehrseitigen Ansuchen auf Execution gab nun das Universitäts-Consistorium Folge und bestimmte die Tagsatzung auf den 28. Januar 1741.[68] Bei dieser Licitation erstand die Buchdruckerin Eva Maria Schilgin als Meistbietende die Buchdruckerei, und die Universität schloss am 7. Juli 1741 mit ihr den Kaufvertrag ab, worauf sie die Kaufsumme erlegte.[69]

Mittlerweile war Schönwetter am 7. April 1741 im 71. Jahre seines Alters im neuen Wagner'schen Hause auf dem Salzgries gestorben.

Schönwetter war zweimal verheiratet. Seine erste Frau war Maria Susanna, geb. Schütz, eine Tochter des k. k. Obrist-Wachtmeisters Wilhelm Schütz, welche am 13. Februar 1723 starb.[70] Von den Kindern dieser Ehe Schönwetters sind uns bekannt: Johanna Christina, Macarius Franciscus, Franz Karl (gest. zweijährig 1707) und Johann Baptist Gottfried (geb. 1706). Von seiner zweiten Frau wissen wir nur, dass sie Katharina hieß.

WOLFGANG SCHWENDIMANN.

(1716 bis 1731.)

Wolfgang Schwendimann aus Hannover kommt bereits in einem Extracte der Universitäts-Matrikel des Jahres 1704 als Universitäts-Angehöriger vor; damals war er Buchdruckergeselle bei seinem Verwandten Johann Georg Schlegel. Nach dessen Tode im Jahre 1716 übernahm er auch die ihm testamentarisch zugesicherte Officin und erscheint seitdem in den Acten als Universitäts-Buchdrucker.[71]

In demselben Jahre schloss er die Ehe mit Maria Felicitas Wagenlehner, der Tochter des Bäckermeisters Hanns Michael Wagenlehner[72] beim Schottenthore, die ihm eine Mitgift von 500 fl. zubrachte;

[65] »Bedeutungen und Innschriften einiger [illegible] Geburt des Durchleuchtigsten Ertz-Herzogs Leopold &c. &c. A. C. MDCCXVI den XIII. April [illegible] Kaiserl. Maj. [illegible] Antiquitäten und Medaillen Inspector«. [illegible] — »Beschreibung der [illegible] Ertz-Herzogs Leopold, Printzen von Asturien etc. etc. [illegible] April. 1716. [illegible] Kaiserlicher Haupt- und Residentz-Stadt Wien [illegible] — »Beschreibung [illegible] 13. April. 1716. [illegible] — »Beschreibung des prächtigsten [illegible] Römische Kaiserin auch zu Germanien, Hispanien, Hungarn und Böheim Königin, Ertz-Herzogin zu Oesterreich u. s. w. [illegible] Ertz-Herzogen zu Oesterreich und Printzen von Asturien. In der kaiserlichen Hof-Kirche [illegible] gehalten«. [illegible] — »[illegible] Triumph und Jubel-Schall über die königliche Krönung Ihrer Majestät Friderici Augusti König in Polen u. Churfürsten zu Sachsen, Groß-Hertzogen zu Litauen, [illegible] (1734.)

[66] In dem Vermögensverzeichnisse Schönwetters ist die Zeit seiner Abfassung nicht angegeben. Er besaß darnach [illegible] Haus im Werte von [illegible] Gulden, mit einem Zinserträgnisse von nahezu zweitausend Gulden; [illegible] ein Haus »auf der Landstraße« sammt Garten im Werte von [illegible] Gulden; das Gut [illegible] (V. O. W. W.); einen Freihof zu Kirling; zwei Häuser zu [illegible] sammt Äckern, Gärten und Waldungen, dann Weingärten, [illegible], Alles zusammen im Werte von [illegible] Gulden.

[67] Archiv der Wiener Universität. Fasc. »Partheysachen« III, Lit. S. Nr. 196.

[68] Edict des Rector Magnificus und des Consistoriums der Wiener Universität »Über Anlangen des Franz Ernst Frey- und edlen Herrn von Glanzdorf, daß die im Regensburger Hof [illegible] Stockhammer [illegible] Schönwetter'sche Druckerei öffentlich [illegible] verkauft. Tagsatzung 28. Jänner 1741 in der Universitäts-Canzlei«. [illegible] December 1740. [illegible] Nr. 1, 4. Jänner 1741.)

[69] Bei dieser Schilgen'schen Masse [illegible] Karl Leopold [illegible], daß der verstorbene Franz Paul Edler von Stockhammer seine Forderung an Schönwetter [illegible] Stockhammers [illegible] am 24. März 1741 [illegible] Stiftung geschenkt habe.

[70] Sie wollte nach testamentarischer Verfügung bei den Augustinern in der großen Gruft neben dem heil. Dreikönigs Altare begraben werden.

[71] Archiv der Wiener Universität. Fasc. 41. »Testamente und Verlassenschafts-Abhandlungen«, Nr. 29.

[72] Hanns Michael Wagenlehner war während der Türkenbelagerung Wiens 1683 Fähnrich der Frei-Compagnie der Bäckerjungen, siehe »Contrefait« nach einer in der Wiener Stadtbibliothek befindlichen Copie aus dem Innungsbuche der Bäcker-Genossenschaft [illegible] »Wien im Jahre 1683«, S. 256 f., 270

er selbst verschrieb ihr im Heiratscontracte, ddto. 16. August 1716, die Summe von 1000 fl. und die Officin.[73] Aus dieser Ehe stammten zwei Söhne, Josef (geb. 1717)[74] und Anton Michael Gabriel (getauft am 24. März 1719),[75] sowie eine Tochter Anna Maria (geb. 1720).[76]

Maria Felicitas Schwendimann starb aber schon am 17. November 1721[77] und setzte ihren Gatten zum Universalerben ein.

Wolfgang Schwendimann starb ohne Testament am 6. Februar 1734 und wurde auf dem Stephansfreithofe begraben. Zu Vormündern seiner minderjährigen Kinder bestellte das Universitäts-Consistorium den Universitäts-Buchdrucker Johann Baptist Schilgen und den mütterlichen Großvater Michael Wagenlehner; da ersterer aber die Vormundschaft mit der Motivierung zurücklegte, dass er selbst fünf Kinder zu versorgen habe und schon eine Vormundschaft über sechs Kinder versehe, so wurde der Universitäts-Buchdrucker Gregor Kurzböck zum Vormund ernannt.

Schwendimann hatte zwar keine große, aber eine verhältnismäßig gut eingerichtete Officin, wie denn auch, nach den Inventarien zu schließen, sein ganzes Hauswesen solid bestellt war.[78] Es fanden sich bei der Schätzung seiner Officin durch Johann Baptist Schilgen und den Schriftgießer Ignaz Zapf siebzig Schriftkästen mit verschiedenen Sorten Schriften in Antiqua und Fractur sammt drei Pressen, zusammen im Schätzwerte von 2500 Gulden, vor. Unter seinen Schriften sind die nette Petit und Cicero Antiqua besonders hervorzuheben. Außerdem waren fünf Ballen und ein Ries Papier (à Ballen mit 13 fl. bewertet) im Betrage von 65 fl. und Bücher seines Verlages, Katechismen, Kinderschriften, kleine Gebetbücher u. dgl. in ziemlicher Anzahl vorhanden. Die ganze Verlassenschaft wurde auf 2064 fl. geschätzt.

Am 21. Juni 1734 kaufte Leopold Johann Kaliwoda die Schwendimann'sche Officin (sammt Kücheneinrichtung) um 3000 fl.

Von Schwendimanns größeren Druckwerken erwähnen wir vor allem des Adam Josef Freiherrn von *Keller* »Quinquennium secundum Imperii Romano-Germanici Caroli VI.« ... eine philosophische Dissertationsschrift aus dem Jahre 1721, 41 Blätter in Folio, welche reich mit Kupfern ausgestattet ist. Wir zählen darin ein Titelkupfer von J. A. Pfeffel, fünf große Kupferstiche von Elias Schaffhauser, Dietel und David Nessenthaler, außerdem dreißig Kupferstiche in Medaillonform. Die Schrift ist fette Doppelmittel Antiqua. Das dem Prinzen Eugen gewidmete Werk Sebastian *Inspruggers* über den burgundisch-österreichischen Vlies-Orden in lateinischer Sprache, ebenfalls in Folio, enthält zwölf Kupferstiche von J. A. Schmuzer und F. A. Dietel. In Folio erschien auch das lateinische Werk J. B. *Mayrs* über die Päpste aus dem Benedictiner-Orden von Benedict I. bis Benedict XIII. (1728). Im Jahre 1720 wurde unter andern bei Schwendimann gedruckt: »Vita et virtutes Eleonorae Magdalenae Theresiae imperatricis, conscripta a quodam e societate Jesu sacerdote«, 8°, mit Kupferstichen, das auch in deutscher Sprache erschien. In dem literarischen Streite über die Trudberta zwischen dem Jesuiten M. *Hansiz* und dem Melker Benedictiner Bernard *Pez* druckte Schwendimann 1731 des ersteren »Responsio P. M. Hansizii S. J. ad epistolam B. Pezii ... super Vita Trutperti« ...[79] Literarisch bemerkenswert sind des Zwettler Abtes Bernard Link »Annales Austriae Claro-Vallenses« (Fol. 1723), mit genealogischen Tabellen und einer Karte,[80] als nette Drucke aber noch hervorzuheben: Franz *Hillers* »Specimen historiae cancellariorum Universitatis Viennensis« ... (1729) und Ignaz *Kampmillers* »Bibliothecae Veterum Deperditae in Augusta Vindobonensi Caesarea« ... (1729), mit einer Ansicht der k. k. Hofbibliothek.

[73] L. c. Fasz. 41, Nr 19.

[74] Josef Schwendimann wurde unter dem Namen Frater Bonifacius Franciscaner-Ordenspriester im Wiener Convente.

[75] Wiener Diarium vom Jahre 1719, S. 1668. Anton Schwendimann trat nach absolvierten philosophischen Studien in das Alumnat bei St. Stephan ein und wurde Weltpriester. In seinem Privatsiegeln führt er bald den Greifen, bald den Druckerballen, bald den Pelikan.

[76] Anna Maria heiratete den bürgerlichen »Weißbeckher« Stadler in der Leopoldstadt.

[77] Maria Felicitas Schwendimann wurde laut Testament auf dem Stephansfreithofe beim Gnadenbilde begraben. In ihrem Privatsiegel führt sie den Pelikan mit den Buchstaben M F S.

[78] In dem Inventare werden auch ein silberner Degen (bewertet mit zehn Gulden) und ein spanisches Rohr mit einem silbernen Knopfe (bewertet mit drei Gulden dreißig Kreuzer), die Symbole eines gut situierten und behäbigen Bürgers in jener Zeit, aufgeführt. Natürlich fehlen auch nicht der Dreispitz und die Schuhe mit den silbernen Schnallen. Zur Leiche des Vaters kaufte dem Sohne Josef der mütterliche Großvater einen silbernen Degen sammt Flor.

[79] Anton Mayer, Geschichte der geistigen Cultur in Niederösterreich (Wien 1878), S. 257, Note 311.

[80] Anton Mayer, l. c. S. 191, Note 86.

MARIA EVA SCHMID (SCHMIDIN)

(1718 bis 1720)

Nach dem Tode des Simon Schmid setzte dessen Witwe, Maria Eva, die Buchdruckerei mit großer Energie, Umsicht und vielen Mühen fort. Auch sie besaß das Privilegium einer Universitäts-Buchdruckerin; ihre Drucke sind gewöhnlich bezeichnet: «Gedruckt zu Wienn, bey Maria Eva Schmidin, Wittib», oder «Viennae Austriae, typis Mariae Evae Schmidin viduae, Universitatis typogr.» Von ihren Drucken sind uns Predigten, Dissertationen, Reden bei Universitätsfesten u. dgl. bekannt.

Am 15. Januar 1720 wurde ihr und ihren Kindern das dem Astrologen Mathaeo Gentili ertheilte Privilegium des «Krakauer-Kalenders» auf weitere sechs Jahre verliehen.[31] In demselben Jahre heiratete Maria Eva Schmid den Buchdruckergesellen Johann Baptist Schilgen.

JOHANN BAPTIST SCHILGEN.

(1720 bis 1743)

Johann Baptist Schilgen, geboren im Jahre 1687, hatte ordnungsgemäß die Buchdruckerei erlernt. Er war zuletzt in der Officin der Eva Maria Schmid beschäftigt, die ihn als vermögenslosen Buchdruckergesellen im Jahre 1720 heiratete, wodurch er die Leitung einer schon längere Zeit bestehenden, wenn auch kleinen Officin übernahm. Maria Eva Lercher-Schmid, nunmehrige Schilgen, war eine energische Frau, die deshalb in Wiens Buchdrucker-Geschichte besonders genannt zu werden verdient. Sie arbeitete, wie sie selbst gesteht, ganze Nächte in der Buchdruckerei und erwarb sich noch mit Papier- und Weingeschäften einiges Geld, das sie wieder für die Aufbesserung der Officin verwendete.[32] Dieselbe war auch im Verhältnisse ihres Umfanges und ihrer Bedeutung mit Antiqua- und Fracturschriften gut ausgerüstet; im Nachlasse Schilgens fand sich noch ein Matrizenkästlein mit türkischen Schriften, die sogenannten Meninskischen, mit denen derselbe 1687 sein großes Wörterbuch gedruckt hatte.

Schilgen war niederösterreichischer Landschafts- und Universitäts-Buchdrucker («Viennae Austriae Typis ... Universitatis Typographi» und ... «Statuum Provincialium Inferioris Austriae Typographi»). Die Officin befand sich im vierten Stocke des großen Graf Gollischen Hauses in der Weihburggasse, gegenüber dem Wirtshause zum goldenen Engel, das Gewölbe aber in der Kärntnerstraße im Hause des Hofapothekers gegenüber dem wilden Mann.[33] Außer den unten angeführten Werken wurden bei ihm gedruckt: viele Dissertationen, Reden bei feierlichen Anlässen der Universität, ferner der «Geburts- und Namenstagskalender für Hof- und Standespersonen»; der lateinische Hofkalender («Calendarium pro Anno, z. B. Bissextili 1732 ad usum aulae Caesareae etc.»); der Hof- und Ehrenkalender;[34] französische Tractate; das Namenbüchlein; der Canisische Katechismus. Auf alle diese hatte er privilegia impressoria.[35] Ein sehr seltener Druck seiner Officin ist: «Vienna gloriosa et gratiosa».

Schilgen starb am 9. October 1743 im 56. Jahre seines Alters im Graf Gollischen Hause[36] und wurde bei den Schwarzspaniern begraben. Sein einziger Sohn Josef war in einem Alter von elf Jahren 1733 gestorben; außerdem hatte er eine Tochter Maria Katharina.

Bekannte Drucke aus der Schilgen'schen Officin sind noch: die «Cosmographia Provinciae Austriaco-Franciscanae» etc. in Fol. (1740), mit Kupferstichen von Schmitner, und die «Bibliotheca Windhagiana» etc.

[31] Wiener Stadt-Archiv, alte Registratur Nr. 7 720.

[32] Archiv der Wiener Universität, Fasc. «Partheyensachen» Lit. S.

[33] Wiener Diarium, Jahrg. 1727, Nr. 4. Jahrg. 1733, Nr. 28.

[34] Am 21. November 1725 erhielt Schilgen das Druck- und Verlags-Privilegium auf diesen Kalender mit der Frist auf sechs Jahre. Vor ihm besaß das gleiche Privilegium der bürgerliche Buchbinder Johann Jacob Kohl, der es am 8. October 1715 ebenfalls auf sechs Jahre erhalten hatte. (Wiener Stadt-Archiv, alte Registratur Nr. 105 725 und 150 715.)

[35] Diese Privilegien datieren vom 2. Juni und 24. November 1725 zur Herausgabe des Ehrenkalenders; vom 30. September resp. 2. October 1726 zum Drucke der Hofkalender schon für das Jahr 1727, vom 2. September und 13. November 1733, vom 9. Juli und 2. October 1737. Das Privilegium auf die «Ehrenkalender» erhielt Schilgen ddo. Laxenburg am 2. Juni 1725 anstatt des erloschenen Mercurij Zeitungs-Privilegiums. (Archiv der Wiener Universität l. c. Lit. S. Nr. 265.)

[36] Wiener Diarium, Jahrg. 1743, Nr. 82. Sein vom 16. August 1743 datiertes Testament wurde am 16. October d. J. von der Universitätsbehörde eröffnet. Der Syndicus und der Notar der Universität [illegible]

von Ferdinand Dominik *Quarient*, mit dem Porträt des Grafen von Windhag, nach dem Ölgemälde Solimenas von J. J. Sedelmayer in Kupfer gestochen. Ein mit interessanten Kupferstichen reich ausgestattetes Buch ist auch Georg Christoph *Kriegls* «Erbhuldigung der niederösterreichischen Stände», abgelegt der Maria Theresia am 22. November 1740. (Fol.)[47]

JOHANN PETER VAN GHELEN.

(1721 bis 1754.)

Johann Peter van Ghelen, der älteste Sohn des Johann und der Maria Elisabeth van Ghelen, war zu Wien im Jahre 1673 geboren. Noch in seine Jugendzeit fällt das denkwürdige Jahr 1683, die Belagerung Wiens durch die Türken, während welcher sich sein Vater viele Verdienste um die Stadt und um seinen Kaiser erworben hatte, welcher ihn denn auch deshalb wiederholt belobte, mit Privilegien auszeichnete und belohnte. Kurz vor dem Herannahen des gefürchteten Feindes hatten die besorgten Eltern den noch nicht zehnjährigen Johann Peter, um ihn der Gefahr zu entrücken, nach Brüssel zu Verwandten geschickt, wo er zwei Jahre verblieb. Nach Wien zurückgekehrt, vollendete er seine Studien und erlernte hierauf in der Buchdruckerei seines Vaters die Kunst Gutenbergs, für die er schon seit frühester Zeit bestimmt war. Im Jahre 1692 begab er sich wieder nach Brüssel, um beim Hofbuchdrucker und Hofbuchhändler Fritz den Buchhandel zu erlernen. Schon im folgenden Jahre kehrte er in seine Vaterstadt zurück, von wo aus er eine größere Reise durch Deutschland, Frankreich und Italien unternahm, um die Einrichtung und den Betrieb größerer Officinen kennen zu lernen. Nachdem er in das väterliche Geschäft wieder eingetreten war, betheiligte er sich vorzugsweise an der Redaction der italienischen Zeitung.

Nr. 2. Das Druckerzeichen der van Ghelen in Antwerpen.

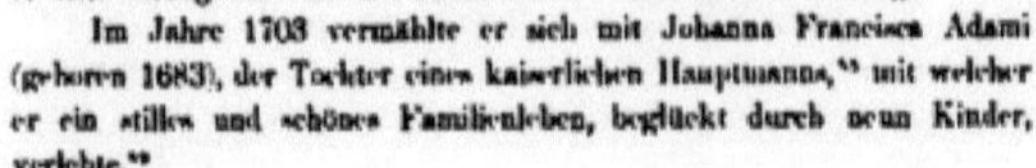

Im Jahre 1703 vermählte er sich mit Johanna Francisca Adami (geboren 1683), der Tochter eines kaiserlichen Hauptmanns,[48] mit welcher er ein stilles und schönes Familienleben, beglückt durch neun Kinder, verlebte.[49]

Nr. 3. Das Druckerzeichen der van Ghelen in Antwerpen.

Nach dem Tode seines Vaters (1721) übernahm Johann Peter die Officin und den Buchhandel. Noch in demselben Jahre wurde er in die Universitäts-Matrikel als Universitäts-Buchdrucker eingetragen.[50] Den Titel «Römisch Kayserlicher und Königlicher Catholischer Majestät Hofbuchdrucker» hatte er durch kaiserliche Gnade schon vom Vater her überkommen; er wurde ihm 1742 von der Kaiserin Maria Theresia auf weitere zehn Jahre erneuert, ebenso 1752. Im Jahre 1728 nennt er sich auch «gemeiner Stadt Wien Buchdrucker».

Eine seiner ersten und hervorragendsten Unternehmungen als Buchdrucker und Verleger war, dass er vom 1. Januar 1722 an das «Wiener-Diarium» an sich brachte, das unter diesem Titel, sowie auch

[47] Noch erwähnen wir einen Druck der Schilgen'schen Officin, der für die Geschichte der Kirchen Wiens bemerkenswert ist: «Origo, Progressus et Memorabilia Ecclesiae Caesareae S. P. Augustini Viennae cujus per Fridericum Tertium Aug. Rom. Imp. [illegible] et Albertum [illegible] Austriae [illegible]; ab [illegible] Augustinianorum Discalceatorum Congregationi per Ferdinandum II. Augustum [illegible] Anno [illegible], Publici juris facit Conventus Caesareus [illegible]. Anno (1730). Fol. [illegible] (K. k. Universitäts-Bibliothek in Wien.)

[48] Die «Adami» hatten sich als Soldaten im Felde um Kaiser und Reich verdient gemacht. Ein Johann de Adami erhielt denn auch am 16. März 1564 einen Wappenbrief, dessen vom kaiserlichen und päpstlichen Notar Anton Johann B. [illegible] von [illegible], ddto. Mainz, 1. Mai 1705, beglaubigte Abschrift im Besitze des Herrn Julius Löwe, Officials im k. k. Controloramte, sich befindet.

[49] Im frühen Alter starben: Maria (geb. 1705, gest. 1706), Olympia (geb. 1706, gest. 1707), Thomas (geb. 1711, gest. 1712). Am Leben verblieben: Johann Leopold (geb. 1708, gest. 1760), Maria Carolina (geb. 1710, gest. am 11. August 1779 als Witwe des hochfürstlich salzburgischen Hofrathes Radler), Anna Felicitas (geb. 1716, vermählt mit Gottlieb Fleckhammer von Aystetten, Kriegskanzlei-Viceregistrator, gest. am 7. October 1760), Christine (getauft am 23. December 1719. [Wiener Diarium 1720, Nr. 1713]), Theresia und Magdalena, Zwillinge (geb. am 26. October 1721). (Wiener Diarium, die betreffenden Jahrgänge. — Les van Ghelen imprimeurs par A. A. Vorsterman van Oyen. Gand 1863. Dieses verdienstvolle Werkchen wurde bezüglich der niederländischen Linie der van Ghelen dem Stammbaume auf S. 22 zu Grunde gelegt.)

[50] R. Kink, Geschichte der Wiener Universität, I. 2, S. 278–279.

später unter dem der ‹Wiener-Zeitung› fortwährend bei der von Ghelen'schen Familie und deren Erben verblieb.[91]

Ghelens Officin, welche sich bei der kaiserlichen Burg gegenüber dem Hof-Ballhause im sogenannten Fleckhammer'schen Hause befand, gehörte vermöge ihrer Einrichtung und Leistungsfähigkeit zu den ersten Wiener Officinen und zu den hervorragenderen überhaupt in jener Zeit; hierin hat sie sich auch auf der Höhe, die schon Johann van Ghelen angestrebt und auch erreicht hatte, erhalten. In Johann Thomas Trattner erstand ihr jedoch ein bedeutender Gegner, und obwohl Johann Peter van Ghelen kurz vor seinem Tode um die Erneuerung des Hof-Privilegiums angesucht hatte, erhielt doch sein Sohn und Nachfolger Leopold Edler von Ghelen die Stelle eines Hofbuchdruckers nicht, sondern Trattner.

Beim Tode des Johann Peter van Ghelen wurden vom Schätzmeister Leopold Johann Kaliwoda die Buchdruckerei, die Schriftgießerei und der Papiervorrath auf 5318 fl. $56\frac{1}{2}$ kr. geschätzt.[92] An Personal befanden sich im Jahre 1754 in der Officin ein Factor (Johann Laport, der am 8. März 1755 aus der Ghelen'schen Officin austrat und schon am 20. Juni d. J. im Alter von 48 Jahren starb)[93] und zwölf Gesellen (Johann Georg Böhrer, Matthias Peitl, Matthias Gilger, Franz X. Predl, Franz und Ferdinand Kruschy, Johann Friedrich Baumeister, Franz Lechner, Karl Nowack, Ignaz Drob, Johann Jerschigofsky, Moriz Kratzer).

Johann Peter van Ghelen besaß zahlreiche Privilegien zum ausschließlichen Druck und Verlag, wenn auch kleiner, doch einträglicher Schriften, so von Evangelien- und Gebetbüchern, Kalendern (der spanische Kalender, Genealogisch-Heraldischer Staats-Kalender mit den in Kupfer gestochenen Wappen der hohen Häuser u. a. m.), für das ‹Verzeichnuß derer bey dem Kayserl. höchst-preißlichen Reichs-Hof-Rath von 1613 bis 1625 ergangenen, die Agenten, Procuratoren und Partheyen betreffenden Decretorum, Communium. In Quarto›, für das ‹Castrum doloris› (1726) u. dgl.

In diesen kleineren Publicationen, z. B. in den Evangelien- und Gebetbüchern, die sehr verbreitet waren, finden wir mitunter das Druckerzeichen der Ghelen'schen Familie in Antwerpen wieder. (S. Nr. 2 und 3.)[94] In den größeren Werken, welche mit schönen Kupferstichen von van Schuppen, van der Bruggen, Andreas und Josef Schmuzer, Elias Schaffhauser u. a. geziert sind, tritt uns oft eine typographische Ausstattung entgegen, welche Bewunderung hervorruft, ja einige sind für ihre Zeit wahre Prachtwerke zu nennen. Außer den Kupferstichen finden wir noch Kopfleisten, Initiale und Vignetten in Kupfer gestochen. Der Text ist mit zierlichen und doch dabei fest geschnittenen Typen gedruckt, sei es in Grober Cicero Antiqua und Tertia Antiqua, in Groß- oder Klein-Cursiv- und in Doppelcicero-Antiqua. Ein Werk, ‹dessen Ausstattung würdig war seines kaiserlichen Gönners, welcher die Kosten bestritt›, ist der ‹Gradus ad Parnassum› (1725) des Hofcompositors und Hofkapellmeisters Johann Josef *Fux*; das Format ist Folio, der Druck dem Auge bequem, die Notenbeispiele sind mit beweglichen Typen hergestellt.[95] Des Matthias *Seutter* ‹Atlas novus... Oder Neuer mit Wort-Registern versehener Atlas, bestehend in 50 Seutterisch Geographischen Haupt- und Special-Tabellen... herausgegeben von M. Roth› (1730) ist wegen des Tabellensatzes

[91] Da Johann B. Schilgen als Drucker und Verleger des ‹Mercurij Blatt› den von ihm für die neu zu errichtende [illegible] verlangten Beitrag von 150 fl. zu zahlen sich weigerte, so machte Ghelen, welcher für das Wiener Diarium 2000 fl., für die ‹Welsche Zeitung› aber, ungerechnet der Privilegien, 533 fl. 20 kr. zahlte, im Jahre 1721 bei Erneuerung des Contractes der Regierung den Vorschlag, da in Wien ohnedies zwei deutsche Zeitungen nicht bestehen könnten, für das Diarium 3000 fl. zu zahlen, wenn dem Schilgen das Privilegium für genannte Zeitung, so lange es noch dauere, ‹rationaliter› abgekauft und ihm — Ghelen — übertragen werde, er wolle dann das ‹Mercurij Blatt› eingehen, die von seinem Vater begründete ‹Welsche Zeitung› jedoch dem Meistbietenden überlassen. Das Wiener Diarium Nr. 9 aus dem Jahre 1721 sagt: ‹Nachdem die vorhin allhier gedruckt wordene Zeitung, der Mercurius genannt, forthin nicht mehr gedruckt und ausgegeben werden wird, folglich das Wienerische Diarium allein künftig zu haben ist, als wird solches hiermit all und jeden respective Zeitungsliebhabern gehorsamlich angedeutet.› (Archiv des k. k. Ministeriums des Innern, Fasc. Buchdrucker, IV. D. 7.) Das ‹Mercurij Blatt› ging auch 1725 ein. (S. oben S. 18 Note 85.)

[92] Darnach befanden sich in den Kästen 9 Ctr. 18 Pfd. Schriften im Werte von 197 fl. 30 kr., der Wert neuer Schriften ward beziffert mit 1751 fl. 45 kr. Von anderen Utensilien wurden bewertet: 79 Kästen mit 79 fl., ein eiserner Regal-Winkelhaken mit 2 fl., 12 kleinere Regal-Winkelhaken mit 6 fl., 2 messingene Winkelhaken mit 3 fl., 59 Rahmen mit 59 fl., 8 Marmorsteine zum Schließen mit 12 fl., ein [illegible] von Kupfer zum Farbsieden mit 4 fl. 30 kr., 4 Regale mit 16 fl., 64 Bretter mit 6 fl. 40 kr. Pressen waren 5 vorhanden: 3 mit steinernem Fundament, messingener Spindel, Tiegel und Mutter, zu je 70 fl., und 2, bei welchen alles von Messing war, mit je 100 fl. angesetzt. (Universitäts-Archiv, Fasc. ‹Testamente und Verlassenschaften›, Lit. G.)

[93] Universitäts-Archiv, Fasc. 29, ‹Testamente und Verlassenschaften›. — Wiener Diarium, Jahrg. 1755, Nr. 50.

[94] Innerhalb eines Rahmens im Renaissance-Stile, welcher den Wahlspruch ‹[illegible]› enthält, sehen wir einen Baumstamm, an welchem ein Schild mit der Ghelen'schen Marke und den Buchstaben J. v. G. aufgehängt ist, an beiden Seiten des Stammes stehen zwei aufgerichtete [illegible] Windhunde, am Fuße des Baumes [illegible]. (S. Band I dieses Werkes, S. 321, wo es aber heißen muss J. v. G. [illegible])

[95] Dr. Ludwig R. v. Köchel, *Johann Joseph Fux*, Hofcompositor und Hofkapellmeister ... (Wien 1872), S. 153.

bemerkenswert. Von größeren Werken erwähnen wir hier noch: C. A. du *Fresnoys* »pictoriae artis pandaesia« (1731), J. C. Newen »pandectae saeculares« (s. a.), eine Jubiläumsschrift der Karthause Gaming in Niederösterreich, zwei Briefe des heiligen Augustinus aus der Bibliothek in Göttweig[26], Anton *Hillers* »Augusta Carolinae virtutis monumenta« (1733), mit 6 Kupferstichen von Prenner und P. M. Fuhrmann, *Delsius* Werk über die Vorstädte Wiens von 1683 bis 1733, mit 9 Kupferstichen: »die Vorstädte Wiens«. Ein geschätztes Werk ist die »Notitia Hungariae novae historicae geographica divisa« von Matthias *Bel* (1735–1742), 4 Bände mit Kupferstichen und Karten auf großem Papier.[27] Prachtwerke sind: der »Prodromus oder Vor-Licht des eröffneten Schau- und Wunderprachtes aller deren An dem kaiserlichen Hof.... Carl des Sechsten sich befindlichen Kunst-Schätzen und Kostbarkeiten in Kupfer gebracht. Im Jahr 1735. Von Franz v. *Stampart* und Anton v. *Brenners*« (in Folio), vorher schon Ant. Joh. v. *Prenners* »Theatrum artis pictoriae quo tabulae depictae, quae in caes. Vindobonensi Pinacotheca servantur« (1728–1729, 2 Bde. in Fol.), »Tableaux de la galerie i. r. de Vienne« (1735), »die k. k. Gallerie zu Belvedere« (34 Kupfertafeln von Prenner, 1737, Fol.) und die deutsche und lateinische Beschreibung nebst Abbildungen der kaiserl. Hofbibliothek: »Dilucida repraesentatio magnificae bibliothecae Caesareae jussu ... Caroli VI. curante Gundacro Comite ab Althann exstructae, omnes aedificii partes delineavit atque aeri mandavit Salomon Kleiner, picturas autem in aes incidit Jer. Jac. Sedelmayr« .... (1737, Quer-Fol.).[28] Aus der Ghelen'schen Officin gieng noch eine ziemliche Anzahl von Folio-Ausgaben hervor, wozu auch die Beschreibungen des Freischießens der Wiener Bürgerschaft in den Jahren 1739 und 1742[29] und die zehn Bücher Annalen des Ordens der Trinitarier zur Befreiung der Gefangenen von Johannes a S. Felice gehören (unter den Kupferstichen von Josef und Andreas Schmuzer ist auch eine Ansicht der Pfarrkirche in der Alserstraße). Wegen der arabischen, griechischen und hebräischen Citate ist bemerkenswert: »De antiquis marmoribus opusculum« von Blasius *Caryophilus*.

Johann Peter van Ghelen starb in seiner Wohnung im neuen Michaelerhause auf dem Kohlmarkte (3. Stock) am 19. September 1754 in einem Alter von 81 Jahren, nachdem ihm seine Gemahlin Johanna Francisca am 19. April desselben Jahres im Tode vorausgegangen war. Nach dem Testamente, welches er am 28. Februar 1754 eigenhändig geschrieben hatte, wünschte er bei seinen Eltern in der Gruft der spanischen Bruderschaft bei den Barnabiten (Michaelerkirche) begraben zu werden, und sollten daselbst für sein Seelenheil hundert Messen gelesen werden. Der Factor Laport erhielt hundert Gulden, der älteste Geselle Johann Georg Böhrer fünfundzwanzig Gulden und jeder der anderen elf Gesellen war mit zehn Gulden bedacht worden. Der älteste Sohn Johann Leopold van Gehlen, der gelehrte Stadtrichter der Stadt Wien, welcher auch die Buchdruckerkunst »ebenmäßig erlernt hatte«, sollte die Buchdruckerei fortführen und auch die ziemlich umfangreiche Bibliothek erhalten, im Vertrauen, dass er als ein bekannter Liebhaber der Wissenschaften nichts veräußern, sie vielmehr von Zeit zu Zeit vermehren und endlich mit seiner eigenen vereinigen und als »van Ghelen'sche Fidei-Commiss-Bibliothek« den Nachfolgern van Ghelen'schen Namens vererben werde.

[26] »Sancti Augustini Episcopi Hipponensis ad Optatum Episcopum Milevitanum de Natura et origine Animae Epistola [illegible]. Accessit ejusdem S. Augustini Epistola De poenis Parvulorum, qui sine Baptismo decedunt Scripta ad Petrum et Abraham. Prodeunt nunc primum ex Bibliotheca Librorum et Exemplar Ordinis S. Benedicti Inferioris Austriae Abbatiae Gottwicensis. Mit sehr schönen Vignetten von J. Schmuzer. Textus Antiqua mit [illegible] Cursiv.

[27] Dieses Werk wird sehr geschätzt, und M. Denis erwähnt es auch unter den kostbaren Büchern (Garellische Bibliothek, S. 66.) Es sollte aus 4 Bänden bestehen, es sind aber nur 4 Bände und vom 5. Bande 72 Seiten, das Wieselburger Comitat, gedruckt worden. Dieses Fragment ist sehr selten. Ein Auszug des ganzen Werkes ist die Ausgabe zu Pressburg vom Jahre 1779. Das Manuscript des Verfassers liegt in der Domcapitel-Bibliothek zu Pressburg. (Kaaltz, l. c. I. S. 153.)

[28] Eine kurze Beschreibung des herrlichen Hofbibliotheksgebäudes s. bei Ig. Fr. Edl. v. Mosel, Geschichte der k. k. Hofbibliothek zu Wien (Wien 1835), S. 117 bis 136. Das dort citierte, von den Kupferstechern Salomon Kleiner (in Hinsicht der Architektur) und Jeremias Jacob Sedelmayer (in Hinsicht der Frescogemälde) gemeinschaftlich unternommene Werk ist leider unvollendet geblieben, es ist nur der erste Theil. »Er umfasst die, mittelst 33 großer Kupferstiche anschaulich gemachte Beschreibung der vorderen und der rückwärtigen Façade, der Grundrisse des unteren, mittleren und oberen Stockwerkes, der Durchschnitte des Gebäudes nach der Länge und Breite, des Kuppelgemäldes und der an dasselbe sich anschließenden Schildereien neben den Fenstern der Kuppel«. Die Hofbibliothek besitzt inzwischen das Werk vollständig, als Hofrath Adam R. v. Bartsch die für den zweiten Theil vorbereiteten, ohne Zweifel vom Maler Daniel Gran selbst verfertigten Handzeichnungen auffand, sie ordnete und beschrieb und nebst den Abbildungen der im Saale aufgestellten Statuen und einigen, von Fischer von Erlach entworfenen Ansichten dem Sedelmayer'schen Werke beifügte. (Mosel, l. c. S. 131, Anm. 1.)

[29] »Beschreibung des Kaiserl. Gnaden und Frey-Schiessens, welches von Ihro Kaiser- und Königlich Catholischen Majestät Carolo Sexto der Wienerischen Burgerschaft durch vierzehen Täg gegeben worden. In dem Jahre 1739«. Mit 9 Kupfern von Joh. Kollmann, gestochen von Elias Schaffhauser. — »Beschreibung des Haupt- und Freuden-Schiessens, welches von Ihro zu Ungarn und Böheim Königl. Majestät Maria Theresia wegen erfreulicher Geburt Josephi, dero erstgebornen ... der Wienerischen Burgerschaft gegeben worden«. Mit Titelkupfer und Vignetten im Texte.

STAMMTAFEL DER VAN GHELEN.

Johann I. van Ghelen, Buchdrucker in Antwerpen, in der Begynenstraße, von 1519 bis 1551. Gem. unbekannt

Johann II. van Ghelen, Mitglied der St. Lucasgilde in Antwerpen, errichtete eine Buchdruckerei 1558. Gem. unbekannt

- **Jacob van Ghelen.** Gem. **Johanna van Haecke.**
  - 1. **Johann IV. van Ghelen,** [illegible] **Stammvater der Wiener van Ghelen** [illegible] Gem. **Elisabeth de la Fortune,** gest. 2. September 1[illegible]
    - 1. **Johann Peter van Ghelen,** geb. 1673, gest. 29. September 1754. Gem. **Johanna Franzisca v. Adami,** geb. 1683, gest. 19. April 1754.
      - 1. **Maria van Ghelen,** geb. 1703, gest. 1706.
      - 2. **Olympia van Ghelen,** geb. 1706, gest. 1707.
      - 3. **Johann Leopold van Ghelen,** geb. 1708 in Wien, gest. 1760. Doctor der Rechte, Stadt- und Landrichter. Am 27. Mai 1753 in den erbländ. Adelstand erhoben mit dem Prädicate **„Edler von Ghelen".** Er ist der Stammvater der Edlen von Ghelen. Seit 1754 auch Buchdrucker in Wien.
      - 4. **Maria Caecilia van Ghelen,** geb. 1710, gest. 11. August 1772. Gem. **Radler.**
      - 5. **Thomas van Ghelen,** geb. 1711, gest. 1713.
      - 6. **Anna Felicitas van Ghelen,** geb. 1716, gest. 7. October 1753. Gem. **Gottlieb Fleckhammer v. Aystetten.**
      - 7. **Christine van Ghelen,** getauft am 21. December 1719.
      - 8. **Theresia van Ghelen,** geb. 26. October 1721.
      - 9. **Magdalena van Ghelen,** geb. 26. October 1721.
    - 2. P. **Justus,** Franziscaner der strengen Observanz in Wien.
    - 3. **Olympia Anna,** [illegible] Gem. **Gottlieb Fleckhammer v. Aystetten.**
    - 4. **Maria Christina,** geb. 1680, gest. 14. Juli 1745. Gem. **Franz Josef** [illegible] v. **Hauer,** [illegible]
    - 5. **Regina Theresia,** geb. 1686, gest. 4. October 1746. 1. Gem. **Hagel,** 2. Gem. v. **Andriani.**
    - 6. **Franz Heinrich,** Weltpriester, geb. 1692, gest. 26. October 1730.
  - 2. **Paul van Ghelen,** Hofjuwelier in Wien.
  - 3. **Johanna Petronilla van Ghelen,** gest. un- verheiratet in Antwerpen 1711
- **Johann III. van Ghelen,** Meister der St. Lucasgilde in Antwerpen, wo er 1581 [illegible] 1587 verließ er Antwerpen und gieng nach Mastricht, von da 1604 nach Rotterdam, wo er circa 1610 starb.
  - **Johann V. van Ghelen,** geb. in Antwerpen, gest. 27. November 1700. 1. Gem. **Maria Lequest,** gest. 1692. 2. Gem. **Johanna Katharina Calvemaer,** gest. 3. Jänner 1708.
    - 1. **Heinrich van Ghelen,** geb. in Antwerpen 3. Juni 1682, gest. 10. October 1735. Ledig.
    - 2. **Johann Anton van Ghelen,** geb. in Antwerpen 1683, gest. 27. December 1742.
      - **Anna Theresia van Ghelen,** geb. 15. Dec. 1726, gest. 13. Mai 1758. Gem. **Josef de Liege.**
    - 3. **Jeremias II. van Ghelen,** geb. in Antwerpen, gest. daselbst 1766. 1. Gem. **Maria Anna Gevers,** 2. Gem. unbek.
      - 1. **Maria Katharina van Ghelen,** geb. in Antwerpen, gest. 18. Februar 1772. Ledig.
      - 2. **Anna Theresia van Ghelen.** Nonne.
      - 3. **Petronilla Josephina,** geb. in Antwerpen. Gem. **Karl Cloye.**
      - 4. **Johann Franz,** gest. in Ostindien am 28. December 1768. Ledig.
    - 4. **Petronilla van Ghelen,** geb. in Antwerpen. Nonne.
    - 5. **Johanna Maria van Ghelen,** geb. 1685 in Antwerpen, gest. 3. Juli 1768.
  - **Anna Katharina van Ghelen,** lebte noch 1719 in Antwerpen, ledig und blind.
- **Jeremias I. van Ghelen,** Buchdrucker in Antwerpen, c. 1620 daselbst gestorben.
  - **Jacob van Ghelen,** Buchdrucker in Antwerpen bis Ende des XVII. Jahrhunderts. Gem. unbekannt.
  - **Petronilla,** Gem. **van der Hooghen.**
    - **Petronilla,** Gem. **François Rammaert.**

MARIA THERESIA VOIGT (VOIGTIN).

(1723 bis 1740.)

Maria Theresia Voigt, Tochter des Caspar und der Maria Regina Nunberger, hatte nach dem Ehecontracte vom 11. März 1711, unter dessen Zeugen auch der Buchdrucker Johann Jacob Kürner erscheint, im Jahre 1711 den Buchdrucker Ignaz Dominik Voigt geheiratet. Die Ehe dauerte zwölf Jahre. Nach dem Tode ihres Mannes übernahm Maria Theresia Voigt die Buchdruckerei und erhielt nicht nur die Zustimmung der Universität zur Fortsetzung derselben, sondern wurde auch 1724 als Universitäts-Buchdruckerin (Universitatis typographa) immatriculiert, daher auf ihren Drucken die Unterschrift lautet: »Typis Mariae Theresiae Voigtin Viduae, Universitatis typographae«.

Am 17. Juli 1723 war bei der Universität das Testament ihres Mannes eröffnet und publiciert worden. Darnach bestand das ganze Vermögen aus 3150 fl. Außer der Buchdruckerei, die auf 3880 fl. veranschlagt wurde, und einigen Mobilien hatte Ignaz Dominik Voigt nichts besessen, so dass die Acten selbst sagen, »er habe sehr klein gelebt«.[100]

Die Aufgabe der Witwe war keine geringe, wenn man bedenkt, dass sie für fünf Kinder, einen Sohn, namens Ignaz Wolfgang (10 Jahre alt), und vier Töchter: Maria Anna (9 Jahre alt), Maria Katharina (8 Jahre alt), Maria Theresia (6 Jahre alt) und Maria Francisca (1 Jahr alt) zu sorgen hatte, über die vom Consistorium der Universität der Buchdrucker Gregor Kurzböck zum Gerhab (Vormund) bestellt worden war.

In den siebzehn Jahren, so lange die Officin der Voigt'schen Familie noch unter Maria Theresia Voigt fortbestand, wurde der Druck von vielen Dissertationen,[101] Gelegenheitsschriften der Universität,[102] aber auch von einigen größeren Werken ausgeführt[103]; in den Jahren 1724–1728 wurde bei ihr noch der Krakauer Kalender gedruckt. Ein literarisch bemerkenswertes Büchlein ihrer Officin ist: »Schöne Andächtige Geistliche Gesäng, Welche In Unser Lieben Frauen Gottes-Hauß bey den Predigern in Wien … gesungen werden« (12°, 180 S.), das schon sehr selten geworden ist.[104]

Corpus Antiqua, schöne Garmond, Mittel und fette Doppelmittel Antiqua und ebensolche Cursiv sind die Typen, mit welchen jene größeren Werke der Voigt'schen Officin dieser Zeit gedruckt wurden.

Im Jahre 1740 kaufte Leopold Johann Kaliwoda die Officin der Maria Theresia Voigt. Sonst ist in den Acten nichts zu finden.

JOHANN JACOB KÜRNERS SEL. ERBEN.

(1729 bis 1731.)

Unter dieser Firma sind, wie schon im ersten Bande dieses Werkes S. 312 erwähnt wurde, die verheirateten Töchter Johann Jacob Kürners des Jüngeren zu verstehen, nämlich Maria Theresia, welche an den Hofkammer-Officier (Hofkammer-Beamten) Haß verheiratet war, und Francisca Ludovica, welche den Apotheker zum schwarzen Bären, namens Hayl, zum Gemahl hatte.

Die Buchdruckerei, aus welcher nur wenige Drucke uns bekannt, wurde selbstverständlich durch einen Factor geleitet.

Im Jahre 1731 verkauften sie die Erben mit Zustimmung der Universität an Gregor Kurzböck.

[100] Ignaz Dominik Voigt hatte nichts an Bargeld hinterlassen, so dass das Geld zur Leiche aufgenommen werden musste. »Für die Buchdruckerei mit allen an- und zugehörigen, wie solche dermalen nach ihrem wahren Werte verkauft werden könnte, beträgt zwar der Kundschafting 3880 fl.; nachdem aber unter diesen Jahren verschiedene neue schriften mehr als noch 300 fl. beygeschafft, folglich das Werckh noch [illegible] habe, so seynd selbe 300 fl. [illegible] billig in abzug, und also nur [illegible] zu schätzen.« Die geringen Mobilien und Hausgerätschaften und die wenigen noch vorhandenen Verlagsbücher, größtenteils Maculatur, wurden auf 150 fl. geschätzt. (Universitäts-Archiv, Fasc. »Verlassenschaften u. Abhandlungen«, Nr. 19.)

[101] »Decas Augusta [illegible] Caroli VI. [illegible] in … Universitate Viennensi [illegible] philosophiam publice propugnavit … Franciscus Egl … praeside R. P. Antonio Vanossi«. Mit einem Titelkupfer und vier Schlachtplänen, gestochen von D. Martin, 8°. — »Dissertatio de nobilitate Romana et ejus insignibus … ab … Ehrenreich Virmundt«. Mit vielen Figuren im Texte und einer Kupfertafel. S. a. 8°. (Von Ludwig Dichtl.)

[102] »Princeps Apostolorum Tutor Leopoldus, Augustissimae Gentis Austriacae [illegible] in metropolitana D. Stephani Proto Martyris Basilica celebratus«. Von Joh. Ludw. von Hell. 1737. Fol. Auf dem zweiten Blatte das Wappen des Primas von Ungarn und Erzbischofs von Gran, Emerich Grafen von Esterhazy.

[103] »Augusta quinque Carolorum historia, Imperatori Carolo IV. [illegible] ab Adamo Patachich de Zajezda, [illegible] R. P. Francisci [illegible]«. Fol. 7 Bl. 118 S. Mit 12 Kupfertafeln, darunter auch das schöne Porträt Kaiser Karls VI., gestochen von Franz Leopold Schmitner. Der Titel teilweise Golddruck. ([illegible], l. c. II. S. 14.) — Die zweite vermehrte Auflage von des Numismatikers Erasmus Frölich: »Quatuor tentamina in re nummaria vetere«. 1737. 4°. 7 Bl. 448 S. Mit vielen Münzabbildungen im Texte und einer Kupfertafel.

[104] Serapeum, l. c. Jahrg. 1863, S. 44.

GREGOR KURZBÖCK (KURZBECK).

(1731 bis 1755.)

Gregor Kurzböck wurde 1675 geboren und kommt in einem Extracte der Universitäts-Matrikel vom Jahre 1709, welche uns auch seinen Geburtsort Klosterneuburg nennt, als Buchdruckergeselle vor. Aus den engen Beziehungen zur Körner'schen Officin, die er auch im Jahre 1731 käuflich an sich brachte, scheint hervorzugehen, dass er Geselle und Factor daselbst war. Nach Übernahme derselben wurde er als Universitäts-Buchdrucker immatriculiert.

Das Local der Kurzböck'schen Officin war anfangs das der Körner'schen Erben, nämlich «im Hause am oberen Jesuitenplatzl (oder im Körner'schen Hause am Judenplatzl) gegenüber den Stationen», später «auf dem Judenplatze neben dem großen Jordan» und zuletzt in der Bognergasse im Hause des Hofglasers (Hof-Glaser'sches Haus). Von seinen Gesellen wird uns Einer urkundlich genannt, Franz Weiß.[105]

Am 28. December des Jahres 1753 starb seine Gemahlin Barbara Kurzböck in einem Alter von 50 Jahren.[106] Der «ab intestato hinterlassene mütterliche Erbtheil für den noch minderjährigen Sohn Josef wurde «auf die Gregor Kurzböck'sche Buchdruckerei und Zugehörung als Unterpfand vorgemerkt».[107]

Zwei Jahre nach dem Tode seiner Frau, 1755, trat Gregor Kurzböck von der Leitung seiner Buchdruckerei zurück und überließ dieselbe dem nunmehr majorenn gesprochenen zwanzigjährigen Sohne Josef, welcher 1756 als Universitäts-Buchdrucker immatriculiert wurde.

Gregor Kurzböck starb «an der Abzehrung» am 21. Mai 1763, 12 Uhr Nachts, in der Wohnung seines Sohnes Josef, im ersten Stocke des Klebesischen Hauses in der Bognergasse; er hatte das Greisenalter von 88 Jahren erreicht.[108] Ein Testament wurde nicht vorgefunden.

Als Gregor Kurzböck die Körner'sche Officin übernommen hatte, befand sich dieselbe im Stadium des Rückschrittes und bedurfte einer kräftigen Nachhilfe sowohl in der Leitung, als in der Anschaffung neuen Materiales. Beides ließ er ihr angedeihen, und so wurde sie in ihrem kleinen Wirkungskreise bald geschätzt. In den wenigen Drucken, die wir aus dieser Officin kennen, tritt namentlich eine Tertia Antiqua gefällig hervor, wie sie z. B. in dem 1737 erschienenen «Dispensatorium pharmaceuticum Austriaco-Viennense» (geziert mit einem Titelkupfer von Andreas und Josef Schmuzer und dem Portrait Kaiser Karls VI. von M. Haid) verwendet wurde. Aber erst Gregor Kurzböcks Sohne Josef war es vorbehalten, die väterliche Officin theils im Wettkampfe mit Trattner, theils aus reiner Begeisterung für Wissenschaft und Aufklärung zu einer auch im Auslande angesehenen zu erheben.

JOHANN IGNAZ HEYINGER.

(1734 bis 1755.)

Johann Ignaz Heyinger, der Sohn des Universitäts-Buchdruckers Andreas Heyinger, war zu Wien im Hause seines Vaters in der Riemergasse 1701 geboren. 1732 erscheint er an der Wiener Universität als «civis academicus» in die Matrikel eingetragen.[109]

Er war vermählt mit Maria Josefa geb. Müller, aus welcher Ehe zwei Töchter stammten, Maria Anna und Elisabeth, erstere geboren 1749, letztere 1753. Am 11. Mai 1754 starb Heyingers Gemahlin Maria Josefa in einem Alter von erst 25 Jahren; er selbst wurde nicht lange darnach, am 3. Jänner 1755, vom Tode ereilt, nachdem er ein Alter von 54 Jahren erreicht hatte.[110] Das Begräbnis fand, wie er es auch im Testamente gewünscht hatte, auf dem «Stephans-Freithofe» statt. Zum Vormund seiner minder-

[105] Weiß starb am 4. März 1754 im [illegible] Hause auf dem Kohlmarkt. (Universitäts-Archiv, «Testamente und Verlassenschaften», Fasc. 46.)

[106] Diarium vom Jahre 1753, Nr. 105. — Registratur des Wiener Magistrates, Todten-Protokoll Nr. 85.

[107] «Zufolge des über die von denen zu abhandlung Weyl. Barbarae Kurzböckin des Gregorj Kurzböckh Universitätischen Buchdruckers [illegible] [illegible] 1753 [illegible] Gregorj Kurzböckh [illegible] minderjährigen Sohn Joseph [illegible] 1500 fl. auf des [illegible] Gregorj Kurzböckh Buchdruckerey [illegible] Actum Wienn den 27. Augusti 1755». (Protocollum [illegible] im Universitäts-Archiv.)

[108] Registratur des Wiener Magistrates, Todten-Protokoll Nr. 21.

[109] R. Kink, Geschichte der Wiener Universität, I, 2, S. 276.

[110] Wiener Diarium vom Jahre 1754, Nr. 39, und vom Jahre 1755, Nr. 2.

jährigen Kinder hatte er Claudius Jenamy, Mitglied »des äußeren Rathes und Kirchenmeister bei St. Stephan«, bestellt, welchen das Universitäts-Consistorium auch bestätigte. Heyingers Vermögensverhältnisse waren gut geordnet. Nach der Schätzung betrug sein Vermögen 25.400 Gulden, worunter das Stadthaus mit 10.200 Gulden und Weingärten in Unter-Sievering — fünf Viertel im Schinenweiß dem Kloster Mauerbach dienstbar, daranstoßend ein Viertel in Hornsperg sammt Haus, Presse und Garten, dem Kloster Gaming dienstbar — inbegriffen waren.[111]

Die Buchdruckerei befand sich in dem von seinem Vater ererbten Hause in der Riemerstraße oder, wie sie damals üblich und so auch auf allen Heyinger'schen Drucken genannt wurde, »Römerstraße«. Dieselbe war, wie sich in seinen Leistungen zeigt, besser eingerichtet, als zur Zeit seines Vaters, und darum auch geschätzt.

Seit dem Jahre 1742 führte Johann Ignaz Heyinger auch den Titel eines »Hochfürstlich-Erzbischöflichen Buchdruckers« (Archiepiscopalis Aulae typographus), als welcher er namentlich liturgische Aufträge auszuführen hatte.[112] Er druckte viele Gebetbücher, neu verbesserte Katechismen,[113] Schulbücher,[114] des P. M. *Fuhrmann* »Alt- und Neu-Österreich«, sowie dessen »Alt- und Neu-Wien«, viele Gelegenheitsschriften,[115] Predigten,[116] Kalender[117] u. a. m.

Von Heyingers Personale sind uns folgende Namen überliefert: Ferdinand Schnapp, Ignaz Mayr,[118] Johann Egger, Johann Beitlrock und Jacob Spinnweber, Gesellen, und der Factor Johann Jacob Reiser (Reißer).[119] Die beiden letztgenannten erhielten aus der Verlassenschaft je 25 Gulden, die übrigen je 12 Gulden.

LEOPOLD JOHANN KALIWODA.

(1734 bis 1775.)

Leopold Johann Kaliwoda, k. k. Reichshofraths- und Universitäts-Buchdrucker, wurde im Jahre 1705 in Wien geboren. Am 21. Juni 1734 hatte er die Buchdruckerei des Wolfgang Schwendimann käuflich erstanden und am 7. September den Rector und das Consistorium gebeten, nicht nur seinen Kaufcontract zu ratificieren, sondern auch seine Immatriculation vorzunehmen. Über dieses sein Ansuchen war er nun am 17. September desselben Jahres als Universitäts-Buchdrucker in die Matrikel eingetragen worden und hatte als solcher sein Privilegium erhalten.[120]

[111] Archiv des Wiener Landesgerichtes, Testamente und Verlassenschaften, Fasc. 216/7, 179/43 ex 1754 und 1755.

[112] Mit sehr schönen Initialen, Kopf- und Schlussleisten ist z. B. das »Psalterio-Antiphonale Romanum de tempore et sanctis juxta normam breviarii ex decreto sacrosancti Tridentini restituti S. Pii V. Pontificis Maximi jussu editi ... Editio omnium novissima (1742). Anno MDCCXLII«, kl. Fol.

[113] Als er bei ihm um die Verleihung eines privilegium privativum für den Druck eines solchen Katechismus eingeschritten war, sagten die Universitäts-Buchhändler in dem von ihnen abgeforderten Gutachten: Sie können gegen ein solches privilegium privativum um so weniger etwas einzuwenden, »als leider nach jetziger Zeit Brauch die Buchhandlung dermassen gemeinschaftlich worden, daß die Buchdrucker mit ihrem Druck nicht mehr zufrieden sind, sondern auch die Buchhandlung, Buchbinderei und Schriftgiesserei etc. sich eigenmächtig zueignen, folglich uns Universitäts-Buchhändlern das Brod völlig entziehen wollen«. Diese charakteristische Äußerung zeigt die stille Gegnerschaft zwischen Buchhändlern und Buchdruckern, über deren Ursachen wir an einer anderen Stelle sprechen werden.

[114] Z. B. das seinerzeit geschätzte »wohl eingerichtete österreichische Lehrbüchlein in vier Theilen und in zweierlei Schriften. 1. Theil: Das Abcbüchlein; 2. Theil: Der kleine deutsche Katechismus des Petrus Canisius; 3. Theil: Die orthographische Schreibschule; 4. Theil: Deutsche Grammatik, oder die Kunst in eigener Sprache recht zu reden und ohne Fehler zu schreiben«. (Leipziger Büchersaal, 1747, 6. Stück, S. 573.) Für die Geschichte der Unterrichtsmethode an den damaligen Volksschulen ein höchst bemerkenswertes Büchlein.

[115] Z. B. Jos. Keller [illegible], Hieronymus [illegible], »Guidobaldi Starhembergii [illegible]« 1737, 4°, mit Guido Starhembergs Porträt von Schmutzer.

[116] Der durch seine »Nomina terrae Vindobonensis« bekannte Historiker und Jesuit Leopold Fischer galt auch als ein guter Kanzelredner; von ihm wurde bei Heyinger gedruckt: »Die unendliche Glückseligkeit des Sohnes Gottes Jesu« ... 1737, 4°, 2 Bl. 189 S.

[117] Einer davon führt folgenden Titel: »Possierliche Lappen, die mit Nebel-Kappen [illegible] herum tappen, mit lächerlichen Concepten, wie der Hase in der Kugel mit Speck dick ausgespickt ... Curioser Calender auf das 1751. Jahr ... mit neuen Kupfern geziert. Wienn, druckts und verlegts Ignatz Heyinger«. 12°. — Am 8. November 1742 wurde ihm bewilligt, auf einem Standel in der Stadt und auf zwei solchen in der Vorstadt seine »Calender« verkaufen zu dürfen. (Wiener Stadtarchiv, Alte Registratur Nr. 166/742.)

[118] Ignaz Mayr wurde später Factor bei Thomas Edlen von Trattner. (Wiener Diarium von 1756, Nr. 60, und von 1760, Nr. 5.)

[119] Wiener Diarium von 1756, Nr. 1.

[120] R. Kink, Geschichte der Wiener Universität, I. 2. S. 274. Das hier seinem Wortlaute nach mitgetheilte Privilegium eines Universitäts-Buchdruckers ist das einzige, das wir als Beispiel einer solchen Urkunde im Universitäts-Archive haben finden können. Das dem Nachfolger Kaliwodas, Josef Gerold, ertheilte Privilegium eines Universitäts-Buchdruckers, das in der Schrift »Zur hundertjährigen Gründungsfeier des Hauses Gerold« veröffentlicht wurde, ist dem im Privatbesitze genannten Hauses befindlichen Originale entnommen. — Das Universitäts-Privilegium für Kaliwoda lautet: »Wir N. N. Rector et Consist. der uhralt und weitberühmten Universität allhier urkunden und bekennen hiermit, daß Vor uns kommen und Erschienen seye Leopold Kaliwoda, und uns gehors. zu vernehmen gegeben, was massen Er auf den Von uns Erteilten Consens, und Erhaltene Ratification Von [illegible] Wolfgang Schwendimann gewesten Universitäts Buchdruckhers seel. hinterlassenen Pupillen gerichtlich Verordneter Gerhabschafft die Buchdruckherey kaufflich an sich gebracht habe, hat demnach gehors. gebetten, Wir geruhten ihme Supplicanten in unsere Universitäts Matricul an- und [illegible] Pflicht von Ihme aufzunehmen. Wann Wir dan über den Behörigen [illegible] Bericht in alle

Im Jahre 1738 erscheint er an Schönwetters Stelle als »privilegirter Inhaber der kaiserlichen Reichs-Hofbuchdruckerei«. Dieselbe befand sich damals auf dem alten Fleischmarkte, unweit des St. Laurenzerklosters, im sogenannten »Locher'schen Hause«, aber schon 1741 hatte er sie auf den Prediger- oder Dominicanerplatz ins Jesuitenhaus (Nr. 721) verlegt, das er wahrscheinlich nach Aufhebung des Ordens durch Kauf in sein Eigenthum gebracht hatte.

Seit dem Jahre 1750 besaß Kaliwoda ein Privilegium auf eine Schriftgießerei, für welche er am 22. Mai 1769 um »allergnädigsten Schutz und fördere Erhaltung bittet«, da er in diesem Zweige seiner Thätigkeit auf mehrfache Verdienste hinweisen konnte. Vor dem Jahre 1750 gab es nämlich in Wien keine selbständige Schriftgießerei, d. h. eine solche, die verschiedene Buchdruckereien mit Lettern versorgte; die alten Buchdrucker, später auch Cosmerovius und van Ghelen hatten Schriftgießereien in Verbindung mit und nur für ihre Officinen, und auch sie bezogen überdies Typen von auswärts. Kaliwoda war also der Erste, der eine selbständige Schriftgießerei im Jahre 1750 mit eigenen Kosten errichtete und daraus verschiedene Druckereien mit Lettern versorgte, »wie er denn während der Zeit« — nämlich bis 1769 — »mit Verbesserung und Verfertigung neuer Schriften immerhin eifrigst fortgefahren und nebst seiner auch mehrere andere inländische Druckereien die bestens anständigen Lettern beständig verschaffet, sich also in primo merito et possessione genugsam festgesetzt habe. Jetzt erst neulich habe Trattner beim niederösterreichischen Commerzien-Consess einen Versuch gemacht, seine mit großen Mühen und Unkosten, durch so viele Jahre ungehindert fortgesetzte Schriftgießerei anzufechten«. Darum hatte Kaliwoda 1769 um Schutz und Förderung derselben angesucht, die dann noch durch drei Jahre in seinem Besitze verblieb. Unterm 28. November 1772 fertigte die Wiener Universität dem Schriftgießer Anton Magatsch, über welchen sämmtliche Buchdrucker übereinstimmten, »dass in allen gesammten Erblanden keiner in der Kunst seinesgleichen sei«, ein Privilegium auf die Schriftgießerei des Kaliwoda aus.[121]

Größe und Bedeutung der Kaliwoda'schen Officin (»officina Kaliwodiana«) ergibt sich aus dem uns theilweise bekannten mehrjährigen Stande ihres Personales.[122] Ihr wurden auch viele Privilegien ertheilt, und nicht gering ist die Zahl der noch heute in den Bibliotheken erhaltenen Drucke, die sie hervorbrachte: von den kleinen Missionsbüchlein[123] angefangen bis zu den Folianten wissenschaftlichen Inhalts. Einer der ersten Drucke Kaliwodas, der auch literarisch interessant ist, ist der »concentus angelicus«,[124]

[illegible] ... (Universitäts-Archiv.)

[121] Archiv des k. k. Reichs-Finanzministeriums, Niederösterreichische Commerzsachen 1751–1800. Fasc. [illegible]

[122] Nach dem »kaiserl. und königl. auch Erzherzoglichen und dero Residenz-Stadt Wien Staats- und Standes-Calender« auf das [illegible] Jahr 1738« waren in der k. Reichs-Hofbuchdruckerei angestellt: Franciscus Plaski, [illegible] als Corrector (bis zum Jahre 1760), dann:

Jahr	Gesellen (Buchdruckerverwandte)	Lehrjungen	Jahr	Gesellen (Buchdruckerverwandte)	Lehrjungen
[illegible]	9	—	1750	10	2
1739	7	2	1752	11	2
1740	9	1	1754	15	2
1741	6		1756	8	1
1746	8	2	1760	6	2
1748	9	2			

In den Jahren 1754 und 1756 wird auch der Schriftgießer Johann Samuel Grossmann genannt. Derselbe wurde 1750 an der Wiener Universität als civis academicus immatriculiert und starb 1759. (R. Kink, Geschichte der Wiener Universität, I. [illegible]) Vom Jahre 1765 an wird im Staats- und Standeskalender bei dem Titel: Reichshofbuchdruckerei außer dem Principal kein Personal mehr angeführt.

[123] Im Juli 1753 erhielt Kaliwoda ein Privilegium auf den Druck der Missionsbüchel. (Archiv der Wiener Universität, »Partheyensachen«, Fasc. III, K.) Mit einem Privilegium auf den Druck von Schulbüchern wurde er aber abgewiesen. (L. c. Fasc. III F.)

[124] [illegible] Englische Zusammenstimmung deren Brüdern und Schwestern der Hochlöbl. Englischen Erzbruderschaft des Heil. Scapuliers ... Oder Unterschiedlich schöne neue geistliche Lieder, deren ... P. P. [illegible] ... gesungen werden. 12°, [illegible]

sodann nennen wir noch die Hof-Schematismen oder Instanzien-Kalender, die Staats- und Standeskalender, sowie mehrere andere Kalender;[125] aus den Jahren 1757 bis 1761 sind uns auch mehrere Jesuiten-Komödien erhalten.[126] Außer für den Reichshofrath druckte Kaliwoda noch für die Universität und den Wiener Magistrat. Von den großen und mitunter kostbaren Druckwerken nennen wir folgende: von Marquard *Herrgott* die «Genealogia diplomatica Augustae gentis Habsburgicae», zwei Foliobände mit Kupferstichen von Anton und Josef Schmutzer (1737), sowie desselben gelehrten Autors «Monumenta Aug. Domus Austriacae», ebenfalls in Folio mit Kupferstichen von Salomon Kleiner (1750), die «Annales Austriae...» von Sigmund *Calles*, in zwei Foliobänden, mit Kupferstichvignetten und Initialen von Salomon Kleiner, und desselben Autors «Annales Ecclesiastici Germaniae» in fünf Foliobänden (1756–1769); ein Prachtwerk mit sehr schönen Kupferstichen ist des Astronomen Giambattista *Marinoni* «de Astronomica Specula Domestica et Apparatu Astronomico». Wahre Prachtwerke auch in typographischer Beziehung sind die Werke des großen Botanikers Nicolaus *Jacquin:* «Hortus botanicus Vindobonensis», drei Foliobände mit 300 illuminierten Kupferstichen, wovon nur 162 numerierte Exemplare abgezogen wurden, und «Florae Austriacae» in fünf Foliobänden mit 500 illuminierten Kupferstichen. Drucke mit schöner griechischer Schrift sind: Die Gesammtschriften (*Τὰ ἅπαντα*) des Hippokrates von Stephan *Mack*, Folio 1743, und [illegible] von Adam Franz Kollar, in 4°; bei ersterem Drucke ist jede Seite mit einem in Kupfer gestochenen und mit Wappen verzierten Rahmen eingefasst.

Am 5. Mai des Jahres 1768 ersuchte Kaliwoda den niederösterreichischen Commerzien-Consess um freie Debitierung der durch einen Baratta-Handel überkommenen fremden Bücher zur Absetzung seines beträchtlichen Vorrathes an eigenen Verlagswerken, d. h. dass er so viele Centner fremde Bücher einführen und verkaufen dürfe, als er von seiner eigenen Auflage außer Landes bringe. Am 23. Juni wurde ihm dieses Ansuchen bewilligt, theils in Betracht, dass er mit einem großen Vorrathe selbst gedruckter Bücher versehen sei, und die hiesigen Buchhändler sich nicht einlassen wollen, denselben um ein Billiges abzulösen, theils aber, um den Verschleiß der hier gedruckten Bücher immer mehr außer Landes zu befördern. Bei dieser Gelegenheit wurde er durch den Consess auch angewiesen, eine oder die andere der hiesigen auf den Verkauf stehenden Buchhandlungen an sich zu bringen; allein er hatte sich nicht nur entschuldigt, dass er die Mittel nicht besitze, einen so großen Vorrath von Büchern, worunter noch viele unverkäufliche Werke sein dürften, an sich zu bringen, sondern es hatte sich auch der weitere Umstand ergeben, dass er wirklich nicht die erforderlichen Kenntnisse zu besitzen schien, die zur Fortführung einer wohlsortierten Buchhandlung erforderlich sind.[127]

Im Jahre 1775 giengen Kaliwodas Buchdruckerei und Verlag durch Kauf in den Besitz des Josef Gerold über.

Kaliwoda starb am 24. Februar 1781 «in seiner im Gerold'schen Hause Nr. 724 auf dem Dominicanerplatze 1. Stock gehabten Wohnung». In dem eigenhändig schön geschriebenen Testamente vom 7. April 1778 wünschte er, in der allgemeinen Gruft bei St. Stephan ohne Gepränge «als Nachtleiche» bestattet zu werden.[128]

Er war zweimal verheiratet. Seine erste Gemahlin war Magdalena Theresia, geborene Flucher, die am 30. März 1755 in einem Alter von 58 Jahren ohne Kinder gestorben war.[129] Die zweite Gemahlin Eva Maria überlebte ihn. Von dieser hatte er zwei Töchter; die ältere, Anna (geboren 1760), war vermählt mit Josef Redl, Hofsecretär bei der k. k. Ministerial-Banco-Hof-Deputation; die jüngere, mit Namen Johanna, geboren 1766, starb schon am 31. März 1773.[130]

Kaliwoda war ein vermöglicher Mann. Seiner Tochter Anna Redl hatte er ein Haus in Sievering nebst vier Viertel Weingärten und Wein im Keller vermacht, «jedoch das große Sieveringer-Faß aus-

[125] Z. B. «Neuer Wienerischer Schreib-Calender. Unter dem Schutzreichen Titel des Heiligen Leopoldi». (Austria Kalender, 1858, S. 45.)

[126] So von dem Jesuiten Andreas Friz die Tragödien: Codrus, Cyrus, [illegible] und Julius Martyr, dann das Schäferspiel Alexis. (Schlager, Wiener Skizzen aus dem Mittelalter, III., 240 f.)

[127] Archiv des k. k. Reichs-Finanzministeriums. Niederösterreichischer Commerzien-Consess, Fasc. Nr. 110 B.

[128] Archiv der Wiener Universität. «Testamente und Verlassenschafts-Abhandlungen», Fasc. K.

[129] Wiener Diarium vom Jahre 1755, Nr. 27.

[130] Wiener Diarium vom Jahre 1773, Nr. 28.

4*

genommen, das seiner Frau gehört», welche auch Universal-Erbin war. Der Activstand betrug 21.269 Gulden und ein Haus in der Renngasse, das er laut Kaufcontract um 9100 Gulden gekauft hatte. Unter den Pretiosen werden auch ein vergoldeter und ein silberner Degen, sowie eine Garnitur silberner Schnallen erwähnt.[131]

FRANZ ANDREAS KIRCHBERGER.

(1740 bis 1771.)

Leopold Johann Kaliwoda hatte die ehemalige Voigt'sche Officin, welche er von der Maria Theresia Voigt 1740 durch Kauf an sich gebracht hatte, bald darauf dem Franz Andreas Kirchberger käuflich überlassen (Kaufcontract vom 1. Februar 1740). Im Jahre 1748 wurde Kaliwoda auf diese Kirchberger'sche Officin wegen eines noch ausständigen Capitals von 3000 Gulden sammt sechs Procent Interessen vorgemerkt, und verblieb diese Vormerkung «ihm Kaliwoda vor ein aufrecht und wahres unterpfand».[132]

Franz Andreas Kirchberger, welcher 1741 als civis academicus in die Universitäts-Matrikel eingetragen worden war,[133] betrieb die Buchdruckerei auf dem alten Fleischmarkte im «Kulbmayer'schen Hause».

Von seinen Drucken, die vielfach aus Dissertationen und anderen kleinen Gelegenheitsschriften bestehen, haben sich nur wenige noch erhalten.[134] Unter seinen liturgischen Büchern erwähnen wir nur das «Officium sanctissimi nominis beatae Mariae Virginis» (s. a.).

Am 25. August 1769 starb Kirchbergers Frau Maria Anna im Alter von 55 Jahren.[135] Er selbst segnete das Zeitliche in seiner auf dem alten Fleischmarkte im Kulbmayer'schen Hause ebener Erde befindlichen Wohnung am 18. April 1771 mit Hinterlassung von vier majorennen Kindern[136] und ohne Testament; seinen Sohn Leopold, welcher als Factor in seiner Officin gestanden, hatte er mündlich zum Erben eingesetzt und ihm dringend ans Herz gelegt, er möge den Stadtrath Mohr, welchem Kaliwoda seine Forderung von 3000 Gulden cediert hatte, bitten, dass er ihm den Satz nicht kündige und die Buchdruckerei so fortführen lasse, wie sie bisher betrieben wurde. Diesen Willen des Vaters hat Leopold Kirchberger im eigenen wohlverstandenen Interesse erfüllt, und als Mohr bald darauf gestorben war, hat auch dessen Witwe den Satz auf der Kirchberger'schen Officin stehen gelassen.[137]

Die Buchdruckerei und der Verlag des Franz Andreas Kirchberger wurden auf 3200 Gulden geschätzt. Wie klein die Verhältnisse sonst im Kirchberger'schen Hause gewesen, geht daraus hervor, dass das ganze übrige Vermögen nur 87 Gulden betrug.

MARIA EVA SCHILGEN (SCHILGIN).

(1743 bis 1758.)

Maria Eva Schilgen war 1682 geboren. Sie hatte sich zuerst mit dem Buchdrucker Christoph Lercher vermählt, nach dessen frühem Tode (gest. 1713) sie die Buchdruckerei eine Zeitlang allein führte. Hierauf war sie mit dem Buchdrucker Simon Schmid verheiratet, der schon 1718 starb. Nach dessen Tode führte

[131] Archiv der Wiener Universität. «Testamente und Verlassenschafts-Abhandlungen». Fasc. K.

[132] «Zufolge Consistorial-Verordnung vom 2. October 1748 ist Leopold Kaliwoda Universitäts-Buchdrucker wegen gedachten Kirchberger [illegible] Kauf-Contract ddto. 1. Februar 1740 verkauften vorhin Voigtischen Buchdruckerei mit den an den Kaufschilling [illegible] Obligation ddto. 1. August 1748 annoch ausständigen Capital von 3000 fl., sammt 6% Interessen in eine [illegible] Hypothek (jedoch der Universität und deren so ältere jura et hypothecas haben, unpräjudicirlich) vorgemerkt worden. Verbleibt demnach Kirchberger'sche Buchdruckerei ihm Kaliwoda vor ein aufrecht und wahres unterpfand». Diesen offenen Satz hatte Kaliwoda später dem Wiener Rathsherrn Mohr [illegible]. [illegible] auf die Buchdruckereyen etc. bewilligten Fürmerkungen von 1737 bis 1773. Fol. 69, 28. 3. October 1748.)

[133] R. Kink, Geschichte der Wiener Universität, I. 2. S. 276.

[134] Des Pius Manander «Predigen» in zwei Theilen 1749, 4°; des Gottlieb Deppisch «Geschichte und Wunder des Heiligen Colomanni, Königlichen Pilgers und Martyrers ... des gesammten Nieder Österreich als besonders des Freyen Klosters Mölk ... Schutz Patrons» ... Fol. [illegible] und zwei Kupferstiche.

[135] Wiener Diarium vom Jahre 1769, Nr. 69.

[136] Der älteste Sohn gehörte unter dem Namen [illegible] und der dritte (das jüngste Kind) als [illegible] Carl dem [illegible] bei St. Michael in Wien an. Der zweite Sohn, Leopold, war Buchdrucker. Die Tochter namens Franciska, verehelichte Schildenfeld, hatte sich mit dem letzten Willen des Vaters einverstanden erklärt.

[137] Archiv der Wiener Universität. «Testamente und Verlassenschafts-Abhandlungen». Fasc. 79.

sie die Buchdruckerei durch zwei Jahre allein und heiratete dann den Buchdrucker Johann B. Schilgen, der im Jahre 1743 mit Tod abgieng. Nun betrieb sie die Buchdruckerei wieder allein, und zwar durch 16 Jahre.

Maria Eva Schilgen war niederösterreichische Landschafts- und Universitäts-Buchdruckerin.

Noch bei Lebzeiten ihres Mannes Schilgen, im Jahre 1741, hatte sie die Schönwetter'sche Buchdruckerei gekauft, wozu die Universität ihre Zustimmung gab.

Maria Eva Schilgen starb am 20. August 1759 im Alter von 77 Jahren im ersten Stocke des Graf Sonnau'schen Hauses auf dem Franciscanerplatze. Über ihr bedeutendes Vermögen hatte sie am 7. März 1759 testiert.[108] Darnach wünschte sie in der Gruft bei St. Stephan, wie ihr Sohn Michael Lercher, und in Begleitung der Minoriten, Franciscaner, Dominicaner und der Armen aus dem Johann-Nepomucenі-Spital und dem Sonnenhof sowie mit Aufsetzung des Bruderschaftszeichens bestattet zu werden; außerdem machte sie mehrere fromme und milde Stiftungen.[109] Das Inventar ihres Besitzstandes wies im ganzen 25.535 Gulden aus. Die Buchdruckerei wurde von den gerichtlich verordneten Schätzmeistern Leopold Johann Kaliwoda und Josef Kurzböck auf 2769 Gulden 28 Kreuzer, der Papiervorrath auf 663 Gulden 51 Kreuzer geschätzt. Ausständig waren von den niederösterreichischen Ständen und dem k. k. Obrist-Hof-Postamt 970 Gulden, vom Factor der van Ghelen'schen Officin wegen des Druckes von Komödienbüchlein 30 Gulden, Gelder von den Bruderschaften (Judae Thadaei-Bruderschaft bei St. Ulrich, St. Bonifacius und Vitalis auf der Wieden, Bruderschaft im spanischen Spital, St. Peter und Paul-Bruderschaft in St. Ulrich, Mariae Treu bei den Piaristen u. a. m.); überdies besaß sie zwei Häuser auf dem Himmelpfortengrund («Sporckenbüchel»), «zum steinernen Löwen» und «zum rothen Rössel», die nach dem Grundbuchs-Extracte vom 29. Mai 1760 auf 7200 Gulden geschätzt worden waren. Zu Universal-Erben hatte sie ihre älteste Tochter Maria Susanna Jahn und die Kinder ihrer Tochter aus dritter Ehe, Maria Katharina Reischmann, eingesetzt. Jener waren 2000 Gulden und die Buchdruckerei mit Ausnahme des Papieres, welches die beiden Universal-Erben zu gleichen Theilen unter sich theilen sollten, vermacht. Die Buchdruckerei, so wünschte sie, solle nie mit Schulden beladen und im aufrechten Stande erhalten werden. Den Reischmann'schen Kindern vermachte sie ebenfalls 2000 Gulden.[110]

Die Schilgen'sche Officin, welche sich in dem Graf Gollischen Hause in der Weihburggasse befand und auf der Kollar'schen Ausgabe von Meninskis «Institutionen» als «Typographia orientalis Schilgiana sub insigni aurei velleris» bezeichnet wird, zählte nach ihrer Einrichtung und ihrem Betriebe, wenn auch nicht so gesucht wie die eines Trattner, Kurzböck und Kaliwoda, zu den besser eingerichteten im damaligen Wien und war mit den üblichen Schriften wohl versehen,[111] auch mit anderem Zeug gut

[108] Archiv der Wiener Universität. «Testamente und Verlassenschafts-Abhandlungen», Fasc. 77.

[109] Sie wünschte, dass tausend Seelenmessen in verschiedenen Kirchen gelesen werden; zu den Minoriten «unter dem Landhaus» gab sie 100 Gulden, auf eine wöchentliche Messe in der Kirche zu den 14 Nothhelfern im Lichtenthal oder auf der sogenannten Wieden stiftete sie ein Capital von 1200 Gulden, die auf ihrem Hause zum steinernen (weißen) Löwen auf dem Himmelpfortgrund vorgemerkt wurden. Der Stiftbrief ist nachträglich ausgestellt am 27. März 1768. (L. c. Fasc. 77 und «Partheyensachen» II. S., Nr. 29.)

[110] Jeder der fünf Gesellen erhielt zwei Gulden auf Hut und Strümpfe zur Leiche, die Lehrjungen bekamen zusammen 2 Gulden 54 Kreuzer. — Diese Gesellen waren: Conrad Philipp Bruchbeck, Sohn des Factors bei Schönwetter; Georg Friedrich Jacquot, der unter den Schilgen'schen Erben und dann bei Jahn Factor wurde; Norbert Seipler (Archiv der Wiener Universität, l. c. Fasc. 77); Johann Peter Ellenrader (gest. am 25. Februar 1767 im Alter von 71 Jahren). [Wiener Diarium vom Jahre 1739, Nr. 5, 1743, Nr. 62, 1744, Nr. 17, und 1767, Nr. 17.] Sie standen in einer Rechnung vom 15. März 1759 und liehen wöchentlich einen Gulden zurück; mitunter nahmen sie von dieser Einlage etwas heraus, erhielten aber nach dem Tode der Maria Eva Schilgen ihre Forderungen ausbezahlt. (Archiv der Wiener Universität, l. c. Fasc. 77.)

[111] Beim Tode der Schilgen waren folgende Schriften nebst Angabe des Schätzungswerthes vorhanden:

Kasten	Schrift	Cent.	Pfund	fl.	kr.	Kasten	Schrift	Cent.	Pfund	fl.	kr.
1 Kasten	Petit Antiqua	1 Cent.	8 Pfund	21 fl.	36 kr.	2 Kasten	Cicero Cursiv	— Cent.	90 Pfund	24 fl.	— kr.
1 »	» Fractur	—	90	27	—	1 »	» Fractur	—	51	12	45
2 »	» »	—	19	12	36	2 »	» »		92	20	30
3 »	«Petit Calender Cursiv»	—	40	16	—	3 »	» »	—	37	9	15
1 »	Garmond Antiqua	—	87	21	45	4 »	» »	—	32	13	—
2 »	» »	—	91	27	30	5 »	» »		66	16	
1 »	» Cursiv	1	1	30	18	1 »	» Schwabacher		81	20	15
2 »	» »	—	77	23	18	1 »	Mittel Antiqua	1	—	25	—
1 »	» Fractur	—	61	18	54	2 »	» »		71	16	45
2 »	» »		65	19	30	1 »	» Cursiv	—	71	16	45
1 »	» Schwabacher	—	43	15	45	2 »	» »	—	80	20	—
1 »	Cicero Antiqua	1	90	30	—	1 »	Alte Mittel Fractur		60	9	—
2 »	» »	—	99	21	42	1 »	Mittel Schwabacher	1	6	26	30
1 »	» Cursiv	—	63	18	54	1 »	Tertia Antiqua	—	82	16	24

(Fortsetzung siehe nächste Seite.)

eingerichtet.[142] Bei vielen ihrer Drucke sind die Typen scharf, die Leistungen der Presse nett; auch hübsche Kopfleisten, Initiale und andere Verzierungen kommen vor.

Größere Werke scheinen aus dieser Officin nicht hervorgegangen zu sein, dagegen viele kleine Gelegenheitsschriften, Kalender,[143] Namenbüchlein, Katechismen, zahlreiche Bruderschaftsschriften, Gebetbücher, ständische und Postarbeiten.[144] Im Jahre 1756 ließ der gelehrte Custos der kais. Hofbibliothek in Wien, Franz Adam *Kollar*, wie bereits erwähnt wurde, mit den bei der Schilgen vorfindlichen Meninski-schen Typen drucken: «Francisci a Mesgnien Meninski institutiones linguae Turcicae cum rudimentis parallelis linguarum Arabicae et Persicae .... methodo linguam Turcicam suo Marte discendi, exercitationibus analyticis auctae», 2. Ausgabe, 2 Bände, 16 Bogen in Medianoctav.[145] Mit diesen Typen hatte Meninski 1680 seinen berühmten «Thesaurus linguarum orientalium — nimirum Lexicon Turcico-Arabico-Persicum» gedruckt (s. I. Band dieses Werkes, S. 303); aus Meninskis Nachlasse kamen dieselben höchst wahrscheinlich zu Cosmerovius, von diesem an Joh. B. Schönwetter, dessen Officin Maria Eva Schilgen käuflich erwarb. Wir werden auf die Meninski'schen Schriften noch zurückkommen, da Josef Edler v. Kurzböck, der sie von jener gekauft hatte, sie in seiner orientalischen Buchdruckerei zu verwerten beabsichtigte.

		Cent.	Pfund	fl.	kr.
2 Kasten	Tertia Antiqua	1	14	22	48
1 »	» Cursiv	—	73	14	36
1 »	Alte Tertia Fractur	1	5	15	45
1 »	Text Antiqua	1	22	24	28
1 »	» Cursiv	—	76	19	—
1 »	» Fractur	—	85	17	18
2 »	» »		93	18	36
1 »	Alte Text Fractur		11	6	36
1 »	Doppel Mittel Antiqua		37	9	36
1 »	» » Cursiv	—	20	4	—
1 »	» » Fractur	1	[illegible]	24	
1 »	» Tertia Antiqua	—	78	23	18
1 »	» » Cursiv	—	52	15	30
1 »	» » Fractur		96	28	48
1 »	» » »	—	69	20	42
1 »	Kleine Salen(?)	—	55	16	15
1 »	Lateinische «Titels Schriften»	1	7	44	48
1 » / 2 »	Garmond und Cicero Calender-Zeichen	—	61	18	12
	Ein Ziffer Kästel	—	73	18	15
	Alter Rädlein(?) Kasten	—	78	20	30
	Neuer » »	—	56	14	20
1 »	Türkische Lettern	1	29	40	—
2 »	» »	—	47	28	48
3 »	» »	1	15	46	—
	Zwei Bretter mit türkischer und lateinischer Schrift		58	13	12
	Dreierlei Linien Kästlein mit gebrochenen Ziffern, sammt Türkisch, Anschlußlangen(?), langen und kurzen die Buchstaben	—	58	23	36
1 Form	Petit mit Garmond [illegible]	1		33	—
2 Formen	» » »	—	92	27	[illegible]
1 Form	Garmond	—	55	9	45
2 Formen	»		35	8	45
3 »	»		38	7	45
4 »	»	—	60	11	45
5 »	»		17	4	15
6 »	»	—	35	8	45
7 »	»		36	9	—
8 »	»		36	9	—
9 »	Cicero		78	14	

		Cent.	Pfund	fl.	kr.
2 Formen	Cicero	—	71	14	12
7 »	»		70	14	—
2 »	»	—	70	14	—
2 »	»		70	14	—
2 »	»		71	14	12
2 »	»		70	14	—
2 »	»		70	14	—
2 »	»		71	14	12
2 »	»		64	12	48
2 »	»		59	11	48
2 »	Alte Cicero		75	11	15
2 »	Garmond und Tertia		68	10	12
2 »	Cicero und Garmond		63	9	45
2 »	» » Tertia		78	11	42
2 »	mit Ziffern und Linien		57	12	24
6 »	alte Namenbüchlein	1	67	25	3
3 »	alte Tertia	—	72	11	24
2 »	Cicero		80	9	48
3 Bretter	alte Tertia, Mittel und Lanza(?)		34	4	36
5 »	» » und Doppel Mittel Fractur mit Linien		62	9	18
8 »	halb Petit, halb Cicero sammt vom Zeug gegossenen Format		43	8	—
3 »	von verschiedenen zusammen gesetzten Schriften		60	14	—
7 »	Cicero Antiqua	—	54	16	48
5 »	mit verschiedenen Schriften	—	37	7	24
1 Brett	Mittel Fractur	—	34	8	6
4 Bretter	verschiedene alte Schriften	—	40	6	—
	Aufgehandene(?) Schriften.				
	Garmond Antiqua	1	7	26	45
	» Cursiv	—	28	21	—
	Mittel Antiqua und Cursiv	1	47	58	45
	Doppel Tertia u. verschiedene Schriften	1	14	34	—
	Von Zeug gegossene Stege	—	17	9	—
	Lateinische «Titels Schriften» (1 Ladel)	1	54	55	36
	Deutsche » » (2 Ladel)	1	41	56	18
	Alter Zeug oder sogen. alte Buchstaben	3	27	44	3
	«Ein groß fein geschnittenes Latein Alphabet»			40	—
	» kleines » »			30	—
	» » »			20	—
	40 mit verschiedenen in Holz geschnittenen Vignetten und Anfangsbuchstaben angefüllte Laden			30	—

[142] Eine Legal Presse im Werte von 50 und zwei mittlere Legal-Pressen jede zu 40 Gulden. — 57 Buchstaben Kästen 57 fl.), 102 Setzer-Bretter (25 fl.), 15 Kästen Register 20 fl.), 10 große und kleinere Winkelhaken (5 fl.), «Griechische, Sanskritanische(?) und Türkische Stempel in Schalen(?), in allem 948 Stück (450 fl.), Farbkessel und «Feuchtwanne von Kupfer» (30 fl.).

[143] Am 1. Januar 1756 Regierungs-Decret an das Consistorium der Wiener Universität wegen Erhaltung des Privilegiums für den Druck der «Hof- und Ehrenkalender» auf 3 Jahre (Archiv der Wiener Universität, «Partheyensachen», Fasc. III, 8.), welches am 8. März 1758 verlängert wurde, und zwar auf 6 Jahre, jedoch gegen dem «die Supplicanten wegen dahin zu befehlen(?), daß sie jährlich 100 Gulden an das Waisenhaus abgeben mögen».

[144] Das Geschäfts- und Verlagsgewölbe befand sich anfangs im Gläster'schen Hause in der Kärntnerstraße, von 1758 an im Fortuna'schen(?) Hause in der Wollzeile. (Archiv des Ministeriums des Innern. Fasc. IV. 7.)

[145] «Wienerische Gelehrte Nachrichten auf das Jahr 1756», II. Bd. V. Stück, S. 33. De Luca, Das gelehrte Österreich, I. 1. S. 273.

JOHANN JACOB JAHN.

(1743 bis 1748 und 1759 bis 1766.)

Johann Jacob Jahn war im Jahre 1701 geboren. Er hatte die Buchdruckerei ordentlich erlernt und war in der Officin der Maria Eva Schilgen Factor, deren älteste Tochter, Maria Susanna Lerch — so hieß nämlich der Schilgen erster Gemahl — er auch heiratete. Als nun seine Schwiegermutter die Schönwetter'sche Buchdruckerei um den Kaufpreis von 4000 Gulden mit Zustimmung der Universität erworben hatte, erhielt Jahn dieselbe («Typographia Jahniana») 1743, wobei jener Betrag bei der Universität intabuliert wurde.[116] In demselben Jahre 1743 wurde er auch in die Universitäts-Matrikel als Universitäts-Buchdrucker eingetragen.

Die Jahn'sche Buchdruckerei, die sich im Schottenhofe (beim Eingange links zu ebener Erde) befand, scheint aber den gewünschten Fortgang nicht genommen zu haben, denn 1746 nimmt Jahn einen Satz von 1000 Gulden auf dieselbe auf,[117] und zwei Jahre darnach wird sie um den ursprünglichen Schönwetter-Schilgen'schen Kaufschilling von 4000 Gulden an Johann Thomas Trattner, der damals eben selbständig in Wien als Buchdrucker auftreten wollte, verkauft.

Von dieser ersten Jahn'schen Officin sind uns nur wenige Drucke bekannt, wovon wir des bekannten Paulanermönches Matthias Fuhrmann «Historia sacra de baptismo Constantini Max. Augusti colloquiis familiaribus digesta», 2. Theil (1746, 4°) erwähnen.

Bis zum Jahre 1759, wo Maria Eva Schilgen starb, ist uns von Jahn nichts bekannt. Vielleicht hatte er wieder die Officin seiner Schwiegermutter geleitet. Nach deren Tode erscheint neuerdings die Jahn'sche Officin, aber nun als Rechtsnachfolgerin der Schilgen'schen.[118]

Diese Officin stand immer in einem guten Rufe, nichtsdestoweniger wurden die ständischen Arbeiten Jahn entzogen, trotzdem schon Johann B. Schilgen, dann dessen Witwe durch ihren Schwiegersohn dieselben zur vollsten Zufriedenheit geliefert hatten. «Trotz den guten und vorzüglich fleißigen Arbeiten Jahns» erhielt Trattner, der schon seit 1750 die Anwartschaft «wegen seiner vielen und *nachdrucksamen* Recommandationen» besaß, diese Arbeiten.

Johann Jacob Jahn starb am 15. Jänner 1766 im Alter von nicht ganz 66 Jahren.

JOHANN THOMAS EDLER VON TRATTNER.

(1719 bis 1798.)

Johann Thomas Edler von Trattner[119] wurde am 8. Juli[120] 1717 zu Jahrmannsdorf bei Güns in Ungarn geboren; seine Geburt brachte der Mutter den Tod. Der Vater, ein armer Pulvermüller, starb auch nach zwei Jahren, und so war Trattner schon als kleines Kind eine arme Waise.

[116] «Johann Jacob Jahn Universitäts Buchdrucker et uxor auf die von der Maria Eva Schilgin Wittib käuflich per 4000 fl. überkommenen Schönwetter'schen Buchdruckerey [illegible] (Prothocollum deren auf die Buchdruckhereyen, und buchbindereyen bewilligten Fürmerkhungen von 1737 bis 1773, Fol. 91.)

[117] Johann Jacob Jahn, Universitäts Buchdrucker. «Auf dessen Buchdruckerey [illegible] (L. c. Fol. 92–93.) [illegible]

[118] «Demnach [illegible] (L. c. Fol. 5.)

[119] Die richtige Schreibart des Namens ist Trattner; er selbst schreibt sich so, und diese Form findet sich auch am häufigsten in den Acten. Abgesehen von der damals üblichen Dativform «Trattnern», z. B. «Ihme Trattnern» [illegible] kommt der Nominativ «Trattnern» nur höchst selten vor.

[120] Wurzbach, Biographisches Lexikon des Kaiserthums Österreich, 46. Thl. S. 285, hat 11. November; Moriz Bermann im «Gutenberg», 4°, 1855, Nr. 14, S. 111, hat 8. Juli; [illegible] (Wien 1857.) S. 184.

Eine Verwandte in Neustadt, seine Muhme Weyzinger, nahm sich seiner an. Hier besuchte der kleine Trattner die Schule, hier kam er auch, da er für Gutenbergs Kunst bestimmt war, mit 15 Jahren zu dem Buchdrucker Müller in die Lehre. Nachdem er 1735 freigesprochen worden, blieb er vier Jahre in dieser Officin.

Im Jahre 1739 wanderte Trattner nach Wien, wo er eine bleibende Existenz sich zu gründen beabsichtigte. Er trat in die bekannte Officin des Johann Peter van Ghelen ein, um sich in seinem Berufe auszubilden, und blieb hier durch neun Jahre, bis er selbständig wurde. Das war für ihn die Zeit eifrigen Lernens, wobei er sparsam und zurückgezogen lebte und den Grund zu seinem späteren tüchtigen Fortkommen legte.

Die Gelegenheit, sein eigener Herr zu werden, bot sich Trattner im Jahre 1748. Er war nämlich mit dem Buchdrucker Johann Jacob Jahn, der seine Officin zu verkaufen beabsichtigte, in Verbindung getreten und wollte dieselbe, da sie ihm für seine Pläne günstig schien, erwerben. Er konnte sie aber nur kaufen, weil ihm sein Gönner Anton Bilizotti, ein Gewürzhändler im Fischhofe, die Kaufsumme von 4000 Gulden vorgestreckt hatte. Im folgenden Jahre (1749) wurde Trattner an der Universität als Universitäts-Buchdrucker und civis academicus immatriculiert.[151] Das war die erste Sprosse der Leiter, auf der er nun zu Reichthum und Ansehen emporsteigen sollte; von nun gieng's mit Unterstützung einflussreicher Freunde bei Hofe und in den kaiserlichen Ämtern rasch vorwärts.

Es wird erzählt,[152] dass die erste Druckarbeit, die er erhielt, ein Gebet war, welches der damalige Hofmeister, später Abt des Stiftes Melk, Urban Hauer, verfasst hatte. Trattner führte den Druck möglichst sauber aus, vertheilte aber diesen seinen ersten Lohn unter die Armen. Dadurch und insbesondere auch, weil er aus der Hofbuchdruckerei Ghelens einen guten Ruf mitgebracht hatte, gewann er bald die Gunst des Publicums, namentlich die der Jesuiten. Vielleicht hat der Abt von Melk es bei seiner hervorragenden Stellung als Ständemitglied bei den Ständen bewirkt, dass Trattner 1750 die Exspectanz auf die landschaftlichen Buchdruckerei-Arbeiten ertheilt wurde.

«Als es ihm gelang, die Protection van Swietens und des Hof-Physikers Marci zu gewinnen und eine Audienz bei Maria Theresia, mit günstigem Eindruck auf die Kaiserin, zu erhalten (1750), trat der wachsenden Beliebtheit im Publicum die entscheidende Protection des Hofes an die Seite».

Bald nach dem Tode des Johann Peter van Ghelen bekam Trattner unterm 5. October 1754 das privilegium impressorium auf die Hofarbeiten mittelst Ausfertigung eines eigenen Freiheitsbriefes ... «dass er nunmehro als allergnädigst ernennter Hof-Buchdrucker die jeweils vorkommende Hof-Buchdruckerey-Arbeiten sambt denen darauf Beruhenden Gnaden hieführo Besorgen und geniessen dabey die erlassende Landesfürstliche Constitutionen, Generalien, Mandaten und Patenten, Landtagsausschreiben und was sonsten von dero Hof- und geheimen- oder andere Cantzleyen nachgesetzten Stellen und gerichten ausgehet, in allerhand Sprachen zu drucken, zu führen, und zu verkauffen befugt seyn solle».[153]

Im Jahre 1751 erhielt er das Privilegium als Hofbuchhändler, und mit Regierungsdecret vom 28. Jänner 1752 wurde ihm gestattet, einen Buchladen zu eröffnen,[154] sowie auch am 8. August desselben Jahres mit ihm «wegen Beschaffung der zur Beförderung der Studien erforderlichen Bücher ein Contract geschlossen worden, dass er solche Bücher alleinig drucken und verkaufen, auch selbe auf eigene Unkosten verlegen, die nötigen Kupfer stechen lassen, und mit denen erforderlichen Exemplaren sowol den Armen als auch den bemittelten um einen billichen Preyß versehen könne, möge und solle. Wie dann er Trattner hierauf würklich im Begriff ist, die anverlangte authores classicos, nemblich das Compendium Juris Canonici, et Theologiam Polemicam Patris Viti Pichler, dann Theologiam moralem Patris Lagmann, und den Quinctilianum in artem oratoriam zum Druck und folgl. Verkauff ehemöglichst zu befördern». Da aber Trattner besorgte, «dass gedachte autores classicos auch von anderen Buchhandlern in Inner-Österreich und das Littorale austriacum eingeführet und andurch dessen Verschleuß gehemmet, mithin derselbe nach schon gemachten Unkosten in grossen Schaden versetzet werden dörffte», bat er, «dass ihm zur Einfuhr und Verkauffung

[151] R. Kink, Geschichte der Wiener Universität, I. 2, S. 270.
[152] Wurzbach, Biographisches Lexikon des Kaiserthums Oesterreich, l. c. p. 286.
[153] Archiv des k. k. Reichs-Finanzministeriums, Niederösterreichischer Commerz, Fasc. 110 1.
[154] Archiv der Wiener Universität, «Partheyensachen», Fasc. IV. F.

JOHANN THOMAS EDLER v. TRATTNER

ernelter Bücher in denen Österreichischen Erblanden, und dem Littorale austriaco ein Privilegium Privativum ertheilet, folglich denen übrigen Buchführern der weithere Verkauff sothaner Bücher unter einen ansehnlichen Pön Fall eingestellet werden möchte».[155]

Schon um diese Zeit hatte er den Grund zu einer Schriftgießerei gelegt, und zwar auf Veranlassung des Commerzienrathes, «damit nicht nur die Wiener, sondern auch alle erbländischen Buchdruckereien mit den zierlichsten und feinsten Schriften von allen Gattungen genugsam versehen werden». Zu einiger Erleichterung erhielt er bei ihrer Eröffnung am 1. Jannar 1752 aus dem Kammerfonde (ex fundo camerali) je 500 Gulden auf sechs Jahre.[156] Mit Regierungsdecret vom 17. April 1752 wurde sie mit einem Privilegium ausgestattet[157], und noch in demselben Jahre legte Trattner die erste Schriftprobe vor. Er war also nach Kaliwoda der zweite, dem die Schriftgießerei-Freiheit auch zum Verkaufe der Lettern, die man bisher von Prag oder anderwärts her bezog, ertheilt worden war.[158] Als Trattner 1759 und 1760 die zweiten Schriftproben erscheinen ließ,[159] wurde auf sein Ansuchen die mit großen Kosten errichtete Schriftgießerei mit Decret versichert, dass vom 1. Januar 1761 die Einfuhr aller fremden Lettern vermieden, mit dem Verbote belegt und nicht gestattet werden solle, dass, außer mit allerhöchster specieller Bewilligung, noch andere Schriftgießereien entstehen, damit das darauf abgerichtete zahlreiche Personale mit beständiger Arbeit versehen werde. Trattner aber soll stets wie bisher gehalten werden, die erbländischen Buchdruckereien mit reinen und schönen Lettern um den nämlichen Preis zu versehen, wie solche von auswärts mit Zurechnung von Maut und Frachtgebür zu stehen kommen.[160]

Nr. 4. Wappen des Johann Thomas Edlen von Trattner, nach dem Ritterstands-Wappenbuche im niederösterreichischen Landesarchive gezeichnet von Alexander v. Dachenhausen.

Damals trug sich die Regierung auch mit dem Gedanken, die Schriftgießereien van Ghelen und Kaliwoda mit jener von Trattner zu vereinigen, «indem dieser entweder mit den ersteren sich einverstehen solle», oder Ghelen und Kaliwoda die ihrigen dem Trattner zur Einlösung überlassen, und wenn nicht, selbst die Trattner'sche Schriftgießerei um die bedeutenden Herstellungskosten ablösen, um durch eine einzige wohl eingerichtete Schriftgießerei (wahrscheinlich die Trattner'sche) schöne und gute Lettern zu schaffen. Ghelen und Kaliwoda durchschauten aber Trattners Absichten und erklärten, ihre Gießereien beständen schon so lange selbständig, dass sie auf einen solchen Plan nicht eingehen wollen.

Das Decret von 1760 wurde Trattner am 12. und 23. October 1772 neuerdings bestätigt, jedoch auf 15 Jahre beschränkt; auch wurde seine Bitte, dass sein Privilegium für die Schriftgießerei auf Ungarn

[155] Archiv des k. k. Reichs-Finanzministeriums, Niederösterreichischer Commerz, Fasc. 119 1.
[156] Archiv des k. k. Reichs-Finanzministeriums, l. c.
[157] Archiv der Wiener Universität, l. c. Fasc. III. T.
[158] (De Luca), Das gelehrte Österreich, I. 2 S. 448.
[159] Specimen Characterum Latinorum Existentium in Caesarea ac Regio-Aulica Typorum Fusura apud Joannem Thomam Trattner, Caesareo-Regium Aulicum Typographum et Bibliopolam. Druckerstock. Vindobonae Mense Julii Anno MDCCLIX. 4°. Enthält 55 Schriftgattungen. — Abdruck derjenigen Teutschen Schriften, welche in der Kays. Königl. Hofschriftgießerey bey Johann Thomas Trattnern, Kays. Kön. Hofbuchdruckern und Buchhändlern gegenwärtig befindlich sind. Druckerstock. Wien, im Anfange des 1760. Jahres. 4°. Enthält 87 Muster. — Specimen Characterum Graecorum et Hebraeorum existentium in Caesarea ac Regio-Aulica Typorum Fusura apud Joannem Thomam Trattner, Caesareo-Regio-Aulicum Typographum et Bibliopolam. Druckerstock. Vindobonae Mense Aprilis Anno MDCCLX. 4°. Enthält 11 griechische, 8 hebräische Schriften und zwei Notenmuster. — Abdruck von denjenigen Röslein und Zierrathen welche sich in der k. k. Hofschriftgießerey bey Johann Thomas Trattnern dermalen befinden. Nebst einer Probe wie solche sowohl zu Anfangsbuchstaben als Leisten und Finalien zusammengesetzt werden können. Druckerstock. Wien im Jahr 1760. 4°. Schöner Rahmen. 29 Bl.
[160] Archiv des k. k. Reichs-Finanzministeriums, l. c.

ausgedehnt werde und die Jesuiten zu Tyrnau bloß für ihre eigene Buchdruckerei, wie bisher, die Schriften zu gießen berechtigt sein sollten, unterm 1. October 1773 von der ungarischen Hofkanzlei abgewiesen. Nun lag Trattner daran, ein ausschließliches Privilegium um so eher zu erhalten, als er besorgte, dass, wenn Ghelen und Kaliwoda ihre Gießereien besser einrichten würden, er trotz dem 1760 verliehenen Decrete beeinträchtigt werden könnte.[161]

Trattner war also immer bemüht, seine bisherigen Privilegien für den Buchdruck und die Schriftgießerei zu erweitern, nach jeder Richtung zu schützen und neue zu erwerben. Diese Privilegien und der später eifrig betriebene Nachdruck wurden auch die Quelle seines großen Reichthums. Bei ersteren wurde er durch die ihm günstig gestimmte österreichische Hofkanzlei, welche Trattners Bitten bei der Kaiserin stets wohlwollend empfahl, wesentlich unterstützt; beim Nachdrucke kam ihm, wie wir später bei der Frage des Bücher-Nachdruckes in Wien noch näher ausführen werden, die in Österreich herrschende Ansicht über denselben sehr zu statten.

Die österreichische Hofkanzlei und der Commerzienrath förderten aber auch durch bedeutende Geldsummen seine Unternehmungen. Mit einem undatierten Gesuche, das mit einer Specification seiner Schulden und einer solchen von bedeutenden bei ihm gedruckten Werken: »Biblia sacra Sixtina cum notis *Menochii*« (12.000 Gulden), »Menochius in S. Scripturam«, VIII tom. 4° (8000 Gulden), »Museum Austriacum cum figuris 137 aeri incisis«, Fol. maj. (10.000 Gulden), *Hessl*, »Prediger«, 6 Thle. Fol. (8000 Gulden), *Maffei*, »Historia Indiae«, XI tom. Fol. (3000 Gulden) etc. belegt ist, wendet sich Trattner an das Commerzien-Directorium um einen Vorschuss von 20.000 Gulden aus der Commerzien-Bank auf drei Jahre, rückzahlbar in successiven Raten. Das Commerzien-Directorium erstattete am 7. März 1755 einen befürwortenden Bericht und wies namentlich darauf hin, dass Trattner vielen Landeskindern Verdienst verschaffe, so fünfzehn Personen in der Gießerei allein, im Ganzen aber über hundert Personen, in der Druckerei fünfzehn Pressen in Thätigkeit habe[162] und demnächst das »Missale« und das »Breviarium Romanum« auflegen werde, wofür derzeit viel Geld nach Venedig gehe; es beantragte daher einen Vorschuss von 15.000 Gulden gegen jedwede gerichtliche Sicherstellung (datum. 18. März 1755).[163] Trattner erhielt auch diese Summe aus der Commerzialcasse.

Wahrscheinlich durch die Protection einflussreicher Freunde erreichte Trattner auch die hohe Auszeichnung, dass am 26. April 1756, gegen 5 Uhr abends, die drei Erzherzoge: Josef, Karl und Leopold in Begleitung des Feldmarschalls Grafen Bathyany und des Grafen Philipp von Kunigl sammt den Kammerherren die k. k. Hofbuchdruckerei Trattners besuchten, sehr eingehend sich über alle Zweige der Buchdruckerkunst unterrichten ließen und über anderthalb Stunden verweilten.[164]

[161] Archiv des k. k. Reichs-Finanzministeriums, l. c.

[162] Eine Abtheilung der Buchdruckerei, die Schriftgießerei und ein Buch-Repositorium befand sich im Schottenhof, wofür er 100 Gulden Zins zahlte. Da aber alle Böden mit Büchern vollgepackt waren, wollte der Abt des Schottenstiftes, aus Furcht vor Feuersgefahr, ihm kündigen. Trattner erhielt über sein Ansuchen am 22. April 1757 für die Schriftgießerei und für die »Reponirung seines Bücherverlags« [illegible] und das Laboratorium auf der Wieden angewiesen. (Archiv des k. k. Reichs-Finanzministeriums, l. c.)

[163] Am 22. Januar 1761 wird sein weiteres [illegible] Ansuchen dahin bewilligt, dass [illegible] erst nach drei Jahren, vom 1. Januar 1764 an gerechnet, abzuzahlen, [illegible] die Interessen (4%) in den [illegible] Fristen zu erlegen. — Im Januar 1764 überreichte Trattner ein Majestätsgesuch, worin er bat, dass jene 14.470 Gulden 21 Kreuzer, die er für 500 Exemplare der Kriegswissenschaft des Polybius, gedruckt auf allerhöchsten Befehl, von dem Universal-Cameralzahlamte in dreijährigen Raten zu beziehen habe, mit der Commerzialcasse, der er 15.000 Gulden schulde, compensiert werden. Dieses Gesuch wurde unterm 9. Februar 1764 bewilligt, nur musste er den Rest mit [illegible] Gulden 39 Kreuzern gleich erlegen und sich verpflichten, zu Fristen, [illegible], die Zinsen zu zahlen. Im März 1767 wurden ihm die Zinsen im Betrage von 1604 Gulden 15 Kreuzern auch nachgelassen. (Archiv des k. k. Reichs-Finanzministeriums, l. c.)

[164] Zum Empfange hatten sich eingefunden: mehrere Adelige, der Schottenabt (als Hausherr) und dann die eigens dazu bestellte Commission mit dem k. Commerzienrathe Freiherrn von Reischach als Vorsitzenden, dem Commerzien- und Kammerrathe von [illegible] und dem Hofmathematiker l'Abbé Marcy, nachmals Propst zu St. Peter in Löwen. Trattner machte überall den Führer und Erklärer. Alle 15 Pressen waren im Gange, die Setzer waren theils mit dem Setzen, theils mit dem Ablegen deutscher, lateinischer, griechischer, hebräischer, französischer, böhmischer und kroatischer Schriften beschäftigt. Im ersten Saale waren drei mit Sammt bedeckte Pressen für die Erzherzoge zum Drucken bestimmt; jede derselben hatte einen Lobspruch in einer anderen Sprache auf einem Regalpatentformate unter sich. Der Kronprinz Josef druckte zuerst mit eigener Hand eine nach [illegible] Stil verfasste Inschrift, Erzherzog Karl auf einer anderen Presse ein Huldigungsgedicht auf die drei Prinzen, und Erzherzog Leopold auf der dritten Presse ein Stück französischer Prosa. Von hier begaben sich die Prinzen zu den Arbeiten der Formschneider und in das Correctorenzimmer. Dann begann der Rundgang in der zweiten Druckerei ebenso, wo sie den Roth- und Schwarzdruck der Breviere bewunderten und die [illegible], welche fremder Sprachen mächtig waren, ansprachen. Nun ging's in die Gießerei, wo an drei Gießöfen immer drei Personen an dem Guss aller Arten von Schriften und Zeichen arbeiteten, von den Gießern zu dem [illegible], der eben in Stahl geschnittene Stempel der Charaktere in Kupfer einschlug, von diesem in die Buchbinderei, wo von neun Gesellen jeder eine andere Arbeit verrichtete. Hier überreichte Trattner die [illegible] Drucke der Prinzen im Einbande, sowie eine kurz vorher erschienene Abhandlung über die Kriegswissenschaft und Kriegsübungen. Darauf verfügten sich die Erzherzoge in die Kupferdruckerei und in das Zimmer der Kupferstecher und Stempelschneider, die gerade mit Zeichnen, Ätzen und Stechen beschäftigt waren. »Im Stempel

Gegenüber dieser Bevorzugung Trattners machte sich, abgesehen von den größeren Buchdruckern Wiens, in verschiedenen Kreisen Wiens einige Opposition kund. Eine der gewichtigsten Stimmen darunter war die des Gerhard van Swieten in seiner Eigenschaft als Präsident der «Censur-Hof-Commission». Am 14. December 1759 richtete derselbe unter dem Titel: «Sur les Privilèges qu'on accorde aux Libraires et Imprimeurs» eine Note an die Kaiserin Maria Theresia, worin er die Erledigungen von Privilegien an Trattner in energischer Weise bekämpfte.[165]

Im Anschlusse an die unten mitgetheilte Einleitung heißt es darin: «Während nun aber bei Ertheilung eines Privilegiums vorausgesetzt wird, dass der Buchhändler oder Drucker wirklich große Auslagen gehabt habe, ereignete es sich, dass den Buchhändlern auch in Fällen ein Privilegium bewilligt wurde, wo sie gar keine Unkosten hatten, und die Hofkanzlei, welche ihre Taxen für jedes bewilligte Buch einhebt, verfährt hierbei mit großer Leichtigkeit; das Publicum aber leidet darunter. Trattner zum Beispiele hat das kleine Werkchen gedruckt, das ich für die Armen geschrieben habe. Er hat hiefür nicht einen Kreuzer ausgegeben; man hat es ins Französische und Italienische übersetzt, die erste Auflage ist bereits vergriffen und der Preis des Buches ist ein ziemlich hoher. Nichtsdestoweniger hat man ihm für die Herausgabe desselben ein Privilegium gegeben. Er druckt auch die Bücher für die niederen Schulen. Auch hiefür erlangte er ein Privilegium, und zwar nicht nur dafür, um sie allein zu drucken, sondern auch, was bisher ohne Beispiel dasteht, um sie allein zu verkaufen, ein Vorgang, der gegen alle Billigkeit verstößt und ihm Gelegenheit gibt, das Publicum nach seinem Belieben zu schinden. Ferner ist Trattner auch Hofbuchdrucker, als welcher er alle Verordnungen druckt. Man schlägt dieselben allerdings an den Thüren und Mauern an, aber eine nicht geringe Anzahl von Personen bedarf ein Exemplar zum besonderen Gebrauche. Trattner verkauft dieselben um das Drei-, ja selbst um das Vierfache des gewöhnlichen Preises. Das verbittert die Gemüther, welche sich außer den vorgeschriebenen Taxen noch genöthigt sehen, der Habsucht eines Buchhändlers zu fröhnen, der in einer harten Zeit in einer Equipage daherrollt, Lakaien hält u. s. w. Man könnte diesen Übelständen leicht vorbeugen, wenn sich die Hofkanzlei des Rathes der Censurcommission bedienen wollte, um zu erfahren, ob die Gründe, derentwillen ein Buchhändler ein Privilegium fordert, auch zutreffend sind; auch könnte dieselbe Trattner sehr leicht verhindern, dass er das Publicum auf eine so unverschämte Weise schinde» («Mais la chancellerie pourrait fort bien empêcher Trattner qu'il n'écorche pas le public si impudemment»).

Dieses Schriftstück bekundet einen bei van Swieten nicht seltenen und bekannten Freimuth; immerhin aber fällt die scharfe Kritik an Trattner, der bei Hofe sehr gut angeschrieben war, besonders auf. Es scheint, dass van Swieten nicht so sehr durch die Nichtberücksichtigung der Censur-Hofcommission durch die Hofkanzlei, die ebenfalls einem Tadel unterzogen ist, als durch die vielen persönlichen Vortheile,

kasten selbst befand sich ein großer Vorrath aller Arten von deutschen, lateinischen, griechischen und hebräischen Buchstaben, von chemischen, algebraischen und anderen Zeichen, jedes in seinem besonderen Behältnisse, nebst den Aufschriften». Wienerische Gelehrte Nachrichten auf das Jahr 1756, II. Bd. (Wien, druckts und verlegts J. Th. T...) XXXIV. Stück, S. 265 ff. Damals schrieb Denis folgendes Gedicht:

Die Buchdruckerkunst an die jungen Erzherzoge.
Durchlauchtigste! Die Kunst, die guter Fürsten Lob
Schon länger als dreihundert Jahr' erhob,
Die denket heut': Sie würden mich
Mit ihrer Gegenwart nicht ehren,
Wenn sie nicht gute Fürsten wären.
Durchlauchtigste! Betrügt sie sich?
O nein! Ein guter Fürst ist allen Künsten hold,
Und Söhne denken so, wie Vater Leopold.

[165] Die Note ist auch wegen van Swietens Ansicht über den Ursprung und das Wesen von Privilegien so interessant, dass wir die Einleitung, die diese Frage zum Gegenstande hat, hier anführen. «Um es zu verstehen, wann es statthaft ist, ein Privilegium zu ertheilen, muss man bis auf den Ursprung dieser Begünstigung zurückgehen. Als die Buchdruckerkunst um die Mitte des XV. Jahrhunderts erfunden wurde, bedurften die Buchdrucker gar keines Privilegiums, weil ihre Zahl nicht groß war und Jeder wirklich Gelegenheit fand, seine Presse zu beschäftigen. Nach und nach aber wurde diese nützliche Kunst verbessert, wobei es sich öfter ereignete, dass ein Buchdrucker große Auslagen zu bestreiten hatte, theils um alte Manuscripte zu einem hohen Preise zu kaufen, oder einen Autor, der ein gutes Buch schrieb, theuer zu bezahlen, sowie auch die Correctoren der Druckerei, welche in verschiedenen Sprachen bewanderte und gelehrte Männer sein mussten. Auch haben es damals selbst Gelehrte ersten Ranges, wie beispielsweise Erasmus und viele Andere, nicht verschmäht, das Amt eines Correctors bei einer Druckerei zu versehen. Solchermaßen erschienen die Auslagen, welche für den Druck eines Werkes erforderlich waren, oft sehr bedeutend, und hätte es nun Jeder, sobald ein solches einmal gedruckt war, dasselbe nachdrucken, und zu einem viel billigeren Preis verkaufen können, was für Denjenigen, der das Buch zuerst drucken ließ, ein großer Schaden gewesen wäre. Aus diesem Grunde wurde den Druckern auf eine gewisse Anzahl Jahre ein ausschließliches Privilegium zu Theil, damit ein Werk während dieses Zeitraumes nicht nachgedruckt werden könne». Diese Note van Swietens findet sich in der «Presse» vom 1. Juli 1862.

die Trattner sozusagen in den Schoß geworfen wurden, erbittert war. Maria Theresia war mit dem Inhalte dieser Note vollkommen einverstanden und rescribierte: »Es solle auch künftig nach diese wohl und instructive note kein Privilegium mehr einem Buchführer oder Drucker gegeben werden in nichts ohne ehender die bücher commission zu Vernehmen mir eine liste zu geben wie viel solche privilegien existiren. Von was Jahr in was sach«. Diese Liste wurde dem kaiserlichen Befehle nach vorgelegt; daraus ergab sich, dass Trattner außer seinem Privilegium für die Schriftgießerei und deren Dotierung und dem Privilegium für den Buchhandel in der Zeit von 1752 bis 1756 nicht weniger als neun verschiedene Privilegien bis zur Dauer von zwanzig Jahren verliehen worden waren, und zwar: 1752 auf Kalender, 1753 als Hofbuchhändler und Universitäts-Buchdrucker für den Druck der Lehrbücher der höheren Schulen auf zehn Jahre; am 24. Januar 1754 für die Herausgabe mehrerer katholischer Religionsbücher auf zwanzig Jahre; am 5. October 1755 auf Hübners Staatszeitung und Conversations-Lexikon, dann auf Wagners Phraseologie;

Nr. 8. Der alte Freisingerhof. Nach einer Radierung von Emil Hütter.

am 3. December 1755 auf fünfzehn Jahre für den Druck der in den gesammten Erblanden erforderlichen Missale und Breviere; am 20. Mai 1756 für die Sammlung der sogenannten Staatsschriften auf zehn Jahre und am 9. August 1756 auf den Druck des Militärkalenders und der Schulbücher der unteren sechs Classen für fünf Jahre.

Dessenungeachtet erhielt Trattner auch nach 1759 viele Privilegien, so zunächst am 30. November 1760 ein Privilegium auf die mit verschiedenen Kupferstichen gezierte Beschreibung der Festlichkeiten bei der Vermählung des Erzherzogs Josef, 1761 ein Privilegium für den Druck der französischen Kalender, »auf die gleiche Art, wie in Paris, nachdem er diese Kalender schon vier Jahre früher eingeführt hatte, da auch in Paris trotz des großen Verbrauches nur Einer wäre, der solche Kalender druckte«,[146] und am 11. April 1763 eines zur Einführung des sogenannten Intelligenzblattes.

Am 21. August 1759 hatte Trattner nach dem Ableben der Maria Eva Schilgen vermöge Decret und Preiscontract die »landschaftlichen Druckerei-Arbeiten« erhalten.[147]

[146] Die vom Consistorium der Wiener Universität zur »Äußerung« über Trattners Ansuchen einberufenen Universitäts-Buchdrucker hatten nichts dagegen, »falls Trattner nichts einwenden würde, wenn sie die französischen Flieger Kalender nach deutschem Format selbst drucken würden«. Die Bewilligung erfolgte: »weil viel Geld dadurch im Lande bliebe und die Universitäts-Buchdrucker nichts dagegen hätten«. (Archiv des k. k. Reichs-Finanzministeriums, Niederösterreichischer Commerz von 1751–1800. Fasc. Nr. 110,1.)

[147] Niederösterreichisches Landesarchiv, Fasc. A 11. Nr. 16.

Seine Officinen für den Buchdruck und die Schriftgießerei vergrößerten sich immer mehr. Er kaufte daher im Jahre 1759 vom Hospital, welches 1754 auf dem Ballplatze aufgelassen worden und auf den Rennweg übersiedelt war, ein Haus sammt Garten am äußersten Ende der Josefstadt, in Altlerchenfeld, worin dasselbe seine Körnerfechsung von der einst kaiserlichen Herrschaft Wolkersdorf bisher aufbewahrt hatte, um den Preis von 8000 Gulden[168] und ließ hier ein großes Gebäude, den «typographischen Palast», wie er im Volksmunde genannt wurde (später Militärtransporthaus), für seine Buchdruckerei, Setzerei, Buchbinderei, Schriftgießerei und Schriftschneiderei, für Kupferstecherei und Kupferdruckerei errichten. Im Schottenhof waren dann nur mehr fünf Pressen in Thätigkeit.

Wie das Wiener Diarium vom 24. December 1763 (Nr. 103) meldet, hat Kaiser Franz I. gelegentlich einer Spazierfahrt in der Josefstadt am Donnerstag den 22. December sämmtliche Abtheilungen von Trattners Officin daselbst in Augenschein genommen und sich sehr anerkennend geäußert.

Nr. 6. Der Trattnerhof im Jahre 18[illegible]. Nach einer Handzeichnung von Emil Hütter.

Im Jahre 1764 unternahm Trattner eine große Reise durch Deutschland, Belgien, Holland, Frankreich und England, auf welcher er bedeutende Geschäftsverbindungen anknüpfte. In demselben Jahre wurde er auch aus Anlass der Krönung Josefs II. in Frankfurt am Main in den Adelstand erhoben. In seinem Hofgesuche um Verleihung des Adels (1764) sagt er: «es sei ihm stets angelegen gewesen, dass die Literatur gefördert, das Papier und die Buchdruckerei in einen besseren Stand versezet und in Flor gebracht werden, so hat es mir endlich durch Gottes Hilfe und Eurer Majestät allerhöchsten Beistand, auch durch die hierauf verwendeten großen Summen Geldes, Mühe und Fleiß dahin zu bringen geglücket, dass meine Officinen ohne eitlen Ruhm zu melden, sogar von den Fremden in die erste Classe der Qualification in Europa gesetzet werden Wollen; zu gedenken mich nicht unterfangen würde, *wenn nicht Euer Majestät und allerhöchst deroselben durchlauchtigste Familie geducht meine allhier in dero Haupt- und Residenzstadt Wien errichtete Wercke, als da ist, die Buchdruckerei und Buchhandlung, Kupferstecher- und Kupferdruckerey, Schriftschneider- und Schriftgießerei nebst der Buchbinderey nicht selbst in allerhöchst eigener Persohn iterato in Allerhöchsten Augenschein zu nehmen und hierüber die allerhöchste Zufriedenheit zu Verspüren zu geben geruhet hätten*» ...[169] Am 23. Mai 1764 wurde «ihm und seiner ehelichen Descendenz beyderley Geschlechts

[168] Karl Weiss, Geschichte der öffentlichen Anstalten, Fonde und Stiftungen für die Armenversorgung in Wien. (Wien 1863.) S. 110.
[169] Adelsarchiv des k. k. Ministeriums des Innern, Fasc. IV. D. 1.

des Heiligen Römischen Reiches Ritterstand» verliehen.[170] (Das Wappen s. Nr. 4.) Bei dieser Gelegenheit feierte das Personal der verschiedenen Officinen Trattners seinen Principal in einer «Ode».[171]

Obwohl Trattner durch die Gunst des Hofes und der Hofkanzlei solcher Auszeichnung und noch vieler Vortheile sich erfreute, so musste er doch mitunter eine herbe Kritik seiner Berufsgenossen und

[170] Der Adelsbrief lautet: «Wir Franz etc. Bekennen für Uns und Unsere Nachkommen am Heiligen Römischen Reiche öffentlich mit diesem Brief, und thuen kund allermänniglich, [illegible]

[171] [illegible]

scharfe Urtheile hervorragender Personen, wie wir schon oben aus der Note van Swietens an die Kaiserin ersehen haben, über sich ergehen lassen. Was erstere anbelangt, so erklärte er dieselbe wohl für »unverschämten Brotneid«; aber wahr blieb, dass seine Typen, wie wir noch erwähnen werden, oft geradezu schlecht waren und hierüber von den Buchdruckern mit Recht geklagt wurde, wie auch gegen viele Drucksorten, die in keinem Verhältnisse zum Preise standen, Beschwerden erhoben wurden. Die niederösterreichischen Stände entzogen ihm 1769 (mit Resolution vom 2. Mai) auch ihre accordierten Arbeiten, und als er sich hierüber sogar bei Hofe in einem Recurse beschwerte, erfolgte von jenen eine scharfe Erwiderung.

Trattner hatte nämlich eine Eingabe an die Verordneten gerichtet, des Inhalts, dass ihm nach Ablauf einiger Jahre schon ohne das geringste Verschulden »wegen deme abgenohmen worden, weilen H. Kurzböckh aus unverschämten Brod-Neyd gedachte Buchdruckerey Arbeiten um einen wohlfeileren

Nr. 7. Großes Buchdruckerzeichen Trattners.

Preis zu liefern sich bereit erklärt habe. Da man nun gegen seinen Preis nie eine Beschwerde geführt, noch weniger ihn angegangen habe, um eben diesen Preis wie Kurzböckh zu arbeiten, mithin nicht in ordine nach der Menschen Liebe gegen ihn, sondern bloß ab Executione vorgegangen und andurch seine Ehre und guter Namen nicht wenig gekränkt worden sey — so habe er seine Vorstellung eingereicht und da solche aus einem ihm unbewußten Schicksal keinen Platz gefunden, bei Sr. Majestät seinen allerunterthänigsten Recurs gesucht, jedoch hierüber keine Resolution erhalten. Nachdem ihm aber nichts mehr am Herzen liege, als seine Ehre zu retten und das ihm von Kurzböck durch dessen ungerechte

daß sich der vornehmere Theil derselben zum Zeugniß ewiger Treue und Dienstbarkeit, allhier unterschreibe; Als: *Buchdruckerey. Setzer:* Ignatius Mayr und Andreas Neuhold, *Factor;* Christoph Egydius Hofmann, *Stephanus* Roppe, *Josephus* Zeßel, Georg Rosenmüller, Michael Örle, Mathias Schmidt, Josephus Mirer, Andreas Adlershauser, Balthasar Fleisch, Anton Preiß, Maximilian Eberhard Dorn, Johannes Hartmann, Josephus Keller, Josephus Draxlbeth, Anton Zens. *Drucker:* Anton Piller, Factor; Joseph Ellwanger, Johann Bauer, Franz Weyda, Johann Häger, Andreas Dörr, Adam Drexler, Leopold Pötsch, Joseph Seber, Johann Lehmann, Georg Arnold, Mathias Beyrell, Johann Schipany, Alldmar Herr, Franz Auer, Franz Maurer, Anton Scherzhofer. *Correctores:* François Chevrier, Heinrich Rown, Johann Lambey. *Stempelschneider:* Martin Mansfeld. *Schriftgiesser:* Anton Magner, Factor; Jacob Pohlmann, Mathias Winkler, Jacob Nothhelfer, Joseph Oßwald, Mathias Hallmayr. *Kupferstecher:* Johann Mansfeld, Martin Weymann, Leopold Aberer. *Kupferdrucker.* Jacob Landerer, Factor; François Evrarken, Carl Landerer, Valentin Keller, Christoph Strasser und Gottlieb Lang«. (etc.) Sodann 12 Buchbinder, 1 Rechnungsführer, 2 Buchhändler und 1 Magazindiener. Unter diesen Personen sind bekannte Namen, wie der Schriftgießer Anton Magner, der Kupferstecher Mansfeld und der Kupferdrucker Landerer; auch drei Franzosen kommen als Correctoren und Kupferdrucker vor.

Unterstützen und Anhängen entzogene wieder zu recuperiren, so erkläre er sich, die landschaftlichen Buchdruckerey Bedürfnisse um denselben Preis wie Kurzböckh liefert, ebenfalls zu verfertigen und bittet ... ihm die landschaftlichen Buchdruckerey Arbeiten wieder zuzuwenden». Im Ständeberichte heißt es nun, «dass Trattner die 1750 accordierten Preise wohl nie überschritten, hingegen die 1768 zu der neu eingeführten Rechnungsmethode erforderlichen in Accord nicht begriffenen Journalien, Fürschreibbücher, Abschluss-Bilanzen *um einen sehr hohen Preis* nach den Offerten von Kurzböck und Kaliwoda wurden beim Ries Papier allein 40 Gulden erspart gerechnet habe; dazu komme, dass Trattners Druckerei in einer sehr entlegenen Vorstadt sich befinde, mithin die Imprimenda weder dem Factor noch viel weniger Trattner selbst mündlich angegeben werden können, auch die zur Landschaft gehörige Druckerei wegen häufiger Hof-Arbeiten meist durch die Hände ungeübter Lehrjungen zu gehen pflegen, öfters drei und vier Correcturen bis zur gänzlichen Richtigstellung erfordert werden ... Überdies sei Trattner seiner Gnade so wenig eingedenk, dass er sich nicht scheue, die freie Wahl der Stände in Verleihung der Buchdruckerei-Arbeiten streitig zu machen und die Stände sogar höheren Orts in Verantwortung zu setzen, gleichfalls, als hätte er einen mit ihm abgeschlossenen friedlichen Contract aufzuweisen, obgleich nur ein simpler Bescheid aus bloßer Gnade ihm anvertraut worden, er aber dieselbe durch übermäßige Preise missbraucht».[172]

Trattner beabsichtigte auch eine Papiermühle zu errichten, und zwar in Ebergassing an der Fischa,[173] wenn ihm die Begünstigung ertheilt würde, in Wien eine Papierniederlage eröffnen zu dürfen. Das kaiserliche Privilegium wurde ihm am 18. Februar 1774 verliehen; die Niederlage in Wien musste aber die Aufschrift tragen: «der k. k. privilegirten Papier-Mühle zu Ebergassing privilegirte Niederlage».

Im Jahre 1773 hatte Trattner die St. Georgs-Kapelle und den Hof des Bischofs von Freisingen[174] (s. Nr. 5) nebst den fünf anstoßenden kleinen, schon baufälligen Häusern gekauft, um an deren Stelle einen großen Neubau aufzuführen, der nach ihm der «Trattnerhof» genannt wurde und heute noch unter diesem Namen besteht (s. Nr. 6). Er wurde durch den Architekten Peter Mollner erbaut und 1776 vollendet. Am Giebel befanden sich der kaiserliche Adler mit Trattners Devise: «labore et favore» und Statuen vom Bildhauer Tobias Kogler. Auch war darin eine Kapelle eingerichtet, die am 13. Mai 1778 geweiht, aber schon 1783 infolge der Aufhebung aller Privatkapellen wieder entweiht wurde.

1788 kaufte Trattner vom Fürsten Alois von Liechtenstein die Herrschaft Ebergassing, wo sich auch seine Papierfabrik befand; diese Herrschaft verblieb bis 1811 im Besitze der Familie Edle von Trattner, von welcher sie durch Kauf an Elias Graf von Almasy übergieng.[175]

Aus dem armen, unbemittelten Waisenknaben, aus dem einfachen Buchdruckergesellen, der 1730 von Neustadt nach Wien gewandert war, um hier sein Brot und Glück zu gewinnen, war nunmehr des

[172] «Bei der [illegible] — heißt es im Ratberichte der Stände vom 7. April 1774 — [illegible] (Niederösterreichisches Landesarchiv, Fasc. A. II. Nr. 16.)

[173] Über Ebergassing s. Topographie von Niederösterreich, herausgegeben vom Vereine für Landeskunde von Niederösterreich, II. Bd. S. 431 ff. [illegible] (Verlassenschaftsacten im k. k. Landesgerichte in Wien.)

[174] Der Freisingerhof, nach seinem Besitzer, dem Bischofe von Freisingen, so genannt, war eines der ältesten Gebäude Wiens und genoss seit seiner Entstehung das Privilegium eines Freihofes, welches König Ottokar 1256 und 1271, und Rudolf 1277 bestätigten. Es bestand aus fünf [illegible]. (K. A. Schimmer, Ausführliche Häuserchronik der inneren Stadt Wien [Wien 1849], S. 115.)

[175] Topographie von Niederösterreich, l. c. S. 415.

Heil. Röm. Reiches Ritter, des Königreiches Ungarn Edelmann, niederösterr. Herr und Landmann, Herr der Herrschaft Ebergassing, Besitzer von blühenden Officinen — eine große nebst Schriftgießerei im eigenen Hause in der Josefstadt an Stelle des heutigen Transporthauses und fünf kleinere in Innsbruck, Linz, Triest, Pest und Agram, zusammen mit 34 Pressen — acht Buchhandlungen und achtzehn Bücherniederlagen und zwei Papierfabriken nebst Niederlage in Wien, sowie des größten Zinshauses in Wien geworden.[178]

Ohne Zweifel hatten anfangs ungewöhnlicher Fleiß und Sparsamkeit, später, als seine geschäftliche Sphäre sich erweiterte, auch die erforderliche Klugheit, Muth und Ausdauer bei allen Unternehmungen, einen wesentlichen Antheil an seinen Erfolgen. Schnell erfasste Trattner jederzeit den günstigen Moment; aus dem Aufschwunge des geistigen Lebens in Österreich nach dem siebenjährigen Kriege, aus der herrschenden Ansicht über den Nachdruck und aus dem nationalökonomischen Systeme, dass das Geld im Lande erhalten bleiben müsse, zu dessen Verwirklichung die Regierung selbst zu materiellen Opfern sich herbeiließ, hat er, wie Keiner, energisch, ja mitunter rücksichtslos, wie beim Nachdrucke, seinen Vortheil gezogen. Daraus erwuchsen ihm auch zahlreiche und mächtige Feinde.

Die Blütezeit seiner Erfolge war daher unter der Regierung der Kaiserin Maria Theresia. Die freiheitlichen Institutionen ihres Sohnes haben in seine Privilegien und in seine Ausnahmestellung schon Bresche geschossen. So erfolgte, um nur Ein Beispiel zu geben, am 12. März 1782 die Aufhebung des Privilegiums auf seine hiesigen Buchdruckerei- Hof- und Dienisterial-Arbeiten, dann auf die Schriftgießerei, da es von jetzt an Jedermann frei stand, wie und wo er wollte, in den Erblanden eine Schriftgießerei gleich jedem andern Fabrikanten zu errichten.

Nr. 8. Mittleres Druckerzeichen Trattners, in Kupfer gestochen. Nach dem Exemplare «Monnaies en or . . . du cabinet de S. M. l'Empereur». I. Bd. (1759), in der k. k. Familien-Fideicommiss-Bibliothek in Wien.

Nicht zu übersehen ist auch, dass die Natur Trattner mit vortrefflichen Gaben des Geistes und Körpers ausgestattet hatte. Er war ein Mann von schöner Gestalt, edler Kopfbildung und geistvoller Physiognomie (s. Carton). Ein feines, ja weltmännisches Benehmen, das er auf seinen großen Reisen noch entwickelt hatte, ließ ihn in höheren Gesellschafts- und Regierungskreisen leicht und angenehm verkehren und sicherte ihm oft schon im Voraus den Erfolg.

[178] Ein richtiges Bild von dem Vermögensstande Trattners geben die Abhandlungsacten im k. k. Landesgerichte in Wien; diese zeigen zugleich auch, wie zuweilen ein großer Besitz seinem Träger mannigfache Verlegenheiten bereiten kann. Am 28. August 1800 wurde die Trattners Tochter *Franziska Xav.* und seinem Enkel Johann Thomas Edlen von Trattner ab intestato zu gleichen Theilen angefallene Erbschaft [illegible]. Nach der gerichtlichen Schätzung, die bekanntlich immer unter dem wahren inneren Werte steht, belief sich das Gesammtvermögen auf 549.865 Gulden. Dasselbe war aber nicht frei, sondern bedeutende Passiven, 442.974 Gulden, standen demselben *gegenüber* (darunter der Religionsfonds mit 100.000 Gulden). Das Reinvermögen betrug somit 106.110 Gulden. Sollten die Erben die Passiven hinauszahlen, so waren sie in großer Verlegenheit, selbst dann, wenn sie einen fünfjährigen Aufschub, wofür sie aber statt vier bloss fünf Percent zahlen sollten, verlangt haben würden, weil in der Verlassenschaft viele Immobilien sich befanden, darunter als das beträchtlichste «Corpus» der auf 370.000 Gulden geschätzte *Freihof auf dem Graben*, für welchen nicht viele Kauflustige zu finden gewesen wären. «Denn wie viele Private gibt es in Wien» — heißt es in einer Äußerung der Erben an die niederösterreichischen Landrechte — «so dürfte nur den Schätzwert zugleich baar auszuzahlen im Stande sind». Aber noch andere schwierige *Fragen* waren vorhanden. Die Buchdruckerei und die Schriftgießerei konnten doch in natura nicht getheilt, die Herrschaft Ebergassing wegen der dort befindlichen zwei Dominical-Papierfabriken, so den größern Nutzen abwarfen, nicht veräußert werden, weil sie wegen der Wasserleitungen vielen Processen ausgesetzt gewesen wären; bei Veräußerung des Freihofes und der Officinsgebäude im alten Lerchenfelde wären die Buchhandlung ohne Magazin, ohne Haupt- und Handgewölbe, die Buchdruckerei ohne Standort gewesen. Überdies wäre eine Veräußerung zu der damals so geldlosen Zeit und bei so vielen Passiven höchst ungünstig gewesen. Und doch konnte wieder anderseits eine gemeinschaftliche Fortführung für beide Erben nicht lange fortbestehen, als immer und überall die erst einzuholende gerichtliche Passierung, ohne welche nichts unternommen werden durfte, das ganze Unternehmen geschädigt hätte. Ohne uns in die endgiltige Entscheidung der Erbschaftsfrage einzulassen, die wir nur insoweit berücksichtigt haben, als sie auf die Lage des Trattner'schen Vermögensstandes ein Licht warf, führen wir einige Schätzungsdaten an. Es wurden geschätzt: 1. Die Buchhandlung auf 54.283 fl. 22 kr.; 2. die Realitäten (darauf waren intabuliert 56.345 fl.) auf 434.225 fl. 4½ kr.; 3. das Officinsgebäude im alten Lerchenfelde sammt Garten auf 26.000 fl.; 4. das Haus in der Josefstadt mit Streusandmagazin auf 2313 fl.;

Ein wichtiger Factor für die Verwirklichung seiner umfassenden Pläne war aber auch die kaiserliche Huld und die Gunst der österreichischen Hofkanzlei: sie wurden ihm, wie keinem seiner Fachgenossen, reichlich zutheil; durch sie erhielt er jene vielen gewinnbringenden Privilegien, jene großen Aufträge und materiellen Unterstützungen. Darum brachte er auch mit Recht auf seinem größeren Druckerzeichen die zwei Säulen an, welche die Kaiser- und Königskrone tragen, mit der Überschrift: »his connixa columnis« (s. Nr 7); ja auf diese Säulen stützte sich wahrlich sein großes Werk. In seiner Devise »labore et favore« (durch Arbeit und Gunst), wie er sie in seinem mittleren (s. Nr. 8) und seinen kleinen Druckerzeichen (s. Nr. 9 und 10), sowie auf dem Giebel seines Hauses und anderwärts noch anbrachte, ist sicher dieser Huld und Gunst Ausdruck gegeben.

Johann Thomas Edler von Trattner war zweimal verheiratet. Seine erste Frau war die Witwe des Reichshofraths-Agenten Maria Anna von Retzenheim (geb. 16. August 1721, gest. 16. Mai 1775), die zweite Maria Theresia, Tochter des berühmten Hofmathematikers Josef Anton v. Nagel (geb. 22. November 1758, gest. 12. Juli 1793). Aus erster Ehe stammte nebst zehn andern Kindern ein Sohn namens Josef Anton, der sich 1775 mit Josefa Edlen von Martschläger verehelichte, aber schon am 23. Januar 1779 starb. Auch die zweite Ehe Trattners war mit Kindern reich gesegnet. Im Hause Trattners wurde ebenso, wie in jenem Kurzböcks, die Musik, namentlich das Fortepianospiel, eifrig betrieben.[177]

Nr. 9. Kleines Buchdruckerzeichen Trattners.

Nr. 10. Kleines Buchdruckerzeichen Trattners.

Kurz vor seinem Tode feierten am 12. Mai 1798 die sämmtlichen kunstverwandten Hausgenossen Trattners sein fünfzigstes Jubeljahr als »Druckerherr und Principal«.[178] Bald darauf, am 31. Juli, starb er ohne letztwillige Anordnung im Alter von 81 Jahren und wurde in Wienerherberg bestattet, wo heute noch an der Rückseite der Kirche die Gruft und das Mausoleum der Edlen von Trattner'schen Familie sich befinden.[179]

Von Trattners zahlreichen Drucken erwähnen wir hier nur solche, welche typographisch oder literarisch bemerkenswert sind: des Grafen Rudolf *Coronini* Werke über die Grafen von Görz und die Genealogie des Hauses Habsburg-Lothringen (latein. 1752 und 1774. 4°. *Schmitt-Tavera*, Bibliographie, I. S. 19); *Scheyb* »Tabula Peutingeriana«, die erste schöne und jetzt schon seltene Ausgabe in der wirklichen Größe des Originals (1753, Fol.; Albin *Czerny*, Die Florianer-Bibliothek, S. 192); des Jesuiten Karl *Granelli* »Topographiae Germaniae Austriacae« (1759), welche der Kaiserin Maria Theresia gewidmet ist und in zweiter vermehrter Ausgabe durch den Jesuiten Moriz de Brabeck erschien; ferner die Folio-

5. Äcker allda auf 123 fl.; 6. die Herrschaft Ebergassing und zwei Papiermühlen auf 85.090 fl.; 7. Papiervorrath in der Stadt auf 9013 fl.; 8. Papiervorrath im Officinsgebäude in Lerchenfeld auf 7002 fl.; 9. Lettern, Pressen und Requisiten in Lerchenfeld auf 11.281 fl.; 10. Platten, Pressen und Requisiten in der Kupferdruckerei auf 1119 fl.; 11. Schriftgießerei, Letternstich-Instrumente und andere Werkzeuge auf 786 fl.; 12. Buchbinderei auf 115 fl.; 13. Hadernvorrath auf 143 fl.; 14. Rohes Material in der alten Papierfabrik in Ebergassing auf 4410 fl.; 15. Rohes Material in der neuen Papierfabrik in Ebergassing auf 9041 fl.

[177] Die künstlerische Pflege der Musik, besonders jene des Forteplanos, war damals in Wien eine ganz besondere, so dass Mozart Wien das wahre »Clavierland« nannte. Auch Frau Maria Theresia Edle von Trattner war eine gute und eifrige Clavierspielerin. Mozart componierte für sie die Phantasie und Sonate C moll (K. 475, 457), bei Artaria erschienen, Verlags-Nr. 59. Jahn, Mozart, I. 665. — Eduard Hanslick, Wiener Virtuosenconcerte im vorigen Jahrhundert. (Jahrbuch des Vereines für Landeskunde von Niederösterreich, I. Jahrg., 1867, S. 471.) — C. F. Pohl, Josef Haydn, II. Bd. (resp. I. 2.), S. 180.

[178] Die Feierlichkeit bei diesem Jubiläum begann Vormittags mit einem in der Pfarrkirche zu den sieben Zufluchten in Altlerchenfeld abgehaltenen solennen Gottesdienste, bei welchem P. Egydius Grabinger eine angemessene Predigt hielt. (Dieselbe, welche zum Thema hatte »die Nothwendigkeit des göttlichen Segens bei allen unseren Unternehmungen«, erschien auch im Drucke 1798, 8°.) Dann Tedeum und das Hochamt unter Mozart'scher Musik. Nach dem Gottesdienste empfing der 81jährige Greis in seinem Officinsgebäude ... die Glückwünsche seines sämmtlichen Personals, dessen Führer eine rührende Rede hielt, auch dem Jubilanten ein auf diese Gelegenheit verfasstes, mit allegorischen Figuren verziertes Gedicht überreichte. Hierauf war eine zahlreiche Mittagstafel. Abends war der ganze Garten beleuchtet. Das Gartenhaus war als ein Garten ausgeschmückt und in der Mitte des Jubilanten Büste aufgestellt ... Um 6 Uhr wurde eine Cantate mit Chören gesungen, hierauf Ball ... 600 Personen waren anwesend. (Wiener Zeitung vom 16. Mai 1798.)

[179] Fr. Schweickhardt, Darstellung des Erzherzogthums Österreich unter der Ens. VII. Bd. V. U. W. W. S. 175. In die Pfarre der Herrschaft Ebergassing Wienerherberg ist, so befindet sich auch hier das Trattner'sche Mausoleum, das aber gegenwärtig, da es niemand erhält, auch keine Stiftung zu diesem Zwecke besteht, in sehr vernachlässigtem Zustande sich befindet.

Ausgaben von Adam Franz *Kollars* »Analecta Monumentorum omnis aevi Vindobonensia« (1761) und die 2. Ausgabe von »Lambecii Commentariorum de augustissima Bibliotheca caesarea Vindobonensi« (8 Bde. 1766–1782); die »Ephemerides« des Jahres 1787 (et 1806) von Maximilian *Hell* und Franz *Triesnecker*; die großen, mit zahlreichen schönen Kupferstichen illustrierten numismatischen Werke und Kataloge von Joseph *Khell* u. a.; *Denis'* Werke: »Die Gedichte Ossians«, I., II., III. (1768 und 1769, 4°), die »Einleitung in die Bücherkunde« (I., 4°, 1777 und 1778, II., 1795 und 1796); »S. Augustini sermones« (Fol., 1792); »Nachtrag zu Wiens Buchdrucker-Geschichte« (1793); »Codices manuscripti theologici Latinae, aliarumque Occidentis Linguarum Bibliothecae Palatinae« (Fol., 1793–1795), »Suffraggium pro Johanne de Spira Venetiarum Typographo« (4°, 1794). Ein originelles Werk ist: »Der sogenannte Sinn- Lehr- und Geistvolle vor vielen Jahren auf Befehl, Anordnung und Unkosten Sr. Hoh. Reichs-Gräfl. Excell. Francisci Antonii Grafen von *Spork* Titl. pl. durch die kunstreiche Hand des Michaelis Rentz gestochene und weit und breit bekannte, auch in dem von obgedacht Sr. Hoch-Reichs-Gräfl. Excell. erbauten, und unter der Obsorg F. F. Misericordiae, für 100 arme Männer fundirten Hospital in Kukus-Bad in Böhmen, vor Zeiten künstlich an denen Wänden, in dem untern Gang gemahlen gewesene und zur nützlichen Betrachtung des Todes vorgestellte Todtentanz: anjetzo Mit einigen einfältig, doch gut gemeynten Reimen und Versen versehen. Durch F. Patricium Wasserburger Ord. S. Joann. de Deo Professum cum permisso Superiorum Wien gedruckt bey...« Fol., 52 Kupferstiche. (Serapeum, 1840 [I.], S. 294.)

JOSEF LORENZ EDLER VON KURZBÖCK (KURZBECK.)

(1755 bis 1792.)

Josef Lorenz Kurzböck wurde zu Wien am 21. November 1736 geboren. Seine Eltern waren der Universitäts-Buchdrucker Gregor Kurzböck und Barbara Kurzböck, geborene Gerold. Er genoss im elterlichen Hause eine vortreffliche Erziehung, beendete seine Studien in Wien und widmete sich der Kunst Gutenbergs unter der Leitung und in der Officin seines Vaters.

Als er dieselbe im Jahre 1755 übernahm, waren nur zwei Pressen beschäftigt. Am 26. October 1756 wurde Josef Kurzböck an der Wiener Universität als Universitäts-Buchdrucker und damit auch als civis academicus immatriculiert.[illegible]

Aber schon nach kurzer Zeit hatte er die väterliche Officin so emporgebracht, dass sie mit fünfzehn Pressen arbeitete, wovon er vier in der inneren Stadt (untere Bräunerstraße Nr. 228), elf in der Alsergasse hatte.

Im Jahre 1767 wurde er der niederösterreichischen Landschaft Buchdrucker.

Kurzböck, ein feingebildeter und betriebsamer Mann, der in dem Kreise der aufstrebenden Geister der theresianischen und josefinischen Zeit nicht unter den Letzten genannt werden darf, ergriff jede Gelegenheit, nicht nur seine Officin zu erweitern und mit tüchtig geschultem Personale zu versehen, sondern auch im erwachenden Geistesleben der Literatur nach jeglicher Richtung zu dienen.

Schon im Jahre 1768 wurde über Antrag des Kurzböck wegen Errichtung einer hebräischen und griechischen Buchdruckerei unter den politischen Instanzen verhandelt. Als aber dann Kaiser Josef II. mit Rescript vom 6. October 1789 allen jenen, welche in seinen Staaten hebräische Buchdruckereien errichten würden, hierzu Privilegien zu ertheilen sich bewogen fühlte, war Kurzböck einer der Ersten, welcher dieser Aufforderung folgte.

Weit mehr interessierte sich Kurzböck für eine höhere, ihm bald lieb gewordene Aufgabe. Im Jahre 1770 hatte er nämlich über Auftrag des kaiserlichen Hofes eine Buchdruckerei für illyrische, wallachische, thracische, russische, griechische und orientalische Sprachen eingerichtet und für sie aus eigenen Mitteln nicht geringe Opfer gebracht. Bei dem Entschlusse der Kaiserin Maria Theresia war maßgebend, dass diese Buchdruckerei, für welche Kurzböck als illyrisch-orientalischer Hofbuchdrucker am 14. Februar 1770 ein eigenes Privilegium auf zwanzig Jahre erhielt, zum Nutzen und Gebrauche

[illegible] R. Kink, Geschichte der Wiener Universität, I. 2. S. 278, 279.

der in den Erblanden zahlreich lebenden Angehörigen illyrischer Nation und des Clerus der unierten und nicht unierten griechischen Kirche unter die Obsorge und Direction der »k. k. in Illyricis aufgestellten Hof-Deputation allhier« gestellt werde, damit nicht allein der Clerus und die Nation, welche bisher um theures Geld ihre Bücher in jenen Sprachen aus Russland, Venedig und anderen auswärtigen Provinzen kommen ließen, eine Erleichterung hätten, sondern sie auch um einen wohlfeileren Preis erhielten.[151]

Für eine Buchdruckerei von so specieller Richtung waren der Bezug und Vorrath der hierfür nöthigen Typen von besonderer Wichtigkeit. Die Regierung war anfangs gewillt, Kurzböck einen Bezugspass für dieselben zu ertheilen. Da aber Trattner eine Schriftgießerei, »kostspielig eingerichtet«, besaß, so wollte man, um einen Conflict zu vermeiden, ihn früher vernehmen, ob und mit welchem Vorrathe an griechischen und orientalischen Lettern er versehen sei und in welcher Zeit er sie im Falle eines Bedarfes liefern würde. Er wurde sogleich mündlich vernommen, bat sich aber aus, seine Äußerung schriftlich abgeben zu dürfen, damit seine Erklärung nach reiflicher Überlegung umso richtiger wäre. Hierzu wurde ihm eine Frist von drei Tagen gegeben. Unterm 8. Juni 1770 legte er auch sein Probenbuch mit der Bemerkung vor, er besäße nicht allein diese Lettern, sondern auch die Matrizen, so dass er in kurzer Zeit im Stande sei, eine hinlängliche Quantität zu liefern. Über diese sowie über Qualität, Preis und genaue Lieferungstermine könne er sich wohl nicht sogleich äußern, da er sich vorher mit Kurzböck darüber besprechen müsse, von dem er auch eine schriftliche Erklärung erbitte. Kurzböck gab nun seine Äußerung dahin ab, dass Trattner gar nicht genug gute illyrische Buchstaben besäße, wie ja aus dem Probenbuche zu entnehmen wäre, und auch seine griechischen Schriften wären so schlecht, dass sie nach dem Urtheile der Bibliothekare Kollar und Martini noch geringer seien, als die von Venedig und Halle. Da nun Trattner selbst schuld sei, dass der geschickte Schriftgießer Magatsch aus seinen Diensten getreten sei, »er mithin dermalen keinen Schriftgiesser und überhaupt allzu seichte Schriften habe, womit man niemals mit Nuzen arbeiten oder wohlfeile Bücher schaffen könnte, dieser Magatsch

Nr. 11. Adeliges Wappen des Josef Edlen von Kurzböck. Nach dem Original-Wappenbriefe gezeichnet von A. von Dachenhausen.

auch wirklich selbst in balde von Allerhöchsten Orten vermög seiner unentbehrlichen Brauchbarkeit unterstützet werden würde, und dermalen schon mit Verfertigung neuer griechischer und illyrischer Schriften für ihn — Kurzböck — beschäftigt sei, welche noch schöner ausfallen, als die von Venedig und Halle, ihme Kurzböck auch ausdrücklich aller Vorschub zu seiner Unternemung auf die zwanzig Jahre versprochen worden, so könne er ganz und gar nicht zur Übernemung einiger Buchstaben sich mit dem von Trattner einlassen und wollte lieber keine Hand an das Werk mit anlegen, als zu seinen Schaden einen Zwang zu leiden, der ihn an seinen Verbindlichkeiten hinderte und wozu er niemahls eine Allerhöchste Unterstützung verlangt und bekommen hätte, sondern Alles auf eigene große Unkösten und Gefahr unternemen müsse«.

Der niederösterreichische Commerzien-Consess rieth daher ein: »Ihre Majestät möge Kurzböck freie Hand lassen und den ebenfalls erforderlichen Pass ertheilen«.[152]

[151] Archiv des k. k. Reichs-Finanzministeriums, »Staatsschuldenacten«. Fasc. Nr. 17 u. 110.

[152] Im Votum an Ihre Majestät heißt es aber: »Trattner wäre anzuweisen, sich noch neue und tiefere Matrizen beizuschaffen, wenn er des Abganges einer so beträchtlichen Menge Lettern versichert sein will. Und da nunmehr Ihre Majestät bei Gelegenheit der Bewilligung eines Commissions-Passes für den Bezug von Lettern zum Notendruck befohlen haben, es einzuleiten, daß dieser Notendruck gegen ausländischen gleich in den Erblanden verfertiget werde, so erachte man es in gleicher Weise für Kurzböck«. (Archiv des k. k. Reichs-Finanzministeriums, Niederösterreichischer Commerzien-Consess, Fasc. Nr. 110 2.)

Kurzböck betrieb nun die illyrische und orientalische Buchdruckerei mit großem Eifer und sorgte ebenso rührig für den Absatz ihrer Erzeugnisse. Am 13. September 1770 wurde »zur Gunst derselben auch verwilligt, dass die Einfuhr der von Petersburg, Moskau, Warschau, Kiew, Venedig, Halle, Leipzig, Walachei und von anderen Orten hergeholten Bücher, sobald sie bey Kurzböck wirklich aufgelegt werden, verboten werden sollen«. Gleichwie nun demselben jüngst aufgetragen worden, »das illyrische Alphabet, Zbornik oder allgemeine Betbuch mit Psalter in die Presse zu nemen«, so ersuchte die Hofdeputation, das Nöthige zu veranlassen, dass diese und andere Bücher ohne Pass bei Strafe der Confiscation nicht mehr eingeführt werden dürfen (privilegium impressorium privativum).[153]

Am 4. October 1770 wurde Kurzböck für seine illyrische Buchdruckerei, um die Wohlfeilheit für illyrische Bücher in Ungarn und wo immer Illyrer sich befänden, zu erzielen, bei der Ausfuhr die Nachsicht des »Esito und Consumo oder des Dreisigst Zolles auf sechs Jahre verwilligt«.[154] Wie die Behörden über diese Buchdruckerei urtheilten, ersehen wir aus dem Berichte des niederösterreichischen Commerzien-Consesses an Maria Theresia vom 18. Juli 1771, als er um die Erlaubnis ansuchte, seinen Bücherverlag gegen fremde Bücher eintauschen zu dürfen, um so seine Buchdruckerei zu erweitern und auf eigene Rechnung den Verlag neuer Werke zu bewerkstelligen.[155] Mit a. h. Resolution vom 31. März 1772 befahl die Kaiserin, dass er unter die Universitäts-Buchhändler »wegen seines bey solcher bereits habenden fori« aufgenommen werde, jedoch bei erster Erledigung einer Universitäts-Buchhandlung dieselbe einzuziehen, »somit dass die normalmäßige Zahl der Buchhandlungen wieder hergestellt sein solle. Von einer weiteren Ausweisung des Fonds und der übrigen Requisiten wurde er dispensirt«.[156]

1774 erhielt Kurzböck für seine Verdienste von der Kaiserin eine goldene Gnadenkette[157] und mit Diplom vom 22. November 1776 wurde ihm auf sein Ansuchen und in Erwägung seiner zum Nutzen des Staates ebenso mühsam als kostbar und unentgeltlich errichteten Buchdruckerei aller möglichen orientalischen Sprachen sowie in Anerkennung des von ihm durch Fleiß erweiterten Buchhandels und, um ihn »wegen der denen Armeniern ertheilten Druckfreiheit schadlos zu halten«,[158] der Grad des Adels in den österreichischen Ländern, der sich auch auf seine ehelichen Leibeserben und Erbenserben männlichen und weiblichen Geschlechtes erstreckte, gratis verliehen.[159] Einen wie hohen Wert Kurzböck auf die zwei Jahre früher erhaltene goldene Kette mit dem Gnadenpfennig legte, geht daraus hervor, dass er sie in sein Wappen aufnahm (s. Nr. 11).

[153] Die Kaiserin befahl unterm 4. October 1770, dass, »da die allhier in der von Kurzböck neu angefertigten Illyrischen Buchdruckerei einen guten Fortgang gewinnet, und daselbst die für die illyrische Nation nötigen [illegible] Mess-[illegible] und Schulbücher [illegible] in [illegible] Zahl werden aufgelegt werden können«, von nun an die Einfuhr aller derlei fremden Bücher in sämmtlichen Erbländern bei Strafe der Confiscation gänzlich verboten werde. (Archiv des k. k. Ministeriums des Innern, »Buchdruckersachen«, Fasc. IV, [illegible])

[154] »Allgemeine Dreyssigstordnung, nebst den dreyssigstarifen für sämmtliche hungarische Erbländer. Wien bey Joseph Edl. v. Kurzböck, k. k. Hofbuchdrucker, 17[illegible]«, Fol.

[155] Zur Erklärung dieser Bitte und des damaligen Baratto-Handels vgl. II. Capitel dieses Abschnittes. — [illegible] Kurzböck auch seine Verdienste auf verschiedenen Seiten [illegible] gegen den Staat, [illegible] nicht nur für ihn, sondern für alle [illegible] Buchdrucker von [illegible] mit drei Jahren [illegible] verwilliget, [illegible] und [illegible] worden, und man habe daher kein Bedenken, auf Bewilligung [illegible]. Maria Theresia entschied am 19. August 1771: »[illegible] Buchhandlungen gereichen dem Staate zu keiner Ehre und andern privilegirten Buchhändlern zum Schaden. Dahingegen bin ich geneigt, vorzüglich inländischen wohl verdienten Buchdruckern, wie der Kurzböck ist, wenn sie sich an der Handlung mit einem genügsamen Fond legitimiren, die [illegible] Buchhandlungs-Gerechtigkeit zu verleihen, und die bisher geduldeten fremden Buchhandlungen, sowie die [illegible] Besitzer absterben, nach und nach einzuziehen. Es hat mir demnach der Commerzien-Rath über den dermaligen Stand der hiesigen Buchhandlung, und die bey solcher pro futuro zu treffende bessere Einrichtung ein ausführliches Gutachten zu erstatten, auch anzuzeigen, was es auf der dem Buchdrucker Kaliwoda [illegible] Freyheit, fremde Verlagsbücher zu verschreiben und feil zu halten, für eine Bewandtniss habe«. (Archiv des k. k. Reichs-Finanzministeriums, n.-ö. Commerzien 1751–1800, Fasc. Nr. 118 [illegible].)

[156] Archiv der Wiener Universität, »Buchdruckersachen«, Fasc. A. III. K. — Nach der Buchhändlerordnung von 1772 wurde der Universität das Recht belassen, Universitäts-Buchhändler zu ernennen, aber nur in geschlossener Zahl und gegen dem, dass der Handlungsfundus jederzeit beim n.-ö. Wechselgerichte ausgewiesen und die neue Buchführerordnung beobachtet würde. Kurzböcks Buchhandlung gieng an Albert Camesina und später an [illegible] über.

[157] Als Kurzböck für diese kaiserliche Gnade und Auszeichnung in einer Audienz nach damaliger Hofsitte »mit einem Fußfalle« sich bedankte, berührte die Kaiserin Maria Theresia seine Schultern und sprach: »Steh Er auf, Er ist ein braver Mann«. (Kárász, Verhandlungen der k. k. zoolog.-botan. Gesellschaft in Wien, XXI. Bd. [1871], S. 1115.)

[158] Es sind damit die Mechitaristen in Triest gemeint, denen Maria Theresia 1775 ein Privilegium auf den Druck in orientalischen Sprachen verliehen hatte.

[159] Nobilitations-Diplom für den k. k. illyrischen Hofbuchdrucker und Buchhändler Joseph Kurzböck. — »Wir Maria Theresia bekennen öffentlich mit diesem Brief und thuen kund Jedermänniglich; Wiewohlen die Königliche und Erzherzogliche Würde und Hoheit, darein der Allmächtige Uns seiner göttlichen Vorsehung nach, gesetzet hat, vorhin mit edlen, und adelichen Geschlechtern und Unterthanen gezieret ist, so sind Wir doch geneigt, [illegible], so sich in Unseren, und Unseres Königlichen und Erzherzoglichen Hauses [illegible] Diensten vor anderen mit beständiger Dienstbarkeit hervorgethan, und wohl verhalten haben, in hohen Ehren, und Würde zu erheben, mithin andere durch dergleichen milde Belohnungen zur Nachfolge guten Verhaltens, und Ausübung adelicher Thaten gleichfalls zu bewegen, und anzufrischen. Wenn wir nun gnädigst angesehen, wahrgenommen und betrachtet die adelichen guten Sitten, Vernunft, Tugenden und Geschicklichkeit, womit Uns Unser lieber getreuer Joseph Kurzböck, illyrischer Hofbuchdrucker und Buchhändler begabet zu seyn angerühmet, und hiernächst des mehreren beygebracht worden, daß er zum Nutzen Unseres Staates eine so mühsame

Kurzböcks Verdienste um die Typographie in Wien, namentlich aber um den Druck in fremden Sprachen, waren bedeutende, und in Hinsicht auf die Selbstlosigkeit, mit der er Alles ins Werk setzte, stand er weit über Trattner. Auch um die bessere Technik des Satzes und Druckes, um besonders sorgfältige Correctur und schönes Papier[190] hatte er sich sehr angenommen, und verdient es noch bemerkt zu werden, dass er die bisher unregelmäßigen, schiefen und schlechten Lettern durch correct geschnittene und schön geformte zu ersetzen suchte, worin er also weit mehr Geschmack und Formensinn bekundete, als der nur vom reinen Geschäftsgeiste erfüllte Trattner. De Luca sagt in seinem »gelehrten Österreich«, dass Kurzböck sich einen tüchtigen Stempelschneider und Letterngießer, einen geborenen Siebenbürger, Namens Adam Kapronzai, abgerichtet habe (?), »der unserer Nation schon lange Ehre würde gemacht haben, wenn nicht ein ausschließendes Privilegium ihm den Weg, seine Fähigkeiten zu zeigen, versperrt hätte«.[191] Als der anerkannt tüchtige Schriftgießer Magatsch, Factor in Trattners Schriftgießerei, aus derselben ausgetreten war, nahm Kurzböck ihn auf und verwendete ihn in seiner illyrisch-orientalischen Buchdruckerei.[192]

[illegible]

[190] J. v. Sonnenfels, Die wienerische Schaubühne (Wien 1768), S. 15.

[191] (De Luca), Das gelehrte Österreich. Bd. I. Stück 1, S. 291.

[192] [illegible]

Nach Magatsch war Kurzböck mit dem geschickten Kupferstecher und Schriftgießer Ernst Mannsfeld in Verbindung getreten. Die geschmackvollen Schriftstempel und die hiervon gegossenen Lettern waren unter dem Namen «Mannsfeldische oder Kurzböckische Schriften» lange bekannt und beliebt. Am 3. August 1785 bat Kurzböck um die Erlaubnis, eine Stempelschneiderei und Schriftgießerei errichten zu dürfen. Auf Grund der kaiserlichen Entschließung, wornach es Jedermann freistehe, eine Stempelschneiderei und Schriftgießerei, wie und wo er wolle, in den österreichischen Landen zu errichten, wurde sie ihm bewilligt und am 9. September 1786 auch ein Privilegium dafür ertheilt. Bei dieser Gelegenheit hatte er schwierige Schriftproben vorgelegt, wofür ihm über Einrathen der Hofkanzlei Kaiser Josef sein besonderes Wohlgefallen aussprach. Derselbe hatte ihn auch aufgefordert, sich mit hebräischen Lettern gut einzurichten, damit die nöthigen Bücher für die damals auf eine halbe Million geschätzten Israeliten in Wien gedruckt werden könnten.

Kurzböck hatte diese Schriftgießerei in Verbindung mit dem herzoglich württembergischen Hof- und Kanzlei-Buchdrucker Christoph Cotta errichtet.[190]

Nr. 12. Ritterstands-Wappen des Josef Edlen von Kurzböck. Nach dem Original-Ritterstandsdiplom gezeichnet von A. von Dachenhausen.

Im Jahre 1789 begann er auf die Intentionen des kaiserlichen Rescriptes hin vom 6. October 1789 den hebräischen Druck. Dieses Rescript versprach allen jenen, welche in den kaiserlichen Erbländern hebräische Buchdruckereien errichten würden, hierzu Privilegien zu ertheilen. Er folgte dieser Aufforderung und ließ mit vielen Kosten die berühmten und geschätzten Amsterdamer Stempel und Matrizen von Lettern kommen. Seine ersten Versuche machte er mit dem Abdrucke einiger Bogen aus dem Talmud, welche allgemein angestaunt wurden. Nun fing er an, den Talmud «Mischnajoth» und «Machsorim» nach der Amsterdamer Auflage mit einigen neuen Zusätzen zu drucken. Der Beifall seiner Ausgaben war allgemein, und da er sehr schönes Papier dazu nahm, so wurden sie von Vielen jenen zu Amsterdam noch vorgezogen.[191]

Für die orientalisch-theologische Lehranstalt in Wien hatte Kurzböck ebenfalls die Bücher zu drucken.

Bei so großen Anforderungen aber, die schon damals an eine Buchdruckerei in fremden Sprachen gestellt wurden, gab es einen fühlbaren Mangel an tüchtigen Schriftsetzern. Kaiser Josef gestattete daher, dass Kurzböck einige seiner Lehrlinge in die orientalische Akademie zur Ausbildung in den orientalischen Sprachen schicken dürfe. Als die tauglichsten unter diesen wählte er den nachmals als «hebräischen Schmid» bekannten Anton Schmid, della Torre

[190] Am 5. April 1786 bat Christoph Cotta den Kaiser, ihm die Erlaubnis zur Errichtung einer Buchdruckerei in Wien zu ertheilen, in welcher [illegible] (Archiv im k. k. Ministerium des Innern. Fasc. «Buchdruckerei» IV. [illegible])

[191] Sartori, Historisch-ethnographische Übersicht der wissenschaftlichen Cultur, Geistesthätigkeit und Literatur in Österreich (Wien 1830), S. 228. Dieser Talmud wurde erst [illegible], also nach Kurzböcks Tode, mit dem 4. Bande beendet.

und M. Santner. Inzwischen gab er sich alle Mühe, immer neue Vorräthe von Amsterdamer Stempeln und Matrizen kommen und auch große Vorräthe an Schrift gießen zu lassen, worauf dann mehrere voluminöse Werke in hebräischer Sprache erschienen; so z. B. der Talmud, »Mischnaha« genannt (1796), der ein besonders schöner Druck ist.[195]

Im Jahre 1792 verzichtete Kurzböck auf seine illyrische und orientalische Buchdruckerei, deren Privilegium am 18. April 1793 der Hofagent Stephan von Novachovich erhielt.

Was die Preise, Ausstattung und Solidität der Erzeugnisse seiner Presse anbelangt, so war Kurzböck weit beliebter und angesehener, als Trattner, sein durch viele Privilegien geschützter und bei fast allen größeren Unternehmungen mit Staatsgeldern unterstützter Gegner. Den oft überspannten Druckpreisen desselben stellte Kurzböck überall die mäßigsten entgegen und zwang ihn so, sie ebenfalls auf ein bescheidenes Maß zurückzuführen.[196] Dessenungeachtet hat er sich durch seine Umsicht und seinen Fleiß ein bedeutendes Vermögen erworben; er besaß zuerst das am Hof gelegene sogenannte Barbier'sche Haus, dann ein Haus in der unteren Bräunerstraße, gegenüber der heiligen Dreifaltigkeit auf dem Graben (Nr. 1152, heute Nr. 1), ein Haus und Garten in der Alservorstadt und im Jahre 1789 hatte er vom Religionsfonde die Herrschaft Ober- und Unter-Liesing gekauft.[197] Als er im Jahre 1782 unter Vorlage seiner Bilanz einen Überschuss von 90.213 Gulden auswies, wurde er in das Mittel der Großhändler aufgenommen.

Nach den beiden schon erwähnten kaiserlichen Auszeichnungen wurde ihm über seine Bitte mit Diplom vom 18. April 1786 auch noch der Reichs-Ritterstand verliehen (s. Nr. 12).[198]

[195] Allgemeine Encyklopädie von Ersch und Gruber. II. Section, XXVIII. Thl. S. 94.

[196] Als die niederösterreichischen Stände dem Trattner nach Ablauf des Contractes die ständischen Arbeiten (Tabellen, Patente, [illegible]) entzogen und Kurzböck übertragen hatten, beschwerte sich Trattner [illegible] (Niederösterreichisches Landesarchiv. Fasc. A. II. Nr. 16.)

[197] Die Herrschaft Liesing, Schloss mit Kapelle, Zimmern, Kanzleien, Theaterzimmer, Badezimmer u. s. w., wurde nach Kurzböcks Tode auf [illegible] (Fr. [illegible], Darstellung des Erzherzogthums Österreich unter der Ens. V. U. W. W. III. 114.)

[198] Im Ritterstands-Diplome heißt es: [illegible] (Adelsarchiv im k. k. Ministerium des Innern, Fasc. IV. D. 1.)

Kurzböck hatte aber auch als Buchhändler seine Verdienste. «Man muss ihm die Gerechtigkeit widerfahren lassen», sagt De Luca, «dass er Einer von denen Wiener-Buchhändlern ist, der viele Nationalschriften in fremde Länder absetzt, wie der Leipziger Oster- und Michaeler-Meßkatalog bestätigen».

Er war auch selbst literarisch thätig, meistens in Übersetzungen.[199] Verschiedene Aufsätze in der k. k. privilegierten Realzeitung,[200] namentlich über Landwirtschaft, für die er eine besondere Vorliebe hatte, stammen ebenfalls aus seiner Feder.

In seinem Hause verkehrten Vertreter von Wissenschaft, Kunst und Literatur; hier wurde so wie in jenem Trattners gute Musik betrieben.[201]

Josef Edler von Kurzböck, «Reichsritter und Herr von Ober- und Unterliesing», wie es auf dem Grabsteine der Familiengruft in Liesing heißt, starb mit Hinterlassung eines Testamentes vom 4. October 1792[202] in seinem Hause in der unteren Bräunerstraße am 19. December 1792 und wurde auf dem Liesinger Friedhofe «hinter dem Crucifixe» begraben.

Wir konnten ungeachtet vieler Bemühungen kein Portrait von ihm auftreiben. Nur eine Silhouette befindet sich gegenwärtig noch im Besitze der k. k. Obersten-Witwe Hermine von Ambrozy, mit deren Erlaubnis wir einen Abdruck dieses Bildes geben (s. Nr. 13). Dasselbe zeigt uns ein glattes Gesicht; auch trägt er den damals üblichen Rock mit einer Reihe Knöpfe, ein weißes Halstuch mit hervorstehendem weißen Busenstreifen (Jabot) und einen ins Haar eingebundenen dicken Zopf mit kurzem Bande.

[199] «Christliche Wahrheiten, vorgetragen von dem wohlerwürdigen P. Anton Clio, Prediger der Gesellschaft Jesu» etc. Aus dem Italienischen übersetzt von Joseph Kurzböck. Wien 1759. 8°. — «Moralische und kritische Briefe, gezogen aus den Werken des Grafen Pepoli». Aus dem Italienischen ins Deutsche übersetzt. 5 Thle. Wien 1765. 8°. Dritte Auflage 1776. 8°. — «Neuester wienerischer Wegweiser für Fremde und Inländer vom Jahre 1792 oder kurze Beschreibung aller Merkwürdigkeiten Wiens. Ganz neu umgearbeitete und viel vermehrte Auflage mit Kupfern». Wien 1792. 8°.

[200] Der erste Band dieser Zeitschrift, erschienen 1771, wurde bei Kurzböck gedruckt; vom zweiten Bande an wurde sie mit Schulzischen Schriften gedruckt.

[201] Eine von Kurzböcks Töchtern, Magdalena, war eine von Josef Haydn hochgeschätzte Musik-Dilettantin und eine der vorzüglichsten Clavierspielerinnen der Residenz. Reichardt nennt sie eine Schülerin Clementi's; andere lassen diese Ehre Haydn. Letzteres ist wenig wahrscheinlich, aber eine seiner liebsten und treuesten Freundinnen war sie jedenfalls. Haydn hatte im Jahre 1774 die erste Sonatensammlung (6 Nummern) bei Kurzböck verlegt (Typendruck) und mag dadurch mit dem Hause näher befreundet worden sein. Er widmete Magdalena eine seiner besten Claviersonaten, Es-dur (bei Artaria als op. 82 erschienen, Verlagsnummer 792, also in die Mitte der Neunziger Jahre fallend; bei André und anderen ist sie als op. 92 bezeichnet, erstere ist aber die Originalausgabe), auch sein letztes Clavier-Trio, Es-moll. (Verlagsnummer 113, also etwa ins Jahr 1801 fallend.) Bei der denkwürdigen Aufführung der «Schöpfung» im Universitäts-Saale, 27. März 1808, saßen dem greisen Componisten zur Seite die Fürstin Esterhazy und Fräulein Magdalena Edle von Kurzböck; diese hatte ihn im Wagen der Fürstin von seinem Hause (Bezirk Windmühle, Kleine Steingasse Nr. 73; jetzt Bezirk Mariahilf, Haydngasse Nr. 19) abgeholt. (Nach gütigen Mittheilungen des Biographen Haydns, J. C. Pohl, Archivars der Gesellschaft der Musikfreunde.)

[202] Wir heben folgende Bestimmungen aus demselben hervor: Kurzböck wünschte ein einfaches Leichenbegängnis; bei St. Michael in Wien sollen 25, bei den Franciscanern in Maria-Enzersdorf ebenfalls 25 Messen gelesen werden; der Pfarrer in Liesing habe für 6 Messen 6 Ducaten, der Schulmeister 6 Gulden und das Armeninstitut daselbst 50 Gulden zu erhalten. Dem Director der Buchdruckerei Michael Chemnik, welcher durch 18 Jahre mit rastlosem, unermüdetem «Eifer, Fleiß, Treue, Anhänglichkeit» diente, sollen 2000 Gulden ohne Abzug der Erbsteuer hinausbezahlt werden, wenn er aber in Diensten der Universalerbin bleibe, eine jährliche Zulage von 50 Gulden, und noch 1000 Gulden erhalten, wenn er zur Zeit des Verkaufes oder Auflassung der Buchdruckerei in gleicher Stellung sich befände. Universalerbin war seine Frau Katharina Edle v. Kurzböck; die sieben Töchter bekamen u. a. die Herrschaft Liesing. Ausständig waren noch 19.000 Gulden von Seite des Stephan von Novakovich, welcher die illyrische Buchdruckerei von Kurzböck gekauft hatte. — Zur Verlassenschaft gehörten u. a.: 1. Die Herrschaft Liesing (Schätzwert 15.818 Gulden, von Kurzböck im Testamente mit 40.000 Gulden angewertet); 2. das Haus in der Oberen Bräunerstraße Nr. 1151 (Schätzwert 29.350 Gulden, von Kurzböck im Testamente mit 40.000 Gulden angewertet. Zur Zeit seiner Verehelichung besaß Kurzböck nur das um 14.000 Gulden verkaufte Haus auf dem Hof und die damals nicht beträchtliche, aus fünf Pressen bestehende Buchdruckerei); 3. Haus und Garten in der Alservorstadt (Schätzwert 9820 Gulden); 4. Pretiosen im Werte von 2016 Gulden, darunter der goldene Gnadenpfennig, 40 Ducaten schwer, ein silberner französischer Degen, ein goldener brillantierter Degen u. a.; 5. mit Gold gestickte und mit Goldborten besetzte Tuchkleider verschiedener Farbe; 6. zwei Kutschen und zwei Pferde (Rappen); 7. ein eisenachsiger Wagen; 8. die Buchdruckerei in der inneren Stadt, 23 Schriftkästen mit verschiedenen Schriften (32 Ctr. à 15 fl.) 480 fl., eine Presse mit [illegible] Fundament, Tiegel, Spindel und Mutter von Messing 36 fl., eine Presse mit hölzernem Fundament, Tiegel, Spindel und Mutter von Messing 18 fl., eine Presse mit steinernem Fundament, Tiegel, Spindel und Mutter von Messing 9 fl. und mehrere andere Utensilien, alles im Werte von 533 fl.; 9. die Buchdruckerei in der Alservorstadt, griechische, [illegible] und hebräische Schriften (31 Ctr. à 16 fl.) 816 fl., verschiedene Schriften (178½ Ctr. à 15 fl.) 2677 fl. 30 kr., vier Pressen (jede mit [illegible] Spindel und Mutter, [illegible] Fundament, hölzernem Tiegel, zwei Schrauben und zwei Deckelrahmen, à 32 fl.) 128 fl., zwei Pressen (Spindel und Mutter von Messing, mit hölzernem Fundament und Tiegel, sammt zwei Schrauben und zwei Deckelrahmen, à 20 fl.) 40 fl., eine Presse (Spindel und Mutter von Messing, mit steinernem Fundament, Tiegel von Messing, zwei Keil- und Deckelrahmen) 25 fl., eine Presse (Spindel und Mutter von Messing, mit steinernem Fundament, hölzernem Tiegel, zwei Schrauben und zwei Deckelrahmen) 12 fl., sieben Winkelhaken von Messing, sechzehn von Eisen, einer von Holz u. a.), vierhundertzwanzig Setzbretter, zwölf Tenakeln, drei messingene und sechzehn blecherne Leuchter u. a. 15 fl., hundertfünfzig Schriftkästen, sieben Laden mit verschiedenen alten Folien, 4°, 8°, Leisten, Vignetten, Zierrathen 18 fl., ein kupferner Kessel auf Dreifuß, zwei alte Öl-Kästl, ein gemauerter und ein Trag-Laugenkessel 27 fl., vier Farbenkessel, eine Röhrenbankl, zwei Kessel, ein Sieb, ein steinerner Waschgrand, eine Feuchtwanne u. dgl. 7 fl., ein Kübel [illegible] 17 fl. 30 kr., sieben doppelte und ein einfaches Kasten-Regal zum Aufstellen und Einstecken auf hundertfünfzig Kästen und hundertzwanzig Formenbretter 12 fl., vier grosse Schriftenkästen, ein Kasten-Regal auf einundzwanzig Kästen, ein Formen-Regal auf sechsunddreißig Formen, zwei Quadraten- und zwei Spatienkästen 6 fl., ein Kasten-Regal mit vierzehn Fächern, zwei Formen-Regale auf achtunddreißig Formen, eine Kupferdruckpresse [illegible] 6 fl., sieben Ries Imperial-Schreibpapier (à 15 fl.) 105 fl., neun Ries Super-Regal (à 10 fl.) 90 fl., sechs Ries Super-Regal (Makulatur à 5 fl.) 30 fl., vier Ries Super-Regal (Brünner, à 4 fl.) 16 fl., drei Ballen vier Ries Median (fein, à Ries 4 fl.) 136 fl., vier Ballen vier Ries Concept (fein, à Ries 2 fl.) 80 fl., fünf Ballen acht Ries Concept (ordin., à Ries 2 fl.) 100 fl., ein Ballen fünf Ries ordin. Kanzlei (à Ries 2 fl. 30 kr.) 37 fl. 30 kr., sieben Ries ordin. Concept (à Ries 1 fl. 30 kr.) 10 fl. 30 kr., sechs Ballen zwei Ries (abgezählt zu Makulatur, à Ries 1 fl.) 62 fl., fünf Ballen sechs Ries Druckpapier (à Ries 1 fl. 30 kr.) 84 fl., fünfzehn Ballen Median (à Ries 1 fl.) 150 fl., achtzehn Ballen Ordinari (à Ries 45 kr.) 135 fl., vier Ballen ein Ries (abgezählt zu Makulatur, à Ries 45 kr.) 53 fl. 45 kr. Alles im Werte von 4878 fl. 45 kr. Das Gesammtvermögen wurde auf 218.094 fl. geschätzt.

Kurzböck war verheiratet mit Katharina, geborenen Gerold. Aus dieser Ehe stammten sieben Töchter: Magdalena,[203] Josefa,[204] Anna,[205] Carolina,[206] Sophie Theresia,[207] Johanna[208] und Maria Magdalena.[209]

Von Kurzböcks größeren oder literarisch bemerkenswerten Drucken seien in chronologischer Reihe nachfolgende hier verzeichnet:

1764: «Constitutiones insignis ordinis equitum S. Stephani Regis Apostolici», ein großer, schöner Druck. Folio mit Kupferstichen.

1764: Nicolaus Josephus *Jacquin:* «Observationes botanicarum». Folio mit Kupfertafeln.

1775: «Der Weiss Kunig. Eine Erzehlung von den Thaten Kaiser Maximilian des Ersten von Marx Treitzsauerwein, auf dessen Angaben zusammengetragen, nebst den von Hannsen Burgmair dazu verfertigten Holzschnitten». Diese Ausgabe veranstaltete mit Benützung der in der k. k. Hofbibliothek befindlichen Originalstöcke der Beamte daselbst, Abbé Anton *Hofstätter,*[210] die Kosten trug Kurzböck; Fol., 307 Seiten Text und 237 Holzschnitte. Bekanntlich arbeiteten auf Befehl Kaiser Maximilians I. außer Hanns Burgmair auch Hanns Schäufelin, Hanns Springinklee u. a. an den Holzschnitten. Es gibt einige höchst seltene Abdrücke dieser alten Holztafeln, aber ohne Text, welche noch bei Lebzeiten Kaiser Maximilians abgezogen wurden; sie zeigen sich nicht nur kräftiger und schöner, sondern es sind auch dreizehn Stücke erhalten, von denen die Stöcke nicht mehr existieren und die daher in der Ausgabe von 1775 fehlen. Im Jahre 1799 kaufte der Buchhändler Edwards in London den Rest dieser neuen Ausgabe auf, setzte statt des deutschen Textes eine kurze Erläuterung vor und gab sie unter folgendem Titel heraus: «Weisz Kunig. — Tableau des principaux evénements de la vie et du regne de l'empereur Maximilien I. en une suite de deux cent sept planches gravées en bois sur les dessins et sous la conduite de Hans Burgmaier. Imprimé a Vienne chez J. Alberti et se trouve à Londres chez S. Edwards 1779». Fol.[211]

Nr. 13. Josef Edler von Kurzböck. Nach einer Silhouette im Besitze der k. k. Obersten-Witwe Bernige von Ambrosy.

1779: «Catalogus musei caesarei Vindobonensis numorum veterum distributus in partes II», 2 Bde. mit vielen Kupfertafeln.

Eine der bedeutendsten Unternehmungen der Kurzböck'schen Officin war die neue Ausgabe des großen orientalischen Wörterbuches von Meninski, das seinerzeit in ganz Europa Beifall gefunden hatte, aber schon sehr selten und theuer war,[212] unter dem Titel: «Fr. Meninski a Mesgnien Lexicon Arabico-Persico-Turcicum ... nunc secundis curis recognitum et auctum» (a Be. de Jenisch et Fr. de Klezl». Viennae, Typis Josephi nobilis de ... Kurzböck 1780–1802. Fol. 4 Bde. Mit Vignetten auf dem Titelblatte und mehreren Kupfertafeln. Adam Franz Kollar hatte schon früher 1756 — einen Sonderabdruck eines Theiles der ersten Ausgabe

[203] Magdalena, von welcher Note 201 handelt, war am 17. März 1767 Abends sieben Uhr geboren und am 18. um halb zwölf Mittags bei den Schotten getauft worden. «Die Gevatterin war meine Frau Schwiegermutter Magdalena Gerold». Nach handschriftlicher Aufzeichnung Kurzböcks in einem Adelsbriefe bei der k. k. Obersten-Witwe Bernige von Ambrosy. — Magdalena Edle von Kurzböck starb unverheiratet am 6. Februar 1843 im Alter von 76 Jahren und wurde in der Familiengruft in Liesing begraben.

[204] «Den 30. Julius 1772 um 10 Uhr früh ist geboren Josefa Kurzböckhin und um 5 Uhr Abends zum Schotten getauft. Gevatterin Magdalena Gerold». (Handschriftliche Aufzeichnungen Kurzböcks l. c.) — Josefa Kurzböck heiratete den Großhandlungs-Gesellschafter Franz Karl Neilreich und wurde die Mutter des berühmten Botanikers August v. Neilreich. Sie starb 1856. („Verhandlungen der k. k. zoolog.-botan. Gesellschaft in Wien, Jahrgang 1871, XXI. Bd., S. 1311.)

[205] «Den 25. Julius (1775) früh um 10 Uhr geboren Anna Kurzböckhin, um 8 Uhr Abends bei St. Stephan getauft worden. Gevatter Melchior Gerold». (Handschriftliche Aufzeichnungen Kurzböcks l. c.) Verheiratete [illegible].

[206] «Den 4. April (1778) früh um 12 Uhr geboren worden Caroline Kurzböckhin und um 5 Uhr bei St. Stephan getauft». (Handschriftliche Aufzeichnungen Kurzböcks l. c.) Gestorben 1810.

[207] «Den 22. September (1779) geboren um 2 Uhr früh Sophie Theresia Kurzböck, 4 Uhr Nachmittag bei St. Stephan getauft. Gevatterin Frl. Therese von Hammer». (Handschriftliche Aufzeichnungen Kurzböcks l. c.) Sie starb 1797.

[208] «Johanna Kurzböckhin d. 8. Juni (1781) um Mitternacht (nämlich geboren), bei St. Stephan getauft. Gevatterin meine Schwägerin Göttlingerin». (Handschriftliche Aufzeichnungen Kurzböcks l. c.) Sie starb unverheiratet am 26. Jänner 1852 und liegt auf dem Friedhofe in Liesing begraben.

[209] «Den 16. Julius 1782 geboren um 1/2 6 Uhr früh Maria Magdalena Kurzböckhin, um 5 Uhr Nachmittag bei St. Stephan getauft. Gevatterin meine Schwägerin Frau von Scholz». (Handschriftliche Aufzeichnungen Kurzböcks l. c.) Sie starb unverheiratet am 23. Juli 1868 in einem Alter von 86 Jahren und liegt auf dem Friedhofe in Liesing begraben.

[210] Anton Hofstätter, Ex Jesuit und Baccalaureus der Theologie, Lehrer der schönen Künste und Wissenschaften, war am 4. October 1741 in Wien geboren. (De Luca, Das gelehrte Österreich I. 1. S. 210 f. — Dr. [illegible], Abbate Andres Sendschreiben über das Litteraturwesen in Wien. Wien 1795, S. 163.)

[211] Dr. Carl Schmit R. v. Tavera, Bibliographie zur Geschichte der Habsburgischen Regenten von Rudolf I. bis Maximilian I. Wien 1858, S. 83 f. — Dr. Anton Mayer, Geschichte der geistigen Cultur in Niederösterreich. S. 226. — Ebert, Allgemeines bibliographisches Lexikon. Leipzig 1821. II. 979.

[212] In Ostindien z. B. bezahlte man einzelne Exemplare der ersten Ausgabe mit mehr als hundert Gulden. (Sartori l. c. S. 416, Note 1.)

veranstaltet, und zwar von den «institutiones linguarum Turcicarum cum rudimentis parallelis linguarum arabicarum et persicarum» (Viennae 1756, 4°. 2 Thle. in 1 Bd., bei Schilgen gedruckt).[213] Man hatte aber jetzt in Wien nicht eher den Entschluss gefasst, eine neue Auflage des ganzen Wörterbuches zu veranstalten, als bis man sich vollkommen versichert hielt, dass die neue Londoner Ausgabe, die daselbst am 1. Juni 1771 versprochen worden war, nicht erscheinen werde. Dieser Entschluss hieng ohne Zweifel mit der Gründung der orientalischen Akademie aufs innigste zusammen. Über Anregung des Freiherrn von Bieder Edlen von Kriegstein und über Vortrag des Staatskanzlers Grafen Kaunitz ddto. 24. April 1777 bewilligte die Kaiserin Maria Theresia mit Anweisung vom 22. Mai d. J. einen Vorschuss von 8000 Gulden gegen dem, dass Kurzböck hundert reine Exemplare um den Pränumerationspreis (à Exemplar 80 Gulden) abliefere; sollte aber ein Exemplar nach Anmeldung der Pränumeranten billiger zu stehen kommen, habe Kurzböck den Überrest bar zurückzuzahlen. Es fand sich aber nur ein einziger Pränumerant: der König von Polen. Die Auflage belief sich auf 500 Exemplare, zwei wurden außerdem noch auf holländischem Papier gedruckt.[214] Von den Sorgen und Kosten bezüglich der Verbesserung und Correctur des ganzen Werkes sollte Kurzböck freigehalten sein, mit dem Plane der Verbesserung und mit dieser selbst wurde der bei der Staatskanzlei in Diensten stehende Bernhard Freiherr von Jenisch[215] betraut. Derselbe hatte seinen Entwurf mit Baron von Thugut «concertiret», welcher in den orientalischen Sprachen, Wissenschaften, Sitten und Gebräuchen des Orientes vollständige Kenntnis besaß. «Darnach sollten nur Zusätze von abgängigen orientalischen Wörtern gemacht werden, dagegen verschiedene französische, italienische, deutsche, polnische Wörter, welche ohnedem unnütz sind, weggelassen werden, da die Grammatik und das Nachschlageregister nur die lateinische Sprache zur Grundlage hat und ohne Kenntnis der letzteren das Werk nicht brauchbar sei».[216] Kurzböck ließ mit großen Kosten über 520 Formen orientalischer Typen neu gießen; es war dies keine geringe Leistung, da bei diesen Typen sowohl die gesonderten, als auch nach Maßgabe ihrer verschiedenen Stellungen die mit einander verbundenen Buchstaben, die Unterscheidungs- und Abtheilungszeichen in großer Zahl vorhanden sind. Von Jussuf Ssati, einem dazumal in Wien lebenden Kaufmanne aus Aleppo, christlicher Abstammung, wurden die Musterschriften dazu verfertigt, aus welchen die besten dann gewählt und als Richtschnur zur vorgesetzten Typenform sofort an Kurzböck abgegeben wurden. Diese Muster an der Hand, begann nun Kurzböck an Meninskis Typenstöcke zu ändern, was er zu ändern für gut hielt, und so entstand jene Neschischrift, deren erste Proben in der von der k. k. orientalischen Akademie herausgegebenen persischen Anthologie[217] verwendet wurden und die man auch für die zweite Ausgabe des Wörterbuches beibehielt. «So wahr es indessen einerseits ist» — sagt Gevay — «dass aus dieser Reform die Typen mit mancher recht zweckmäßigen Verbesserung wieder hervorgegangen sind, so muss doch andererseits mit Bedauern bemerkt werden, dass durch das Zusammengießen zweier Elemente die ursprüngliche schöne Einheit der Meninskischen Schrift im Ganzen bedeutend gelitten hat».[218]

1781: Sammlung verschiedener alter Holzschnitte, größtentheils nach Albrecht Dürers Zeichnungen, wovon sich die Originalstücke auf der k. k. Hofbibliothek befinden. Fol.

[213] Kollar hatte die Meninski'schen Typen aufgefunden und damit die oben erwähnte türkische Grammatik aus dem orientalischen Wörterbuche in zweiter Auflage bei der Witwe Schilgen 1756 drucken lassen. Von dieser kamen die Typen an Kaliwoda, von welchem sie an Kurzböck gelangten. ([illegible] l. c.)

[214] Friedrich Ad. Ebert, Allgemeines bibliographisches Lexikon. Leipzig 1821. II. Bd. S. 105. Den Rest der Auflage kaufte der Buchhändler Schalbacher in Wien, der sie wieder dem Pariser Buchhändler Renouard überließ. Auch die zweite Auflage war bald so selten wie die erste, und wurde ein Exemplar mit 360 Frcs. bezahlt.

[215] Bernhard Freiherr von Jenisch war am 16. November 1731 als der Sohn eines k. k. [illegible] in Wien geboren. Nach absolvierten Studien bei den Jesuiten und an der Universität zu Wien, wo er eifrig den juridischen Studien oblag, wurde er der erste Zögling der von Maria Theresia gegründeten orientalischen Akademie. Er entwickelte sich zu einem der tüchtigsten Orientalisten, so dass er später mit Recht die Stelle eines Directors dieser Akademie bekleidete. Nach van Swietens Tode im Jahre 1803 wurde er zum Präfecten der Hofbibliothek ernannt und starb zu Wien am 22. Februar 1807. — Im Namen der orientalischen Akademie gab er heraus die «Anthologia Persica» (1778, 4°), außerdem erschien von ihm anonym 1780 «De fatis linguarum orientalium» (zugleich die 164 Seiten starke Einleitung zum orientalischen Wörterbuche) und die «Historia priorum regum Persarum ex Mohammede Mirchond persice et latine cum notis geographico-literariis» 1782, 4°. (Dr. Alois [illegible], [illegible] des Abbate Andres (Wien 1795), S. 81. — Victor Weiss, Edler von Starkenfels, Die k. k. orientalische Akademie zu Wien, ihre Gründung, Fortbildung und gegenwärtige Einrichtung (Wien 1839), S. 46 f. — Constantin von Wurzbach, Biographisches Lexikon, X. 163.)

[216] Dieser lateinische Index fehlt in einigen Exemplaren der ersten Auflage, weil die bereits gedruckte erste Hälfte desselben, nicht das ganze Werk, in der Belagerung Wiens 1683 verbrannte und Meninski dieselbe nur in geringerer Anzahl wieder drucken ließ. (Vgl. Ebert l. c. II. 105.)

[217] «Anthologia persica seu selecta e diversis Persis auctoribus exempla in latinum translata ac Mariae Theresiae Augustae [illegible] dicata a Caesarea Regia Linguarum Orientalium Academia Anno Salutis MDCCLXXVIII. Viennae Typis Josephi Nobilis de Kurzböck» etc. 4°. Zugleich war diese Ausgabe eine Probe der erworbenen Kenntnisse der Zöglinge der orientalischen Akademie.

[218] Wiener Jahrbücher der Literatur, 47. Bd. (1829), S. 190.

1783: «Die von Seiner Majestät dem römischen Kaiser Josef II. denen in der kaiserlichen Residenzstadt Wien handelnden, der ottomanischen Pforte unterthänigen, nicht unierten Griechen, in Betreff ihres Gottesdienstes in der Kapelle des heiligen Georgius in Steyerhof allergnädigst ertheilte Freiheit». 4°. Deutscher, griechischer und bulgarischer Druck.

1784: «Tarich e Fenai». Die Geschichte der persischen Könige von Gonai.[219]

1788: «Choix de pierres gravées du cabinet impérial des antiques représentées en XL planches». Von Joseph Eckhel. Fol. Sehr schöner und reiner Druck. Mit schönen Kupferstichen von Kohl.

1789: «Annalium typographicorum V. Cl. Michaelis Mettaire supplementum» von Michael Denis. 2 Bände 4°.

Unter anderen bemerkenswerten Drucken finden wir vertreten: Michael *Denis* mit Gedichten (poetische Bilder der meisten kriegerischen Vorgänge in Europa seit 1756, 8°, 1760; poetische Bilder der meisten kriegerischen Vorgänge in Europa seit 1760, nebst einem Anhange, 1761, 8°; Jugendfrüchte des k. k. Theresianums, I. Sammlung 1772, 8°, III. Sammlung, 1775, 8°); Friedrich Wilhelm *Weiskern* mit seiner Topographie von Niederösterreich (3 Bde. 8°, 1769 und 1770); Adrian *Rauch* mit seiner österreichischen Geschichte (3 Bde. 8°, 1779–1781); F. Justus *Riedel* mit sämmtlichen Schriften (5 Bde. 8°, 1785–1787); M. A. *Fetkovich* mit einer neuen slavonischen Grammatik (3. Ausgabe 1789, 8°) und dem deutsch-illyrischen und illyrisch-deutschen Wörterbuche.[220] (2 Bde 4°, 1790.)

JOHANN LEOPOLD EDLER VON GHELEN.

(1734 bis 1760.)

Derselbe wurde 1708 in Wien geboren. Sein Vater war Johann Peter van Ghelen, seine Mutter Francisca, geborene von Adami. Nachdem er bei den Jesuiten die Gymnasialstudien beendet hatte, kam er an die Wiener Universität, wo er mit Eifer der Jurisprudenz oblag. Hierauf trat er in den Dienst seiner Vaterstadt als Stadt- und Landgerichtsassessor, wurde Gegenhandler und bereits mit 26 Jahren in den inneren Stadtrath durch Wahl berufen (am 15. Februar 1734, dann wiederholt am 8. Februar 1735, am 1. Februar 1736 und am 2. Februar 1737).[221] Schon damals galt er als ein tüchtiger Jurist, erhöhte aber diesen Ruf noch als Senior auf dem Stadtgerichte und seit 1749 als Stadt- und Landrichter.

Am 27. Mai 1753 verlieh die Kaiserin Maria Theresia ihm und seinen «ehelichen Leibeserben, sowie denen Erbens-Erben Männ- und Weiblichen Geschlechts absteigenden Stammens» wegen seiner hervorragenden Verdienste als Stadt- und Landrichter den «Adel des Heil. Röm. Reichs mit dem Prädicate Edler von Ghelen».

«Wann Wir dann gnädiglich angesehen, wahrgenommen und betrachtet», heißt es im Diplom[222], «die Adeliche gute Ritter Tugenden, Gelehrsamkeit, Vernunft, Fähig- und Geschicklichkeit deren Uns der Ehrsame Unser Lieber Getreuer Johann Leopold van Ghelen beeder Rechten Doctor und allhiesiger Stadt- und Land Richter begabet zu seyn angerühmet, und hiernächst des mehreren beygebracht worden, maßgestalten desselben Vor-Eltern Unserm Durchleuchtigsten Erz Hause so in Kriegs- als Friedens-Zeiten vielfältig- getreue- nutz- und ersprießliche Dienste mit unversehrter Treue und beständiger Anwendung zum Nutzen des gemeinen Weesens jederzeit willfährigst, und allerunterthänigst geleistet; da nemlichen

[219] Dieselbe wurde ursprünglich im türkisch-tschagataischen Dialect für Mir Ali Schir Newai geschrieben, später aber ins Constantinopolitanisch-Türkische übertragen und nach letzterer Übersetzung obiger Druck veranstaltet, im Jahre der Hedschra 1199 (1784 n. Chr.). Nach einer schriftlichen Anmerkung im Exemplare der kaiserl. Familien-Bibliothek.

[220] Kayser, l. c. II 610, 628.

[221] Wiener Diarium von den Jahren 1734 Nr. 14, 1735 Nr. [illegible], 1736 Nr. [illegible] und 1737 Nr. [illegible].

[222] Der Original-Wappenbrief, gr. 4°, 14 Pergamentblätter stark, in rothem Sammt gebunden, ist Eigenthum des Herrn Julius Löwe, Rechnungsführers im k. k. Hof-Controlorsamte. Jede Seite dieses Wappenbriefes ist mit einem kunstreich verzierten Rahmen, Federzeichnung, eingefasst; besonders ist Fol. 12b, darstellend die Belagerung Wiens durch die Türken 1683, hervorzuheben. Fol. 8a enthält das bildlich gemalte Wappen. Oben ein von Engeln gehaltener rother Baldachin mit den Wappen, dem kaiserlichen Adler in der Mitte, rechts das ungarische, links das böhmische Wappen; zu beiden Seiten Säulen. In der Mitte befindet sich das oben beschriebene erweiterte Ghelen'sche Wappen, unten rechts Pallas Athene mit Helm, Speer und Gorgonenschild, zu Füßen die auf einem Buche sitzende Eule, links die Gerechtigkeit mit Wage und Schwert, in der Mitte ein Opferaltar. Im Hintergrunde die Stadt Wien mit den sie umgebenden Bergen.

nicht allein dessen abgeleibt Vätterlicher Groß-Vatter Johann van Ghelen, bey letzterer Anno Sechzehen Hundert Drey und achtzig allhier vorgewest türckischen Belagerung mittelst eigener Aufziehung, als ein damahlig Universitätisches Mittglied, auf denen hiesigen Stadt Mauren zu deren Schutz und Erhaltung sein Leib und Leben dem Erbfeind entgegengesetzet, sondern auch dessen Mütterlicher mit einer Reichsfreyin von Säckingen vermählt gewester Groß Vatter Johann Georg von Adami als Hauptmann unter Unsern Kriegs Völckern Anno Sechszehen Hundert Neunzig, bey dem damahligen Übergang der Vestung Belgrad an die Türcken, sothane Vestung vertheidigen geholffen, bis Er endlichen durch den allda angezündeten Pulver Thurn nebst mehr andern von der daselbstigen Besatzung in die Luft geflogen und also sein Leben zu Diensten Unsers Durchleuchtigsten Erz-Hauses ruhmwürdigst aufgeopferet; Nicht minder auch dessen annoch lebender Vatter Johann Peter van Ghelen durch seine alleinige Industrial Kopf Arbeit von Anno Siebenzehen Hundert Zwey und zwanzig bis anhero in Unser Landes Fürstliches Aerarium eine nahmhaffte Summe Geldes, als ein trockenes Gefäll geliefert hat: durch welch seiner Vor- und Eltern dann anderer verschiedener derenselben nahen Anverwandten, als in sonderheit auch seiner Ehegattin Leiblichen Vatters, Niclas Lener von Waldberg (welcher samt seiner Männlich- und Weiblichen Descendenz allschon im Jahr Sechzehen hundert Sechs und Neunzig in des Heiligen Römischen Reichs Ritterstand erhoben worden) erworbene namhaffte Verdienste ernannter Johann Lepold van Ghelen ebenfalls ganz billiglich veranlasset gefunden, in deren Tugendvolle Fuss-Tapffen nach möglichsten Kräfften von Jugend auf einzutreten, und gleiche Proben seines allerunterthänigsten Dienst Eyffers ununterbrochen an den Tag zu legen folgsam andurch Unserer Kaiserlich Königlich- und Erz-Herzoglichen Gnadens Bezeugung sich gleichfalls würdig zu machen. Angesehen dann derselbe nach erhaltenen Gradu in utraque Jure bereits seit zwey und zwanzig Jahren mithin annoch unter glorreichester Regierung Weyland Kaysers Karl des Sechsten Unsers Hochgeehrtesten Herrn und Vatters Majtt. und Liebden, bei dem allhiesigen Statt-Magistrat anfänglich als Statt- und Land-Gerichts-Assessor, dann als Gegenhandler, sohin als Innerer Raths-Verwandter und Senior auf dem Stadt Gericht gedienet, sich in verschiedenen wichtigen und gefährlichen, auch geheimen Verrichtungen auf Unseren eigenen Befehl gebrauchen lassen, und dabey seine ohnverbrüchige Treue und besondere Findig- und Geschicklichkeit zum öfteren an Tag geleget und bestättiget, endlichen aber, und zwar nunmehro in das Vierte Jahr, als allhiesiger Stadt- und Land Richter das Nobile Officium Judicis und mittelst der Ihme zu Anfang des Jahres Siebenzehenhundert Fünfzig über das Blut deren Menschen verliehenen Bann und Acht das merum Principis imperium in Unserer Haupt- und Residenz-Statt Wienn mit aller Integritaet und ohnermüdeter Application zu Unseren gnädigisten Wohlgefallen, und Nutzen des gemeinen Weesens rühmlichst besorget, und dadurch die einhellige Approbation Unserer höheren Dicasterien, ein folglichen auch Unsere höchste Gnad besonders erworben hat. Annebst in solch getreuesten Dienst-Eyfer bis in seine Gruben fernershin fortzufahren, des allerunterthänigsten Erbiethens ist; Massen Er auch ein solches seiner besitzenden guten Eigenschaften nach wohl thun kann, mag und solle. Als haben Wir mit wohlbedachten Muth, guten Rath und Rechten Wissen, auch aus Königlich- und Erz-Herzoglicher Machts-Vollkommenheit Ihme Johann Leopold van Ghelen die besondere Gnad gethan, um Ihn samt seinen ehelichen Leibes Erben und Derenselben Erbens-Erben Mann- und Weiblichen Geschlechts absteigenden Stammens, für und für in den Grad des Adels erhoben und gewürdiget, auch zugleich der Schaar-Gesell- und Gemeinschaft anderer des Heiligen Römischen Reichs, auch Unserer gesammten Erb-Königreich- Fürstenthum- und Landen recht Edelgebohrnen Personen zugefüget, zugesellet und verglichen, Ihme auch das Prädicat *Edler von Ghelen* gnädigst beygeleget …

»Und zu mehrerer Gezeugnuß dieser Unserer Gnad und Erhebung in den Stand des Adels, haben Wir Ihme Johann Leopold Edlen von Ghelen nachfolgendes von seinen ursprünglich aus Westphalen herstammenden Vor-Eltern zum Theil schon geführt- nunmehro aber verbessertes Adeliches Wappen und Kleinod gnädigst verliehen, und solches inskünfftige zu führen erlaubet: Als nemlichen einen etwas ablangen unten rund in eine Spitze zusammen lauffenden quadrierten mit einem blauen Querbalken in der Mitte abgetheilten Schild, in dessen oberer rechten und unterer linken weiß- oder Silberfarben Feldung ein- auch einen liegend- mit denen Spitzen aufwärts gekehrten schwartzen Kessel-Hacken mit einem Fuß stehend- und in die Höhe schauender rother Hahn, in der oberen Lincken und untern rechten Gelb- oder Goldfarben Feldung aber ein auf roth oder Rubinfarben Mauer Zinnen mit denen hinteren Prancken aufrecht herschreitender schwarzer Löw mit Roth ausgeschlagener Zunge und aufwerts geschlungenen Schweif sich befindet, deren der Obere einwärts sehende Löw die in der Höhe mit einem Beil versehene Fasces Consulares mit beeden Prancken, der untere aber in der rechten Prancke ein silbernes Schwerd mit goldenen Creutz, und in der Lincken einen runden rothen Staab hinter dem Schwerd, gleich einem Andreas Creutz empor haltet. Auf der Mitten durch den Schild zwischen denen erstbesagten Vier Feldern laufenden blau oder Lasurfarben breiten Binde, oder Quer Balken zeiget sich in dem Mittel Punct ein silbernes Winckel Creutz, zu dessen rechten drey nebeneinanderstehende Sechseckige goldene Sterne; zur Lincken aber drey ebenmäßig in einer Reihe gestellte goldene Lerchen erscheinen; den Schild bedecket ein Offener rechtsgekehrter, mit Gold gekrönter Freyer Adelicher Turniers Helm mit goldenem Rost und anhangendem gleichem Kleinod zur Rechten mit schwarz- und Gelb- oder Goldfarben, zur Lincken aber mit roth- oder Rubin- und weiß- oder silberfarben der Kunst gemäß untereinandergemengten beederseits herabfliessenden Helmdecken. Ob des Helmes Krone steckend auswerts fliegenden Standarten oder Fähnlein, deren eines roth oder Rubin Farb mit einem weiß, oder silberfarben Kreutz, das andere hingegen schwartz und mit einem doppelten goldenen Adler gezeichnet ist, der im Schild beschriebene Roth oder Rubinfarbe Hahn: Allermassen solch Adeliches Wappen und Kleinod in der Mitte dieses Unseres Königlich- und Erz-Herzoglichen Diplomatis gemahlet, und mit Farben eigentlich entworffen zu sehen ist... (S. Nr. 14.)

Nr. 14. Wappen des Leopold Edlen von Ghelen.

«Das meinen wir ernstlich mit Unserem Kayserlich-Königlich- und Erzherzoglichen anhangenden größeren Insiegel; der geben ist in Unserer Hauht- und Residentz-Stadt Wienn den Sieben und zwanzigisten Monats Tag May nach Christi Unsers Lieben Herrn und Seelig-Machers gnadenreicher Geburth im Siebenzehen hundert Drey und Fünfzigsten Unserer Reiche im Dreyzehenden Jahre. Maria Theresia m. p. F. W. Comes Haugwitz, R. B. S. et A. A. P. Cancellarius m. p. Johann Graf Chotek m. p. Ad Mandatum Sac. Caes. Regiae Mattis proprium Johann Christoph Freyherr von Bartenstein».

Nach dem Tode seines Vaters, 1754, übernahm Johann Leopold von Ghelen gemäß großväterlicher und väterlicher testamentarischer Verfügung die Officin. Er hatte die Buchdruckerei ordnungsgemäß erlernt und betrieb sie unter seinem Namen. Von den Drucken derselben nennen wir nur: «Répertoire des Théâtres de la ville de Vienne depuis l'année 1752 jusqu' à l'année 1757». Vienne en Austriche dans imprimerie de Jean Leop. Nob. de Ghelen. MDCCLVII. (12°.)

Johann Leopold Edler von Ghelen war vermählt mit Francisca Theresia, geborenen Lehner von Waldberg.[213] Aus dieser Ehe stammten zwei Söhne und drei Töchter. Mit Hinterlassung von Witwe und

[213] Dieselbe war 1716 in Wien geboren und starb, 61 Jahre alt, am 8. September 1777 in dem Hause auf dem Bauernmarkte Nr. 558. (Wiener Diarium vom Jahre 1777, Nr. 73.)

Kindern segnete Ghelen nach reicher Thätigkeit das Zeitliche im Jahre 1760 in einem Alter von erst 52 Jahren. Das Testament ist am 20. December 1759 ausgestellt.[224]

DRUCKEREI DES K. K. PRIV. LOTTOAMTES (K. K. LOTTERIE-KAMMER).

(1752 bis 1848.)

Am 18. August 1751 wurde dem Octavio Conte de Cataldi ein Privilegium auf den sogenannten «Lotto di Genova», beginnend mit 1. April 1752, auf zehn Jahre, also bis 31. März 1762, ertheilt; das Patent vom 13. November 1751 enthält die nähere Beschreibung desselben für die deutsch-ungarischen Erblande mit Ausschluss von Siebenbürgen und des Temesvárer Banates.

Im 6. Punkte des Privilegiums heißt es nun: «Damit die Lotterie-Cammer wegen der auszustellen kommenden Looß-Zetteln und Ziehungs-Listen oder andern sowohl vor als nach der Ziehung vorkommenden nöthigen Publikationen, um so mehrers sicher gestellt werde, solle selbe befugt seyn, in Lotterie-Sachen eine eigene Druckerey zu Wienn, oder in andern Orthen, wo selbe immer ihre Ziehung anzustellen gedencket, zu halten, jedoch daß in solcher bey Straf 6 Thalern von jedem Bogen nichts anders, als was die Lotterie betrift, gedruckt werden solle». — Die Druckerei in Wien arbeitete nur für die Erfordernisse des Lotto in Wien und Niederösterreich.[225] Dieselben bestanden in den massenhaften Anfertigungen von Lotteriezetteln oder Risconti an die Spieler und Lotto-Collectanten, von Ziehungslisten und Protokollen, die von einer Ziehung zur andern stets neu angefertigt werden mussten.

Mit Patent vom 4. December 1761 wurde Conte Cataldi das Privilegium vom 1. April 1762 auf weitere acht Jahre für den Lotto di Genova, mithin bis 31. März 1770, verlängert; an Cataldis Stelle trat bald der Marquis Mansi (Manzi). Im Jahre 1770 wurde das Privilegium auf weitere acht Jahre und am 30. December 1777 wieder auf zehn Jahre verlängert. Mit 31. October 1787 gieng dieses Privilegium zu Ende und wurde nicht mehr erneuert. Das Ärar übernahm nun selbst das ganze Institut, zuerst versuchsweise, dann endgiltig, in eigene Verwaltung, wobei das bisherige Verwaltungssystem, wie auch der bisherige Status beibehalten wurden. Von dieser Zeit an hieß die Druckerei: «Amtsdruckerei der k. k. Lottogefälls-Direction für Niederösterreich». Bei der Übernahme in die Staatsregie bestand das Personal aus 11 Setzern,[226] wovon einer der Factor war, und aus 14 Druckern nebst einem Praktikanten. Die Bezüge waren: 1 Setzer und Factor 400 fl., 1 Setzer und Vicefactor 350 fl., 2 Setzer à 300 fl., 4 Setzer à 250 fl., 3 Setzer à 230 fl.; 1 Drucker 280 fl., 8 Drucker à 200 fl., 4 Drucker à 150 fl., 1 Praktikant 60 fl. Die Gesammtsumme der Bezüge betrug somit 5580 Gulden. Zur Herstellung der Drucksorten waren stets 12 Pressen im Gange, darunter zwei «große», zu deren Besorgung zwei Drucker, der eine 60 fl., der andere 40 fl. als besondere Entschädigung jährlich erhielten.

Obiger Personalstatus erhielt sich bis zum Jahre 1818, von wo ab nur mehr 8 «Amtsdrucker» (ohne Angabe von Setzern) officiell erwähnt werden.[227]

[224] Darin sprach Ghelen den Wunsch aus, in der Pfarrkirche St. Michael in der Gruft der spanischen Bruderschaft, allwo auch seine Eltern und Geschwister begraben waren, seine letzte Ruhestätte zu finden. In jener Kirche sollten dann für ihn hundert Messen gelesen werden. Dem Factor Johann Bart waren 200 Gulden, dem Schreiber Josef Schlieringer 100 Gulden angewiesen. Zu Universalerben waren Frau und Kinder zu gleichen Theilen bestimmt, erstere erhielt überdies noch ihr Heiratsgut per 1500 Gulden und die Widerlage mit 3000 Gulden. Bezüglich der Hofbuchdruckerei wünschte Ghelen, dass der Verkauf nicht zu voreilig eingeleitet werde, sondern vielmehr man sie wie bisher fortführe; auch das Haus auf der Landstraße solle nicht verkauft, sondern an Herrschaften, welche die Sommerszeit [illegible] genießen können, vermiethet werden (es wurde aber schon am 22. April 1761 an den Grafen Paar, Reichs-, Hof- und Erblandpostmeister, um 8000 Gulden verkauft). Der älteste Sohn Jacob Anton, welcher eine Reise nach Italien gemacht hatte, sollte die Kosten derselben der Verlassenschaft ersetzen; doch bestimmte der Vater am Tage nach der Abfassung des Testamentes, es sei in Anbetracht dessen, dass Jacob Anton dabei die italienische Sprache erlernt und auch eine Sammlung von Kupferstichen mitgebracht habe, von diesem Ersatze abzusehen. — In der Verlassenschaft befanden sich außer dem Hause auf der Landstraße (geschätzt auf 7200 Gulden) und der Buchdruckerei (sammt Einrichtung 3579 Gulden, eine reichhaltige Bibliothek im Werte von 2026 Gulden und Bilder im Werte von 462 Gulden. Das Gesammtvermögen belief sich auf 47,185 Gulden, nach Abzug der Passiven per 20,778 Gulden verblieben rein 26,407 Gulden. (Archiv des k. k. Landesgerichtes in Wien, Nr. 404, Fasc. 3 vom Jahre 1760.)

[225] Archiv des k. k. Reichs-Finanzministeriums, Fasc. 72, Camerale (Taxämter und Lotterien).

[226] Die Setzer befanden sich der Mehrzahl nach schon seit langer Zeit in Diensten des Lottoamtes. Es waren: Ferdinand [illegible], der auch das Einbinden der Bücher zu besorgen hatte, seit 1733, Nicolo Menotti, zugleich Factor, seit 1751, Josef Hornecke seit 1757, Josef Schäffler seit 1759, Kaspar Gansperger seit 1765, Josef Schütz seit 1767, Franz Gansperger seit 1768, Martin Pichler, Josef Menotti und Josef Zödel, alle drei seit 1770, Sebastian Friedrich seit 1776. Von den Druckern stand die Hälfte erst seit den Achtziger Jahren in Diensten des Lottoamtes. (Archiv des k. k. Reichs-Finanzministeriums l. c.)

[227] Hof- und Staatsschematismus der röm. kais. auch kais. kön. Haupt- und Residenzstadt Wien und der daselbst befindlichen höchsten und hohen unmittelbaren Hofstellen u. s. w. — [illegible] Jahrgänge.

Im Jahre 1842 erfolgte über Verfügung der k. k. allgemeinen Hofkammer ddto. 8. Juli (Z. 26794/1486) die Vereinigung der k. k. Lotto-Directions-Druckerei mit der k. k. Hof- und Staatsdruckerei. Die definitive Übernahme des Inventars und des aus acht Individuen bestandenen Arbeitspersonales fand am 16. und 17. November 1842 statt, mit welchem Zeitpunkte auch die bis dahin von der Lotto-Directions-Druckerei besorgten Druckarbeiten der k. k. Hof- und Staatsdruckerei übertragen wurden.[228]

DIE HEYINGER'SCHEN ERBEN.

(1755 bis 1760.)

Diese führten nach dem Tode des Johann Ignaz Heyinger die Buchdruckerei unter Leitung des Factors Jacob Reißer noch durch mehrere Jahre im Heyinger'schen Hause in der «Römerstrassen» (Riemerstraße) fort und offerierten auch die daselbst in ihrem Verlag erscheinenden Druckwerke.[229]

Als diese Druckerei verkauft werden sollte, zog die beim Stadtschreiber Dr. Josef Friedrich Riedl und Leopold Josef Gruber tagende Commission in Erwägung, ob es nicht besser wäre, dass der Vormund unter der Hand sich um einen Käufer umsehen und mit demselben den Verkauf vereinbaren würde. Da sich kein Käufer fand, so wurden verschiedene Wege des Einzelnverkaufes von Büchern und Buchdruckerei-Requisiten versucht, endlich von jener Commission am 30. Mai 1759 der Licitando-Verkauf beschlossen. Doch auch dieser sollte nicht glatt verlaufen; es entstand von vorneherein ein Streit, wem das Recht hierzu zustünde, ob der Universität oder dem Magistrate. Schon am 14. December 1759 hatte der Stadtrath die Druckerei licitando verkaufen wollen, wogegen die Universität sich lebhaft beschwerte, aber über erstatteten Bericht, sowie weiters auch durch Revisions-Resolution abgewiesen wurde.[230] Am 14. Januar 1760 wurde entschieden, dass die Heyinger'schen Buchdruckerei-Effecten, welche sammt den Büchern am 28. November 1759 auf 5892 Gulden geschätzt worden waren und für welche der Factor Reißer 4000 Gulden geben wollte, durch den Stadtrath licitando verkauft werden sollen,[231] jedoch erst nach sechs Wochen,[232] welche Frist auf vierzehn Tage und dann noch weiter verlängert wurde. Am 5. September 1760[233] wurden endlich «die im weyland Johann Ignatz Heyinger, Universitäts-Buchdruckers und Behausten Bürgers seel. Verlassenschaft gehörige Bücher, wie auch die Druckerey-Effecten, bestehend in verschiedenen Schriften, Buchstaben, Formen und andern Instrumenten dem Meistbietenden durch eine öffentliche Licitation im Heyinger'schen Hause verkauft». Der Käufer war Georg Ludwig Schulz, Buchhalter bei Trattner.[234]

Am 19. April 1760 hatte das Consistorium der Wiener Universität «über Absterben des Ignaz Heyinger dem Aloysio von Sonnenfels[235] zur Errichtung einer Buchdruckerey den Consens ertheilt». Es ist darunter die Übertragung des Heyinger'schen Universitäts-Privilegiums zu verstehen; doch scheint Sonnenfels später davon keinen Gebrauch gemacht zu haben.

[228] Nach gütiger Mittheilung der Direction der k. k. Hof- und Staatsdruckerei.

[229] Wiener Diarium vom Jahre 1757, Nr. 21.

[230] Alte Registratur des Wiener Magistrates, Berichte von 1755–1761.

[231] Alte Registratur des Wiener Magistrates, Intimationsdecrete von 1756–1760.

[232] [illegible] Processacten [illegible] 2.

[233] Wiener Diarium vom Jahre 1760, Nr. 59.

[234] Über die ganze Angelegenheit des Verkaufes der Heyinger'schen Buchdruckerei s. die Heyinger'schen Verlassenschaftsacten im Archive des Wiener Landesgerichtes, Fasc. 316/7, 879/43 von 1758 und 1755.

[235] Archiv der Wiener Universität, «Partheyensachen» Fasc. III, 5. — Rud. Kink, Geschichte der Wiener Universität I. 1. S. 476. — Alois von Sonnenfels war der Vater des Hofrathes Franz Anton Freiherrn von Sonnenfels und des berühmten Joseph von Sonnenfels. Er war zu Berlin geboren und hieß ursprünglich Perlin Lippmann. Er wanderte dann nach Eisenstadt in Ungarn, später auf die Liechtenstein'sche Herrschaft Nikolsburg, wo er zur katholischen Religion übertrat und den Namen Alois Wiener annahm. Er war ein gelehrter Orientalist und bei den Piaristen in Nikolsburg sehr geschätzt. Von hier gieng er nach Wien, wo er an der Universität Lehrer der Sprachen des alten Bundes wurde. 1746 erhielt er den Adel mit dem Prädicate von Sonnenfels, womit Vater und Söhne sich nun ferner nannten. Am 28. März 1757 wurde Alois von Sonnenfels zum Dolmetsch für die bei den verschiedenen Dicasterien vorkommenden hebräischen Documente aufgenommen. (Rud. Kink, Geschichte der Wiener Universität I. 1. S. 486, Note 535. — Wurzbach, Biograph. Lexikon des Kaiserthums Österreich, 35. Thl. S. 332.)

DIE SCHILGEN'SCHEN ERBEN.

(1759 bis 1766.)

Der «weyl. Eva Schilgen seel. Erben» waren ihre Tochter Maria Susanna Jahn und deren Kinder. Erstere führte die Buchdruckerei unter dieser Bezeichnung fort, und als sozusagen technischer Leiter (Factor) stand der Buchdruckerei ihr Mann Johann J. Jahn zur Seite. Wir haben über den Umfang und die Entwicklung derselben fast keine Nachrichten, und nur die Bestätigungen alter Privilegien lassen schließen, dass sie in ihrem Grundstocke wenig Einbuße erlitten hatte.

Schon Johann Schilgen besaß ein Privilegium auf die «Namenbüchlein» und «die Catechismen des Canisius». Die von «weyland Eva Schilgen, Universitäts-Buchdruckerin nachgelassene Erben» machen am 15. October 1760 allerhöchsten Ortes eine Eingabe mit der Bitte um Erneuerung dieses Privilegiums. Die Universitäts-Buchdrucker Franz Andreas Kirchberger und die Ghelen'schen Erben erklärten sich bei ihrer «Vernehmung» durch das Universitäts-Consistorium einverstanden, doch nicht Kaliwoda, dem auch Kurzböck beitrat, mit der Einwendung, dass die «allgemeinen Missions-Frag-Büchel», die auf Anordnung des Jesuiten Parhammer, unter dem Protectorate des verstorbenen Erzbischofs Kollonitsch, vermehrt mit Zustimmung des nun verstorbenen Erzbischofs Cardinal Trautson, erschienen und bei ihm gedruckt werden, kurz gesagt, von den Schilgen'schen Erben nachgedruckt würden. Trotzdem erhielten diese das erbetene Privilegium auf obgenannte Bücher.[236]

Am 24. November 1764 erstattete die vereinigte böhmische und österreichische Hofkanzlei einen Vortrag an Ihre Majestät die Kaiserin Maria Theresia über ein Hofgesuch der Schilgen'schen Erben, worin diese um «Extendirung und Confirmirung ihres auf den Druck des Hof- und Ehren-Kalenders habende privilegii privativi annoch auf sechs folgende Jahre bitten». Die Kaiserin Maria Theresia entschied: «Die Supplicanten sind dahin zu behandeln, dass sie jährlich 600 Gulden an das Waisenhaus abgeben mögen».[237]

Am 15. Januar 1766 starb Johann Jahn, Universitäts-Buchdrucker, im Alter von 65 Jahren.[238] Seitdem erschien die Buchdruckerei unter dem Namen seiner Frau Maria Susanna Jahn.

DIE VON GHELEN'SCHEN ERBEN.

(1760 bis 1782.)

Leopold Edler von Ghelen hatte außer der Witwe zwei Söhne und drei Töchter hinterlassen.

Johann Leopold Edler von Ghelen, J. U. Dr., k. k. Rath, Stadt- und Landrichter in Wien.
Gem. **Franciska Theresia**, geb. **Lehner von Waldburg**.

Jacob Anton, [illegible] Konzlist.	**Ignaz Rudolf.**	**Theresia**, verehelichte **[illegible]**.	**Christina**, verehelichte **von Rambach**.	**Francisca**, schon leibgebrechlich, gest. 1762.	**Maria Dominica**, Gem. **Anton Moriz von Wolf**, k. k. Ingenieur-Hauptmann.

Am 28. Januar 1761 kommt in den Acten «nomine derselben Franz Josef von Mohr des innern Stadtraths Mitglied» als Gerhab vor.[239]

Die Officin der von Ghelen'schen Erben, welche von einem kundigen Factor Namens Johann Bart geleitet wurde, unterzeichnete sich auf den Drucken meistens: «gedruckt mit von ghelen'schen Schriften», so 1772 in Johann Heinrich Friedrich *Müllers* «Genaue Nachrichten von beyden kaiserlich-königlichen Schaubühnen und andern öffentlichen Ergötzlichkeiten in Wien», 8°, mit schöner Corpus Fractur und Tertia als Auszeichnungsschrift.) Im Jahre 1774 führte sie auch den Titel: «Fürsterzbischöfliche Buchdruckerei», z. B. im «Rituale Viennense ad usum Romanum accomodatum ... jussu ... cardinalis Christophori

[236] Archiv der Wiener Universität. Fasc. «Partheysachen» III. Lit. S. Nr. 303.
[237] Archiv des k. k. Ministeriums des Innern, Fasc. «Buchdrucker» IV. II. 7.
[238] Im Steyrer'schen Hause auf dem Franciscanerplatze. (Wiener Diarium vom Jahre 1766, Nr. 7.)
[239] Es ist derselbe Stadtrath Mohr, welcher auf die Officin des Universitäts-Buchdruckers Franz Andreas Kirchberger ein Darlehen gegeben hatte. Siehe oben S. 28.

e comitibus Migazzi iterum in lucem editum. Ex typographia archiepiscopali a Gheleniana 1774«. 4°. Ihr Hauptaugenmerk richteten aber die von Ghelen'schen Erben auf die Fortsetzung ihres Privilegiums zum Drucke und zur Herausgabe des «Wiener-Diariums«.

Am 2. Februar 1760 bat die Witwe um das Privilegium des «Diariums» auf weitere zehn Jahre, das ihr bis 1770 auch verliehen wurde; ebenso bat sie am 11. November 1768 um weitere Verleihung auf zehn Jahre, worauf ihr aber unterm 19. November 1768 das Privilegium nur auf sechs Jahre verlängert wurde. 1774 stellten die Witwe und deren Kinder, «die vom Überschusse des Diariums kümmerlich leben müssen«, die Bitte um Verleihung auf weitere zehn Jahre. Die Regierung schrieb aber diesmal für den 16. September 1775 einen Concurs aus, bei welchem Ignaz Edler von Ghelen für sich und die Ghelen'schen Erben, die der Factor Johann Bart vertrat, das Diarium um den Pachtschilling von 9210 Gulden[740] auf zwölf Jahre erstand, also bis zum Jahre 1788. Gegner der Ghelen war damals Melchior Gerold, Buchhalterei-Officiant der Stadt Wien, im Namen seines Sohnes Josef, welcher Factor bei Kaliwoda war, aber noch in demselben Jahre dessen Buchdruckerei kaufte.[741]

Der letzte Ghelen, der noch selbstthätig in die Geschäfte der Buchdruckerei eingegriffen hatte, war Leopolds älterer Sohn Jacob Anton Edler von Ghelen, k. k. geheimer Reichs-Hofkanzlist und Universitäts-Buchdrucker, der zufolge Verwilligung ddo. 30. Juni 1770 auch als Universitäts-Buchführer aufgenommen wurde, nachdem er laut Contract vom 15. Juni d. J. von der Witwe Aloisia Barbara Gruber die Buchhandlung um 3000 Gulden gekauft hatte.[742]

GEORG LUDWIG SCHULZ.

(1760 bis 1765.)

Derselbe war 1725 geboren, stand daher in einem Alter von 35 Jahren, als er am 5. September 1760 die von den Heyinger'schen Erben zum Verkaufe angebotene Buchdruckerei um 2000 Gulden und die Bücher um 300 Gulden käuflich an sich brachte. Laut Consistorial-Verordnung vom 30. Mai 1761 wurde er als Universitäts-Buchdrucker aufgenommen.[743]

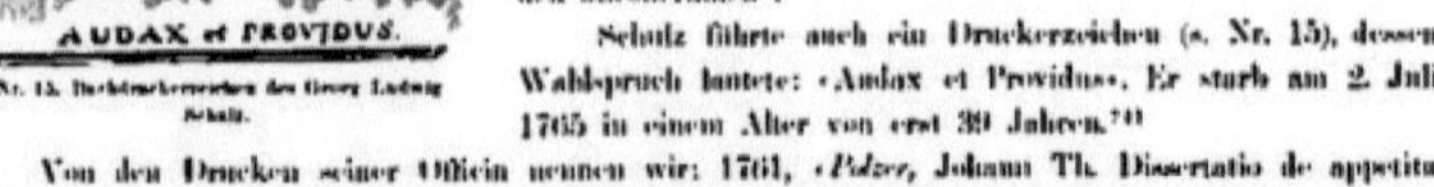

Nr. 15. Buchdruckerzeichen des Georg Ludwig Schulz.

Die Buchdruckerei von Schulz befand sich in denselben Localitäten in der Riemerstraße, welche einst die Heyinger im Besitze hatten. Auf der bei ihm gedruckten Zeitschrift «Die Welt» heißt es z. B. «gedruckt und zu finden bey Georg Ludwig Schulz, wohnhaft in der Riemerstraße im Heyingerischen Hause neben den Jacoberinnen«.

Schulz führte auch ein Druckerzeichen (s. Nr. 15), dessen Wahlspruch lautete: «Audax et Providus». Er starb am 2. Juli 1765 in einem Alter von erst 39 Jahren.[744]

Von den Drucken seiner Officin nennen wir: 1761, «*Pelzer*, Johann Th. Dissertatio de appetitu deleto. Vindobonae typis G. L. Schulzii«. 4°. In demselben Jahre begann man hier auch des Jesuiten G. *Pray* großes, 7 Foliobände umfassendes Werk: «Annales Veteres Hunnorum, Avarorum et Hungarorum« zu drucken. «De familia Valabathi nummis illustrata«, das aus dem Nachlasse des Historiographen und Numismatikers Erasmus *Frölich*, S. J., Joseph Khell herausgab. Mit einer Vignette, «Vindobonae typis... Schulzii academici typographi. MDCCLXII«. 4°. 115 S. «Thesauri Brittanici pars prima seu Museum Numarium complexum nummos graecos et latinos omnis metalli et formae needum editos Mariae Theresiae Augustae Honoribus ab interprete Aloysio Comite Christiani, dum idem sub Augustissimis auspiciis in

[740] Davon erhielt die Hofbibliothek 3100 Gulden, das Versatzamt 150 Gulden und das Camerale 5960 Gulden.
[741] Über diese Verleihungen des Privilegiums auf das Wiener Diarium s. Archiv des k. k. Ministeriums des Innern, Fasc. «Buchdrucker» IV. D. 7.
[742] Archiv der Wiener Universität, Fasc. «Partheyensachen» IV. B. Nr. 82.
[743] Archiv der Wiener Universität, l. c.
[744] Wiener Diarium vom Jahre 1765, Nr. 54.

collegio regio Theresiano tentamen publicum subiret. Vindobonae excudebat... Schulzius, Universitatis typographus, MDCCLXII», gr. 4°. 7 Bl. 296 S. Mit 30 Kupfertafeln. «Commentatio de primis Vindobonae typographis cum variis ad rem litterariam adnotationibus (assertiones ex universa philosophia, quas... publice susceperunt Lud. Plazer et Aurelius Mayer)». Darunter das Druckerzeichen Winterburgers. Auf der Rückseite des Titels: «Vindobonae, typis... Schulzii, typographi academici, MDCCLXIV». 4°.

GEORG LUDWIG SCHULZ' SEEL. HINTERLASSENE WITTIB (THERESIA).

(1763 bis 1781.)

Schulz' Witwe Theresia, geborene Nachs(in), wieder verehelichte Freiin von Gaßlein, erscheint auf Drucken von 1765, z. B. auf dem «Österreichischen Patriot», 8°, II. Bd., wie folgt: «gedruckt und zu finden bei Georg Ludwig Schulz seelig hinterlassene Wittib». Später heißt es immer: «Gedruckt mit Schulzischen Schriften», wie z. B. «Real-Zeitung», II. Band. Im «Prothocollum deren auf die Buchdruckhereyen und Buchführereyen bewilligten Fürmerkhungen» für die Jahre 1768 und 1769 erscheinen 4726 Gulden auf die Buchdruckerei-Effecten der Freiin von Gaßlein, verwitweten Schulzin, vorgemerkt,[215] woraus wir auf den Wert derselben schließen können. Diese Summe wurde gelöscht, als 1781 Dr. Christoph Sonnleithner die Officin, welcher Josef Gerold als Administrator vorstand und die sich auf dem alten Fleischmarkte im Zwölfer'schen Hause befand,[216] für seinen Sohn Josef erwarb.

MARIA SUSANNA JAHN.

(1766 bis 1772.)

Maria Susanna Jahn, die Tochter der Maria Eva Lerch und des Buchdruckers Christoph Lerch, (nachmals verheiratete Schmid und nach Schmids Tode verheiratete Schilgen), war zu Wien im Jahre 1712 geboren. Sie hatte sich mit dem Factor der Buchdruckerei ihrer Mutter, Johann Jahn, verehelicht.

Nach dem Tode ihrer Mutter Schilgen, 1759, hatte sie mit ihren Kindern die Schilgen'sche Buchdruckerei geerbt, die bis zum Tode ihres Mannes Johann Jahn unter der Bezeichnung «Schilgen'sche Erben» fortgesetzt wurde, seitdem aber unter ihrem Namen: «Maria Susanna Jahn, Universitäts-Buchdruckerin».

Die Buchdruckerei befand sich in der Schulerstraße im vormals Wolfersen'schen, später Martinelli'schen Hause, nahe an der Juristenschule.

Maria Susanna Jahn starb am 15. Juli 1772 im Alter von 62 Jahren.[217]

LEOPOLD KIRCHBERGER.

(1771 bis 1778.)

Derselbe war 1740 als der Sohn des Universitäts-Buchdruckers Franz Andreas Kirchberger in Wien geboren. Er hatte bei seinem Vater die Buchdruckerei ordnungsgemäß erlernt und stand später als Factor in dessen Dienste.

Nach dem Tode desselben im Jahre 1771 übernahm er unter schwierigen Verhältnissen die Officin. Da auch kein Testament vorhanden war, zogen sich die Verhandlungen mit dem Universitäts-Consistorium bis in den Juni des Jahres 1772, wo er am 6. Juni auf die von seinem Vater Franz Andreas Kirchberger geerbte Buchdruckerei als Universitäts-Buchdrucker aufgenommen wurde. Noch am Peter- und Paulstage desselben Jahres (29. Juni 1772) schloss er einen Heiratscontract mit Katharina Cäcilia Mieser,

[215] Vormerkbuch der Wiener Universität von 1737–1775. Fol. 106 u. 107, 31. August 1768; Fol. 108 u. 109, 3. September 1768; Fol. 110 u. 111, 3. September 1768; Fol. 112 u. 113, 3. September 1768; Fol. 114 u. 115, 15. September 1768; Fol. [illegible] u. [illegible], [illegible] Februar 1770.

[216] Commercial-Schema von 1780.

[217] Im Mauser'schen Hause in der Singerstraße. (Wiener Diarium vom Jahre 1772, Nr. 58.)

wornach sie ihm 1000 Gulden bar und eine Einrichtung im Werte von 1000 Gulden übergab. Die Widerlage des Bräutigams bestand in 2000 Gulden und 1000 Gulden Einrichtung, die auf seine Buchdruckerei und Hauseinrichtung vorgemerkt wurden.[248] Diese Buchdruckerei befand sich im sogenannten «Kullmayer'schen Hause auf dem alten Fleischmarkte». Kirchberger betrieb sie aber nur bis zum Jahre 1778, wo er sie an Matthias Andreas Schmidt um den Preis von 5000 Gulden verkaufte.[249]

Leopold Kirchberger starb am 30. Juli 1780 im 40. Lebensjahre[250] und wurde in der neuen Gruft bei St. Stephan begraben. Er hatte kein Testament hinterlassen.

Von seinen Drucken erwähnen wir: «Gründlicher Bericht von dem berühmten Gnadenbilde der Mutter Gottes aus Kandien in der Hofpfarrkirche zu St. Michael», 8°. Mit der Abbildung des Gnadenbildes.

JOHANN JOSEF JAHN.

(1774 bis 1784.)

Derselbe war der Sohn des Buchdruckers Johann Jacob und der Maria Susanna Jahn. Er wurde 1774 als «civis academicus» an der Wiener Universität immatriculiert[251] und führte unter gerade nicht günstigen Verhältnissen die Buchdruckerei, die er nach dem Tode seiner Mutter (1772) übernommen hatte und die sich um 1780 in der großen Himmelpfortgasse im kleinen Rosshofe befand,[252] durch zwölf Jahre fort. Caspar Salzer, ein bürgerlicher Schneider, hatte ihm nicht nur wiederholt Geldvorschüsse auf dieselbe gegeben, sondern auch Sätze, die darauf intabuliert waren, hinausbezahlt, so dass Jahn wieder ungestört weiter arbeiten konnte. Da Salzer aber zur Bezahlung seines Vorschusses, der sich schon auf 5000 Gulden belief, und eines noch übrig gebliebenen Satzes nicht kommen konnte, so klagte er die ganze Summe beim Wiener Magistrate ordentlich ein und erstand im Jahre 1784 bei der Feilbietung die Jahn'sche Buchdruckerei um 3210 Gulden.[253] Die Schilgen-Jahn'sche Buchdruckerei war sonach, wie daraus zu entnehmen ist, bedeutend zurückgegangen.

Unter den literarisch bekannten Drucken von Johann Josef Jahn heben wir hervor: das «Supplementum» zu *Leopold Fischers* «Brevis notitia urbis Vindobonae», die schon 1767 bis 1770 in der Buchdruckerei von Jahns Vater gedruckt worden war, und *Friedr. Ferd. Schrötters* «Collectio dissertationum historiam imperii Romano-Germanici illustrantium», 1776 (2 tom. 8°).

JOSEF GEROLD.

(1775 bis [illegible])

Josef Gerold wurde zu Wien im Jahre 1747 geboren. Er erlernte «rechtmäßig» die Kunst Gutenbergs und stand durch einige Zeit der Reichs-Hof- und Universitäts-Buchdruckerei des Leopold Kaliwoda auf dem Dominicanerplatze als Factor vor. Als derselbe in den Ruhestand sich zurückzog, kaufte Gerold seine Buchdruckerei nebst der Verlagsbuchhandlung im Jahre 1775.

«In Betreff dieser Buchdruckerei» wurde Josef Gerold am 25. Jänner 1776 als civis academicus und Universitäts-Buchdrucker an der Wiener Universität immatriculiert.[254]

[248] Archiv der Wiener Universität, «Testamente und Verlassenschafts-Abhandlungen», Fasc. 79.
[249] Archiv des k. k. Reichs-Finanzministeriums, Niederösterreichische Commerzsachen 1750–1800, Fasc. 119 I.
[250] Wiener Diarium vom Jahre 1780, Nr. 63.
[251] Rudolf Kink, Geschichte der Wiener Universität, I. 1. S. 279.
[252] Commercial-Schema von 1780.
[253] Archiv der Wiener Universität, Fasc. III. S. — Archiv des k. k. Reichs-Finanzministeriums, Fasc. 119 I, Niederösterr. Commerz-Acten.
[254] Rudolf Kink, Geschichte der Wiener Universität, I. 2. S. 279. Das Diplom lautet: «Wir N. Rector und consistorium der Uralt und weit berühmten Universität in der Kays. Residenz-Stadt Wienn allhier, urkunden und bekennen hiemit, daß uns nun kommen, und erschienen seye Joseph Gerold, und uns gehorsam zu vernehmen gegeben, daß er als ein hier in Wien gebornes Landeskind die Kunst der Buchdruckerey rechtmäßig erlernet habe, und nachhin bey dem Leopold Kaliwoda Kays. Reichs-Hof- und Universitäts-Buchdruckern als Factor gestanden seye.

«Wann nun erdeuter Kaliwoda seine Buchdruckerey künftighin weiters fortzuführen nicht mehr entschlossen, sondern solche samt allen an- und zugehörigen [illegible] vom dato 16. Novembris 1775 eingereichten Anlaitungen, und sonst abgegebenen Erklärung an ihne Gerold käuflichen überlassen hatte: Dahero hatte derselbe Gehorsamst uns gebetten ihne in betref dieser Buchdruckerey als einem Academicum gnädig an- und aufzunehmen, und über vorläufige Immatriculirung das Diploma zu ertheilen.»

Da Kaliwoda den Titel eines Reichs-Hofbuchdruckers geführt hatte, so bat Josef Gerold um die gleiche Auszeichnung, welche ihm auch von Kaiser *Josef* II. am 3. November 1776 verliehen wurde.[255] Als solcher hatte er das Recht, den »Hof- und Staatsschematismus der römisch-kaiserlichen auch königlichen und erzherzoglichen Haupt- und Residenzstadt Wien« zu drucken, welcher aber nach Errichtung der Staatsdruckerei 1806 an diese übertragen wurde.

Mit Verwilligung vom 25. October 1780 (infolge a. h. Resolution vom 30. Juni 1779) wurde Gerold zum Universitäts-Buchführer ernannt; die Buchhandlung befand sich auf dem Kohlmarkte Nr. 138, neben dem »schwarzen Lamm«.

Die Buchdruckerei Gerolds auf dem Dominicanerplatze, in welcher vier Pressen nebst dem dazu gehörigen Personale beschäftigt wurden, hatte den Ruf ihres Vorgängers erhalten; Werke, wie des Nicolaus Josef *Jacquin* »Hortus botanicus Vindobonensis« (Folio, mit colorierten Tafeln) und »Miscellanea Austriaca ad botanicam, chemicam et historiam naturalem spectantia« (1778, 4°, mit Kupferstichen von Adam), sowie des Ignaz von *Born* »Testacea musaei caesarei Vindobonensis«, die 1780 auf Befehl Maria Theresias erschienen (Folio, mit vielen colorierten Kupferstichen), werden stets als eine Zierde dieser Officin anzusehen sein.

Josef Gerold war seit 11. Mai 1777 mit (Maria) Magdalena Kleebinder vermählt, aus welcher Ehe zehn Kinder stammten, von denen aber nur drei Söhne: Josef (nachmals Apotheker »zum rothen Krebs« auf dem Hohen Markte, gest. 1841), Johann (geb. 1782, gest. 1806, welcher den Buchhandel erlernt hatte) und Karl (welcher später die Buchdruckerei übernahm), sowie eine Tochter Namens Katharina, welche den Hof- und Universitäts-Buchdrucker, Buch- und Großhändler Josef Edlen von Kurzbeck geheiratet hatte, den Vater überlebten. Dieser starb im Jahre 1800.

[illegible]

[illegible]

[illegible]

[255] Das Diplom lautet: »Wir Joseph der Andere etc. etc. Bekennen öffentlich mit diesem Brief, und thun kund allermänniglich, daß Uns Joseph Gerold, [illegible]

[illegible]

[illegible]

[illegible]

MATTHIAS ANDREAS SCHMIDT.

(1778 bis 1818.)

Matthias Andreas Schmidt hatte im Jahre 1778 die Buchdruckerei des Leopold Kirchberger um den Preis von 5000 Gulden gekauft, und zwar die Druckerei-Requisiten um 4500 Gulden, die Gerechtigkeit um 500 Gulden,[254] wornach am 29. November 1778 laut Beschluss des Universitäts-Consistoriums die Aufnahme als Universitäts-Buchdrucker erfolgte.[255]

Diese Buchdruckerei befand sich anfangs im Kollmayer'schen Hause auf dem alten Fleischmarkte zu ebener Erde (Nr. 703), dann in der Münzerstraße (Nr. 561), wo Schmidt schon mit acht Pressen arbeitete, und von 1799 an auf dem Bauernmarkte (Nr. 620).

Im Jahre 1796 erscheint Schmidt auch als Hofbuchdrucker. Damals druckte er Kaiser Maximilians Triumph unter dem Titel: »Le triomphe de l'empereur Maximilien I. Une suite de 135 planches gravées en bois d'après les dessins de H. Burgmair, accompagnées de l'ancienne description dictée par l'empereur a son secretaire Marx Treitzsauerwein. Imprimé à Vienne chez Mathias Andreas Schmidt, Imprimeur de la Cour et se trouve a Londres chez J. Edwards Pall Mall«, Quer-Folio.[256] Schmidt hat sich aber um die Wiener Buchdrucker auch dadurch noch verdient gemacht, dass er 1781 bis 1782 die Buchdrucker-Geschichte Wiens von *Michael Denis* druckte. Von seinen bekannteren Drucken nennen wir nur: *Marian* (Andreas Fiedler) »Austriaca sacra« (1780 - 1784), 6 Bde. in 9 Thln.; *Jacquins* »Miscellanea Austriaca ad Botanicam, Chemiam et historiam naturalem spectantia« (1781) und dessen »Fragmenta botanica« (1809), beide Werke mit Figuren reich geschmückt, und *Birkenstocks* »Bibliotheca praestantissimos ad omnia literarum et artium genera spectantes libros comprehendens«. Bemerkenswert ist, dass Schmidt am Beginne seiner Thätigkeit um 500 Gulden gestraft wurde, die auch ohne Gnade eingetrieben wurden, weil er das »Dreybruderschafts-Büchel« ohne Censur gedruckt hatte.[257]

Die Officin des Matthias Andreas Schmidt zählte zu denen höheren Ranges und erfreute sich eines guten Rufes. Als er starb, waren in derselben vorhanden: eine Regalpresse und fünf ordinäre Pressen mit eisernen Tiegeln (geschätzt auf à 60 Gulden), 80 Schriftkästen (à 1 fl. 30 kr.), 37 Ctr. Schrift u. s. w. Die Druckerei-Utensilien wurden insgesammt auf 2480 Gulden geschätzt, als Normalwert für die Druckgerechtigkeit wurden 3000 Gulden angenommen.[258]

Schmidt starb ohne Testament am 13. December 1818 in der Josefstadt (Nr. 28) und hinterließ nur eine Tochter mit Namen Francisca, die mit dem Doctor der Rechte Sarchi vermählt war und ihren Vater mit 18.235 Gulden beerbte. Darunter befand sich auch die ganze Buchdruckerei-Einrichtung, die mit 5480 Gulden bewertet war.

JOSEF SONNLEITHNER.

(1781 bis 1785.)

Christoph Sonnleithner, Doctor der Rechte und Advocat, hatte am 12. Juni 1781, um 11 Uhr Vormittags, in der Universitätskanzlei, wo die Licitation der Buchdruckerei der Witwe Theresia Scholz, später Freiin von Gaßheim, stattfand, dieselbe für seinen Sohn Josef als Meistbietender um den Betrag von 10.900 Gulden gekauft.[259]

Josef Sonnleithner wurde am 18. Juli als civis academicus immatriculiert und zufolge Consistorial-Verordnung vom 13. September 1781 als Universitäts-Buchdrucker aufgenommen.

Die Officin befand sich auf dem Franciscanerplatze Nr. 951.[260]

[254] Archiv des k. k. Reichs-Finanzministeriums, Fasc. 110 I.

[255] Rudolf Kink, l. c., I. 1. S. 529.

[256] Von dieser Ausgabe gibt es sechs Exemplare auf Schreibpapier und gewöhnlichem Papier. Jahrbuch der kunsthistorischen Sammlungen des A. h. Kaiserhauses etc. I. (Wien 1883), S. 154 ff. — Ebert, Bibliographie, II. 929, gibt unrichtig zwei Pergament-Exemplare an.

[257] J. Gerrer, Joseph. Cursus, III. 79.

[258] Archiv des Wiener Landesgerichts 5174-818 F. 2.

[259] Wiener Zeitung vom Jahre 1781, Nr. 37. — Rud. Kink, Geschichte der Wiener Universität, I. 2 S. 579.

[260] Wiener Zeitung vom Jahre 1781, Nr. 103.

Im Jahre 1785 hatte der Buchhändler Johann David Hörling dieselbe durch Kauf an sich gebracht.[83]

Von den Drucken der Sonnleithner'schen Universitäts-Buchdruckerei erwähnen wir:

»Geschichte der zweiten türkischen Belagerung Wiens, bey der hundertjährigen Gedächtnißfeyer. Herausgegeben von Gottfried *Uhlich* aus den frommen Schulen, Lehrer der Universalgeschichte am Löwenburgischen Collegium. Wien 1783«. 8°, 230 Seiten.

J. F. v. *Retzer*, »Choice of the best poetical pieces of the most eminent english poets«. Vienna, Sonnleithner, 1783–1786. Kl. 8°, 6 Bde. Diese Auswahl ist sehr gelungen. (*Ebert* l. c. II. 618.)

JOSEF ANTON IGNAZ EDLER VON BAUMEISTER.

(1750–1792.)

Baumeister stammte aus einer Familie, deren Glieder sowohl im römisch-deutschen Reiche, als auch in den Erblanden wichtige Ämter bekleidet hatten. Sein Vater Johann B. Ferdinand, welcher Beamter bei der kaiserlichen Hofkammer war, wurde wegen seiner Verdienste im Jahre 1754 von der Kaiserin Maria Theresia geadelt.

Josef Anton Ignaz Edler von Baumeister wurde am 20. November 1750 in Wien geboren. Für die Beamtenlaufbahn bestimmt, studierte er die Rechte an der Wiener Universität und erwarb sich schon in seinem zwanzigsten Jahre das Doctordiplom. Sein Lieblingsstudium war aber nebenbei die Geschichte, auf welche er sich mit allem Fleiße verlegte; darum verfasste er auch statt der bei der Promovierung üblichen Dissertation ein geschichtliches Werk: »Versuch einer Staatsgeschichte von Steiermark von der ersten Zeit nach Christi Geburt bis auf den im Jahre 1246 erfolgten Tod Friedrichs des Streitbaren« (Wien, Kurzböck, 1780. 8°). Später wendete er seine schriftstellerische Thätigkeit und seine Aufmerksamkeit der Bildung der Jugend zu.[84] Um dieser recht erfolgreich dienen und nach seinem Sinne wirken zu können, bewarb er sich um das Privilegium zur Errichtung einer Buchdruckerei in Wien.

Unterm 26. November 1781 erhielt er auch die Erlaubnis, eine solche zum Behufe der Wissenschaften errichten zu dürfen. »Dieses Ansuchen wurde allergnädigst umsomehr bewilliget, als der Supplicant nebst seinen Kenntnissen in der Literatur auch wohl bemittelt war und Etwas Rechtschaffenes in diesem Zweige herzustellen im Stande war«.[85]

In Nr. 55 der »Wiener-Zeitung« vom Jahre 1782 erschien dann von ihm folgender Aufruf: »Nachricht an das Publicum. Ich habe die Ehre, ein verehrungswürdiges Publicum zu benachrichtigen, dass ich zu Folge der mir von Sr. k. k. apost. Majestät gnädigst ertheilten Freyheit *eine ganz neue Buchdruckerey* hier in Wien auf dem alten Fleischmarkt im Zwölferischen Hause Nr. 744 im ersten Stock errichtet habe. Ich werde dieselbe durch Schönheit des Papiers und der Lettern, die möglichst niedrigsten Preise und vorzüglich durch die genaueste Correctur einem einsichtsvollen Publicum zu empfehlen und durch unablässigen Eifer seines Zutrauens immer würdiger zu machen trachten«.

Was hier Baumeister bezüglich der Ausstattung versprach, war sehr wichtig, namentlich auch was er über die Correctur sagte, denn die Wiener Drucke waren mitunter voll Fehler, wie dies besonders Trattners Nachdrucke beweisen. Baumeisters Officin zeichnete sich daher bald durch geschmackvolle Lettern, darunter griechische, aus, wodurch er der Unterrichtsmethode, deren Verbesserung er anstrebte, schon einen großen Dienst erwies. Er beseitigte aber auch die alten Schriftformen und Manipulationen, worunter besonders die sogenannten, einst so beliebten Buchdruckerstöcke, Vignettchen und Verzierungen waren, worüber sich schon der Dichter Rabener lustig gemacht und die sich bis auf Trattner erhalten hatten. Seine Officin zählte sechs Pressen nebst einem namhaften Schriftenmateriale, so dass sie zu den ansehnlicheren gerechnet werden konnte.

[83] Archiv des k. k. Reichs-Finanzministeriums, Niederösterreichische Commerzsachen von 1751–1800, Fasc. 110 2.

[84] Eines seiner wichtigsten Werke in dieser Richtung ist: »Die Welt in Bildern«, 11 Bde. in 4° mit zahlreichen Kupferstichen (1788.

[85] Archiv des k. k. Reichs-Finanzministeriums, Niederösterreichische Commerzsachen von 1749–1800, Fasc. 110 2.

Von den Drucken derselben nennen wir folgende:

»Icones piscium Austriae indigenorum a Carolo Lib. Barone a Meidinger. Viennae Austriae, sumtibus editoris MDCCLXXXV«. Fol. Am Schlusse des Textes: »Ex typographia Baumeisteriana«. 5 Thle. Mit zahlreichen colorierten Kupfern, gezeichnet von Lachenbauer, gestochen von Fr. Alsner.

»Von der Verschiedenheit der Menschen und ihren Beschäftigungen. Von Josef Edlen von Baumeister. Wien, in Commission bei Sebastian Hartl, privilegiertem Buchhändler«. 1793. 4°. I. Thl. mit 50 colorierten Kupfertafeln, gezeichnet von Sollerer, direxit A. Kohl.

»Bibliothecae Samuelis R. I. Com. Teleki de Szék. Pars prima. Viennae Excudebat F. Markid. Folio. Typis per Sam. Falka Bikfalvensem Transilvanum sculptis in Typographeo Baumeister. MDCCXCVI«. 8°. Mit dem Portrait des Grafen Samuel Teleki, gestochen von Sam. Tzetter.[266]

Im Jahre 1792 erhielt Edler von Baumeister vom Kaiser Franz den ehrenvollen Auftrag, das Amt eines Erziehers bei seinen beiden Söhnen, den Erzherzogen Ludwig und Rudolf, zu übernehmen. »Durch neun Jahre lebte er mit ganzer Seele und mit aller seiner geistigen Kraft diesem Berufe, und er selbst sprach nur mit Begeisterung und Entzücken von dieser schönen Zeit seines Lebens«. Nachdem seine Aufgabe erfüllt war, zog er sich ganz zurück — Kaiser Franz hatte ihm im Jahre 1808 den Titel eines n.-ö. Regierungsrathes verliehen — und lebte nur der Wissenschaft und seinen Freunden, zu denen auch der Dichter Alxinger gehörte. In dieser Zeit verfasste er (1814) die »Stammtafeln des babenbergisch-habsburgischen und des habsburgisch-lotharingischen Stammes« in 4 Folioblättern.

Bereits seit dem Jahre 1793 führten die Brüder Marchides Buglio (Pulio), Griechen, die Buchdruckerei unter seiner Firma fort und pflegten besonders den Druck griechischer Bücher.

Edler von Baumeister starb am 6. October 1819 im Alter von 69 Jahren.[267]

CHRISTIAN FRIEDRICH WAPPLER.

(1781 bis 1807.)

Christian Friedrich Wappler, der im Jahre 1781 die Buchhandlung des Augustin Bernard per cessionem übernommen hatte,[268] erhielt unterm 26. November 1781 auf Grund allerhöchster Entschließung die Erlaubnis, in Wien auch eine Buchdruckerei errichten zu dürfen.[269]

Wappler übte in der ersten Zeit sein Privilegium aus, wie die Drucke von 1782 (z. B. »Plantae alpinae Carniolicae« von Balthasar Hacquet, 4°, »typis Christiani Friderici Wappler«) bis in die Neunziger Jahre beweisen; von da heißt es nur: »prostat apud W.« Es hat thatsächlich eine Unterbrechung der Wapplerischen Buchdruckerei stattgefunden.[270]

In Wapplers Verlage erschien die »Buchdrucker-Geschichte Wiens bis 1560« von Michael Denis (1782), die aber bei Matthias Andreas Schmidt gedruckt wurde, weil der Druck derselben wahrscheinlich schon 1781 begonnen hatte, wo Wappler überhaupt noch nicht oder doch für solche Typen, wie sie dazu erforderlich waren, nicht hinlänglich eingerichtet war.

Im Jahre 1804 war Alois Horn, der frühere Compagnon des Buchdruckers J. C. Schmender, Factor in der Officin Wapplers und druckte hier mit Schmender'schen Schriften, worüber die Buchdrucker Wiens

[266] Die vom Grafen Samuel von Teleki in Maros-Vasarhely errichtete, über 30.000 Bände starke Bibliothek wurde vom Grafen Josef von Teleki in Übereinstimmung mit seiner Mutter und seinen Brüdern der Akademie in Budapest geschenkt sammt einer Stiftung für einen Custos. (Katalog der historischen Ausstellung von Wiener Buchdruck-Erzeugnissen 1482–1882. Wien 1882, S. 89.)

[267] Wurzbach, Biographisches Lexikon, I. 180 f. — Neues Archiv für Geschichte und Staatenkunde, Literatur und Kunst. Redig. von Megerle v. Mühlfeld und Hofer, 11. Jahrg., Nr. 8, S. 64. — Österreichische National-Encyklopädie (Wien 1835), I. 202. — Österreichische Buchdrucker-Zeitung, I. 138.

[268] Rud. Kink, Geschichte der Wiener Universität, I. 2. S. 258.

[269] Archiv des k. k. Reichs-Finanzministeriums, Niederösterreichische Commerzsachen 1760–1800, Fasc. 110 J.

[270] Im Jahre 1798 wurde von einem Ungenannten beim Magistrate die Anzeige gemacht, dass der Buchhändler Wappler seine Buchdruckerei-Befugnis ohne obrigkeitliche Bewilligung an einen gewissen Bilk abgetreten habe. Auf den Bericht des Stadtmagistrates hin verordnete die Regierung, dass die bei den Buchhändlern Wappler und [illegible] vorgefundenen [illegible] Schleichwaare [illegible] und von jedem eine Strafe von 12 Ducaten alsogleich einzutreiben und hierüber [illegible] werden solle. Dem Bilk aber stehe frei, um eine neue [illegible] Buchdruckerei-Befugnis einzukommen. Wegen [illegible] der Wappler'schen Buchdruckerei ist der [illegible] zu verständigen. Wappler und [illegible] Nachricht obiger Strafe etc.; über das Resultat ist uns nichts untergekommen. (Registratur der k. k. niederösterreichischen Statthalterei, Fasc. A. 15, Nr. 2334.)

eine heftige Beschwerde beim Wiener Magistrate unterm 15. September genannten Jahres überreichten,[171] infolge deren Horn die Ausübung der Buchdruckerei zu mehreren Malen untersagt wurde.[172] Wappler, der sich endlich selbst verletzt fühlte, schritt bei der niederösterreichischen Landesregierung um Aufhebung des letzten Magistrats-Erkenntnisses, das seinen Contract mit Horn sogar für ungiltig erklärte, ein. Er habe, sagte Wappler, von Alois Horn sämmtliche aus der Josef Karl Schneider'schen Verlassenschaftsmasse übernommenen Buchdruckerei-Requisiten um 2150 Gulden in der Absicht gekauft, um sein Buchdruckerei-Befugnis wieder selbst auszuüben, wozu ihn bewog, dass er mehrere hebräische und griechische Bücher in Verlag nehmen musste, welche er zwar einigen hier bestehenden Druckereien zu übergeben beabsichtigte, was von diesen aber aus Mangel an den dazu gehörigen Lettern, welche sie auch nicht anschaffen wollten, nicht übernommen wurde. Da er wegen seiner ausgedehnten Buchhandlergeschäfte unmöglich die Buchdruckerei, welche die stete Gegenwart eines Leiters erfordert, selbst führen könne, so brauche er einen thätigen und redlichen Menschen hierzu, welchen er in Horn gefunden habe; außerdem habe derselbe zur Zeit, als er mit Schneider in Compagnie war und wegen dessen andauernder Krankheit das ganze Werk allein dirigierte, seine praktischen Kenntnisse hinlänglich bewiesen. Er habe ihm daher mit vollem Vertrauen ein so ausgedehntes und mit großem Kostenaufwande verbundenes Geschäft zur Leitung überlassen, zumal Horn durch Schneiders Tod und dessen Schuldenlast um den Erwerb und in Noth gekommen sei. Dass die Buchdrucker dies zu vereiteln suchen und sich eines kleinlichen Vorwandes bedienen, habe ihm nicht beifallen können, und es müsse ihn kränken, dass der Magistrat seinen Contract mit Horn als gelöst erklärte, weil dieser kein gelernter Buchdrucker sei. Die niederösterreichische Landesregierung möge darum den Magistratsbescheid aufheben, da auch durch Horn keine Vermehrung der Buchdrucker sich ergebe. Für den technischen Theil in seiner Officin sei schon lange ein Geselle mit der Leitung bestellt, für den Ankauf der Materialien aber, für Annahme und Vertheilung der Arbeiten,

Nr. 16. Nach einer Radierung in der k. k. Familien-Fideicommiss-Bibliothek.

[171] Die Wiener Buchdrucker gingen von der Meinung aus, Horn übe die Buchdruckerei für sich aus, wozu er kein Recht habe. Horns Entschuldigung, dass er nur das Wappler'sche Befugnis ausübe, wurde deshalb nicht als giltig angesehen, weil Wappler gar keine Buchdruckerei-Requisiten besitze und Horn selbst eingestanden habe, dass er diese Druckerei mit den von Schneider an Zahlungsstatt angenommenen Requisiten betreibe. (Acten des Gremial-Archives.)

[172] Auf das Verbot vom 6. November 1804 bat Horn am 19. December um Aufhebung desselben, indem er bemerkte, dass es nicht wahr sei, dass er trotz aller Ermahnungen und für ihn sprechender Gründe kein Befugnis zu drucken habe — zehn Tage darnach wurde dem [illegible] sein Gesuch wegen Verleihung der Patzowsky'schen Buchdruckerei abschlägig beschieden — und er mit Schriften Schneiders, die er mit Verlust von ein paar Tausend Gulden an Zahlungsstatt habe übernehmen müssen, drucke. Allein demungeachtet sei er nicht ohne Recht, und drucke er nicht mit seinen Requisiten; denn laut Contract sei er Factor bei Wappler und habe die Schneider'schen Buchdruckerei-Requisiten demselben käuflich überlassen. Auf das hin ordnete der Magistrat für den 22. December eine Commission in die Wappler'sche Officin ab, deren Resultat ein neuerliches Verbot vom 19. Jänner 1805 war. Horn, heißt es in dem Bescheide dieser Behörde, habe sich der Ausübung der Buchdruckerei auf der Stelle zu enthalten bei sonstiger gerichtlicher Sperre. Was den Contract Wapplers betreffe, so stehe es diesem frei, die Schneider'schen Schriften zu kaufen, doch könne auf Grund bestehender Verordnungen Horn, der die Buchdruckerei nicht ordentlich erlernt habe, als Factor nicht belassen werden. Der Contract Wapplers werde daher hiermit als aufgehoben erklärt. (Acten des Gremial-Archives.)

Bezahlung der Gesellen, Erhaltung der Ordnung u. s. w. bedürfe es seines Erachtens keines gelernten Buchdruckers; übrigens hätte er, um nicht Bedenken zu erregen, Horn nur Buchhalter oder Geschäftsleiter zu nennen gebraucht.[273]

Am 15. März 1805 übergab das Gremium dem Magistrate ein neuerliches Gesuch um strenge Maßregeln und Sperrung der Horn'schen Buchdruckerei, da, wie sie sagten, Horn noch immer trotz Androhung gerichtlicher Sperre die Buchdruckerei ausübe, sie aber bei der täglich strengeren Censur und den traurigen Zeitverhältnissen, in denen auch noch die Staatsdruckerei mit dreißig Pressen arbeite, schon fast alle außer Erwerb seien.

Die Regierung entschied aber am 4. October 1805 zu Gunsten des Horn und hob die Magistratsverordnung mit der Begründung auf, dass man Wappler sein durch einige Zeit nicht ausgeübtes Privilegium nicht als verloren erklären könne, weil der Nichtbetrieb eines Commerzial-Befugnisses nicht so wie bei Polizeigewerben dessen Verlust nach sich ziehe. Auch gehe es nicht an, Horn zu verbieten, seine aus der Schmender'schen Masse gekauften Buchdrucker-Utensilien an Wappler zu verkaufen, oder dass dieser sie gebrauche. Horn als Ungelernter dürfe wohl keine Factorstelle bekleiden, aber schon sei der junge Schmender Factor, und die Leitung des Geschäftes mit Rath und That lasse sich jenem nicht verbieten.[274]

Im März 1807 bat Horn, der inzwischen ordnungsgemäß die Buchdruckerei erlernt hatte und Leiter der Wappler'schen Buchdruckerei in der Grünangergasse war, wo fünf Pressen beschäftigt wurden, wieder um ein Buchdruckerei-Privilegium, entweder um jenes des Patzowski, der in Lemberg als Cridatar gestorben war, oder um jenes der Buchdruckerei des k. k. Taubstummen-Institutes oder um ein neues. Wapplers Zeugnis, sowie jenes des Johann Jahn,[275] berühmter Orientalist und Domherr an der Metropolitankirche zu St. Stephan, lauteten für ihn sehr günstig.[276]

Da Horn aber mit seinem Ansuchen abgewiesen wurde, so legte Wappler aus Dankbarkeit gegen ihn, und um seine unsichere Lage zu verbessern, die eigene Buchdruckerei-Freiheit am 5. Juni 1807 zu Horns Gunsten zurück, aber nur für diesen Fall. Bald darauf, am 2. September, starb Christian Friedrich Wappler. Die Buchhandlung gieng im Jahre 1808 um den Normalpreis von 4000 Gulden an seinen Gesellschafter Karl Ferdinand Beck über, die Buchdruckerei aber kaufte Löckner.[277]

Wappler, ein gebildeter Mann von zuvorkommendem Benehmen und intelligenten Gesichtszügen, aus denen auch Milde und Wohlwollen sprachen (s. Nr. 16), war ein bedeutender Buchhändler Wiens. Er verlegte Werke von Jacquin, Denis' Buchdrucker-Geschichte Wiens, einige numismatische Werke von Hilarius Eckel, die physikalischen Arbeiten der einträchtigen Freunde in Wien, gesammelt von Born, u. a. m. Im Jahre 1792 finden wir Wappler auch als Vorsteher der Buchhändler genannt.[278]

DIE BUCHDRUCKEREI DES K. K. TAUBSTUMMEN INSTITUTES.

(1784 bis 1803.)

Kaiser Josef II., der große Wohlthäter der Menschheit, war auch für die armen Blinden und Taubstummen überaus besorgt. Als er nun 1777 während seines Aufenthaltes in Paris die vom Abbé l'Epée gegründete und erhaltene Anstalt für Taubstumme kennen gelernt hatte, ward er von dem Zwecke und der humanen Leitung derselben so tief bewegt, daß er den festen Entschluss fasste, auch in Wien ein

[273] Archiv des Wiener Buchdrucker-Gremiums.

[274] L. c. Gremial-Archiv.

[275] Dr. Anton Mayer, Geschichte der geistigen Cultur in Niederösterreich von der ältesten Zeit bis in die Gegenwart, I. S. 400.

[276] Domherr Jahn erklärte darin, dass ihm Horn zuerst in Gesellschaft mit Schmender, dann allein und endlich mit der dem Wappler abgetretenen Druckerei seine Werke: die letzten vier Bände der »Biblischen Archäologie«, vier Bände Einleitung in die göttlichen Schriften des alten Bundes, die chaldäische Chrestomathie, zwei Bände hebräischer Sprachlehre, die Archaeologia Biblica, die »Introductio in libros sacros Veteris Foederis« und bisher 94 Bogen der hebräischen Bibel zur vollsten Zufriedenheit gedruckt habe. Wäre nun diese Druckerei, die Horn dem Wappler habe abtreten müssen, nicht gewesen, so hätten alle diese Schriften im Auslande gedruckt werden müssen, da die übrigen Buchdrucker, denen der Druck angetragen wurde, theils keine hebräischen Typen anschaffen wollten, theils die Preise über alle Maßen übertrieben. Horn besorge emsig, billig und genau den Druck, durch welchen über 3000 Gulden der Stadt Wien erhalten blieben. (Archiv des Wiener Buchdrucker-Gremiums.)

[277] Registratur der k. k. niederösterreichischen Statthalterei, 1807, Fasc. A. 15, Nr. 15935 und 1808, Fasc. A. 18, Nr. 2978.

[278] Archiv des k. und k. Reichs-Finanz-Ministeriums. Fasc. 110 I, Niederösterr. Commerz.

derartiges Institut ins Leben zu rufen. Die Weltpriester Josef Friedrich Storck, nachmals Domherr an der Metropolitankirche zu St. Stephan in Wien, und Josef May, Ceremoniär des Wiener Erzbischofs und Cardinals Migazzi, wurden nach Paris geschickt, wo Abbé l'Epée sie persönlich unterrichtete.

Schon im Jahre 1779 ging der Plan des Kaisers in Erfüllung. Auf Befehl seiner Mutter Maria Theresia wurde eine Wohnung im Bürgerspitale für 12 Zöglinge gemietet, wo dieselben unter der Aufsicht des Weltpriesters und k. k. Lehrers der Taubstummen, Josef Storck, bis 1782 verblieben. Von da an wurde ihre Zahl von 12 auf 30 vermehrt, welche im Stöger'schen Hause unweit des Stubenthores untergebracht wurden. Schon nach zwei Jahren stieg diese Zahl auf 45, denen nun das eben leer gewordene Collegium der Pazmaniten auf dem alten Fleischmarkte, sowie das daranstoßende Haus eingeräumt wurden. Die aus Denis' Feder stammende Aufschrift des Hauses lautete: »Surdorum Mutorumque Institutioni et Victui Josephus II. Ann. M.DCC.LXXXIV«. Hier verblieben die Taubstummen bis zum Jahre 1803.

In den weiten Räumen dieser neuen Niederlassung bot sich die Gelegenheit, die schon früher begonnenen Versuche, »herangebildeten Taubstummen auch ein broterwerbendes Geschäft im Institute selbst erlernen zu lassen«, weiter zu entwickeln. Die zum Austritte bestimmten Zöglinge wählten ein oder das andere Handwerk, blieben gerne in dieser gesellschaftlichen Verbindung im Institute und erhielten auch mit den übrigen Zöglingen ihre Verpflegung. Zu diesen Berufsbeschäftigungen der taubstummen Zöglinge gehörte auch die Buchdruckerei. Die ersten Proben wurden schon 1780 gemacht, da aus diesem Jahre folgender Druck uns vorliegt: »Erklärung der Lehrsätze über das allgemeine Völkerrecht des Freiherrn von Martini. Wien, gedruckt im Taubstummen-Institute 1781«. 8°. (K. k. Universitäts-Bibliothek in Wien.) Im Pazmaneum-Gebäude sollte aber die Buchdruckerei nicht mehr versuchsweise betrieben werden, weshalb der Director Storck bei der Regierung um die definitive Bewilligung und Einrichtung derselben ansuchte. Mit Hofdecret vom 19. April 1786 erfolgte auch die Zustimmung der Regierung, im k. k. Taubstummen-Institute eine Buchdruckerei zum öffentlichen Gebrauche des Publicums einzurichten.[179] Mit der Einrichtung und technischen Leitung wurde Franz Seitzer, später Josef Karl Schmender betraut. Aus dieser Zeit sind folgende Drucke bekannt:

»Anleitung zum Unterrichte der Taubstummen. Wien, gedruckt und zu haben im k. k. Taubstummen-Institute auf dem Dominicanerplatze. 1786« (8°).

»Kleine Kinderbibliothek, herausgegeben von J. H. *Campe*. Neue Auflage. Wien, gedruckt im k. k. Taubstummen-Institute. 1789« (8°), 6 Theile in 3 Bänden.

»Väterlicher Rath für meine Tochter«. Ein Gegenstück zur »Theophron« von J. H. *Campe*. 1790 (8°); ein Nachdruck der Ausgabe der Braunschweigischen Schulbuchhandlung.

Mit Hofdecret vom 29. Juni 1791 ergieng an die niederösterreichische Regierung der Auftrag, dass jene Zöglinge des Taubstummen-Institutes, welche nach einer »vormaligen« Angabe des Directors Storck sich den Unterhalt in der Buchdruckerei selbst zu erwerben im Stande sein sollen, in der Buchdruckerei des von Kurzböck zu prüfen seien.[180] Dazu wurden nun 5 Setzer und 1 Drucker ausersehen. Diese Prüfung nahm Kurzböck durch volle drei Tage vor, und zwar mündlich und schriftlich. Das Ergebnis derselben war aber kein zufriedenstellendes, weder in Bezug auf die theoretische Vorbildung,[181] noch auch betreffs des technischen Könnens. Kurzböck sprach sich auch in seinem Berichte an die Regierung dahin aus, dass es wohl bedenklich sei, so viele Zöglinge zur Buchdruckerei zu verwenden, »weil dieselben wegen der Beschwerlichkeit des Umganges in den bei dieser Arbeit nothwendig vielfältigen Erklärungen nicht gut dazu geeignet, aber auch in den Werkstätten schwer unterzubringen seien; die Buchdruckerei solle wenigstens nur als Schule für einige Zöglinge, welche Neigung und Anlage dazu haben, dienen; übrigens müsse ein ordentlicher Unterricht ertheilt werden, damit die Zöglinge brauchbar für jede Buchdruckerei wären«. Kurzböck nahm dann zwei von jenen Geprüften gegen einen Wochenlohn von drei Gulden in seine

[179] Archiv der niederösterreichischen Regierung (k. k. niederösterreichische Statthalterei, Nr. [illegible], A. 15).
[180] Archiv der niederösterreichischen Regierung (k. k. niederösterreichische Statthalterei, Fasc. »Taubstummensachen« Nr. [illegible]).
[181] Schon die Lehrmethode des Abbé l'Epée scheint den Fortgang in der Kenntnis und im Verstehen der Sprache gehindert zu haben, da der Schüler viel zu sehr mit conventionellen Zeichen überhäuft wurde. Auch im k. k. Taubstummen-Institute unter Storcks Leitung fehlte es an einem guten Fortgange in der Sprachlehre.

Officin auf, in der Hoffnung, dass sie gegen Zusicherung eines höheren Lohnes ganz brauchbar sich ausbilden und andere dazu aneifern würden.

Die Regierung schien von den Ergebnissen dieser Verwendung der taubstummen Zöglinge ebenso unbefriedigt zu sein. Doch hieng jeder weitere Entschluss von der künftigen Einrichtung und Verwaltung des Institutes ab, ob nämlich dasselbe als eine Stiftungsfrage oder als ein in das Schulfach gehöriger Gegenstand behandelt werden solle.

Director Storck wurde noch im Jahre 1791 seiner Stelle enthoben und der Weltpriester Josef May mit der Leitung des Institutes betraut. Die Buchdruckerei bestand auch unter ihm noch fort bis zum Jahre 1803, wo das Taubstummen-Institut das Gebäude des Pazmaneums, das seiner früheren Bestimmung wieder übergeben wurde, verließ und in das Windhag'sche Stiftungshaus verlegt wurde. Hier wurde keine Buchdruckerei mehr eingerichtet.[282]

Das Privilegium der Buchdruckerei des k. k. Taubstummen-Institutes wurde jedoch nicht eingezogen, sondern mit Genehmigung der Stadthauptmannschaft (Magistrat) und der Regierung von der Direction später verpachtet. Seit dem Jahre 1815 finden wir in den Acten als Besitzer des Privilegiums den Buchdrucker Anton Strauß, der dasselbe an Leopold (Gelfinger) von Steinsberg in Afterpacht gegeben hatte. Dieser übte nun mit hebräischen Lettern, die er indirect von Georg Hraschanzky gekauft hatte,[283] besagtes Privilegium aus. Da nach Steinsbergs Tode dessen Witwe Josefa von Steinsberg zur Übernahme desselben für nicht geeignet und Strauß auch von den Buchdruckern und den unteren Behörden als nicht berechtigt erkannt wurde, es ihr zu belassen, so wurde er, da die Buchdrucker bereits im Recurswege dagegen Einsprache erhoben hatten, unterm 6. November 1815 aufgefordert, sich binnen drei Tagen nach verstrichener Recursfrist zu erklären, ob er das Privilegium selbst ausüben, oder einem »zur Führung einer Buchdruckerei geeigneten Individuum in Afterpacht geben wolle«, das er namhaft zu machen habe.[284]

Anton Strauß ergriff gegen das am 3. März 1816 erlassene Decret, worin der Afterpachtcontract trotz seines Recursgesuches vom 27. November und jenes der Josefa von Steinsberg unterm 2. December 1815 für ungiltig erklärt wurde, im Mai 1816 mit dieser den Hofrecurs.[285] Mittlerweile waren der Josefa von Steinsberg die Buchdruckerei-Requisiten ihres Mannes, womit auch sie das Privilegium der Buchdruckerei des k. k. Taubstummen-Institutes ausübte, wegen der eigenthümlichen Erwerbungsart, wegen der Beziehungen der Israeliten zur Steinsberg'schen Buchdruckerei und endlich wegen der Ungiltigkeit des Contractes mit Strauß confisciert worden.

Die Entscheidung des Strauß-Steinsberg'schen Hofrecurses ließ lange auf sich warten.[286] Die erste Hof-Entscheidung in dieser Angelegenheit erfolgte mit Hofkanzleidecret vom 9. April 1818 dahin, daß Strauß die weitere Verpachtung der ihm von der Direction des k. k. Taubstummen-Institutes vertragsmässig überlassenen Buchdruckerei — d. i. des Rechtes und nicht der Geräthschaften — gegen dem, daß er selbe an ein hierzu vollkommen geeignetes Individuum übertrage und die Anzeige der Regierung erstatte, nicht verwehrt werden könne.[287] Das nächste Hofkanzleidecret vom 10. Februar 1819 enthielt das Schlusserkenntnis über den Betrieb des Afterpachtes durch Steinsberg und den Ankauf der

282 Auch andere Zweige der Beschäftigung von Taubstummen, wie die Bandmacherei und Schneiderei, waren aufgelöst worden. Es waren durch die Pflege einer solchen Handindustrie die Zöglinge in der Wahl eines Handwerkes nach individueller Neigung und Anlage sehr beschränkt; der Drang nach größerer Selbständigkeit und Vervollkommnung wurde nicht nur nicht geweckt, sondern vielmehr gehemmt, und die Zöglinge fühlten dadurch [illegible] für ihre Zukunft und [illegible] von der Anstalt. Sie konnten daher ihre bürgerliche Brauchbarkeit durch [illegible] Erlernung eines Gewerbes — also auch der Buchdruckerei — nicht in jenem wünschenswerten Grade erreichen. — (Das k. k. Taubstummen-Institut in Wien von seiner Gründung bis zum gegenwärtigen Zeitpunkte. Wien 1854, S. 65 f.)

283 Eigentlich hatten die Israeliten Max Mohlberg, [illegible] und Frankfurter & Comp. die Lettern von Georg Hraschanzky gekauft, über ein Jahr lang behalten und dann an Steinsberg verkauft, wobei sie die Eigenthümer verblieben, da im Contracte ausdrücklich bedungen war, daß sämmtliche Requisiten so lange im Eigenthume der Verkäufer bleiben sollen, bis von Steinsberg alle [illegible] Zahlungstermine vollkommen erfüllt [illegible], was er jedoch nicht vermochte. Die genannten Israeliten beeinflussten daher wesentlich die Druckerei des von Steinsberg; derselbe durfte nur jene hebräischen Werke drucken, wozu er von ihnen die Zustimmung erhalten hatte. Über Anzeige der Wiener Buchdrucker wurden die Israeliten, weil der Verlag über eine verbotene Sache nach § 69 des II. Theiles des Strafgesetzes [illegible], zu 1000 Gulden, Hraschanzky wegen des widerrechtlichen Verkaufes zu 500 Gulden Strafe verurtheilt. (Gremial-Archiv der Wiener Buchdrucker.)

284 Gremial-Archiv der Wiener Buchdrucker.

285 Registratur der k. k. niederösterreichischen Statthalterei: Nr. [illegible] Fasc. B. 8 aus dem Jahre 1815; Nr. [illegible] Fasc. B. 6 aus dem Jahre 1816.

286 Unterm 18. Juli 1817 legt der Stadthauptmann der niederösterreichischen Regierung das Gesuch des Anton Strauß um baldige Entscheidung in Angelegenheit seines Hofrecurses vor. (Registratur der k. k. niederösterreichischen Statthalterei: Nr. [illegible] und [illegible] Fasc. B. 6 aus dem Jahre 1817.)

287 Registratur der k. k. niederösterreichischen Statthalterei, Nr. [illegible], Fasc. B. 6 aus dem Jahre 1818. — Gremial-Archiv der Wiener Buchdrucker.

Haselauzky'schen Buchdruckerei-Requisiten; nach beiden Richtungen hin wurde Steinsberg für berechtigt erklärt.[illegible] Endlich wurden mit Hofkanzleidecret vom 24. Juni 1819 die confiscierten Buchdruckerei-Requisiten der Josefa von Steinsberg, welche inzwischen von Strauß angekauft worden waren, an diesen ausgefolgt.[illegible]

Wie lange Strauß noch das Buchdruckerei-Befugnis des k. k. Taubstummen-Institutes besaß, wissen wir nicht. Unterm 14. November 1823 berichtete das niederösterreichische Regierungs-Präsidium an die Hofkanzlei die Absicht, zur nächsten Versteigerung dieses Privilegiums nicht bloß die Wiener privilegierten Buchdrucker, sondern alle Individuen zuzulassen, welche die Buchdruckerei ordentlich erlernt hätten. Dagegen überreichten die Wiener Buchdrucker nun unmittelbar bei der Polizei-Hofstelle eine Vorstellung, worin sie baten, es möchte das Buchdruckerei-Privilegium des k. k. Taubstummen-Institutes als erloschen erklärt werden; diese Eingabe wurde unterm 3. Juni d. J. der niederösterreichischen Regierung zugestellt.[illegible] Weiteres ist aber aus den Acten nicht bekannt geworden.

Von den in diesem Capitel geschilderten Buchdruckereien steht ihrer culturellen wie geschäftlichen Bedeutung nach die Trattners obenan. Ihr Haupt und Begründer, Johann Thomas Edler von Trattner, hatte sie in eigener Person durch ein halbes Jahrhundert geleitet, während sein Sohn Thomas sie nur neun Jahre lang betrieb und sich 1807 ins Privatleben zurückzog, seit welcher Zeit Georg Überreuter als der Träger des Trattner'schen Privilegiums erscheint. Was aber die Zeitdauer anbelangt, innerhalb welcher ein und dieselbe Familie durch Generationen hindurch die Buchdruckerei ausübte, so kommt die Familie Ghelen — wobei wir bemerken, dass wir nur den Wiener Zweig der Ghelen im Auge haben — vor allem in Betracht, da sie hier durch 180 Jahre (von 1678 bis 1858) der Kunst Gutenbergs treu blieb, und zwar im Mannesstamme bis zum Tode des Jakob Anton Edlen von Ghelen, von da an in weiblicher Linie. Die Blüte dieses Hauses fällt in die Zeit der beiden ersten Ghelen, nämlich des Johann van Ghelen und seines Sohnes Johann Peter; jener stand 41 Jahre, dieser 33 Jahre lang an der Spitze der Officin, lange genug, um nicht nur deren technischen Ruf, sondern auch die Wohlhabenheit der Familie fest zu begründen; das Vermögen zersplitterte sich jedoch bei dem reichen Kindersegen dieser beiden angesehenen Buchdrucker Wiens. Nur in Vater und Sohn, wie bei Trattner, wurde der Buchdruck eifrigst gepflegt und erlangte hohen Ruf in den Familien Heyinger und Kurzböck, bei Andreas und Johann Ignaz Heyinger durch 66 Jahre, unter dessen Erben die Buchdruckerei noch 5 Jahre bestand, bei Gregor und Josef Edlen von Kurzböck durch 61 Jahre; namentlich letzterer war neben Trattner der bedeutendste Wiener Buchdrucker, ja in orientalischen Sprachen diesen sogar weit überragend. — Die Witwe Kurzböck kann hier nicht in Betracht kommen.

Nach der Zeitdauer, innerhalb welcher die andern Träger der Officinen unseres Zeitraumes thätig waren, nennen wir: Johann Josef Jahn (12 Jahre), Schwendimann (18 Jahre), Familie Sischowitz (20 Jahre), die Firma Georg Ludwig Schulz (20 Jahre), Lerch (21 Jahre), Johann Georg Schlegl (23 Jahre), Johann B. Schönwetter (26 Jahre), Mathias Andreas Schmidt (30 Jahre), die beiden Kirchberger (31 Jahre), die Familie Voigt (34 Jahre), Schilgen (39 Jahre), Leopold Johann Kaliwoda (41 Jahre); nur ganz kurze Zeit erscheinen Johann Jakob Mann (4 Jahre), Josef Sonnleithner (4 Jahre), Simon Schmid (5 Jahre), die Vivianischen Erben (5 Jahre), die Familie Mann (5 Jahre) und Maria Susanna Jahn (6 Jahre). Aus dem vorigen Zeitraume ragt neben den Vivianischen Erben, der Familie Voigt und den Kürnerischen Erben noch die Familie Cosmerovius herüber, und zwar durch 29 Jahre. Diese Buchdruckerfamilie hat 75 Jahre lang (1640 bis 1715) eine hervorragende Stellung in der Wiener Typographie eingenommen und fand in Johann B. Schönwetter einen Nachfolger, welcher die einstige Cosmerovische Hofbuchdruckerei als Reichs-Hofbuchdruckerei fortführte. Dieser Titel eines Reichs-Hofbuchdruckers gieng später auf einen Mann über,

[illegible] Der Kaufvertrag, heißt es im Hofkanzleidecrete, sei ganz gleichgiltig, denn es hätte auch eine andere Form gewählt werden können; als nun der Verkauf abgeschlossen wurde, sei er kein bedingungsbindiger gewesen. (Gremial-Archiv der Wiener Buchdrucker.)

[illegible] Gremial-Archiv der Wiener Buchdrucker.

[illegible] Archiv des k. k. Ministeriums des Innern. Lose. IV. D. 7.

welcher der Begründer einer noch heute blühenden Familie und angesehenen Officin wurde, nämlich Josef Gerold. Derselbe hatte ein Vierteljahrhundert hindurch an der Spitze seiner Unternehmungen als «Universitäts- und Reichs-Hofbuchdrucker», sowie als Universitäts-Buchhändler gestanden und sich um «die gemeinnützliche Beförderung der Wissenschaften» verdient gemacht.

Die alten Buchdruckergeschlechter der Voigt, Kürner und Cosmerovius sind in diesem Zeitabschnitte ausgestorben, jüngere, wie die der Jahn, Kurzböck, Trattner und Gerold, welches letztere allein heute noch blüht, ragen in unser Jahrhundert herein. Sie alle aber überdauerte lange noch die berühmte Familie der Ghelen.

Da es wegen der Menge der heute noch vorhandenen Wiener Drucke von 1682 bis 1782 ausser dem Programme liegen musste, selbst eine beschränkte Bibliographie aus dieser Zeit zu geben, so wurden nur bei den einzelnen Officinen einige durch ihre Technik oder durch ihre Bedeutung in der Literatur nennenswerthe Werke aufgezählt, wobei besonders auf jene Rücksicht genommen wurde, welche auf der historischen Ausstellung von Wiener Buchdruck-Erzeugnissen im Jahre 1882 im k. k. österreichischen Museum für Kunst und Industrie zu sehen waren.

ZWEITES CAPITEL.

ZUR INNEREN GESCHICHTE DER OFFICINEN. — ORNAMENTALE TECHNIK UND SCHRIFTENGUSS. — SOCIALE STELLUNG DER BUCHDRUCKER. — PRIVILEGIEN UND NACHDRUCK. — BUCHHANDEL.

IM Allgemeinen unterschied sich die innere Einrichtung der Wiener Officinen des 18. Jahrhunderts wenig oder fast gar nicht von jener der früheren Zeiten. »Die Technik der Kunst und der mechanische Apparat hatten, nachdem die ersten unsicheren Versuche überwunden waren, eine derartige Festigkeit im Principe und Abrundung in der Ausführung gewonnen, dass man trotz der Fortschritte der Gewerbe und der Anwendung wissenschaftlicher Grundsätze auf dieselben, in der langen Zeit von dem Jahre 1500 bis zum Jahre 1750 nicht im Stande war, das Überkommene durch Neues zu ersetzen«.[291]

Wie schon aus dem vorhergehenden Capitel erhellt, kann aber auch auf eine gewisse Stabilität im Wirkungskreise der einzelnen Officinen geschlossen werden. Die kleinen unter ihnen arbeiteten mit zwei, höchstens drei, mittlere mit vier und fünf Gesellen und einem Lehrjungen, welche zu setzen und auch zu drucken verstanden (sogenannte Schweizerdegen), größere, wie die eines Schönwetter, Schilgen, Ghelen, Kaliwoda und Josef Kurzböck in der Zeit seines Auftretens, deren Personalstatus wir aus den Acten kennen, beschäftigten sieben bis neun, in günstigen Jahren sogar bis fünfzehn Gesellen und zwei Lehrjungen; die Erzeugnisse der Pressen giengen hier auch durch die Hand eines sach- und fachkundigen Correctors. Große Officinen aber, die über fünfzig, ja selbst über hundert Personen beschäftigten, waren Specialitäten, wie die illyrische Hofbuchdruckerei des Josef Edlen von Kurzböck oder die durch besondere Verhältnisse begünstigte eines Edlen von Trattner — und solcher gab es in Wien eben nur diese zwei.

In den Acten wird das Personale derselben ohne Unterschied, ob Setzer oder Drucker, »Buchdruckereiverwandte«, das sind Gesellen, genannt; es lässt sich aber mit Sicherheit annehmen, dass in jenen großen Officinen die Pressen schon von eigenen, geschulten Druckern bedient wurden.[292]

Die Pressen waren noch immer aus Holz gefertigt, die Fundamente aus Holz, Stein oder Messing, der Tiegel bald aus Holz, bald aus Messing, Spindel und Mutter stets aus Messing construiert. In kleinen Officinen waren eine oder zwei, in mittleren drei, in größeren vier oder fünf Pressen in Thätigkeit; wie viel Pressen Kurzböck für die illyrische Buchdruckerei in Verwendung hatte, wissen wir nicht, in dem Schätzungsprotokolle sind für seinen andern Buchdruck elf Pressen angeführt. Trattner hatte in der Blütezeit seines Geschäftes vierunddreißig Pressen im Gange, und Kurzböck dürfte im Ganzen ihrer sicher über zwanzig gezählt haben.

Die Kosten einer Presse können wir nur nach den wenigen uns überlieferten Schätzungswerten bestimmen, die auch auf den Zustand derselben einen Schluss gestatten.

[291] Karl B. Lorck, Handbuch der Geschichte der Buchdruckerkunst. 1. Thl. S. 129.

[292] In der »Ode auf den Edlen Heil. Röm. Reichs-Ritter Johann Thomas von Trattner« etc. (1764) werden im Anhange zwei Setzerfactor und sechzehn Setzer, dann ein Druckerfactor und sechzehn Drucker genannt.

Bei Ghelen wurden bekanntlich drei Pressen mit steinernen Fundamenten, messingener Spindel, Tiegel und Mutter mit je 70 Gulden, zwei Pressen, bei welchen alle Bestandtheile von Messing waren, mit je 100 Gulden bewertet; bei Schönwetter wurden drei complete Pressen zu je 70, und zwei incomplete zu je 35 Gulden, in der Schilgen'schen Officin Legalpressen mit 80 Gulden, mittlere mit 60 Gulden geschätzt. Wir finden auch noch folgende Schätzungen:

Grobe Cicero Cursiv.

Tu autem eruisti animam meam, ut non periret, projecisti post tergum tuum omnia peccata mea. Quia non infernus confitebitur tibi, neque mors laudabit te; non expectabunt, qui descendunt in lacum veritatem tuum.

Qui ſequitur me, non ambulat in tenebris, dicit Dominus. Haec ſunt verba Christi, quibus admonemur, quatenus vitam ejus et mores imitemur, si velimus veraciter illuminari, et ab omni caecitate cordis liberari.

Memento illius frequenter proverbii: Quia non ſatiatur oculus viſu, nec auris impletur auditu. Stude ergo cor tuum ab amore visibilium abstrahere, et ad invisibilia te transferre, nam ſequentes ſuam ſenſualitatem maculant conſcientiam, atque perdunt DEI gratiam.

Nr. 17. Aus dem Abdruck der Schriften in der [illegible] Kurzböck'schen k. k. Hof- und niederösterreichischen Landschafts-Buchdruckerei (17[illegible]). Nach dem Schriftproben-Exemplare im Besitze des Herrn [illegible].

Kolonell Fraktur auf Cicero.

Wenn Erziehen so viel heißen soll, als die Natur besser machen, so ist diese ganze von jeher gepriesene Kunst eine bloße Chimäre, ein Phantom, das verschwindet, sobald man es realisiren will. ... Die Natur verbessern! ... Lächerlicher Gedanke, ... Beweis des menschlichen Stolzes, ... Beweis Ohnmacht des Menschen! O weichet zurück, Tollkühne! Gott schuf sie, die Gesetze der Natur, ewig und vollkommen, unveränderlich wie er selbst.

Die Natur verbessern heißt also nicht Erziehen. Vom Plutarch bis Basedow und Campe hats keiner noch gethan, auch wird sies nicht thun, die kommende Menschheit. Gut ist sie, die Natur des Menschen, gut tritt sie aus den Händen des Schöpfers hervor: Bessert ihr, so verhunzt ihr Gottes Werk.

Rousseau nahm seinen Aemil gut erhalten, denn er ward gut geboren. ... Aber nicht so denkt Helvetius, er nimmt den Menschen weder als gut, noch als böse an, denn zum ersten will er ihn bilden. .. Wer hat nun von diesen beyden Philosophen die Wahrheit gefunden?

Nr. 18. Aus dem Abdruck der Schriften in der [illegible] Kurzböck'schen k. k. Hof- und niederösterreichischen Landschafts-Buchdruckerei (17[illegible]). Nach dem Schriftproben-Exemplare im Besitze des Herrn [illegible].

Fundament:	*Tiegel:*	*Spindel:*	*Mutter:*	
Messing.	Messing.	Messing.	Messing	.... 36 Gulden.
	Holz			 32
Stein	Messing			 25
Holz	Holz			 20
Stein	Holz			 12

Jede dieser Pressen hatte zwei Schrauben und zwei Deckelrahmen; ohne diese kam eine solche Presse um zwei und drei Gulden billiger zu stehen.

Gattungen und Vorrath der Typen machten damals den größten Wert einer Officin aus und waren nach dem Umfange, sowie nach der Art der Aufträge bestimmt. Wir sind nun nicht in der Lage, von jeder Officin den Typenschatz nach Gattung und Quantität anzugeben, doch bezüglich der größeren Officinen erhalten wir durch die Schätzungsprotokolle einigen Aufschluss über diese Frage. Wir ersehen daraus, dass die Typen oft mehr als $\frac{2}{3}$, auch mehr als $\frac{3}{4}$ des Schätzungswertes der ganzen Officin ausmachten. Ghelen z. B. besaß in 79 Kästen Schriften im Schätzungswerte von 2950 Gulden 50 Kreuzer; der Schätzungswert der Officin betrug 3579 Gulden $29\frac{1}{2}$ Kreuzer. Bei Schilgen wurden in 76 Kästen, 81 Formen und auf 21 Brettern aufgebundene Schriften im Schätzungswerte von 1885 Gulden 8 Kreuzer vorgefunden, die Officin aber wurde auf 2690 Gulden geschätzt. Bei Schönwetter fanden sich 173 Centner 50 Pfund Schrift

Mittel Schwabacher.

Im übrigen wird bey jenen Staatsbewohnern, die außer ihren Häusern und Realitäten, worüber die Vorschrift schon hieroben enthalten ist, oder die außer landesfürstlichen,

Ständischen und städtischen Besoldungen, oder Pensionen, worüber das Besondere untereinstens verfüget wird, noch ein anderes Vermögen besitzen.

My Frantissek Druhý, z Boži Milosti wolený řimský Cýsař, po wssecky Czasy Rozmnožitel Řjsse.

Nr. 19. Aus dem »Verzeichnis der Schriften in der v. Kurzböckischen k. k. Hof- und niederöster. Landschafts-Buchdruckerei in Wien 1778. Nach dem Schriftproben-Exemplare im Besitze des Herrn Nowak.

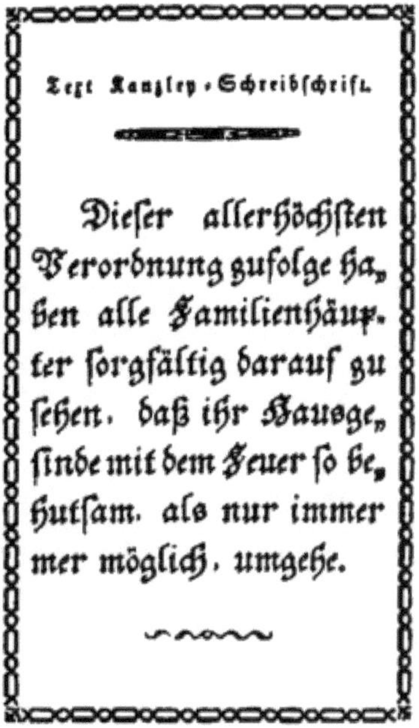
Text Kanzley-Schreibschrift.

Dieser allerhöchsten Verordnung zufolge haben alle Familienhäupter sorgfältig darauf zu sehen, daß ihr Hausgesinde mit dem Feuer so behutsam, als nur immer möglich, umgehe.

Nr. 20. Aus dem »Verzeichnis der Schriften in der v. Kurzböckischen k. k. Hof- und niederöster. Landschafts-Buchdruckerei in Wien 1778. Nach dem Schriftproben-Exemplare im Besitze des Herrn Nowak.

im Schätzungswerte von 5807 Gulden $37\frac{1}{2}$ Kreuzer, während die ganze Officin von den Schätzmeistern mit 6278 Gulden 31 Kreuzer bewertet wurde. Des Edlen von Kurzböck Schriftenvorrath — um noch das letzte Beispiel anzuführen — betrug 261 Centner 50 Pfund, die auf 3973 Gulden 30 Kreuzer geschätzt wurden, während der Schätzungswert der ganzen Officin die Höhe von 5371 Gulden 15 Kreuzer erreichte.

Es ist sohin kein Zweifel, dass die für die Herstellung der Typen und des Papieres getroffenen Regierungsmaßregeln und auftauchenden Fragen für die Wiener Typographie immer von einer einschneidenden Bedeutung waren und von dem Zustande jener die Lage dieser wesentlich beeinflusst wurde.

Wir finden dies auch in dem Berichte des »Directorium in Publicis et Cameralibus« vom 25. October 1751, welcher auf Befehl der Kaiserin Maria Theresia über die Lage der Buchdruckerei in Wien abgefasst war, ausdrücklich betont.[72] Die niederösterreichische »Repräsentation und Kammer« hatte im Auftrage

[72] K. k. Finanzministerial-Archiv, Niederösterr. [illegible] 1751–1800, Fasc. [illegible]

jener Behörde nach den Ursachen der im Allgemeinen darniederliegenden Buchdruckerei geforscht und auch die Buchdrucker vernommen. Diese sprachen sich u. a. auch über die Schriftgießerei und Papier-Erzeugung aus. Was jene betrifft, sagten sie, »thäte es noth an guten Schriften, wofür hier keine Meister wären, daher die Schriften mit großem Aufwande aus der Fremde herbeigeschafft werden müssten, sehr viele auch aus Prag, wo dermalen die stärkste Gießerei in allen Erbländern bestehe; strebe die Regierung eine Besserung an, so sei die Berufung eines wohlerfahrenen Schriftgießers nach Wien dringend nöthig«. Im erwähnten Directorialberichte an die Kaiserin heißt es nun, dass Trattner sich schon erboten habe, eine Schriftgießerei gegen eine jährliche Subvention von 500 Gulden innerhalb sechs Jahren einzurichten, und dass Abbate Marci auch einen befürworteten Antrag gestellt habe, da dies besser sei, als die Berufung eines kostspieligen Ausländers.

Indem wir nun in Kürze auf die Wiener Schriftgießereien eingehen, wollen wir nur an den schon erwähnten (I. Bd. S. 340) Wiener Schriftgießer Pangratz Lobinger anknüpfen, der sich am 26. April 1705 mit Margaretha Preind vermählt hatte.[294] Derselbe besaß eine selbständige Schriftgießerei; ob aber der »Buchdruckerei-Schriftgießer« Abraham Kugler,[295] der »Universitäts-Druckschrift-Gießer« Ignaz Zapf[296] und der »Universitäts-Schriftgießer« Johann Samuel Grohmann[297] ebenfalls solche betrieben, vermögen wir nicht zu behaupten, zumal es bei der Verleihung der Schriftgießerei an Kaliwoda (1750) ausdrücklich hieß, dass er als Buchdrucker auch andere inländische Buchdruckereien mit Lettern versehen dürfe. Außer diesen besaß nur noch Ghelen eine Schriftgießerei, aber nur zum Bedarfe seiner eigenen Officin. Da erhielt Trattner im Jahre 1752 ein Privilegium privativum auf die Errichtung einer Schriftgießerei, wobei man zugleich verbot, fremde Schriften einzuführen und ohne specielle Erlaubnis der Regierung mehrere Schriftgießereien einzurichten, ihn hingegen beauftragte, den Preis seiner Schriften mit dem der auswärtigen unter Zurechnung der Fracht- und Mautgebür in vollen Einklang zu bringen und sie so an die erbländischen Buchdruckereien abzusetzen. Diesen sollte es aber unbenommen sein, den sich etwa äußernden Abgang bei Hofe anzuzeigen und zur Deckung desselben von auswärts um die erforderlichen Pässe anzusuchen.

Für die in den einzelnen Erbländern bestehenden Schriftgießereien wurde nun 1760 eine genaue Untersuchung angeordnet. Eine Hofcommission mit Zuziehung des Abbate Marci erschien auch bei van Ghelen und Kaliwoda und forderte dieselben auf, »von ihren gesammten allhier gegossenen Schriften einen Abdruck beizubringen, jene Materien, so schlecht und ungleich, folglich zu cassieren wären, wohl anzumerken, auch wenn allenfalls ein gütliches Abkommen zwischen den Inhabern sothaner Gießereien und Trattner getroffen werden könnte, die diesfällige Modalitaet anzuzeigen,[298] den hiesigen Buchdruckern aber das Verbot, so vom 1. Jänner 1761 den Anfang nimmt, gehörig kund zu machen. (3. December 1760.)« Trattner hatte damals ein ausschließendes Privilegium auf unbestimmte Zeit erhalten.

Factor der Trattner'schen Schriftgießerei war der in seinem Fache als Stempelschneider und Schriftgießer als tüchtig anerkannte und auch als geschickter Künstler geschätzte Anton Magatsch, unter welchem wieder fünf Gesellen standen.[299]

Die Wiener Buchdrucker klagten aber wiederholt über Trattner, dass die für seinen eigenen Gebrauch bestimmten Schriften wohl gut, die übrigen aber zum Verkaufe bestimmten durchgehends seicht und

[294] Wiener Diarium vom Jahre 1705, Nr. 182.

[295] Abraham Kugler war 1657 geboren und starb am 28. April 1734 in einem Alter von 77 Jahren. (Wiener Diarium vom Jahre 1729, Nr. 41, und 1734, Nr. 35.)

[296] Ignaz Zapf war 1701 geboren und starb 1755. Wiener Diarium vom Jahre 1755, Nr. 91.

[297] Derselbe wurde 1738 als der letzte Schriftgießer immatriculiert. (R. Kink, Geschichte der Wiener Universität I. 2. S. 196.) Er war 1711 geboren und starb am 1. Juni 1759 im Alter von 48 Jahren. Wiener Diarium vom Jahre 1759, Nr. 45.

[298] »Kaliwoda entgegnete, dass er seine Schriftgießerei noch vor den Trattnern mit vielen Kosten angelegt, und die benöthigten Schriften zu seinem Gebrauche wirklich verfertigen ließe, daher die Abschaffung jener von dem Trattner ihm nicht wohl zuzumuthen wäre. Die von Ghelen'schen Erben hatten sich anfangs auf ihre wohl derzeit nicht gebrauchende Schriftgießerei bezogen, und erklärt, sich gegen den Trattner des Rechtes ihrer Vorfahren nicht begeben zu wollen, der [illegible] die Prager Gießerei, von der die Buchdruckereien [illegible] mit guter Waare versehen werden, [illegible], wenn er ja das Privilegium gegen alle inländischen Schriftgießereien allein haben wollte, zu welcher Ablösung sie sich nicht einverstehen wollten, endlich aber doch geäußert, dass sie ihre Schriftgießerei dem Trattner zur Ablösung im billigen Preise vollkommen zu überlassen erbötig wären. Die Commission schlug nun vor, dem Buchdrucker Kaliwoda die Ausübung der [illegible] lediglich zu seinem eigenen Gebrauche [illegible] Schriftgießerei keineswegs zur Last zu legen. (Hof- und Staatsarchiv [illegible], Niederösterreichische Commerzsachen, Fasc. 110.)

[299] Jakob Pohlmann, Mathias Winkler, Jakob Schelbler (geb. 1721, gest. am 12. August 1771 im Alter von 50 Jahren. Wiener Diarium vom Jahre 1771, Nr. 67), Josef Oswald und Mathias Hallmayr.

sylvestres plantæ non paucæ in loco nascentes, quas ad ulnæ spatium translatas, non amplius produci comperias: non enim habet terra hæc talem humorem translato, qualem illa sylvestribus plantis suppeditabat. In his enim sunt quædam magis virulentæ, quædam humidiores, quædam dulciores, sicciores quædam, asperiores etiam quædam; aliæque innumeræ aliter se habent; innumeræ enim sunt in ipsa (terra) facultates: & propter hæc genera, primum ex terra alterum alteri simile nullum productum est, quod non cognatum. Sed mihi hæ plantæ omnes sylvestres esse videntur: verum eas homines cultura sativas reddiderunt, cogentes quamque pro suo semine fructum ferre: humor enim similis similem ex terra trahit, ex eoque augescit ac nutritur; & plantarum altera alteri similis nulla est, neque æqualem, neque similem ex terra humorem trahit. Eorum autem singula, quæ ad cibos aut potiones producuntur, multas ad se e terra facultates trahunt; & in quoque aliquid pituitosi & sanguinei inest. Huc igitur ex necessitate adductus sum, quod de cibis ac potibus, qui in ventriculum veniunt, corpus ad fontes nominatos trahit; similis humor similem, per venas.

ἄγρια φυόμενα ἐν χωρίῳ οὐκ ὀλίγα, μεταρθέντα δὲ ὁκόσον ὀργυιὴν, οὐκ ἂν εὕροις ὅτι φύεται· οὐ γὰρ ἔχει ἡ γῆ μεταρθέντι τοιαύτην ἰκμάδα, οἵην τοῖσιν ἀγρίοισι φυτοῖσιν ὁκοίην παρεῖχεν. Ἔστι γὰρ αὐτοῖσι τὰ μὲν ἰωδέστερα, τὰ δ' ὑγρότερα, τὰ δὲ γλυκύτερα, τὰ δὲ ξηρότερα, τὰ δὲ τρηχύτερα· ἀλλὰ δὲ μυρία ἄλλως ἔχει· μυρίαι γὰρ ἐν αὐτῇ δυνάμιές εἰσι· καὶ διὰ ταῦτα τὰ γένεα, ἐκ τῆς γῆς πρῶτον οὐδὲν ἕτερον ἑτέρῳ ὅμοιον ἔφυ, ὅτι μὴ συγγενές. Ἄγρια δέ μοι δοκέει ταῦτα πάντα εἶναι· ἄνθρωποι δὲ ταῦτα ἡμέρωσαν ἐργαζόμενοι καρποφορέειν κατὰ τὸ σπέρμα ἕκαστον· ἕλκει γὰρ ἐκ τῆς γῆς ἡ ὁμοίη ἰκμὰς τὴν

8 ὁμοίην, καὶ ἀπὸ ταύτης αὔξεται καὶ τρέφεται, καὶ οὐδὲν ἕτερον ἑτέρῳ ὅμοιόν ἐστι τῶν φυομένων, οὔτε ἴσην οὔτε ὁμοίην ἐκ τῆς γῆς ἰκμάδα ἕλκει. Ἕλκει δὲ ἕκαστον τῶν φυομένων βρωτῶν τι καὶ ποτῶν ἐν ἑωυτῷ, πολλὰς δυνάμιας ἀπὸ τῆς γῆς· ἐν παντὶ δὲ ἐστί τι φλεγματῶδες, καὶ αἱματῶδες. Ἀνάγκην οὖν τῷ δὲ προσηγαγόμην, ὅτι ἀπὸ τῶν βρωμάτων καὶ τῶν ποτῶν ἐς τὴν κοιλίην χωρεόντων,

9 ἕλκει τὸ σῶμα ἐς αὐτὰς πηγὰς ἃς εἰρήκαμεν· ἡ ὁμοίη ἰκμὰς τὴν ὁμοίην, διὰ φλεβῶν.

CAPUT III.

Quod pituita a cibis & potibus pituitosis procreetur; a capite trahatur, ubi manens copiosior, capitis dolorem excitat; delapsa in ventriculum & vesicam, juvat.

Quod vero unumquodque per prædicta trahat, hoc aliud proferam argumentum; simulque aperiam, unde pituita in corpore gignatur. Quum quis caseum aut aliquid acre comederit, aut aliud quid pituitosum ederit aut biberit, quamprimum ei ad os & nares accurrit, atque hoc omnes ita contingere cernimus; idque ex iis, quæ ego referam, credere oportet. Dico autem, quicquid in cibo aut potu pituitosum inest, id, ubi in ventriculum venerit, partim corpus ad se trahit; partim vero caput, ut quod cavum sit, & velut cucurbita corpori incumbat, pituitam attrahit, quæ quum viscosa sit, hanc alia ex alia ad caput sequitur.

ΚΕΦΑΛΑΙΟΝ Γ'.

Τὸ φλέγμα ἀπὸ τῶν βρωμάτων καὶ τῶν ποτῶν φλεγματωδῶν γεννᾶσθαι· καὶ ἀπὸ τῆς κεφαλῆς ἕλκεσθαι, καθ' ἣν μένον πλέον, τὴν κεφαλαλγίαν ποιεῖ· καὶ ἐς τὴν κοιλίαν καὶ τὴν κύστιν ἐλθὸν, ὠφελεῖ.

Σημεῖον δὲ ἀποφανέω ἕτερον τόδε, ὅτι ἕλκει ἕκαστον κατὰ τὰ εἰρημένα· καὶ ἅμα φράσω, ὅθεν τὸ φλέγμα γίνεται ἐν τῷ σώματι. Ἐπὴν τις φάγῃ τυρὸν ἢ ὅ, τί ἐστι δριμὺ, ἢ ἄλλό τι φάγῃ ἢ πίῃ, ὅ, τί ἐστι φλεγματῶδες, αὐτίκα οἱ ἐπέρχεται ἐπὶ τὸ στόμα καὶ τὰς ῥῖνας, καὶ ταῦτα οὕτως γινόμενα πάντες ὁρῶμεν· ταῦτα δὲ χρὴ ἐλπίσαι, ὅθεν ἐγὼ λέγω. Φημὶ δὲ, ὁκόσον ἐν τῷ βρώματι ἢ πόματι φλεγματῶδές ἐστι, κείνου ἐς τὴν κοιλίην ἐλθόντος, τὸ μὲν σῶμα ἕλκει ἐς ἑωυτὸ,

10 τὸ δὲ ἡ κεφαλὴ κοίλη ἐοῦσα, καὶ ὥσπερ σικύη ἐπικειμένη, ἕλκει τὸ φλέγμα, ἅτε γλίσχρον ἐὸν, ἕπεται δὲ ταύτῃ τὸ ἕτερον διὰ τοῦ ἑτέρου ἐς τὴν κεφαλήν.

Τὸ

VARIÆ LECTIONES.

19 [illegible] MS. Cod. Venet.

20 Sic Imp. Sambuci, [illegible] interpretes [illegible] vulgata.

21 [illegible] MS. Cod. Venet. [illegible] MS. Cod. Venet. Imper. Sambuci. Foes. & Servin. [illegible] Imper. [illegible] corpus, [illegible] Græcæ, [illegible] Londin. [illegible] vero legisse videtur Calvus.

22 [illegible] Imp. Sambuci.

23 [illegible] MS. Cod. Venet. pro [illegible] vulgata, [illegible].

24 [illegible] MS. Cod. Venet. Deinde Imper. Sambuci [illegible] habet, cui adsentimur, [illegible] lectio [illegible] in MS. Cod. Venet. & Foesii pro vulgata [illegible].

Nr. 21. Textprobe aus Stephan Macks Ausgabe des Hippocrates. II. Band. 1749. Nach dem Exemplare in der k. k. Hofbibliothek in Wien. (Verkl.)

schlecht, mithin wegen zu kurz dauernden Gebrauches kostbar wären, weshalb sie ihre Buchstaben meistens von Prag verschreiben müssten, welche, wenn sie auch theurer zu stehen kamen, doch ihrer

١٣

دارا ٭ دارابی داراب چون ولیعهد قلدي آتاسي يرنه پادشاه
اولدي چون ظالم طبع کشي ايدي ظلمندن خلايقک جانه يتشدي و
رشتيني کم داراب دستوريله وزير قلمش ايدي کوچک قرنداشنک قوللاسي
ايله دبيلدي کم عزل ايده بعضيلر ديرلر کم اسکندره اول آدم کوندروب
اول معهوده اولان خراجي ويرمکدن پشمان ايلدي چون اسکندر خراج
کوندرمدي دارا آدم کوندروب اول بيکه بيضه آلتوني طلب ايلدي اسکندر
دخي جواب کوندردي کم اول بومرطه بومرطلاين قوش بو يوادن اوچدي
دارا دخي بو طبعي کوکلندن چقرسون دارابه بو سوزدن غضب مستولي
اولوب اوستنه چري چکوب ايکي چرينک ايکي جانبدن صفلري دوزلدوکي
وقت آنک ايکي نايبي کم ظلمندن جانلرنه کچمش ايدي او محلده دارابي
هلاک ايلديلر بعضيلر ديرلر که اول فدايلري اسکندر کوندروب بو ايشـي
بيورمشيدي و بعضيلر ديرلر که ايکي هداللي کشي بو ايشي فدائيلـک
طريقيله ايلديلر اما اولکي قول صحيح در دارا چون اول محلده يقيلدي
اسکندر کلوب دارا آنک باشني دزي اوستنه آلوب آغليوب آنه ايچدي
که بو ايش بنم جانبمدن اولمدي دارا دخي اعتقاد ايدوب اسکندره اوچ
وصيت ايلدي بري اولکم روشنک آدلو قزيني عقد و نکاحنه توبه بر دخي
اولکم قاتللري قصاص ايچون اولدره و بري دخي اولکم کندونک اتباعي کم
فرس سلاطيني نسلندن در آنلري رعايت ايليه اسکندر دخي جملهسـني
قبول ايدوب آخر دمنده اسکندر کبي غالب دوسندن خوشنود کندي
و بو داستاني فقير سن اسکندريده کم خمسهنك بشنجي کتابي در مشروح
ادا ايدوبدرز و دارانک پادشاهلغي اون دورت ييل ايدي

مثنوي　　　D

Nr. 20. Satzprobe aus [illegible] der persischen Kaiser in türkischer Sprache. Nach dem Exemplare in der k. k. Familien-Fideicommiss-Bibliothek.

Güte wegen weit vorzuziehen wären. Von der niederösterreichischen Regierung kam daher an den Commerzien-Consess der Auftrag, *nochmals* zu untersuchen, ob Trattner wirklich seinem Privilegium zuwider die hiesigen Buchdrucker nicht mit echten Schriften versehe. In der am 6. März 1769 abgehaltenen Departement-Sitzung überwies Kaliwoda Trattner ebenfalls wegen unächten den Buchdruckern

Z 2

Nr. 23. Musikbeilage aus »Alceste tragedia. Messa in musica dal signore cavaliere Christoforo Gluck«. Herausgegeben von Ranieri de Calzabigi. Nach dem Exemplare im Archiv der Gesellschaft der Musikfreunde in Wien.

Kirchberger und Schulz gelieferten Schriften». Bald darauf zeigte sich im «niederösterreichischen Commerzien-Consess» eine dem Trattner'schen Privilegium nicht besonders günstige Stimmung. Am 31. Mai 1771 äußerte sich derselbe auch an die Kaiserin folgendermaßen: «Da alle Monopolia überhaupt höchst schädlich sind, dieses Trattner'sche Monopolium auch nichts anderes nach sich ziehen würde, als dass die Buchdrucker lauter nach eigener Willkühr gegossener Schriften abnehmen, und vielleicht damit schlechte Drucke liefern müssten, sondann auch nicht vielleicht geschickte Leute in einer unter einem einzigen Mann eingeschränkten Schriftgießerei dienen würden, wodurch aber die Künste nicht werden emporkommen und wohl gar zuletzt der bisher durch verschiedene hierländische Schriftgießereien, aus Eifer zum Ruhme und Gewinn immermehr und mehr verbesserter Druck wieder verfallen möchte», so sei ihm kein Privilegium zu ertheilen.

Dennoch erhielt Trattner 1772 für seine Schriftgießerei, in welche er viel Geld hineingesteckt hatte, ein Privilegium, nach welchem ferner durch 15 Jahre keine neue Schriftgießerei errichtet werden sollte. Unterm 21. September 1772 rieth die Commerzial-Commission auch an, dass zwar jedem Buchdrucker gestattet werden könnte, die Schriften bloß zum eigenen Gebrauche und nicht zum weiteren Verkaufe zu gießen, dass sie aber alle gehalten seien, die Matrizen bei Trattner zu kaufen, wozu diesem und seinem Sohne die Erlaubnis zu ertheilen wäre. Da aber gegen denselben fortwährend Beschwerden einliefen, so wurde am 3. Mai 1773 von der niederösterreichischen Regierung hierüber eine neuerliche Untersuchung eingeleitet und er erinnert, seinen Verbindlichkeiten nachzukommen. Nun legte er neuerdings seine Schriften vor.

In diese Zeit fallen auch die Unterhandlungen mit dem Schriftgießer Magatsch wegen Errichtung einer Schriftgießerei. Am 14. Februar 1769 bat nämlich derselbe zu seinem und seiner Familie besserem Fortkommen um ein Privilegium, «massen er seine Fähigkeit im Schriftgießen und Stempelschneiden besonders bei Gelegenheit der zuletzt gefertigten Corpus sattsam erwiesen habe». Es wurde ihm ein ungemein gutes Zeugnis der Geschicklichkeit und eines bildlichen Lebenswandels ertheilt, nicht nur von seinem damaligen Principal Trattner, sondern namentlich auch von den Buchdruckern Kaliwoda, Ghelen und Kurzböck mit dem Beisatze: «es sei beinahe in den gesammten Erblanden keiner seinesgleichen, auch nicht nur zu wünschen, sondern auch nothwendig, dass er hier behalten werde».[300] Der «niederösterreichische Commercien-Consess» trat in seinem Votum an den Kaiser dafür ein, die niederösterreichische Regierung aber ordnete eine neuerliche Untersuchung an, ob denn Trattner wirklich seinem Privilegium zuwider die hiesigen Buchdrucker nicht mit echten Schriften versehe; während derselben wurde Magatsch von Trattner seiner Dienste enthoben und begab sich zu Kaliwoda in Condition. Im März 1771 lag ein vom illyrischen Hofbuchdrucker Kurzböck unterstütztes Gesuch des Magatsch vor, ihm das Bürgerrecht zu ertheilen, da er beabsichtige, die Schriftgießerei Kaliwodas zu übernehmen.

Magatsch, aus Böhmen gebürtig, hatte bei Trattner die Schriftgießerei erlernt und galt, wie gesagt, als überaus tüchtig in seinem Fache. Die «Hofdeputation in Illyricis» war mit Note vom 8. März 1771 für ihn, und auch der «niederösterreichische Commerzien-Consess» berichtete an die Kaiserin unterm 31. Mai 1771 besonders befürwortend.[301] Trotzdem nun, dass die «Commerz-Commission» und die niederösterreichische

[300] Denn wenn auch Ghelen und Kaliwoda, sagten die Buchdrucker, schon seit geraumer Zeit mit eigenen Schriftgießereien versehen seien und daher keiner andern bedürfen, so wäre doch sehr zu wünschen, dass auch die übrigen Buchdrucker mit guten Werkzeugen versehen und Magatsch mit einem Privilegium bedacht werde. Wenngleich nun Trattners Privilegium vom 16. December 1766, worauf sich derselbe eifrig berufe, dem entgegen zu stehen scheine, so komme doch hauptsächlich zu erwägen, dass er seine eigene Druckerei immer mit den besten Schriften zu versehen [illegible] [illegible]

[301] «Es wäre dem Magatsch, hieß es in diesem Berichte, «auch ohne Bürgerrecht die Freiheit zu ertheilen, ungehindert für jede Buchdruckerei Matrizen von allen Gattungen gegen dem zu verfertigen, dass er zwei bis drei eingeübte Subjecte vollständig darin unterrichte, [illegible]

Regierung dem theilweise entgegen waren, indem letztere nur darauf antrug, Magatsch die Matrizen-Verfertigung mit der Versicherung zu verwilligen, dass, wenn er zwei oder drei Lehrlinge vollständig unterrichtet

Nr. 71. Nach dem Schriftproben-Exemplare Trattners in der Wiener Stadt-Bibliothek.

habe, er die Schriftgießerei von Kaliwoda übernehmen könne, mit seiner weitergehenden Forderung aber abwies, und ungeachtet kurz vorher mit allerhöchster Resolution vom 21. September 1772 dem Kaliwoda ausdrücklich nur auf lebenslang und nur zu seinem eigenen Gebrauche die Schriftgießerei gestattet und

Trattner ein Privilegium auf 15 Jahre verwilligt worden war,[202] nahm die Universität doch keinen Anstand, Magatsch auf die Schriftgießerei des Kaliwoda am 28. November 1772 ein Privilegium auszufertigen.

Nr. 25. Kopfleiste aus Arnulfus Schlögels »Maria-Predigt im sogenannten Klaghaus zu St. Bernhards Thal auf der Wieden« 1770. Nach einem Exemplare in der k. k. Universitäts-Bibliothek in Wien.

Nr. 26. Kopfleiste aus Sigmund Calles »Annales Ecclesiastici Germaniae« Tom. I. 1756. Nach einem Exemplare in der k. k. Universitäts-Bibliothek in Wien.

Nr. 27. Kopfleiste aus Sigmund Calles »Annales Ecclesiastici Germaniae«, Tom. I. 1756. Nach einem Exemplare in der k. k. Hofbibliothek in Wien.

Die Ertheilung dieses Privilegiums wurde, wie wir später noch hören werden, in dem Autonomie-Conflicte zwischen Universität und Regierung jener zum besonderen Vorwurfe gemacht.

[202] Unter demselben Datum hat die Commerz-Commission auch angerathen, dass zwar jedem Buchdrucker gestattet werden könnte, die Schriften bloß zum eigenen Gebrauche und nicht zum weiteren Verkaufe zu gießen, dass sie aber alle gehalten sein sollen, die Matrizen bei Trattner zu kaufen, wenn diesem oder seinem Sohne die Erlaubnis zu geben wäre. Trattner ist das Privilegium privativum schon 1769, jedoch auf unbestimmte Zeit verwilligt worden. Da er viel Geld hineinstecke, wurde ihm 1772 das Privilegium auf 15 Jahre ertheilt gegen besondere Verpflichtungen. Da aber gegen ihn sich Beschwerden erhoben, so rathe die Commission für Magatsch ein, damit dieser geschickte Arbeiter hier verbleibe. Kaliwoda sei aber vermöge a. h. Resolution nicht befugt, seine Schriftgießerei an einen andern abzutreten; da er dies nun doch gethan, so sei dies eine Ausnahme. (Reichs-Finanzministerial-Archiv. Niederösterreichische Commerzsachen. Fasc. 110 I.)

Nr. 28. Kopfleiste aus Sigmund Calles »Annales Ecclesiastici Germaniae«. Tom. II. (1756). Nach einem Exemplare in der k. k. Universitäts-Bibliothek in Wien.

Nr. 29. Kopfleiste aus Sigmund Calles »Annales Austriae«. Pars I. (1750). Nach einem Exemplare in der k. k. Universitäts-Bibliothek in Wien.

(o)

Nr. 30. Kopfleiste aus Sigmund Calles »Annales Austriae«. Pars II. (1750). Nach einem Exemplare in der k. k. Universitäts-Bibliothek in Wien.

Als Magatsch nach dem Rücktritte des Kaliwoda 1775 die Schriftgießerei übernahm, gab es in Wien drei Schriftgießereien: die der Ghelen'schen Erben, des Trattner und des Magatsch. Mit allerhöchster Entschließung vom 12. März 1782 hob Kaiser Josef II. das auf der Schriftgießerei bestandene Privativum ganz auf und stellte jedermann frei, «wo und wie er will, in den Erblanden Schriftgießereyen gleich jeder anderen Fabricatur zu errichten».[363]

Während früher die Fürsorge der Regierung sich fast ausschließlich auf die Censur beschränkte, wendete dieselbe im vorigen Jahrhunderte ihre Aufmerksamkeit, wie allen Gewerben, auch dem technischen

Nr. 31. Kopfleiste aus Sigmund Calles «Annales Austriae», Pars II. (1750). Nach einem Exemplare in der k. k. Universitäts-Bibliothek in Wien.

Nr. 32. Kopfleiste aus Gottfried Bessels «Sancti Augustini de natura et origine Animae». (Gewidmet dem Wiener Nuntius Passionei, 1732.) Nach einem Exemplare in der k. k. Universitäts-Bibliothek in Wien.

Aufschwunge der Typographie zu. Es hieng dies mit den damaligen wirtschaftlichen Anschauungen, dem eben geltenden wirtschaftlichen Systeme zusammen, das Geld möglichst im Lande zu erhalten. Dieser Idee, die wir mit denselben Worten in allen Erlässen der Regierung immer wieder finden, entsprangen alle derartigen Reformversuche.

Ebenso wie die Regierung die Hebung der Schriftgießerei anstrebte, that sie ein Gleiches für die Fabrication eines guten und schönen Papieres.

Nach dem mehrmals erwähnten Hofberichte des «Directorium in Publicis et Cameralibus» vom 25. October 1751 klagten die Buchdrucker auch über schlechtes Papier, das zudem viel theurer sei, als das auswärtige, «besonders bey der hiesigen Stadt Niederlag und der fiscalischen Fabrique, wo doch diese Beyde in Ansehung der näheren Leeg (Lage) mithin zu bezahlen habenden Fracht für die

[363] «Wiener Zeitung» Nr. 23, vom 22. März 1782.

einhandelnde Lumpen die Papier-Sorten weit wohlfeiler als die entfernteren im Lande geben sollten; allein es scheine solches von den dabei bestellten Factoren herzurühren, weilen sie ein freies Arbitrium in der Taxierung gebrauchen». Um das Papier wohlfeiler und besser zu haben, verlangten sie daher, dass die Sorten der Druckpapiere taxiert werden und der auf das Papier übliche Aufschlag (drei Gulden per Ballen) auf zehn bis fünfzehn Jahre aufgehoben werde.[304]

Der Aufschlag auf Papier war nämlich eine außerordentliche Steuer, die, wie aus dem Patente vom 1. Juni 1675 hervorgeht,[305] durch die großen Kriege jener Zeit verursacht wurde.[306] Ein Ries des im Inlande erzeugten Druckpapieres war darnach mit 45 Kreuzern belastet, zu dessen Beschreibung und Einhebung in der Papiermühle selbst das ihr zunächst befindliche Finanzorgan (Gränitz-Mautner)

Nr. 33. Kopfleiste aus Marquard Herrgotts «Genealogia Diplomatica Augustae Gentis Habsburgicae», Tom. I. (1737). Nach einem Exemplare in der k. k. Universitäts-Bibliothek in Wien.

monatlich verpflichtet war. Hievon gab es keine Befreiung. Dieses Patent fand eine Ergänzung und theilweise Abänderung durch jenes vom 13. Mai 1693, und zwar speciell für das Druckpapier dahin, dass von jetzt ab für einen Ries nur 30 Kreuzer Aufschlag zu bezahlen war. Wichtig für die inländischen Buchdrucker war das Patent vom 19. August 1695 insoferne, als, wenn auch der Aufschlag aufrecht blieb, die Schärfe des Gesetzes doch in etwas gemässigt, verändert und verbessert wurde.[307]

[304] Die niederösterreichische «Repräsentation und Kammer» war dagegen, weil Ersteres nirgends stattfinde, Letzteres das Ärar schädige.

[305] Codex Austriacus I, 114 ff.

[306] «Ist auch für sich selbsten landkündig, wie bishero zur Bestreitung der schwären Kriegs-Unkosten, die Contributionen fast immer angewachsen, und mehresten Theil denen armen Unterthanen obgelegen, welche Last ihnen endlich zu schwer werden möchte, dahero wir veranlasst worden, auf einen Beytrag von Extraordinarien, und zwar solchen Mitteln zu gedenken, die den armen Mann und Unterthanen am wenigsten berühren». L. c. S. 115 ff.

[307] «Indem aber die inländischen Buchdrucker gehorsamst angebracht und gezeigt haben, dass sie bey solchem Aufschlag gegen denen Ausländern, welche mit Büchern und anderen gedruckten Waaren herein handeln, weit deterioris conditionis wären, sintemalen ihre Druckerey und mit solcher auch sie selbst zu Grunde und Verderben nothwendig fallen würden; weilen sie nämlich das Papier, als das Material ihrer Arbeit weit höher verumbschlagen, und von einem Ballen Papier Ordinari Formats, der im Gewichte bey einem Zentner tragen wird, nach Gestalt der Sorten 5, 10, 15 bis 20 Gulden, hingegen die Ausländer von einem Ctr. solcher ihrer gedruckten Waare nur 1 Gulden 40 Kreuzer bezahlen müssen». L. c. S. 117 ff.

Nr. 34. Initial aus dem »Psalterio, Antiphonale Romanum . . .« (1742), in der Bibliothek des Servitenklosters in Wien.

Nr. 35. Initial aus Jonathan Schlögls »Maria-Predigt im sogenannten Klaghaus im St. Bernhards Thal auf der Wieden« (1720). Nach einem Exemplare in der k. k. Universitäts-Bibliothek in Wien.

Nr. 36. Initial aus Anton Leonhard Heislers von Neypeck »Silva Urania« (1727). Nach einem Exemplare in der k. k. Universitäts-Bibliothek in Wien.

Nr. 37. Initial aus Sigmund Calles »Annales Ecclesiastici Germaniae«, Tom. I. (1756). Nach einem Exemplare in der k. k. Universitäts-Bibliothek in Wien.

Nr. 38. Initial aus dem großen deutschen Alphabet in der k. k. Hofschriftgießerei bei Johann Thomas Edlen von Trattner (1760). Nach dem Schriftproben-Exemplare in der Bibliothek des k. k. österr. Museums für Kunst und Industrie.

Nr. 39. Initial aus Sigmund Calles »Annales Ecclesiastici Germaniae«, Tom. III. (1757). Nach einem Exemplare in der k. k. Universitäts-Bibliothek in Wien.

Nr. 40. Initial aus Marquard Herrgotts »Genealogia Diplomatica Augustae Gentis Habsburgicae«, Tom. I. (1737). Nach einem Exemplare in der k. k. Universitäts-Bibliothek in Wien.

Nr. 41. Initial aus Anton Leonhard Heislers von Neypeck »Silva Urania« (1727). Nach einem Exemplare in der k. k. Universitäts-Bibliothek in Wien.

Nr. 42. Initial aus Gottfried Bessels »Sancti Augustini de natura et origine Animae« (1733). Nach dem Exemplare in der k. k. Universitäts-Bibliothek in Wien.

Den Buchdruckern, welche überdies lange mit einer Kriegssteuer belastet waren,[308] fiel der Papieraufschlag nicht an und für sich so schwer, sondern nur im Verhältnisse zu der geringen Besteuerung der ausländischen Papiere und insbesonders der Drucke, wodurch sie in der Concurrenz mit diesen wesentlich beschränkt waren.

Als die Papiermüller von der Regierung vernommen wurden, erklärten sich diese in gleicher Weise über den Papieraufschlag, aber ziemlich ausführlich und von ihrem Standpunkte aus auch über die Lage der inländischen Papierfabrication überhaupt. An der Qualität des Wassers gebreche es wohl nicht, sagten sie, da

Nr. 43. Initial aus dem »Psalterio, Antiphonario Romano . . .« (1718). Nach dem Exemplare in der Bibliothek des Servitenklosters in Wien.

TRANSACTIS TEMPORA REDDIT

Nr. 44. Initial aus Marquard Herrgotts »Genealogia Diplomatica Augustae Gentis Habsburgicae« Tom. I. (1737). Nach einem Exemplare in der k. k. Universitäts-Bibliothek in Wien.

Nr. 45. Initial »Imperial Versalien« aus »Specimen Characterum latinorum existentium in Caesarea ac [illegible] typorum fusura apud Joannem Thomam Trattner . . .« (1759). Nach dem Schriftproben-Exemplare in der Bibliothek des k. k. österr. Museums.

Nr. 46. Initial aus Anton Leonhard Heiders von [illegible] »[illegible]« (1787). Nach einem Exemplare in der k. k. Universitäts-Bibliothek in Wien.

Nr. 47. Initial aus dem deutschen Alphabet in der k. k. Hofschriftgießerei bei Johann Thomas Edlen von Trattner (1769). Nach dem Schriftproben-Exemplare in der Bibliothek des k. k. österr. Museums für Kunst und Industrie.

das Papier in klarem wie trübem Wasser verfertigt werden könne; sie beschwerten sich aber, dass die »Mahl-Müller« ihnen nicht so sehr aus Noth, als aus Neid und Bosheit mehr Wasser entziehen, als dieselben thatsächlich brauchten, daher sie verhindert seien, die Lumpen wegen Wassermangel in der nöthigen Feinheit und Güte zuzurichten.[309] Woran es ihnen aber hauptsächlich gebreche, das sei das Materiale. Lumpen und Fetzen werden im Lande selbst viel verbraucht, eine große Menge werde aber noch ausgeführt, da die Lumpensammler, wenn ihnen ihre nach Willkür fixierten Preise nicht bezahlt werden, die Lumpen über die Grenzen bringen;[310] an gutem Materiale sei aber noch ein besonderer Mangel, so dass unter 100 Centnern

[308] Im Jahre 1793 baten die Universitäts-Buchdrucker um Nachsicht der Kriegssteuer; Consistorialbescheid vom 29. Jänner 1794. (Universitäts-Archiv, III. B.)

[309] Die niederösterreichische Repräsentanz und Kammer meinte zwar, dass dies [illegible] noch nicht erwiesen sei, die Regierung möge aber trotzdem den Mahlmüllern strenge Ordre zukommen lassen.

[310] Die niederösterreichische Repräsentanz und Kammer meinte, die Ausfuhr der Lumpen solle, wie schon einmal, strenge verboten werden.

Hadern kaum 60 Centner Posthadern herauszuklauben seien.[311] Und wenn sie auch nach beiden Richtungen hin geschützt würden, könnten sie auch dann noch nicht das Papier um den Preis wie auswärts geben, weil die Hadern hier viel zu theuer, die Lebensmittel nicht so billig wie anderwärts wären und der Aufschlag auch jeden Consum verhindere.[312] Sobald nur irgendwie Erleichterungen eintreten würden, könnten Papier- und Buchhandel, ja auch die Buchdruckerei einträglich sein, wie in England, Frankreich, Holland, Venedig und Genua, da auch hier die Vorbedingungen reichlich vorhanden seien.

Die niederösterreichische Regierung fällte in ihrem ersten Votum ein sehr scharfes Urtheil über die Papiermüller oder Stampfer, die einfach ihre Arbeit nicht verstünden; weder habe das feine Papier die gehörige Weiße und Güte, noch weniger das Druckpapier, das daher eingeführt werden müsste; sie schlug dann vor, eigene Niederlagen im ganzen Lande, vornehmlich in Wien im Althan'schen Garten und auch auf anderen «Vorstadtgründen», zu errichten, wohin alles «Alte Lein-Zeug oder sogenannte Lumpen» gebracht, und wo dieselben nach Maß der Rein- und Feinheit in drei Classen sortiert werden sollten; hier sei auch gleich der Geldbetrag auszubezahlen. Wenn solche Niederlagen hinlänglich bekannt seien, würden viele Leute, besonders aber die armen Dienstboten, ihr gesammeltes Materiale selbst dahin bringen und nicht den Unterhändlern geben, die viel zu großen Gewinn dabei suchen und es dann größtentheils ins Ausland verkaufen. Zur Ersparung des allerfeinsten Materiales wäre es aber sehr nöthig, das sogenannte Zunderbrennen zu hindern.[313]

Das «Directorium in Publicis et Cameralibus» erstattete hierüber noch zweimal Bericht an Ihre Majestät, im November 1751 und am 8. Jänner 1752; auch Ihrer Majestät Protomedicus Baron van Swieten hatte sein Votum abgegeben, worin er jenen Vorschlägen beistimmte, doch der Meinung war, dass das Zunderbrennen nicht zu viel Hadern verbrauche. Im zweiten Directorial-Berichte wurde noch vorgeschlagen, zur besseren Einrichtung der Papiermühlen einen Papiermüller aus Brüssel zu berufen, eigene Hadernsammler aufzustellen, welche durch ein schriftliches Attest und durch ein sichtbares Abzeichen leicht zu erkennen wären, eine Bezirkseintheilung mit den Sammelorten bekannt zu geben, einen billigeren Arbeitslohn anzustreben,[314] wie er in Böhmen und Mähren schon bestand, daher auch viel mährisches Papier in Wien eingeführt wurde,[315] und den Papieraufschlag, welcher zu einer Zeit gegeben wurde, wo er die Fabrication noch nicht so hinderte, zu verringern.

Nach dem Regierungs-Decrete vom 28. Jänner 1752 wurden die Papiermühlen unter die Aufsicht einer eigenen Commission gestellt, und am 4. und 6. Juli wurde eine Papier-Ordnung sammt Patent gegeben, hauptsächlich aus dem Grunde, weil man mit Missfallen bemerkt hatte, dass das Papier vieler Missbräuche wegen nicht in der gehörigen Güte und Vollkommenheit erzeugt, darum viel Papier aus der Fremde eingeführt, Geld hinausgeführt und dadurch die einheimische Buchdruckerei in ihrem Aufschwunge gehemmt werde.[316]

Jede Strazzenausfuhr war bei Confiscation des Wagens und der Pferde zum Schutze der inländischen Industrie verboten und den Strazzensammlern die oberwähnten Ausweise anbefohlen.

[311] In der Papiermühle zu [illegible] seien gar nur unter 100 Ctr. 40 Ctr. Posthadern und [illegible] Ctr. an ziemlich groben [illegible] gefallen, das Übrige konnte nur zu Druck- und Fließpapier verwendet werden.

[312] Die niederösterreichische Repräsentation und Kammer glaubte dies nicht recht, machte aber den Vorschlag, Fabriken dort zu errichten, wo wohlfeiler zu leben und der Lohn geringer wäre.

[313] Zunder, d. i. ein leicht brennbarer Stoff, der zum Glimmen gebracht wird, wenn Funken darauf fallen, die man mit Stahl und Feuerstein hervorgebracht hat. Man benützte dazu gewöhnlich leinene Lappen, welche angezündet, und ehe sie ganz verkohlten, wieder ausgelöscht wurden. Zunder ist also verkohlte Leinwand, die zum Feuerschlagen oder Brennen in einer blechernen Büchse aufbewahrt wurde. In Wien war fast kein Haus zu finden, wo nicht in allen Wohnungen unzähliger Zunder vorhanden war. Ein öffentliches Verbot wäre auch [illegible] gewesen, da man es nicht beachtet hätte und die Überwachung schwer gewesen wäre. Um aber doch indirect etwas zu bewirken, wurde der Vorschlag gemacht, überall dort, wo das alte Leinenzeug übernommen wurde, den Überbringern dieses Materials zur Ersparung der unzähligen Zunder Feuerschwämme, die in allen Wäldern, besonders aber auf dem Kahlenberge nächst dem Camaldulenser Kloster häufig vorkommen und wohlfeil seien, nebst Feuersteinen ohne Bezahlung zu übergeben.

[314] Man hatte früher einmal den merkwürdigen Vorschlag gemacht, anstatt der Taglöhner arme erwachsene «Buben» aus den Spitälern und Armenhäusern in den Papiermühlen zu verwenden.

[315] Der Buchdrucker Kaliwoda bezog auch später noch sein Papier aus der fürstlich Liechtenstein'schen Herrschaft [illegible] in Mähren.

[316] In dieser Papier-Ordnung wurden auch gegen [illegible] Meister und Gesellen Strafen angedroht, für verdiente aber Prämien versprochen, die Zahl der Privilegien erweitert, neue Privilegien zur Einbürgerung fremder Papiersorten ertheilt, die «Herumziehung» ausländischer Gesellen zum Unterrichte der einheimischen auf Staatskosten angeordnet und unverzinsliche Vorschüsse zum bessern Betriebe der Fabriken und zur Anschaffung von neuen Maschinen wiederholt bewilligt. Um die ohnedies geringe Anzahl tüchtiger Gesellen und Jungen auf den Papiermühlen in Niederösterreich zu erhalten, machte die k. k. Hofkammer unterm 12. April [illegible] die Vorstellung, dass [illegible] nur in der größten Noth und wenn dadurch dem Gewerbe kein Abbruch geschieht, zu Recruten genommen werden». Codex Austriacus, VI. [illegible]

Diese Papier-Ordnung wurde durch kaiserliches Patent vom 14. Mai 1768 erneuert.[317] Mit dieser Erneuerung der Papier-Ordnung wurde auch ein Verzeichnis der im Lande Österreich unter der Enns befindlichen Papiermühlen und der zur Sammlung der Strazzen zugetheilten Ortschaften hinausgegeben.

Zwei Papierfabriken, nämlich die zu Leesdorf bei Baden[318] und jene bei Schottwien[319] haben wir bereits kennen gelernt. Die Stadt Wien besaß zwei Papiermühlen, die eine zu Schwechat,[320] die andere zu Rannersdorf bei Schwechat (V. U. W. W.).[321] Im Jahre 1734 lernen wir die neu eingeführte ausländische Papiermühle des Josef Fiali zu Rittersfeld (V. O. W. W.) kennen.[322] Außerdem gab es noch Papiermühlen zu Ebergassing (V. U. W. W.),[323] Ober-Eggendorf (V. U. W. W.),[324] Wiener-Neustadt (V. U. W. W.),[325] St. Pölten (V. O. W. W.)[326] Rehberg (V. O. M. B.),[327] Weitra (V. O. M. B.),[328] Kautzen (V. O. M. B.),[329] Rosenburg (V. O. M. B.)[330] und Raabs (V. O. M. B.).[331] Sie waren der Mehrzahl nach in der Zeit des Aufschwunges der Papierfabrication nach der Papier-Ordnung von 1752 gegründet worden.

Bis um die Mitte des XVIII. Jahrhunderts waren die Typographie und ihre Hilfszweige, die Schriftgießerei und Papierfabrication, hinsichtlich ihrer inneren Entwickelung sich selbst überlassen gewesen; weder hatte die Regierung einen Antheil oder ein Interesse daran genommen, noch auch die Universität, welcher die Buchdrucker unterstunden, da sie außer den mit der Jurisdiction zusammenhängenden Fragen keinen weiteren Einfluß auf die Buchdruckerei ausübte. Die Zeiten der Blüte von Gutenbergs Kunst giengen bisher theils von hochsinnigen Mäcenen aus, theils wurzelten sie in der Blüte der Wissenschaften und im vielseitig entwickelten literarischen Leben. Damals setzten die Buchdrucker auch eine Ehre darein, solcher Bestrebungen würdig die Bücher herzustellen und einzurichten.

Von beiläufig 1750 an lenkten aber die Regierungsbehörden, wie dem gesammten Commerzwesen, so auch der Buchdruckerei speciell, um sie aus ihrem Verfalle zu erheben, einigermaßen ein aufmerksames Auge zu, und die große Kaiserin Maria Theresia vernahm und prüfte die amtlichen Berichte, Gutachten und Vorschläge, die an sie gebracht wurden, mit stets regem Interesse.

Die Technik des Buchdruckes war bis 1750 im Allgemeinen sich gleich geblieben; sie unterschied sich in nur wenigen Arten der Bücher und in den Leistungen einzelner Officinen von der großen Masse höchst gewöhnlicher, oft sogar schlechter Drucke. Die Mehrzahl der Bücher zeigte einen auffallenden Mangel an typographischem Schönheitssinn, der ja erst in der zweiten Hälfte des XVIII. Jahrhunderts durch das Beispiel der Ghelen, Kaliwoda, Trattner und Kurzböck sich merklich besserte. Das Papier war schlecht, die Verwendung der Typen im gemischten Satze von Fractur und Antiqua nicht immer eine typometrisch richtige, und die Typen selbst, wenn auch mitunter gut und mit vorzüglichen Gießinstrumenten hergestellt, waren doch in verschiedenen Linien gegossen und beeinträchtigten so das richtige Verhältnis, worunter selbst bessere, ja oft sogar hervorragende Druckwerke litten.

Matrizen und Typen wurden in den obgenannten Schriftgießereien hergestellt, und zwar sowohl für die gewöhnlichen Druckwerke, als auch solche nach den besten auswärtigen Mustern für größere und bedeutendere typographische Leistungen; doch wurden auch gegossene Typen eingeführt. Die Bezugs-

[317] L. c. [illegible]

[318] Siehe I. Bd., S. [illegible] dieses Werkes. — Codex Austriacus, VI. 1097, wo 57 Ortschaften [illegible]

[319] Siehe I. Bd. S. 366 dieses Werkes. — Codex Austriacus, VI. 1096.

[320] Codex Austriacus, IV. 414, wo das Patent vom 23. November [illegible], das [illegible], angeführt ist. VI. 1098. Alte Registratur des Wiener Magistrates für die Jahre 1750, 1761, 1765, 1767, 1768.

[321] Codex Austriacus, VI. 1097.

[322] Mit Patent vom 10. Mai 1734 wurde für Josef Fiali [illegible] Codex Austriacus, IV. [illegible] — Patent vom 18. October 17[illegible] [illegible] L. c. IV. 914. — Wiederholung dieses Patentes vom 11. Mai 1737. L. c. IV. 932.

[323] Es ist die Trattner'sche Papiermühle. Siehe oben S. [illegible]. — Codex Austriacus, VI. 1097 f.

[324] Topographie von Niederösterreich, herausgegeben vom Vereine für Landeskunde von Niederösterreich, II. Bd. Alphabetische Reihenfolge der Ortschaften, S. [illegible]. — Codex Austriacus, VI. 1095.

[325] Codex Austriacus, VI. 1096.

[326] L. c. VI. 1097 f.

[327] L. c. VI. 1101.

[328] L. c. VI. 1101.

[329] L. c. VI. 1100.

[330] L. c. VI. 1099.

[331] L. c. VI. 1099.

quellen waren Venedig, Nürnberg, Leipzig, Halle, Amsterdam und Paris, auch die Cralath'sche Schriftgießerei in Prag, deren Schriften ebenso gut waren, wie später die von Trattner.[312] Von französischen

Nr. 48. Schlußvignette aus Franciscus Peikharts Predigt beim »Dank- und Bit-Fest Einer allhiesigen Wienerischen Burgerschaft in der St. Stephanskirche« 1742. Nach einem Exemplare in der k. k. Universitäts-Bibliothek in Wien.

Nr. 49. Schlußvignette aus Franciscus [illegible] für Kaiser Karl VI. 1731. Nach einem Exemplare in der k. k. Universitäts-Bibliothek in Wien.

Nr. 50. Schlußvignette aus Sigmund Calles »Annales Ecclesiastici Germaniae«. Tom. I. 1756. Nach einem Exemplare in der k. k. Universitäts-Bibliothek in Wien.

Schriften wurden eingeführt oder nachgeschnitten jene von Grandjean und dessen Schüler Alexandre Fournier dem jüngern, von Baskerville (besonders die Antiqua), von Didot (ebenfalls Antiqua) und Bodoni; von den deutschen jene von Endter in Nürnberg und Müller in Leipzig; die holländischen von Johann Michael Fleischmann, van Dyk u. a.

Seit dem Jahre 1760, als Maria Theresia die Einfuhr fremder gegossener Schriften in die erbländischen Provinzen verboten hatte und Trattner bekanntlich mit einem ausschließlichen Privilegium für die Lieferung der Typen in die Buchdruckereien dieser Provinzen betraut worden war, kommt dieser als Schriftgießer vornehmlich in Betracht; erst später, seit der Errichtung der illyrischen Hofbuchdruckerei, auch Kurzböck.

Trattner besaß, nach seinen Schriftproben zu urtheilen, 64 Arten in Antiqua, darunter 21 Versalien, 31 Arten in Fractur, 11 in Schwabacher, 5 in deutscher und 2 in Antiqua Schreibschrift, außerdem 11 Arten in Griechisch, 8 in Hebräisch, 4 in Russisch, 1 in Türkisch (Tertia), 2 in Musiknoten (Choralnoten für Missalbücher und Nonpareille), sodann mehrere Gattungen Initialen und eine ziemliche Anzahl von Röslein, Zieraten, Leisten etc. (s. Nr. 24). Trattner war damals ohne Zweifel der bedeutendste Schriftgießer nicht nur in Wien, sondern auch in Österreich.

[312] Archiv des k. k. Reichs-Finanz-Ministeriums, Niederösterreichische Commerzsachen, Fasc. 110 [illegible].

Als ihm 1760 das mehrerwähnte Privilegium ertheilt werden sollte, legte er der »Departements-Commission beim niederösterreichischen Commerzienrathe« neben französischen Schriften seine eigenen Typenproben vor. Abbé Marci, der als Experte die französischen und Trattner'schen Schriften aufs sorgfältigste und mit aller Aufmerksamkeit verglich, kam zu dem Urtheile, dass Trattners Schriften den französischen nicht nur nahekamen, sondern sie auch in Einzelheiten übertrafen.[233]

Wir haben kein Bedenken, dass der Ausspruch des Abbé Marci ein unbefangener und gerechter war, aber Trattner hielt nicht, was er damals versprochen, und die Klagen der Wiener Buchdrucker gegen seine Lettern, wenngleich sie ihrem vollen Inhalte nach nicht immer genau zu nehmen waren, enthielten doch auch viel Wahres; zum mindesten fällt schon der Umstand schwer in die Wage, dass er die Lettern für seinen eigenen Gebrauch besser herstellte, als jene für den Verkauf.

Nr. 41. Schlussvignette aus Sigmund Calles »Annales Austriae« Pars I. (1750). Nach einem Exemplare in der k. k. Universitäts-Bibliothek in Wien.

Nr. 42. Schlussvignette aus Stephan Macks Ausgabe des Hippokrates, II. Band (1749). Nach einem Exemplare in der k. k. Hofbibliothek in Wien.

Prüfen wir nun die von ihm vorgelegten Schriftproben und seine eigenen Druckwerke. Die Antiqua von Trattner ist, im Ganzen genommen, seiner Fractur vorzuziehen; sie ist kräftiger, rein und nach guten französischen und holländischen Mustern ausgeführt; eine besonders nette Schrift ist darunter die grobe Cicero Cursiv (s. Nr. 17); auch die holländische und französische Tertia Cursiv, jene mit dem großen Auge (*m*) und der schmalen Form, diese mit dem kleineren Auge und der breiteren Form,[234] sowie die doppelte Mittel Cursiv und Text Cursiv nach denselben Mustern, zählen zu den besten in seinen Proben. Weniger gelungen ist die Antiqua nach deutschen Mustern, da sie unruhig und nicht gut zugerichtet ist.[235] Die Fractur ist, wie gesagt, mehr gewöhnlicher Art und wurde zu den großen Ausgaben wenig verwendet. Trattners Garmond, von der er vier Gattungen aufweist, ist unschön, und die kleine Missal (als Titelschrift in Fracturbüchern verwendet) manchmal mit Schnörkeln überladen; da diese nun meistens roth gedruckt wurde, so muss oft der Buchstabe mehr errathen, als gelesen werden. Selbstverständlich wurden die schmalen gemeinen Buchstaben von den Versalien ganz erdrückt, und man kann sich keinen schrofferen Gegensatz denken, als diese Fractur-Titelzeilen und die Antiqua-Versalzeilen, in welchen letzteren jeder Buchstabe gleichberechtigt hervortrat.[236]

[233] Trattner erhielt bekanntlich damals das Privilegium auf den Druck der französischen Kalender in Wien. (Archiv des k. k. Reichs-Finanz-Ministeriums, »Niederösterreichische Commerzsachen«, Fasc. 118 I.)
[234] Karl Faulmann, Illustrierte Geschichte der Buchdruckerkunst, Wien, 1882, S. 476.
[235] L. c. S. 475.
[236] L. c. S. 481.

Als Beispiel einer besseren Fracturgattung dürfen wir wohl die Colonell Fractur auf Cicero bezeichnen (s. Nr. 18).

Trattners Schwabacher zeigt, wie alle Arten dieser Schrift, wenig Veränderung gegenüber den Erzeugnissen anderer Officinen; ein Beleg dazu ist seine Mittel Schwabacher (s. Nr. 19).

Seine deutsche Schreibschrift trägt durchwegs den österreichischen Ductus, wobei der Anschluss der einzelnen Buchstaben — eine besondere Schwierigkeit bei dieser Schriftgattung — mit Sorgfalt beobachtet wurde, was von seiner lateinischen Schreibschrift bei weitem nicht gesagt werden kann. Jene tritt meistens auch als Kanzleischrift auf (s. Nr. 20) und wurde zu kalligraphischen Arbeiten verwendet.

Bücher mit schönen griechischen Typen wurden schon vor Trattner und Kurzböck in Wien gedruckt. Neben Ghelen ist hierin namentlich Kaliwoda zu nennen, dessen griechische Schrift, ohne Zweifel von auswärts bezogen, in dem Prachtwerke von Mack »Hippokrates« zur vollen Geltung kam. Sie hat wenig Ligaturen und durchwegs den Accent[37] (s. Nr. 21). Die griechischen Schriften, welche aus Trattners Officin hervorgiengen, reichen keineswegs an die erwähnten von Kaliwoda heran. Bei Gelegenheit, als die illyrische Hofbuchdruckerei von Kurzböck eingerichtet wurde, äußerte sich dieser über Trattners griechische Schriften, deren er 11 Arten hatte, dahin, dass sie schlecht und nach dem Urtheile der gelehrten Beamten der k. k. Hofbibliothek, Kollar und Martini, noch geringer seien, als die von Venedig und Halle.[38]

Aus Trattners Schriftgießerei gingen außer diesen Typen noch 4 Gattungen russischer Schrift hervor, die, wie die hebräische, früher aus Holland, der Stätte ausgezeichneter orientalischer Schriften, bezogen wurde, sodann eine hebräische in 9 Gattungen und eine türkische Schrift (Nonpareille). Als 1770 unter der Obhut der »k. k. in Illyricis aufgestellten Hof-Deputation« die illyrische Hofbuchdruckerei für die walachische, serbische, raizische, illyrische, griechische und andere orientalische Sprachen eingerichtet worden war, erklärte sich Kurzböck bereit, alsbald zweierlei illyrische Schriften unter die Presse zu nehmen, wozu er anfangs — sowie für die griechische Sprache — die Typen von auswärts bezog, lehnte aber jedes Angebot Trattners, ihn mit orientalischen Typen zu versehen, entschieden ab und verband sich mit dem vorzüglichen Schriftgießer Anton Magatsch, der ihm dann die schönen orientalischen Schriften lieferte. Als Probe daraus heben wir die türkische aus »Gervais Geschichte der persischen Könige« hervor und geben eine Seite im Facsimiledruck wieder (s. Nr. 22).

Ein eben nicht leichtes Problem für die Schriftgießer und Buchdrucker war die Herstellung der Typen für Musiknoten und der Druck mit denselben. Die Methode der alten Buchdrucker, die Musiknoten der Mess- und Choralbücher mittelst Holzschnitt herzustellen, sowie die ersten Versuche, sie mit beweglichen Typen zu drucken, haben wir schon kennen gelernt; hierin suchten sich im XVI. Jahrhunderte namentlich die Franzosen zu vervollkommnen. In Deutschland aber war es Johann Gottlob Immanuel Breitkopf, der 1755 sein System, Musik mit beweglichen Noten zu setzen, bekannt machte; dasselbe hat sich trotz aller anderen Versuche als das beste bewährt. Der unbestreitbare Ruf von Breitkopf verbreitete sich überall und machte seine Gegner verstummen. Seine Matrizen für Musiknoten waren daher sehr gesucht, und auch Trattners Nonpareille-Noten sind darnach geschnitten. Die in der Partitur von Glucks »Alceste« gebrauchten Musik-Typen sind überaus schön und zart, dabei von großer Deutlichkeit, so dass diese Ausgabe Trattners zu den besten seines Verlages gezählt werden muss (s. Nr. 23).

Die mitunter noch immer langen Buchtitel wurden entweder mit einfachen Typen hergestellt, oder mit Zierschriften ausgezeichnet. Im ersten Falle konnte der Accidenzsatz nach Bodonis Mustern, durch Harmonie in der Abwechslung der Formen Wichtiges hervorzuheben, zur Geltung kommen, für den zweiten goss man nun in den Schriftgießereien ganz hübsche Zierschriften nach Fourniers Beispielen, wie wir sie in Trattners Antiquadrucken wiederholt sehen können, während früher die Hauptzeilen oft ganz aus Holz geschnitten waren, »aber so überladen, dass die Schrift unter dem Beiwerke ganz verschwand.«

Einfache Titel wurden auch durch Röschen und Linien eingefasst, worin Bodoni den Buchdruckern schöne Musterdrucke geliefert hatte. In jeder Schriftgießerei und Buchdruckerei gab es daher einen

[37] »Als ein Curiosum ist zu verzeichnen, dass die griechischen Bücher des Wiener Schulbücherverlages ganz ohne Accente gesetzt wurden, welcher Gebrauch sich bis in die Vierziger Jahre dieses Jahrhunderts erhalten hat.« Faulmann l. c. S. [illegible]

[38] Archiv d. k. k. Reichs-Finanz-Ministeriums, »Niederösterreichische Commerzsachen« von 1754 bis 1809, Fasc. [illegible]

Vorrath der verschiedensten Röslein, Linien, Leisten und andere Zieraten, womit außer den Titelblättern auch Druckseiten eingefasst und abgetheilt, Kopfleisten und Schlussvignetten zusammengesetzt wurden. Zahlreiche Proben davon giebt Trattners Probenbüchlein aus dem Jahre 1760 (s. Nr. 24). Das decorative Moment in Kopfleisten, Initialen und Schlussvignetten weist einen ziemlichen Reichthum an Formen auf. Dieselben wurden entweder in Holz geschnitten oder in Kupfer gestochen.

Nr. 53. Schlussvignette aus Sigmund Calles »Annales Ecclesiastici Germaniae«. Tom. I. (1756). Nach einem Exemplare in der k. k. Universitäts-Bibliothek in Wien.

Der Kupferstich spielt in unserem Zeitabschnitte bei der Buchausstattung überhaupt eine hervorragende Rolle, so dass mit jeder großen Buchdruckerei immer auch eine Kupferdruckerei verbunden war. Wurden auch schon früher Schriften, für welche keine Typen vorhanden waren, mittelst Kupferstich hergestellt, so fand derselbe jetzt eine weit häufigere Anwendung beim decorativen Theile der Prachtwerke, bei den Kopfleisten, Initialen, Schlussvignetten, Titelblättern und den sonstigen Illustrationen derselben. Es fällt dies auch in die Blütezeit des Wiener Kupferstiches, in die Zeit der berühmten Kupferstecher und Kupferdrucker.

Nr. 54. Schlussvignette aus Sigmund Calles »Annales Ecclesiastici Germaniae«. Tom. I. (1756). Nach einem Exemplare in der k. k. Universitäts-Bibliothek in Wien.

Wie einst die größten Meister des Holzschnittes für die Buchdrucker arbeiteten, scheuten sich auch jetzt die tüchtigsten Kupferstecher nicht, kleinere Stiche für die Buchdrucker zu liefern.

Nr. 55. Schlussvignette aus dem »Psalterium Antiphonale Romanum« (1761). Nach einem Exemplare in der Bibliothek des Servitenklosters in Wien.

Ohne auf die Beziehungen des Kupferstiches zum Buchdrucke näher einzugehen, sei nur auf eine technische Frage dabei verwiesen. Waren die Bilder in den Text zu drucken, so musste erst der Satz hergestellt werden, um zu sehen, an welche Stelle die Illustration kommen würde; hierauf wurde der Kupferstich gedruckt und erst dann der Typendruck ausgeführt.

Neben den aus Röschen und anderen Zieraten zusammengesetzten schmalen Kopfleisten finden wir auch breite, in den mannigfaltigsten und mitunter recht hübsch stilisierten Formen: von der einfachen Arabeske an, die mit wenigem Laubwerk verschlungen ist (s. Nr. 25), bis zur figurenreichen Composition, in Kupfer gestochen. Nicht selten sind z. B. darunter die Arabesken-Kopfleisten mit stilisiertem Laubwerk, mit Blumen und den zwei Friedenstauben mit dem Ölzweige (s. Nr. 26), oder jene mit Blumen, Fruchtkörben und Tauben (s. Nr. 28 und Nr. 30). Kaliwodas Drucken eigenthümlich sind die Kopfleisten mit seinem Monogramme und einem Obelisken im Medaillon, rings herum Kranzgewinde und Friedenstauben zu beiden Seiten (s. Nr. 27), oder jene mit den Emblemen der Wissenschaft innerhalb Arabesken (s. Nr. 29), Fruchtkörben und Kränzen (s. Nr. 31). In den Prachtwerken, wie z. B. in Herrgott's »Genealogia Diplomatica Augustae Gentis Habsburgicae«, sind die Abschnitte mit breiten, von Schmutzer entworfenen und von ihm in Kupfer gestochenen Kopfleisten geschmückt; als Beispiele sehen wir hier facsimiliert den heiligen Augustin und eine Allegorie auf die Genealogie (s. Nr. 32 und Nr. 33).

Nr. 56. Schlussvignette aus Marquard Herrgotts »Genealogia Diplomatica Augustae Gentis Habsburgicae«, Tom. I. 1737. Nach einem Exemplare in der k. k. Universitäts-Bibliothek in Wien.

Die Initiale der Antiquaschriften sind theils mit Arabesken, theils mit Blumen, Blumenkränzen und Blumenkörben im Stile der Barocke geschmückt, wenn man will überladen, wodurch sie schwerfällig erscheinen. Nr. 34 zeigt uns ein hübsches Teppichmuster, von welchem der weiße Buchstabe sich besonders gut abhebt. Arabesken mit Blumen vermischt (s. Nr. 35), namentlich aber mit Blumenkörben (s. Nr. 36 und Nr. 46), mitunter von geringer Technik (s. Nr. 41), waren sehr beliebt; auch allegorische Darstellungen, von einem Arabeskenrahmen umgeben, waren mehrfach im Gebrauche (s. Nr. 45). Initiale mit Figuren und Landschaften bekunden aber eine große Naivetät in der Composition und wenig Technik (s. Nr. 37 und Nr. 39); Einzelfiguren sind besser gelungen und weisen auf französischen Einfluss hin. (s. Nr. 42). Initiale mit Schreiberzügen, wie sie schon im XV. Jahrhunderte angewendet, seither aber immer mehr mit Verzierungen überladen wurden, kamen selbst noch bei Trattner vor,[229] dessen Initiale aus dem großen und mittleren deutschen Alphabete kräftig im Buchstaben und im Ornamente sich zeigen (s. Nr. 38 und Nr. 47). Die in Kupfer gestochenen Initiale übertreffen, abgesehen von der schon in dieser Kunst selbst ruhenden Eleganz und Schönheit, auch bezüglich correcter Composition und phantasievoller Gestaltung die gegossenen Typen (s. Nr. 40, Nr. 42 und Nr. 44).

Was von den Kopfleisten gesagt wurde, kann größtentheils auch von den üblichen Schlussvignetten gelten. Auch diese sind bald in einfachen Arabesken gehalten (s. Nr. 48 und Nr. 49), bald treten uns die verschiedensten Formen von Blumen und Arabesken entgegen; als sehr zierliche Proben sind Nr. 50

[229] Faulmann, Illustrierte Geschichte der Buchdruckerkunst, S. 519.

ΤΑ ΤΟΥ
ΙΠΠΟΚΡΑΤΟΥΣ
ΑΠΑΝΤΑ.
HIPPOCRATIS
OPERA OMNIA
Cum variis lectionibus non modo hucusque vulgatis, verum ineditis potissimum, partim depromptis

Ex CORNARII, & SAMBUCI codd.

In Cæsar. Vindobonensi Bibliotheca hactenus asservatis & ineditis, partim ex aliis ejusdem Bibliothecæ MSS. libris, ac denique ex Mediceis Laurentianis MSS. codd. collectis: quarum ope sæpenumero Græcus contextus fuit restitutus. Accessit Index Pini copiosissimus cum Tractatu de mensuris & ponderibus.

STUDIO & OPERA

STEPHANI MACKII,
ELISABETHÆ CHRISTINÆ AUG.
AULÆ MEDICI.

TOMUS II.

VIENNÆ AUSTRIÆ,
PROSTANT APUD LEOPOLDUM JOANNEM KALIWODA,
IMPERIALIS AULÆ TYPOGRAPHUM.

ANNO M. DCC. XLIX.

Nr. [illegible] Titelblatt aus Stephan Macks Ausgabe des Hippokrates. II. Band. Nach einem Exemplare in der k. k. Hofbibliothek in Wien. (Verkleinert

und Nr. 51 anzusehen, auch der Blumenstrauß in Macks «Hippokrates» (s. Nr. 52) wäre hier füglich zu nennen. Von geringerer Bedeutung sind wohl jene Schlussvignetten, die eine Medaillonfigur, umgeben von einem mehr oder minder stilisierten Barockrahmen, tragen (s. Nr. 53, Nr. 54 und Nr. 55). Dagegen zeigen die Kupferstichvignetten, meistens mit Figuren geziert, die oberwähnten Vorzüge (s. Nr. 56).

Wir können den Überblick über die typographische Ornamentik der Bücher nicht beenden, ohne noch der schön ausgestatteten Titel- und Widmungsblätter in den Wiener Prachtdrucken seit der Mitte des vorigen Jahrhunderts zu gedenken, wobei der Kupferstich eine wesentliche Rolle spielte. Wohl haben die besseren Titelschriften, wie sie aus den Wiener Schriftgießereien jener Zeit hervorgiengen, schon an und für sich die Titelblätter, die auch mit besonderer Sorgfalt in Roth und Schwarz gedruckt waren, gegenüber den Drucken des XVII. Jahrhunderts zu weit höherer künstlerischer Leistung der Typographie erhoben (s. Ghelen, Kaliwoda, v. Trattner, v. Kurzböck); aber erst die Anwendung des Kupferstiches verlieh auch solchen Werken, wenn schon nicht einen größeren typographischen Wert, so doch jene künstlerische Zierde, die Alle, welche an der Kunst Gefallen finden, fesselt. Ein hervorragendes Beispiel dieser Art ist die mehrerwähnte Ausgabe des «Hippokrates» von Stephan Mack, von dessen Titelblatt und Widmung an Kaiser Karl VI. ein Facsimile im verkleinerten Maßstabe hier zur Probe vorliegt (s. Nr. 57 und Nr. 58). Aber auch andere, kleinere Druckwerke waren mit Kupferstichen geziert; wir verweisen nur auf die zahlreich erschienenen Thesen der Doctoranden, welche fast alle und mitunter mit großen Kupferstichen geziert waren. Hierin hatten aber die Wiener Kupferstecher eine große Concurrenz, namentlich mit Augsburg, zu bestehen.[310]

Die Kupferstecherkunst und die Kupferdruckerei waren gerade in der Zeit, wo auch die Buchdruckerei einen erheblichen Aufschwung genommen, zu einer hoffnungsvollen Entwicklung gediehen. Am 10. December 1727 wurde dem Kupferstecher Gustav Adolf Müller[311] die für den Kupferstich gegründete Professur an der Kunstakademie verliehen; aber erst unter dem Protectorate der Kaiserin Maria Theresia, welche diese Kunst durch mehrere Privilegien ehrte und schätzte, kam dieselbe durch Matthäus Jakob Schmutzer zur höchsten Blüte. Schmutzer wurde Director der am 1. Juli 1766 eröffneten selbständigen Schule für Kupferstich, die aber schon am 10. November 1766 den Titel einer k. k. Kupferstecher-Akademie erhielt.

Es kann selbstverständlich hier nicht die Aufgabe sein, auf den Wiener Kupferstich und seine damalige Geschichte näher einzugehen, aber jene Meister im Kupferstiche und Kupferdrucke, die in der Zeit von 1682 bis 1782 in Wien gewirkt haben und als akademische oder Universitäts-Kupferstecher und Universitäts-Kupferdrucker in den Acten vorkommen, wollen wir kurz anführen:

Jakob Mannl (Männl oder Mändl),[312] Stephan Dietl[313] und dessen Sohn Franz Andreas,[314] Georg Schmutzer,[315] Johann Ulrich Biberger,[316] Johann van der Bruggen (Prück),[317] Johann Heinrich Martin,[318] Johann Adam und Josef Schmutzer,[319] Gustav Adolf Müller,[320] Johann Jakob Liedel,[321] Jakob Heckenauer,[322]

[310] Vgl. Karl v. Lützow, Geschichte der k. k. Akademie der bildenden Künste. Festschrift (Wien 1877), S. 19 f. Maria Theresia hatte 1749 die Einfuhr fremder Thesenbilder, besonders von Augsburg her, verboten. Dieses Verbot scheint nicht gehörig beachtet worden zu sein, da der Hofkupferstecher G. A. Müller 1752 sich um die Erneuerung desselben bei der Kaiserin eifrigst bewarb. Doch kam dies bisher nicht zur Ausführung. 1766 wurde aber das diesbezügliche Verbot den k. k. Hauptmauth- und Grenzämtern nachdrücklichst eingeschärft (Wiener Diarium von 1767, Nr. 36).

[311] Johann Schlager, Materialien zur österreichischen Kunstgeschichte — Archiv für Kunde österreichischer Geschichtsquellen, V. Bd. S. 741. Bergmann, Medaillen II. 472, Anm.

[312] Wurzbach, Biographisches Lexikon. XVI. 254 f. — Nagler, Künstlerlexikon VIII. 172.

[313] Geb. 1657, gest. 1708. Schlager l. c. 712. — Wiener Diarium von 1708, S. 345.

[314] Geb. 1692, gest. 27. December 1757. Wurde 1711 an der Universität immatriculiert. Schlager l. c. S. 717. — v. Lützow l. c. S. 141. — Wiener Diarium von 1757, Nr. 103.

[315] Geb. 1663, gest. am 22. März 1723. Wiener Diarium von 1723, Nr. 24.

[316] Geb. 1670 in Augsburg als der Sohn eines [illegible] mit Namen Sebastian Biberger. Er wurde 1702 immatriculiert und starb in Wien am 16. Mai 1718. Archiv der Wiener Universität, Fasc. III. Lit. B. Nr. 43. — Wiener Diarium von 1718, Nr. 36.

[317] Geb. 1674 in Wien als der Sohn des Martin van der Bruggen, wurde 1706 immatriculiert und starb am 29. Juni 1741. v. Lützow l. c. S. 141. — Wiener Diarium von 1741, Nr. 53.

[318] Geb. 1687, gest. am 2. November 1741. Wiener Diarium von 1741, Nr. 89.

[319] Johann Adam Schmutzer, geb. 1681, gest. am 24. November 1740, Wiener Diarium von 1740, Nr. 92. — Josef Schmutzer, geb. 1683, gest. am 19. Jänner 1741. Wiener Diarium von 1741, Nr. 6. Wurde 1720 immatriculiert. — v. Lützow l. c. S. 141. Beide Brüder arbeiteten meistens Thesenblätter.

[320] Geb. 1694, gest. am 25. Jänner 1767. Er war auch k. k. Hofkupferstecher. v. Lützow l. c. S. 19, Anm. 2, S. 29, Anm. 2. — Schlager l. c. S. 745. — Wiener Diarium von 1767, Nr. 8.

[321] Geb. 1696, gest. am 1. Mai 1771. Wurde 1726 immatriculiert. v. Lützow l. c. S. 141. — Wiener Diarium von 1771, Nr. 39.

[322] Geb. 1700, gest. am 15. Juli 1751. Wurde 1731 immatriculiert. v. Lützow l. c. S. 141. [illegible] — Wiener Diarium von 1751, Nr. 57.

AUGUSTISSIME
CÆSAR.

QUamquam perſpectum exploratumque habeam, Cæſar Invictiſſime, hunc ad thronum adferri oportere nihil, niſi TUA dignum MAJESTATE: mentem hanc excelſam, quæ populorum, & orbis negotia verſat, aut avocare velle, aut interpellare, neque temeritate vacare, neque crimine; cum tamen

)(2 CLE-

Nr. 58. Widmungsblatt aus Stephan Mack's Ausgabe des Hippokrates. II. Band. Nach einem Exemplare in der k. k. Hofbibliothek in Wien. (Verkleinert.)

Anton Leichmannschneider,[353] Georg David Nicolai,[354] Salomon Kleiner,[355] Franz Leopold Schmittner,[356] Josef Axmann,[357] Thomas Bobarz,[358] Wenzel Engelmann,[359] Gottlieb Heuß,[360] Thomas Mößner (Meßner),[361] Johann Christoph von Reinsperger,[362] Matthäus Jakob Schmutzer,[363] Johann Jacobé,[364] Adam Napert,[365] Carl Schütz,[366] Johann Wenzel Asner,[367] Johann Christoph Winkler,[368] Franz Remschneck[369] und Andreas Ziegerhofer.[370] — Kupferdrucker: Johann Gruber,[371] Bernhard Zeller,[372] Johann Christoph Vierhauser,[373] Maxentius Landerer,[374] Pangratz Kaiser,[375] Ägydius Wagner,[376] Karl Moser,[377] Paul Perger,[378] Matthäus Zenckher,[379] Anton Kargel,[380] Anton Haberl,[381] Simon Wagner,[382] Jacob Landerer,[383] Andreas Byro,[384] Mathias Muck.[385]

Für die socialen und rechtlichen Verhältnisse der Wiener Buchdrucker war der Zeitraum von 1682 bis 1782 ein bedeutungsvoller, ja bezüglich letzterer sogar ein tief einschneidender.

Es wurde schon im früheren Abschnitte darauf hingewiesen, dass die Wiener Buchdrucker nie eine Vereinigung, Zunft oder Innung, sondern nur eine «Verwandtschaft» gebildet haben, innerhalb welcher sie gemeinsame Interessen, gewohnheitsrechtliche Normen und althergebrachte Formen, wie sie auch in deutschen Städten üblich waren, bei wichtigen Anlässen wahrten.

Doch kam es hier gerade so wie bei den Zünften und ihren Ordnungen. Die Alles beseelende Grundidee war allmählich entschwunden und nur leere, verblasste Formen mit Entartungen und Ausschreitungen waren an ihre Stelle getreten.

Die Regierung suchte denselben wiederholt zu steuern, wie unter anderem auch durch das kaiserliche Rescript vom 29. November 1724, worin ausdrücklich befohlen wurde, «eine General-Gewerbs- und Zunftordnung zu verfassen, welche die in den Zünften eingeschlichenen Missbräuche ausrotten und dort eine neue Ordnung herstellen solle, wo dermalen nur Unverstand, Engherzigkeit und Selbstsucht walte».

Gerade damals, als auch in der «Verwandtschaft» der Wiener Buchdrucker derartige Übelstände genug vorhanden waren, als die alten Beziehungen derselben zur Universität, die immer nur rechtlicher Natur waren, sich lockerten und dagegen der Organismus der Regierung, die gegen beide auftrat, um Ordnung zu schaffen und die Jurisdiction autonomer Körperschaften zu beseitigen, erstarkte, hoben sich mit einem ausgedehnteren Betriebe der Officinen auch der Wohlstand und das Ansehen der Wiener Druckherren.

353 Wurde 1732 immatriculiert. v. Lztrow l. c. S. 111.
354 Geb. 1701, gest. am 15. September 1775. War auch wirklicher Mitglied der k. k. freien Akademie. — Wiener Diarium von 1775, Nr. 78.
355 Geb. 1703 zu Augsburg, gest. in Wien 1759. Wurzbach l. c. XII. S. 40. — Nagler l. c. VII. 43.
356 Geb. 1703, gest. am 25. März 1761. Wurde 1732 immatriculiert. v. Lztrow l. c. S. 111. — Wiener Diarium von 1761, Nr. 25.
357 Geb. 1706, gest. am 10. September 1748. Wiener Diarium von 1748, Nr. 73.
358 Geb. 1707, gest. am 3. April 1761. Wurde 1741 immatriculiert. v. Lztrow l. c. S. 111. — Wiener Diarium von 1761, Nr. 28.
359 Geb. 1713, gest. am 11. Jänner 1762. Wurde 1751 immatriculiert. v. Lztrow l. c. S. 111. — Wiener Diarium von 1762, S. 53.
360 Geb. 1716, gest. am 11. August 1741. Wurde 1740 immatriculiert. v. Lztrow l. c. 111. — Wiener Diarium von 1741, Nr. 65.
361 Geb. 1717, gest. am 1. Mai 1777. Wurde 1742 immatriculiert. v. Lztrow l. c. 111. — Wiener Diarium von 1777, Nr. 37.
362 Geb. 1720, gest. am 7. Juli 1777. War auch k. k. Hofkupferstecher. — Wiener Diarium von 1777, Nr. 48.
363 Wurde zu Wien am 5. April 1733 als der Sohn des Andreas Schmutzer, eines Bruders von Johann Adam und Josef Schmutzer, geboren. Seit Jänner 1766 war er auch k. k. Hofkupferstecher. Starb am 2. December 1811. v. Lztrow l. c. Über seine Thätigkeit als Kupferstecher. Wurzbach l. c. XXX. 311–324.
364 Geb. zu Wien 1735, gest. daselbst am 24. Juli 1791.
365 Geb. 1734, gest. am 2. April 1777. Wurde 1752 immatriculiert. v. Lztrow l. c. 111. — Wiener Diarium von 1777, Nr. 27.
366 Geb. zu Wien 1766, gest. am 14. März 1849. Wurzbach l. c. XXXII. 131.
367 Wurde 1741 immatriculiert. v. Lztrow l. c. 111.
368 Wurde 1745 immatriculiert. Archiv der Wiener Universität, Fasc. IV. Lit. B. Nr. 96. — v. Lztrow l. c. 111.
369 Wurde 1765 immatriculiert. v. Lztrow l. c. 111.
370 Wurde 1765 immatriculiert. v. Lztrow l. c. 111.
371 Geb. 1661, gest. am 2. Juli 1730. Wiener Diarium von 1730, Nr. 55.
372 Geb. 1682, gest. am 17. Mai 1756. Kink l. c. I. 2, S. 277. — Wiener Diarium von 1756, Nr. 40.
373 Geb. 1667, gest. am 26. April 1730. Wiener Diarium von 1730, Nr. 34.
374 Geb. 1700, gest. am 9. November 1748. Vater des Jakob Landerer. — Wiener Diarium von 1748, Nr. 91.
375 Immatriculiert 1735. Kink l. c. I. 2, S. 277.
376 Immatriculiert 1737. Kink l. c. I. 2, S. 277.
377 Geb. 1706, gest. am 6. December 1755. Wurde immatriculiert 1729. Kink l. c. I. 2, S. 277. — Wiener Diarium von 1755, Nr. 98.
378 Wurde 1720 immatriculiert. Kink l. c. I. 2, S. 277.
379 Wurde 1724 immatriculiert. Kink l. c. I. 2, S. 277.
380 Wurde 1652 immatriculiert. Archiv der Wiener Universität, Fasc. IV. Lit. B. Nr. 96. — Kink l. c. I. 2, S. 277.
381 Wurde 1750 immatriculiert. Archiv der Wiener Universität l. c. — Kink l. c. I. 2, S. 280.
382 Wurde 1761 immatriculiert. Archiv der Wiener Universität l. c. — Kink l. c. I. 2, S. 280.
383 Wurde 1769 immatriculiert. Archiv der Wiener Universität l. c. — Kink l. c. I. 2, S. 280.
384 Wurde 1778 immatriculiert. Archiv der Wiener Universität l. c. — Kink l. c. I. 2, S. 280.
385 Wurde 1778 immatriculiert. Archiv der Wiener Universität l. c. — Kink l. c. I. 2, S. 280.

Das XVIII. Jahrhundert, namentlich seit seiner Mitte, war nämlich dem materiellen Wohlbefinden derselben überaus günstig. In Wissenschaft und Literatur hatte, gleichwie zur Frühlingszeit in der Natur, ein frisches Leben sich zu entfalten begonnen, infolge dessen weit mehr als früher literarische Producte in die Presse wanderten. In dieser Zeit literarischen Aufschwunges kam auch der Buchdruck wieder zu höheren Ehren, und die Commerzbehörden, wie die Regierung und die Hofkanzlei ließen ihm bei jeder Gelegenheit ihre Unterstützung zutheil werden, ja selbst von Seite des Hofes wurden der Kunst Gutenbergs viel Interesse und Sympathien entgegengebracht. Kaiser Karl VI., mehr noch Maria Theresia und Josef II. haben die hervorragendsten Buchdrucker Wiens wiederholt mit Gnadenbezeugungen ausgezeichnet, und als es sich darum handelte, dass der Kronprinz Josef nach alter Hofsitte ein Handwerk erlernen sollte, entschied er sich für die Buchdruckerei.[280]

Trattner und Kurzböck waren die Hauptvertreter der typographischen Kunst in Wien im vorigen Jahrhunderte; sie waren wegen ihrer Verdienste hierin sogar in den Adelstand erhoben worden, hatten es aber auch zu großem Reichthume gebracht und besaßen in der Stadt Häuser und Gärten, auch Herrschaften in der Nähe Wiens. In ihren Häusern wurde gute Musik gepflegt und sie selbst verkehrten häufig mit der literarischen Welt, namentlich Kurzböck; wenn dieser auch keine gelehrte Bildung besaß, so war er doch von hoher Einsicht und feinem, weltmännischem Benehmen — der Typus der vornehmen Bürgerwelt Wiens. Auch jener gewisse behäbige Comfort in der inneren Einrichtung ihrer Häuser und in der Kleidung,[281] wie er aus den Testamenten zu ersehen ist, entsprach so ganz der damaligen Sitte.

Die anderen Buchdrucker-Principale, wie Kaliwoda, Gerold, Ghelen, Schönwetter, Schilgen und Heyinger, genossen gleichfalls eine angesehene Stellung unter ihren Mitbürgern und erfreuten sich einer Wohlhabenheit, die wieder befruchtend auf ihre Thätigkeit zurückwirkte.

Im Allgemeinen kann daher gesagt werden, dass die materielle Lage der Wiener Buchdrucker, sowie ihre bürgerliche Stellung im XVIII. Jahrhunderte gegen früher sich wesentlich gebessert haben und auch die technischen Leistungen in und außer Österreich wieder zu Ansehen und Würdigung gekommen waren. Dass es dagegen auch Meister gab, die fortwährend mit finanziellen Bedrängnissen zu kämpfen hatten und daher nicht auf eine höhere Stufe sich aufzuschwingen in der Lage waren, ist nichts Auffallendes; die Ursache lag theils in dem Mangel materieller Mittel, sich besser einrichten zu können, theils auch in jenem entsprechender Aufträge und Verbindungen: ein bedauernswerther »circulus vitiosus«, dem diese Wiener Buchdrucker, wie so viele tausend andere Existenzen, verfallen waren.

Dies veranlasst uns, einige Schwierigkeiten und Übelstände hervorzuheben, mit welchen die kleineren Wiener Buchdrucker in der ersten Hälfte des vorigen Jahrhunderts und noch darüber hinaus zu kämpfen hatten; sie waren einerseits in den politischen und in den Wiener Verhältnissen speciell, andererseits wieder in der Einrichtung und Leitung solcher Officinen, die nie über ein gewöhnliches Maß hinausgiengen, begründet.

Wenngleich in Wien oft zierlich und schön gedruckt wurde — wir sehen von den späteren Prachtwerken eines Kaliwoda, Ghelen, Trattner und Kurzböck ab — so gab es der Mittelleistungen in Menge.

[280] Den Kronprinzen Josef in der Buchdruckerei zu unterrichten, wurde der angesehene und auch bei Hofe beliebte Trattner berufen, das Jahr ist nicht bekannt, dürfte aber 1755 oder 1756 gewesen sein. Josef Georg Trassler,*) der damals Druckerfactor bei Trattner gewesen, gab dem Kronprinzen die Anleitung im Drucken; den Unterricht im Setzen wird Trattner selbst oder in ähnlicher Weise der Setzerfactor ertheilt haben. Die Presse, an welcher der Kronprinz Josef druckte und ein Festgedicht in zwei Columnen abzog, welches er zur Geburtstagsfeier seiner erhabenen Mutter selbst verfasst und gesetzt hatte, gieng im Jahre 1819 an den Buchdrucker Anton Strauß und von diesem an den Buchdrucker Leopold Sommer über. Dieser verkaufte sie mit allen Utensilien, Setzkästen und Lettern am 14. Mai 1847 um 985 Gulden an die k. k. Staatsdruckerei, wo sie sich gegenwärtig noch befindet. Der bekannte Xylograph Kaiser hat in seinem vortrefflichen Holzschnitte den Kronprinzen Josef an der Buchdruckerpresse dargestellt; der Prinz, sein Obersthofmeister Graf Lacy, Trattner und Trassler sind vorzüglich charakterisiert. — Wurzbach, biographisches Lexikon, Bd. VI., S. 245. — [illegible], Zeitschrift für Buchdruckerei und Schriftgießerei, II., Nr. 14, S. 106. — Zimmermann (Wiener Journal, Kl. Fol., 1860, Nr. 171. — Annalen der Typographie, der verwandten Künste und Gewerbe, Jahrg. 1871, Nr. 86, S. 153.

[281] Unter den im Testamente aufgeführten Kleidungsstücken kommen auch die Degen vor. — Das Degentragen war Handwerksgesellen und Jungen[illegible], Feld- und Officierspagen, Kaufmannsdienern etc. strenge verboten. (Codex Austriacus I. 275, II. 118. Als Registratur des Wiener Magistrates, Hof- und Regierungsdecrete de anno 1751 bis 1764.) Da am 11. Juni 1754 (l. c.) das Degentragen den Gesellen neuerdings strenge verboten wurde, so reichten die Buchdruckerei-Kunst-Verwandten ein Hofgesuch ein, dass ihnen das Tragen des Degens (Seitengewehr) wieder gestattet werden möge. Unterm 28. September 1754 geruhten aber Ihre K. K. Majestät zu resolviren, dass es bei der von dieser n. ö. Repräsentation und Kammer unterm 11. July allerhöchst ertheilten Abweisung zu bewenden haben solle. (Archiv der Wiener Universität, Fasc. III. Nr. II., Nr. 143, Particularien.)

*) Johann Georg Trassler war in Wien geboren und hatte bei Trattner die Buchdruckerei erlernt. 1779 erwarb er in Troppau eine schon bestehende Druckerei und brachte sie zu hohen Flor. Trassler starb am 23. Juni 1816.

viele auch nur geringen Anforderungen entsprechend, so dass manche Autoren, da der Druck in Wien wegen der zu hohen Lebensmittelpreise auch noch theuer zu stehen kam, außer Wien drucken ließen.[198] Die niederösterreichischen Buchdruckereien kamen dabei weniger in Betracht, da sie mit geringen Ausnahmen besseren Anforderungen überhaupt nicht genügen konnten.[199] Aber auch die strenge Bücher-Censur verleidete vielfach den hiesigen Gelehrten zu schreiben, und den Buchdruckern zu drucken, so lange auch noch, nach der Meinung dieser, in nachtheiliger Weise privilegia impressoria meistens den Autoren und Buchhändlern verliehen werden. «Außer fünf oder sechs Geistlichen» — heißt es in dem Berichte des Directorium in Publicis et Cameralibus, worin bekanntlich alle Beschwerden der damaligen Wiener Buchdrucker niedergelegt sind — «und etwa ein paar Weltlichen, gebe es daher keine Scribenten, folglich auch keine Hoffnung, dass wegen derenselben Abgang die Buchdruckerei in Flor komme». Was nun die privilegia impressoria betraf, so meinte die niederösterreichische Repräsentanz und Kammer, dass ein Gelehrter sich wohl nicht die Mühe nehmen würde, einige opera zu schreiben, «wenn er nicht wenigstens die darauf verwendeten Unkösten zu erheben wüsste und gebe es vielmehr der Unerfahrenheit dieser Leute Schuld, dass sie sich nicht auf den Nachdruck anderer nützlicher Werke verlegten.» Nun, den Nachdruck hat Trattner später zu seinem, und nicht zum Vortheile der Gelehrten und Schriftsteller, in der weitgehendsten Art betrieben.

Um die Leitung kleiner Officinen stand es mitunter schlecht. «Ein Hauptgebrechen war es — wir halten uns noch immer an den oberwähnten Directorialbericht an die Kaiserin — dass hier nur unverständige Leute, sogar auch Weiber — Maria Eva Schilgen hat darin doch eine Ausnahme gemacht — mit Druckergesellen dieses Werk führen, welche nicht einmal deutsch schreiben können, noch weniger Latein oder andere Sprachen verstehen, woraus nothwendig folgen musste, dass weder inländische, noch fremde Scribenten wegen Besorgnis vor vielen Druckfehlern auflegen lassen. Nach dem Beispiele anderer Länder, wo die Buchdruckerei sehr emporgekommen, wären neben den censoribus librorum auch revisores typorum nöthig. Solche sind aber hier nirgends angestellt, sondern nur einige Buchdruckereien lassen ihre ersten Abzüge um eine kleine Erkenntlichkeit von den nächstbesten Sprachkundigen übersetzen, andere vertrauen sich hierin gar ihren in den Sprachen und besonders in der Orthographie sehr unerfahrenen Gesellen, woraus die unzähligen Fehler in den hiesigen Druckereien entstehen, wornach nicht zu verwundern ist, dass kein Fremder hier Etwas drucken lasst, weil er in seiner Abwesenheit den ersten Druck zur Verbesserung der Fehler nicht einsehen, sich hier auf Niemanden verlassen kann und die Postspesen hoch sind.»

Solche Gründe, wie sie in diesem officiellen Berichte niedergelegt sind, lassen die socialen und technischen Zustände an mittleren und kleinen Wiener Buchdruckereien trübe erscheinen; sie sind aber doch nicht so schwerwiegend, dass nicht auch einige Milderungen angeführt werden könnten. Ihrer Majestät Protomedicus Baron van Swieten hatte sich in solchem Sinne geäußert und insbesonders auf Holland hingewiesen, das er genau kannte, wo ebenfalls die Lebensmittel theuer, die Gesellen aber sparsam wären und die Buchdruckerei noch immer auf einer hohen Stufe stehe, wenngleich sie von ihrer früheren Vollkommenheit zurückgegangen sei und von Frankreich übertroffen werde, «weilen dort die Drucker zu guter Ordnung verbunden seyen». Die Wiener Buchdrucker sollten daher vor Allem trachten, nicht zu oft gebrauchte Schriften zu verwenden und sich, wie in Frankreich, durch eine gute Ordnung verbinden. Die revisores typorum halte er für unnöthig, ebenso gelehrte Meister, wie gelehrte Gesellen, da dieselben nicht so sehr den Buchstaben nachgiengen. Übrigens würden die Meister schon selbst die rechte Mitte finden. So sprach einer der hervorragendsten Gelehrten, einer der einflussreichsten Männer im literarischen

[198] Gelehrte Autoren ließen in den Jesuitendruckereien zu Tyrnau, Kaschau und selbst Klausenburg drucken, durch deren Arbeiten der Absatz nach Ungarn ohnedies beeinträchtigt war; ein Gleiches war in Steiermark und Kärnten der Fall.

[199] «Hier waren meistens unerfahrene und unstudierte Leute angestellt, daher öfters alberne, wider die Religion und gute Sitte laufende Bücher in Druck herauskommen und die Autoren Anstand nehmen, ihre Werke solchen [illegible] Personen anzuvertrauen. Die niederösterreichische Repräsentanz und Kammer weiß keine andere Abhilfe, als dass mit der Aufnahme der Buchdrucker behutsamer umgegangen werde, daher vor Allem auf die Sprachkundigen und besonders literarisch Gebildeten gesehen werden sollte; an die Universität hätte die Verständigung zu ergehen: [illegible], und zwar zur Vermeidung alles Unfuges ohne allerhöchste Einwilligung keine annehmen solle.» Aus dem Berichte des Directorium in Publicis et Cameralibus. (Archiv des k. k. Reichs-Finanzministeriums, Niederösterreichische Commerzakten, 1751 bis 1848. Fasc. 106.)

und öffentlichen Leben unter Maria Theresia. Freilich vergiengen noch zwanzig Jahre, bis eine Buchdrucker-Ordnung erfloss, aber auch nicht so ganz in jenem Sinne, wie sie van Swieten im Hinblicke auf die französischen Buchdrucker gemeint hatte, sondern nur, «nachdem seit geraumer Zeit unter den Buchdruckerei-Verwandten, besonders beim Aufdingen und Freisprechen der Lehrjungen so viele ungereimte Missbräuche vorgegangen sind.»

Die Gesellen waren meistens «aus dem Reiche» zugezogen, was die Regierung immer nur mit Missfallen bemerkt hatte, da viele Protestanten darunter waren. Es wurde daher Trattner schon 1758 hoch angerechnet, dass er erbländische Unterthanen zu Buchdruckern abrichtete, um die fast durchwegs lutherischen Buchdruckergesellen hintanzuhalten.[299] Da auch Buchdruckergesellen in die Matrikel der Universität eingetragen wurden, so geben diese einen authentischen Beleg für die Richtigkeit jener Behauptung.[300]

Wie die Druckerherren unterstanden auch die Gesellen der Gerichtsbarkeit der Universität. Alle Streitigkeiten wurden beim Consistorium entschieden, alle Todesfälle mussten hier angezeigt werden; der Pedell nahm dann die gewöhnliche Jurisdictionssperre vor. Oft ergieng im «Wiener Diarium» die Aufforderung, es möchten sich etwaige Gläubiger in der Universitätskanzlei einfinden.

Die socialen Verhältnisse, worunter auch die Beziehungen der Gesellen zu den Meistern von ihrem Eintritte bis zum Austritte aus einer Officin, das Aufdingen und Freisprechen der Lehrjungen inbegriffen sind, hatten sich im XVIII. Jahrhunderte wenig verändert. Nur mehrten sich immer die Klagen über die mannigfachen Ausschreitungen bei Gelagen, in Wirtshäusern, ja mitunter selbst in Officinen, namentlich aber beim Freisprechen der Lehrjungen. Dieser festliche Act fand bei der Versammlung sämmtlicher «Buchdruckerei-Verwandten» und in Gegenwart von Geladenen statt, dem dann ein Fest mit Musik und Schmaus folgte.

Die sämmtlichen Wiener Buchdrucker zeigten endlich die unter ihren Gesellen und Jungen bestehenden Missbräuche der Regierung an und reichten zugleich einen Entwurf zu einer neuen Buchdrucker-Ordnung ein,[301] welcher mit Abänderungen der Artikel 2, 3, 4, 5, 7, 8, 10, 11, 12 und 15 der Kaiserin Maria Theresia zur Sanction unterbreitet wurde. Maria Theresia schrieb darauf: «Placet, und sind Mir seiner Zeit von der in behöriger Form gebrachten und für Meine Deutsche-Erblande in Druck gelegten Buchdrucker-Ordnung einige Exemplarien heraufzugeben, um wegen deren gleichmässigen Publication in Hungarn und Siebenbürgen das nöthige anzuordnen. Wegen des Banats und Littoralis hat die Kanzley mit den Behörden directe das Einvernehmen zu pflegen. *Maria Theresia m. p.*» Die Unterzeichnung erfolgte am 20. Juni 1771.

Diese Buchdrucker-Ordnung lautet ihrem vollen Inhalte nach, wie folgt:

Ordnung für die Buchdruckergesellen und Jungen vom 20. Juni 1771
in Folge des Hofdecretes vom 3. Juni.[302]

Nachdem seit geraumer Zeit unter den Buchdruckerei-Verwandten, besonders bei dem Aufdingen und Freisprechen der Lehrjungen, so viele ungereimte Missbräuche vorgegangen sind, welche nicht allein Leuten von gesetztem Alter höchst unanständig waren, sondern auch der Jugend sehr üble Beispiele gegeben haben, übrigens auch solche Missbräuche gegen alle guten Sitten, bürgerliche Ordnung, und den christlichen Wohlstand streiten; so haben Ihre Kayserl. Königl. Apostol. Majestät unterm 3. Juni 1771 allergnädigst zu befehlen geruhet, dass alle solche alberne Gebräuche von nun an in allen deutschen Erblanden gänzlich abgeschaffet, und künftig nur allein folgende Artikel genau befolget werden sollen:

[299] Vortrag des Commercial-Directoriums an die Kaiserin vom 7. März 1755. (Archiv des k. k. Reichs-Finanzministeriums, Niederösterreichische Commerzacten, Fasc. 110 1.)

[300] In die Matrikel von 1693 sind 27 Buchdruckergesellen eingetragen, darunter 16 aus den Erblanden und 10 «aus dem Reiche» und 1 aus Polen, in gleicher von 1695: 13, darunter 3 aus den Erblanden, 10 von auswärts; von 1699: 5, darunter 2 aus den Erblanden, 3 von auswärts; von 1704: 7, darunter 1 aus den Erblanden, 6 von auswärts; von 1708: 7, darunter 3 aus den Erblanden, 4 von auswärts, von 1709: 7, darunter 2 aus den Erblanden, 5 von auswärts; 1710: 12, darunter 7 aus den Erblanden, 5 von auswärts, von 1713: 15, darunter 8 aus den Erblanden, 7 von auswärts; daher unter 66 Eintragungen 26 aus den Erblanden, dagegen 40 von auswärts und zwar alle «aus dem Reiche».

[301] Protokoll-Auszug der niederösterreichischen Commercien-Consesses vom 2. Mai 1771 und der Commercien-Hof-Commission vom 20. Mai 1771. Archiv des k. k. Reichs-Finanzministeriums, Niederösterreichische Commerzacten, Fasc. 110 1.

[302] K. k. Theresianisches Gesetzbuch, VI. Bd., S. 255, Nr. 1815.

1mo Haben sich vor Allem jene, welche diese Kunst sowol im Setzen, als Drucken zu lernen, und sich dabey zu ernähren gedenken, beständig eines wohlgesitteten Lebenswandels zu befleissen, und folgenden allerhöchsten Verordnungen unverbrüchlich nachzuleben.

2do Wenn ein Junge *aufgedungen* wird, so sollen allemal zween Gesellen und der Principal, oder ein Factor, der die Buchdruckerei für die Witwe, oder Erben führet, hingegen in einer Officin in den Landstädten, wo nur ein Geselle ist, derselbe allein sammt dem Principale, oder der Principalin, oder dem Factor dabey zugegen sein.

3tio Bei dem Aufdingen ist zuvörderst der Taufschein beizubringen, sodann des Jungen eheliche, und freye Geburt, wie auch seine Aufführung zu untersuchen. Sollte in einem oder dem andern ein Anstand gefunden werden; so ist hiervon dem betreffenden Kayserl. Königl. Commercial-Consess die Anzeige zu machen, dessen Entscheidung zu gewärtigen, und solche zu befolgen. Wäre aber hieran kein Anstand; so mag der Jung gegen dem aufgedungen werden, dass er üblicher massen, zwey oder wenigstens einen anständigen Bürgen stelle, der während der Lehrzeit für des Jungen Treue, oder etwan verursachenden Schaden, Bürgschaft und Zahlung leiste. Der Bürg hat auch, wenn der Jung während der Lehrzeit entläuft, und sich gar nicht mehr zur Auslernung stellet, für die verstrichene Lehrzeit den Principalen schadlos zu halten, und sich darüber mit ihm in Güte zu vergleichen. Geschähe es aber, dass der Junge zwar entliefe, nach einiger Zeit aber sich selbst wieder zur Auslernung stellte; so soll der Jung für eine jede ausgebliebene Woche zwey Wochen nachzulernen schuldig seyn. Damit aber

4to Alles ordnungsmäßig vor sich gehe; so ist alles dieses sowol dem Jungen, als dem Bürgen klar und deutlich vorzutragen, damit nachgehends bey sich ereignenden Fällen keine Entschuldigung Platz greifen möge. Ist nun mit diesen Bedingnissen sowol der Jung als dessen Bürg verstanden; so soll zu dessen mehrerer Bekräftigung der Junge in das bey jeder Buchdruckerei Officin zu haltende eigene Protokoll sammt der Zeit, wie lang er zu lernen habe, eingetragen, hiernächst auch des Bürgen eigene Handschrift in dem Protokoll beigefüget werden, für welches Aufdingen nicht mehr als 1 fl. 30 kr. zu bezahlen ist. In Ansehung der festzusetzenden Lehrzeit hat es überhaupt bei der Gewohnheit, dass ein Setzerjung fünf, und ein Druckerjung vier Jahre zu lernen hat, zu verbleiben: jedoch soll einem Principale freystehen, von der bestimmten Lehrzeit, nach des Lehrjungen Wohlverhalten, ein halbes, ja auch nach der Beschaffenheit der Umstände, zur Aufmunterung anderer, ein ganzes Jahr nachzulassen. Geschähe es aber, dass sich ein Junge sehr liederlich aufführte, öfters über die Nacht ausbliebe, in Wirthshäusern herumzöge, oder andere sträfliche Unfuge triebe, so soll dem betreffenden Kayserl. Königl. Commercien-Consessui davon die Anzeige zu weiterer Erkänntnis gemacht werden. In anderen Kleinigkeiten stehet den Principalen frey, solche nach Gutdünken zu bestrafen. Wenn aber während der bestimmten Lehrzeit keine besondere Klage wegen der Aufführung des Jungen vorkäme, und der Principal denselben nicht freysprechen wollte; so können die Ältern, oder Bürgen des Lehrjungen bey dem betreffenden Kayserl. Königl. Commercien-Consessui oder auf dem Lande bey jeder Orts-Obrigkeit, ihre Beschwerden anhängig machen, und die Beurtheilung der Sache erwarten.

5to Bei dem *Freisprechen* ist ebenfalls alles, wie bey dem Aufdingen, in Ansehung der Gegenwart der Principale, Erben, Wittwen, Factore, und Gesellen, zu beobachten; und hat daher der Lehrjung, dessen Ältern oder Bürgen nicht mehr, als 3 fl. für das Freysprechgeld zu bezahlen. Diese Aufding- und Freysprechgelder sind in jeder Officin in einer Büchse bey Handen des Principalen zu verwahren, daraus den armen und kranken Kunstverwandten Gesellen eine Beyhilfe abzureichen ist. Nach geschehener Freysprechung aber soll der Jung, gleichwie alle andere Gesellen, als ein rechtmässiger Gesell, und nicht anderst angesehen werden; daher von Cornuten, Postuliren, Mahlzeiten, u. a. theils ungeziemenden, theils verschwenderischen bisherigen Gebräuchen, bei schärfesten Bestrafungen, nichts mehr zu gedenken ist.

6to Wenn ein fremder Gesell ankömmt, und um Condition anhalt, solche auch bekömmt; so muss sich selber, wie es vorhin üblich gewesen, in Zeit von 14 Tagen in die Officin einführen lassen, und hat für diese Einführung und Einverleibung 30 kr. in die Officinsbüchse zu erlegen, damit er dadurch berechtiget werde, alle Gerechtsame der Officin zu genießen.

7mo Verbleibe das Schimpfen, und Schelten, in Folge der allerhöchsten Generalien, allezeit höchstens verbothen. Daher sollen sich alle Kunstverwandte Factore, Gesellen und Jungen in der Officin, wenn etwann daselbst einige Uneinigkeiten oder Strittigkeiten vorfielen, alles Schimpfens, Scheltens etc. desgleichen des Raufens, Schlagens, Zankens, Schreyens, überhaupt des lauten Redens, durch welches letztere besonders die Setzer irre gemacht werden, unfehlbar enthalten. Wenn jedoch, wider alles Vermuthen, sich von diesen übeln Gewohnheiten wieder etwas einschleichen wollte; so soll solches vorläufig dem Principalen angezeiget, und von demselben der Unordnung, so viel möglich abgeholfen und gesteuert werden. Wenn aber der eine oder der andere Teil durch des Principalen Ausspruch beschwert zu seyen glaubte, so steht ihm frey, sein vermeintliches Recht bey der k. k. Commercial Consessui, und auf dem Lande bey der Orts Obrigkeit anzubringen, nach dessen Ausspruch er sodann sich ruhig halten, keineswegs aber bey schwerer Strafe, wie es vorhin die Gewohnheit gewesen, sogar ausser Landes zu anderen Gesellschaften und Officinen zu recurriren sich unterfangen wird.

8vo Ob nun gleich bisher üblich gewesen ist, dass die Gesellen nur von halb zu halb Jahr wandern, oder die Conditionen verändern konnten, und ihnen der Principal 8 Wochen vorher künden musste, wenn er einen aus der Officin des Dienstes entlassen wollte, ingleichen auch der Gesell dem Principal, wenn er seine Condition verlassen wollte, solches zu melden hatte; so soll es künftig dahin abgeändert seyn, dass auch außer der Messzeit die Aufkündigung der Arbeit von Seite des Principals gegen den Gesellen auf 14 Tage vorher, von Seite des Gesellen gegen den Principal aber auf 4 Wochen vorhinein gestattet, und hiermit bestimmet werde.

9no Wenn nun die Veränderung vorgeht, und ein Gesell sich von einer Officin zur andern, in einer Stadt, wo mehrere Buchdruckereien sind, begibt, oder aus einer anderen Stadt, oder Land etc. einwandert; so soll der Principal vermög Landesfürstl. Verordnung gehalten seyn, keinen in seine Officin aufzunehmen, er bringe dann ein authentisches Zeugnis seines Wohlverhaltens von derjenigen Officin mit, worin er unmittelbar vorher gedienet hat; dahingegen auch jeder Principal schuldig ist, dem Gesellen bei Austretung aus der Arbeit ein glaubwürdiges Zeugnis über seine Aufführung unentgeldlich zu ertheilen. Wenn aber

10mo Ein Factor, welcher ebenfalls nur ein Gesell ist, entweder selbst von seiner Condition austehet, oder von seinen Principalen verabschiedet wird, so ist es, zur Verhüthung der von ihm seinem vorigen Principal zu entziehen trachtenden Kundenschaften, keineswegs gestattet, diesen Factor in dem nämlichen Orte wieder als Factor in Condition anzustellen, und anzunemen, bevor er nicht ein halbes Jahr in einer andern Officin als Gesell gearbeitet hat; übrigens soll er keineswegs an eine Auswanderung gebunden seyn.

11mo Wenn nun ein Factor sich so unfleißig, oder sonst so übel aufführen würde, dass der Principal solchen nicht behalten könnte, oder wenn der Factor Ursachen zu haben vermeynte, aus der Arbeit zu treten; so bleibt die im 8. §. festgesetzte beyderseitige Aufkündzeit bestimmet.

12mo Sind, in Folge der vielfältigen, in Kunst und Handwerkssachen ergangenen a. h. Verordnungen, alle sogenannte blaue Montage, oder Dienstage, oder wie sonst dergleichen durch sträfliche Misbräuche eingeführte Tage des Müßigganges Namen haben mögen, bey wirklicher Strafe des Rumorhauses (der Schranne), und in wiederholten Fällen, bei schärferen Ahndungen hiermit ernstlich abgestellt; und soll derjenigen Officin Principal, oder Vorsteher, der einen von einem Gesellen gefeyerten blauen Montag nicht alsogleich bey mehrbesagten Obrigkeiten anzeigen wird, in den unnachsichtigen Pönfall von sechs Reichsthalern verfallen seyn.

13mo Werden auch hiermit alle ordnungswidrige Geschenke, als zum heiligen Strützel, Martini- und Faßnachtsschmauß, und übrige dergleichen Abgaben an baarem Gelde, bey oben ausgesetzten Strafen abgestellet.

14mo Indem ohnehin durch das unterm 21. 4. 1770 kundgemachte a. h. Patent, das Wochenlohn verbothen, und der Stück- oder Tagelohn eingeführet worden; so soll es allerhöchst befohlenermassen hierbey unfehlbar verbleiben, und folglich die Gesellen nur nach ihrem Stück- oder Tag-Verdienste bezahlet werden. Endlich

15tens Haben die Gesellen sowol Sommers- als Winterszeit des Morgens um 6 Uhr zur Arbeit zu gehen, des Abends aber nicht eher als um 7 Uhr Feyerabend zu machen; und dafern der Gesell eine Stunde ohne rechtmässige Ursache versäumte, so soll derselbe dafür 7 kr. Strafe in die § 5 gemeldte Officinalstebse, zu dem daselbst vorgeschriebenen Gebrauche bezahlen. Wornach sich also bey Vermeidung der ausgesetzten gewissen Strafen genau zu richten ist.

Wien den 20. Juni 1771.[276]

Die Ingerenz der Regierung auf die socialen und rechtlichen Verhältnisse der Wiener Buchdrucker kam diesen wesentlich zu statten. Gerade die wirtschaftlichen Momente, welche dem Wirkungskreise der Universität ferne lagen, fanden bei jener alle Unterstützung und Förderung, wobei vor allem die zu Tage getretene Unordnung abgeschafft und die daraus entstandenen Beschwerden untersucht und so viel als möglich beseitigt wurden; denn um gesunde wirtschaftliche Zustände anzubahnen, war die Entwurzelung der alten und verrotteten der erste nothwendige Schritt. Zu diesem Behufe wurde am 3. December 1733 die Commerzien-Hofcommission eingesetzt und am 31. März 1762 der Commerzienrath zu einer unmittelbaren Hofstelle erklärt, welchem der niederösterreichische Commerzien-Consess untergeordnet wurde; dieser letztere wurde später (1772) mit der niederösterreichischen Regierung vereinigt. Das waren die Gewerbebehörden, denen die Wiener Buchdrucker, seit sie der Jurisdiction der Universität entrückt waren, zunächst unterstanden.

Die Einstellung der Jurisdictions-Befugnisse der Wiener Universität durch Verfügungen der Regierung einerseits, die auch dahin giengen, die alte Machtfülle jener zu brechen, die zähe Vertheidigung der alten Rechte durch «Rector und Consistorium Universitatis Vindobonensis» andererseits, sind auch in Wiens Buchdrucker-Geschichte von hohem Interesse.

Noch in den ersten Decennien des XVIII. Jahrhunderts übte die Wiener Universität ihre althergebrachten Jurisdictions-Befugnisse ohne Einsprache der Regierung aus.[277] Der erste Erlass derselben, womit der Universität das Recht, «Befugnisse oder Gewerbe» zu ertheilen, eingestellt wurde, ist das Hofdecret vom 14. September 1724, erneuert durch die Hofdecrete vom 12. Juli 1736[278] und 20. Juni (4. Juli und 23. August) 1753. Zwei Jahre darnach wurde mit Hofdecret vom 6. December der Universität das Recht, Buchdrucker, Buchhändler, Kupferstecher und Kupferdrucker und deren Gesellen zu immatriculieren unter gewissen Vorbehalten wieder eingeräumt, und zwar dass die «gegenwärtige» (1755) Anzahl

[276] «Wien, gedruckt bei J. Th. Thomas Edl. v. Trattnern, k. k. Hofbuchdruckern und Buchhändlern.» (Archiv des k. k. Reichs-Finanzministeriums.)

[277] Wir heben, von der Immatriculierung und andern, der Universität über die Buchdrucker zustehenden, Rechtsverhältnissen absehend, zwei Beispiele hervor. Am 19. Jänner 1701 baten die Universitäts-Buchdrucker um Schutz und «Manutenenz» durch «Magnificum Rectorem» und «Consistorium», da ihnen von der Regierung 10 Gulden zur Bestreitung [illegible] zu erlegen befohlen wurde. Nun willigten sie nicht darein und erklärten, dass sie ihr gratuitum schon bei ihrer Instanz, der Universität, erlegt hätten, die Regierung willigte ebenfalls nicht ein, minderte jedoch den Betrag auf 20 Gulden herunter, die gleich in das Kriegszahlamt erlegt werden sollten. Rector und Consistorium mögen von diesem ihnen [illegible] Immediat-Jurisdiction [illegible] (Archiv der Wiener Universität, Fasc. [illegible] Nr. [illegible]) — Auch die Buchdrucker in Krems, Retz und Wiener Neustadt unterstanden dem Forum der Wiener Universität und schrieben sich daher ebenso Universitäts-Buchdrucker. Ein Streitfall derselben wurde in der Consistorialsitzung vom 2. September 1714 in Gegenwart des Andreas Heylinger, Dominik Voigt und des Factors der Cosmerovischen Erben, Kammerwahl, als Kläger mit ihrem Advocaten Dr. Richard verhandelt. Ihre Geklagte war Johann Jakob Kopitz, Universitäts-Buchdrucker in Krems, der durch seine Gattin Maria Anna Kopitz und Adam Danner, Universitäts-Buchhändler, sammt ihrem Advocaten Dr. Zeller vertreten war. Es handelte sich um Abstellung des auf das zukünftige 1715 Jahr unter dem Namen: «in Wien zu finden bey Adam Danner, Buchhändler im Zwettelhof gedruckt haben wollenden kleinen Krakauer Kalender.» Danner wurde unter dem Pönfall von 50 Reichsthalern strenge verhalten unter seinem Namen auch solche Wiener von auswärtigen Buchdruckern nicht drucken zu lassen. (Archiv der Wiener Universität, Sitzungs-Protokolle vom 15. April 1712 bis 15. September 1715.)

[278] Von der Röm. Kays. auch zu Hispanien, Hungarn . . . Majestät . . . wegen dero Hrn. Rectori u. Consistorio hies. Wiener Univ. hiemit in gnaden anzuzeigen: Es habe sich bei [illegible] Beschreibung deren Professionisten und gewerbs leuthen [illegible], und seye auch [illegible], dass er Hr. Rector & Consistorium Univers. ohngeacht des an Sie unterm 14. Sept. 1724 ergangenen Decret, und der darin [illegible], gleichwohlen immer mehrere Professionisten in ihre matricul ziehen, dadurch die bürgerliche gewerb [illegible] und jene ordnung [illegible], so ihre Kays. May. in Gewerb und Handwerck Sachen genau beobachtet, und beybehalten wissen wollen.

Gleichwie aber [illegible] der Universität mit [illegible] Kays. Verordnungen jedesmahls [illegible], und zu erweisen schuldig ist, ihre Kays. May. auch alles Ernsts anbefehlen, dass Sie nicht die [illegible] neue einrichtung [illegible] regulirt befinden; Von niemanden einiger Schutz oder arbeits Befugnis ertheilt sondern dieses Werck Von der [illegible] des N. Ö. Hrn. Statthalters aufgestellten Hof Commission, als welche hierzu Vollkommen instruirt ist, manipuliert u. soll.

Als hat Er Ihre Rector und Consistorium Univers. [illegible] über obige [illegible] ihren [illegible] Bericht mit Specificirung aller unter ihrer matricul stehenden Künstler und Gewerbs Leuthen, auch wan sie darein aufgenohmen worden, [illegible] bey zu geben, inmittels aber auf [illegible] ihre Kays. May. in sachen das weithere [illegible] werden, mit aller [illegible] od. Schutzertheilung an Professionisten, od. Gewerbsleuthe gänzlich innenzuhalten. Per Imperatorem . . . 12. July 1736. Archiv der Wiener Universität, Fasc. I. Recept. Nr. 19.

der Buchdrucker und Buchhändler nach dem wortdeutlichen Inhalte der unterm 12. Juli 1736 an die Universität erlassenen Verordnung, ohne eigens eingeholte Bewilligung vom Hofe keineswegs vermehrt werden dürfe.[397]

So blieb es bis zum Jahre 1767, wo mit Hofdecret vom 18. September der Universität das Recht, Buchdrucker, Buchhändler, Kupferstecher und Kupferdrucker zu immatriculieren und von allen ihr über Universitätsangehörige zustehenden Rechten Gebrauch zu machen, gänzlich und definitiv genommen und erklärt wurde, dass *die Buchdrucker, die vorher niemals zunft- oder innungsmäßig gewesen, künftig zu den Commerzialhandwerkern gehören, also »soviel derselben Verbesserung und Emporbringung anbelangt, unmittelbar unter jedem Landes-Commerziencommerz stehen sollen. Was aber die Druckung und Gattung der Bücher und derselben Verbreitung anbetrifft, sind die Buchdrucker dem Politicum unterworfen.«*[398] In der Motivierung an die königl. böhmische und erzherzogl. österreichische Hofkanzlei um die nöthige, darauf sich beziehende Verfügung an die Regierung hieß es, man wolle nicht in Abrede stellen, dass die Buchdruckerei ein Politicum sei, insoweit es auf die Frage ankomme, ob und was für Bücher gedruckt und dem Publicum bekannt gemacht werden sollen; in diesem Sinne hätten die Buchdrucker immer unter dem Politicum zu stehen und von der Polizeicommission abzuhängen. Ob und inwieweit die Buchdruckerei zu verbessern und zu vermehren sei, damit daraus ein Commerzialartikel wie in Holland, Sachsen und anderen fremden Ländern erwachse, scheine ein Objectum commerciale und eben deswegen seien die Buchdrucker auch ihrer Aufnahme und sonstigen innerlichen Professions-Verbesserungen wegen dem Commerciali unmittelbar zu unterziehen.[399] Weitere Hofdecrete ähnlichen Inhaltes waren die vom 14. October 1771, wo die Buchdruckereien neuerdings den Länderstellen untergeordnet wurden, dann vom 1. April 1772, vom 20. Juli 1774 und vom 11. Jänner 1777. Die Universität hielt alle diese Erlässe und auch jene, die noch in speciellen Fällen, wo sie fortan immatriculierte und Befugnisse ertheilte, erlassen wurden, für eine »Enfferste Kränkung, und höchst gefährlichen nachtheil der Hergebrachten Privilegien, worans sich von selbst ergiebet, dass die Handwerkhs-Commission[400] die Absicht dahin fasse, die Privilegia und Freyheiten der Universität zu untersuchen, und anzutgehen, auch weiß Gott wie zu kritisiren, und abzuendern, Zumahlen Aber wir Hierinfalls auff die von Ihro K. M. Leopoldo allerglorwürdigsten Andenkens in Sachen nachdrucksamb, Statuirte Pragmaticam ddo. 26. Juli 1702 Haubsächlich provociren.«[401]

Rector und Consistorium der Universität protestierten aber wiederholt, wobei es zwischen ihnen und der Regierung mitunter zu scharfen Bemerkungen kam; jene klagten über die Verletzung alter Rechte und Gewohnheiten, diese aber, die auf dem neuen Standpunkte der Gewerbereform und der Beseitigung aller Sonderrechte stand, hob in ihren Decreten manche Widersprüche bei Verleihung von Befugnissen hervor, betonte die Unhaltbarkeit der bisherigen Zustände und beschuldigte einigemale die »alma mater Vindobonensis« sogar des Ungehorsams gegen die Erlässe der Regierung. Die Frage: Ist die Buchdruckerei eine Kunst oder ein Gewerbe, hat sie der Universität oder den Commerzbehörden zu unterstehen, bildete Jahrzehente hindurch den Gegenstand solcher Erörterungen.

Wie diese Frage, bildete auch jene des Nachdrucks seit der Mitte des XVIII. Jahrhunderts den Gegenstand vielseitiger Erörterungen in der Literatur und bei der Studien-Hofcommission. Während die einen — und sie bildeten die Minderzahl — den Nachdruck naturrechtlich bald für erlaubt, bald für unerlaubt hielten, urtheilten andere über das Eigenthumsrecht an Geisteswerken nach dem volkswirtschaftlichen und finanziellen Utilitätsstandpunkte. »In volkswirtschaftlicher Beziehung brachte man den Nachdruck, namentlich im XVIII. Jahrhunderte, mit den damals schon überwundenen Principien des Mercantilsystems in Verbindung und suchte demgemäß dessen Rechtfertigung in dem Umstande, dass die Freigebung des Nachdrucks der Ansammlung des Geldes im Inlande förderlich sei, dagegen das Verbot

[397] Codex Austriacus, V. 1092.

[398] Politische Gesetzsammlung Bd. V, S. 499, Nr. 954. — Codex Austriacus VI. 1026.

[399] Also z. B. Vermehrung der Buchdruckereien, Aufnahme eines Buchdruckers auf eine schon bestehende Buchdruckerei. Der Commercien-Consess hatte darum eine vorläufige Anzeige an die böhmische Regierung zu machen und bei getheilter Meinung an die Hofkanzlei. (Archiv des k. k. Reichs-Finanzministeriums, [illegible] Commercien, Fasc. [illegible]. — Codex Austriacus VI 1029.

[400] Das ist der Commercial-Consess.

[401] Archiv der Wiener Universität, Fasc. J. Regest. Nr. 1 ad 164.

desselben die Auswanderung des klingenden Geldes bewirke. Die Gründe finanzieller Art dagegen ruhten namentlich auf der Beobachtung der Einträglichkeit der Verlags-Privilegien für die Staatskasse.[102]

Der Nachdruck, welcher schon in der Zeit des Humanismus blühte,[103] fand an Kaiser Maximilian I. einen Gegner, von dem er nicht nur im allgemeinen strenge verboten, sondern auch durch Druckerei-Privilegien für einzelne Werke eingedämmt wurde. Zu den Zeiten Kaiser Maximilian I. und Ferdinand I. schützten solche kaiserliche Privilegien die Bücher noch im ganzen deutschen Reiche, allmählich verringerte sich aber ihre Bedeutung und Machtsphäre, indem jeder deutsche Reichsfürst das Recht, Druckprivilegien zu ertheilen, für sich in Anspruch nahm.[104]

In den österreichischen Erblanden galten der Natur der Sachlage nach auch die kaiserlichen Privilegien. Als jedoch seit 1740 die Kaiserwürde und die Regierung der Erblande nicht mehr in Einer Person vereinigt waren, geschah in diesen Privilegien der Erblande keine Erwähnung mehr, so dass anfangs Bücher, die »aus natürlicher Freiheit« jedem zu drucken freistand, trotz kaiserlicher Privilegien nachgedruckt wurden. Trattner gieng sogar noch weiter und druckte Werke mit eigenem Verlagsrechte nach, mochten sie durch kaiserliche Privilegien geschützt sein oder nicht. Er konnte dies um so statthafter finden, als gerade damals bei der Regierung der Erblande die Maxime zum Durchbruche kam, dass der Nachdruck von Werken inländischer Autoren, sei es, dass er im Inlande gemacht, sei es, dass er von außen eingeführt wurde, strenge verboten, jedoch der Nachdruck ausländischer Werke aus volkswirtschaftlichen und finanziellen Gründen, wie schon oben bemerkt wurde, gestattet sei. In diesem Geiste hatte Maria Theresia die Normen gegeben[105] und auch ihr Sohn Josef II. Gleiches verfügt,[106] der sogar noch weiter gieng und unterm 2. Mai 1782 zur Aufmunterung der Künste alle jene Verordnungen auf den Kupferstich ausdehnte, indem der Kupferstecher in Ansehung seiner Werke ebenso wie der Gelehrte und Schriftsteller Autor sei. Inländische Verfasser eines Werkes oder die mit denselben contrahierenden inländischen Verleger sollten kräftigst geschützt werden.

Trattner wurde daher am 13. Jänner 1781 erlaubt, die Geschichte der Deutschen von Schmidt und Mascovii principia juris erst dann nachzudrucken, wenn er die Erlaubnis des Autors dazu erhalten hätte. Um gegen Nachdruck geschützt zu sein, erbaten sich auch inländische Autoren immer noch Privilegien: so hatte unterm 14. Februar 1757 Kurzböck, um gegen Nachdruck geschützt zu sein, ein Privilegium impressorium privativum auf zehn Jahre auf die Predigten des 1756 verstorbenen Georg Grill S. J.[107] (6 starke Bände in 4°) erbeten, und 1775 Professor Riegger das Ansuchen gestellt, dass ihm auf seine Elementa juris ecclesiastici ein Allerhöchstes Privilegium für alle Erblande ertheilt werde. Nichtsdestoweniger wurden solche inländische, durch Privilegien geschützte Werke im Auslande nachgedruckt. Kurzböck klagte daher, dass Grills obenerwähntes Werk und auch des Denis Gedichte bei Wagner in Augsburg (1768) nachgedruckt würden,[108] und Trattner beschwerte sich in einem Majestäts-

[102] Dr. Josef Freiherr von Anders: Beiträge zur Lehre vom literarischen und artistischen Urheberrecht, Innsbruck 1881, S. 63.

[103] Siehe den I. Band dieses Werkes, S. 151 f.

[104] Johann Stephan Pütter, Beiträge zum deutschen Staats- und Fürstenrechte, Göttingen 1777.

[105] Mit Hofdecret vom 11. Februar 1775 hatte Maria Theresia zu entschließen geruht, dass [illegible] Archiv der Wiener Universität, Fasc. IV. Nr. 49.

[106] Am 15. Jänner 1781 hatte K. Josef II. das allgemeine Gesetz erlassen, [illegible] Am 17. October 1787 haben Se. Majestät zu entscheiden geruht, [illegible] Archiv des k. k. Ministeriums des Innern. Fasc. IV. 19. 2. — [illegible] Der österreichische Staatsrath, Wien, Braumüller, 1879.

[107] Georg Grill zeichnete sich als Kanzelredner aus und predigte durch neun Jahre an Sonntagen bei den Jesuiten am Hof. Wurzbach, Biograph. Lexikon, V. 337. — Dr. Anton Mayer, Geschichte der geistigen Cultur in Niederösterreich, I. 136.

[108] Archiv der Wiener Universität, Fasc. »Pattentsachen«, III. K.

gesuche um Compensierung seiner Schuld, dass man in Berlin seine kostbare Auflage der »Kriegsgeschichte des Polybius« in sieben Median-Quart-Bänden bereits nachgedruckt habe.[109] War der Nachdruck ausländischer Werke im Inlande gestattet, so geschah, wie diese Beispiele bezeugen, das gleiche auch im Auslande. Ob in demselben Maße, kann bei dem Stande der Literatur in Deutschland und in den Erblanden nicht unschwer beantwortet werden.

Namentlich waren es die deutschen Classiker, die in Wien mit Vorliebe nachgedruckt wurden, und Trattner gehörte unter die eifrigsten Nachdrucker des In- und Auslandes. Er druckte Classiker und anderer Autoren Werke nach, bei denen er nur irgendwie der Erfolge sicher war, und man rechnete es ihm hier zum nicht geringen Verdienste an, dass er dadurch um so viel mehr Pressen und Personen beschäftigte und für die Volksaufklärung durch billige Classikerausgaben bemüht war. Anders urtheilte man darüber freilich in Deutschland. Diese Ausgaben waren verstümmelt, fehlerhaft und auf die Herstellung ward nur wenig Sorgfalt verwendet. Klopstock beschwerte sich auch bitter in einem Briefe ddto. Kopenhagen am 4. August 1767 an Denis über Trattner, der einen Nachdruck seines »Messias« veranstaltet hatte. »Man hat mir vor wenig Tagen«, heißt es in diesem Briefe, »Trattners Nachdruck vom »Messias« und die beiden Trauerspiele gebracht. Es graut mir davor, darin zu lesen, weil ich nur bei einigem Durchblättern schon so viele Druckfehler gefunden habe. »Salomo« wird unter allen am meisten dadurch entstellt sein. Die Magdeburger Ausgabe ist schon sehr fehlerhaft und mein dortiger Verleger hat mir den Verdruss gemacht, die von mir sorgfältig angemerkten Druckfehler wegzulassen. Ich wünschte, dass Sie den Herrn Trattner dahin bringen könnten, dass, im Falle er irgend etwas wieder von mir nachdrucken sollte, er mir vorher erst ein paar Worte davon sagte.«

Die Freimaurer in Wien waren später besonders für den Nachdruck classischer Werke, um gegen Spottpreise in riesigen Auflagen Bildung und Volksaufklärung zu verbreiten. Aber unter ihnen gab es auch wieder ruhig und billig Denkende, welche ein absprechendes Urtheil über denselben abgaben; Sonnenfels, der Referent bei der Studien- und Censur-Hofcommission, stellte mit Born und Haschka den Nachdruck dem Straßenraube gleich. Unter den Literaten waren die meisten, und dies darf nicht auffallen, gegen den Nachdruck, während freisinnige Ärzte und Chirurgen die Pressfreiheit im Nachdrucken und die Vervielfältigung verschiedener Ausgaben begünstigt wissen wollten und entschiedenst vertheidigten.[110]

Im Jahre 1784 — es sei uns gestattet, des Zusammenhanges wegen über die Zeit dieses Abschnittes hinauszugreifen — hatte Trattner ein Project ausgedacht, um den Büchernachdruck in noch größerem Umfange zu betreiben. Zu diesem Zwecke versendete er am 3. December d. J. an Gelehrte und Schriftsteller in Wien ein Circular mit einem Verzeichnisse der zum Nachdrucke bestimmten Werke und erbat sich »die erleuchtete und patriotische Meinung sammt Anmerkung jener Bücher, welche zu weiterer Aufklärung in jedem Fache der Wissenschaften zum Gegenstand erforderlich oder zu wünschen wären«. Die Antworten der Gegner des Nachdruckes, so von Born, Sonnenfels, Blumauer, Mastalier und Lorenz Leopold Haschka, lauteten überaus scharf; nur Denis äußerte sich seinem Charakter gemäß sehr sanft und maßvoll.[111]

[109] Acten des k. k. Reichs-Finanzministeriums, Niederösterreichische Commerzacten, Fasc. [illegible]

[110] Der berühmte Arzt Anton von Störck sprach in einer Sitzung der Studien-Hofcommission im September 1790 seine Ansicht über den Nachdruck folgendermaßen aus: Die seit mehreren Jahren bestandene Pressfreiheit in Nachdrucken und Vervielfältigung verschiedener Ausgaben machten, dass gute und nothwendige medicinische und chirurgische Werke geschwind verbreitet und auch in jenen Provinzen vertheilet werden, wo ehedem alles in den Wissenschaften und in der Bücherkunde öde war. [illegible] (Archiv des Ministeriums des Innern, Fasc. IV, [illegible])

[111] Franz Gräffer, Josefinische Curiosa, Bd. I., S. 163 ff. — Über obiges Sendschreiben Trattners äußerte sich Wieland in seinen »Ansichten und Meinungen, [illegible]: »Die große Unternehmung, wovon hier die Rede ist, und an welcher theilnehmen Herr Johann Thomas Edler von Trattner, k. k. Hofbuchdrucker und Hofbuchhändler, wie es scheint, als [illegible]

Trattner, als der eifrigste und rücksichtsloseste Nachdrucker, war daher den verschiedensten Beurtheilungen und den schärfsten Ausfällen ausgesetzt;[112] war er in Wien und Österreich wegen der billigen Nachdrucke der besten deutschen Autoren in vielen Kreisen beliebt, so war er in Deutschland, wo er seine Nachdrucke auch noch auf den Markt zu bringen suchte, besonders gehasst und der Gegenstand spitziger Pasquille und heftiger persönlicher Anfeindungen, die ihm auch nicht bei den Gegnern des Nachdruckes in Wien entgiengen.[113]

Zu Trattners Entschuldigung lässt sich hauptsächlich anführen, dass der Nachdruck in Österreich erlaubt und bei dem Mangel an heimischen Kräften, welche durch das Product ihres Geistes Licht und Aufklärung verbreiteten, selbst bis in die höchsten Kreise hinauf erwünscht war.

Der Buchhandel in Wien im XVIII. Jahrhunderte wurde von Buchhändlern, von denen mehrere auch Buchdrucker waren (Ghelen, Cosmerovius, Jahn, Kurzböck, Trattner, Wappler u. a.), dann von Antiquaren und Buchbindern betrieben.

Von den eigentlichen Buch- und Kunsthändlern und Antiquaren nennen wir: Wolfgang Mauriz Endter, Paul Fürst (und sel. Witwe und Erben unter dem rothen Igel), Johann Stephan Zauchner,[114] Johann Nicolaus Posskraut,[115] Johann Michael Christophori (auf dem Kohlmarkt beim goldenen Anker),[116] Bader, Kraus (und Kraus'sche Erben auf dem Michaelerplatze), Anton Gassler, Sebastian Hartl (Singerstraße), Augustin Gräffer (unter den Tuchlauben), Vater des Schriftstellers Franz Gräffer, Rudolf Gräffer (im Schulhof), August Friedrich Hartmann (unter den Tuchlauben), J. G. Mösle (in der Münzerstraße), Josef Stahl (in der Wollzeile) u. a. Mehrere, ja man kann sagen, nahezu die Hälfte waren fremde, hier ansässige Buchhändler. Unter den Buchbindern, denen ein beschränkter Buchhandel und Antiquariat gestattet war, ist Franz Leopold Grund[117] zu nennen, dessen Nachkommen als Buchdrucker später in Wiens Buchdruckergeschichte oft genannt werden.

Die Wiener Buchdrucker betrieben nun mit dem Auslande eine eigene Art Buchhandel, den Büchertausch oder sogenannten Stich- oder Baratta-Handel. Derselbe bestand darin, dass einem Buchdrucker gestattet wurde, ein bestimmtes Quantum ausländischer Bücher gegen das gleiche Quantum von in den Erblanden aufgelegten mautfrei umzutauschen. Mit Allerhöchster Resolution vom 1. September 1766 war bestimmt, dass jene ausländischen Bücher, die gegen im Erblande aufgelegte Bücher umgetauscht werden, durch drei Jahre von der Maut befreit seien. Nach dem Hofdecrete vom 26. März 1767 wurde verordnet, dass die außer Landes zu versendenden inländischen Bücher wenigstens 50 Pfund im Gewichte zu betragen hätten, wenn sie bei der Maut zur Ausgleichung der Gebühr für fremde Bücher vorgemerkt werden sollen. Dabei waren von der Regierung den Buchdruckern manche Vortheile gestattet.

Bedeutung eingeladen hat, in zufolge des im November 1781 von den [illegible] Plans zur allgemeinen Verbreitung der Lectüre in den k. k. Staaten durch wohlfeile Lieferung der Bücher für alle Lieber der Wissenschaften, das Geschäft einer Gesellschaft von [illegible] Männern, deren Geschäft und Vergnügen die Wissenschaften sind, und denen nichts mehr am Herzen liegt, als die Aufklärung in den k. k. Staaten [illegible] möglichst verbreitet und befördert zu sehen. Die [illegible] Gesellschaft erwählte sich zur Ausführung dieses glänzenden Planes, einer Art Universalmonarchie über Schriftsteller und Buchhandel, den weltbekannten Herrn Johann Thomas Edlen von Trattner. Ihre Wahl hätte auf kein würdigeres Subject fallen können. Herr von Trattner ist nicht nur mit allen zu einer solchen Unternehmung erforderlichen moralischen Eigenschaften reichlich versehen, sondern hat auch allein in Wien 26 Pressen im Gang, ist mit Papier, Schriftgießerey, Kupferstecherey, Kupferdruckerey und Buchbinderey eingerichtet, hat in den meisten Hauptstädten der k. k. Provinzen, als in Prag, Linz, Gratz, Brünn, Innsbruck, Triest, Agram eigene Buchhandlungs-Comptoirs, und ist sich der Übermacht, die ihm dies alles giebt, so lebhaft bewusst, daß er sogar darauf rechnet, nicht als [illegible] Theil sehr ansehnliche Buchhandlungen in den vornehmsten deutschen Städten, mit in seinen großen Plan einzuziehen, in einen Plan, der auf nichts Geringeres angesehen ist, als alle deutschen Schriftsteller und Buchhändler entweder auszurotten, oder zu seinen Tagelöhnern, Handlangern und Sclaven zu machen. Die Schändlichkeit des ganzen Projectes springt einem jeden ehrlichen Menschen in die Augen, und kann durch keine Vorspiegelung von guten patriotischen Absichten verdeckt noch gemildert werden.« Nach einem sehr starken Ausfalle sagt Wieland weiter: »Merkwürdiges Beispiel, was sehr die Begierde nach Alleinherrschaft, die Lust zu großen Speculationen, und die Bestimmung, 26 Pressen in Gang zu erhalten, sogar ... den Kopf eines Trattner [illegible] kann! Der [illegible] von Trattner [illegible] in dem Plane der [illegible] Gesellschaft, dass er sich nicht entblödete, die edelsten unter Wiens gelehrten Männern und Schriftstellern zur Theilnehmung an demselben einzuladen.« — In ähnlichem Sinne äußerte sich auch Lichtenberg.

[112] Der gerechtfertigte Nachdrucker oder Johann Thomas von Trattners des Heil. Römischen Reichs Ritters, wie auch Kayserl. Königl. Hofbuchdruckers und Buchhändlers in Wien erwiesene Rechtmäßigkeit seiner veranstalteten Nachdrucke. Als eine Beleuchtung der auf ihn gedruckten Leipziger Pasquille. Wien und Leipzig bey Weidmanns Erben und Reich. 1774. 8°

[113] Vgl. die Vignette des II. Theiles von Blumauers Aeneis: ein Hund, der gerne Menschenköpfe benagt und auf dem Halsband den Namen Trattner trägt. Die erklärenden Verse S. 136.

[114] War Universitäts-Buch- und Kunsthändler und starb am 27. Juli 1717. (Wiener Diarium vom Jahre 1717, S. 1459.)

[115] Universitäts-Buchhändler. (Wiener Diarium vom Jahre 1719, S. 1722.)

[116] Wiener Diarium vom Jahre 1743, S. 68.

[117] Bibliopola privilegiatus penes portam St. Stephani, wie er sich in Alvari Emm. Principia [illegible] Grammatices ex institutionibus Alvari [illegible] Viennae s. a.) oder in [illegible] Viennae s. a.) nennt.

Der hiesige Buchdruck und Buchhandel waren dadurch geschützt, dass hiesigen Buchhändlern, besonders aber fremden hier ansäßigen, wie Bader und Kraus, nicht gestattet war, die ihnen von inländischen Gelehrten übergebenen Manuscripte außer den Erblanden drucken zu lassen, sondern dass sie bei Confiscierung gehalten sein sollten, sie hier drucken zu lassen. (1767.)

Die Buchhändler blickten mit Missgunst und Ärger auf den Baratta-Handel der Buchdrucker. Allein der Referent beim niederösterreichischen Commerzien-Consesse, Abbé Marcy, meinte, dass man nicht allein Trattner, sondern auch »zur Vermeidung alles so sehr den ächten Commerzial-Principiis zuwiderlaufenden Monopolii allen sich um den Baratta-Handel annehmen wollenden inländischen Buchdruckern, ohne sich diesfalls an die niedrigen Einwendungen der Buchhändler zu kehren, den Handel und Verschleiß auch anderer ausländischer und nicht selbst von ihnen gedruckter Bücher freistellen solle, auch gleich wie in Frankreich und in anderen Ländern geschieht, keinem aber, weder Buchdrucker noch Buchführer gestattet werde, fremde Bücher, welche im Lande gedruckt werden, einzuführen«.[118] Diese Erleichterung geschah, um die inländische Literatur zu verbreiten und ihr ein größeres Absatzgebiet zu verschaffen, aber auch aus dem wirtschaftlichen Grunde, um das so häufig außer Land geführte Geld im eigenen Lande zurückzuhalten.

In größerem Umfange betrieben diesen Baratta-Handel Kaliwoda, Trattner und Kurzböck. Letzterer richtete an die Regierung einen interessanten Bericht zugleich mit der Bitte, ihm diesen Handel zur Erweiterung seiner Buchdruckerei und seines Verlages zuzugestehen.[119] »Er sei nunmehr im Stande,« sagt er darin, »den ausländischen Bücherverlag mit dem inländischen statt baarem Gelde zu bilancieren. Er wäre gegen die Einwendungen der hiesigen Buchhändler, ihn — Kurzböck — gleichsam als einen Fabrikanten anzusehen, der, um seine Buchdruckerei zu erweitern und auf eigene Rechnung den Verlag neuer Werke zu bewerkstelligen, sowohl um Baarbezahlung arbeite, als auch seine Leute nicht müßig gehen zu lassen, aus Mangel der Bestellungen auf eigene Rechnung drucken lassen müsse. Der hiesige Absatz seiner verlegten Bücher sei sehr gering und die mannigfaltigen Unkosten wären nicht hereinzubringen, wenn nicht der einzige Weg des Tausches erlaubt würde. Jeder hiesige Verleger laufe daher Gefahr, dass seine kostbaren Werke im römischen Reiche zum empfindlichsten Nachtheile nachgedruckt würden, wie er es selbst mit angezeigten Schriften erfahren, wornach die fremden Nachdrucke wieder hereingeführt werden und seine eigenen also unverkauft liegen geblieben wären. Da er nun bisher mit unermüdlichem Fleiße und mit eigenen Kosten ohne allen Vorschuss seine Buchdruckerei emporgebracht hätte, dass ihm auch aus der k. k. Hofbibliothek Manuscripte zum Abdrucke anvertraut würden, sodann die ausländischen Buchhändler sich gar gerne in einen Stichhandel mit ihm einlassen wollten, auch der Buchdrucker Kaliwoda, der doch nicht so viele Verdienste um den Staat hätte, als er, die Freiheit zum Büchertausch erhalten; so bittet er — Kurzböck — auch zu noch größerer Beförderung der Druckerei ihm ebenfalls zu erlauben...... So gewiss die hiesigen Buchhändler, worunter die Hälfte doch fremde sind, gegen dergleichen Gesuche der hiesigen Buchdrucker widersprechen, so richtig sei es auch, dass in ihren Bücher-Gewölben wenigstens vier Fünftel ausländische gegen ein Fünftel inländische zum Verkaufe aufliegen, und deshalb bloß auf solche Gattungen die hiesigen Druckereien beschäftigt werden, wovon diese Buchhändler schon vorher eines Absatzes gewiss sind, wozu sie sich dann leicht entschließen könnten und zugleich nicht ganz und gar unthätig gegen die National-Pressen zu scheinen. Inzwischen werde doch durch Eigennutz solcher Buchhandlungen die Beförderung der hiesigen Druckereien und die Aufmunterung zur Literatur schwerlich erreichet werden. Der Buchdrucker habe nicht Verschleiß genug und der Autor keinen Verleger. An den vornehmsten ausländischen Orten seien diejenigen Buchdruckereien die berühmtesten und vermöglichsten, die zugleich den Baratta-Handel ihrer Verlagsschriften mit anderen treiben. In dieser Hinsicht sei schon 1768 (26. März) von Allerhöchster Seite den hiesigen Buchdruckern ebenso wie den Buchhändlern ein solcher Handel sehr weislich zum Vortheile dieses Handelszweiges vergönnt und kurz darauf, den 23. Juni 1769, wäre dem Buchdrucker Kaliwoda diese Freiheit dergestalt ertheilt worden, dass

[118] Archiv des k. k. Reichs-Finanzministeriums, Niederösterreichische Commerzakten, Fasc. 110 I.
[119] Siehe oben S. 45, Note 182.

er ebenso viele fremde Bücher an Gewicht hereinführen dürfe, als er vom eigenen Verlage hinausführe und schon 1766 sei durch Bericht mit Einverständnis des Abbé Marcy der a. u. Antrag gemacht worden, diesen Tauschhandel zu erleichtern, damit alle schädlichen Privativa zur Verhinderung der schönen Wissenschaften und der hiesigen Pressen behoben würden, indem die hiesigen einfachen Buchhandlungen unseren Buchdruckereien fast gar keine Nahrung, vielweniger ein lebhaftes Gewerbe verschaffen. Und wenn auch ein Buchdrucker auf eigene Unkosten Bücher verlege, so wisse er innerlands mit der ganzen Auflage keinen Ausweg, die Buchhändler erkaufen nichts um baares Geld von ihm, auf den Verschleiß gegen das Publicum sei keine sichere Rechnung zu machen, in der Fremde würden sie nachgedruckt und wegen eines wohlfeilen Preises fast im Angesicht des wahren und ersten Verlegers in alle Hände verkauft, wodurch dann kein Aequivalent für die inländische Arbeit hereinkomme, diese niemals hinausgehe, und daher sowohl die Schriftsteller als Verleger vom Drucke abgeschreckt werden.»[120]

Außer diesem rechtmäßig zugestandenen Baratto-Handel hatten sich aber die Buchdrucker alles anderen Handels, wie § 8 der Buchhändler-Ordnung vom 28. März 1772 ausdrücklich bestimmte,[121] gänzlich zu enthalten.

[120] Archiv des k. k. Reichsfinanzministeriums, Niederösterreichischer Commercien-Consess 1751–1800, Fasc. Nr. 110 1.

[121] K. k. Theresianisches Gesetzbuch, Bd. VI, S. 453. — Außer dem allgemein gehaltenen Paragraph 8 der Buchhändler-Ordnung wurde allmählich eine Reihe Specialbestimmungen erlassen, wie sie aus thatsächlichen Fällen sich ergaben, theilweise gehören sie auch zu den Gewerbevorschriften, z. B. die Hofentschließung vom 10. Jänner 1777, wornach die Buchhändler, Buchdrucker und Buchführer gedruckte Handwerkskundschaften an Niemand anderen, außer an geschworene Älteste Meister bei der auf Kundschaftsfälschung gesetzten Strafe verkaufen dürfen. (Theresianisches Gesetzbuch, Bd. VIII, S. 5, Nr. 1854.)

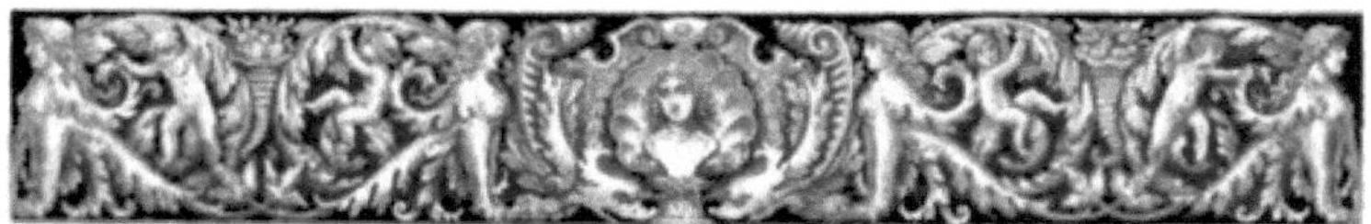

DRITTES CAPITEL.

DIE GEISTIGEN STRÖMUNGEN IN WIEN VON 1682 BIS 1782 UND DIE BUCHDRUCKERKUNST IN BEZIEHUNG ZU DENSELBEN. — DIE CENSUR.

WISSENSCHAFT und Literatur standen in den ersten Decennien des XVIII. Jahrhunderts noch auf derselben Stufe, wie zur Zeit kurz vor 1682, am Beginne des dritten Jahrhunderts seit der Einführung der Buchdruckerkunst in Wien.[422]

Im Kreise der Universitäts-Professoren, die ebenso gering besoldet, als unterrichtet waren, gab es kein wissenschaftliches Leben; von ihnen konnte auch keine Anregung dazu ausgehen. Wie sie sogar als Männer ihres Berufes — wir erinnern an die Mediciner — oft nur die nothdürftigsten Kenntnisse besaßen und daher selbst damals kaum ein nennenswertes Ansehen genossen,[423] so vermochten sie auch als Universitätsbehörde — Rector et Consistorium Universitatis Vindobonensis — die Bedeutung einer Hochschule nach außen und besonders den Behörden gegenüber nicht zur Geltung zu bringen. Dieser Mangel wissenschaftlichen Lebens, wie nicht minder der geringe Einfluss der Universität nach außen konnten nicht ohne Nachwirkung auf die Buchdruckerkunst bleiben. Dieselbe vermochte sich daher auch weder qualitativ noch quantitativ zu bessern, da Wissenschaft und Literatur keineswegs im freudigen und nimmermüden Schaffen, wie es z. B. in den Zeiten Kaiser Max I. und des aufstrebenden Humanismus der Fall war, auch der Buchdruckerkunst entsprechende Aufgaben zu lösen gaben; zudem schied dieselbe aus dem uralten rechtlichen Verbande mit der Alma mater, der immer noch an die ruhmvollen Erstlingszeiten von Gutenbergs Kunst erinnert hatte. Freilich waren diese rechtlichen Beziehungen zur Zeit Maria Theresiens nicht mehr haltbar, weil die Jurisdiction der autonomen Universitätsbehörde der Autonomie des Staates, dessen Idee immer kräftiger zum Durchbruche kam, entgegenstand.

Schon die ersten Reformen des kunst- und prachtliebenden Kaisers Karl VI., welche derselbe an der Universität einführte, gaben einen indirecten Anstoss zur Hebung wissenschaftlichen Geistes. »Aber mit dem Durchdringen einer neuen originalen, lebenswarmen (literarischen und poetischen) Bildung hatte es noch seine weiten Wege.« Wohl gab es schon damals Gelehrte und Quellenforscher, die gleich Pionnieren in lange verfallene Schachte hinabstiegen, um den Brunnen der Wissenschaft wieder erstrahlen zu machen. Doch hatten diese Männer ernster Forschung keinen anderen Vereinigungspunkt, als in ihrer Hingebung für die Wissenschaft und in der gemeinsamen Liebe für das Vaterland.[424]

Erst Karls VI. Tochter, Maria Theresia, welche der Österreicher mit vollem Rechte die große Kaiserin nennt, war es vorbehalten, durch durchgreifende Änderungen im Studienplane, durch Berufung hervorragender Lehrkräfte und Errichtung neuer Lehrkanzeln das wissenschaftliche Leben wieder in einer Weise zu entfalten, wie es nur Kaiser Max I. Zeiten der Wiener Universität gebracht hatten. Gerhard van Swietens Name ist nicht nur mit der Glanzepoche der medicinischen Wissenschaften in Wien auf ewige Zeiten,

422 Siehe I. Bd. S. 868 und 872 dieses Werkes.
423 Dr. Anton Mayer, Geschichte der geistigen Cultur in Niederösterreich, I. Bd. S. 334.
424 Rudolf Kink, Geschichte der Wiener Universität, I. Bd. S. 424, Note 565.

sondern auch mit der Reform der Wiener Universität überhaupt verknüpft. An der juridischen Facultät lehrten ausgezeichnete Männer, wie Martini und Sonnenfels, an der medicinischen ragten neben Gerhard van Swieten besonders Anton de Haen, Gasser, Laugier und Anton Freiherr von Störck hervor.[127]

Diese mächtigen Geistesströmungen, die unter Maria Theresia von der Universität ausgiengen, blieben auch nicht ohne Erfolg auf die wissenschaftliche Literatur, die nun theils in inhaltlich bedeutsamen, theils in prachtvoll ausgestatteten Werken zu Tage tritt. Aber auf die Gelehrtenkreise außer der Universität übten dieselben einen ebenso gewaltigen Zauber aus; überall regte es sich, wie im Frühlinge, wenn die Knospen treiben und duftende Blüten segensreiche Früchte versprechen. Die Pressen der großen Druckerherren hatten vollauf zu thun und auch die kleineren Meister genossen einen Theil von diesem in der Literatur schaffensfreudigen Geiste.

Noch am Anfange des XVIII. Jahrhunderts und weiter herauf war die Theologie am meisten durch Drucke in der Literatur vertreten. Abgesehen von den zum Gottesdienste gehörigen liturgischen Büchern, waren es vornehmlich ascetische, dann auch homiletische,[128] weniger wieder in die wissenschaftliche Theologie einschlägige Schriften, die im Drucke erschienen. Mit dem Aufschwunge der weltlichen Disciplinen herrschen diese auch in den Druckwerken vor. Der Zahl und Zeit nach glauben wir solche historischen Inhalts obenan setzen zu dürfen; denn schon die Belagerung Wiens hat eine reiche Literatur, von der ein nicht unbedeutender Theil in Wien gedruckt wurde, hervorgerufen. Größere Werke, die auch vom typographischen Standpunkte höchst beachtenswert sind, betreffen die urkundliche Detailforschung der vaterländischen Kirchen- und Klostergeschichte, wie sie vom dritten Decennium des XVIII. Jahrhunderts ab in österreichischen Klöstern mit Fleiß betrieben wurde. Wir erinnern nur an Anselm Schramb's «Chronicon Mellicense» (Fol. 1732), Philibert Hueber's «Austria ex Archivis Mellicensibus illustrata» (Fol. 1743, 2. Ausgabe) und Martin Kropf's «Bibliotheca Mellicensis» (1747); wohl ließen einige Historiker dieser Richtung ihre Werke auswärts drucken, wie der Göttweiger Abt Gottfried Bessel, welcher sein «Chronicon Gottwicense» der Buchdruckerei des Klosters Tegernsee (1732) zum Drucke übergab, und die beiden gelehrten Benediktiner des Klosters Melk, Bernhard und Hieronymus Pez, welche ihre größeren Schriften zu Leipzig, Augsburg und Regensburg drucken und erscheinen ließen. Sind oben genannte Drucke meistens Quellen-Publicationen und dem entsprechend typographisch ausgestattet, so zählen auch andere Werke historischer Forschung, die aber Bearbeitungen specieller Fragen enthalten, zu ansehnlichen Wiener Drucken jener Zeit, so die großen Werke des Jesuiten Sigmund Calles: «Annales Ecclesiastici» und «Annales Austriae» (Fol.), des Ernst Freiherrn von Apfaltern: «Scriptores Antiquissimae et celeberrimae Universitatis Viennensis» (1740), dann die Schriften eines Hansiz, Kollar, Franz Ferdinand von Schrötter, Philipp Jakob Lambacher, Josef Benedikt Heyrenbach. Von hervorragend typographischem Werte, ja wahre Prachtwerke, sind die großen numismatischen und historischen Publicationen der berühmten Numismatiker Erasmus Fröhlich, Ludwig Debiel und Khell von Khellburg.

Werke von solcher typographischen Bedeutung haben natürlich die anderen Disciplinen, die Theologie, Jurisprudenz und Medicin, nur in seltensten Ausnahmen aufzuweisen, da deren Inhalt eine kostbare, mit Illustrationen geschmückte Ausstattung ausschließt; doch sind darunter immerhin solche, welche nach Lettern und Druck als typographisch schön bezeichnet werden dürfen.

Aus dem Gesagten ergeben sich nun zwei Thatsachen, einmal, dass die Universität erst seit den tiefgreifenden Reformen Maria Theresiens wieder mit einem regeren wissenschaftlichen Leben daselbst in Zusammenhang gebracht werden darf, und dann, dass die Wiener Typographie hiervon doch mehr einen größeren Aufschwung nach der Zahl der Drucke, als nach der Ausstattung zu verzeichnen hat; der Schwerpunkt für dieselbe lag eben weit mehr in der Pflege der Wissenschaften außer dem Kreise der Universität, und da war es vorwiegend die Geschichte mit einigen ihrer Hilfsdisciplinen, deren oberwähnte Prachtwerke unter der Gunst der Klöster, einiger Adeligen und des Hofes entstanden.

[127] Dr. Anton Mayer, Geschichte der geistigen Cultur in Niederösterreich, Bd. I., S. 208 f., 357 ff.

[128] Von Abraham a Sancta Claras Predigten wurden viele in Wien gedruckt, einige auch öfters aufgelegt; die Gesammtausgabe von dessen Geistl. Predigten wurde bei Kurzböck gedruckt; auch die Predigten der bedeutenden Wiener Kanzelredner Andreas Brückl, Franz Held und Josef Schmiller wurden in Wien gedruckt.

Wenden wir nun unsere Blicke auf die Literatur. Nirgends zeigte sich der fremde Einfluss, der französische und italienische, mehr als hier; zunächst auch noch in der Kunst. Die französische Sprache beherrschte seit Ludwig XIV. allgewaltig die Diplomatie, den sprachlichen Verkehr der höheren Gesellschaftskreise, die Lectüre. Spanische und französische Etikette erstickte die freieren und natürlichen und darum ehrlicheren Verkehrs- und Umgangsformen. Die Literatur im engeren Sinne, unter den Dichtungen besonders Dramen und Melodramen, ja auch die Prosa wurden ausschließlich von Italienern gepflegt, die eigens an den Hof Karls VI. und Maria Theresiens berufen wurden, so Lavagini, der Erzieher Karls VI., der Dichter und Historiograph Apostolo Zeno, der in Philosophie, Theologie und Jurisprudenz gelehrte Gentilotti, der Arzt und Bibliophile Nicolaus Garelli, Alessandro Riccardi, der formengewandte und gefeierte Dichter Pietro Metastasio, der gelehrte Humanist Abbate Baggio Garofolo, denen sich der kunstgelehrte Nuntius Cardinal Passionei würdig anschloss.

Es ist selbstverständlich, dass eine fremde Literatur, welche nur in den Hof- und Adelskreisen Eingang und Pflege gefunden und diese allein und voll beherrschte, welche keine Wurzeln im Volke hatte und einer weiten, anregenden Verbreitung entbehrte, die Pressen Gutenbergs in Wien nicht zu viel in Anspruch genommen haben wird. Und was selbst von jener fremden Literatur in Wien gedruckt wurde, war gegenüber der Zahl der italienischen und französischen Bücher, die von auswärts eingeführt wurden, nicht allzu hoch anzuschlagen. Wir finden auch mit Ausnahme der vielen, mitunter schön ausgestatteten italienischen Textbücher zu den Dramen, Melodramen und Opern, sowie einiger Grammatiken nur wenige Werke ausländischer Literatur in Wien gedruckt. Welch' ein weites Feld der Thätigkeit eröffnete sich aber den Wiener Pressen, als die deutsche Dichtung, in grauer Vorzeit aus dem Volke entsprossen und zum Volke redend, nach langem Schlafe erwachte, den Kampf gegen die fremden Elemente aufnahm und in vielen tausenden von Exemplaren, wozu wohl auch der Nachdruck das Seinige beisteuerte, wieder ins Volk wanderte und auf dessen Fühlen und Denken umgestaltend wirkte.

Des gemüthreichen Gellert Fabeln und geistliche Dichtungen fanden zuerst Eingang in Wien,[127] und in jenen vornehmsten Kreisen war dieser Dichter bald ebenso verbreitet, wie in den untersten Schichten des Volkes. Neben Gellerts Gedichten war es auch die patriotische Dichtung im siebenjährigen Kriege, die Aller Herzen erwärmte und erschloss und als deren Sänger der edle Jesuit Denis, der Vorkämpfer der deutschen Poesie und Literatur in Österreich, aufgetreten war. «Die edle Gestalt der Kaiserin Maria Theresia, an der die Völker Österreichs mit ungeheuchelter, aufrichtiger Liebe hiengen, der geniale Gegner, dessen außerordentliches Wesen Freund und Feind mit Bewunderung erfüllte, die wechselvollen Ereignisse des Kampfes selbst boten den Stoff zu Dichtungen von nationalem Gehalte, und zu seinem Ausdrucke musste die deutsche Muttersprache genommen werden, sollte das Dichterwort das Herz des Volkes treffen und nicht lautlos verhallen.» Als der Ausdruck solcher Ideen und Gefühle erschienen 1760 die «Poetischen Bilder» von Michael Denis. Nun war die Brücke gebaut, welche die Ideensphären des Adels und des Volkes durch den Aufschwung der deutschen Sprache und Literatur wieder einander näherte; an ihrem Baue wirkten auch Jesuiten mit, wie Denis, Mastalier, Graf Hohenwart, Burkhard und Wurz, Piaristen wie Bob, Herl und Roschmann.

Im Jahre 1761 bildete sich in Wien die «Deutsche Gesellschaft» zu dem Zwecke, die deutsche Literatur in den deutsch-österreichischen Provinzen zu pflegen; schon im folgenden Jahre wurde von Christian Gottlieb Klemm[128] die erste deutsche Wochenschrift in Wien: «Die Welt» begründet,[129] woran auch der Piarist Philipp Herl vielfach thätig war; sie dauerte aber nur bis zum Ende des Jahres 1763. An ihrer Stelle rief Klemm 1764 den «Österreichischen Patrioten» ins Leben, «um die Mitbürger zu ergötzen,

[127] Über diese geistige Bewegung, vgl. H. M. Richter, Geistesströmungen.

[128] Christian Gottlieb Klemm war am 11. November 1736 zu Schwarzenberg im sächsischen Erzgebirge geboren. Nachdem er in Leipzig Rechtswissenschaft und Theologie, auch schöne Literatur unter Gellert studiert hatte, wurde er 1752 in Frankfurt am Main Lehrer der Officiere des Regiments [illegible] in der deutschen Sprache. 1759 gieng er auf kurze Zeit an die Universität Jena, wo er mathematische, kunst- und literaturgeschichtliche Studien betrieb. 1759 bis 1762 war er in Wien Corrector bei Trattner und veranlasste diesen jetzt sowie auch später, die Dichtungen von Haller, Hagedorn, Gellert, Klopstock, Zachariä, Kleist und Lessing zu [illegible], [illegible], und [illegible], [illegible] Vignetten [illegible] Auflagen herauszugeben. H. M. Richter, Geistesströmungen, S. 280.

[129] Diese Zeitschrift wurde bei dem Universitätsbuchdrucker Georg Ludwig Schulz in der Kärntnerstraße gedruckt und verlegt. L. c., S. 2[illegible]. Siehe auch Karl [illegible], Michael Denis. Ein biographisches Gedenkblatt (Wien 1859), S. 14.

einige zu unterrichten, zu bessern und ihren Beifall zu verdienen». In drei Jahren waren fünf Bände erschienen, dann gieng auch diese Zeitschrift ein. Solchen Erstlingen von belehrenden Wochenschriften folgten bald andere von kürzerer oder geringerer Dauer. Wohl war die erste Nummer von Sonnenfels' neugegründeter Zeitschrift: «Der Vertraute» (1766) mit Beschlag belegt worden, aber alsbald folgte: «Der Mann ohne Vorurtheil»; mit 1766 erschien Stephanies: «Zum Vergnügen und Unterricht» (seit 1769 in neuer Folge), seit 1768 wurden «Briefe über die neuere österreichische Literatur» ausgegeben; gegen Ende des Jahres 1770 begann eine Wochenschrift in dem «mit allerhöchst k. k. Majestät allergnädigster Freiheit errichteten Comptoir der Künste, Wissenschaften und Commercien» zu erscheinen unter dem Titel: «Realzeitung». Schon die erste Nummer derselben fand reißenden Absatz, auch die zweite Auflage wurde bald verkauft und die ersten acht Stücke mussten wiederholt nachgedruckt werden. Diese Zeitschrift fand vielen Absatz und hielt sich auch bis in die achtziger Jahre.[130] Die «Bibliothek der österreichischen Literatur», das würdigste Organ jener Zeit in Österreich, hielt sich dagegen nicht lange, ebenso gieng auch die Wochenschrift: «Gazette littéraire de Vienne» bald ein. Von 1770 an gab Klemm die gut gearbeiteten und redigierten «Theater-Almanache» heraus, und von Mitte 1771 bis Juni 1777 erschienen die «k. k. allergnädigst privilegierten Anzeigen aus sämmtlichen k. k. Erbländern»,[131] vom Februar 1771 an: «Die kritischen Auszüge aus den neuesten Schriften der Ausländer und Deutschen»[132] und seit 1774: «Das Wiener Magazin» nach Art der englischen Magazine (eine Monatsschrift). Das Jahr 1774 brachte eine größere Zahl von Wochenschriften, die Vorläufer der josefinischen Literatur, «welche unter den sonderbarsten Titeln die großen Unternehmungen «Realzeitung», «Anzeigen» u. dgl. nicht behelligten;» wir führen von ihnen an: «Der Bienenstock» für Bienenzüchter und Landwirte, «Allerlei von Wien» von Klemm, welche Wochenschrift wenig Beifall fand, wie auch dessen: «Der hungrige Gelehrte»;[133] sie gereichten Wien so wenig zur Ehre, wie die nur kurze Zeit bestehenden Zeitschriften: «Die Meinungen der Babette» von Rautenstrauch,[134] «Der Zeigefinger», «Der Tastenfink», «Die Theaterchronik», «Der Müßiggänger», «Der Bürger», «Die Meinungen», «Der Küsteeler», «Der Ankündiger», «Der Arme», «Alles untereinander, wie es einfällt», «Der dramatische Antikritikus», seit 1775: «Potpourri», «Lies mich oder ich fresse Dich», «Vorlesung des Faschings», «Sammlung besonderer Begebenheiten des Faschings», «Till von Eulenspiegel». Von nachhaltigem Erfolge dagegen war die Zeitschrift: «Die österreichischen Rechte», deren erste Nummer (erschienen am 4. October 1775) sogleich vergriffen war und wiederholt nachgedruckt werden muste. Im Jahre 1777 begann: «Der erste Wiener Musen-Almanach» zu erscheinen (dauerte bis 1796), der von Johann F. Ratschky herausgegeben wurde und anfangs viel mit der Gleichgiltigkeit des Publicums zu kämpfen hatte.[135]

Natürlich hatten nur die größeren Zeitschriften eine Bedeutung für den Umschwung, der im Geschmacke der höheren Kreise und in der Bildung des Volkes sich vollzog. Besonders in der «Welt» trat Klemm für die deutsche Sprache im Geiste Lessings ein, von welchem mehreres auch abgedruckt wurde. Sonnenfels, Staatsrath Gebler, der gelehrte Purist Fulgentius Bauer, Haslinger, Bob und der Jesuit Wurz, ein begeisterter Verehrer Lessings, traten offen und mit Muth für dieselben Ideen ein. Schon waren die Verhandlungen eingeleitet, dass Klopstock und Lessing nach Wien kämen; doch wurden diese Pläne und die daran geknüpften Hoffnungen nicht verwirklicht.

Wir haben diese geistige Bewegung hier nicht eingehender zu beschreiben, sondern sie nur kurz zu charakterisieren und dann hinzuweisen, welche Beziehungen zwischen ihr und der Buchdruckerpresse Wiens bestanden, d. i. welcher Aufschwung für diese in commercieller und technischer Beziehung daraus sich ergab.

[130] Dieses Comptoir errichtete Josef Edler von Kurzböck. 1774 war Klemm Redacteur; an Stelle der Handels- und Actualitätenartikel, von denen mehrere aus der Feder Kurzböcks stammten, wurden Romane und Novellen aufgenommen. In den achtziger Jahren übernahm Blumauer die Redaction und als Mitarbeiter erscheint der Kantianer Reinhold. (H. M. Richter, Geistesströmungen, S. 280, 290.)

[131] Eine Wochenschrift, 4°, 8 Seiten, doppelspaltig. Gedruckt bei van Ghelen. (H. M. Richter, l. c. S. 284 f.)

[132] 8°, jede Nummer 4 bis 5 Bogen stark. Die erste Nummer erschien am 1. Februar 1771; die Expedition war das Real-Zeitungs-Comptoir. In dieser Zeitschrift wurden die Classiker häufig nachgedruckt. (H. M. Richter, l. c. S. 284.)

[133] Wien, bei van Ghelen. 2 Bände oder 50 Stücke, 8°. (Austria-Kalender, Jahrg. 1843, S. 145 f. — H. M. Richter, l. c. S. 288.)

[134] Erschien am 15. April 1774 zum erstenmale und erhielt sich nur ein Jahr lang. (H. M. Richter, l. c. S. 288.)

[135] 1780 war Redacteur Richter, dessen Stellvertreter [illegible], weil jener erkrankte; 1781 bis 1792 führten die Redaction Ratschky und Blumauer, 1793 und 1794 letzterer allein, 1795 und 1796 Gottlieb Leon. (Austria-Kalender, Jahrgang 1843, S. 1 f.)

Weder die Drucke der fremden Literatur, noch die infolge der patriotischen Strömung auf dem Gebiete der Dichtkunst und Literatur in der Muttersprache des Volkes hervorgerufenen Werke haben eine besondere technische Hebung der Buchdruckerei verursacht; es gab zwar neben gewöhnlichen, mitunter auch schlechten Drucken manche von größerer Güte in der typographischen Herstellung und Ausstattung, aber die Mehrzahl dieser Erzeugnisse der Buchdruckerpresse trug einen alltäglichen Stempel an sich und wies keine Vorzüge an Zurichtung, Druck und Papier auf. Dagegen hatte die Pflege nationaler Sprache und Dichtung die Leselust und den Bildungstrieb im Volke geweckt und dadurch die Buchdruckerei in commerzieller Beziehung gehoben. Die Zeiten Maria Theresiens und Josefs waren für die Kunst Gutenbergs überaus günstig. Zudem gab auch der Druck in orientalischen Sprachen im weitesten Sinne des Wortes, den diese beiden Monarchen unter ihren besonderen Schutz genommen hatten, nicht wenig zu thun. Die Pressen waren daher überall im Gange, ja ihre Zahl mehrte sich in den größeren Officinen; Arbeit gab es zur Genüge, nicht selten in Hülle und Fülle, keine Klagen, außer den gewöhnlichen, wenn ein altes Privilegium wieder zur Verleihung kam oder gar ein neues von der Regierung ertheilt wurde, wurden von Seiten der Principale laut. Bemerkungen über geschäftliche Rivalitäten, Klagen über schlechte Schriften, schlechtes Papier, Beschwerden der Buchdrucker über Schriftgießer und Papiermüller, dieser wieder über jene, Enquêten der Regierung zur Verbesserung der Buchdruckerei, um sie der ausländischen ebenbürtig zu machen, finden wir in den Acten wiederholt niedergelegt; aber die Buchdruckerei befand sich, wie gesagt, im Großen und Ganzen, wenn auch nicht in einer glänzenden, so doch in guter Situation, die gegen früher gar bedeutend sich abhob.

Zur Zeit des beginnenden dritten Jahrhunderts seit der Einführung der Buchdruckerkunst in Wien wurde die Censur aller in Druck zu gebenden Werke noch so strenge geübt und anbefohlen, wie früher.[136] Dieselbe war theils der Geistlichkeit, d. i. den Jesuiten, theils der Universität vorbehalten. Der absolute Staat der Fürstenmacht aber, wie er sich im XVIII. Jahrhunderte herausbildete, bekämpfte und beseitigte schließlich innerhalb seines Gebietes nicht nur jede anderweitige Autonomie, sondern riss auch Rechte und Freiheiten von Corporationen und Einzelnen an sich, die ihm zur Erhöhung der Staats-Omnipotenz wichtig erschienen. Ein solches Recht war auch das der Aufsicht über die Literatur. Die Gelegenheit hierzu bot sich im Jahre 1705. Es waren nämlich damals die Acten eines Rechtsstreites im Drucke veröffentlicht worden, ohne dass die Universität Einsprache dagegen erhoben hätte. Die Landesregierung erblickte aber darin eine mit den staatlichen Anordnungen im Widerspruche stehende Handlung und befahl — um für die Zukunft eine Richtschnur zu geben — dem Rector und Consistorium, alle ins Gebiet der politischen Verwaltung einschlägigen Bücher, wenn sie in der bisherigen Weise von der Universität censuriert waren, dem Hofe zur nochmaligen Revision vorzulegen, womit die Censur der politischen Bücher dem Staate vorbehalten erscheint.[137] Im folgenden Jahre ereignete sich ein ähnlicher Fall, weshalb dieses Decret der Regierung erneuert wurde.[138]

Da der Universität das Recht der Censur in hervorragender Weise eingeräumt war, so sind auch die meisten Censur-Decrete der Regierung an jene gerichtet; sie sind bald einschränkender Art, bald auffordernd zu größerer Strenge. Am 13. März 1721 erging an die Universität die Verordnung wegen Revision und Censur »der allhie zu druckenden Bücher« durch die vier Facultäten, die am 1. März 1725 und am 23. Jänner 1730 erneuert wurden.[139] In letzterem Decrete wurde anlässlich einer zu Krems gedruckten Schmähschrift[140] bestimmt, dass die Landbuchdruckereien untersucht und nach jeweiligen

[136] Regierungs-Decret vom 15. November 1705; Regierungs-Decret vom 3. September 1706, erneuert am 10. November 1751 und am 2. Juni 1753. (Archiv der Wiener Universität, IV. C. Nr. 2.)

[137] Fournier, Gerhard van Swieten als Censor, in den Sitzungsberichten der k. Akademie der Wissenschaften, 84. Bd. 393 ff. — W. Müller, Gerhard van Swieten (Braumüller 1883), S. 115 ff.

[138] Es wurde bekannt, dass sich ein Buch über das Erbrecht der österreichischen Regierung auf Siebenbürgen unter der Presse befinde. Die Universität erhielt zugleich den Auftrag, sie möge den Buchdruckereibesitzern einschärfen, kein Buch politischen Inhaltes zu drucken, ehevor dasselbe nicht bei Hofe der Imprimatur [illegible] gemacht worden sei. Auch sollte keine derartige aus dem Auslande kommende Schrift ohne vorhergegangene Revision bei Hofe zum Verkaufe gelangen dürfen. (W. Müller, l. c. S. 116.)

[139] Codex Austriacus, IV. 416. — Archiv der Wiener Universität, Fasc. IV. C. 6 ad 2. — Kink, Geschichte der Wiener Universität, I. 2, S. 513.

[140] Am 18. Juli 1715 hatte Karl VI. ein Manifest erlassen gegen die die Religion und den Glauben schmähenden, ärgerlichen Bücher, Schriften, Schmähkarten, schimpflichen Gedichte, Gemälde, Kupferstiche. Nachdem sich dieses Manifest weiter gegen das dem Staate und der Kirche nachtheilige Treiben ausgesprochen, die Schriftsteller verwarnt und ihnen mit hoher Strafe [illegible] und der Kayserlichen und des Reichs schwerer Ungnade gedroht hatte, heißt

Gutachten der Sachkundigen aufgehoben werden sollen[141] und neue Buchdruckereien ohne landesfürstlichen Consens nicht errichtet werden dürfen, «da die bestehenden genug und fast überflüssig seynd, habita ratione publici de genere prohibitorum». Übrigens wolle die Regierung, heißt es in diesem Decrete weiter, der Universität das Recht betreffs der Censur nicht einschränken, «indessen aber biß wegen dießer Bücher-Censur ein vollständiges geordnet würdte, solle nicht nur die den 1. März 1725 wegen der allhie druckhenden Bücher an Sie, Universitat ergangen hiebey vorkommende Verordnung erfrischet werden, und durch dieselben allen und jeden Buchdruckher aufs Neue intimiret werden, sondern es wollen auch allerhöchst gedachte Ihro Kays. May. obbemeltes ddto. 1. März 1725 an Sie gedachte Universität erlassenes Decret auch die Revision der von außen kommenden Bücher extendiret haben mit dem Beisatz, dass die Hauptmauth angewiesen werde, von den von außen kommenden Büchern einen Catalog und genaue Specification (Titel, Rubrik, Druckort, Druckherey und Jahr) abverlangen, an Censoren einsende und auf deren Verlangen Exemplare zur Einsicht abgeben, bis zur Approbation die Bücher zurückbehalte.»[142]

Dass die Regierung noch immer die Censur durch die Universität theilweise anerkannte, geht nicht nur aus den eben erwähnten Decreten, sondern auch aus jenem Erlasse vom 24. Juli 1733 (erneuert durch das Regierungsdecret vom 30. Juli 1741) hervor, worin das Universitäts-Consistorium wegen künftiger Einrichtung der Bücher-Censur Bericht zu erstatten aufgefordert wurde.[143] Aber in den Decreten vom 2. October 1737 (die Universität hat von nun an mit der Censur der Zeitungen nichts mehr zu thun)[144] und vom 4. April 1743 (die Universität hat mit der Censur von Schriften und Büchern politischen Inhalts nichts mehr zu thun, dagegen bleibt ihr die Censur, «deren geistlichen und von und wider die religion handelnden Büchern und Schriften Ihr Universität ganz und gar unbenohmen ist»)[145] sind bereits manche Einschränkungen ausgesprochen. Mit Regierungs-Decret vom 3. August 1751 wird noch die Censur der juridischen Bücher durch die juridische Facultät strenge anbefohlen (erneuert am 13. und 20. September 1751).[146] Während also die Regierung alle in das Publicum einschlägigen Schriften sich zur Approbation vorbehielt,[147] waren der Universität nur die von Geistlichen abgefassten oder über die Religion sowie über die Jurisprudenz handelnden Schriften vorbehalten.

Eine der einschneidendsten Verfügungen gegen die bisher geübte Censur war aber die am 1. April 1753 anbefohlene Einsetzung einer «*Bücher-Censur-Commission*», infolge deren die den Facultäten der Universität

es weiter, dass Winkeldruckereien abgeschafft werden und Buchdruckereien nur an bestimmten Orten errichtet werden dürfen, [illegible] Censoren zu bestellen, [illegible] Codex Austriacus III. [illegible] Anhange eines zu Krems 1727 gedruckten «Österreichischen Schreibkalenders für 1730» [illegible] «Eine ausführliche Beschreibung allerhand denkwürdiger Begebenheiten, so sich an Unsern Europäischen Höfen zugetragen [illegible]» Dieser Kalender war ohne Censur gedruckt und in [illegible] Exemplaren verkauft worden, [illegible] in Wien am Neuen Markt [illegible] (Das Gleiche geschah auch in Krems, [illegible] Kalender u. s. w. Jahrg. 1856, S. 171.)

[141] Es wurden also geschlossen die Buchdruckereien zu Krems, zu [illegible] und die vor [illegible] Jahren errichtete Buchdruckerei zu [illegible], sowie noch mehrere Winkeldruckereien. (Archiv der Wiener Universität, IV. Band, Nr. 31.)

[142] Archiv der Wiener Universität, Fasc. IV., Lit. B., Nr. 31. — Codex Austriacus VI., 615. — R. Kink, l. c. II. 516.

[143] Archiv der Wiener Universität, Fasc. V. Lit. B., Nr. 12. — «Die niederösterreichische Regierung [illegible] der Universität [illegible] (W. Müller, l. c. S. 119.)

[144] R. Kink, l. c. I. 2, S. [illegible].

[145] Archiv der Wiener Universität, Fasc. IV. Lit. B., Nr. 33. — Statutenbuch der Wiener Universität, Nr. 115. — Kink, l. c. I. 1, S. 457, Note 593., II. 1, S. 539.

[146] Archiv der Wiener Universität, Fasc. IV., lit. C., Nr. 12 und 13 ad 2.

[147] [illegible] Rescript vom 18. März 1749. (K. k. Theresianisches Gesetzbuch, Bd. 1, S. 42, Nr. 45.)

zustehende Censur gänzlich aufhörte.[148] Sie war eigentlich eine Präventiv-Maßregel, da die Begutachtung durch jene Commission der Drucklegung selbst vorangieng und diese von der Untersuchung des Manuscriptes abhängig machte.[149] Die Manipulation war eine schwerfällige und schleppende.[150]

Mit Hofdecret vom 18. April 1761 wurde die alte Verordnung für alle k. k. Erblande erneuert, dass Druckwerken, und wenn es auch nur einzelne Blätter und Zettel wären, der Wohnort des Buchdruckers nebst Namen und Zunamen desselben beizusetzen sei, widrigens die «Dagegenhandelnden» eine Geldbusse zu erlegen hätten.[151]

Die wöchentliche Revision der Wiener Zeitungsblätter gehörte zuerst der Censur der Universität zu und gieng dann als ein Politicum auf jene der Regierung über. Später war sie an die geheime Hof- und Staatskanzlei übergegangen; «bey den anderweit aufhabenden vielen wichtigen Verrichtungen» dieser Behörden, die sich nun wöchentlich auch noch mit der Revision der Zeitungsblätter befassen sollte, griff die Kaiserin Maria Theresia unterm 28. Jänner 1769 auf den früheren Usus zurück und betraute damit wieder die niederösterreichische Regierung.[152]

Am 21. März 1772 wurde die «Bücher-Censur-Commission» aufgehoben und eine *«Censur-Hof-Commission»* (Censur-Commission), deren erster Vorsitzender Gerhard van Swieten war, eingesetzt;[153] als Vorsitzender der Section «Wien» fungierte Johann Caspar Graf Lantieri, niederösterreichischer Vice-Statthalter, der auch bei der Gründung der Volksschule unter Maria Theresia als Präses der niederösterreichischen Schul-Commission sich viele Verdienste erworben hatte.

Dem Cardinal-Erzbischofe von Wien, Christoph Anton Graf von Migazzi, war gleich mitgetheilt worden, «dass künftighin, sowie die Vorschrift respectu der weltlichen Buchdruckerey ohnehin schon bestehe, auch von dem Clero saeculari und regulari ohne Ausnahme kein theologisches Werk, Predigten, Theses, Andachtsbücher, Lieder, oder was immer für ein Buch entweder zum eigenen Gebrauch, oder zur weiteren Begebung, wann solches nicht vorläufig von der im Land aufgestellten Censur-Commission behörig untersuchet und mit dem gewöhnlichen «Imprimatur» versehen worden, im Drucke aufgelegt werden solle».[154]

Nur bezüglich der Katechismen und der Volksschulbücher bestand noch eine Ausnahme.

Mit Hofkanzleidecret vom 28. März wurde zur künftigen Richtschnur verordnet, dass «die Censur über alle imprimenda dieser Bücher, welche keine theologischen Materien betreffen, der Schul-Commission allergnädigst» eingeräumt sei; in Ansehung der Religionsbücher für die Schule — erhielt die k. k. Censur-Hof-Commission die Weisung, «dass solche jederzeit von dem Bischofe Stock censuriert

[148] Die Hof-Entschließung vom 21. August 1762 erklärte jedoch, dass nicht das mindeste weder in Juridicis, Theologicis, Medicis oder Philosophicis noch in Humanioribus gedruckt werde, es sei denn, dass ein solches zuvor von dem betreffenden Facultäts-Director eingesehen und approbiert worden sei. (K. k. Theresianisches Gesetzbuch, IV. S. 121, Nr. 656.)

[149] «Allerhöchst Ihre k. k. Majestät haben allergnädigst zu resolviren geruhet, daß von nun an kein weltliches, weniger aber ein geistliches Buch, Gebete, Lieder oder andere Kleinigkeiten ohne die ordentliche Approbation von den aufgestellten Censoribus und ohne eine schriftliche Bewilligung von der zu Bücher-Revisionssachen angeordneten Commission darüber eingeholt und producirt zu haben, von den Buchdruckern zum Drucke befördert oder herausgegeben [illegible] zur Erreichung dieser Absicht in vorkommenden Fällen, daß pro Censura überreichende Werk, je nach dem Unterschiede des Inhalts von ermeldter Commission dem betreffenden Censori zur Beurtheilung zugetheilet, und nach erfolgender Gutheißung die schriftliche Erlaubnis zum Drucke ertheilet werden soll. . . . Wien, 1. April 1753.» (Codex Austriacus, V. 749). Nähere Ausführungs-Verordnungen siehe Archiv der Wiener Universität, Fasc. IV. Lit. C., Nr. 15 und 16. Codex Austriacus, V. 863, VI. 426, 1171, 1196.

[150] Zum Beweise dessen dient ein Actenstück ddto. Februar 1756, betitelt: «Kurze Nachricht von Einrichtung der hiesigen Hof-Bücher-Commission an das steirische Gubernium.» Darin heißt es u. a.: «und damit dem Censori die doppelte Lesung eines zum Drucke zu befördernden Buches erspart, und er sicher seyn könne, daß es so, wie er es gelesen, und approbiret, mithin unverändert zum Drucke komme, müssen jederzeit von allen Imprimendis zwey gleichlautende Exemplaria in manuscripto dem Commissionssecretario eingereichet, eines von diesen unter seinem Praesentato dem Censori eingeschicket, und das andere bis zur Zurückkunft des Censurs-Exemplars in sichere Verwahrung genommen werden, wo er sodann [illegible] bis dahin verwahrtes Exemplar entweder mit dem Imprimatur oder rejiciatur verbescheidet, und ausliefert, nachdem es von dem Censori mit dem admittitur oder non admittitur zurückkömmt, das Censurs-Exemplar dagegen zurückhält und in Verwahrung nimmt.» (W. Müller, Gerhard van Swieten, S. 112.) — Gerhard van Swieten betonte es auch wiederholt, dass mehr Beschleunigung bei der Censur wünschenswert wäre, und «sollen die Censoren die Buchdrucker und Verleger nicht aufhalten». (Archiv des k. k. Reichs-Finanzministeriums, niederösterreichische Commercialien, Fasc. 110 I.)

[151] Siehe denn das Mandat Kaiser Karls VI. vom 19. Juli 1715. — Codex Austriacus, IV. 152. — Archiv der Wiener Universität, Fasc. IV. Lit. B., Nr. 68. — K. k. Theresianisches Gesetzbuch, IV. S. 62, Nr. 525. — Über eine nähere Bestimmung derselben, von dessen mehrerer Festhaltung außer die Übertreter eine Geldbuße von 10 Reichsthalern zu Handen des Armenhauses, wovon ein Drittel dem Denuncianten gebührt, angewiesen wird, vergleiche die Hof-Entschließung vom 29. Juli 1762. (K. k. Theresianisches Gesetzbuch, IV. S. 115, Nr. 668.)

[152] Hofdecret vom 31. März 1769: «Ihre k. k. Majestät haben es zwar bey der ihr Regierung unterm 28. Jänner 1769 bedeuteten a. h. Anordnung (Codex Austriacus VI. 1172), fernes bewenden lassen, daß die wochentliche Revision hiesiger Zeitungsblätter bey Ihr n. ö. Regierung durch einen [illegible], sowie es [illegible] üblich gewesen, besorgt werden soll.» (a. a. O. VI. 1182.)

[153] Nach G. van Swietens Tode folgte Franz Stephan Rautenstrauch.

[154] Archiv der Wiener Universität, Fasc. IV. Lit. C., Nr. 17 ad 2. — Theodor Wiedemann, die kirchliche Bücher-Censur in der Erzdiözese Wien. — Archiv für österreichische Geschichtsforschung, Bd. L., S. 236, Sonderabdruck p. 82.

werden sollen».[455] Ebenso strenge wurde auch die Censur aller weltlichen, in Druck zu gebenden Werke verfügt.

Da wir keine Geschichte der Censur zu schreiben haben, wollen wir nur kurz darauf verweisen, dass Kaiser Josef II. bald nach seinem Regierungsantritte, da er aus besonderer Vorliebe mit den Censurverhältnissen sich beschäftigte, «Grundregeln zur Bestimmung einer ordentlichen künftigen Bücher-Censur» entwarf, die dieser Commission zur Richtschnur dienen sollten.[456]

[455] Dieses Hofkanzleidecret war wegen des sogenannten «Saganischen Katechismus» (Autor war Abt Felbinger von Sagan in Schlesien, der bekannte Pädagoge und Vater der österreichischen Volksschule) hervorgerufen worden. Bezüglich der Drucklegung desselben wurde nicht nur ein ausschließliches Druck-Privilegium ertheilt, sondern auch jene Frage hervorgerufen, die zur Gründung des k. k. Schulbücher-Verlages führte. Damals besaßen die Joh. A. Schilgerschen Erben ein Privilegium auf den Druck des Canisischen Katechismus und die van Ghelenschen Erben ein solches für ein kleines Evangelienbuch (s. Bd. I. S. 224 und Bd. II. S. 29 d. W.). — Am 13. Juni 1772 ertheilte Maria Theresia «dem königl., erzherzogl. und landesfürstlicher [illegible] der niederösterreichischen Schulcommission ein privilegium impressorium privativum . . . auf alle Unkosten des Schul-Fondi herauszugeben werdende Katechismi, Evangelien, Buchstabier-, Lese- und Rechen-Büchlein, dann alle übrige zum Unterricht der Lehrer sowohl, als deren Lehrenden eingerichtete, oder sonsten in die Religions- und Sittenlehre oder in das Allgemeine Erziehungs-Werk auf was immer für eine Art einschlagende deutsche Bücher, Tabellen und Schriften. (Jos. Al. Freiherr v. Helfert, die österreichische Volksschule, I., S. 150 ff.) — Unter der Bezeichnung «Normalschuldruckerei» wurde das Privilegium der niederösterreichischen Schul-Commission durch Johann Thomas Edlen von Trattner auf Kosten derselben ausgeübt. Im Jänner 1782 wurde ein Druckprivilegium für das «Normal-Schulbücher Institut» auf die Normalschulbücher, dann Auflage und Verschleiß des neuen Katechismus für die lateinischen Schulen an den Hofbuchdrucker Trattner ertheilt. (Archiv des k. k. Ministeriums des Innern, Fasc. D. 2.)

[456] Dr. Theodor Wiedemann, l. c. S. 255 ff. (resp. 21 ff.).

VIERTER ABSCHNITT

(1782—1882)

DIE WIENER BUCHDRUCKERKUNST IN DER ZEIT STAATLICHER REACTION. — DAS JAHR 1848 UND SEINE FOLGEN AUF DEM GEBIETE DES BUCHDRUCKS. — TECHNISCHER UND COMMERCIELLER AUFSCHWUNG.

ERSTES CAPITEL.

ALLGEMEINE LAGE DER WIENER BUCHDRUCKERKUNST AM BEGINNE DES VIERTEN JAHRHUNDERTS UND CHARAKTERISTISCHE MOMENTE IM VERLAUFE DESSELBEN BIS ZUM JAHRE 1848. — DIE EINZELNEN OFFICINEN VON 1782 BIS 1848 UND IHRE THÄTIGKEIT.

Unter allen Umständen dürfen wir die Behauptung aussprechen, dass die Wiener Buchdrucker am Beginne des IV. Jahrhunderts seit dem Bestande ihrer Kunst in Wien mit Genugthuung auf die letzten Jahrzehnte ihrer Thätigkeit und mit einer gewissen Zuversicht in die Zukunft blicken konnten.

Die stete Fürsorge der Kaiserin Maria Theresia auch für die geistigen Interessen in ihren Erblanden, für die Universität wie für die Volksschule, für Kunst und Wissenschaft in all ihren Zweigen, ist mit goldenen Lettern in Österreichs Geschichte geschrieben. Erst in einigen neueren Werken ist mit der Leuchte gründlicher Forschung gerade dieses erhabene Wirken Maria Theresiens für einzelne Gebiete mehr erhellt worden,[1] aber noch fehlt es an einer zusammenfassenden, quellenmäßigen Darstellung des gesammten geistigen Lebens in seinen mannigfaltigen Erscheinungen und Wechselbeziehungen in jener Zeit, woraus sich ergeben würde, was der Kaiserin Einsicht, Schutz und weiser Regierung in dieser Richtung zu verdanken ist.

Wir haben wiederholt den Grundsatz aufgestellt, dass die Geschichte lehre, wie die Buchdruckerei nur dann blühte, wenn die geistigen Schöpfungen von oben aus gefördert wurden und ein breiterer Strom des Wissens und der ästhetischen Bildung durch die Künste in die Menge sich ergoss. Auch das Zeitalter der Kaiserin Maria Theresia zeigt klar und deutlich, dass ein solcher Connex zwischen den Wissenschaften und den graphischen Künsten einerseits und der Typographie andererseits, welche die Werke des Geistes in Tausenden von Exemplaren verbreitet, besteht.

[1] Rud. Kink, Geschichte der Wiener Universität, I. Bd. — *Josef Alexander Freiherr von Helfert, Die Gründung der österreichischen Volksschule durch Maria Theresia, I. Bd. Prag, Friedrich Tempsky, 1860.)* — Alfred Ritter von Arneth, Maria Theresias erste Regierungsjahre. (Wien 1863 bis 1879.

Die typographisch schönen Werke, ja mitunter Prachtwerke, die in den Officinen eines Trattner, Kurzböck und Kaliwoda hergestellt wurden, waren die Früchte jener herrlichen Saat, wie sie hervorragende Geister, theils durch der Kaiserin Schutz und Gnade, theils durch das Sammeln und die Arbeiten Anderer angeregt, ausgestreut hatten.

Jene Drucke wurden noch mit denselben einfachen Mitteln hergestellt, wie zur Zeit der Humanisten; die Presse und die anderen Druckutensilien hatten seitdem wenig Verbesserungen erfahren. Was die Unterschiede der Erzeugnisse der Presse betrifft, so finden wir sie im Papiere, im decorativen und typometrischen Theile, ich möchte sagen, im Geiste der Anordnung des Ganzen, und in den Schriftcharakteren. Darin ist auch der Eindruck begründet, den wir aus den Vergleichungen solcher Drucke empfangen.

Die Kaiserin selbst wendete dem Aufschwunge der Buchdruckerei in den Erblanden, namentlich in Wien, alle Fürsorge zu. Die von der Hofkanzlei erstatteten Vorträge, in denen es sich um principielle Fragen handelte, entschied sie mit solcher Sachkenntnis, die eine genaue Prüfung der ganzen Lage voraussetzten. Diejenigen Buchdrucker aber, die sich persönlich ihren gnädigen Schutz erbaten, fanden immer wohlwollendes Gehör, und über die Buchdruckerei im allgemeinen, sowie in speciellen Fällen, ließ sie sich wiederholt eingehende Berichte erstatten. Angespornt durch dieses Interesse und solche Theilnahme der Kaiserin, ließen die Hofkanzlei und die niederösterreichische Regierung die Buchdruckerei sich gleichfalls angelegen sein, besonders haben die Fragen der Herstellung eines guten Papieres, der Erzeugung schöner Lettern u. dgl. m. die niederösterreichische Regierung lebhaft beschäftigt und zu vielfachen Untersuchungen veranlasst.

Mit dem Regierungsantritte Josefs II. änderte sich dieser Zustand. Nicht als ob dieser Kaiser, welcher doch selbst als ein Jünger von Gutenbergs Kunst anzusehen war, die volle Wichtigkeit und Bedeutung der Presse nicht erkannt hätte. Aber das war es, was ihn gegenüber seiner Mutter charakterisierte, dass er nicht so sehr den technischen Aufschwung, die Herstellung typographisch reich ausgestatteter Werke förderte, sondern mit seinem nüchtern praktischen Sinne vorwiegend, ja fast ausschließlich die commercielle Richtung unterstützte und die Macht der Presse für seine Reformen in Anspruch nahm, daher ihn gleich von vornherein die Fragen der Censur und Pressfreiheit beschäftigten. Aber dabei wurde die Solidität und Schönheit in den Hintergrund gedrängt. Ephemere Broschüren und Flugschriften erschienen in Unmassen, wodurch die Buchdruckerei sich zersplitterte und verschlechtert wurde. Viele Winkeldruckereien entstanden, deren Erzeugnisse nach ihrer typographischen Außenseite dem nichtssagenden läppischen, ja meistens gemeinen und persönlichen Inhalte vollends entsprachen. Die Freigebung der Presse zog auch sonst die Vermehrung der Buchdruckereien nach sich. «Als im Jahre 1781», sagt ein zeitgenössischer Bericht, «die allgemeine Broschürenschreiberei anfieng, zog sie auch die Errichtung mehrerer Buchdruckereien nach sich. Die wenigen damaligen typographischen Geburtsstühle, konnten alle die lieben Kindlein nicht zu Tage fördern, von denen das Heer der schalen Scribenten täglich und stündlich entbunden ward: also mussten diese Maschinen vermehrt werden, wozu sich auch unverzüglich Unternehmer fanden, weil es für jenen Zeitpunkt ein sehr beschäftigtes und einträgliches Gewerbe war.»[1]

Die Zahl der Buchdruckereien hatte sich bedeutend vermehrt und schon 1781 waren in Wien 118 Pressen im Gange. Die alten oder Universitäts-Buchdrucker klagten eindringlich über die Vermehrung. Als nach Josefs II. Tode die Censurverhältnisse wieder strenger gehandhabt, auch die Pressfreiheit, welche Kaiser Leopold II. nach ihrer segensreichen Seite wohl sehr achtete und in gewissen Grenzen ehrte und schätzte, in ihren Ausschreitungen eingeschränkt worden war, trat auch wieder ein bedeutender Stillstand ein. Wir werden an geeigneter Stelle die Folgen dieser nüchternen, freien Richtung, welche der Buchdruckerei in der josefinischen Epoche wohl momentan von Vortheile gewesen ist, auch mehreren neuen Vertretern derselben zeitweiligen Erwerb verschaffte, einer genaueren Untersuchung unterziehen.

Die napoleonischen Kriegsjahre, insbesondere aber die französischen Invasionen Wiens 1805 und 1809 mit ihren Kriegscontributionen waren von mancherlei commerciellen Nachtheilen für Wiens Buchdruckereien begleitet.

[1] Wiener Skizzen, S. 763.

Nichtsdestoweniger hatte sich die Zahl der Buchdruckereien bis zur Beendigung jener Kriege und der Rückkunft Kaiser Franz I. von Paris im Jahre 1814 ganz ansehnlich vermehrt; es entstanden von 1782 an bis 1814, also in einem Zeitraume von 32 Jahren, 55 Buchdruckereien, worunter dem größeren Theile nach ältere Privilegien fortgeführt wurden, doch auch eine ziemliche Anzahl neuer Verleihungen stattfand. Im Ganzen aber sind von 1782 bis 1848, also im Laufe von 66 Jahren, in Wien 110 Officinen zu verzeichnen, mehr als in den drei vorausgegangenen Jahrhunderten zusammen (101). Diese Zahlen sprechen deutlich den ganzen Entwicklungsgang literarischer und scientifischer Bildung aus, da in ihrem Dienste der Vermittlung nach außen die Buchdruckpresse steht, und zwar schon von der Zeit an, wo die Buchdrucker noch mit den Schreibern in Fehde lagen, bald aber durch die überwältigende Macht ihrer neuen Kunst den Sieg über diese errangen und gedruckte Bücher in die Schule, in die Studierstube des Gelehrten, in Bibliotheken und ins Bürgerhaus Eingang fanden, wo die Erzeugnisse der Presse auch die Schrift im administrativen Dienste, im Rechts- und Verkehrsleben bis auf jene Erfordernisse, denen der geschriebene Buchstabe unbedingt nothwendig ist, verdrängten, durch alle Phasen von Förderungen und Hindernissen bis in das gegenwärtige Jahrhundert herein.

Wenn wir die Geschichte der 110 Officinen in den Jahren 1782 bis 1848 überblicken, so können wir dieselben nach gewissen charakteristischen Merkmalen in Gruppen zusammen fassen. Da es natürlich nur Merkmale von gewisser Bedeutung sind, die wir dabei zu Grunde legen, so geben sie uns den Maßstab einerseits zur Beurtheilung des über die literarischen Verhältnisse bereits Gesagten, als auch der in das Gebiet der Technik und Mechanik des Wiener Buchdruckes einschlägigen Fragen, vor allem zu jener der Wiederbelebung des Holzschnittes in Wien und seines Verhältnisses zu jenem in Deutschland.

In der ersten Gruppe, in welche wir solche Officinen einreihen, welche hervorragend schöne Drucke aufzuweisen haben, nennen wir: Ignaz Alberti, Franz Anton Schrämbl, Anton Pichler, Anton Strauß, Anton Edler von Schmid, Johann Vincenz Degen von Elsenau, die k. k. Hof- und Staatsdruckerei, Karl Gerold, Johann Paul Sollinger. Zur zweiten Gruppe mit jenen Officinen, welche, wenn auch nicht ausschließlich, doch vorwiegend oder in erheblichem Maße den Druck von Werken in fremden Sprachen pflegten, rechnen wir: Johann Gay, die Buchdruckerei der italienischen National-Congregation, Georg Vendotti, Josef und Georg Hraschanzky, Marchides Pullio, Stephan v. Novachovich, Albert Anton Patzowsky, Anton Edler von Schmid, Anton v. Haykul, die k. k. Hof- und Staatsdruckerei, die Buchdruckerei der Mechitharisten-Congregation, Josef und Albert della Torre, Josef Holzinger, Demeter Davidovich und C. M. Adolph. Wir können aus dieser Zahl entnehmen, wie intensiv in Wien der Druck von fremdsprachlichen Werken betrieben wurde, insbesonders der orientalischen Sprachen. Mit technischen Erfindungen befassten sich: Anton Strauß, Franz Raffelsberger und die k. k. Hof- und Staatsdruckerei, welche Officinen wir in einer dritten Gruppe zusammenfassen. In der Kunst des Holzschnittes hat Wien eine bedeutende Kraft aufzuweisen, nämlich Blasius Höfel, der auch als der Vater des hiesigen Holzschnittes anzusehen ist.

Von den übrigen Officinen, die entweder durch gute Leistungen einen Namen sich erworben hatten, oder durch eigenartige Pflege einer bestimmten Richtung, manche auch durch den Umfang des Betriebes in weiten Kreisen bekannt waren, seien hier genannt: Ghelen'sche Erben, Johann Ferdinand Edler von Schönfeld, die Familie der Wallishausser, B. Ph. Bauer, die Edlen von Schmidbauer, die Familie Pichler, Leopold Grund und Johanna Gorischek (Witwe Grund), Georg Überreuter, Josef Stöckholzer von Hirschfeld, Ferdinand Ulrich, Anton Benko, Michael Lell, Karl Sommer und Augustin Dorfmeister.

JOHANN GEORG BINZ.

([illegible])

Johann Georg Binz war 1749 zu Gündlingen im Amte Breisach geboren. Als mittelloser Studierender in Wien hatte er nach dem Tode des Universitäts-Buchhändlers Johann Oll dessen Witwe geheirathet und mit ihr eine ansehnliche Buchhandlung und auch ein Vermögen erworben.[1] Im Jahre 1782 wurde ihm

[1] Archiv des k. k. Landesgerichtes in Wien, Verlassenschaften [illegible], Fasc. 2, Nr. [illegible]

eine Buchdruckerei-Befugnis ertheilt,[4] das er anfangs in der unteren Bäckerstraße Nr. 761, dann auf dem Hohen Markte Nr. 522 ausübte. Acht Jahre darnach stellte er den Betrieb ein, ohne der Behörde davon eine Anzeige zu machen oder sein Privilegium zurückzulegen, zahlte aber bis 1812 die Commerzsteuer und dann die an ihre Stelle getretene Erwerbsteuer; nur trug er zu den Gremiallasten nichts bei, wozu er auch von der Behörde nicht aufgefordert worden war. Während dieser Zeit, schon 1783, hatte er bei der Regierung gebeten, seine Buchdrucker-Befugnis dem Ludwig Mansberger zur Errichtung einer Buchdruckerei überlassen zu dürfen, war aber so wie dieser 1784 abgewiesen worden.[5] Am 3. April 1807 erhielt er das Buchhandlungs-Privilegium des Franz Hofmeister, Buch- und Musikalienhändlers und Buchdruckers, gegen dem, dass er die Urkunde seines bisher besessenen Antiquar-Buchhandels, die cassiert wurde, überreiche; am 12. December desselben Jahres wurde ihm auch das Bürgerrecht verliehen.[6]

Nach den bestehenden Normalien erlosch durch dreijährigen Nichtbetrieb das Recht des Befugten, wenn dasselbe ein persönliches war. Es obwalteten daher nicht geringe Bedenken, als Binz nach fünfundzwanzigjährigem Stillstande seiner Buchdruckerei im Jahre 1815 sich zur Erwerbsteuer meldete und mit dem Gedanken trug, sein Privilegium wieder auszuüben. Die Buchdrucker baten nachdrücklichst, dass derartig erloschene Befugnisse nicht wieder besetzt werden mögen, indem sie sagten, dass die Zahl der Buchdrucker zur Zeit Josefs II. nur darum vermehrt worden sei, weil bei der damaligen Pressfreiheit Broschüren und Flugschriften häufig Absatz fanden und die Buchdrucker leichter bestehen konnten; nun seien sie aber durch die Aufhebung der Pressfreiheit und Einführung der strengen Censurgesetze in ihrem Betriebe ungemein geschmälert, so dass gegenwärtig manche Buchdruckerei ganz ohne Beschäftigung wäre. Die Stadthauptmannschaft entgegnete darauf, dass die Flugschriften freilich abgenommen hätten, dass die Josefinische Pressfreiheit auch nicht den Gewinn eines einzigen soliden Werkes gebracht hätte, und führte Beispiele an, wie viele große, einträgliche Werke und gehaltvolle Schriften gerade in der neueren und neuesten Zeit in Wien aufgelegt worden seien.[7] Sie untersuchte, ob denn nicht das von Binz so lange nicht ausgeübte Privilegium als erloschen anzusehen sei, und kam zur Bejahung dieser Frage. Binz sowohl, als die Buchdrucker wurden 1816 abgewiesen, das Privilegium für erloschen und zur weiteren Verleihung für geeignet erklärt;[8] auch ward die Sperre und Confiscierung der Buchdruckerei-Requisiten angeordnet.[9] Gegen letztere ergriff nun Binz den Hofrecurs, mit dem er aber anfänglich abgewiesen wurde.[10] Auf Grund eines neuerlichen Hofgesuches um fernere Belassung seiner Buchdruckerei-Befugnis wurde ihm 1817 von der Hofkanzlei die Ausübung desselben wieder gestattet und die Sperre aufgehoben.[11] Die Buchdruckerei befand sich jetzt in der Josefstadt, Kaiserstraße Nr. 26. Binz besaß eine Buchhandlung (in der Schulerstraße, rückwärts des von Henikstein'schen Hauses Nr. 863), war auch Antiquarius und Bücher-Schätzmeister bei dem Stadtmagistrate und Stiftsgerichte Schotten.

Binz starb am 15. März 1824 im Alter von 75 Jahren. Um sein erledigtes Buchdruckerei-Privilegium bewarben sich der Factor der Binz'schen Buchdruckerei, Friedrich Hagenauer, und Heinrich Böck. Am 2. Juli 1824 entschied wohl die Stadthauptmannschaft, dass das Gewerbe ganz einzuziehen sei, aber am 15. October wurde von der Regierung die Fortsetzung bis Ende des Jahres bewilligt; auch im Jahre 1825 wurden Hagenauer zwei weitere Fristen gewährt. Am 5. Mai 1826 erhielt derselbe endlich das Privilegium der Binzischen Buchdruckerei.[12]

»Mit Binz'schen Schriften« ist unter anderm das bekannte Werk: »Geschichte der ersten türkischen Belagerung Wiens im Jahre 1529 aus gleichzeitigen Schriftstellern und Tagebüchern gesammelt von P. Gottfried Uhlich aus den frommen Schulen etc.« Wien 1784, gedruckt.

[4] Archiv des k. k. Ministeriums des Innern, Fasc. IV. D. 1.

[5] Registratur des Wiener Magistrates, H. 4, Fasc. 8, Nr. 166.

[6] L. c. H. 4, Fasc. 14, Nr. 841 ex 1806 und Nr. 43, Z. 4459.

[7] Archiv des k. k. Ministeriums des Innern, Fasc. IV. D. 1.

[8] Registratur des Wiener Magistrates, H. 1, Nr. 13855. — Registratur der k. k. niederösterreichischen Statthalterei, H. 6, Nr. 1275 und 10459.

[9] Registratur des Wiener Magistrates, H. 1, Nr. 12968.

[10] Registratur der k. k. niederösterreichischen Statthalterei, H. 4, Nr. 18251, 20189, 4161. — Registratur des Wiener Magistrates, H. 1, Nr. 13015.

[11] Registratur des Wiener Magistrates, H. 1, Nr. 17838, 5589.

[12] Registratur der niederösterreichischen Statthalterei, H. 7, Nr. 35414.

DIE EDLEN VON GHELEN'SCHEN ERBEN.

(1782 bis 1848.)

Mit Jakob Anton Edlem von Ghelen, k. k. geheimem Reichs-Hof-Kanzelist und Universitäts-Buchdrucker, der mit Maria Katharina, geborenen Schönten von Bärnwald vermält war, starb der Mannsstamm der Ghelen'schen Familie aus, und von da ab verwandelte sich die Firma der Universitäts-Buchdruckerei und Buchhandlung[13] in jene der «Edlen von Ghelen'schen Erben».

Am 8. Mai 1795 wurde sowohl die Ghelen'sche Druckerei als auch der Verlag der «Wiener Zeitung» in die Rauhensteingasse Nr. 976 in das Gerlische Haus verlegt.[14]

An der Spitze des Geschäftes stand am Anfange dieses Jahrhunderts der Regierungsrath J. Zimmerl, während die Buchdruckerei durch einen geschäftskundigen Factor geleitet wurde. Diese befand sich aber nicht mehr auf der Höhe, welche die beiden ersten van Ghelen hier erreicht hatten, und andere Officinen überragten sie schon weit an Leistungsfähigkeit und Umfang des Betriebes. Das «Wiener Diarium», später die k. k. priv. «Wiener Zeitung» und «österreichisches Staats- und Amtsblatt», die seit 1813 mit Ausnahme der Sonn- und Feiertage täglich erschien, war noch die bedeutendste und umfangreichste Unternehmung, mit der sich die Ghelen'sche Buchdruckerei zu beschäftigen hatte.[15] Im Jahre 1832 wurden zum Drucke dieser Zeitung Schnellpressen aufgestellt, die ersten, deren sich eine Wiener Buchdruckerei bediente. Seit 1841 lautete die protokollierte Firma: «Die von Ghelen'schen Erben», welche von dem Gesellschafter Michael von Rambach geführt wurde. In der öffentlichen Gesellschaft waren: Frau Theresia Edle von Zimmerl geb. Ghelen, Frau Fanny Salmi, geb. von Ghelen, Frau Rosalia Baumann, geb. von Rambach, Franz und Michael Rambach.[16]

ANTON KROYSS (GROIS).

(1782 bis 1783.)

Am 26. November 1781 hatte ein gewisser Anton Lorenz Zenz eine Buchdruckerei-Befugnis erhalten, die er aber schon nach einem Jahre, am 9. November 1782, seinem Compagnon Anton Kroyss überließ.[17] Dieser konnte sich aber nicht lange behaupten, da er, so wie Zenz, die Officin mit fremden Geldern eröffnet hatte. Er musste Crida machen und stürzte sogar seine Mutter zum Nachtheile der übrigen Geschwister ins Unglück.[18] Die Thätigkeit seiner Pressen ist eine ganz unbedeutende gewesen und erstreckte sich nur auf den Druck von Broschüren und Flugblättern.

ANTON LORENZ ZENZ.

(1781; 1788 bis 1789.)

Derselbe hatte, wie eben erwähnt wurde, schon 1781 eine Befugnis auf eine Buchdruckerei erhalten, dieselbe aber 1782 an seinen Compagnon Anton Kroyss übertragen. Ein uns bekannter Druck ist die Broschüre: «Beweis, dass die Processe unter die unnöthigen Übel des Erdbodens gehören von M. Nalari.» (Wien, Zenz, 1782.) Später betrieb er eine Buchdruckerei in Horn, wozu er vom Kreisamte ohne Taxe

[13] Jakob Anton Edler von Ghelen wurde zufolge Verwilligung vom 30. Juni 1770 als Universitäts-Buchführer aufgenommen, nachdem er laut Contract vom 15. Juni 1770 von der Witwe Anna Barbara Greiner die Buchhandlung um 3000 Gulden erkauft hatte. (Archiv der Wiener Universität, Fasc. IV. Lit. B. Nr. 82.) 1785 erscheint auch sein Bruder Ignaz Rudolf Edler von Ghelen (Realzeitung 1785, S. 813) und 1792 Josef Edler von Ghelen.

[14] Wiener Zeitung, Jahrgang 1795, Nr. 41.

[15] Am 1. Jänner 1780 war der zwölfjährige Pachtcontract für die Familie Ghelen abgelaufen. 1782 wurde daher von Kaiser Josef die Licitation ausgeschrieben und am 1. October desselben Jahres erstanden die Ghelen'schen Erben das Wiener Diarium wieder auf zwölf Jahre (vom 1. Februar 1783 bis 1. Februar 1795) um einen jährlichen Pachtschilling von 17.200 Gulden in vierteljährigen vorauszubezahlenden Raten, wovon 2000 Gulden dem Fonde der k. k. Hofbibliothek abzuführen waren. Im Jahre 1799 erhielten die Ghelen'schen Erben das Wiener Diarium wieder auf zwölf Jahre verpachtet. 1810 richteten nun die Vorsteher der Buchdrucker [illegible] Statthalter Grafen Saurau ein Gesuch ein, dass die Regierung die Auflage der Wiener Zeitung im Wege der Versteigerung dem Meistbietenden überlassen wolle. Trotzdem erhielten sich die Ghelen'schen Erben im Besitz des Pachtcontractes. (Archiv des k. k. Ministeriums des Innern, Fasc. IV. D. 7.)

[16] Die Buchdruckerei befand sich auf der Landstraße, Marokkanergasse Nr. 517, seit 1843 auf der Landstraße, Ungargasse Nr. 458, das Comptoir der Wiener Zeitung aber in der Rauhensteingasse.

[17] Archiv der Wiener Universität, Fasc. «Personenwechsel» III. K. — Archiv des k. k. Reichs-Finanzministeriums, Niederösterreichische Commerzacten, Fasc. 110/2. Die Buchdruckerei befand sich Nr. 195 beim «Reichsapfel», 1. Stock, nächst der «hl. Dreifaltigkeit».

[18] Archiv des k. k. Reichs-Finanzministeriums, Niederösterreichische Commerzacten Fasc. 110/1.

die Bewilligung erhalten hatte.[19] 1788 bewarb er sich wieder um eine Befugnis in Wien, das ihm auch am 27. Jänner 1789 auf des Stadthauptmannes Bericht hin gegen Erlag einer Taxe von 60 Gulden verliehen wurde.[20] Da er diese Befugnis aus Mangel an Mitteln nicht beheben konnte, blieb es beim Regierungs-Taxamte liegen. Zenz trat hierauf beim Zimentierungsamte ein, später als Adjunct in die Dienste des k. k. Militär-Feld-Verpflegsamtes. Um diese Zeit hatte er sich schon Buchdruckerei-Erfordernisse um 596 Gulden angeschafft. Da wurde er ohne sein Verschulden nach dem Türkenkriege (1791) brotlos und büßte nahezu sein ganzes Vermögen ein.[21] Vom Stadthauptmanne mit der Bitte, das 1789 erlangte Buchdruckerei-Befugnis ausüben zu dürfen, abgewiesen,[22] reichte er ein Hofgesuch ein, das mit Hofdecret vom 23. August 1794 zu seinen Gunsten erledigt wurde,[23] wogegen wohl die Buchdrucker Einwendungen und Beschwerden erhoben, jedoch ohne Erfolg.[24]

Da er nun um Nachsicht der Taxen einschritt, so wurde er mit Hofdecret vom 18. December 1794 ganz abgewiesen und auch das ihm 1789 verliehene Befugnis für erloschen erklärt.[25] Erst über neuerliches Einschreiten wurde ihm am 13. März 1795 gegen Bezahlung der Taxen sein Privilegium von 1789 wieder ertheilt. Er arbeitete nun mit drei Gesellen[26], zuerst auf der neuen Wieden neben der »goldenen Krone«, dann in der Stadt im Essiggassel und in der Wipplingerstraße (427).

IGNAZ GRUND.

(1783 bis 1805.)

Ignaz Grund, der Sohn des Buchbinders und Buchhändlers Franz Leopold Grund, erhielt im Jahre 1783 ein Buchdruckerei-Befugnis und richtete die neue Officin in der Schönlaterngasse im Heiligenkreuzerhofe ein. Die »Wiener Zeitung« vom 31. December 1783 zeigte an: »Österreichischer Schreib- und Taschenkalender auf das Jahr 1784. (Aus der neu errichteten Ignaz Grund'schen Buchdruckerei im Heiligenkreuzerhofe zu haben bei Franz Leopold Grund, bürgl. Buchbinder.)«

Seit 1804 befand sich die Officin auf der Landstraße, Ungargasse (289). Ignaz Grund starb am 2. September 1805 mit Hinterlassung einer Witwe und sieben Kindern.[27] Die Buchdruckerei wurde auf 1660 Gulden geschätzt.

JOHANN JAKOB KNAUF.

(1783 bis ?)

Johann Jakob Knauf aus Hamburg wurde gleich allen Anderen die Erlaubnis ertheilt, gegen »Prästirung« der für Fremde bestimmten gesetzmäßigen Erfordernisse, jedoch ohne Privilegium hier in Wien eine Buchdruckerei errichten zu dürfen.[28] Über Knauf und seine Officin ist uns nichts weiter bekannt geworden.

JOHANN FERDINAND EDLER VON SCHÖNFELD.

(1783 bis 1812.)

Über diese größere Wiener Officin damaliger Zeit findet sich merkwürdiger Weise in den Archiven und Registraturen überaus wenig aufgezeichnet.

Johann Ferdinand Edler von Schönfeld war Prager Buchhändler, Buchdrucker und Kunstsammler, und hatte, wie aus einem Actenstücke des Gremial-Archives vom 31. Mai 1807 hervorgeht, worin der Vorsteher Buchdrucker B. Ph. Bauer verschiedene geschäftliche Daten von den Wiener Buchdruckern verlangt, schon 1776 ein Buchdruckerei-Privilegium für Wien erhalten, doch ist es sehr fraglich, ob er vor dem Jahre 1783

[19], [20] und [25] Archiv des k. k. Reichs-Finanzministeriums, Niederösterreichische Commerzacten, Fasc. 110/1.

[21], [22], [23] und [24] Registratur der k. k. niederösterreichischen Statthalterei, Fasc. A 15, Nr. 4511, 6559, 18959, 14268, 20484.

[26] Registratur des Wiener Magistrates, H. 4, Fasc. 8, Nr. 820.

[27] Registratur der k. k. niederösterreichischen Statthalterei, A. 15, Nr. 25528. — Archiv des k. k. Landesgerichtes, Fasc. 2, Nr. 3787/805. — Von den Kindern war Franz bereits großjährig und Antiquarbuchhändler, Leopold Buchdruckerfactor, Ludwig, der eben die Philosophie vollendet hatte, trat in das regul. Chorherrenstift Klosterneuburg ein.

[28] Archiv des k. k. Reichs-Finanzministeriums, Niederösterreichische Commerzacten, Fasc. 110/2.

sein Privilegium in Wien ausgeübt habe. Als ihm 1795 die Erzeugung und der Verkauf aller Gattungen gemalter, gedruckter und gefärbter Papiere gestattet wurde,[29] erscheint er auch als Hofbuchdrucker. Schönfeld war ein unternehmender Mann in jeder Beziehung, als Buchhändler gleichwie als Buchdrucker. Aber auch die Sammlung von Kunst- und Industriegegenständen aller Art, die solche seit der Aufhebung der Klöster, Kirchen und Kapellen in Prag und auf dem flachen Lande um billiges Geld zu kaufen waren, hat er nicht minder mit Eifer betrieben, bei den Trödlern manches Stück aus der einstigen Rudolfinischen Kunstkammer angekauft und alles zu einer Kunst- und Curiositätenkammer unter dem Namen: »Schönfeld'sches Museum« vereinigt. 1799 brachte er dasselbe von Prag nach Wien, wo es in seiner Wohnung (Wieden, Pressgasse 488) unter dem Namen: »Technologisches Museum« aufgestellt und zu sehen war.[30]

Seine Buchdruckerei in Wien wurde von den Brüdern Franz und Felix Stöckholzer von Hirschfeld als Factore geleitet. 1804 hatten sich die privilegierten Buchdrucker Wiens gegen sie beim Wiener Magistrate beschwert, wurden aber abgewiesen.[31] 1807 unterzeichnete Fr. Stöckholzer von Hirschfeld als Director. Im Jahre 1811 legte Schönfeld seine Buchdruckerei-Gerechtigkeit zurück, die nun mit Regierungs-Decret vom 27. Februar 1812 dem Felix Stöckholzer von Hirschfeld verliehen wurde.[32]

Schönfeld starb in Wien 1821.

JOHANN GEORG WEIGAND.

(1783 bis ?)

Dem Buchhändler Johann Georg Weigand wurde mit Hof- und Regierungs-Decret vom 4. Jänner 1783 erlaubt, eine Buchdruckerei errichten zu dürfen.[33] Seine Officin, in der er fünf, nach anderen zwei Pressen beschäftigte, befand sich in der oberen Bräunerstraße. 1785 wurde er wegen Nachdruckes der Broschüre: »Der gewöhnliche Wiener« zur Verantwortung gezogen.[34]

JOHANN JOSEF JAHN.

(1784 bis 1819.)

Nachdem Jahn seine alte Buchdruckerei 1784 hatte feilbieten müssen, die Caspar Salzer an sich brachte,[35] erhielt er noch im selben Jahre mit Decret vom 3. Juli ein neues Privilegium, eine sogenannte »Personal-Freiheit« zur Errichtung einer Buchdruckerei.[36]

1790 beschwerte sich Caspar Salzer, dass Jahn sich unbefugter Weise in die öffentlichen Blätter als Universitäts-Buchdrucker einrücken lasse; auf des Stadthauptmannes Untersuchung hin wurde Jahn dies verboten[37], daher er sich auf einem uns vorliegenden Acte unterzeichnete: »vormals gewester Universitaets-Buchdrucker, nun k. k. priv. Buchdrucker«. Die Buchdruckerei befand sich im Gundelhofe. Jahn, bürgerl. Buchdrucker und »jubilierter Hauptmann des ritterlich bürgerl. Scharfschützencorps«, starb am 6. Mai 1819 mit Hinterlassung einer Wittwe, Franziska Jahn, welche die Buchdruckerei fortführte.[38]

[29] Registratur der k. k. niederösterreichischen Statthalterei, A. 15, Nr. 19048.

[30] Das technologische Museum von Wien, welches Herr J. F. v. Schönfeld zum Vortheile und Unterrichte des Künstler- und Gewerbestandes im Jahre 1799 errichtet hat. 1810. Aus den vaterländischen Blättern. — v. Wurzbach, Biogr. Lexikon, XXXI, 151 ff. — 1821 kaufte dasselbe Josef Freiherr v. Dietrich und bewahrte es in seiner Villa Nr. 16 an der [illegible] Linie. (Berichte und Mittheilungen des Alterthums-Vereines zu Wien, I. 31.)

[31] Gremial-Archiv.

[32] Registratur des Wiener Magistrates, II. 4, Fasc. 12, Nr. [illegible]. — Registratur der k. k. niederösterreichischen Statthalterei, B. 8, Nr. [illegible] und [illegible].

[33] Registratur des Wiener Magistrates, Hof- und Regierungsdecrete bis October 1783.

[34] L. c. II. 4, Fasc. 8, Nr. 179.

[35] Siehe oben S. 56.

[36] und [37] Registratur des Wiener Magistrates, Fasc. 8, Nr. 680 und 815, II. 4, Nr. 22294.

[38] Die Buchdruckerei wurde von den Buchdruckern Georg Ueberreuter und Johann Emanuel Ackermann auf 953 fl. geschätzt. Es fanden sich vor: 7 Centner 85 Pfund Schriften im Schätzwerte von 392 Gulden 30 Kreuzern, 5 Buchdruckerpressen mit hölzernen Tiegeln (à 40 Gulden) im Werte von 200 Gulden, 2 Buchdruckerpressen mit messingenen Tiegeln (à 70 Gulden) im Werte von 140 Gulden, eine alte Packpresse zu 5 Gulden u. s. Utensilien im Werte von 94 Gulden 30 Kreuzern. (Archiv des Wiener Landesgerichtes, Verlassenschaftsacten, Fasc. 2, Nr. [illegible]. — Registratur des Wiener Magistrates, II. 4, Fasc. 8, Nr. 680 und 815, II. 4, Fasc. 8, Nr. 22294.

CASPAR SALZER.

1784 bis 1811.

Auf welche Weise der »gewesene Schneider« Caspar Salzer, welcher erst nach einer Audienz beim Kaiser lesen und schreiben lernen musste, zu der Jahn'schen Buchdruckerei gekommen, haben wir S. 60 auseinandergesetzt. Unterm 3. Juli 1784 hatte derselbe die philosophische Facultät gebeten, ihm das Diplom auf seinen Namen bis zur Vogtbarkeit eines seiner Söhne auszufertigen. Diese zog dabei wohl in Erwägung, dass der Supplicant die Buchdruckerei nebst Privilegium durch gerichtliche Ratificierung des Wiener Magistrates in öffentlicher Licitation käuflich an sich gebracht habe, der Umstand aber, dass derselbe als ein bürgerlicher Schneider auf keine Weise die Eigenschaften eines civis Academici besitze, veranlasste sie und besonders die Professoren, die Diplomausfertigung zu verweigern, wobei sie sich bewogen fand, vorzustellen, »sofern der Wiener Magistrat nicht angewiesen werden dürfte, in allen derlei Fällen und besonders bei dem Verkaufe von Buchdruckereien und Buchhandlungen jederzeit im Einvernehmen mit dem Universitäts-Consistorium vorzugehen, mehrere derlei Kauf zum Schaden deren Käufern und Nachtheil des Publici werde geschlossen . . . . auf welche Weise ganz unqualificierte Individuen zum Buchdrucke, Buchhandel und sonstigen zur philosophischen Facultät gehörigen »freyen Künste« gelangen konnten. Die philosophische Facultät finde einem Consistorium anheimzustellen, ob das Diplom nicht auf den Bittsteller, sondern auf einen der Söhne zu lauten hätte, der dann die Buchdruckerei erlernen müsste — bis wohin ein gelernter Factor der Buchdruckerei vorzustehen — habe.[10] Das Consistorium ertheilte aber dem Caspar Salzer das Privilegium als Universitäts-Buchdrucker, worüber die Universität später manchen Vorwurf von Seite der Regierung über sich ergehen lassen musste. Auch die anderen Universitäts-Buchdrucker betrachteten Salzer nichts weniger als ihresgleichen und traten mehreremal gegen ihn auf. Im Jahre 1790 überreichten Trattner, Kurzböck, Ghelen, Mathias Andreas Schmidt und Jahn bei der Regierung ein Gesuch, dass Salzer aufgetragen werde, sich über sein Buchdruckerei-Befugnis auszuweisen,[11] und 1803 kam von der Regierung der Auftrag an den Magistrat, zu untersuchen, ob Salzer, »der zugleich die Schneiderei ausübe«, die Bedingungen erfüllt habe, unter welchen er die Jahn'sche Buchdruckerei erkaufte.[12] Über die Buchdruckerei selbst, die anfangs im Jacoberhofe Nr. 837,[13] seit 1793 im »Schlossergassel« und dann im Judengässchen sich befand, ist nicht viel in den Acten verzeichnet; sie beschäftigte vier Pressen.

1791 wurde Salzer und 15 andern Buchdruckern verboten, das von ihren Druckarbeiten ersparte Papier zu verkaufen,[14] wie denn im folgenden Jahre ihm über das Gesuch des bürgerlichen Handelsstandes sein »stets betreibender Papierhandel bei 6 Reichsthaler Pön Fall von jedem Ballen« untersagt wurde.[15] Salzer war auch Buchhändler. 1804 wurde er aber mit seinem Gesuche, ihm den Buchhandel zu belassen oder ein neues Befugnis zu ertheilen, abgewiesen.[16]

Caspar Salzer starb am 20. Jänner 1811. Nun handelte es sich um die Frage, ob sein Buchdrucker-Privilegium veräußerlich sei oder nicht. Unterm 12. December 1812 erging daher an den Magistrat ein Regierungs-Decret folgenden Inhalts: Da infolge der unterm 31. März 1808 erlassenen Hofverordnung nur jene Gewerbe als verkäuflich angesehen werden können, welche vor 1775 unter was immer für einem Privat-Rechtstitel von einem Besitzer auf den andern mit obrigkeitlicher Bestätigung übertragen wurden, so sei das Buchdruckerei-Gewerbe des verstorbenen Caspar Salzer, welches vor 1775 gar nicht und erst 1784, jedoch ohne Bestätigung der politischen Behörde, verkauft wurde, wodurch für dasselbe kein Recht zum Wiederverkaufe erwuchs, auch gegenwärtig als kein verkäufliches, sondern nur als ein persönliches anzusehen, daher auch der von Leopold Schnierer vorgenommene Kauf dieses Gewerbes für seinen Sohn Johann nicht bestätigt werden könne. Der Magistrat habe daher hier wie bei jedem andern persönlichen

[10] Archiv der Wiener Universität, Fasc. »Particularsachen«, III. 8.

[11] Registratur der k. k. niederösterreichischen Statthalterei, A. 15. Nr. 2796[illegible].

[12] Registratur des Wiener Magistrates, H. 4, Fasc. 12, Nr. 111.

[13] Hier druckte Salzer das »Tagebuch für alle Stände in Österreich«, das Montag, Donnerstag und Samstag je einen Bogen stark erschien; Real-Zeitung 1785, S. 297. La grammaire française réformée etc. Neue französische Sprachlehre, [illegible] nach den Grundsätzen der besten Autoren zum Gebrauche der Deutschen. 1786, 8., 458 S. u. A.

[14] Registratur des Wiener Magistrates, H. 4, Fasc. 8, Nr. 618 ex 1791, Fasc. 12, Nr. 111.

[15] L. c. H. 4, Fasc. 8, Nr. 618 ex 1791, Fasc. 12, Nr. 111.

[16] L. c. H. 4, Fasc. 8, Nr. 419 ex 1794, Fasc. 12, Nr. 111.

Gewerbe vorzugehen, und wenn es zur Wiederverleihung geeignet sei, die Erledigung anzuzeigen und die Competenten vorzuschlagen.[16] Am 6. April 1813 wurde Salzers Privilegium von der Witwe Theresia Salzer um den Normalpreis von 3000 Gulden an Johann Schnierer verkauft.[17]

JOHANN MARTIN WEIMAR.

(1784 bis 1791.)

Fr. Gräffer erzählt im V. Bande seiner Josefinischen Curiosa, dass Johann Martin Weimar Factor in der Schönfeld'schen Buchdruckerei gewesen und wegen des in Prag erschienenen Buches von Heinrich: «Gesetze der k. k. Armee», das Schönfeld in Prag mit Censur verlegt und auch in Wien, jedoch ohne die vorgeschriebene Censur des Hofkriegsrathes verkauft hatte, mit dem Präsidenten des Hofkriegsrathes, dem Grafen Hadik, und durch diesen mit Kaiser Josef zusammengekommen sei. Auf Verwendung Hadiks habe Weimar eine Buchdruckerei erhalten, dem Kaiser in der Audienz auch versprochen, Besseres als Schönfeld zu drucken. Da Weimar aber selbst kein Geld besaß, so hatte er sich mit dem berüchtigten Pamphletenverleger Philipp Wucherer, zu dem er schon früher in engen Beziehungen gestanden, verbunden, der nun das Geld vorstreckte. Bei der Stadthauptmannschaft legte nur der Reichs-Hofbuchdrucker Josef Gerold Protest ein, weil Weimar kein Vermögen hätte und Wucherer dahinter stecke. Weimar, vom Stadthauptmanne hierüber befragt, erwiderte, dass er einen Freund hätte, der das Geld vorstrecken würde, doch sei das Nebensache. Wucherer ließ nun die Matrizen aus dem Auslande, und zwar durch schwäbische Schiffleute kommen, an einem Arm der Donau ausladen und mit Umgehung der Maut nach Wien bringen. Es ist nun schwer zu sagen, wie viel daran Dichtung und Wahrheit sei. Historisch beglaubigt ist,[18] dass der k. k. priv. Groß- und Buchhändler im Seitzerhofe unter den Tuchlauben, Georg Philipp Wucherer, unterm 6. April 1784 ein Gesuch an die Regierung richtete, in Wien eine Buchdruckerei errichten zu dürfen, jedoch unterm 6. Mai abgewiesen wurde. Bald darauf wurde Weimar ein Buchdruckerei-Befugnis ertheilt, worüber Wucherer sich beschwerte und am 10. August wiederholt um die Erlaubnis bat, eine Buchdruckerei errichten zu dürfen: er sei erst vor Kurzem abgewiesen worden und doch habe man dem Weimar eine Buchdruckerei verliehen. Dieses Gesuch wurde von der Studien-Hofcommission der niederösterreichischen Regierung mit dem Bedeuten zugestellt (25. August 1784), sie möge sich äußern, nach welchem Maßstabe die Regierung die Nothwendigkeit, die Buchdruckereien zu vermehren oder ihrer Vermehrung Grenzen zu setzen, beurtheile. Wucherer wurde über eingehenden Bericht und Antrag der Regierung neuerdings abgewiesen, wenngleich die Studien-Hofcommission in ihrem Votum dafür war. Der Kaiser aber entschied: «Ist der Kanzlei ganz recht daran, dass der Entscheidung der Frage, ob und wem Buchdruckereien und Buchhandlungen zu gestatten seien? nicht zur Wirksamkeit der Studien-Hofcommission gehöre. Sie wird hiernach dieselbe hievon verständigen, wohingegen es aber in Ansehung des Wucherer bey der von der Regierung in Gemäßheit Meiner bereits bestehenden Entschließung vom 24. November 1783 ganz wohl angetragenen Abweisung ledig zu bewenden hat. Josef m. p.» Ob Wucherer später noch ein Buchdruckerei-Privilegium erhalten hat, ist sehr zu bezweifeln. Als er 1789 wegen mehrfacher Vergehen, d. i. Verbreitung theils von der Censur nicht approbierter, theils zur Censur gar nicht vorgelegter höchst schändlicher Bücher, «dann wegen Sr. Majestät bekannten, höchst wichtigen Ursachen und Beleidigungen aus den kaiserlichen Erblanden abgeschafft» wurde, heißt er nur «gewesener Groß- und Buchhändler», und es wurde auch nur seine Buchhandlung gesperrt.[19] Wenn er nun auf irgend einer Broschüre als Drucker erscheint, so kann er nur zeitweilig eine ungesetzliche Winkeldruckerei gehabt haben, die auch in jene Vergehen mit einzubeziehen war, wegen welcher er ausgewiesen wurde.

[16] Gremial-Archiv.

[17] Die Buchdruckerei war beim Tode Salzers auf 555 Gulden geschätzt worden, u. zw. 5 alte Buchdruckerpressen, worunter 3 mit messingenen Spindeln und eine mit messingenem Deckel, dann 2 mit eisernen Spindeln und hölzernen Deckeln auf 200 Gulden, [illegible] alter Blei und Schriften im Werte von 300 und [illegible] 55 Gulden. — Salzer besaß ein Haus in der inneren Stadt (Nr. [illegible]) und eine Papiermühle bei St. Pölten. (Archiv des Wiener Landesgerichtes, Verlassenschaftsacten, Fasc. 2, Nr. [illegible].)

[18] Archiv des k. k. Reichs-Finanzministeriums, Niederösterreichische Commerzacten von 1783–1800, Fasc. 110 [illegible]

[19] Registratur des Wiener Magistrates, H 4, Fasc. 8, Nr. 28.

Johann Martin Weimar hatte seine Officin, in der er vier Pressen beschäftigte, auf der Landstraße im Bischofgarten (315); außerdem besaß er eine Buchhandlung, für welche er seit 1785 einen erhöhten Steuerbetrag zu leisten hatte.[50] Ob Wucherer bei Weimar drucken ließ, ob die etwaigen Beziehungen zwischen beiden von früher her fortbestanden, ist nicht erwiesen.

Unterm 8. September 1793 stellte Weimar an die Regierung das Ansuchen, dass er seine Buchdruckerfreiheit an den gelernten Buchdrucker Anton Pichler verkaufen dürfe, indem er von Sr. Majestät die vorläufige Erlaubnis hierzu bereits mündlich erhalten habe.[51] Anfangs wurde er abgewiesen, aber im folgenden Jahre wurde Pichler statt des Weimar die anheimgesagte Personal-Buchdruckerei-Befugnis ertheilt.

ANTON GASSLER

1785 bis 1803

Anton Gassler war Buchhändler (Tuchlauben 460) und erhielt 1785 eine Buchdruckerei-Befugnis, eine »Personal-Freiheit«, wofür er am 29. März desselben Jahres mit einer Steuer von zwanzig Gulden belegt wurde.[52] Diese dient uns als Maßstab, dass Gassler in seiner Officin, die sich auf dem Rennwege nächst der »Sandgstätte«, später im Seitzerhofe befand, vier Pressen beschäftigte, wie dies auch sonst actenmäßig bekannt wurde.[53] Gassler starb im Jahre 1803, am 30. April.[54]

JOHANN GAY

1783 bis 1790

Johann Gay und sein Bruder Friedrich waren aus Straßburg nach Wien gekommen[55] und hatten durch Hof-Entschließung vom 1. März 1783 die Befugnis zum Buchhandel und zur Buchdruckerei erhalten[56] vorerst aber eine Buchhandlung errichtet. Johann Gay bat später um die Erlaubnis, seine Ausgaben und Journale meist in französischer und italienischer Sprache von seinen eigenen Leuten setzen und drucken zu lassen.[57] Mit Hofdecret vom 8. October 1785 bekam er zu diesem Zwecke ein Buchdruckerei-Privilegium. Mit Allerhöchster Entschließung vom 19. November 1785 wurde den Brüdern Gay auf einen Vortrag der niederösterreichischen Regierung hin auch eine Papierfabrik und eine Papier-Niederlage in Wien zu errichten gestattet.[58] Im Jahre 1789 wurde Johann Gay vom Magistrate wiederholt aufgefordert, den Bürgereid abzulegen, und selbst bei Verlust der ihm ertheilten Befugnisse; die Buchhändler Gay & Comp. überreichten auch die abgeforderte Erklärung, vermöge welcher sie den 1783 erhaltenen Befugnissen entsagen.[59] Johann Gay bat immer um Fristen zur Ablegung des Eides, woraus hervorgeht, dass er nicht gerne sich dazu entschloss. Endlich nach vielen Verzögerungen kam er am 19. Mai 1790 dem Auftrage nach,[60] begab sich aber noch im selben oder im folgenden Jahre nach Paris, ohne wieder zurückzukehren. Am 1. December 1793 übergab Johann Gay durch seinen Schwiegersohn Gide an die früheren Gehilfen Ferdinand Bastien und Besson seine Geschäfte — Buch- und Papierhandel — um 31.932 Gulden. Diese beiden Mitwisser und Gehilfen Gays, Geld außer Land zu schaffen, führten nun rechtswidrig und ohne Anzeige an das Wechselgericht die Geschäfte fort. Gays Vermögen wurde daher auf Grund des

[50] Registratur der niederösterreichischen Statthalterei, A. 85, Nr. 4813.

[51] Archiv des k. k. Reichs-Finanzministeriums, Niederösterreichische Commerzacten, Fasc. 110 ℥. — Registratur der niederösterreichischen Statthalterei, A. 15, Nr. 19058, 19251, 29061. — Registratur des Wiener Magistrates, H. 1, Fasc. 8, Nr. 720.

[52] Archiv des k. k. Reichs-Finanzministeriums, Niederösterreichische Commerzacten, Fasc. 110 ℥.

[53] Die Buchdruckerei wurde von dem Schätzmeister Mathias Andreas Schmidt auf 750 Gulden geschätzt. Schriften waren vorhanden: 36 Centner 70 Pfund in 42 Kästen; eine Presse mit zwei Tiegeln, eine mit einem, zwei mit hölzernem Tiegel, alle vier mit ... Fundament, zusammen 80 Gulden wert. (Archiv des Wiener Landesgerichtes, Verlassenschaftsacten, Fasc. 2, Nr. 1821/803.)

[54] Registratur der niederösterreichischen Statthalterei, A. 115, Nr. 10555.

[55] Über dieses und das Folgende: Archiv des k. k. Reichs-Finanzministeriums, Niederösterreichische Commerzacten, Fasc. 110 ℥.

[56] Registratur der niederösterreichischen Statthalterei, A. 15, Nr. 18839.

[57] L. c., A. 10, Nr. 19987. — Registratur des Wiener Magistrates, H. 1, Fasc. 8, Nr. 1180.

[58] Registratur der niederösterreichischen Statthalterei, A. 74, Nr. 27648, A. 15, Nr. 18839.

[59] L. c., A. 74, Nr. 27648, A. 15, Nr. 18839.

[60] Registratur des Wiener Magistrates, H. 1, Fasc. 8, Nr. 559.

Auswanderungs-Patentes vom 10. Juni 1784 mit Beschlag belegt. Die Buchdruckerei war schon 1789 nach den Gesetzen vom 8. Jänner 1770 und 13. Juli 1774 ohneweiters gesperrt und noch in demselben Jahre verkauft worden.

Johann Gay's Buchdruckerei, die sich, wie gesagt, meistens mit dem Drucke französischer und italienischer Werke beschäftigte und vier Pressen hatte, befand sich in der Singerstraße Nr. 927.

CHRISTIAN GROSSER.

(1775 bis 1802.)

Christian Grosser, Buchdruckereifactor bei Ignaz Grund, erhielt 1775 eine Buchdruckerei-Befugnis und wurde am 29. März mit einer Gewerbsteuer von acht Gulden belegt,[61] woraus wir schließen können, dass es nur eine kleine Officin war, die er betrieb und die sich im Baron Wetzlar'schen Hause in der Teinfaltstraße befand, etwa wie die eines Weimar, Grund u. a. Grosser beschäftigte zwei Pressen. Im April 1802 legte er seine Befugnis zurück, die dem Buchdrucker Anton Strauß verliehen wurde.[62]

JOHANN DAVID HÖRLING.

(1785 bis 17[illegible].)

Derselbe hatte die ehemals Schulz'sche, nachher aber Sonnleithner'sche Buchdruckerei, deren Compagnon er schon 1785 war, durch Kauf an sich gebracht.[63] Unterm 11. October desselben Jahres bat er, dass das hiesige Mercantil- und Wechselgericht angewiesen werde, ihn wegen Ausweisung des Befugnis zur Buchhandlung und seiner Fonds nicht mehr zu betreiben, zugleich stellte er auch das Ansuchen, die niederösterreichische Regierung möge der hiesigen Universität alle fernere Einmengung in die Geschäfte des Buchhandels und der Buchdruckereien untersagen, damit dieselben, sie seien alte oder neue, verkäufliche oder Personal-Befugnisse, je nach ihren Eigenschaften den dermaligen echten Grundsätzen der Regierung entsprechend behandelt werden mögen. Diese entschied, dass Hörling jedenfalls von dem Ausweise zu dispensieren sei, wenn er «gehörig darthue», dass er die Sonnleithner'sche Buchdruckerei «ordnungsgemäß» an sich gebracht habe und in wirklichem Betriebe unterhalte. Auf Hörlings weiteres Ansuchen erklärte die Regierung, dass «fürs künftige Niemanden eine Buchdruckerei ohne vorläufige Bewilligung der Landesstelle zu gestatten, auch beim Verkaufe einer solchen um den Consens anzusuchen sei, jedoch sei die diesfällige und damit verbundene Buchhandlungs-Befugnis ohne erhebliche Ursache nicht leicht Jemandem zu versagen, laut Circular vom 31. Mai 1782».[64] Die Buchdruckerei, in welcher sechs Pressen thätig waren, befand sich auf dem Franziskanerplatze Nr. 951, die Buchhandlung aber in der Bognergasse Nr. 220. Näheres ist uns über Hörlings Buchdruckerei nicht bekannt.[65]

FRANZ (GOLFINGER) EDLER VON STEINSBERG.

(1785 bis 1795.)

Nach Andeutungen in den Indices zu den amtlichen Acten scheint Steinsberg mit Johann Josef Jahn in Geschäftsverbindung gestanden zu sein, da es heißt, dass 1784 Steinsbergs Buchdruckerei an einen Schneider als Meistbietenden übergieng,[66] was ganz zu dem Ankaufe der Jahn'schen Buchdruckerei

[61] Archiv des k. k. Reichs-Finanzministeriums, Niederösterreichische Commerzacten, Fasc. 110 [illegible].

[62] Registratur des Wiener Magistrats, H. 4, Fasc. 8, Nr. 62, Fasc. 12, Nr. 316 ex 1802. — Registratur der niederösterreichischen Statthalterei, A 18, Nr. 5409, 5571.

[63] Siehe oben S. 63 dieses Bandes.

[64] Archiv des k. k. Reichs-Finanzministeriums, Niederösterreichische Commerzacten, Fasc. 110 [illegible].

[65] Von Hörlings Drucken haben wir bereits: Choice of the best poetical pieces of the most eminent english poets. Published by Joseph Retzer. Vol. IV. Vienna printed for John David Hörling. MDCCLXXXVI. 8°. — [illegible] Die Kriege in Bosnien in den Feldzügen 1737, 1738, 1739 ... Aus dem türkischen übersetzt von Johann Nep. Dubsky Freiherrn von Trebomislitz. Wien bey Joh. David Hörling, Buchdrucker und Buchhändler 1789. 8°. (4 Bl. 216 S. m. Titelk.)

[66] Archiv des k. k. Reichs-Finanzministeriums, Niederösterreichische Commerzacten, Fasc. 110 [illegible].

durch Caspar Salzer stimmt. Im folgenden Jahre finden wir Steinsberg erwähnt wegen Ratificierung des Kaufcontractes der Schulz'schen Buchdruckerei (April 1785).[67] Da die betreffenden Acten nicht mehr existieren, auch jene nicht, worin näher erörtert wird, dass v. Steinsberg 1787 um die Erlaubnis bat, eine Buchdruckerei errichten zu dürfen[68] und er dann auch als Mitinhaber der Salzer'schen Buchdruckerei erscheint,[69] vermögen wir den Zusammenhang jener Thatsachen nicht näher und verlässlich zu erklären. Steinsbergs Buchdruckerei befand sich anfangs bei Mariastiegen beim großen Christoph, dann auf der Wieden (Favoritengasse, Brandau'sches Haus), zuletzt im Bürgerspitale.[70]

JOSEF FORSTBERGER.

(1768, 1790 und 1791 nachweisbar.)

Nur sehr wenige Bemerkungen sind es, die uns von diesem Buchdrucker Kenntnis geben. 1768 suchte Forstberger beim Wiener Magistrate an, den in die Lehre genommenen Jungen behalten zu dürfen, stand aber bald davon ab.[71] 1790 heißt es in einem unklar stilisierten Index-Regest auf Grund eines Berichtes des Wiener Stadthauptmannes: «Josef Forstberger, womit dem von Pock (es ist wahrscheinlich der weiter unten erwähnte Buchdrucker Jacob Bock gemeint) die unbefugte Dirigierung seiner des Bittstellers Buchdruckerei eingestellt werde.»[72] Bock dürfte sonach unbefugter Leiter der Forstberger'schen Officin gewesen sein, um dessen amtliche Gutheißung Forstberger einschritt. 1791 machte derselbe auch einen Vorschlag in Stempelsachen und bat zugleich um eine Anstellung, wurde aber am 4. Mai abgewiesen.[73] Seine Officin, die sich im Ballgasschen befand, hatte nur eine Presse.

JOHANN CHRISTOPH WINKLER

(1787 bis 1797.)

Johann Christoph Winkler war ursprünglich Universitäts-Kupferstecher. Er bat dann um eine persönliche Buchdruckerei-Befugnis, die er am 20. April 1787 auch erhielt.[74] Die Officin war, wie aus der Steuerbemessung sich ergibt, eine kleine, und wir finden auch in den Acten wenig über sie erwähnt, höchstens wenn Winkler mit der Censurbehörde in Conflict kam.[75] Die Buchdruckerei befand sich zuerst auf dem Schottenfeld, dann in der Josefstadt beim goldenen Löwen und in der neuen Schottengasse. Winkler starb im Jahre 1797 und die Befugnis gieng auf seine Witwe über.[76]

JOSEF ÖHLER.

(1788 bis 1803.)

Josef Öhler war 1763 zu Troppau geboren. Nach beendigten Studien trat er in die Wiener Hofbibliothek ein, widmete sich aber bald dem Buchhandel und erhielt 1788 als Herausgeber des «Wiener Blättchens» auch eine Buchdruckerei bewilligt,[77] die er später erweiterte. Sein Hauptaugenmerk richtete Öhler auf correcte Ausgaben lateinischer Classiker und verband damit die besten deutschen Übersetzungen; sein weiterer Plan, auch die Classiker des Mittelalters (z. B. Dante) und der Neuzeit in gleicher Weise zu edieren, scheiterte an der Theilnahmslosigkeit des Publicums und kam über Tasso's «Gerusalemme liberata» in

[67] Registratur der niederösterreichischen Statthalterei, A. 9, Nr. 7883.
[68] und [69] L. c. A. 15, Nr. 20160 ex 1 4/271.
[70] Mit Steinsberg'schen Schriften ist gedruckt: «Sonnenklarer Commentar des unverständlichen Buchstaben des neuen Gesetzes.» Von Moriz Schlendrian, Obersten Richter zu Troppau. Thl. 1. Wien, in Commission bey H. Hochenleitner 1788. 12°. Thl. 2. Wien, mit Steinsberg'schen Schriften. 12°.
[71] Registratur des Wiener Magistrates, Fasc. II. 8. Nr. [illegible].
[72] Registratur der k. k. niederösterreichischen Statthalterei, l. c. A. 15, Nr. 1925, 2125.
[73] Archiv des k. und k. Reichs-Finanzministeriums, Niederösterreichische Commerzsachen, Fasc. 110/2.
[74] Archiv des k. k. Reichs-Finanzministeriums, Niederösterreichische Commerzsachen, Fasc. 110/2.
[75] Registratur der niederösterreichischen Statthalterei, A. 15, Nr. 1625, 5077, A. 115, Nr. 23167/2665, A. 15, Nr. 2115.
[76] L. c. A. 115, Nr. 6470, 13403 und 16986.
[77] L. c. A. 15, Nr. 11273, A. 16, Nr. 11775. — Registratur des Wiener Magistrates, Fasc. 8, Nr. 938.

der berühmten Übersetzung von Gries nicht hinaus. Öhler war selbst so classisch gebildet, dass er die Correctur dieser Miniaturausgaben selbst besorgte.[78] Der Druck derselben ist mit schönen Lettern auf einfachem Papier überaus sorgfältig hergestellt, ein Beweis, dass die Officin nach jeder Richtung gut geleitet wurde.[79]

Öhler hatte sich zuerst mit Leopold Doblier geschäftlich verbunden (1796 bis 1800) und von 1800 an mit dem Buchhändler Johann B. Wallishausser, der um diese Zeit selbst ein Buchdruckerei-Privilegium erhalten hatte, aber schon 1803 allein als Buchdrucker erscheint.[80]

Die Öhler'sche Officin befand sich zuerst auf dem Franziskanerplatze (im Altheim'schen Hause), dann zeitweilig im Bürgerspitale »gegenüber von der Auffarth auf die Pastey zu ebener Erde« (1792), »am Spittelberg beim wilden Mann«, auf dem Neustift (Nr. 62), in der Neudeggergasse »zur goldenen Birne« und seit 1800 im alten Lerchenfeld (Nr. 5).

Josef Öhler starb im Jahre 1816.[81]

IGNAZ ALBERTI.

(1789 bis 1794.)

Ignaz Alberti, privil. Buchdrucker, Buchhändler und Kupferstecher, war der Sohn des Directors der Feldapotheke, Alberti, und in Wien geboren. Am 7. August 1773 trat er in die k. k. Akademie der bildenden Künste ein, wo er sich zu einem der fleißigsten und besten Schüler entwickelte. Nach einem guten Unterrichte im Zeichnen wandte er sich der Kupferstecherkunst zu und wurde ein Schüler des berühmten Schmuzer. Nachdem er die Akademie verlassen hatte, gründete er c. 1783 ein eigenes Atelier und war auch mit dem tüchtigen Kupferstecher Mansfeld in Compagnie getreten. Aus dieser Zeit stammen viele Illustrationen zu geographischen, botanischen und musikalischen Werken. Im Jahre 1789 wurde dem akademischen Kupferstecher Alberti in der Lopresti'schen Buchhandlung beim Kärntnerthore — er scheint also damals sein selbstständiges Atelier nicht mehr besessen zu haben — auf seine Bitte eine Buchdruckerei-Befugnis ertheilt und ihm auch die Steuer wegen seiner neu errichteten Buchhandlung vorgeschrieben.[82]

Als Buchdrucker und Buchhändler brachte es Alberti zu einem besonderen Rufe in Wien. Die Buchdruckerei war vortrefflich eingerichtet und gut geleitet,[83] woraus man auf den Künstler-Buchdrucker schließen kann, so dass er mit einigem Rechte am 30. December 1792 an die Regierung die Bitte richten konnte, ihn statt des Josef Edlen von Kurzböck zum k. k. Hofbuchdrucker zu ernennen und ihm auch den angemessenen vierten Theil der Hofarbeiten zu überlassen,[84] worauf jedoch die Regierung nicht einging. Alberti beschäftigte 16 Pressen und besaß einen großen Vorrath schöner und gut erhaltener Schriften, besonders in Garmond à Cicero Fractur, Garmond Antiqua und Petit à Garmond Fractur.

Von seinen hervorragenderen Ausgaben nennen wir den »Publius Ovidius Naso« (Die Verwandlungen) mit Kupfern von Stöber, Mansfeld, Quirin Marck und Stenger, sowie einige spanische und italienische Classiker-Ausgaben.

Alberti starb am 31. August 1794 »auf der Wien Nr. 38«. Er hinterließ eine Witwe, Anna Alberti, und zwei unmündige Kinder: Franz (8 Jahre alt) und Josefa (5 Jahre alt). Universalerbin war die Witwe, welche auch die Buchdruckerei fortführte.

[78] Öhler besorgte noch mehrere Redactionen, so auch die des vielbändigen »Zeitungslexikons«, das 1812 bis 1814 bei Schrämbl erschien.

[79] Von den Drucken desselben erwähnen wir noch: Fr. M. Vierthaler, Rechtliche und politische Aufsätze, 1798. 8°. — Ausführliche Geschichte des Krieges zwischen Russland, Österreich und der Türkey, 1791 bis 1792. 6 Bde. (8°.)

[80] Öhlers Gesellschafter in der Buchhandlung war ein Bruder des Dichters Klopstock.

[81] Über Öhler vgl. Oesterreichische National-Encyklopädie, IV. 82. — v. Wurzbach, Biographisches Lexikon, XXI. 11 f.

[82] Registratur des Wiener Magistrates, Fasc. 8, Nr. 279 de anno 1789. — Archiv des k. k. Reichs-Finanzministeriums, Niederösterreichische Commerzacten 110/2.

[83] Zeitweise war Karl Leberecht Bille Factor. Die Buchdruckerei wurde nach dem Tode Albertis auf 4843 Gulden geschätzt, darunter 117 Centner 60 Pfund Schriften auf 2072 Gulden, die übrigen Utensilien auf 1561 Gulden, darunter 14 Pressen sammt Rahmen, kleinen Rähmchen, Bengel etc. (à 90 Gulden) auf 1260 Gulden und 2 ... Pressen (à 70 Gulden) auf 140 Gulden. (Archiv des Wiener Landesgerichtes, Verlassenschaftsacten, Fasc. 2, Nr. 2065/749.)

[84] Archiv des k. k. Reichs-Finanzministeriums, Niederösterreichische Commerzacten, 110/2.

BERNHARD PHILIPP BAUER.

(1790 bis 1830.)

Bernhard Bauer hatte 1789 die Gay'sche Buchdruckerei gekauft[85] und sie im Mai 1790 auf seinen Sohn Bernhard Philipp Bauer übertragen lassen.[86] Im Jahre 1803 übernahm dieser auch die Franz Seitzer'sche (oder Elisabeth Bouvard'sche) Universitäts-Buchdruckerei; nachdem er den Steuerrückstand Seitzers im Betrage von 56 Gulden beglichen hatte, wurde ihm die Steuer vom 14. März 1803 an mit jährlichen 20 Gulden berechnet.[87] Auf sein wiederholtes Ansuchen wurde Bauer erst 1807 mit seiner Universitäts-Buchdruckerei »angeschrieben«, nachdem der Normalwerth mit 2000 Gulden bestimmt worden war. Von jetzt an hatte Bauer die Gay'sche Personal-Befugnis dem Magistrate zurückgegeben.[88] 1812 wurde ihm auch eine Buchhandlung verliehen (Verlag Schottenhof), wogegen die Buchhändler und Antiquare einen Hofrecurs ergriffen hatten, von dem sie aber abstanden.[89]

Bernhard Philipp Bauer erfreute sich unter den Buchdruckern eines nicht geringen Ansehens und war auch ihr »erster Repräsentant«. Im Jahre 1830 hatte er seine Buchdruckerei-Realbefugnis an die Johanna Grund, verehelichte Gorischek, verkauft.[90]

Bauers Buchdruckerei befand sich auf der hohen Brücke »zu den sieben Schwertern«, dann in der Alservorstadt, Währingergasse (Nr. 275).

IGNAZ GOLDHANN.

(1789 bis 1797)

Ignaz Goldhann, ein Buchhändler, erhielt 1789 auf seine Bitte vom 24. December 1788 eine Personal-Befugnis zur Errichtung einer Buchdruckerei,[91] wofür er seit 1. Jänner 1789 eine Gewerbesteuer von acht Gulden zu zahlen hatte.[92] Die Buchdruckerei befand sich auf dem neuen Markte (Nr. 1108). Im Jahre 1797 sagte er seine Buchdruckerei-Befugnis unbedingt anheim.[93]

JOHANN DAVID HUMMEL.

(1789 bis 1803.)

Johann David Hummel bewarb sich 1789 um eine Buchdruckerei-Befugnis, die er über Bericht der Stadthauptmannschaft auch erhielt.[94] 1793 wurde ihm die Erlaubnis ertheilt, seine Buchdruckerei, die sich auf der Freiung »zu den drei Hackeln«, später im Bürgerspitalgebäude (Nr. 1166) und am Neustift befand, abzutheilen.[95] Vom Jahre 1797 an war er mit Anton von Haykul und einem gewissen Pollak in Verbindung; die Firma lautete: Anton von Haykul, Hummel & Comp. Vom Jahre 1804 an erscheint v. Haykul schon allein.

BUCHDRUCKEREI DER ITALIENISCHEN NATIONAL-CONGREGATION.

(1789 bis 1793.)

Johann Milani, Vorsteher der italienischen National-Congregation, schritt unterm 12. März 1789 im Namen derselben bei Hofe um die Erlaubnis ein, in ihrem neu erbauten Freihause (Herrengasse Nr. 1364) eine Buchdruckerei errichten zu dürfen. Insoferne die Congregation, heißt es im Bewilligungs-Decrete, sich

[85] Registratur der niederösterreichischen Statthalterei, A. 15, Nr. 6894, 8509, 10601.
[86] L. c. A. 15, Nr. 8171.
[87] L. c. A. 115, Nr. 10983, 6978; A. 15, Nr. 27046 und 11118. — Registratur des Wiener Magistrates, Fasc. 12, Nr. 4 de anno 1803.
[88] Registratur des Wiener Magistrates, Fasc. 12, Nr. 218 de anno 1805; Fasc. 12, Nr. 61 de anno 1807. Registratur der niederösterreichischen Statthalterei, A. 16, Nr. 17829; B. 12, Nr. 11957.
[89] Registratur des Wiener Magistrates, Fasc. 22, Nr. 26581 de anno 1811; Fasc. 6, Nr. 291, H. 3, Nr. 4359. Im Jahre 1816 wurde ihm, nachdem ein ausgewiesener Fond gesichert worden war, ein neues Buchhandlungs-Befugnis verliehen. L. c. H. 3, Nr. 2761.
[90] L. c. H. 119, Nr. 2189.
[91] Registratur des Wiener Magistrates, Fasc. 8, Nr. 1936. — Registratur der niederösterreichischen Statthalterei, A. 15, Nr. 13134, 6619.
[92] Archiv des k. k. Reichs-Finanzministeriums. Niederösterreichische Commerzsachen, Fasc. 110/2.
[93] Registratur der niederösterreichischen Statthalterei, A. 115, Nr. 10508.
[94] L. c. A. 15, Nr. 16611 und 19184.
[95] L. c. A. 15, Nr. 16272 und 18611.

verbindlich machen sollte, für den aufzustellenden Factor wegen Beobachtung der Censurvorschriften haften zu wollen, habe die Bewilligung keinen Anstand.[96] Was die Steuer betraf, so wurde nicht die Congregation mit derselben belegt, sondern der die Buchdruckerei leitende Factor del Sasso (gest. 1791).[97] Bereits im Jahre 1793 gab über Vorschlag des oben genannten Milani die Congregation die Buchdruckerei auf, deren Befugnis Albert Anton Patzowsky erhielt.

Es wurden nur Bücher in italienischer Sprache gedruckt (Vienna societa typographica). Das Vocabulario italiano ist ihr Hauptwerk.

LEOPOLD STOTZ.

(1788 bis 1795.)

Leopold Stotz, Buchdruckergeselle, bat 1788, eine Buchdruckerei errichten zu dürfen, wozu ihm im folgenden Jahre auch die Personal-Befugnis ertheilt wurde.[98] Im Jahre 1791 richtete ein gewisser Johann Hoffer, gelernter Buchdrucker, an die Regierung das Ansuchen, Stotzens Buchdruckerei, welche durch Franz Schertzer in Verfall gerathen sei, übernehmen zu dürfen, da zwischen ihnen schon der diesbezügliche Contract abgeschlossen sei. Die Regierung wies Hoffer trotz seiner wiederholten Gesuche ab und bewilligte ihm auch keine selbständige Befugnis, um die er gebeten.[99]

Stotz entrichtete eine jährliche Steuer von acht Gulden und beschäftigte drei Gesellen; nur kleinere Arbeiten, wie Kalender, Broschüren u. dgl. giengen aus seiner Buchdruckerei hervor.

Aus welchem Grunde ihm die niederösterreichische Regierung am 18. April 1795 die Befugnis abnahm, wissen wir nicht. Unterm 6. Mai desselben Jahres bat er, ihm einstweilen die Erlaubnis zu ertheilen, dass er bis zum Ausgange seiner Angelegenheit die schon angefangenen Arbeiten vollenden dürfe, nachdem schon unterm 23. April seine Gesellen Sebastian Russ, August Fibel und Anton Ungleich darum gebeten hatten.[100]

Noch finden wir in den Acten verzeichnet, dass er wegen Verheimlichung vieler Lettern und Schriften nebst einer Presse bei der gerichtlichen Sperre seiner Druckerei, dann wegen seines Vorhabens, eine solche wieder in Baden zu errichten, angezeigt wurde. — Mit Hofdecret vom 6. November 1795 wurde ihm ein geringer Steuerrückstand nachgesehen.[101]

Von da an entschwindet seine Buchdruckerei, die auf der Landstraße, dann auf der Wieden (beim Kegel) (Nr. 49) befindlich erwähnt wird, allen weiteren Forschungen.

JOSEF HRASCHANZKY.

(17[illegible] bis 18[illegible].)

Josef Hraschanzky wurde am 8. Juli 1752 zu Fulnek in Mähren geboren. Da er Buchdrucker werden wollte, kam er in die Lehre zu dem Nikolsburger Buchdrucker Neumann. Nach Vollendung seiner Lehrzeit daselbst begab er sich nach Wien, wo er in den Officinen Kurzböck und Trattner beschäftigt war.

Wie aus einer Abschrift aus dem niederösterreichischen Archivs-Protokolle hervorgeht, hatte er schon 1785 die Absicht gehabt, eine jüdische Buchdruckerei in Wien zu errichten;[102] im Hofkanzlei-Decrete an die Regierung vom 24. Februar heißt es, dass ihm wohl kein ausschließendes Privilegium auf eine solche ertheilt werden könne, dass es ihm jedoch freistehe, sie auf eigene Kosten zu errichten, und erst

[96] Archiv des k. k. Reichs-Finanzministeriums, Niederösterreichische Commerzacten, Fasc. 110 2. — Registratur der niederösterreichischen Statthalterei, A. 15, Nr. 6309.

[97] Registratur der niederösterreichischen Statthalterei, A. 115, Nr. 2346 [illegible], 10470.

[98] L. c. A. 15, Nr. 4685, 344. — Registratur des Wiener Magistrates, Fasc. 8, Nr. 1158.

[99] Registratur des Wiener Magistrates, Fasc. 8, Nr. 102. — Registratur der niederösterreichischen Statthalterei, A. 15, Nr. [illegible], 1914, 1898, [illegible]. — Archiv des k. k. Reichs-Finanzministeriums, Niederösterreichische Commerzacten, Fasc. 110 2.

[100] Archiv des k. k. Reichs-Finanzministeriums, Niederösterreichische Commerzacten, Fasc. 110 2.

[101] Registratur der niederösterreichischen Statthalterei, A. 15, Nr. 10686.

[102] In Wien gab es 1741 noch in keiner Officin hebräische oder rabbinische Typen, [illegible] in Nürnberg gedruckt werden musste. ([illegible], Jüdische Merkwürdigkeiten, IV. 98.) Erst gegen Ende des XVIII. Jahrhunderts druckte Kurzböck hebräische Bücher und gründete Hraschanzky eine hebräische Buchdruckerei etc. — Der erste hebräische, wenn auch schlechte Druck in Wien erschien 1511 in dem Werke [illegible]. ([illegible] Wiens Buchdruckergeschichte, S. 41.)

seinerzeit werde man in Erwägung ziehen, ob die Einfuhr fremder jüdischer Bücher zu verbieten sei.[183] Im Jahre 1790 überreichte Hraschanzky ein Hofgesuch um ein Privilegium auf seine neu errichtete hebräische Buchdruckerei. Dasselbe wurde ihm gewährt; mit seinem weiteren Begehren aber, dass er gegen die Errichtung ähnlicher Buchdruckereien und gegen die Einfuhr fremder jüdischer Bücher geschützt werde, wurde er mit Hof-Resolution vom 18. Februar 1791 abgewiesen.[184] Desgleichen wurde sein Hofgesuch um ein privilegium privativum auf 22 Jahre zum Drucke des Talmud und auf 10 Jahre zur Auflage und zum Drucke eines hebräischen Kalenders im Juli desselben Jahres abgewiesen.[185]

Hraschanzky schrieb sich k. k. priv. deutscher und hebräischer Buchdrucker, seit 1796 Hofbuchdrucker. Seine Officin, in der vier Pressen beschäftigt wurden, befand sich anfangs im Melkerhofe, dann auf dem Kienmarkte (Nr. 529), zuletzt in der Währingergasse (Nr. 244). Sie war für den Druck hebräischer Werke vortrefflich eingerichtet, worin er auch mit Kurzböck wetteiferte; «aber er hatte weder Amsterdamer Stempel noch Matrizen. Er ließ seine Lettern bei Ernst Maunsfeld in Wien gießen, welche, so sehr sie die Prager, Brünner (des hebräischen Buchdruckers Karl Josef Neumann) und Lemberger an Schönheit übertrafen, doch weit hinter den Kurzböck'schen aus Amsterdamer Matrizen gegossenen zurückblieben». Indessen fanden auch seine Ausgaben starken Absatz.[186] Ein kostbares Werk ist der babylonische Talmud in 12 Bänden (1791, gr. Fol.), sowohl nach der Schönheit des Papieres, als in typographischer Beziehung; doch ist die Correctur schlecht, daher nahezu auf jeder Seite des Textes wie der Commentare Fehler sich finden. Von seinen anderen hebräischen Drucken nennen wir nur noch: Pirke Aboth. Sprüche der Väter, nebst einem hebräischen Commentare; deutsche Übersetzung und erläuternde Anmerkungen. Von David Friedländer (1791, kl. 8°, 80 Bl.) Schemona Perakim leharambam, nebst deutscher Übersetzung (1798, 8°, 67 Bl.).

Ein gelehrter jüdischer Corrector der Hraschanzky'schen Officin war Ben Messen.

Hraschanzky war auch Buch- und Papierhändler und besaß die Kleß'sche Papiermühle sammt Grundstücken in Wiener Neustadt, die er zeitweilig an Caspar Salzer verpachtet und sein Sohn dann verkauft hatte.[187] Hraschanzky war auch Vorstand des Buchdrucker-Gremiums.

Hraschanzky starb am 29. Mai 1806 in seinem Hause in der Währingerstraße, Nr. 248 mit Hinterlassung einer Witwe und zweier Kinder. Der Sohn Georg, der zum Universalerben ernannt worden war, betrieb Verlag und Buchdruckerei fort. Die Tochter, Anna Hraschanzky, war an den Fürstlich Dietrichstein'schen Oberamtmann Wenig in Groß-Selowitz in Mähren verheiratet. Josef Hraschanzky besaß ein bedeutendes Barvermögen, ein Haus auf dem Kienmarkte (Nr. 529) in der inneren Stadt und das eben genannte Haus in der Währingerstraße. Die Papiermühle, Buchdruckerei und Buchhandlung sammt allen Utensilien und Vorräthen wurden auf 210,000 Gulden geschätzt.[188]

JOSEF OCHS

1790 bis 1810

Josef Ochs, Hausbesitzer bei der «Toleranz in Schottenfeld», hatte 1790 um eine Buchdruckerei-Befugnis auf sein Haus gebeten und dieselbe auch erhalten.[189] Im folgenden Jahre wurde er mit einer

183 Archiv des k. k. Ministeriums des Innern, Fasc. IV. D. 7.

184 Registratur der niederösterreichischen Statthalterei, A. 15, Nr. [illegible].

185 Die niederösterreichische Regierung rieth wohl auf das Talmud-Privilegium für 22 Jahre ein. «Nur der Hofbuchhändler Kurzböck», heißt es [illegible] Kurzböck aber erst die Lettern erhalten müsse, verliere Hraschanzky den Vorzug.» (Archiv des k. k. Reichs-Finanzministeriums, [illegible] — Registratur der niederösterreichischen Statthalterei, A. 15, Nr. [illegible].)

186 Hraschanzky hielt in allen Provinzial-Hauptstädten Niederlagen hebräischer Bücher und errichtete 1795 eine solche auch in Brünn. Hier hatte er aber einen bedeutenden Concurrenten an dem hebräischen Buchdrucker Karl Josef Neumann, der [illegible] (Registratur der niederösterreichischen Statthalterei, A. 15, Nr. [illegible].)

187 Registratur der k. k. niederösterreichischen Statthalterei, A. 15, Nr. [illegible].

188 Archiv des Wiener Landesgerichtes, Verlassenschaftsacten, Fasc. 2, Nr. [illegible]

189 Registratur der k. k. niederösterreichischen Statthalterei, A. 15, Nr. [illegible]

Steuer von zwölf Gulden belegt.[110] Unterm 28. Juni 1792 bewarb er sich um eine Buchhandlungs-Freiheit, die ihm jedoch auf den Bericht des Magistrates hin nicht ertheilt wurde.[111] Da er wiederholt, entgegen der Verordnung vom 5. Juli 1792, mit Büchern, welche er nicht selbst gedruckt hatte, handelte, so wurde er zur Verantwortung gezogen. Die Buchdruckerei, welche sich im fürstlich Liechtenstein'schen kleinen Zinshause in der Herrengasse, seit 1793 in der Spiegelgasse Nr. 1371 befand, warf aber nicht jenen Gewinn ab, der ihre Existenz außer Frage gestellt hätte. 1796 war Ochs, der bereits zwei Jahre die Steuer nicht bezahlt hatte, von Wien verschwunden, so dass schon die Gläubiger aufgefordert wurden, sich über den ferneren Fortbetrieb der Buchdruckerei zu äußern.[112] Ochs, der nicht aufzufinden gewesen,[113] war aber wieder nach Wien gekommen und hatte, willens, die Buchdruckerei beizubehalten, sich mit den Gläubigern ausgeglichen. 1798 bat er um Nachsicht der Steuer, bis er seine Buchdruckerei wieder eröffnet hätte.[114] Mit Hofdecret vom 27. Februar desselben Jahres wurde ihm auch der bisherige Steuerrückstand nachgesehen und die Steuer auf vier Gulden herabgesetzt.[115] Doch auch jetzt hatte die Buchdruckerei wenig Erfolge aufzuweisen, so dass Ochs 1804 um die Herabsetzung der Steuer auf zwei Gulden bitten[116] und selbst dann noch mehreremal um Frist zur Zahlung einschreiten musste.[117]

Ochs starb 1810 und hinterließ die fast schon ganz heruntergekommene Buchdruckerei seiner Witwe Anna Ochs.

GEORG TRUMMER.

(1790.)

Georg Trummer hatte im Jahre 1790 von dem Buchdrucker und Buchhändler Johann David Hörling das alte Universitäts-Privilegium seiner Buchdruckerei (Heyinger-Schulz-Sonnleithner-Hörling) um den Normalpreis von 3000 Gulden gekauft, doch nur ganz kurze Zeit dasselbe ausgeübt. Trummer starb nämlich noch 1790, am 19. October (in seiner Wohnung am Hohen Markt, Fischer'sches Haus, Nr. 488). Er hinterließ eine Witwe, Theresia Trummer, die er zur Universalerbin einsetzte. Bei seinem Tode schuldete er noch die obangeführte Verkaufssumme an Hörling, die Witwe führte aber die Buchdruckerei fort. Die Buchdruckereirequisiten wurden auf 1738 Gulden geschätzt.[118]

JACOB BOCK

(1791 bis 1805 nachweisbar.)

Jacob Bock dürfte der Leiter der Forstberger'schen Officin gewesen sein und selbe auch 1791 übernommen haben. Da er 1805 sein Privilegium nicht mehr ausübte, so schritten am 21. August d. J. die Wiener Buchdrucker ein, ihm diese Freiheit zu nehmen. Nach dem Commercial-Schema erscheint er in obgenannten Jahren und befand sich seine Officin in der Annagasse im Mariazellerhofe.

IGNAZ KASTNER. MARIANNE KASTNER.

(1791 bis 1793.)

Auf Grund des Berichtes des Stadthauptmanns wurde mit Regierungs-Rathschlag vom 2. April 1791 dem Buchdruckergesellen Ignaz Kastner über dessen Ansuchen gestattet, eine Buchdruckerei gegen Zahlung einer Gewerbesteuer von zwölf Gulden zu errichten.[119] Kastner starb aber noch in demselben Jahre und hinterließ die Buchdruckerei (in der Wollzeile 790) seiner Schwester Marianne, die nun das

[109] Registratur der k. k. niederösterreichischen Statthalterei. A. 15, Nr. 4556.

[110] Archiv des k. k. Reichs-Finanzministeriums. Niederösterreichische Commerzacten. Fasc. 119/2. — Registratur der niederösterreichischen Statthalterei, A. 15, Nr. 7916. — Registratur des Wiener Magistrates, Fasc. 8, Nr. 285.

[111] Registratur des Wiener Magistrates, Fasc. 20, Nr. 134 de anno 1796; Fasc. 8, Nr. 2[illegible].

[112], [113], [114], [115] und [116] Registratur der niederösterreichischen Statthalterei. A. 115, Nr. 134. A. 115, Nr. 4310 de anno 1798; A. 115, Nr. 147, 1492 de anno 1798; A. 115, Nr. 22063 de anno 1804. A. 65, Nr. 1082 de anno 1805.

[117] Archiv des Wiener Landesgerichtes, Verlassenschaftsacten, Fasc. 2, Nr. [illegible].

[118] Registratur des Wiener Magistrates. Fasc. 4, Nr. 99 de anno 1791. — Registratur der niederösterreichischen Statthalterei, A. 15, Nr. 1871 und A. 115, Nr. [illegible] de anno 1791.

Ansuchen stellte, dieselbe fortführen zu dürfen. Sie erhielt auch die Bewilligung auf ein Jahr.[120] 1793 war Marianne Kastner willens, die Buchdruckerei-Requisiten zu verkaufen und bat in einem Hofgesuche, dass ihr dieselben entweder von sämmtlichen Buchdruckern um den reellen Wert abgelöst würden oder dem eventuellen Käufer eine neue Befugnis zur Fortführung des Geschäftes »gnädigst« ertheilt werden möge, weil sie eine Forderung von 4000 Gulden an ihren verstorbenen Bruder hätte, wovon sie nichts mehr bekomme, wenn ihr Ansuchen nicht gewährt würde.

Da nach den allgemeinen Grundsätzen die Personalgewerbe weder vererblich noch verkäuflich waren, auch keineswegs zum Unterpfande eines Darlehens dienen konnten, so wurde zum Behufe der Ablösung der Buchdruckerei-Requisiten von der Regierung eine Tagsatzung für den 9. September 1793 anberaumt.[121] Es erschienen Trattner, die Vertreter von Kurzböcks Erben, Mathias Andreas Schmidt und Hraschanzky, die man alle mit den meisten Arbeiten versehen und zur Übernahme mehrerer Pressen geeignet hielt. Allein der Factor des Schrämbl bemerkte, es sei hier wie bei jeder Abnahme; wegen der verschiedenen Größe der Lettern und der Höhe des Kegels seien diese Schriften nicht zu gebrauchen, außer sie würden umgegossen, daher den Schriftgießern durch ein politisches Gesetz eine gewisse Höhe zu bestimmen wäre, wodurch wohl wieder das Schriftenverschleppen durch Gesellen und Lehrjungen von einer Druckerei zur andern, selbst bei der besten Aufsicht, zu befürchten wäre. Da überdies die Buchdruckereien weit weniger beschäftigt waren — bei Trattner standen 20, bei Kurzböcks Erben 8 und bei Schmidt 3 Pressen unbeschäftigt und leer, und nur Hraschanzky durch seine hebräischen Arbeiten hinlänglich gedeckt war, so fanden die Buchdruckerei-Requisiten der Marianne Kastner keine Abnehmer. Mit Hofdecret vom 4. October 1792 wurde ihr aber auf weiteres Ansuchen bedeutet, dass sie entweder eine Personalbefugnis auf ihre Lebensjahre erhalten könne, oder aber das Zugeständnis eines Zeitraumes von zwei Jahren, um doch ihre Buchdruckerei-Geräthschaften an den Mann zu bringen.[122] Marianne Kastner erklärte sich bereit, die Buchdruckerei noch fortzuführen,[123] bis Jemandem, der sich hierzu einverstehe und die nöthigen Eigenschaften besitze, eine Personalbefugnis auf ihre Buchdruckerei ertheilt würde.[124]

FRANZ LICKHER.

(1791 bis 1795 nachweisbar.)

Die Officin befand sich in der Schulerstraße in der ehemaligen Piaristenschule.

LUDWIG MAUSBERGER.

(1791 bis 1825.)

Ludwig Mausberger hatte schon am 28. October 1783 um die Erlaubnis gebeten, eine Buchdruckerei und einen Papierverschleiß ausüben zu dürfen, war aber damals abgewiesen worden.[125] Er trat später als Compagnon in die Buchdruckerei des Johann Georg Binz, um dessen Befugnis er 1790 ansuchte,[126] da derselbe zurücktreten wollte. Die Regierung ertheilte ihm aber mit Decret vom 20. December 1790 nur eine persönliche Befugnis ohne Bedachtname auf die Binz'sche Buchdruckerei.[127] Mit Hofdecret vom 3. Jänner 1791 wurde ihm vom Kaiser die für die erhaltene Buchdruckerei-Gerechtigkeit schuldige Gewerbetaxe von 60 Gulden nachgesehen,[128] und nun erst begann er den Betrieb seiner Buchdruckerei.

[120] Registratur der niederösterreichischen Statthalterei, A. 115, Nr. 16154. Im Jahre 1792 erschien mit »Kastner'schen Schriften« gedruckt: K. J. [illegible], Die Rechte des Staates über Kirchen und geistliche Güter. 8°.)

[121] Archiv des k. k. Reichs-Finanzministeriums, Niederösterreichische Commerzacten, Fasc. 116 ?. — Registratur der niederösterreichischen Statthalterei, A. 15, Nr. 15016. 17081 de anno 1793.

[122] Registratur der niederösterreichischen Statthalterei, A. 15, Nr. 14009 de anno 1793.

[123] L. c. A. 15, Nr. 21344 de anno 1793.

[124] L. c. A. 15, Nr. 221 de anno 1793.

[125] Registratur des Wiener Magistrates, Hof- und Regierungsdecrete bis October 1783.

[126] L. c. Fasc. 8, Nr. 635 de anno 1790. — Registratur der niederösterreichischen Statthalterei, A. 15, Nr. [illegible].

[127] Registratur der niederösterreichischen Statthalterei, A. 15, Nr. 1[illegible].

[128] L. c. A. 15, Nr. 1146 de anno 1791.

Mausberger hatte häufig mit Steuerrückständen zu kämpfen, von deren Fristgesuchen die Acten voll sind. Seine Buchdruckerei, in welcher Kalender, Gebetbücher u. a. gedruckt wurden, befand sich beim «Adler am Bergl» (innere Stadt), später in der Ungargasse am Glacis nächst dem Heumarkte. Mausberger starb am 6. December 1823 mit Hinterlassung einer Witwe, Theresia Mausberger, und eines bereits großjährigen Sohnes namens Anton, welcher des Vaters Compagnon war. Die Buchdruckerei-Requisiten wurden durch die beeideten Schätzmeister Georg Überreuter und Franz Ludwig auf 800 Gulden geschätzt.[129]

THADDAEUS EDLER VON SCHMIDTBAUER.

(1791 bis 1825.)

So lange auch Schmidtbauers Buchdruckerei und Buchhandlung bestanden, so wissen wir doch über sie actenmäßig nur sehr wenig. Im Jahre 1791 kommt Schmidtbauer zum erstenmale als «königl. privil. Buchdrucker» vor, und 1792 wird ihm mit Regierungsdecret vom 20. April eine Buchhandlung verliehen.[130] 1794 finden wir die Firma Schmidtbauer & Comp.; dieselbe ersucht, in Wien ein «allgemeines Bücher-Auctions-Institut» errichten zu dürfen, das ihr im folgenden Jahre auch zugestanden wurde.[131]

Schmidtbauers Buchdruckerei befand sich bis zum Jahre 1797 im Bürgerspitale, von 1797 bis 1801 bei den unteren Weißgärbern (Nr. 1) und von 1801 an wieder im Bürgerspitale, die Buchhandlung aber auf dem Graben «zur blauen Krone». — Schmidtbauer starb ohne Testament und ohne Vermögen am 29. März 1825 mit Hinterlassung von fünf Kindern (Josef, Anna, Theresia, Francisca, Sidonie), wovon vier bereits großjährig waren. Der Sohn, Josef Edler von Schmidtbauer, war bereits seit 1817 Geschäftsleiter der Buchdruckerei und des «Bücher-Auctions-Institutes». Die Buchdruckereigeräthe sammt den 6 Pressen wurden nur auf 753 Gulden geschätzt.[132]

FRANZ ANTON SCHRÄMBEL.

(1791 bis 1803.)

Franz Anton Schrämbel war in Wien 1751 geboren. Nach vollendeten Studien widmete er sich der Schriftstellerei und bat 1786 in einem Hofgesuche, dass er eine Buch- und Kunsthandlung errichten dürfe.[133] Auf Grund einer Tagsatzung vom 9. Jänner 1787 äußerte sich die Regierung am 3. Februar dahin, dass Schrämbel, obwohl er den Buchhandel nicht vorschriftsmäßig erlernt, doch in Rücksicht, dass er sich durch Besorgung der «Troppauer Sammlungsausgabe» und der Herausgabe des deutschen Atlas hinlängliche Kenntnis erworben habe, der Buch-, nicht aber der Kunsthandel zu verleihen sei.[134] Der hier erwähnte Atlas besteht aus 136 Karten in grandaigle Format (1786–1800), «worin Schrämbel nicht nur manche kostbare ausländische Karte gemeinnütziger gemacht, sondern auch viele neu entworfene, brauchbare Karten geliefert hat». Am 18. April 1791 erhielt er auch das Privilegium, eine Buchdruckerei errichten zu dürfen, trotzdem die vernommenen Buchdrucker auf Abweisung gebeten hatten, weil eben die Buchdruckerei als eine freie Kunst erklärt ward und Schrämbel durch verschiedene Ausgaben sich schon ausgezeichnet hatte. Unterm 30. December 1792 richtete er, gleich wie Alberti, an den Hof ein Gesuch um Verleihung der durch den Tod des Edlen v. Kurzböck erledigten Hofbuchdrucker-Stelle.[135]

Schrämbel starb am 13. December 1803. Seine Buchdruckerei, aus welcher deutsche, französische, italienische, ungarische und griechische Drucke hervorgiengen, war gut eingerichtet, namentlich sind seine Classikerausgaben: «Sammlung der vorzüglichsten Werke deutscher Dichter und Prosaisten» schöne

[129] Schriften, zum größten Theile von dem Schriftschneider und Schriftgießer L. F. Schade, die übrigen von dem Schriftgießer M. Schiel, im Werte von 120 Gulden (4 Centner à 30 Gulden), 2 Druckpressen (à 41 Gulden) u. a. Utensilien. (Archiv des Wiener Landesgerichtes, Verlassenschaftsacten, Fasc. 2, Nr. 1084/823.)

[130] Registratur der niederösterreichischen Statthalterei A 15, Nr. 20455. — Registratur des Wiener Magistrates, Fasc. 9, Nr. 728 de anno 1791.

[131] L. c. A. 15, Nr. 13034; Fasc. 8, Nr. 461.

[132] Archiv des Wiener Landesgerichtes, Verlassenschaftsacten, Fasc. 2, Nr. 44/825.

[133] Archiv des k. k. Reichs-Finanzministeriums, Niederösterreichische Commerzacten, Fasc. 119 f. — Registratur der niederösterreichischen Statthalterei, A. 46, Nr. 17224. — Registratur des Wiener Magistrates, Fasc. 8, Nr. 76.

[134] und [135] Archiv des k. k. Reichs-Finanzministeriums l. c.

Drucke mit netten Kupferstichen von Cl. Kohl überaus geschätzt. Diese Sammlung brachte später der Buchdrucker und Buchhändler B. Ph. Bauer an sich, welcher sie auch fortsetzte.[136]

Schrämbels Buchdruckerei befand sich im «Küssdenpfenning beim rothen Thurme», später (seit 1793) auf der Windmühle «im blechernen Thurme».

CHRISTIAN GOTTLIEB TÄUBEL.

(1791 bis 1810.)

Der Umstand, dass in Wien noch 1790 keine Buchdruckerei bestand, die in der Lage war, den Buch-, Musik- und Kunsthändlern oder Tonkünstlern Verlagsbücher zu drucken, worin Musiknoten vorkommen,[137] war Veranlassung, dass der Wiener Buch-, Musik- und Kunsthändler Franz Anton Hoffmeister den Christian Gottlieb Täubel in Leipzig bewog, seine dortige vortrefflich eingerichtete Buchdruckerei, in welcher alle Gattungen Bücher, wo Musiknoten vorkamen oder die auch ganz aus musikalischen Compositionen bestanden, gedruckt wurden, aufzugeben, mit Erlaubnis Kaiser Leopolds II. nach Wien zu verlegen und in Gesellschaft mit Hoffmeister zu betreiben. (Allerhöchste Entschließung vom 5. September 1791.) Diese Buchdruckerei wurde mit schweren Kosten nach Wien überführt und noch 1791 in der Josefstadt Nr. 69 eröffnet; alles, was dazu gehörte: Pressen, Lettern und alle anderen Requisiten wurden mit kaiserlicher Bewilligung mautfrei eingeführt.[138] Der Erfolg aber, welchen Täubel erwartet, blieb aus und so kam derselbe schon ungefähr nach einem Jahre in Concurs, wobei Viele große Verluste erlitten; nur mit dem geringen Vermögen, das seine Frau, die auch fast alles verloren, noch gerettet hatte, setzte er Verlag und Druckerei fort, doch mit großen Hindernissen. Der in Paris kurz vorher erfundene Notendruck mit Zinkplatten war nämlich so zur Mode geworden, dass nur äußerst selten Bücher mit Noten zum Drucke kamen, «höchstens manchmal einige Sing-, Musik- oder ein musikalisches Lehrbuch, wozu die Buchdruckerkunst nötig». Auch die kurz vorher in Wien eingeführte Lithographie, welche die Musikbücher, worin kein Text oder keine Schriften vorkamen (z. B. praktische Musiken), an sich zog, schädigte Täubel empfindlich. Dazu hatte er im Kriegsjahre 1805 an auswärtigen Musikalienhändlern viel verloren, und die Wiener Buchdrucker wünschten, dass die Buchdruckereien vermindert würden. Täubel bat nun den Wiener Magistrat, es mögen die in seinem Privilegium, das auf «Musik-Druckerei» lautete, vorkommenden Unbestimmtheiten und Zweideutigkeiten behoben und ihm alle Druckarbeiten zu drucken gestattet werden. Der Magistrat ordnete eine Tagsatzung für den 12. Juli 1805 an und entschied am 3. September vorläufig: dass Täubel bis zur Entscheidung der Angelegenheit nichts anderes drucken dürfe, als ihm durch sein ursprüngliches Privilegium eingeräumt werde. Mit Regierungs-Decret vom 18. März 1806 wurde er mit seinem «Gesuche um Erweiterung seines Befugnisses auf das Drucken aller Bücher» abgewiesen.[139] Nun fasste er den Plan, seine Druckerei zu verkaufen. Täubel fand auch einen Käufer in dem Buchdrucker Anton Strauß, welcher die Lettern und dazu gehörigen Apparate kaufte und unterm 8. November um Übertragung der unter demselben Datum anheimgesagten Täubel'schen Druckerei bat. Strauß' Talent in der Stempelschneidekunst, die für die Verbesserung des musikalischen Buchdruckes ganz besonders wichtig ist, war bekannt; auch hatte Strauß sich von Täubel in der Kunst, musikalische Bücher zu drucken, unterrichten lassen, so dass ein Aufschwung dieses Kunstzweiges zu erwarten war. Welche Hindernisse nun der thatsächlichen Verwirklichung des Kaufcontractes entgegentraten, sind uns nicht bekannt. Am 29. April 1807 zeigt Täubel dem Magistrate an, «dass er von der Übertragung seiner Befugnis an

[136] v. Wurzbach, Biographisches Lexikon, XXXI. 234.

[137] Der Musiknoten-Druck mit Typen lag noch in der ersten Hälfte des vorigen Jahrhunderts sehr im Argen; die Typen waren mangelhaft, plump und oft wahre Ungethüme. Erst Gottlob Immanuel Breitkopf hat auch hier eine nachhaltige Reform angebahnt und aus dessen Firma [illegible] schöne Notendrucke hervorgegangen. Der Stich von Musiknoten auf Kupferplatten war ebenfalls nicht viel besser, nur kostspieliger und seltener. Dagegen blühte noch am Ende des vorigen Jahrhunderts der Handel mit geschriebenen Noten. «Dieser Manuscriptenhandel war theils ein organisierter und befugter, ausgehend von Verleger und Componisten, theils eine [illegible] Praxis, die von [illegible] Copisten zum empfindlichen Nachtheile jener berechtigten Personen betrieben wurde.» Hanslick, Geschichte des Concertwesens in Wien, I. 28.

[138] Archiv des k. k. Reichs-Finanzministeriums, Niederösterreichische Commerzacten, Fasc. 110 f. — Registratur des Wiener Magistrates, Fasc. 8, Nr. 423 de anno 1791.

[139] Registratur der niederösterreichischen Statthalterei, A. 15. Nr. [illegible] — Registratur des Wiener Magistrates, Fasc. 12, Nr. 16 de anno 1805. — Über Täubel siehe auch das [illegible] Archiv.

Strauß absteche»[140] und im Jahre 1810 bat er, einen gewissen Peter Gründl als Gesellschafter annehmen zu dürfen,[141] woraus hervorgeht, dass er noch in diesem Jahre seine Befugnis ausübte.

Täubels erster Compagnon, Franz Anton Hoffmeister, war 1807 ausgetreten. Am 5. März d. J. wurden dessen Befugnisse für den Buchhandel und die Buchdruckerei für erloschen erklärt; Georg Binz erhielt die Buchhandlungsbefugnis gegen dem, dass er sein Antiquariat zurücklegte, die Buchdruckerei aber gieng ein.[142] Täubel war auch literarisch thätig; er hat mehrere größere und kleinere Werke, «besonders ein für die Typographie und die verwandten Fächer wichtiges Werk» herausgegeben.[143]

GEORG VENTOTTI

(1791 bis 1795, resp. 1804.)

Am 11. Februar 1791 wurde dem Griechen Georg Ventotti erlaubt, eine neue griechische Buchdruckerei zu errichten, wogegen im Mai desselben Jahres einzelne Mitglieder des Buchdrucker-Gremiums, Josef Hraschanzky, Andreas v. Baumeister, Mathias Andreas Schmidt und der Factor der Ghelen'schen Buchdruckerei, Leopold Mutzenhard, in einem Magistratsgesuche Vorstellungen erhoben. Sie erklärten, dass die Zahl der bestehenden Buchdruckereien ohnedies schon 28 betrage, die theils mit mehr, theils mit weniger Privilegien versehen seien, dass aber alle «wegen Mangel an hinlänglicher Arbeit» mehrere Pressen feiern lassen müssten. Die Mehrzahl dieser Officinen sei mit Schriften aller Gattungen und einige derselben sogar mit Typen aller Sprachen versehen, so dass kein Buch in irgend einer in Europa gangbaren Sprache sich denken lasse, welches nicht in einer oder auch mehreren der bestehenden Druckereien gedruckt werden könnte, ohne deshalb eine neue Officin nöthig zu haben. Weiterhin versicherten obgenannte Buchdrucker, bestimmt angeben zu können, dass in den sechs größten Wiener Buchdruckereien, die zusammen 78 Pressen haben, nur 31 Pressen beschäftigt seien; die kleineren Buchdruckereien hätten zum Theile gar keine Arbeit. Die für den Hof nöthigen Sachen besorgten contractlich Trattner und Kurzböck; den anderen blieben nur Buchhändler-Bestellungen, die sich auch merklich gemindert hätten. Was aber die griechische Sprache anbelange, so habe bisher der Buchdrucker Josef Edler v. Baumeister in seiner Druckerei viele Jahre hindurch zum Beifalle der ganzen griechischen Nation griechische Werke geliefert und werde sie auch künftig sowie mehrere andere Buchdrucker aufs beste drucken. Überdies habe der Grieche Ventotti die Buchdruckerei nie erlernt.

Die niederösterreichische Regierung erklärte darauf, dass dem Ventotti die Befugnis aus dem Grunde ertheilt wurde, «weil dadurch nicht nur die aus dem Auslande noch immer hereingeführten Bücher in Zukunft entbehrlicher würden und auch der Handel, der aus Leipzig und Venedig mit diesen Büchern in die türkischen Lande getrieben werde, an sich gezogen werden könne, wozu Ventotti ganz besonders die Eigenschaft besitze und auch von den Wiener griechischen Kaufleuten thätig unterstützt werde, so dass dem Staate wesentliche Vortheile bevorstünden, sondern auch das dem Kurzböck am 22. October 1770 ertheilte Privilegium bereits erloschen».[144]

Im Februar des Jahres 1795 zeigte Ventotti dem Magistrate an, dass er seine Buchdruckerei, die auf dem alten Fleischmarkte (Nr. 686) sich befand, in Bestand verlassen habe, und zwar an Ignaz Mayer und Johann Oberndorfer.[145] Bald darauf wurde er wahnsinnig und starb im allgemeinen Krankenhause am 17. September 1795 mit Hinterlassung von vier unmündigen Kindern, Katharina, Nicolaus, Alexander und Elisabeth, von denen das älteste sieben Jahre alt war.

[140] Registratur des Wiener Magistrates, Fasc. 43, Nr. 14292 de anno 1807.

[141] L. c. Fasc. 12, Nr. 2742 de anno 1810.

[142] Gremial-Archiv.

[143] «Allgemeines theoretisch-praktisches Wörterbuch der Buchdruckerkunst und Schriftgießerei, in welcher alle bei der Ausübung derselben vorkommenden und in die damit verwandten Künste, Wissenschaften und Gewerbe einschlagenden Kunstwörter nach alphabetischer Ordnung deutlich und ausführlich erklärt werden. Von Christian Gottlieb Täubel, kais. kön. priv. Buch- und Musikaliendrucker in Wien.» 2 Bde. mit erläuternden Kupfern, Figuren und Tabellen. Wien 1805. Gedruckt in Christian Gottlieb Täubels kais. königl. priv. Officin auf Kosten einiger Kunstfreunde. 4°. Ein dritter oder Ergänzungsband erschien 1809 im Verlage der Geistinger'schen Buchhandlung.

[144] Archiv des k. k. Reichs-Finanzministeriums, Niederösterreichische Commercialacten, Fasc. 110 (?). — Registratur der niederösterreichischen Statthalterei, A 15, Nr. 1894, 291, 8266. — Registratur des Wiener Magistrates, Fasc. 8, Nr. 68 und 366.

[145] Registratur des Wiener Magistrates, Fasc. 8, Nr. 79.

Ventotti war k. k. hofbefreiter Buchdrucker und seine Befugnis eine Personalbefugnis. Vermögen hat er keines hinterlassen. Die mit 585 Gulden geschätzte Buchdruckerei wurde laut Decret der Witwe überlassen, so lange sie im Witwenstande beharren würde.[146] Am 15. October baten nun Mayer und Oberndorfer um Genehmigung des mit der Witwe entworfenen Societäts-Contractes wegen Fortführung der Buchdruckerei, welcher ihnen auch bewilligt wurde[147] und bis zum Jahre 1805 dauerte, wo die Witwe Ventotti von Pressburg aus erklärte, die Buchdruckerei ihren Kindern überlassen zu wollen. Die griechische Buchdruckerei unter der Firma Joh. Oberndorfer & Mayer befand sich an der Wien bei den »zwei Meerfräulein«.

KATHARINA EDLE VON KURZBÖCK (KURZBÖCKS SEL. ERBEN).

(1792 bis 1805.)

Nach dem Tode des Josef Edlen von Kurzböck bestanden noch die Privilegien für die hebräische, sowie jene für die Hof-, Universitäts- und Landschafts-Buchdruckerei; die illyrische Buchdruckerei war noch bei Kurzböcks Lebzeiten an Stephan Novakovics übergegangen. Im Jahre 1793 verkaufte dann die Witwe Katharina Edle von Kurzböck die hebräischen Lettern und alle für den hebräischen Buchdruck nöthigen Utensilien an Anton Schmid, der damit seine hebräische Buchdruckerei einrichtete. Katharina Edle von Kurzböck, die 1794 auch die Buchhandlung, und zwar an Mislack & Camesina verkauft hatte, betrieb dann nur mehr die Universitäts-, Hof- und Landschafts-Buchdruckerei bis zum Jahre 1805, wo der priv. Buchdrucker Anton Schmid dann auch die Kurzböck'sche Universitäts-Buchdruckerei kaufte, wozu die Einleitungen schon ein Jahr zuvor getroffen worden waren.[148] Katharina Edle von Kurzböck starb, wie auf dem Grabsteine der Familie Kurzböck im neuen Friedhofe von Liesing zu lesen ist, am 20. August 1821.

FRANZ SEITZER.

(1792 bis 1803.)

Franz Seitzer, den wir schon bei der Einrichtung der Buchdruckerei des k. k. Taubstummen-Institutes kennen gelernt haben, kaufte im Jahre 1792 die auf dem hohen Markte, gegenüber dem Stadtgerichte (Schranne), befindliche Universitäts-Buchdruckerei des G. Trummer von dessen Witwe Theresia Trummer.[149] Der Gewerbekaufschilling betrug 6300 Gulden.[150] Seitzer war der letzte Universitäts-Buchdrucker, welcher von der Universität seine Freiheit erhalten hat. — Bekanntlich gieng Seitzers Privilegium im Jahre 1803 durch Kauf an Bernhard Philipp Bauer über.

MARCHIDES BUGLIO (PULIO).

(1793 bis 1800.)

Die Brüder Marchides Buglio, Griechen, führten ohne obrigkeitliche Bewilligung die Baumeister'sche Buchdruckerei auf den Namen Baumeister fort. Mit welchem Rechte, war dem Magistrate unbekannt; derselbe konnte daher, da von keiner Seite eine Beschwerde erhoben wurde, von Amtswegen gegen sie auch nicht einschreiten.[151] 1793 überreichten die Brüder Buglio ein Hofgesuch um ein ausschließendes Privilegium auf 25 Jahre zur Auflage und zum Verschleiße aller »den Nichtunierten zum öffentlichen Gottesdienste erforderlichen, dann für die Schulen nöthigen und allgemein üblichen Bücher und Kalender«.[152] Sie wurden aber am 3. Jänner 1794 abgewiesen, da sie ohnehin schon die Administration der v. Baumeister'schen Buchdruckerei übernommen hätten; es komme also nur darauf an, ob sie diese ganz übernehmen

[146] Archiv des Wiener Landesgerichtes, Fasc. 4226 Nr. F. 2 Jud.
[147] Registratur der niederösterreichischen Statthalterei, A. 15, Nr. 2652, 5218 und 17108.
[148] Registratur des Wiener Magistrates, Fasc. 12, Nr. 86 und 178 de anno 1805.
[149] L. c., Fasc. 8, Nr. 164 de anno 1792, Nr. 304 de anno 1793.
[150] Archiv des k. k. Reichs-Finanzministeriums, Niederösterreichische Commerzacten, Fasc. 110 2.
[151] L. c. Niederösterreichische Commerzacten, Fasc. 110 1.
[152] Registratur der niederösterreichischen Statthalterei, A. 15, Nr. 19145 und 1719.

könnten oder nicht, wornach ihnen freistünde, in derselben auch griechisch zu drucken.[153] Vom Jahre 1800 an erscheint ihre Buchdruckerei (ἐν Βιέννῃ τῆς Αὐστρίας παρὰ Μαρκίδ. Πουλίου), die sich auf dem alten Fleischmarkte (Nr. 742), später in der Adlergasse (Nr. 769) befand, nicht mehr.

STEPHAN NOVACHOVICH (NOVACOVICS).

(1793 bis 1796.)

Dem Stephan Novacovich, Hofagenten der königl. ungarischen Hofkanzlei, hatte, wie wir schon mittheilten,[154] Joseph Edler von Kurzböck im Jahre 1792 seine illyrische und orientalische Buchdruckerei mit allen Lettern, Stempeln und Matrizen verkauft. Novacovich war umso geeigneter hierzu, als er, von Geburt ein Slavonier (in Essegg geboren), der südslavischen Sprachen mächtig war. Er erhielt von Kaiser Franz II. am 18. April 1793 für diese Buchdruckerei ein ausschließendes Druck-Privilegium auf 15 Jahre »der Wallachischen und Illyrischen Sprachen zum Behufe der Illyrischen Nation, vermög welchem außer ihm Niemand einige Bücher in den Wallachisch-Illyrischen und anderen orientalischen Sprachen...... einzuführen, nachzudrucken oder zum öffentlichen Verkaufe zu bringen befugt seyn solle.«[155] Dasselbe hatte für alle Erblande, mit Ausnahme von Siebenbürgen, zu gelten, für welches die Allerhöchste Entschließung vom Jahre 1786 aufrecht blieb. Dafür hatte Novacovich auch einige Bedingungen zu erfüllen. Bis zum Jahre 1796, in welchem Jahre des Kurzböcks Privilegium erloschen wäre, hatte er an den illyrischen Nationalfond jährlich 100 Gulden, von da jährlich 400 Gulden zu entrichten und die ärmere Schuljugend der nicht unierten Griechen jährlich mit Büchern im Werte von wenigstens 100 Gulden zu betheilen, die Censurgesetze genau zu beachten und die Bücher auf die der Nation vortheilhafteste Art mit größter Genauigkeit und Billigkeit zu liefern. — Diese Buchdruckerei befand sich in der Salvatorgasse (Nr. 456).

Mit Note der Hofkanzlei an die niederösterreichische Regierung vom 4. Jänner 1796 wurde mitgetheilt, der Kaiser habe bewilligt, dass die priv. Buchdruckerei der illyrisch-wallachischen und anderer orientalischer Sprachen, welche der Hofagent Stephan von Novacovich als Cessionär des v. Kurzböck im Besitze hatte, vom November d. J. an, sammt dem Privilegium der Druckerei der königl. ungarischen Pester Universität käuflich einverleibt, mithin von dieser übernommen werden dürfe, und zwar mit allen Rechten, womit Novacovich sie innehatte und ausübte.

ALBERT ANTON PATZOWSKY.

(1793 bis 1797.)

Am 6. Jänner 1793 hatte Johann Franz Milani, Vorsteher der italienischen National-Congregation, gebeten, die Buchdruckerei derselben an den gewesenen k. k. Fuhrwesens-Rechnungsführer Albert Anton Patzowsky als Personalbefugnis übertragen zu dürfen, da dadurch die Zahl der Buchdrucker nicht vermehrt würde. Der Mittelrath und der Stadthauptmann wendeten dagegen ein, dass bei der diesfalls abgehaltenen Tagsatzung die Buchdrucker sich auf die Allerhöchste Entschließung vom 20. Juni 1791 berufen hätten, dergemäß die Buchdruckereien nicht vermehrt werden sollen; zugleich hätten dieselben gemeldet, dass Patzowsky zur Leitung einer Buchdruckerei nicht geeignet sei, weil er die Buchdruckerei weder förmlich erlernt noch dabei gedient habe. Patzowsky aber erwiderte sogleich, dass er diese Kunst zwar nicht ordentlich gelernt habe, gleichwohl aber vermeine, dass ihm seine literarischen und technischen Kenntnisse, von denen er durch die fünfmonatliche Leitung der italienischen Druckerei hinlängliche Beweise abgelegt habe, nicht abgesprochen werden könnten und dass auch Alberti und Schrämbel ungelernte Buchdrucker seien, aber dessungeachtet Druckereien besäßen und schöne und gute Werke liefern. Der Magistrat meinte wohl, es würde dem Sinne der Allerhöchsten Entscheidung entsprechen, wenn

[153] Registratur der niederösterreichischen Statthalterei, A. 15. Nr. 19145 und 1519.

[154] Siehe oben S. 48.

[155] Archiv des k. k. Ministeriums des Innern, Fasc. IV. D. 7. — Im Gremial-Archive befindet sich eine Copie des kaiserlichen Originals.

Patzowsky eine neue Personal-Concession gegen Erlöschung der der italienischen National-Congregation auf ewige Zeiten ertheilten Buchdruckerei würde verliehen werden, weil diese dann mit Patzowskys Tode eingehen würde. Deshalb möge ein Inventar der in der italienischen Buchdruckerei wirklich gedruckten Bücher, des Papiers und der Buchgeräthe angelegt und diese, ohne für die Befugnis etwas zu bedingen, dem Patzowsky um billigen Preis übergeben und derselbe angewiesen werden, die Polizei- und Censurgesetze wohl zu beachten; dadurch würden die Buchdruckereien nicht vermehrt, vielmehr vermindert erscheinen. Nur müsste entsprechend der Allerhöchsten Entschließung vom Jahre 1771 ein gelernter Buchdrucker als Factor vorgesetzt werden. Am 19. April 1793 wurde diesem Antrage entsprechend dem Patzowsky auch die Buchdruckerei im Gnadenwege verliehen.[156]

Die Patzowsky'sche Buchdruckerei befand sich zuerst in der Rauhensteingasse neben dem »goldenen ABC«, dann in der Krugerstraße im v. Steger'schen Hause (Nr. 1049) im ersten Stocke.

Im Jahre 1794 gab Patzowsky Proben seiner Schriften heraus, von denen die Garmond Fractur, die Petit Fractur, die Garmond Antiqua, von Mannsfeld gegossen, schöner als die von Kaufmann gegossene, dann mehrere andere Arten der Antiqua recht hübsch sind und mehr zur Geltung kommen würden, wenn Druck und Papier besser wären. Patzowski verließ, wie aus den oft citierten Acten des k. k. Reichs-Finanzministeriums (Hofkammer-Archiv) zu entnehmen ist, Wien wegen gedrückter Geldverhältnisse und begab sich nach Lemberg, wo er wahrscheinlich auch starb.

ANTON PICHLER

1793 bis 1823

Der gelernte Buchdrucker Anton Pichler, geboren 1770, war bereits anfangs des Jahres 1793 um die erloschene Kastner'sche Buchdruckerei-Befugnis eingeschritten, aber am 28. Juni desselben Jahres abgewiesen worden.[157] Nun war er mit dem Buchdrucker Johann Martin Weimar in Verbindung getreten, welcher sich bereit erklärte und auch beim Magistrate in diesem Sinne bat, seine Buchdruckerei dem Anton Pichler verkaufen zu dürfen, »da er von Sr. Majestät die vorläufige Erlaubnis bereits mündlich erhalten habe«.[158] Weimar wurde anfangs abgewiesen,[159] aber auf eine neuerliche Eingabe hin wurde am 8. September 1793 die Weimar'sche Buchdruckerei dem Anton Pichler käuflich zugestanden,[160] nur musste jener seine Befugnis dem Magistrate ad cassandum übergeben. Pichler wurde mit einer Steuer von zwölf Gulden belegt. Bei dieser Gelegenheit verlangte die Regierung von der Hofkanzlei ein Normale, wie es künftig bei Verleihung anheimgesagter Personal-Befugnisse in Rücksicht der Ablösung verschiedener Gewerbs-Requisiten gehalten werden solle. Das Normale wurde am 28. Februar 1794 hinausgegeben und lautete seinem wesentlichen Inhalte nach dahin, »dass die Ablösung der Gewerbs-Geräthschaften und Werkzeuge dem Einverständnisse der Parteien überlassen bleibe und dabei keine Schätzung von Amtswegen einzutreten habe« u. s. w.[161]

Wann Pichler seine Buchhändler-Befugnis erhalten, ist in den Acten nicht enthalten. Im Jahre 1810 war infolge der Kriegszeiten und schlechten Geschäfte eine schwere Geldkrisis über ihn gekommen, aus der er sich nur mit namhaften Opfern herausarbeitete. Pichler nannte sich deutscher und griechischer Buchdrucker. Die bei ihm gedruckten deutschen Classiker (Herder, Schiller, Ifflands Theaterstücke u. a.), die Dichtungen Shakespeares und andere Werke gaben seiner Buchdruckerei wieder einen größeren Aufschwung. Auf Wilhelms treffliche Naturgeschichte besaß er ein Privilegium; auch die sämmtlichen Werke der Caroline Pichler in Einzelausgaben von 1800 bis 1840, dann die Gesammtausgabe in 60 Bänden (1820 bis 1840) wurden in der Pichler'schen Buchdruckerei hergestellt. Die Texte sind sehr correct, die Typen schön, das Papier gut, Eigenschaften, welche diesen Classikerausgaben verdienten Ruf gebracht haben. Pichler

[156] Archiv des k. k. Reichs-Finanzministeriums, Niederösterreichische Commerzacten, Nr. 110 1. — Registratur der niederösterreichischen Statthalterei, F. 1661, Nr. 15. — Registratur des Wiener Magistrates, Fasc. 8, Nr. 334 de anno 1793.

[157] Registratur des Wiener Magistrates, Fasc. 8, Nr. 300 de anno 1793.

[158] Archiv des k. k. Reichs-Finanzministeriums, Niederösterreichische Commerzacten, Nr. 116 2.

[159] Registratur der niederösterreichischen Statthalterei, A. 15, Nr. 18670, 1793.

[160] und [161] l. c. A. 15, Nr. 1566. — Registratur des Wiener Magistrates Fasc. 8, Nr. 170 de anno 1793.

starb am 24. Juli des Jahres 1823 im Alter von 53 Jahren. Er hinterließ zwei Kinder, Franz, der 15 Jahre alt war, und Katharina, 13 Jahre alt. Die Witwe Elisabeth übernahm mit dem Bruder ihres verstorbenen Mannes, Andreas Pichler, k. k. Regierungsrath, als Mitvormund, die Vormundschaft über ihre Kinder und setzte die Buchdruckerei fort.[187]

ANTON EDLER VON SCHMID.

1792 bis 1849.

Dort, wo der Kampfluss das Waldviertel in vielen Krümmungen durchfließt und dieses an pittoresken Landschaftsbildern reich ist, liegt in einem herrlichen Waldthale das Cisterzienserstift Zwettl. Hier wurde dem Stiftskoche Schmid am 23. Jänner 1765 ein Sohn geboren, welchem in der Taufe der Name Anton gegeben wurde. In würziger Waldesluft zum gesunden Knaben herangewachsen, erhielt derselbe im Stifte Unterricht in der Musik und in den Gymnasial-Gegenständen, nach dessen Vollendung er in einem Alter von fünfzehn Jahren nach Wien in den Stiftshof geschickt wurde, um an der Wiener Universität Philosophie zu studieren und sich zum geistlichen Stande vorzubereiten. Da aber Schmid für diesen Beruf wenig Neigung hatte, verließ er den Stiftshof und fand bei zwei Brüdern seiner Mutter eine nothdürftige Aufnahme, bei dem Einen einen schmalen Mittagstisch, bei dem Andern das Abendmahl und eine Schlafstelle auf dem Boden. Als aber von den Eltern, die an dem Entschlusse des Sohnes wahrscheinlich wenig Gefallen fanden, selbst die geringe Unterstützung, die sie ihm bisher von Zeit zu Zeit zugeschickt hatten, ausblieb, musste der Jüngling den Studien entsagen und sich einem Gewerbe zuwenden. Er wählte nicht ohne eine gewisse Vorliebe und vermöge seiner Vorbildung die Buchdruckerkunst und trat am 15. Mai 1785 in die Officin des Josef Edlen v. Kurzböck ein, die wegen ihrer fremdsprachigen Drucke eben zu besonderem Ansehen gekommen war und wo über Aufforderung Kaiser Josefs II. der Druck illyrischer, wallachischer, russischer, türkischer, hebräischer und anderer orientalischer Werke eifrigst betrieben wurde.

Nr. 50. Wappen des Anton Edlen von Schmid. Nach dem Original-Entwurfe im k. k. Wappen-Archive gezeichnet von Josef Beck.

Damit auch einigermaßen linguistisch tüchtige Setzer für diese Fächer des Buchdruckes herangebildet würden, gestattete Kaiser Josef dem Kurzböck, dass einige von seinen Setzerlehrlingen die orientalische Akademie besuchen dürften, worunter sich neben Josef della Torre und M. Santner auch Anton Schmid befand; dieser wurde aber später dem hebräischen Schriftsatze zugewiesen, für welchen er immer mehr Vorliebe gewann. Bald nach seiner Freisprechung wurde Schmid Factor bei Kurzböck und erhielt die Leitung der hebräischen Drucke. Durch die ausschließliche Beschäftigung mit denselben bildete er sich nicht nur zu einem anerkannten Fachmanne aus, sondern wurde auch mit mehreren jüdischen Gelehrten und Buchhändlern bekannt, von welchen er die Bedürfnisse des hebräischen Lesepublicums erfuhr.

Im Jahre 1792, Kurzböck kränkelte damals schon sehr, war Schmid willens, dessen hebräische Buchdruckerei fortzusetzen, und bat denselben, ihm die hebräischen Stempel und Matrizen käuflich zu überlassen. Kurzböck willigte gerne in den Kauf ein, und nun schaffte sich Schmid mit Unterstützung seines Schwagers, des Bäckermeisters Wagner, mehrere Pressen an, um den Druck hebräischer Bücher sofort

[187] Archiv des Wiener Landesgerichtes, Fasc. [illegible], F. [illegible]

zu beginnen. Sein Gesuch jedoch wegen Errichtung einer Buchdruckerei, besonders in der hebräischen Sprache, wurde zweimal abgewiesen;[163] man sagt, und vielleicht nicht mit Unrecht, dass die Wiener Buchdrucker, namentlich aber Hraschanzky, der allein den hebräischen Druck besorgen wollte, dagegen waren. Nun wandte sich Schmid direct an den Kaiser mit einem Hofgesuche, in welchem er bat, die hebräische Buchdruckerei des Kurzböck kaufen und auf seinen Namen fortführen zu dürfen. Bei der Audienz, in welcher Schmid sein Gesuch dem Kaiser persönlich überreichte, sagte derselbe: »Schmid möge nur im Drucke fortfahren, die Erlaubnis werde schon erfolgen. Er solle aber Ihm auch von allen seinen neu aufgelegten hebräischen Drucken ein Exemplar für Dessen Privatbibliothek persönlich überbringen.« Am 15. Februar 1793 wurde Schmids Bitte willfahrt mit dem Bemerken, dass es den Buchdruckern nicht verwehrt sei, hebräische Schriften zu drucken, wenn sie sich die Lettern anschaffen können und den diesfalls bestehenden Censurgesetzen fügen.[164] Aber seine Bitte vom 24. Juli 1793 um eine hebräische Buchhandlung, weil außer der Buchdruckerei des Hraschanzky und der seinigen keine in Wien bestehe und dadurch dem Schleichhandel der Juden Schranken gesetzt werden könnten,[165] sowie sein wiederholtes Ansuchen um ein Privilegium auf zehn Jahre zum Drucke der jüdischen Bibel, wurden vom Kaiser Franz abgewiesen,[166] ebenso seine nochmalige Bitte vom Jahre 1795 um eine hebräische Buchhandlung.[167]

Nr. [illegible]. Nach einer Radierung von [illegible].

Schon 1793 hatte Schmid durch den Druck hebräischer Bücher einiges Vermögen sich erworben; da ihm nun die in diesem Jahre angetraute erste Frau noch 3000 Gulden zubrachte, so gelang es ihm, seine hebräische Buchdruckerei immer mehr zu heben, so dass sie eines stets steigenden Rufes sich erfreute und auch im Auslande weit und breit bekannt wurde. 1805 brachte er um die von der niederösterreichischen Regierung bestimmte Normalsumme von 4000 Gulden die Kurzböck'sche Universitäts-Buchdruckerei käuflich an sich,[168] welcher Kauf 1808 nochmals bestätigt wurde.[169] Dabei wurden die nunmehr Schmid'sche Buchdruckerei und jene des Josef Ueberreuter, welcher die Trattner'sche Buchdruckerei um 2500 Gulden gekauft hatte, für verkäufliche erklärt.[170]

Der Verlag der hebräischen Drucke aus Schmids Officin gestaltete sich immer größer und wichtiger, auch in volkswirtschaftlicher Beziehung, so dass die Regierung schon im Jahre 1800 sich veranlasst sah, die Einfuhr hebräischer Bücher, für welche bisher bedeutende Summen ins Ausland gegangen waren, zu verbieten. Da Schmid wusste, welcher Vorrath von im Auslande gedruckten und eingeschwärzten hebräischen Büchern bei den Buchhändlern in den Provinzen aufgelagert waren, so gieng er diesem Unfuge direct zu Leibe, indem er selbst die vorzüglichen Märkte zu Brünn, Pest und Debreczin besuchte und seine hebräischen Drucke dort zum Verkaufe brachte und mit den Rabbinern verkehrte.

[163] Registratur der niederösterreichischen Statthalterei, A. 15, Nr. 17130, 17956, 18028.

[164] Archiv des k. k. Ministeriums des Innern Fasc. IV. D. 7. — Registratur der niederösterreichischen Statthalterei, A. 15, Nr. 3197.

[165] Archiv des k. k. Reichs-Finanzministeriums, Niederösterreichische Commerzacten, Fasc. 130 2.

[166] Schon Hraschanzky wurde wegen eines erbetenen Privilegium privativum für den Talmud abgewiesen, weil der Nachdruck aller ausländischen Werke, worunter auch Bibel und Talmud gehören, ohnedies allgemein erlaubt war. Bei Hraschanzky war noch der Umstand hinzugekommen, dass der damals verstorbene Kurzböck schon den Talmud zu drucken begonnen hatte und durch ein Hraschanzky zu ertheilendes Privilegium beeinträchtigt worden wäre. (Archiv des k. k. Ministeriums des Innern, Fasc. IV. D. 7.)

[167] Registratur der niederösterreichischen Statthalterei, A. 16, Nr. 7325.

[168] L. c. A. 15, Nr. 4900, 18572. — Registratur des Wiener Magistrates, F. 12, Nr. 86 und 278 de anno 1805. — Gremial-Archiv.

[169] Registratur des Wiener Magistrates, Fasc. 12, Nr. 92 de anno 1805.

[170] Hofkanzleidecret vom 31. März 1808, in demselben wurden auch die Erfordernisse zur Verkäuflichkeit der Gewerbe überhaupt bestimmt, nach welchen Grundsätzen eben alle Buchdrucker und insbesondere alle Buchdruckereien künftig zu behandeln wären. (Registratur der niederösterreichischen Statthalterei, B. 12, Nr. 2941. — B. 6, Nr. 2869 de anno 1813.)

Schmid, welcher seine Thätigkeit hervorragend dem Drucke hebräischer Werke zuwendete, kannte auch die literarischen Bedürfnisse der Juden ganz genau; infolge der geschmackvollen, ja oft schönen Ausstattung und correcten Texte fanden diese Werke einen guten Absatz. Die Israeliten wollten gar keine ausländischen Bücher ihrer Sprache mehr sehen. Schmids Officin war aber auch dem entsprechend mit Schriften und Matrizen wohl eingerichtet. Sie besaß die Amsterdamer Stempeln, Matrizen und Lettern mit allem Zugehör, wie Schmid sie von Kurzböck gekauft hatte, auch vorzüglich gutes Papier aus der eigenen Fabrik. Selbst die einzelnen Abtheilungen der Officin waren mit strebsamen und fachkundigen Personen besetzt. Josef della Torre, überaus kundig des hebräischen und orientalischen Satzes und noch der Lehrlingsschule des Kurzböck entstammend, daher College des Schmid, war Factor, an dessen Stelle später der Sohn Alois della Torre trat; Translator war der bekannte jüdische Gelehrte Samuel Detmold und als Correctoren werden genannt:[171] Lazar Steinitz, Moses Schwarzfeld und Juda Löb Ben Sew.[172] Die Herstellung der hebräischen Drucke befand sich daher in den besten Händen. Schmids hebräische Bücher giengen daher auch in die fernsten Länder, sie waren in Deutschland ebenso wie in der Türkei, in Polen und Russland, in Syrien und Palästina, in den Barbareskenstaaten, sowie im fernen Ägypten zu finden und der Name Schmid war unter den Juden dieser Länder allbekannt.

Nr. 41. Druckerzeichen des Anton Schmid.

Um aber auch die für die inländischen theologischen Lehranstalten nöthigen Bücher, so Oberleitners[173] arabische und syrische Lehrbücher, die von der Studien-Hofcommission für alle genannten Lehranstalten vorgeschrieben wurden, drucken zu können, richtete er sich auch auf diese Drucke ein, da es damals keine Druckerei gab, die arabische, persische oder syrische Drucke anfertigen konnte.

Nr. 42. Druckerzeichen des Anton Schmid auf hebräischen Druckwerken. Nach dem Exemplare der »Hagada« (1813) in der k. k. Universitäts-Bibliothek in Wien.

Im Jahre 1816 übergab Schmid eine Sammlung von 86 Werken in 200 Bänden an die k. k. Hofbibliothek in Wien; für dieses Geschenk erhielt er am 12. December desselben Jahres die große goldene Medaille mit Öhr und Band. Nach neun Jahren folgte eine neue Serie von 17 neu aufgelegten orientalischen Werken in 97 Bänden, und einige Jahre später kamen noch 148 Werke in 347 Bänden hinzu; die Hofbibliothek hatte also durch ihn eine Sammlung von 251 Werken in 591 Bänden erhalten. Eine ähnliche Spende hatte Schmid an die israelitische Religionsschule der Wiener israelitischen Cultusgemeinde gemacht, nämlich mit allen bei ihm seit 1792 gedruckten israelitischen Büchern nebst geschmackvollen Bücherkästen, alles im Werte von 3000 Gulden C. M.

[171] Die Regierung hatte diesen Israeliten den Aufenthalt in Wien nur gegen Entrichtung der Duldungsgebühr auf ein Jahr bewilligt und jedem derselben die jährliche Duldungssteuer nach den bestehenden Directiven rücksichtlich ihres Einkommens mit 40 Gulden bemessen. Die Regierung meinte, dass die Setzer und Correctoren mosaischen Glaubens nur dann hier zu belassen seien, wenn deren Nothwendigkeit, auf dem hiesigen Platze zu bleiben, hinlänglich erwiesen und zugleich der Titel des Aufenthaltes — nämlich die Bewilligung der hohen Landesstelle — vorhanden ist. Die hebräischen Buchdrucker Schmid und Holzinger ergriffen den Recurs. Jener stellte die zweifache Bitte: 1. dass diejenigen, die sehr nothwendig sind, unentgeltlichen Aufenthalt auf die Dauer der Dienstzeit, und 2. den Aufenthalt nicht auf ein Jahr bewilligt erhalten .... jene Einschränkung sei gegen das neue Toleranz-Patent, »nach welchem die Israeliten so viel möglich aufgemuntert und unterstützt werden sollen, sich auf nützliche Künste und Gewerbe zu verlegen und dem schmutzigen Trödelhandel zu entsagen ....« Die Polizeihofstelle trat dafür ein, aber nur für den ersten Punkt; die jährliche Anmeldung blieb aufrecht. (Archiv des k. k. Ministeriums des Innern, Fasc. IV. D. 7.)

[172] Ben Sew, geboren am 18. August 1764 zu Lelow in Galizien an der Biala, war im Jahre 1800 nach Wien gekommen und anfangs Corrector bei Hraschansky, dann bei Anton Schmid gewesen. Er starb zu Wien am 15. Februar 1811. — Vom Hause aus war er Philologe und seine Schriften sind grammatikalische, philologische und Jugendschriften. Sein hebräisch-deutsches und deutsch-hebräisches Wörterbuch, das einzige dieser Art, erlebte mehrere Auflagen. (v. Wurzbach, Biographisches Lexikon, I. 291 f.)

[173] Andreas Franz X. Oberleitner, geboren zu Angern in Niederösterreich am 13. Jänner 1789, trat nach seinen Gymnasialstudien in das Schottenstift zu Wien ein. Er verlegte sich besonders auf die orientalischen Dialekte und die alttestamentliche Exegese. Er wurde Professor an der Wiener Universität in diesen Disciplinen und erfreute sich eines bedeutenden Rufes. Oberleitner starb am 10. Juli 1832. (Dr. Anton Mayer, Geschichte der geistigen Cultur in Niederösterreich, I. 302, Note 140.)

Schmid hat sich um die Vervollkommnung des hebräischen Druckes in Wien und auch in Österreich unleugbare Verdienste erworben. Durch sein Beispiel wurden auch die anderen hebräischen Buchdrucker angespornt, ihre Lettern zu verbessern und überhaupt mehr Fleiß ihrer Kunst zuzuwenden. Durch sein thatkräftiges Wirken auf diesem Gebiete wurden nicht nur Millionen von Gulden dem Inlande erhalten, sondern demselben auch sehr bedeutende Geldsummen zugeführt. Am 2. December 1825 wurde

Nr. 43. Anton Edler von Schmid. Nach einer Lithographie

daher Schmid in den Adelstand erhoben, und zwar, wie es im Diplome heißt, »wegen Erweiterung und Vervollkommnung des hebräischen Buchdruckes, wie auch darum, dass er eine in den österreichischen Staaten ganz abgängig gewesene Druckerei, nämlich der syrischen Sprache, neu eingerichtet und dadurch den Theologen für das Studium der Hermeneutik und der Exegese einen wesentlichen Vortheil verschafft hat«.[171] Das Wappen zeigt einen oblongen, unten rund in eine Spitze zusammenlaufenden, blau und roth

[171] Schon im September 1820 hatte der damalige Präfect der k. k. Hofbibliothek, Josef Max Graf von Tenczyn-Ossolinski, ein vielseitig und hoch gebildeter Cavalier (geb. 1754, gest. 1826), die Verdienste Schmids um die Hofbibliothek in eingehender Weise dem Obersthofmeister geschildert. Schmid, sagte Graf Ossolinsky in seiner Eingabe, habe alle seit 1816 bis 1820 in seinem Verlage erschienenen, auf eigene Kosten gedruckten Werke, 211 an der Zahl, auf Holländer-Papier gedruckt, sehr zierlich in Leder gebunden, im Werte von 4000 Gulden der Hofbibliothek zum Geschenke gemacht. Diese ist durch eine solche, in ihrer Art einzige Sammlung in einen unschätzbaren Vorzug gesetzt. Der Kaiser von Russland habe Schmid dafür 1000 Stück Holländer-Ducaten angeboten, welche derselbe jedoch abgelehnt habe. Dann habe Schmid durch mühevolle und kostspielige Unternehmungen zur Erweiterung und Ver-

mittelst eines schmalen silbernen Balkens quer getheilten Schild. In dem obern blauen Felde ist ein Auge, umgeben mit einem goldenen gesenkten Scheine und mit zwei goldenen Sternen zu beiden Seiten, in dem unteren rothen Felde steht auf grünem Boden eine ordentlich aufgestellte Buchdruckerpresse, das Schild deckt ein nach vorn gekehrter, goldgekrönter, adeliger Turnierhelm, aus dessen Krone ein einfacher schwarzer Adler mit offenem Schnabel, roth ausgeschlagener Zunge und ausgebreiteten Flügeln sich erhebt. Die Helmdecken sind rechts blau und gold, links roth und silber. (Siehe Fig. 59.)

Schmid richtete 1827 an die niederösterreichische Regierung ein Gesuch um ein Buchhandlungs-Privilegium, und zwar um jenes des Johann Georg Binz. Im Februar 1828 wurde ihm auch ein solches, und zwar auf orientalische Werke verliehen; die Buchhändler ergriffen dagegen den Recurs, jedoch vergebens. Bald darauf wurde von der Regierung Schmids Privilegium für ein unumschränktes erklärt.[175]

Seine Officin, die sich anfangs in der Josefstadt nächst dem «scharfen Eck», später in dem ihm gehörigen Strudelhofe (Währingergasse Nr. 296, s. Fig. Nr. 60) befand, war, wie schon bemerkt wurde und auch aus dem Vorhergehenden schließen lässt, allen Anforderungen entsprechend eingerichtet. Nach dem im Jahre 1827 von ihm veröffentlichten Schriftproben-Buche: «Abdruck der Schriften in der k. k. priv. und n. ö. Landschafts-Buchdruckerei des Anton Edlen von Schmid» besaß die Officin im Ganzen 178 verschiedene Gattungen Schriften, darunter 56 in Fractur, 71 in Antiqua und 51 für orientalische Sprachen;[176] dagegen nur wenige und sehr einfache Röschen und Rahmen; die schönste Form der letzteren findet sich in den später zu illustrierenden Beispielen. Dieses Schriftproben-Buch trägt Schmids Buchdruckerzeichen (s. Nr. 61), das auf mehreren nichthebräischen Büchern vorkommt. Von seinen hebräischen Drucken nennen wir nur: das Buch Josua und der Richter (1792),[177] das erste Buch Samuel (1793),[178] Melucath Saul (1794),[179] die erste Auflage einer vollständigen Bibel mit hebräischem Text und deutscher Übersetzung von Mendelssohn, nebst Commentar in hebräischer Sprache (1795),[180] Hayen (1796),[181] Ez Chajim (1796),[182] Seniroth Israel (1799 und 1800),[183] Mischl (1799),[184] Gemul Athalia (1800),[185] Abtalion (1800),[186] Ben Sews Schriften,[187] den Talmud[188] und den hebräischen Almanach:

vollkommnung des hebräischen Buchdruckes in der Art beigetragen, dass die in Österreich zahlreiche Judenschaft die Bücher bei ihm und nicht mehr auswärts beziehe. Auch habe er durch eine kluge und geschickte Auswahl und Zusammensetzung der dienlichsten Schul-, Lehr- und Gebetbücher zur Verbesserung der Moralität und zur höheren Aufklärung der Israeliten [illegible] mitgewirkt. (Vgl. Das vaterländische Blatt, Nr. 25 vom 12. März 1814.) Nicht minder habe er zum leichteren Studium der morgenländischen Literatur eine in den österreichischen Staaten ganz abgängige Druckerei, nämlich jene der syrischen Sprache, neu eingerichtet und dadurch den Theologen für das Studium der Hermeneutik und Exegese einen wesentlichen Vortheil verschafft. Auch Trattner und Kurzböck seien dafür in den Adelstand erhoben worden. Obwohl der Wiener Magistrat, die niederösterreichische Regierung und die vereinigte Hofkanzlei für die Erhebung in den Adelstand einschritten und erklärten, Schmids Unternehmungen hätten im Verhältnisse ihrer Ausdehnung und Ergiebigkeit der Literatur, der wissenschaftlichen Cultur und dem Staate weit nützlicher als jene des Trattner und Kurzböck gewirkt, erfolgte doch die Allerhöchste Entschließung vom 11. Februar 1811: «Dieser Antrag findet nicht statt.» Schmid wurde erst 1815 gegen Entrichtung der Taxe in den Adelstand erhoben. (Adels-Archiv im k. k. Ministerium des Innern.)

[175] Registratur der niederösterreichischen Statthalterei, B. 7, Nr. 5546, [illegible] — Registratur des Wiener Magistrates, II. 352, Nr. 2153.

[176] 3 für arabisch (Cicero, Mittel, Tertia), 2 für syrisch (Mittel), 3 für persisch (Cicero, Mittel, Tertia), 6 für griechisch (je 2 in Garmond, Cicero, Tertia), 2 für illyrisch (Cicero), 2 für walachisch (Cicero), 33 für hebräisch (Colonell auf Petit 2, [illegible] Petit auf Garmond 2, grobe Petit 2, Garmond auf Petit 2, Cicero auf Garmond 2, Mittel 2, Tertia 2, Doppel-Cicero 2, Sabon 1, Petit Raschi 2, Garmond Raschi 2, Cicero Raschi 2, Mittel Raschi 2, Schreibschrift 2, Petit deutsche Druckschrift 2, [illegible] auf Garmond 2, Cicero deutsche Druckschrift 2).

[177] Nebst einer deutschen Übersetzung und einem hebräischen Commentar. Von Mayer Obernik, 8°, 156 Bl.

[178] Übersetzt und commentiert von Mayer Obernik, dann das zweite Buch Samuel, übersetzt und commentiert von Samuel Detmold, 8°, 191 Bl.

[179] Die Geschichte der Regierung Sauls in sechs Acten. Von Josef Ephraim aus Troplowitz, 8°, 95 Bl.

[180] Daran waren über Aufforderung Schmids die hervorragendsten jüdischen Gelehrten Eichel, Wolfsohn, Obernik, Detmold u. a. betheiligt. Die starke Auflage war bald vergriffen und folgten rasch nach einander zwei neue Auflagen; 1836 wieder eine neue Auflage, die ungetheilten Beifall fand.

[181] Erläuterungen verschiedener talmudischer Sätze nach den Regeln der hebräischen Sprache und der Vernunft. Verfasst von Moses Kunitz, 4°, [illegible] Bl.

[182] Die fünf Bücher Mosis nach der bekannten und berühmten Übersetzung von Mendelssohn, 8°.

[183] Die Psalmen nebst der deutschen Übersetzung Mendelssohns, dann einem hebräischen Commentar von Joel Löwe, 8°, XXXI. Bl. Vorrede, nebst 2 Kupfertafeln und 151 Bl. Text.

[184] Die Sprüche Salomonis übersetzt und commentiert von Isaak Eichel. 2. Auflage 8°, 106 Bl. (1. Auflage, Berlin 1790.)

[185] Die Einsetzung des Königs Joas auf seinen väterlichen Thron, dessen ihn Athalia, seine Grossmutter [illegible], beraubt hatte. Dramatisch bearbeitet von David Franko Mendis. Zum zweitenmal aufgelegt durch Henoch Mandel. 8°, 91 Bl. (1. Auflage, Amsterdam 1770.)

[186] Elementar-Unterricht für die jüdische Jugend und für Freunde der hebräischen Sprache. 2. Auflage, 8°, 49 Bl.

[187] Die zweite Auflage von «Ben Sira», das Buch Jesus Sirach ins Hebräische übersetzt (1799); Jehudith (Sepher), eine hebräische Übersetzung des Buches Judith nebst Commentar (1799); Beth Hasepher, ein zweckmäßiges und nützliches hebräisch-deutsches Lehrbuch für die Jugend (1. Auflage [illegible], 2. Auflage 1806, 3. Auflage 1809); die zweite Auflage der sehr erbaulichen hebräischen Sprachlehre Talmud Leschon Ibri (1807); Ozar Haschoraschim, ein vollständiges hebräisch-deutsches und deutsch-hebräisches Wörterbuch in drei Theilen erlebte zwei Auflagen. (Dasselbe ist vortrefflich und das einzige, das in solcher Gediegenheit die israelitische Nation aufzuweisen hat.) [illegible] Einleitung in das alte Testament. Jesode Hadath, ein sehr gutes Religionsbuch zum Unterrichte für die israelitische Jugend, hebräisch und deutsch in Fragen und Antworten.

[188] [illegible] drei stets vermehrte und verbesserte Auflagen.

Bichine Haithim.[189] Noch erwähnen wir von dergleichen Drucken: Nessiboth Haschalom,[190] die berühmteren Werke des Maimonides (z. B. dessen Terminologie, die hebräische Logik, Compendium des Talmud, Wegweiser der Verirrten u. s. w.), das jüdische Gesetzbuch Machsorim, wegen dessen der Ober-Rabbiner Pinkas Levi Horwitz in Frankfurt am Main den großen Bannfluch gegen Schmid aussprach,[191] und Samson Blochs Teschuat Israel.[192] Auch auf den hebräischen Drucken finden wir hier und da ein Druckerzeichen (s. Nr. 62).

Werfen wir noch einen Blick in Schmids glückliche Familien-Verhältnisse. Schmid war zweimal verheiratet. Seine erste Frau, die ihm zur rechten Stunde 3000 Gulden Heiratsgut zugebracht, starb schon nach erst vierjähriger Ehe 1797; auch die beiden Kinder folgten der Mutter. Schon 1798 heiratete Schmid zum zweitenmale, welcher Ehe neun Kinder entsprossten. Seine materiellen Verhältnisse hatten sich schon in der ersten Zeit seiner Thätigkeit günstig gestaltet. Nachdem er sich seiner Verpflichtungen entledigt hatte, kaufte er ein zweistöckiges Haus in der Währingerstraße (Nr. 266), den sogenannten Strudelhof, wohin er auch seine Druckerei verlegte, und 1807 das daranstoßende Haus Nr. 267; 1809 kaufte er in der inneren Stadt unter den Tuchlauben das Haus Nr. 439, wo sich ehedem die Sollinger'sche Buchhandlung befand, vertauschte es aber bald gegen die Papierfabrik in St. Pölten.[193] Im Jahre 1839 übergab der 74jährige Greis das Geschäft seinem Sohne Franz und lebte seitdem im behaglichen Stillleben, zurückgezogen, »in stiller Freude die Früchte eines halben Jahrhunderts voll Arbeit genießend«. Diese Freude wurde nur durch den Tod seiner Frau (1840), die wegen ihrer Herzensgüte allgemein beliebt war und mit der er in 42jähriger Ehe glücklich gelebt hatte, getrübt.

Er selbst war bekannt als Wohlthäter der Waisen und Armen, die ihm bei seinem Tode manche still verborgene Thräne nachweinten.

Schmid starb am 27. Juni 1855 als ein Greis von 90 Jahren.[194]

IGNAZ ALBERTI'S WITWE (ANNA ALBERTI)

(1794 bis 1802)

Nach dem Tode ihres Mannes Ignaz Alberti hatte die Witwe gebeten, die Buchdruckerei, so lange sie im Witwenstande verharre, fortsetzen zu dürfen, was ihr auch bewilligt wurde.[195] Die Officin befand sich nach der damals üblichen Bezeichnung »auf der Wien Nr. 24«. Leiter der Buchdruckerei war bis zum Jahre 1801 Anton Strauß.

In diesem Jahre bat Anna Alberti, nach ihrem Tode die Buchdruckerei-Befugnis den zwei noch minderjährigen Kindern hinterlassen zu dürfen; mit dieser Bitte wurde sie jedoch abgewiesen.[196] Anna Alberti starb 1802, in welchem Jahre auch die Alberti'sche Officin an Vincenz Degen übergieng.

[189] »Erstlinge der Zeit«. Zeitschrift mit Aufsätzen der ausgezeichneten damaligen jüdischen Gelehrten; sie war nebst dem »Sammler« in Berlin die einzige hebräische Zeitschrift und erhielt sich noch länger.

[190] Der Pentateuch nebst deutscher Übersetzung und hebräischem Commentar in 5 Bänden, zweite Auflage, 8°. (Die erste Auflage erschien Berlin 1783.)

[191] Schmid hatte diesem Machsorim die gute deutsche Übersetzung des [illegible] Juden Hildesheim in hebräischen Lettern mit Bewilligung der Censur beigedruckt. Hildesheim, der ein ausschließendes Privilegium auf den Druck dieses Buches vom Ober-Rabbiner Pinkas Levi Horwitz in Frankfurt am Main, wie er behauptete, erhalten hatte, erließ einen Aufruf an das jüdische Volk und an einige der angesehensten Rabbiner in Österreich, worin er aufmerksam machte, dass Horwitz den großen Bannfluch über Schmid ausgesprochen habe. Den Vorstehern der hiesigen Judenschaft wurde nun von der Regierung bedeutet, dass sie solche Schriften unterdrücken und keinen Gebrauch davon machen, ja über die Widerrechtlichkeit eines solchen Schrittes belehren und sich nicht erdreisten sollen, die Verbindlichkeit desselben geltend zu machen. [illegible] Archiv.

[192] D. i. Rettung der Juden von Manasse Ben Israel (1656), die eine Vertheidigung der Juden und des Judenthums Cromwell gegenüber enthält, da damals kurz vor Erscheinen dieser Schrift alle Juden aus England verbannt worden. — Samson Bloch, ein vorzüglicher Prosaiker unter den Hebraisten, geb. zu Kulikow in Galizien 1784, gest. in Lemberg am 7. October 1845 (s. Wurzbach, Biograph. Lexikon, I. 435).

[193] Im Jahre 1827 brannte diese Papierfabrik ab sammt allen Vorräthen, wodurch Schmid einen Schaden von 30.000 Gulden erlitt. Zwei Jahre später baute er dieselbe neu und zweckmäßig auf.

[194] Über Schmid siehe Alois della Torre, Biographie des Anton Edlen von Schmid. Nach den besten Quellen. Wien 1855. — [illegible] Wurzbach, Biographisches Lexikon, XXX. 298 ff. — Gutenberg, I. Jahrgang 1855. — »Österreichische Buchdrucker-Zeitung«, I. 243 ff.

[195] Registratur der niederösterreichischen Statthalterei, A. 15, Nr. [illegible]. — Registratur des Wiener Magistrates, Fasc. 8, Nr. [illegible] de anno 1794.

[196] Registratur der niederösterreichischen Statthalterei, A. 15, Nr. [illegible]. — Registratur des Wiener Magistrates, Fasc. 8, Nr. 1140 de anno 1801.

JOSEF WINKLERS SEL. WITWE.

(1797 bis 1805.)

Elisabeth Winkler Witwe führte nach dem Buchdrucker Josef Winkler die Officin noch acht Jahre fort. Im Jahre 1800 wurde ihre Befugnis über Anzeige, dass sie dieselbe nicht mehr ausübe, für cassiert erklärt; die Geräthschaften sollten zu ihren Gunsten verkauft, sie selbst aber in ein Versorgungshaus gebracht werden. Da erhielt der Magistrat die Nachricht, dass sie die Buchdruckerei noch immer betreibe, gar nicht daran denke, selbe aufzugeben, noch weniger eine Versorgung zu begehren.[197] Wir finden Elisabeth Winkler dann noch fünf Jahre lang in ihrer Officin, die sich in der Josefstadt, Piaristengasse nächst der Kirche Maria Treu befand, thätig.

JOHANN THOMAS EDLER VON TRATTNER.

(1798 bis (1802) 1807.)

Johann Thomas Edler von Trattner war des berühmten Buchdruckers gleichnamiger Enkel. Der Vater war Josef Anton Edler von Trattner, ebenfalls Groß- und Buchhändler, vermählt seit 1775 mit Josefa, des Regierungsrathes Edlen von Martschläger Tochter, die am 8. April 1776 den Enkel des Buchdruckers Trattner zur Welt brachte. Da Josef Anton Edler von Trattner den 23. Jänner 1779 starb, so kam sein Sohn am 27. Juni 1783 als Zögling in das k. k. Löwenburg'sche Convict bei den Piaristen. Nachdem derselbe hier seine Studien ganz vollendet hatte, trat er am 6. September 1793 aus und kam wieder in das Haus seines Großvaters zurück, der ihn nun in seinem ausgedehnten Druck- und Buchhandlungsgeschäfte verwendete. Er ließ ihn am 11. November 1793 auch als Buchdrucker aufdingen, am 22. November desselben Jahres noch freisprechen und gesellte sich ihn förmlich als Mitgehilfen in der Führung der Geschäfte bei. Noch am Sterbetage seines Großvaters, am 31. Juli 1798, wurde der Enkel Johann Thomas Edler v. Trattner von den niederösterreichischen Landrechten für großjährig erklärt.[198] Er trat aber nicht sofort die Geschäfte an, sondern erst im Jahre 1801 richtete er an die Regierung ein Gesuch, um die Groß- und Buchhandlung seines Großvaters fortführen zu dürfen.[199] Die Bewilligung hierzu erfolgte am 5. Jänner 1802,[200] thatsächlich übernahm er die Stelle seines Großvaters erst am 22. Mai 1802.[201]

Nr. 61. Druckerzeichen des Johann Thomas Edlen v. Trattner jun. Aus dem Festgrusse der Kunstverwandten Hausgenossen der v. Trattner'schen Officin 1802. Im Besitze des Herrn Emil Hütter.

Die Buchdruckerei befand sich aber nicht mehr in jenen glänzenden Verhältnissen, wie zu den großväterlichen Zeiten. Mehr als ein Drittel der Pressen stand stille, Papier- und Buchhandel waren ebenfalls zurückgegangen, die Aufträge hatten sich bei den geänderten Censur- und Pressverhältnissen wie auch des Nachdruckes gemindert, endlich hatten auch die Kriegsjahre viele geschäftliche und literarische Unternehmungen und Hoffnungen zunichte gemacht.

[197] Registratur der niederösterreichischen Statthalterei, A. 15, Nr. 1168, 1719.

[198] Zur frohen Feyer als Johann Thomas Edler von Trattnern, des heiligen Römischen Reichs Ritter, des Königreiches Ungarn Edelmann etc. etc. den 22. May im Jahre MDCCCII die Stelle seines seligen Großvaters als Druckerherr und Principal antrat. Dargebracht von seinen sämmtlichen Kunstverwandten Hausgenossen. Wien 1802. Note 7.

[199] Registratur der niederösterreichischen Statthalterei, A. 43, Nr. 21680.

[200] L. c. A. 43, Nr. 201.

[201] Siehe oben Note 198.

Geschäftsleiter der Buchdruckerei war Josef Georg Überreuter, der auch am 20. Februar 1805 die v. Trattner'sche Buchdruckerei übernahm und um Ausschreibung auf dieselbe das Ersuchen an die Regierung richtete.[292] Die Bestätigung des Kaufes, der auf 3500 Gulden gestellt wurde, erfolgte aber erst am 26. October 1807.[293]

Das Buchdruckerzeichen war das einigermaßen veränderte des Großvaters Johann Thomas Edlen v. Trattner (s. Nr. 64).

MAGDALENA GEROLD.

(1800 bis 1813.)

Nach dem Tode des Reichs-Hofbuchdruckers Josef Gerold (1800) führte seine Witwe, Magdalena Gerold, unterstützt von ihrem noch unmündigen Sohne Johann, die Buchdruckerei fort. Dieser starb aber schon am Anfange des Jahres 1806, noch nicht 24 Jahre alt. Nun musste der jüngere Bruder Karl, der sich dem Kaufmannsstande zugewendet und in Brünn das Manufacturwaaren-Geschäft erlernt hatte, an seine Stelle treten. Er war eben im Begriffe, eine Reise nach Italien anzutreten, als ihn die Nachricht von dem Tode seines Bruders ereilte. Er erlernte nun bei Georg Gastl in Brünn den Buchhandel, »und schon nach ungewöhnlich kurzer Zeit konnte dieser ihm das Zeugnis ausstellen, dass seine erprobten Kenntnisse und ausgezeichneten Fähigkeiten, bei seiner besonderen Liebe zu diesem Geschäfte, ihn befähigten, selbst einer Buchdruckerei und Buchhandlung mit Ehren und Nutzen vorzustehen«.[294] Karl Gerold übernahm nun an der Seite seiner Mutter die von seinem Vater begründeten Geschäfte, Buchdruckerei und Buchhandel. Die Firma lautete: Josef Gerold sel. Witwe und Sohn; im Jahre 1811 ward sie auf Karl Gerolds Namen umgeschrieben,[295] die Buchdruckerei ihm aber erst 1813 von der Mutter überlassen.[296]

JOHANN BAPTIST WALLISHAUSSER I.

(1800 bis 1810.)

Johann B. Wallishaußer war in Hohenzollern-Hechingen geboren und als Kammerdiener nach Wien gekommen. Seine besondere Vorliebe für Lectüre und der dadurch veranlasste Ein- und Austausch von Büchern brachte in ihm den Plan zur Reife, sich in Wien als Antiquariats-Buchhändler niederzulassen. Im October des Jahres 1783 bat Wallishaußer, Bücher öffentlich verkaufen und ausleihen zu dürfen;[297] 1784 erhielt er auch die »Dispensation von seiner auswärtigen Geburt«, d. i. die Zuständigkeit[298] und die behördliche Concession als »Büchertrödler«. Nach vier Jahren wurde ihm schon »mit Hinweggebung seines Tandlergewerbes« eine Buchhandlung verliehen, die sich auf dem »Kohlmarkt« befand.[299] Im Anfange des Jahres 1800 bewarb er sich auch um eine Buchdruckerei, deren Errichtung ihm von hoher Landesstelle unterm 11. März des Jahres 1800 gegen dem bewilligt wurde, dass er sich den bestehenden »Polizey- und Zensurgesetzen genau unterwerfe und demgemäß benehme«.[300] Wallishaußer betrieb die Buchdruckerei zuerst in Verbindung mit Ödler im »alten Lerchenfeld« (Nr. 5), dann von 1803 an allein. Im selben Jahre wies er bereits einen Handlungsfond von 10.000 Gulden aus.[301] Seine Buchdruckerei wurde bald dadurch bekannt, dass sie den Druck der Theaterzettel für beide Hoftheater besorgte; von 1805 an erscheint er als Hof-Theatral-Buchdrucker.

Johann B. Wallishaußer, k. k. priv. Buchdrucker und bürgl. Buchhändler, starb am 22. Februar 1810 in seiner Wohnung in der Stadt Nr. 1017.

Er hinterließ eine Witwe, namens Theresia, geborene Weinzettl, welche seine zweite Frau war, und von dieser zwei Kinder, Karl (5 Jahre alt) und Theresia (4 Jahre alt). Aus erster Ehe stammten:

[292] und [293] Registratur des Wiener Magistrates, Fasc. 12, Nr. 278, 1128 de anno 1805 und 1807.

[294] Zur hundertjährigen Gründungsfeier des Hauses Gerold, Buchdruckerei und Buchhandlung. Wien, 8. October 1875, S. 2 f.

[295] Registratur der niederösterreichischen Statthalterei, A. 22, Nr. 25791, B. 8, Nr. 2485.

[296] Registratur des Wiener Magistrates, II. Nr. 22649.

[297] Registratur des Wiener Magistrates, Hof- und Regierungsdecrete de 1783.

[298], [299], [300] und [301] l. c. Fasc. 8, Nr. 737 de anno 1784, Fasc. 8, Nr. 1006 de anno 1788, Fasc. 8, Nr. 37 de anno 1800; Fasc. 12, Nr. 297 de anno 1803.

Maria Anna (22 Jahre alt), Johann B. (19 Jahre alt), Antonia (16 Jahre alt), Johann (14 Jahre alt) und Franz (11 Jahre alt). In seinem Testamente hatte Wallishaußer die Anordnung ausgesprochen, dass die Buchdruckerei und Buchhandlung so lange fortgeführt werden sollen, bis sämmtliche Verlassenschafts-Passiven getilgt wären. Beide Geschäfte waren nämlich mit Buch-, Wechsel- und anderen Schulden überlastet. Es darf dies nicht auffallen. Wie nämlich aus den Verlassenschaftsacten hervorgeht,[213] war Wallishaußer ein überaus unternehmender Mann, der seine Officin und Buchhandlung um jeden Preis nicht nur erhalten, sondern auch in die Höhe bringen wollte, wofür er kein Opfer scheute. Aber für die Buchhändler und Buchdrucker waren die damaligen Zeitverhältnisse überaus ungünstig; die Kriegsjahre

Nr. 65. Johann Baptist Wallishausser I. Nach einem Ölgemälde.

1805 und 1809 lasteten schwer auf Wien und seinen Bewohnern, so dass es nicht wenige Geschäftsleute gab, die, um sich zu behaupten, sich zu großen Geldopfern entschließen mußten; und das war auch bei Wallishaußer der Fall. Übrigens stand es um seine Vermögensverhältnisse nicht so schlecht. Wenn alles verkauft und die Passiven getilgt worden wären — die Buchdruckerei wurde von dem Universitäts-Buchdrucker Mathias Andreas Schmidt als Schätzmeister auf 2036 Gulden geschätzt — so würden überdies noch 12.516 Gulden Bancozetteln als Rest geblieben sein, wovon freilich die Witwe, die als Universalerbin eingesetzt war, die Pflichttheile für sieben Kinder hätte sichern müssen. Darum hatte Wallishaußer obige Anordnung zur Fortführung der Buchdruckerei und Buchhandlung getroffen, und wie mit Recht, wird die Geschichte der folgenden Besitzer von beiden Unternehmungen lehren.

[213] Archiv des Wiener Landesgerichtes, Verlassenschaftsacten, Fasc. Nr. 1??/810, F. 2 jud.

ANTON STRAUSS.

(1775 bis 1827.)

Anton Strauß wurde als das Kind armer Eltern in Wien am 19. April 1775 geboren. Während er noch die Volksschule besuchte, musste er sich bereits seinen Unterhalt durch Illuminieren von Kinderbildern, später von Landkarten verdienen helfen. Dies war die Veranlassung, dass er mit dem geschickten Kupferstecher Ignaz Alberti öfters verkehrte. Als dieser selbst eine Buchdruckerei errichtete, sprach der junge Strauß den lebhaften Wunsch aus, sich der Kunst Gutenbergs zu widmen, und bat Alberti, ihn als Lehrling anzunehmen. Alberti, welcher den armen und eifrigen Knaben schon länger kannte, entsprach gerne seinem Begehren, und so kam Strauß zu jenem Berufszweige, in welchem er eine Zierde und ein Muster werden sollte. Unter der tüchtigen Leitung Albertis gieng der ebenso fleißige als anstellige Knabe einer schönen Zukunft entgegen. Er wurde der Liebling seines Meisters, der als Künstler vom Hause aus auch der Buchdruckerei höheren Schwung und Geist einzuathmen verstand. Entsprechend beschäftigt, entwickelten sich in dem jungen Strauß bald die trefflichsten Anlagen. Was der Lehrling dem Meister gewesen, dankbar und voll Achtung vor dessen Schaffen, nimmermüdend für und in dessen Wirkungskreis, das blieb auch der Geselle. Und als der Meister Alberti 1794 gestorben, da trat der neunzehnjährige Strauß, der die vollste Umsicht im Geschäfte und das unbegrenzte Vertrauen Alberti's genossen hatte, an die Spitze seiner Officin als fachkundiger Leiter, da die Witwe die Erlaubnis erhalten hatte, dieselbe fortzuführen.

Strauß bekleidete die Stelle eines leitenden Factors acht Jahre. Schon in diese Zeit fallen seine mehrfachen, vielversprechenden Versuche, den Stempelschnitt und die Schriftgießerei zu verbessern, wobei wir die frühere künstlerische Einwirkung des Kupferstechers Alberti auf Strauß nicht verkennen dürfen. Schon viel früher als James Watts in Wien, nämlich um das Jahr 1800, hatte Anton Strauß mehrere Versuche im Stereotypendruck nach Didots Manier gemacht. »Unter dem Schutze und der Begünstigung des damaligen Finanz-Ministers und Hofkammer-Präsidenten Grafen Saurau, sowie durch Anleitung und Unterstützung des Grafen Prosper von Sinzendorf, gelang es ihm (damals noch Factor und Leiter der Alberti'schen Officin), die Didot'sche Erfindung mit vielem Glücke zur Ausführung zu bringen. Er stereotypierte mit gutem Erfolge eine kleine, aus einer Duodezplatte bestehende Ankündigung seiner Erfindung; ferner ein Buchstabentäfelchen zum Gebrauche für Schulen und eine Grabschrift auf den verstorbenen Papst Pius VI., letztere in zwei verschiedenen Auflagen, nämlich eine mit kleinen und eine mit großen Lettern.«[213] An der Ausführung im Großen wurde er nur durch Verweigerung des Privilegiums gehindert.[214] Nun schritt Strauß um eine Schriftgießerei-Befugnis ein, stand aber im Juni desselben Jahres aus uns nicht bekannten Ursachen davon ab.[215] Nun verband sich Strauß im Jahre 1801 mit dem Buchhändler Vincenz Degen, der sich der Protection des Erzherzogs Karl, des Staatsministers Kolowrat, der geheimen Hof- und Staatskanzlei, der Finanz- und Credit-Departements, der Polizeihofstelle u. a. erfreute, und beide verlangten eine Schriftgießerei-Befugnis,[216] die sie auch erhielten. Wohl beschwerten sich die Schriftschneider und Schriftgießer in einem Hofgesuche, in welchem sie auch die Aufhebung der Strauß und Degen verliehenen Schriftschneider- und Schriftgießer-Befugnis begehrten, wurden jedoch abgewiesen.[217] Bei der aus diesem Anlasse abgehaltenen Commission wurde zur Probe der Geschicklichkeit von Strauß angeführt und von niemandem widersprochen, dass er Stereotypen so schön bearbeite, dass sie den französischen gleichkommen und dass er, als die öffentliche Verwaltung den Wunsch aussprach, die Briefe aus Ägypten im Lande zu verbreiten, die Lettern so sehr den englischen ähnlich schnitt,

[213] Ein bisher [illegible] Werk ist auch das der Frederike von der Lühe: »An Gott«, Wien, gedruckt mit Graf Prosper Sinzendorf'schen Stereotypen, 1805, 8°. Dasselbe ist auf Pergament gedruckt und das einzige bekannte Exemplar. Dasselbe befindet sich in der k. k. Familien-Fideicommiss-Bibliothek Sr. Majestät des Kaisers.

[214] Jahrbücher des Wiener polytechnischen Institutes. IV. (1823) Seite 4.

[215] Registratur des Wiener Magistrates, Fasc. 8, Nr. 582 de anno 1801.

[216] und [217] L. c., Fasc. 8, Nr. 602 ex 1801. Unter den Gründen der Abweisung wird u. a. angeführt: die Schriftgießerei wäre nicht [illegible] und auch nicht auf eine gewisse Zahl beschränkt, sondern die Landesstelle könne jederzeit nach den Verhältnissen und Umständen und nach Maß der Fähigkeit der Bittsteller solche Befugnisse versagen oder gewähren... Wenn Strauß auch nur für sich allein das Recht zum Schriftschneiden und Gießen angesucht hätte, so hätte man ihm dasselbe mit Vergnügen zugestanden, [illegible] könne es aber [illegible] keinem Anstande unterliegen, da er sich mit Degen vereinigt, der sich als Buchhändler das Recht zum Buchdrucken hat, als Buchdrucker sich aber Schriftgießer halten dürfe...

dass selbst von der englischen Gesandtschaft in Wien der Nachdruck für das Original angesehen wurde. Bei dieser Sachlage konnte die Regierung, deren Schuldigkeit es ja war, aufkeimende Talente zu unterstützen, wohl nichts anderes verfügen, als was in dieser Hinsicht verfügt wurde. Bald darauf trennte sich aber Degen von Strauß.[218]

Als tüchtiger Buchdrucker, der auch in der Stereotypie, im Stempelschneiden und Schriftengusse sehr erfahren und erprobt war, bat nun Strauß im Jahre 1800 um eine Buchdruckerei-Befugnis[219] und führte, nachdem er dieselbe 1801 erhalten hatte, mit Unterstützung einiger Freunde die Christian Grosser'sche Officin in der Teinfaltstraße (im Baron Wetzlar'schen Hause) unter dessen Firma durch einige Zeit fort,

Nr. 66. Anton Strauß. Nach einem Ölgemälde.

bis dieser 1802 seine Befugnis zurücklegte, die nun Strauß gegeben wurde, der vom 19. März 1803 an auch eine Steuer von zwölf Gulden zu entrichten hatte.[220]

Die Buchdruckerei war klein und besaß nur zwei Pressen; anfangs konnte Strauß kaum eine Presse beschäftigen. Hatte er aber die Alberti'sche Buchdruckerei zu glücklichem Gedeihen emporgebracht, warum sollte er mit Geschick, Umsicht und reger Thätigkeit nicht auch Gleiches bei seiner eigenen erzielen? Trotzdem die Zeit für literarische Unternehmungen und daher auch für den Buchdruck sehr ungünstig war, die Kriegsereignisse die Aufmerksamkeit von diesen abzogen, ja die Franzosen Wien zweimal besetzten (1805 und 1809), hat er dennoch durch Fleiß, sowie reelle und prompte Leistungen seine

[218] Degen machte bei den Behörden die Anzeige, er habe sich mit Strauß wegen der übertriebenen Forderungen, die dieser an ihn stellte, entzweit. Er bitte daher, ihm in Anbetracht, dass er sich bereits in so ausgebreitete und kostspielige Unternehmungen eingelassen habe, das Recht zum Buchdrucken, Schriftschneiden und Gießen zu erlauben. (L. c.)

[219] Archiv der niederösterreichischen Statthalterei, Fasc. A. 15, Nr. 5571.

[220] L. c. Fasc. A. 15, Nr. 5589. — Registratur des Wiener Magistrates, Fasc. 12, Nr. 309 de anno 1804.

Buchdruckerei vergrößert, sein Personale vermehrt und auf dem Stephansplatze ein Verlagsgewölbe eröffnet. Als er am 29. September 1805 sich mit der 41jährigen Witwe Magdalena Stadler (geb. Dittl) vermählte, brachte ihm an diesem Tage das sämmtliche Personale ein Hymengedicht dar.[221]

Strauß dachte daran, die Taubel'sche Musikalien-Buchdruckerei zu übernehmen und bat im September 1806[222] um die Übertragung der Befugnis auf seinen Namen. Schon waren die Unterhandlungen zur Ablösung eingeleitet, als Täubel erklärte, sein Privilegium selbst wieder ausüben zu wollen. Im Jahre 1809 stattete Strauß im Allerhöchsten Auftrage eine Felddruckerei für die k. k. Armee mit zwei leicht transportablen Pressen und dem dazu gehörigen Materiale aus, welche zweckmäßige Dienste leistete.

Der bedeutende Aufschwung der Strauß'schen Officin lag zum nicht geringen Theile in ihrer vorzüglichen Schriftgießerei, wo die nöthigen Stempel selbst geschnitten wurden, gegen welche die Wiener Schriftgießer wiederholt Beschwerden erhoben;[223] Strauß führte aber auch ausländisches Gußmateriale nach dem neuesten Schnitte mit vielem Erfolge ein, wogegen die Schriftgießer ebenfalls, und wieder erfolglos Einsprache thaten.[224] Die Schriftgießerei, die Grundlage der Buchdruckerei, hatte es in der österreichischen Monarchie ja bei weitem noch nicht zu jenem Grade der Vollkommenheit gebracht, zu welchem das Ausland, besonders Frankreich und England, gelangt war. Kurzböck, Magatsch, Mannsfeld, Strauß und einige andere noch bildeten die geringe Ausnahme. Ein besonders geschickter Schriftenschneider und Gießer in der Strauß'schen Schriftgießerei war Michael David Schiel, seit 1800 Gehilfe, seit 1810 Factor.[225]

Strauß wendete auch wieder mit vielem Erfolge die deutsche Fracturtype mit geschmackvollem, scharfem Schnitte an, da die älteren, nichts weniger als gefälligen Formen dieser Schriftgattung ganz außer Gebrauch gekommen waren; an ihrer Stelle wünschten die Autoren, namentlich Modeschriftsteller, die Antiquatype, daher auch die Nachdrucke der deutschen Classiker in dieser Type ausgeführt waren. Auch die gothische Schrift kam durch Strauß wieder zu Ehren. Ebenso war er mit griechischer Schrift reichlich versehen und manche griechische Werke giengen aus seinen Pressen hervor. Infolge der Bekanntschaft und geschäftlichen Verbindung mit dem berühmten Orientalisten Josef von Hammer (Purgstall) begann er seine Officin mit persischen, arabischen und syrischen Lettern einzurichten, wobei ihn der hierin sehr gewandte und begabte Schriftsetzer Michael Lell, der sich des besonderen Wohlwollens Hammers zu erfreuen hatte, unterstützte. Auch für den Druck hebräischer Werke war Strauß eingerichtet,[226] doch konnte er sich hierin mit Schmid nicht messen.

Strauß sorgte für einen correcten, schönen und dem Auge wohlgefälligen Druck. Er war zu seiner Zeit auch der erste Buchdrucker, der einen scientifisch gebildeten Corrector in seiner Buchdruckerei anstellte.

Schon längere Zeit hatte er sich mit der Idee getragen, die seit Gutenbergs Zeit im Wesentlichen unverändert gebliebene Buchdruckerpresse zu verbessern, und wiederholte Versuche gemacht, bis ihm dies wirklich gelang. Zweck seiner Erfindung war, das Auftragen der Farbe, das bisher mittelst Ballen durch die Hand des Druckers geschah, nun auf mechanischem Wege durch Auftragwalzen zu bewirken. Der Druck, welcher bei den bisherigen Pressen durch den Tiegel geschah, sollte derart erzielt werden, dass das Fundament mit dem Satze unter einer Druckwalze durchgezogen wurde. Ob Strauß

[221] »Am Vermählungstage des Wohledelgebornen Herrn Herrn Anton Strauß mit der Wohledelgebornen Frau Frau Magdalena Stadler, geborenen Dittl. Dargebracht von dem sämmtlichen Personale der k. auch k. k. priv. Buchdruckerei. Den 29. September 1805.« Fol. [illegible] S.

[222] Registratur der niederösterreichischen Statthalterei Fasc. A 15, Nr. 28141 und 38191. — Registratur des Wiener Magistrates, Fasc. 12, Nr. 1022 de anno 1806.

[223] Registratur des Wiener Magistrates, Fasc. 12, Nr. 869 de anno 1808. — Registratur der niederösterreichischen Statthalterei, Fasc. B. 12, Nr. 36129 und B. 8, Nr. 15291 de anno 1810. In diesem letzteren Hofgesuche verlangten die Schriftgießer geradezu die Überlassung einer Ärarialarbeit. Mit Hofdecret vom 21. November 1810, Nr. 16726, wurden sie abgewiesen, »doch haben Se. Majestät über die angezeigte Abneigung der Schriftgießer zu eröffnen geruht, dass diese Angelegenheit in Ansehung auf die Klage gegen Strauß nicht als erledigt angesehen werde, sondern weitere Erhebungen zu pflegen wären.«

[224] Registratur des Wiener Magistrates, Fasc. 12, Nr. 863 de anno 1811.

[225] Im Jahre 1820 bat Michael David Schiel, der Israelit war, um eine Schriftgießereibefugnis. Als solcher hatte er die Toleranz nur auf die Dauer seines Dienstverhältnisses mit Strauß. Im August 1821 wurde er von der niederösterreichischen Regierung abgewiesen, »weil er zur Erlangung der Toleranz, die ihm zum Betriebe des Geschäftes nöthig war, nicht geeignet sei und hier im Allgemeinen die bestehenden Vorschriften, die das Verbot, die Anzahl der in Wien tolerierten Familien nicht zu vermehren, zum Gegenstande haben, beobachtet werden müssen«. Der Kaiser aber bewilligte Schiel die Toleranz für Wien zum selbständigen Betriebe im December 1821. (Archiv des k. k. Reichs-Finanzministeriums, Niederösterreichische Commerz-Hof-Commission 1816 bis 1821, Nr. 65.)

[226] Von seinen hebräischen Drucken sind erwähnenswerth: »Megale Tmirin.« Gegen die Secte Chassidim. Von einem Unbekannten. O. J. — »Bessar Bethho.« Ein Wort zu seiner Zeit von Baldässer Aaron Choriner in Arad. (Gegen die Vorurtheile und Missbräuche der Juden.) »Emunath Beth Israel. Der israelitische Glaube.« Ein religiös-moralisches Unterrichtsbuch für die Jugend von Naphtali Homberg.

bei seinen Versuchen die Erfindung Friedrich König's bereits bekannt war, ist fraglich.[227] In dem Gutachten, welches die Professoren am polytechnischen Institute hierüber abzugeben hatten, erkannte man die Nützlichkeit derselben, die für das Inland ganz neu war, als zweifellos an. «In England,» hieß es darin weiter, «ist zwar ebenfalls eine Druckmaschine erfunden worden, die, wenn anders den in den Zeitungen veröffentlichten Daten zu trauen ist, die Strauß'sche an Schnelligkeit des Druckes übertrifft,[228] allein selbst nach diesen Daten ist es unverkennbar, dass beide Maschinen wesentlich sich von einander unterscheiden; zudem ist erstere das Werk eilfjähriger, letztere das Werk dreimonatlicher Versuche.» Die niederösterreichische Landesregierung beantragte am 22. September 1815 bei dem Umstande, «als doch schon eine ähnliche Erfindung in England bestehe», nach den vorgeschriebenen Directiven ein ausschließendes Privilegium auf sechs Jahre, ebenso die Ministerial-Banco-Hof-Deputation unterm 11. October; der Kaiser ertheilte diesen Vorschlägen die Sanction am 29. October 1815.[229] Strauß hatte durch diese seine Verbesserung an der Buchdruckerpresse den ersten Anstoß zur allgemeinen Anwendung der Buchdruckerwalzen gegeben. Für wie wichtig sie auch im Auslande angesehen wurde, geht aus einem Schreiben hervor, das Friedrich Cotta am 18. August 1818 an Friedrich König, den Erfinder der Schnellpresse, richtete, worin es heißt: «Durch Strauß' Anzeige von Wien bin ich — Cotta nämlich noch mehr in meinem Entschlusse wankend geworden;» Cotta verschob infolge dessen die Bestellung der ersten Schnellpresse bis zum Jahre 1823. Strauß scheint jedoch seine Versuche in dieser Richtung wieder aufgegeben zu haben, da von einer praktischen Verwerthung seiner Erfindung Nichts bekannt wurde. Vielleicht hatte er sich auch überzeugt, dass seine Presse mit der von Friedrich König geplanten Maschine nicht zu concurrieren im Stande sei.

Für so große Verdienste, welche sich Strauß um die Schriftgießerei, um die Mechanik des Buchdruckes und um die Verbesserung des guten Geschmackes in der Typographie erworben, wie nicht minder für die getreuen und zweckmäßigen Dienste, welche im Jahre 1809 die von demselben eingerichtete Felddruckerei dem Erzherzoge Johann geleistet hatte, wurde ihm über seine Bitte vom Erzherzoge im Jahre 1819 die Presse übergeben, an welcher seinerzeit der Kronprinz Josef unter Leitung Trattners die Buchdruckerei erlernt hatte.

Das ehrenvolle Schreiben, mit welchem Strauß diese Presse übergeben wurde, lautet:

Herrn Buchdrucker *Anton Strauß.* Wien am 1. Mai 1819.

In Gemäßheit — Seiner kaiserlichen Hoheit dem durchlauchtigsten Erzherzog *Johann* durch mich vorgetragenen Bitte habe ich das Vergnügen, Ihnen hiemit die Presse zu übersenden, mit welcher

[227] Ueber diese Erfindung wurde folgendes Gutachten abgegeben: «Während bisher der Druckergeselle den zu druckenden Bogen auf die gewöhnliche Art in den Rahmen einlegte, tritt er nun auf den metallenen Fußtritt, dadurch läuft die obere Walze über den abzudruckenden Satz weg und wird durch die Schwere eines hängenden Gewichtes wieder zurückgezogen; während dieses zweimaligen Umlaufes bestreicht die obere Farbwalze den Satz mit der Druckfarbe. Sodann wird der Rahmen mit dem darin eingespannten Bogen Papier auf den bestrichenen Satz gelegt und durch die Bewegung einer Kurbel mit der Hand unter die große Druckerwalze hinein- und wieder herausgeschoben. Diese zweimalige horizontale Bewegung wird durch das Auf- und Abwinden der Gurte bewirkt, welche an der kurzen, durch die Kurbel umgetriebenen Walze befestigt ist, die große Walze hingegen drückt den Bogen ab. Durch die Kurbel wird zu gleicher Zeit das an der Achse der kurzen Walze angebrachte Kammrad und durch dieses das übrige Räderwerk [illegible] in Bewegung gesetzt, dass die beiden Farbwalzen sich gegeneinander umdrehen, wodurch die Farbe verrieben und gleichförmig auf die Oberfläche der Farbwalzen vertheilt wird. Während nun der eine Bogen abgedruckt wird, wird für den nächstfolgenden zu gleicher Zeit schon die Farbe vorgerichtet, womit auf die oben angegebene Art der Satz selbst bestrichen wird, während dann der gedruckte Bogen aus dem Rahmen genommen und ein neuer eingelegt wird. Zum Auftragen der Farbe auf die Walzen selbst ist das Farbkästchen unterhalb der unteren Farbwalze angebracht und mit [illegible]. Ein Tritt hebt das Kästchen und bringt es mit dieser Farbwalze in Berührung. Auf diese Art wird sie, so oft nöthig, mit Farbe bestrichen und dieselbe auf oben beschriebene Weise vertheilt und verrieben. Bei dem commissionellen Versuche wurden 72 Bogen in einer Viertelstunde, mithin [illegible] Bogen in einer Stunde gedruckt, während mit gewöhnlichen Druckpressen 250 Bogen in einer Stunde gedruckt wurden; ohne Anstrengung können aber mit der neuen Maschine 28 Bogen in fünf Minuten oder 336 Bogen in einer Stunde gedruckt werden, und die Abdrücke sind reiner und schwärzer als bisher. Die Vortheile liegen in Folgendem: 1. Wird bei jeder Presse eine Person erspart; 2. kann mit derselben Kraftanwendung ein größeres und ein kleineres Format gedruckt werden, wohingegen jetzt bei größeren Formaten vier Personen verwendet werden müssen; 3. bei derzeitigen Pressen, wo bei jedem Bogen der große eiserne Bengel mit aller Kraft angezogen werden muss, ist die Arbeit sehr anstrengend und der Gesundheit nachtheilig, verursacht auch Lärmen und Schaden an den Gebäuden. Diese geräuschlose Maschine kann aber durch schwächliche Personen, selbst durch ein Weib oder einen Knaben dirigiert werden; es dürfte aber auch 4. die Anschaffung weit weniger kosten, da die alten Pressen wegen der großen eisernen Schraube, Schraubenmutter und Bengel hoch zu stehen kommen; 5. ist sie großer Vervollkommnung fähig und lässt sich nicht bloß auf den Buchdruck, sondern auch auf mehrere andere technische Arbeiten anwenden und der Director Alois Beck von Widmanstätten, ein hierin sehr competenter Richter, verspricht sich ungemein viel von den weiteren Fortschritten; sie ist schon gegenwärtig auf den gemeinen Fabriksdruck mit aufgesetzten Formen anwendbar und wird sich ohne viele Schwierigkeit auch auf den Wappendruck in Fabriken [illegible] lassen; 6. übertrifft sie selbst an Geschwindigkeit des Druckes die bisherigen Pressen.» (Archiv des k. k. Reichs-Finanzministeriums, Niederösterreichische Commerz-Conces-Acten, 1821 bis 1830.)

[228] Es ist damit der Erfinder der Schnellpresse, Friedrich König gemeint, der sich damals in London befand.

[229] Archiv des k. k. Reichs-Finanzministeriums, Niederösterreichische Commerz-Conces-Acten von 1821 bis 1830.

Se. Majestät der unvergeßliche Kaiser *Joseph II.* jene ersten Versuche in der aller Welt so unendlich wichtigen Buchdruckerkunst gemacht haben. Der durchlauchtigste Erzherzog wollte Ihnen dadurch einerseits ein Merkmal der Zufriedenheit geben für die getreuen und zweckmäßigen Dienste, welche Höchstdenselben Ihre Felddruckerei in der, der österreichischen Nation unvergeßlichen Epoche von *1809* mit redlicher Anstrengung geleistet hat. Andererseits erachteten Se. kaiserliche Hoheit die Presse am füglichsten *bei Ihnen* aufgestellt, der Sie bereits unter *Alberti* und unter *Degen*, in der Folge aber in noch ungleich höherem Maße in Ihrem eigenen Etablissement, dem ausgedehntesten unseres Kaiserstaates, die Typographie wirklich als *Kunst* betrieben und unverdrossen einer bedeutenden Stufe der Vollkommenheit zugeführt haben.

In dieser Hinsicht war es auch sehr angemessen, dass Sie dieser schätzbaren Reliquie eines unvergeßlichen Monarchen ein eigenes schickliches Locale gewidmet haben, in welchem sie der würdigen Beschauung und der gerechten Reminiscenzen Fremder und Einheimischer offen steht.

Sie haben dadurch einen neuen Beweis Ihrer Achtung für alles Vaterländische und des Ernstes gegeben, mit welcher Sie Ihren wichtigen Industriezweig betreiben.

Ich habe die Ehre, mit der vollkommensten Hochachtung und freundschaftlichen Ergebenheit mich zu nennen
Ihren ergebensten Diener

Binner m. p.

Secretär Sr. kaiserlichen Hoheit des Erzherzogs Johann.

Dieser Brief befindet sich gegenwärtig unter Glas und Rahmen im Archive der k. k. Hof- und Staatsdruckerei.

Überblickt man nach alledem die Thätigkeit des Buchdruckers Strauß auf den Gebieten der Buchdruckerei, der Schriftgießerei, der Mechanik des Buchdruckes und des Verlagswesens, so muss man unbefangen sagen, dass er zu den ersten Buchdruckern Wiens in unserem Jahrhunderte zu zählen ist.

Seine Officin war mit einer hinreichenden Menge schöner und verschiedenartiger Schriften versehen, so dass er den schwierigsten Aufträgen schon in dieser Hinsicht genügen konnte; überdies legte Strauß, der mit künstlerischen Anlagen begabt aus der Schule eines Künstlers hervorgegangen war, ein besonderes Augenmerk auf möglichst correcte Ausgaben, auf einen sorgfältigen und schönen Druck. Seine Officin war daher eine viel gesuchte, und im Verkehre mit seinen Kunden konnte er auch die Ruhe eines sicheren, seiner Leistungen bewussten Mannes hervorkehren, ohne die Freundlichkeit, gefällige und gewinnende Umgangsformen irgendwie vermissen zu lassen. Dabei erfüllten ihn strenges Ehrgefühl und Rechtlichkeit. Viele seiner Kunden warteten daher lieber, ehe sie ihre Arbeit in eine andere Druckerei gaben, manche von ihnen zählte er auch zu seinen Freunden.

Die ganze Organisation seines umfangreichen Geschäftes klappte vortrefflich; überall sah er selbst strenge darauf, dass es nicht nur an dem nöthigen Materiale nicht fehlte, sondern dass auch das Vorhandene stets ergänzt und Neues angeschafft wurde; der Factor hatte blos für den Bedarf zu sorgen. «Seine Menschenkenntnis ließ ihn stets die richtige Wahl in geschäftlicher Beziehung treffen. Sein Personal verehrte und liebte ihn, obwohl er strenge Pflichterfüllung und Pünktlichkeit forderte.»

Als Verleger von Zeitschriften (der von Gentz begründete «österreichische Beobachter», seit 1810; der «Sammler»; die «Wiener Zeitschrift für Kunst, Literatur und Mode» von Schickh; Schels «Militärische Zeitschrift»; die «Vaterländischen Blätter»; Hormayrs «Archiv für Geschichte» u. s. w.) that er für Literatur und Journalistik, die damals noch sehr brach lag, überaus viel. Von den Büchern, die in größeren Auflagen gedruckt wurden, nennen wir den «Hauskalender», den «Allgemeinen Wiener Secretär» von Andreas Engelhardt, besonders aber die Gebet- und Erbauungsbücher von dem Domherrn Franz X. Schmidt, die in mehreren hunderttausend Exemplaren gedruckt und in ganz Österreich verbreitet wurden. Neben den schon oben angeführten typographisch bemerkenswerten Drucken heben wir noch folgende Prachtwerke hervor: Des Josef Franz Freiherrn v. Jacquin «Eclogae plantarum rariorum aut minus cognitarum» (Fol.), J. C. Mikans «Delectus florae et faunae Brasiliensis» (Fol.), Johann Emanuel Pohls «Plantarum Brasiliae icones et descriptiones hactenus ineditae» (Fol.), «Die Annalen der k. k. Sternwarte«, nach dem Befehle Kaiser Franz I. von J. J. Littrow herausgegeben (Fol.) und Heinrich Cotta's »Tafeln zur Bestimmung des Inhaltes der runden Hölzer« (8°), diese beiden als Meisterwerke des mathematischen Satzes, dann »Sacrorum Bibliorum vulgatae editionis concordantiae«, ein typographisch besonders bedeutendes Werk.

Am Beginne seiner selbständigen Thätigkeit besaß Strauß eine kleine Officin mit zwei Pressen, von denen er kaum die eine hinlänglich beschäftigen konnte; zuletzt besaß er eine in jeder Beziehung stattlich eingerichtete Druckerei mit zwanzig Pressen, eine Schriftgießerei und eine Papierfabrik zu Unterwaltersdorf.[230]

Strauß starb, ohne Kinder zu hinterlassen, im schönsten Mannesalter nach kurzer Krankheit am 24. October 1827. Ein Trauergedicht von Franz Treiber, betitelt: »Am Grabe des Herrn Anton Strauß«, preist auch seinen Wohlthätigkeitssinn und seine Güte.[231]

JOSEF VINCENZ DEGEN RITTER VON ELSENAU.

1801 bis 1815.

Josef Vincenz Degen wurde im Jahre 1761 in Graz geboren.[232] Sein Vater Franz Degen war bürgerlicher Tischlermeister; die Mutter Maria Anna, geborne Görtlin, stand demselben als Hausfrau tüchtig zur Seite, so dass das elterliche Haus in gut bürgerlichen Verhältnissen sich befand.

Die Eltern ließen den jungen Josef Vincenz studieren. Nachdem er in Graz die Humaniora und die Philosophie absolviert hatte, gieng er nach Wien und widmete sich hier an der Universität den juridischen Studien, während welcher er auch, wie ein vorgefundenes Zeugnis vom 30. August 1783 beweist, am k. k. Thierarznei-Institute Vorlesungen über Seuchen und Krankheiten des Hornviehes und der Schafe ordentlich und fleißig studiert hatte. Welche Pläne er zur Verwertung solcher Studien vorhatte, wissen wir nicht; vielleicht wollte Degen sich der Landwirtschaft zuwenden. Nachdem er die juridischen Studien absolviert hatte, trat er aber bei einem Buchhändler in die Lehre, zu welchem Berufe er, wie sich später zeigte, nicht nur vollends Neigung, sondern auch vorzügliche Eignung besaß. Laut Kaufcontract vom 11. Juni 1789 brachte Degen die bekannte Paul Kraus'sche Buchhandlung an sich und schritt am Beginne des folgenden Jahres beim Magistrate um ein Privilegium auf dieselbe ein, das ihm nach einer Tagsatzung am 23. März auch am 11. Mai 1790 verliehen wurde.[233]

Degens Buchhandlung erlangte bald einen Ruf über Wien hinaus; sie war eine der stattlichsten und, was französische Literatur anbelangte, fast die größte in ganz Deutschland; ihre Kataloge sind daher wegen ihrer verständigen Einrichtung und Systemisierung, sowie um ihrer geschmackvollen typographischen Ausstattung willen heute noch ein Muster für derartige Publicationen.[234]

Am 17. März 1801 wurde Degen und dem Buchdrucker Anton Strauß die Errichtung einer Schriftgießerei bewilligt[235] und am 3. November desselben Jahres Degen auch die einer Buchdruckerei, für welche ihm eine jährliche Commerzsteuer von 50 Gulden auferlegt wurde.[236] Degen bat nun am 1. December 1801, dass ihm gestattet würde, 50 Centner deutscher Lettern von Breitkopf gegen Ent-

[230] Die Buchdruckerei und Schriftgießerei wurde nach dem Tode Strauß' von den Schätzmeistern Georg Überreuter und Josef Ludwig auf [illegible] Gulden geschätzt, darunter [illegible] Ctr. verschiedene Schriften auf [illegible] Gulden (à [illegible] fl.), 12 große Buchdruckerpressen (à [illegible] fl.) auf [illegible] Gulden und 6 kleine (à [illegible] fl.) auf [illegible] Gulden. — Der Stand der gesammten Strauß'schen Verlassenschaft war kein günstiger. Einem Activvermögen von [illegible] Gulden standen Passiva im Betrage von [illegible] Gulden gegenüber, so dass jene, um nicht den Concurs zu eröffnen, [illegible]. Strauß war eben zu früh gestorben, um aus seinen großen Unternehmungen und [illegible] die Schulden decken zu können. (Archiv des Wiener Landesgerichtes, Verlassenschaftsacten, Fasc. 2, Nr. [illegible].)

[231] Im vorstehenden Artikel über Strauß wurden auch benützt: »Österreichische National-Encyklopädie« (von Gräffer und Czikann, Wien 1837, 8°) Bd. V, S. [illegible]. — Vogls Volkskalender 1846, S. [illegible] bis [illegible]. — »Gutenberg«, Zeitschrift für Buchdrucker und Schriftgießer etc. II. Jahrgang, Nr. 10 (S. [illegible] f.). — »Österreichische Buchdrucker-Zeitung«, I. Jahrgang, S. [illegible] f.

[232] Im »Buchdrucker-Almanach« und anderen typographischen Zeitungen wird als Geburtsjahr 1763 angegeben, was unrichtig ist. Ebenso variiert dort das Datum des Geburtstages, 23. Jänner und 11. März.

[233] Registratur des Wiener Magistrates, Fasc. 8, Nr. [illegible].

[234] Z. B. Catalogue des livres, qui composent le dépot de la librairie de Joseph Vincent Degen. Vienne, Degen, 1793 bis 1805. 5 vol. 8°. — Neuer Katalog: Verzeichnis deutscher und lateinischer Bücher, welche bey J. V. Degen, Buchdrucker und Buchhändler am Michaelerplatz Nr. [illegible] zu haben sind, nebst einem Anhange der von Ihm gedruckten und verlegten Bücher und der in Paris erschienenen Stereotypen-Ausgaben. Wien 1803. 8°, [illegible] S.

[235] Registratur der niederösterreichischen Statthalterei, Fasc. A [illegible], Nr. [illegible].

[236] L. c. Fasc. A 15, Nr. [illegible].

richtung des halben Zolles einzuführen, weil er nur 88 Centner durch einen zehnjährigen Gebrauch abgenützter Lettern habe, zum Betriebe seiner aus 16 Pressen bestehenden Buchdruckerei aber 400 Centner bedürfe. Der Schriftgießer Mannsfeld könne ihm dieselben nicht liefern, da seine Leute immer zu geheimen Staatsarbeiten verwendet würden, was auch bei ihm, da er doch selbst eine Schriftgießerei besitze, der Fall sei; überdies sei Mangel an Arbeitern, und Trattner'sche Schriften könne er, da sie bekanntermaßen schlecht wären, nicht verwenden.[237] Diese Bemühungen Degens zeigen, dass er, für den guten Ruf seiner Buchhandlung besorgt, nun auch seine Buchdruckerei auf eine möglichst hohe Stufe zu bringen und daher vor allem die veralteten Lettern mit neuen und geschmackvollen zu versehen Willens war. Die Hofstelle hatte umso eher sein Begehren erfüllt, als gute und schöne Lettern im Inlande noch immer eine große Seltenheit waren; nur der Schriftgießer Mannsfeld zeichnete sich durch Fähigkeit und Geschmack aus, daher die Buchdrucker, wenn sie andere Werke mit schönen, neuen Buchstaben auflegen wollten, ganz von ihm abhängig waren. Überdies war der rastlos thätige und geschickte, im Arbeiten schnelle Degen, der sich deshalb auch rasch ein beträchtliches Vermögen erworben hatte, bei den Behörden gut angeschrieben und selbst vom Erzherzoge Karl und dem Staatsminister Kolowrat warm empfohlen.

Im Jahre 1802 erwarb Degen das Alberti'sche Buchdruckerei-Privilegium und 1803 suchte er um Verleihung einer eigenen Schriftgießerei-Befugnis an.[238] 1807 erhielt er das Bürgerrecht.[239]

Degens Officin, welche sich im eigenen Hause in der Alserstrasse Nr. 143 befand[240] (s. Nr. 67), war im wahren Sinne des Wortes musterhaft eingerichtet. Außer der erforderlichen Anzahl schöner Lettern — darunter besonders eine vollständige Stufenreihe Walbaum'scher Schriften und eine solche französischer Antiqua und Cursiv, die jedoch nur in kupfernen Matrizen vorhanden und aus dem Auslande bezogen waren — besaß sie auch im guten Stande befindliche Holzpressen. Da Degen immer auch in ihrem Fache tüchtige und gewandte Setzer beschäftigte, auf correcten Satz und schönen, reinen Druck mit guter Farbe hielt, so vermochte er jene prachtvollen Drucke herzustellen, die heute noch bewundert werden, Zierden der Bibliotheken bilden und von Kennern gesucht und theuer gezahlt werden. Wir verweisen auf die Ausgabe lateinischer Classiker, darunter Catull (1803), Ovid (1803), vor allem aber auf die Prachtausgabe des Lucanus (1811),[241] auf die deutschen Classiker Peter Uz (1804),[242] Wieland (Musarion)[243] und den Philosophen Zimmermann.[244]

Degens Drucke konnten sich mit den vorzüglichsten Leistungen der Druckpressen des Auslandes messen. Von solchen Prachtausgaben hatte Gottfried van Swieten, der damalige Präfect der k. k. Hof-

[237] Der Stadthauptmann beantragte mit Zustimmung Degens 15 Centner gegen den ganzen Zoll, die andere Hälfte aber von Mannsfeld zu nehmen, der sie nebst den bestellten 11 Centnern binnen Jahresfrist zu liefern versprach. (Archiv des k. k. Reichs-Finanzministeriums, Niederösterreichische Commerzacten, Fasc. 15/1. — Registratur der niederösterreichischen Statthalterei, Fasc. A. 18, Nr. 22265; Hofdecret vom 30. December 1801 und 12 Jänner 1802, l. c. Fasc. A. 18, Nr. 1730.)

[238] Registratur der niederösterreichischen Statthalterei, Fasc. A. 15, Nr. 8181.

[239] Registratur des Wiener Magistrates, Fasc. 12, Nr. 501.

[240] Dieses Haus ist seiner Besitzer wegen interessant. Wir finden darunter folgende Namen: 1701 bis 1706 Johann Max Ludwig Graf von Roggendorf, 1706 bis 1717 Carl Ludwig Graf von Roggendorf; 1717 bis 1753 [illegible] Gottfried [illegible], Director der [illegible] Landschaftsakademie; dann von 1757 bis 1792 dessen Tochter Josefa Eleonora [illegible]; 1790 bis 1803 Carl Fürst von Lichnowsky, Vater des Geschichtsschreibers Eduard Fürst von Lichnowsky; 1803 bis 1827 Vincenz Degen von Elsenau, unter welchem hier auch die Anfänge der Staatsdruckerei waren; 1832 bis 1846 Magdalena Strauß, Witwe des Buchdruckers Anton Strauß. Carl Hofmann, Die Alservorstadt u. s. w. Wien, 1861, S. 47 f.)

[241] M. Annaei Lucani Pharsalia, [illegible] Angelo [illegible] typis et impensis J. V. Degen. 1811. gr. 4°. Mit 10 Kupferstichen von Wächter. Diese Ausgabe reiht sich würdig der spanischen Prachtausgabe (Matriti Ibarra 1772, Fol. mit Kupferstichen) an; nicht minder kann man sagen, dass Degen damit mit den Ausgaben eines Bodoni und Didot in die Schranken trat. Auf der Leipziger Ostermesse im Jahre 1811 zog sie auch die allgemeine Aufmerksamkeit auf sich und galt als das Vollendetste und Beste, was in dieser Richtung geleistet werden konnte. Böttiger sagt, dass Degen durch diesen Lucan den früheren Verdiensten jetzt gleichsam die Krone aufgesetzt habe. „Durch die ausgesuchte Schärfe, Rundung, Wohlgestalt und Proportion der Typen, durch die gefällige Symmetrie in dem Abstand der einzelnen Worte von einander, durch genauen Druck und die wohlberechnete Schwärze . . . ist sie gewiss[illegible]. Leider thut die Textkritik sehr viel zu wünschen übrig, da der Herausgeber, [illegible] er zwei Manuscripte und mehrere alte Ausgaben benützte und darnach den Text verbesserte, nirgends angab, was er geändert hatte. Exemplare auf Pergament befinden sich in der k. k. Familien-Fideicommiss-Bibliothek und in der Hofbibliothek; in letzterer mit Kupfern vor der Schrift und mit den Originalzeichnungen von Wächter, wodurch dieses Exemplar ein Unicum ist. Eine Prachtausgabe mit Kupferstichen auf Velinpapier besitzt die Bibliothek des Chorherrenstiftes St. Florian in Ober-österreich. (Ebert, Bibliographie, 1. Bd. S. 1003. — Mosel, Geschichte der k. k. Hofbibliothek in Wien, S. 214. — v. Wurzbach, Biographisches Lexikon, III. Bd. S. 212. — Albin Czerny, Die Bibliothek des reg. Chorherrenstiftes St. Florian in Oberösterreich, S. 195.)

[242] Johann Peter Uz, Poetische Werke. Nach seinen eigenhändigen Verbesserungen herausgegeben von Christian Felix Weisse. 1804, 4°, 2 Bde. — Die k. k. Familien-Fideicommiss-Bibliothek besitzt ein Exemplar auf Pergament mit Uzens Porträt von A. Kohl auf Seide. Auch Moriz Graf v. Fries besaß ein Exemplar auf Pergament. Zugleich erschien in Wien eine Octavausgabe in zwei Bänden. (Ebert, l. c. II. Bd. S. 991.)

[243] Musarion, Ein Gedicht in drei Büchern. Fol. Mit Vignetten von Kininger, gestochen von John.

[244] Von der Einsamkeit. Fol. Mit Degens Monogramm.

bibliothek in Wien, »theils weil es vorzüglich derselben zukommt, vaterländische, in ihren Bereich einschlagende Industrie zu unterstützen, theils weil es Schade gewesen wäre, hier im Orte erschienene Pracht-Drucke, welche nicht zu den Pflicht-Exemplaren gehören, nicht zu besitzen,« mehr ankaufen lassen.[215]

Als Degen seine Buchhandlung aufgab, machte er der Lyceal-Bibliothek seiner Vaterstadt Graz — nunmehriger k. k. Universitäts-Bibliothek — mit sämmtlichen Prachtausgaben seines Verlags ein Geschenk.

Im Jahre 1804 gieng eine wichtige Veränderung mit Degens Buchdruckerei vor sich. Gerade damals stellte sich für die Staatsbehörde das Bedürfnis immer unabweislicher heraus, die sämmtlichen Drucksachen der k. k. Ämter, namentlich aber die typographische Anfertigung der Staats- und Creditpapiere, womit früher Kurzböck und Degen betraut waren, in eigene Regie zu nehmen. Die Aufmerksamkeit des Hofkammer-Präsidenten ward auf Degens wohleingerichtete Officin gelenkt, die für jenen Zweck als die geeignetste erschien; zudem hatte sich Degen schon durch ärarische Arbeiten um die k. k. Ämter verdient gemacht. »Es wurde daher im October 1804 die Errichtung einer eigenen Anstalt für die Druckgegenstände des kais. Allerhöchsten Hofes, der Hofstellen und der übrigen Behörden genehmigt und zu diesem Behufe die Buchdruckerei des Vincenz Degen umgestaltet.«[216]

Infolge eines vom 17. October 1804 zwischen der k. k. Hofkammer, der Finanz- und Commerz-Hofstelle einerseits und dem Buchdrucker Degen andererseits abgeschlossenen Vertrages wurde derselbe mit der provisorischen Leitung betraut.

Am 1. November 1814 ward der weitere Vertrag vereinbart, dass mit 1. Jänner 1815 diese provisorische Anstalt der Hof- und Staatsdruckerei nunmehr endgiltig in das Eigenthum des Staates übernommen und Vincenz Degen wirklicher Director dieser Anstalt werden sollte.

Nr. 67. Degens Haus und Buchdruckerei. Nach einer Radierung von Emil Hütter.

Degen entsagte 1816 seinen Privilegien als Buchdrucker, Buchhändler und Schriftgießer, anfangs bedingt, und da die Behörde dies verweigerte, unbedingt.[217] Über sein Hofgesuch, die Buchhandlung noch durch zehn Jahre zum Besten seiner Kinder fortführen, oder seinem Buchhalter Karl Friedrich Mörschner übertragen zu dürfen, ward zu Gunsten des letzteren entschieden.[218]

Da Degen sich um die Buchdruckerkunst in Österreich nicht geringe Verdienste erworben hatte, so wurde er mit Allerhöchster Entschließung vom 13. November 1810 über seine Bitte in den Adelsstand erhoben.[219]

Die Finanz-Hofstelle erklärte auf Grund einer Äußerung der geheimen Credit-Hofcommission, dass Degens wesentliche Verdienste auch um den Staat sich keineswegs verkennen lassen. Mit Farbkenntnis,

[215] Van Swieten war darüber gestorben und sein Amtsnachfolger musste zur Tilgung der für diese Ankäufe aufgelaufenen Rückstände von 10.573 Gulden die Allerhöchste Gnade zur Befriedigung des Degen beanspruchen. (Mosel, l. c. S. 212 f.)

[216] Geschichte der k. k. Hof- und Staatsdruckerei in Wien. Von einem Typographen dieser Anstalt. Wien, 1851. S. 19 ff.

[217] Registratur der niederösterreichischen Statthalterei, Fasc. B. 6, Nr. 7072.

[218] Registratur des Wiener Magistrats, Fasc. II. 4, Nr. 5295, 11089, 21218. — Die Buchhandlungsgerechtigkeit mit Degens seiner akatholischen Religion [illegible]. (L. c. Nr. 20038.)

[219] Sein Hofgesuch motivierte er damit, dass er sich in Steiermark, wo er geboren, anzukaufen wünsche, das Incolat aber ohne zweiten Grad des Adels nicht erlangen könne. Er wies darauf hin, 1. dass er nur zwei Kinder habe, einen Sohn, den er zum Soldaten oder Staatsdiener zu erziehen gedenke, und eine Tochter; 2. ein schuldenfreies Haus — das [illegible]'sche — eigenthümlich besitze, das er 1802 kaufte und das vermöge des Kaufpreises und der Bauten auf 62.000 Gulden zu stehen komme; 3. dass der einem so großen Etablissement entsprechende Druckerei- und Schriftgießerei-Apparat der k. k. Hof- und Staatsdruckerei, der Fundus instructus aber ihm eigenthümlich sei; derselbe wurde 1804 auf 45.000 Gulden contractmäßig angenommen und derselbe bis jetzt von einer k. k. Hofkammer noch nicht eingelöst; 4. besitze er eine ansehnliche Privatdruckerei, welche an Menge und Schönheit der Schriften, der Solidität der Pressen keiner Wiener Druckerei etwas nachgebe; 5. besitze er eine ansehnliche Verlags- und Sortiments-Buchhandlung, wobei die Schönheit und Kostbarkeit seines eigenen Verlages rücksichtlich seiner Prachtauflagen hinlänglich bekannt sei), und sein Sortiments-Warenlager, obwohl er seit fünf Jahren nichts mehr aus der Fremde beziehe, noch immer an kostbaren Werken das Vorzüglichste in Wien sei; was seine Verdienste in staatswirthschaftlicher Rücksicht als Errichter der größten Druckerei und Schriftgießerei, welche je in Sr. Majestät weitläufigen Staaten existiert hat und welche in der Kategorie der Landesfabriken einen so vorzüglichen Platz behauptet, betrifft, so scheint die unzweideutige Stimme des In- und Auslandes für ihn entschieden zu haben; sie haben ihn bis jetzt allen Buchdruckern Deutschlands vorgezogen und ihn in die Reihe der Bodoni und Didot gestellt. (Adels-Archiv im k. k. Ministerium des Innern.)

Thätigkeit und uneigennützigem Eifer besorge er besonders die geheime Staatsarbeit mit einem solchen Vortheile für die Staatsverwaltung, dass derselben bei dem so hoch gestiegenen Preise aller Druckarbeiten im Verhältnisse der Preise der Erfordernisse die Bankozetteln dennoch nicht so hoch zu stehen kommen, als in den Zeiten, wo diese Auslagen mit Conventionsgeld bestritten wurden. Der Oberstholmeister und Chef der Hofbibliothek, Fürst Trauttmannsdorf, rühmte auch vorzüglich seine ausgezeichneten Bemühungen um die Herstellung schöner Drucke, und dass er von seinen kostbarsten Prachtwerken Geschenke gemacht und dadurch die Zierden der ersten Gattung in diesem Institute vermehrt habe.[750] Da der Kaiser wiederholt geäußert hatte, dass eine höhere Stufe des Adels mit Übergehung der niederen nur in ganz außerordentlichen Fällen zu gewähren sei, so erhielt Degen bloß den Adel, und zwar mit dem Prädicate von Elsenau. Das Adelsdiplom ist unterzeichnet am 17. Jänner 1811.[751] Am 19. September des folgenden Jahres erhielt er den Titel eines kaiserlichen Rathes und am 28. März 1817 den eines k. k. Regierungsrathes.[752] Schon im Jahre 1815 war Degen um die Verleihung des Ritterstandes eingeschritten. Aber erst auf sein neuerliches Gesuch vom 11. Februar 1824 ward seiner Bitte willfahrt. Wäre er, sagt Degen in jenem Gesuche, zur Zeit, als ihm der Adel verliehen wurde, in der gewinnvollen Lage als Hofcontrahent und Eigenthümer dreier bedeutender Gewerbe verblieben, so hätte er es nie gewagt, eine neue Bitte um erhöhte Adelsstufe einzulegen. Da er aber bei Beendigung des Hofcontractes durch sein Anstellungsdecret vom 28. Februar 1814 verhalten wurde, alle seine Privatgewerbe aufzugeben und er somit von allem bürgerlichen Verdienste abgeschnitten und nur auf Besoldung und Ehre beschränkt wurde, so wage er seine Bitte, die ihm zur Erlangung des steirischen Incolats und Befreiung von der doppelten Gülte ein dringendes Bedürfnis sei. Infolge jener anbefohlenen und mit aller Strenge, selbst mit Übergehung seines Sohnes ausgeführten Anheimsagung sei er veranlasst worden, am 25. Jänner 1815 die Herrschaft Trautenfels, eine trockene Gefällsherrschaft im Judenburger Kreise in einer öffentlichen bei den Landrechten abgehaltenen Versteigerung anzukaufen. «Da nun diese in einem anscheinend günstigen Zeitpunkte gemachte Acquisition, wodurch er die seinem Fleiße und seinem Unternehmungsgeiste gebührenden Früchte seiner trefflich eingerichteten und accreditierten Gewerbe, welche alle in ihrer Benützung auf das Ärar übergegangen sind, sich und seinem Sohne ersetzen wollte, hat sich durch spätere Zeitumstände weit unter dem Anscheine der damals günstigen Friedens-Epoche bis auf ein Minimum ihres Ertrages verwerthet.» Degen wies auch auf die mehrfachen Anerkennungen hin, die ihm wiederholt zutheil wurden. Am 15. März 1811 wurde ihm mit Präsidial-Decret das Allerhöchste Wohlgefallen über die schnelle, in seinem Hause und in seiner Druckerei bewirkte Zustandebringung des Druckes und Geheimhaltung des neuen Finanzsystems zu erkennen gegeben, da er alle andern Arbeiten entfernte, was nur in einer musterhaft organisierten Druckerei möglich ist; als aber

Nr. 49. Wappen des Vincenz Degen von Elsenau. Nach dem Original-Entwurfe im k. k. Adels-Archive gezeichnet von Josef Beck.

[750] Adels-Archiv im k. k. Ministerium des Innern.

[751] Das Wappen zeigt einen aufrechten, länglichen unten rund in eine Spitze zusammenlaufenden quer getheilten Schild; in der oberen goldenen Hälfte erscheint ein zum Flug gerichteter schwarzer Adler, um welchen sich ein abwärts gekehrter rechts stehender silberner Delphin schlingt. Der Ring des Ankers, auf welchem der Adler steht, reicht bis an die Theilungslinie. Auf dem Schilde ruht ein gewendeter, goldgekrönter, links mit einer schwarz und gold, rechts blau und silber kunstmäßig verziert herabhängenden Decke behängter Turnier-Helm mit offenem Roste und einem goldenen Halskleinod, dessen Krone mit einem ausgebreiteten schwarzen Adler mit vor sich sperrender Klaue und einem zierlichen Schweife geziert ist. (Adels-Archiv im k. k. Ministerium des Innern.)

[752] Adels-Archiv im k. k. Ministerium des Innern.

am 28. October 1814 mit geendigtem Hofcontracte seine Ernennung zum wirklichen Director der in eigene Ärarial-Regie genommenen Hof- und Staatsdruckerei erfolgte, wurden hauptsächlich seine ausgebreiteten Kenntnisse und persönlichen Eigenschaften mit verdienstvoller Thätigkeit und Bereitwilligkeit, seine erprobte Verschwiegenheit und Hintansetzung eigenen Vortheils hervorgehoben. Degen konnte auch auf seinen Patriotismus und seine Mildthätigkeit hinweisen, da er 1815 einen achtzehnjährigen Invaliden, welcher in der Schlacht bei Leipzig einen Arm verloren hatte, in Kost und Wohnung nahm, ihm monatlich fünf Gulden Kleidungsbeitrag gab und dies lebenslänglich reversierte. Mit kaiserlichem Handschreiben dto. Persenbeug 20. August 1824 wurde Josef Vincenz Degen von Elsenau in den Ritterstand erhoben.

Das Ritterstands-Wappen besteht (s. Nr. 68) »aus einem aufrecht oblongen, unten rund in eine Spitze zusammenlaufenden, gevierteten Schild; beide Theile sind abwechselnd silber quer getheilt, dann roth silber und schwarz geständert. Rechts oben und links unten im silbernen Felde befindet sich ein Rabe mit einem Ring im Schnabel,[153] links oben und rechts unten sind der rothe, silberne und

Nr. 69. Vincenz Degen von Elsenau. Nach dem Stiche von F. John.

schwarze Ständer, das Schild decken zwei gegen einander gekehrte goldgekrönte adelige Turnier-Helme auf der Krone des rechten, mit einer schwarzen und silbernen Decke umgebenen Helms steht der obenbeschriebene Rab einwärts sehend und zum Flug gerichtet, die Krone des linken mit einer roth und silbernen Decke umgebenen Helms ist mit drei Straussen-Federn, nemlich mit einer rothen, einer schwarzen und einer silbernen gezieret«.[154]

Degen war ein klar denkender, zielbewusster Mann, dessen fester energischer Sinn auch in seinem Antlitze sich ausprägte. (S. Nr. 69.) Dabei war er von einer rastlosen Thätigkeit, pünktlich und gewissenhaft in allen seinen Pflichten, namentlich in der heiklen Stellung als Begründer und Director der Hof- und Staatsdruckerei, von seinen reichen Kenntnissen und Erfahrungen in der Typographie nicht eingehender zu reden, als hier schon geschehen ist. In allen Geschäften und Unternehmungen gewandt, die Bedeutung des Buchhandels und der Buchdruckerkunst mit feinem, weltmännischem Sinne erfassend, hat ihm besonders die humanistische Bildung solche Erfolge auch auf realem Boden erringen helfen. In seiner Jugend hat er Fra Paolo Sarpi classisch schön übersetzt; seine vielen anderweitigen Bestrebungen haben ihn aber die Bahn so edler Schriftstellerei nicht weiter verfolgen lassen.

[153] Über den Siegelring in den Wappen von Buchdruckern siehe I. Bd. S. 66 dieses Werkes.
[154] Adels-Archiv im k. k. Ministerium des Innern.

 11

Degen starb am 6. Juni 1827 im Alter von 66 Jahren. Im Todtenprotokolle der Stadt Wien heißt es wörtlich: »Josef Vincenz Degen Ritter von Elsenau auf Trautenfels zu Trautenstein, Herr und Landstand in Steiermark, k. k. n.-ö. Regierungsrath und Director der k. k. Hof- und Staatsdruckerey, der Fabrication der Staats-Credit-Papiere und provisorischer Bücher Censor, gestorben in Wien auf dem Petersplatze Nr. 611.«[255]

ANTON VON HAYKUL.

(1802 bis 1824.)

Dem Anton von Haykul wurde vom Wiener Magistrate am 14. April 1802 die Buchdruckerei-Befugnis des Johann David Hummel verliehen,[256] und die jährliche Commercialsteuer mit zwanzig Gulden bemessen.

Im Jahre 1816 bewarb sich Haykul um ein Privilegium zum Betriebe einer Schriftgießerei,[257] das ihm auch im folgenden Jahre ertheilt wurde.[258] Für dieselbe kaufte er am 1. Jänner 1820 vom Schriftgießer Martin Käsel bleierne und kupferne Matrizen, Gieß- und Linien-Instrumente, Stoßzeug, Vignetten, Matrizen, überhaupt das gesammte Schriftgießer-Werkzeug um 5000 Gulden.[259]

Haykuls Officin, in welcher 7 Pressen beschäftigt waren, befand sich anfangs auf der Landstraße am Glacis nächst dem Heumarkte (Nr. 380), später auf der Laimgrube an der Wien. Er starb kinderlos am 29. Jänner 1824. Die Witwe, Anna von Haykul, geborene Geyer, die auf Grund des Testamentes vom 28. Jänner 1824 zur Universalerbin eingesetzt worden war, führte auch die Buchdruckerei, welche auf 4750 Gulden geschätzt worden war, fort.[260]

Haykul, der sich k. k. priv. Buchdrucker und Schriftgießer schrieb, besaß gute Typen und druckte viele Bücher in ungarischer Sprache.[261]

FRANZ ANTON SCHRÄMBELS SEL. WITWE (JOHANNA SCHRÄMBEL).

(1804 bis 1805.)

Nach Schrämbels Tode (1803) führte Karl Robert Schindelmayer, Bruder der Witwe Johanna Schrämbel, unter obiger Firma oder auch unter der: »Franz Anton Schrämbels sel. Erben« die Aufsicht über diese Buchdruckerei fort; ihm musste an der Aufrechthaltung derselben umsomehr gelegen sein, als er namhafte Forderungen an die Schrämbel'sche Masse zu stellen hatte und übrigens auch bei noch nicht erfolgter Beendigung des Concurses und der Verluste der Gläubiger noch nicht entschieden werden konnte, ob dieses Buchdruckerei-Privilegium zu erlöschen habe oder nicht, oder zur ferneren Fortführung geeignet sei. Die privilegierten Buchdrucker Wiens, welche sich unterm 15. September 1804 gegen Schindelmayer beschwerten, wurden abgewiesen. Im Jahre 1807 zeichnete derselbe als Inhaber der Schrämbel'schen Buchdruckerei. Die niederösterreichische Regierung hat aber die Anzeige der Witwe Schrämbel, dass sie ihre Buchdruckerei-Befugnis ferner fortsetzen werde, zur Kenntnis genommen, zugleich verordnet, dass die vorgeschriebenen Bedingungen genau beobachtet werden, und zwar dass sie die Buchdruckerei mit einem gelernten Factor fortsetze, Schindelmayer jedoch nicht unter seinem, sondern nur unter ihrem Namen die Buchdruckerei fortführen dürfe.[262]

[255] Über Degen siehe auch: [illegible], I. Jahrgang, S. 40. — Annalen der Literatur und Kunst in den österreichischen Staaten, Jahrg. 1802, S. 95, dann Jahrg. 1805 und 1806. — v. Wurzbach, Biographisches Lexikon, III. Bd. S. 200.

[256] Registratur des Wiener Magistrates, Fasc. 8, Nr. 1160 ex 1801.

[257] L. c. Fasc. H. 4, Nr. [illegible].

[258] L. c. Fasc. H. 4, Nr. [illegible].

[259] Archiv des Wiener Landesgerichtes, Verlassenschaftsacten, Fasc. 5, Nr. 21 824.

[260] Die Schätzung bestand in Folgendem: 30 Centner Schriften 3000 Gulden; 7 Pressen à 40 Gulden = 280 Gulden; 20 Regale à 2 Gulden = 40 Gulden; 60 Setzerkästen à 30 Kreuzer = 30 Gulden; 4 Winkelhaken, Setzbretter u. a. Requisiten 50 Gulden; der Verlag 350 Gulden; die Schriftgießerei [illegible] Gulden (Archiv des Wiener Landesgerichtes, Verlassenschaftsacten, Fasc. 5, Nr. 21 824).

[261] Z. B. Mathesis [illegible] Haykul [illegible]. — Andere bemerkenswerte Drucke seiner Officin sind: Taschenbuch für Freunde schöner vaterländischer Gegenden vom Verfasser der Streifzüge nach Venedig und Istrien (Wallenau). Mit gestochenem Titelblatte von Blaschke und mehreren Kupfern. Wien 1805. 8°. — Skizze einer Sammlung sämmtlicher Medaillen, welche unter der Regierung Sr. kaiserl. Majestät Kaiser Franz I. von Österreich geprägt worden sind. Von Josef F. Appel. Wien 1820. 8°. — Was verdankt Österreich der beglückenden Regierung Sr. Majestät Kaiser Franz des Ersten? Von Adolf Bäuerle. Mit drei Kupferstichen von Johann S. Geyer, 1824. 8°.

[262] Registratur des Wiener Magistrates, Fasc. H. 12, Nr. 87, [illegible]; Fasc. H. 3, Nr. 18146, 28416. — Gremial-Archiv.

DIE K. K. HOF- UND STAATSDRUCKEREI.[57]

(1804 bis 1887.)

Die k. k. Hof- und Staatsdruckerei, die sich aus kleinen, eng begrenzten Anfängen mit vorwiegend praktischer Tendenz zu einem typographischen Kunst-Institute ersten Ranges emporgearbeitet hatte — als solches hat sie ja die Commission auf der Londoner Weltausstellung einstimmig anerkannt und des höchsten Preises für würdig befunden — ist, wie bereits bei der Officin des Johann Vincenz Degen erwähnt wurde, im Jahre 1804 von Kaiser Franz I. zuerst provisorisch ins Leben gerufen worden.

Ihr Wirkungskreis erstreckte sich zunächst darauf, allen Bedarf an Drucksorten für die k. k. Ämter, den Allerhöchsten Hof und die Hofstellen, als Actenpapiere, Tabellen, aber auch Gesetze, Verordnungen, Beschlüsse und Instructionen herzustellen, sodann die Staats-Creditpapiere unter eigener strenger Aufsicht anzufertigen. Zum Director wurde der bisher allseitig bewährte Josef Vincenz Degen bestellt, ein Mann, der am besten den mit dieser Anstalt beabsichtigten Zweck zu erfüllen im Stande war und einen Theil seiner gut eingerichteten Officin hierzu abtreten konnte.

Gemäß dem mit ihm abgeschlossenen Vertrage musste die provisorische Anstalt der k. k. Hof- und Staatsdruckerei in einem Staatsgebäude untergebracht werden, wozu der zweite und dritte Stock des Franziskanerklosters in der Singerstraße (Nr. 913) bestimmt wurde. Die Einrichtung bestand aus 16 bis 20 Holzpressen und einem entsprechenden Lettermateriale, für dessen Ergänzung und Neubeschaffung eine Schriftgießerei mit 5 bis 6 Schriftgießern zu sorgen hatte; beschäftigt waren 7 bis 8 Setzer und 40 bis 50 Drucker; diese Abtheilung leiteten 2 Oberfactore und 3 bis 4 Unterfactore. Für die Herstellung der Creditpapiere gab es eine eigene Abtheilung unter der Oberaufsicht eines Beamten der Hofkammer; hier standen je nach Bedarf 2 bis 24 Pressen und eine Guillochir-Maschine in Thätigkeit. Größere typographische Leistungen wurden damals noch nicht ausgeführt.

Noch in demselben Jahre 1804, in welchem die k. k. Hof- und Staatsdruckerei provisorisch ins Leben gerufen wurde, richtete das Gremium der Wiener Buchdrucker ein Gesuch an den Kaiser gegen die Errichtung dieser Anstalt; in demselben wurde um Schutz und Hilfe gegen die drohende Auflösung des ganzen Erwerbes der Buchdrucker und ihrer davon kümmerlich ernährten Familien gebeten.[58] In der Audienz am 14. December 1804 hatte der Kaiser der Buchdrucker-Deputation versprochen, nach Ablauf eines Jahres den Zustand der Staatsdruckerei untersuchen zu lassen, und wenn sich kein oder nur ein geringer Nutzen ausweise, den bürgerlichen Buchdruckereien die Hof- und Staatsarbeiten wieder zu übergeben. Das Resultat dieser Untersuchung scheint aber für die Staatsdruckerei ein günstiges gewesen zu sein, denn sie wurde nicht aufgelöst, und die Wiener Buchdrucker überreichten im März 1806 ein neuerliches Majestätsgesuch, worin sie um gänzliche Aufhebung derselben baten, im Falle dies aber nicht statthaben dürfte, sprachen sie die Bitte aus, wenigstens den ihr eigenthümlichen Wirkungskreis anzuweisen und

[57] Quellen. Geschichte der k. k. Hof- und Staatsdruckerei in Wien. Von einem Typographen dieser Anstalt. In zwei Theilen: I. Geschichte, II. Beschreibung. Mit Plänen, Abbildungen und statistischen Ausweisen. Wien. Aus der k. k. Hof- und Staatsdruckerei, 1851. 8°. 404 S., VII, 8. Ind. Mit 107 Tabln. — Beurtheilungen über die k. k. Hof- und Staatsdruckerei in Wien. In zwei Theilen. Auszüge aus den Zeitungen, briefliche Zuschriften. Wien. Aus der k. k. Hof- und Staatsdruckerei. 1852. 8°. 175 S. — Verzeichnis der in der Gallerie der k. k. Hof- und Staatsdruckerei ausgestellten Erzeugnisse. Wien. Aus der k. k. Hof- und Staatsdruckerei. 1859. — Catalogue des objets exposés par l'imprimerie impériale et royale de la cour et de l'état à Vienne. 1867. — Ausstellung des niederösterreichischen Gewerbevereines 1866. Verzeichnis der von der k. k. Hof- und Staatsdruckerei in Wien ausgestellten Erzeugnisse. Wien. Aus der k. k. Hof- und Staatsdruckerei. 1866. — Katalog der von der k. k. Hof- und Staatsdruckerei in Wien bei der Weltausstellung 1873 exponierten Erzeugnisse. Wien. Druck der k. k. Hof- und Staatsdruckerei. 1873. — Die Kunstwerke in Österreich seit der Pariser Weltausstellung im Jahre 1867, im Auftrage des k. k. Unterrichtsministeriums dargestellt von R. v. [illegible]. Wien. K. k. Schulbücherverlag. 1878. — Officieller Ausstellungsbericht. Herausgegeben durch die Generaldirection der Weltausstellung 1873. Buchdruck. (Gruppe XII. Section 1.) Bericht von Ludwig Lott, Leiter der Druckerei der «Presse». Wien. Druck und Verlag der k. k. Hof- und Staatsdruckerei. 1873. — Rapports de la délégation ouvrière française à l'exposition universelle de Vienne 1873. Imprimeurs-Typographes compositeurs-conducteurs Paris. Paris librairie Ve. A. Morel et Cie., 13 Rue Bonaparte, 1874. — Exposition universelle de Vienne 1873. Documents et rapports des jurys et délégués belges XIIe. Groupe. Arts Graphiques et dessins industriels. E. [illegible], Rapporteur. Bruxelles imprimerie et lithographie de E. Guyot. 1874.

[58] Unter der Regierung Maria Theresias, heißt es in jenem Gesuche weiter, hätten 7 Druckereien bestanden, gegenwärtig zähle man deren 21, bei deren Zahl sie aber noch immer bürgerlich einfach ihre Familien erhalten und den Kindern die nöthige Erziehung angedeihen lassen können. Nun haben die plötzlich aufgehobene Pressfreiheit und die von Zeit zu Zeit verschärften Censurgesetze den früheren [illegible] Zustand immer mehr verschlimmert. Das plötzliche Verbot der belles lettres, Romane und mehrerer anderer Stücke versetze die hiesigen Buchdrucker in gänzliche Unthätigkeit und die auf ihre Betriebs-Requisiten angelegten Capitalien verzinsen sich kaum. Nun sei gar mit 1. November 1804 eine k. k. Hof- und Staatsdruckerei ins Leben gerufen worden. Nicht nur, dass die vier bisher bestandenen Hofbuchdruckereien (Ghelen, Trattner, v. Kurzbeck und Anton Schmid) durch die von nun an entgehenden Hofarbeiten empfindlich benachtheiligt werden, für welche sie sich kostspielig eingerichtet hätten, haben auch die übrigen Buchdruckereien dadurch, weil die Hofbuchdrucker sich nunmehr mit Privatarbeiten beschäftigen und den kleinen, kümmerlich sich nährenden [illegible] Concurrenz machen, während doch beide Gattungen Buchdruckereien ihre Plätze bisher erfüllt haben. (Gremial-Archiv.)

sie blos auf die Arbeiten zu beschränken, die vorher an die bürgerlichen Buchdrucker licitando verliehen worden seien; zugleich möchte für künftige Fälle die Verleihung von Buchdrucker-Freiheiten beschränkt werden.[285] Am 1. Juni 1807 richteten die Buchdrucker ein drittes Gesuch an den Kaiser, worin sie hinwiesen, dass der Wirkungskreis der Staatsdruckerei sich schon erweitert habe und dass sie alle arbeitsamen Gesellen an sich ziehe;[286] sie baten dringend um Erledigung des Majestätsgesuches vom März 1806.

Am 14. September 1807 berichtete die niederösterreichische Regierung an die Hofkanzlei betreffs der Beschwerden der Wiener Buchdrucker über die Staatsdruckerei; sie wies dieselben entschiedenst zurück,[287] in welchem Sinne auch die Erledigung von Seite der Hofstelle erfolgte. Damit war gleich in den ersten Jahren des Bestandes der Staatsdruckerei der zwischen dieser und den Privat-Buchdruckern entstandene Conflict beigelegt.

Am 1. November 1814 erfloss die kaiserliche Entschließung, dass die k. k. Hof- und Staatsdruckerei von nun an in eigener Ärarial-Regie geführt werden solle; zum Director wurde der bisherige provisorische Leiter Josef Vincenz Degen, welcher seine Privatgewerbe aufgeben musste, ernannt. Ohne Zweifel war dabei die Ansicht maßgebend, dass die Staatsdruckerei, wie auch die Erfolge zeigten, dem Staate bedeutende Ersparungen gebracht und unter Degen eine solche Thätigkeit entwickelt hatte, dass ihr Bestand für die Staatsverwaltung höchst günstig und ein desto sicherer für sich selbst sein musste.[288]

Unter der Direction Degens wurden im Sinne der Allerhöchsten Entschließung mehrere administrative Fragen geregelt, die für die fernere Entwicklung des Institutes als zweckmäßig oder nothwendig erkannt wurden. Im Jahre 1816 fand eine Vereinigung der bisher getrennten zwei Abtheilungen in einen Körper statt, wodurch eine strammere Oberaufsicht möglich wurde; auch wurde die materielle Fundierung mit einem Stammcapitale von 150.000 Gulden oder vierpercentige Verzinsung mit jährlichen 6000 Gulden Zinsen durchgeführt. Die Preise und Löhne wurden mit Rücksicht auf die der Privatdruckereien reguliert, um diesen nicht Stoff zu neuen Anschuldigungen zu geben. Im Jahre 1817 wurden drei Factore definitiv angestellt und 1820 auch neue Räume im selben Gebäude adaptiert, da sich die bisherigen als zu klein erwiesen.

Im Jahre 1817 erschien eine Amts-Instruction, deren § 16 den Grundzug kennzeichnet, welcher die k. k. Hof- und Staatsdruckerei bei allen ihren Unternehmungen leiten sollte. Darnach hatte sich dieselbe »durch musterhaften Satz und Druck, schöne Lettern, reine Farbe und gleiche Papiere auszuzeichnen«.[289] So lange Degen lebte, konnte man sicher sein, dass er diese Norm, die ihm auch bei seiner Privat-Buchdruckerei maßgebend war, nie würde aus dem Auge lassen; er war vom Momente der Gründung der k. k. Hof- und Staatsdruckerei die Seele und hat jene Tendenz auch immer befolgt.

Mit dem Tode Degens (1827) vollzog sich aber ein wesentlicher Umschwung. Zum provisorischen Director wurde der bisherige Directionsadjunct Josef Anton v. Wolfarth ernannt, dessen Ernennung zum wirklichen Director im Jahre 1832 erfolgte.

[285] Archiv des k. k. Reichs-Finanzministeriums, Niederösterreichische Commerzacten, Fasc. [illegible] [illegible] (General-Archiv.)

[286] Eine sicherere Anstellung und noch manch' andere Vortheile, z. B. in der Credit-Abtheilung [illegible] Befreiung von der Aushebung zum Militär, kamen hier den Gesellen zugute.

[287] Die niederösterreichische Regierung sagte u. a. Folgendes: Die Buchdrucker hätten ja doch kein Jus quaesitum auf ärarische Arbeiten, [illegible] (Archiv des k. k. Ministeriums des Innern, Fasc. IV. D. 7.)

[288] Geschichte der k. k. Hof- und Staatsdruckerei a. a. O. S. [illegible]

[289] L. c. S. 22.

Von da an nahm die Leitung der Staatsdruckerei eine Richtung an, die von jener, wie sie im obderührten § 16 der Amts-Instruction vorgezeichnet war, bedeutend abwich. Wolfarth pflegte mehr die geschäftliche Seite, aber auch nicht einmal in dem Maße, dass z. B. die k. k. Ämter zufrieden gewesen wären; es ereignete sich daher, dass selbst solche ihren Bedarf an Drucksorten in Privatdruckereien besorgen ließen.

Wolfarth war unfähig, die hohe Aufgabe und Bestimmung der Staatsdruckerei, wie sie Degen angestrebt und immer vor Augen hatte, zu erfassen. Sein engbegrenzter Geist richtete sich nur auf das Geschäft, aber auch dieses verstand er nicht einmal so, wie oft der Besitzer des kleinsten Privatgeschäftes. Er trachtete nur zu sparen, bewies aber gar kein Verständnis für productive Ausgaben, daher auch neue Erfindungen unbeachtet an der Staatsdruckerei vorübergiengen und nur, wenn anbefohlen, Versuchen und Prüfungen unterzogen wurden.[270] Zu höheren Kunstleistungen schwang sie sich nicht auf und blieb mit ihren gewöhnlichen Leistungen selbst hinter Privatdruckereien zurück. Aufträge wurden nur insoweit vollzogen, als die technischen Mittel reichten, mit diesen konnte aber nicht viel erzielt werden. Die Werkvorrichtungen waren stark abgenützt, neue wurden aus Ersparung nicht angeschafft. Auch die Schriftgießerei war im Verfalle. »Durch die jahrelang bestandenen Defectgüsse hatte jeder Kegel seine eigene Zurichtung.« Das Papier war schlecht, worüber mehrfache Klagen erhoben wurden. Es war daher nicht zu verwundern, dass die Geschäfte der Staatsdruckerei zurückgiengen. Im Jahre 1840 wurde die Zahl der Arbeiter in der typographischen Abtheilung von 77 auf 45 reduciert, die hölzernen Handpressen, wie auch die zwei Schnelldruckpressen, welche 1836 aus der Werkstätte von Helbig & Müller kamen,[271] waren häufig unbeschäftigt.

Am 30. Mai 1840 ward Wolfarth in den Ruhestand versetzt und der Adjunct der lithographischen Abtheilung, Albert Richard, zum provisorischen Director vom 1. Juni ab ernannt. Sein Provisorium dauerte nur bis 22. März 1841, wo der am 24. Jänner desselben Jahres zum Director der k. k. Hof- und Staatsdruckerei ernannte Alois Auer folgte.[272] (Siehe das Porträt.)

Auer verband, als er den unter solchen Verhältnissen schwierigen Posten antrat, mit seinen Fachkenntnissen als gelernter Typograph noch einen gewissen Fond von einschlägigen Studien, die ihn mehr als einen andern befähigten, eine Reform der k. k. Hof- und Staatsdruckerei anzubahnen. Es gelang ihm aber nicht nur diese, sondern er gieng weit über die Grenzen einer solchen Aufgabe hinaus und machte die seiner Leitung anvertraute Anstalt nicht nur zum großartigsten typographischen, sondern auch polygraphischen Institute der Welt.

Um einen leichteren Überblick über die vielseitigen Bestrebungen und Leistungen der Staatsdruckerei unter Auer zu gewinnen, erweist es sich als empfehlenswert, dieselben nach bestimmten Gesichtspunkten zusammenzufassen und zu behandeln.

[270] Auf höhere Anordnung wurden mit folgenden neu erfundenen Maschinen Versuche gemacht: Mit der Stämpeldruck- und Schneidemaschine des Mechanikers Jakob Degen durch ein paar Jahre, bis sie 1821 zurückgestellt und von der Druckerei der Nationalbank bei den ersten Banknoten zur Anwendung des Hochdruckes benützt wurde; mit der Numerier-Maschine des Freiherrn von Schwalen für Staatspapiere, welche aber zurückgewiesen wurde. Ein auf die Stereotypie bezüglicher Antrag des John Watts wurde ebenfalls zur Prüfung übernommen, von selbem aber für amtliche Druckarbeiten kein Gebrauch gemacht.

[271] Im Jahre 1836 war auch eine Dampfmaschine von drei Pferdekräften aus der Werkstätte von Fletcher und Punchon angeschafft worden.

[272] Alois Auer wurde am 11. Mai 1813 zu Wels in Oberösterreich geboren. Nachdem er den Unterricht in der Kreishauptschule seiner Vaterstadt beendigt hatte, trat er hier auch in die Buchdruckerei ein und benützte, von großem Lerneifer erfüllt, in den freien Stunden das Studium moderner Sprachen, vor allem der französischen und italienischen. Nachdem er sich 1835 und 1836 an der Wiener Universität einer Prüfung in denselben unterzogen hatte, kam er 1837 auf Grund seines Zeugnisses als Lehrer der italienischen Sprache an das ständische Collegium in Linz. Neben seinen Sprachstudien beschäftigte er sich aber eingehend mit einem von ihm erdachten »typometrisch grammatischen Lehrsysteme«. Für dieses, sowie für das Project eines neuen »Vaterunser-Polyglottes« als Fortsetzung des Christoph Adelung'schen »Mithridates« unternahm er eine Reise durch Deutschland, die Schweiz, Frankreich und England. Von seiner Reise zurückgekehrt, entwarf er den »Plan zur Errichtung einer linguistisch-typographischen Anstalt« und bewarb sich um die Bewilligung, eine solche in Wien errichten zu dürfen. Er wurde von den Behörden abgewiesen. (Registratur der k. k. niederösterreichischen Statthalterei, B. 7, Nr. 4601. — Registratur des Wiener Magistrates, Fasc. II, 61, Nr. 4642.) Da sich aber der Staatskanzler Fürst Metternich für dieses Project lebhaft interessierte, so fand Auer darin einen Lohn für seine Mühen, dass er 1841 zum Director der k. k. Hof- und Staatsdruckerei ernannt wurde. Über seine Thätigkeit als solcher von 1841 bis 1868 wird oben ausführlich gesprochen. Für seine großen und bleibenden Verdienste, welche er sich um die Hebung und den ausgebreiteten Ruf dieses Institutes durch sein organisatorisches Talent, seinen unermüdlichen, von patriotischem Ehrgeiz getriebenen Eifer erworben hatte, wurde er als Ritter des Ordens der eisernen Krone III. Classe in den Ritterstand mit dem Prädicate von Welsbach erhoben; er war außerdem Ritter vieler Orden, Mitglied und Ehrenmitglied mehrerer gelehrten Gesellschaften, seit 14. Mai 1847 wirkliches Mitglied der kaiserlichen Akademie der Wissenschaften in Wien u. s. w. Seine im Drucke veröffentlichten Schriften sind in den Almanachen der kaiserlichen Akademie der Wissenschaften (Jahrg. 1851, S. 114 und Jahrg. 1870, S. 100) verzeichnet; für die Typometrie ist besonders bemerkenswert: »Das Raumverhältnis der Buchstaben« (1. Band der Denkschriften der kaiserlichen Akademie der Wissenschaften). Auer trat 1868 in den Ruhestand und starb am 10. Juni 1869. (v. Wurzbach, Biographisches Lexikon, I. Bd. S. 85 ff. — Almanach der kaiserlichen Akademie der Wissenschaften, Jahrg. 1870, S. 108 f. — Die feierliche Sitzung der kaiserlichen Akademie der Wissenschaften in Wien, 1870, S. 21 f.)

Als Auer seine Wirksamkeit begann, musste er sich vorerst über den Vorrath und den Stand der technischen Mittel vollkommen klar werden, zu welchem Behufe eine genaue Aufnahme derselben vorgenommen wurde. Von sämmtlichen vorhandenen Schriften ließ er dann Abdrücke machen und sozusagen eine Typenschau anlegen, woraus sich ergab, dass vor allem das Letternwesen nicht nur vermehrt, sondern einer gänzlichen Umgestaltung unterzogen werden müsse. Es geschah dies zunächst durch den Neuguss von

Nr. 30. Alois Auer. Nach einem Holzschnitt in der Zeitschrift »Gutenberg«, II. Jahrgang 1856.

Fracturschriften in zwölf Graden von Diamant bis einschließlich Text und den dazu gehörigen Compact- oder halbfetten Lettern, dann einer Antiqua- und Cursiv-Garnitur, sowie durch den Umguss von 633 Centnern alter Schriften. Dieser neue Letternvorrath wurde durch den Ankauf der geschmackvollsten Titel- und Zierschriften für den Accidenzsatz aus fremden Gießereien des In- und Auslandes vermehrt und durch die neu eingerichtete Galvanoplastik vervielfältigt.

Die neue Fracturschrift wurde bereits nach einer genau berechneten Gradation oder Steigerung nach Punkten, also nach einem eigenen typometrischen Systeme hergestellt. Auer hat sich durch sein typometrisches System, wobei ein jeder Buchstabe unter die im Raume genau berechnete Größen-Rubrik eingereiht erscheint, gleich Didot u. a. einen hervorragenden Namen gemacht.[273] Die Umgestaltung des Letternwesens in der k. k. Hof- und Staatsdruckerei nach Auers typometrischem Höhen- und Breiten-Raum-Systeme erstreckte sich mit Ausnahme der fremden Typen bis auf 3000 Centner Schrift.

Auer lenkte die Aufmerksamkeit aber nicht bloß auf den Guss schöner einheimischer Schriften, sondern auch auf den fremder, besonders der orientalischen Sprachzeichen,[274] betonte dabei aber nachdrücklichst den Mangel einer Stempel- und Schriftschneiderei in seinem Institute. Den Anstoß zu den ersten Versuchen daselbst im Schnitte musterhafter orientalischer Typen gab im Jahre 1844 der anbefohlene Druck des zwischen der Pforte und Österreich geschlossenen Handels- und Schiffahrts-Vertrages in italienischer Übersetzung; das türkische Original sollte lithographiert werden. Über Verwendung des Redacteurs dieser Ausgabe, des Hofrathes Anton Edlen von Krauß, wurde jedoch der Druck des Originals in der Neschischrift bewilligt.[275] Nun war Auer auf seinem Felde, das er eifrigst weiter bebaute. Die Zeichnungen zu jener Schrift entwarf Albrecht Krafft, Scriptor der k. k. Hofbibliothek in Wien. Der Schnitt war schwierig und kostspielig, doch nach sechs Monaten so vollständig gelungen, dass er von den competentesten Orientalisten Wiens[276] einstimmig belobt und neben der Schönheit und Reinheit des Zuges besonders die Genauigkeit der Verbindungen hervorgehoben wurde, welche selbst die türkische Staatsdruckerei nicht anders oder besser herzustellen im Stande war.[277]

Diese unerwartet schönen Erfolge veranlassten den Hofkammer-Präsidenten, die Direction der k. k. Hof- und Staatsdruckerei zu beauftragen, sich bei der dritten allgemeinen österreichischen Gewerbe-Ausstellung mit Erzeugnissen aus allen Fächern der Typographie, besonders aber in der Schriftschneiderei und Galvanoplastik, zu betheiligen und zu diesem Behufe die wichtigsten Alphabete einheimischer und fremdsprachlicher Typensorten anzufertigen. Dieser Auftrag der Regierung war nicht nur für die Geschichte der Staatsdruckerei von höchster Bedeutung, sondern für den Aufschwung der höheren Typographie überhaupt. Von jetzt an herrschte in allen Abtheilungen, besonders aber in der Stempelschneiderei und Schriftgießerei der Staatsdruckerei die regste Thätigkeit: galt es doch das Schönste und Beste zur Ausstellung zu bringen, um die Leistungsfähigkeit zum erstenmale der Öffentlichkeit vor Augen zu führen. Am 15. Mai 1845, am Eröffnungstage der dritten allgemeinen österreichischen Gewerbe-Ausstellung, waren aus der Staatsdruckerei mehr als 5500 Stahlstempel und bei 10.000 Matrizen in 60 fremdsprachlichen Alphabeten, in mehreren Tafeln auch abgedruckt, zu sehen. Außerdem betheiligte sich dieselbe mit folgenden Werken an dieser Ausstellung: 1. «Typenschau des gesammten Erdkreises, neu angefertigt in der k. k. Hof- und Staatsdruckerei zu Wien», 1844. Mit 7 Tafeln, worin die Originalien meisterhaft nachgemacht waren und von denen die letzte Tafel «Österreichs fremde Typen» in 72 Alphabeten (bei einer vermehrten Auflage 104 Alphabete) enthielt.[278] 2. «Verhältnisse der Schriftkegel», ein von Auer sinnreich entworfenes Tableau seines typometrischen Systems. Beweise der Sicherheit und Vielseitigkeit dieses typometrischen Systems lieferte der von ihm um 86 «Vaterunser» vermehrte

[273] Vergleiche Alois Auer, in den Denkschriften der kaiserlichen Akademie der Wissenschaften.

[274] Der Satz und Druck orientalischer Werke wurde seit Meninski's großem Thesaurus in Wien bald mehr, bald weniger eifrig betrieben; wir erinnern nur an Josef Edlen von Kurzböck, Stephan von Novakovich, Anton Edlen von Schmid, Gregor Hraschansky, Anton Strauß, Georg Ueberreuter u. a., dann an die Schriftgießer Mazurek, Mannsfeld, Christian Friedrich Schade, welche orientalische Typen gossen. Seit Schade war aber im Stempelschnitte nichts Bemerkenswertes mehr geleistet worden. Nur die 1840 vom gelehrten Orientalisten Hammer-Purgstall selbst im Schnitte geleitete Taalik (Persisch), welche die schönste in Europa genannt wurde, veranlasste neue Versuche in dieser Richtung.

[275] Die kaiserlich österreichische Gesandtschaft hatte sich bei der türkischen Regierung in Constantinopel bemüht, aus der dortigen kaiserlichen Druckerei Matrizen oder einen Guss dieser Schrift, die wegen ihres echt orientalischen Schwunges und der vielen zusammengeschnittenen Stempel als die schönste und gelungenste der orientalischen Schriften angesehen und womit auch die Constantinopolitaner Staatszeitung gedruckt wurde, zu erhalten. Geschichte der k. k. Hof- und Staatsdruckerei etc. S. 84. — Eine Neschischrift besaßen auch die [illegible] Buchdruckerei des Anton Edlen v. Schmid und die Mechitaristen-Buchdruckerei.

[276] Hofrath Jos. Freiherr von Hammer-Purgstall, Vincenz von [illegible], Anton v. Hammer und v. Rosenzweig, kaiserlicher Rath und Professor an der orientalischen Akademie.

[277] Der Titel dieses Musterwerkes der Staatsdruckerei lautet: «Raccolta de Trattati e delle principali Convenzioni concernenti il commercio e la navigazione dei sudditi austriaci negli Stati della Porta Ottomana.» [illegible] S. gr. 4° in italienischer und türkischer Sprache. Es war die Fortsetzung eines schon [illegible] erschienenen ähnlichen Werkes. An dieser für den Handel und Geschäftsverkehr der kais. österreichischen Consulate so zweckmäßigen und schätzbaren Sammlung von Verträgen, verbindlichen Acten und Kundmachungen hatten die obgenannten gelehrten Orientalisten rühmlichen Antheil (Beurtheilungen über die k. k. Hof- und Staatsdruckerei in Wien, S. 26, 45 ff., 49 ff., 56). Weder in Constantinopel, noch in Cairo, Teheran und Calcutta wurde in den Druckereien ein solches Facsimile zustande gebracht.

[278] Eine ausführliche Besprechung s. in Beurtheilungen u. s. w. S. 22 ff., 54 ff.

Adelung'sche Mithridates, also 608 Sprachen und Mundarten, auf 9 Bogen in Placatform, «Auers Sprachenhalle oder das Vater-Unser in 206 Sprachen und Mundarten» in Antiqua-Typen, nebst zwei lithographierten Beilagen (erschienen 1847).[278] 3. Die Jubelfeier Sr. kaiserlichen Hoheit des Herrn Erzherzogs Karl Ludwig als Großkreuz des militarischen Maria-Theresiens-Ordens. (Fol. mit Gold und Bronze gedruckt; Titel vielfärbig.) 4. Stammbaum von Österreichs Regenten (ein Meisterwerk der Typo- und Lithographie). 5. Sämmtliche Tractate Österreichs und der Türkei, in deutscher, französischer und englischer Sprache mit der italienischen Übersetzung, gr. 8°. («Das Ganze gleicht mehr einer orientalischen Pracht-Handschrift, als einem Erzeugnisse der Buchdruckerpresse.») 6. Das k. k. Münz- und Antikencabinet, beschrieben von J. Arneth. 7. Italienisches Wörterbuch aller amtlichen Ausdrücke von Dr. Bolza (gr. 8°), ausgezeichnet durch den Druck der Tabellen. 8. Abdruck von Gutenbergs Bibel mit neu angefertigter gothischer Schrift. 9. Eine Seite eines japanischen Romans in Originalschrift. 10. Drei Größen sehr gelungener Schriftstempel für «Blindendruck». 11. Erzeugnisse der seit 1837 eingerichteten Galvanoplastik.

Die k. k. Hof- und Staatsdruckerei hatte in einem Zeitraume von vier Jahren (1841 bis 1845) einen gewaltigen Fortschritt gemacht. Wenn wir nur, anschließend noch an das Vorhergehende, die Entwicklung des Typenschatzes qualitativ und quantitativ ins Auge fassen, so kann Auers Thatkraft unsere Bewunderung schon in hohem Grade erregen. Er hatte zwar an dem damaligen Hofkammer-Präsidenten Baron Kübeck von Kübenau einen Gönner, welcher seine Ideen wenigstens nicht durchkreuzte, aber er selbst musste doch kühn und unverdrossen, oft mit nicht geringen Schwierigkeiten kämpfend, diese Richtung weiter verfolgen, die er nun einmal eingeschlagen. Als echter Jünger Gutenbergs, beseelt von dessen und anderer Meister Vorbild, hat Auer das Wohl der Typographie überhaupt im Auge gehabt, insbesondere aber das der ihm anvertrauten Anstalt. Dabei hat er den Grundsatz, der auch uns bei unserem Werke geleitet hat, die Buchdruckerei immer im Zusammenhange mit den literarischen und wissenschaftlichen Bestrebungen ins Auge zu fassen, da zwischen ihnen die bedeutsamsten Beziehungen bestehen, nie aus dem Auge verloren: der Wissenschaft und Kunst durch gesteigerte und vollkommene Kräfte in der Typographie zu dienen, aber auch der Wissenschaft, insbesonders der Sprachwissenschaft, neue Bahnen zu eröffnen und so beide im Interesse des österreichischen Staates dem praktischen Völkerleben zuzuführen, dem geistigen Verkehre Österreichs nach dem Osten neue Bahnen zu erschließen.

Nachdem bei der im Mai 1845 eröffneten Gewerbe-Ausstellung Auers Thätigkeit von allen Seiten ehrend anerkannt worden war, verfolgte er seinen Plan, die Staatsdruckerei mit allen bekannten Alphabeten des Erdkreises und mit allen Schriftarten von geschichtlicher oder literarischer Bedeutung zu versehen, mit allem Eifer. Im Jahre 1845 waren bereits 1200 Centner brauchbare Schrift nach dem neuen Systeme vorhanden, davon waren im Jahre 1844 allein 528 Centner gegossen worden. Die Umgestaltung des Letternwesens nach Auers typometrischem Höhen- und Breiten-Raum-Systeme geschah bis zum Gusse von 3000 Centner, wobei mehr als 500 einheimische und 100 fremde Alphabete beigeschafft wurden.

Noch im Jahre 1845 wurden mehrere der wichtigsten und kostbarsten orientalischen Alphabete beigestellt. Schon im März d. J. wurde an der Taalik-Schrift, dieser «Blume und Perle» aller orientalischen Schriftarten, voll unnachahmlicher Zartheit und Zierlichkeit, nach dem Muster einer zu Constantinopel meisterhaft gedruckten Schrift gearbeitet und die Erfolge lohnten die Mühe der Herstellung.

Professor Stephan Endlicher überließ bei 12.000 Typen des chinesischen Alphabets, die er nur mühsam und mit sehr bedeutendem Aufwande an Zeit und Geld erworben hatte, der Staatsdruckerei behufs Matrizenverfertigung, welche auch auf galvanoplastischem Wege erfolgte. Ebenso übergab derselbe Gelehrte die Stempel des Mandschu-Alphabets zum Gusse. Auch der Guss von 280 Typen des Devanagari, Schrift der heiligen Sanskrita und Ur-Alphabet, (an Formengeflecht so reichhaltig wie das Rankengewinde des Urwaldes), wurde begonnen; der Schnitt geschah nach den Mustern älterer Calcutta-Drucke. Über Auers Wunsch unterzog sich der in Wien lebende aus Karlsbad in Böhmen gebürtige Sino- und Japanologe Dr. August Pfizmaier der Aufgabe, den Schnitt der japanesischen Schriftarten zu leiten. Die größte Schwierigkeit lag darin, für den japanesischen Druck bewegliche Lettern herzustellen, da in Japan selbst

[278] L. c. S. 21 ff., 40 ff., 44 ff.

der Bücherdruck nicht mit solchen, sondern stereotypisch, mit Holzplatten geschieht. Die Versuche von Abel-Remusat in Paris mit der Katakana-Schrift waren in jeder Beziehung äußerst mangelhaft. Im Verlaufe eines Jahres wurden nun über Angaben und unter Leitung des genannten Gelehrten eine schöne und untadelhafte Katakanaschrift in 140 Lettern, dann eine große Firokana, eine Cursiv-Firokana und eine vollständige kleine Firokana-Cursivschrift, welche Schriftgattungen erst von Dr. August Pfizmaier entziffert werden mussten, in mehr als 800 Stempeln angefertigt.

Im Jahre 1845 besaß die Staatsdruckerei bereits 35 orientalische Alphabete und war im Stande, in jeder orientalischen Sprache, von welcher Alphabete bekannt waren, zu drucken, was bekanntlich die Staatsdruckereien in Paris und London, sowie die Universitäts-Buchdruckerei in Oxford und die Druckerei der Propaganda in Rom nicht vermochten.

Das Ausland sah sich sonach veranlaßt, die meisten fremdsprachlichen Werke nicht mehr in Paris, sondern mit Genehmigung des k. k. Finanzministeriums in der Staatsdruckerei drucken zu lassen, wie denn nicht nur fremdsprachliche Lettern nach London, sondern auch in asiatischen, afrikanischen und amerikanischen Sprachen gedruckte Werke nach Pera, Konstantinopel, Christiania, Kopenhagen, Leipzig, Erlangen und Halle geschickt wurden.

Nachdem wir uns wegen der Wichtigkeit des orientalischen Typenschatzes eingehender mit demselben befasst haben, erübrigt uns noch, auf einige Hauptwerke hinzuweisen, die in diesen Typen aus der Staatsdruckerei hervorgiengen.

Der »Frühlingsgarten« von Mewlana Abdurrahman Dschami, aus dem Persischen übertragen von Ottokar Maria Freiherrn von Schlechta-Wssehrd. (117, XVI und 153 S. gr. 8°. 1846.) — Das Buch vom Völkerrecht in türkischer Sprache von demselben Übersetzer. (110 S. gr. 8°. 1847.) — Grammatik des Sanskrit von Dr. Anton Boller. — Clavis Talmudica auctore Rabbi Nissim Ben Jacob Cairowanensi sec. XI. Florente etc., herausgegeben nach einem sehr alten Pergament-Codex der Wiener Hofbibliothek und mit einer Einleitung versehen von J. Goldenthal. Die Staatsdruckerei machte hier die erste Probe mit ihrer hebräischen Quadrat- und rabbinischen Cursivschrift. — Von Dr. Pfizmaiers Grammatik des Arabischen, Persischen und Türkischen sehen wir ab und erwähnen nur sein chinesisches Geschichtswerk »Tso tschuen« im Originaltext und Übersetzung und seine japanesische Erzählung: »Die Gestalten der vergänglichen Welt in sechs Wandschirmen«, ein japanischer Roman im Originaltexte sammt den Facsimiles von 57 japanischen Holzschnitten. Die letzteren sind den japanischen Mustern vollkommen gleich, die Druckfarbe der Tinte möglichst ähnlich. (82 S. XIV. und 40 S. gr. 8°. 1847.) Außerdem hat Dr. Pfizmaier ein großes japanisches Wörterbuch herausgegeben, wie umfassend ein solches bisher nicht bestand.

Auch für den Blindendruck hat die Staatsdruckerei namhafte Verbesserungen eingeführt. Der Erfinder des Typendruckes für Blinde war Jakob Gebhard, Schriftgießerei-Factor bei Anton Strauß; Gebhard hatte denselben zum erstenmal am 26. Mai 1811 im Wiener k. k. Blinden-Institute öffentlich gezeigt. In der Staatsdruckerei wurden nun drei verschiedene Formen von Schriften für Blinde zuerst als Proben angefertigt und dann Schul- und Lesebücher für sämmtliche Blindenanstalten der Monarchie mit erhabenen, gepressten Lettern, fühlbar für die Finger der Blinden, hergestellt.[280] Ein Werk für Blinde, das als Blindendruck auch zum erstenmal im Buchhandel erschien und mit derartigen Lettern gedruckt wurde, ist der »immerwährende Kalender für Blinde« von J. Dolezálek, ehemaligem Director des Pester Blinden-Institutes. (1847.)[281]

Im Jahre 1847 erschien die zweite Abtheilung von Auers »Sprachenhalle. Das Vaterunser in mehr als zweihundert Sprachen und Mundarten mit ihren eigenthümlichen Schriftzügen.«[282]

[280] Solche Bücher wurden auch in Deutschland eingeführt. Früher musste sich nämlich jede solche Anstalt die nöthigen Schriften und Unterrichtsbücher zum Blinden-Unterrichte mit viel Zeit und Geld selbst erzeugen, was eine gewisse technische Fertigkeit voraussetzte. Durch jene Einrichtung ist erst die Typographie für die Blinden praktisch geworden.

[281] Andere Bücher für Blinde sind: »Namenbuch und erste Leseübungen für blinde Kinder.« Wien 1848. — F. [illegible]: Fibel und erstes Lesebuch für Blinde. I. 1873 (4°.); zweites Lesebuch für Blinde, 1878 (4°.). — Ignaz [illegible]: Kleiner Katechismus für Blinde. 1879 (gr. 4°.). Auf der Londoner Ausstellung 1851 waren Schriften für Blinde auch in mehreren Sprachen ausgestellt.

[282] Vgl. über die »Sprachenhalle« die »Wiener Zeitung« vom 21. September 1847. — Die »Allgemeine Theater-Zeitung« 25. u. 26. November 1847

Einen besonderen Theil des reichen Typenschatzes führt uns auch eine Sammlung von mittelalterlichen Schriftzeichen vor: «Deutsche Buchschriften des Mittelalters vom VI. bis zum XVI. Jahrhundert.»[283] Hierher gehört noch: «Die Schrift des ersten gedruckten Werkes, der Gutenberg-Bibel, in vier Größen und Zierschriften nach Vorlagen des XVI. Jahrhunderts.»

Neben diesen großen, der Wissenschaft dienenden Werken wurden die Drucksorten für die Staatsbehörden, eine der ursprünglichen Aufgaben der Staatsdruckerei, in vermehrtem Maße hergestellt, da alle jene Ämter, die unter der früheren Direction wegen der geringen Qualität der Leistungen mit ihrem Druckbedarf an Privatdruckereien sich gewendet hatten, nunmehr ihre sowohl für die Öffentlichkeit bestimmten Drucksorten, z. B. Kundmachungen, Gesetze und Vorschriften, als auch die zum ämtlichen Gebrauche oder zu Mittheilungen untereinander gehörigen Blanquette, Tabellen, Lottoscheine, Reisepässe, Recepisse u. dgl. m. in jedweder Form und Zahl wieder in der Staatsdruckerei herstellen ließen. Seit dem Jahre 1848 wurden in fünf Abtheilungen auch alle Credit-Effecten, worunter sich solche mit drei- und vierfachem Drucke befanden, gedruckt.

Außer der Completierung des Typenschatzes in der geschilderten Weise wurden Verbesserungen und Erfindungen in der Staatsdruckerei entweder selbst angestrebt oder anderwärts gemachte bereitwilligst gefördert. Wir erinnern nur an den wohl praktisch nicht verwertbaren Naturselbstdruck,[284] an die Erfindung von Paul Pretsch, Photographien auf den Stein oder die Kupferplatte so zu übertragen, dass sie durch den Druck vervielfältigt werden können, an Auers Problem, Papier ohne Ende auf der einfacheren Schnellpresse zu drucken, wofür diese eine kleine Umgestaltung erfahren, und an die erleichterte Durchführung der von Emanuel Tschulik gebauten Setzmaschine.[285]

Als Auer die Direction der Staatsdruckerei übernahm, waren die Pressen in einem mangelhaften Zustande und fehlten Maschinen, die anderwärts schon in Verwendung waren. Er schaffte nach und nach sämmtliche alte Holzpressen ab und führte bis zum Jahre 1851 43 eiserne Handpressen für große und 12 für kleine Formate ein; die Dampfkraft für zwei Schnelldruckmaschinen wurde für den Betrieb von 46 theils einfachen, theils doppelten Schnelldruck- und 24 Kupferdruckpressen erweitert, dann eine hydraulische Glättpresse von 800 Centner Druckkraft mit Eisenbahn und 10 Hilfspressen angeschafft, ebenso 8 Satinier-Maschinen, 3 Guillochier-Maschinen, wovon die eine mit dem Stichel in Metall arbeitet, die zwei anderen alle Arten von Linien und Reliefs mit dem Diamant zum Ätzen radieren, und 8 Numerier-Pressen. Zum Waschen und Reinigen der gedruckten Schriftformen, die man bisher mit heißer Lauge und harter Bürste behandelte, bis sie von der Farbe gereinigt waren, wurde jetzt der abgehende heiße Dampf verwendet; später wurden eigens 4 große Heizapparate zu diesem Zwecke aufgestellt.

Wie wir schon bei der Geschichte des Typenschatzes bemerkten, wurde die Schriftgießerei verbessert und vergrößert (8 Gießmaschinen, 10 vierspännige Giessöfen, 2 Stereotypöfen und 1 Schmelzofen) und ein Atelier für den Stempelschnitt mit 5 Stempelpressen eingerichtet;[286] auch ein galvanisches Cabinet für Galvanoplastik, wo man seit 1837 — dem Jahre der Erfindung durch Jacobi — bis 1845 mit 60 Stück galvanischen Apparaten mehr als 20.000 Matrizen von Schriften herstellte, und Cabinette für Photographie (mit 14 photographischen Apparaten) u. s. w. wurden eingerichtet. 1846 hat Auer ein Atelier für Holzschneidekunst gegründet, als dessen Leiter der ausgezeichnete Xylograph

[283] Die Buchschriften des Mittelalters mit besonderer Berücksichtigung der deutschen, historisch erläutert [illegible] von Auer. Wien, 1852. Mit mehreren hundert Abbildungen auf 22 Tafeln. Es ist diese Ausgabe der Anhang zum Urkundenbuch für die Geschichte des Benedictinerstiftes Kremsmünster von 777—1400. Herausgegeben von Theodor Hagen. (Wien, 1852, 4.) Eine hervorragende Leistung der k. k. Hof- und Staatsdruckerei. Sämmtliche Urkunden sind in den betreffenden Schriftzeichen der verschiedenen Jahrhunderte gedruckt.

[284] Der Naturselbstdruck besteht darin, von Herbarien, Stoffen, Spitzen, Stickereien und überhaupt allen Originalen und Copien, wenn sie auch noch so zarte Erhabenheiten und Vertiefungen an sich haben, durch das [illegible] selbst auf einfache und schnelle Weise Druckformen herzustellen, womit man solche weiß auf gefärbtem Grunde drucken und prägen, oder auch Abdrücke mit den natürlichen Farben auf weißem Papier, dem Originale identisch, gewinnen kann, ohne dass man einer Zeichnung oder Gravure auf die bisher übliche Weise durch Menschenhände bedarf. Mit Allerhöchstem Handschreiben vom 29. April 1853 hat der Kaiser für die [illegible] Entwicklung der Kunst und Industrie zu beloben geruht, dass die vom Director der Staatsdruckerei, Alois Auer, in Gemeinschaft mit dem Factor Andreas Worring gemachte, und durch das Privilegium vom 12. October 1852 geschützte Erfindung des Naturselbstdruckes zur allgemeinen Benützung freigegeben werde.

[285] Über Tschuliks Setzmaschine siehe das folgende Capitel.

[286] Im Jahre 1851 waren 7500 Centner vorhanden oder, wenn 1 Centner circa 20.000 Buchstaben ausmacht, beiläufig 150,000.000 Buchstaben. Stahlstempel gab es im selben Jahre 7600 für einheimische, 8000 für fremde Schriften, zusammen also 15.600. An Matrizen wurden 21.500 für einheimische, 15.000 für fremde Schriften, zusammen also 36.500 gezählt, worunter 11.000 auf galvanischem Wege erzeugt waren.

Friedrich Exter aufgestellt war. Die «Hofkammer-Steindruckerei» wurde mit jener der Staatsdruckerei vereinigt und die Zahl der lithographischen Pressen von 7 bis auf 40 erhöht.

Der Stand des Personals in den verschiedenen Abtheilungen hatte sich so großen Aufgaben und den zahlreichen Bestellungen gegenüber entsprechend vermehrt. Eine Übersicht dieser Entwicklung im Vergleiche der Jahre 1841, 1845 und 1851 gibt die folgende Tabelle, welche alle Abtheilungen umfasst, selbst jene, die nur secundär einer großen Officin angehören.

Nr.	Fächer	Charakter und Gegenstand	Im Jahre 1841	1845	1850
			Individuen		
1	Direction und Rechnungskanzlei	Director, Directions-Adjunct, Rechnungsführer, Rechnungsführer-Adjunct und Kanzlist	4	4	5
		Oberfactore	2	2	2
		Schreiber	—	—	2
2	Schriftschneiderei u. Galvanoplastik	Factor		1	1
		Gehilfen	..	2	20
3	Schriftgießerei und Stereotypie	Factor	1	1	1
		Gießer, Zöglinge, Abbrecher und Schleifer	9	30	77
4	Buchdruckerei	Factore und Correctoren	6	7	14
		Aufseher bei den Lettervorräthen und im Materialienlager	—	—	2
		Setzer, Drucker und Maschinenmeister	51	93	240
		Ein- und Ausleger sammt Personale für Papierfeuchten und Walzenguss, Lehrlinge	8	51	150
5	Steindruckerei	Factore und Zeichner	1	1	20
		Drucker, Aufleger und Lehrlinge	20	20	80
6	Kupferdruckerei	Factore	—	—	2
		Drucker	-	-	56
7	Xylographie, Gravierung und Guillochierung	Factor	—	—	1
		Gehilfen	—	-	8
8	Chemitypie	Factor und Gehilfe			2
9	Photographie	Factore und Gehilfen	—	-	7
10	Glättung, Expedit und Trockenhalle	Factore	1	1	2
		Gehilfen	6	16	31
11	Reichsgesetzblatt-Expedition	Expeditor und Gehilfen	—	-	19
12	Buchbinderei	Geschäftsleiter und Gehilfen		20	61
13	Verschleiß und Papierlager	Factor	1	1	1
		Gehilfen	1	2	13
14	Mechanik	Geschäftsleiter und Gehilfen			6
15	Tischlerei	Geschäftsleiter und Gehilfen		-	12
		Hausdiener in den verschiedenen Abtheilungen	4	8	15
		Gesammtsumme des stabilen und nichtstabilen Personals	115	290	868

Im Jahre 1851 hatte sich dieser Stand schon auf 900 Personen erhöht. Auer konnte aber nicht daran liegen, nur einen großen Status von Personen aufzuweisen, ohne dass der für die literarischen und künstlerischen Aufgaben bestimmte Theil nicht auch eine tüchtige Fach- und allgemeine Bildung hierzu besäße. Er war daher in jeder Beziehung bestrebt, den Beruf der Typographen zu heben und zu veredeln, aus der k. k. Staatsdruckerei «eine treffliche Pflanzschule tüchtiger, dem Verhältnisse ihrer edlen, Deutschlands Boden entsprossenen Kunst zur Wissenschaft und Literatur vollkommen entsprechender Typographen» zu machen. Für die Gehilfen und Lehrjungen wurden Lehrcurse so eingerichtet, dass dabei am wenigsten die Arbeit versäumt wurde. Einzelne Fächer waren für die Lehrjungen obligat und wurden regelmäßige Vorträge gehalten, andere wieder waren dem freien Willen und der Wahl überlassen. Es wurde im Griechischen und Lateinischen, wie in den meisten lebenden Sprachen, ja auch in einigen orientalischen

Sprachen unterrichtet;[287] dazu kamen noch Geographie und Geschichte, Zeichnen, Kalligraphie und die Erklärung sämmtlicher Hilfsmaschinen, der Galvanoplastik, Lithographie und Xylographie.

Neben allen diesen Bestrebungen Auers lief auch der Plan einer Regelung und Reform der Arbeiten, sowohl im engeren Sinne nach dem streng typometrischen Systeme, als auch der Arbeitsstunden, wobei manche Einrichtungen mit jenen in Privatdruckereien in Einklang gebracht wurden.

Nr. 71. Ansicht der k. k. Hof- und Staatsdruckerei von der Seilerstätte. Nach einer Radierung von Emil Hütter.

Im Jahre 1851 wurde bekanntlich in London die erste große Weltausstellung veranstaltet. Auch die k. k. Hof- und Staatsdruckerei rüstete sich, um auf derselben würdig vertreten zu sein. Im März desselben Jahres waren in ihrem Gebäude alle jene Gegenstände zu sehen, die für diese Ausstellung bestimmt waren. «Wenn man sie betrachtet,» sagte u. a. ein Berichterstatter, «so erkennt man erst, dass mit Recht Gutenbergs Erfindung als Buchdruckerkunst bezeichnet werde». Außer den hervor-

[287] Seit 15. April 1845 wurden auch Vorträge über Sanskrit und chinesische und japanesische Alphabete gehalten, was selbst nicht einmal in Holland der Fall war. «In ganz Europa war mit Ausnahme der königlichen Druckerei in Paris, in welcher die Alphabetenkenntnis der slavischen Sprachen gelehrt wird, keine typographische Anstalt, die eine technisch-wissenschaftliche Bildungsschule für Typographen genannt werden konnte.» Die k. k. Hof- und Staatsdruckerei unter der Direction Auers war eine solche Anstalt.

ragenden Leistungen in der Typographie mit den seltenen Typen, worin der Staatsdruckerei keine Nation der Erde gleichkam, waren auch solche des Holzschnittes, der Lithographie, des Stahlstiches, des Farbendruckes, der Lithochromie und Chemitypie ausgestellt, auch größere galvanoplastische Arbeiten. Der Kaiser besuchte am 20. März 1851 diese Vorausstellung und sprach sich Auer gegenüber sehr ehrend aus.

Auf der Ausstellung in London selbst riefen in der österreichischen Abtheilung die Gegenstände der Staatsdruckerei allgemein die höchste Bewunderung hervor. Der bekannte französische Nationalökonom Blanqui sprach sich äußerst lobend aus. «Die österreichische Typographie,» sagte er, «hat sich durch diese Pracht und Schatzentfaltung in den vordersten Rang gestellt; es bedürfte eines ganzen Bandes, um nur einen schlichten Katalog von allem zu liefern, was sie in dieser Gattung ausgestellt hat; zur Verfassung eines solchen Bandes würden aber Kenntnisse gehören, die mir abgehen.» Ebenso einstimmiges Lob zollten auch die englischen Zeitungen.[248]

Die Beschlüsse der Jury bei Gelegenheit der Weltausstellung in London im Jahre 1851 lauteten daher auch einstimmig für die höchsten Auszeichnungen. Paul Pretsch, Factor in der photographischen Abtheilung der k. k. Hof- und Staatsdruckerei, erhielt für seine in der X. Classe ausgestellten großen photographischen Bilder nach der Natur die «Prize Medal»; eine gleiche Medaille wurde der Anstalt für Chromolithographie zuerkannt.[249] Den höchsten Preis erhielt aber die Staatsdruckerei mit der «Council Medal», und zwar für die Neuheit der Erfindungen und die große Zahl neuer Combinationen in der Typographie. Für diesen Zweig wurde überhaupt nur Eine große goldene Medaille verliehen, und somit waren alle Nationen, selbst England und Frankreich überflügelt.

Auer konnte mit innerer Befriedigung auf sein Werk blicken, die Staatsdruckerei zu einem typographischen Institute ersten Ranges der Welt gemacht zu haben. Fachmänner hatten sich eingehend und vielfach darüber ausgesprochen, die Jury einstimmig den höchsten Preis zuerkannt und ihm selbst wurden viele Ehren zutheil. Aber bald traten Neid und Missgunst ans Tageslicht hervor, anfangs schüchtern, dann immer anmaßender; man sprach von einem Deficit der Staatsdruckerei, von unpraktischen Versuchen, die viel Geld kosten und von einer mühe- und verdienstlosen Arbeit, ein Institut so zu heben, wenn der Staatssäckel zur Verfügung steht u. dgl. m. Diese Angriffe wurden jedoch abgewehrt,[250] und Auer arbeitete im früheren Geiste ruhig weiter. Auf der Pariser Welt-Industrie-Ausstellung im Jahre 1855 erhielt die Staatsdruckerei wieder die höchste Auszeichnung: die große goldene Medaille.

So lange Philipp Freiherr von Krauß und Karl Freiherr von Bruck Finanzminister und als solche oberste Chefs der Staatsdruckerei waren, konnte Auer, gleichwie unter dem ihm wohlgesinnten Freiherrn von Kübeck auf die Zustimmung seiner Anträge rechnen. Unter dem Finanzminister Edler von Plener wurde dies aber schwieriger, namentlich seit das Abgeordnetenhaus strenge Sparsamkeit im Staatshaushalte verzeichnete, wodurch die Staatsdruckerei zu einem mehr auf Verdienst abzielenden Unternehmen umgestaltet wurde. Im Jahre 1866 trat Hofrath Auer, der in den letzten Jahren manch' unbilligen Beschuldigungen sich ausgesetzt sah, entschieden undankbar und ungerecht behandelt, von nicht fachmännischen Beamten sogar noch in egoistischer Weise verfolgt wurde, von der Leitung der Staatsdruckerei zurück, nachdem zwei vorangegangene Pensionsgesuche abgewiesen worden waren.[251]

So wichtige Veränderungen hatten sich kurz vor der zweiten Pariser Weltausstellung, die 1867 stattfand, ereignet. An den Erfolgen und der Anerkennung der Staatsdruckerei auf derselben hat dies wenig geändert, da Auers Geist noch in Allem zu erkennen war.

[248] Unter anderem sagen «The Illustrated London News» vom 21. Juni 1851 — und dies zur Beherzigung der englischen Regierung —: «Indem wir hier über ein seltenes Zusammentreffen materieller Unterstützung mit intelligenten Kräften berichtet und deren Erzeugnisse in Kürze besprochen haben, können wir unsere Verwunderung nicht ganz unterdrücken, dass hier in England noch Niemand sich bewogen fühlte, ein ähnliches Institut ins Leben zu rufen. Manche dieser einzelnen Kräfte sind in London in ausgezeichnetem Grade vorhanden. Die Römer hatten von den Karthaginiensern ein Schiff erbeutet; sie bauten darnach den Schiffbau, aber — erfanden das [illegible] und schlugen später die Karthaginienser.»

[249] Für das Werk «Paradisus Vindobonensis» mit einer großen Anzahl lithographierter Blumen und Pflanzen, welche in Form, Farbe und in jeder anderen Beziehung [illegible] dargestellt sind.

[250] Vgl. die Artikel des «Lloyd» in Nr. 28 vom 1. Februar 1852 und vom 14. Februar desselben Jahres.

[251] Auer hatte wiederholt eine Disciplinar-Untersuchung verlangt, um sein ganzes Wirken und Gebaren rechtfertigen zu können, was ihm nicht vollkommen gelang. Seine autobiographische Denkschrift: «Mein Dienstleben, II.» (als Manuscript gedruckt), die confisciert und vernichtet wurde und von der nur ein paar Exemplare noch erhalten sind, enthält die urkundlichen Belege zu dem, was oben über Auers Behandlung in den letzten Jahren seiner Thätigkeit gesagt wurde. Auer starb am 10. Juli 1869. Man kann mit Recht annehmen, dass die letzten Ereignisse in seiner Amtsthätigkeit seine [illegible] tief verbittert, ja ihn dem Irrsinne zugeführt haben.

»Die Staatsdruckerei war auf einer hohen Stufe der Kunstfertigkeit und industriellen Thätigkeit angekommen, die wirkenden Kräfte waren in ihr lebendig geblieben, trotzdem derjenige aus ihr geschieden war, welcher so lange ihr spiritus agens et rector gewesen; aber die von oben her vorgeschriebene stricte Ökonomie hatte einen erbleichenden Schimmer über die Strahlenkrone des Ruhmes gebreitet, von der sie bis dahin umgeben gewesen war.«[292]

Der Nachfolger Auers hatte mit zwei großen Schwierigkeiten zu kämpfen, einmal mit der ruhmreichen Vergangenheit der Anstalt, deren Strahlen noch kräftig herüberleuchteten und nie verlöschen werden, dann mit den karg zugemessenen Geldmitteln und der dadurch streng vorgezeichneten Richtung.

An die Spitze der Staatsdruckerei wurde noch Ende des Jahres 1866 der damalige Regierungsrath Dr. Anton Beck, Administrator der »Wiener Zeitung« und Leiter der dafür eingerichteten Druckerei, berufen. Seine Aufgabe war, wie gesagt, keine leichte, zudem der Wirkungskreis der Staatsdruckerei in gewisser Beziehung eingeschränkt war. Schon bei der Pariser Ausstellung 1867 hatte die Direction der Staatsdruckerei erklärt, dass sie einige mit Vorliebe verfolgte Zwecke habe aufgeben müssen, weil die darauf verwendeten Opfer außer Verhältnis zu dem zu erwartenden Erfolge standen, so der Naturselbstdruck und theilweise die Herstellung von galvanoplastischen Reliefkarten. Auch wurden 1867 die Filialdruckerei zu Temesvár und 1871 jene zu Lemberg aufgehoben. Die Weltausstellung des Jahres 1873 in Wien hatte aber bewiesen, dass die k. k. Hof- und Staatsdruckerei trotz ihrer Beschränkung seit 1867 einige sehr wichtige und gerade künstlerisch bedeutende Zweige theils zu hoher Vollendung gebracht, theils ins Leben gerufen hat. Wir erinnern nur an die Photo-Zinkographie und Photo-Lithographie, bei denen man zu besonders schönen Resultaten gekommen war; bezüglich der Photo-Lithographie sei auf die vielen Karten und das »Spitzenmusterbuch« von W. Hoffmann aus dem Jahre 1607 (nach dem Originale im k. k. österreichischen Museum für Kunst und Industrie) verwiesen. Noch erwähnen wir die Planotypie, ein vom Factor der lithographischen Abtheilung erfundenes Verfahren, wodurch man jeden auf eine Metallplatte gemachten Umdruck ohne Ätzung zugleich mit dem Texte auf der Buchdruckerpresse drucken kann, dann auf den viel verbesserten Blindendruck, von dem besonders die deutschen und hebräischen Bücher eine vorzügliche Schärfe, Deutlichkeit und Dauerhaftigkeit des Reliefdruckes bekunden.

Der fremdsprachliche Typenschatz der Staatsdruckerei wurde auch seit dem Jahre 1867 vermehrt und verbessert.

Wir geben im Folgenden einen Überblick über den Stand der verschiedenen Zweig-Etablissements, des Lettervorrathes und der sonstigen mechanischen Hilfsmittel, wie derselbe im Jahre 1873 gewesen.

Die *Buchdruckerei*, in welcher auch der erhabene Druck für Blinde hergestellt wurde, bestand aus 6 Setzer- und 1 Druck-Abtheilung. Der Lettern- und Stereotypplatten-Vorrath betrug 9000 Centner, der stehende Satz reichte für 2000 Druckbogen aus; Kupferdruck-Cliché's waren 33.800 Stücke und an Holzschnitten 14.000 Stücke vorhanden. In der Druck-Abtheilung arbeiteten 27 Schnellpressen verschiedener Construction (meistens jedoch Koenig & Bauer'sche), welche von zwei Dampfmaschinen von 16 und 30 Pferdekräften in Bewegung gesetzt werden; außerdem waren aufgestellt 10 Handpressen, 2 Satinierpressen, 1 Papierschneidemaschine. In einem eigenen Locale befanden sich Dampf-Apparate zum Walzenkochen.

In der zweiten Abtheilung, der *Credit-Abtheilung*, arbeiteten für den Druck von Staatsnoten, Obligationen, Staatslosen, Brief-, Stempel- und Telegraphenmarken u. s. w. 12 Schnell-, 16 Hand-, 11 Kupferdruckpressen, außerdem 20 Papier-Schneidemaschinen, 18 Perforiermaschinen und 15 Brief-Converts-Falzmaschinen.

In der *Steindruckerei* (Lithographie), der dritten Abtheilung, zum Drucke der autographierten Schriftstücke, Ministerial-Erlässe, der lithographischen und chromolithographischen Beilagen zu den Werken der den Ministerien unterstehenden Ämter, z. B. der Centralcommission für Erforschung und Erhaltung der Kunst- und historischen Denkmale, der kais. Akademie der Wissenschaften u. s. w., gab es 1 Schnell- und 19 Handpressen, 1 Pantographen, 1 Reliefmaschine, 1 Guillochier- und 1 Steinschleifmaschine.

[292] Die Kunstbewegung in Österreich seit der Pariser Weltausstellung im Jahre 1867. Im Auftrage des k. k. Unterrichtsministeriums dargestellt von R. v. Eitelberger. Wien, k. k. Schulbücher-Verlag, 1878, S. 69.

Die folgenden Abtheilungen fassen die graphischen Hilfsfächer für die eben genannten drei Druckmanieren zur Unterstützung derselben in sich. Es sind dies: die *Schriftgießerei* mit Inbegriff der *Stempelschneiderei*, der *Xylographie*, der *Chemitypie*, *Galvanoplastik* und *Stereotypie*. Hier waren 14 Gießmaschinen verbesserter Construction, wie sie weder in England noch in Frankreich vorkommen, 5 Gießöfen, 3 Apparate für Gyps- und Papier-Stereotypie, 3 Hobelmaschinen und 2 Kreissägen aufgestellt. Diese Abtheilung lieferte jährlich 1200 Centner diverser Schriften, Stereotypplatten u. s. w. Zu Gebote standen 35.342 Stück Stahlstempel und 173.672 Stück Kupfermatrizen.

Die Abtheilung der *Galvanoplastik* zur Erzeugung von Kupferniederschlägen für Kupfer- und Buchdruck, verstählten Kupferdruckplatten, Eisen-Galvanos, Ätzungen in Zink, Kupfer, Stahl und Glas u. s. w. mit 21 Apparaten, 2 Zersetzungströgern, 16 Kupferzink-Elementen lieferte jährlich 1200 diverse Platten zu Wert-Effecten im Gewichte von 60 Centnern.

Außerdem gab es noch eine Abtheilung für Photographie, eine Trockenanstalt und eine Buchbinderei, eine mechanische Werkstätte und Schlosserei mit allen Hilfsmaschinen, eine Tischlerei u. s. w.

Der Personalstand betrug am 1. Juni 1873 634 männliche und 107 weibliche Individuen, zusammen also 741, also um 165 weniger als zur Zeit der ersten Weltausstellung in London.

Der »Katalog der von der k. k. Hof- und Staatsdruckerei in Wien bei der Weltausstellung 1873 exponierten Erzeugnisse« gibt ein anschauliches Bild von der Leistungsfähigkeit dieses Institutes, die trotz mancher Beschränkungen und Ersparungen eine vorzügliche genannt werden musste. Um nur auf Weniges hinzudeuten, stehen die wissenschaftlichen Werke, die künstlerischen Verlagswerke, z. B. Quirin Leitners: »Die Waffen-Sammlung des österreichischen Kaiserhauses im Artillerie-Arsenal-Museum zu Wien« (1870), »Die hervorragendsten Kunstwerke der Schatzkammer des österreichischen Kaiserhauses« (1872), u. s. w., hinter früheren Leistungen gewiss nicht zurück.

Im Jahre 1882 betrug der Personalstand der k. k. Hof- und Staatsdruckerei 891 Personen, also um 150 mehr als zur Zeit der Wiener Weltausstellung. Nicht minder gibt auch folgender Überblick über das Material und die Arbeitsleistung im genannten Jahre uns ein Bild von der erhöhten Thätigkeit.

Vorrath an Lettern in Kilogrammen	541.519	Steindruck-Schnellpressen	3
Vorrath an Schriftstempeln und Matrizen in Kilogrammen	221.782	Pantographen sammt Guillochier- und Reliefmaschinen	5
Eiserne Handpressen	21	Galvanische Apparate	12
Schnelldruckpressen	54	Hydraulische Glättpresse	1
Kupferdruck- und Satinierpressen	40	Lettergießmaschinen	10
Stampiglienmaschinen	4	Brief-Convert-Falzmaschinen	14
Numeriermaschienen	10	Präge- und Stampiglienpressen	6
Perforiermaschinen für Handbetrieb	26	Papierschneidemaschinen	12
Perforiermaschinen für Dampfbetrieb	2	Convert-Ausschneidemaschinen	2
Steindruckpressen	15	Glättpressen	5

Die Arbeitsleistungen der Druckerei in Riesen Papier à 480 Bogen ausgedrückt betrugen damals 125.000 Ries gegen die Vorjahre 1841 mit 800, 1845 mit 23.950, 1850 mit 200.000 und 1867 mit 76.013 Riesen, wornach die größte Leistungsfähigkeit der Staatsdruckerei in den Anfang der fünfziger Jahre fällt, ihr aber die Bestrebungen der letzten zehn Jahre wieder am nächsten kommen.

Vom Jahre 1872 bis zu seinem am 21. October 1884 erfolgten Tode leitete mit rastlosem Eifer der technische Inspector Raimund Lauter[293] sämmtliche technische Abtheilungen.

[293] Raimund Lauter, geboren am 4. November [illegible] in Troppau, hatte vom 1. October 1855 bis 28. Jänner 1857 bei Karl Prochaska in Teschen die Buchdruckerei erlernt. In diesem Geschäfte er bis zum Jahre 1870 verblieb, wo er als [illegible] Factor in die akademische Abtheilung der k. k. Hof- und Staatsdruckerei eintrat. Als Obmannstellvertreter des »Comités zur Feier der vierhundertjährigen Einführung der Buchdruckerkunst in Wien im Jahre 1882« und als Mitglied des »Comités für die Herausgabe von Wiens Buchdruckergeschichte«, war er in hervorragender und [illegible] Weise thätig. (»Oesterreichische Buchdruckerzeitung« vom 30. October 1884.)

Die Directoren v. Auer und v. Beck haben die Verbreitung geistiger Cultur durch die Buchdruckerpresse gefördert, Wissenschaft und Kunst mit Bereitwilligkeit in solchen Fällen, wo Mittel von Privatpersonen und Anstalten nicht ausreichten, unterstützt und aus dem reichen Typenschatze und Illustrationsmateriale der Anstalt gar Vieles abgegeben. Schon in den vierziger Jahren wurde die Franciscanerdruckerei in Jerusalem eingerichtet. Die Franciscaner Sebastian Fretschner und Heribert Witsch wurden in allen Zweigen der Buchdruckerkunst unterrichtet; diese haben dann im Orient mehrere Druckereien eingerichtet und das dortige Personale geschult. Auch der bekannte Missionär und Generalvicar Dr. Ignaz Knoblecher zu Chartum, welcher Asien, Amerika und Afrika durchreist hatte, errichtete an seinem bischöflichen Sitze eine Druckerei für Typendruck und Lithographie. Er wendete sich an Auer, welcher eine Buchdruck- und eine lithographische Presse nebst den für die dortige Mission nöthigen europäischen und außereuropäischen Lettern, Steinen und sonstigen Gerathschaften schickte; Leiter dieser Missionsdruckerei war ein gebürtiger Asiate, der unter Auer die Typographie erlernt hatte. Auch an die Druckereien der europäischen Donau-Commission wurde das leitende Personale abgegeben, desgleichen an die Staatsdruckerei in Lissabon (F. Leipold und Ignaz Lauer) und an die Druckerei in Mailand (Odebhi Canella). Eingerichtet wurden und an sie auch das leitende Personale abgegeben: 1848 die Staatsdruckereien in Lemberg, Temesvár (Filiale der Staatsdruckerei in Wien) und 1871 in Budapest; eingerichtet wurden: 1871 die Druckerei für den Erzbischof Bartatux in Kurdistan, 1878 die Druckerei in Mostar, die Regierungsdruckerei in Sarajevo und die Felddruckerei für das Reichs-Kriegsministerium, 1879 die Missionsdruckerei in Shanghai, 1880 die Missionsdruckerei in Jerusalem und die Diocesan-Druckerei in Diakovar, 1881 die Buchdruckerei des Benedictinerstiftes Raigern in Brünn und die Buchdruckerei für den Bischof Menini in Philippopel.

Eleven waren u. a. in der Staatsdruckerei: R. v. Waldheim, Buchdruckereibesitzer in Wien; O. F. Berg, Journalist; Karl R. v. Scherzer, k. k. General-Consul in Genua; Karl Prochaska jun., Buchhändler und Buchdruckereibesitzer in Teschen; Alfred Traßler in Troppau; C. Fuchs aus Prag; Ritter v. Singer; Prof. Karl Faulmann; Hablawetz, k. k. Hofopernsänger; der jetzige Leiter der Staatsdruckerei in Bukarest J. Göbl; der Serbe Svetozar Sawitsch (1870–1872); der Serbe Georg Gruitsch (1879–1880); die Schweizer Johann Nägeli und Josef Raber (1881); der Franzose Berger Levrault aus Nancy (1880–1881); die Neuseeländer William Fostoe und Samuel Rerehau, welche Dr. Karl R. v. Scherzer auf der «Novara» hierher gebracht hatte; der Schwede Waldemar Zachrisson (1880–1881); die Araber Georg Huday aus Aleppo (1846–1851); Anton Hassan aus Cairo (später Professor an der k. k. orientalischen Akademie in Wien), Ibrahim Charif, Mohammed Abdelhalim, Mohammed Habib, Saleh Hussein, Adelrahman Schokey und Ibrahim Zeneddine (1869–1871).

Die Staatsdruckerei befindet sich gegenwärtig noch im ehemaligen Franciscanerkloster in der Singerstraße Nr. 26 und Seilerstätte Nr. 8 (siehe Nr. 71), doch wurden einzelne Abtheilungen derselben wegen zu beschränkten Raumes auswärts untergebracht. So wurde eine typographische Abtheilung in einem Flügel des Servitenklosters in der Rossau und die Schriftgießerei im Dominicanerkloster in der Stadt untergebracht; für den Drucksorten-Verlag wurde ein Hofraum in der Beatrixgasse adaptirt u. s. w.

ANDREAS GASSLER

(1805 bis 1815)

Nachdem Anton Gaßler am 30. April 1803 mit Tod abgegangen war, überreichten die privilegierten Buchdrucker Wiens im folgenden Jahre bei der k. k. Polizeihofstelle einen Recurs gegen die Verleihung einer Buchdruckerei-Befugnis an dessen Bruder Andreas Gaßler, Buchhändler in Laibach. In der Begründung ihres Recurses beriefen sie sich darauf, dass sie denselben nur deshalb überreichen, weil der Kaiser es für gut und nöthig befunden habe, die Gesetze der Censur von Zeit zu Zeit immer zu verschärfen, und sie in Erfahrung gebracht hatten, «dass er es sehr billige und dass es seine gerechte Willensmeinung sey, auch in dieser Rücksicht die große Anzahl der dermalen bestehenden Buchdruckereien in thunlichen Fällen zu beschränken.«[294]

Andreas Gäßler wurde aber trotzdem am 27. Juni 1805 die Befugnis zur Ausübung der Buchdruckerei in Wien ertheilt und ihm am 17. Juni 1806 mittelst Decret der Landesregierung vom 29. Mai für den Buchhandel eine Commerzsteuer mit 20 Gulden und für den Buchdruck mit 10 Gulden auferlegt.

Andreas Gäßler betrieb die Buchdruckerei bis zu seinem am 12. April 1815 erfolgten Tode. Bei der am 20. Mai d. J. von Mathias Andreas Schmidt und Georg Überreuter abgehaltenen Schätzung wurden die Buchdruckerei-Requisiten mit 1579 Gulden bewertet, darunter eine Druckerpresse mit eisernem Tiegel zu 120 Gulden und eine gleiche mit hölzernem zu 100 Gulden; zwei Druckpressen waren ausgeliehen.[295] Um die erledigte Personalbefugnis bewarb sich in einem Gesuche an den Wiener Magistrat Johann Emanuel Ackermann, der aber bald davon abstand.

THERESIA GRUND.

(1805 bis 1806.)

Nach dem Tode des Ignaz Grund (1805) gedachte die Witwe Theresia die Buchdruckerei an ihren Stiefsohn Leopold zu übertragen, weshalb sie 1806 beim Wiener Magistrate ansuchte.[296] Mit Regierungsdecret vom 19. Jänner 1807 wurde Leopold Grund die in Erledigung gekommene Buchdruckerei verliehen.[297] Theresia Grund starb am 3. April 1811. Sie hinterließ vier Kinder: Ludwig, welcher regulierter Chorherr im Stifte Klosterneuburg war, Heinrich, Buchbinder, Francisca und Christine; die beiden Letzteren waren noch minderjährig.[298]

GEORG ÜBERREUTER.

(1805 bis 1835.)

Georg Überreuter, im Jahre 1765 geboren, hatte in der großen Officin des Johann Thomas Edlen von Trattner die Buchdruckerei erlernt und war bei demselben durch zwei Jahre als Geselle und fünfzehn Jahre als Geschäftsleiter — auch bei Trattner jun. verblieben. Am 3. April 1805 überreichte er dem Wiener Magistrate ein Gesuch um Vormerkung, respective Gewährung, die ehemalige Universitäts-Buchdruckerei Trattner auf seinen Namen fortführen zu dürfen, und berief sich darauf, dass von den hiesigen Buchdruckereien sieben den Namen Universitäts-Buchdruckereien hätten und als Realgewerbe verkäuflich wären.[299] Er habe nun die Trattner'sche Buchdruckerei, welche Johann Thomas Edler von Trattner von Eva Schilgen (Jahn) käuflich an sich gebracht hatte und auf welche derselbe laut Urkunde vom 17. September 1748 als Universitäts-Buchdrucker aufgenommen worden war, gekauft und bitte, dass er ebenfalls als Universitäts-Buchdrucker aufgenommen und bestätigt werde.[300] Hierüber wurde zwischen dem Bittsteller Thomas Edlem

[294] Die weiteren Bemerkungen in jenem Berichte sind zur Beleuchtung, wie die privilegierten Buchdrucker sich fast gegen jede Wiederbesetzung aussprachen, nicht uninteressant. Andreas Gäßler, Buchdrucker und Buchhändler, sagen sie, war in Klagenfurt ansässig, wohlhabend und hatte nur, durch Eigennutz und durch Schein verleitet, sich hier in der Residenz sein Schicksal weit mehr zu verbessern, seine dortige Buchdruckerei verkauft, um von seinem verstorbenen Bruder hinterlassenen [illegible] Besitz zu ergreifen. Er habe nun, nachdem die Personalbefugnis erworben und sein Ansuchen vom Magistrate und der Regierung abgewiesen war, den Hofrecurs ergriffen. Die Buchdrucker Wiens könnten dies umso weniger gleichgiltig ansehen, als sie nicht nur durch die von Zeit zu Zeit [illegible] in die traurigste Lage versetzt wurden, sondern auch der ganze Erwerb gehemmt sei und auch jeder Speculation, die sie im literarischen Fache [illegible] fast alle erschöpft hätten, durch die neue [illegible]anstalt die Mittel benommen wären. Überdies sei der Antrag in Sicht, dass die Hofkammer eine eigene Druckerei für alle Hof- und Staatsarbeiten (Staatsdruckerei) errichte, wodurch nicht nur die vier großen dermaligen Hofbuchdruckereien in Unthätigkeit versetzt, sondern auch alle anderen Buchdruckereien nachtheilig beeinflusst würden, weil jene nothgedrungen wären, sich Arbeiten zu verschaffen, die bisher in kleineren Buchdruckereien ausgeführt wurden. Auch existierten die Buchdrucker noch in der großen Zahl, wie zur Zeit der Pressfreiheit, wo jeder viele Beschäftigung hatte; nun werde eine strenge Censur geübt und alle bestehenden Buchdruckereien hätten kaum so viel Arbeit, um den nothdürftigsten Unterhalt zu erwerben, indem Buchdruckereien von 4 oder 6 Pressen nur für 1 oder 2 Pressen Arbeit haben und oft ganz ohne Beschäftigung seien. Sie könnten die Arbeiter nicht ablassen, da sie dieselben bei eintretenden Bestellungen wieder haben müssen. — Dieselben Klagen wie bei der Errichtung der Staatsdruckerei. (Gremial-Archiv.)

[295] Archiv des Wiener Landesgerichtes, Verlassenschaftsacten, Fasc. 2, Nr. [illegible]/815.

[296] Registratur des Wiener Magistrates, Fasc. II, 8, Nr. [illegible].

[297] l. c. Fasc. II. 12, Nr. 772 ex 1806.

[298] Archiv des Wiener Landesgerichtes, Verlassenschaftsacten, Fasc. 2, Nr. [illegible]/811.

[299] So lange die Universität ihre eigene Gerichtsbarkeit ausübte, wurden sämmtliche Realgewerbe, wie bekannt, bei derselben vorgemerkt. Als die Jurisdiction der Universität aufgehört hatte, wurden auch die Vormerkbücher bei derselben nicht mehr geführt, und es stand daher dem Wiener Magistrate als erster Instanz das Recht zu, über die Sicherheit dieser Realgewerbe zu wachen und die Vormerkungen zu führen. (Gremial-Archiv.)

[300] Registratur des Wiener Magistrates, Fasc. II. 12, Nr. [illegible].

v. Trattner als Verkäufer und den privilegierten Buchdruckern am 8. April 1805 eine Tagsatzung abgehalten, aber erst am 15. December 1807 Überreuter durch Decret der Stadthauptmannschaft bewilligt, unter den angeführten Bedingungen die ehemals Trattner'sche Buchdruckerei zu übernehmen.[281] Diese Entscheidung wurde vorerst von der Regierung am 9. Jänner 1808 aufgehoben,[282] bald darauf aber nach genauer Prüfung der Acten doch die Bestätigung ertheilt und der Normalpreis mit 3500 Gulden bestimmt.[283]

Allein die günstigen Verhältnisse, unter welchen Trattner die Buchdruckerei einst geführt hatte, waren längst vorüber; sie waren theils für die Buchdrucker überhaupt schlechter geworden, theils hatten andere blühende Buchdruckereien die Arbeiten an sich gezogen.

Überreuter war anfangs auf wenige Aufträge beschränkt; Gebet- und Schulbücher und Kalender, worunter der Krakauer Kalender mit dem 50. Jahrgange unter dem Titel: »Neuer Krakauer Schreibkalender«, in 4°, 7 Bogen stark (2000 Exemplare), bei ihm begann und der früher bei Trattner gedruckt worden war, bildeten einen Haupt-Erwerbszweig. Mit der Zeit vermehrten sich wohl die Arbeiten in seiner Officin, die sich in der Adlergasse Nr. 146 im eigenen Hause befand. 1826 wurden bei den Druckpressen derselben die Ballen durch Walzen ersetzt. Georg Überreuter war auch beeideter Schätzmeister für Buchdruckerei-Requisiten.

1823 ließ Überreuter seinen Stiefsohn Karl Rauch die Buchdruckerei erlernen, adoptierte ihn und nahm ihn durch Gesellschaftsvertrag vom 26. Februar 1835 unter der Firma »Georg Überreuter und Sohn« ins Geschäft. Dieser Gesellschaftsvertrag, welcher bis zum Tode des einen oder anderen Theiles fortdauern sollte, wurde am 6. März 1835 zur Sicherstellung der dem Karl Überreuter daraus zustehenden Rechte auf dieses Gewerbe einverleibt. Am 15. April d. J. wurde zwischen Vater und Adoptivsohn ein nachträgliches Übereinkommen errichtet, worin es u. a. heißt, wenn Georg Überreuter vor Karl mit Tod abgehe, soll dieser, respective seine Kinder, berechtigt, jedoch nicht verpflichtet sein, mit der Universalerbin — der Gemahlin Überreuters — dieses Gesellschaftsverhältnis aufrecht zu erhalten.[284]

Georg Überreuter starb im Alter von 71 Jahren am 12. Juli 1836.[285]

LEOPOLD GRUND.

(1807 bis 1822.)

Leopold Grund, geboren 1782, hatte die Buchdruckerei erlernt. Laut § 8 des Testamentes hatte Ignaz Grund seinem Sohne Leopold, welcher das 23. Lebensjahr zurückgelegt hatte, die Buchdruckerei sammt allen dazu gehörigen Requisiten, Materialien und Vorräthen zugedacht, in der natürlichen Voraussetzung, dass derselbe als ein qualificierter Buchdrucker und nunmehriger Werkführer bei diesem Gewerbe seine volle Versorgung finden könne. Indessen hatte der Erblasser nicht bedacht, dass diese Buchdruckerei als ein Personalgewerbe nur seiner Person zustand, mithin nach seinem Tode, falls die zurückgelassene Gattin dasselbe nicht weiter fortführen wolle, ohneweiters erlösche. Dieser Fall trat ein, als Theresia Grund im Jahre 1806 die Buchdruckerei nicht mehr fortführen wollte. Der Curator für Leopold Grund, Dr. C. G. Levitschnig, bat nun bei der competenten Behörde, dass dem Sohne die Befugnis seines Vaters übertragen werde.[286] Mit Regierungsdecret vom 18. December 1806, respective 19. Jänner 1807 erhielt er auch die väterliche Buchdruckerei.

Die Officin befand sich anfangs noch im Heiligenkreuzerhofe, später auf der Landstraße »im rothen Hahn« Nr. 333, zuletzt Hundsthurm, Schlossplatz Nr. 1. In den Jahren 1814 bis 1818 waren 6, von 1819 an 8, bei seinem Tode, 1822, aber 10 Holzpressen beschäftigt.

281 Registratur des Wiener Magistrates, Fasc. B. 12, Nr. 1198.
282 L. c. Fasc. B. 12, Nr. 1128 ex 1807 und Gremial-Archiv.
283 Registratur der k. k. Statthalterei, Fasc. B. 12, Nr. [illegible]. Hofkanzleidecret vom 11. März 1808, Nr. 5218.
284 Die Buchdruckerei-Requisiten wurden auf 3624 fl. 46 kr. geschätzt, u. z. [illegible] Centner [illegible] Pfund Lettern, à Centner durchschnittlich [illegible] fl. = [illegible] fl., 2 Regalpressen à 40 fl. = 80 fl., 9 eiserne Pressen à [illegible] fl. = [illegible] fl., 1 [illegible] Packpresse mit eiserner Spindel und Zugehör = [illegible] fl. u. s. w. Die Bücherverrath hatte einen Schätzungswert von 596 fl. 11 kr. (L. c.
285 Archiv des k. k. Landesgerichtes in Wien, Verlassenschaftsacten, Fasc. 2, Nr. 5437/836.
286 Registratur der k. k. niederösterreichischen Statthalterei, Fasc. A. 15, Nr. 46713. Gremial-Archiv.

Unter den Drucken der Grund'schen Officin sind Gebetbücher am meisten vertreten. 1820 bewarb er sich auch um eine Buchhandlungs-Gerechtigkeit, bezüglich der er jedoch abgewiesen wurde.[307]

Leopold Grund starb am 15. Jänner 1822. Er hinterließ nur eine Witwe, Johanna Grund, geborene Kaufmann, Fleischhauerstochter aus Göllersdorf, welche die Buchdruckerei fortführte. Diese war auf 3993 Gulden geschätzt worden.[308]

GEORG HRASCHANZKY.

(1806 bis 1813.)

Nach dem Tode seines Vaters war Georg Hraschanzky um Verleihung der väterlichen Buchdruckerei-Befugnis eingeschritten[309] und berief sich dabei insbesonders auf den § 7 des kaiserlichen Patentes vom 18. März 1806, der zu seinen Gunsten spreche. Die Bewilligung erfolgte auch mit Regierungs-Decret vom 25. October 1806 (intim. Magist. Decr. v. 30. December).[310]

Georg Hraschanzky pflegte ebenfalls den Druck hebräischer Bücher, aber in weit geringerem Umfange wie sein Vater.

Im Jahre 1813 legte er seine Buchdruckerei-Befugnis zurück,[311] um welches sich Leopold Golfinger Edler v. Steinsberg, Factor der k. k. priv. Bauer'schen Universitäts-Buchdruckerei, Ferdinand Jahn, Director der priv. Josef Jahn'schen Buchdruckerei, und der Buchdruckergeselle Georg Holzinger bewarben. Letzterem wurde mit Regierungs-Decret vom 9. August 1814 das Hraschanzky'sche Privilegium verliehen.[312]

Georg Hraschanzky stellte nun das Ansuchen, ihm eine hebräische Buchhandlung zu bewilligen. Da demselben aber ein Hindernis entgegenstand, wurde der Termin der Verhandlung verlängert. Bei dieser Gelegenheit stellte es sich heraus, dass er, ungeachtet er seine Buchdruckerei zurückgelegt hatte, doch noch ein öffentliches Verschleißgewölbe auf dem Kienmarkte hielt und den Verschleiß von hebräischen Büchern fortsetzte. Als ihm dieser Buchhandel verboten wurde, ergriff er dagegen den Recurs, der jedoch verworfen wurde.[313]

ANNA OCHS.

(1810 bis 1812.)

Nach dem Tode des Josef Ochs setzte dessen Witwe Anna die Buchdruckerei fort, sagte sie aber schon im folgenden Jahre heim; der Magistrat stellte den Antrag, die Befugnis einzuziehen. Dieser Antrag wurde von der Regierung zurückgewiesen und mit Decret vom 10. October angeordnet, die Wiederbesetzung einzuleiten.[314] Ein gewisser Leopold Schiefel, der um die Verleihung gebeten hatte, wurde abgewiesen (16. December 1811).[315] Auch das von den Buchdruckern Wiens beim Magistrate gestellte Ansuchen, die bereits bestehenden Buchdruckereien zu erhalten, aber weder die erloschene Ochs'sche noch andere neue Buchdruckerei-Freiheiten an Schriftgießer zu ertheilen, wurde abgelehnt,[316] ebenso deren Hofrecurs; die schon früher anbefohlene Concursausschreibung, welche mit Decret der Hofkanzlei

[307] Registratur des Wiener Magistrates, Fasc. II. 1512, Nr. 29642.

[308] 50 Centner verschiedene Schriften à 30 fl. = 1500 fl.; 40 Schriftkästen à 1 fl. = 40 fl.; 12 Setzerregale à 2 fl. = 24 fl.; 8 Formenregale à 1 fl. = 8 fl.; 10 Schiffe für Setzer in Folio à 30 kr. = 5 fl.; 14 Schiffe für Setzer in Quart à 20 kr. = 4 fl. 40 kr.; 14 Winkelhaken à 1 fl. = 14 fl.; 16 Setzerbretter à 10 kr. = 2 fl. [illegible]; 16 Pressen à 80 fl. = 1280 fl.; 12 Feuchtbretter à 12 kr. = 2 fl. 24 kr.; 60 Formenbretter à 15 kr. = 15 fl.; 1 Farbstein zum Farbreiben = 20 fl.; 1 Packpresse 5 fl.; 12 eiserne Median-Rahmen à 2 fl. = 24 fl.; 16 eiserne ordinäre Rahmen à 1 fl. 30 kr. = 24 fl. Zusammen 3993 fl. 4 kr. Schätzmeister war Georg Überreuter. (Archiv des Wiener Landesgerichtes, Verlassenschaftsacten, Fasc. 2, Nr. 2258/1822.)

[309] Registratur des Wiener Magistrates, Fasc. II. 12, Nr. 629. — Gremial-Archiv. — Über Hraschanzky auch Archiv des k. k. Finanzministeriums, Nied.-österreichische Commerzacten, Fasc. 110 f.

[310] Registratur der k. k. niederösterreichischen Statthalterei, Fasc. A. 15, Nr. 34661. — Registratur des Wiener Magistrates l. c.

[311] Registratur des Wiener Magistrates, Fasc. II. 3, Nr. 7030.

[312] Registratur der k. k. niederösterreichischen Statthalterei, Fasc. B. 8, Nr. 21461. — Gremial-Archiv.

[313] Er konnte nur Buchbindern oder befugten Buchdruckern, die zum Verkaufe berechtigt waren, seine Bücher überlassen; er selbst aber war nach Zurücklegung seiner Buchdruckerei nicht mehr zum eigenen Verkaufe berechtigt. Als Hraschanzky's Recurs verworfen war, übernahm der Antiquarbuchhändler Franz Grund diese hebräischen Verlags-Artikel in Commission. (Registratur des Wiener Magistrates, Fasc. II. 3, Nr. 291. — Gremial-Archiv.)

[314] Registratur der k. k. niederösterreichischen Statthalterei, Fasc. B. 8, Nr. 25383, 31971.

[315] Gremial-Archiv.

[316] Registratur der k. k. niederösterreichischen Statthalterei, Fasc. B. 8, Nr. 1331. — Gremial-Archiv.

vom 18. Juni 1812 jetzt neuerdings bewilligt wurde, blieb somit aufrecht. Am 26. November 1812 wurde nach diesem Vorgange die erledigte Oehl'sche Buchdruckerei dem Josef della Torre, Director der Anton Schmid'schen Buchdruckerei, verliehen, der bereits 27 Jahre Buchdrucker war und 19 Jahre in Schmid-Diensten stand.[317]

THERESIA WALLISHAUSSER.

(18[illegible] bis 18[illegible])

Es war keine geringe Aufgabe, welche Theresia Wallishaußer nach dem Tode ihres Mannes Johann B. Wallishaußer auf sich genommen hatte, nämlich neben neun Kindern eine Buchdruckerei und Buchhandlung in schwieriger financieller Lage nicht nur aufrecht zu erhalten, sondern auch von den ihnen anhaftenden Lasten zu befreien. Aber die energische Witwe und der tüchtige, von Johann Wallishaußer selbst noch ernannte Vormund und Curator Dr. Cajetan Schödler hatten aus Liebe zu den Kindern und über Ersuchen der Gläubiger die Buchdruckerei und Buchhandlung mit aller Sorgsamkeit und allem Fleiße durch Jahre hindurch geleitet und durch nützliche Ersparungen neben fruchtbringenden Auslagen allmählich das Gleichgewicht in den Activen und Passiven hergestellt. Hierbei wurden Mutter und Vormund von dem ältesten Sohne Johann B. Wallishaußer (II.), welcher die Buchdruckerei erlernt und sich ungeachtet seiner Jugend schon zum bewährten Geschäftsführer entwickelt hatte, sowie durch die älteste Tochter Maria Anna aufs wirksamste unterstützt, so dass schon auf Grund der Bilanz von 1816 um die normalmäßige Abhandlung angesucht werden konnte; dieselbe erfolgte auch im folgenden Jahre. Alle Kinder waren nun versorgt, alle Schulden bezahlt und die Gläubiger vollends befriedigt. (Abhandlungsbescheid vom 14. Jänner 1817.) Die Buchdruckerei und Buchhandlung führte von jetzt an unter der Oberleitung des Vormundes der großjährige Sohn Johann Baptist Wallishausser (II.) fort, der auch von der Behörde deshalb in Eid genommen worden war. Im Jahre 1819 entsagte Theresia Wallishaußer zu Gunsten desselben auf ihre Privilegien, der sie nun übernahm und die Geschwister theilweise abfertigte. Die behördliche Bewilligung erfolgte im Anfange des Jahres 1820.[318]

Aus dieser Schilderung von der gedeihlichen Entwicklung der materiellen Lage des Geschäftes im Laufe von neun Jahren ergiebt sich wohl von selbst der Beweis die Bestrebungen, die Wallishaußer'sche Buchdruckerei bezüglich ihrer technischen Leistungen, die nun alle Anerkennung fanden, zu heben. Johann Baptist Wallishaußer war schon in jungen Jahren nicht nur als gelernter Buchdrucker, sondern auch als intelligenter und eifriger Geschäftsleiter sorglichst bemüht gewesen, den Verlag zu erweitern und schöne und correcte Ausgaben herzustellen.

BARTHOLOMAEUS ZWECK.

(18[illegible] bis 18[illegible])

Bartholomäus Zweck, im Jahre 1748 zu Schwandorf in der Pfalz geboren, hatte die Buchdruckerei ordentlich erlernt und war anfangs Geselle, dann durch neun Jahre Factor bei Josef Edlen v. Baumeister, durch mehr als zehn Jahre in gleicher Stellung bei Anton Schrämbl, wo er überall tüchtige Kenntnisse im Fache der Buchdruckerei bewiesen hatte. Nach Ventotti's Tode, 1801, übernahm er für die Witwe, Anna Ventotti, die Wien verlassen und sich in Pest mit einem Grafen Barkoczi wieder verehelicht hatte, die Leitung ihrer Officin, ja er kaufte vom Freiherrn von Lengenfeld, welcher als Gläubiger des Ventotti bereits die Pfändung der sämmtlichen Druckerei-Requisiten erwirkt hatte, dieselben an sich.

Im November 1804 richtete Zweck an den Wiener Magistrat ein Gesuch um »gnädige Übertragung des Privilegiums der Ventotti'schen Buchdruckerei« auf ihn und berief sich auf seine günstigen Nachweise, wie auf den Ankauf der Buchdruckerei-Requisiten. Er war auch der Meinung, dass dem Magistrate ohnedies das Privilegium Ventotti's unter diesen Umständen anheimgesagt sei; zur Bekräftigung seines Gesuches wies er aber noch darauf hin, dass er sich »das Zeugnis und das Zutrauen der hiesigen griechischen

317 Registratur der k. k. niederösterreichischen Statthalterei, Fasc. B. 8, Nr. 31781. — Gremial-Archiv.

318 Archiv des Wiener Landesgerichtes, Verlassenschaftsacten, Fasc. 2, Nr. 1293/810. — Registratur des Wiener Magistrates, Fasc. B. 4, Nr. 19133; B. 107, Nr. 13556; B. 199, Nr. 2520.

Nation in solchem Grade erworben habe, dass sehr viele griechische Werke, die von Griechenland und Russland an hiesige griechische Handelsleute zum Drucke eingeschickt, von hier aber aus Mangel eines correcten Satzes und guten Druckes wieder nach Leipzig gesendet worden waren, nun von ihm zur großen Zufriedenheit der Besteller und zum Nutzen aller bürgerlichen Beschäftigungen, welche sich auf Bücher-Fabrication beziehen, gedruckt worden seien.»

Der Magistrat ordnete eine neuerliche Tagsatzung mit dem Bittsteller und den privilegierten Buchdruckern für den 22. December 1804 an;[319] Zweck erhielt aber die Ventotti'sche Buchdruckerei-Befugnis noch nicht.

Im Jahre 1805 erklärte Anna Ventotti, dass sie die Befugnis ihres verstorbenen Mannes den Kindern überlassen wolle, was aber nicht angenommen wurde.

Am 5. December 1808 bewarb sich Zweck, «Director der Ventotti'schen Buchdruckerei» — die Witwe Anna Ventotti, vermählte Gräfin Barkoczi, hatte sie bereits heimgesagt[326] und Zweck als Lohn für seine treuen Dienste sämmtliche Buchdruckerei-Requisiten umsonst überlassen — um die Befugnis. Mit Hofkanzlei-Decret vom 16. December 1810 wurde endlich seiner Bitte entsprochen und ihm Ventotti's erledigtes «Buchdruckerei-Gewerbe» verliehen.[321]

Von amtlich beglaubigten Vorkommnissen während seiner Thätigkeit sei erwähnt, dass er im Jahre 1814 in einem Gesuche an den Magistrat sich wandte, um seine Buchdruckerei mit jener des Johann B. Geisler in Retz vertauschen zu dürfen, was ihm jedoch nicht bewilligt wurde,[322] und dass er im folgenden Jahre um die Erlaubnis bat, wegen Raummangel eine dritte Presse ausser Haus aufstellen und sich mit dem Griechen Demeter Alexandrides zum Drucke der griechischen Zeitung «vergesellschaften» zu dürfen; auch dies wurde ihm verwehrt.[323]

Zweck druckte meistens griechische Werke, aber auch solche in andern fremden Sprachen.[324] Seine Officin war mit hübschen Typen, namentlich in griechischer Sprache wohl versehen.[325]

Zweck starb kinderlos am 16. October 1823 im Hause Nr. 727 in der Stadt. Die Befugnis gieng auf seine Witwe Anna Zweck über.

DIE MECHITHARISTEN-BUCHDRUCKEREI.

(1811 bis 1874.)

Armenier hatten schon im XVII. Jahrhunderte an verschiedenen Orten Asiens und Europas Buchdruckereien errichtet. In Paris war es sogar der Cardinal Richelieu, der ihre Buchdruckerei besonders begünstigte.

Auch Mechithar, der Stifter der vom Papste Clemens XI. bestätigten und nach ihm benannten Congregation, errichtete bald, nachdem die Venezianer 1717 derselben die kleine Insel San Lazzaro eingeräumt hatten, daselbst eine Buchdruckerei für die armenische und türkische Sprache mit Lettern von Amsterdam. Einigen Priestern dieser Mechitharisten-Congregation, darunter der nachmalige Generalabt und Erzbischof Adeodat Babik, gab die Kaiserin Maria Theresia im Jahre 1773 eine früher den Benedictinern zu Venedig gehörige, nun leerstehende Kirche zu Triest, in deren Nähe schon im Jahre 1775 eine neue Kirche sammt

[319] Unterm 15. September 1803 baten sich die privilegierten Buchdrucker Wiens beschwert, dass Zweck keine Befugnis habe; dieser äußerte sich aber in der Commission dahin, dass er die Buchdruckerei der zu Pest befindlichen Witwe Ventotti auf sechs Jahre in Pacht genommen habe und daher diese Zeit hindurch dieselbe [illegible] versehe. Dies konnte aber nach den bestehenden Gesetzen nicht geduldet werden. Der Magistrat entschied, es sei an den Pester Magistrat das Ersuchen zu richten, die dort befindliche Witwe Ventotti zu vernehmen, ob sie wirklich wieder hieher kommen und ihre Befugnis selbst wieder ausüben wolle oder nicht. (Gremial-Archiv. — Registratur des Wiener Magistrates, Fasc. II. 12, Nr. 518.)

[320] L. c. Fasc. II., Nr. 1161. — Die Unterschrift der Buchdruckerei lautete bisher: «[illegible]»

[321] L. c. Fasc. II. 12, Nr. 1413. — Registratur der k. k. niederösterreichischen Statthalterei, Fasc. B. 12, Nr. 20029. — Gremial-Archiv.

[322] Registratur des Wiener Magistrates, Fasc. II. 4, Nr. 2929. — Registratur der k. k. niederösterreichischen Statthalterei, Fasc. B. 8, Nr. 1742.

[323] Registratur der k. k. niederösterreichischen Statthalterei, Fasc. B. 8, Nr. 36181. — Zweck stand von seinem doppelten Begehren selbst ab, da aber die Letztere, womit der Buchdrucker [illegible] von Haschlitz die griechische Zeitung druckte, dem Alexandrides gehörte und auch die dem Zweck verweigerte Presse bei Alexandrides sich befand, so wurde dem Magistrate die weitere Amtshandlung hierüber aufgetragen. (L. c. Fasc. II. 4, Nr. 9458.)

[324] Z. B. in italienischer Sprache: [illegible], Manuale del [illegible] di [illegible] austriaco. Vienna nella stampa di J. B. Zweck, 1817. 8°.

[326] Die Buchdruckerei-Requisiten wurden von den beeideten Schätzmeistern [illegible] Übereuter und Franz Ludwig auf 1500 Gulden geschätzt. Es waren vorhanden: 22 Centner Schriftkasten à 60 fl. = 1320 fl.; 2 Druckpressen, eine mit [illegible], eine mit eisernem Tiegel à 70 fl. = 140 fl.; 36 Schriftkästen à 1 fl. = 36 fl.; 24 [illegible] à 30 kr. = 12 fl.; 4 doppelte Setzregale à 4 fl. 30 kr. = 18 fl.; 5 einfache à 2 fl. 30 kr. = 12 fl. 30 kr.; 2 [illegible] à 2 fl. 30 kr. = 5 fl.; andere kleine Requisiten = 4 fl. 30 kr. (Archiv des Wiener Landesgerichtes, Verlassenschaften, Fasc. 2, Nr. 2553/1803.)

Kloster erstand. Diesen Mechitharisten ertheilte die Kaiserin am 30. Mai 1775 ein Privilegium, eine orientalische und occidentalische Buchdruckerei errichten zu dürfen.

Als die Franzosen von der Stadt Triest, die sie im Pressburger Frieden (1809) erhalten hatten, Besitz ergriffen, wurden die Mechitharisten, als ehemalige treue österreichische Unterthanen, feindselig behandelt. Sie begaben sich daher nach Wien und erwirkten mit Unterstützung des Erzbischofs Sigmund (II.) Grafen von Hohenwart die Bewilligung des Kaisers Franz (Allerhöchstes Cabinetsschreiben vom 5. December 1810; Hofkanzlei-Decret vom 13. December, intimiert mit Regierungs-Erlass vom 27. December), sich in Wien niederlassen zu dürfen. Als Stätte ihres Seins und Wirkens wurde ihnen das ehemalige Kapuzinerkloster sammt Kirche in der Vorstadt St. Ulrich (»am Platzl«) angewiesen, nur sollten sie gemäß der kaiserlichen Bewilligung dem Staate in keinem Stücke zur Last fallen und unter andern ihren Unterhalt auch von der Buchdruckerei in orientalischen und occidentalischen Sprachen nehmen.

Was letztere betraf, so beruhte die Allerhöchste Entschließung auf dem Privilegium der Kaiserin Maria Theresia vom Jahre 1775, welches das erste und auch einzige Privilegium für die gesammte Buchdruckerei der Mechitharisten in diesen Sprachen ist; ein anderes derartiges Privilegium hatten sie nie mehr erhalten.

Am 16. Februar 1811 wurde der ehemaligen Triester — nun Wiener — Mechitharisten-Congregation unter dem Generalabte Adeodat Babik, Erzbischof von Etschmiadzin, von einer gemischten Commission der neue Besitz übergeben.

Schon im folgenden Monate begannen die Mechitharisten die Buchdruckerei einzurichten, und zwar größtentheils mit den Materialien, welche sie aus der Buchdruckerei in Triest entweder selbst mitgebracht hatten, oder welche sie später hatten nachkommen lassen; auch ein Setzer aus jener Buchdruckerei, namens Jacob Bodairski, war hier wieder eingetreten. Noch während dieser Vorbereitungen, am 14. Juni 1811, war der Generalabt Adeodat von der Censurbehörde erinnert worden, gemäß dem Diplome der Kaiserin Maria Theresia, für die armenischen Bücher ein Mitglied der Congregation als Censor zu bestimmen, welches in dieser Eigenschaft von der Behörde approbiert sein müsste.

Im Jahre 1811 begannen nun die Arbeiten zunächst auf zwei Pressen.[326] Das erste Werk, das aus diesen hervorgieng, war in Erinnerung an den Aufenthalt der Mechitharisten als Gäste im Servitenkloster in der Rossau, bevor sie nach St. Ulrich übersiedelten, ein »Leben der heil. Jungfrau Maria« in armenischer Sprache.[327]

Dass die Wiener Buchdrucker mit scheelen Augen auf die neuerrichtete Kloster-Buchdruckerei blicken würden, war zu erwarten; erhoben sie ja fast bei jedem neuen Privilegium ihre Gegenvorstellungen. Bereits im Jänner 1812 baten auch die Buchdrucker B. Ph. Bauer und Anton Strauß, als Vorsteher des Buchdrucker-Gremiums, um Untersuchung der von den Mechitharisten »höchst wahrscheinlich unbefugten Ausübung einer Buchdruckerei.« Bei der Abweisung, die sie durch den Magistrat erhielten,[328] ließen sie es aber nicht bewenden, sondern beschwerten sich in einem Hofgesuche geradezu, dass die Mechitharisten ihr Privilegium überschreiten, zu welchem Vorwurfe vielleicht die Stilisierung der Firmatafel auch Anlass gegeben haben mochte. Die Hofkanzlei verordnete mit Decret vom 15. März 1812 (Z. 3008), dass in dieser Angelegenheit eine Untersuchung zu pflegen wäre. Der auf Grund derselben erstattete Bericht des Stadthauptmanns hatte zur Folge, dass die Wiener Buchdrucker mit Regierungs-Decret vom 13. August 1812 neuerdings abgewiesen wurden.[329] Seit dieser Zeit erhoben sie nie mehr eine Beschwerde gegen die Mechitharisten-Buchdruckerei.

[326] »Die im Kloster auf dem Platzel befindlichen Mechitaristen« — heißt es in einem Berichte der niederösterreichischen Regierung an die Hofkanzlei vom 27. Februar 1812 — »arbeiten wirklich seit vier Monaten und haben zwei Pressen im Gange, sind auch gesonnen, noch zwei aufzustellen. Sie bearbeiten sie nicht mit ihren Ordensmitgliedern, sondern mit aufgenommenen Gesellen und Druckern in orientalischen und occidentalischen Sprachen, bleiben aber innerhalb der Grenzen ihres Privilegiums.« (Archiv des k. k. Ministeriums des Innern, Fasc. IV. 16. 7.)

[327] Friedrich v. Hurter, Aus dem Leben des hochwürdigsten Herrn Aristaces Azaria, Generalabtes der Mechitharisten-Congregation, Erzbischofs von Caesarea etc. Wien, Mechitharisten-Buchdruckerei, 1855. S. 27.

[328] Der Magistrat hatte eine Commission für den 29. Jänner angeordnet; zu derselben wurde auch ein Mechitharist vorgeladen, welcher das Privilegium der Buchdruckerei mitzubringen hatte. Der Magistrat erklärte Tags darauf, mit Bezug auf obenerwähntes Allerhöchstes Cabinetsschreiben (durch Regierungs-Decret vom 27. December 1810 bekannt gemacht) nichts verfügen zu können, zumal er amtlich von demselben auch gar nicht in Kenntnis gesetzt worden war. (Registratur des Wiener Magistrates, Fasc. II. 3, Nr. 196. — Archiv der Mechitharisten-Congregation.)

[329] Registratur der k. k. niederösterreichischen Statthalterei, Fasc. II. 8, Nr. [illegible]

Es wurde eben erwähnt, dass die Stilisierung der Firmatafel vielleicht mit eine Ursache der letzten Beschwerdeführung der Wiener Buchdrucker gewesen. Die Aufschrift der Mechitharisten-Buchdruckerei lautete bis zum Jahre 1823: «K. k. armenische Buchdruckerei.» Am 3. April desselben Jahres richtete nun ihr damaliger Director, Aristaces Azaria, ein Gesuch an die Regierung, worin er bat, die Aufschrift dahin abändern zu dürfen: «K. k. priv. Buchdruckerei in allen Sprachen der Mechitharisten-Congregation.» Die Regierung entschied aber mit Decret vom 19. April, dass die Aufschrift zu lauten habe: «Buchdruckerei der Mechitharisten-Congregation in orientalischen und occidentalischen Sprachen.»[330]

Die Mechitharisten druckten auf Grund ihres Privilegiums vom 30. Mai 1775 und des Allerhöchsten Cabinetschreibens vom 15. December 1810 in deutscher, lateinischer, französischer, italienischer, polnischer und russischer, in armenischer (literär,[331] vulgär[332] und neu[333]), türkischer[334] und syrischer Sprache, mit einem Worte in fast allen europäischen und in vielen orientalischen Sprachen. Besondere Privilegien besaßen sie für den Druck lateinischer Missale[335] und Breviere,[336] von denen sie Pracht-Exemplare dem Kaiser,[337] dem Papste,[338] fürstlichen Personen und geistlichen Würdenträgern überreichten.

In großer Menge wurden religiöse und Erbauungsschriften gedruckt, aber nicht bloß für den Verkauf, sondern auch mit der Bestimmung, von der Congregation meistens an Strafhäuser zum Gebrauche der Sträflinge vertheilt zu werden.[339]

Im Jahre 1828 gründete der Generalabt und Erzbischof von Caesarea, Aristaces Azaria, einen «Verein zur Verbreitung guter katholischer Bücher», um namentlich unter die weniger bemittelte Classe der Bevölkerung solche Bücher um billigen Preis zu bringen.[340] Es erschienen auch bis zum Jahre 1848, wo dieser Verein sich auflöste, mehr als 120 Bände, mit welchen Straf- und Krankenanstalten, in denen man die deutsche Sprache redete, vielfach betheilt worden waren.

Als infolge einer am 11. März 1835 ausgebrochenen Feuersbrunst am Platzl der Bauzustand der Häuser daselbst mit Rücksicht auf Feuersgefahr untersucht wurde, traf auch — und mit Recht — das ehemalige Kapuzinerkloster, nun Congregationshaus der Mechitharisten, das Los der Demolierung.

Am 18. October 1837 legte Kaiser Ferdinand im Beisein seiner Gemahlin und der Erzherzoge Karl, Ludwig und Wilhelm den vom päpstlichen Nuntius, Fürsten Altieri, geweihten Grundstein zum Neubau

[330] Archiv der k. k. niederösterreichischen Statthalterei, Fasc. [illegible] Nr. [illegible] und 12216. — Archiv der Mechitharisten-Congregation.

[331] Z. B. die 2. Auflage des Gebetbuches: «Die Seelenangst» (1818).

[332] ABC-Büchlein 1815. — Allgemeines Gebetbuch 1820.

[333] 3. Auflage des kleinen Katechismus, 2. Auflage eines [illegible] 1825; Lesebuch 1826; Geschichte Wiens 1830; Jubiläumsbüchlein 1830.

[334] Meistens Gebet- und Erbauungsbücher, Geschichtswerke. — «Judith», ein Schauspiel. — Biographien von Thomas a Kempis, H. Clemens u. s. w.

[335] Der Erzbischof Adeodat schritt im Jahre 1811 um Bewilligung zum Drucke lateinischer Missalbücher ein. Am 6. Februar 1812 forderte die Regierung auf Befehl des Kaisers von demselben einen Bericht, unter welchen Bedingungen die Mechitharisten-Congregation eine neuere Auflage von Missalien nach dem gegenwärtigen Bedarfe liefern könne; nur war die Regierung nicht geneigt, sich, wie der Erzbischof wünschte, für die Abnahme einer bestimmten Zahl verbindlich zu machen. Der Kaiser hatte laut Hofkanzlei-Decret vom 23. Juni 1812 den Druck der Missale auf [illegible] Jahre unter den von ihnen angebotenen Bedingungen gestattet. Da um dieselbe Zeit (Hofkanzlei-Decret vom 1. October 1812) die Buchdruckerei der Pester Universität ein ausschließendes Privilegium auf den Druck und Verschleiß der Missale und Breviere für Ungarn und die dazu gehörigen Provinzen erhalten hatte, so wurde den Mechitharisten über ihr Gesuch vom 12. März vom Kaiser laut Hofdecret vom 8. Juni 1815 ein Privilegium auch auf [illegible] Jahre, aber nur für die deutsch-österreichischen Erblande ertheilt. Im Jahre 1821 richteten die Buchhändler und Buchdrucker des lombardisch-venetianischen Königreiches, wo der Druck von Missalen und Brevieren schon seit langer Zeit schwunghaft betrieben wurde, mannigfache Beschwerden an die Regierung über den beträchtlichen Nachtheil, der ihnen unfehlbar erwachsen würde, wenn das den Mechitharisten mit Allerhöchster Entschließung vom 12. Jänner 1821 erneuerte ausschließliche Privilegium für Missale und Breviere in der ganzen Monarchie aufrecht erhalten bliebe. Nach genauer Prüfung der Sachlage erklärte der Kaiser mit Allerhöchster Entschließung vom 25. August 1825 an, dass die Buchhändler und Buchdrucker der Lombardei und Venedigs, sowie des Küstenlandes und Tirols, welche Provinzen 1812 noch nicht zu Österreich gehörten, in ihre damals [illegible] Rechte wieder eingesetzt werden und dass daher das Privilegium der Mechitharisten sich nur auf die deutsch-österreichischen Erblande zu beziehen habe. (Archiv der Mechitharisten-Congregation in Wien.)

[336] In gleicher Weise war der Generalabt und Erzbischof Adeodat um ein Privilegium für den Druck der lateinischen Breviere mittels eines Bittgesuches eingeschritten. [illegible] Hofkanzlei-Decret vom 3. October 1811 wurde dem Erzbischofe aufgetragen, Proben des Papiers, der Lettern, des Druckes und Formates vorzulegen, auch den Verkaufspreis anzugeben und die Dauer des Privilegiums zu bestimmen. In Erledigung seiner Äußerung wurde durch Hofdecret vom 3. März 1812 den Mechitharisten die Bewilligung der Auflage des lateinischen Breviers nach dem vorgelegten Formate gegen dem bewilligt, dass sie auf keine Unterstützung oder Entschädigung vom Staate rechnen können, sich daher vorläufig wegen des Absatzes und Deckung der Kosten mit allen Ordinariaten [illegible] ins Einvernehmen zu setzen hätten, worauf ihnen erst das Privilegium ohne jede Schwierigkeit verliehen werden würde. Sie erhielten es auch zugleich mit jenem für das Missale.

[337] Diese Exemplare befinden sich in der k. k. Familien-Fideicommiss-Bibliothek Sr. Majestät des Kaisers.

[338] Im Jahre 1822 überreichte der Generalabt und Erzbischof Adeodat dem Papste Leo XII. ein Pracht-Exemplar des lateinischen Breviers, das derselbe der Bibliothek der Propaganda übergab, und 1825 ein ähnliches Exemplar des Missale Romanum, worauf von Seite des Papstes ein Dankschreiben an den damaligen General-Prior Aristaces Azaria erfolgte. ([illegible] l. c. S. 31.)

[339] Darüber liegen mehrere Dankschreiben der Regierung vor, das erste vom 20. Februar 1821 für die von der Mechitharisten-Congregation überreichten 50 Stück gebundenen Gebetbücher als Geschenk für das niederösterreichische Provinzial-Strafarbeitshaus. (Archiv der Mechitharisten-Congregation.)

[340] Kaiser Franz interessierte sich lebhaft für diesen Verein und der Erzbischof musste jeden zweiten Monat die eben erschienenen Druckschriften persönlich überbringen. ([illegible], l. c. S. 71.)

des Congregationshauses. Bei dieser Gelegenheit betraten die Majestäten und das Gefolge auch das Innere der Buchdruckerei, wo 26 Pressen im Gange waren. Auf der ersten wurde ein auf die Feierlichkeit sich beziehendes deutsches, auf der zweiten ein lateinisches Gedicht und auf den anderen 24 Pressen ein Gebet in 24 Sprachen gedruckt.[341]

Im November des folgenden Jahres wurde eine Schriftgießerei eingerichtet, in welcher im Laufe der Jahre eine große Zahl von Stempeln geschnitten und Matrizen angefertigt wurden. Gegenwärtig besitzt die Buchdruckerei gegen 500 europäische Stempel und beiläufig 23000 Matrizen, wovon viele auch verloren gegangen sind, armenische Stempel dagegen 2200, von denen ein Theil bei Brendler geschnitten wurde.

Das sturmbewegte Jahr 1848 gieng auch an der Mechitharisten-Buchdruckerei nicht spurlos vorüber und heftige Angriffe, anfangs in der Presse, richteten sich gegen die Besitzer derselben, weil sie als »Fremdlinge« den einheimischen bürgerlichen Buchdruckern Concurrenz machten. Man plante schon längere Zeit eine große Demonstration, weshalb in der Buchdruckerei stets zwei Nationalgardisten und zwei Gehilfen Wache hielten. In der Nacht vom 8. auf den 9. April entstand ein Auflauf vor dem Klostergebäude; Geheul und Johlen erfüllte die Luft, die Menge bombardierte mit Steinen die Fenster und suchte in das Innere einzudringen, um Alles zu zerstören.[342] Um 12 Uhr Nachts wurde endlich die Sturmglocke geläutet, worauf die Nationalgarde anrückte und den aufgeregten Pöbel zerstreute. Die Buchdruckerei war gerettet, allein die Congregation musste dieselbe vorläufig schließen.[343] Der Generalabt Aristaces Azaria richtete eine Eingabe an die Regierung, worin er um Schutz gegen etwaige neue Demonstrationen und etwaige Zerstörung der Buchdruckerei bat. Der damalige Minister des Innern, Freiherr von Pillersdorf, gab die Versicherung, dass bereits der Polizei-Oberdirector, nöthigenfalls im Einvernehmen mit dem Herrn Stadtcommandanten, General-Major Freiherrn von Sardagna, zum kräftigsten Schutze des Eigenthums und der Personen der Congregation aufgefordert seien. Die niederösterreichische Regierung sprach ihr tiefstes Bedauern aus[344] und meinte, dass es sehr zweckmäßig wäre, wenn die Congregation eine Aufklärung über ihre Verhältnisse, besonders aber über das ihr zustehende Recht der Buchdruckerei durch zweckdienliche Aufsätze in Zeitungen und gelehrten Zeitschriften bekannt geben würde. Die Mechitharisten-Congregation ließ auch in einem sehr selten gewordenen Flugblatte (2 Bl. 4°) unterm 18. April einen Aufruf: »An die Bürger und Bewohner Wiens« erscheinen, worin sie die gewünschte Aufklärung über ihre Rechte gab.[345]

Diese Erklärung wurde in vielen Tausenden von Exemplaren in der Stadt und in den Vorstädten vertheilt und hatte eine gute Wirkung; von nun an blieb die Mechitharisten-Congregation von weiteren Beunruhigungen frei. Im Jahre 1849 wurden in deren Buchdruckerei auf Grund der im kurzen Wege von der Regierung mit dem Erzbischofe und Generalabte Aristaces festgesetzten Stipulationen ungarische Münzscheine zu 6 und 10 Kreuzer unter der strengsten Controle gedruckt, wobei Laienbrüder mitarbeiteten und der Erzbischof selbst die Aufsicht führte. Für den Druck waren neue Schnellpressen

[341] Dewran, l. c. S. 80.

[342] Die beiden Nationalgardisten — Schriftgießer — wollten den [illegible] der Thore öffnen und hatten schon den Riegel weggeschoben, als der Buchdrucker der Congregation [illegible], Michael Boschan, der in jener Nacht gleichfalls die Wache hatte, herzu sprang, die Gardisten an ihrem Vorhaben hinderte und die Riegel wieder vorschob. (Archiv der Mechitharisten-Congregation.)

[343] An ihrem Gebäude machten die Mechitharisten bekannt, dass von nun an keine Bestellungen mehr angenommen würden. (Österreichisches Jahrbuch. Herausgegeben vom österreichischen Volksschriften-Verein, VII. Jahrg. (1883), S. 111 f.) — Am Montag den 10. April waren fast alle Arbeiter, 41 an der Zahl, in anderen Buchdruckereien untergebracht; nur drei blieben bei der Congregation: Michael Boschan, Josef Kolb und [illegible]. Nach vierwöchentlicher Unterbrechung hatte man es aber dahin gebracht, dass die Buchdruckerei wieder eröffnet wurde. (Archiv der Mechitharisten-Congregation.)

[344] Die Regierung meinte, dass die Demonstrationen sich nicht mehr erneuern würden, da dieselben nicht aus persönlicher Abneigung gegen die Congregation hervorgerufen wurden, sondern nur aus Brotneid, [illegible] gegenwärtig die sämmtlichen Buchdruckereien eine so anhaltende Beschäftigung finden, dass eine Erneuerung solcher [illegible] Vorgänge nicht mehr zu befürchten ist . . . . (Regierungs-Decret vom 13. April 1848, Z. [illegible]. — Archiv der Mechitharisten-Congregation und Registratur der k. k. niederösterreichischen Statthalterei. Fasc. B. 7, Nr. [illegible].)

[345] [illegible]

angeschafft worden, die im Jänner 1850 vom k. k. Finanzministerium angekauft und dann für die Staatsdruckerei bestimmt wurden.[316]

Mit hohem Erlasse des k. k. Unterrichtsministeriums vom 15. September 1853 (Z. 8705) wurde die Errichtung eines mit 1. Jänner 1854 beginnenden Contractes mit der k. k. Schulbücher-Verschleiß-Administration wegen des Druckes der für die Gymnasien und Oberrealschulen erforderlichen Bücher und Schriften nach den von der Congregation gestellten Anträgen und nach den diesfälligen, dem Unterrichtsministerium unterbreiteten Entwürfen und Tarifen genehmigt.[317]

Im Jahre 1855 wurde nach mancherlei Beschwerden der Anrainer den Mechitharisten gestattet, eine Dampfmaschine zum Betriebe ihrer Maschinen aufstellen[318] und auch eine Steindruckpresse beim Betriebe

Nr. 74. Aristaces Azaria, Generalabt der Mechitharisten und Erzbischof von Cäsarea

ihrer Buchdruckerei benützen zu dürfen.[319] Der Betrieb des Steindruckes wurde aber im Jahre 1863 wieder aufgehoben.[320]

Die Mechitharisten-Congregation übte die Buchdruckerei bis zum Jahre 1873 aus, in welchem Jahre Karl Seidl und Felix Mayer dieselbe in eigene Regie nahmen, sie aber nur drei Jahre lang behielten. 1876 brachte sie der Papierfabrikant Wilhelm Heinrich an sich, der sie gegenwärtig noch besitzt. Mit dem Drucke armenischer Bücher beschäftigen sich aber die Mechitharisten noch immer selbst.

Im Jahre 1811 besaß ihre Buchdruckerei nur 2 Holzpressen, 1835 bereits 15 Steinhauser'sche Holzpressen; 1836 wurde die erste eiserne Handpresse von Haase in Prag, 1837 die zweite eiserne Handpresse von Offenbach angeschafft. 1838 zählte die Mechitharisten-Buchdruckerei 12 eiserne und 6 Holzpressen und eine Schnellpresse (Stanhope & Steven); 1839 bekam sie die dritte eiserne Handpresse

316, 317, 318, 319 und 320 Archiv der Mechitharisten-Congregation.

von Offenbach, 1841 die Schnellpresse Nr. 57 von Helbig & Müller, 1846 die erste Schnellpresse aus der G. Sigl'schen Fabrik, von welcher in den Jahren 1850, 1851 und 1857 noch weitere 4 Schnellpressen bestellt wurden; seit 1856 waren auch 2 Handpressen von G. Sigl aufgestellt. Die Holzpressen waren erst 1850 ganz beseitigt worden.

Im Jahre 1833 waren in der Mechitaristen-Buchdruckerei bei 80 Arbeiter beschäftigt, 1850 beiläufig 100, welche Ziffer auch den Maximalstand bezeichnet.

An der Spitze dieser Buchdruckerei stand ein Director, welcher der Congregation angehörte. Der erste war Aristaces Azaria,[351] seit 1826 Generalabt, seit 1827 Erzbischof von Cäsarea, eine als Staatsmann, Gelehrter und Kirchenfürst geistig bedeutende Persönlichkeit der Armenier (s. Nr. 72). Derselbe kann füglich auch als der Begründer und Förderer der Congregations-Druckerei angesehen werden. Durch seine Bemühungen haben ihre armenischen Lettern eine solche Vollkommenheit erreicht, dass sie zu den schönsten gehören, die überhaupt gegossen wurden; sie waren in Venedig, Rom, in der Türkei, in Russland u. s. w. in häufigem Gebrauch und sehr geschätzt. Die folgenden Directoren waren: P. Ignaz Schükür, P. Daniel Terzagian, P. Jacob Bosaghi (später Generalabt und Erzbischof), P. Michael Wegmadian (später infulierter Prälat), P. Leo Hunanian, P. Lucas Derderian, P. Gregor v. Govrik (Director-Stellvertreter).

Als Factore sind in den Acten genannt: Schlägl, Eibel, Schwarz, Handl, Franz X. Graßberger (1837–1864) und Anton Keiß (1864–1873).

Der erste Schriftgießer-Factor war der bekannte und geschätzte Anton Ockenfuß (1830–1848), welcher im Jahre 1848 von Kossuth nach Ungarn berufen wurde, um die Matrizen zu den neuen Banknoten anzufertigen. Ihm folgte als Factor (1848–1852) Frater Avedik Hoffer, ein gebürtiger Wiener und Schüler von Ockenfuß; derselbe war sehr begabt und hatte schnell die armenische Sprache und Schriftschneiderei erlernt. Nach ihm sind zu nennen: Reuter (1852–1861), Heuder (1861–1869) und Pastacz (1869–1873).

Langjähriger Maschinenmeister und viel verdient um die Congregations-Druckerei war Michael Buschan.[352]

Wir haben bereits Gelegenheit gehabt, verschiedene Privilegien und Drucke der Mechitaristen-Congregations-Druckerei zu erwähnen. Da wir von einer ausführlicheren Aufzählung derselben selbstverständlich hier absehen müssen, seien von bemerkenswerten Druckschriften nur folgende noch hervorgehoben: In persischer Sprache: »Auswahl aus den Diwanen des größten mystischen Dichters Persiens Mewlana Dschelaleddin Rumi« (von Vincenz v. Rosenzweig), gr. 4°; in armenischer und türkischer Sprache viele Gebet- und Andachtsbücher, Leben der Heiligen, Katechismen, dann vom ABC-, Buchstabier- und Lesebüchlein an bis zu astronomischen Schriften aus den verschiedensten Gebieten menschlichen Wissens oder praktischer Kenntnisse; die allgemeine Weltgeschichte von P. Josef Katargian (das erste Werk dieser Art), dann dessen Literaturgeschichte; P. Paul Hunanians Geschichte der orientalisch-ökumenischen Synoden; altarmenische Sprachlehren; Hilfsmittel für die Vulgärsprache, so italienische, französische und deutsche Sprachlehren für die Armenier; Wörter- und ausführliche Gesprächsbücher; Thomas a Kempis vier Bücher von der Nachfolge Christi in der Übersetzung des Guido Görres (gr. 8°, 1839), mit Randverzierungen von Eduard Steinle, geschnitten von Blasius Höfel (hübsche Typen und schöner Druck; vergriffen); das politisch-wissenschaftliche Wochenblatt »Europa« in armenischer Sprache, durch Mitglieder der Congregation besorgt (seit 1847).[353] Im Jahre 1848 wurden u. a. gedruckt: Allgemeiner musikalischer Anzeiger, 2. Cyclus,

[351] Über Aristaces Azaria, zu Constantinopel am 26. Juli 1782 geboren und zu Wien als Generalabt der Mechitaristen und Erzbischof von Cäsarea am 6. Mai 1855 gestorben, vgl. die pietätvoll geschriebene Monographie von Friedrich v. Hurter: Aus dem Leben des S. H. Aristaces Azaria, Doctors der Theologie, Generalabtes der Mechitaristen-Congregation, Erzbischofs von Cäsarea, Sr. k. k. Ap. Majestät wirkl. geh. Rathes etc. Wien, Mechitaristen-Buchdruckerei, 1855.

[352] Michael Buschan war am 26. Juli 1822 in Wien geboren und mit 15 Jahren (20. August 1837) in die Mechitaristen-Buchdruckerei als Lehrling eingetreten. Director war damals der heute noch im Gedächtnis Vieler lebende P. Schükür. Nachdem Buschan seine Lehrzeit zur vollsten Zufriedenheit der ganzen Congregation beendet hatte, wurde er am 1. October 1842 unter der Direction des P. Daniel Terzagian und unter dem Factor Graßberger freigesprochen. — 1862 wurde er Maschinenmeister, in welcher Stellung er bis zum Verkaufe der Mechitaristen-Buchdruckerei verblieb (1873). Von da an war er erster Maschinenmeister in der Druckerei des »Neuigkeits-Weltblatt« und feierte am 22. August 1887 sein fünfzigjähriges Dienstjubiläum. (Festrede zum fünfzigjährigen Dienst-Jubiläum des Herrn Michael Buschan. Verfasst und gesprochen von Siegl in Wien.)

[353] Dieses Wochenblatt brachte kurzgefasste, für den Orient geeignete politische Nachrichten, moralisch-religiöse Artikel und Aufsätze aus den Gebieten der Wissenschaft, Kunst, der Gewerbe und des Handels. Die Absicht ging dahin, die bisher unangefochten herrschenden schiefen Ansichten über die katholische Kirche und das Verhältnis der europäischen Staaten zu einander in conservativem Geiste zu beleuchten. »War das Unternehmen allerdings auf den Orient berechnet, so konnte es auch vom österreichischen, ja vom allgemein deutschen Standpunkte ins Auge gefasst werden, wonach es dann Bedeutung in letzterer Beziehung gewann.« (Archiv der Mechitaristen-Congregation und Friedrich v. Hurter l. c.)

I. Jhrg., von Nr. 21 an erschien derselbe als Central-Organ für musikalische Zustände Österreichs (redigiert und verlegt in der Kunst- und Musikalienhandlung des Franz Glöggl), die Arbeiter-Zeitung von J. H. Hillisch, «Die österreichische Biene» (redigiert und herausgegeben von Schweickhardt), «Österreichische Typographia», Journal für Arbeiter von Arbeitern, von J. H. Hillisch (das erste Organ für Wiener Buchdrucker), «Widensky posel» von J. L. Pyblik; die serbische Zeitschrift «Svetovid» (redigiert von Alexander Andrich); dann eine slovenische, ruthenische und böhmische Zeitung, die französische Zeitung «Courier d'Orient», später «Le Danube», u. s. w.; v. Hurters großes Geschichtswerk über Kaiser Ferdinand I.; «Kaiser-Album Viribus Unitis» in Fol.;[354] «der Weihegruß zum glorreichen Priester-Jubiläum des hochwürdigsten Herrn Aristaces Azaria, Erzbischofes von Cäsarea, Generalabtes etc.,» ein von der Congregation mit aller typographischen Vollendung ausgestattetes Festalbum mit Gedichten in 16 Sprachen (1854); außerdem viele typographisch schöne Gelegenheitsschriften in armenischer Sprache aus den verschiedensten Anlässen.

Auf die literarisch-typographische Bedeutung der polyglotten Mechitharisten-Congregations-Buchdruckerei wird im folgenden Capitel hingewiesen werden. Sie genoß nicht nur in gelehrten Fachkreisen ein hohes Ansehen, sondern erfreute sich auch der Gunst des Kaiserhauses, geistlicher und weltlicher Würdenträger, welche die Buchdruckerei auch mit ihrem Besuche beehrten.[355]

JOSEF DELLA TORRE.

(1812 bis 1832.)

Josef della Torre, geboren im Jahre 1768 zu Bisamberg in Niederösterreich,[356] hatte die Buchdruckerei bei Josef Edlen von Kurzböck in Wien erlernt. Als vorzüglicher Lehrling dieser Officin durfte er, wie bekannt, mit seinem Collegen Anton Schmid die orientalische Akademie besuchen, um fremde Sprachen gründlich zu erlernen. Nach seiner Freisprechung blieb er in der Officin Kurzböck und gieng von da, als Anton Schmid die hebräische Buchdruckerei Kurzböcks an sich gebracht hatte, zu Schmid, bei dem er Factor wurde. Im Jahre 1812 erhielt er die Oehler'sche Befugnis,[357] bei welcher Gelegenheit seine Mitcompetenten Haas und Kessler abgewiesen wurden; doch scheint er dieses Privilegium wenig selbstständig ausgeübt zu haben, da er noch bei seinem Tode den Titel Director der Anton Edlen von Schmid'schen Buchdruckerei führte.

Seine Gemahlin hieß Katharina della Torre[358] (geb. 1766 zu Matzen in Niederösterreich, gest. am 15. October 1840 im Alter von 74 Jahren).

Josef della Torre starb in einem Alter von 64 Jahren am 1. März 1832 im sogenannten Strudelhof, Alsergrund Nr. 267, wo auch die Schmid'sche Officin sich befand.[359]

Er hatte fünf Söhne hinterlassen: Josef (37 Jahre alt, Artillerie-Munitionär in Linz), Adalbert (34 Jahre alt, Buchdruckerei-Factor), Karl (33 Jahre alt, Lithograph beim Kataster), Alois (28 Jahre alt, Schriftsetzer) und Johann (26 Jahre alt, mit dem Stiftsnamen Robert, Priester und Novizenmeister im Stifte Schotten).[360]

[354] Ein Prachtwerk, dessen Reinertrag als Beitrag zum Baue der Votivkirche bestimmt war. Alle Nationen des Reiches sind in 15 Sprachen und 10 Mundarten durch ihre Dichter vertreten, um den aus großer Gefahr erretteten Kaiser Franz Josef zu feiern. Der Text ist auf das glänzendste durch Lettern, Druck und Illustrationen ausgestattet, ein linguistischer und typographischer Spiegel der Gegenwart Österreichs.

[355] Außer den Majestäten Kaiser Ferdinand und Kaiserin Maria Anna am 19. October 1837, des Erzherzogs Franz Karl und der Erzherzogin Sophie, der Erzherzoge Franz Josef (als Kind) und Ferdinand Max (als Kind) seien erwähnt: Fürst Michael Obrenowitsch (1835); der Sohn des Herzogs von Lucca (1837); Fürst Demidoff, Vater und Sohn, 1853 und 1856; König von Sachsen (1843); Maria Louise, Kaiserin von Frankreich und Witwe Napoleon I.; der Erbprinz von Ungarn, Sedlnitzky; Fürst-Erzbischof Milde von Wien; der Fürst-Erzbischof von Olmütz, Landgraf Fürstenberg; der Erzbischof von Madrid; die Nuntien von Wien: Spinola, Fürst Altieri, Viale Prela, de Luca und viele Aristokraten, welche Freunde des Erzbischofs Azaria waren.

[356] Auszug aus dem Sterberegister der Pfarre Maria Verkündigung auf dem Alsergrund.

[357] Registratur des Wiener Magistrates, Fasc. II. 5, Nr. 20134.

[358] Archiv des Wiener Landesgerichtes, Verlassenschaftsacten, Fasc. 2, Nr. 646/840.

[359] L. c. Fasc. 2, Nr. 217/838.

[360] Johann della Torre, geboren zu Wien im Jahre 1806, trat nach absolvierten Gymnasialstudien in das Benedictiner Stift zu den Schotten in Wien ein, wo er den Namen Robert erhielt. Nach seiner Priesterweihe wurde er Novizenmeister daselbst und zeichnete sich durch gründliche Kenntnisse aus. Später wurde er Erzieher im fürstlich Thurn-Taxis'schen Hause und im Jahre 1849 finden wir ihn als Professor am Gymnasium der Benedictiner zu St. Stephan in Augsburg.

KARL GEROLD.

1813 bis 1854

Karl Gerold, Universitäts-Buchdrucker und Buchhändler,[361] war zu Wien am 21. Juni 1783 als der Sohn des Josef und der Maria Magdalena Gerold geboren. Er hatte sich anfangs dem Kaufmannsstande gewidmet und das Manufacturgeschäft in der Handlung des Freiherrn von Mundy in Brünn erlernt. Der Tod seines Bruders Johann war aber die Veranlassung, dass er den Gedanken, Kaufmann zu werden, aufgeben musste und sich für die Buchdruckerei und den Buchhandel vorbereitete, um einmal das väterliche Geschäft übernehmen zu können. Er erlernte Beides bei Gastl in Brünn, der ihm auch das beste Zeugnis darüber ausstellte.

Im Jahre 1811 richtete Gerold an den Magistrat das Ansuchen um Umschreibung der bestandenen Universitäts-Buchhandlung und Buchdruckerei »Josef Gerold sel. Witwe und Sohn« auf seinen Namen,

Nr. 73. Karl Gerold's Haus und Buchdruckerei auf dem Dominikanerplatze.

was auch bewilligt wurde.[362] Zwei Jahre darnach, 1813, übergab ihm seine Mutter Magdalena die Universitäts-Buchdruckerei, infolge dessen er bei der Regierung einschritt, nunmehr diese und die Buchhandlung auf seinen Namen allein fortführen zu dürfen, was mit Decret vom 23. August desselben Jahres zugestanden wurde. Am 9. September erhielt er die Universitäts-Befugnis um den Normalpreis von 2000 Gulden, und noch im Jahre 1813 wurde ihm das Bürgerrecht verliehen.[363]

Gerolds Thätigkeit auf dem Gebiete der Typographie ist nach zwei Richtungen bedeutsam geworden: einmal dadurch, was er für die Hebung und das Ansehen der österreichischen Typographie überhaupt und der Wiener speciell, und dann, was er in gleicher Weise für seine eigene Officin geleistet hat.

Ohne Frage hatte der Nachdruck in den österreichischen Erblanden arge Ausschreitungen nach sich gezogen, so dass hier das Ansehen der Buchdrucker und Buchhändler gegenüber dem Auslande tief

[361] Über ihn vergleiche die Denkschrift: »Zur hundertjährigen Gründungsfeier des Hauses Gerold, Buchdruckerei und Buchhandel«. Wien, 9. October 1875. S. [illegible]

[362] Registratur der k. k. niederösterreichischen Statthalterei, Fasc. A. [illegible]

[363] Registratur der k. k. niederösterreichischen Statthalterei, Fasc. B. [illegible] — Registratur des Wiener Magistrates.

gesunken war. Als daher die deutschen Buchhändler, Perthes und Cotta an der Spitze, dem Wiener Congresse eine auf die Übelstände des Nachdruckes sich beziehende Denkschrift überreichten, unterstützte Gerold deren Bemühungen aufs kräftigste, um so einigermaßen den üblen Ruf wieder gut zu machen. In ganz correcter Weise »schloss er sodann mit Cotta einen Contract zur Herausgabe einer für Österreich bestimmten Originalausgabe von Schillers Werken in 18 Bänden, welche, mit Titelvignetten von Schnorr v. Carolsfeld versehen, durch ihre Ausstattung und Verlagsberechtigung der Verbreitung des Nachdruckes sehr wesentlich entgegenarbeitete«. Wie Gerold damals dem Nachdrucke zu Leibe gieng, so später — in den Vierziger Jahren — der Censur. Eine von ihm gegen diese angeregte Denkschrift wurde dem Fürsten Metternich überreicht, brachte auch einige Abhilfe und bereitete die Aufhebung derselben vor.

Gerolds intime Beziehungen zu den großen deutschen Verlagsfirmen kamen aber auch der Wiener Buchdruckerkunst und der eigenen Officin wesentlich zustatten. Er übernahm den Druck umfangreicher Werke für deutsche Verleger, so des Grafen Stolberg »Geschichte der Religion Jesu« (für Perthes und Besser in Hamburg, 15 Bde.), Prechtls »Technologische Encyklopädie« (für Cotta, 20 Bde. 1824 bis 1844) u. a.

Nr. 74. Karl Gerold.

Da Gerold mit ebenso großem Eifer für die Erweiterung seines eigenen Verlages besorgt war, so war dies auch für den Aufschwung seiner Buchdruckerei von besonderem Vortheile; namentlich wendete er nach der Aufhebung des Privilegiums des k. k. Schulbücherverlages im Jahre 1850, als warmer Freund des österreichischen Schulwesens, den Fächern der österreichischen Mittelschulen durch Herausgabe guter und zweckmäßiger Schulbücher seine Aufmerksamkeit zu. Auch eine Reihe wissenschaftlicher und poetischer Werke erschien bei ihm: Burgs mathematische Werke, die mineralogischen und geologischen Werke von Mohs, Burgers Lehrbuch der Landwirtschaft, die Jahrbücher der Literatur (von 1818 bis 1849), die medicinischen Jahrbücher (1819 bis 1843), die Werke von Feuchtersleben, darunter dessen »Diätetik der Seele« in 40 Auflagen, Halms Dramen und Gedichte, die Zeitschrift für die österreichischen Gymnasien (redigiert von Bonitz, Seidl und Mozart). »Diese Unternehmungen hoben den Buchdruck außerordentlich und der Gerold'sche Verlag wurde, namentlich in Bezug auf Mathematik und Naturwissenschaften, einer der hervorragendsten in Deutschland und Österreich — es bildete sich dadurch in der Gerold'schen Buchdruckerei eine wahre Pflanzschule vortrefflicher mathematischer Setzer.« Auch dem Accidenzdrucke wurde hier eine große Obsorge zugewendet.

Der Ruf von Adolf Senefelders neuer Erfindung, nämlich der Kunst der Lithographie, war auch nach Österreich gedrungen und Karl Gerold war der erste Buchdrucker und Verlagsbuchhändler in Österreich, der von derselben Gebrauch machte. Senefelder war im Jänner 1816 selbst nach Wien gekommen, um womöglich der österreichischen Regierung das Geheimnis seiner eben erfundenen Papierographie zu verkaufen und Gerold eine chemische Druckerei einzurichten.[84] Das erste Verlagswerk, mit Lithographie ausgestattet, waren wahrscheinlich die 1816 erschienenen »Wanderungen durch Salzburg, Berchtesgaden und Österreich« von Vierthaler (2 Bde.), wovon die Steine noch vorhanden sind.

Gerolds vortrefflich eingerichtete Officin erfreute sich eines vorzüglichen Rufes. Vom Jahre 1817 bis 1848 war Josef Keck Leiter derselben, von 1848 bis 1860 Josef Völck, Bürger von Prag, k. k. priv. Buch-

[84] Archiv des k. k. Reichs-Finanzministeriums, Niederösterreichische Commerz-[illegible]-Acten, [illegible]

drucker und Mitglied des niederösterreichischen Gewerbevereines. Die meisten Gehilfen verblieben viele Jahre im Geschäfte und selten trat ein Wechsel ein, außer im Falle eigener Etablierung; so war Leopold Probst, der 1817 in die Buchdruckerei eingetreten war, noch 1875 als Corrector angestellt.

Die Officin befand sich in Gerolds Hause auf dem Dominicanerplatze (s. Nr. 73), das sein Vater von Kaliwoda gekauft hatte. 1851 ließ er dieses alte Stammhaus mehrerer Wiener Buchdrucker abtragen und durch van der Nüll und Sicardsburg einen Neubau an derselben Stelle aufführen; ein Theil des Gebäudes wurde ganz für die Druckerei mit Dampfkraft eingerichtet. 1875 waren 14 Handpressen und 10 Maschinen im Gange.

Karl Gerold starb am 23. September 1854 im Alter von 73 Jahren. Er war seit 1807 mit Francisca Kaltenbrunner verehelicht (gest. 1856). Aus dieser Ehe stammten drei Söhne — Karl (geb. 1810, gest. 1845), Friedrich (geb. 1813) und Moriz (geb. 1815, gest. 1884) — und eine Tochter — Anna.

In der «Geschichte des Börsenvereins» hat ihm sein alter Freund Karl Frommann ein ebenso schönes als zutreffendes Denkmal mit folgenden Worten gesetzt: «Allgemein war die Theilnahme bei Erwähnung des Verlustes, den der Verein durch den Tod von Karl Gerold in Wien erlitten hatte. War er doch viele Jahre eine höchst willkommene Erscheinung auf der Messe gewesen, schon durch seine ganze Persönlichkeit, die den echten und besten altwienerischen Typus in Herzlichkeit, Wohlwollen und Heiterkeit darstellte, auf der soliden Grundlage großer Rechtschaffenheit. Diese Eigenschaften haben wohl beigetragen zum großen Aufschwunge seines Geschäftes, aber ihnen und dem bloßen Glücke allein verdankte er denselben nicht, sondern auch seiner umsichtigen Klugheit und Menschenkenntnis.» (Siehe das Portrait Nr. 74.)

FELIX STÖCKHOLZER VON HIRSCHFELD.

(1813 bis 1825.)

Derselbe hatte mit seinem Bruder die Schönfeld'sche Officin unter den Weißgärbern in der Kegelgasse geleitet; sein selbständiges Buchdruckerei-Privilegium wurde ihm laut Decret des Wiener Magistrates am 16. April 1813 ertheilt, doch war ihm schon 1812 gestattet worden, in der Stadt ein Verschleißgewölbe eröffnen zu dürfen.[365]

Stöckholzer von Hirschfeld war mit Anna Kaliwoda, Tochter des Reichshofbuchdruckers Kaliwoda, vermählt, die ihm zwei Kinder gebar, Felix Anton (geb. 12. August 1815) und Anna (geb. 4. September 1817). Wie klein seine Buchdruckerei gewesen, geht daraus hervor, dass sie nach seinem Tode nur auf 522 Gulden geschätzt wurde; auch sonst war wenig Vermögen vorhanden.

Stöckholzer von Hirschfeld starb am 4. Mai 1825 in der Leopoldstadt Nr. 415, wo auch die Buchdruckerei sich befand.[366]

GEORG HOLZINGER

(1813 bis circa 1837.)

Der hebräische Buchdrucker Georg Hraschanzky hatte im Jänner 1814 seine Buchdruckerei seinem Factor Georg Holzinger käuflich überlassen, nachdem derselbe bereits im September 1813 die Buchdruckerei-Befugnis von der Stadthauptmannschaft erhalten hatte.[367] Holzinger betrieb wie seine beiden Vorgänger, Josef und Georg Hraschanzky, fast ausschließlich den Druck hebräischer Bücher, daher in seiner Officin auch Israeliten angestellt waren, und zwar die Correctoren Aaron Pollack und Mich. Sparizini und der Setzer Lazar Saar.[368] In den Jahren 1814 bis 1816 wurde bei Holzinger eine hebräische Bibel mit Übersetzung in drei Theilen gedruckt;[369] außerdem erschienen und wurden bei ihm

[365] Registratur des Wiener Magistrates, Fasc. II. 3, Nr. [illegible].

[366] Archiv des Wiener Landesgerichtes, Verlassenschaftsacten, Fasc. 2, Nr. [illegible].

[367] Registratur der k. k. niederösterreichischen Statthalterei, Fasc. B. 8, Nr. [illegible].

[368] Archiv des k. k. Ministeriums des Innern, Fasc. IV. L. 7. — Im Jahre 1818 wurde von der Regierung anbefohlen, über den Buchdruckereibetrieb des Holzinger mit israelitischen Correctoren und Lehrjungen Erhebungen zu pflegen und die Auskunft über diese sowie über die in noch anderen Buchdruckereien verwendeten Israeliten vorzulegen. Zugleich wurde strengstens angeordnet, dass Israeliten ohne Bewilligung der Regierung keine Christen als Gesellen oder Lehrjungen aufnehmen oder ausdingen dürfen. (Registratur des Wiener Magistrates, Fasc. II. 4, Nr. [illegible].)

[369] Allgemeine Encyklopädie von Ersch und Gruber, II. Sect. XXVIII, S. 17.

gedruckt: Ben Jochai, aber das Werk Sohar; Jesode Hallaschon, eine theoretisch-praktische hebräisch-deutsche Sprachlehre von Salomon Pergamenter, Nitée Nomanim, hebräisch-biblische Gedichte von Gabriel Berger (sämmtlich o. J.).

Holzinger scheint sich mit dem Gedanken getragen zu haben, seine Officin und seinen Verlag zu erweitern, weshalb er im Jahre 1817 in einem Hofgesuche um einen Ärarialvorschuss von 12.000 Gulden bat, der ihm nach Schätzung seiner Buchdruckerei und seines Verlages, sowie nach Ausstellung eines Schuldscheines und der Verpfändungsurkunde auch bewilligt wurde.[270] Dieser Vorschuss hatte aber nicht den gewünschten Erfolg und war die Ursache jahrelanger Misshelligkeiten mit den Behörden, der Zerrüttung und des schließlichen Rückganges der Buchdruckerei und des Verlages. Da Holzinger schon 1818 die erste fällige Rate der Rückzahlung nicht begleichen konnte, wurde die Sperrung des Warenmagazins und des Verkaufsgewölbes angeordnet[271] und der damalige Vorsteher (Repräsentant) der Wiener Buchdrucker, Mathias Andreas Schmidt, beauftragt, in Holzingers Buchdruckerei täglich nachzusehen.[272] Man empfindet es schwer, dass in dem nun folgenden Wuste von Eingaben an die Behörden und deren Entscheidungen die Acten selbst nicht mehr vorhanden sind und man sich an die mageren Regesten der Indices zu halten gezwungen ist. Der Magistrat suchte sich seiner Verantwortung und Haft in dieser heiklen Sache zu entschlagen, aber die Regierung erklärte, dass er für ihre Verfügungen verantwortlich bleibe.[273] Die Eheleute Holzinger richteten ein Gesuch um das andere an die Behörde bald um Aufhebung der engen Sperre, bald um weitere zwei- und einjährige Fristen der Rückzahlung,[274] von denen die letztere bewilligt wurde.[275] Die Buchdrucker-Vorsteher legten den Auftrag, über Holzingers Buchdruckerei-Geräthschaften zu wachen, zurück; mittlerweile war aber die Einleitung wegen des Verkaufes des verpfändeten Büchervorrathes verfügt und dem Depositenamte aufgetragen worden, die eingehenden Gelder aufzubewahren; in den Acten jedoch erscheint dieser Auftrag bald wieder sistiert.[276]

Wir haben nur einige Streiflichter auf die unangenehme Situation geworfen, von welcher Holzingers Buchdruckerei bis 1819 betroffen wurde. Es würde aber zu weit führen, wollten wir dieselbe im ähnlichen Verlaufe, wie oben angedeutet wurde, actenmäßig bis zum Jahre 1837 verfolgen,[277] in welchem Georg und Karoline Holzinger um Nachricht bitten, ob die 1813 von Georg Hraschanzky anheimgesagte und dem Georg Holzinger verliehene Buchdruckerei-Befugnis verkäuflich sei, von welcher Zeit an von dieser Buchdruckerei in den Acten auch keine Erwähnung mehr geschieht.

JOHANN SCHNIERER.

(1813 bis 1818.)

Schon 1812 war Leopold Schnierer bei der niederösterreichischen Regierung eingeschritten, den Ankauf der Kaspar Salzerischen Buchdruckerei-Befugnis für seinen Sohn Johann zu genehmigen, wurde aber abgewiesen.[278] Im folgenden Jahre nun erklärte die Regierung Salzers Universitäts-Buchdruckerei für verkäuflich und ertheilte dem Johann Schnierer mit Decret vom 18. März 1813 die Bewilligung zum Ankaufe um den Normalpreis von 3000 Gulden.[279]

[270] Registratur des Wiener Magistrates, Fasc. II. 4, Nr. 25936, 1818.

[271] L. c., Fasc. II. 4, Nr. 12864.

[272] L. c., Fasc. II. 4, Nr. 28412.

[273] L. c., Fasc. II. 4, Nr. [illegible], 23211 u. s. w.

[274] L. c., Fasc. II. 4, Nr. 29925, 31218 und 2231 ex 1819.

[275] L. c., Fasc. II. 4, Nr. 15218 ex 1819.

[276] L. c., Fasc. II. 4, Nr. 2152, 34982. Um diese Zeit — 1819 — bat Holzinger um Schutz gegen die von den Brüdern Harsch an ihm eingeklagten Forderungen in Betreff des Druckes des hebräischen Werkes Machsaloth, worauf er auf den Rechtsweg gewiesen wurde. L. c., Fasc. II. 4, Nr. 34156, 34219. — Registratur der k. k. niederösterreichischen Statthalterei, Fasc. B. 6, Nr. 43176.

[277] Ein anschaulicher Actenwechsel über Schätzungen und Superplanierungen, viele Hofgesuche um Bestimmung des Schätzwerthes, um Herausgabe der verpfändeten Sachen und um Sistierung der Eintreibung des Vorschusses, um Anhalten, um Erledigung der Gesuche, wiederholte Bitten um weiteren Vorschuss von 15.000 Gulden oder Entschädigung von 60.000 Gulden; im Jahre 1823 war von Holzinger bereits das 15. Majestätsgesuch überreicht worden. 1825 hatte die Behörde zur Deckung des Vorschusses und der Zinsen vom Jahre 1817 an die executive Feilbietung des Holzinger'schen Hauses in der Alservorstadt Nr. 90 ins Auge gefasst; doch wurde von der Eintreibung der Zinsen abgestanden, und 1831 hatte der Kaiser anbefohlen, den noch schuldigen Rest des Ärarial-Vorschusses nachzusehen, womit diese ganze leidige Affaire, die sich von 1817 bis 1831 hingezogen, ihr Ende erreicht hatte.

[278] Registratur des Wiener Magistrates, Fasc. II. 3, Nr. 7043. — Registratur der k. k. niederösterreichischen Statthalterei, Fasc. B. 8, Nr. 5046.

[279] Registratur des Wiener Magistrates, Fasc. II. 3, Nr. 4514, 13285. — Registratur der k. k. niederösterreichischen Statthalterei, Fasc. B. 8, Nr. 7148. — Gremial-Archiv.

Schnierer betrieb 1815 bis 1818 in seiner Wohnung auch einen Verschleiß der von ihm gedruckten Bücher, wozu er von der Behörde die Bewilligung hatte.[380]

Schnierer beschäftigte sich seit 1815 vorzugsweise mit dem Drucke griechischer,[381] serbischer (illyrischer)[382] und walachischer Bücher.[383] Im Jahre 1817 zeigte er der Regierung den Druck eines allgemeinen serbisch-deutsch-lateinischen Lexikons an und bat um Schutz dieses kostspieligen Unternehmens.[384]

Die Buchdruckerei Schnierers, welche sich auf der Landstraße Nr. 248 befand, wurde 1818 an Friedrich Christian Schade verkauft. Im Jahre 1821 bat Johann Schnierer, zu erkennen, dass dieser Verkauf aus uns unbekannten Gründen für ungiltig erklärt und Schade verhalten werde, die Befugnis zurückzugeben.[385] Über den weiteren Verlauf dieser Angelegenheit erfahren wir actenmäßig nur, dass Schade dagegen den Recurs ergriff,[386] ein gewisser Werfer und Franz Heinrich Böck im Hofrecursen um das Schnierer'sche Privilegium sich bewarben, ohne es zu erhalten, Schade aber im Besitze desselben blieb.

JOHANN EMANUEL ACKERMANN.

(1815 bis 1825, resp. 1830.)

Nach dem Tode des Georg Binz bewarb sich neben Friedrich Hagenauer, Factor bei Binz, und Michael Fleischl, Factor bei den Ghelen'schen Erben, der auch von der Hof- und Staatskanzlei empfohlen wurde, Johann Emanuel Ackermann, früher Factor bei Degen, nun Factor in der Lotto-Gefälls-Buchdruckerei, um die Binz'sche Buchdruckerei-Befugnis, die jedoch eingezogen wurde.[387]

Gegen Schluss des Jahres 1815 richtete Ackermann an die niederösterreichische Regierung die Bitte, ihm neben seiner Stelle als Factor die Buchdruckerei-Befugnis des Andreas Gaßler zu verleihen, die er durch seine Gattin Theresia mit einem fachkundigen Factor auszuüben gedenke. Dieses Privilegium wurde ihm auch am 12. December 1815 verliehen.[388] Die Buchdruckerei befand sich anfangs in der Stadt Nr. 843, dann von 1819 an in der Alservorstadt, Wickenburggasse, im eigenen Hause.

Im Jahre 1823 bat Therese Ackermann um Bewilligung, die Buchdruckerei ihres Gatten unter den vorgeschriebenen Bedingungen fortführen zu dürfen,[389] wurde aber 1825 von der Hofkanzlei abgewiesen;[390] von da an kommt die Officin in den Gewerbescheinen auch nicht mehr vor. In der Zeit von 1825 bis 1830 finden wir eine Reihe von Frist- und Hofgesuchen erwähnt, welche die Zähigkeit Ackermanns in dieser Richtung ganz besonders beleuchten. Es sind Gesuche theils um die angeordnete Sperre aufzuhalten oder ganz aufzuheben, theils um Eröffnung der an die Pressen angelegten Sperre wegen Veräußerung derselben, dann wiederholte Majestätsgesuche wegen Bewilligung, die Buchdruckerei doch wieder bis zur Erlangung seiner Pensionsfähigkeit ausüben zu dürfen; endlich sogar, dass die Lotto-Gefälls-Direction seine Befugnis übernehmen möge.

[380] Registratur des Wiener Magistrats, Fasc. B. 3, Nr. [illegible]; B. 4, Nr. [illegible].

[381] Z. B. Sakellarios, Georgios: [illegible] 1817 [illegible] — [illegible], Athanasios: [illegible] 1818 [illegible] 8°. [illegible] 1818, 8°.

[382] Z. B. ein serbisches Taschenbuch auf das Jahr 1815 von Demeter Davidovich mit cyrillischen Lettern.

[383] Im Jahre 1815 hatte Schnierer um die Bewilligung nachgesucht, Bücher in serbischer und walachischer Sprache drucken zu dürfen, wobei er anführte, dass in allen Privilegien der Wiener Buchdrucker keine Erwähnung eines ausschließenden Privilegiums für diese Sprachen geschehe, daher er und das ganze Gremium das Recht haben müssen, in allen in- und ausländischen Sprachen zu drucken; aus diesem Grunde habe er sich auch mit vielen Kosten zum Drucke von Werken in diesen letzten Sprachen eingerichtet. Das ausschließende Privilegium für die serbische, walachische und andere orientalische Sprachen sei dem Kurzbeck in Wien seinerzeit nur deshalb verliehen worden, damit keine in diesen Sprachen gedruckten Kirchen- und Schulbücher aus dem Ausland hereingebracht würden und Geld dafür hinausgehe. Auf diese Kirchen- und Schulbücher beschränke sich dann auch das Privilegium der Pester Universität, auf welche das Kurzbeck-Novacovich'sche Privilegium übergegangen sei. [illegible] Vortrag hatte aber der Kaiser zu entschließen geruht, dass sich dieses ausschließende Privilegium der Pester Universität [illegible] auf den Druck von Werken in walachischer und illyrischer Sprache zu beziehen habe . . . übrigens aber der Absatz der bereits vollendeten Auflage des Telemach und der Druck der illyrischen Ephemeriden dem Schnierer zu gestatten sei. (Archiv des k. k. Ministeriums des Innern, Fasc. IV. D. 7.)

[384], [385] und [386] Registratur der k. k. niederösterreichischen Statthalterei, Fasc. B. 6, Nr. [illegible] und [illegible].

[387] Die priv. Buchdrucker erklärten in der Commission Fleischl als den geeignetsten und würdigsten Bewerber, baten aber um die Einziehung der Befugnisse, da die anderen 21 Buchdrucker ohnedies keine Arbeit hätten und höchstens zwei bis vier Pressen beschäftigten. Archiv des k. k. Ministeriums des Innern, Fasc. IV. D. 7.

[388] Registratur der k. k. niederösterreichischen Statthalterei, Fasc. B. 8, Nr. [illegible].

[389] L. c. Fasc. B. 6, Nr. [illegible]. — Franz Heinrich Böck habe sich um das Ackermann'sche Befugnis beworben, ohne es zu erhalten. L. c. [illegible].

[390] L. c. Fasc. B. 8, Nr. [illegible].

1829 reichten die priv. Buchdrucker Wiens einen Hofrecurs ein, dass Ackermanns Privilegium nicht wieder besetzt werde. Am 25. Februar 1830 erhielt Josef Keck die Ackermann'sche Buchdruckerei-Befugnis zugesprochen;[291] aber noch 1831 bat Ackermann um Aufhebung der Sperre seiner Buchdruckerei-Requisiten.[292]

DIE K. K. BLINDEN-INSTITUTS-BUCHDRUCKEREI.

(1816 bis 1864.)

Mit Bericht vom 28. November 1815, Z. 126/U. ersuchte der Director des Blinden-Institutes, Wilhelm Klein, bei der k. k. Polizei-Ober-Direction um die Erlaubnis an, aus der Buchdruckerei des Anton Strauß am Petersplatze im «Auge Gottes» Nr. 603 eine Schrift für den erhabenen (fühlbaren) Druck übernehmen zu dürfen, da einige Instituts-Zöglinge leicht mit dem Drucke sich beschäftigen könnten. Überdies habe der Buchdrucker Anton Strauß sich erboten, den vorhandenen Abguss solcher Schriften an das Blinden-Institut abzutreten, nur würde er Stempel und Matrizen auch ferner bei sich behalten. Strauß war nämlich schon im Jahre 1813 über Antrag des Instituts-Directors Wilhelm Klein veranlasst worden, eine eigene Schrift für den erhabenen (fühlbaren) Druck für Blinde schneiden und gießen zu lassen, womit er dann Kalender,[293] Gebete, Gedichte und Geschichtstabellen druckte.

Die Eingabe des Directors Wilhelm Klein, im Blinden-Institute eine Buchdruckerei mit Verwendung seiner blinden Zöglinge errichten zu dürfen, wurde, da hinsichtlich der Censurrücksichten kein Anstand obwaltete, bewilligt,[294] demselben aber aufgetragen, Strauß im Namen der niederösterreichischen Landesregierung die Zufriedenheit über dessen lobenswerten Antrag erkennen zu geben. Am 15. April 1816 sprach der Director des k. k. Blinden-Institutes, Wilhelm Klein, dem Buchdrucker Anton Strauß in der «Wiener Zeitung» den gebührenden Dank dafür aus, dass er den vorhandenen Abguss der erhabenen (fühlbaren) Schrift an das k. k. Blinden-Institut unentgeltlich überlassen habe, um damit das Nöthige durch Zöglinge des Institutes selbst drucken zu lassen.

Die Presse war eine Handpresse und blieb bis 1864 aufgestellt. Von Lehrbüchern für Blinde mit tastbaren, den Alphabeten der Sehenden entnommenen Buchstaben wurden daselbst gedruckt: Biblische Sprüche. (Wien, Druck und Verlag des k. k. Blinden-Erziehungs-Institutes, 1844.) Kurze Erinnerungen an nützliche Gegenstände für die Zöglinge des k. k. Blinden-Erziehungs-Institutes in Wien, 2 Theile. (Gedruckt im Institute, 1843.) Evangelien, 4 Theile (1846). Geographie und Geschichte von Europa. Kurzer Abriss (1845). Kleiner Katechismus (1845). Auszug aus dem großen Katechismus (1861). Schrifttexte aus dem großen Katechismus (1859). Reihenfolge der römisch-deutschen Könige und Kaiser (1858). Das Leben Jesu (1843). Lesebuch für die Zöglinge der zweiten Classe des k. k. Blinden-Erziehungs-Institutes in Wien (1862). Lesebuch für die größeren Zöglinge des k. k. Blinden-Erziehungs-Institutes (1843) u. s. w.

MATHIAS ANDREAS SCHMIDT SEL. ERBIN.

(1818 bis 1821.)

Diese Erbin war die an Dr. Sarchi verheiratete Francisca Sarchi, Tochter des Universitäts-Buchdruckers Mathias Andreas Schmidt. Die Buchdruckerei befand sich in der Josefstadt Nr. 28. Im Jahre 1821 verkaufte Francisca Sarchi diese Universitäts-Buchdruckerei-Gerechtigkeit an den Buchdrucker J. P. Sollinger, der nun um die Gewährenschreibung bat,[295] die ihm mittelst Decret vom 6. August 1822 auch bewilligt wurde.[296]

[291] L. c. Fasc. B. 7, Nr. 9654, 1964.
[292] L. c. Fasc. B. 7, Nr. 7941 ad 531, 1126, 11121.
[293] Vaterländische Blätter, 1812, Nr. 8 (?. Jänner).
[294] Registratur der k. k. niederösterreichischen Statthalterei, Fasc. B. 8, Nr. 863, 8372, 14757.
[295] Registratur des Wiener Magistrates, Fasc. II. 923, Nr. 23284.
[296] Registratur der k. k. niederösterreichischen Statthalterei, Fasc. B. 6, Nr. 112 und 17865.

DEMETER DAVIDOVICH.

(1818 bis 1822.)

Demeter Davidovich, Redacteur einer in Wien erscheinenden serbischen Zeitung, trug sich mit dem Gedanken, hier eine Buchdruckerei für orientalische Sprachen einzurichten, obschon der Boden für eine derartige Unternehmung nicht mehr so günstig war, da es ohnedies nicht nur orientalische Buchdrucker, wie Schmidtbauer, v. Haykul, Zweck und Strauß, gab, die keineswegs auf einer tiefen Stufe standen, so dass das Ausland in syrischen, hebräischen und anderen Sprachen hier drucken ließ, sondern auch die Direction der Pester Universitäts-Buchdruckerei, gestützt auf ihr Privilegium, wiederholt schon Klage gegen jene und andere kleine Versuche erhoben hatte.[397]

Davidovich hatte sich durch drei Monate bei dem Buchdrucker Edlen v. Schmidtbauer theils im Satze seiner eigenen Zeitung, wobei er dem Factor Martin Adolph wegen dessen Unbekanntheit mit dieser Art des Satzes behilflich gewesen, theils im Satze anderer Schriften verwenden lassen und wurde in Gegenwart des genannten Factors, eines Setzers und zweier Buchdruckergesellen von Schmidtbauer ordentlich freigesprochen und ihm hierüber ein Zeugnis als Bestätigung ausgestellt. Nun hielt sich Davidovich für geeignet und berechtigt, ein Buchdruckerei-Privilegium zu erhalten; er bat um die Giltigkeitserklärung seiner Freisprechung als Buchdrucker und Setzer und um Anerkennung seiner Fähigkeit, eine Officin zu errichten.[398] Dieselbe wurde ihm erst im Concurswege von der Polizeihofstelle und von der Regierung dahin und mit der Einschränkung bewilligt, dass, insolange die Pester Universitäts-Buchdruckerei das Privilegium mit cyrillischen Lettern, folglich in serbischer, walachischer und russischer Sprache zu drucken, besitze, er sich aller Eingriffe in dasselbe zu enthalten habe.[399]

Im Jahre 1819 stellt Demeter Davidovich das Ansuchen um Erweiterung seines Privilegiums auf nicht orientalische Sprachen, wogegen die Buchdrucker Bartholomäus Zweck, Johann Schnierer und Felix Stöckholzer von Hirschfeld um Abweisung, ja um Beschlagnahme der bei ihm vorfindigen deutschen und lateinischen Lettern baten. Davidovich wurde abgewiesen, ergriff jedoch den Hofrecurs (September 1820), mit dem er gleichfalls keinen Erfolg erzielte.[400]

[397] Im Mai 1813 hatte die ungarische Hofkanzlei eine solche Beschwerde, dass hier zu Wien eine griechische Zeitung, »der Telemach«, erscheine und auch die Errichtung einer griechischen Buchdruckerei im Zuge sei, welche dem Privilegium der Pester Universitäts-Buchdruckerei widerspreche, überreicht. Die hierüber eingeholten und von der niederösterreichischen Regierung am 21. Juli 1813 [illegible] Erhebungen zeigten aber, dass die genannte griechische Zeitung wirklich, und zwar infolge eines 1807 erhaltenen [illegible] Privilegiums erscheine und dass auch die hiesigen Buchdrucker von jeher das unbestrittene Recht besitzen und ausüben, Werke in der griechischen und in den orientalischen Sprachen, mit Ausnahme der walachischen und illyrischen, zu drucken, welches Recht auch den Buchdruckern eingeräumt sei. Die [illegible] der Pester Universitäts-Buchdruckerei hätte auch die Worte des Privilegiums zu weit ausgedehnt, denn bei dem unbestimmten Ausdrucke »orientalische Sprachen« müsse auf den Zusammenhang mit den vorausgegangenen Verhandlungen, auf die Übung und die übrigen Bestimmungen des Privilegiums gesehen werden. Bei der Übertragung des Kurzböck'schen Privilegiums an Novakovich sei nur von illyrisch-walachischen Büchern für diese Nationen die Rede gewesen. Die ungarische Hofkanzlei [illegible] aber, unter orientalischen Sprachen sei ebenso die hebräische und griechische verstanden, weshalb sich auch die nicht unierten Griechen die orientalische Kirche nennen; dass Kurzböck und Novakovich sie in dem Sinne verstanden hätten, beweise ihr Schriftenvorrath in griechischen und hebräischen Lettern; sie verlange aber nicht, dass schon bestehende Buchdruckereien dieser Richtung abgeschafft werden, sondern nur keine neuen gegründet und die Herausgabe einer Übersetzung des »Telemach« verboten werde. Die niederösterreichische Kammer-Procuratur äusserte sich dahin: aus allen früheren Verhandlungen gehe klar hervor, dass dem Novakovich das Privilegium nur für die illyrisch-walachische Sprache verliehen, dasselbe aber nicht [illegible] worden sei. Da neu Privilegien älteren Rechten keinen Abbruch thun, nicht zurückwirken und nur vom Tage der Kundmachung an verbinden können, so folge, dass den übrigen Buchdruckern das schon von jeher bestehende Recht der Auflage orientalischer Werke nicht benommen, ebensowenig das Recht der Herausgabe der griechischen Zeitschrift »Telemach« in der walachischen Übersetzung beeinträchtigt werden könne, da das Privilegium der Pester Universitäts-Buchdruckerei nur auf die illyrisch-walachische Sprache zu beschränken sei und nur für die Zukunft gelte. — Archiv des k. k. Ministeriums des Innern, Fasc. IV. D. 7. — Registratur der k. k. niederösterreichischen Statthalterei, Fasc. B. 8, Nr. 29455, 31417. Von anderweitigen kleineren Versuchen erwähnen wir Folgendes. Am 28. Februar 1812 hatte die niederösterreichische Landesregierung den Professor Aryda, welcher als Arbeiter und als Priester nicht geeignet war, ein Gewerbe zu erlangen, unter dessen Leitung aber eine arabische Grammatik gedruckt werden sollte, wozu grössere Reinheit und Correctheit der Typen erforderlich war, wie sich auch das Universitäts-Consistorium hierüber äusserte, und seinen Gesellschafter Alexandrides mit ihrem Gesuche um eine orientalische Buchdruckerei abgewiesen. Dieser Alexandrides war Zeitungsschreiber. Bartholomäus Zweck hatte dann bei ihm eine Presse aus seiner Officin aufgestellt. Da dies gegen alle Vorschriften geschah, wurde Zweck zu einer Geldstrafe von hundert Gulden verurtheilt. (Gremial-Archiv.)

[398] Registratur der k. k. niederösterreichischen Statthalterei, Fasc. B. 6, Nr. 51475. — Das Buchdrucker-Gremium protestierte, weil Davidovich die Eigenschaft eines Buchdruckers erlangt habe, und bat um die Ungiltigkeitserklärung des Zeugnisses, da die Buchdruckerordnung von 1771 eine [illegible]jährige Lehrzeit vorschreibe, sowie Ausführung des Tauschhandels mit einer Officin. Davidovich hatte nämlich mit dem Buchdrucker Zweck wegen eines mit diesem zu errichtenden Gesellschaftsvertrages unterhandelt, als jedoch dieser Versuch misslang und Davidovich von der damals öffentlich zum Verkaufe ausgebotenen Buchdruckerei eines gewissen [illegible] Kenntnis bekam, kaufte er dieselbe an und verabredete mit Zweck einen Tausch ihrer beiden Officinen. Bei der Magistrats-Commission entschuldigte sich Schmidtbauer dahin, dass er Davidovich das Zeugnis nur gab, damit er sich seinem Vorgeben nach bei seinen Freunden in Slavonien ansässig machen könne; dem widersprach jedoch Davidovich und gab als eigentliche Ursache an, eine eigene Officin zu errichten. Der Magistrat erklärte Alles für null und nichtig, worauf Davidovich recurrierte. (Archiv des k. k. Ministeriums des Innern, Fasc. IV. D. 7.)

[399] Archiv des k. k. Ministeriums des Innern, Fasc. IV. D. 7. — Registratur der k. k. niederösterreichischen Statthalterei, Fasc. B. 6, Nr. 10003. — Registratur des Wiener Magistrates, Fasc. II. 4, Nr. 162, 19912.

[400] Archiv des k. k. Ministeriums des Innern, Fasc. IV. D. 7. — Registratur der k. k. niederösterreichischen Statthalterei, Fasc. B. 6, Nr. 12965, 16009, 31503, 37649, 47467. — Registratur des Wiener Magistrates, Fasc. II. 4. Nr. 19741 und II 1434, Nr. 28127.

Die orientalische Buchdruckerei des Davidovich befand sich auf dem alten Fleischmarkte Nr. 746, wird aber vom Jahre 1822 ab nicht mehr erwähnt. 1826 wendete sich der Wiener Magistrat an die Polizei-Oberdirection um Bericht, dass die Buchdruckerei des Demeter Davidovich eingezogen worden sei; diese Behörde erklärte auch mit Decret vom 13. März 1826 die Befugnis für erloschen.[491]

CHRISTIAN FRIEDRICH SCHADE.

(1818 bis 1839 resp. 1852.)

Schade war ursprünglich Schriftgießer und Stempelschneider, dessen zierliche Schriften vielen Anklang gefunden hatten. Im Jahre 1818 kaufte er von Johann Schnierer das Buchdruckerei-Privilegium um den Preis von 3000 Gulden und die vorhandenen Requisiten um 6000 Gulden. Er berief sich für die Giltigkeit seines Rechtes auf die Hofverordnung vom 17. Mai 1803, durch welche wieder die Hofverordnung vom 20. Juni 1791, dass Buchdruckereien, deren Besitzer den Buchdruck nicht erlernt hätten, durch kunstverständige Factoren geleitet werden können und sollen, aufgehoben worden sei. Er erhielt nach langen Verhandlungen das Privilegium des Schnierer und besaß später Buchdruckerei und Schriftgießerei unter den Weißgärbern, im eigenen Hause »zum Kegel« (Nr. 40); letztere hatte er eine Zeit lang auch in Himberg bei Maria Lanzendorf betrieben.

Schade verwendete für den Satz der bei ihm gedruckten Bücher recht hübsche Lettern und auch der Druck war meistens ein sorgfältiger.[492] Vom Jahre 1839 an kommt seine Officin actenmäßig nicht mehr vor. 1852 wurde seine Befugnis an Michael Auer übertragen.[493]

FERDINAND ULRICH SEN.

(1818 bis 1844.)

Ferdinand Ulrich war 1778 geboren und hatte die Buchdruckerei erlernt. Er war Factor in der Strauß'schen Officin und hatte im Jahre 1812 das Privilegium als kreisämtlicher Buchdrucker in der landesfürstlichen Stadt Baden erhalten, womit er auch eine Musikalienhandlung nebst Leihbibliothek verband. Als 1818 das Kreisamt V. U. W. W. nach Wien verlegt wurde, gedachte Ulrich mit seiner Buchdruckerei von Baden nach Wien zu übersiedeln; damals besaß er 5 Holzpressen und 90 bis 100 Centner Schrift. Am 20. August 1819 überreichte er durch das Kreisamt sein Gesuch, wurde aber am 22. October desselben Jahres abgewiesen, nachdem auch die Vorsteher der Buchdrucker um seine Abweisung gebeten hatten.[494] Am 18. November übergab die Hofkanzlei Ulrichs Hofrecurs.[495] Am 22. April 1820 wurde sein Ansuchen wegen Verlegung der Buchdruckerei von Baden nach Wien bewilligt;[496] seitdem hatte er seine Filiale in Baden aufgelassen und sich mit seinen Arbeiten, die zum großen Theile in amtlichen Drucksorten bestanden, auf Wien beschränkt.

1821 verwendete er bei seinen Pressen statt der Ballen Walzen.

1843 bat Ulrich um die Bewilligung, seinen Sohn Ferdinand als öffentlichen Gesellschafter annehmen und seine Firma dahin abändern zu dürfen, stand jedoch davon wieder ab.[497]

Ulrich starb am 16. Juni 1844 auf der Wieden, Hauptstraße Nr. 906, neben der »Weintraube«, wo auch seine Officin sich befand. Er hinterließ sechs Kinder, darunter den 39jährigen Ferdinand, der schon längere Zeit sein Geschäftsführer war, und den 21jährigen Eduard, der als Schriftsetzer in der

[491] Registratur der k. k. niederösterreichischen Statthalterei, Fasc. B. 7, Nr. 10723, Fasc. B. 6, Nr. 13198.

[492] Franz, Nagler und Künstlerlexikon, Bd. 1 S. 527.

[493] Registratur des Wiener Magistrates, Fasc. II. 64, Nr. 8655.

[494] und [495] Registratur der k. k. niederösterreichischen Statthalterei, Fasc. 10., Nr. 38373, 45095. — Registratur des Wiener Magistrates, Fasc. II. 4, Nr. 27779, 32941.

[496] Präsidialschreiben der Polizeihofstelle vom 31. December 1819 an die niederösterreichische Landesregierung, worin bekannt gegeben wird, dass die Polizei-Oberdirection verständigt wurde, es sei Ulrich gestattet worden, eine Presse durch weitere drei Monate auf der Wieden für kreisämtliche Buchdruckerarbeiten halten zu dürfen. 22. Jänner 1820. (Registratur der k. k. niederösterreichischen Statthalterei, Fasc. B. 6, Nr. [illegible], 5555, 14164, 17764. Registratur des Wiener Magistrates, Fasc. II. 14, Nr. 11667, 16866.)

[497] Registratur des Wiener Magistrates, Fasc. II. 64, Nr. 25517.

väterlichen Officin beschäftigt war; über diesen wurde, da er noch nicht großjährig war, der Buchdrucker und Schriftgießer Anton Benko Vormund.

Ulrichs Buchdruckerei-Requisiten wurden auf 1987 Gulden geschätzt.[108]

JOHANN JOSEF JAHN SEL. WITWE.

(1819 bis 1833.)

Francisca Jahn hatte nach dem Tode ihres Mannes die Buchdruckerei, welche sich in der Teinfaltstraße Nr. 82, später Schottenbastei Nr. 126 befand, im alten Umfange fortgesetzt. Sie hatte einen Verwandten namens Ferdinand Jahn, der ihr Geschäftsführer war, im Testamente vom 27. December 1830 zum Mit-Universalerben eingesetzt, der nun auch die Buchdruckerei bekam und fortführte.

Francisca Jahn starb, ohne Kinder zu hinterlassen, am 1. Mai 1833.[109]

FRANZ LUDWIG.

(1819 bis 1840.)

Nr. 75. Wallishausers Haus und Buchdruckerei.

Franz Ludwig, 1768 geboren, hatte die Buchdruckerei erlernt. Im Jahre 1816 bat er um die Befugnis des Johann Öhler, für welche den vorschriftsmäßigen Concurs auszuschreiben der Stadthauptmann von der niederösterreichischen Regierung eigens aufgefordert worden war.[110] Ludwig erhielt wohl die Öhler'sche Befugnis — gegen welche Entscheidung die priv. Buchdrucker 1817 auch den Hofrecurs ergriffen hatten[111] — wurde aber bald darauf mit Hofkanzlei-Decret vom 4. September desselben für verlustig erklärt, und zwar aus dem Grunde, »da die Öhler'sche Buchdruckerei schon vorlängst erloschen und die Verleihung derselben als eine ganz neue Befugnis anzusehen wäre, übrigens die Vermehrung der Buchdruckereien nicht für nothwendig anerkannt sei«.[112]

Im Jahre 1819 wurde Ludwig dagegen das Privilegium des Josef Vincenz Degen verliehen, um das er ein Jahr zuvor gebeten hatte.[113]

Ludwigs Officin, die eine gut eingerichtete genannt werden kann[114] — hier wurden unter anderem die 9 Bände von Hormayrs: »Wien, seine Geschicke und seine Denkwürdigkeiten, 1823–1825« gedruckt — befand sich in der Alservorstadt, Dreimohrengasse Nr. 278, »zum goldenen Engel« (hinten im Hofe).

Ludwig starb ohne Testament am 4. März 1840 im Alter von 72 Jahren. Er hinterließ eine Witwe, namens Anna, geb. Kollmann, und fünf Kinder aus erster Ehe, darunter den 34jährigen Josef Ulrich, der Factor bei seinem Vater war, und sieben Kinder aus zweiter Ehe.[115]

[108] Schriften im Gesammtgewichte von 80 Centnern 12 Pfund, durchschnittlich auf à 14 fl. = 1142 fl.; 6 Pressen mit eisernen Spindeln und messingenen Tiegeln à 50 fl. = 300 fl. u. s. w. Archiv des k. k. Landesgerichtes in Wien, Verlassenschaftsacten, Fasc. 2, Nr. 4856/841.

[109] Archiv des k. k. Landesgerichtes in Wien, Verlassenschaftsacten, Fasc. 2, Nr. 1629/833.

[110] Registratur der k. k. niederösterreichischen Statthalterei, Fasc. B. 6, Nr. 30706, 49150.

[111] L. c. Fasc. B. 6, Nr. 13651, 20550.

[112] Archiv des k. k. Ministeriums des Innern, Fasc. IV. D. 7. — Registratur der k. k. niederösterreichischen Statthalterei, Fasc. B. 6, Nr. 41695.

[113] Registratur der k. k. niederösterreichischen Statthalterei, Fasc. B. 6, Nr. 44012. — Registratur des Wiener Magistrates, Fasc. II. 4, Nr. 3313.

[114] Die Buchdruckerei-Requisiten wurden von den beiden gerichtlichen Schätzmeistern Sollinger und Ulrich Klopf nach Ludwigs Tode auf 1399 Gulden geschätzt, darunter 60 Centner Grobe Lettern à 15 fl. = 900 fl., 4 Druckpressen mit messingenen Tiegel à 20 fl. = 80 fl. u. s. w. (Archiv des Wiener Landesgerichtes, Verlassenschaftsacten, Fasc. 2, Nr. 2179/840.)

[115] Archiv des Wiener Landesgerichtes, Verlassenschaftsacten, Fasc. 2, Nr. 2179/840.

JOHANN BAPTIST WALLISHAUSSER II.

(1819 bis 1831.)

Johann Baptist Wallishaußer II. war zu Wien im Jahre 1791 geboren. Er hatte die Buchhandlung und Buchdruckerei ordnungsmäßig erlernt und war, wie bereits erwähnt wurde, seiner Stiefmutter Theresia Wallishaußer als tüchtiger Geschäftsführer in schwierigen Verhältnissen eine erprobte Stütze.

1819 hatte Theresia Wallishaußer sowohl die Buchhandlung als die Buchdruckerei anheimgesagt, welche nun Johann Baptist Wallishaußer gegen theilweise Abfertigung seiner Geschwister übernahm. Über sein Ansuchen hatte er die behördliche Genehmigung für beide Gerechtigkeiten erhalten;[116] 1820 war ihm auch das Bürgerrecht verliehen worden.[117]

Wie Wallishaußer als Buchhändler für einen guten Verlag sorgsam bemüht war und durch die Herausgabe des Taschenbuches «Aglaja» mit den schönen und heute noch geschätzten zahlreichen Kupferstichen von F. John, jener der dramatischen Dichtungen von Zacharias Werner, Grillparzer u. a., ja auch wissenschaftlicher Werke[118] einen weit verbreiteten Ruf sich erworben hatte, so war er in gleicher Weise für den Aufschwung seiner Buchdruckerei überaus thätig. Die eben genannten Verlagswerke und noch viele andere erschienen alle typographisch schön und geschmackvoll ausgestattet.

Nr. 76. Johann B. Wallishaußer II.

Wallishaußer starb jedoch allzufrüh in der Blüte seiner Mannesjahre und mitten im rüstigen Schaffen am 11. October 1831 im Alter von erst 40 Jahren. (Siehe Nr. 76.) Er hinterließ eine Witwe und zwei minderjährige Kinder: Pauline (geb. 25. Jänner 1830) und Johann Baptist Wallishaußer III., den gegenwärtigen Chef dieses Hauses (geb. 1831). Josefine Wallishaußer war laut Testament vom 14. August 1831 zur Erbin eingesetzt, ihr hatte er auch laut Schenkungsurkunde vom 2. Februar 1831 den Büchervorrath und die Buchrequisiten im Werte von 8000 fl. C.-M. geschenkt. Über Ansuchen der Vormünder war von einer Schätzung abgesehen worden.[119]

Wallishaußer war durch glückliche Verlags-Unternehmungen bald in die Lage gekommen, sich in der Josefstadt das sogenannte «Michaelerhaus» am Glacis zu kaufen, wohin er nun die Buchdruckerei, die bisher in der Stadt am Hohen Markte mit fünf hölzernen Pressen betrieben wurde, verlegte. (Siehe Nr. 75.)

DIE DRUCKEREI DER K. K. PRIV. ÖSTERR. NATIONALBANK (ÖSTERR.-UNGAR. BANK).

([illegible] bis 1902.)

Schon der Druck der Bancozettel wurde unter gewissen Vorsichten mit der Buchdruckerpresse erzeugt, und Kurzböck hatte man es schon als ein nicht geringes Verdienst angerechnet, dass er bei der Herstellung neuer «Banco-Zeddel» in seiner Officin so große Umsicht und Eifer bekundet hatte.

Als es nach den schwere Opfer erheischenden Kriegen mit Napoleon galt, auch an das zerrüttete Geldwesen die heilende Hand zu legen, wurde neben den verschiedenen anderen Mitteln die Gründung einer Bank in Aussicht gestellt (Patent vom 1. Juni 1816), welche unter gewissen Verpflichtungen

[116] und [117] Registratur des Wiener Magistrates, Fasc. II. 4, Nr. [illegible], [illegible]; Fasc. II. 187, Nr. 15556, Fasc. [illegible], Nr. [illegible].

[118] Z. B. Die theoretische und praktische Astronomie von J. J. Littrow (1821, 8°), die Ausgabe des Peter Suchenwirt, mit Einleitung und Wörterbuch begleitet von Alois Primisser (1827, 8°).

[119] Archiv des Wiener Landesgerichtes, Verlassenschaftsacten, Fasc. 2, Nr. [illegible].

während der Dauer ihres Privilegiums das ausschließende Recht der Anfertigung und Emission von Banknoten im ganzen Umfange der österreichischen Monarchie haben sollte (§ 16 des Reglements der österreichischen privilegierten Nationalbank vom 15. Juli 1817).[178]

Durch das Patent vom 18. Mai 1810 war bereits eine vereinigte Einlösungs- und Tilgungs-Deputation eingesetzt worden, welcher in der Folge die Bestimmung zugewiesen wurde, die Fabrication und Hinausgabe der Einlösungs- und Anticipationsscheine nach gewissen Vorschriften zu besorgen. Diese Behörde wurde am selben Tage aufgelöst, als die Bank thatsächlich ins Leben gerufen wurde. (Patent vom 27. März 1822.)

Die erste Fabrication der Banknoten wurde noch vom Staate veranlasst und bis zur Überweisung derselben an die Bank im Jänner 1818 auch bestritten.

Nachdem die Bank einen Vorrath von 139,447.500 Gulden übernommen hatte, so brauchte sie erst 1820 die Fabrication wieder in Thätigkeit zu setzen. Sie begann den Banknotendruck mit Typen am 21. Juli 1820, und zwar in den Localitäten der Wiener Währungs-Erzeugung im Dominicaner-Gebäude, jedoch vorerst nicht ganz in eigener Regie, sondern es wurden über ihr Ansuchen infolge einer Verfügung des damaligen Finanzministers Grafen Stadion die nöthigen Pressen (6 Druck- und 3 Stampiglier-Pressen), ferner das erforderliche Arbeits-Personale von 6 Factoren und 25 Arbeitern, sowie die 5 Aufsichts-Commissäre von der k. k. vereinigten Einlösungs- und Tilgungs-Deputation nur zeitweilig zur Verfügung gestellt.

Erst mit dem 17. März 1821 übernahm die Bank die Banknoten-Fabrication vollkommen in eigene Regie. Aus diesem Anlasse traten am 23. Juni 1821 2 Oberfactore, 2 Factore und 12 Arbeiter aus dem Dienste der k. k. vereinigten Einlösungs- und Tilgungs-Deputation bleibend in jenen der Bank über.

Der Banknotendruck der Nationalbank wurde bis 1840 mit Typen fortgeführt, und zwar zunächst von 1820 bis 1825 in der alten Weise. (Banknoten der I. Form.) Das zur Erschwerung der Fälschung angewendete Mittel lag im Wasserzeichen des Papieres.

Vorgekommene größere Fälschungen machten jedoch bald eine neue Ausgabe von Banknoten erforderlich (Banknoten II. Form mit dem Datum 1. October 1825), wobei mehrfache Verbesserungen stattfanden. Die bedeutendste derselben bestand in der Anwendung von Guillochen-Dessins, theilweise in zwei Farben, welche Dessins mit der von dem Mechaniker Jacob Degen erfundenen und von ihm und seinem Sohne Karl Degen (beide standen im Dienste der Bank) mehrfach verbesserten Guillochiermaschine für Typographie hergestellt wurden; der Druckapparat hierzu war derart construiert, dass beide Farben gleichzeitig gedruckt werden konnten. Der übrige Typendruck wurde in der üblichen Weise auf Handpressen erzeugt. Eine weitere damals zur Anwendung gelangte Verbesserung war die Einführung der von den beiden Degen erfundenen Numeriermaschine und der Gebrauch der vom Factor der Nationalbank, dem Lithographen August Richard, erfundenen neuen Druckfarbe, welche die Eigenschaft besaß, sich nicht auf den Stein übertragen zu lassen. Die bis dahin üblichen Druckfarben konnten nämlich ohne Umstände auf dem gewöhnlichen lithographischen Wege auf den Stein übertragen und daselbst entweder in ziemlich deutlichen Abdrücken nachgedruckt oder doch nach den am Steine befindlichen Contouren weit leichter graviert und lithographisch abgedruckt werden.

Gelegentlich der Auflage der Banknoten II. Form fand auch eine successive Vermehrung des Arbeitspersonales um 23 Individuen statt. Im Ganzen waren jetzt 1 Oberfactor, 2 Factore und circa 30 Arbeiter als Setzer, Buchdrucker, Stampiglierer etc. beschäftigt. Diese wurden damals wie heute noch derart zusammengestellt, dass das typographische Personale wechselweise Setzer- und Druckerdienste leisten konnte.

Mittelst Typendruck wurden auch noch die Banknoten der III. Form mit dem Datum vom 9. December 1833 und vom 8. December 1834, ausgegeben am 20. Mai 1839, hergestellt.

Erst bei der Erzeugung der Banknoten IV. Form à 1000 Gulden, 100 Gulden, 50 Gulden, 10 Gulden und 5 Gulden C.-M. mit dem Datum vom 1. Jänner 1841, ausgegeben am 15. October 1841,

[178] Karl Freiherr von [illegible], Die privilegirte österreichische Nationalbank, ihre Gründung, ihre Entwicklung und ihr Wirken (Wien 1847), bes. S. 181.

gelangte das Oldham'sche System (Kupferdruckmanier) zur Anwendung. Zum Betriebe der 12 eisernen Kupferdruckpressen dienten zwei Watt'sche Dampfmaschinen von zusammen 20 Pferdekräften mit 4 kupfernen Dampfkesseln. Maschinen und Kessel dienen auch heute noch zur Erzeugung der Betriebskraft. Die Numeration mit Typendruck geschah auf 10 eigenartig gebauten Trittpressen.

Bereits im Jahre 1824 war der Nationalbank von Professor Johann Nep. Norbert Hromatko in Wien eine Schnelldruckpresse für den Preis von 10.000 Gulden C.-M. angeboten, dieses Anerbieten aber abgelehnt worden. Die erste Schnellpresse aus der Fabrik Hummel in Berlin, wurde im Jahre 1865 aufgestellt; sie diente zunächst für den rückwärtigen Druck der damals vorbereiteten Auflage von Banknoten à 5 Gulden ö. W., welche aber nicht zur Ausgabe gelangte, und wurde dann auch zu Druckarbeiten für den administrativen Dienst verwendet.

Die Typendruckerei für den administrativen Bedarf wurde 1821 gegründet und war zunächst für den Druck der mit 1. Jänner 1822 zur Ausgabe gelangten Staatsschuldverschreibungs-Certificate geschaffen; gleichzeitig war aber bestimmt worden, dass auch alle Drucksorten, deren die Bank bedürfe, künftig in eigener Regie der Bank in dieser Druckerei herzustellen seien. Der Dienst daselbst wurde von dem Personale der Banknoten-Fabrication versehen, wie überhaupt die Druckerei von der Notenfabrication keineswegs streng geschieden war. Erst seit der Reorganisation, welcher die Banknoten-Fabrication im Jahre 1878 unterzogen wurde und welche sich auch auf die Druckerei erstreckte, besteht die letztere in abgesonderten Räumen, getrennt von der Banknoten-Fabrication, jedoch derselben Leitung untergeordnet. Das Personale, welches daselbst beschäftigt wird, ist dem Gesammtpersonalstande der Fabrication von 170 Individuen entnommen und besteht für gewöhnlich aus einem Factor, einem Unterfactor, einem Gießer, 6 Setzern, 9 Buch- und 2 Steindruckern und 3 Handlangern, zusammen aus 23 Personen. Im Gebrauche stehen 3 Buchdruck-Schnellpressen, 7 Handpressen, 2 lithographische Handpressen und 2 Coupon-Numerierungsmaschinen. In der Druckerei werden alle Arten von Drucksorten für den Geschäftsverkehr der österreichisch-ungarischen Bank, ferner die Wochenstände und Jahresberichte der Bank gedruckt; ebenso auch der wöchentlich erscheinende »Central-Anzeiger der handelsgerichtlichen Eintragungen in der österreichisch-ungarischen Monarchie« und der »Schematismus der protokollierten Firmen in der österreichisch-ungarischen Monarchie«.

JOHANNA GRUND (VEREHELICHTE GORISCHEK).

(1821 bis 1858.)

Nach dem Tode des Leopold Grund (1821) war dessen Witwe Johanna Grund berechtigt, die Buchdruckerei, weil ein Personalgewerbe, fortzuführen. Schon im folgenden Jahre sehen wir eine bedeutende Vermehrung des Verlages, namentlich in religiösen Büchern und damit auch einen Aufschwung der Buchdruckerei, in der nun schon 15 Holzpressen aufgestellt waren.

Da Johanna Grund Willens war, sich wieder zu verehelichen, aber in diesem Falle auch des Rechtes, die Buchdruckerei fortzuführen, verlustig wurde, richtete sie in einem Gesuche an den Kaiser die Bitte (1826), ihr eine Universitäts-Buchdruckerei, oder, weil ein Privilegium für eine solche nicht mehr bestand, eigentlich ein verkäufliches Privilegium zu verleihen, wogegen sie dem hiesigen Taubstummen-Institute ein Geschenk von 3000 Gulden Metalliques-Obligationen zu widmen versprach. Johanna Grund wurde abgewiesen.[421] Nun bat sie bei der Behörde, ihr wenigstens zu gestatten, dass sie nach ihrer Verehelichung die Buchdruckerei-Befugnis noch drei Jahre ausüben dürfe, was ihr zugestanden wurde (1826). Am 17. Februar 1827 verehelichte sich Johanna Grund mit dem Doctor der Medicin Josef Gorischek.[422]

Die Frist von drei Jahren war noch nicht abgelaufen, als die sämmtlichen Buchdrucker Wiens bei den Behörden Schritte machten, dass der Johanna Gorischek die Buchdruckerei-Befugnis nicht mehr verlängert werde; diese dagegen bat um eine weitere Frist (1829).[423] Aber schon 1830 zeigte Johanna Gorischek an, dass sie die Buchdruckerei des B. Ph. Bauer in der Währingerstraße gekauft habe,

[421] Archiv des k. k. Ministeriums des Innern, Fasc. IV. D. 7. — Registratur des Wiener Magistrates, Fasc. B. [illegible], Nr. [illegible], [illegible].
[422] Registratur des Wiener Magistrates, Fasc. B. 1500, Nr. [illegible], [illegible].
[423] L. c. Fasc. B. [illegible], Nr. [illegible]; Fasc. [illegible], Nr. [illegible].

und legte auch die alte Grund'sche Personalgerechtigkeit zurück. Die Regierung gestattete die Ausübung jenes Buchdruckerei-Privilegiums, und zwar durch den verantwortlichen Factor Johann Friedrich,[124] ja sogar unter der alten Firma »Leopold Grund'sche Buchdruckerei (Leopold Grund sel. Witwe)«. Der Recurs der Buchdrucker, welche gegen diese Bezeichnung protestierten, ward zurückgewiesen.[125]

Im Jahre 1837 legte Johanna Gorischek der Behörde die Anzeige vor, dass sie den Franz Gorischek als verantwortlichen Geschäftsführer angenommen habe.[126] 1839 wurde eine Schnellpresse aufgestellt und 1840 eine Schriftgießerei für den Hausbedarf eingerichtet; erst 1850 wurden die letzten Holzpressen beseitigt.

Johanna Gorischek starb am 27. November 1858. Die Buchdruckerei, deren verantwortlicher Factor Franz Geitner war, setzte ihr Erbe Karl Gorischek fort.[127]

Die Buchdruckerei befand sich auf dem Neubau, Andreasgasse Nr. 303, vom Jahre 1847 an auf dem Hundsthurme, Schlossplatz Nr. 1 (Schloss).

Im Jahre 1848 wurden hier gedruckt: der »Constitutionelle Courier« von J. Karl, der »Österreichische Demokrat« von J. Bachmann und J. Maly, »Die Wiener Elegante« (Modeblatt, VII. Jahrgang) von F. Kratochwill, »Die Freiheit« (neue Folge: »Der freisinnige Patriot«) von J. A. Ditscheiner, »Der Humorist« (XII. Jahrgang, Neue Folge: »Politischer Horizont«) von M. G. Saphir, »Allgemeine Jugendzeitung« von Schelivsky, »Der politische Kellner im neuen Gasthause zum freien Mann«, »Die goldene Mittelstraße« von F. A. Rosenthal, »Der Patriot« von Ehrenberg, »Wiener Schulzeitung« von F. H. Lang, »Der Wochentelegraph« von E. F. Rosenthal, »Das deutsche Vaterland« von D. Stalfod, »Die Wahrheit« von K. Rosenthal, die »Allgemeine österreichische Zeitschrift für den Landwirth, Forstmann und Gärtner«. Ein Centralblatt für die Ergebnisse wissenschaftlicher Forschung und praktischer Erfahrung. Mit einem Beiblatte: »Der Universalist« oder »Anzeiger des Neuesten im Gebiete des Lebens und des Wissens«, Nr. 1–13. Von Dr. C. Hammerschmidt, »Der Wiener Galanthomme«, Modeblatt für Herrenkleidermacher (2. Jahrgang) von F. Lowetinsky, »Die Feierstunden« von Ebersberg.

JOHANN PAUL SOLLINGER.

(1821 bis 1849.)

Johann Paul Sollinger war im Jahre 1795 in Wien geboren. Er erlernte die Buchdruckerei in der hervorragenden Officin des Anton Strauß, unter dessen persönlicher Leitung er eine tüchtige technische Ausbildung genoss. Im Jahre 1815 trat er eine Wanderung durch Deutschland und Frankreich an, hielt sich in Straßburg, Colmar, namentlich aber in Paris längere Zeit auf, wo er in der berühmten Officin des Didot bis zum Jahre 1819 verblieb und keine Gelegenheit vorübergehen ließ, seine Fachkenntnisse in der sorgfältigsten und eingehendsten Weise zu erweitern.

Nach Wien zurückgekehrt, kaufte er bald darnach von den Erben des Mathias Andreas Schmidt dessen Universitäts-Buchdrucker-Privilegium. Diese Officin war damals ganz unbedeutend und Sollinger konnte anfangs nur spärlich zwei Pressen beschäftigen. Als gebildeter, praktischer und fleißiger Fachmann hob er aber dieselbe zu einer der bedeutendsten in Österreich. Factor war Friedrich Pottel.[128]

Bereits 1833 besaß Sollinger eine Schnellpresse, welche außer ihm in Wien und Österreich nur noch die Edlen v. Ghelen'schen Erben aufzuweisen hatten. Er versah seine Officin mit schönen, geschmackvollen Typen und strebte in allen Zweigen der Typographie, die er ausübte, wesentliche Verbesserungen an. Im Jahre 1832 legte er eine Farben- und Congreve-Druckerei an, in welcher er so elegante, reine und schöne Arbeiten herstellte, dass sie den schönsten des Auslandes würdig zur Seite standen, jene des Inlandes aber weit übertrafen. Als tüchtiger Stempelschneider aus Strauß' und Didots Schule errichtete er 1833

[124] Registratur des Wiener Magistrates, Fasc. II. 80?, Nr. 7496, [illegible], [illegible], 23158; Fasc. II. 1464, Nr. 2211; Fasc. 139, Nr. 2698. Registratur der k. k. niederösterreichischen Statthalterei, Fasc. B. 7, Nr. 1132, 40151, 85645.

[125] Registratur der k. k. niederösterreichischen Statthalterei, Fasc. B. 7, Nr. 10380, 33179. — Regierungsdecret Z. 1802, Nr. 64, Z. 8011.

[126] Registratur der k. k. niederösterreichischen Statthalterei, Fasc. B. 7, Nr. 63047.

[127] Josef Lasser, k. k. Hofrath — der nachmalige Staatsminister und Ministerpräsident — als Testaments-Executor der Johanna Gorischek, sagt im Einvernehmen mit dem Erben Karl Gorischek Franz Geitner die Fortsetzung durch den Erben zu. (Registratur des Wiener Magistrates, Fasc. II. 4, Nr. 13862.)

[128] Registratur des Wiener Magistrates, Fasc. II. 61, Nr. 11402.

eine eigene Schrift- und Stereotypengießerei, die bald eine große Auswahl neuer und geschmackvoller Schriften lieferte. Seine Officin wurde auf Werke in allen gangbaren Sprachen, wie auch mit griechischen und hebräischen Schriften vollkommen eingerichtet.

Sollinger besaß noch das ausschließliche Privilegium auf die Erfindung, alle erhabenen und vertieften Arbeiten, nämlich Münzen, Gemmen, Schnitzwerke von Elfenbein u. s. w., so zu übertragen, dass solche gleich gestochenen Platten auf Papier oder anderen geeigneten Stoffen durch die gewöhnliche Druckerpresse mit verschiedenen Farben abgedruckt werden können. Ein National-Prachtwerk dieser Art ist: «Der Ehrenspiegel Österreichs», das von dem bekannten Xylographen Blasius Höfel, Ritter v. Bohr und

Nr. 77. Johann Paul Sollinger. (Nach einer Lithographie.)

Alois Reitze herausgegeben und 1840 bei Sollinger gedruckt wurde. Wir werden daraus im zweiten Capitel das Titelblatt mit der hübschen Einfassung, in Holz geschnitten von Blasius Höfel, und von Porträts jenes des Jesuiten Michael Denis, des Verfassers von «Wiens Buchdruckergeschichte bis 1560», reproducieren.

Als Sollinger Bäuerle's «Theaterzeitung» übernahm, errichtete er eine Filialdruckerei in der Stadt unter den Tuchlauben (Nr. 539), seine Officin aber befand sich auf der Laimgrube, Wienstraße Nr. 24. Im Jahre 1843 erhielt er die Bewilligung, im Wien-Gloggnitzer Eisenbahnhofe eine Presse zum Behufe der Actien-Signierung aufzustellen.[178] Im Jahre 1848 hatte er 6 Schnell- und 10 Handpressen im Gange.

Sollinger hatte sich aber nicht nur um die österreichische, speciell die Wiener Typographie ganz besondere Verdienste erworben, sondern auch als Verlagsbuchhändler seine Aufmerksamkeit dem Verlage der inländischen Literatur zugewendet, die an ihm stets einen warmen Freund und Förderer fand; als

[178] Registratur des Wiener Magistrates. Fasc. II. 61. Nr. 11656. 28503.

solcher gab er u. a. auch Johann Gabriel Seidls Dichtungen (Bifolien) in geschmackvoller Ausstattung heraus. Mit Seidl stand er seither auf freundschaftlichem Fuße.

Das Verlagsgeschäft, dessen Ausgaben in seiner Officin hergestellt wurden, begann Sollinger im Jahre 1824. Er setzte ältere übernommene Kalender fort, darunter den von Blumenbach, und verlegte auch kostspielige Werke, so mercantilische und solche mit Tabellensatz. 1827 gab er den »Neuen Geschichts-« und »Neuen Geschichts- und Erinnerungs-Kalender« von C. A. Schimmer heraus, den »Soldatenkalender« von Johann N. Vogl, die Taschenbücher »Aurora« und »Iduna«. 1827 begann in seinem Verlage die von Vincenz August Wagner begründete, von Dolliner und Kudler fortgesetzte »Zeitschrift für österreichische Rechtsgelehrsamkeit und politische Gesetzkunde«; ohne Aussicht auf einen Gewinn hatte er 1830 auch den Druck der »Sammlung von Berggesetzen der österreichischen Monarchie« begonnen. Noch erwähnen wir die geistvollen homiletischen Werke des berühmten Dompredigers Joh. Emanuel Veith, die sorgfältig ausgestatteten Ausgaben von Shakespeares und Calderons Werken in kleinen Bändchen, dann Groß-Octav und wieder in Einem Bande, die sehr geschätzt waren und großen Absatz fanden. Auch des berühmten Chirurgen Kern »Leistungen der chirurgischen Klinik« und dessen »Handbuch der Chirurgie« hatte er gedruckt; ebenso die »Synopsis numerum antiquorum, qui in museo caesareo Vindobonensi adservantur« (Verlag des Hofbuchhändlers Peter Rohrmann, 1837, 2 vol. 4°) von Josef Arneth, das historisch geographische Tableau des österreichischen Kaiserstaates (1840, Fol. Verlag Fr. Beck) von Josef Haufler, endlich Michael Behaims »Buch von den Wienern« 1462–1465, herausgegeben von Karajan (Verlag des Hofbuchhändlers Peter Rohrmann, 1843, 8°), ein sehr schöner Druck auf Velinpapier in nur 200 Exemplaren.

Bekanntlich hatte im Jahre 1848 die Zeitungsliteratur nach Aufhebung der Censur einen gewaltigen Aufschwung genommen; neben manchen Lichtseiten in dieser Erscheinung gab es aber auch tiefe Schatten, ein solcher war, dass die vorherrschende Zeitungsliteratur — gerade so wie in der josefinischen Zeit — alles Ernste in der Literatur in den Hintergrund drängte. Sollinger konnte sich aber auch mit der herrschenden politischen Strömung nicht befreunden und druckte bloss: die »Wiener Allgemeine Theater-Zeitung, Originalblatt für Kunst und Literatur, Musik, Mode und geselliges Leben« (41. Jahrgang), die einen Anhang zum »Österreichischen Courier« bildete, von Adolf Bäuerle; die »Österreichische Zeitschrift für Rechts- und Staatswissenschaft«, herausgegeben von Dr. Josef Kudler, Dr. Moriz Stubenrauch und Ed. Tomaschek, endlich die »Österreichisch-medicinische Wochenschrift« als Ergänzungsblatt der »Medicinischen Jahrbücher des k. k. österreichischen Staates«, von Dr. Wilhelm Edlen v. Well.

Sollinger, ein Mann von reinem Charakter und ein hochgebildeter Jünger Gutenbergs (siehe Nr. 77), starb am 13. Jänner 1849 im Alter von 54 Jahren. Er hinterließ nur eine Witwe, Anna Sollinger, die laut Testament vom 7. Jänner d. J. zur Universalerbin eingesetzt war und auch die Buchdruckerei fortführte.

Die Requisiten-Vorräthe der Buchdruckerei und Schriftgießerei wurden mit 22.000 Gulden, das verkäufliche Buchdruckerei-Gewerbe mit 3000 Gulden bewertet.[430]

Der Dichter Johann Gabriel Seidl hat dem Verleger seiner ersten Werke und seinem Freunde Sollinger einen poetischen Nachruf gewidmet, der in tief empfundenen Worten den Verlust eines biederen Mannes und eines wahren Freundes beklagt.[431]

[430] Archiv des Wiener Landesgerichtes, Verlassenschaftsacten, Fasc. 4, Nr. 34/849.

[431] Dieser Nachruf, der in Bäuerle's Theaterzeitung erschien und auch beim Leichenbegängnisse vertheilt wurde, lautet:

So gieng denn aus der kleinen Runde
Der Biedern wieder Einer fort!
Nimm, alter Freund, aus Herzensgrunde
Von einem Freund dies Abschiedswort.

Du warst ein Mann — in uns'ren Tagen
Ein Lob, das Wenigen gebührt,
Wer je Dich kannte, muss es sagen,
Dein Scheiden hat uns tief gerührt.

Zwar hat kein Kind um Dich zu weinen,
Doch eine Gattin weint um Dich,
Und die Gluth Dein Haus den Deinen,
Ein Leid, woraus die Seel' erbleicht.

Dir war Dein Leben kein Genießen,
Dir war es nur ein emsig Müh'n;
Doch wem hier Dornen sprießen,
Dem wird auch dort ein Kranz erblüh'n.

Von mir nimm aber Freundessorgen
Hinüber in der Sel'gen Chor,
Du kamst der Erste mir entgegen,
Als ich der Muse Treue schwor.

Du hast den Weg mir vorbereitet,
Als Pathe stand'st Du ein für mich;
Wie Du mir's Leben mit geleitet,
Geleit' ich nur dein Leben — Seidl.

Über Sollinger siehe »Österreichische National-Encyklopädie« V., S. 66; v. Wurzbach XXXV., S. 251 f.; »Österreichische Buchdrucker-Zeitung« (1874 II), S. 63.

CHRISTIAN MARTIN ADOLPH.

(1822 bis circa 1833.)

Derselbe war gelernter Buchdrucker und in der Officin des Thadäus Edlen von Schmidtbauer, die sich auch mit dem hebräischen, serbischen und griechischen Satze beschäftigte, als Factor angestellt. In dieser Eigenschaft wurde er mit Demeter Davidovich, dem Redacteur einer serbischen Zeitung, später Besitzer eines eigenen Buchdrucker-Privilegiums für orientalischen Satz, bekannt, dessen Officin er im Jahre 1822 auch übernahm. Er pflegte wie Schmidtbauer, Schmid, Zweck, Davidovich und Holzinger den orientalischen Satz, doch ist von ihm und seiner Officin actenmäßig wenig bekannt; nur 1832 wird ein gewisser Anton Schneider als Factor bei ihm erwähnt.[172] Die Officin wurde mäßig betrieben. Von seinen Drucken nennen wir nur: *[illegible] Ἐν Βιέννῃ τῆς Αὐστρίας. Χρ. Ἀδόλφ. 1829–1830. 2 τομ. 8°.*

LUDWIG MAUSBERGER SEL. WITWE (THERESIA MAUSBERGER).

(1823 bis 1829.)

Nach dem Tode Ludwig Mausbergers setzte dessen Witwe Theresia Mausberger die Buchdruckerei auf dem alten Fleischmarkte Nr. 969, von 1826 an auf der Wieden Nr. 275, fort. Im Jahre 1828 sagte sie die Personalbefugnis ihres verstorbenen Mannes zu Gunsten ihres Sohnes Anton Mausberger heim, welcher bei der Behörde das Ansuchen stellte, die von seinem Vater ererbte Buchdruckerei auf seinen Namen fortführen zu dürfen. Beides wurde ihm im Jahre 1829 bewilligt.[173]

A. PICHLERS WITWE (ELISABETH PICHLER).

(1823 bis 1841, resp. 1865.)

Nach dem Tode des Anton Pichler im Jahre 1823 führte die Witwe Elisabeth Pichler die Buchdruckerei in Margarethen auf dem Schlossplatze Nr. 30 fort. Die große Geschäftskenntnis und die strenge Ordnungsliebe, welche diese Frau in allen Verhältnissen bekundete, bewirkten, dass die Buchdruckerei, in welcher seit 1837 der einzige Sohn, Franz Pichler, als verantwortlicher Geschäftsführer die Leitung übernommen hatte,[174] einen ganz bedeutenden Aufschwung nahm. Es waren bald 12 Holzpressen in voller Thätigkeit, die 1836 theilweise durch eiserne Handpressen und eine Schnellpresse (von Helbig & Müller in Wien) ersetzt wurden; da gleichzeitig das Geschäft überaus gut gieng und Niemand entlassen wurde, so war hier die Stimmung der Arbeiter gegen die Maschine keine feindselige.

Im Jahre 1833 wurde auch eine eigene Schriftgießerei (bestehend bis 1858) und 1845 eine Stereotypie eingerichtet, durch welche die Officin mit guten Schriften reichlich versehen wurde; letztere konnte im Laufe der Zeit auf ein Inventar von mehr als 300 Centner Lettern hinweisen.

Das Jahr 1837 war für die Pichler'sche Officin das eines typographischen Ereignisses. Es wurde nämlich hier die erste Auflage der ersten typographischen Karte: »Die General-Postkarte des Kaiserthumes Österreich« in 4 Blättern, herausgegeben von Franz Raffelsberger (siehe typographisches Institut von Raffelsberger), gedruckt. Die Ausführung dieses durch bewegliche Lettern hervorgebrachten rein typographischen Erzeugnisses war eine überaus genaue und sorgfältige und erntete daher auch vielen Beifall. Die Hauptaufgabe für den Typographen, jede wie immer gestaltete krumme Linie, wie die auf Landkarten vorkommenden Gebirge, Ströme, Straßen u. s. w., durch bewegliche Typen genau anzugeben, die Bezeichnungen der Städte, Dörfer u. s. w. durch besondere Zeichen darzustellen, um das Ganze mit erläuternder Schrift in Harmonie zu bringen, diese schwierige Aufgabe der Typometrie wurde von der Pichler'schen Druckerei auf das glänzendste gelöst.

[172] Registratur des Wiener Magistrates, Fasc. II. 61, Nr. 11555.

[173] Registratur der k. k. niederösterreichischen Statthalterei, Fasc. B. 7, Nr. 14565. — Registratur des Wiener Magistrates, Fasc. II. 461, Nr. 9226, Fasc. II. 1966, Nr. 46537 und Fasc. 1953/528, Nr. 21680.

[174] Registratur der k. k. niederösterreichischen Statthalterei, Fasc. B. 7, Nr. 47948.

Von sonstigen Drucken erwähnen wir nur: Die Bilder der Hedwigslegende nach einer Handschrift vom Jahre MCCCLIII.... als Versuch eines Beitrages zur deutschen Alterthumskunde von Adolf Ritter v. Wolfskron (Wien 1846, auf Kosten des Mathias Kuppitsch, Fol. mit 32 Tafeln in Farbendruck), und das Verbrüderungsbuch des Stiftes St. Peter in Salzburg aus dem VIII. und XIII. Jahrhunderte, mit Erläuterungen von Th. v. Karajan (Wien, 1852, Fol.). Sonst wurden zumeist die Werke des eigenen Verlages und des k. k. Schulbücher-Verlages gedruckt.

Im Jahre 1848 wurden in der Officin von A. Pichlers Witwe gedruckt: «Aufwärts». Ein Volksblatt für Glauben, Freiheit und Gesittung, herausgegeben vom Katholikenvereine. Verantw. Redaction M. A. Becker und Joh. Emanuel Veith (Nr. 1-30). Den Abnehmern dieses Blattes wird vom 7. October an gratis beigegeben: «Österreichischer Volksfreund». Wochenblatt von J. P. Kaltenbaeck und Joh. Emanuel Veith (nur eine Nummer erschienen); «Österreichisches Buchdrucker Organ», redigiert von C. Ph. Hueber; «Charivari» für Österreichs freie Völker. Red. K. Richter; «Die Wiener Kirchen-Zeitung» für Glauben, Wissen, Freiheit und Gesetz in der katholischen Kirche. Red. von Sebastian Brunner; «Der österreichische Landbote», vaterländische Volkszeitung», später «Der österreichische politische Landbote», eine vaterländische Volkszeitung von Wilhelm Ehrlich; «Der Wiener Michel, grad und glatt weg!», oder: 9000erlei für jeden Stand, für jedes Land! Ein periodisches Flugblatt von Michel Glaubrecht. (Von Nr. 2 an erscheint der «Wiener Michel» u. d. T. «Der gerade Michel!» ... von M. Glaub. Von Nr. 6 an bei A. Dorfmeister gedruckt.) «Das Nationalblatt», Volkszeitung für wahre Freiheit und freie Wahrheit, von D. J. C. Rousseau; «Wiener National-Garden-Centralblatt» von J. P. Körner; «Die National-Zeitung». Politisches Volksblatt für demokratische Interessen, von W. Ehrlich; «Die Allgemeine Straßenzeitung», Wiener Tagblatt für das Volk, von W. Ehrlich; «Der freie Wiener», Wochenschrift für Scherz und Ernst, Novelle und Erzählung, Ironie und Satyre, Kunst und Literatur, Politik und Volksinteressen, mit der Beilage «Die entschiedene Linke», Verantw. Red. A. Medis; «Das Österreichisch-pädagogische Wochenblatt zur Beförderung des Erziehungs- und Volksschulwesens» (VII. Jahrgang mit der Beilage «Jugendblätter»), von Josef Kaiser.

Im Jahre 1851 war Franz Pichler ins Geschäft der Mutter eingetreten; seitdem lautete die Firma: «A. Pichlers Witwe & Sohn».

Elisabeth Pichler starb im Jahre 1865.[135] Ihr Sohn Franz Pichler führte die Buchdruckerei unter der bisherigen Firma fort.

JOHANN BARTHOLOMAEUS ZWECK SEL. WITWE ANNA.

(1820 bis 1836.)

Anna Zweck führte die Buchdruckerei ihres seit dem Jahre 1820 verstorbenen Mannes noch einige Zeit allein fort. Im Jahre 1823 bat sie aber bei der Regierung um Aufnahme ihres bisherigen Factors Ulrich Klopf als öffentlichen Gesellschafter,[136] was im folgenden Jahre mit Präsidialschreiben der Polizei-Hofstelle vom 8. October d. J. dahin beantwortet wurde, dass kein Anstand obwalte.[137]

Laut Vertrag vom Jahre 1825, welchen Anna Zweck mit dem nunmehr privilegierten Buchdrucker Ulrich Klopf abgeschlossen hatte, überließ sie demselben die gänzliche Geschäftsführung ihres Gewerbes als Administrator in der Weise, dass er ihr einen jährlichen Pauschalbetrag von 300 Gulden bezahlte;[138] auch die Leitung der Zweck'schen Officin lag somit dem ganzen Umfange nach in den Händen des Ulrich Klopf.

Im Jahre 1836 legte Anna Zweck die Buchdruckerei Befugnis zu Gunsten des Ulrich Klopf zurück[139] und starb am 30. August 1837 im Alter von 93 Jahren.[140]

[135] Registratur des Wiener Magistrates, Fasc. H. 61, Nr. 15291.
[136] Registratur der k. k. niederösterreichischen Statthalterei, Fasc. B. 6, Nr. 5486, 3629.
[137] L. c. Fasc. B. 6, Nr. 49103.
[138] Archiv des Wiener Landesgerichtes, Verlassenschaftsacten, Fasc. 2, Nr. 450/837.
[139] Registratur des Wiener Magistrates, Fasc. H. 64, Nr. 28973, 1745.
[140] Archiv des Wiener Landesgerichtes, Verlassenschaftsacten, Fasc. 2, Nr. 450/837.

ANTON VON HAYKUL SEL. WITWE (ANNA VON HAYKUL).

(1824 bis 1835.)

Anna v. Haykul führte als Universalerbin ihres verstorbenen Mannes dessen Buchdruckerei und Schriftgießerei fort. Sie zeigte alsbald der Behörde an, dass sie den Anton Benko, den Sohn ihrer Schwester Theresia Benko, zum «werkführenden, verantwortlichen Factor» der Buchdruckerei, und Georg Zeller, den Gemahl ihrer Nichte Anna Zeller, zum Factor der Gießerei bestellt habe, was auch bewilligt wurde.[411]

Im Jahre 1825 befand sich ihre Officin in der oberen Bäckerstraße Nr. 798, die Wohnung, eine zweite Officin und die Schriftgießerei aber auf der Laimgrube an der Wien, «zum goldenen Kegel», Nr. 37; seit 1834 waren aber Buchdruckerei und Schriftgießerei vereinigt auf der neuen Wieden, Heumühlgasse Nr. 813, untergebracht.

Am 1. März 1835 schloss Anna v. Haykul mit ihrem Neffen Anton Benko einen Vertrag, demgemäß sie ihm die Buchdruckerei und Schriftgießerei sammt allen Utensilien, Materialien, Pressen, Schriften u. s. w. überließ.[412]

Anna v. Haykul starb am 24. März 1847 in einem Alter von 84 Jahren.[413]

FRIEDRICH HAGENAUER

(1825 bis 1832.)

Friedrich Hagenaauer war, wie wir schon oben Seite 122 bemerkt haben, Factor in der Binz'schen Officin. Nach dem Tode des Georg Binz erhielt er von der Regierung nach mehrfachen Verhandlungen dessen Befugnis zugesprochen, die er sieben Jahre ausübte.

Hagenauer starb am 2. Jänner 1832 im Alter von 66 Jahren und hinterließ eine Witwe und zwei minderjährige Kinder.

Die Buchdruckerei-Requisiten wurden von den Schätzmeistern Georg Überreuter und Franz Ludwig auf 547 Gulden geschätzt, woraus man schließen kann, dass die Officin eine kleine und nur mit kleinen Aufträgen bedacht gewesen.[414]

JOSEF EDLER VON SCHMIDTBAUER.

(1835 bis 1856.)

Josef Edler v. Schmidtbauer hatte nach dem Tode seines Vaters die Bewilligung nachgesucht, dessen erledigtes Buchdruckerei-Privilegium fortsetzen und auch das Bücher-Auctions-Institut übernehmen zu dürfen.[415] Für Beides ertheilte ihm die Regierung im folgenden Jahre die Bewilligung.[416]

Am 20. August 1844 schloss Schmidtbauer mit seinem Factor Josef Holzwarth einen Gesellschafts-Vertrag ab, der am 7. October d. J. protokolliert wurde. Gemäß desselben ward Schmidtbauer öffentlicher Gesellschafter der unter der Firma «Ellen von Schmidtbauer & Holzwarth», bestehenden k. k. priv. Buchdruckerei. Die Einlage Schmidtbauers bestand in 3000 Gulden C.-M. in Materiale, die Leitung des Geschäftes aber und das Recht zu «zeichnen» war dem Holzwarth übertragen, wogegen sich jener im § 5 die jährliche Verinteressierung seiner Einlage mit 150 Gulden in vierteljährigen Raten, im Vorhinein zu leisten, ausbedungen hatte. Nach § 6 sollte mit dem Tode des Schmidtbauer jeder Anspruch von Seite seiner Erben an Holzwarth aufhören, mit Ausnahme der aus dem Gesellschafts-Vertrage fließenden und noch nicht erfüllten Zahlungen.[417]

Im Jahre 1848 wurden bei Ellen v. Schmidtbauer & Holzwarth gedruckt: «Guckkasten», Politisches Wochenblatt für's Volk, redigiert von Max; «Kaiser Josef und sein Freund Hunnauer», eine Volksschrift,

411 Registratur der k. k. niederösterreichischen Statthalterei, Fasc. R. 6, Nr. 9364, 25326. — Registratur des Wiener Magistrates, Fasc. II. 177, Nr. 5714, 12995.

412 und 413 Archiv des Wiener Landesgerichtes, Fasc. 5, Nr. 64 817.

414 Es wurden vorgefunden Lettern im Schätzwerte von 450 Gulden, 4 Zeugpressen à 20 Gulden, 1 Packpresse à 2 Gulden und andere Buchdruckerei-Requisiten im Betrage von 15 Gulden. (Archiv des Wiener Landesgerichtes, Verlassenschaftsacten, Fasc. 2, Nr. 44,839.)

415 Registratur der k. k. niederösterreichischen Statthalterei, Fasc. R. 6, Nr. 17752, 20241. — Registratur des Wiener Magistrates, Fasc. II. 364, Nr. 11931 und 11938.

416 Registratur des Wiener Magistrates, Fasc. II. 364 925, Nr. 29730.

417 Archiv des Wiener Landesgerichtes, Verlassenschaftsacten, Fasc. 5, Nr. 20 850.

redigiert von A. Much; «Österreichs Stern», politisches Journal, Verantwortlicher Redacteur P. Adèr und M. Finkelstein; «Wiener Reichstag-Blatt», Redacteur H. Kern; «Der Wiener Student», Volksblatt geschrieben im Interesse des Volkes von Rölke und Waldeck.

Schmidtbauer starb in ärmlichen Verhältnissen am 10. Januar 1850 im Alter von 57 Jahren. Da er keine männlichen ehelichen Nachkommen hinterließ, so erlosch mit ihm der Adel seiner Familie, der ihr mit Diplom Kaiser Ferdinands II. am 7. April 1629 verliehen worden war.[448]

EDUARD SCHRÄMBEL

(1825 bis 1836.)

Eduard Schrämbel, geboren in Wien am 12. Juli 1795, war nach dem Tode seiner Mutter Johanna Schrämbel im Jahre 1825 um die elterliche Buchdruckerei-Befugnis eingeschritten;[449] da mittlerweile auch die Sperre an die Druck-Utensilien angelegt war, hatte er gebeten (1826), es möge mit derselben eingehalten werden.[450]

Im Jahre 1827 finden wir in den Acten eine Beschwerde des Hofagenten Spina wegen Nachdruck gegen die Schrämbel'sche Buchdruckerei verzeichnet,[451] und seit dieser Zeit war sie auch durch drei Jahre gesperrt — ob wegen jener Beschwerde, ist nicht bekannt. 1830 bat Schrämbel um die neuerliche Verleihung.[452]

Eduard Schrämbel starb am 26. August des Jahres 1836.[453] Außer wenigen Effecten hinterließ er kein Vermögen.

Es wurde nun die Sperre der Schrämbel'schen Officin, die sich in der Alservorstadt, Herrengasse Nr. 60, befand, aufgetragen, wogegen der Geschäftsführer Karl Robert Schindelmayer sogar den Hofrecurs ergriff, betreffs dessen die oberste Hofstelle mehrere Berichte verlangte.[454]

Schrämbel hatte nach der Erklärung seiner Erben — nämlich seiner Schwestern Wilhelmine und Francisca — nie ein Eigenthum an der Buchhandlung und Buchdruckerei gehabt, sondern nur das Privilegium auf dieselben, das er nach dem Tode seiner Mutter erhalten hatte. Das Eigenthum besaß vielmehr ihr Onkel Karl Robert Schindelmayer schon bei Lebzeiten der Johanna Schrämbel, indem derselbe gleich nach dem 1803 erfolgten Tode des Franz Anton Schrämbel, der im Concurse gestorben war, den ganzen fundus instructus und Gewerbsvorrath aus der Concursmasse erkauft und die Buchdruckerei und Buchhandlung nun mit eigenem Vermögen und unter seiner Leitung sowohl bei Lebzeiten der Johanna Schrämbel, als auch des Eduard Schrämbel geführt hatte.[455]

Um die Schrämbel'sche Buchdruckerei-Befugnis bewarben sich: Stöckholzer v. Hirschfeld, Johann Friedrich und Karl Robert Schindelmayer. Von diesen wurde dem Johann Friedrich mit Präsidial-Schreiben der niederösterreichischen Regierung vom 13. August 1837 an den Wiener Magistrat die Schrämbel'sche Buchdruckerei verliehen,[456] gegen welche Entscheidung Schindelmayer noch im folgenden Jahre den Hofrecurs ergriff.[457]

FELIX STÖCKHOLZER V. HIRSCHFELD SEL. WITWE

(1825 bis 18[illegible].)

Anna Stöckholzer v. Hirschfeld setzte die Buchdruckerei ihres Mannes mit Zustimmung der niederösterreichischen Landesregierung fort[458] und nahm im Jahre 1828 Franz Heinrich Böck als verantwort-

[448] Archiv des Wiener Landesgerichtes, Verlassenschaftsacten, Fasc. 5, Nr. [illegible].

[449] und [450] Registratur des Wiener Magistrates, Fasc. II, [illegible], Nr. [illegible].

[451] L. c. Fasc. II, [illegible], Nr. [illegible].

[452] Registratur der k. k. niederösterreichischen Statthalterei, Fasc. B. 7, Nr. [illegible].

[453] Registratur des Wiener Magistrates, Fasc. II, 64, Nr. [illegible].

[454] Registratur der k. k. niederösterreichischen Statthalterei, Fasc. B. 7, Nr. [illegible]. — Registratur des Wiener Magistrates, Fasc. II, 64, Nr. [illegible].

[455] Archiv des Wiener Landesgerichtes, Verlassenschaftsacten, Fasc. 2, Nr. [illegible].

[456] Registratur der k. k. niederösterreichischen Statthalterei, Fasc. B. 7, Nr. [illegible].

[457] L. c. Fasc. B. 7, Nr. [illegible].

[458] L. c. Fasc. B. 6, Nr. [illegible]. — Registratur des Wiener Magistrates, Fasc. II, [illegible], Nr. [illegible].

lichen Factor auf, wozu die behördliche Bewilligung 1830 erfolgte.[159] Doch war Böck nicht lange auf diesem Posten. Schon 1832 wird Ignaz Heinfeld als verantwortlicher Factor genannt,[160] und 1834 bat Anna Stöckholzer v. Hirschfeld, dass sie ihren Sohn Josef Felix als solchen annehmen dürfe; doch wurde sie vorerst (1835) mit diesem Gesuche abgewiesen.[161] Als aber 1837 Josef Felix Stöckholzer v. Hirschfeld selbst wieder um die Bestätigung in jener Eigenschaft ansuchte, erhielt er 1838 den Bescheid, dass es keinen Anstand habe, die Buchdruckerei seiner Mutter als Geschäftsführer und verantwortlicher Factor zu leiten.[162] Derselbe war aber nebenbei wiederholt um ein Buchdruckerei-Privilegium eingeschritten, so 1835,[163] 1837 und 1838;[164] auf seine letzte Eingabe hin erfolgte am 15. September 1839 von Seite der Polizei-Hofstelle an den Magistrat das Verleihungsdecret einer Buchdruckerei-Befugnis, welche Entscheidung die Hofkanzlei am 4. October desselben Jahres zur Kenntnis nahm.[165] Nun bestellte Anna Stöckholzer v. Hirschfeld den Michael Lell als verantwortlichen Factor und bat um dessen behördliche Anerkennung, die derselbe auch erhielt.[166]

Im Jahre 1842 legte sie die Buchdruckerei, die sich in der Leopoldstadt, Praterstraße Nr. 415, befand, zurück.[167]

ANTON STRAUSS SEL. WITWE (MAGDALENA STRAUSS).

(1827 bis 1845)

Magdalena Strauß übernahm nach dem Tode ihres Mannes die Buchdruckerei, die sich, was die technische Ausstattung anbelangte, in einem sehr guten Zustande befand; die finanziellen Schwierigkeiten waren für sie als Frau wohl keine geringen, doch hat sie auch diese, namentlich mit der tüchtigen Unterstützung ihres Neffen Leopold Sommer glücklich überwunden.

Im Jahre 1828 hatte Magdalena Strauß von der niederösterreichischen Regierung die Bewilligung erhalten, die Buchdruckerei fortzuführen.[168] Diese Aufgabe löste sie mit Umsicht und vieler Geschäftskenntnis, die sie noch bei Lebzeiten ihres Mannes sich erworben und bethätigt hatte; denn schon unter ihm hatte sie z. B. das Papier für sämmtliche Pressen abgezählt und den Ausschuss überwacht, wie sie denn überhaupt betreffs des Papieres stets die strengste Sparsamkeit übte.[169] Die Kunden, welche Strauß erworben, blieben daher der noch immer vortrefflich geleiteten Officin getreu, und die ganze Organisation, welche von ihrem Manne eingeleitet und immer beachtet wurde, bewährte sich auch jetzt so gut, dass nicht die geringste Störung im Betriebe eintrat. Als im Jahre 1836 ihre Schwägerin Josefine Strauß und ihr Bruder C. Dietl starben, waren dies für die 72jährige Frau große Verluste; doch sah sie mit vollster Beruhigung in die Zukunft. Noch im selben Jahre ernannte sie den Sohn der Schwester ihres Mannes, Leopold Sommer, zum verantwortlichen Factor und Geschäftsführer, welcher 1837 in dieser Eigenschaft von der Behörde auch bestätigt wurde.[170]

Derselbe ließ sich den Aufschwung der Strauß'schen Officin sehr angelegen sein und erweiterte sie immer mehr, namentlich war sein Streben darauf gerichtet, sie zeitgemäß umzugestalten, die neuen technischen Verbesserungen einzuführen, dabei aber das vorhandene alte Gute zu conservieren. Doch konnte er nur schwer und mit Widerstreben die Bewilligung seiner alten Tante erhalten, eiserne Pressen und eine

[159] Registratur der k. k. niederösterreichischen Statthalterei, Fasc. B. 7, Nr. [illegible], 6659. — Registratur des Wiener Magistrates, Fasc. II. 871, Nr. 12062, II. 47/1829, Nr. 46375.

[160] Registratur des Wiener Magistrates, Fasc. II. 64, Nr. 18192.

[161] L. c. Fasc. II. 64, Nr. 48455, 2192/835.

[162] L. c. Fasc. II. 64, Nr. 42981/837. — Registratur der k. k. niederösterreichischen Statthalterei, Fasc. B. 7, Nr. 27152.

[163] Registratur des Wiener Magistrates, Fasc. II. 64, Nr. 56379.

[164] Registratur der k. k. niederösterreichischen Statthalterei, Fasc. B. 7, Nr. 55238.

[165] L. c. Fasc. B. 7, Nr. 54352. — Registratur des Wiener Magistrates, Fasc. II. 64, Nr. [illegible]/847.

[166] Registratur der k. k. niederösterreichischen Statthalterei, Fasc. B. 7, Nr. 46509, 57194. — Registratur des Wiener Magistrates, Fasc. II. 64, Nr. 28308.

[167] Registratur des Wiener Magistrates, Fasc. II. 64, Nr. 1183.

[168] L. c. Fasc. 171, Nr. 2763.

[169] Österreichische Buchdrucker-Zeitung, I. S. 338.

[170] Registratur der k. k. niederösterreichischen Statthalterei, Fasc. B. 7, Nr. 17791. — Registratur des Wiener Magistrates, Fasc. II. 64, Nr. 54117.

einfache Schnellpresse aufzustellen. Sie war jeder Neuerung abhold, ja es berührte sie sogar recht unangenehm, wenn eine Personal-Veränderung aus was immer für einem Grunde eintrat.[170]

Die Officin befand sich in der Alserstraße Nr. 143 im eigenen Hause; es war dasselbe, das vorher Degen gehörte und wo sich auch dessen Buchdruckerei befunden hatte.

Magdalena Strauß starb am 8. März 1845 im Alter von 84 Jahren und wurde nach ihrer letztwilligen Anordnung vom 4. September 1839 in Unterwaltersdorf begraben. Der Erbe der Buchdruckerei war Leopold Sommer.[171]

Von typographisch oder literarisch hervorragenden Drucken heben wir hervor: Stephan Endlichers Ausgabe des «Priscianus Grammaticus: De laude imperatoris Anastasii etc.» (1828; ein auf Pergament gedrucktes Exemplar mit einem Facsimile befindet sich in der k. k. Familien-Fideicommiss-Bibliothek); «Cenni necrologici e biografici intorno a Pietro Tommaso Young» (1829, mit Youngs Porträt von Weigl in nur 100 Exemplaren gedruckt); des Antoninus Marcus: «[illegible]» (1831, griechisch und persisch), außerdem noch von Josef v. Hammer des Mohammed Fasli «Gül und Bülbül», d. i. Rose und Nachtigall, ein romantisches Gedicht in türkischer Sprache mit deutscher Übersetzung (1834, 8°); «Wamik und Afra» (1833); «Samachscharis goldene Halsbänder» (1835); «Wiens erste aufgehobene Belagerung 1529» mit beigefügten Actenstücken in persischer Sprache (1829).

ANTON MAUSBERGER.

(1828 bis 1844.)

Anton Mausberger, zu Wien im Jahre 1800 geboren, hatte in der väterlichen Officin die Buchdruckerei erlernt und fortwährend in Diensten derselben gestanden. Im Jahre 1828 richtete er ein Gesuch an die Hofkanzlei, dass er die von seinem Vater ererbte Buchdruckerei, welche seine Mutter Theresia Mausberger indessen betrieben hatte, nun auf seinen Namen fortführen dürfe.[172] Da seine Mutter noch im selben Jahre das Buchdruckerei-Privilegium anheimsagte, was von der Behörde auch genehmigt wurde, so stand nichts im Wege, dass er die Personal-Befugnis seines Vaters erhielt.[173] Die Buchdruckerei befand sich anfangs auf der alten Wieden zum «blauen Hecht» (Nr. 275), später auf der Landstraße, Rasumoffskygasse (Nr. 94), der Verlag aber in der Stadt, Schulerstraße (Nr. 850), später Kühfußgasse (Nr. 575). Buchhalter war Ludwig Chimani, als Factor fungierte Andreas Schick. Anton Mausberger hatte die Buchdruckerei und den Verlag bedeutend erweitert und beide «in aufrechtem Stande betrieben»; er hatte neben dem Drucke seiner Verlagswerke (Nachdruck deutscher Classiker, Bauernfelds Lust- und Schauspiele, Erzählungen u. s. w.) auch viele größere Aufträge zu erfüllen, u. a. der k. k. obersten Hof-Post-Verwaltung die Drucksorten zu liefern.

Trotzdem auch sonst seine Vermögensverhältnisse ganz geordnete waren, ereilte sein Haus doch ein tragisches Geschick, dessen Ursache vielleicht in einer geistigen Störung seinerseits zu suchen war. Seit 14. September 1844 war er unter Umständen aus seiner Wohnung verschwunden, die schließen ließen, dass er entweder freiwillig den Tod gesucht habe, oder dass ihm sonst ein Leid zugestoßen sei. Am 21. d. M. fand man ihn in der Nähe von Wildungsmauer, wo ihn die Wellen der Donau ans Ufer getragen hatten. Vier Tage darauf war er im Friedhofe dieses Ortes begraben worden, wie der Todtenschein der Pfarre Regelsbrunn

[170] Österreichische Buchdrucker-Zeitung, I, S. 380.

[171] Die Buchdruckerei-Requisiten wurden von den beiden Schätzmeistern Ulrich Klopf und J. P. Sollinger auf 6820 Gulden geschätzt, und zwar: [illegible] Centner neue diverse Lettern à 24 fl.; 25 Centner diverse Titelschriften à 22 fl.; 155 Centner stark gebrauchte Lettern à 18 fl.; 4 eiserne Druckpressen stark gebraucht à 150 fl., 8 Druckpressen von Holz mit messingenem Tiegel, ganz alt, à 50 fl., 1 Schnelldruckpresse mittlerer Gattung 1250 fl.; 41 diverse eiserne Schließrahmen à 1 fl. 12 kr.; diverse Wasch- und Befeuchtungs-Requisiten 30 fl.; 2 Farbkessel, aus Kupfer, 60 fl.; 8 Centner Druckerschwärze à 20 fl.; 3 Packpressen von Holz mit eisernen Spindeln à 20 fl.; 161 diverse Schriftkästen à 50 kr.; 60 Bretter zu den Formen à 10 kr.; 80 Schiffe für die Setzer à 10 kr.; 51 Tenakel à 6 kr.; 54 diverse Winkelhaken à 20 kr.; 16 Schriftkastenregale à 2 fl.; 19 kleinere Schriftkastenregale à 1 fl. 12 kr.; 12 Formenregale à 1 fl.; 7 diverse Schriftenausschießsteine à 2 fl.; 1 Farbkasten à 3 fl. u. s. w. Die Schriftgießerei wurde auf 1051 fl. 30 kr. geschätzt. — Buchdruckerei und Schriftgießerei waren, wie gesagt, testamentarisch Leopold Sommer zugesprochen, das übrige bedeutende Vermögen unter die anderen Erben vertheilt worden. Die Activen beliefen sich auf 61.604 fl., die wenigen Passiven auf [illegible] fl., so dass ein Vermögensstand von 59.095 fl. verblieb. Unter den Legataren kommen auch vor: Der Buchdruckereifactor Johann Constant mit 2500 fl., der Schriftgießereifactor Karl Bartsch mit 2000 fl. und der Corrector Karl Hofmeister ebenfalls mit 2000 fl. Mehrere lebenslängliche Pensionen und kleinere Legate wurden noch andern Bediensteten (z. B. Factor Valentin Lawler 100 fl.) zugesprochen. (Archiv des Wiener Landesgerichtes, Verlassenschaftsacten, Fasc. 2, Nr. 21/1845.)

[172] Registratur der k. k. niederösterreichischen Statthalterei, Fasc. 11, 7, Nr. 11.845.

[173] Registratur des Wiener Magistrates, Fasc. 11, 1933, Nr. 46537 und Fasc. 11, 461, Nr. 725 und 21800.

bestätigt. Kinder hatte Mansberger keine hinterlassen und die 23jährige Witwe, Francisca Mansberger (geb. Pichler), in seinem Testamente vom 1. September 1844 zur Universalerbin eingesetzt.

Mansberger befand sich, wie gesagt, in guten Vermögensverhältnissen; im Schätzungsprotokolle finden wir außer Bargeld auch Pretiosen und Silbergeschirr erwähnt. Die Buchdruckerei-Requisiten wurden von den Schätzmeistern J. P. Sollinger und Ulrich Klopf auf 7658 Gulden 40 Kreuzer geschätzt.[175]

Die Buchdruckerei wurde von der Witwe Francisca Mansberger fortgesetzt.

JOSEF KECK.

(1839 bis 1849.)

Wie schon früher erwähnt wurde (S. 193), erhielt Josef Keck das Privilegium des Ackermann, während Ulrich Klopf, Anton Hofmann, Johann Constant, Franz Gorischek, Franz Wallishaußer und Johann Friedrich, die alle darum gebeten hatten, vom Magistrate abgewiesen wurden.[176] Weiteres findet sich in den Acten über Kecks Officin nicht vor. Keck hat aber dieselbe mit technischem Geschick geleitet und sie seinem Vorgänger gegenüber erst in einiges Ansehen gebracht. Im Jahre 1848, wo er sich mit seinem Sohne Karl geschäftlich schon verbunden hatte (Stadt Nr. 1188), und die Firma lautete: «Jos. Keck & Sohn», wurden hier u. a. gedruckt: «Bst! Bst!» Volksfragen. Redigiert von A. Heinrich Ehrlich (Schnellpressendruck); «Politischer Courier». Von den Studenten Adolf Buchheim und Oskar Falke (Schnellpressendruck); «Das große freie Österreich». Ein Volksblatt zur Belehrung und unparteiischen Mittheilung aller politischen Begebenheiten im In- und Auslande. Redigiert von Anton Ziegler (Schnellpressendruck) und «Der Ohnehose». Volksblatt für unumschränkte Freiheit und sociale Reform. Von Heinrich Blauberg. Von Nr. 64 an, 1. September, wurde auch der «Wiener Charivari» «Katzenmusik» in Kecks Officin gedruckt.

Im folgenden Jahre finden wir actenmäßig, dass Kecks Frau, Josefa Keck, beim Magistrate die Erklärung abgab, die Officin ihres Mannes weiter fortführen zu wollen.[177]

JOSEFINE WALLISHAUSSER.

(1831 bis 1854.)

Nach dem Ableben des Johann Baptist Wallishaußer (II.) setzte die Witwe Josefine Wallishaußer, später verehelichte Neuwirth, die Buchdruckerei für ihren damals kaum drei Monate alten Sohn fort.[178] Sie selbst bewies dabei viele Umsicht und Gewissenhaftigkeit, während tüchtige Geschäftsführer, wie Friedrich Kriebitsch seit 1837[179] und Philipp Lowatsch seit 1853[180] ihr zur Seite standen. In der Buchdruckerei sowohl wie im Verlage wurden solche Erfolge erzielt, dass das von ihrem Manne erkaufte Haus in der Josefstadt (sogenanntes Michaelerhaus), in welchem die Buchdruckerei untergebracht war, sich als zu klein und unpraktisch erwies, weshalb Josefine Wallishaußer 1846 um den Consens zum Neubau des Hauses einschritt, der ihr auch ertheilt wurde. (Derselbe begann 1847 und war im folgenden Jahre vollendet, durchwegs solid und allen Bedürfnissen und Zwecken entsprechend, wie man es nur damals verlangen konnte.)[181] Im Jahre 1848 waren in der Officin u. a. vier eiserne Handpressen und eine

[175] Es fanden sich unter anderem vor: 15 Druckpressen von Holz mit eisernen Spindeln, Mutter und messingenen Tiegeln, im Durchschnittswerte à 55 Gulden = 825 Gulden; 1 Schnellpresse größerer Gattung = 1500 Gulden; eine solche kleinerer Gattung = 800 Gulden; 1 hydraulische Glättpresse = 300 Gulden; 21 Centner 61 Pfund neue diverse Schriften, à Centner 24 Gulden = 518 Gulden 38 Kreuzer; 17 Centner 30 Pfund diverse Titelschriften, theils abgenützt, theils neu, à Centner 22 Gulden = 380 Gulden 36 Kreuzer, 135 Centner 45 Pfund alte diverse Schriften, à Centner 18 Gulden = 2438 Gulden 6 Kreuzer; 114 Schriftkasten von Holz à 30 Kreuzer = 57 Gulden u. s. w. (Archiv des k. k. Landesgerichtes in Wien, Verlassenschaftsacten, Fasc. 2, Nr. 3033/844.)

[176] Registratur des Wiener Magistrates, Fasc. II. 64, Nr. 1639/829, Nr. 7365 und Nr. 31000.

[177] L. c. Fasc. II. 64, Nr. 35600.

[178] Josefine Wallishauser, Buchdruckers Witwe, zeigt dem Magistrate an, dass sie auch dem Mercantilprotokolle einverleibt sei. (Registratur des Wiener Magistrates, Fasc. II. 61, Nr. 29862.)

[179] Registratur des Wiener Magistrates, Fasc. II. 64, Nr. 44139. Präsidial-Schreiben an die Polizei-Hofstelle, s. Registratur der k. k. niederösterreichischen Statthalterei, Fasc. B. 7, Nr. 67558.

[180] Registratur des Wiener Magistrates, Fasc. II. 61, Nr. 6063.

[181] Archiv des Wiener Landesgerichtes, Verlassenschaftsacten, Fasc. 2, Nr. 3237/849.

Sigl'sche Schnellpresse in Thätigkeit. Damals wurden hier gedruckt: «Das Wiener Bürger-Blatt» (später «Wiener demokratisches Bürger-Blatt»), von Dr. Frank; die «Damen-Zeitung», von L. Wollrabe und J. C. Böhm; diverse «Fliegende Blätter»; «Fliegende Zeitung». Volksblatt für Politik und geselliges Leben, redigiert von Moritz Markbreiter; «Die freie Presse», ein Volksblatt, redigiert von J. Neidl; «Der Reichstags-Courier», von J. Neidl; «Der Reichstags-Courier», von J. Nowack; «Die allgemeine Österreichische Theater-Chronik», von L. Wollrabe; «Vorwärts». Politisches Volksblatt, redigiert von Phil. Stern; «Wien über Alles». Zeitschrift für Politik und Interessen des Vaterlandes, für Gemeinwohl und Volksbildung im Allgemeinen. Redigiert von Michael Ottel. Obgleich alle diese Druckschriften harmloser Art waren und Josefine Wallishausser viele Aufträge, die ihrem patriotischen Sinne widerstrebten, zurückwies, verfiel sie doch wegen des Druckes von Kaisers beliebtem Volksstücke: «Mönch und Soldat», in solche Ungnade, dass ihr der Druck der Hoftheaterzettel auf zwei Jahre entzogen wurde. Später erlangte ihre Firma wol wieder den Titel: «k. k. Hoftheater-Buchdruckerei».

Am 12. December 1850 stellte Josefine Wallishausser an die Behörde das Ansuchen um Altersnachsicht für ihren Sohn Johann Baptist (III.) zum Zwecke des Eintrittes in das Geschäft und der späteren Übernahme desselben. Der junge Johann Baptist Wallishausser (III.) wurde auch am 18. Juli 1851 großjährig erklärt,[181] und im Jahre 1854 legte seine Mutter ihre Buchdruckerei-Befugnis zurück,[182] um welche jener sich bewarb und sie auch erhielt.

ANNA (MARIE) HAGENAUER.

(1832 bis 1842.)

Anna (Marie) Hagenauer setzte nach dem Tode ihres Mannes die Buchdruckerei fort,[183] später unter der Firma: Friedrich Hagenauer's sel. Witwe & Comp., welche der öffentliche Gesellschafter Johann Krammer allein führte. Als verantwortliche Factore werden genannt: Josef Hirschfeld (1832 1835),[184] Anton Schneider (1835-1837),[185] Franz Müller (1837-1841)[186] und Karl Kreuda (1841-1842), der jedoch 1842 vom Magistrate zurückgewiesen wurde.[187] In diesem Jahre legte auch Anna (Marie) Hagenauer ihre Personal-Befugnis zurück.[188]

Die Hagenauer'sche Officin befand sich anfangs in der Josefstadt, Kaiserstraße Nr. 26, dann am Josefstädter-Glacis Nr. 3, zuletzt Währingerstraße «zur Sense», der Verlag aber in der Naglergasse Nr. 315, später Singerstraße Nr. 677.

FERDINAND (JOHANN) JAHN.

(1835 bis 1855.)

Ferdinand (Johann) Jahn war eigentlich der unterm 25. November 1806 gerichtlich adoptierte Enkel Ferdinand Johann Mayer, der Sohn einer Tochter von Johann Josef Jahn und der Franziska Jahn. Er hatte in der Officin seines mütterlichen Großvaters die Buchdruckerei ordnungsmäßig erlernt und war auch nach seiner Großjährigkeits-Erklärung als verantwortlicher Factor und Geschäftsführer bei Francisca Jahn von der Behörde anerkannt worden.[189] Bekanntlich hatte ihn Francisca Jahn mit Testament vom 27. December 1830 zum Universalerben eingesetzt[190] und ihm die großelterliche Buchdruckerei übergeben, deren Personal-Befugnis er aber erst nach wiederholter Bitte[191] am 28. October 1835 auch erhielt.[192]

[181] Archiv des Wiener Landesgerichtes, Verlassenschaftsacten, Fasc. 2, Nr. 3757/841.
[182] Registratur des Wiener Magistrates, Fasc. II. 64, Nr. 16658.
[183] L. c. Fasc. II. 64, Nr. 47686, 50668.
[184] L. c., Fasc. II. 64, Nr. 45660.
[185] L. c. Fasc. II. 64, Nr. 10680, 52916. — Registratur der k. k. niederösterreichischen Statthalterei, Fasc. II. 7, Nr. 57299 und Nr. 63666. Fasc. II. 7 ex 1837, Nr. 31325, 40990, 42948 und 66658.
[186] Registratur der k. k. niederösterreichischen Statthalterei, Fasc. II. 7, Nr. 31355 u. 73485.
[187] L. c. Fasc. II. 7, Nr. 22658, 65820. — Registratur des Wiener Magistrates, Fasc. II. 64, Nr. 18563.
[188] Registratur der k. k. niederösterr. Statthalterei, Fasc. II. 7, Nr. 26574 u. 42199. — Registratur des Wiener Magistrates, Fasc. II. 64, Nr. [illegible]
[189] Archiv des Wiener Landesgerichtes, Verlassenschaftsacten, Fasc. 2, Nr. 1628/1833.
[190] L. c. S. oben S. 190.
[191] October 1833, Registratur des Wiener Magistrates, Fasc. 64, Nr. 21953.
[192] Registratur der k. k. niederösterr. Statthalterei, Fasc. II. 7, Nr. 24161, 52651. — Registratur des Wiener Magistrates, Fasc. II. 64, Nr. 14271.

Die Jahn'sche Buchdruckerei befand sich bis 1848 in der Stadt, Zeughausgasse Nr. 179, später Mariahilf Nr. 211. Im Jahre 1848 wurde hier gedruckt: «Die Garde» von C. Brunner.

Jahn hatte sich später zum Fortbetrieb seiner Buchdruckerei mit Anton Löwer verbunden; doch scheint einige Zeit ein Stillstand eingetreten zu sein, denn 1854 zeigen beide den Wiederbetrieb an.[194]

Im folgenden Jahre starb Ferdinand Jahn; seine Witwe Anna Jahn setzte die Buchdruckerei fort.

ANTON BENKO.

(1835 bis 1857.)

Anton Benko war der Schwestersohn der Anna von Haykul. Er hatte die Buchdruckerei und Schriftgießerei ordentlich erlernt und erhielt in Folge des Vertrages vom 1. März 1835 die von Haykul'sche Buchdruckerei und Schriftgießerei «nebst allen Utensilien, Materialien und Pressen».[195] Noch im Jahre 1835 hatte Anna von Haykul ihre Personal-Befugnis auf die Buchdruckerei zurückgelegt, die nun Benko mit Decret vom 18. August von der Behörde verliehen wurde.[196] Im folgenden Jahre erhielt derselbe auch das Bürgerrecht «ad personam».[197] Benko genoss als Buchdrucker und Schriftgiesser einen guten Ruf, so dass seine Officin nie Mangel an Arbeit hatte. Er errichtete daher in der oberen Bäckerstraße Nr. 794 eine kleinere Abtheilung seiner Buchdruckerei (eine Filial-Buchdruckerei), welche ihm jedoch 1838 vom Magistrate gesperrt wurde, wogegen er den Hofrecurs ergriff, dessen Endurtheil mit Hofkanzlei-Decret vom 20. September ihm die Bewilligung verschaffte.[198] Auch unter den Buchdruckern erfreute sich Benko eines gewissen Ansehens; er war beeideter Schätzmeister in der Buchdruckerei und Schriftgießerei, in den Jahren 1844 und 1845 zweiter Repräsentant, auf der Gewerbe-Ausstellung im Jahre 1845 hatte er für die Erzeugnisse seiner Presse die bronzene Medaille erhalten. Unter diesen ragte besonders die von Professor Christian Friedrich Ludwig Förster, Architekt, im Jahre 1836 begründete «Bau-Zeitung» hervor.[199] Im Jahre 1848 wurden hier gedruckt: «G'rad aus!» Politisches Abendblatt fürs Volk; «Der Guckkasten», Politisches Wochenblatt fürs Volk, war von Nr. 2 an — Nr. 1 wurde bei Schmidtbauer & Holzwarth gedruckt — das Sonntagsblatt zum «G'rad aus!» Redigiert von Fritz. Die Officin Benko's befand sich auf der Wieden, Heumühlgasse Nr. 813. Im Jahre 1857 legte Benko die Befugnis seiner Buchdruckerei zurück,[200] die nun mit Zustimmung der Behörde auf Professor Försters dritten Sohn, Friedrich Förster, überging, der schon längere Zeit dessen artistische Anstalt leitete und nun die Benko'sche Buchdruckerei damit vereinigte.

ULRICH KLOPF.

(1835 bis 1848.)

Ulrich Klopf (Nr. 79), der bereits 1829 um die erledigte Ackermann'sche Buchdruckerei-Gerechtigkeit sich beworben, sie aber nicht erhalten hatte,[201] stellte später noch wiederholt das Ansuchen um Befugnisse, so auch in den Jahren 1835 und 1836.[202] Im letzteren Jahre gab ihm die Frage der Wiederbesetzung der Grund'schen Befugniss Gelegenheit, bei der Behörde darum einzuschreiten; er erhielt aber am 5. Mai d. J. die Personal-Befugnis der Buchdruckers-Witwe Anna Zweck, «wodurch die Buchdruckerei

[194] Registratur des Wiener Magistrates, Fasc. II. 64, Nr. 27985.

[195] Archiv des Wiener Landesgerichtes, Verlassenschafts-acten, Fasc. 5, Nr. 61/1847.

[196] Registratur der k. k. niederösterr. Statthalterei, Fasc. H. 7, Nr. 33595, 45278. — Registratur des Wiener Magistrates, Fasc. II. 64, Nr. 9589.

[197] Registratur des Wiener Magistrates, Fasc. II. 64, Nr. 35576 u. Nr. 1945 ex 1837.

[198] Registratur der k. k. niederösterreichischen Statthalterei, Fasc. D. 7, Nr. 25139, 17985.

[199] «Allgemeine Bauzeitung», mit Abbildungen. Mit einem Atlas von einer grossen Zahl Blätter in Imperial-, Grossfolio-, Folio- und Halbfolio-Format ... Mit Beilagen: Ephemeriden für das Baufach, Literatur und Anzeigeblatt für das Baufach. — Christian Friedrich Ludwig Förster war 1797 zu Bayreuth geboren. Als er seine «Allgemeine Bauzeitung» begründete, leistete ihm die von ihm in Österreich eingeführte, bisher hier nicht bekannte Zinkographie vortreffliche Dienste, da er sich derselben bei den Abbildungen der Bauzeitung bediente. Diese Zeitung erfreute sich vom Anfange an eines namhaften Schutzes der Regierung, die gleich 200 Exemplare für die Baubeamten pränumerierte, wodurch der für die Kunst schon abgestumpfte Sinn nicht wenig geweckt wurde. Förster begründete auch eine eigene artistische Anstalt in Wien, welche sich mit der Erzeugung der Beilagen für seine Bauzeitung, wie mit anderen einschlägigen Aufträgen befasste. (Über Förster s. v. Wurzbach, biograph. Lexikon, IV, 271.)

[200] Registratur des Wiener Magistrates, Fasc. II. 64, Nr. 22759.

[201] L. c. Fasc. II. 160, Nr. 26589.

[202] L. c. Fasc. II. 61, Nr. 16640, 35356, 48727, 52127.

derselben erlosch».[393] Im folgenden Jahre wurde er wegen unerlaubter Eröffnung einer zweiten Buchdruckerei zur Verantwortung gezogen, 1838 aber mit der Bitte um fernere Ausübung derselben abgewiesen,[394] ebenso wurde er im Jahre 1844 wegen Betriebes von Winkelpressen und Übertretung von Censurvorschriften trotz mehrerer Recurse mit einer Strafe belegt.[395]

Ulrich Klopfs Officin, in der im Jahre 1844 Franz Klopf als Factor actenmäßig erwähnt wird, genoss einen nicht geringen Zuspruch von Kunden. Im Jahre 1848 wurden hier folgende Zeitschriften gedruckt: «Die goldene Mittelstrasse». Populäres Organ der gemässigten Partei. Verantwortlicher Redacteur Prof. Franz Anton Rosenthal; «Der Barbier von Kraxendorf», als Neuigkeitskrämer in

Nr. 78. Ulrich Klopf.

Wien. Volksthümliche Zeitschrift für Humor und Satire. Die Rückseite «Der Stadttrompeter». Verantwortlicher Redacteur Schweickhardt; «Barrikaden-Zeitung». Ein Abend-Rapport. Redigiert von Bon. Mild; «Das freie Bürgerwort» (später «Der Wiener Flegel»). Constitutionelles Tageblatt. Redigiert von J. Jäßnigger; «Die Geißel». Tagblatt aller Tagblätter. Redigiert von J. B. Böhringer; «Österreichisch constitutionelle deutsche Zeitung». (Nr. 4 erscheint als «Österreichisch deutsche Zeitung». Beiblatt zur Pressburger Zeitung); «Der Gemäßigte». Politisches Volksblatt für Freunde der wahren Freiheit. Verantwortlicher Redacteur Dr. L. E. Nettolitz und E. Kleon; «Die Laterne». Für Freiheit und Recht. Zeitung für politische Volksaufklärung. Verantwortlicher Laternanzünder Pafunzius Feuerkopf, Lampenputzer Hof-

[393] Registratur der k. k. niederösterreichischen Statthalterei, Fasc. B. 7, Nr. 12959, 1825.

[394] Registratur des Wiener Magistrates, Fasc. II. 44, Nr. 40149. — Registratur der k. k. niederösterreichischen Statthalterei, Fasc. B. 7, Nr. 14063.

[395] Registratur des Wiener Magistrates, Fasc. II. 44, Nr. 21684 ex 1843. — Registratur der k. k. niederösterreichischen Statthalterei, Fasc. B. 7, Nr. 73616 ex 1841, Nr. 3377 ex 1845.

ruth Ambrosie; »Die rothe Mütze«. Demokratische Zeitschrift nebst Sonntagsblatt »Der politische Harlekin«, von C. Cerri und L. Eckhardt; »Der Radikale«. Abend-Zeitung für das In- und Ausland. (Nur bis Nr 12.) Redigiert von Dr. A. J. Becher; »Die Rakete«. Ein Blatt für Politik, Kunst und Literatur. Redigiert von Camillo Hell; »Die österreichische Stadt- und Landzeitung«. Von Schweickhardt; »Die Opposition«. Redacteur Julian Chownitz; »Der Proletarier«. (Neue Folge des »Ohnehose«, gedruckt bei Josef Keck & Sohn.) Volksblatt für unumschränkte Freiheit und sociale Reform. Redacteur Heinrich Blumberg; »Wiener Tagblatt für alle Stände«. (Erscheint von Nr. 29/30 unter dem veränderten Titel »Die Linke«.) Von Dd. A. Ungár; »Der Volksmann«. Volksblatt für unumschränkte Freiheit. Redigiert von Ernst; »Die Zeitschwingen«. Constitutionelle Zeitschrift für Österreich. Redigiert von Dr. M. Letteris; »Die Brieftaube«. Verantwortlicher Herausgeber J. K. Kosek; »Zopf und Schwert«. Volksblatt von Götz und Vansen.

Im Jahre 1848 war Klopf durch Regierungs-Decret vom 18. September auch bewilligt worden, Alexander Eurich als verantwortlichen Geschäftsführer in seiner Buchdruckerei anzustellen;[506] seither lautete die Firma: Ulrich Klopf sen. & Alexander Eurich, die seit 1853 letzterer allein zeichnete.

Die Klopf'sche Officin befand sich in Gumpendorf, große Schlossgasse Nr. 127, später auf der Hauptstraße, das Verlagsgewölbe in der Stadt, Wollzeile Nr. 782.

GEORG ÜBERREUTERS WITWE & SOHN.

(1836 bis 1838.)

Gemäß dem Vertrage vom 15. April 1835, welchen Georg Überreuter mit seinem Adoptivsohne und Geschäftstheilnehmer Karl geschlossen hatte (s. S. 178),[507] führte derselbe mit der Universalerbin, der Witwe Georg Überreuters, die Buchdruckerei unter obiger Firma fort. Die Officin wurde 1837 mit neuen Lettern ausgestattet und bei derselben auch eine kleine Schriftgießerei eingerichtet, denn Druck und Verlag hatten sich durch Accidenzen und administrative Drucksorten in erheblichem Maße gesteigert. Am 10. Juli 1838 übernahm Karl Überreuter sowohl Buchdruckerei als Schriftgießerei in alleinigen Betrieb.

JOHANN NEPOMUK FRIEDRICH.

(1837 bis 1850.)

Johann Nepomuk Friedrich war schon 1835 und 1836 um ein Buchdruckerei-Privilegium eingeschritten, ohne ein solches zu erhalten.[508] Als er nun 1837 sich neuerdings und zugleich mit Josef Stöckholzer von Hirschfeld und Karl Robert Schindelmayer bewarb, erhielt er das schon lange Zeit nicht ausgeübte und daher für erledigt angesehene Schrämbel'sche Privilegium. Friedrichs weiteres Ansuchen und Erklärung, die Bewilligung auch zu verwirklichen und die Buchdruckerei thatsächlich auszuüben, veranlassten Karl Robert Schindelmayer, den Hofrecurs dagegen zu ergreifen, der aber für ihn keinen Erfolg hatte. Friedrich wurde vielmehr sein Privilegium neuerlich und definitiv bestätigt, Schindelmayer abgewiesen.[509]

In Friedrichs Officin übte auch der berühmte Xylograph Blasius Höfel in den Jahren 1842 und 1843 sein Privilegium auf die Erfindung, farbigen Holzschnitt auch mit Schrift auf der Buchdruckpresse zu drucken, aus. Die Firma lautete: Johann N. Friedrich & Blasius Höfel (Gumpendorf, Mariahilferstraße Nr. 407).[510] Da Höfel mit den privilegierten Buchdruckern darüber in Conflict kam, stellte er das Ansuchen, ihm ein selbständiges Buchdruck-Privilegium zu ertheilen, also Buchdruck mit und ohne Holzschnitt herzustellen, das er auch erhielt.

Im Jahre 1848 wurden in Friedrichs Officin, die sich jetzt in der Josefstadt, Lange Gasse Nr. 58 befand, gedruckt: »Der Mann des Volkes«. Ein Blatt der Reform, Opposition und Tagesneuigkeiten.

[506] Registratur der k. k. niederösterreichischen Statthalterei, Fasc. B. 7, Nr. 19987. — Registratur des Wiener Magistrates, Fasc. II. 64, Nr. 9223.

[507] Registratur der k. k. niederösterreichischen Statthalterei, Fasc. A. 15, Nr. 41914. — Gremial-Archiv.

[508] Registratur des Wiener Magistrates, Fasc. II. 64, Nr. 6568/1835, 44141/1836.

[509] Registratur der k. k. niederösterreichischen Statthalterei, Fasc. B. 7, Nr. 13392, 53693. — Registratur des Wiener Magistrates, Fasc. II. 64, Nr. 3612, 3961.

[illegible] »Austria«, Kalender auf die Jahre 1842 und 1843. (III. 193, IV. 261.)

Von Th. Scheibe; »Gold und Larve«. Politisch-literarisches Tagsblatt, redigiert von C. Hell und A. Foglar (Mailuft); »Die Opposition für Volk und Recht«. Verantwortlicher Herausgeber und Verleger J. N. Nitschner; »Der Postillon«. Zeitschrift zur Belehrung und Erheiterung des Volkes. Verantwortlicher Redacteur Leopold Schön; »Der reisende Teufel«. Zeitschrift für Volksbelehrung über Zeitfragen, redigiert von J. Sammer, klein Quart, dann auch in Octav-Ausgabe. (Hörte mit Nr. 25 auf; am nächsten Tage (15. Juli) erschien dafür »Gold und Larve«.)

Johann N. Friedrich starb im Jahre 1850; sein Sohn Ferdinand Friedrich übernahm mit Einwilligung des Magistrates die väterliche Officin.

KARL UEBERREUTER.

(1830 bis 1866.)

Als Karl Überreuter die Buchdruckerei und Schriftgießerei mit Zustimmung der Regierung in eigenen Betrieb übernahm,[511] befanden sich dieselben wohl in einem günstigen Zustande und erlitten auch trotz Firmawechsel keine Veränderung. Überreuter war aber nicht jene so technisch geschulte, energische und geschäftskundige Kraft, die eine gut eingerichtete Officin auf eine noch höhere Stufe hätte bringen können und so erhielt sich Alles in der bisherigen Weise. Bis 1841 befanden sich in der Überreuter'schen Officin acht bis zehn Holzpressen; in diesem Jahre wurde die erste eiserne Handpresse und 1844 die erste Schnellpresse von Helbig & Müller aufgestellt.

Im Jahre 1848 wurden bei Überreuter gedruckt: »Die constitutionelle Donau-Zeitung«. Hauptredacteur Dr. C. F. Hock; »Österreichischer Land-Bote«. Haus- und Wirthschafts-Zeitung für den Landmann. Redigiert von F. G. Rietsch; »Wiener allgemeine Musik-Zeitung«. 8. Jahrgang. Eigenthümer und Redacteur Ferdinand Luib; »Das Parlament«. Politische Zeitung, redigiert von M. v. Pürkerth (Fol.); »Der Radikale« (von Nr. 12 an); »Vídenský posel, listy pro osvětu a národní vzdělání«. Odpovědný redaktor Jan B. Pytlík; »Satan«. Politische Winke, von Dr. Pongratz; »Wiener Schnellpost«. Zeitschrift für politische Bildung des Volkes. Redacteur F. C. Schall; »Der schwarze Domino auf dem Maskenballe des Lebens«. 4. Bd. Von Dr. Julius Seidlitz; »Der Wiener Zuschauer«. Zeitschrift für Gebildete, redigiert von Josef Sigmund Ebersberg;[512] »Österreichische Zeitschrift für Pharmacie« (von Nr. 8 an).

Im Jahre 1857 übergab Überreuter die uneingeschränkte Leitung der Officin Fr. W. Völkl, der mit den erforderlichen Eigenschaften ausgerüstet, dieselbe nicht nur vergrößerte, sondern auch zu höherem Ansehen brachte. Völkl organisierte ungeachtet vieler Schwierigkeiten, stellte eine neue Schnellpresse und Handpresse, sowie eine Satinier- und zwei Glättpressen auf, stattete die Gießerei mit einer Gießmaschine aus und führte, um den richtigen Überblick im Geschäfte zu erhalten, die Buchhaltung ein. Er verschaffte auch Bestellungen größerer Verkehrs- und Betriebsanstalten; u. a. lieferte die Überreuter'sche Officin in den Fünfziger Jahren viele Militär-Drucksorten. Völkl ließ auch Versuche zur Herstellung von Drucksorten mit copierbarer Tinte machen.[513] Die Überreuter'sche Officin befand sich in vollster Thätigkeit und in den geordnetsten Verhältnissen, als Völkl unerwartet am 18. Februar 1863 starb; sein Tod war ein schwerer Verlust für sie. Es befanden sich damals in derselben: 6 Schnellpressen, 8 Handpressen, 1 Satiniermaschine, 1 Gießmaschine, 1 vierspänniger Handgießofen, 28.000 Matrizen und 800 Centner Schrift.

Überreuter, der weder die Lust noch die Kenntnisse besaß, sie selbst fortzuführen, übertrug jetzt die Leitung seiner Officin dem früheren Factor der k. k. Staatsdruckerei, W. Fickert. Derselbe war eifrigst bestrebt, den Pfaden seines Vorgängers in dessen Geiste und nach dessen Principien zu folgen. Um der

[511] Registratur der k. k. niederösterreichischen Statthalterei, Fasc. B. 7, Nr. 16021, 31133.

[512] Der »Zuschauer« war eine conservative Zeitschrift. Als man nach dem 6. October die Umsturzelemente in allen Versammlungen die Oberhand gewonnen hatten und die heftigsten Brandreden gegen conservative Elemente gehalten wurden, sprach man auch davon, nicht nur Ebersberg, sondern auch dem Drucker das Ende eines Latour zu bereiten. Überreuter bekam Furcht und weigerte sich, am 2. October den Druck des »Zuschauers« fortzusetzen, wenn Ebersberg nicht eine andere Tendenz einschlagen wolle. Dieser aber blieb standhaft bei seiner Gesinnung, nahm sein Manuscript und ging in die Officin der Jasper'schen Wallishausser, die ohne Bedenken den Druck übernahm; Nr. 161, 10. October, erschien bereits daselbst. (Alexander Freiherr von Helfert, Die Wiener Journalistik im Jahre 1848, S. 55.)

[513] Die Erfindung stammte eigentlich von Schade in Frankfurt am Main und das damals noch unvollkommene Recept der Farbebereitung aus der k. k. Hof- und Staatsdruckerei. Trotzdem erhielt der damalige Factor der Überreuter'schen Officin ein Privilegium auf den Copierdruck. (Österreichische Buchdrucker-Zeitung, Jahrgang 1874, S. 3.)

schon anwachsenden Concurrenz zu begegnen, war eine weitere Vergrößerung der Buchdruckerei, die im eigenen Hause Überreuters (Alservorstadt, Hauptstrasse Nr. 146) untergebracht war, dringend nöthig; zu diesem Zwecke sollte ein Zubau aufgeführt, eine vollständige Stereotypie eingerichtet und der Betrieb mit Dampf eingeführt werden. Karl Überreuter aber, alt und kinderlos, war der Geschäfte und jeder Mühe schon überdrüssig und wollte sich zu all' jenen Neuerungen nicht herbeilassen. Er verkaufte am 1. März 1866 seine Buchdruckerei an Matthäus Salzer, deren technischer Leiter Fickert blieb.[514]

FRANZ EDLER VON SCHMID.

([illegible: 1839 bis 1849])

Im Jahre 1839 hatte der hebräische Buchdrucker Anton Edler von Schmid seinem Sohne Franz, der schon ein Jahr vorher um die Anschreibung an eine radicierte Buchdruckerei eingeschritten war,[515] seine Buchdruckerei mit allen damit in Verbindung stehenden Geschäftszweigen übergeben. Die Regierung bewilligte ihm auch den Betrieb des vom Vater abgetretenen käuflichen Gewerbes und die Anschreibung desselben im Grundbuche (Fol. Strudelhof, Alservorstadt Nr. 266 und 267).[516] Im Jahre 1841 nahm Schmid den bisher Johann Busch aus Prag als seinen Gesellschafter auf, wobei jeder seinen Namen zeichnete.[517] Die protokollierte Firma lautete: «Franz Edler von Schmid & J. J. Busch». 1845 bat Franz Edler von Schmid um die Bewilligung zur Ankündigung und zum Drucke der Zeitschrift: «Die Gegenwart». Busch war 1848 nach Amerika ausgewandert und schon im folgenden Jahre hatte Schmid die Buchdruckerei mit allen hebräischen Stempeln und Matrizen u. dgl. m. seinem Factor Adalbert della Torre käuflich überlassen.[518]

Im Jahre 1848 wurden unter der Firma Franz Edler von Schmid hier gedruckt: «Arbeiter-Zeitung». Redigiert von Anton Schmit, Arbeiter; «Das Wiener allgemeine Arbeiter-Blatt». Redigiert von M. Grützner; «Constitution». Tagblatt für constitutionelles Volksleben und Belehrung. Redacteur L. Häfner; «Wiener Gassen-Zeitung», zur Belehrung des Volkes geschrieben von Terzky; «Constitutionelle Freiheitsraketen». Redigiert und herausgegeben von P. Löwe; «Die Geisel». Ein Flugblatt aller Flugblätter. Verantwortlicher Redacteur: Ein Harfenist (P. Fichler); «Habt Acht! Grad aus!» Politisches Tagesblatt für das Volk. Verantwortlicher Redacteur Miguel; «Halt! Wer da? Das Volk und die Freiheit». Politisches Tagblatt für das Volk. Verantwortlicher Redacteur Const. Heinisch; «Allgemeine Juden-Zeitung». Redacteur Haischel Brauner, Herausgeber Mausche Beer; «Der Landwirth». Praktische Blätter für Haus- und Feldwirthschaft, für Handel und Industrie, redigiert von D. F. Brezesko; «Der Laternenträger». Eine Sonnabend-Zeitung für den Geist unserer Zeit, für Stadt- und Landleute und den ruhigen Denker. (Als Titelvignette ein Schmetterling mit «Veritas» am Leibe, «Gute Constitution» am linken und «Gesittete Pressfreiheit» am rechten Flügel.) Redacteur Josef Anton Hundriser; «Der Liberale». Politisches Tagesblatt (neue Folge: «Der Reichstagscourier»). Redacteur Sigmund Burmann; «Die entschiedene Linke». Beilage zum «Freien Wiener». Politisches Sonntagsblatt, Redacteur J. M. Schleichert; «Der Narrenthurm». Redacteur J. Blumauer (A. Mach); «Der Polichinel» (neue Folge des «Narrenthurms», Nr. 54). Verantwortlicher Hauptredacteur Kaspar Larifari; «Der Rothmantel». Verantwortlicher Redacteur B. Jellachik, Herausgeber Hurban; «Der Patriot». Redacteur Justus Wahrmann; «Die Schwarz-Gelbe». Politisches Volksblatt über Alles, für Alle! Skomatische Tagsneuigkeiten zum Lachen und zum Weinen. Redacteur F. W. Hellmuth. (Auf gelbem Papier.); «Der Stürmer», früher «Studenten-Zeitung». Redacteure P. Löwe, J. Scheda; «La Trinité politique». Redacteur P. Grainerniseau; «Allgemeine slavische Zeitung». Demokratie-Föderation freier Völker. Redacteur H. Terebelsky; «Österreichische constitutionelle deutsche Zeitung». Ein Blatt für Politik, Kunst

[514] Österreichische Buchdrucker-Zeitung, Jahrgang 1874 (II.), S. 5.

[515] Registratur des Wiener Magistrates, Fasc. II. 64, Nr. 40190.

[516] Registratur der k. k. niederösterreichischen Statthalterei, Fasc. N. 7, Nr. 21176. 1863). — Registratur des Wiener Magistrates, Fasc. II. 64, Nr. 3192, 14667, 50418.

[517] Registratur des Wiener Magistrates, Fasc. II. 64, 27447, 51977.

[518] Ignaz Imredy v. Omorovitzer (Wieden, 32), bittet um Verpachtung der aus der Franz Edlen v. Schmid'schen Concursmasse erkauften verkäuflichen Buchdruckerei-Gerechtigkeit. (Registratur des Wiener Magistrates, Fasc. II. 64, Nr. [illegible].)

und Wissenschaft. (Neue Folge: «Österreichische deutsche Zeitung».) Als Beilage dazu: «Die Protokolle des Sicherheits-Ausschusses», Redacteur und Herausgeber Dr. Heinrich Löw; «Der Völkerbund», Sociales Blatt mit besonderem Hinblick auf Ungarn. Redacteur Jos. Orosz; «Der freie Wiener», Radicales Organ für Scherz und Ernst. Redacteur J. M. Schleichert; «Ungarn und Deutschland», Tagblatt. Redacteur M. Tölteuyi; «Vespertina», Schönwissenschaftlich-artistisches Zeitblatt. Redacteur Dr. J. J. Rousseau; «Der Wiener Krakehler», Redaction: Pius IX. «An meine Brüder Arbeiter», Leopold Schick, Nationalgardist, 3. Comp., Schottenviertel. (Nr. 2 «Brüder Arbeiter! Habt Acht!» — nicht mehr erschienen.)

JOSEF STÖCKHOLZER VON HIRSCHFELD.

(1839 bis 1869.)

Josef Stöckholzer von Hirschfeld hatte, wie schon erwähnt wurde, am 15. September 1839 eine Buchdruckerei-Befugnis erhalten.[519] Seine Officin befand sich in der Leopoldstadt, Donaustraße Nr. 656, von 1865 an Czeningasse Nr. 10. Actenmäßig ist nur bekannt, dass er schon 1839 wegen der ihm verweigerten Aufschrift «k. k. priv. Buchdruckerei» recurrierte, aber abgewiesen wurde[520] und dass er auch wegen Nichtbewilligung seines wiederholten Ansuchens, einen kaiserlichen Adler auf dem Officins-Schilde führen zu dürfen — so noch 1847 — den Hofrecurs ergriff, mit dem ihm aber derselbe ebenfalls und endgiltig verweigert wurde.[521] Im Jahre 1862 wendete er sich an den Magistrat um Bestallung des Matthias Zehetgruber als verantwortlichen Leiter der Buchdruckerei und mit der Anzeige, dass er eine Dampfmaschine zum Geschäftsbetriebe aufgestellt habe.[522] 1863 wurde Zehetgruber bestätigt.

Die Stöckholzer von Hirschfeld'sche Officin hatte wegen ihrer hübschen und soliden Leistungen — ihre Typen, namentlich die Antiqua, waren überaus zierlich — einen guten Ruf erlangt und wurde daher mit namhaften Bestellungen bedacht; so hatte der Hof- und Universitäts-Buchhändler W. Braumüller einen Theil seines wissenschaftlichen Verlages daselbst herstellen lassen. Eine Specialität der Officin war der Druck von Plakaten.

Josef Stöckholzer von Hirschfeld erfreute sich auch in den Buchdruckerkreisen eines gewissen Ansehens. Er war durch mehrere Jahre zweiter Vorstand-Stellvertreter des Gremiums und Vorstand des Unterstützungs-Vereines für Buchdrucker und Schriftgießer. Stöckholzer von Hirschfeld starb am 26. November 1869. (S. Nr. 79.)

Im Jahre 1848 wurde, gleichwie bei Klopf & Eurich, Schmidtbauer & Holzwarth und Franz Edler von Schmid, eine ziemliche Anzahl von Zeitschriften und Flugblättern bei ihm gedruckt; von ersteren nennen wir nur: «Der Freimüthige», Zeitschrift für Denker und Lacher. I. Jahrgang. Von Nr. 9 an: Für Politik, Tagesereignisse und Satire, Redacteur Mahler; «Die Bauernzeitung», außerordentliche Beilage zum «Freimüthigen», Redacteur Mahler; «Fremdenblatt der k. k. Haupt- und Residenzstadt Wien», Redacteur Gustav Norden (Heine); «Die Gegenwart», Politisch-literarisches Tagblatt. 4. Jahrgang. Herausgeber und Redacteur Andreas Schumacher; «Wiener Katzenmusik» (Charivari), Politisches Tagblatt für Spott und Ernst, mit Caricaturen. Verantwortlicher Kapellmeister: Sigmund Engländer. Verantwortlicher Orchester-Director Willi Beck. (Von Nr. 4 an mit einer Titelvignette an der Spitze, die eine musicierende Katzenbande darstellt.) Mit einer Beilage: «Gegengift für typographische Reactionäre», Verantwortlicher Redacteur J. L. Harisch; «Satyros» (Beilage zum «Gegengift»), Verantwortlicher Mit- und Vorarbeiter: Joh. Fischer; «National-Zeitschrift», Tagblatt für Volksinteressen. Verantwortlicher Redacteur E. Netolitzka; «Schwarz-Roth-Gold», Vereinsblatt der Deutschen in Österreich. Redacteur L. v. Löhner; «Wiener Sonntagsblätter», mit Beilagen: «Wiener Bote», «Kunstblatt» und «Literaturblatt», nebst Ergänzungsblatt: «Wiener Abendzeitung», 7. Jahrgang. Redacteur Dr. L. A. Frankl; «Die Wiener Abendzeitung», Tägliches Ergänzungsblatt der «Sonntagsblätter»; «Der Unpartheyische», Politisches

[519] Registratur der k. k. niederösterreichischen Statthalterei, Fasc. B. 7, Nr. [illegible]. — Registratur des Wiener Magistrates, Fasc. B. 64, Nr. [illegible].
[520] Registratur der k. k. niederösterreichischen Statthalterei, Fasc. B. 7, Nr. [illegible].
[521] L. c. Fasc. B. 7, Nr. [illegible], aus dem Jahre 1841; Nr. [illegible], aus dem Jahre 1847.
[522] Registratur des Wiener Magistrates, Fasc. B. 64, Nr. [illegible].

Zeitblatt. Verantwortlicher Redacteur Mathias Emanuel Löbenstein; «Österreichisches Volksblatt» mit dem Motto: «Die Menschen werden verschieden bleiben an Besitz, Talent und Sprache, aber sie müssen alle gleich werden im Rechte und in der Pflicht zur Arbeit» (Neue Folge: «Die deutsche Fahne»). Redacteur Andreas Schumacher; «Opposition für Volk und Recht». Verantwortlicher Herausgeber und Redacteur J. N. Nitschner (von Nr. 17 an); «Die Wahrsagerin» (darunter die Austria mit Schild und Helm, welcher eine alte Hexe aus der Hand wahrsagt). Redacteur Jos. Neumayer; «Wiener-Zeitschrift für Kunst, Literatur, Theater und Mode». 33. Jahrgang. Tagblatt für die gebildete Lesewelt. Redacteur J. Aug. Bachmann; «Bst! Bst! Warum? Volksfragen». Redigiert von Alfred; «Wiener allgemeine Zeitung» (Neue Folge

Nr. 99. Josef Stöckholzer von Hirschfeld. (Nach einer Photographie.)

des «Unpartheyischen»). Verantwortlicher Redacteur Mathias Emanuel Lölenstein; «Der Volksredner». Redacteur Dr. Weiger; «Il Poligrafo Austriaco». Giornale illustrato di Sciensae, Lettere, Belle Arti, Filologia, Linguistica, Teatri, Modi, Musica, Industria, Miscellanea, Novità etc. con supplementi. Prof. F. A. Rosental, Editore e Redattore principale. Motto: «Vivere e lasciar vivere». (Gieng mit Nr. 11 am 25. Jänner 1848 ein.) «Österreichische constitutionelle deutsche Zeitung». Ein Blatt für Politik, Kunst und Wissenschaft aller Völker, mit besonderer Bezugnahme auf die socialen Verhältnisse der Juden (der letztere Zusatz blieb von Nr. 2 an weg). Verantwortlicher Herausgeber Dr. Heinrich Löw.

JOSEF LUDWIG.

(1811 bis 1858.)

Josef Ludwig, der Sohn des privilegierten Buchdruckers und Schätzmeisters Franz Ludwig und der Anna Ludwig, geb. Kollmann, war zu Wien 1806 geboren. Sein Taufpathe war der Buchdrucker Anton Strauß. Ludwig hatte die Buchdruckerei ordentlich erlernt und war Factor in der Officin seines

Vaters, als dieser 1840 starb.[323] Anna Ludwig, welche die Buchdruckerei fortführte, richtete noch im selben Jahre an den Magistrat das Ansuchen, ihren Sohn nicht nur als verantwortlichen Factor, sondern auch als Geschäftsleiter anstellen zu dürfen, was ihr auch bewilligt wurde;[324] zugleich war aber derselbe auch um die väterliche Buchdruckerei-Befugnis bei der Behörde eingeschritten.[325] Da nun schon im folgenden Jahre Anna Ludwig starb, so erhielt Josef Ludwig die durch den Tod seiner Mutter erledigte Buchdruckerei-Befugnis.[326] Die Officin befand sich wie zur Zeit seines Vaters in der Rossau, Dreimohrengasse Nr. 278, vom Jahre 1847 in der Josefstadt, Florianigasse Nr. 52, später Alservorstadt, Schlösselgasse Nr. 35. Im Jahre 1858 verband sich Josef Ludwig mit August Zang, welche Geschäftsfirma dieser allein zeichnete.

Im Jahre 1848 wurden in der Ludwig'schen Officin gedruckt: «Die Bauern-Zeitung»; «Der Wiener Correspondent», Politische Zeitung für gebildete Leser. Verantwortlicher Redacteur L. Prohaska; «Wiener Volks- und Landtrompeter», Belehrungs- und Unterhaltungsblatt für Gewerbsleute und für die arbeitsame Volksclasse, als auch für Landleute und für die Bewohner der Provinz überhaupt. . . . Verantwortlich Arthur. «Die Dampfpfeife», Zeitschrift für Politik und volksthümliche Interessen. Verantwortlicher Redacteur Emanuel Pernold; «Höllenstein», Politisch-humoristische Frauen-Zeitung. Redacteurin Adele Miller (als Vignette das Porträt der Beatrice); «Der falsche Humorist», Modernste Wiener Zeitschrift. Von F. X. Bischof; «Der Patriot», Beiblatt für politische Volksbildung. Redacteur Otto Prechtler; «Neue politische Straßen-Zeitung», Ein Volksblatt. Redacteur M. Klaus. «Wiener Studenten-Blatt», Motto: Alles für die Freiheit, die Wahrheit, das Recht», Vorläufiger Redacteur P. Löwe, Jur.-Corps, 4. Comp.; «Wiener Studenten-Zeitung», Redacteur P. Löwe, J. Scheda; «Der jüngste Tag», Demokratisches Volksblatt. Redacteur L. Peschke; «Volk und Hof», Redacteur Michael Freyberg; «Wiener Vorstadt-Zeitung», Ein Volksblatt. Redacteur Lindberg; «Unsere Zeit», Wochenblatt zur Unterhaltung und Belehrung. Redacteur Arthur. «Allgemeine österreichische Theater-Chronik», Ein Organ für die gesammte Bühnenwelt. Herausgegeben von Ludwig Wollrabe. (Von Nr. 4 an, 8. August, in der Mechitharisten-Buchdruckerei); «Die Austria», Verantwortlicher Redacteur und Herausgeber Josef Neumayer; «Das Portefeuille» (hört mit Nr. 4 auf), Redacteur A. Julius.

ADALBERT DELLA TORRE.

(1796 bis 18[illegible])

Adalbert della Torre, der Sohn des Josef und der Katharina della Torre, wurde zu Wien am 25. November 1796 geboren. Er genoss im elterlichen Hause eine gute Erziehung und besuchte das Unter-Gymnasium; schon früh führte ihn der sprachenkundige Vater in die Elemente der orientalischen Sprachen, namentlich des Arabischen ein. Er widmete sich hierauf der Buchdruckerei und erlernte dieselbe unter der Aufsicht seines Vaters in der hebräischen Buchdruckerei des Anton Edlen von Schmid, wo er dann auch als geübter Schriftsetzer im orientalischen Satze an den arabischen, persischen, syrischen und griechischen Werken der gelehrten Orientalisten Freiherr von Hammer-Purgstall, Oberleitner u. a. thätig war. Nachdem er nach seines Vaters Tod durch einige Jahre Geschäftsleiter dieser Officin gewesen, unternahm er, voll Begierde, den Orient aus eigener Anschauung kennen zu lernen, eine dreijährige Studienreise nach der Türkei, Kleinasien, Aegypten, Griechenland und Italien. Schon war er im Begriffe, in Smyrna über Einladung mehrerer einflussreicher Persönlichkeiten eine orientalische Buchdruckerei einzurichten, als er durch eine Erbschaftsangelegenheit nach Wien berufen wurde, wo er wieder in die Schmid'sche Officin als Factor eintrat.

Am 13. Juni 1840 verlor er seine Gemahlin Francisca, geb. Messel, im Alter von 29 Jahren; sie hatte ihm drei Kinder: Anton (4 Jahre alt), Alois (2 Jahre alt) und Anna (4 Monate alt) geboren.[327] Bald

[323] Archiv des Wiener Landesgerichtes, Verlassenschaftsacten, Fasc. 2, Nr. 2179/1840.
[324] Registratur des Wiener Magistrates, Fasc. II. 64, Nr. 12918/1840.
[325] Registratur der k. k. niederösterreichischen Statthalterei, Fasc. II. 7, Nr. 6715/1840 — Registratur des Wiener Magistrates, Fasc. II. 64, Nr. 5665.
[326] Registratur des Wiener Magistrates, Fasc. II. 64, Nr. 5665.
[327] Archiv des Wiener Landesgerichtes, Verlassenschaftsacten, Fasc. 2, Nr. 999/1840.

darauf, am 15. October d. J., starb seine Mutter Katharina della Torre im Alter von 74 Jahren. Diese hatte wohl seit dem Tode ihres Mannes die Buchdruckerei-Befugnis besessen, von derselben aber keinen Gebrauch gemacht, daher auch bei ihrem Tode keine Buchdruckerei-Requisiten vorhanden waren.[528]

Noch im Jahre 1840 bewarb sich della Torre um die Buchdruckerei-Befugnis seines Vaters, die er auch 1841 erhielt.[529] Er richtete seine Officin und seinen Verlag besonders für die hebräische Literatur ein und vereinigte mit derselben 1849 auch die des Franz Edlen von Schmid, seit welcher Zeit die della Torre'sche Officin ebenfalls in der Alservorstadt, Strudelhof Nr. 267, betrieben wurde.

Nr. 80. Adalbert della Torre. (Nach einer Photographie.)

Im Jahre 1851 bat er, die unter Schmid gedruckten hebräischen Bücher in seinem Verlage führen zu dürfen.[530] Derselbe befand sich anfangs in der Stadt, Am Bergel (Nr. 482), später auf dem Ruprechtsplatze Nr. 5.

Adalbert della Torre (s. N. 80) war sehr entschiedenen festen Charakters und seiner politischen Gesinnung nach radical zu nennen, wie er dies auch als Wiener Gemeinderath in den Jahren 1861 bis 1866 wiederholt bewies. Er hatte auch durch seinen Antrag die erste Anregung zur Gründung der städtischen Waisenhäuser gegeben. Alle rühmten an ihm seine Ehrenhaftigkeit und seinen Wohlthätigkeitssinn.[531] Adalbert della Torre starb am 31. März 1871.

[528] Archiv des Wiener Landesgerichtes, Verlassenschaftsacten, Nr. 1816/1840.
[529] Registratur der k. k. niederösterr. Statthalterei, Fasc. 18. 7, Nr. 4525, 21274. — Registratur des Wiener Magistrates, Fasc. II. 64, Nr. 30888.
[530] Registratur des Wiener Magistrates, Fasc. II. 64, Nr. 20488.
[531] Constantin von Wurzbach, biographisches Lexikon, XLVI., 157 f.

FRANZ GORISCHEK (L. GRUND'SCHE BUCHDRUCKEREI).

(1842 bis 1858.)

Franz Gorischek war bekanntlich seit dem Jahre 1837 verantwortlicher Geschäftsführer in der Buchdruckerei der Johanna Grund, verehelichte Gorischek (Leopold Grund'sche Buchdruckerei),[532] nachdem er schon 1829 um die Ackermann'sche Buchdruckerei-Befugnis[533] und 1835 um eine andere Befugnis sich beworben hatte.[534] In den Jahren 1839, wo er um Verleihung der Schrämbel'schen Befugnis gebeten hatte,[535] und 1841, wo er neuerdings um eine Befugnis eingeschritten war,[536] wurde er abgewiesen. Als er im folgenden Jahre sich um die Buchdrucker-Befugnis, welche die Maria Hagenauer anheimgesagt hatte, bewarb, erhielt er dieselbe[537] und bald darauf auch das Bürgerrecht.[538]

Franz Gorischek führte nun die alte Grund'sche Buchdruckerei selbständig fort, in der meistens Schulbücher in allen in der österreichischen Monarchie gesprochenen Idiomen sowie Gebetbücher gedruckt wurden.[539]

Der Verlag befand sich auf dem Stefansplatze im Zwettelhofe.

Franz Gorischek starb im selben Jahre, wie Johanna Gorischek, nämlich 1858. Die Buchdruckerei, in der 1859 Franz Geitner als verantwortlicher Factor aufgestellt ward, gieng durch Erbschaft an Karl Gorischek über.[540]

MICHAEL LELL.

(1842 bis 1858.)

Michael Lell, ein technisch und praktisch sehr geschulter Setzer, war, bevor er seine eigene Buchdruckerei besaß, bei Anton Strauß angestellt, in dessen Officin er mit Arbeiten, die alle Aufmerksamkeit und Kenntnisse erforderten, betraut war. Da er sich auf den orientalischen Satz besonders verstand, verkehrte Hofrath Hammer-Purgstall oft persönlich mit ihm und schätzte ihn seiner mehrseitigen Bildung wegen. Lell war aber nicht nur ein gewandter Setzer orientalischer Werke, sondern leistete auch Vorzügliches im Noten- und Accidenz-Satze. Im Jahre 1842 stellte er an die Behörde das Ansuchen, ihm die Buchdruckerei-Befugnis, auf welche die Anna Stöckholzer von Hirschfeld verzichtet hatte, zu verleihen, was auch geschah.[541] Diese Officin war bekanntlich eine kleine, aber auch Lell vermochte sie nicht auf eine höhere Stufe zu bringen und ertragsfähiger zu machen; die Kenntnisse besaß er wohl, das Glück jedoch war ihm wenig hold.

Lell's Officin befand sich zuerst in der Leopoldstadt, Jägerzeile Nr. 415 (neben der neu erbauten Kirche, im Zellner'schen Hause), später Ferdinandsgasse Nr. 538 und Weintraubengasse Nr. 505.

Im Jahre 1848 wurden bei Michael Lell gedruckt: «Wiener Barricaden-Spässe», Durchaus treu und wahr, ganz aus dem Leben. Geschrieben von einem dabei betheiligten Augenzeugen; «Die Brieftaube», Flugschrift für Stadt und Land, redigiert von J. Karl Kreck; «Die politische Dreieinigkeit. Freiheit – Gleichheit – Brüderlichkeit», eine Tageszeitung. Verantwortliche Redacteure Dr. F. Pollak und F. Stern; «Er mengt sich in Alles», humoristisch-satyrisches Tageblatt, zur Anregung und Wiederbelebung des in den politischen Ereignissen halb untergegangenen gemüthlichen Wiener Humors. Verantwortlicher Redacteur Cl. Franz Stix; «Der politische Esel», Tag-, Klatsch-, Schmäh- und Schimpfblatt. Ver-

[532] Registratur der k. k. niederösterreichischen Statthalterei, Fasc. B. 7, Nr. 50035, 42047.

[533] Registratur des Wiener Magistrates, Fasc. II. Nr. 36582.

[534] L. c. Fasc. II. 44, Nr. 20800.

[535] Registratur der k. k. niederösterreichischen Statthalterei, Fasc. B. 7, Nr. [illegible]. — Registratur des Wiener Magistrates, Fasc. II. 44, Nr. 29035 1837, 44145 1838, 47259 1839.

[536] Registratur des Wiener Magistrates, Fasc. II. 44, Nr. 28254, 47991.

[537] Registratur der k. k. niederösterreichischen Statthalterei, Fasc. B. 7, Nr. 18492, 38065, 60452. — Registratur des Wiener Magistrates, Fasc. II. 44, Nr. 28544 1841, 53756 1842.

[538] Registratur des Wiener Magistrates, Fasc. II. 44, Nr. 20990, 61894.

[539] Unter anderen Büchern wurde auch M. A. Beckers bekanntes Buch: «Der [illegible]» im Grund'schen Verlage gedruckt.

[540] Vgl. oben, S. 200 und Note 427.

[541] Registratur der k. k. niederösterreichischen Statthalterei, Fasc. B. 7, Nr. 19889. — Registratur des Wiener Magistrates, Fasc. II. 44, Nr. [illegible], 20998.

antwortliche Treiber H. Grinzinger und M. Kaldenberger; «Der Prophet», Tageblatt fürs Volk, Redacteure Moritz Glaser, Paul Körnbach; «Wiener Tagesposaune», oder: «Allgemeines Anzeigeblatt», als Central-Organ zur grösstmöglichsten Bekanntmachung und schnellsten Veröffentlichung von Anzeigen und Kundmachungen aller Art, nebst einem Anhange für geselliges Vergnügen. Redigiert von J. Bartsch; «Der Bahnhof», Zeitschrift für Politik, Handelsinteressen, Kunst und geselliges Leben. Herausgeber und verantwortl. Redacteur Dr. L. Raudnitz; «Die neueste Wiener Stadtpost», Redacteure J. Pollak und S. Stern; «Politische Zweigespräche zwischen dem alten Bruder Fritze und seinem Collega Vetter Ehrlich» (neue Folge «Nationalgarden-Zeitung»), von Franz Karl Bayer; ein Theil der «Fliegenden Blätter», und zwar vom 15./19. September 2/6. 15./16. October; «Notizblatt der allgemeinen Bauzeitung» für die Tagesereignisse im Gebiete des Bauwesens und alle damit zusammenhängenden Fächer. Verantwortlicher Redacteur L. Förster; «Der Wäschermadl vom Himmelpfortgrund», Verantwortlicher Herausgeber J. K. Kreck; «Die Narren-Zeitung» oder: Dummheiten aus der neuesten Geschichte, wie sie jeder Narr schreiben kann, Zeitungsspalten-Lesungen.

In der Lell'schen Officin wurden auch folgende revolutionäre Flugblätter gedruckt: «Blutiger Kampf der Arbeiter etc.» auch unter dem Titel: «Grosse Arbeiter-Revolution» von Martin Klaus; «Scenen aus dem Arbeiter-Aufruhr» von Martin Klaus; «Namens-Verzeichnis der verwundeten Arbeiter» von P. Ullmayer; «Die Blumen der Versöhnung auf dem Grabe der Gefallenen» (anonym); «Öffentlicher Dank der armen verwundeten Arbeiter bei den Barmherzigen Brüdern» (anonym); «Hört und richtet uns!» (anonym); «Ein Vertheidigungswort von den Arbeitern» (zwei Ausgaben). Eine grosse Seltenheit ist das bei Lell gedruckte Werk: «Die Revolution in Wien» von Friedrich Unterreiter (complet 8 Bändchen, kl. 8°).

Auch die Proclamation des Fürsten Windischgrätz, dto. Lundenburg 20. October, durch welche der Belagerungszustand über Wien erklärt wurde, wurde bei Lell gedruckt.[317] Während desselben, im Mai 1849, hatte ihn das Kriegsgericht wegen einer bei ihm gedruckten Schrift über die October-Revolution zu sechs Monaten Profossenarrest verurtheilt.

Lell starb im Jahre 1873, nachdem schon 1858 seine Officin mit der k. k. landesbefugten lithographischen Anstalt von Eduard Sieger vereinigt worden war.

FRANZ RAFFELSBERGER.

(1843 bis 1861.)

Franz Raffelsberger war in den Vierziger und Fünfziger Jahren durch seine Landkarten und Atlanten, die sogenannten «Raffelsberger'schen Karten», in Schüler- und Lehrerkreisen weit bekannt. Diese Landkarten wurden ganz eigenartig, nämlich auf der Buchdruckerpresse und in mehreren Farben in Raffelsbergers «k. k. a. priv. typographisch-geographischer Kunstdruckerei» erzeugt, für deren Erzeugnisse er sich auch als den Erfinder ausgab.

Raffelsberger war am 23. September 1793 zu Modern in Ungarn geboren. Er kam nach Wien und besuchte daselbst das Gymnasium und die Real-Akademie und bereitete sich für den Handelsstand vor. Nachdem er Frankreich zum Theile bereist, auch geognostische Ausflüge nach Ungarn gemacht hatte, wobei schon seine Neigung für das geographische Fach entschieden hervortrat, übernahm er die Einrichtung und Leitung verschiedener industrieller Unternehmungen. In die richtige Laufbahn scheint er aber gekommen zu sein, als er unter Ottenfeld, welcher eben das k. k. Postwesen reorganisierte, eine Anstellung als Hofbuchhaltungs-Official erhielt. Hier war ihm die Gelegenheit geboten, nicht nur Dienstesreisen zu machen, so nach Florenz, Rom, in die Schweiz und nach Frankreich, sondern auch literarisch thätig zu sein. Namentlich beschäftigte ihn die Verwirklichung der Idee, Landkarten auf der Buchdruckerpresse herzustellen. Der erste Versuch fällt in die Jahre 1835 und 1836 und wurde in der Officin von A. Pichlers Witwe gemacht. Am 18. Februar 1837 erhielt Franz Raffelsberger, k. k. Hofbuchhaltungs-Official, Mitglied der königlichen

[317] Österreichische Buchdrucker-Zeitung, III. (1875), S. 64. — Bauer, «Die Wiener Journalistik im Jahre 1848».

Gesellschaft in Paris, auf die Erfindung, geographische Karten, Pläne, Zeichnungen u. dgl. durch den Buchdruck (Typographie) zu erzeugen, ein Privilegium auf drei Jahre,[513] das später auf weitere drei Jahre verlängert wurde.[514] Als Zweck der Erfindung wurde angegeben, die geographischen Wissenschaften allgemein zu machen. Die erste typographische Landkarte war die 1837 erschienene «General-Postkarte des Kaiserthums Österreich und der nächsten Grenzländer, mit Ergänzungen der übrigen Staaten in Europa (s. Nr. 82), in vier Blättern mit drei, auch vier Farben gedruckt, in deutscher, ungarischer, italienischer, französischer, englischer, sowie jeder anderen Sprache. Mit dem vierten Blatte derselben wurde auch ein Probenheft der geographischen Typen herausgegeben, ein Schlüssel zur typographischen Land-

Nr. 91. Franz Raffelsberger. (Nach einer Bleistiftzeichnung von Saadler.)

karten-Darstellung. In brauner Farbe waren die Liniensätze für alle Gattungen Grenzen, Straßen und Wege, Eisenbahnen, Dämme, Terrassen, Ortszeichen und Entfernungszeichen, die zugleich die Stelle von Strassenlinien vertreten konnten, gehalten, in blauer die Bäche, Flüsse und Ströme, Canäle, Seen und Meere. Andere typographische Karten waren: Die einzelnen Provinzen Österreichs, eine Generalkarte von Europa in 25 Blättern, 7' hoch und 7' breit (kostete damals 15 Gulden), ein Erdglobus u. dgl. m.

Im Jahre 1843 hat Raffelsberger bei der Behörde um die Dispens von dem Nachweise der Buchdrucker-Lehrzeit, damit er eine Buchdruckerei-Befugnis erhalten könne, wurde aber am 25. October abgewiesen,[515] ebenso mit einem Gesuche um Bewilligung, 5 bis 6 Buchdruckerpressen halten zu dürfen.[516]

[513] Jahrbücher des k. k. polytechnischen Institutes in Wien, XX. Band (Jahrgang 1839), S. 379.
[514] Jahrbücher des k. k. polytechnischen Institutes in Wien, XX. Band (Jahrgang 1839), S. 431.
[515] Registratur der k. k. niederösterreichischen Statthalterei, Fasc. B. 7, Nr. 40324.
[516] Registratur des Wiener Magistrates, Fasc. B. 64, Nr. 33253.

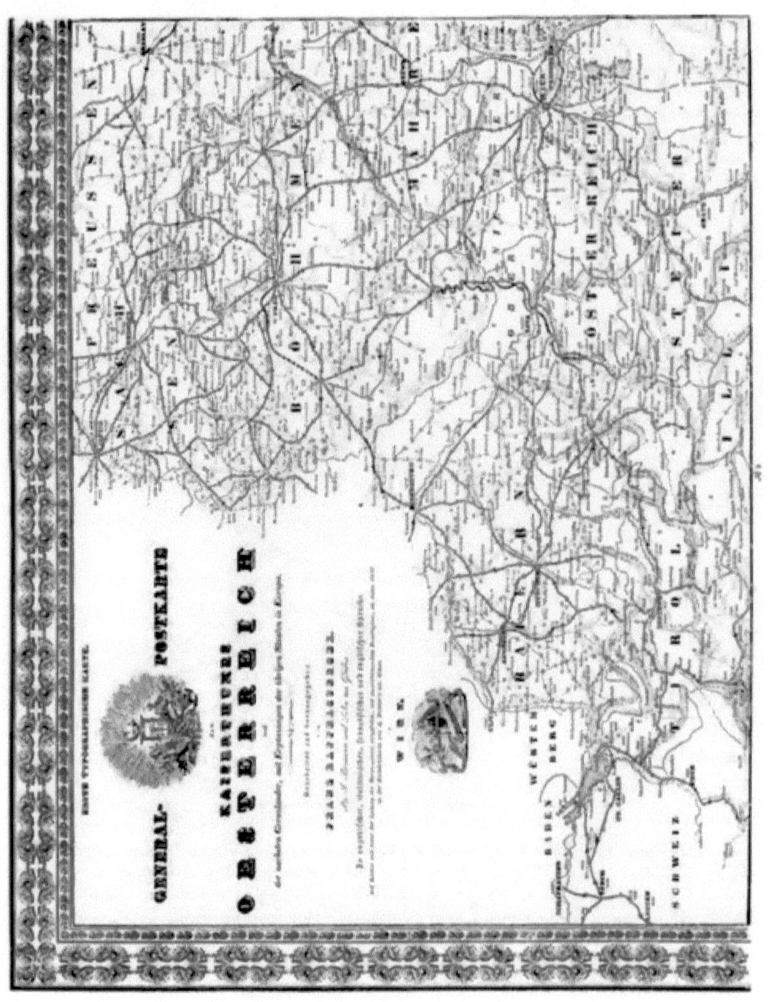

Nr. [illegible]. Raffelsberger's »General-Postkarte«. Nach einem Exemplare in der k. k. Universitäts-Bibliothek in Wien

Im folgenden Jahre wurde ihm über Anzeige der Buchdrucker die «Störerei», das ist der Druck eines Textes zu seinen Landkarten, eingestellt, und zwar bei der Auflage des Lexikons über den österreichischen Kaiserstaat, welche der Magistrat als einen Eingriff in die Rechte der Buchdrucker erkannte. Raffelsberger ergriff dagegen 1844 und 1845 den Recurs,[547] der zurückgewiesen wurde,[548] bewarb sich aber zur selben Zeit mit einem A. b. bezeichneten Gesuche um eine Buchdruckerei. Auch mit diesem wurde er abgewiesen, ihm aber ausnahmsweise gestattet, solche Werke für sich allein zu drucken, wo der Text die Hauptsache ist, aber auch die typometrischen Abbildungen einen wesentlichen Bestandtheil ausmachen, natürlich nur insolange, als er im Genusse seines Privilegiums bleibe.[549] Im Jahre 1846 bat Raffelsberger um die Bewilligung, ausländische Druckarbeiten in seiner privilegierten typographisch-geographischen Kunstanstalt übernehmen, eventuell diese Anstalt nach Leipzig verlegen zu dürfen, und in diesem Falle um Auswanderungs-Bewilligung für 15 Personen.[550] Mit diesem Gesuche wurde er ebenso abgewiesen,[551] wie mit jenem, auch gewöhnliche geographische Bücher in seiner Anstalt drucken zu dürfen.[552]

Raffelsberger betrachtete sich als den Erfinder der Kunst, Landkarten auf der Buchdruckerpresse herzustellen. Im besten Falle war er aber doch nur «Nacherfinder», da schon August Preuschen (gestorben als Kirchenrath in Karlsruhe am 24. März 1803), über die von ihm gemachte Erfindung der typometrischen Karten folgende Schriften erscheinen ließ: «Essais praticables sur la Typometrie ou le moyen de dresser les cartes géographiques à la façon des Imprimeurs» (Carlsruhe, 1766), dann «Grundriss der typometrischen Geschichte» (Basel, 1778), mit drei Karten, und «Ehrensäule in einer typometrischen Karte der Landschaft Sausenberg» (Karlsruhe, 1783).[553] Auch der Buchdrucker Gottlob Immanuel Breitkopf in Leipzig beschäftigte sich mit der Herstellung typographischer Landkarten, wie seine im Jahre 1777 erschienene Schrift: «Über den Druck der geographischen Karten» beweist. Ob und inwieweit Raffelsberger von Preuschens und Breitkopfs Erfindung Kenntnis hatte, kann nicht näher angegeben werden.

Im Jahre 1848 gieng Franz Raffelsberger auch unter die Journalisten; doch war er, wie Helfert bemerkt,[554] seiner Aufgabe nicht gewachsen und wurde daher wegen seiner Tactlosigkeit von beiden Seiten angegriffen. Merkwürdiger Weise erschien und wurde bei ihm gedruckt ein Theil der Schandliteratur des Jahres 1848, namentlich giengen aus seiner Officin die berüchtigten «Fliegenden Blätter» und deren «Vor und Nachbilder» hervor. Außerdem wurden bei ihm gedruckt: «Die Reform», Politisch-sociales Tagblatt, I. Jahrgang, Hauptredacteur Sigmund Engländer; «Die Volkswehr», Organ für die National-Garde, Redacteur Josef Hirschfeld; «Der Unpartheiische», mit dem Motto: «Arbeit und Recht», von Raffelsberger selbst herausgegeben und redigiert;[555] «Die National-Zeitung» von Nr. 67 an; «Goldene Mittelstrasse» von Nr. 36 an. Nach dem Jahre 1848 trat Raffelsberger nicht mehr hervor. Er starb im Jahre 1861 (s. Nr 81).[556]

Für seine Erfindung hatte er von mehreren Regierungen Auszeichnungen erhalten, auch besaß er die Salvator-Medaille der Stadt Wien.[557]

Die erste k. k. a. priv. typographisch-geographische Kunstdruckerei befand sich zuerst in der Leopoldstadt, Herrengasse Nr. 237, später Rossau, Dreimohrengasse Nr. 129.

[547] Registratur der k. k. niederösterreichischen Statthalterei, Fasc. B. 7, Nr. 41948.

[548] L. c. Fasc. B. 7, Nr. 2611 ex 1844; Nr. 1240 ex 1845. — Registratur des Wiener Magistrates, Fasc. II. 64, Nr. 33253 ex 1843 ff.

[549] Registratur der k. k. niederösterreichischen Statthalterei, Fasc. B. 7, Nr. 1940, 45428 (Normale: Hofkanzlei-Decret vom 20. October 184[illegible]). — Registratur des Wiener Magistrates, Fasc. II. 64, Nr. 33253.

[550] Registratur der k. k. niederösterreichischen Statthalterei, Fasc. B. 7, Nr. 2254 1846, Nr. 45196, 20991, 75068 ex 1845.

[551] L. c. Fasc. B. 7, Nr. 7021, 70383, 71072. — Registratur des Wiener Magistrates, Fasc. II. 64, Nr. 31361.

[552] Registratur des Wiener Magistrates, Fasc. II. 64, Nr. 33253 1843.

[553] Constantin von Wurzbach, Biographisches Lexikon, XXIV. Art. Preuschen.

[554] «Die Wiener Journalistik im Jahre 1848», S. 275.

[555] Erschien wöchentlich zweimal, Mittwoch und Samstag, seit 18. Juli dreimal; die erste Nummer am 3. Mai, die letzte (Nr. 70) am 15. October. Am 31. Mai hatte der «Unpartheiische» den Beisatz «Brandraketen», am 7. Juni den weiteren «Blätter zur Wahrung des Rechtes, des Talentes und der Anstpflichten gegen despotische Willkür und Dummkramen Tyrannei». Drei Tage darauf nannte sich der bisherige Mitredacteur Karl Sacke als Hauptmitarbeiter.

[556] Constantin von Wurzbach, l. c. — Österreichische National-Encyklopädie, IV. 336.

[557] Die goldenen Medaillen der Wiener Gewerbsausstellungen 1839 und 1845; die goldenen Medaillen für Wissenschaft und Kunst von Österreich, Frankreich, Preussen, Sachsen, Sardinien, Rom; die Bronze-Medaillen der Ausstellungen in London (1851) und New York (1853).

BLASIUS HÖFEL.

(1844 bis 1848.)

Blasius Höfel, einer der einflussreichsten und für Österreich auch einer der berühmtesten Meister seines Faches, des Holzschnittes, war zugleich Maler und Kupferstecher; durch vier Jahre übte er auch den Buchdruck aus, ohne denselben ordnungsmäßig erlernt zu haben. In letzterer Stellung haben wir uns hier

Nr. 83. Blasius Höfel. (Original-Holzschnitt seines Schülers Hackenberg.

mit ihm zu befassen; als Meister des Holzschnittes (Formschneider, Xylograph) aber, und in der Bedeutung dieser Kunst für den Buchdruck wird er im folgenden Capitel eine eingehendere Würdigung finden.

Höfel war am 27. Mai 1792 zu Wien geboren, wo sein Vater, ein gebürtiger Münchener, zuerst Schullehrer, dann Beamter beim Mercantil- und Wechselgerichte war. Der kleine «Blasi» erhielt den ersten Unterricht in der Zoller'schen Hauptschule am Neubau, in welcher derselbe schon früh ein großes Talent für das Zeichnen zeigte, an dessen Unterricht in der Schule er sich lebhaft betheiligte; er war aber auch von der Mutter Natur mit einer schönen Stimme begabt, welche er als Chorknabe in den Kirchen beim Gottesdienste mit Freude ertönen ließ, wogegen es dem Vater ein Gräuel war, als er später auch im Theater sang, das er daher auch bald verlassen musste.

Seiner Neigung und seinem Talente entsprechend, kam er im Jahre 1805, also in einem Alter von 13 Jahren, an die Akademie der bildenden Künste unter Hagenauer, wo er im folgenden Jahre bei Professor Maurer mit besonderem Fleiße die Zeichnen- und Malerschule besuchte;[358] es war aber eine schwere Zeit, die er hier durchzumachen hatte, es waren Jahre voll Kummer und Sorgen, da er neben seinen Studien sich selbst fortbringen musste: am Tage an der Akademie zeichnen und malen, Nachts Bilder für geringes Geld illuminieren, darin war seine Aufgabe getheilt.

Ein Glück für ihn war es, dass er mit dem Kupferstecher Johann Georg Mannsfeld bekannt wurde; dieser, sowie der kaiserl. Rath Custos Egger bestimmten ihn, sich der Kupferstecherkunst zuzuwenden, worauf dieser ihn dem berühmten Kupferstecher Quirin Mark empfahl, »der aber erst durch Höfels schöne Arbeiten bewogen werden konnte, ihn aufzunehmen«. Höfel bildete sich nun durch vier Jahre bei Mark tüchtig aus; er arbeitete mit Grabstichel und Nadel in der Strichmanier, erlernte aber zugleich die damals beliebte Punktiermanier. Wie innig die Beziehungen des Schülers zum Meister geworden, geht wohl daraus hervor, dass Höfel Marks Tochter, Karoline, im Jahre 1812 heiratete, ein Jahr nach dem Tode ihres Vaters.[359] 1813 erhielt Höfel von der Akademie den Sonnenfels'schen Preis: »Silberne Ermunterungsmedaille für Zeichnung nach dem Modelle der Natur.« Von jetzt an finden wir ihn auch vielfach thätig für den Kunsthändler Artaria.

Im Jahre 1820 wurde Höfel Professor des freien Handzeichnens an der k. k. Neustädter Militär-Akademie, wo er nun ganz seiner Kunst leben konnte. Er vervollkommnete sich darin in solchem Maße, dass er am 26. März 1824 »wirkliches Kunstmitglied« der Akademie der bildenden Künste wurde. In den Jahren 1827 und 1829 unternahm er Reisen nach Italien und Deutschland, um namentlich in letzterem die Fortschritte der Lithographie und deren Einfluss auf die Kupferstecherkunst zu studieren, da er schon seit 1825 lithographische Versuche gemacht, sie aber bald aufgegeben hatte. In Berlin hatte er auch den bekannten Formschneider (Xylographen) Johann Christian Gubitz und dessen Arbeiten kennen gelernt, die auf ihn einen solchen Eindruck machten, dass er nach seiner Rückkehr nach Wiener-Neustadt sich mit Eifer auf den Holzschnitt warf und bald große Erfolge erzielte. Schon sein dritter Versuch, »die alte betende Frau« nach Waldmüller, gewidmet dem Staatskanzler Fürsten Metternich, fand solchen Anklang, dass sie in circa 127.000 Exemplaren verkauft wurde. Metternich, der sich nun für Höfel wohl interessierte, seine Kunst aber und ihre Bedeutung viel zu wenig erfasste und würdigte, brachte diesen vielmehr »auf das Gebiet inferiorer Projectenmacherei«.[360] Er hatte ihm eine Erfindung anvertraut, die ein Künstler in Paris gemacht hatte, nämlich eine Kupferstichplatte auf chemisch-mechanischem Wege zu vergrößern und zu verkleinern, und ihm auch die von Collard erzeugten Reliefblätter, welche für numismatische Werke (Trésor numismatique) erfolgreiche Verwendung versprachen, gezeigt. Höfel machte auf beiden Gebieten noch gelungenere Versuche, seine Bilder waren noch vollkommener, als die Collards. Er verband sich nun mit dem wegen seiner Falsificate zu trauriger Berühmtheit gelangten Peter R. v. Bohr und mit dem Mechaniker Alois Reitzi; mit diesen beiden gab er »Österreichs Ehrenspiegel« heraus, ein Werk, das bei J. P. Sollinger gedruckt wurde und, von seiner patriotischen Tendenz abgesehen, der Neuheit der Leistung halber eine Beachtung fand, vom praktischen Standpunkte aber nur von der Nationalbank gewürdigt wurde, welche das Privilegium schließlich um 10.000 Gulden kaufte. Über Zureden seiner Freunde und Bewunderer, zu denen auch der unvergessliche Erzherzog Johann zählte, errichtete Höfel 1834 in Wiener-Neustadt eine Schule für Holzschneidekunst, aus der beiläufig 18 Schüler hervorgiengen. Eben war er daran, über Aufforderung Metternichs nach Paris zu gehen, um in der Porzellanfabrik zu Sèvres eine Erfindung

[358] Protokoll 3 (von 1767—1807) der k. k. Akademie der bildenden Künste in Wien. Protokoll 5 (von 1794—1808) S. 99. Protokoll 7 (von 1797—1850) S. 94.

[359] Karoline Mark war am 7. Jänner 1783 geboren, also um 9 Jahre älter als Höfel; sie war dessen erste Gemahlin und starb am 16. Mai 1840. Karoline Höfel war eine gebildete und wohlbegabte Frau, die von ihrem Vater gut zeichnen und von ihrem Manne malen gelernt hatte, sie besaß auch eine reiche Münzensammlung, welche sie zum Theile schon von ihrem Vater, einem bedeutenden Sammler, erhalten, zum Theile aber selbst erworben hatte. Die Sammlung bestand aus 6000 Stücken, welche dann von ihrer Tochter Adelheid verkauft wurden. Die Neukloster in Wiener-Neustadt hatte schon Siebe[illegible] in den dreißiger Jahren aus dieser Sammlung angekauft. (Sitzungsberichte der k. Akademie der Wissenschaften XLI, 50 ff. — Dr. Anton Mayer, Geschichte der geistigen Cultur in Niederösterreich, S. 314, Note 501.)

[360] Österreichische Kunst-Chronik, I. Jahrgang, S. 178; besonders kommt hier auch der ganze interessante Aufsatz von Wendelin Boeheim: »Zum fünfzigjährigen Jubiläum des Holzschnittes« in Betracht.

kennen zu lernen, die in der kaiserlichen Porzellanfabrik zu Wien dann verwertet werden sollte, als — am Vorabend vor seiner Abreise — am 8. September 1834 der große Brand in Wiener-Neustadt ausbrach,[561] der nahezu die ganze Stadt verheerte. Auch Höfels Atelier sammt Maschinen und viele Kunstvorräthe (einen großen Theil von letzteren, sowie die Münzsammlung seiner Frau hatten wohl die Schüler und einige Zöglinge der Militär-Akademie gerettet) waren dabei zu Grunde gegangen.

Nicht nur, dass der Brand von Wiener-Neustadt ihn obdachlos gemacht hatte und er sich nach Fischau begab, wo er seine Reliefmaschine aufstellte, verlor er 1837 auch die Professur, da nach einem neuen Studienplane das Freihandzeichnen für den Officier entbehrlich wurde.

Schon nach dem Brande von Neustadt war Höfels Streben, wenngleich er Gutenbergs Kunst nicht erlernt hatte, dahin gerichtet, ein Buchdruckerei-Privilegium für Wien zu erhalten; später, als er nämlich nach dem Verluste seiner Professur eine Anstellung beim Hofkriegsrathe auch nicht erreichen konnte, musste er umso dringlicher ein solches anstreben. Aber lange scheiterten alle Bemühungen selbst der einflussreichsten Persönlichkeiten, und noch als Professor der Akademie schreibt er darüber an einen Freund am 28. November 1835: »Mir machen die höchsten Persönlichkeiten nun ein Jahr hindurch die Hoffnung, nach Wien übersetzt zu werden, schon voriges Jahr gab der Kaiser ein Handbillet dieserwegen herab, Metternich versprach neuerdings, dass es jetzt gehen soll, allein es geschieht nichts; — deswegen musste ich meinen Holzschnitt aufgeben, indem ich auf die Bewilligung des Pressrechtes nun ein einhalb Jahr warte. Niemand hat etwas dagegen, allein ich bekomme keinen Bescheid. Das ist meine Lage. Ich habe mir vor lauter Hoffnung, nach Wien zu kommen, seit dem Feuer keine anderen Möbel gekauft, weil ich jede Woche die Entscheidung erwartete — —.«[562] Aber es dauerte noch vier Jahre, bis sie erfloss. 1839 endlich wurde Höfel die Bewilligung, eine Presse für den Abdruck seiner Holzschnitte und ihrer damit verbundenen Erklärung,[563] 1842 auch jene, »Buchdruckpressen mit beweglichen Lettern« aufstellen zu dürfen, ertheilt.[564] 1844 bewarb sich Höfel dann um ein Buchdrucker-Gewerbe für Wien, das ihm auch mit Hofkanzleidecret vom 3. Jänner 1844, Z. 142, bewilligt wurde, wogegen die Wiener Buchdrucker vergeblich recurrierten.[565] Im folgenden Jahre schon legte er seine xylographische Befugnis zurück[566] und zeigte der Behörde den in der Stadt Nr. 740 eröffneten Verlag an,[567] welchen er 1846 schon wieder veränderte (Stefansplatz 879, im deutschen Hause).[568]

Höfel stand anfänglich in Verbindung mit J. P. Sollinger, seit 1842 aber, als er Buchdruckerpressen mit beweglichen Lettern halten durfte, mit Johann N. Friedrich, von 1846 an erscheint er selbständig.

Er besass jetzt eine wohleingerichtete Buchdruckerei mit nordamerikanischen Druckpressen, eine Stereotypie, Xylographie und eine eigentliche Kunstbuchdruckerei für Congreve- und »ausführlichen« Farbendruck, in welchem er besonders schöne Leistungen aufzuweisen hatte. Denn hier war, wie er selbst von sich sagen durfte, die bildende Kunst in engster Verbindung mit der Technik, was bisher noch nie der Fall war.

Im Jahre 1848 wurden bei Höfel folgende Zeitungen gedruckt: »Kleine Reichstags-Zeitung«, zur Belehrung des Volkes, Redacteur August Zang; »Politischer Studenten-Courier«, Verantwortliche Redacteure Adolf Buchheim, Garde des Juristen-Corps, Oscar Falke, Garde des Philosophen-Corps; »Commercieller Völkerbund« (von Nr. 8 an; wurde früher bei Ferdinand Ulrich gedruckt); »Wiener Welt-Courier«, Rundschau der politischen Weltereignisse für jene, welche das mühsame Durchlesen der Zeitungen und Journale ersparen wollen, nebst einem Anhange: zur Besprechung der wichtigsten Tagesfragen, Verantwortlicher Redacteur Erwin; »Niederösterreichisches landwirtschaftliches Wochenblatt«, 4. Jahrgang, herausgegeben von der k. k. niederösterreichischen Landwirtschafts-Gesellschaft in Wien.

[561] Ferdinand Karl Böheim »Chronik von Wiener-Neustadt«; neue Ausgabe von Wendelin Böheim, II, 41 ff.
[562] L. c., S. 119 f.
[563] Registratur des Wiener Magistrates, Fasc. II. 64, Nr. [illegible], [illegible].
[564] L. c. Fasc. II. 64, Nr. [illegible] 1839, [illegible] 1842, [illegible] 1843.
[565] Registratur der k. k. niederösterreichischen Statthalterei, Fasc. II. 7, Nr. [illegible]. Registratur des Wiener Magistrates, Fasc. II. 64, Nr. [illegible].
[566] Registratur des Wiener Magistrates, Fasc. II. 64, Nr. [illegible].
[567] L. c. Fasc. II. 64, Nr. [illegible].
[568] L. c. Fasc. II. 64, Nr. [illegible].

Redacteur Dr. Ignaz Gruber; «Österreichs Parole, Schutz für Wahrheit, Recht und gegen Pressfreiheit», Redacteur J. P. Lyser. Da in diesem Blatte der Missbrauch der Presse gegeißelt wurde, kam Höfel in Conflict mit der damals herrschenden Partei; er gab, um nicht ihren Zwecken noch mehr dienen zu müssen, und da er auch sonst seiner Buchdruckerei überdrüssig war, sein Privilegium auf,[569] verkaufte dasselbe sowie sämmtliche Maschinen und sonstigen Vorräthe an die Firma Keck & Pierer und zog sich nach Salzburg zurück, tief ins Gebirg «wo man von der ganzen Welt nichts hört», wie Höfel in seiner trostlosen Stimmung sich auszudrücken pflegte.[570] Hier «am äußeren Stein» bei Salzburg hatte er einen Meierhof angekauft und lebte fortan still und zurückgezogen häuslichen Geschäften und der Kunst.[571]

Blasius Höfel starb am 17. September 1863. (S. Nr. 83 Portrait.) Er war quiescirter Professor der Wiener-Neustädter Militär-Akademie, Xylograph und einstiger Inhaber einer k. k. priv. Kunstbuchdruckerei. Seit 1846 war er Mitglied des niederösterreichischen Gewerbevereins und besaß von dessen Ausstellungen die silbernen Medaillen aus den Jahren 1835 und 1845.[572]

FRANCISCA MAUSBERGER.

(1841 bis 1846.)

Francisca Mausberger, Buchdruckers- und Verlagsbuchhändlers-Witwe nach Anton Mausberger, führte noch einige Zeit Buchdruckerei und Verlag fort. Für die erstere war Andreas Schick als verantwortlicher Factor und Geschäftsführer, für die Buchhandlung und den Verlag aber Ludwig Chimani als Verschleißer aufgestellt worden.[573] Beide Geschäfte, gut geleitet, wurden in derselben Richtung und auch im gleichen Geiste, wie bisher fortgesetzt.

Am 3. December 1845 verkaufte aber Francisca Mausberger ihre Buchdruckerei dem Augustin Dorfmeister und legte im folgenden Jahre der Behörde ihr Privilegium zurück.[574] Francisca Mausberger starb am 6. September 1847, ohne Kinder und ohne ein Testament zu hinterlassen.[575]

FERDINAND ULRICH II.

(1841 bis 1879.)

Ferdinand Ulrich war in der Stadt Baden im Jahre 1805 geboren. Er hatte die Buchdruckerei erlernt und war in der Officin seines Vaters Geschäftsführer; schon hatte derselbe um die Bewilligung angesucht, seinen Sohn auch als öffentlichen Gesellschafter annehmen und die Firma dem entsprechend abändern zu dürfen, als er davon wieder abstand.[576] Doch starb jener schon im folgenden Jahre und der junge Ferdinand Ulrich bewarb sich nun um das durch den Tod des Vaters erledigte Privilegium, das er auch erhielt.[577]

Indem Ulrich II. den Bedürfnissen der neuen Zeit Rechnung trug, nahm er mehrfache Veränderungen in seiner Officin vor. Die Holzpressen wurden nach und nach beseitigt; 1840 wurde eine eiserne Handpresse aus der Maschinenfabrik G. Sigl, und eine zweite 1851 aus jener des H. Löser aufgestellt, in welchem Jahre noch eine Schnellpresse aus derselben Fabrik eintraf, worüber das Druckpersonale in gedrückter Stimmung sich befand. Auch eine große eiserne Glättpresse von G. Haase in Prag wurde angeschafft. Während Ulrich in dieser Richtung die nöthigen Neuerungen durchführte, betrieb er die Buchdruckerei und den Verlag ganz im Geiste und nach den Grundsätzen seines Vaters. Die Aufträge bestanden

[569] Registratur des Wiener Magistrates, Fasc. II. 64, Nr. 34576.

[570] Österreichische Kunstchronik, l. c. S. 147.

[571] Mit dem Holzschnitte beschäftigte er sich nicht mehr, dagegen vollendete er zwei größere Blätter in Kupferstich: «Der Musikschreiber von [illegible]» nach Carl Ritter, und «Die Familie Mozart», nach einem alten Gemälde, 1855. Kunst-Chronik, l. c. S. 148.)

[572] «Über Blasius Höfel», «Österreichische Buchdrucker-Zeitung», III. Jahrg. S. 203. — «Journal für Buchdruckerkunst», Nr. 38 v. 14. October 1863.

[573] Registratur der k. k. niederösterreichischen Statthalterei, Fasc. R. 7, Nr. [illegible] 1841, 47812 1845 (zugleich ein Normale). — Registratur des Wiener Magistrates, Fasc. II. 64, Nr. 30111 1841, 27527 1845.

[574] Registratur des Wiener Magistrates, Fasc. II. 64, Nr. 65214.

[575] Archiv des Wiener Landesgerichtes, Fasc. 2, Nr. 9425 1847.

[576] Registratur des Wiener Magistrates, Fasc. II. 64, Nr. 35317.

[577] Registratur der k. k. niederösterreichischen Statthalterei, Fasc. R. 7, Nr. 10093, 37365. — Registratur des Wiener Magistrates, Fasc. II. 64, Nr. 35397, 58181.

zum großen Theile in Manipulations-Drucksorten; unter anderen Drucken erschien auch der «Kleine Badener-Bote» fort, der nun schon fast 70 Jahre hier gedruckt wurde. 1848 wurden bei Ulrich gedruckt: «Die Ameise», Österreichisch-vaterländische Zeitschrift. Nebst vielen interessanten Aufsätzen der inner- und außereuropäischen Rundschau, der Abtheilung Bunterlei, wird diese Zeitschrift dadurch als wichtig erscheinen, dass in derselben unter Beobachtung der strengsten Wahrheit und Unparteilichkeit alle Ereignisse des Jahres 1848 etc. geschichtlich geschildert werden. Redacteur Schweickhardt; «Die Nationalfahne», Für Freiheit und Wahrheit. Verantwortlicher Herausgeber P. Löwe; «Das junge Österreich», von L. Eckhardt; «Der commercielle Völkerbund», Zeitschrift für Politik, Industrie, Handel und Arbeit. (Von Nr. 8 an bei Blasius Höfel.) Verantwortlicher Redacteur J. Sandrini; «Niederösterreichisches landwirtschaftliches Wochenblatt», herausgegeben von der k. k. Landwirtschafts-Gesellschaft in Wien, von Nr. 12 an (früher bei Blasius Höfel). Später wurden an Zeitschriften gedruckt: 1869 bis 1876 «Die allgemeine österreichische Schulzeitung»; 1870 bis 1873 «Die Literatur-Zeitung»; 1875 bis 1880 «Evangelisches Kirchen- und Schulblatt»; 1877 bis 1880 «Der Tourist»; «Neues evangelisches Kirchen- und Schulblatt» (1880). Auch der Accidenz- und Werksatz fand eifrige Pflege.

Im Jahre 1870 nahm Ulrich seinen 27jährigen Sohn zum öffentlichen Gesellschafter unter der Firma Ferdinand Ulrich & Sohn an, unter welcher die Buchdruckerei heute von Carl Fischer noch fortgeführt wird, obwohl der Sohn schon am 18. Juni 1872 starb.

Ferdinand Ulrich (II.) segnete das Zeitliche am 3. October 1879.

LEOPOLD SOMMER.

(1842 bis 18[illegible].)

Leopold Sommer (s. Nr. 84) übernahm nach dem Tode seiner Tante Magdalena Strauß die von ihm schon durch mehrere Jahre geleitete altbewährte Officin derselben (Strauß sel. Witwe), wozu ihm über sein Ansuchen die Regierung die Bewilligung ertheilt hatte;[578] zur gleichen Zeit war ihm auch vom Magistrate das Bürgerrecht verliehen worden.[579]

Noch im Jahre 1842 kaufte Sommer das Haus «zur Elster» in der Alserstraße Nr. 147 nebst einem großen Garten, in welchem er ein drei Stock hohes Gebäude für die Buchdruckerei und alle dazu gehörigen Fächer: Gießerei, lithographische Anstalt und chromolithographisches Atelier, erbaute und nach dem Muster der Brockhaus'schen Officin sehr zweckmäßig einrichtete; 1847 war der Bau vollendet.[580]

Sommers Buchdruckerei war jetzt die großartigste und am zweckmäßigsten eingerichtete Privat-Buchdruckerei, die es in Wien gab.[581] Sie wurde daher auch von Fachmännern und hervorragenden Persönlichkeiten als eine Sehenswürdigkeit besucht.[582]

[578] Registratur der k. k. niederösterreichischen Statthalterei, Fasc. [illegible], Nr. [illegible]. — Registratur des Wiener Magistrates, Fasc. II. 64, Nr. 15[illegible].

[579] Registratur des Wiener Magistrates, Fasc. II. 64, Nr. 1[illegible].

[580] Mit dem Bau der neuen Sommer'schen Buchdruckerei war ein bei den Wienern beliebter kleiner Tanzsaal, «zur Elster» genannt, verschwunden, [illegible] Franz Mensch, der [illegible] auf dem Neumarkte (zur Mehlgrube, auf dem Mehlmarkte) [illegible]. Der [illegible] Saal wurde zuerst zu einem Papiermagazin bestimmt und [illegible] in den Sechziger Jahren [illegible] Vergrößerung der Buchdruckerei ganz abgetragen. (Hofmann, Alservorstadt ...)

[581] Ebenerdig befanden sich eine Dampfmaschine von 10 Pferdekräften — denn die Sommer'sche Buchdruckerei war die erste Privatdruckerei, in welcher der Dampf benützt wurde — die 7 Schnellpressen in Bewegung setzte; daneben waren die Waschküche, die Feuchtanstalt und der Aufzug für die ausgedruckten und zum Drucke bereiten Formen, die von da in das erste und zweite Stockwerk befördert wurden. Links vom Maschinensaal, durch Säulen getrennt, war der Saal für die eisernen Pressen. In Verbindung mit diesen Sälen waren das Papiermagazin und das Zimmer für den Druckerfactor, der auch die Gebahrung mit dem Papier zu leiten hatte. Im ersten Stocke befanden sich die Wohnräume des Principals, aus welchen man in die Druckerei gelangte; ehe man dahin kam, stand in einem kleinen Zimmer die Presse, mit welcher Kaiser Josef II. seine ersten Druckversuche gemacht hat (s. oben S. 97, Note 266, 155 C.). Der geräumige Setzersaal war durch Säulen in zwei Theile geschieden; an beiden Seiten standen die Regale für drei Schriftkästen: links die Accidenzsetzer, rechts die Werksetzer. Am Ende des Saales war ein durch eine Glaswand geschiedenes Zimmer für den Setzerfactor und die Correctoren. Im zweiten Stocke war [illegible] Einrichtung für die Schriftgießerei; im dritten Stocke befanden sich die Wohnräume für die Factore und Correctoren.

[582] Anlässlich eines Besuches, welchen der Director Auer und mehrere Beamte der Staatsdruckerei Sommer über seine Einladung hier abstatteten, sah jener auch die Kaiser Josef-Presse. Auer frug, ob Sommer nicht geneigt wäre, diese Presse und das dazu gehörige Schreiben des Erzherzogs Johann an Strauß der Hof- und Staatsdruckerei käuflich zu überlassen. Nach einigem Zaudern beschränkte sich Sommer auf die Bemerkung, dass er den Antrag in Überlegung nehmen wolle, was er später bei einer persönlichen Begegnung Auer nochmals wiederholte. Als im Mai 1850 die Hof- und Staatsdruckerei bereits eine solche Ausdehnung durch die Druckbedürfnisse der neuen Staatseinrichtung erlangt hatte, dass sie an Privatbuchdrucker größere Auflagen übertragen musste, veranlasste dies das Gremium, ihre Vorsteher an Auer abzuordnen. Die Anwesenheit Sommers dabei brachte das Gespräch wieder auf

Am Beginne des Jahres 1848 erhielt Sommers Firma den Titel: «k. k. Hofbuchdruckerei», der ihr aber wieder genommen wurde, da trotz dieser Auszeichnung eine Reihe von aufreizenden und revolutionären Zeitschriften in dieser Officin gedruckt wurden. Wohl erschienen hier auch solche, die eine ruhige und solide Tendenz verfolgten; es bewies dies aber nur, «dass von einer politischen Überzeugung der Firmabesitzer», mit wenigen Ausnahmen (wie z. B. Wallishausser), keine Rede war, sondern dass dieselben einzig die Rücksichten des Erwerbes im Auge hatten.[283] Im Jahre 1848 wurden bei Leopold Sommer («Druckerei A. Strauß sel. Witwe & Sommer») gedruckt: «Der österreichische Beobachter».[284] Hauptredacteur Josef Eßler

Nr. 81. Leopold Sommer (Nach einer Photographie)

die Presse Kaiser Josefs. Sommer erklärte, dass er von einem Engländer ein Anbot von 500 Pfund besitze und bei dem eben nöthigen Geldbedarf in Versuchung sei, dem Antragen des Engländers zu folgen. Da Auer bei seinem Aufenthalte in London 1839 Gegenstände von weit minderer Bedeutung von großen Männern gesehen, welche die gleichen und höhere Summen noch gekostet hatten, so zweifelte er umso weniger an der Wahrheit, als Sommer die Namen Fletcher und Parson, Farbfabrikanten, und des Unterhändlers K. Sch., eines geborenen Wieners, nannte. Auer machte nun Sommer auf die Folgen aufmerksam, wie er durch den Verkauf dieser Presse den österreichischen Hof, den Erzherzog Johann, den verdienstvollen seligen Strauß, von dem er so viel geerbt, wie er den österreichischen Nationalgeist verletzen würde, welche Schmähartikel in den öffentlichen Blättern über ihn erscheinen würden, wie er Gefahr liefe, selbst von der öffentlichen Meinung zur Rechenschaft gezogen zu werden, so dass er am Ende gerne die Presse zurückkaufen würde, wenn es ihm nicht dadurch unmöglich geworden wäre; endlich, welch' ein Gefühl ihn beschleichen müsste, wenn er, der Erbe des geschenkten Kleinods, sich als den Urheber denkt, dass der Österreicher diese Reliquie des unsterblichen Kaisers in London, und etwa gar um Geld bei herumziehenden Juden sehen müsse. Sommer fragte nun, was Auer ihm bieten würde. Dieser sagte, dass unter vier Ziffern Guldenwert Sommer jeden Betrag zu bestimmen frei stehe. Nachdem einige Tage verstrichen waren, nahm Sommer nach einigem Hin- und Herreden, wobei er glaubte, doch noch einen höheren Betrag als 995 Gulden C. M. zu erreichen, Auer's Antrag an und überschickte nachstehendes Schreiben und später die Presse mit einem Verzeichnisse über dazu gehörigen Utensilien. Dieses Schreiben lautet: ‹Herr k. k. Regierungsrath von Auer! Euer Hochwohlgeboren! Nach unserer mündlichen Übereinkunft überlasse ich Ihnen die Buchdrucker-Presse sammt Zugehör, worauf Se. (de?) Majestät Kaiser Josef I. (sic!) die Buchdruckerkunst erlernte und ausübte, welche sich bis jetzt in meinem Besitze befand, von heute an als Ihr Eigenthum, wogegen Sie mir eine Vergütung von *Neunhundertfünfundneunzig Gulden* Conventions-Münze zukommen lassen. Hochachtungsvoll empfiehlt sich ergebenst Leopold Sommer m. p. Wien, am 14. Mai 1856.› — Alles hier Erzählte nach eigener Aufzeichnung Auer's vom 15. Mai 1856.

[283] Freiherr von Helfert, Die Wiener Journalistik im Jahre 1848 (Wien 1877), S. 274.

[284] L. c. S. 10—12.

von Pilat (Neue Folge, Nr. 207 vom 26. October); später (vom 13. April an) «Allgemeine österreichische Zeitung», die erste Zeitung mit einem Abendblatte.[185] Redacteur Ernst von Schwarzer; «Österreichische Blätter für Literatur, Kunst, Geschichte, Geographie, Statistik, Naturkunde», V. Jahrgang, Herausgeber und verantwortlicher Redacteur D. A. A. Schmidl; «Österreichisches Central-Organ für Glaubensfreiheit, Cultus, Geschichte und Literatur der Juden». Unter Mitwirkung mehrerer Gelehrten und Volksfreunde, redigiert von Isidor Busch und Dr. M. Letteris (wöchentlich jeden Freitag); «Wiener allgemeine Damenzeitung für Frauenleben und Häuslichkeit, für Kunst, Mode, Geselligkeit und Unterhaltung». Redacteur Dr. Hermann Meynert. Dieselbe gieng schon mit Nr. 52 ein und statt ihr erschien seit 1. April: «Der österreichische Nationalgardist und österreichische Staatsbürger». Blätter für das Volk und aus dem Volke, und Organ für die Angelegenheiten der Nationalgarde. Herausgeber und Redacteur Dr. H. Meynert; «Der Wanderer», 35. Jahrgang. Redacteur Ferdinand R. v. Seyfried (von Nr. 134 an mit dem Zusatze: «Ein politisch-belletristischer Tagesbote für Stadt und Land». Verantwortliche Redacteure F. Seyfried und A. Silberstein). Von Nr. 150 an erscheint der «Wanderer» als neue Folge unter dem Titel: «Demokrat». Redacteure Ferdinand Seyfried und August Silberstein (vom 29. August an, mit Nr. 206, verantwortliche Redacteure F. Seyfried und G. Seebück). Hatte mit Nr. 251 vom 26. October zu erscheinen aufgehört; am 21. November mit Nr. 252 erschien der «Demokrat» wieder unter seinem alten Titel: «Wanderer», 35. Jahrgang, verantwortlicher Redacteur Seyfried; «Der Dienstfreund». Wochenblatt zur Aufklärung, Belehrung und Erheiterung für Alle mit besonderer Rücksicht für die dienende Classe. Mit dem Motto: «Es muß besser werden», Herausgeber und verantwortlicher Redacteur C. A. Ritter. Erschien von Nr. 6 an unter dem Titel: «Wiener-Postillon». Tagblatt zur Aufklärung, Belehrung und Erheiterung für Alle. Verbunden mit dem Anzeigeblatt des Dienstfreundes (von Nr. 16 an bei Josef Keck & Sohn gedruckt); «Der Freiheitskämpfer». Blätter für Staats- und Volksinteressen, Ereignisse der Neuzeit, Bekämpfung des Schlechten und der Missbräuche in den verschiedenen Sphären, für Literatur, Satire und geselliges Leben, von C. S. Frühauf; von Nr. 3 an unter dem Titel: «Wiener Wochenblatt». Zeitschrift für Staats- und Volksinteressen, für die bemerkenswertesten Wiener Ereignisse, Bekämpfung etc. «Österreichisches Morgenblatt». 13. Jahrgang, Redacteur Dr. Johann N. Vogl; «Der allgemeine Nothelfer». Central-Organ des Wiener Schuldentilgungs-, Hilfs- und Versorgungs-Vereines. Motto: «Liebe deinen Nächsten wie dich selbst». Verantwortlicher Redacteur E. Weinkopf; «Satan». Von A. Silberstein. Frage: Warum sind Sie belletristisch? Antwort: Weil ich politisch bin; «Schwefeläther». Politisch-satyrisches Abendblatt, mit Originalholzschnitten. Herausgeber J. Nord, Redacteur Sitter; «Der Volksfreund», Zeitschrift für Aufklärung und Erheiterung des Volkes. Verantwortlicher Redacteur Josef Rank (von Nr. 33 an bei Franz Edlen von Schmid gedruckt); das Montagsblatt zum Volksfreund: «Der Landwirt». Praktische Blätter für Haus- und Feldwirtschaft, für Handel und Industrie, redigiert von Dr. Fr. Brezesko; «Concordia». Politisch-sociales Wochenblatt für die Arbeiterschaft und das gesammte Volk. Motto: «Gleiches Recht für Alle». Herausgegeben vom Wiener Arbeiter-Club «Concordia». Verantwortlicher Redacteur Dr. Witlacil; «Der Jurist», eine Zeitschrift für die Praxis des gesammten österreichischen Rechtes unter Mitwirkung der nach ihrem Eintritte gerechten Herrn ..., herausgegeben von Ignaz Wildner Edler von Maithstein u. s. w.; «Österreichische militärische Zeitschrift». Redacteur Franz R. v. Hauslab; «Österreichische Zeitschrift für Homöopathie», herausgegeben von Dr. W. Fleischmann u. s. w., Redacteure Dr. Anton Watzke und Dr. Franz Wurmb. IV. Band, 1. und 2. Heft; «Das Panier des Fortschrittes». Redacteur Dr. J. Wildner Maithstein (Nr. 1–24); «Die neue Zeit». Verantwortliche Redacteure Dr. Siegfried Becher, Julius Seidlitz; «Kritischer Sprechsaal für die Hauptfragen der österreichischen Politik». Herausgegeben von Dr. Hermann Jellinek; «Der Landbote». Ein Wochenblatt zur Volksaufklärung. Verantwortlicher Redacteur Graß; «Der Liberale», erschien von Nr. 8 an unter dem Titel: «Der Reichstags-Courier», politisches Tagblatt. Verantwortlicher Redacteur

[185] Sommer war der erste Buchdrucker in Wien, der eine wirklich politische Zeitung herausgab. Er kam 1848 der öffentlichen Meinung entgegen und gestaltete den «Österreichischen Beobachter» in die «Allgemeine österreichische Zeitung» als Morgen- und Abendblatt um, als ersten von der Regierung nicht beeinflussten Blatt. Diese Zeitung [illegible] vortrefflich und erlangte sich großen Einfluss, besprach politische Fragen im freiheitlichen Sinne, enthielt Original-Correspondenzen aus den Provinzen und den wichtigsten Hauptstädten, weniger Localneuigkeiten, dafür aber Feuilletons über Literatur, Kunst und Theater. Sie wurde am 18. März 1849 [illegible].

Sigmund Freiherr von Burmann;[586] «Declamations- und Liedersaal für die Nationalgarde», Fliegende Blätter, die vorzüglichsten Lieder und Dichtungen der Gegenwart enthaltend. Herausgegeben von Dr. J. M. Martinovitz.

Nach dem Jahre 1848 machte sich die Reaction innerhalb der Buchdruckerei ganz besonders fühlbar; auf die Pressfreiheit folgte eine starke Einschränkung selbst auf allen geistigen Gebieten, so dass die Buchdrucker oft in die ungünstigsten Verhältnisse sich gedrängt sahen. Auch die große Sommer'sche Officin hatte darunter zu leiden, und ihr Besitzer befand sich in keiner günstigen finanziellen Lage. Erst in den Sechziger Jahren konnte Sommer sein Geschäft wieder in geordneter Weise fortsetzen. Im Jahre 1868 nahm er seinen Stiefsohn Emil Hochenadel, der die Buchdruckerei erlernt hatte, als Compagnon auf und übertrug ihm die Leitung derselben. Die Firma lautete von jetzt an: «Leopold Sommer & Comp.».

AUGUSTIN DORFMEISTER

[illegible]

Augustin Dorfmeister (s. Nr. 85) war am 21. September 1813 in Wien auf dem Spittelberge als der Sohn des kaiserlichen Rathes Franz Dorfmeister geboren. Er besuchte die Volksschule daselbst, hierauf das Gymnasium bei den Piaristen, wo er aber nur die vier unteren Schulen absolvierte. Im Jahre 1828 trat er in die Buchdruckerei von A. Strauß sel. Witwe ein, um Gutenbergs Kunst zu erlernen. Nach drei Jahren wurde er freigesprochen und blieb noch bis 1835 in dieser Officin in Condition, worauf er in die Mechitharisten-Buchdruckerei eintrat, nach kurzer Zeit bei Sollinger, wo er durch sieben Jahre verblieb (1842). Von da an war er theils bei Hofrath Auer in der orientalischen Akademie, um sich in den orientalischen Sprachen auszubilden, theils stand er als technischer Inspector in der k. k. Hof- und Staatsdruckerei unter Hofrath Auer dem ganzen technischen Fache daselbst vor. Im Jahre 1845 brachte er die Buchdruckerei und Verlagsbuchhandlung von Anton Mausbergers sel. Witwe käuflich an sich und bewarb sich um deren Buchdruckereigerechtigkeit, die sie zurückgelegt hatte. Es wurde ihm dieselbe auch von der Regierung verliehen.[587] Im Jahre 1848 wurden bei Dorfmeister folgende Zeitschriften gedruckt: «Der neue Hansmichel», Flugschrift zur Belehrung und Unterhaltung für Reich und Arm. Redigiert von G. Uffenheimer; «Der gerade Michel» (früher der «Wiener Michel») von Nr. 6 an bei Dorfmeister (früher A. Pichlers Witwe); «Politischer Spiegel für souveräne Volksaugen»; «Constitutionelle Wiener-Zeitung» (früher «Constitutionelle Donauzeitung» und bei Überreuter gedruckt); «Der Omnibus» nebst der Wochenbeilage «Die Fuchtel», Centralblatt für Freiheit, Aufschwung und Volksregierung. Aus dem Volke für das Volk. Verantwortlicher Redacteur Dr. Philipp Ernst; «Österreichische Tribüne für Kirche, Staat und sociales Leben», Akademische Zeitung der österreichischen Monarchie etc. Herausgeber und verantwortlicher Redacteur Dr. Heinrich Chiolich, Garde der akademischen Legion (von Nr. 5 an, wurde früher bei den v. Ghelen'schen Erben gedruckt); «Die deutsche Fahne», Neue Folge des «Österreichischen Volksblattes», Redacteur und Herausgeber A. Schumacher; «Der Friedensbote», Motto: Freiheit, Wahrheit, Liebe», Ein geistliches Volksblatt. Verantwortlich Ludwig Donin. Lehrjungen-Pater (später Lehrjungen-Freund); «Wiener Reichstags-Locomotive», Herausgeber B. G. Papst. Verantwortlicher Redacteur Hugo Jacques Petri; «Der lustige Bauer», nebst Anhang: «Der wachsame Hausvater», Ein ländliches Volksblatt. Redacteur Ludwig Donin; Neue österreichische Zeitung: «Schild und Schwert», Politisch conservatives Journal. Herausgegeben und redigiert von Quirin Endlich; «Der monarchisch-constitutionelle Volksfreund», Zeitschrift für Stadt und Land. Verantwortlicher Redacteur Josef A. Moshammer.

Später wurden bei Dorfmeister noch folgende Journale gedruckt: Der «Wiener Bote», die «Gemeinde-Zeitung», die «Gerichts-Zeitung», die «Gratis-Zeitung», die «Ostdeutsche Post», das «Fremdenblatt» und die «Vorstadt-Zeitung».

1864 zeigte er der Behörde den zeitweisen Nichtbetrieb an.[588]

[586] Freiherr von Burmann, [illegible] S. 232.

[587] Registratur der k. k. niederösterreichischen Statthalterei [illegible] — Registratur des Wiener Magistrates, Fasc. II. 64, Nr. [illegible]

[588] Registratur des Wiener Magistrates, Fasc. II. 64. Nr. 9965.

Im Jahre 1871 brachte Dorfmeister die A. della Torre'sche Buchdruckerei, welche den orientalischen, besonders noch den hebräischen Satz pflegte, an sich. Am 7. Juni 1877 traf ihn ein schweres Unglück, er wurde vom Schlage gerührt. Nahezu fünf Jahre siechte er dahin, bis ihn der Tod am 15. Mai 1882 von seinen Leiden erlöste. «Dorfmeister repräsentierte ein Stück Alt-Wien und war ein Ehrenmann im vollsten Sinne des Wortes. Aus einer guten Schule bei Strauß hervorgegangen, war er einer der besten und verlässlichsten Setzer, gleichzeitig auch ein tüchtiger und gewissenhafter Corrector, der selbst den ästhetischen Regeln in der Typographie Rechnung trug.»

Nr. 85. Augustin Dorfmeister. (Nach einer Photographie.)

Dorfmeister hatte sich im Jahre 1841 zum ersten Male verehelicht, verlor jedoch seine Frau schon 1850. Zwei Jahre darnach verheiratete er sich zum zweiten Male; aus dieser Ehe hinterließ er drei Söhne und eine Tochter. Jene widmeten sich der Buchdruckerei; Friedrich, der älteste, stand der väterlichen Officin als Geschäftsleiter vor, während die beiden anderen, Alexander und Raimund, als Setzer sich betheiligten. Dorfmeisters Buchdruckerei befand sich auf der Landstrasse, Rasumoffskygasse Nr. 94, später im IX. Bezirke, Waisenhausgasse Nr. 18.

Ohne der historischen Darstellung im folgenden Capitel vorzugreifen, wollen wir hier nur in Kürze anführen, dass bei den 110 Officinen im Zeitraume von 1782 bis 1848, wie wir sie bisher geschildert haben, zwei Arten zu unterscheiden sind: die wenigen Universitäts-Officinen mit ihren alten, eigenthümlichen Rechten und Satzungen, die noch in die neue Zeit hereinragten, auf das Reale basierten und vererblich und verkäuflich waren, dann aber die weit größere Zahl mit ihren neuen Personal-Befugnissen, die vom Magistrate (Stadthauptmannschaft), als erster Instanz in Gewerbesachen, verliehen wurden.

Universitäts-Buchdruckereien in jenem alten Sinne waren damals: Die heute noch bestehende Buchdruckerei der Gerold'schen Familie; die Trattner'sche Buchdruckerei, welche auf J. G. Überreuter und von diesem auf Matthäus Salzer übergieng; sowie jene der v. Ghelen'schen Erben; die des Mathias Andreas Schmidt, welche von dessen Erben an J. P. Sollinger verkauft wurde; die des Caspar Salzer, welche auf Johann Schnierer, von diesem auf Johann Christian Schade und dann auf Michael Auer übergieng. Die alte Heyinger-Schulz'sche Officin war bekanntlich auf Sonnleithner, von diesem auf David Hörling, dann auf Georg Trummer und dessen Witwe Theresia Trummer übergegangen. Die Befugnisse der großen Kurzböck'schen Officin waren getrennt worden: Die illyrische Buchdruckerei hatte Stephan Novakovich käuflich an sich gebracht, das Privilegium des hebräischen Buchdruckes war auf Anton Schmid übergegangen, der auch die Landschafts-Buchdruckerei von den Ständen erhalten hatte. Das Seitzer'sche Universitäts-Privilegium schließlich brachte B. Ph. Bauer an sich, von welchem es die Johanna Grund (Gorischek) erwarb.

Die neuen Personal-Befugnisse, wie sie in der josefinischen Zeit verliehen wurden, erloschen mitunter bald; sie sind in dieser Beziehung charakteristisch für den Niedergang des besseren Buchdruckes in einer Zeit junger und zügelloser Pressfreiheit; überdies hatten ihre Träger oft mit finanziellen Schwierigkeiten zu kämpfen. Allmählich consolidierten sich aber die Personalgewerbe und weisen neben langer Dauer ihres Bestandes auch Tüchtigkeit und Ruf ihrer Leistungen auf. Die einen mehr als zehnjährigen Bestand hatten, sind folgende: Anna v. Haykul, Josef v. Schmidtbauer, Eduard Schrämbl und Adolph (je 11 Jahre), Ulrich Klopf, Felix Stöckholzer von Hirschfeld, F. A. Schrämbl, Schmidtbauer & Holzwarth und Johann Wallishausser II (je 12 Jahre), Ventotti, Barth. Zweck, Magdalena Gerold und Johann Friedrich (je 13 Jahre), Blasius Höfel, F. J. Jahns Witwe, Hummel und Vincenz Degen (je 14 Jahre), Öhler, Anton Mausberger (je 15 Jahre), Josef Hraschanzky, Leopold Grund, Anna Zweck, Franz Gorischek und Michael Lell (je 16 Jahre), Felix Stöckholzer von Hirschfeld, Josef Ludwig und Großer (je 17 Jahre), Magdalena Strauß, Anton Gaßler und Raffelsberger (je 18 Jahre), Josef Beck und Tändel (je 19 Jahre), Josef Ochs und Josef della Torre (je 20 Jahre), Franz Ludwig, Schrämbl und G. Holzinger (je 21 Jahre), Ferdinand Jahn, Anton Benko und Anton von Haykul (je 22 Jahre), Josefine Wallishausser und L. Sommer (je 23 Jahre), Anton Strauß (25 Jahre), Ferdinand Ulrich (26 Jahre), Karl Überreuter und J. P. Sollinger (je 28 Jahre), Josef Stöckholzer von Hirschfeld, Adalbert della Torre, J. G. Überreuter und Witwe Pichler (je 28 Jahre, letztere mit ihrem Sohne 42 Jahre), Thaddäus Edl. v. Schmidtbauer (34 Jahre), Ferdinand Ulrich I. und Johann Josef Jahn (je 35 Jahre), Augustin Dorfmeister (36 Jahre), Johanna Grund (37 Jahre), Anton Edl. v. Schmid (46 Jahre). Die Blindeninstituts-Buchdruckerei bestand 48, die Mechitharisten-Buchdruckerei 63 Jahre. Die k. k. Hof- und Staatsdruckerei besteht seit 1804, die der privilegierten Nationalbank seit 1820.

ZWEITES CAPITEL.

INNERE GESCHICHTE DER OFFICINEN VON 1782 BIS 1848. — ORNAMENTALE TECHNIK (LITHOGRAPHIE UND XYLOGRAPHIE). — SOCIALES. — PRIVILEGIEN UND NACHDRUCK. — BUCHHANDEL.

DIE geringen Veränderungen, welche Gutenbergs Buchdruckpresse seit mehr als vierthalbhundert Jahren erfahren, haben wir bereits hervorgehoben. Danners Erfindungen betrafen rein das Materiale, und Willem Janszoon Blaeus Verbesserungen, durch die wohl eine größere Schnelligkeit erzielt wurde, waren ebenfalls von keinem besonderen Belange. Und selbst die auf solche Art verbesserten Pressen hatten noch am Ende des vorigen und in den ersten Decennien unseres Jahrhunderts nicht überall und durchwegs, namentlich in den kleineren Officinen, Eingang gefunden. Aber schon lag auch in dieser Richtung Weltbewegendes im Schoße nicht allzuferner Zukunft.

Große Erfindungen kommen nicht urplötzlich zur Erscheinung, sie springen nicht wie Pallas Athene gewappnet und gerüstet aus Zeus Haupte, sondern sie sind meistens das Ergebnis einer Reihe von näheren und entfernteren Vorbedingungen, ein schon längst gefühltes, unabweisliches und allgemeines Bedürfnis drängt zur Lösung des Räthsels; aber nur ein großangelegter Geist, ein Genie, verfolgt die richtig erkannte Spur und findet nach oft vielen Mühen und Sorgen, Enttäuschungen, Neid und Anfeindungen den Schlüssel und wird unsterblich. So auch bei Gutenberg. Es ist hier nicht die Aufgabe, auseinanderzusetzen, wie das Erwachen der Geister und die Wiedererweckung der Wissenschaften im XV. Jahrhunderte statt des langsamen und mühsamen Abschreibens der Handschriften zur Abhilfe auf einem andern Wege drängte und wie Gutenberg mit Type und Presse der Menschheit ungeahnte, unermessliche Perspectiven eröffnete.

Gerade so war die Situation in der zweiten Hälfte des vorigen Jahrhunderts. Die mächtige Bewegung der Geister auf philosophischem und politischem Gebiete, das Reformbedürfnis in allen Schichten der Gesellschaft, die gewaltigen Umwälzungen im Staats- und commerciellen Leben, die großen Kriege und die durch Alles dies neben den still gepflegten Wissenschaften hervorgerufene und immer mehr anschwellende Literatur, namentlich aber der Umstand, dass die Industrie durch bedeutende Erfindungen der Mechanik eine andere Physiognomie zu erhalten anfieng, ja dass mit einem Worte ein Zeitalter der Erfindungen angebrochen war, bewog einzelne Männer, auch die Buchdruckpresse nach mathematischen und mechanischen Principien umzugestalten und so den allgemein gefühlten Anforderungen anzupassen.

Der Erste, der eine Presse nach solchen Principien anfertigte, war der Schriftgießer Wilhelm Haas aus Basel.[349] Dieselbe war nahezu ganz aus Eisen construiert (1770–1790) und fand zuerst Verwendung in der Schweiz, am Anfange dieses Jahrhunderts auch Eingang in Deutschland. Haas hat es an sich erfahren, mit welchen Schwierigkeiten damals ein Erfinder auf diesem Gebiete zu kämpfen hatte. Er war kein Buchdrucker von Fach, hatte nicht Gutenbergs Kunst nach Gesetz und Gebrauch erlernt und

[349] Vgl. die höchst instructiven Auseinandersetzungen und Urtheile über die alten und neuen Pressen in dem Werke Theodor Goebels: Friedrich Koenig und die Erfindung der Schnellpresse. Stuttgart 1883.

so durfte er, wenn er dieselbe vielleicht auch theoretisch und praktisch verstand, doch nicht drucken; seiner Erfindung gegenüber verhielt sich aber die Zunft, deren Mitglieder wieder von Mechanik nichts verstanden, gleichgiltig. Wie sollte da eine Erfindung zum Durchbruche, zur allgemeinen Geltung kommen?

Nächst Haas sind als Pressenverbesserer zu nennen: der Londoner Buchdrucker Roworth am Ende des vorigen und im ersten Viertel dieses Jahrhunderts und Thomas Prosser, in Amerika unter andern Hagar in New-York und Adam Ramage, der sich um 1790 zu Philadelphia niederließ und den Pressenbau berufsmäßig betrieb. Der Erfinder der nach ihm benannten Presse, Earl Charles Stanhope, hatte aber nach vielen kostspieligen Versuchen mit Hilfe des scharfsinnigen Mechanikers Walker den nachhaltigsten Erfolg erzielt, indem er gar keine Holzbestandtheile verwendete, wodurch nicht nur der Druck auf einen Zug und selbst der größten Formen ermöglicht, sondern auch vermöge eines verbesserten, auf wissenschaftlichen Principien beruhenden kräftigen Hebelwerkes die Arbeit des Druckers erleichtert und beschleunigt wurde.[590] Der Erfinder der durch Dampf- oder Menschenkraft bewegten Schnellpresse war aber ein Deutscher, Namens Friedrich Koenig, der Vater der heutigen Buchdruckpressen.[591]

Koenigs Erfinderthätigkeit, wie Goebel in seinem angeführten Werke sagt, beginnt mit dem Jahre 1802 und schon 1806 finden wir ihn in Wien, wo er dem Director der kurz vorher gegründeten Staatsdruckerei, Vincenz Degen, seine Erfindung anbot. Wie dieser in seinem Attestat bezeugt, «gestatteten es ihm aber seine sonstigen Verhältnisse nicht, Koenig das Arcanum abzukaufen».[592] Diese «sonstigen Verhältnisse» waren eben die engbegrenzten Bedingungen, unter denen jenes Institut ins Leben gerufen war.

Während Koenig noch in England sich aufhielt, wo am 28. November 1814 mit seiner Schnellpresse zum erstenmale die «Times» gedruckt wurde, und während er von 1818 an im einstigen Kloster Oberzell bei Würzburg eine Fabrik zum Baue von Druckmaschinen nach seinem Systeme einrichtete und auch die erste Schnellpresse, die aus jener Fabrik hervorgieng, 1826 nach Stuttgart lieferte, wurden in Wien gleichfalls verschiedene, wenn auch bescheidene Versuche gemacht, die Buchdruckmaschine zu verbessern. Der Erste war Anton Strauß, der auf seine durch die Einfügung der Farbwalzen verbesserte Presse im Jahre 1815 ein Privilegium erhielt. Als Koenig davon erfuhr, nannte er dieselbe einen «elenden Versuch»,[593] ein Urtheil, das uns zu ungerecht, aber entschuldbar erscheint.[594]

Im Jahre 1822, 24. März, erhielt dann ein gewisser Karl Stephanie auf seine Erfindung, durch eine Walzen-Schriften-Druckmaschine den gewöhnlichen Buchdruck zu bewerkstelligen, ein Privilegium auf fünf Jahre. Wie dasselbe besagt, lag der wesentliche Vortheil darin, dass mittelst derselben Maschine bedeutend schneller, als auf den gewöhnlichen Buchdruckpressen gedruckt werden konnte, «sohin nicht allein an Zeit zur Production, sondern auch an Pressen, Arbeitsleuten, am Locale und an allem damit verbundenen Aufwande namhaft erspart wird».[595] Bald darauf wurde Johann N. Norbert Hromatko[596] und seiner Frau Anna

[590] Th. Goebel, l. c. S. 13. Die erste Stanhope-Presse in Deutschland stellte der Hofbuchdrucker Georg Jakob Decker in Berlin auf, 1817; die zweite erhielt die Brönner'sche Buchdruckerei in Frankfurt am Main, 1819.

[591] Friedrich Koenig wurde am 17. April 1774 in Eisleben geboren und starb am 17. Jänner 1833 im ehemaligen Kloster Oberzell bei Würzburg, dem Stammhaus der Fabriken Koenig & Bauer. Vgl. die schön ausgestattete, interessante Monographie von Goebel, l. c. — Journal für Buchdruckerkunst, Jahrg. 1875. — Österreich. Buchdrucker-Zeitung, Jahrg. 1875, S. 115 ff.

[592] Goebel, l. c. S. 23.

[593] Goebel, l. c. S. 176.

[594] Einmal scheint Koenig, der von Straußens Erfindung nur durch den Wiener Optiker Voigtländer erfuhr, nicht hinlänglich unterrichtet, dann aber hauptsächlich entrüstet gewesen zu sein, weil das eben [illegible] Project von Strauß Geld [illegible] gemacht hatte gegenüber dem von Koenig geforderten Preise von 26 000 Gulden [illegible] für ein Compleatmachinen . . . . Goebel, l. c. Vgl. dieses Werkes II. Bd. S. 135.

[595] Wiener Zeitung Nr. 89 v. 18. April 1822. — Jahrbücher des k. k. polytechnischen Institutes, Jahrg. 1823 (IV. Bd.), S. 411 f. — Dabei kam noch eine principielle Frage zur Entscheidung, die auch anderwärts schon lange und im gleichen Sinne, weil im Zusammenhange [illegible], durchgeführt wurde. Die k. k. Polizei- und Censur-Hofcommission fragte nämlich bei der Regierung an, ob Stephanie vermöge dieses Privilegiums auch zur eigenen Ausübung seiner Erfindung berechtigt sein solle, was sie bezweifeln müsse, da «die Haltung einer Buchdruckerpresse und anderer zum Abdrucke von Lettern oder Zeichnungen dienlichen Maschinen nur nach vorläufiger Rücksprache mit der . . Polizei- und Censur-Hofcommission — bewilligt werden könne»; sie nehme aber, Stephanie sei nur berechtigt, sein Privilegium an ein zum Drucke befugtes Individuum zu übertragen. Nun sei ihr aber durch die gegen einen Buchdruckergesellen gepflogene Amtshandlung in Kenntnis gekommen, Stephanie übe mit Beihilfe anderer, des Buchdruckes kundigen Personen sein Privilegium selbst aus und mache Versuche; sie frage also, inwieweit Stephanie kraft seines Privilegiums das Recht zustehe . . . . . auch die Buchdruckerkunst zu üben. In dieser Frage haben nun die Regierung, das polytechnische Institut und die Hofkammer-Procuratur die Ansicht ausgesprochen, dass einem auf Buchdruckerei-Apparate ausschließend Privilegierten wohl der Verkauf einer verfertigten Maschine an den Berechtigten, nicht aber die Ausübung der Buchdruckerei selbst zustehe, weil hier solche Polizeirücksichten eintreten, deren im § 9 des Allerhöchsten Patentes vom 8. December 1820 erwähnt werden.

[596] Johann N. Hromatko war zu Hrubon-Tejnic in Böhmen geboren. Er war Lehrer der kaiserlichen Prinzen in der čechischen Sprache und Professor dieser Sprache und Literatur an der Universität und am polytechnischen Institute in Wien. 1813 begründete er das erste čechische Journal politisch-literarischen Inhalts. Mit diesem Blatte verband er ebenfalls als der Erste, die Idee einer eigenen Feuer-, Überschwemmungs- und Hagelver-

Hromatko am 6. April 1823 ein Privilegium auf sieben Jahre für die Erfindung von Verbesserungen »an der gemeinen Buchdruckpresse« ertheilt. Diese Buchdruckpresse war nicht allein zum typographischen Drucke bestimmt, sondern es sollte damit zugleich der Kupfer- und Steindruck, dann das Rastrieren des Papieres zu bewerkstelligen sein. Es war daher nach Maßgabe der verschiedenen Bestimmungen diese Presse so eingerichtet, dass die Haupttheile abgeändert und auf eine dem jedesmaligen Zwecke entsprechende Weise eingerichtet werden konnten. Eine besondere Abweichung dieser Presse von der gewöhnlichen Buchdruckpresse bestand darin, dass die Presspindel nicht mit dem Pressbengel in Bewegung gesetzt wurde, sondern dass dies mittelst eines Fußschemels oder Trittes geschah.[207]

Nr. 98. Leo Müller. (Nach dem »Freien Künstler«.)

Gegenüber der epochemachenden Erfindung der Schnellpresse durch Koenig waren diese Versuche von Verbesserungen doch nur einfache und bescheidene zu nennen. Aber selbst die so verbesserten

sicherung für die Pränumeranten seines Blattes, 1814. Doch drang dieser Gedanke damals noch nicht durch, denn erst 1824 gelang es der Energie des Majors Georg B. von Högelmüller, die wechselseitige Brandschaden-Versicherungsgesellschaft ins Leben zu rufen. Hromatko starb zu Wien am 20. April 1860. (v. Wurzbach, Biograph. Lexikon, IX., 361.) — Hromatko wandte sich in den Jahren 1814—1820 in wiederholten Gesuchen und Recursen an die Behörden, ihm eine Buchdruckerei-Befugnis für seine čechische Zeitung zu ertheilen, dann wieder ihm die Errichtung einer slavisch-slovenischen Buchdruckerei zu gestatten, wurde aber jedesmal abgewiesen. (Registratur der k. k. niederösterreichischen Statthalterei, Fasc. B. 9, Nr. 24672/1814, Fasc. B. 6, Nr. 27920/1819, 44180/1819. — Registratur des Wiener Magistrates, Fasc. H. 8, Nr. 31471/1814; Fasc. H. 3, Nr. 6383/1815, 21950/1815; Fasc. H. 4, Nr. 6230/1819, 25430/1819 etc.) Er scheint sich aber doch schon Lettern angeschafft zu haben, denn 1819 erfolgte deren Beschlagnahme (Registratur des Wiener Magistrates, Fasc. H. 4, Nr. 6050/1819), und Versiegelung, wogegen er den Recurs ergriff (l. c. Nr. 4980/1819). Im folgenden Jahre richtete die Gräfin Nadasdy an den Wiener Magistrat das Ansuchen um einen weiteren dreimonatlichen Termin zum Verkaufe der mit Beschlag belegten slavischen Lettern (l. c. Fasc. H. 72, Nr. 1949/1820 u. s. w.) und 1827 erhob der privilegierte Buchdrucker Friedrich Hagenauer Ansprüche auf die bei Hromatko befindlichen 3 Centner Schwabacher Drucklettern (l. c. Fasc. H. 270, Nr. 6235/1827).

[207] »Der Druck gleicher Kraft konnte dadurch mit geringerer Anstrengung, in kürzerer Zeit, mit größerer Bequemlichkeit des Druckers, Verhütung jeder Gefahr beim Einheben der Form und Beseitigung jedes nachtheiligen Einflusses auf die Gesundheit der Drucker geschehen; unter kleinem mit wenigem Unterschiede an Zeit und Mühe der Schön- und Widerdruck, folglich fast das Doppelte geliefert, Kupfer-, Stein- und andere Platten darauf gedruckt, auch Linien rastriert, endlich dieselbe an jeder andern gemeinen Buchdruckerpresse angebracht und benützt werden.« (Archiv des k. k. Reichs-

Pressen waren, wie actenmäßig erhoben ist, nur schwer in einer Officin einzuführen und wurden auch thatsächlich nirgends angeschafft. Es ist daher nicht zu verwundern, dass Koenigs überaus kostspielige Schnellpressen selbst in den größten Officinen Deutschlands erst nach und nach Eingang fanden. Cotta hatte anfangs ganz abgelehnt, Brockhaus erst für 1819 bestellt; 1823 wurde die erste Schnellpresse bei Spener in Berlin in Betrieb gesetzt und erst 1826 wurden Schnellpressen in Stuttgart und Leipzig — auch in Sachsen die erste Schnellpresse — aufgestellt. »Die gegen die Druckmaschinen und ihre Einführung erhobenen Bedenken waren so mannigfaltig und bezogen sich ebensowohl auf ihren Bau, der als zu complicirt verdächtigt wurde, ihren Betrieb, ihre Leistungen und hohen Preise, als auf das Verhalten der Arbeiter und speciell der Drucker ihnen gegenüber.«[598]

Im Jahre 1835 hatte sich der Neffe von Friedrich Koenig, Friedrich Helbig, nach Wien begeben, um daselbst eine Fabrik für Buchdruckmaschinen zu errichten, auf welche ihm auch ein Privilegium ertheilt worden war. Nun besaß aber zur selben Zeit Leo Müller,[599] (s. Nr. 80), 1833 als Maschinist zu Mittelberg in Vorarlberg thätig, und 1836 in der großen Eisengießerei zu Jenbach in gleicher Stellung beschäftigt, bereits Privilegien auf die Verbesserungen an der Buchdrucker-Schnellpresse, und zwar aus den Jahren 1833 und 1836, ersteres ausgestellt am 17. Mai[600] auf zwei Jahre, letzteres vom 9. April auf drei Jahre lautend.[601] Müllers sinnreiche Verbesserungen betrafen den Bewegungs-Mechanismus der Schnellpresse durch Einführung der Eisenbahnbewegung mit dem beweglichen Karren, dann der Greifer oder Finger »und, diesen eigentlich vorausgehend, des Doppel-Excenters, welcher dazu dient, die beim Eingange rotierende Bewegung des Druckcylinders beim Rückgange desselben zum Stillstand zu bringen«, endlich das Auftragen der Farbe durch Cylinder-Farbwerk.

Finanzministeriums, niederösterreichische Commerzacten Nr. [illegible], 1816 bis 1820, October 1816 bis Mai 1824.) [illegible]

[598] [illegible], I. c. S. 194.

[599] Leo Müller wurde am 15. Februar 1799 zu Mittelberg [illegible] in Vorarlberg geboren [illegible]

[600] 17. Mai 1833. Leo Müller, Maschinist zu Mittelberg in Vorarlberg, erhält ein Privilegium auf zwei Jahre auf die Verbesserung an der Buchdrucker-Schnellpresse [illegible]

[601] 9. April 1836. Leo Müller, Maschinist zu Jenbach im Unter-Innthale Tirols, auf die Verbesserung an den Buchdrucker-Schnellpressen [illegible] Auf 3 Jahre. (Jahrbücher des k. k. polytechnischen Institutes in Wien, XX. Bd., [illegible] Jahre 1839, S. [illegible].)

Helbig strengte zwar einen Process auf Grund seines Privilegiums für den Bau von Buchdruckmaschinen nach Koenig'schem Systeme gegen Müller an, dieser aber berief sich ebenfalls auf seine Privilegien. Schließlich einigten sich Beide und traten unter der Firma Helbig & Müller in Compagnie. »Ihre zu billigeren Preisen erbauten und von ihnen mit allen Mitteln der Concurrenz empfohlenen Maschinen fanden bald sehr ausgedehnte Aufnahme; sie durften sich nach kaum dreijährigem Bestande der Fabrik schon rühmen, mehr als dreißig ihrer Schnellpressen verkauft zu haben.«[482]

Aber des Menschen Geist, einmal nach einer bestimmten Richtung angeregt, ruht nicht im Forschen und Streben nach besserer und richtigerer Erkenntnis. Darum hat auch schon Koenig an seiner ursprünglichen Buchdruck-Schnellpresse durch strenges Fortdenken eine Reihe von Verbesserungen erfunden, bis Leo Müller, Koenigs Ideen noch weiter verfolgend, jenen geistreichen Mechanismus an dieser Presse ersonnen, der ihr erhöhten Wert verlieh, so dass sie nunmehr den weitgehendsten Anforderungen entsprechen konnte.

Die Erfindungen im Dienste der Buchdruckerei erstreckten sich aber nicht auf die complicierte Buchdruckerpresse allein, sondern Theoretiker wie Empiriker dachten eifrig darüber nach und stellten kostspielige und zeitraubende Versuche an, wie die langsame Arbeit des Setzens, worin es einzelne Setzer schon zu grosser Fertigkeit gebracht hatten, durch mechanische Vorrichtungen zu vereinfachen sei; darin gipfelte zuletzt die Setzmaschine. England gieng auch in dieser Frage mit seiner Erfindung voran. Der Erste, welcher sich in Wien mit einem solchen Probleme befasste, war Georg Gallaseck.[483] Während er noch Setzer in der k. k. Hof- und Staatsdruckerei war, trug er sich schon mit dem Gedanken und machte später selbst, als er sich in seinen Erwartungen nicht befriedigt sah und aus der Staatsdruckerei ausgetreten war, immer neue Versuche, bis es ihm gelang, eine Vereinigung von Maschinen zu construieren, welche eine vereinigte Schnellsetz-, Druck- und Ablegevorrichtung war, »vermöge welcher ein Satz von 60 Buchstaben in ebensoviel Secunden 3, 10 oder 50fach gesetzt und in wenig Secunden gedruckt sein konnte; das Ablegen war das Werk kürzester Frist«.

Von mehr praktischer Bedeutung, als Gallasecks Erfindung, aber noch immer im beschränkten Maße, erwies sich Emanuel Tschuliks[484] Setzmaschine; »bezüglich der Leistungsfähigkeit und in manch' anderer Hinsicht noch ward dieser, welche 20.000 Typen in einer Stunde zu setzen vermochte, wohl der Vorzug vor den Erfindungen von Young und Delcambre, dann von Rosenberg und Gaubert«. Die Setzmaschine Tschuliks, mit welcher auch eine Ablegemaschine in Verbindung gebracht war, wurde nur in der k. k. Hof- und Staatsdruckerei aufgestellt; sie würde aber, selbst wenn sie praktischer zu verwerten gewesen wäre, in größeren Officinen Wiens doch nur schwer Eingang gefunden haben, da ihre Anschaffungskosten im Verhältnisse zu ihrer Verwertung viel zu kostspielige hätten sein müssen. Brauchte es ja längere Zeit, bis die unabweisliche Schnellpresse in Wien eingeführt wurde, und erst seit die Firma Helbig & Müller hier solche Maschinen billig herstellte, war für dieselben die Bahn gebrochen. Die Officin der v. Ghelen'schen Erben war die erste, die eine Schnellpresse von Helbig & Müller in Betrieb setzte.

Die oberwähnten Versuche, welche in Wien zur Verbesserung der Buchdruckerpresse gemacht wurden, blieben jedoch ohne weitere Folgen für die Buchdruckerei; sie zeigen nur, wie man auch hier

[482] Goebel, l. c. S. 213.

[483] Georg Gallaseck war im Jahre 18[illegible] zu [illegible] geboren, kam in frühester Jugend nach Wien, wo er den Zeichenunterricht genoss, aber aus Mangel an Mitteln seine Studien aufgeben musste. Er trat später in die k. k. Hof- und Staatsdruckerei ein, wo er als Schriftsetzer durch 13 Jahre verblieb. (v. Wurzbach, Biographisches Lexikon des Kaiserthums Österreich, V. 68. — Sonntagsblatt von Dr. L. A. Frankl, Jahrgang 1846. — Wiener Bote Nr. 26.)

[484] Emanuel Tschulik, zu [illegible] in Böhmen geboren, war zuerst in [illegible], dann bis 1844 zu [illegible], Wirtschaftsbeamter des Obrist-Jägermeisters Ernst Grafen Hoyos-Sprinzenstein. Schon seit 1837 trug er sich mit dem Gedanken, eine Schreibmaschine zu erfinden, wobei Graf Hoyos ihn in munificenter Weise unterstützte, ihm auch eine größere Summe als Darlehen und öfters längeren Urlaub gab. Von der Schreibmaschine kam Tschulik auf die Idee der Setzmaschine für Buchdrucker. Nach wiederholten Versuchen baute er mit bedeutenden Geldopfern sieben Jahre lang in [illegible] an einem Modelle, das der Director der Staatsdruckerei, Auer, besichtigte, prüfte und für ausführbar erklärte; nur meinte derselbe, Tschulik möge vorerst setzen lernen. [illegible] kam Tschulik nach und trat in die Staatsdruckerei ein; während dieser Zeit wurde an seiner Maschine gebaut. Der Mechaniker beanspruchte aber das Mit-Erfindungsrecht und wollte auch, dass ihm seinerzeit das halbe Erträgnis zufalle. Tschulik nahm nun ein Privilegium und wollte zum Bau einer neuen Maschine schreiten. — Tschuliks Maschine gleicht im Aufbau einem tafelförmigen Pianoforte, dessen Claviatur aus 120 Tasten und ebenso vielen Canälen besteht. Die Tasten sind mit typographischen Charakteren bezeichnet, die mittelst des Anschlagens dieser Tasten gesetzt werden. Tasten und Typen sind in einem Schriftkasten so geordnet, dass die gebräuchlicheren nahe beieinander und zur Hand sind. (Leipziger Illustrierte Zeitung. VI. Bd. [1846], Nr. 136, S. [illegible], mit einer Abbildung der Maschine. — Schmidls Österreichische Blätter für Literatur und Kunst II. Jahrgang [1845], Nr. 1[illegible], S. 232. — v. Wurzbach, Biographisches Lexikon, XLVIII., S. 7[illegible].)

schon frühzeitig bestrebt war, den vorhandenen Bedürfnissen Rechnung zu tragen. Am ehesten und richtigsten erkannte diese Bedürfnisse der Fachmann Anton Strauß; von Stephanie's und Hromatko's Neuerungen kann man dieses umsoweniger sagen, auch nicht inwieweit sich ihre Ideen hätten verbessern und weiter verfolgen lassen, da angesichts der behördlichen Bestimmungen und der völligen Theilnahmslosigkeit der interessierten Kreise jede Probe und Verwertung unmöglich gemacht war. Jene Versuche konnten aber schon darum nicht zu einer wirklichen Bedeutung, zu einem großen Ziele führen, da ihre Träger viel zu geringe wissenschaftliche und praktische Durchbildung in Mechanik und Mathematik besaßen, wie selbe Engländern, Deutschen und Amerikanern namentlich eigen war. Dazu kam noch, dass die geistige Abschließung von jenen, die von der österreichischen Regierung mit Strenge überwacht wurde, selbst gut veranlagte Köpfe, wie Strauß, ohne die rechte Basis, ohne die volle Erkenntnis der bisherigen Resultate und der richtigen Fährte ließen. Tschuliks Idee der Setzmaschine war mit Unterstützung des Obersthägermeisters Ernst Grafen Hoyos-Sprinzenstein und des Directors der Staatsdruckerei Alois Auer allein ihrer völligen Verwirklichung zugeführt worden.

Neben der Erfindung der Buchdrucker-Schnellpresse und den Verbesserungen an derselben hat sich das Streben kundgegeben, auch die Werkzeuge des Setzers (Winkelhaken, Setzkasten u. a.), sowie jene des Gießers (Gießinstrumente) zu verbessern oder neue für sie einzuführen (Hohlstege, Maschinen für Bürstenabzüge, Gießmaschinen). Wo immer man nur konnte, wurde statt des Holzes Eisen dabei verwendet. Die Staatsdruckerei, sowie einige größere Firmen Wiens machten bald und allgemeinen Gebrauch davon, in den mittleren und kleineren Officinen aber blieb es noch länger beim Alten.

Wie die Wiener Drucke von 1782 bis 1848 ihren Schriftcharakteren nach beweisen, stand es um den Stempelschnitt und die Schriftgießerei in Wien gut. Man gab sich viele Mühe, die Typen immer reiner, feiner und dabei doch kräftiger darzustellen, so dass die Buchdrucker, wenngleich sie für größere und bessere Aufträge in herkömmlicher Weise noch immer Schriften »von draußen«, namentlich von Breitkopf, kommen ließen, vortreffliches Materiale an Lettern in Wien selbst vorfanden. Eines besonderen Ansehens, ja eines sehr bedeutenden Rufes erfreuten sich aber der Wiener Stempelschnitt und die Schriftgießerei in orientalischen Typen, was übrigens mit der sorgsamen Pflege der orientalischen Literatur in Wien zusammenhieng.

Größere Officinen besaßen ihre eigenen Einrichtungen für Stempelschnitt, Schriftschneiden und Schriftgießerei. Wir verweisen auf die Officinen von Trattner, Kurzböck, Anton Edler von Schmid, Strauß und Degen, auf die k. k. Hof- und Staatsdruckerei und die Mechitharisten, auf Sollinger, Höfel und Sommer. An hervorragenden Stempelschneidern und Schriftgießern nennen wir: Johann Ernst Mannsfeld,[605] der hebräische Typen für Hraschanzky goss, Josef und Johann Mannsfeld,[606] Anton Strauß, Christian Friedrich Schade, Anton Ockenfuss, Johann Gottlieb Brendler,[607] Johann Paul Sollinger, der aus Didots und Strauß' Schule hervorgieng.

Außer den Schriftgießereien in den Officinen gab es noch immer, wie zu Kaiser Josefs II. Zeit, wenig selbständige Giessereien; nur die eines Mannsfeld und Johann Gottlieb Brendler wären als solche zu nennen. Die Regierung erliess daher an den Magistrat schon im Jahre 1802 die Weisung, es sollen, »da Mangel an Schriftgießereien sei, geschickten Schriftgießern, wenn sie sich melden, das Befugnis dazu ertheilt werden,«[608] wo dagegen im Jahre 1810 die wenigen befugten Schriftgießer um die Bewilligung baten, für sich Buchdruckereien errichten zu dürfen.[609]

[605] Bericht der niederösterreichischen Regierung vom 7. Februar 1786, womit dem Gesuche des Johann Ernst Mannsfeld, eine unbeschränkte, förmliche Fabriksfreiheit zur Errichtung einer Original-Schriftgießerei, auf seine eigenen Kosten zu erhalten, Folge gegeben wird. (Archiv des k. k. Reichs-Finanzministeriums, Niederösterreichische Commerzacten.)

[606] Unterm 27. März 1798 bitten die Brüder Josef und Johann Mannsfeld, dass ihnen die Schriftgießerei des Vaters bewilligt werde, was auch geschah. (L. c.)

[607] Johann Gottlieb Brendler wurde im Jahre 1802 zu [illegible] bei Zittau in Sachsen geboren. Er erlernte die Modelstecherei, gieng hierauf nach Prag und Wien, wo er sich mit dem Notenstich vertraut machte und ohne jede Anleitung sich in den dazu nothwendigen Stempeln (Punzen), später auch im Stempelschnitt für Buch-Typen versuchte, in welchen Zweigen er es zu bewunderten Fertigkeiten brachte. Er schnitt nun viel für die Staatsdruckerei, namentlich orientalische Schriften, dann fast alle armenischen Schriften der Mechitharisten, wobei auch schon sein Sohn Karl behilflich war. Die [illegible] Fractur, die seinerzeit für die Banknoten der hiesigen Nationalbank geschnitten wurde und eine seiner feinsten Arbeiten ist, stammt von ihm. Hebräische Schriften, von welchen er eine bedeutende Anzahl geschnitten, sind bis jetzt noch die beliebtesten. Johann Brendler war sehr productiv und arbeitete mit seltener Emsigkeit bis zu seinem Tode am 7. September 1873.

[608] Registratur des Wiener Magistrates, Fasc. II 9, Nr. 319.

[609] L. c. Fasc. II 12, Nr. 2641.

Von Maria Theresia war die Einfuhr fremder Lettern und Matrizen strenge verboten worden, ihr Sohn Josef II. hatte aber nicht nur die Schriftgießerei freigegeben, sondern es war den Buchdruckern sogar gestattet worden, Matrizen von auswärts kommen zu lassen. Ein derartiges Zugeständnis der Regierung begegnet uns noch im Jahre 1819.[610]

Dem Wunsche, gewisse Werke, deren Absatz sicher genug ist, wiederholt abzudrucken, ohne erst jedesmal den Satz erneuern zu müssen, entsprang die Stereotypie. Es ist selbstverständlich nicht unsere Aufgabe, eine Darstellung der Stereotypie von ihren Anfängen an zu geben und die verschiedenen Methoden der Engländer und Franzosen, bei denen die Stereotypie am meisten angewendet wird, da ihre Werke oft viele Auflagen erleben, zu beleuchten. Nur so viel sei erwähnt, dass in Paris Ludwig Stephan Herhan am 23. December 1797 und Firmin Didot am 26. December desselben Jahres Privilegien auf ihre Methoden der Stereotypie erhielten. (Französische Stereotypie.)[611] In England wurde dieselbe im Jahre 1804 verbessert.

Der Erste, der in Österreich ernstliche Versuche mit dem Stereotypendruck nach Didots Methode anstellte, war, wie schon hervorgehoben wurde, der Wiener Buchdrucker Anton Strauß um das Jahr 1800. Ein gewisser Samuel Falka von Bakfalva hatte aber schon 1798 um ein ausschließendes Privilegium »in Ansehung seiner stereotypischen Erfindung« auf 16 Jahre nachgesucht, wurde aber auf Grund eines Berichtes nach Hof und eines Beschlusses der Hofkanzlei abgewiesen.[612]

Im Jahre 1818 überreichte John Watts aus New-York in Nordamerika bei der Commerz-Hofcommission eine Eingabe, worin er anzeigte, dass er in Verbindung mit seinem Bruder Richard Watts, einem Buchdrucker zu London, eine neue, von den Methoden Herhans und Didots u. a. ganz verschiedene Art des Stereotyp-Druckes erfunden habe, welcher sich durch eine besondere Reinheit, Correctheit und Wohlfeilheit auszeichne und mit welchem er in Amerika in einem Zeitraume von 4 bis 5 Jahren nebst den Werken der vorzüglichsten Classiker mehr als 800.000 Bibeln um die Hälfte der gewöhnlichen Druckkosten gedruckt habe. Er bemerkte ferner, dass dieses Stereotypverfahren vorzüglich auch zum Drucke der Staatspapiere verwendet werden könnte, da es leicht Sicherheit gegen die Nachahmung gewähre. Er erbot sich daher, seine Erfindung mit der von ihm ebenfalls neu erfundenen Druckpresse und Schwärzungsmethode der Buchstaben gegen eine angemessene Entschädigung der Staatsverwaltung zum ausschließenden Gebrauche zu überlassen;[613] im Falle der Ablehnung bat er jedoch um Verleihung eines ausschließenden Privilegiums auf 10 Jahre zur Ausübung seiner Erfindung und in einem zweiten Gesuche wünschte er eine Frist auf 15 Jahre. Das polytechnische Institut, welchem der Bittsteller das Wesentliche seines Verfahrens, Stereotyp-Platten für die Buchdruckerei anzufertigen, mitgetheilt hatte, bemerkte nun darüber Folgendes: Watts Methode unterscheide sich von den bisher im In- und Auslande bekannten Verfahrungsarten wohl wesentlich, indem er sich nicht der gewöhnlichen Clichier-Methode, wobei die Platten selten fehlerfrei ausfallen, bediene, sondern ohne Verwendung eines Druckes die Stereotyp-Platten in eine »verlohrne« Form von eigener Zusammensetzung gieße, so dass selbe nach dem Gusse gleich vollendet seien. Dass die Vortheile dieser Methode höchst wichtig und mannigfaltig seien, sei als sicher anzunehmen; diese Sterotypie sei viel leichter und schneller auszuführen, und auch wohlfeiler als die gewöhnliche, und zur Herstellung der Form bedürfe es keiner eigenen Schriftcharaktere wie bisher, sondern es könnten die gewöhnlichen Buchdruck-Charaktere verwendet werden, die durch die Abformung selbst gar nicht abgenützt erscheinen und daher, neu umgesetzt, noch zu einer großen Zahl von Stereotyp-Abdrücken dienen können, so dass ein Werk von vielen Bänden in einer starken Auflage mit denselben Lettern durchgehends gleich scharf zu drucken sei. Man könne sich daher dieser Methode mit Vortheil auch für den Fall bedienen, wenn man die ganze Auflage auf einmal drucken wolle, ohne die Stereotyp-Platten für die Zukunft aufzuheben; auch die Nettigkeit und Correctheit des Druckes, die schnelle Wiederbenützung

[610] L. c. Fasc. II. 4. Nr. 14823.

[611] Jahrbücher des polytechnischen Institutes, IV. Bd. (1823), S. 388 ff.; VI. Bd., S. 512 ff.

[612] Registratur der k. k. niederösterreichischen Statthalterei, Fasc. A. 13. Nr. 11229, 11730.

[613] Unterm 12. Juli 1818 wurde an die Commerz-Hofcommission der Bericht abgegeben, dass dieses Verfahren für die Arbeiten der Staatsdruckerei nicht anwendbar sei. (Archiv des k. k. Reichs-Finanzministeriums, Niederösterreichische Commerzakten.)

der Charaktere, welche sogleich wieder zum frischen Satze benützt werden können, sobald eine Stereotyp-Platte angefertigt ist (wodurch eine bestimmte Anzahl von Pressen mit einem viel geringeren Vorrathe von Charakteren versehen zu sein braucht), seien nicht zu unterschätzen. Endlich würde die beständige Conservierung der Lettern, wodurch bedeutende Nachschaffungskosten erspart werden, einen solchen Nutzen an Verminderung des Betriebscapitals und der Erhaltungskosten verschaffen, dass die Kosten für die Anfertigung der Stereotyp-Platten mehr als aufgewogen seien. Da nun diese Vorzüge auch für die ganz gewöhnlichen Druck-Erzeugnisse in Anwendung kommen könnten und sich erwarten lasse, dass die Einführung dieser Methode zur Vervollkommnung der inländischen Buchdruckerei wesentlich beitragen würde, so glaubte das polytechnische Institut, dass die Privilegiums-Ertheilung keinem Anstande unterliege.

Die k. k. Commerz-Hofcommission beantragte auch ein ausschließendes Privilegium auf 10 Jahre, »da nicht nur alle Bedingungen hierzu in vollem Grade vorhanden seien, sondern auch eine so sinnreiche und nützliche Erfindung in einem auf die Bildung und Geistescultur der Völker wesentlichen Einfluss nehmenden Zweige der Industrie vorliege ...« (Aus dem Vortrage dieser Hofcommission vom 25. Juli 1818.) Mit Allerhöchster Entschließung von Baden, 24. August 1818, wurde John Watts ein ausschliessendes Privilegium auf 10 Jahre und für den Umfang der ganzen Monarchie ertheilt.[411] Dasselbe focht nun Watts angeblicher Gesellschafter, Julius Griffiths, an und bat im April 1819, ihn für den Fall, als der bereits seit 24. Jänner 1819 von Wien abwesende Watts bis nächsten 24. Juli nicht hieher zurückkommen würde, in den Genuss desselben zu setzen. Über den Ausgang des darüber entstehenden Conflictes sind wir im Unklaren, da vom Sitzungsprotokolle der Commission im k. k. polytechnischen Institute ddto. 13. März 1820 die Schlussacten fehlen.[412]

Druckpapier wurde größtentheils noch in jenen Papiermühlen erzeugt, die wir schon im früheren Abschnitte kennen gelernt haben. Um 1790 werden nachfolgende erwähnt: Die Papiermühle des Ignaz Theodor von Pachner[413] in Klein-Neusiedl am Fischaflusse auf der fürstlich passauischen Herrschaft Schwadorf (1793 gestattet), die nach dem Zeugnisse des Hauptzollamtes in Wien bei 13.000 Ries Papier jährlich einführte und gegen welche Trattner und die Herrschaft Enzersdorf an der Fischa viele Einwendungen erhoben; die Papiermühle der Stadt Wien in Schwechat, die des Ferdinand Purtscher in Ober-Eggendorf und jene des Franz Anton Kloß in Wiener-Neustadt, welche dann an Josef Hraschanzky durch Kauf übergieng; die des Franz Würz in Leesdorf und jene des Josef Kloß in Schottwien, die des Ignaz und Josef Purtscher in St. Pölten (eine bei Unter-Waltersdorf, die an Anton Strauß verkauft wurde, und eine

[411] In Verbindung mit der königlichen Universitäts-Buchdruckerei in Ofen hatte er daselbst eine Stereotypendruckerei eingerichtet. Kommen die Drucke derselben auch nicht den französischen gleich, so ist doch nicht zu verkennen, dass viele gute und schöne sich darunter befinden. Ein Taschenkalender für 1821 und 1822 dürfte an Schönheit und Schärfe der Lettern, an Netzheit und Schwärze des Druckes wohl das beste Erzeugnis sein.

[412] Griffiths behauptete nämlich, dass er nicht nur die zur Erwirkung dieses Privilegiums nöthigen Summen vorgeschossen, sondern von Watts auch die Zusicherung erhalten habe, es ihm förmlich abzutreten, wenn er — Watts — ohne schriftliche Einwilligung über 6 Monate von Wien abwesend bliebe. — Am 4. Mai 1819 wurde Griffiths abgewiesen, da Watts in einem an das Präsidium der niederösterreichischen Regierung gerichteten Schreiben versicherte, ehestens nach Wien zurückzukehren und seine Angelegenheit in Ordnung zu bringen, und auch bat, ihn gegen jeden Eingriff in sein Privilegium zu schützen. — (Mittlerweile berichtete die Hofkammer am 11. Mai 1819 an die Commerz-Hofcommission, dass die ober- und niederösterreichische Zollgefälls-Administration angewiesen worden sei, jene dem zur Errichtung einer stereotypischen Druckerei in den k. k. Staaten privilegierten John Watts gehörigen 4 großen und 6 kleinen Kisten mit Pressen und Werkzeugen zur Stereotyp-Druckerei, welche aus Regensburg zu Wasser ankommen, an das hiesige Hauptzollamt zur Amtshandlung zu leiten und die als Modell zum künftigen größeren Betriebe dienenden Werkzeuge mit 10 Percent Zoll zu belegen.) — Im Juli 1819 bat Watts, ihm den Termin, binnen welchem er sein Privilegium [illegible] beginnen soll, auf den März 1820 zu verlängern, weil er durch eine schwere Krankheit gehindert sei, die hierzu nöthigen Werkzeuge und Gerätschaften herbeizuschaffen, was ihm bewilligt wurde. — Julius Griffiths, der mit Watts auf die Erwirkung seines privilegierten Erfindung gegen einen bereits entrichteten Betrag von [illegible] Gulden ein Übereinkommen geschlossen hatte, bat die Commerz-Hofcommission, diesen zur Erfüllung seiner Verbindlichkeit, ihn im Gießen der Platten genau zu unterrichten, zu verhalten, da Watts sich bisher nicht herbeilassen wollte. Die Commerz-Hofcommission verwies Griffiths selbstverständlich auf den Rechtsweg; Griffiths gieng nun noch weiter. Im September 1819 machte er, da er das Recht zur Erzeugung der Stereotyp-Platten nach der privilegierten Methode käuflich von Watts an sich gebracht, beim Magistrate ohne seine Unterschrift die Anzeige, dass derselbe bei der Commerz-Hofcommission eine unrichtige Beschreibung eingelegt und die Staatsverwaltung hintergangen habe. Watts protestierte gegen die Eröffnung der von ihm eingelegten Beschreibung, wobei die Finanz-Procuratur und der Magistrat auf seiner Seite standen. Nun übergab Griffiths bei der Commerz-Hofcommission und bei der niederösterreichischen Regierung eine neuerliche Anzeige und fügte eine Abschrift jener Beschreibung, welche Watts eingelegt haben soll, mit dem Bemerken bei, dass diese zu einem Verfahren führe, durch welches Stereotyp-Platten nicht erzeugt werden können und dass dieser nach einer anderen Methode verfahre. Die Privilegiums-Commission im polytechnischen Institute entschied, dass beide Angaben, nämlich die Watts bei der mit seiner Erfindung gepflogenen Untersuchung angegebene, und die schriftliche Griffiths wesentlich verschieden seien, es also nicht unwahrscheinlich sei, dass Watts eine unvollständige oder unrichtige Beschreibung gegeben habe. Es handle sich also um Aufhellung eines Betruges, und Watts solle daher verhalten werden, sich einer kunstmäßigen genauen Vergleichung seiner zu eröffnenden Beschreibung mit der von ihm bereits in Ausübung gebrachten Stereotyp-Platten-Erzeugung zu unterziehen. Sitzung vom 13. März 1820. (Archiv des k. k. Reichs-Finanzministeriums, Niederösterreichische Commerzacten.)

[413] Vgl. Josef Bie[illegible]: Über die Familie der Pachner von Eggendorf und die Papiermühle in Klein-Neusiedl im Centralblatt für die österr.-ungar. Papier-Industrie, Jahrg. II, Nr. 22.

in St. Pölten selbst, welche Matthäus Salzer[617] und von diesem Anton Edler von Schmid erwarb); die zu Rittersfeld; jene des Johann Michael Pfeiffer in Weitra, sowie jene des Franz Anton Donin zu Raabs und des Leopold Ramsauer zu Kautzen.

In den ersten Jahrzehnten unseres Jahrhunderts sind in den Versuchen der niederösterreichischen Papiermühlen, im allgemeinen ihre feinsten Erzeugnisse den feinen englischen und holländischen Papieren möglichst gleichzumachen, nicht unbedeutende Fortschritte zu verzeichnen. J. G. Uffenheimer auf der Papiermühle in Guntramsdorf führte einige neue Verbesserungen ein, wodurch namentlich die Post- und Velinpapiere sich durch Weiße und Feinheit auszeichneten. Auch Ludwig R. v. Peschier, Eigenthümer der Papiermühle in Franzensthal nächst Ebergassing, und Vincenz Sterz, Director derselben, verbesserten immer mehr ihre weißen und gefärbten Papiere, welche den ausländischen ziemlich nahe kamen.[618] Dass diese Versuche in den erwähnten Papiersorten auch der Verbesserung der Druckpapiere zugute kamen, darf angenommen werden. Ludwig R. v. Peschier und Vincenz Sterz erhielten am 12. September 1819 auch ein ausschließendes Privilegium auf 10 Jahre für eine von ihnen erfundene Papiererzeugungsmaschine, womit sie Papierbogen in jeder beliebigen Länge verfertigen konnten. Es sind dies hier die ersten Versuche, die in der Erzeugung des sogenannten endlosen Papieres gemacht wurden. Die Ersten überhaupt, welche sich schon am Ende des vorigen Jahrhunderts damit befassten, waren die Franzosen;[619] ihnen folgten die Engländer am Beginne dieses Jahrhunderts,[620] erst später die Deutschen.[621]

Wenngleich die niederösterreichische Papierfabrication einen namhaften Aufschwung zu verzeichnen hatte, so war sie doch nicht im Stande, sowohl der Quantität als auch der Qualität nach zu befriedigen. Diese war vielmehr sehr unterschiedlicher Art. Neben ganz vortrefflichen Mustern gab es solche, die ein unschönes Äußere hatten, in welcher Beziehung wir nur auf einige Wiener Classiker-Ausgaben verweisen dürfen. Ebensowenig vermochte aber auch quantitativ dieser Industriezweig höheren Anforderungen zu genügen, so dass neben den einheimischen Papieren viel vom Auslande hereingebracht und zu besseren typographischen Leistungen verwendet wurde.

Die Frage der Ausstattung der Bücher hat bekanntlich zwei Momente ins Auge zu fassen: das rein typographische oder die Technik des Satzes, also die einheimischen und fremden Schriftcharaktere nach Größe (die Typometrie) und Form, die Anordnung des Satzes auf Grund der Gesetze des typographischen Geschmackes, die Einfassungen und sonstigen typographischen Verzierungen; sodann das ornamentale oder die Verwendung des Kupferdruckes, der Lithographie und des Holzschnittes (Xylographie) im Dienste der Typographie.

Als ein ehrwürdiges Denkmal gemischten Satzes in Cicero und Garmond, Antiqua und Schwabacher, wie derselbe noch am Beginne unseres Zeitraumes behandelt wurde, begegnet uns zunächst das literarisch wie typographisch merkwürdige Werk: »Wiens Buchdruckergeschichte bis 1560« von Michael Denis, das in der Officin des Mathias Andreas Schmidt hergestellt wurde und wovon wir eine Probe an dieser Stelle geben (siehe Nr. 87).

Wir haben bereits in einem Capitel des vorhergehenden Abschnittes im Zusammenhange mit den literarischen Bestrebungen auch auf den Druck fremdsprachlicher Werke Bezug genommen und uns über die technische Behandlung wie auch über die Verwendung und den Wert der einschlägigen Typen, namentlich in den Officinen Trattners und Kurzböcks, ausgesprochen. Anschließend an diese wollen wir nun vorerst die Pflege des hebräischen Satzes in Wien näher beachten.

[617] Dem Paul Sollinger wird mit Decret des Stadthauptmannes ddto. 1. October 1812 die angesuchte Erlaubnis ertheilt, das von ihm auf der Salzer'schen Papiermühle zu St. Pölten in Zeug geführte Papier in seinem Hause an der Wien Nr. 21 öffentlich verkaufen zu dürfen. (Gremial-Archiv.)

[618] Jahrbücher des k. k. polytechnischen Institutes in Wien (Wien, 1819), I. 389.

[619] Schon 1799 erhielt der Franzose Louis Robert zu Essone ein fünfzehnjähriges Patent für eine Maschine, die ohne Hilfe eines Arbeiters Papier von unbestimmter Größe verfertigen sollte und wurde außerdem noch durch eine Belohnung von 8000 Francs aufgemuntert. (L. c., V. Bd. oder Jahrg. 1824, S. 334.)

[620] In England erhielt der Mechaniker Josef Bramah 1805 zwei Patente, von denen das zweite die Verfertigung eines Papieres von beliebiger Länge betraf. — Außer anderen Versuchen ist noch der des John Dickinson von Herfort zu erwähnen, der ein Patent für eine Maschine zur Bereitung des Papieres ohne Ende erhielt. (L. c. S. 339, 343.)

[621] In Deutschland beschäftigte die mehr oder minder praktische Idee des endlosen Papieres den Papierfabrikanten Adolf Keferstein zu Weida im Großherzogthume Sachsen-Weimar, der im April 1819 Papierbogen von beliebiger Länge erzeugte. (L. c. S. 347.)

Derselbe wurde vorherrschend bei Josef Hraschanzky und seinem Sohne Georg Hraschanzky, dann bei dessen Nachfolger Georg Holzinger, bei Anton Edlen von Schmid und dessen Nachfolger Adalbert della Torre geübt. Josef Hraschanzky war schon der Concurrent von Kurzböck; doch konnten sich seine von

Jahr 1515. 119

einem Augustinereremiten machen wollen? S. Ossingers Bibl. August. in Annot. p. 984.

127. Francisci Philelphi, epistolarum sum̃a diligentia excerptarum, liber nuper quam emendatiss. impressus. Epistolæ item duæ ex Joan̄e Pico Mirandulano. Altera de stilo Philosophorum et an eloquentia in Philosopho desideranda sit, declamatoria. Altera de vita recte instituenda, et inibi ad idem præcepta quædam, gravissima. Ein Stock. S. a. Rhomano et Gotthardo Gayr conspicuæ in Austria nobilitatis adulescentibus Magister Christoph. Crassus S. P. D. Diese Zuschrift ist unterzeichnet 7. Kal. Octobr. Am Ende: Impressum Viennæ Austriæ, in ædibus Joan̄is Singrenii. Quarto Calēdas Octobris. Anno 1515. Der Stock Leonh. Alantses. 4.

Auf der Stiftsbibl. zu Melk. Crassus hat die erste Ausgabe 1511. gemacht, wie man auf dieß Jahr gesehen hat. Von dem Geschlechte Geyer von Geyersberg, welches 1482. aus Franken nach Oesterreich gekommen ist, s. des Gr. v. Wurmbrand Collect. Geneal. Hist. Vien. 1705. p. 139. oder das große hist. Lexikon.

128. Hieronymi Paduani de Christi passione Carmen Jesuida nuncupatum. Philippi Beroaldi Bononiensis — de dominica passione carmen — De diua Virgine carm̄ ejusd̄ — Vir prudens. Eiusdem carmen — Ausonii matutina precatio deuota ad Deum. Eiusdem Ausonij egloga aurea de ambiguitate vite eligende. Aenee Silnij Ponti. Maxi. de passione christi Endecassyllabum. Lactantij de dominice resurrectionis die. Carmen eruditum. De morte carmen lectu dignum. Am Ende: Vienne Pannonie per Joannem Singrenium. Expensis vero Leonhardi Alantse Ciuis et Biblio. Viennensis. Decimo sexto Kal. Martij. Anno. M. CCCCC.xv. Der Stock des Verlegers. 4.

Auf

Nr. 87. Satzprobe aus Denis' »Wiens Buchdruckergeschichte«. Nach dem Exemplare des Dr. Anton Mayer.

dem Wiener Schriftgießer Ernst Mannsfeld gegossenen hebräischen Typen mit denen Kurzböcks, die aus Amsterdamer Matrizen hergestellt waren, bei weitem nicht messen, übertrafen aber immerhin die Prager, Brünner und Lemberger Typen an Schönheit. Die Kurzböck'schen Typen nebst Matrizen und Stempeln hatte dann Anton Schmid beim Kaufe der hebräischen Officin Kurzböcks übernommen. Als Schmid im Jahre 1827 sein Schriftprobenbuch veröffentlichte, befanden sich unter den orientalischen Typen bereits 33 Gattungen hebräischer Schriften, ein Schatz, wie er kaum in einer anderen Officin, die sich mit dem Drucke hebräischer Bücher beschäftigte, anzutreffen war. Diese Typen, von denen als Proben verschiedene Gattungen in Petit und Garmond für das gewöhnliche Hebräisch, für die Raschischrift oder das Rabbinische, sowie für die deutsch-hebräische Schreib- und Druckschrift, reproduciert sind (siehe Nr. 88, 89, 90), sind entweder mit großer Sorgfalt aus den alten Matrizen gegossen, oder, wenn neu angefertigt, mit besonderer Schärfe und Reinheit ausgeführt. Da Schmid überdies bestrebt war, einen schönen Druck auf gutem Papiere herzustellen, kamen seine hebräischen Werke zu besonderer Geltung, so dass sie im In- und Auslande hochgeschätzt waren. Neben Schmid sind noch Georg Hraschanzky, Georg Holzinger, die Staatsdruckerei und die Druckerei der Mechitharisten wegen ihrer hebräischen Druckwerke bemerkenswert; für letztere Officin schnitt Johann Gottlieb Brendler besonders hübsche hebräische Typen.

Wie der Druck hebräischer Bücher, fand auch jener von Werken in griechischer Sprache eine besondere Pflege. Als eigentliche griechische Buchdruckereien in Wien sind die des Georg Ventotti (später Bartholomäus Zweck), der Brüder Marchides Pullio (früher Baumeister) und des Serben Demeter Davidowich (später C. M. Adolph) anzusehen, außerdem befassten sich noch mit dem Drucke griechischer Bücher die Officinen Gerold, Baumeister, Pichler und Haykul, auch bei Überreuter, Strauß und Grund wurden einige griechische Bücher gedruckt. Schon seit alter Zeit gab es in Wien Griechen,[622] die namentlich als Kaufleute den Handel mit ihren Landsleuten in Griechenland und im Oriente betrieben. Zu Ende des vorigen Jahrhunderts waren sie hier schon ziemlich zahlreich und besaßen zwei Kirchen und eine Schule[623] für deutsche, alt- und neugriechische Sprache nebst einer Bibliothek, die von Johann Darvar und dem hiesigen griechischen Arzte Johann Nicolides von Pindo bereichert worden war (1820).

Wien war für die Griechen auch ein geistiger Centralpunkt geworden, wo sie, durch reiche Hilfsmittel unterstützt, ihre Sprache und Literatur entwickelten und von wo aus sie wieder auf die Bildung ihrer Landsleute, besonders zur Hebung des Neugriechischen und Vervollkommnung der Kenntnis desselben hinarbeiteten. So entstanden in Wien viele Producte neugriechischer Schriftsteller, «die auch bei den wohleingerichteten Buchdruckereien der Presse übergeben wurden und von da in ganzen Auflagen nach Griechenland wanderten, wo sie häufig aufgekauft oder unentgeltlich vertheilt wurden». Große Verdienste um die Bildung der griechischen Jugend hatte der in Wien am 6. März 1823 verstorbene Demeter Nicolaus Darvar[624] aus Klissura in Macedonien, dessen hier gedruckte Werke, darunter namentlich eine neugriechische Grammatik, zur Ausbildung der Sprache viel beigetragen haben.

Die Zahl der in Wien gedruckten griechischen Bücher war sehr bedeutend. Wir entnehmen dies nicht nur aus dem Nachlasse der Bücher des genannten Darvar, sondern auch aus einem Verzeichnisse der damals in Wien gedruckten griechischen Bücher.[625] Unter anderem verweisen wir nur auf die von Darvar selbst verfassten Werke, dann auf die griechischen Zeitschriften «Logios Hermes», zuerst von Anthimos Gazi,[626] später von Theoclidos Farmachidi und Constantin Kokkinaki redigiert, «Hellenischer Telegraph», redigiert vom Arzte Demetrios Alexandrides, und «Calliope» (vom 1. Jänner 1819 bis 31. Mai 1821), letztere eine philologische Zeitschrift, die von dem Lehrer an der orientalischen Akademie, Athanas Stagirites,[627] redigiert wurde. Unter den griechischen Schriftstellern, deren Werke am Ende des vorigen und in der ersten Hälfte unseres Jahrhunderts in Wien gedruckt wurden, ist auch der Wiener Buchdrucker Georg Ventotti, aus Zante gebürtig, zu nennen.[628]

Diese griechischen Bücher wurden im allgemeinen gut ausgestattet, sowohl die für den täglichen Gebrauch bestimmten, wie Schul- und Gebetbücher, als auch jene, welche der gelehrten Lecture

[622] Dr. Anton Mayer, Geschichte der geistigen Cultur in Niederösterreich, I., S. 86 und Note 86.

[623] Karl Weiss, Geschichte Wiens (2. Auflage), II. 326. 417 f.

[624] Archiv für Geographie, Historie, Staats- und Kriegskunst vom Jahre 1816, S. 219. — Dr. Franz Sartori, Historisch-ethnographische Übersicht der wissenschaftlichen Cultur, Geistesthätigkeit und Literatur des österreichischen Kaiserthums, I. Theil, Wien 1830, S. 189 ff.

[625] Sartori l. c. S. 193—208.

[626] Anthimos Gazi aus Miliés im Gebirge Pelion war Pfarrer an der griechischen Kirche in Wien und redigierte diese Literaturzeitung, an welcher seine gelehrten Landsleute mitarbeiteten, von 1811 bis 1813.

[627] Die größeren Werke des Stagirites in neugriechischer Sprache sind sämmtlich in Wien gedruckt. (Siehe Sartori l. c. S. 195, Anm. 1.)

[628] Sein bedeutendstes Werk ist das „Λεξικὸν τρίγλωσσον“ in französischer, italienischer und neugriechischer Sprache, das auf Kosten des Fürsten der Moldau, Alexander Mavrocordato, gedruckt wurde (3 Thle. 4°); ferner eine Grammatik der französischen Sprache zum Gebrauche für die Griechen, 8°, Wien, 1798. Außerdem hat Ventotti mehrere französische und italienische Bücher übersetzt, einige neugriechische von neuem herausgegeben und viele Bücher zum Gebrauche für Schulen gedruckt. (Sartori l. c. S. 201.)

Collonel Hebräisch auf Petit Nro. 1.

[illegible]

Collonel Hebräisch auf Petit Nro. 2.

[illegible]

Feine Petit Hebräisch auf Garmond Nro. 1.

[illegible]

Feine Petit Hebräisch auf Garmond Nro. 2.

ארץ כל תולדות! אתה. אל יפי האלם שפתות נתת, חלדו כאין, רנות ואין? שנותי מתי מספר מו בדלי חמה, כרוך ישל חאתנו, תהוח ישוב אל האלהים אשר נתנו, ותקנותו בין בני תמותה לא נודעו, צבי תפארתו לרעים, כמוץ יסער מגרן, עד ארגיעה הולך האדם ולא יכירנו מקומו. — נער האדם! אם תרוצים שנות אנוש, אם כתות ישוו בשעל כל יגבורון, עוד נתת לו שארית בארץ החיים, יתן נטויה לעשות גדולות. למשפט יחיו תבנקי, רכות לדוד ורצים; גם עפר הוא ויהיו תבצענה נשנבות.

Grobe Petit Hebräisch Nro. 1.

[illegible]

Grobe Petit Hebräisch Nro. 2.

[illegible]

Garmond Hebräisch auf Petit Nro. 1.

וענגע אָ הערר! אללע האָהען שטאאטס־בעאמטען אונד אללע אום פֿארגעזעטצטען אָב־ריגקייטליכען בעהערדען אונד בעפֿערדערע איהר וואהל! בעדענקע דעם עדלען גרינדערס דיעזער אַנ־שטאלט אונד בעלאָהנע אונזערע וואָהלטהעטער פֿיר איהרע מילדטהעטיגע אונטערשטיטצונג. וויא גנעדיג נענן יענע פֿערקלעהרטען אונד אים רייכע דעם שוינען לעבענס איצט וואללענדען אונטערשטיטצער דיעזעם אינסטיטוטס.

Garmond Hebräisch auf Petit Nro. 2.

יגדל אלהים חי וישתבח. נמצא ואין עת אל־מציאותו: אחד ואין יחיד כיחודו. נעלם וגם אין סוף לאחדותו: אין לו דמות הגוף. ואינו גוף לא נערוך אליו קדשתו: קדמון לכל דבר אשר נברא. ראשון ואין ראשית לראשיתו: הנו אדון עולם לכל־נוצר. יורה גדלתו ומלכותו: שפע נבואתו נתנו. אל־אנשי סגלתו ותפארתו: לא קם בישראל כמשה עוד. נביא ומביט את־תמונתו: תורת אמת נתן לעמו אל. על־יד נביאו נאמן ביתו:

13

Nr. 89. Aus dem Abdruck der Schriften in der k. k. priv. und n. ö. Landschafts-Buchdruckerey des Anton Edlen von Schmid in Wien. Nach dem Exemplare in der k. k. Universitäts-Bibliothek in Wien.

Petit Raschi (Rabinisch) Nro. 1.

[illegible]

Petit Raschi (Rabinisch) Nro. 2.

[illegible]

Garmond Raschi Nro. 1.

[illegible]

Garmond Raschi Nro. 2.

[illegible]

Cicero Raschi Nro. 1.

[illegible]

Cicero Raschi Nro. 2.

[illegible]

Mittel Raschi Nro. 1.

[illegible]

Mittel Raschi Nro. 2.

[illegible]

Nr. [illegible]. Aus dem «Abdruck der Schriften in der k. k. priv. und n. ö. Landschafts-Buchdruckerey des Anton Edlen von Schmid in Wien». Nach dem Exemplare in der k. k. Universitäts-Bibliothek in Wien.

Test Deutsch Hebräische Schreibschrift Nro. 1.

[illegible]

Test Deutsch Hebräische Schreibschrift Nro. 2.

[illegible]

Petit Deutsch Hebräische Druck Schrift Nro. 1.

[illegible]

Petit Deutsch Hebräische Druck Schrift Nro. 2.

[illegible]

Petit Deutsch Hebräische Druck Schrift auf Garmond Nro. 1.

[illegible]

Petit Deutsch Hebräische Druck Schrift auf Garmond Nro. 2.

[illegible]

Cicero Deutsch Hebräische Druck Schrift Nro. 1.

[illegible]

Cicero Deutsch Hebräische Druck Schrift Nro. 2.

[illegible]

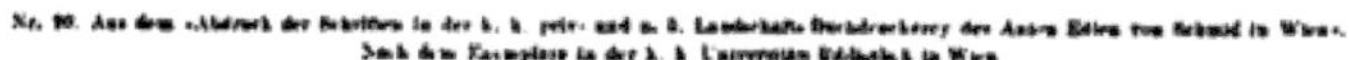

Nr. 90. Aus dem »Abdruck der Schriften in der k. k. priv. und n. ö. Landschafts-Buchdruckerey des Anton Edlen von Schmid in Wien«. Nach dem Exemplare in der k. k. Universitäts-Bibliothek in Wien.

und dem Studium, also als Bibliotheksbücher dienen sollten. Die Typen, ziemlich rein und scharf geschnitten, waren von den Wiener Schriftgießern Mannsfeld, Strauß, Pichler und Schade hergestellt worden. Später betheiligten sich an dem Gusse griechischer Typen auch die Staatsdruckerei und die Mechitharistendruckerei durch ihre in orientalischen Typen bekannten Schriftgießereien. Als Beispiel, in welcher gediegenen Weise der griechische Satz und Druck auch in der Strauß'schen Buchdruckerei hergestellt wurden, diene eine Seite aus Hammers Ausgabe des Antoninus Marcus (siehe Nr. 91).

Eine hervorragende Bedeutung, ja einen ausgezeichneten Ruf erlangte in unserem Zeitraume der Druck von orientalischen Werken in den Buchdruckereien von Anton Strauß und Anton Edlen v. Schmid, in der Staatsdruckerei und in der Druckerei der Mechitharisten. Die Regierung wendete, wie einst zu Leopolds I. und Maria Theresiens Zeiten, noch immer ihr besonderes Augenmerk diesem Zweige typographischer Kunst zu. Als daher im Jahre 1817 Anthimos Gazi (Gazer) um die Bewilligung zur Errichtung einer orientalischen Buchdruckerei in Wien einschritt, wurde er zwar abgewiesen (weil er Priester und kein gelernter Buchdrucker war), aber eine Präsidial-Verordnung der Hofkanzlei vom 16. April desselben Jahres bestimmte, dass Unternehmern dieser Art, wenn sie des Vertrauens würdig seien und sich von ihnen ein entsprechender Betrieb erwarten ließe, alle Unterstützung zu leisten wäre.[429]

Die Wiener Drucke in arabischer, persischer und syrischer Sprache zeigten gegen früher auch außerordentliche Fortschritte und gelangten namentlich durch die Vereinigung von tüchtigen Typographen und gelehrten Orientalisten zu einer besonderen Wertschätzung; konnten sie ja oft den Drucken berühmter orientalischer Buchdruckereien würdig an die Seite gesetzt werden.

Bis auf den großen Meninski, welcher die erste arabische Buchdruckerei in Wien eingerichtet hatte, waren die arabischen Drucke daselbst wohl bescheiden zu nennen. Erst dieser Orientalist hat, wie bereits im ersten Bande erörtert wurde, die Bahn gebrochen und praktisch gezeigt, was ein einzelner, für seine Idee begeisterter Mann zu leisten vermag. «Da seine Typen (Neschitype oder arabische Cursivschrift), durch den Nürnberger Stempelschneider Johann Lobinger, der nach Wien berufen worden war, hergestellt, weder den savary'schen, noch mediceischen, als den besten der damaligen Zeit, nachgebildet waren, so stehen sie für sich allein da als reines Resultat langgewohnten Verkehres mit dem Oriente und seinen Schriften. Jede Fügung an ihnen war richtig, das Verhältnis nirgends verletzt und der eigenthümliche Charakter der Schrift für einen ersten Versuch zum Erstaunen durch sie wiedergegeben.»[430] Kurzböck änderte bekanntlich diese Type und ließ nach ihr neue gießen. Der hebräische Buchdrucker Anton Edler v. Schmid, der sich vorzüglich mit orientalischem Drucke beschäftigte, folgte den Fußstapfen seines Meisters Kurzböck. Er hatte sich mit dem Orientalisten v. Hammer-Purgstall um die Verbesserung der Taalik-Type, d. i. der hängenden arabischen Schrift, die durch Grazie und Eleganz sich auszeichnet und auch die gewöhnliche Schrift der Perser ist, nicht geringe Verdienste erworben. «Vor ihm besaß die arabische Presse Wiens nur eine Schriftsorte. Entschlossen, diesem Übel abzuhelfen, ließ er nach dem Muster der Constantinopolitaner Druckerei eine ganz neue, kleine arabische Schrift schneiden, die zuerst 1824 in den Anmerkungen zu Dschamis «Joseph und Suleicha»[431] erschien und worin mehrere Züge sehr gelungen zu nennen sind.» Diese Schrift finden wir ebenfalls in «dem vertrauten Gefährten des Einsamen in schlagfertigen Gegenreden von Abu Mansur Abdu'lmelik, Ben Mohammed, Ben Ismael Ettsealbi aus Nissabur» in der Ausgabe von Gustav Flügel, 1829. Auch an der größeren arabischen Type nahm Schmid Änderungen vor, aber minder glücklich. Die schon einmal durch Kurzböck erschütterte Einheit erhielt jetzt durch mehrere nicht ganz passende Zuthaten wiederholt einen Stoß. Gerade damals aber traf dieser Vorwurf fast alle arabischen Pressen der Welt, jene zu Teheran, Bulak (die Hafenstadt Kairos) und Constantinopel ausgenommen.[432] Eine Probe der orientalischen Schriften Schmids in Cicero, Mittel und Tertia Arabisch und Persisch, sowie in Mittel Syrisch geben wir hier in Nr. 93.

429 Normale. Hofkanzleidecret vom 16. April 1817, Z. 2901.

430 Jahrbücher der Literatur, XLVII. Bd. (1829), S. 195.

431 Joseph und Suleicha, historisch romantisches Gedicht, aus dem Persischen des Mewlana Abdurrahman Dschami übersetzt und durch Anmerkungen erläutert durch Vincenz Edlen von Rosenzweig (Wien, 1824, Fol.).

432 Wiener Jahrbücher der Literatur, XLVII. (1829), S. 196.

Die dritte Gattung der arabischen Type — das Nestaalik, eine Vereinigung sozusagen der beiden genannten Typengattungen — ließ Hammer-Purgstall in der Officin Strauß erneuern, und zwar zunächst kleiner machen, als die bisher bestandenen. «Dabei war alle directe Nachahmung ganz ausgeschlossen und die Schriften vom kleinsten Punkte an nach eigenen Verhältnissen sozusagen erfunden worden. Diese nun zu finden, dass sie sich zu ihrem Ganzen fügten, ohne dabei den eigenthümlichen Charakter der im Drucke wiederzugebenden Schrift zu verletzen, war die größte Schwierigkeit.»[533] Mit dieser so veränderten Type wurden neun orientalische Urkunden zu Hammers Werke: «Wiens erste aufgehobene türkische Belagerung, zur dreihundertjährigen Jubelfeier derselben» u. s. w. abgedruckt. Schon Strauß, der anerkannt tüchtige Stempelschneider und Schriftgießer, hatte sich die Fortschritte im Schnitte der orientalischen Typen nicht entgehen lassen und solche nach den besten Mustern hergestellt. Der Geist, der in seiner Officin waltete, war aber auch nach seinem Tode, als seine Witwe dieselbe leitete, der herrschende geblieben. Hammer-Purgstall fand daher bei jener Neuerung, die er mit der Nestaalik-Type anstrebte, alles Entgegenkommen und das feinste Verständnis gegenüber jeder seiner Angaben und Änderungen. Nach dreijährigen Versuchen trat Hammer mit dieser neuen Type vor die Öffentlichkeit; er, sowie Stempelschneider und Schriftgießer ernteten bei den Fachmännern verdientes Lob. «Die neue Nestaalik war aber auch zierlich und nett, wie keine der vorhergegangenen, leichten Schwunges, bei jeder Fügung an den Orient erinnernd — im einzelnen musterhaft ausgeführt — gewährte sie im ganzen einen äußerst angenehmen Anblick», trotzdem kleine Mängel selbstverständlich nicht fehlten.[534] — Als orientalische Satzprobe (persische Taalik) aus Straußens Officin sei hier abermals auf die Ausgabe des Antoninus Marcus verwiesen (siehe Nr. 92).

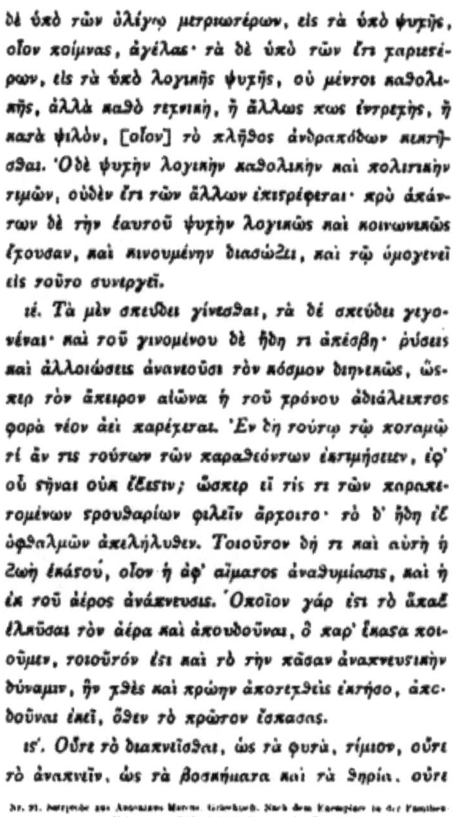

δὲ ὑπὸ τῶν ὀλίγῳ μετριωτέρων, εἰς τὰ ὑπὸ ψυχῆς, οἷον ποίμνας, ἀγέλας· τὰ δὲ ὑπὸ τῶν ἔτι χαριεστέρων, εἰς τὰ ὑπὸ λογικῆς ψυχῆς, οὐ μέντοι καθολικῆς, ἀλλὰ καθὸ τεχνικὴ, ἢ ἄλλως πως ἐντρεχὴς, ἢ κατὰ ψιλὸν, [οἷον] τὸ πλῆθος ἀνδραπόδων κεκτῆσθαι. Ὁ δὲ ψυχὴν λογικὴν καθολικὴν καὶ πολιτικὴν τιμῶν, οὐδὲν ἔτι τῶν ἄλλων ἐπιστρέφεται· πρὸ ἁπάντων δὲ τὴν ἑαυτοῦ ψυχὴν λογικῶς καὶ κοινωνικῶς ἔχουσαν, καὶ κινουμένην διασώζει, καὶ τῷ ὁμογενεῖ εἰς τοῦτο συνεργεῖ.

ιέ. Τὰ μὲν σπεύδει γίνεσθαι, τὰ δὲ σπεύδει γεγονέναι· καὶ τοῦ γινομένου δὲ ἤδη τι ἀπέσβη· ῥύσεις καὶ ἀλλοιώσεις ἀνανεοῦσι τὸν κόσμον διηνεκῶς, ὥσπερ τὸν ἄπειρον αἰῶνα ἡ τοῦ χρόνου ἀδιάλειπτος φορὰ νέον ἀεὶ παρέχεται. Ἐν δὴ τούτῳ τῷ ποταμῷ τί ἄν τις τούτων τῶν παραθεόντων ἐκτιμήσειεν, ἐφ' οὗ στῆναι οὐκ ἔξεστιν; ὥσπερ εἴ τις τι τῶν παραπετομένων στρουθαρίων φιλεῖν ἄρχοιτο· τὸ δ' ἤδη ἐξ ὀφθαλμῶν ἀπελήλυθεν. Τοιοῦτον δή τι καὶ αὐτὴ ἡ ζωὴ ἑκάστου, οἷον ἡ ἀφ' αἵματος ἀναθυμίασις, καὶ ἡ ἐκ τοῦ ἀέρος ἀνάπνευσις. Ὁποῖον γάρ ἐστι τὸ ἅπαξ ἑλκῦσαι τὸν ἀέρα καὶ ἀποδοῦναι, ὃ παρ' ἕκαστα ποιοῦμεν, τοιοῦτόν ἐστι καὶ τὸ τὴν πᾶσαν ἀναπνευστικὴν δύναμιν, ἣν χθὲς καὶ πρώην ἀποτεχθεὶς ἐκτήσω, ἀποδοῦναι ἐκεῖ, ὅθεν τὸ πρῶτον ἔσπασας.

ιϛ'. Οὔτε τὸ διαπνεῖσθαι, ὡς τὰ φυτὰ, τίμιον, οὔτε τὸ ἀναπνεῖν, ὡς τὰ βοσκήματα καὶ τὰ θηρία. οὔτε

Nr. 91. Satzprobe aus Antoninus Marcus. Griechisch. Nach dem Exemplar in der Familien-Fideicommiss-Bibliothek Sr. Majestät des Kaisers.

[533] F. Sammer l. c., S. 431.

[534] Geschichte der k. k. Hof- und Staatsdruckerei in Wien u. s. w. (Wien, 1851), S. 81 ff.

Eine polyglotte Buchdruckerei von echt orientalischem Charakter und Bestimmung war die der Mechitharisten, welche auch das Privilegium für den Druck in occidentalischen Sprachen besaß. Hier wurden vorwiegend Werke in Alt- und Neuarmenisch, im Türkischen und Persischen, im Griechischen und Hebräischen u. s. w. gedruckt, die meisten wohl, wie es ja in der Tendenz der Congregation lag, in den beiden erstgenannten Sprachen. Die Typen dieser Ausgaben konnten oft nicht recht zur Geltung kommen, da Papier und Druck viel zu wünschen übrig ließen. Wo aber bei besseren oder gar bei Prachtausgaben nach diesen beiden Richtungen hin mehr Sorgfalt verwendet wurde, da zeigten sich Schnitt und Guss der orientalischen Type als alles Lobes würdig. Es wurden schon in der Geschichte der Mechitharisten-Buchdruckerei mehrere solcher Prachtausgaben erwähnt, unter denen die armenischen Missalbücher (siehe Nr. 94), welche dem Papste und dem Kaiser von Oesterreich verehrt wurden, ganz besonders hervorragen. Für die Buchdruckerei der Mechitharisten waren auch mehrere tüchtige Schriftgießer thätig, so Anton Oekenfuß und Johann Gottlieb Brendler.

Die höchste Bedeutung für orientalischen Satz und Druck in Wien hatte die k. k. Hof- und Staatsdruckerei unter Auers Leitung erreicht. Was den Reichthum, die Kostbarkeit und Seltenheit ihrer orientalischen Typen, was die strenge, fachmännische, allen Anforderungen der Wissenschaft entsprechende Durchführung unter der Leitung der gelehrten Orientalisten Hammer-Purgstall, Endlicher, Pfizmayer u. a., sowie die technische Vollendung in Schnitt und Guss betrifft, konnte sich kein anderes Institut dieser Art weder in noch außer Europa mit der Staatsdruckerei messen. Im Jahre 1845 besaß dieselbe schon 35 orientalische Alphabete, darunter die seltensten (Mandschu, Chinesisch Davanagari) und einige von vorzüglicher Schönheit (die Taalikschrift). Mit welcher Sorgfalt dabei zu Werke gegangen wurde, beweist die Herstellung der Neschischrift nach Hammers Angaben,[63] wobei keine Kosten gescheut wurden. Dieselbe übertraf aber auch alle bisherigen arabischen Druckschriften an

١١

اي حيات اند چون رته و كند ، اقتضاي مقاصد فرقا ، اما پرورده‌ها اند
منتفق بنفس ناطقه تا بنفس كلي ، جمهوري اما بنفس مدبر امور كه
مجازست از اسپهبد خود بنفس دستگار ، بشول در اجزاي صنعت يا
مخفا بشمكند غلام ، بش مشغول هر آنكس كه نفس ناطقه جمهوري ، مدني را
رعايت مي كند از هيچ چيز ديگر پرواي نمي دارد مگر ازدواست ،
مواظبت جان خويش در موافقت جمهوري ، بهمجنس خود از براي استعمال
اين حال ياري مي كند

١٥ بعض از اشياء مي شتابند بظهور و وجود ، بعض مي دوانيد گذشتن
ناموجود ، از آنها كه حالا اند موجود بعضي فرو رفت بنابودني جهان
تر ، تازه مي شود نوسالقه نقلبات ، تغيرات چنانكه آوان مي پايان نو طريان
مي شود بتعاقب تا شتاي زمان در اين مر سيل متحرك كه در اوست
اقامت محال به قيمت دارند اشياي گذرنده ، خوابهاي عابره ايشان مانند
حال ايشان است كه برطهاي بدن ، گذرش تنفق مي گيرند در همين
آن كه از وي مي فريزند حيات ادم چيزي نيست مگر نخر دم ، تنفس
هوا چنان كه يك بار نفس را مي كشيم ، برآوريم ، در هر دقيقه تكراري كنيم
هم چنان است استرداد آن قوة متنفسه كلي كه دي روز در ولادت كسب
كرداي ، روز فردا در وفات رد خواهي كرد

١٦ قيمت ، شان نيست در خوي ، بوي كه اين هم خاصه نبات
است ، هم در ادم زبان دلا نيست كه اين شيره هم مخصوصست بكلد ،

Nr. 92. Satzprobe aus Antoninus Marcus. Persisch. Nach dem Exemplare in der Familien-Fideicommiss-Bibliothek Sr. Majestät des Kaisers.

[63] Dr. August Pfizmayer in der Einleitung seiner Ausgabe: «Die Gestalten der vergänglichen Welt in sechs Wandschirmen» (Wien, 1847).

Cicero Arabisch.

Cicero Persisch.

Mittel Arabisch.

Mittel Persisch.

قال الاصمعي و لم يزالوا سايرين ثلاثة ايام
و في اليوم الرابع لما يريده الله تعالى من سعادة
عنتر انه عدل من الطريق و قصد الى وادي
عميق فنظر الى فارسين متقاتلين فحرك عنتر
اليهم حتي قرب منهم وصاح فيهم علي مهلكم
يا وجوه العرب لا تخافا علي انكم من اهل
الرتب خبروني عن قتالكم لاي سبب قال.

Tertia Arabisch.

Tertia Persisch.

الرتب خبروني عن قتالكم لاي سبب
قال الراوي فلما سمع الفارسان كلام عنتر
افترقوا عن القتال و الحرب والنزال و سار
احدهم اليه و دموعه جارية علي خديه وقال
لعنتر يا فارس العرب و يا كريم النسب انا.

Mittel Syrisch Nro. 1.

Mittel Syrisch Nro. 2.

10

Nr. 73. Aus dem »Abdruck der Schriften in der k. k. priv. und n. ö. Landschafts-Buchdruckerey des Anton Edlen von Schmid in Wien«. Nach dem Exemplare der k. k. Universitäts-Bibliothek in Wien.

Nr. 94. Satzprobe aus dem armenischen Missale der Mechitharisten. Nach dem Exempl. der Mechitharisten-Congregation in Wien. (Verkl.

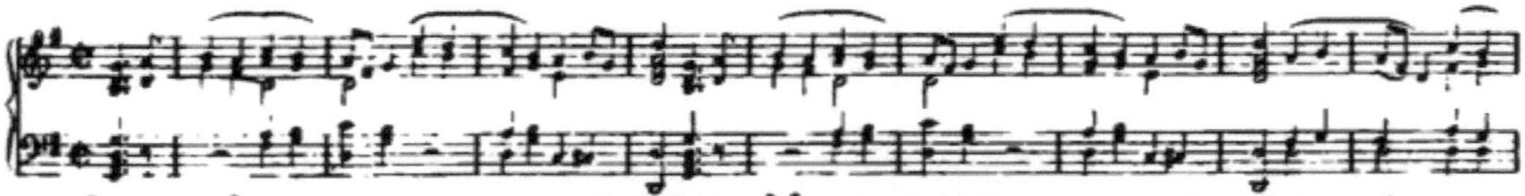

千所遺迹長如天

الاثر الجليل الذي احدثته ليكن دائماً كالافلاك

این اثر مبارک که احداث کرده تو است جاوید
آسمان بر قرار باد

بو احداث ایتدوككك اثر جليل كوك كبي دائم اوله

הזכרון אשר הכינות יהיה
איתן כשמים

Possa il monumento da te eretto esser perenne al pari dell' Empireo.

Das Denkmal, welches du errichtet, sei so dauernd als der Himmel.

Az emlék, mellyet te emeltél, legyen olly tartós, mint az ég!

Τὸ μνημεῖον, τὸ ὁποῖον ἔστησας, εἴθε νὰ εἶναι αἰώνιον ὡς ὁ οὐρανός!

Τὸ μνημεῖον ὃ κατέστησας ἔστω αἰώνιον ὡς ὁ οὐρανός.

Ať pomník tebou vystavený trvá věčně jak nebesa.

Pomnik, który wystawił, niech trwa wiecznie jak niebiosa.

Spomenik, ki si ga ti postavil, naj stoji kot nebesa.

4. u. 5. Jahrh. Monumentum quod exstruxisti sit perenne ut coelum.
6.–9. " Monumentum quod exstruxisti sit perenne ut coelum.
9.–10. " Monumentum quod exstruxisti sit perenne ut coelum.
10. Jahrhund. Monumentum quod exstruxisti sit perenne ut coelum.
11. " Monumentum quod exstruxisti sit perenne ut coelum.
12. Jahrhund. Monumentum quod exstruxisti sit perenne ut coelum.
12. u. 13. Jahrh. Monumentum quod exstruxisti sit perenne ut coelum.
13.–14. " Monumentum quod exstruxisti sit perenne ut coelum.
15. Jahrhund. Monumentum quod exstruxisti sit perenne ut coelum.
Gutenbergschr. Monumentum quod exstruxisti sit perenne ut coelum.
16. Jahrhundert Monumentum quod exstruxisti sit perenne ut coelum.

Nr. 95. Satzprobe aus Auer's polygraphischem Apparate. Nach dem Exemplare in der k. k. Universitäts-Bibliothek in Wien.

Reinheit des Zuges und echt orientalischem Schwunge. Ein kleines Bild von den Schriften der k. k. Hof- und Staatsdruckerei gibt die hier reproducierte Schriftenprobe aus Auers «polygraphischem Apparate» (siehe Nr. 95).

Unter den fremdsprachlichen Alphabeten, wie sie in der Staatsdruckerei angefertigt wurden, ist eines der interessantesten das japanische. Dasselbe wurde unter der Leitung des Dr. August Pfizmayer hergestellt, wobei nicht geringe Schwierigkeiten zu überwinden waren. Diese «japanischen Typen waren nämlich, da außerhalb Japan noch niemals, in Japan aber nur auf dem Wege der Xylographie bisher Japanisch gedruckt wurde, die ersten, welche überhaupt existierten. Sie wurden genau nach den japanischen Mustern gebildet, denen sie, einzeln genommen, in jeder Hinsicht gleichzuachten sind. Da es jedoch mit besonderen Schwierigkeiten verbunden war, aus einer mit der Handschrift ganz identischen und aus zusammenhängenden Zügen bestehenden Schriftgattung bewegliche Typen zu bilden», so darf es nicht auffallen, dass bei den Verbindungsstrichen noch manche Ungleichheiten vorkommen (siehe Nr. 96). Es war somit dem Herausgeber wie der Druckerei keine leichte Aufgabe gestellt, diese japanischen Charaktere in ihren arabeskenartigen Verschlingungen, diese Illustrationen mit den eigenartigen Gesichtsbildern, Trachten und Gebäuden nach dem Originale möglichst getreu wiederzugeben.

Ohne Zweifel zeigt die Herstellung wie die typographische Ausstattung der fremdsprachlichen Werke, insbesondere jener in den orientalischen Sprachen, eine solche Mannigfaltigkeit und Vollendung, dass die Wiener Buchdrucker auf diese Zweige mit Befriedigung, ja mit Stolz hinweisen können. Dieselben haben ihnen auch im Auslande unter Fachgenossen wie in der gelehrten Welt viele Anerkennung verschafft, und der Ruhmesglanz, der bei der ersten Londoner Ausstellung über den Werken der Staatsdruckerei erstrahlte, hat nicht wenig die Aufmerksamkeit weiterer Kreise auch den Wiener Buchdruckern und ihrer Kunst zugewendet.

Überblicken wir die Leistungen der hervorragenderen Wiener Officinen überhaupt in diesem Zeitraume, so zeigen sich uns im Vergleiche mit jenen des früheren mehrfache Verschiedenheiten, die in der Entwickelung typographischer Einzelheiten, in Erfindungen, in künstlerischen Anschauungen und Neuerungen sowie in literarischen Bedürfnissen begründet sind. Das sozusagen typographische Kleid der Bücher ist das einfach bürgerliche, wie ja die Gesellschaft selbst damals eine einfach bürgerliche war. Die der Renaissance entlehnten oder im Barockstil gehaltenen Kopfleisten, Initialen und Schlussvignetten fehlen, und wenn schon ein derartiger decorativer Schmuck, eine typographische Ornamentik, irgendwo angewendet wird, so ist alles so einfach, so trocken, so aller Poesie bar, wie die Zeit selbst. Dagegen lag das Schwergewicht in der Herstellung eines besseren Satzes, in der stricteren Beachtung typographischer Normen, durch welche namentlich die größeren Officinen mit ihren Hauptwerken sich hervorthaten. Was die Form und den Schnitt der Type, die Seele des Buchdruckes, betrifft, was auf die Symmetrie der einzelnen Typengattungen, welche im Satze verwendet wurden, Bezug hat: auf alles dies verwendete man viele Sorgfalt. Ein schönes Beispiel hiefür ist die bei Degen gedruckte Ausgabe der «Pharsalia» des M. Annaeus Lucanus. Auf der Leipziger Ostermesse des Jahres 1811 ward sie auch von allen Seiten bewundert und als das vollendetste und beste in dieser Richtung hingestellt (siehe Nr. 97). Wir könnten noch manche Beispiele von Degen, Strauß, Schmid, Sollinger, Gerold, den Mechitharisten, besonders aber von der Staatsdruckerei anführen. Die Vorzüge der Strauß'schen Officin bezüglich Satz und Druck recht zu würdigen, ist eine dankbare Aufgabe. Sie kennzeichnen so recht die ehrliche und tüchtige Leistung, wie sie daselbst in hervorragender Weise zu Tage tritt. Ein bedeutendes Werk nach den dabei verwendeten Typen, nach der Anordnung des Satzes und der Sorgfalt des Druckes ist wohl die daselbst gedruckte große Ausgabe der «Concordanzen» (Concordantiae), nach der Vulgata vom Cardinal Hugo auf Befehl Papst Sixtus V. veranstaltet (siehe Nr. 98). Eine Specialität der damaligen Wiener Drucke sind auch die lateinischen Missalbücher der Mechitharisten, auf welche dieselben eigene Privilegien besaßen. Dieser Missaldruck, wie wir ihn z. B. in dem dem Kaiser von Österreich gewidmeten Prachtexemplare vor uns haben (siehe Nr. 99), kann füglich dem besten an die Seite gestellt werden, was überhaupt seit der classischen Zeit des Buchdruckes in dieser Gattung Drucke geleistet wurde. Ein hieher gehöriges Werk von gleichem Charakter und

Nr. 96. Seitenprobe aus »Sechs Wandschirme in den Gestalten der vergänglichen Welt«. Nach dem Exemplare in der k. k. Universitäts-Bibliothek in Wien.

Talem fama canit tumidum super aequora Xerxem
Construxisse vias, multum cum pontibus ausus,
Europamque Asiae, Sestonque admovit Abido,
Incessitque fretum rapidi super Hellesponti,
Non Eurum, Zephyrumque timens: cum vela, ratesque
In medium deferret Athon. Sic ora profundi
Arctantur casu nemorum: tunc aggere multo
Surgit opus, longaeque tremunt super aequora turres.
Pompejus tellure nova compressa profundi
Ora videns, curis animum mordacibus angit,
Ut reseret pelagus, spargatque per aequora bellum.
Saepe Noto plenae, tensisque rudentibus actae,
Ipsa maris per claustra rates fastigia molis
Discussere salo, spatiumque dedere carinis,
Tortaque per tenebras validis balista lacertis,
Multifidas jaculata faces. Ut tempora tandem
Furtivae placuere fugae, ne litora clamor
Nauticus exagitet, neu buccina dividat horas,
Neu tuba praemonitos perducat ad aequora nautas,
Praecepit sociis. Jam coeperat ultima Virgo

K 2

Nr. 97. Satzprobe aus ›Annaei Lucani Pharsalia‹. Nach dem Exemplare in der Familien-Fideicommiss-Bibliothek Sr. Majestät des Kaisers.

Nr. 98. Satzprobe aus «Sacrorum Bibliorum vulgatae editionis concordantiae». Nach dem Exemplare in der Familien-Fideicommiss-Bibliothek Sr. Majestät des Kaisers.

Aliam mediam partem cum ipsa sinistra ponit super Patenam, et dextera tenens particulam super Calicem, sinistra Calicem, dicit:

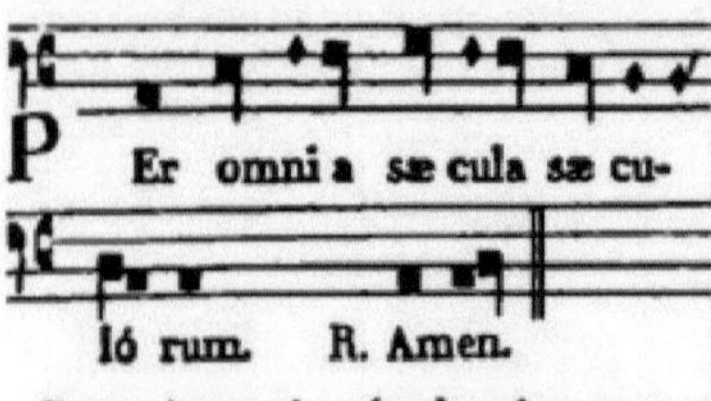
P Er omni a sæ cula sæ cu-
ló rum. R. Amen.

Cum ipsa particula signat ter super Calicem, dicens:

Pax ✠ Dó mi ni sit ✠ sem-
per vo bís ✠ cum.
R. Et cum spí ri tu tu o.

Particulam ipsam immittit in Calicem, dicens secrete:

HÆc commíxtio et consecrátio Córporis et Sánguinis Dómini nostri Jesu Christi, fiat accipiéntibus nobis in vitam ætérnam. Amen.

cáta mundi, miserére nobis.

Agnus Dei, qui tollis peccáta mundi, miserére nobis.

Agnus Dei, qui tollis peccáta mundi, dona nobis pacem.

In Missis pro Defunctis non dicitur miserere nobis: sed ejus loco, dona eis réquiem, et in tertio additur sempitérnam.

Deinde junctis manibus super Altare, inclinatus dicit sequentes Orationes.

DOmine Jesu Christe, qui dixísti Apóstolis tuis: Pacē relínquo vobis, pacē meam do vobis: ne respícias peccáta mea, sed fidem Ecclésiæ tuæ: eámque secúndum voluntátē tuam pacificáre et coadunáre dignéris. Qui vivis et regnas Deus per ómnia sæcula sæculórū. Amen.

Nr. 99. Satzprobe aus dem »Missale Romanum« . . . ex typographia patrum Mechitaristarum. Nach dem Exemplare in der Familien-Fideicommiss-Bibliothek Sr. Majestät des Kaisers. (Verkleinert.)

ähnlicher Bestimmung ist das aus der k. k. Hof- und Staatsdruckerei hervorgegangene «Handbrevier von Miramar», von G. Račić im Auftrage Sr. kaiserlichen Hoheit des Erzherzogs Ferdinand Maximilian (nachmaligen Kaisers von Mexico) zusammengestellt. Alles, was man an einen vorzüglichen Text, an Schärfe und Schönheit der Typen, an Reinheit und Gleichmäßigkeit des Druckes und Güte des Papieres als Maßstab anlegen muss, ist bei diesem Werke zu finden (siehe Nr. 100). Dasselbe dürfte nur in zwei Exemplaren gedruckt worden sein.[136]

Die heilige Charwoche.

Die Palmweihe am Palmsonntage.

Der Priester begibt sich nach der gewöhnlichen Besprengung mit geweihtem Wasser im kleinen Chormantel an den Altar, wo zur Epistelseite die Palm- oder Oelzweige bereit liegen. Der Chor singt indessen folgende Antiphon:

Antiphona.	Antiphon.
Hosánna filio David: benedíctus, qui venit in nómine Dómini. O Rex Israël: Hosánna in excélsis.	Heil sei dem Sohne David's! gebenedeiet sei, der in dem Namen des Herrn kommt! O König Israel's! Ehre sei in der Höhe!
Dóminus vobíscum.	Der Herr sei mit euch!
℟. Et cum spíritu tuo.	℟. Und mit deinem Geiste!
Oratio.	**Gebet.**
Orémus.	Lasset uns beten!
Deus, quem dilígere et amáre justítia est; ineffábilis grátiae tuae in nobis dona multíplica: et qui	O Gott! den zu lieben und dem sich hinzugeben Gerechtigkeit ist; vervielfältige in uns die Gaben Deiner unaussprech-

Nr. 100. Satzprobe aus dem «Brevier von Miramar». Nach dem Exemplare der k. k. Hof- und Staatsdruckerei.

Im mathematischen Satze haben die Officinen Strauß und Gerold und die Staatsdruckerei vorzügliche Leistungen zu verzeichnen; namentlich erlangte die Gerold'sche Officin hierin, wie die zwei reproducierten Beispiele (siehe Nr. 101 und Nr. 102) beweisen, einen ganz besonderen Ruf. Der Ziffernsatz ist in den Intervallen von besonderer Gleichmäßigkeit, der Satz als solcher vortrefflich angeordnet, die Zahltype rein und scharf geschnitten.

[136] Merkwürdigerweise besitzen nicht einmal die Hofbibliothek und die kaiserliche Familien-Fideicommiss-Bibliothek ein Exemplar; auch die Universitätsbibliothek hat es nicht in ihrem Bücherschatze.

′	″	4°	Diff.	5°	Diff.	6°	Diff.	7°	Diff.	″	′
20	0	8·87828·54	2777	8·96824·87	2255	9·04262·40	1897	9·10599·24	1636	0	40
	10	·87856·31	2776	·96847·42	2254	·04281·46	1896	·10615·60	1635	50	
	20	·87884·07	2774	·96869·96	2252	·04300·42	1895	·10631·95	1634	40	
	30	·87911·81	2773	·96892·48	2252	·04319·37	1894	·10648·29	1634	30	
	40	·87939·54	2770	·96915·00	2250	·04338·31	1893	·10664·63	1634	20	
	50	·87967·24	2769	·96937·50	2249	·04357·24	1893	·10680·97	1632	10	
21	0	·87994·93	2767	·96959·99	2247	·04376·17	1891	·10697·29	1632	0	39
	10	·88022·60	2766	·96982·46	2247	·04395·08	1891	·10713·61	1632	50	
	20	·88050·26	2763	·97004·93	2245	·04413·99	1890	·10729·93	1630	40	
	30	·88077·89	2762	·97027·38	2245	·04432·89	1889	·10746·23	1630	30	
	40	·88105·51	2760	·97049·83	2243	·04451·78	1888	·10762·53	1630	20	
	50	·88133·11	2758	·97072·26	2242	·04470·66	1888	·10778·83	1629	10	
22	0	·88160·69	2756	·97094·68	2240	·04489·54	1886	·10795·12	1628	0	38
	10	·88188·25	2755	·97117·08	2240	·04508·40	1886	·10811·40	1628	50	
	20	·88215·80	2753	·97139·48	2238	·04527·26	1885	·10827·68	1627	40	
	30	·88243·33	2751	·97161·86	2238	·04546·11	1884	·10843·95	1626	30	
	40	·88270·84	2750	·97184·24	2236	·04564·95	1883	·10860·21	1626	20	
	50	·88298·34	2747	·97206·60	2235	·04583·78	1883	·10876·47	1625	10	
23	0	·88325·81	2746	·97228·95	2233	·04602·61	1882	·10892·72	1625	0	37
	10	·88353·27	2745	·97251·28	2233	·04621·43	1880	·10908·97	1624	50	
	20	·88380·72	2742	·97273·61	2231	·04640·23	1880	·10925·21	1623	40	
	30	·88408·14	2741	·97295·92	2231	·04659·03	1880	·10941·44	1623	30	
	40	·88435·55	2739	·97318·23	2229	·04677·83	1878	·10957·67	1622	20	
	50	·88462·94	2737	·97340·52	2228	·04696·61	1877	·10973·89	1621	10	
24	0	·88490·31	2735	·97362·80	2227	·04715·38	1877	·10990·10	1621	0	36
	10	·88517·66	2734	·97385·07	2225	·04734·15	1876	·11006·31	1620	50	
	20	·88545·00	2732	·97407·32	2225	·04752·91	1875	·11022·51	1620	40	
	30	·88572·32	2731	·97429·57	2223	·04771·66	1874	·11038·71	1619	30	
	40	·88599·63	2728	·97451·80	2223	·04790·40	1874	·11054·90	1618	20	
	50	·88626·91	2727	·97474·03	2221	·04809·14	1872	·11071·08	1618	10	
25	0	·88654·18	2725	·97496·24	2220	·04827·86	1872	·11087·26	1617	0	35
	10	·88681·43	2724	·97518·44	2218	·04846·58	1871	·11103·43	1617	50	
	20	·88708·67	2721	·97540·62	2218	·04865·29	1870	·11119·60	1616	40	
	30	·88735·88	2720	·97562·80	2217	·04883·99	1870	·11135·76	1615	30	
	40	·88763·08	2719	·97584·97	2215	·04902·69	1868	·11151·91	1615	20	
	50	·88790·27	2716	·97607·12	2214	·04921·37	1868	·11168·06	1614	10	
26	0	·88817·43	2715	·97629·26	2213	·04940·05	1867	·11184·20	1613	0	34
	10	·88844·58	2713	·97651·39	2212	·04958·72	1866	·11200·33	1613	50	
	20	·88871·71	2712	·97673·51	2211	·04977·38	1865	·11216·46	1613	40	
	30	·88898·83	2709	·97695·62	2210	·04996·03	1865	·11232·59	1611	30	
	40	·88925·92	2708	·97717·72	2208	·05014·68	1863	·11248·70	1611	20	
	50	·88953·00	2707	·97739·80	2208	·05033·31	1863	·11264·81	1611	10	
27	0	·88980·07	2704	·97761·88	2206	·05051·94	1862	·11280·92	1610	0	33
	10	·89007·11	2703	·97783·94	2205	·05070·56	1861	·11297·02	1609	50	
	20	·89034·14	2702	·97805·99	2204	·05089·17	1861	·11313·11	1609	40	
	30	·89061·16	2699	·97828·03	2203	·05107·78	1859	·11329·20	1608	30	
	40	·89088·15	2698	·97850·06	2202	·05126·37	1859	·11345·28	1607	20	
	50	·89115·13	2696	·97872·08	2200	·05144·96	1858	·11361·35	1607	10	
28	0	·89142·09	2695	·97894·08	2200	·05163·54	1857	·11377·42	1606	0	32
	10	·89169·04	2693	·97916·08	2198	·05182·11	1857	·11393·48	1606	50	
	20	·89195·97	2691	·97938·06	2198	·05200·68	1855	·11409·54	1605	40	
	30	·89222·88	2689	·97960·04	2196	·05219·23	1855	·11425·59	1604	30	
	40	·89249·77	2688	·97982·00	2195	·05237·78	1854	·11441·63	1604	20	
	50	·89276·65	2686	·98003·95	2194	·05256·32	1853	·11457·67	1603	10	
29	0	·89303·51	2685	·98025·89	2192	·05274·85	1853	·11473·70	1603	0	31
	10	·89330·36	2682	·98047·81	2192	·05293·38	1851	·11489·73	1602	50	
	20	·89357·18	2682	·98069·73	2191	·05311·89	1851	·11505·75	1601	40	
	30	·89384·00	2679	·98091·64	2189	·05330·40	1850	·11521·76	1601	30	
	40	·89410·79	2678	·98113·53	2188	·05348·90	1849	·11537·77	1600	20	
	50	·89437·57	2676	·98135·41	2188	·05367·39	1849	·11553·77	1600	10	
′	″	85°	Diff.	84°	Diff.	83°	Diff.	82°	Diff.	″	′

Log. Cos.

Nr. 105. Seitenprobe aus «Tables des Logarithmes contenant les logarithmes des nombres» etc. Nach dem Exemplare in der kaiserl. Familien-Fideicommiss-Bibliothek Sr. Majestät des Kaisers.

Beobachtungen an dem Mittagsrohre.

1821	Gestirn	I	II	III	IV	V	II	Anmerkungen.
Juny 7	O Virginis....	....	35 46."0	36 1."3	36' 16."2	36' 31."3	13	
	ν Bootis....	37' 50."0	38 6.0	38 21.5	38 37.0	38 52.5	13	
	μ Bootis......	39 56.5	40 11.5	40 27.0	40 42.3	40 57.5	13	
	α Bootis......	45 14.0	45 30.0	45 46.0	46 1.5	46 16.9	13	
	l Bootis	47 25.5	47 43.0	47 59.5	48 16.5	48 33.0	13	
9	γ Virginis	51 59.0	52 14.2	52 29.0	52 44.0	52 58.5	13	Den 9. Juny. α Capric. } β Aquilae } = m — 1,"39 γ Aquilae + 25"09 α Aquilae 24.98 β Aquilae 25.11 α α Capricorni 25.11 α Cygni 25.18 19h 50' 1 m + 25"08 Tägl. Voreilung vom 7. bis 9. Juny 0"420.
	648 Virginis...	56 21.5	56 37.0	56 52.0	57 7.0	57 22.8	13	
	ν Sagittarii....	55 9.0	55 25.5	55 41.0	55 57.0	....	18	
	ω Sagittarii....	58 30.5	58 46.5	....	59 18.0	59 34.0	18	
	B Aquilae	2 7.0	2 23.0	2 39.0	2 55.0	3 12.0	19	
	δ Sagittarii....	6 17.0	6 33.0	6 49.0	7 4.5	7 20.0	19	
	1. ω Aquilae...	8 33.0	8 48.5	9 3.3	9 18.5	9 33.5	19	
	1. ρ Sagitt. praec.	10 25.0	10 41.0	10 57.0	11 12.0	11 27.5	19	
	1. χ Sag. praec.	13 29.0	13 46.0	14 2.0	14 18.0	14 34.5	19	
	ι Aquilae......	15 37.2	15 52.2	16 7.0	16 22.0	16 36.5	19	
	ε Aquilae......	19 6.5	19 22.0	19 37.0	19 51.5	20 6.0	19	
	β Cygni praec..	22 34.0	22 51.0	23 8.0	23 24.5	23 41.0	19	
	ι Antinoi......	....	26 39.8	26 55.0	27 9.3	27 24.5	19	
	σ Aquilae......	29 30.0	29 45.5	30 0.0	30 15.0	30 29.5	19	
	α Sagittae......	32 12.5	32 28.5	32 44.0	32 59.5	33 15.0	19	
	f Sagittarii....	35 2.5	35 18.5	35 34.0	35 50.0	36 5.5	19	
	γ Aquilae......	36 53.2	37 8.5	37 23.5	37 38.5	37 53.5	19	
	α Aquilae......	41 11.5	41 26.5	41 41.5	41 56.5	42 11.5	19	
	κ Antinoi......	....	....	43 0.0	43 14.5	43 29.4	19	
	β Aquilae......	45 39.5	45 55.0	46 10.0	46 25.0	46 39.5	19	
	ο Cygni........	48 36.5	48 55.0	49 13.0	49 31.0	49 49.0	19	
	1. L Sagittarii..	52 2.0	52 19.5	52 37.0	52 55.0	53 12.0	19	
	ν Aquilae......	54 31.8	54 47.0	55 2.0	55 17.0	55 31.5	19	
	ι Vulpis......	58 17.5	58 33.5	58 50.0	59 6.0	59 22.0	19	
	3 Antinoi......	1 13.0	1 28.0	1 43.0	1 57.3	2 12.0	20	
	P Aquilae	3 7.9	3 23.0	3 38.0	3 52.8	4 7.0	20	
	ψ Aquilae......	5 7.0	5 23.0	5 37.5	5 53.0	6 8.0	20	
	2. α Capricorni	7 15.2	7 31.0	7 46.0	8 1.3	8 16.0	20	
	β Capricorni...	9 52.0	10 7.5	10 22.5	10 38.0	10 53.0	20	
	γ Cygni	14 47.0	15 6.4	15 25.5	15 45.0	16 4.0	20	
	ρ Capricorni...	17 46.0	18 2.0	18 18.0	18 33.5	18 49.0	20	
	G Aquilae	19 26.0	19 41.5	19 56.0	20 11.0	20 25.5	20	
	ι Cygni........	21 8.0	21 25.5	21 42.5	21 59.5	22 16.2	20	
	α Delphini....	23 47.5	24 3.0	24 18.0	24 33.0	24 48.0	20	
	δ Delphini....	26 4.0	26 19.0	26 34.5	26 50.0	27 5.0	20	

Nr. 102. Satzprobe aus den »Annalen der k. k. Sternwarte in Wien«. (Wien 1821.) Nach dem Exemplare in der Familien-Fideicommiss-Bibliothek Sr. Majestät des Kaisers.

Damit hätten wir an mehreren bedeutenden Beispielen gezeigt, wie die genannten Officinen, die, darnach zu urtheilen, auch mit dem besten Materiale ausgerüstet waren, ihre Aufgabe zu ihrer und des gesammten Wiener Buchdruckes Ehre gelöst haben.

Die *Kupferstecherkunst* stand ehedem in weit näherem Zusammenhange mit der Buchdruckerei, als jetzt. Die Initialen, Kopfleisten und Schlussvignetten, oder gar ganze Titelblätter, in Kupfer gestochen, wie sie namentlich in den Prachtwerken eines Kalliwoda, Ghelen, Trattner und Kurzböck vorkommen, waren mit ganz geringen Ausnahmen gar nicht mehr üblich. Als selbständige Illustration tauchte der Kupferstich nur in den Almanachen auf, doch gelangte hier auch schon der Stahlstich zu häufigerer Verwendung. Zu den in jener Zeit hervorragenden Kupferstechern, welche auch im kleinen Illustrationsfache Vorzügliches leisteten, gehören Michael Benedetti und sein Sohn Thomas,[637] Johann Georg Mannsfeld,[638] Quirin Mark, Friedrich John[639] und Josef Axmann.[640] Von großer Wichtigkeit für die Kupferstecher ist bekanntlich der Drucker ihrer Platten, da dieser, wenn er minder verlässlich ist, schöne und gut gestochene Platten leicht verderben und unbrauchbare Abdrücke liefern kann, daher akademische Künstler ihre Platten meistens selbst druckten. Im Jahre 1821 gab es schon dreißig Kupferdrucker. Als besonders geschickte werden unter diesen bemerkt: Jakob Landerer, Anton und Johann Kargl[641] und Jakob Nitsch, vor allen aber Anton Bix.[642]

In einem noch unbedeutenderen Zusammenhange mit der Buchdruckerei befand sich die eben in der Entwicklung begriffene Kunst der *Steindruckerei* oder *Lithographie*. Eine Geschichte dieses von Alois Senefelder[643] erfundenen Kunstzweiges und speciell seiner Schicksale in Wien muss selbstverständlich in diesem Werke entfallen; es kann davon nur so viel kurz berührt werden, als die Lithographie gerade wie der Kupferdruck, und erstere nicht einmal in so engen Beziehungen wie dieser zur Buchdruckerei, als ein decoratives Moment bei Titelblättern und verschiedenen Arten der Illustrationen, als Landkarten, Noten, Porträts, Wappen u. s. w., in Beziehung steht und deshalb auch von Buchdruckern geübt wurde. Im Jahre 1816 war Karl Gerold um die Bewilligung eingeschritten, eine eigene Steindruckerei zu errichten — die erste in Österreich — wobei Alois Senefelder, der selbst nach Wien gekommen war, ihm zur Seite stand. Das erste mit Lithographien ausgestattete Verlagswerk dürften die noch in jenem Jahre erschienenen «Wanderungen durch Salzburg, Berchtesgaden und Österreich» von Vierthaler (2 Bde.) gewesen sein.[644] Doch blieb die Lithographie in Wien anfangs zurück und entwickelte sich nur langsam, während sie in Baiern zur selben Zeit, namentlich für wissenschaftliche Zwecke, schon außerordentliche Fortschritte aufzuweisen hatte. In Wien gelangte nur das «Lithographische Institut» noch zu einiger Bedeutung.[645]

[637] Über beide siehe v. Wurzbach, Biographisches Lexikon, I. 269 f.

[638] L. c. XVI. 396 f. Der größte Theil der Arbeiten des Johann Georg Mannsfeld befindet sich in Taschenbüchern und Almanachen.

[639] L. c. X. 235 ff. Seine schwierige Technik bestand in der englischen punktirten Manier.

[640] L. c. I. 96 f. Von ihm sind Kupferstiche in Hormayrs «Denkwürdigkeiten von Wien» und in dessen «Taschenbuch».

[641] Anton Kargl war Universitäts-Kupferdrucker (Reichs-Finanzministerial-Archiv, Niederösterreichische Commercial-Commission, Fasc. Nr. [illegible]). Sein Sohn Johann, ursprünglich Vergolder, lernte dann bei seinem Vater und besuchte nebenher die Akademie der bildenden Künste, die ihm ein vorzügliches Zeugnis ausstellte. Er unterstützte seinen siebzigjährigen Vater als Gehilfe und erhielt 1823 im Recurswege eine Concession. (L. c.)

[642] Anton Bix, ein vorzüglicher Künstler in seinem Fache, war Kanzleidiener der geheimen Cabinetskanzlei. Im Mai 1820 ersuchte er, dass er in seinen dienstfreien Stunden für einige der besseren Kupferstecher Wiens Abdrücke machen dürfe. Der Minister der auswärtigen Angelegenheiten, Fürst Metternich, empfahl dieses Gesuch, und auch von mehreren Mitgliedern der Akademie der bildenden Künste wurde bestätigt, dass er der Einzige in Wien sei, welcher die Kunstfertigkeit besitze, sehr feine Abdrücke zu verfertigen. Schon 1810 hatte Bix von der niederösterreichischen Regierung eine Kupferdruckerbefugnis erhalten, selbe aber deshalb zurückgelegt, weil er mittlerweile Kanzleidiener geworden war. — Bix betrieb den Kupferdruck aus besonderer Vorliebe und hatte sich in Paris, wo diese Kunst den höchsten Grad der Vollkommenheit erreicht hatte, eine solche Fertigkeit zu eigen gemacht, dass ihm mehrere akademische Mitglieder (die akademischen Kupferstecher *Friedrich Leybold*, kaiserlicher Rath und Professor, *Blasius Höfel*, *Friedrich John*, *Josef Klinger*, *Paul Gleditsch*, *Johann Steinmüller*) das Zeugnis gaben, dass er ohne Vergleich der beste Kupferdrucker Wiens sei, dem allein Kunstwerke höherer Art anvertraut werden können, und dass es für den guten Fortgang dieser Kunst sehr nachtheilig wäre, wenn derselbe nicht verwendet werden dürfte, da das Talent eines Kupferdruckers, welcher der höheren Kunst genügt, äußerst selten sei und nicht nur eine große Praxis, sondern auch angeborene Anlagen erfordere. (L. c. Fasc. Nr. 40.)

[643] Über Alois Senefelder siehe biographisch geschichtlicher Abriss in seinem «Lehrbuch der Steindruckerei», dann Friedrich Knauth und Franz Maltz, «Handbuch für Lithographen und Steindrucker» (Stuttgart, 1853), S. 1 bis 19. — Wurzbach, Biographisches Lexikon, XXXIV. 103 f. — Gräffer, Conversationsblatt, 1820.

[644] Eine sonstige lithographische Incunabel ist die «Beschreibung des Ritterlichen Wildensteiner Bankets so am 4. Weinmonats Tag 1818 auf der blauen Erde, in der uralten Ritterburg ob Seebenstein zur Feier des [illegible] Namensfestes unsers Allerdurchlauchtigsten Kaisers und Königs Franz I. gehalten worden vom Ritter Hildebrand auf der Quick». (Nur von einem Steinschreiber ausgegeben.) 24 Seiten lithographischer Text, Titelbl. und 16 Bl. lithographische Bilder. 4°.

[645] Besitzer desselben war Graf Adolf von Pötting, der im Jahre 1820 auch ersuchte, seinem Unternehmen die Benennung «k. k. Hof-Steindruckerei» beilegen zu dürfen. Nach dem Berichte der niederösterreichischen Regierung hatte das lithographische Institut einen hohen Grad der Vollkommenheit

Während der Kupferstich für die Buch-Illustration, wie sie früher üblich war, gar keine erhebliche Verwendung mehr fand, auch sonst seine Bedeutung und sein Gebiet sehr eingeschränkt waren und durch die aufstrebende Lithographie noch mehr davon verlor, lebte in Deutschland durch die beiden Unger an der Kunstakademie in Berlin, vornehmlich aber durch Friedrich Wilhelm Gubitz, die alte deutsche Kunst des *Holzschnittes* wieder auf.

Wie derselbe im XVI. und noch im XVII. Jahrhunderte in Wien zu Zwecken der Buch-Illustration von den Buchdruckereien gepflegt, wie er, im folgenden Jahrhunderte durch den Kupferstich eingeengt, allmählich verflachte und endlich verfiel, ist bereits aus früheren Capiteln bekannt. In den ersten Jahrzehnten unseres Jahrhunderts finden wir primitive Erzeugnisse des Holzschnittes von sogenannten Modell- oder Bildstechern nur mehr in billigen und schlecht gedruckten Volksschriften, in Traumbüchern, Bänkelliedern, Bauernkalendern u. dgl. m.

Es gewährt nun vieles Interesse, die Motive und Wege kennen zu lernen und zu verfolgen, welche Blasius Höfel, der vom Hause aus mit Leib und Seele Kupferstecher war und in den letzten Jahren seines Lebens nach längerer Unterbrechung wieder zu der ursprünglich erlernten und erfolgreich geübten Kunst des Kupferstiches zurückkehrte, dazu gebracht wurde, der Vater des Holzschnittes in Österreich zu werden.[416] Höfel hatte mit feinem Verständnisse den Rückgang des Kupferstiches und das Wesen und die Beziehungen der neu aufstrebenden Lithographie zu jenem richtig erkannt. Am klarsten war er sich über die Thatsachen und ihren Connex, weniger klar über die Ursachen sowohl als über die Consequenzen in der Zukunft. Da unternahm er im Jahre 1829 eine Art Informationsreise nach Deutschland, die ihn belehren sollte, «ob man fürderhin noch Kupferstecher im großen Stile bleiben kann oder nicht». Die Antwort ergab sich mit einem stricten «Nein». Da er aber, wie er schon früher selbst erklärt hatte, «Lithograph» nicht werden konnte und wollte, was nun? In Berlin hatte Höfel durch den Verkehr mit Gubitz nicht nur den deutschen, sondern auch den englischen Holzschnitt kennen gelernt, von deren Leistungen er ganz überrascht war. Dadurch schon, mehr aber noch durch die Aufmunterungen des Ästhetikers C. A. Böttiger in Dresden, wurde Höfel nach seiner Rückkehr bewogen, die ersten Versuche im Holzschnitte zu machen,[417] ohne aber das Wesen desselben und seine Bedeutung für die Zukunft zu erkennen; ihm war er immer nur Mittel zum Zwecke. Der Holzschnitt sollte wieder der Kupferstecherei die Wege bahnen, «den Schüler der Holzschneidekunst, wie in allerfrühester Zeit, als sie blühte, mit großer Vorpraktik zu derselben führen». Jene Versuchsblätter sind verloren gegangen, und so ist der Holzschnitt: «Zuflucht zum Kreuze (ein Querstück, 12·8 Ctm.). Versuch im Holzschnitt von Blasius Höfel» als der erste Holzschnitt in Österreich anzusehen. Zwei seiner Holzschnitte sind insoferne von besonderem Interesse, als sie uns zeigen, wie er einerseits, «um den scharfen Schnitt des Grabstichels wiederzugeben», das Holz behandelte, also im Schnitte desselben sich möglichst an die Manier des Kupferstiches anlehnte, und wie er anderseits, um die unendlich feinen Linien des Stahlstiches nachzuahmen, indem er auch diesen als Feind des Kupferstiches zu bekämpfen beabsichtigte, statt des Holzes in Elfenbein schnitt. Jener Holzschnitt, eine der bewundernswertesten Arbeiten in diesem Kunstzweige überhaupt, ist «das alte

erreicht; die Abdrücke, darunter viele Porträts, wetteiferten an Reinheit und an Farben mit den alten Abdrücken und übertrafen selbst jene des Auslandes. Graf Pötting hatte ein Capital von 80,000 Gulden dazu verwendet und beschäftigte 15 Handarbeiter, 5 Aufsichts- und Handlungs-Individuen, einen Kalligraphen und 6 Akademiker, deren Besoldung bei 14.000 Gulden betrug; er versah mehrere bekannte Wiener Künstler mit Aufträgen und hatte bereits mehr als 25.000 Gulden Honorare bezahlt. Die Abdrücke wurden nach Polen, Russland, Dänemark und Frankreich versendet. Wie Schreiben der k. k. Wasserbau-Direction und der Präfectur der k. k. Hofbibliothek bezeugen, wirkte diese Anstalt für die Ausbildung mehrerer in wissenschaftlichen Ämtern angestellten Personen «wie auch zur Aufstellung von Denkmälern inländischen Kunstfleißes eifrig mit». Das Oberstkämmereramt hatte das Bedenken, dass aus der einer Privatanstalt beizulegenden Benennung «k. k. Hof» eine irrige Auslegung entstehen und zu Inconvenienzen umso leichter führen dürfte, als die k. k. Hof- und Staatsdruckerei soeben im Begriffe stünde, mit ihrem Unternehmen auch den Steindruck in Verbindung zu bringen. — Im Jahre 1823 legte Graf Pötting seine Befugnis zurück, um welche sich Ferdinand Graf Pálffy, der alle Utensilien und Vorräte schon angekauft hatte, bewarb. Bevor aber eine Entscheidung hierüber erfolgte, hatte er jene wieder an Therese Gräfin v. Trauttmansdorff verkauft, die nun um Verleihung einer Befugnis für ihre Person und um die Bewilligung, die alte Firma «Lithographisches Institut» beibehalten zu dürfen, einschritt. Infolge der Reverse und Hofbeschwerden der Kunsthändler zog sich die endgiltige Lösung zu Gunsten der Gräfin Trauttmansdorff bis zum October des Jahres 1826 hin. (Reichs-Finanzministerial-Archiv, Niederösterreichische Commercial-Commercien, 1821 bis 1830, Fasc. Nr. 40.)

[416] Vgl. den instructiven Aufsatz von Wendelin Boeheim in der «Österreichischen Kunstchronik», I. Jahrg. (1879), Nr. 5, 6, 8 und 10: «Zum fünfzigjährigen Jubiläum des Wiener Holzschnittes».

[417] Diese Proben, zwei kleine Bildchen, wurden in Wiener Neustadt, wo Höfel bekanntlich Professor an der Militär-Akademie war, auf einer «Correcturpresse» gedruckt, da der dortige Buchdrucker Lieberpraßl eine einzige, nahezu untaugliche Presse besaß und sich auf solchen Druck noch nicht verstand. (L. c. S. 87, Note 2.)

Weib» nach Waldmüller (siehe Nr. 103), gewidmet dem Staatskanzler Fürsten Metternich, der Elfenbeinschnitt hingegen ist eine Nachahmung des Stahlstiches: «Die siebente Plage in Ägypten» nach Le Keux und Martin, wozu Höfels Freund und College, Josef Eisler, den Rahmen gezeichnet hatte, der nach englischer

Nr. 103. «Altes Weib» von Waldmüller. Nach dem Holzschnitte von Blasius Höfel.

Punktiermanier in Letternblei geschnitten wurde (siehe Nr. 104). Höfels bester und schönster Schnitt ist wohl das Porträt des Oberstkämmerers Johann Rudolf Grafen von Czernin (in Punktiermanier), der von dem schon erwähnten Böttiger voll Enthusiasmus recensiert wurde und worin Höfel eine fremde Technik am wenigsten imitierte.

Wollte Höfel seiner Idee, dem Kupferstiche durch den Holzschnitt das Terrain angesichts der immer nachhaltiger auftretenden Lithographie zurückzuerobern, nicht etwa zu viele materielle Opfer bringen, so musste er theils billigere und einfachere Holzschnitte herstellen, die, auf die Menge berechnet, höheren Lohn abwarfen — und dadurch hoffte er auch der Lithographie leichter Concurrenz machen zu können —, theils durch neue Versuche und Manieren sich frische Absatzgebiete eröffnen. Er schnitt daher Soldatenbilder für Kinder, Kalenderrahmen, Heiligenbilder, betrieb auch seine Erfindung, den farbigen Holzschnitt (Chromoxylographie) mit der Farbendruckpresse herzustellen, weshalb er sich mit dem tüchtigen Buchdrucker J. P. Sollinger verbunden hatte und schloss mit Bäuerle einen fünfjährigen Contract ab, auf Grund dessen er diesem für seine Theaterzeitung vom Jahre 1834 ab jährlich 170 Holzschnitte liefern sollte. Der Kosten wegen gab Bäuerle schon nach einiger Zeit diese Richtung seiner Zeitschrift wieder auf; der Jahrgang 1834 ist reich illustriert, schwächer der folgende Jahrgang und im September 1836 hören Höfels Holzschnitte bereits ganz auf. Was den farbigen Holzschnitt aus jener Zeit betrifft, so besitzen wir in der «Madonna immaculata» in fünf Farben mit schwarzem Überdruck ein recht gelungenes Bild; auch ein Blatt aus einem Missale auf Goldgrund gehört hieher.

Nr. 104. «Die siebente Plage in Ägypten» nach le Keux und Martin von Blasius Höfel in Elfenbein gearbeitet. Nach dem Exemplare im Besitze des Dr. Anton Mayer.

Es wurde bereits in der Biographie des Blasius Höfel bemerkt, wie er dazu gebracht wurde, das Collard'sche Verfahren zur Erzeugung von Reliefbildern nachzuahmen. Das Resultat seiner Versuche bis zum Jahre 1835, wozu er sich mit Peter R. v. Bohr und Alois Reitzi verbunden hatte, ist das Werk: «Österreichs Ehrenspiegel», das bei J. P. Sollinger gedruckt wurde.

Die hier beigegebenen Reproductionen dieses so seltenen Werkes veranschaulichen uns ein Porträt, darstellend den Dichter und Bibliographen Michael Denis (siehe Nr. 105) und das Umschlagblatt nebst Einfassung, in Holz von Höfel geschnitten (siehe Nr. 106).

Als Höfel eine eigene Kunst- und Buchdruckerei eingerichtet hatte, betrieb er die Xylographie wohl nicht mehr als große Kunst, und zwar als eine nachbildende Kunst an und für sich mit bestimmter Tendenz, sondern verlegte sich, wie schon aus seinen Ankündigungen sich ergibt, auf das Illustrationsfach, auf die Kleinkunst, ohne dass aber bei den meisten Erzeugnissen derselben das künstlerische Moment fehlte. War er ja von Jugend an mit dem Geiste eines Künstlers begnadet, hatte eine tüchtige Fachbildung als solcher genossen und konnte daher auch als «Kunst- und Buchdrucker» den Künstler nicht verleugnen. In diese Zeit seiner Thätigkeit fällt die Entwicklung des farbigen Holzschnittes, wie auch jene des Relief- und sogenannten Congrevedruckes. Von den Farbendrucken nennen wir die «Alpenpflanzen» nach A. Hartinger und die «Madonna» nach Führich in 24 Farben auf Goldgrund in einem blass gehaltenen Rahmen.[118] Damals entstanden auch noch andere Schnitte nach Führich (siehe Nr. 107), die Schnitte der Steinle'schen Compositionen zu J. Görres' neuer Übersetzung der «Nachfolge Christi» von Thomas a Kempis (bei den Mechitharisten gedruckt), die Illustrationen zu den Legenden der Heiligen von Ladislaus Pyrker (nach Zeichnungen von Führich, Dobiaschofsky, Schaller und E. Geiger, 1842) und jene zu den «Evangelien», ebenfalls von Ladislaus Pyrker (die Zeichnungen von Josef Eisner) u. a. m.

[118] Führichs Carton wurde dem Glasgemälde von Geyling zu Grunde gelegt, das gegenwärtig in der Capelle des niederösterreichischen Landhauses sich befindet.

Höfel hatte auch, theils durch Erfahrung und eigene Überzeugung belehrt, theils auf Andrängen von einflußreicher Seite, eine Schule für Holzschnitt im Jahre 1834 in Wiener-Neustadt eingerichtet. Von seinen Schülern, deren etwa 18 waren, nennen wir zunächst Friedrich Exter als den bedeutendsten.[*18] Seine beiden schönen Holzschnitte: «Kaiser Josef II. an der Buchdruckerpresse» und «Kaiser Karl V. im Kloster St. Just als Uhrmacher» sind in weiten Kreisen bekannt. Was Exter als Vorstand der xylographischen Abtheilung der Staatsdruckerei und deren Entwicklung geleistet, entzieht sich hier unserer

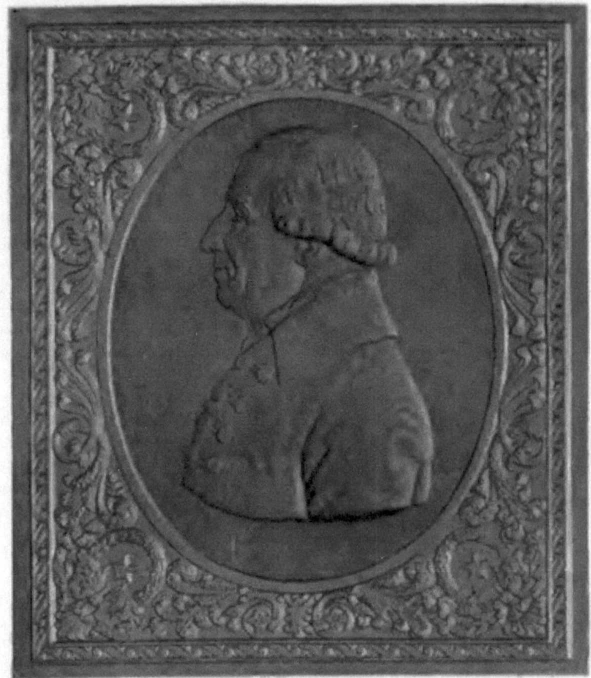

Nr. 105. Das Porträt des Michael Denis aus dem Werke: «Österreichs Ehrenspiegel». Nach dem Exemplare in der Bibliothek der k. k. Akademie der bildenden Künste.

Besprechung, was er als Künstler für den Wiener Holzschnitt geschaffen, erhält seinen Ruf für alle Zeiten. Exter war auch der Erfinder der Chromotypographie oder der Kunst, durch die Buchdruckerpresse eine Malerei oder Zeichnung vollkommen rein, ohne die mindeste Härte und ganz getreu dem Originale wiederzugeben. Dadurch war die Lithographie im Schwarz- und Farbendrucke ersetzt und das

[*18] Friedrich Exter war am 6. März 1820 zu Theresienfeld bei Wiener-Neustadt geboren. Er besuchte das Gymnasium der Cistercienser in Neustadt (Neukloster) und trat dann 1835 in Höfels Schule. Hier schon zeigte er große Anlagen für die Holzschneidekunst und gieng 1837 zu seiner höheren Ausbildung nach München, und zwar in das Atelier des Caspar Braun, in welchem er bald eine hervorragende Stelle einnahm. 1846 begab er sich nach Wien und trat in die Staatsdruckerei ein, wo eben Director Alois Auer eine xylographische Abtheilung einzurichten im Begriffe stand. Mit der Leitung derselben wurde der junge, als Künstler seinen Farben bedeutende Exter betraut. (Wurzbach, Biographisches Lexikon, IV. 66 f. — Müller, Die Künstler aller Zeiten und Völker, I. 567.)

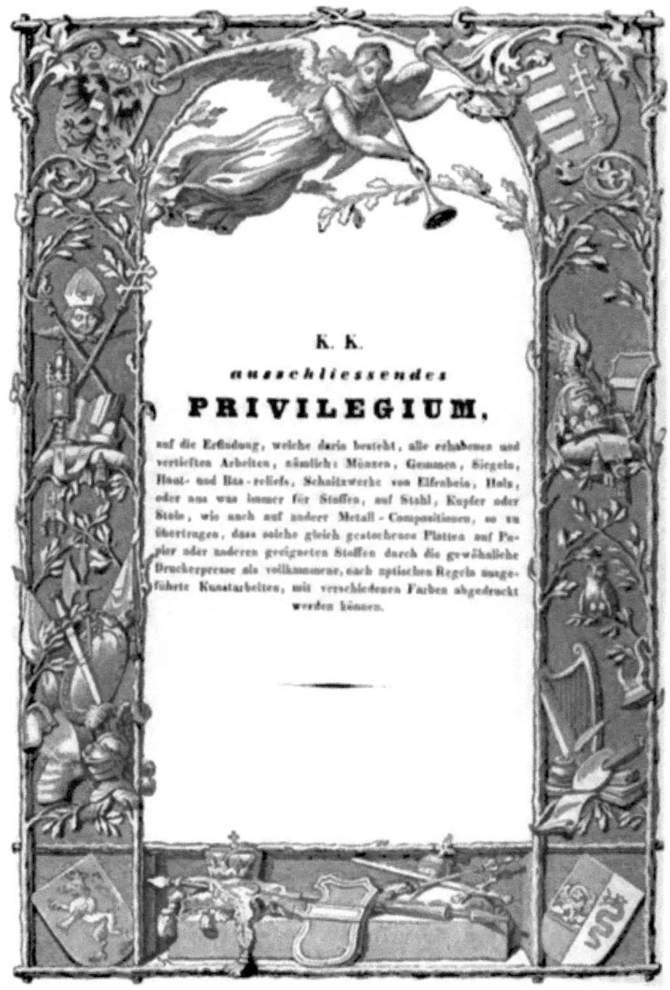

K. K.
ausschliessendes
PRIVILEGIUM,
auf die Erfindung, welche darin besteht, alle erhabenen und vertieften Arbeiten, nämlich: Münzen, Gemmen, Siegeln, Haut- und Bas-reliefs, Schnitzwerke von Elfenbein, Holz, oder aus was immer für Stoffen, auf Stahl, Kupfer oder Stein, wie auch auf andere Metall-Compositionen, so zu übertragen, dass solche gleich gestochenen Platten auf Papier oder anderen geeigneten Stoffen durch die gewöhnliche Druckerpresse als vollkommene, nach optischen Regeln ausgeführte Kunstarbeiten, mit verschiedenen Farben abgedruckt werden können.

Nr. 196. Rückseite des Umschlages zu »Österreichs Ehrenspiegel«. Holzschnitt von Blasius Höfel. Nach dem Exemplare in der Bibliothek der k. k. Akademie der bildenden Künste.

Nr. 167. Josef R. v. Führich: »Der heilige Bonifacius predigt das Evangelium in Deutschland«. Holzschnitt von Blasius Höfel. Galvanische Reproduction des Originals im Besitze der Schriftgiesserei Brendler und Marklowsky.

Auftragen der Farben auf fertige Kupferstiche und Lithographien mit der Buchdruckerpresse ermöglicht.[650] Andere bedeutende Schüler Höfels waren Josef Eisner,[651] ursprünglich Kupferstecher der Schmutzer'schen Schule und College Höfels in Wiener-Neustadt; Friedrich Hackenberg, der eine schwierige Technik sicher und kräftig bewältigte; doch der technisch gewandteste von allen war Severin Buemann. Außerdem nennen wir noch A. Seipp jun., Georg Hertzog, Anton Janesch,[652] M. Altparth, F. Cosandier, Martin Pichler und August Beller.

Die Frage, wieso es kam, dass Höfels Streben für den heimischen Holzschnitt, den er ins Leben gerufen, ganz ohne nachhaltige Folgen blieb, ja einer neuen Krisis entgegengieng und am Anfange der Fünfziger Jahre das Feld der Holzschneiderei sogar ganz brach lag, kann mit Recht aufgeworfen werden. Sie zu beantworten ist aber nur möglich, wenn man die allgemeinen Verhältnisse jener Zeit ins Auge fasst. Wir sehen ganz davon ab, dass diese kein Verständnis mehr besaß für die volksthümliche Kunst des Holzschnittes im XV. und XVI. Jahrhunderte, wo alle Stände und Berufszweige sie schätzten, die größten Künstler sich nicht scheuten, in ihrem Dienste zu stehen und der Holzschneider mit dem Buchdrucker enge verbunden war. In Höfels Tagen verhielt es sich eben anders um die Künstler, um die Buchdrucker und vornehmlich um das Publicum. Die Künstler sahen den Holzschnitt »als der höheren Kunst unebenbürtig« an; die Buchdruckerei, ihre Thätigkeit vom rein technischen Standpunkte aus betrachtet, befand sich mit Ausnahme der großen Officinen in einer mehr oder weniger traurigen Lage; der illustrierte Verlag war ein geringer. Almanache und Taschenbücher enthielten meistens nur Stahlstiche, und das Publicum zeigte mehr Interesse für die Erzeugnisse der Lithographie, als für jene des Holzschnittes, den es bisher nur auf seiner tiefsten Stufe gesehen hatte. Bäuerle gab daher den edlen Versuch, seine Theaterzeitung mit Holzschnitten zu schmücken, der Kosten wegen bald wieder auf. Hauptsächlich ist aber der Umstand in Betracht zu ziehen, dass die höheren Kreise Höfel und seine Schüler ohne Unterstützung, ohne Aufträge ließen. Einen schweren Schlag brachten zuletzt noch das Revolutionsjahr 1848 und die folgende Reaction.

Über die socialen Verhältnisse der Wiener Buchdrucker überhaupt, besonders aber betreffs der Stellung der alten Universitätsbuchdrucker mit ihren Privilegien zu den Inhabern der vom Staate eingeführten Personalbefugnisse sind wir durch die amtlichen Acten eingehender denn früher unterrichtet. Aber noch immer gibt es so viele und große Lücken — da doch die meisten Acten vernichtet sind — dass wir an manchen ungelösten Fragen vorübergehen müssen.

Seit dem Hofdecrete vom 18. September 1767, durch welches die Buchdrucker in jeder Beziehung der Sphäre der Universität entzogen und theils dem niederösterreichischen Commercien-Consesse, theils dem Politicum, also der Landesregierung, unterstellt wurden, legten das Consistorium der Universität und die niederösterreichische Regierung bei verschiedenen Anlässen ihre gegensätzlichen Ansichten über die eigentliche Principienfrage, ob die Buchdruckerei eine Kunst oder ein Gewerbe sei, in oft eingehenden Streitschriften nieder. Am Anfange unseres Zeitraumes spannen sich dieselben zwischen den Behörden noch immer fort, und es dauerte lange, bis auch die letzte Frage, die des Verkaufes der alten Universitätsbefugnisse, erledigt war. Zunächst waren drei Decrete des Wiener Magistrates »an die k. k. priv. Universitätsbuchdrucker« die Veranlassung, dass obige Principienfrage von jeder Partei in ihrer Weise entschieden und ausführlich verfochten und erörtert wurde. Der Magistrat hatte nämlich die Universitätsbuchdrucker an das Regulativ wegen der Rechnungen, »die von den Zünften über ihre Laden zu erstatten seien«, erinnert und ebenso noch daran, was sie bei der Verwaltung ihres Vermögens zu beobachten und zu besorgen hätten (29. December 1783), ferner an die zur Friedenszeit abbestellte Einberufung ihrer Lehrjungen zum Militär

[650] Der Major des Generalstabes Julius Albach hat vor einigen Jahren ebenfalls die Chromotypographie bei Erzeugung von Landkarten erfolgreich angewendet. Als Beispiel dafür können seine Umgebungskarten von Wien gelten, worüber er auch im militär-wissenschaftlichen Vereine am 5. Februar 1875 einen Vortrag gehalten hat. (Österreichische Buchdruckerzeitung, III. Jahrg., S. 245 ff.)

[651] Bekannt ist sein trefflicher Schnitt zur Fabel: »Der [illegible] und der Löwe« (in der Probenummer der Bäuerle'schen »Theaterzeitung«).

[652] Anton Janesch war Schullehrer in einem niederösterreichischen Dorfe. Autodidakt in seiner Nebenbeschäftigung, leistete er später als Holzschneider im Schnitte von Architekturzeichnungen ganz Vorzügliches. Seine »Ansicht des St. Stefansdomes vom Riesenthore aus« war damals das größte Holzschnittblatt und wurde von Höfel sehr in Ehren gehalten.

mit dem Beifügen, dass, wenn die Jungen aufgedungen würden, der Consens von der betreffenden Herrschaft, zu der sie der Geburt nach gehören, einzuholen, und ebenso, wenn sie freigesprochen würden, die Anzeige an die Herrschaft wegen Vormerkung ins Conscriptionsbuch zu machen sei (15. Jänner 1784); endlich daran, dass von sämmtlichen Commercial-Professionisten, mithin auch von den Buchdruckern, eine Personalstands-Tabelle über ihre zunft- und unzunftmäßigen Gesellen und andere Arbeiter von jetzt an gehörig anzulegen wäre (3. Februar 1784).

Da es nun dadurch den Anschein hatte, dass die Universitätsbuchdrucker von Seite des Magistrates unter die bürgerlichen Commercial-Professionisten gezählt würden, «sofort auf derenselben, und ihres Personalis Unterziehung in publicis et politicis umsomehr angetragen werden wolle», so hatten dieselben jene Decrete am 8. März 1784 dem Magistrate mit einer Remonstration zurückgeschickt, bezüglich deren sie aber mit dem Beisatze abgewiesen wurden, dass in den erflossenen «hohen und höchsten Normalien» mit den Buchdruckern keine Ausnahme gemacht werde.

Nun wandten sich die Universitätsbuchdrucker an das «venerabile Consistorium Universitatis», das von der philosophischen Facultät sogleich ein Gutachten abverlangte. Dieses, unterm 28. Mai erstattet, betont zunächst die vollkommene Richtigkeit, «dass seit altem Herkommen nicht nur in den gesammten k. k. Staaten, sondern auch in ganz Europa die Buchdrucker nicht unter die bürgerlichen Commercial-Professionisten gehören, sondern als freie Künstler und cives academici behandelt würden, auch kein actus in politischen Gegenständen über die Universitätsbuchdrucker vom Stadtmagistrate oder sonstiger Civil-Obrigkeit ausgeübt werde, sondern dass diese Universitäts-Buchdrucker in publicis et politicis Einem Venerabile Consistorio Universitatis ordinario als cives academici untergeordnet gewesen, mithin von daher die Befehle, auch durch diesen Weg wieder die Mittheilung deren Hochen und Höchsten Sie Buchdrucker betreffenden Verordnungen erhalten haben. Es bestehe auch keine l. f. Verordnung, wodurch die politische Jurisdiction in prima instantia über die cives academici einem Venerabile Consistorio entzogen worden wäre; denn das allerhöchste Patent vom 27. September 1783 bestätige die politischen Gerechtsame Eines Consistorii über die cives academici neuerdings und stelle lediglich zur Vereinfachung der Gerichtsstellen die Process- und Verlassenschaftssachen der cives academici unter die Jurisdiction des Magistrates. Dieser durfte daher obige Decrete nicht zufertigen und machte durch seine That einen öffentlichen Eingriff in die politischen Gerechtsame eines Universitäts-Consistorii.» Die Facultät bat, dass in Zukunft alle Verordnungen einem Consistorium mitgetheilt und durch dieses den Buchdruckern und Buchhändlern, sowie allen bei der Facultät immatriculierten cives academici kundgemacht werden. Schließlich beschwerte sie sich auch, dass seit mehreren Jahren ohne Vorwissen des Consistoriums mehrere Buchdrucker und Buchhändler und sonstige freie Künstler aufgenommen worden, dadurch aber Leute dazugekommen seien, welche die in den Normalien vorgeschriebenen Eigenschaften nicht besäßen, wodurch das Publicum getäuscht sein dürfte. Sie — Facultät — bitte daher, damit alle derzeit ohne ihr Vorwissen aufgenommenen Buchdrucker, Buchhändler, Maler, Bildhauer, dann sonstige freie Künstler, als welche von uralten Zeiten her der Universität einverleibt waren, an ein Universitäts-Consistorium mit der politischen Jurisdiction angewiesen, respective vom Wiener Magistrate an die Universität transferiert werden, «folgbar für diesmal, da Sie in dem Besitze ihrer Privilegien sich schon befinden, als cives academici einverleibt werden mögen, und dies umsomehr, weil dadurch für die Zukunft theils nur hierzu qualificierte Individuen zum Besten des Publicums und zur Beförderung der allerhöchsten Absicht werden aufgenommen werden und anderntheils alle wie immer eintretenden Irrungen und Eingriffe in Ausübung der Einem Consistorio zustehenden Gerechtsame in publicis et politicis ganz sicher vermieden würden.»

Dieses Gutachten hatte das Consistorium der Studien-Hof-Commission am 28. Juli 1784 überreicht. Die Universität erklärte sich darin mit der Vorstellung der Buchdrucker ganz einverstanden und bat, den vom Magistrate versuchten «Unfug, an die Buchdrucker und andere immatriculierte Universitätsmitglieder Anordnungen und Decrete zu erlassen, für künftig abzustellen, jene Individuen, die ohne Vorwissen der Universität die Buchdrucker- und Buchhändlerfreiheiten erhalten, zur ordentlichen Immatriculierung und die künftigen Bewerber um dieselbe an die Universität zu weisen.

Die vereinigte böhmisch-österreichische Hofkanzlei entschied sich in ihrem Berichte an den Kaiser für einige Punkte; sie war auch die einzige Behörde, welche der Universität noch Einiges von ihren einstigen Rechten belassen wollte. «Die Buchdrucker und Buchführer,» so erklärte sie, «seien zur Beförderung der Wissenschaften und wegen der mit denselben bestehenden Verbindung nicht allein in den k. k. Staaten, sondern, soviel man wisse, in allen fremden Reichen jederzeit als akademische Mitglieder in Ansehung der freien Künste geachtet worden. Nun habe die Gerichtsordnung zwar in Streitsachen dieselben dem Stadtmagistrate untergeben, die übrigen politischen Gewalten aber seien bis nun bei der Universität noch immer verblieben. Da kein Gesetz vorhanden, kraft dessen diese Künstler ihr Forum in den politischen Gegenständen verlieren sollten, könne man nicht anders, als dahin unterthänigst beantragen, dass es in dem bisherigen Zustande verbleibe, nach welchem dergleichen Verordnungen durch das akademische Consistorium den besagten Künstlern bekannt gemacht würden. Was aber die begehrte Immatriculation betreffe, so lasse sich die Sache in Kürze mit dem entscheiden, dass derjenige Buchdrucker und Buchhändler, welcher sich nicht immatriculieren lässt, auch das beneficium fori universitatis nicht genießen soll; zwingen könne man übrigens hiezu Niemanden, weil die hohe Schule auch kein Recht habe, ihm die Geschäfte zu leiten. Dass man aber diesen Commerzzweig der Universitätsprüfung in dem Falle und insoweit wieder unterziehen sollte, dass sie die Fähigkeit der zu dem Gewerbe sich meldenden Subjecten zu beurtheilen hätte, hieße den alten und abgeschafften Zwang wieder einführen und vielerlei Weiterung die Thüre öffnen, weshalb die Universität in dieser Richtung abzuweisen sein dürfte.» (Protokoll der Hofkanzlei vom 16. August 1784.)

In allem ablehnend verhielt sich dagegen die niederösterreichische Regierung. Diese erstattete unterm 7. September 1784 über das Gutachten der Universität einen Bericht auf Abweisung an die k. k. Studien-Hof-Commission. Sie bezog sich zunächst auf die Buchdruckerordnung vom 20. Juni 1771 und auf die Buchhändlerordnung vom 28. Mai 1772, nach welchen die politische Leitung derselben an die bald darauf mit der Landesregierung vereinigten Kammerstellen übergegangen sei und der Wesenheit nach deren zwei Gegenstände zur Regierung gehören, indem der eine ein Handelszweig, der andere ein Kunstgewerbe sei; weil ferner, wenn der vorgeführte Satz, Buchdruckerei und Buchhandlung gehören zu den freien Künsten, wirklich statthätte, hieraus die Folge fließen würde, dass die meisten Gewerbe, da sich solche meistens auf Künste gründen, der Behandlung durch die Universität zu überlassen wären, dieser aber ihr früheres, nun diesfälliges und aus guten Gründen entzogenes Recht «und bey dermaliger Verfassung Stelle ohne Hemmung der Geschäfte ebensowenig in der Gestalt einer politischen als einer Gerichtsstelle auftreten können». Der Universität sei von höchster Stelle die Leitung der Wissenschaft und Künste, der Regierung aber die Behandlung derjenigen Künstler anvertraut worden, die in das Fach der Handlung und des Gewerbebetriebes einschlagen und allein der Landesstelle seiner Eigenschaften wegen obliegen können.

Unterm gleichen Datum berichtete die Regierung noch an den Kaiser und trug ebenfalls auf Abweisung der Universität an. Nachdem sie die oben angeführten Gründe der allerhöchsten Berathung unterbreitet hatte, fuhr sie folgendermaßen fort: «Das Besondere noch, das bei den Beschwerden der Universität vorkomme, sei, dass sie von der ganzen Angelegenheit als von einer Neuerung spreche, wo ihr doch die diesfälligen allerhöchsten Anordnungen nicht unbekannt sein können und sie durch 13 Jahre geschwiegen hat. Dafür aber, wie sehr sie sich die Geschicklichkeit der Bewerber um das Befugnis eines Buchdruckers und Buchhändlers habe angelegen sein lassen, sei ein ganz frisches Beispiel, als sie die Jahn'sche Buchdruckerei an einen Schneidermeister als Meistbietenden überlassen habe; übrigens bestehe die Verordnung, dass Bewerber um eine Buchhandlung von einer der k. k. Universitäten nach dem V. Abschnitte der Buchhändlerordnung vom Jahre 1772 auch künftig vorläufig geprüft und von solcher ein Zeugnis beizubringen gehalten sein sollen, obschon vorauszusehen ist, dass fremde Buchhändler, die ihre Buchhandlung hieher übertragen, wie z. B. die Gebrüder Gay, sich zu einer solchen Prüfung nicht leicht werden herbeilassen. . . . . Weiterhin bemerkte die Regierung: «Die Universität wird wenige Trattner, Kurzböck, Schönfeld, Gay etc. von ihrer Schaffung aufweisen können.» Derselben werde ohnedies von der Regierung die Leitung der Wissenschaften und der denen beigesellten Künstler nicht streitig gemacht, nur suche man die Behandlung derjenigen Künstler zu behaupten, die in das Fach der Handlung, dann des Gewerbes oder Manufacturbetriebes einschlagen und die ihrer Eigenschaften wegen der Leitung der politischen Landesstelle überlassen sind. Es sei allerdings auffallend, dass die Universität längst erloschene, ihr aus guten Gründen entzogene Rechte anzufechten und neuerlich zu beleben suche. Sie wäre also mit ihrem »unanständigen« Gesuche abzuweisen.

Auf Grund dieser Berichte über die Bitte der Buchdrucker und Buchhändler, nicht als Commercial-Professionisten der Magistratsgerichtsbarkeit, sondern als freie Künstler wie bisher der Universität zu unterstehen, äußerte sich die k. k. Studien- und Bücher-Censurs-Hofcommission nach dem Protokollsauszuge vom 17. October 1784 in folgender Weise: »Man betrachte jede hohe Schule als den Sitz der Lehrer und des Unterrichtes über die Grundsätze der Wissenschaft und freien Künste, bei welcher Grenzlinie man aber stehen bleibe, ohne zu fordern, dass die bei Ausübung einiger freien Künste etwa erforderlichen Gewerbe, insoferne es den Verschleiß der Producte betrifft und was zur diesfälligen Einrichtung nöthig sei, von der hohen Schule abhängen solle. Die politische oder commercielle Leitung solcher Personen und Gewerbe gehöre daher zu der über solche Gegenstände eingesetzten Stelle, und obzwar das hiesige Universitäts-Consistorium sich besonders auf Matrikel und die daraus gezogene Eigenschaft eines civis academici gründet, welch beides von langen Zeiten her die Buchdrucker und Händler genossen hätten. So könne man demnach auf einer lediglich zum Lehrfache geeigneten hohen Schule keinen anderen pro cive academico annehmen, als den, der entweder wirklich studiert oder ein Lehrer oder endlich ein zum Consistorium oder zu den Facultäten gehöriges Mitglied ist, weshalb auch sie — Studien-Hof-Commission — auf Abweisung beantrage.«

Die vereinigte böhmisch-österreichische Hofkanzlei und Ministerial-Banco-Deputation modificierte nun ebenfalls ihr früheres Gutachten. »Nach der neuen Gerichtsordnung«, so lautete jetzt ihre Meinung, »hätte die Universität die Eigenschaft einer Gerichtsbehörde verloren und hätten die Buchdrucker und Buchhändler dem Magistratsforo zu unterstehen; nach der auf das Studienprotokoll der Studien-Hof-Commission vom 22. September erlassenen allerhöchsten Resolution hätte aber die niederösterreichische Regierung die Aufnahme der Buchdrucker und Buchhändler zu besorgen. Es folgte also daraus, dass alle Jurisdiction der Universität über dieselben, mithin deren Immatriculierung und Prüfung bei der Universität aufzuhören habe, die ohnehin von keinem besonderen Nuzen seien und von der Regierung veranlasst werden können. — Es bleibe also nur die Frage übrig, wer die Polizei-Gegenstände bey diesen zwei Innungen oder corporibus zu besorgen habe? Eine Frage, worüber eben der Streit nach dem Protokollauszuge der Studien-Hof-Commission vom 4. August a. c. entstanden sei, und da glaube man, dass diese Besorgung dem Magistrate, sowie alle anderen Polizei-Gegenstände zu überlassen sey. — Ob aber die Buchdrucker und Buchhändler sich ganz aus dem Zunftzwange setzen und wie freie Künstler behandelt sehen wollen, dieses wäre ein Gegenstand, worüber die Regierung sich noch besonders zu äußern hätte.«

Als David Hörling 1785 um Verschonung des Nachweises des Privilegiums und der nöthigen Fonds zum Buchhandel ansuchte, wurde dies zugestanden, wenn er gehörig darthun würde, die Sonnleithner'sche Buchdruckerei ordnungsgemäß käuflich an sich gebracht zu haben. Bei dieser Gelegenheit wurde erinnert: »Es sei fürs Künftige Niemandem eine Buchdruckerei ohne vorläufige Bewilligung der Landesstelle zu gestatten.« Die niederösterreichische Regierung ersuchte auch die Hofkanzlei, der hiesigen Universität alle und jede Einmengung in das Geschäft der Buchhandlungen und Buchdruckereien für künftighin zu untersagen, damit solche, sie mögen alte oder neue, verkäufliche oder Personalbefugnisse sein, jede ihrer Eigenschaft nach, von ihr — Landesregierung — den damaligen Grundsätzen gemäß behandelt würden.

Die Universität mengte sich aber noch fortwährend, wie aus einem Berichte der vereinigten Hofkanzlei vom 9. November 1786 hervorgeht, in die von ihr seit altersher geübten Rechte über Buchdrucker und Buchhändler, suchte möglichst ihr altes Verleihungsrecht zu verewigen und veranlasste, allen Gegenvorschriften von 1767, 1771 und 1772 und vom 29. December 1785 zum Trotz, Abtretungen, Käufe und öffentliche Versteigerungen der früher von ihr »geschaffenen Buchhandlungen und Buchdruckereien«, wie auch, dass auf dieselben, da sie als förmliche und käufliche Realitäten behandelt wurden, Gelder vorgemerkt werden konnten.

Durch Hofdecret vom 27. November 1786 hatte der Kaiser neuerdings die bei der hiesigen Universität immatriculierten Buch- und Kunsthandlungen, sowie die Buchdruckereien der niederösterreichischen Regierung unterzuordnen, auch die Schriftgießer und Schriftschneider, Kupferdrucker, Wappen- und Steinschneider sammt den Zahnärzten an den Magistrat zu weisen befunden, »dergestalt, dass der Universität die Ertheilung dergleichen Gewerbsbefugnisse oder deren Immatriculierung, dem Jurisdictionsnormale zuwider, fernerhin nicht gestattet sein solle ..... Die dermaligen Inhaber der immatriculierten Gewerbe seien ad personam bei ihren Vorrechte und bisherigen Steuerfuße zu belassen, bei Veränderungen aber habe die Regierung zu überlegen, ob der Verkauf eines solchen Rechtes zuzulassen, oder ob nicht vielmehr die Einlösung vorzuziehen wäre.« Um diese durchzuführen, war der Kaiser nicht abgeneigt, die Commercial-Steuergelder (diese rührten zum größten Theile von den Universitätsbürgern her und waren dem alten Commercialfonde gewidmet) dazu zu bestimmen, jedoch sollte die Regierung noch vorläufig das Vormerkungsprotokoll oder andere legale Aufschreibungen über die Kaufs- und übrigen Vormerkungen von der Universität abfordern und solches sammt der Commercial-Steuerrechnung für das abgelaufene Militärjahr vorlegen. Alle weiteren Vormerkungen auf die immatriculierten Rechte (jura) hätten fürs künftige aufzuhören, auf die bereits bestehenden habe aber der Magistrat die gehörige Rücksicht zu nehmen und seien hiernach der Rector und das Consistorium über deren Vorstellung abzuweisen.« Übrigens hatte der Kaiser noch beschlossen, dass jedem Buchdrucker der Buchhandel gestattet sein solle (war schon nach der Verordnung vom 18. Mai 1782 ohne Ursache nicht versagt gewesen), ebenso aber jedem Buchhändler die Errichtung einer Buchdruckerei, nur müssten beide mit den erforderlichen Eigenschaften zu ihrem Hauptgewerbsbetriebe versehen sein.[453]

Die Frage, wie Buchhandlungen und Buchdruckereien von Seite der Behörden künftig zu behandeln wären, gab Veranlassung zu mannigfachen Erörterungen. Das Eine stand jetzt behördlicherseits trotz der Einwendungen der Universität und der Universitätsbuchdrucker fest, dass sie alle der Regierung untergeordnet seien und dass jedem Buchdrucker der Buchhandel und umgekehrt gestattet sein solle. Aber es gab noch andere Punkte, die zu einer Entscheidung drängten. Am 25. Jänner 1788 wurde der Regierung aufgetragen, sich zu äußern, ob der Verkauf oder die Einlösung der Universitätsbefugnisse, für welche der Kaiser die Commercial-Steuergelder zu bestimmen geneigt wäre, vorzuziehen sei. Die Stadthauptmannschaft hatte über Aufforderung der Regierung eine Tabelle vorgelegt, wie hoch sich das Einlösungsquantum belaufen würde. Darnach betrug dasselbe beiläufig 71.310 Gulden. Der Referent der Regierung beschränkte diese Summe aber nach einer modificierten Berechnung auf 19.500 Gulden, nahm die jährlichen Steuereinflüsse mit 1200 Gulden an und glaubte dadurch die Einlösung in 16 bis 17 Jahren beenden zu können. Den Verkaufspreis wollte er für Buchhandlungen, sowie für Buchdruckereien, weil letztere viel Aufwand erfordern, auf 2000 Gulden und für erstere einen Betriebsfond von 10.000 Gulden bestimmen. Wollten Buchdrucker auch den Buchhandel betreiben, so hätten sie sich in Ansehung dieser neuen Erwerbsquelle denselben Vorschriften zu unterziehen, die für die Buchhändler festgesetzt wären, und die Buchdruckerei sollte als bloßer Gewerbsbetrieb abgesondert behandelt werden. Dagegen sprachen sich mehrere Räthe und der Landeschef selbst aus; Buchhandlungen und Buchdruckereien gehörten nach deren Meinung überhaupt nicht in die Kategorie der einzulösenden Gewerbe, und es sollten die bestehenden Vorschriften in Anwendung kommen: alle angekauften Gewerbe seien auch wieder verkäuflich, nur wäre zu sorgen, dass der Preis des Verkaufes jenen des Ankaufes nicht übersteige und diese Zahl der Nothwendigkeit angemessen sei.

Kaiser Josef II. äußerte sich mit Entscheidung vom 5. April 1788 in folgender höchst charakteristischer Weise: »Ich kann nicht begreifen, wie man immer beim Einfachen vorbeyschießt und in das Vielfache, Beschwerliche und Zwangvolle geräth, wenn es nicht der persönliche Wunsch der Geschäftsleiter ist, viele Sachen zu thun zu haben, um dadurch ihre Authoritaet geltend zu machen, um ihre Protectionen

[453] Archiv der Wiener Universität, Fasc. IV, Lit. B, Nr. 86 (9. December 1786). — Registratur der k. k. niederösterreichischen Statthalterei, Fasc. A, Nr. 23784, Nr. 26799; Index B 125. — Registratur des Wiener Magistrates, Normalienbuch des Wiener Magistrates in publicis vom 1. November 1783 bis 31. December 1789.

austheilen zu können. Die Buchdruckerey muss frey seyn und ebenso der Buchhandel im Laden und im Hausieren. Alle eingekauften Gewerbe desselben hören also auf, und ist keine Zahl zu bestimmen. Wer sich Lettern, Farbe, Papier und Presse einschafft, kann drucken wie Strümpfe stricken, und wer gedruckte Bücher sich macht und einschafft, kann selbe verkaufen; jedoch haben alle den öffentlichen Polizey- und Censur-Gesetzen genau zu unterliegen. Die lächerlichen Attestate und Prüfungen von Gelehrsamkeit, welche der Regierungsreferent von demjenigen, der eine Buchhandlung führen will, fordert,[454] sind ganz absurd. Um aus der Lesung der Bücher einen wahren Nutzen zu ziehen, braucht es viel Kopf, und würden wenig die Prüfung aushalten, ob ihnen das Lesen wahrhaft nuzbar sei. Zum Bücherverkauf braucht es nicht mehr Kenntnisse, als um Käse zu verkaufen; ein jeder muss nämlich die Gattung von Büchern oder Käs zeitig verschaffen, die am meisten gesucht werden, und das Verlangen des Publikums durch Preiße reizen und benützen.»[455]

Auf Grund dieser allerhöchsten Entschließung setzte die Hofkanzlei am 11. August 1788 die niederösterreichische Regierung in Kenntnis, dass Buchhandlungen und Buchdruckereien künftig als freie Gewerbe und Künste anzusehen und dergestalt zu behandeln wären, jedoch den Polizei- und Regierungsgesetzen zu unterliegen hätten; ein erschwerender Zwang dürfe weder bei Buchhandlungen noch bei Buchdruckereien bestehen.

Die Universität vermochte sich nur schwer, ja eigentlich gar nicht, in ihre neue Lage hineinzufinden, und von Zeit zu Zeit machte sie, wenn sich ein Privilegiumswerber mit Umgehung der Behörden an sie wendete, von ihrem althergebrachten Rechte wieder Gebrauch. Am 13. September 1789 hatte sie neuerdings erklärt, dass die von der Regierung vorgenommenen Verleihungen von Buchdruckereien und Buchhandlungen ihr früher durch eigene Decrete mitgetheilt worden wären, da ihr, insbesondere der philosophischen Facultät, welcher diese Art Künstler untergeordnet seien, doch daran liege, alle dahin gehörigen Individuen zu wissen, um rücksichtlich der Steuer das Erforderliche zu veranlassen. «Sie — Universität — hätte vom Anbeginn ihrer Errichtung an ganz allein und primitive derlei Artisten immer aufgenommen und ihnen die Freiheit zur Ausübung ihrer Kunst und ihres Gewerbes ertheilet: seien alte Freiheiten, welche immer von der Universität verliehen worden. . . Rektor und Consistorium verehren das Recht der hohen landesfürstlichen Regierung in Ertheilung der neuen Buchdruckereien und Buchhandlungsfreiheiten, verhoffen aber auch, dass diese hohen Stellen die uralten Gerechtsame der Universität in Aufnehmung deren Individuen . . . nicht misskönnen.» Die Regierung replicierte hierauf überaus scharf: «Der hiesigen Universität wird hiemit die unternommene Verleihung (es handelte sich nämlich um die Verleihung der v. Ghelen'schen Buchhandlung an Christian Zierch) wiederholt und zum letzten Male ausgestellt, auch die Enthaltung von dergleichen Anmaßungen, bey sonst nothwendig zu machen kommenden Anzeige nach höchsten Orten, ernstlich anbefohlen. . .»[456]

Bereits gegen das Ende der Regierung Kaiser Josefs empfanden die Behörden, wie auch die Buchdruckereien selbst, das missliche der Überzahl der Privilegien und der Privat- oder Winkeldruckereien, wodurch mit der Zeit nicht allein eine erhebliche Geschäftsstockung hervorgerufen ward, sondern auch, als noch die Censurfreiheit bestand, der unanständigste Nachdruck zur Blüte kam und die seichtesten, ja unflätigsten Presserzeugnisse aus den Buchdruckereien hervorgiengen. Die Regierung erließ daher anlässlich der Verleihung eines Buchdruckerei-Privilegiums an den Griechen Ventotti die Verordnung, dass Buchdruckereien nicht vermehrt werden sollen (Hofdecret vom 5. Mai 1791), sondern nur unter gewissen Umständen eine Ausnahme zu machen sei.[457] Dagegen wurde den Eigenthümern verkäuflicher Buchdruckereien, wenn sie auch die Buchdruckerkunst nicht erlernt hatten, ausdrücklich das Recht zugestanden, dieselben durch Factore zu betreiben, welche Verordnung selbst durch die Hofkanzlei-Entscheidung vom

[454] Jeder Buchhandlungswerber sollte, nachdem hiezu erfahrene Leute verwendet werden, von dem Laufe der Studien bis zur Gelehrsamkeit und der nöthigen Handlungswissenschaft Kenntnis haben und hierüber, sowie über die Verwendung im Buchhandel, die Beweise vorbringen.

[455] Archiv des Reichs-Finanzministerial-Archives, Niederösterreichische Commerz Commission vom 1751 bis 1800, Fasc. Nr. 110. — Registratur der niederösterreichischen Statthalterei, Fasc. A, 18, Nr. 20294 de anno 1788. — Registratur des Wiener Magistrates, Fasc. A, 8.

[456] Archiv der Wiener Universität, Fasc. IV, Lit. B, Nr. 36.

[457] Registratur der k. k. niederösterreichischen Statthalterei, Fasc. A, 15, Nr. 4306 6541. — Registratur des Wiener Magistrates, Fasc. VIII, Nr. 290.

Jahre 1803 nicht aufgehoben wurde. Auch den befugten Buchhändlern wurde das Recht belassen, Buchdruckereien zu errichten (allerhöchste Entschließung vom 5. Juli 1792), dagegen den Buchdruckern, welche künftighin eine Buchhandlung antreten wollten, in der Regel kein anderer Buchhandel zugestanden, als jener mit solchen Artikeln, welche sie selbst verlegen, ferner mit Schul- und Gebetbüchern und Kalendern; »jedoch könne in besonders erheblichen Fällen und auf jedesmaliges Ansuchen, in Ansehung des einen oder anderen Artikels, von dieser Regel eine Ausnahme gemacht werden«.[658] Was die Winkelbuchdruckereien anbelangt, so wurde über Ansuchen der königlich-ungarischen Hofkanzlei durch Hofdecret vom 31. Jänner 1793 bekanntgegeben, Se. Majestät haben allergnädigst zu entschließen geruht, dass allen jenen Künstlern und Handwerkern, die sich mit Gießen und mit der Verfertigung der Buchstaben beschäftigen, verboten werde, derlei Buchstaben an jemand andern, als an Buchdrucker zu verkaufen; auch diesen letzteren wurde anbefohlen, ihre Lettern nicht weiter zu verkaufen.[659] Am 6. Juli 1792 war die Universität aufgefordert worden, alle auf die Buchdrucker bezüglichen Urkunden auszufolgen.[660]

Eine andere wichtige Frage, die zu einer Lösung drängte, war die über das Verhältnis der alten oder sogenannten Universitätsbuchdrucker gegenüber den personellen Buchdruckerfreiheiten. Die letzteren mehrten sich natürlich fortwährend, Universitätsfreiheiten wurden dagegen keine mehr verliehen. Was sollte nun mit den bestehenden Universitäts-Buchdruckereien geschehen? Gegen die Einlösung hatte sich schon die Regierung ausgesprochen; wenn sie aber verkauft werden sollten, welches war dann der Normalpreis?

Da baten nun die alten oder Universitätsbuchdrucker in einem Hofgesuche vom 15. März 1794, dass die neuen personellen Buchdruckerfreiheiten nach Absterben der gegenwärtigen Besitzer nach und nach wieder eingezogen und vermindert werden mögen, denjenigen aber, welche aus besonderen Ursachen der weiteren Fortführung würdig befunden würden, zur Entschädigung der Bittsteller ein Erlags- oder Einkaufsbetrag von 2100 Gulden aufzulegen wäre, als des Drittels des Betrages, auf welchen zu jener Zeit eine Buchdruckerfreiheit geschätzt wurde (6300 Gulden). Die Universitätsbuchdrucker hätten ihre alten Universitätsfreiheiten, deren noch sieben an der Zahl sind,[661] nicht aus irgend einem Grade erhalten, sondern nur mit hohen Lasten. Gerold habe von Kaliwoda mit 15.000 Gulden und Sonnleithner von Schulz um 10.900 Gulden die Buchdruckerei als dingliche Gerechtsame gekauft, wobei die vorräthigen Geräthschaften kaum 3000 Gulden wert gewesen. Oft hätten die Inhaber solcher Privilegien das Vermögen ihrer Frauen oder fremdes Geld dazu verwendet. Als sie noch zur hohen Schule gehörten, hatten ihre Freiheiten doch den wesentlichen Vortheil, dass auf dieselben, gleichwie auf Häuser und Grundstücke, Schulden und Guthaben mit voller Giltigkeit versichert werden konnten, welcher Vortheil nunmehr entfalle, wodurch ihre Freiheiten an Wert unendlich verloren hätten. Der Ordnung wegen konnte auch niemand zu einer Buchdruckerfreiheit gelangen, der sie nicht förmlich und ordentlich erlernt hatte, gleichwie auch nur jener Buchdrucker, welcher Wissenschaft und Sprachen mit Fleiß und Glück zu verbinden weiß, sein Fortkommen zu finden vermag; nun aber suchten Leute aus allen Ständen (Scribenten, Schauspieler, ja Schneider und Bediente), die weder lesen noch schreiben können, noch weniger höhere Kenntnisse besitzen, um personelle Buchdruckerfreiheiten an und erhielten sie auch. Es sei bisher auch keine Klage gewesen, dass ihre Zahl zu gering gewesen oder sie nicht auf der Höhe der Erfordernisse gestanden. Wenn man sage, Zeit und Umstände erheischen dringlich eine Vermehrung, so hätte man diese nicht auf Kosten anderer anstreben, sondern die neuen Freiheitswerber vielmehr verhalten sollen, sich mit einem angemessenen Geldbeitrage einzukaufen, der dann nach Verhältnis unter sie — die Universitätsbuchdrucker — wäre vertheilt worden, weil auch ihre Verdienste vom Augenblicke der Privilegiums-Ertheilung an dadurch getheilt und geschmälert worden seien. Da durch eine allerhöchste Verordnung Universitäts-Freiheiten lediglich auf 6300 Gulden angeschlagen und künftighin nicht mehr höher angebracht werden dürfen, habe z. B. Seitzer, der seine Freiheit am letzten sammt

[658] Registratur der k. k. niederösterreichischen Statthalterei, Fasc. A, 15, Nr. 16551. (Normale.)

[659] L. c. Fasc. A, 15, Nr. 2661. — Registratur des Wiener Magistrates, Patente 1740 bis 1804, Nr. 250.

[660] Registratur des Wiener Magistrates, Fasc. 11, 8, Nr. 297.

[661] Trattner, Ghelen'sche Erben, Kurzböck, Gerold, Mathias Schmidt, Schulz und Seitzer.

Geräthschaften um 9000 Gulden gekauft habe, keinen geringen Schaden erlitten, der nach Verhältnis auch ihnen nicht entgehe. Und selbst dieser vorgeschriebene Anschlag habe seinen früheren Wert verloren, da seitdem gegen 37 neue personelle Buchdrucker-Freiheiten entstanden, welche sich an allen Orten und Enden der Stadt und Vorstädte befinden und einer dem anderen den Verdienst rauben. Vermöge der Eigenschaft einer personellen Freiheit hätten »solche nach dem physischen oder moralischen Absterben der Inhaber wieder zu erlöschen oder einzugehen«; nun sei aber wissentlichermaßen die von Baumeister an Griechen, die der welschen Nation verliehene an Patzowsky, die von Wappler an Lickner und die von Weimar an Pichler verkauft worden; aus der v. Kurzböcks alten Universitätsbuchdruckerei seien »nebst ihrer Verbleibung« zwei neue persönliche Freiheiten, sowohl dessen illyrische als hebräische, ungeachtet ohnehin jeder Buchdrucker hebräisch drucken könne, »sondertlich veräußert worden«, und die des Ignaz Kastner sei soeben mit hoher und höchster Erlaubnis jedem Liebhaber feilgeboten worden. Wenn nun auf eine so leichte Art eine personelle Buchdrucker-Freiheit zu erlangen und dafür nur die geringe Taxe von 60 Gulden zu entrichten sei, wenn sie dann gleich der reellen, auf 6300 Gulden geschätzten »Gerechtsamkeit« zum Verkaufe oder zur Ablösung an jeden der Buchdruckerkunst kundigen oder unkundigen Liebhaber durch öffentliche Zeitungsblätter feilgeboten werden könne, so würde man unklug handeln, eine alte Freiheit zu kaufen und dafür 6300 Gulden hinauszuwerfen. Da ergebe sich aber von selbst, dass so viele Buchdrucker-Freiheiten unmöglich mit Vortheil bestehen können. Baumeister soll, wie es heißt, 30.000 Gulden und Wappler nicht weniger als 10.000 Gulden eingebüßt haben; gewiss ist, dass auch die übrigen ihre Rechnung nicht fanden und stünde noch mancher Sturz bevor, was doch dem Staate keineswegs gleichgiltig sein kann und darf.

Der Magistrat lud nun die Universitätsbuchdrucker einzeln vor, um sich durch ihre mündlichen Aussagen zu informieren, da sie nicht jeder für sich, sondern nur cumulativ, »die Universitätsbuchdrucker« unterzeichnet hatten.

Bei dieser Tagsatzung erklärte nun Trattner, er habe seine Officin 1748 von Jahn um 4000 Gulden gekauft; beweisen könne er dies nicht, da ihm sämmtliche Acten und Contracte in Verstoß gerathen seien, berufe sich aber auf die von der Universität bei Aufhebung ihrer Jurisdiction der hohen Landesstelle übergebenen und daselbst aufbewahrten Universitätsmatrikel. Die Ghelen bestanden schon seit langer Zeit im verjährten Besitze. Gerold hatte seine Buchdruckerei von Kaliwoda um 15.000 Gulden gekauft, wovon 6000 Gulden auf die Gerechtigkeit entfielen. Mathias Andreas Schmidt diejenige laut Kaufbrief vom 1. November 1778 von Kirchberger um 5000 Gulden, wovon 3000 Gulden vorgemerkt wären. Franz Seitzer habe seine Buchdruckerei »in via executionis« und nachfolgender Regierungsverification von Trattners Witwe um 6300 Gulden erkauft, überdies die Gerechtigkeit um 2700 Gulden.

Der Magistrat bemerkte nun, dass die von den Universitätsbuchdruckern so hervorgehobene Vermengung aller Stände in ein sonst nur aus ordentlich gelernten Leuten bestehendes Gremium eine unvermeidliche Folge jener höchsten Verfügungen sei, welche die alte Gremialverfassung aufgelöst und die Buchdruckerei jedermann freigegeben hätte. Dass die ursprünglich beschränkte Zahl dem Publicum genützt habe, sei falsch und irrig; vielmehr würde dieser beinahe zunftartige Zwang dem Fortschritte der Literatur äußerst nachtheilig und bei der so sehr überhand genommenen Leselust drückend gewesen sein. Übrigens stellte es sich nach genauer Untersuchung heraus, dass in Wien zur Zeit nur 32 Buchdruckereien bestanden, darunter die 7 Universitäts-Buchdruckereien; die personellen Buchdrucker-Freiheiten seien nur damals, als die Buchdruckerei freigegeben wurde, und im Sinne der allerhöchsten Resolution vom 20. Juni 1792 entstanden; seither wurde sogar von höchster Seite die Zusicherung gegeben, die Personal-Gewerbsinhaber dadurch zu vermindern, dass die durch Tod erledigten Befugnisse nicht wieder ersetzt werden sollen.

Der Magistrat befürwortete überdies noch in seinem Gutachten, dass die verkäuflichen, akademischen Gewerbe einzulösen, jedoch die Taxe nicht in der Höhe von 2100 Gulden zu bemessen sei.

Am 6. Juni 1794 erstattete nun die niederösterreichische Regierung einen auf Abweisung zielenden Bericht nach Hof. Sie bezog sich in demselben namentlich auf den Fall Salzer, der ja den Anlass gegeben habe, dass die Art und Weise, wie die Universität ihre cives academici behandelte, näher untersucht und derselben sofort durch die allerhöchste Entschließung vom 27. November 1786 die Ernennung und Leitung der cives academici benommen und der politischen Behörde übertragen wurde. Da die Personalbefugnisse ihrer Eigenschaft nach ohnedies nur an die Witwen gelangen und dann erlöschen, die Vermehrung der Buchdrucker nur im Verhältnisse zur anwachsenden Literatur geschehen sei, und seit der allerhöchsten Verordnung vom 5. Mai 1791 die für überflüssig befundenen Personalbefugnisse nicht weiter mehr besetzt werden sollen, so sei die Klage der Universitätsbuchdrucker nicht berechtigt und sie — die Regierung — dringe daher auf ihre und des Magistrates Abweisung. Da die Universitätsbuchdrucker ihr Gewerbe im ordentlichen Wege käuflich an sich gebracht, die Verschärfung der Censurgesetze und die Eindämmung der Autorsucht und Schreibelust den Verdienst der Buchdrucker aber namhaft geschmälert hätten, so sei billig darauf Bedacht genommen worden, dass keine neue Buchdruckerei geschaffen und auch die erloschenen nicht weiter besetzt werden, um auf das Maß der Erfordernisse zu kommen.[462] Auf den Vortrag des Directoriums in cameralibus et publico-politicis vom 10. October 1794 erfolgte unterm 13. November folgende allerhöchste Entschließung: »Da die Buchdruckerei von jeher für ein ordentliches bürgerliches Gewerb geachtet wurde; so soll fürohin das Buchdruckerei-Befugnis an niemand andern als an Kunstgenossen verliehen werden, weil, so lange Innungen bestehen, und so lange nicht eine und die andere aus guten Ursachen und in Absicht auf die Erweiterung des allgemeinen Nahrungs-Verdienstes auf freye Hand erkläret wird, dem Staate daran gelegen sein müsse, dass der Classe der Bürger in ihrem Erwerbe durch Eingriffe anderer Classen kein Abbruch geschehe. Im übrigen genehmige Ich das Einrathen des Directorii und erwarte den verheißenen Entwurf einer Buchhändler-Ordnung. *Franz.*«

Die vereinigte böhmisch-österreichische Hofkanzlei war der Ansicht, dass die Buchdruckereien nie bürgerliche Gewerbe, folglich auch nie zunft- oder innungsmäßig gewesen seien, sondern dass die Verleihung von Befugnissen früher von der Universität geschehen, später aber an die Länderstellen übertragen worden sei. Dies habe auch Kaiser Josef II. bewogen, die Buchdruckerei durch den auf den Vortrag vom 10. Juli 1788 ertheilten allerhöchsten Entschluss sogar als ein ganz freies Gewerbe zu erklären. Da nun obige allerhöchste Entschließung des Kaisers Franz vom 13. November 1794 in der Vermuthung des Gegentheiles, nämlich dass die Buchdruckerei von jeher als ein bürgerliches Gewerbe betrachtet und behandelt worden, liege, so war der Hofkanzlei-Referent der Meinung, es wäre bei Sr. Majestät zunächst anzufragen, ob dessenungeachtet obige allerhöchste Entschließung als ein neues Normale den Länderstellen zur Darnachachtung buchstäblich bekannt zu machen sei. Referent bemerkte zudem noch, dass, seitdem die Buchdruckerei für ein freies Gewerbe erklärt wurde, die Verhältnisse für deren Meister sich so wesentlich verschlimmert hätten, dass die bekannte Verordnung vom 5. Mai 1791 erlassen werden musste. Die Beschwerden der Buchdrucker seien gewiss nicht ohne Grund, ihre Vorschläge aber theils übertrieben und mit den bestehenden Vorschriften nicht vereinbar, theils auf irrige Voraussetzungen gestützt. Die vormals beschränkte Zahl der Universitäts-Buchdrucker, welche an ein Monopol grenzte, würde auch den dermaligen Umständen nicht entsprechen. Bei dem Mangel an hinreichender Concurrenz hatte sich bereits die nachtheilige Folge für die inländische Buchdruckerei ergeben, dass eine Menge einheimischer literarischer Producte ins Ausland zum Drucken gesendet wurden. Entgegen der Ansicht des Referenten hoben einige Räthe hervor, dass kein Kunstgewerbe an andere als Kunstgenossen verliehen werden solle, nur ganz besondere Fälle ausgenommen, da sonst den Zöglingen der Kunst alle Aussicht auf ein eigentliches Etablissement entfalle, ja wenn dies Princip allgemein würde, bald alle etwas einträglicheren Gewerbe, wenigstens der Gewinn daran, in die Hände habsüchtiger Verleger, die Witwen und Waisen aber dem Staate zur Last fallen, die Innungen in Zerrüttung gerathen würden. Der Hofkanzler selbst meinte, dass man die Buchdruckerei nicht einer bloßen Professionsarbeit assimilieren könne.

Mit Hofdecret vom 21. November 1794 wurde nun die niederösterreichische Regierung aufgefordert, sich darüber zu äußern, wie jene allerhöchste Gesinnung in angemessenen Vollzug zu setzen und was

[462] Registratur des Wiener Magistrates, Fasc. 8, Nr. 311

dem entgegen zu bemerken wäre. Dieselbe erinnerte nun daran, dass die Verordnung vom 5. Juli 1792 bestünde, wonach Buchhändlern auf ihr Ansuchen die Errichtung eigener Druckereien nicht zu verwehren sei und dass infolge dessen viele hiesige Buchhändler und auch in den Provinzen ihre eigenen Druckereien besitzen und der Vorschrift gemäß durch einen kundigen Factor ausüben ..... und kam nach einigen weiteren Begründungen zu dem Schlusse: Die Buchdruckerei sei ihrer Eigenschaft nach als ein Kunstgewerbe zu betrachten, weshalb sie auch nicht wohl zur strengen Zunftbehandlung geeignet sei und daher die dermalige Ordnung beibehalten werden möge; sollte sie aber doch »in eine förmliche Zunft gleichsam verschlossen werden«, so geruhe man zu gestatten, dass auch Buchhandlungen eigene Buchdruckereien besitzen, was umsoweniger Bedenken errege, als neben verschiedenen Zunft-Innungen Fabriken vom gleichen Fache unbeirrt bestünden.

Auch in ihrem hierauf an den Kaiser erstatteten Vortrage bemerkte das Directorium in cameralibus et publico-politicis, dass die Buchdruckerei nie ein bürgerliches Gewerbe und einem Zunftzwange unterworfen gewesen, was auch durch den Bericht der Regierung bestätigt werde. Denn früher, als die Universität noch ihre eigene Gerichtsbarkeit besaß, wären die Buchdruckerei-Befugnisse von ihr ertheilt, und erst unterm 18. September 1767 wäre den Länderstellen bedeutet worden, dass, wenn es sich um die Vermehrung der Buchdruckereien handle, immer zwischen ihnen und den Commercial-Consessen das Einvernehmen zu pflegen und bei getheilten Meinungen Bericht an die Hofkanzlei zu erstatten sei. 1771 wurden dann die Buchdruckereien den Länderstellen ganz untergeordnet und am 27. November 1786 ergieng an die niederösterreichische Regierung der Erlass, dass vermöge allerhöchster Entschließung die bei der Universität immatriculierten Buch- und Kunsthandlungen, sowie die Buchdruckereien ihr untergeordnet seien. Seither habe dieselbe auch ihre Macht, Buchdruckerei-Befugnisse zu ertheilen, immer ausgeübt, und zwar an jene, die sie geeignet fand, ohne sich zu kümmern, ob sie auch die Buchdruckerei ordentlich erlernt hätten, weil sie ja ohnedies einen im mechanischen Fache bewanderten Factor halten müssten, und so sei es geschehen, dass auch Leute, die sich bloß auf die Literatur verlegten, ohne Buchdruckerjungen oder Gesellen gewesen zu sein, die Buchdruckerei-Befugnis erhielten. Übrigens habe die Universität selbst es ja auch nicht so genau genommen. Auf den Vortrag der vormaligen vereinigten böhmisch-österreichischen Hofkanzlei vom 10. Juli 1788 erfolgte der allerhöchste Entschluss, dass die Buchdruckereien frei seien; da sie sich aber zu sehr vermehrten, so erhielt die niederösterreichische Regierung am 5. Mai 1791 den Auftrag, ohne hinreichende Ursachen keine Privilegien mehr zu ertheilen. Jedoch ward auf Grund eines Vortrages der früheren Hofkammer vom 29. Mai 1792 durch a. h. Entschließung jedem befugten Buchhändler erlaubt, eine Buchdruckerei zu errichten, woraus erhelle, dass die Buchdruckerei nie ein bürgerliches Gewerbe gewesen und die Buchdrucker nie eine bürgerliche Innung oder Zunft gebildet haben. Es sei daher die Verleihung einer Buchdruckerei nicht auf diejenigen, welche die Buchdruckerei ordentlich und mechanisch erlernt hätten, zu beschränken, was nicht vom Nutzen, ja der Förderung von Wissenschaft und Literatur nur schädlich sein würde. Es müsse und wird immer Leute geben, welche den Mechanismus der Buchdruckerei lernen, also gleichsam als Werkzeuge eines Buchdruckereibesitzers zu betrachten sind, dessen Absichten aber nicht bloß dahin gerichtet sein sollen, sauber und rein zu drucken, sondern der sich auch befleißigen und bemühen soll, solche Werke, die den Bürgern des Staates nützlich sind und ihnen Ehre machen, an sich zu bringen und durch den Druck zu verbreiten und die Gelehrsamkeit und Literatur zu unterstützen, auf dass er seinen Nutzen mit dem allgemeinen Besten verbinde. Könne man sich aber dies von einem Buchdruckergesellen, der gewöhnlich nichts anderes gelernt hat, als Lettern zu setzen und solche abzudrucken, und dessen Kenntnisse sich selten über die Kunst zu lesen und zu schreiben erstrecken, versprechen? Der Referent des Directoriums meinte vielmehr, man sollte Leute, welche Wissenschaften, literarische Kenntnisse und Geschmack besitzen, eher aufmuntern, Buchdruckereien zu errichten, als ihnen die Fähigkeit hiezu absprechen, weil sie vorher nicht als mechanische Miethlinge gedient. Er beharrte daher bei seiner in dem unterthänigsten Vortrage vom 10. October 1794 erklärten Meinung, dass diejenigen, welche anständige Eigenschaften besitzen, wenn sie auch das Buchdrucken nicht ordentlich gelernt hätten, von der Ertheilung einer Befugnis nicht auszuschließen seien, daher auch kein Zunft- oder Innungszwang, der bisher nicht bestand, einzuführen sei; jedoch wäre das Augenmerk darauf zu richten, dass die Buchdruckereien nicht übermäßig vermehrt werden, sondern ihre Anzahl immer nach Umständen und Bedürfnissen zu bestimmen sei. Übrigens war der Referent auch mit der Regierung einverstanden, dass nur auf diejenigen Buchdruckereien, welche gekauft werden und wieder verkäuflich sind, eine Schuldvormerkung stattfinden könne und dass in einem solchen Falle der letzte Ankaufspreis zum Grunde des Wertes anzunehmen sei, und zwar nur auf die Hälfte desselben, da bei Buchdruckereien verschiedene Materialvorräthe und Werkzeuge sich befinden, die vielleicht seit dem letzten Ankaufspreise veräußert worden wären oder durch Abnützung am Werte verloren hätten. Mehrere Mitglieder des Directoriums meinten, »dass die Buchdruckereien bürgerliche Gewerbe waren, daran habe sich die allerhöchste Entschließung nicht geirret; ob aber deren Besitzer vor der neuen Jurisdictionsnorm Universitäts- oder stadtwienerische Bürger gewesen, dies scheine zur Sache nichts beizutragen.« Selbst Trattner war städtischer Bürger und hatte die Buchdruckerei ordnungsmäßig erlernt. Mehr dürfte es darauf ankommen, ob diese nach der neuen Jurisdictionsnorm, ebenso wie die Buchhändler selbst, die nunmehr unbezweifelt bürgerliche Gewerbe betreiben, in eine beschränktere Zunft- oder Innungsverfassung zu setzen wären. Es solle auch nicht jedem Buchhändler gestattet werden, seine eigene Druckerei zu halten,* dann aber auch verbürgt sein, dass der freie Verkauf der alten Universitäts-Buchdruckereien nicht an Unkundige geschehe, wie es bisher gestattet war. »Niemandem, der mit der Censur nur wenig vertraut sei, wäre es unbekannt, wie viel literarischer Unrath Deutschlands Druckerpressen wochentlich entführe, und wenngleich Meißner, Blumauer, Nicolai, Archenholz u. a. einige gute Einfälle durch ihre eigenen Pressen und Buchhändler dem witzelnden Publicum unmittelbar zuschleudern, um das Schreibergewerbe durch Verbindung mehrerer einträglich zu machen, so liege darin noch immer kein Grund, der bürgerlichen Ordnung im allgemeinen nahe zu treten, von besonderen Fällen, die auf die Wichtigkeit eines Unternehmens selbst Bezug haben, könne ohnedies nicht die Rede sein.«

Die Beschlüsse lauteten also dahin: 1. Die Befugnis einer Druckerei wäre vom Buchhandel wieder zu trennen und nur soweit, als ein Buchhändler von jener im Besitze ist, wäre ihm solche als eine Personalbefugnis zu belassen, ohne dass er sie aber vererben oder an andere übertragen könne; 2. die alten Universitäts-Buchdruckereien, nunmehr bürgerliche Buchdruckereien, sollen auch ferner verkäuflich und die Vormerkung auf den letzten Verkaufswert beim Magistrate gestattet sein; dagegen sei aber 3. nicht zuzulassen, dass deren Verkauf, möge er nun durch öffentliche Versteigerung oder durch einen Privatvertrag vollzogen werden, an andere, als Kunstverwandte geschehe; endlich 4. dass die Eigenschaft eines Kunstverwandten der Regel nach durch förmlich erstandene Lehr- und Gesellenjahre zwar zu beweisen, jedoch in besonderen Fällen auch der Prüfung und den Zeugnissen unparteiischer Kunstverwandten, wie solche auch bei der Universität üblich waren, Platz zu geben sei.

Die allerhöchste Entschließung vom 2. März 1795 entschied nunmehr in folgender Weise: »Auch als Kunst betrachtet, gehört die Buchdruckerey doch immer in die Kathegorie der bürgerlichen, das ist jener Gewerbe, die vorzüglich ein Nahrungszweig des Bürgerstandes sind, indem auch jener, der, ohne die Buchdruckerey gelernt zu haben, eine solche, wie z. B. eine Tuch-, Leinwand- oder Wollenzeugfabrik, zu unternehmen, das Befugnis erhält, sich dazu ordentlich abgerichteter und gelehrter Gesellen seines eigenen Fortkommens wegen bedienen muss. Daraus folget aber weder, dass solche auf eine gewisse und bestimmte Zahl einzuschränken sey, weder, dass nicht auch Buchhändlern das Personalbefugnis zur Errichtung von Buchdruckereyen sollte verliehen werden können, und ebensowenig, dass sich die Buchdruckereyen übermäßig vermehren ließen, und von Seite der Behörden bei der Verleihung die Aufmerksamkeit auf die Localnahrungsfähigkeit zu vernachlässigen wäre. In Vereinbarung dieser Grundsätze genehmige Ich auch, so viel die Frage wegen der Schuldenvormerkung auf verkäufliche Buchdruckereyen betrifft, das Einrathen des Referenten, und der ihm mit dem Hofkanzler beigetretenen Stimmen. *Franz.*«[643]

[643] Über diese Verhandlungen vgl. Archiv des k. k. Reichs-Finanzministeriums, niederösterreichische Commerzacten v. 1751 bis 1800, Fasc. [illegible]

In allen diesen Verhandlungen war auch wiederholt die Frage wegen der Verkäuflichkeit der Universitäts-Buchdruckereien aufgeworfen worden. Einer eingehenderen, speciellen Untersuchung wurde dieselbe aber erst unterzogen, als der privilegierte Buchdrucker Anton Schmid um Vormerkung, »respective Vergwöhrung an die von ihm erkaufte vormals v. Kurzböck'sche Buchdruckerei« und Josef Überreuter, Factor in der Trattner'schen Buchdruckerei, um »ebenfällige Vormerkung und eigentliche Vergwöhrung an diese« baten. Schmid, der bereits eine Personalgerechtigkeit zum Drucke hebräischer Schriften besaß, hatte nämlich die v. Kurzböck'sche Universitäts-Buchdruckereigerechtigkeit ohne Gewerbsrequisiten, welche auf 6000 Gulden angeschlagen wurden, um 4000 Gulden gekauft, Überreuter hingegen, der in Wien, auf der Laimgrube, geboren und eben 39 Jahre alt war, die Buchdruckerei durch vier Jahre bei v. Trattner erlernt, dann zwei Jahre als Geselle und durch 15 Jahre als Factor daselbst in Diensten gestanden hatte, die Buchdruckereigerechtigkeit von Trattner um 5000 Gulden, und zwar die Freiheit um 3000 Gulden, die Buchdruckereirequisiten um 2000 Gulden käuflich an sich gebracht. Im Wesentlichen führten beide an, dass von den Wiener Buchdruckereien sieben als Universitäts-Buchdruckereien und Realgewerbe verkäuflich seien, über welche früher die Universität Vormerkungen als »Vergwöhrungen« in eigenen Büchern vorgenommen habe. Nun stünde das Recht, über die Sicherheit dieser Realgewerbe zu wachen und Vormerkungen von Fall zu Fall zu führen, dem Magistrate zu.

Die bei der Tagsatzung anwesenden Personalbuchdrucker bestritten entschieden die Verkäuflichkeit dieser Gerechtigkeiten, namentlich schon deshalb, weil dieselben früher ebenso bei der Universität wie jetzt beim Magistrate gleich allen Personalgewerben nur gegen vorläufige Anheimsagung verliehen und bei einem Verkaufe deren Freiheiten nie für sich, sondern immer sammt den Requisiten angeschlagen wurden, wie es ja auch bei den Personalgewerben bisher üblich gewesen, denen keine Verkäuflichkeit nachzuweisen war; überdies könnten die Universitätsbuchdrucker nicht bestimmt erweisen, wie hoch sie ihre Freiheiten an sich gebracht hätten, daher selbe, auch wenn sie verkäuflich wären, gleiche Preise haben müssten. Die Personalbuchdrucker oder »Personalisten«, worunter gerade die bedeutendsten Wiener Buchdrucker, v. Degen und Hraschanzky, sich befanden, hielten sich in dieser Beziehung für zurückgesetzt, was wol nicht richtig war, da es sich nicht um einen Unterschied des Ranges, sondern nur um eine Uebertragung handelte; sie missgönnten jedoch den bisherigen Universitätsbuchdruckern ihre genossenen Gerechtsame keineswegs, sondern nahmen nur Anstand, dass den erst jetzt eintretenden Buchdruckern Schmid und Überreuter ein grösserer Vorzug, als ihnen eingeräumt werden solle.

Da der Magistrat schon lange wünschte, diesfalls Ordnung zu haben, sich aber bisher keine Gelegenheit hiezu ergeben hatte, so erbat er sich von der Universität eine Äusserung, wie es denn bisher mit den eigentlichen Gerechtsamen der Universitätsbuchdrucker bestanden habe. Das Consistorium entgegnete, dass nur die Pressen und sonstigen Geräthschaften, nie aber die Gerechtigkeiten selbst verkäuflich waren, womit nur der Vorzug verbunden war, dass ihre Träger zu den cives academici zählten; die noch lebenden Universitätsbuchdrucker dürften auch schwerlich das Gegentheil zu erweisen im Stande sein. Übrigens habe die Universität das damalige Einverleibungsprotokoll sammt den Matrikeln und Acten der hohen Landesstelle überreichen müssen. Eine ähnliche Äußerung war schon 1793 von der Universität an den Magistrat gelangt, der in Folge dessen die niederösterreichische Landesregierung um die Herausgabe dieser Bücher und Schriften gebeten hatte. Von dieser war bekanntlich unterm 16. August 1793 an den Magistrat der Bescheid gerichtet worden, »dass es durch die im Jahre 1788 mit den Buchhandlungen und Buchdruckereien getroffene neue Anstalt, von all' den vorigen somit auch von aller derselben Vormerkung und Einlagen für die Zukunft abgekommen, und nur denjenigen, welche vor dem Jahre 1788 erkauft worden, vorbehalten sey, dass selbe forthin, aber eben nur um den und keinen höheren Werth käuflich weiters hintangegeben werden können.« Über die weiteren diesbezüglichen Decrete der Regierung an den Magistrat aus dem Jahre 1794 wurde schon oben gehandelt.

Der Magistrat veranlasste nun eine neuerliche Tagsatzung sämmtlicher Buchdrucker mit Zuziehung von Vertretern des Grundbuches. Letztere waren für die Anlegung von Vormerkbüchern im Sinne des Gesetzes. Die »Personalisten« beharrten aber auf ihrem früheren Standpunkt, die Universitätsbuchdrucker, besonders Wechselrath Zimmerl als Vertreter der v. Ghelen'schen Erben, beriefen sich dagegen auf die Hof-Entschließung vom 21. November 1794,[661] durch die sie sogar zu erweisen suchten, dass sie beim Wiederverkaufe ihrer Buchdruckereien nicht einmal an den Ankaufspreis gebunden waren, sondern dieselben sogar höher verkaufen könnten; der Meinung der Universität vermochten sie nicht so ganz beizustimmen, vielmehr hieße es in der erwähnten Hof-Entschließung ausdrücklich: «Übrigens können nur auf diejenigen Buchdruckereien, welche gekauft worden und wieder verkäuflich sind, eine Schuldvormerkung Statt haben, und in einem solchen Falle sey der letzte Ankaufspreis zum Grunde des Werthes zu nehmen, die Vormerkung selbst höchstens nur auf die Hälfte derselben zu bewilligen, weil bei den Buchdruckern verschiedene Materialvorräthe und Werkzeuge sich befinden, welche seit dem letzten Ankaufe vielleicht zum Theil schon veräußert worden, oder durch Abnützung am Werthe verloren hätten.»[662]

Der Magistrat hatte am 12. September 1794 ein Verzeichnis der verkäuflichen Buchdruckereien angelegt und überreicht, doch keine Erledigung erhalten, die Universität aber, wie gesagt schon früher Vormerkbücher und Matrikeln ausgefolgt.[663] Jener bat nun um Belehrung, in wie weit die Gerechtsame der Wiener Universitätsbuchdrucker unter den veränderten Verhältnissen noch ferner erhalten bleiben könnten, und schlug vor, die Freiheiten der sieben Universitätsbuchdrucker für verkäuflich zu erklären, da mehrere Verordnungen und «Prejudicien» dafür sprächen und die meisten Besitzer über die Ankaufspreise sich bereits ausgewiesen oder doch Diplome in den Handen hätten. Neben anderen Bestimmungen sollten die letzteren, die mit Diplomen versehenen Buchdrucker, allein die Bezeichnung Universitätsbuchdrucker fortführen, die neu Eintretenden aber ihre Befugnisse nur gegen einen Normalpreis, also als verkäufliche, erwerben, auch nicht mehr Universitätsbuchdrucker heißen und ihre Decrete vom Magistrate erhalten, bei welchem sie als vormerkungsfähig (Hofdecret 6. März 1795)[664] in ein eigenes Vormerkbuch, und zwar beim Grundbuche eingetragen werden, wie dies schon bei Seitzer geschehen. Dem Schmid und Überreuter sollte das Ansuchen gewährt werden, ersterer seine Personalbefugnis anheimzusagen, beide aber sich nicht mehr Universitätsbuchdrucker nennen.[665]

Die Regierungs-Verordnung (Normale) über die Verkäuflichkeit der Buchdruckereien, und zwar ihrer Normalpreise, der Art der Vormerkung und Protokollierung wegen, wie auch darüber, ob die Besitzer der verkäuflichen Gewerbe zum «Kammerhandel-Einlösungsfond» beizusteuern haben, erfloss am 18. September 1805.[666] Darnach waren nur jene Gewerbe als verkäufliche anzusehen, welche die in der Hof-Entschließung vom 6. März 1795 vorgeschriebenen Bedingungen erfüllen konnten, wobei dann immer der letzte Verkaufspreis als der Wert anzusehen war;[667] doch sollte nur die Hälfte desselben vorgemerkt werden können, aber kein eigenes Grundbuch ausmachen, sondern in jenes Vormerkungs-Protokoll eingetragen werden, wo die übrigen verkäuflichen Gewerbe sich befinden. Zum Kammerhandel-Einlösungsfonde sei keine Taxe zu zahlen.

Unterm 20. Februar 1806 überreichten Magdalena Gerold, Katharina v. Kurzböck, Georg Überreuter, die v. Ghelen'schen Erben, Johann Thomas v. Trattner, B. Ph. Bauer, Mathias Andreas Schmidt und Anton Schmid einen Hofrecurs, worin sie um die Verkäuflichkeit der Universitäts-Buchdruckereien baten. Diese Frage wurde jetzt noch einmal einer eingehenden Erörterung unterzogen. Über den von der

[661] Joseph [illegible] Zimmerl, Handbuch für Richter, Advocaten etc. II. Bde.

[662] Vermöge Regierungs-Decretes vom 4. Mai 1792 war auch über das Gesuch der [illegible] Universitätsbuchdruckerin Theresa Trammer [illegible] dahin entschieden worden, dass, [illegible] Trammer [illegible] für die Buchdruckereigerechtigkeit [illegible] Kaufschilling nicht zu erfolgen sein dürfte, der nun zwischen ihr (Theresa Trammer) und dem Seitzer bedungene Kaufschilling, und zwar nach Abschlag des Werthes der etwa darunter [illegible] Ablösung der Buchdruckerei und sonstigen Geräthe, als der für die Zukunft [illegible] Wert dieser Buchdruckereigerechtigkeit bestimmt, der [illegible] käufliche [illegible] dieser Trammer'schen Buchdruckerei an Seitzer bewilligt, und [illegible] derselben Ausübung ohne weiters die Befugnis ertheilt werden. Ein Beweis, dass die Freiheit [illegible] von der Buchdruckerei verkauft wurde. Dasselbe war bei Caspar Seitzer der Fall. (Registratur der k. k. Statthalterei, Fasc. A 15 ex 805, Nr. [illegible].)

[663] In einer mit Bleistift auf dem Acte gemachten Bemerkung heißt es: [illegible].

[664] L. c., Fasc. A 15 ex 1805 Nr. [illegible] 756.

[665] L. c., Fasc. A 15 ad 535 (575). Durch dieses Hofdecret wurde jenes v. 21. Nov. 1794, l. c. ad 5092, bestätigt.

[666] 24. Sitzung am 20. Juni 1805. L. c., Fasc. A 15, Nr. 18572/756.

[667] Auch das Hofdecret vom 21. November 1794 ist hiebei nicht ausser Acht zu lassen. «Die Buchdruckerei soll künftig an niemand anderen als [illegible] verliehen werden. . . . Neue derlei Befugnisse sind nicht zu ertheilen, und bei Erlöschung einer solchen Befugnis ist gründlich zu untersuchen, ob nach Beschaffenheit der Umstände selbe einzuziehen oder wieder zu verleihen sei. Jene Befugnisse, die erkauft werden, und verkäuflich sind [illegible] Preis [illegible] höchstens bei jenen verkäuflichen Gewerben [illegible], wo wegen einer zu hoch getriebenen Einlösungsbetrages eine nachtheilige Folge für das Publicum in Absicht auf die Verkaufspreise eintreten könnte.» (Normale; Registratur der k. k. n. ö. Statthalterei, Fasc. A 15, Nr. [illegible].)

Regierung am 17. Juni 1806 hierüber erstatteten Bericht an die Hofkanzlei erfloss das Hofdecret vom 30. Juli 1807 des Inhalts, dass dieser Bericht keineswegs so befriedigend sei, um von Seite der Hofkanzlei eine Entschließung erwarten zu dürfen, denn es sei daraus gar nicht ersichtlich, worauf die Regierung in ihrer Verordnung vom 16. August 1793 die Bestimmung des Normaljahres 1788 für die Verkäuflichkeit der Buchdruckereien gestützt habe, da aus den Voracten der Hofkanzlei nichts bekannt wäre; überdies begründe die Regierung ihre Entscheidung größtentheils mit Normalien, welche nur von radicierten, nicht aber von verkäuflichen Gewerben handeln. Zudem gebe es noch eine wesentliche Lücke in der Gesetzgebung, unter welchen Erfordernissen nämlich die Verkäuflichkeit eines Gewerbes anzuerkennen sei, da die bisherige Hauptverordnung vom 12. März 1795 nur von der Art der Schuldvormerkungen, nicht aber von den Erfordernissen spreche. Indem es nun sowohl für die Sicherheit der Parteien, als auch für die Ordnung der Amtshandlungen nothwendig sei, für die Zukunft eine allgemeine Bestimmung zu treffen, so wurde zum Behufe eines neuerlichen Berichtes an die Hofkanzlei der Stadthauptmann unterm 14. August 1807 von der Regierung aufgefordert, das Nöthige einzuleiten.[671] Derselbe holte vorerst das Gutachten des Magistrates und der Fabriksinspection ein. Jener bezog sich auf seinen unterm 17. Mai 1805 erstatteten Bericht und bemerkte, dass, streng betrachtet und in Hinsicht auf die bei den verkäuflichen Gewerben überhaupt beobachtete Gewohnheit auch die Universitäts-Buchdruckereien an und für sich nicht als verkäuflich anzusehen wären, sondern die Verkäuflichkeit jeder einzelnen insbesondere erwiesen werden müsse, dass er aber nur aus Billigkeitsrücksichten auf ihre allgemeine Verkäuflichkeit angetragen habe. Die Fabriksinspectoren, welche von der Ansicht ausgiengen, es sei denn doch einmal nothwendig, feste und klare Bestimmungen über die verkäuflichen Gewerbe zu treffen, kritisierten die bisherigen Verordnungen der Regierung und das Vorgehen des Magistrates. Auf Grund dieser Gutachten äußerte sich die Stadthauptmannschaft dahin, dass die Universitäts-Buchdruckereien nur dann verkäuflich wären, wenn sie vor dem Jahre 1775 abgesondert von dem Hause, nach einem bestimmten Preise und mit behördlicher Bewilligung veräußert worden wären. Dass diese Buchdruckereien vor 1788 noch nicht unter der politischen Behörde gestanden, sondern unter der Jurisdiction der Universität, könne keinen Unterschied begründen, indem die Universität immer ihre Obrigkeit gewesen. Durch die Hof-Entschließung vom 21. November 1794 hätten die Universitätsbuchdrucker die Begünstigung erhalten, ihre Buchdruckereien auch um einen höheren Preis verkaufen zu dürfen, als sie solche an sich gebracht; da also kein Normalwert für sie statthabe, weshalb sollte man den eigentlichen Preis abgesondert von den Geräthen zu wissen nöthig haben und weshalb sollten die Buchdrucker allein berechtigt sein, ihre Gewerbe so hoch, als ihnen gefalle, zu verkaufen? Da es nun unbillig wäre, wenn Universitätsbuchdrucker, welche ihre Gewerbe auf Grund jener Verordnungen um einen hohen Preis an sich gebracht, dieselben nun um den geringen ursprünglichen Wert zu verkaufen verhalten würden, so wäre der Ankaufspreis, um welchen die dermaligen Universitätsbuchdrucker ihre Gewerbe nach Abschlag der besonders zu schätzenden Geräthschaften an sich gebracht, als der künftige unüberschreitbare Normalwert zu bestimmen; doch könnte auch der Verkauf unter demselben stattfinden, welcher Preis dann als der Normalpreis anzusehen wäre, auf welchen Vormerkungen statthaben könnten.

Die Regierung war mit den Anträgen der Stadthauptmannschaft über die verkäuflichen Gewerbe, wie auch über den Normalwert vollkommen einverstanden. Die Universitäts-Buchdruckereien sollten nach den für verkäufliche Gewerbe festgesetzten Normen behandelt werden, daher schon nach dem Berichte der Regierung vom 7. Jänner 1806 nur verkäuflich sein, wenn sie vor 1775 und abgesondert vom Hause um einen besonderen Preis mit obrigkeitlicher Bewilligung verkauft wurden. (Sitzungsprotokoll der niederösterreichischen Regierung vom 30. December 1807.)[672]

Damit war eine der schwierigsten Fragen seit der neuen Gestaltung der Rechtsverhältnisse der Wiener Buchdrucker vollkommen geregelt; sie tauchte noch einigemale auf, ohne dass aber ein wesentlich anderes Erkenntnis geschöpft worden wäre.

[671] Registratur der k. k. n. ö. Statthalterei, Fasc. A 15, Nr. 27158/1804.

[672] Registratur der k. k. niederösterreichischen Statthalterei, Fasc. B. ad Nr. 27158/1804.

Es gab aber, wie es auch nicht anders zu erwarten war, noch viele andere Fragen, die theils aus den neuen Verhältnissen sich entwickelten, theils, in älteren Institutionen und Zuständen wurzelnd, mit dem Fortschritte der Zeit neuere und bessere Formen erheischten; es waren dies insbesonders jene des Lehrlingswesens, der Einschränkung der Befugnisse und günstigerer Berechnungen des Satzes, endlich des Pensions- und Unterstützungswesens.

Für das sogenannte Aufdingen und Freisprechen der Lehrlinge galten bekanntlich schon in den frühesten Zeiten eigene Vorschriften, die seither wegen der Ausartungen, die bei den Festlichkeiten und Schmausereien immer stattfanden, mehreremale reformiert wurden. Auch die Ordnungen beim Einprotokollieren eines aufgenommenen Buchdruckerlehrlings und beim Freisprechen eines »überstandenen (?)« Setzerlehrlings am Beginne unseres Zeitabschnittes, die, von den Formalien abgesehen, den patriarchalischen Geist ihrer Tage athmen, hatten immer noch Mängel aufzuweisen, daher die Buchdrucker die Abstellung von Missbräuchen beim Aufdingen und Freisprechen dringend verlangten.[471]

Strenge sah die Regierung auch darauf, dass Lehrjungen an Sonn- und Feiertagen um die Zeit des Gottesdienstes zur Arbeit nicht verwendet würden.[472]

Die Zahl der Lehrlinge in den einzelnen Officinen war in früheren Jahrhunderten genau vorgeschrieben und strenge eingehalten worden. Eine natürliche Consequenz der von Kaiser Josef II. gewährten Freiheit der Presse und der Freigebung der Buchdruckerei war die Vermehrung der Buchdruckereien und damit auch der Lehrlinge. Denn immer strömen die Kinder ärmerer Eltern jenen Berufszweigen zu, die durch eine günstige Constellation Aussicht auf besseren und sicheren Erwerb bieten; so war es und so ist's auch heute noch in allen Zweigen der Gewerbe und der Industrie. Am Beginne der Neunzigerjahre des vorigen Jahrhunderts befand sich daher die Zahl der Setzer- und Druckerlehrlinge in keinem richtigen Verhältnisse mehr zur Anzahl der Officinen, Pressen und Gesellen, wie es, um nicht von den alten Vorschriften zu reden, die Bedürfnisse verlangten. Denn als die Freiheit der Presse wegen maßloser Entartung wieder eingeschränkt, der Nachdruck auswärtiger Schriften gesetzlich eingeengt war, auch die Wissenschaften und Künste, soweit sie unter Maria Theresia und ihrem Sohne Josef II. die Buchdrucker-Pressen in ihre Dienste gezogen hatten, nunmehr selbst unter der Ungunst schwerer Zeiten beeinträchtigt waren, da stand es um viele Wiener Buchdruckereien, die in der täuschenden Hoffnung eines großen Gewinnes mit vielen Kosten eingerichtet worden waren, oft recht schlecht. Und dennoch gab es so viele Lehrlinge, dass nunmehr die Gesellen am 25. Jänner 1791 durch Johann Thomas Drexler, Factor der Hummel'schen Buchdruckerei, in einem Majestätsgesuche gegen den unter der vorigen Regierung eingerissenen Missbrauch »durch Auslernung zahlloser Lehrlinge« Vorstellung erhoben.[473] Es ist dies die erste actenmäßig erwiesene derartige Bewegung innerhalb der Kreise der Wiener Buchdruckergesellen. In dem erwähnten Entwurfe einer Officinsordnung vom 26. März 1791, welchen Thomas Edler von

471) In dem Entwurfe einer Officinsordnung vom 26. März 1791, zur Abhilfe eingeschlichener Missbräuche und zur Wiederherstellung und Aufrechterhaltung guter Ordnung in den Officinen, war auch die Bestimmung enthalten, dass jeder Lehrjunge in Gegenwart der beiden Vorsteher und seines Principals gehörig aufgedungen werde, ein Setzerlehrling auf 5, der Druckerlehrling auf 4 Jahre unter der Bürgschaft des Vaters, Vormundes oder eines anderen Freundes für dessen gute Aufführung; ein Zeugnis über Kenntnisse und Fähigkeiten sollte vorliegen. Das Freisprechen habe unter gleichen Formalitäten zu geschehen. (Registratur der k. k. niederösterreichischen Statthalterei, Fasc. A. 15, Nr. 1113.) Die Buchdrucker verlangten 1797 die Festsetzung einer Ordnung, wie in Zukunft beim Aufdingen und Freisprechen derselben vorzugehen sei. (Registratur des Wiener Magistrates, Fasc. II. 384, Nr. 5092, 4942, 10510.) Im Jahre 1822 baten die bürgerlichen Buchdrucker um eine Verfügung, dass das Aufdingen und Freisprechen ihrer Lehrlinge ohne Anzeige an den Magistrat und ohne Gegenwart des Ausschusses nicht giltig sei. (Decret an den Magistrat vom 29. Jänner 1824, Registratur der k. k. niederösterreichischen Statthalterei, Fasc. R. 6, Nr. 4349.)

472) Aus dem Berichte des Magistrates bei Gelegenheit der Verhandlungen wegen des Buchdruckerlehrjungen Anton Rusch, unterm 30. April 1821, ersah die Regierung mit Befremden, dass die Lehrjungen der Buchdrucker an Sonn- und Feiertagen zum Sammeln der während der Woche gedruckten Bogen in Lagen von fünf zu fünf Bogen verwendet werden. (Diese durch 3 bis 5 Stunden anhaltende Arbeit sei ein reines Gewerbsgeschäft, das dem Kirchengebote wegen Heiligung der Sonn- und Feiertage zuwiderlaufe und daher nicht mehr geduldet werden könne und dürfe.) Der Magistrat habe daher diesen Unfug sogleich zu unterdrücken und unter Androhung strenger Ahndung den hiesigen Buchdruckern zu untersagen. (Normalienbuch des Wiener Magistrates aus den Jahren 1821 und 1822, Nr. 13, S. 277.) Anton Schmid zeigte diesem nun an, dass er die Verordnung mittelst Circulandum kundgemacht hätte, bat aber, ihn von ferneren Weisungen zu entheben. (Registratur des Wiener Magistrates, Fasc. II. 371, Nr. 21173, 24614.)

473) In diesem Majestätsgesuche wiesen die Gesellen auf alle Nachtheile hin, die aus der willkürlichen Aufnahme der Jungen der Buchdruckerei erwachsen. Zählen ja Kunstverständige, zu ihrem Erstaunen und mit Schrecken in die Zukunft sehend, in mancher Officin 16 Jungen und 3 Gesellen, ja, es gebe Principale, die nicht aus einem allgemeinen Interesse, sondern aus Eigennutz noch unmündige Knaben vor ihrer [illegible] Lehrzeit freisprechen, ohne sich zu kümmern, ob diese auch Etwas wüssten, und wieder andere Knaben als billige Kräfte in die Lehre nehmen. Was solle nun der Geselle machen, der Mangel an Arbeit, Erwerb und Brodlosigkeit in Aussicht hat? Was namentlich jener, der zu seinem nicht geringen Nachtheile unter vielen Lehrlingen von den wenigen Gesellen [illegible] fast gar nicht oder nur nothdürftig unterrichtet war? (Registratur der k. k. niederösterreichischen Statthalterei, Fasc. A. 15, Nr. 11139 ad 2168.)

Trattner im Namen der Buchdrucker-Principale Kurzböck, Schmidt, Hraschanzky, von Ghelen, Josef Gerold und Alberti der Stadthauptmannschaft überreichte, sprachen sich diese ebenfalls dahin aus, dass nur gelernte Buchdrucker Lehrlinge halten dürften (ausgenommen Alberti, der ein gelernter und geschickter Kupferstecher sei und Fleiß und Mühen auf schöne Druckwerke verwende) und auch nur so viele, als sie Pressen besässen, und wenn einer acht oder mehr Pressen hätte, um zwei Lehrjungen mehr, welche dann die Correcturen auszutragen, die Gesellen zu bedienen und alle Gänge zu verrichten hätten.

Ueber die Beschwerden der Buchdruckergesellen fanden Tagsatzungen am 25. Februar, 7. März, 7. u. 21. April statt. Bei einer derselben erklärten Trattner, Kurzböck, Gerold, Schmidt, Jahn und v. Ghelen, dass die Beschwerde der Buchdruckergesellen begründet und vollkommen wahr sei, dass aber keine Verordnung bestehe, welche die Zahl der Lehrjungen vorschreibe, selbst nicht die Buchdruckerordnung von 1771. Zugleich befürworteten sie auch das Gesuch der Gesellen.

Ueber die Frage nun, soll einem Principale die Zahl der Lehrjungen vorgeschrieben oder freigelassen werden, bildete sich im Regierungsschoße eine besondere Meinung. Die Regierung erstattete ihren Bericht hierüber an die «k. auch k. k. Hofkammer, Ministerial-Banco-Hof-Deputation und Kommerzien-Hofstelle» unterm 28. Mai 1791, worauf durch Hofdecret vom 20. Juni sowohl über die Beschwerde der Gesellen, als auch über den Entwurf der Officinsordnung vom 26. März 1791[675] folgende Entscheidung (Normale) getroffen wurde. «So vieles,» heißt es darin, «die Bestimmung der Zahl der Lehrjungen für jede Buchdruckerei-Officin betrifft, da habe es blos bei demjenigen, was bisher üblich war, sein Bewenden, und sey solchem nach jeder Officin frei zu lassen, so viele Lehrlinge zu halten, als sie ihr dienlich zu seyn finden wird. Die Beschränkung, dass bey jenen Druckereien, deren Eigenthümer für ihre Person die Buchdruckerkunst nicht erlernt haben, auch kein Lehrjunge gehalten werden soll, könne umso weniger stattfinden, als dergleichen Druckereien durch kunstverständige Factoren betrieben werden und der Lehrling eigentlich bey der Presse, welche der Geselle besorgt, gebildet wird.

Die Besorgnis wegen übermäßiger Vermehrung der Buchdruckereien durch Ertheilung neuer Befugnisse sei zum Theil durch die jüngsthin erflossene Verordnung schon gehoben, zum Theil aber werde sich die Zahl der dermal bestehenden Buchdruckereien durch die Erlöschung der eine Personalbefugnis besitzenden Individuen im natürlichen Wege und ohne weitere Zuthat von selbst vermindern. Bei dem Rechte, welches den dermaligen Inhabern einer Buchdruckerei zusteht, könne ebensowenig gegen die bisherige Gewohnheit eine Beschränkung zugelassen werden, als der Antrag stattfinden, dass die dem Taubstummeninstitute verliehene Druckereibefugnis aufgehoben, oder dem Besitzer der Salzerischen Buchdruckerei, weil er kein gelernter Buchdrucker sei, die ihm jure crediti gerichtlich eingeantwortete Druckerei entzogen, oder der Eigenthümer in der freien Disposition mit seinem Eigenthum gehindert werde.

Auch die von den Buchdruckern angetragene Gremialverfassung würde vielmehr zu einem einer Zunftverfassung ähnlichen Zwange führen, und die Aufstellung eigener Vorsteher, durch welche die Verordnungen kund zu machen wären, sowie die Verbindlichkeit, dass die in die Lehre aufzunehmenden Jungen mit Zeugnissen aus der Normalschule versehen sein sollen, *sicher keinen so wesentlichen Nutzen verschaffen,* um blos der angeführten Ursachen willen, da zu einer neuerlichen, gesetzlichen Verfügung kein anderer zureichender Grund vorhanden ist, die schon bestehende Druckerei-Ordnung vom Jahre 1771 mit einem so unerheblichen Zusatze neu auflegen zu lassen.

[675] Außer den schon erwähnten Punkten kamen in jener Ordnung noch folgende vor: Es solle keinem Individuum oder Gesellschafter, er sei denn gelernter Buchdrucker, die Freiheit ertheilt werden, da die bestehenden Buchdruckereien um die billigsten Preise dem besten Geschmacke [illegible]. Im Falle ein ungelernter Buchdrucker stürbe, solle sein Buchdrucker-Privilegium als erloschen anzusehen sein und weder an einen gelernten noch ungelernten Buchdrucker vergeben werden; nur gelernte Buchdrucker sollen an einen gelernten Buchdrucker ihre Officinen verkaufen dürfen. Die im k. k. Taubstummen-Institute bestehende Druckerei solle zu ihrem ursprünglichen Zwecke, nämlich die Taubstummen nützlich zu beschäftigen, zurückgeführt und denselben nicht gestattet werden, außer allen [illegible] Druckpartien zu arbeiten, da dieses Institut keine bürgerlichen und andere Lasten zu tragen hätte; überdies seien ihre ausgelernten Subjecte nicht brauchbar, da sie sich nur durch eine Zeichensprache verständigen können. Die Buchdruckerei des [illegible] halte, der weder lesen noch schreiben könne, sei zu [illegible], umso mehr, da man sehe, [illegible] die Buchdruckerei erlernt, gestattet. Da es überall üblich, dass eine jede Communität und jedes Gewerb einen oder mehrere Vorsteher haben, denen die Aufsicht und Sorge für das Beste derselben anvertraut ist, so würde es für die Buchdrucker sehr vortheilhaft sein, wenn aus dem Gremium der gelernten Buchdrucker-Principale zwei Vorsteher (Ober- und Untervorsteher) erwählt und ernannt würden, die dann ihre Bestätigung von der Regierung erhalten und durch zwei Jahre ihr Amt bekleiden. (Registratur der k. k. niederösterreichischen Statthalterei. Fasc. A. 15, Nr. 11130 ad 2168.)

Endlich werde von allen übrigen in Antrag kommenden Vorschlägen in keiner Rücksicht einen Gebrauch zu machen gefunden, sondern es habe in allen und jeden bei der Buchdruckerordnung von 1771 und den später nachgefolgten gesetzlichen oder auch in einzelnen Fällen erlassenen Verfügungen sein unabänderliches Verbleiben.»[677]

Die oberste Behörde nahm mit dieser Entschließung ihren bereits öfter geäußerten freiheitlichen Standpunkt gegen die ersten Principale und Gesellen, die diesmal einig waren, ein: sie verschloss sich ganz und gar wirklichen Uebelständen, deren Heilung sie von der Zeit und aus dem Schoße der Buchdrucker selbst erwartete, und wollte sogar von unvermeidlichen Reformen nichts wissen; sie berief sich einzig und allein auf die Buchdruckerordnung von 1771, auf die sie sich um nahezu drei Jahrzehnte später auch noch bezog, wenngleich dieselbe schon lange als veraltet galt und deren Beseitigung dringend erbeten wurde, auch die Lage der Buchdruckerei, insbesondere jene der Gesellen sich nicht besser gestaltet hatte.[678]

Die letzteren wachten aber doch immer strenge darüber, dass nicht Lehrjungen in zu großer Zahl herangezogen würden, und erhoben in vorkommenden Fällen Klage.[679] In diesem Sinne überreichte der Buchdruckergeselle Josef Haberger nebst mehreren arbeitslosen Collegen im Jahre 1827 ein Majestätsgesuch um Einschränkung der Aufnahme von Lehrlingen, Verbesserung der bedrängten Lage der Gesellen und Einführung einer neuen Buchdruckerordnung, worüber mehrere Verhandlungen und Fristerstreckungen stattfanden.[680]

Strebten die Gesellen die Verbesserung ihrer Lage auf die angedeutete Weise an, so waren andererseits die Principale in der Reformfrage, so oft diese brennend wurde, bemüht, auf Beseitigung von Winkelbuchdruckereien[681] und Verminderung der Gewerbebefugnisse[682] zu dringen, um dadurch die Verhältnisse der Wiener Officinen besser zu gestalten.

Alles dies erstreckte sich auf die Beseitigung gewerblicher Missbräuche, wie sich dieselben zur Zeit freier Concurrenz unter Josef II. herausgebildet hatten. Man blieb aber dabei nicht stehen, sondern fasste die socialen Uebelstände überhaupt, namentlich eine Reform der bisherigen Unterstützung der Kranken und Witwen, sowie die Altersunterstützung ins Auge. Schon in der Officinsordnung vom 26. März 1791 sind mehrere Bestimmungen über eine Gesellencasse mit Beiziehung eines k. k. Commissärs enthalten. Die Buchdrucker wünschten aber, dass die in der Buchdruckerei Trattners schon seit 30 Jahren bestehende, zum besten der Gesellen errichtete Casse, zu welcher von so vielen Gesellen bisher durch den wöchentlichen

[677] Registratur der k. k. niederösterreichischen Statthalterei, Fasc. A. 15, Nr. 11130. Normale ad 2169. Zum Schlusse heißt es: «Welche höchste Entschließung — dem Stadtmagistrat — zur angemessenen Anweisung der beschwerdeführenden Buchdruckergesellen sowohl, als der hiesigen Buchdrucker selbst, inwiefern es die einen oder die andern betrifft, dadurch eröffnet wird.»

[678] Den bei dem Buchdrucker Bernhard Philipp Bauer in Arbeit stehenden 26 Buchdruckergesellen, welche bei der Regierung angezeigt hatten, dass ihnen Bauer aufgekündigt, und zugleich um Unterstützung zur Erlangung einer anderweitigen Arbeit gebeten hatten, wurde mit Regierungsdecret vom 24. September 1812 bedeutet, dass es ihnen zustehe, sich einen Verdienst zu verschaffen, weil die Behörden die Versorgung von arbeitsfähigen Individuen nicht übernehmen können. (Gremial-Archiv.) In ähnlicher Weise klagten mehrere arbeitslose Buchdruckergesellen im Jahre 1827, ihnen Gelegenheit zu verschaffen, sich und ihre Familien zu ernähren. (Registratur des Wiener Magistrates, Fasc. B. 7, Nr. 46775 de anno 1827 und Fasc. B. 7, Nr. 1847 vom 19. Jänner, und Nr. 8017 vom 21. Februar 1828. Fasc. II. 566/821, Nr. 1670.)

[679] Als Anton von Haykul in Nr. 134 der «Wiener Zeitung» im Jahre 1815 öffentlich andere Professionisten aufgefordert hatte, sich der Buchdruckerei zu widmen, führten die Arbeiter, in deren Namen der Factor erschienen waren, eine Beschwerde beim Magistrate, welche auch von den Principalen unterstützt wurde. Haykul war aber missverstanden worden, denn er hatte bloß die Absicht, junge, bei anderen Gewerben schon ausgelernte Leute, wenn sie sich zur Buchdruckerei wenden wollten, zum Eintritte in die Lehre bei ihm aufzufordern, keineswegs aber selbe ohne ordentlich vollendete Lehrzeit als Buchdruckergesellen verwenden zu wollen. Der Magistrat, der Haykul bisher nichts vorwerfen konnte, verwies die Buchdrucker [illegible] über die Principale. (Gremial-Archiv.)

[680] Hofkanzlei unterm 5. April 1827, Z. 9211, mit dem abgeänderten Gesuche an den Magistrat um Bericht, 17. April. (Registratur der k. k. niederösterreichischen Statthalterei, Fasc. B. 7, Nr. 20548, 27250, 25783, 39057. Registratur des Wiener Magistrates, Fasc. II. 566/821, Nr. 1670 und 6911, Fasc. II. 1923, Nr. 42815.) In diesem Gesuche wurde verlangt, es sollen nur so viele Lehrlinge in einer Officin sich befinden, als Pressen sind, kein Lehrling unter 15 Jahren aufgenommen und eine neue Buchdrucker-Ordnung, da die von 1771 den Verhältnissen nicht mehr entspreche, in jeder Officin angeschlagen werden.

[681] Aus diesem Grunde wurde gemäß höchsten Hofdecretes vom 31. December 1792 wegen Abstellung der Privat-Buchdruckereien allen jenen Künstlern und Handwerkern, die sich mit Gießen und Verfertigung der Buchstaben für die Druckereien beschäftigen, oder damit Handel treiben, die Veräußerung oder Verhandlung derselben an andere, als die privilegierten Buchdrucker, oder solche, die sich zur dießfälligen Befugnis durch landesfürstliche Zeugnisse ausweisen, dann den Buchdruckern selbst der weitere Verkauf derselben strengest verboten.» (Registratur der k. k. niederösterreichischen Statthalterei, Fasc. A. 15, Nr. 2861/793.)

[682] Im Jahre 1805, 21. August, baten die bürgerlichen Buchdrucker in einem neuerlichen Hofgesuche um Abschaffung der unbefugten Buchdrucker, die sich vor dem Magistrat hinter den Schutz jener Verordnung stecken, welche wohl der ausgedehnten Concurrenzfreiheit und den daraus entstandenen Nahrungszweigen unter Kaiser Josef II. angemessen waren. Der Magistrat solle, da sich die Lage geändert und, wenngleich keine neuen Gesetze erflossen sind, dennoch die unbefugten Buchdrucker abschaffen und jenen, die Freiheiten besitzen, die aber nie oder nur kurze Zeit benützt haben, dieselben entziehen, da sie damit nur unbefugte Leute decken und so die Wirksamkeit des Gesetzes hemmen. (Registratur des Wiener Magistrates, Fasc. II. 12, Nr. 587.)

Abzug eines Kreuzers von einem ledigen, und zweier Kreuzer von einem verheirateten Gesellen, sowie durch verschiedene Strafgelder Beiträge geleistet wurden, mit Zustimmung Trattners zu einem allgemeinen Fond für die sämmtlichen Buchdruckergesellen in Wien gemacht und seinerzeit dem künftigen Vorsteher zu genauer Verwaltung übergeben werde. Die Principale sollten wöchentlich eine beliebige Summe als Beitrag in dieselbe geben und die Officinen verpflichtet sein, wöchentlich den bei ihnen gesammelten Wochenbeitrag nebst der Specification der beitragenden Glieder mit der Unterschrift des Principals an den Vorsteher zu senden. Auch sollten 1 fl. 30 kr. vom Aufdinggeld und die 4 fl. 30 kr. Freisprechgeld zum besten jener Casse verwendet werden. Beim Abschlusse der Rechnung, die alle Quartale zu geschehen hätte, sollten die Vorsteher, die Principale und die zwei ältesten Factore im Namen der Gesellen anwesend sein; von den beiden letzteren hätte einer auch einen Schlüssel zur Casse zu führen, um das Vertrauen der Gesellen zu erhalten. Die in dieser Casse eingelaufenen Gelder wären zur Unterstützung kranker Gesellen, zur Aushilfe für hinterlassene Gesellenwitwen und Waisen und zu milden Gaben an rechtschaffene und fleißige, aber zur Arbeit unfähig gewordene Gesellen in ihren alten Tagen zu verwenden.

Am 9. April 1791 richtete Johann Thomas Drexler im Namen sämmtlicher Buchdruckergesellen Wiens eine Eingabe an die niederösterreichische Landesregierung, worin über die Trattner'sche Officinscasse einige Beschwerde geführt[543] und gebeten wurde, Trattner, respective dessen Buchbinderei-Factor Fischer zur Rechnungslegung über die bisher in die Casse eingegangenen Gelder und deren Verwendung zu veranlassen, damit man ersehe, was denn an Baarschaft vorhanden wäre; diese Officinscasse möge zur Grundlage eines Fondes für die neu zu errichtende Gesellencasse, in welche jeder Geselle wöchentlich 3 Kreuzer zu zahlen sich verpflichtet, dienen. Dann könnte jeder Kranke wöchentlich 1 Gulden, die Verwandten in Todesfällen die Begräbniskosten und auch die Witwe etwas erhalten. Da Hoffnung vorhanden sei, dass auch die Principale Einiges dazu beitragen würden, so könnte die Casse in der Folge vielleicht ergiebig genug sein, um auch wohlverdienten, durch das Alter oder andere Gebrechlichkeit unfähig gewordenen »Subjecten« wöchentlich eine gewisse Beihilfe zufließen zu lassen.[544]

Der Stadthauptmann und die niederösterreichische Regierung zeigten sich der Errichtung einer solchen Casse geneigt, sprachen sich aber dagegen aus, dass Trattner bezüglich der in seiner Officin bestehenden Casse pro praeterito zu einem Ersatze oder zur Herausgabe des vorhandenen Capitals an die zu errichtende Gesellencasse verhalten werde,[545] wohl aber dazu, dass er von dem Augenblicke an, wo die gemeinschaftliche Casse errichtet werde, bei seiner Officin keine separate Casse mehr führe.

So wenig die Regierung in der Lehrlingsfrage oder in anderen, die Verbesserung gewerblicher Institutionen anstrebenden Fragen irgend welche Initiative ergriff, so dass trotz allen Eingaben kein Resultat erzielt wurde, ebensowenig nahm sie den Vorschlag einer allgemeinen Gesellencasse in die Hand und beschränkte sich einfach auf die Billigung der Vorschläge. Die Folge war, dass zuerst in einigen Officinen, endlich von allen Buchdruckern und Schriftgießern die Durchführung von allgemeinen Gesellen- oder Unterstützungscassen von selbst in Angriff genommen wurde.

543 In die bei Trattner bestehende Officinscasse habe jeder bei ihm stehende Geselle, wenn er verheiratet, 2 Kreuzer, wenn er aber ledig war, 1 Kreuzer wöchentlich gezahlt. Es seien auch ehemals den Subjecten, wenn sie zu spät gekommen oder sonst etwas begangen hätten, was Trattner missfällig war, gewisse Strafgelder abgezogen und in diese Casse gelegt worden. Die Absicht sollte sein, kranken »Subjecten« einen wöchentlichen Beitrag von 1 Gulden abzureichen, um bei einem Todesfalle das Begräbnisgeld mit 6 Gulden 15 Kreuzer zu bestreiten, auch einer zurückgelassenen Witwe durch ein halbes Jahr wöchentlich 1 Gulden zu geben. Durch den so langen Zeitraum von 30 Jahren müsste in dieser Casse schon eine beträchtliche Summe eingeflossen sein, es sei aber bis jetzt keinem Buchdruckergesellen, wenn er auch noch so lange in dieser Officin gestanden, bekannt geworden, wie viel in dieser Casse an baarem Gelde sich wirklich vorräthig befinde, was für Ausgaben und wofür dieselben gemacht worden und wie überhaupt mit den eingelegten Geldern gewirtschaftet werde. Der Einzige, der etwas davon wissen könne, sei Trattners Buchbinderei-Factor Fischer, welcher allein die Casse unter sich hat; er habe aber bis jetzt keine Rechnung gelegt. Fast in allen Wiener Officinen seien Gesellen, welche ehemals bei Trattner in Condition gestanden und zum Theil schon oder noch mehrere Jahre in diese Casse beigesteuert hätten, alle diese seien nun wegen veränderten Conditionen von dem so löblichen Zwecke der Casse ganz ausgeschlossen und hätten ihr Geld, ohne Nutzen davon erwarten zu können, gezahlt, und ohne zu wissen wofür sie zahlten. Da nun vermöge Allerhöchster Entschließung durchaus keine Privat- oder Winkelcasse bei »Handwerks«- oder Kunst-Officinen bestehen darf, die bisher in der v. Trattner'schen Officin bestehende Casse aber unter jenen Umständen als eine solche anzusehen sei, so seien sämmtliche Gesellen in den Wiener Officinen, 220 an der Zahl, einverstanden, dass jene Casse gemeinschaftlich gemacht werde. (Registratur der k. k. niederösterreichischen Statthalterei, Fasc. A. 15, Nr. 11130 ad 2169.)

544 Registratur der k. k. niederösterreichischen Statthalterei, Fasc. A. 15, Nr. 11130 ad 2169.

545 »Weil jeder Geselle in Kenntnis des Zweckes freiwillig beigesteuert, und zwar nicht blos Buchdrucker und Setzer, sondern auch die Schriftgießer, und v. Trattner selbst das meiste dazu beigetragen habe. Sollten nun einige Beiträge leistende Gesellen keine Wohlthat aus dieser Casse erfahren haben, so sei dies darum, weil keinen derselben in seiner Officin ein Unglücksfall getroffen; dagegen aber hätten mehrere aus ihr beträchtliche Unterstützungen erhalten, ohne kaum noch einige Kreuzer zu selber erlegt zu haben.« (L. c.)

In der k. k. Hof- und Staatsdruckerei wurden schon seit dem Jahre 1806 die erkrankten Hausdiener und Arbeiter statutengemäß im Spitale der barmherzigen Brüder unentgeltlich verpflegt, wogegen die oberste Hofstelle genehmigte, dass diesen die in ihrem Wirkungskreise zur Krankenpflege nöthigen Drucksorten in der Staatsdruckerei unentgeltlich gedruckt würden.[566]

Als im Jahre 1834 Johann Friedrich einen Kranken-Unterstützungsverein für das Personale der Anton Mausberger'schen Buchdruckerei gründen wollte, wurde er abgewiesen.[567] Nach einigen Jahren (1837) gründeten aber die Arbeiter der k. k. Staatsdruckerei unter der Anleitung der Oberfactore Schneeberger und Zawadowsky zur Unterstützung erkrankter und durchreisender Typographen eine Vereinscasse.[568] Das betraf, wie gesagt, zunächst nur die k. k. Staatsdruckerei.

Bis zum Jahre 1842 mussten die Principale Wiens gerade so, wie es bei den anderen Innungen der Fall war, für die in ihrem Geschäfte erkrankten Gehilfen, falls dieselben im Spitale verpflegt wurden, die Krankenkosten tragen.

Damals nun wurde von einem Setzer der Mechitharisten-Buchdruckerei, Franz Schwarz, ein Comité gebildet, welches die auf theilweise Selbsthilfe gegründete Bildung eines »Vereines zur Unterstützung erkrankter Buchdrucker- und Schriftgießer-Gehilfen Wiens« ins Auge fasste und seine Arbeiten so rasch vollendete, dass dieser Verein schon mit dem 1. August 1842 seine Wirksamkeit beginnen konnte. Die Einschreibegebühr betrug 30 Kreuzer C.-M., die wöchentliche Einzahlung 3 Kreuzer C.-M., die wöchentliche Unterstützung dagegen 2 Gulden 20 Kreuzer und das Leichengeld 20 Gulden.[569]

Die erste vom 1. August 1842 bis zu Ende December 1844 reichende Bilanz wies bereits eine Mitgliederzahl von 433 (von ungefähr 800 in Wien befindlichen) Gehilfen und einen Cassaüberschuss von 853 Gulden 47 Kreuzern auf,[570] zu welchem auch die Principale ihr Scherflein in der bereitwilligsten Weise beigetragen hatten. Am 18. Mai 1845 spendeten noch Franz Pichler und seine Mutter Elisabeth Pichler dem Vereine die Summe von 3 Stück vierpercentigen Obligationen à 100 Gulden C.-M. mit der Bestimmung, davon einen eigenen Invalidenfond zu gründen. Durch einen Beitrag der Mitglieder der Mechitharisten-Buchdruckerei, durch Interessen und andere Zuflüsse hatte sich dieser Fond bis zum Jahre 1848 auf 440 Gulden gesteigert. Während sich aber die Casse zur Unterstützung erkrankter Mitglieder in erfreulicher Weise fortentwickelte, traf jene der Invaliden-Unterstützung im Jahre 1852 das Schicksal der Confiscation, welche erst nach vieler vergeblicher Mühe und im Wege der Petition am Ende des Jahres 1867 aufgehoben wurde; der bis dahin auf 9254 Gulden 41½ Kreuzer aufgelaufene Betrag kam nun an den Verein wieder zurück.

Im Jahre 1845 fasste der Setzer der Staatsdruckerei Anton Schweiger die Idee, einen Verein zur Unterstützung hilfsbedürftiger Buchdrucker-Witwen und Waisen ins Leben zu rufen, der sich aber nicht allein auf die Typographen Wiens, sondern auch auf alle übrigen verwandten Kunstgenossen der Monarchie erstrecken sollte. Das Stammcapital für dieses Unternehmen war der Reingewinn eines von Schweiger veranstalteten Kalenders für das Jahr 1846.[571] Der kaiserliche Rath Wilhelm Klein widmete dann auch den Ertrag des Blinden-Kalenders zur Gründung dieses Unterstützungsfondes.

Von den zwei hier erörterten Fragen, welche die Verbesserung der materiellen Lage der Wiener Buchdruckergehilfen in sich fassten, trat die Lohnfrage im Jahre 1848 besonders in den Vordergrund der ganzen socialen Bewegung, welche eben jenes Jahr, wie es meistens in Zeiten großer politischer Umwälzungen geschieht, auch hervorgerufen hatte. Am 9. April überreichte eine aus den damals in 22 Buchdruckereien

[566] Geschichte der k. k. Hof- und Staatsdruckerei in Wien, von einem Typographen dieser Anstalt (Wien 1851), S. 149.

[567] Registratur des Wiener Magistrates, Fasc. 11. 61, Nr. 4256 und 45778.

[568] In diese Casse zahlte Jeder wöchentlich 3 Kreuzer. Erkrankte ein Mitglied der Anstalt, so erhielt es bei häuslicher Verpflegung wöchentlich 2 Gulden, im Spitale 1 Gulden, vorausgesetzt, dass die Krankheit nicht über drei Monate dauerte. Wenn durchreisende Buchdrucker keinen Platz fanden, erhielten sie einen Hilfsbetrag von 12 Kreuzer C. M. (Geschichte der k. k. Hof- und Staatsdruckerei, S. 109 ff.)

[569] Die Casse hieß nach ihrem Gründer die »Schwarz'sche Casse«. »Der Gedanke, durch gegenseitige Hilfe die Lage der Einzelnen zu verbessern, wurde von den meisten nicht verstanden; einzelne Principale unterstützten den Verein dadurch energisch, dass sie die Aufnahme eines Gehilfen von dem Beitritte zum Vereine abhängig machten.« (Geschichte der k. k. Hof- und Staatsdruckerei, S. 111. — Gutenberg, Zeitschrift u. s. w. Jahrgang 1855, Nr. 15, S. 108.)

[570] Der Ausweis bis Ende December 1845 zeigt 516, jener bis Ende 1846 542 und der bis 1847 569 Mitglieder.

[571] Geschichte der k. k. Hof- und Staatsdruckerei, S. 116.

Wiens beschäftigten 404 Gehilfen bestehende Commission[492] an den damaligen Repräsentanten der Buchdrucker, Johann Paul Sollinger, ein Promemoria, welches in großen Zügen die Wünsche der Buchdrucker- und Schriftgießergehilfen Wiens wegen Regelung ihrer Arbeitsverhältnisse darlegte und auch dem Minister des Innern zur Genehmigung unterbreitet wurde.

Darnach verlangten sie eine angemessene Erhöhung des Arbeitslohnes für Setzer, Drucker und Schriftgießer nach dem Maßstabe eines wöchentlichen Verdienstes von 7–8 Gulden C.-M.,[493] Beschränkung in der Aufnahme von Lehrlingen, derart, dass auf je vier Subjecte nur ein Lehrling komme, Abschaffung der weiblichen Arbeitskräfte bei den Maschinen und anderen Manipulationen, Besetzung der Schnellpressen statt der Jungen mit Drucker-Subjecten, deren Arbeitsstunden nach 1000 Bogen (à 12 Kreuzer C.-M.) zu berechnen wäre, gleichwie die Besetzung der Schriftgießmaschinen ausschließlich nur durch Schriftgießergehilfen zu geschehen hätte; bei jeder Handpresse sollte wenigstens ein Drucker-Subject Beschäftigung finden, die in einer Druckerei aufgestellten Schnellpressen müssten sich immer nach der Zahl der im Gange befindlichen Handpressen richten, so dass auf drei Handpressen eine Schnellpresse zu stehen komme; schliesslich Beschränkung der Arbeitszeit auf zehn Stunden täglich, mit Ausnahme des der Ruhe und Sammlung geweihten Sonntags.

«Überzeugt von der Gerechtigkeit und Billigkeit ihres Ansuchens», heißt es am Schlusse jenes Promemoria, «erwarten die Gefertigten vertrauensvoll die schleunigste Berathung und ungeschmälerte Erfüllung dieser Punkte und erlauben sich, gedrängt durch die Macht der Verhältnisse, den Zeitraum von vier Tagen zur Beschlussnahme und Erledigung ihres Gesuches festzusetzen. Sollten jedoch unerwarteter Weise die vorgeschlagenen, durch die Zeitumstände dringend erheischten Maßregeln von Seite der Herren Principale nicht die allgemein gewünschte, friedsame Lösung finden, so fühlten sich die gefertigten Mitglieder im vollsten Bewusstsein der Billigkeit ihres Verlangens zu ihrem Bedauern gedrungen, an ein höheres Forum zu appellieren und jene Forderungen zu wiederholen, deren Gewährung ihnen seit vielen Jahren in so unverdienter Weise vorenthalten blieb».

Trotzdem der Repräsentant J. P. Sollinger die Berechnung nach 1000 Buchstaben in seiner Officin schon seit den Zwanzigerjahren eingeführt hatte und es selbst in seinem Interesse gelegen war, diesen Berechnungsmodus in Wien zu verallgemeinern, so war es ihm doch mit dem besten Willen nicht möglich, jenen Forderungen der Gehilfen gleich so allgemeine Rechnung zu tragen, wie dieselben es wünschten. Die Folge war, dass ein großer Theil von ihnen, fortgerissen vom scandalsüchtigen Treiben der Massen in jenen aufgeregten Tagen des Jahres 1848, Sollinger eine turbulente Katzenmusik machte und ihn so zwingen wollte, eine bindende Zusage für alle jene Principale zu geben, welche den Tarif bis dahin noch nicht anerkannt hatten. Dieser ungerechtfertigte Vorgang kränkte den schon seit längerer Zeit leidenden Mann so sehr, dass er sich nicht mehr erholte und am 13. Januar 1849 starb.

Anknüpfend an die Erörterungen über die Verkäuflichkeit der Universitäts-Buchdruckereien, heben wir vor allem hervor, dass die Buchdruckereibefugnisse in der Regel blos persönliche waren,[494] d. i.

[492] G. Beyer, F. [illegible], F. [illegible], Gleisner(?), [illegible], Heller, Schumann(?), Werner. In einer Deputation überreichten dieselben Sollinger das Promemoria am 9. April 1848.

[493] Nach dem beigeschlossenen Preis-Courant sollten die Satzpreise betragen: Cicero (nach Garmond zu berechnen), das 1000 Stück à 8 kr. C.-M.; Garmond, das 1000 Stück à 8 kr. C.-M.; Petit, das 1000 Stück à 8 kr. C.-M.; Colonell, das 1000 Stück à 9 kr. C.-M.; Nonpareille und Perl, das 1000 Stück à 10 kr. C.-M. Columnentitel und Unterschlagzeilen sollen als zwei Zeilen, ein jedes Stück Durchschuss für ein n berechnet, tabellarische, mathematische oder sonst schwierige Sätze mit doppeltem Preis, Musiknoten aber mit dem vierfachen Preis der gleichen Schriftgattung bezahlt werden. Bei fremden Sprachen oder gemischtem Satze ist durch alle Schriftgattungen das 1000 Stück um einen Kreuzer C.-M., bei orientalischen Sprachen aber um die Hälfte mehr zu bezahlen. Extrastunden und Nacharbeiten sollen außer dem bestimmten Arbeitsverdienste mit sechs Kreuzer C.-M. per Stunde vergütet werden. (Bei Zeitungen und Journalen soll es dem freien Übereinkommen überlassen bleiben.) Änderungen in der Correctur, Fehler auf Schrift, oder andere bedeutende Aufenthalte sollen mit acht Kreuzer per Stunde bezahlt werden. Von dem [illegible] eines Lehrlings soll folgende Norm in Betreff der Abgabe an den Principal festgesetzt werden: Erstes Jahr (mit Ausnahme des ersten Vierteljahres, wo keine Abgabe zu entrichten kommt) 48 kr. C.-M., zweites Jahr 1 fl. C.-M., drittes Jahr 1 fl. 12 kr. C.-M., viertes Jahr 1 fl. 24 kr. C.-M., fünftes Jahr 1 fl. 48 kr. C.-M. — Drucker-Preise: I. Werke (ordinär): Bei 500 Auflage 48 kr. C.-M., das nächstfolgende 100 Bogen 5 kr. C.-M.; bei 500 Auflage [illegible] 50 kr. C.-M., das nächstfolgende 100 Bogen 6 kr. C.-M.; bei 500 Auflage [illegible] 1 fl., das nächstfolgende 100 Bogen 7 kr. C.-M.; (Median) bei 500 Auflage 1 fl. 12 kr., das nächstfolgende 100 Bogen 8 kr. C.-M. II. Accidenzen: a) Schwarze, das erste 100 Auflage à 24 kr. C.-M., jedes folgende 100 à 6 kr. C.-M.; b) farbige und besonders schwierige Accidenzen sind nach der Zeit oder nach Übereinkommen der Herren Principale zu berechnen. Zeitverluste, welche mehr als eine Stunde betragen und woran weder Setzer noch Drucker die Schuld tragen, sollen mit acht Kreuzer per Stunde vergütet werden. — Jedem Principale stehe es frei, seine Subjecten nach Verdienst in das gewisse Geld zu stellen.

[494] Es gab noch sechs Universitäts-Buchdruckereien, die verkäuflich waren und mit 17.500 [illegible]. Dabei ist sich nach der Verordnung vom Jahre 1784, welche den letzten ersichtlichen Verkaufspreis des Gewerbes bestimmt, zu richten; und hinsichtlich der Vormerkung und Gebühren sollte es so gelten, wie bei den Kammergütern, die ebenfalls nichts anderes, denn verkäufliche Gewerbe sind. (Regierungsdecret vom 9. Mai 1794.)

nur auf die Person verliehen wurden und daher mit dem Tode des Besitzers erloschen. Der Paragraph 6 des Patentes vom 18. März 1806 besagte auch, dass die Inhaber von dergleichen Befugnissen nach diesem Grundsatze zu behandeln seien, es sei denn, dass sie den Besitz eines sogenannten radicirten und verkäuflichen Gewerbes rechtsbeständig erweisen können.[695]

Da nach einer Allerhöchsten Entschliessung der Magistrat die Befugnisse der Buchdrucker in erster Instanz zu verleihen hatte, diese aber der Commercial- oder Schutzsteuer unterworfen waren, so war ihm von der Regierung aufgetragen worden (6. Mai 1791), in jedem einzelnen Falle, so oft er ein Buchdruckereibefugnis verliehen hatte, an die Regierung die Anzeige zu machen, damit der neue Befugniswerber mit jener Steuer belegt werde.[696] Mit Hofdecret vom 7. April 1797 wurde neuerdings verordnet, dass die Buchdrucker entweder ihre Gewerbesteuer zahlen oder ihre Gerechtsame anheimsagen müssen.[697] Diese Commercial- oder Schutzsteuer wurde durch das Regierungsdecret vom 6. Mai 1813 aufgehoben und an ihrer Stelle die Erwerbsteuer eingeführt. Mit diesem Decrete wurde der Magistrat auch ermächtigt, jene Individuen, die der Commercialsteuer unterworfen waren, nunmehr der städtischen Industrialsteuer zu unterziehen. (10. November 1815.)[698]

Da man die Buchdruckerei für ein bürgerliches Gewerbe erklärt hatte, ward, wie bereits erwähnt, mit Hofkanzlei-Decret vom 21. November 1794 verfügt, dass die Buchdruckereibefugnis an niemand andern, als an Kunstgenossen verliehen werden solle. Dagegen wurde von der Regierung einverständlich mit der k. k. obersten Polizei- und Censur-Hofstelle mit Decret vom 18. März 1818 bei Gelegenheit eines besonderen Falles, wo es sich um die Verleihung einer Buchdruckereibefugnis an Jemanden handelte, welcher die Buchdruckerei nicht ordentlich erlernt hatte, Nachstehendes verfügt: Es sei wol mehrmals der Grundsatz ausgesprochen worden, dass es bei Verleihung von Befugnissen vorzüglich darauf ankomme, ob derjenige, welcher um eine Befugnis zum selbständigen Betriebe eines Gewerbszweiges ansucht, die hierzu erforderlichen Kenntnisse und die entsprechende Geschicklichkeit besitze und praktisch erprobe. Wenn daher besagter Befugniswerber nach dem Buchdruckerpatente von 1771 eben nicht als ein ordnungsmäßig aufgedungener und freigesprochener Buchdrucker angesehen werden könne, so lasse doch eine in diesem Fache erprobte Fähigkeit, literarische Ausbildung oder anerkannte Thätigkeit und Unternehmungsgeist des Bewerbers keinen Zweifel übrig, dass derselbe, wenn er eine Buchdruckerei erhält, sie gewiss mehr als jeder andere emporbringen werde, besonders da er nebstbei als ein sehr rechtlicher gesitteter und in jeder Beziehung achtenswerter Mann geschildert wird. Es wurde daher von der Regierung im Einverständnisse mit der k. k. Polizei-Censur-Hofstelle einem solchen Bewerber eine Buchdruckereibefugnis für die orientalischen Sprachen verliehen.[699]

Buchdruckergewerbe sollten bei ihrer Erledigung gerade so wie alle anderen Gewerbe vorläufig bekannt gemacht werden.[700]

Niemand war berechtigt, eine Buchdruckerei einzurichten, er hätte denn zuvor bei der Regierung um die Zustimmung nachgesucht[701] und dieselbe nach dem gehörigen Nachweise über die vorschriftsmäßige Eignung und erforderlichen Eigenschaften erhalten; die Verleihung geschah jedoch stets im Einvernehmen mit der k. k. obersten Polizei-Censur-Hofstelle. Die Vermehrung der Buchdrucker in Wien wurde als nicht so nothwendig erachtet und bei dem Umstande, dass die schon bestehenden ohnedies kaum

[695] Es würde auch zu bedenklichen Folgen Anlass geben, sagt das Hofdecret vom 4. October 1783, wenn man nur ein Beispiel von einer Art Verkäuflichkeit der Gewerbe, die persönlich verliehen worden sind, einführen wollte, und es würden sich dann die Fälle häufen, wo auf Personalbefugnisse Darlehen, in der Voraussetzung, dieselben nach dem Tode des Schuldners fortsetzen zu können, geleistet werden. Man kann daher dem Gesuche, dass die verliehene Personal-Buchdruckerei-Befugnis demjenigen, der etwa als Käufer zu den vorhandenen Geräthen sich finde, ertheilt werden möchte, nicht willfahren.

[696] Normalienbuch des Wiener Magistrates: 1. Jänner 1791 bis 31. December 1791, S. 159.

[697] Registratur der k. k. n.-ö. Statthalterei, Fasc. A. 15, Nr. 6716.

[698] Gremial-Archiv.

[699] Es war Demeter Davidovich, welcher dieses Privilegium erhalten hatte. Obige Regierungs-Entscheidung wurde mit Hofkanzlei-Verordnung vom 1. October 1818 bestätigt.

[700] Hof-Entschliessung vom 29. December 1785.

[701] Hofkanzlei-Decret vom 4. September 1817. (Regier.-Intimat 4. September 1817.) Nur rücksichtlich der orientalischen Buchdruckereien war mit Hofkanzlei-Decret vom 16. April 1817 und 1. October 1818 eine Ausnahme als wünschenswert erkannt worden.

zur Hälfte beschäftigt waren und durch selbe auch nicht der mindeste Vortheil sich ergeben würde, wie schon erwähnt, mehrmals gänzlich untersagt.[192]

Dem Sohne eines verstorbenen Buchdruckers, der sich der Buchdruckerei widmen wollte und die erforderlichen Fähigkeiten, wie auch moralischen Eigenschaften besaß, konnte aber die erledigte Buchdruckerei in erster Linie neuerdings verliehen werden.[193] Auch der Witwe war es gestattet, nach dem Tode ihres Gatten die Buchdruckerei, falls sich diese im aufrechten Stande befand, fortzuführen. Die Circularverordnung vom 20. Februar 1795 gestattete, dass, wenn verwitwete Buchdruckereibesitzerinnen sich wieder verehelichten, derlei Gewerbe, wenn sie nicht übersetzt seien, vorzugsweise an die Kinder, also bei der Familie erhalten werden sollen; die Hofentschliessung vom 6. Januar 1800 befahl sogar, nach dem Geiste der Gesetze vorzugehen und die schwunghafte Fortsetzung aufrechter Befugnisse nicht zu unterbrechen. Nur hatte die Witwe zum Betriebe der Buchdruckerei einen seiner Aufgabe gewachsenen und zum Geschäfte geeigneten Mann auf ihre Gefahr und Verantwortung hin beistellen, »zu dessen Auffindung ihr das Gremium an die Hand zu gehen beauftragt war«.[194] Der Ansicht aber, dass die Buchdruckereien in Wien für den Bedarf mehr als hinreichend seien, daher ihre Verminderung ebenso wie jene der Buchhandlungen und Kupferdruckereien als wünschenswert erscheine, würde gar nicht entsprochen worden sein, wenn Buchdruckern, besonders aber Buchdruckerswitwen gestattet worden wäre, öffentliche Gesellschafter zum Betriebe ihrer Befugnis aufzunehmen, die dann im Falle einer Erledigung schon durch den Gesellschaftsvertrag einen Anspruch auf die Befugnis selbst zu begründen trachteten.[195] Diese Vorschriften wegen Aufstellung verantwortlicher Geschäftsführer wurden wiederholt erneuert.[196]

Würde Jemand, der nicht zur Buchdruckerei berechtigt ist, eine Winkel- oder Hausbuchdruckerei, oder eine Handpresse mit einem Schriftensatze halten, so sollte der Übertreter nebst dem Verluste aller Buchdruckereigeräthe zu einer Geldstrafe von 500 Gulden verurtheilt werden, wäre aber erwiesen, dass aus einer solchen Winkelbuchdruckerei ein Buch oder irgend eine Flugschrift hervorgegangen und in Vertrieb gesetzt worden sei, so sei derselbe außerdem mit den im Strafgesetzbuche bestimmten angemessenen Strafen zu belegen.[197] Darum seien gegossene Buchstaben auch nur an Buchdrucker zu verkaufen.[198]

Diese Reihe von Verordnungen beweist, wie die Regierung theils aus eigener Initiative, theils durch bestimmte Vorfälle, die wir bei der mangelhaften Erhaltung der Acten nicht immer kennen, veranlasst wurde, zu Gunsten und zur Hebung der Wiener Buchdruckerei, sowie zur Regelung der internen Verhältnisse derselben, vermöge der ihr zukommenden legislativen Ingerenz einzutreten. Freilich ist das nur von den engen Gesichtspunkten aus in Betracht zu ziehen, mit welchen überhaupt damals die gewerblichen Zustände gehandhabt und geregelt wurden. In manchen Beziehungen war aber die Regierung sogar frei-

[192] Hofkanzlei-Decret vom 6. September 1819, Z. 7/23. — Decret an die Stadthauptmannschaft und die vier Kreisämter vom 19. September 1819. (Registratur der k. k. n. ö. Statthalterei, Fasc. B. 12, Nr. 20020.)

[193] Patent vom 18. März 1806, § 7.

[194] Patent vom 18. März 1806, § 7. — Mit Präsidialschreiben der k. k. Polizei-Censur-Hofstelle vom 22. August 1823 wurde bei Gelegenheit einer Übertretung der Censur-Vorschriften verordnet, dass in Zukunft zur Vermeidung solcher Fälle bei jenen Buchdruckereien, welche von Witwen oder Minderjährigen betrieben werden, kein Geschäftsführer angestellt werden soll, der nicht vorläufig von der Polizei-Censur-Hofstelle wegen seiner persönlichen Eigenschaften geprüft sei, von Fall zu Fall nur im Einverständnisse und mit Zustimmung der Behörden, insbesondere der polizeilichen und Censur-Hofstelle. (Registratur der k. k. n. ö. Statthalterei, Fasc. B. 6, Nr. 42998. An die vier Kreisämter und sämmtliche Dominien am 12. September 1823.) Der Magistrat habe darüber zu wachen, dass diese Vorschriften strenge durchgeführt werden. Um aber auch für das Vergangene eine Berichtigung zu erhalten, sollte der Magistrat alle Buchdruckereien, die durch Geschäftsführer geleitet werden, anzeigen und sich zugleich rücksichtlich der persönlichen Eigenschaften der dabei angestellten verantwortlichen Geschäftsführer, Buchhalter und Factore äußern.

[195] Die Buchdruckerswitwe Anna Zwerch wurde daher mit ihrem Bewilligungsgesuche, ihr zur Fortführung der Buchdruckerei die Aufnahme des Buchdruckereifactors Ulrich Klopf als öffentlichen Gesellschafter zu bewilligen, zurückgewiesen. »Jedoch unterliege es keinem Anstande,« hieß es weiter, »den Klopf als Factor und selbst als stillen Gesellschafter, aber immer nur unter der ausdrücklichen Bedingung eintreten, dass er sich aller wie immer gearteten Ansprüche auf einen künftigen Besitz dieser Buchdruckereibefugnis begebe.« (Normalienbuch des Wiener Magistrates in den Jahren 1823 und 1824, Nr. 13, S. 153.)

[196] So 1837 (Registratur der k. k. n. ö. Statthalterei, Fasc. B. 7, Nr. 40728), am 21. Jänner 1838 (Fasc. B. 7, Nr. 3896. — Registratur des Wiener Magistrates, Fasc. B. 44, Nr. 57212.)

[197] Hofdecret vom 9. Februar 1795. Barth von Barthenheim: Österreichische Gewerbs- und Handelsgesetzkunde mit vorzüglicher Rücksicht auf das Erzherzogthum Österreich unter der Enns, V. Bd., § 1117, S. 252 f.

[198] »Allen Künstlern und Handwerkern, die sich mit dem Gießen und Verfertigen der Buchstaben für die Druckereyen beschäftigen, oder damit Handel treiben, ist die Veräußerung oder Verhandlung derselben an andere als die privilegierten Buchdrucker oder an solche, die sich zu dieser Befugnisse durch hinlängliche Zeugnisse ausweisen, den Buchdruckern selbst aber der weitere Verkauf derselben, der Kauf oder Verkauf mag öffentlich oder heimlich und unter der Hand geschehen, ernstlich und streng verbothen.« Hofdecret vom 21. Jänner 1793. Regier.-Intim. vom 10. Februar desselben Jahres.

sinnig oder wahrte sich mindestens den Schein von Freisinnigkeit, indem sie z. B. trotz wiederholten Ansuchens der Wiener Buchdrucker die Bildung eines Gremiums und den Erlass einer diesbezüglichen Verfassung anfänglich entschieden verweigerte und erst nach und nach die Neigung hierzu zeigte.

Auf Grund der Hofverordnung vom 15. Januar 1755 war ausdrücklich verboten, Gewerbe, die den Zünften noch nicht einverleibt sind, zünftig zu machen, und die weitere Hofverordnung vom 12. Juni 1795 verfügte, dass keine neuen Zünfte mehr entstehen dürfen. Nun gehörte die Buchdruckerei unter die privilegierten Beschäftigungen,[709] die eben keine Zunft, kein Gremium bildeten, aber auch unter die Polizeigewerbe, zwar nicht in dem allgemeinen Sinne von Polizeigewerben, die mit ihrem Betriebe auf den Ort oder Bezirk beschränkt waren, für welchen ihnen die Berechtigung ertheilt war, sondern in jenem engeren Sinne, die eine besondere Polizeiaufsicht erforderten.[710]

Die von den Buchdruckern schon 1791 beantragte Gremialverfassung wurde daher aus dem Grunde, dass dieselbe zu einem einer Zunftverfassung ähnlichen Zwange führen würde, mit Hofentschliessung vom 20. Juni d. J. nicht bewilligt und die Aufstellung eigener Vorsteher, durch welche die Verordnungen kund zu machen wären, als zweckwidrig nicht zugestanden.[711] »Der Antrag, dass von den zeitlichen Vorstehern der Buchdrucker zur Controle wenigstens ein allgemeines Protokoll der in der Lehre stehenden Jungen geführet und von ihnen gewacht werden solle, dass die Buchdruckerey Ordnung beobachtet werde, sowie dass sie dafür zu sorgen hätten, dass alle Willkührlichkeiten hintangehalten werden, ist also jenen Normalvorschriften entgegen, da bey der Buchdruckerey keine Zunftvorsteher bestehen dürfen«.

Nach der Ansicht der Regierung enthielten ja ohnedies die Bestimmungen der Buchdrucker-Ordnung für Gesellen und Jungen vom 21. Juni 1771, erneuert durch das Patent vom 18. März 1806, alle jene Modalitäten, welche zum Behufe der Handhabung einer dem Vortheile so wichtigen Kunst der Buchdruckerei vollkommen entsprechenden Ordnung erforderlich sind; diese vermieden aber in schuldiger Rücksicht auf die Beseitigung jedes Zunftzwanges allen ämtlichen Einfluss eines Kunstgenossen auf einen anderen und jede Beschränkung im Betriebe dieser unzünftigen Polizeibeschäftigung dergestalt, dass eine entgegengesetzte Verfügung dem wohlthätigen Zwecke jener Ordnung entgegen gewesen wäre.[712]

Die Frage, ob die Buchdrucker ein Gremium oder eine Innung ausmachen, wurde gelegentlich eines Falles von Vergütung der Krankenhaus-Verpflegsbeträge im Jahre 1812 wieder aufgeworfen[713] und von der Regierung im obigen Sinne entschieden. Drei Jahre später finden wir bereits eine gewählte Commission zur Verfassung von Gremial-Artikeln erwähnt,[714] und bald hernach baten auch die privilegierten Buchdrucker um Revision des Entwurfes ihrer Gremial-Artikel. Die ganze Angelegenheit zog sich aber mehrere Jahre hin, ohne dass es zu einem Resultate gekommen wäre. Als nun im Mai 1820 die privilegierten Buchdrucker B. Ph. Bauer und Anton Pichler *im Namen der übrigen Buchdrucker* oder als *Repräsentanten*, wie sie und ihre Vorgänger sich auch nannten, bei der niederösterreichischen Regierung ein Gesuch überreichten, worin sie sich eine Entscheidung in einer Lehrlingsfrage der Gerold'schen Officin erbaten,[715] stellten sie zugleich die Anfrage, wer denn bei dem Umstande, als bei den Buchdruckern Vorsteher amtlich nicht anerkannt werden, künftig bei dem Magistrate über vorkommende Angelegenheiten Rede und Antwort ertheilen solle. Dieser befürwortete auch, *einverständlich mit den bisherigen Vorstehern* — wie es im amtlichen Acte ausdrücklich heißt — bei der Regierung das Zugeständnis, dass wenigstens über die bei den hiesigen Buchdruckern in Lehre stehenden Individuen (über deren Aufdingen und Frei-

[709] Barth von Barthenheim, l. c. Bd. I, S. 75.

[710] Hofdecret vom 2. April 1799. Hofverordnung vom 2. Mai 1809. Regier. Intim. vom 11. Jänner 1810. Hofkanzlei-Verordnung vom 6. Juli 1815. Es kann aus Polizei- und Censursrücksichten nicht gleichgiltig sein, welchen Individuen die Erlaubnis ertheilt wird, Druckpressen und andere zum Abdrucke von Lettern oder Zeichnungen dienliche Maschinen halten zu dürfen. Eben aus diesem Grunde besteht die Übung, dass von den politischen Behörden jedesmal über die Gesuche um die Befugnis, eine Buchdrucker-, Kupferdrucker-, Steindrucker- oder sonstige Druckerpresse halten zu dürfen, mit der Polizeibehörde, und zwar wenn solche Befugnisse Wien betreffen, mit der k. k. Polizei- und Censur-Hofstelle Rücksprache gepflogen werde. Commerz-Hofcommissionsdecret vom 13. September 1822.

[711] Hofentschliessung vom 20. Juni 1791.

[712] Regierungs-Verordnung vom 19. Mai 1810.

[713] Registratur des Wiener Magistrates, Fasc. II. 3, Nr. [illegible]

[714] L. c. Fasc. II. 4, Nr. 2041 ad 2531 ex 1815.

[715] Karl Gerold hatte nämlich einem seiner Lehrlinge schon nach drei Jahren Lehrzeit ein [illegible] Zeugnis ausgestellt, da derselbe zu gleicher Zeit den Buchhandel und die Buchdruckerei erlernt hatte, wenn doch sieben Jahre erforderlich gewesen wären, drei Jahre für den Buchhandel, vier für die Buchdruckerei.

sprechen: ein Protokoll, und zwar *von den zu ernennenden jeweiligen Vorstehern* zur Controle und Beseitigung jeder Willkür geführt werde.

Durch Decret der Regierung vom 19. Mai 1820 wurde aber der Magistrat mit Beziehung auf die Buchdrucker-Ordnung von 1771 und die Hofentschließung von 1791, sowie auf die erst kürzlich erlassene Belehrung vom 7. März 1820 strenge verwiesen, da es ohnedies Sache der Ortsobrigkeit des Bezirkes, wo Buchdrucker ihre Kunst ausüben, wäre, von amtswegen darüber zu wachen, dass jene Ordnung in all' ihren Theilen aufs genaueste beobachtet werde, periodisch die Officin eines jeden Buchdruckers zu untersuchen und dabei seine Vormerkbücher über Aufdings- und Freisprechungszeit der Jungen zu controlieren, auch vertrauenswürdige Buchdrucker in Gesammtangelegenheiten zu vernehmen; übrigens seien selbst einzelne Buchdrucker berufen, wenn sie Gebrechen bei ihren Zunftgenossen entdecken, der Behörde davon Anzeige zu machen.[716]

Als im Jahre 1822 die *Ausschüsse* der privilegierten Buchdrucker um die Verfügung baten, dass das Aufdingen und Freisprechen der Lehrlinge nur nach vorläufiger Anzeige an den Magistrat oder in Gegenwart der Ausschüsse Giltigkeit habe, verbot dies die Regierung neuerdings strenge, insbesondere auch, dass einzelne Buchdrucker sich *Ausschüsse der privilegierten Buchdrucker* nennen, da jede Officin für sich allein zu bestehen habe und alle zusammen durch keinen Ausschuss repräsentiert werden dürfen.[717]

Von dieser Zeit an hören, wie wir nur aus wenigen Acten constatieren können, die principiellen Bedenken der Regierung gegen eine neue Buchdrucker-Ordnung, respective eine zustimmende Regelung der obberührten Fragen auf. Leider fehlen in allen Instanzen der Behörden für ein abschließendes positives Resultat die darauf bezüglichen Acten.

Zunächst finden wir nur erwähnt, dass im Jahre 1823 Regierungsrath Kleinschmied über die Nothwendigkeit, »eine Gremial-Ordnung« der Buchdrucker zu errichten, einen Bericht erstattet habe,[718] aber auch nicht mehr.

Wieder verflossen vier Jahre, bis diese Frage in den Acten neuerdings auftauchte. Der Anlass hierzu war gegeben, als der Magistrat beauftragt wurde, über ein allerhöchst bezeichnetes Gesuch des Buchdruckergesellen Josef Halsegger, der im Namen sämmtlicher Buchdruckergehilfen Wiens aus Mangel an hinlänglicher Beschäftigung ein Majestätsgesuch um Einschränkung der Lehrjungenaufnahme in den Buchdruckereien überreicht hatte, Bericht zu erstatten, in welchem er alles Heil nur von einer neuen Buchdrucker-Ordnung erwartete, die er noch Ende Februar des folgenden Jahres der Regierung vorlegen würde.[719]

[716] Registratur der k. k. niederösterreichischen Statthalterei, Fasc. B, 6, Nr. 19367 [illegible].

[717] L. c., Fasc. B, 6 Nr. 349/347 vom 28. Jänner 1823.

[718] Registratur des Wiener Magistrats, Fasc. II. 1242, Nr. 28171.

[719] Registratur der k. k. niederösterreichischen Statthalterei, Fasc. B, 7, Nr. 23763/2947. — Wenngleich Halseggers Angaben in mehreren Punkten theils unrichtig, theils übertrieben waren, so ergaben die commissionellen Erhebungen in einzelnen Officinen bezüglich der Zahl der Lehrlinge doch Folgendes: Schmid: 5 Pressen, 9 Gesellen, 11 Jungen. Magdalena Strauß: 7 Pressen, 15 Gesellen, 20 Jungen. Johann Gerold: 5 Pressen, 13 Gesellen, 10 Jungen. Mausberger: 7 Pressen, 20 Gesellen, 13 Jungen. v. Haykul: 7 Pressen, 15 Gesellen, 21 Jungen. Daraus ergibt sich, dass den Begehren der Buchdruckergesellen gemäß eigentlich nur Haykul die entsprechende Zahl der Lehrlinge um zwei überschritten hatte. — Die Regierung verhielt sich auch solchem Ansuchen gegenüber ablehnend. Mit Bezug auf das schon früher über diese Frage Erörterte und auf die gleichen Bestrebungen der Buchdruckergesellen im Jahre 1848 ist es nicht uninteressant, hier in Kürze die Gründe der Abweisung zu beleuchten. Hätte Principale nur so viele Lehrlinge halten, als sie in ihrer Officin Pressen und Setzer beschäftigen, dürfte den Gesellen kaum Beschäftigung und Erwerb auf die Dauer sichern. Die Lage mancher Principale, insbesondere jener, die sich bloß durch den Nachdruck von Originalwerken fortbrachten, war zweifelsohne eine prekäre. Aber selbst durch die Verminderung dieses unsicheren und nicht überall beliebten Geschäftszweiges oder durch die Beseitigung anderer auf die Buchdruckerei nachtheilig einwirkenden Umstände, die den Gesellen die traurige Aussicht bieten, brotlos zu werden, wäre dem Übel wohl zu steuern. Solches trete auch bei anderen Geschäftszweigen ein, ohne dass man es bis jetzt für nöthig erachtet hätte, die Zahl der Lehrlinge zu beschränken, um das Los der Gesellen zu verbessern. Zudem sei kein Grund vorhanden, gerade auf solche Weise Abhilfe zu verschaffen, da das Missverhältnis sich dadurch ausgleiche, dass die brauchbaren Arbeiter doch wieder Beschäftigung finden, minder brauchbare anderwärts oder in anderen Geschäften ihren Unterhalt sichern und anderseits die Zahl der Jungen sich von selbst bei einem in Verfall gerathenen Erwerbszweige vermindern müsse, indem dorthin, wo Mangel sich fühlbar macht und keine Aussicht in die Zukunft sich bietet, kein Andrang mehr stattfindet. Die Gleichstellung aller Buchdruckereien in dieser Frage sei auch auf die Entwicklung und Vervollkommnung derselben nachtheilig, weil die geschicktesten Unternehmer, bei denen in der Regel Lehrlinge Aufnahme finden, selbst talentvolle Jungen zurückweisen müssten, wenn die vorgeschriebene Zahl der Lehrlinge erreicht sei. Und wie würde sich die praktische Durchführung der Frage gestalten und wie wäre auch das gleiche Ebenmaß zwischen Gesellen und Jungen als ein dauerndes herzustellen? Man nehme z. B. an, in einer Buchdruckerei wären 10 Pressen im Gange und 10 Setzer in Verwendung, also 20 Lehrlinge gestattet. Wenn nun einige Pressen, was sich ja öfters ereignet, bei Abnahme der Arbeit außer Gang kommen, also in der beispielsweise angeführten Officin 4 Drucker und 4 Setzer überflüssig werden, so ist schon ein grelles Missverhältnis vorhanden, indem nun 12 Gesellen und 20 Lehrjungen sich hier befinden, ein Missverhältnis, das der Principal nicht einmal ausgleichen darf, indem ihm nicht gestattet ist, einen Lehrjungen nach der bestehenden Ordnung vor Ablauf der Lehrzeit eigenmächtig aus dem Hause zu geben. Es mag nun allerdings wünschenswert sein, dass diejenigen, die sich von Jugend auf einem Geschäfte zugewendet haben, auch dabei ihr stetes Fortkommen haben, und dass Principale sich freiwillig dazu verstehen, die Gesellenschaft nicht durch Lehrlinge verdrängen zu lassen, insolange brauchbare Gesellen vorhanden sind; allein beschränkende Normen könne man hierfür nicht aufstellen, da dies schon durch das Hofdecret von 1791 untersagt sei.

Nach zugestandener weiterer Frist[278] überreichte der Magistrat am 20. März 1828 der Regierung den Entwurf einer neuen Buchdrucker-Ordnung, der jedoch aus mehrfachen Gründen verworfen wurde.

Die Regierung erklärte ihn namentlich dort für fehlerhaft und unzweckmäßig, wo von den Rechten der Buchdrucker, vom Unterschiede der verkäuflichen Buchdruckereien und persönlichen Befugnissen sowie von der Art der Verleihung die Rede war. Dann sei, so hieß es in der Ablehnung der Regierung weiterhin, der Entwurf so abgefasst, dass zu vermuthen wäre, man wolle der Buchdruckerei, die doch unzünftig bleiben müsse, die Gestalt einer Innung geben, wogegen sich schon die k. k. Hofkammer und Ministerial-Banco-Deputation am 20. Juni 1791 ausgesprochen hatte, die auch die Aufstellung eigener Vorsteher als unzulässig erklärte. Es müsse daher im Magistratsentwurfe alles dasjenige wegbleiben, was gewisse Vorrechte einzelner Glieder dieses Geschäftszweiges begründen, die übrigen von diesen abhängig machen oder die Veranlassung geben könnte, einen zunftmäßig geregelten Verband herzustellen, wovon zum Besten der Industrie in der neuen Zeit und nach den geläuterten Gewerbsgrundsätzen doch wenigstens mehrere Geschäftszweige, darunter auch die Buchdruckerei, frei geblieben sind. Die Aufstellung von zwei Vorstehern und Ausschussmännern, sowie die Bestimmung von vierteljährigen Gremialversammlungen, dann das Aufdingen und Freisprechen vor dem Gremium u. s. w. dürfe bei den Buchdruckern nicht geduldet werden, und es könne bei diesen auch keine andere Regel angenommen werden, als wie bei anderen unzünftigen Beschäftigungszweigen, von welcher Tendenz beim Entwurfe nothwendigerweise ausgegangen werden müsse.

Da nun bei den unzünftigen Gewerben nur *Ausschüsse* zur Vertretung der Angelegenheiten, die auf den ganzen betreffenden Geschäftszweig Bezug haben und zur Besorgung mehrerer in polizeilicher Hinsicht allenfalls nöthigen Verrichtungen, wie z. B. die Führung von Verzeichnissen über die gesammten Gewerbsglieder, über Gesellen, Jungen u. s. w. bestehen können, und der Name Vorsteher aus gutem Grunde und zur Vermeidung aller anmaßenden Eingriffe in den Gewerbsbetrieb anderer Glieder beseitigt worden ist, da es ferner eben in Verhandlung ist, bei allen unzünftigen Gewerbszweigen das Aufdingen und Freisprechen der Lehrlinge nur auf ämtlich vidimierte Contracte zu basieren, und da endlich alle Ursache vorhanden ist, die Gremialversammlungen, die eine innungsmäßige Form haben, zu beseitigen, weil sie größtentheils nur dazu dienen, monopolistische Gesinnungen und Anträge wechselseitig auszutauschen und den Zunftgeist zu consolidieren: so sei es nothwendig, strenge im obangedeuteten Sinne vorzugehen.

Damit ist das geringe noch vorhandene Actenmaterial über diesen wichtigen Gegenstand erschöpft. Da auch für die folgenden Jahre hierüber nichts mehr aufzufinden, auch kein aufhebendes Hofdecret, wie die Normalien- und Gesetzessammlungen erweisen, erflossen ist, so scheint es mit ziemlicher Gewissheit bei der Zurückweisung des erwähnten Magistratsentwurfes — wenngleich ein solcher der Regierung nochmals vorgelegt worden sein dürfte — geblieben zu sein.

Aus obiger Darstellung des Sachverhaltes können wir sonach folgende Schlüsse machen:

1. Die Buchdrucker-Ordnung von 1771 mit all' ihren Ergebnissen blieb noch in unserem Zeitraume in voller Kraft.

2. Die Regierung genehmigte zufolge dieser, wie auch des Hofdecretes vom 20. Juni 1791 und des Ranges der Buchdrucker wegen innerhalb der Gewerbe keine Bildung eines Gremiums.

3. So lange die Buchdrucker der Universität unterstanden und als Immatriculierte derselben cives academici waren, bezog sich dieses Verhältnis nur auf Rechts- und Censurfragen, und das Universitäts-Consistorium war für jene ebenso nur forum judicii wie für jeden anderen akademischen Bürger. Dem Consistorium gegenüber bedurfte daher die Gesammtheit der Buchdrucker keiner officiellen Vertretung, wie sie ja auch keine Zunft oder Innung mit eigener Verfassung und Vorstehern bildeten. Das Consistorium forderte entweder den Einzelnen zur Ordnung seiner anhängigen Rechtsfrage vor oder lud sämmtliche Universitätsbuchdrucker Wiens, deren es damals noch nicht so viele gab, nur dann vor, um ihnen die

[278] L. c., Fasc. B. 2, Nr. 1583/1213. Auch die Buchdrucker hatten an die Regierung das Ansuchen gestellt, ihnen eine weitere Fristerstreckung zur Vorlage des Entwurfes einer neuen Buchdrucker-Ordnung zu bewilligen. (Registratur des Wiener Magistrates, Fasc. II 1826, Nr. 29458, 31254, 33292.)

Erlässe der Regierung in Censursachen mitzutheilen oder bei Verleihung von Privilegien, sei es ihr Gutachten, sei es ihre Verwahrungen entgegenzunehmen.

Anders gestaltete sich die Sachlage, als die Buchdruckerei, in die Gewerbe eingereiht, unter die Aufsicht des Magistrates und der Regierung als Gewerbebehörden kam. Von ihrer einstigen freien und bevorzugten Stellung erhielt sich nur noch, dass sie als *freies* Polizeigewerbe im höheren Sinne erklärt wurde. Aber sowie sie früher keine Zunft oder Innung bildete, ebenso wurde auch jetzt alles, was etwa derartiges mit sich bringen oder selbst nur daran erinnern würde, ferne gehalten, also nach der Ansicht der Regierung auch die Bildung eines Gremiums.

In der ersten Instanz, bei der Stadthauptmannschaft und dem Wiener Magistrate, sowie auch bei den Buchdruckern selbst, deren es seit Josef II. eine weit größere Zahl gab, machte sich in der Praxis der Amtsgeschäfte wol das Bedürfnis ihrer Vertretung durch Einen oder Zwei aus ihrer Mitte der Behörde gegenüber geltend. Seit dem Jahre 1808 werden als solche genannt: Josef Hraschanzky, Bernhard Philipp Bauer, Anton Strauß, Anton Pichler, Anton Edler von Schmid und Karl Gerold (abwechselnd als erste oder zweite Ausschüsse).[721] Der Magistrat, dem ein solcher Vorgang zur Vereinfachung seiner Geschäfte ohne Zweifel passender schien, billigte ihn stillschweigend und nahm sogar von der Anzeige der jeweiligen Wahl von »Buchdruckervorstehern« (sic!) Kenntnis, ja verkehrte in solcher Weise mit den Wiener Buchdruckern, trotzdem die Regierung wiederholt und energisch sich dagegen aussprach.

Erst von 1828 an kommen in den Acten fast nur die Bezeichnungen Ausschussmänner oder Repräsentanten vor, wie es auch von jetzt an die Regierung zugab. Als solche werden aufgeführt: K. Georg Überreuter, J. P. Sollinger, Ferdinand Ulrich und Anton Benko (abwechselnd als erste oder zweite Repräsentanten).[722] So war es noch im Jahre 1848.

Um 1782, der Zeit der Pressfreiheit, aber auch der wachsenden Flut der Broschüren-Literatur, die aus größeren Officinen so gut wie aus kleinen Winkeldruckereien hervorgiengen, gelangte selbstverständlich der Nachdruck in allen erdenklichen Formen zu einer erheblichen Bedeutung.

Die politische Gesetzgebung, in deren Sphäre der Nachdruck gehörte,[723] beschäftigte sich wiederholt mit ihm, und selbst nach Einschränkung der Pressfreiheit sind bis zum Jahre 1848 mehrere Erlässe der Regierung zu verzeichnen, die ihn im Hinblicke auf die deutsche Bundesgesetzgebung, auf bestimmte Classikerausgaben und Werke und mit Einbeziehung von einzelnen Censurbestimmungen regelten.

Der Nachdruck inländischer, einem rechtmäßigen Verleger zugehöriger Werke oder Schriften war schon seit Theresiens Zeit bei schwerer Strafe verboten, »es wäre denn, dass Seine Majestät, wegen Abgangs der Exemplare oder wegen des übertriebenen Preises, Ihre allerhöchste Erlaubnis darüber zu ertheilen, bewogen wurden«.[724]

Dieser Grundsatz wurde immer aufrecht und im Auge behalten; jeder inländische Verfasser eines Buches oder der mit diesem wegen des Druckes eines solchen contrahierende inländische Verleger waren

[721] Im Jahre 1817 Ansuchen des zweiten Vorstehers der Buchdrucker um die Neuwahl eines Vorstehers (sic!). (Registratur des Wiener Magistrates, Fasc. II, Nr. 2187.) Karl Gerold und Anton Pichler werden als solche bestätigt. (l. c., Nr. 1983.) — Im Jahre 1819: Die eben genannten »Buchdruckervorsteher« legen ihr Vorsteheramt zurück. (l. c., Nr. 2173.) Die Wahl des B. Ph. Bauer zum »Untervorsteher« bewilligt (l. c.), er bringt ein Gesuch um Enthebung eines Anderen an (l. c., Nr. 5193), die Wahl Anton Pichlers zum »Untervorsteher« wird bewilligt (l. c.).

[722] Wenn aber irgendwo, in Acten oder gedruckten Schriften, der Ausdruck Vorsteher der Buchdrucker, Vorsteher des Gremiums der Wiener Buchdrucker (Gremialvorsteher) vorkommt, so widerspricht er dem Gesetze. — 1828: Die Buchdrucker zeigen die Wahl ihrer »Ausschussmänner« an. (Registratur des Wiener Magistrates, Fasc. II, 1866, Nr. 5867.) — 1832 werden die Repräsentanten der Buchdrucker bei commissionellen Verhandlungen zu Rathe gezogen (l. c., Fasc. II. 7, Nr. 17791/956), so bei Bestellung Sommers als Factor der [illegible] Officin. — 1840: K. G. Überreuter legt die »Repräsentantenstelle« zurück (l. c., Fasc. II. 64, Nr. 21861), eine Neuwahl wird aufgetragen und Sollinger bei derselben als solcher aufgestellt. (l. c., Nr. 3658.) — 1841: Ferdinand Ulrich I. legt seine Repräsentantenstelle zurück, Sollinger wird erster, Anton Benko zweiter Repräsentant (l. c., Fasc. II. 64, Nr. [illegible]) und 1848 J. P. Sollinger bittet um Enthebung von der Repräsentantenstelle. (l. c., Nr. 35978.)

[723] Die Entscheidung über den Nachdruck ist als eine die Handhabung der Buchdrucker-Ordnung betreffende Sache eine politische Angelegenheit. (Hofdecret vom 8. April 1781.) — Die Beschränkungen des Nachdruckes sind in den politischen Gesetzen enthalten. (Allgemeines bürgerliches Gesetzbuch 1. Juni 1811.)

[724] Allerhöchste Entschließung vom 17. Februar 1775. Regierungs-Circular 21. Februar 1775. Durch die Hofverordnung vom 17. November 1781 war z. B. der Nachdruck der Normalbücher, um die Provinzialschulen und Universitäten zu einem mäßigen Preise damit zu versehen, insoweit gestattet, wenn an solchen Büchern Mangel wäre oder unbillige Preise angesetzt würden. — Der Nachdruck der Bücher durfte keineswegs durch Veränderung des Auflageortes bemäntelt werden, weil sonst verbotene Bücher unter dem Scheine des inländischen Druckes leicht durchschlüpfen können; von allen Buchdruckern solle daher jedesmal auf jene Werke, deren Nachdruck sie erhalten haben, der wahre Auflageort gesetzt werden. (Hofdecret vom 16. März 1784.) Gleichwie der Nachdruck eines inländischen Werkes, von einem inländischen Buchdrucker gemacht, verboten war, so folgerecht auch der Verkauf. (Regierungs-Intimation vom 29. Juli 1784.)

gegen den Nachdruck aufs kräftigste geschützt, hingegen der Nachdruck fremder und erlaubter ausländischer Bücher einem jeden Buchdrucker als ein »Negoz« frei gestattet, wenngleich ein solches Werk von einem oder mehreren inländischen Buchdruckern schon aufgelegt worden wäre.[75] Die Tendenz einer derartigen Verordnung lag in dem damals herrschenden Systeme, möglichst zu verhüten, dass Geld ins Ausland gehe, dagegen alle Hebel in Bewegung zu setzen, um die einheimischen Gewerbe und die inländische Industrie zu schützen und diesen im Inlande selbst ihre Absatzquellen zu vermehren und zu sichern. Eine so tief ins Leben greifende Praxis musste aber Autoren und Buchdrucker in zwei Lager scheiden, und unter ersteren waren die Ansichten ganz auffallend getheilt.

Entsprechend den erwähnten Hofdecreten war der im In- oder Auslande veranstaltete Nachdruck in Wien und in den k. k. Erbländern gedruckter und verlegter Werke strenge verboten, daher sämmtlichen Buchdruckern durch die Länderstellen bedeutet wurde, dass die Übernahme solcher Werke unter der gleichen Strafe untersagt sei, unter welcher deren Nachdruck verboten war.[76]

Von sehr großem Nachtheile und eine die Wiener Buchdrucker tief berührende Sache war der Commissionshandel mit auswärtigen Nachdrucken. Ein klares Licht auf diese eingeschlichenen Missbräuche wirft ein Bericht der Hofkammer-Ministerial-Banco-Deputation und Commerzhofstelle vom 29. Mai 1792 über die von sämmtlichen Activbuchhändlern Wiens erstattete Beschwerde.[77] Diejenigen, welche sich mit diesem Commissionshandel befassten, waren durchwegs auswärtige Buchhändler, welche hier ihre Commissionäre und Niederlagen für auswärtige Nachdrucke hatten, große Summen außer Landes brachten, aber gegen dieselben keine Werke österreichischer Buchhändler eintauschten. Auch der berüchtigte Wucherer gehörte in diese Gattung Buchhändler, welche die Wiener Buchdrucker arg schädigten. Derselbe hatte nämlich in einem baierischen Dörfchen am Innflusse, gerade der österreichischen Grenze gegenüber, eine Buchhandlung und Buchdruckerei errichtet und von hier aus, ungeachtet er aus den Erblanden abgeschafft war, seine gegen den Staat, gute Sitten und Religion laufenden Broschüren nach Wien geschickt, wo sie in seiner zwar aufgehobenen, aber noch offenen Buchhandlung verkauft wurden, er mithin noch ebenso, wie vorhin, seinen unerlaubten Buchhandel fortrieb.[78] Solche Commissionäre hatten keinen eigenen Verlag, beschäftigten daher auch keine einheimischen oder Wiener Buchdruckereien, deren und des Landes finanzielle Kräfte sie aber indirect schädigten.

Mit den erwähnten Hofdecreten und Verordnungen der Regierung war die Basis für die rechtliche Beurtheilung des Nachdruckes erschöpft. Künftighin galt es meistens nur, über Anfragen des Magistrates, ob ein Werk als Nachdruck zu confisciren und Auszüge oder Zusätze als Nachdruck zu bestrafen seien, Informationen und erklärende Decrete hinauszugeben, so z. B. jene, in wieferne der vom Buchhändler Josef Geistinger unternommenen Auflage der »Beschreibung von Wien« die Eigenschaft eines Nachdruckes der vom Buchhändler Karl Armbruster aufgelegten »Beschreibung der Stadt Wien« von Pezzl zuzuschreiben sei.[79]

Der Nachdruck erstreckte sich von der primitivsten Broschüre auf schlechtem Papiere und mit noch schlechterer Farbe durch alle Formen der Ausstattung bis zu den mit typographischer Sorgfalt hergestellten Ausgaben der Classiker. Seine Zahl zu bestimmen, ist zwar nicht möglich, doch nach der von den Buchdruckern selbst betonten materiellen Bedeutung zu schließen, wurde er in ausgedehntem Maße betrieben. Als Beweis dessen mag gelten, dass im Jahre 1818, als es sich um die Besetzung der

[75] Hofdecret vom 13. Jänner 1781. — Die erbländischen Buchdrucker sind befugt, jedes in fremder Sprache aufgelegte Werk, wenn auch der Übersetzer davon ein erbländischer Unterthan ist, nachzudrucken. Folglich können solche Schriftsteller nur dann Anspruch auf den Schutz gegen den Nachdruck machen, wenn sie ihre Werke in den Erbländern auflegen lassen. (Hofdecret vom 12. October 1787.)

[76] Hofentschließung vom 3 Mai 1786. (Registratur der k. k. niederösterreichischen Statthalterei, Fasc. P. 30, Nr. 11018. — Registratur des Wiener Magistrates, Fasc. H, 8, Nr. 267.)

[77] Reichs-Finanzministerial-Archiv; Niederösterreichische Commerzsachen, 1751—1800, Fasc. 119 1.

[78] L. c.

[79] Auch ein auszugsweiser Nachdruck oder eine durch Zusätze vermehrte Auflage eines Werkes, welches rechtmäßig in den k. k. Staaten gedruckt und verlegt wurde, darf, ohne die Zustimmung des Verfassers und Verlegers hier erhalten zu haben, nicht unternommen werden. Der auszugsweise Nachdruck kann aber nur dann als wirklicher Nachdruck anerkannt und nach den dessfälligen Gesetzen behandelt werden, wenn die ausgezogenen Theile des Originalwerkes nicht bloße Citationen und Collegate, sondern wesentliche Bestandtheile des neuen Werkes ausmachen. Entschließung der Polizei-Hofstelle vom 8. November 1821 mit Nachtragsverordnung der Regierung 4323 vom 29. d. M. (Registratur der k. k. niederösterreichischen Statthalterei, Fasc. B. 6, Nr. 20141, 54139. — Registratur des Wiener Magistrates, Normalienbuch 1821—24, Nr. 12, S. 186 f.)

anheimgesagten Degen'schen Buchdruckerei handelte, die Wiener Buchdrucker, deren Privilegien sich auf 23 beliefen, klagten, dass höchstens die Hälfte derselben zwei Pressen halten könnte, die übrigen überdies auch sehr beschränkt seien, weshalb sie gezwungen wären, sich fast ausschließlich mit dem Nachdrucke zu beschäftigen, ja, dass sie ganz erwerblos würden, falls man diesen abschaffte.[730] Durch die Censur und Nachdruckverbote eingeengt, zeigte sich auch bald ein gänzlicher Niedergang, bald wieder nur ein Rückschritt in einigen Officinen,[731] zeitweilig nahm aber der Nachdruck wieder zu, wie die Fabriksinspection selbst hierüber sich äußerte.[732]

Unter denen, die in Wien in Verbindung mit auswärtigen Männern, wie Friedrich Arnold Brockhaus,[733] Dr. Friedrich Justin Bertuch, Dr. Johann Friedrich Cotta u. m. a., eine Reform der ganzen Nachdrucksgesetzgebung beim deutschen Bundestage anstrebten, gehörten vornehmlich Regierungsrath Sonnleithner, der Geschichtschreiber Hormayr und der Buchdrucker und Buchhändler Karl Gerold.

Schon am 1. October 1814 hatten Abgesandte der deutschen Buchhändler dem Wiener Congresse eine Denkschrift über den Büchernachdruck[734] überreicht. Trotz manchen Widerstandes[735] ward endlich so viel erlangt, dass in den Artikel 18 lit. d der am 18. Juni 1815 unterzeichneten deutschen Bundesacte der Zusatz aufgenommen wurde: «Die Bundesversammlung wird sich bei ihrer ersten Zusammenkunft mit Abfassung gleichförmiger Verfügungen über die Pressfreiheit und die Sicherstellung der Rechte der Schriftsteller und Verleger gegen den Nachdruck beschäftigen.»

Doch verflossen Jahre, voll der Kämpfe gegen den Nachdruck, der hohen Orts noch immer aus wirtschaftlichen Gründen begünstigt und selbst von deutschen Juristen vertheidigt wurde, ohne dass die Verheißung der deutschen Bundesacte durch klare Gesetzesbestimmungen erfüllt worden wäre. Auch auf den geheimen Ministerial-Conferenzen in deutschen Bundesangelegenheiten, die in Wien stattfanden, geschah anfänglich nichts; erst in einer der letzten Sitzungen (20. Mai 1820) erwähnte Fürst Metternich die betreffende Stelle der deutschen Bundesacte und brachte dieselbe in einem Vortrage nebst einer Denkschrift,[736] worin insbesondere auf die von dem Bundesbeschlusse vom 20. September 1819 eingeführten Präventivmaßregeln gegen die Missbräuche der Presse — gegen welche Maßregeln, wie unten Note 731 bemerkt ist, die Wiener Buchdrucker Vorstellungen erhoben — hingewiesen wurde, zur Kenntnis der Bevollmächtigten der deutschen Höfe und Regierungen, «damit die Sache, ehe sie förmlich an den Bundestag käme, durch vertrauliche Eröffnungen gehörig vorbereitet werden könne.»

Die Regierungen der einzelnen deutschen Bundesstaaten erstatteten ihre Gutachten, die aber den Vorschlägen Metternichs nichts weniger denn günstig lauteten, worüber dieser sich wieder abfällig äußerte.

Es blieb also auch nach jenen Wiener Conferenzen von 1820 die Angelegenheit des Nachdrucks noch länger als ein Decennium im bisherigen Stadium, und erst am 6. September 1832 fasste die Bundesversammlung einen Beschluss zur Sicherung des Rechtes der Schriftsteller, Herausgeber und Verleger von Gegenständen des Buch- und Kunsthandels gegen den Nachdruck.[737] Im Einklange mit den deutschen Bundestagsbeschlüssen erflossen dann mehrere Hofdecrete, welche die Frage des Nachdrucks und des literarischen Eigenthums auch in Österreich regelten. (Hofkanzleidecrete vom 16. November 1832, 20. November 1840 und 25. Juli 1845; Patent vom 19. October 1846.) Auch gegen den Nachdruck der

[730] Registratur der k. k. niederösterreichischen Statthalterei, Fasc. B 6 13046.

[731] Im Jahre 1820 überreichten die Wiener Buchdrucker ein Bittgesuch, worin sie die Beschränkung ihres Geschäftsbetriebes zur Rechtfertigung bei einstigem Erlasse eines Nachdruckverbotes darstellten. (Registratur des Wiener Magistrates, Fasc. II 753, Nr. 23213.)

[732] Registratur der k. k. niederösterreichischen Statthalterei, Fasc. II 6, Nr. 15000.

[733] Friedrich Arnold Brockhaus. Sein Leben und Wirken, geschildert von seinem Enkel Heinrich Eduard Brockhaus, insbesondere III. Theil, Leipzig 1881.

[734] Denkschrift über den Büchernachdruck; zugleich Bittschrift um Bewirkung eines deutschen Reichsgesetzes gegen denselben u. s. w. (Leipzig, bei Paul Gotthelf Kummer, 1814. Börsenblatt für den deutschen Buchhandel, 4. Jahrgang, 1837, Nr. 50, 54, 57—59.)

[735] Dazu gehört auch ein von Wiener Buchdruckern veranstalteter Nachdruck der oben erwähnten Denkschrift: «Denkschrift gegen den Büchernachdruck . . . . . mit Berichtigungen der darin aufgestellten irrigen Ansichten, von einem Österreicher» (ohne Druckort und Jahreszahl, mit den gegenübergestellten Widerlegungen).

[736] Dieses interessante Schriftstück hat die Überschrift: «Denkschrift über die im Betreff des Büchernachdrucks, der Sicherstellung des literarischen Privateigenthums und der Organisation des deutschen Buchhandels zu ergreifenden Maßregeln.» Protokolle der geheimen Ministerial-Conferenzen zur Ausbildung und Befestigung des deutschen Bundes, gehalten zu Wien in den Jahren 1819 und 1820. Herausgegeben von Dr. L. Fr. Ilse (Frankfurt a. M. 1860.) — Ilse, Geschichte der deutschen Bundesversammlung, insbesondere ihres Verhaltens zu den deutschen Nationalinteressen. (3 Bände, Marburg 1861—1862.) — Archiv für Geschichte des deutschen Buchhandels. (I., 71—119, Leipzig 1878.)

[737] Registratur des Wiener Magistrates, Fasc. II 44, Nr. 5635.

deutschen Classiker wurden mehrere Hofdecrete erlassen, wodurch dieser einst so blühende Zweig der Wiener Buchdruckerei wesentlich eingedämmt erscheint.[178]

Wir können diese Auseinandersetzungen nicht schließen, ohne des Nachdrucks auf anderen Gebieten, und zwar jenen des Kupferstiches und der Lithographie zu gedenken, insoweit nämlich diese als Buchillustration in Betracht kommen.

Es war im Jahre 1823, als die Regierung von der k. k. Akademie der bildenden Künste ein technisches Gutachten über mehrere darauf sich beziehende Fragen abverlangte: ob es denn zur grösseren Sicherstellung des Eigenthumsrechtes der Kupferstecher, wie auch zur Hintanhaltung lästiger Beschränkungen, die dem höheren Aufschwunge dieser Kunst im Wege stünden, nicht nothwendig wäre, eine Berichtigung der auf die charakteristische Bezeichnung eines Nachstiches erlassenen Weisung nach dem Sinne der a. h. Entschließung vom Jahre 1794 zu erlassen; ferner, ob die Abänderung des Formates bei dem Nachstiche eines Kupferstiches eine solche Wesenheit in der Sache begründe, dass man nur den Nachstich im nämlichen Formate als Nachstich betrachten könne und ob jede Abweichung im Formate ein solches Kriterium an und für sich darbiete, oder ob sich allenfalls irgend ein Maßstab zur Grundlage einer näheren Bestimmung annehmen lasse und welcher? endlich ob die hinsichtlich des Kupferstiches bestehenden Vorschriften auch auf die Steindruckerei auszudehnen, oder ob nicht für diese andere Modalitäten zu beobachten wären.

Dieses technische Gutachten sollte dann für die Erörterung der rechtlichen Seite der ganzen Frage als Richtschnur dienen.

Wir können uns natürlich in die verschiedenen Ansichten nicht näher einlassen und führen nur die Regierungs-Verordnung vom 14. August 1823 an, welche lautet: «Da man aus einem vorgekommenen Falle sich überzeugt hat, dass die unterm 15. Hornung 1794 erlassene Normalvorschrift in Absicht auf den Nachstich bei Kupferstichen nicht ganz vollständig die Worte der a. h. Entschließung enthält, auf welche sich dieselbe gründete, so wird diese Vorschrift hiermit auf folgende Art berichtigt: «Keinem erbländischen Kupferstecher ist erlaubt, den Kupferstich eines inländischen Künstlers nach den nämlichen Zeichnungen, in dem nämlichen Formate nachzustechen oder zu copiren.»» Da übrigens die Kupferstecherei und die Steindruckerei in so naher Kunstverwandtschaft stehen, so wird die in Betreff der Kupferstiche bestehende Anordnung auch auf den Steinstich ausgedehnt. Eine Belehrung über den Ausdruck: in dem nämlichen Formate, im Sinne der Akademie der bildenden Künste hielt man jedoch nicht zulässig, da nach der von selber gemachten Distinction der Fall eines Nachstiches auch dort eintreten werde, wenn jemand einen Kupferstich in einem anderen Maßstabe nachstechen würde, was doch von dem angeführten Worte nicht zu verstehen sein dürfte.»[179]

Wie es in der Natur der Sache lag, waren Buchdruck und Buchhandel selbst jetzt noch nicht selten in Einer Hand vereinigt, so bei Alberti, B. Ph. Bauer, der die beliebte Taschenformatausgabe deutscher Classiker, Bertuchs Bilderbuch für die Jugend, die vormalige Schrämbl'sche Sammlung deutscher Classiker u. a. druckte und verlegte, bei Vincenz Degen, Anton Gaßler, Johann Gay, Josef Gerold, Johann David Hörling, Josef Edlen von Kurzböck und dessen Erben, Josef Schrämbel, Anton Patzowsky, Anton Edlen von Schmidt, Thaddäus von Schmidtbauer & Comp., Thomas Edlen von Trattner, Christian Friedrich Wappler, dann bei Johann Georg Binz, Bücherschätzmeister beim Wiener Magistrate und Stiftsgerichte Schotten, und bei Johann B. Wallishaußer, die als Antiquare den Büchermarkt mit gebundenen alten Büchern versahen, dabei auch Commissionen auf Bücher übernahmen, Wallishaußer besonders auf dramatische Schriften.

Diejenigen, welche ausschließlich den Buchhandel mit allen Arten von in- und ausländischen Büchern betrieben, auf alle Artikel des Buchhandels Bestellung annahmen und meistens auch die Messen zu

[178] Gegen den Nachdruck von Schillers Werken erhielten die Erben einen Schutz auf zwanzig Jahre durch Hofdecret vom 29. December 1826. Herders Erben einen eben solchen mit Hofdecret vom 29. August 1827; Johann Paul Friedrich Richter, genannt Jean Paul, wurde mit Hofdecret vom 9. November 1840 [illegible] verliehen.

[179] Über diese Frage siehe Reichs-Finanzministerial-Archiv, Commerzien-Hofcommissions-Acten, 1816, Mai 1824, Nr. 40.

Leipzig bezogen oder daselbst ihre Commissionäre hatten, waren Albert Camesina, Alois und Anton Doll, ersterer der Verleger der hervorragendsten medicinischen Schriften, dieser von den schönen und allbeliebten Octav- und Duodezausgaben deutscher Classiker, Josef Geistinger, Franz Gräffer, Johann Georg Edler von Mössle, welcher meistens Gesetzsammlungen und viele juristische Schriften verlegte, Christoph Peter Rehm's Witwe (Justina Rehm), Franz Josef Kötzl, Karl Schaumburg & Comp., Bücher-Schätzmeister beim niederösterreichischen Mercantil- und Wechselgerichte, wo auch noch Karl Kupffer als Schätzmeister bestellt war, und Philipp Josef Schalbacher, welcher die hervorragendsten englischen, französischen, portugiesischen und spanischen Werke führte.

Die vorzüglichsten Werke der italienischen Literatur, auch schöne Ausgaben griechischer und lateinischer Classiker waren bei Friedrich Volke zu finden. Verleger von Kupferprachtwerken waren Karl Haas (k. k. Bildergallerie im k. k. Belvedere), der auch Classiker führte, Franz Härter (Mythus alter Götter, Hauptgötter der Fabel u. s. w.), bei dem unter andern die Bibliothek historischer Classiker aller Nationen zu finden war. Auch auswärtige Buchhandlungen hatten hier Filialen oder offene Niederlagen, z. B. die von Schönfeld'sche Buchhandlung in Prag.

Eine eigene Art der Vermittlung von Kauf und Verkauf von Büchern, Landkarten, Zeichnungen und selbst Gemälden, von physikalischen und musikalischen Instrumenten, überhaupt von Kunstwerken aller Art, bildete das Bücher-Auctions-Institut[710] des Buchdruckers und Buchhändlers Thaddäus Edlen von Schmidtbauer und seines Sohnes Josef. Wie auch schon der Name besagte, fanden hier zu beliebigen Zeiten Versteigerungen jener Gegenstände statt. Die zum Verkaufe angebotenen Bücher wurden in ein eigenes Verzeichnis mit fortlaufender Nummer eingetragen und hierüber eine Bestätigung ausgestellt. Dieses Verzeichnis (eine Art Bücher- und Antiquariatskatalog) wurde gedruckt und überdies noch in der «Wiener Zeitung» veröffentlicht. Drei Tage nach der Versteigerung wurde entweder das Geld mit Abzug von 11 Percent und 6 Kreuzer Druckgebühr für jede Nummer hinausbezahlt, oder die Bücher wurden zurückgegeben.

Gemäss der für den Buchhandel im Jahre 1772 erschienenen Ordnung (28. März) musste jeder, der als Buchhändler sich etablieren wollte, einen Fond von 10.000 Gulden ausweisen und den Buchhandel ordentlich erlernt haben. Die Zahl der Buchhändler sollte für keinen Ort bestimmt sein, aber auch nicht ohne Noth vermehrt werden; dieselben könnten mit allen Gattungen von Büchern, den verbotenen ausgenommen, folglich mit rohen und gebundenen, mit Kupferstichen und Landkarten etc., Handel treiben, aber nur den Buchhändlern war der Handel mit neuen Büchern zugestanden. Fremde Buchhändler durften ihre Bücher nur während der Messen oder Märkte feil haben.[711]

Eine kaiserliche Resolution vom 18. Mai 1782 gestattete bekanntlich schon anlässlich der Frage, ob auch den Buchdruckern der allgemeine freie Buchhandel zu bewilligen sei, «dass in dem Anbetracht, wie noch durch die allgemeine Freiheit (kraft der ein jeder Buchdrucker auch den unbeschränkten Buchhandel sowohl für das Innere der Länder als hinaus in fremde Provinzen, und aus diesen wiederum herein durch Barattierung treiben durfte) nicht nur dem Publicum die Wahl und Wohlfeilheit der Werke, sondern auch der Literatur die Verbesserung und Vermehrung der Auflagen, dem Commerciali aber der Gewinn von Fremden durch Tauschhändel und endlich dem Nahrungstriebe ungemeine Vortheile zuwachsen werden, allen Buchdruckern und auch den schon dermaligen Buchhändlern aber der allgemeine freie Buchhandel sowohl mit inländischen als fremden und auswärtigen Büchern an alle in- und ausländische Orte erlaubt sein solle.»[712] Wollte nun ein Buchdrucker einen ordentlichen Buchhandel treiben, so hatte er nur um die Bewilligung hierzu bei der Landesstelle einzuschreiten.[713]

Dass diejenigen, welche sich ausschließlich mit dem Buchhandel befassten, auf die doppelten Gewerbe des Buchdruckers und Buchhändlers, als dem reinen Buchhandel äußerst nachtheilig, mit

[710] Über dasselbe vgl. Franz Heinrich Böckh, Merkwürdigkeiten der Haupt- und Residenzstadt Wien, 1. Thl. (Wien 1823), S. 207 f.

[711] Zenner's alphabet. Handbuch, S. 116 f.

[712] Hofdecrete vom 18. Mai 1782 und 15. December 1785. (Registratur des Wiener Magistrates, Fasc. II 8, Nr. 79. — Registratur der Wiener Universität, Fasc. IV, Lit. B, Nr. 84.)

[713] Hofentschließung vom 27. November 1786 (Kropatschek, Politische Administration, IV, § 1041, S. 149.)

scheelen Augen sahen, ist wohl erklärlich. In einem diesbezüglichen Majestätsgesuche hoben die Buchhändler auch nachdrücklichst hervor, wie eine Buchhandlung, deren neue Artikel jährlich in Deutschland allein über 4000 Gulden ausmachen, die gänzliche Anstrengung des Besitzers erfordere, der dann nicht im Stande sei, seine kostbare Zeit auch noch der Buchdruckerei zuzuwenden, wovon die Buchhändler Hörling und Wappler Beispiele seien, die deshalb die Buchdruckerei aufgaben, da beide Geschäfte ohne Nachtheil des einen oder des anderen neben einander und in einer Hand vereinigt nicht bestehen könnten. In Sachsen, Preußen, Frankreich und Holland gäbe es deshalb auch positive Gesetze, welche den Betrieb dieser beiden Gewerbe zu gleicher Zeit untersagten.[714]

Nach § 10 des Patentes vom 18. März 1806 war es den Buchdruckern auch fernerhin erlaubt, diejenigen Schriften, welche sie zur Beschäftigung ihrer Pressen auf eigene Rechnung druckten, in öffentlichen Gewölben zu verkaufen; doch sollten sie sich unter dem Vorwande des Selbstverlags weder mit anderwärts gedruckten Büchern und dem Sortimentshandel abgeben, noch mit Büchern, die sie auf andere Rechnung gedruckt haben, Handel treiben. Das Verhältnis der Buchdrucker zu den Buchhändlern wurde sonach in der Weise geregelt, dass ersteren der Verkauf aller jener Bücher, die nicht ihre Verlagsartikel waren, gar nicht gestattet war. Schon im Jahre 1807 baten die Buchdrucker in einem Hofgesuche den Kaiser um eine derartige Abänderung dieses Paragraphen, dass sie auch für eigene Verlagsartikel andere Werke eintauschen und öffentlich verkaufen dürften, wurden jedoch abgewiesen; auf Grund der Hofverordnung vom 5. Juli 1792, in deren Geiste jener § 10 verfasst war, gestattete man ihnen nur in gewissen Fällen eine Ausnahme,[715] denn bei einem allgemeinen Zugeständnisse würde auch gar bald aller Unterschied zwischen Buchhändlern und Buchdruckern aufgehoben worden sein, da eine Controle unmöglich war.

[714] Hofkammerbericht vom [illegible] Mai 1799. Archiv des k. und k. Reichs-Finanzministeriums, niederösterreichische Commerz Commerzacten, 1751–1800, Fasc. 119 [illegible]

[715] Registratur der k. k. niederösterreichischen Statthalterei, Fasc. R 12, Nr. [illegible] ex 1807, Nr. [illegible] ex 1808 und Nr. [illegible] ex 1808. — Registratur des Wiener Magistrates, Fasc. II 12, Nr. [illegible] ex 1808.

DRITTES CAPITEL.

DIE GEISTIGEN STRÖMUNGEN IN WIEN VON 1782 BIS 1848 UND DIE BUCHDRUCKERKUNST IN IHREN BEZIEHUNGEN ZU DENSELBEN. — DIE CENSUR.

ALS die Buchdrucker Wiens die Schwelle des vierten Jahrhunderts ihrer Thätigkeit zu überschreiten im Begriffe standen, blühten nicht mehr in jenem Maße, wie kurz vorher unter Maria Theresiens Regierung, die historisch-archäologischen Disciplinen mit ihren typographisch vornehmen Quellenschriften aus den Officinen eines Kalliwoda, Trattner, Ghelen u. a., die jener Zeit stets zur Ehre gereichen werden.

Man kann aber nicht sagen, dass das geistige Leben in den Klöstern, wo diese entstanden, jetzt erloschen gewesen, es war vielmehr nur durch die politisch-reformatorische Seite der Josefinischen Regierung von jenen Pfaden mehr abgedrängt worden. Jene historisch-kritischen Arbeiten der Jesuiten und das umfassende Wirken der Benedictiner mit ihren gewaltigen Materialiensammlungen fanden daher keine, oder doch ebenbürtige Fortsetzungen: die Calles, Steyerer, Hansiz und Fischer, die Hueber, Schramb, Peze und Kropf hatten keine Nachfolger.

Kaiser Josef II. förderte und schätzte zwar auch die Wissenschaften, nicht aber um ihrer selbst willen als Quellen reiner Veredlung und Erkenntnis, einer Läuterung der Ideen und des Geschmackes, sondern, da er bei allen seinen Regierungshandlungen und Reformen das Nützlichkeitsprincip und die Staatszwecke im Auge hatte, nur jene Zweige, welche der Menschheit in die Augen springende Vortheile brachten, wie die Rechtswissenschaft und die Medicin, ja die Naturwissenschaften überhaupt; diesen ließ er seinen Schutz und seine Fürsorge angedeihen. Wissenschaftlichen Leistungen war daher die Josefinische Zeit nicht besonders günstig und es erschienen auch außer einigen Gelegenheitsschriften nicht viele bemerkenswerte Werke.[716]

Selbst die literarische Thätigkeit auf schöngeistigem Gebiete, welche früher den Gelehrten wie den gebildeten Bürger in ihre anregenden Sphären gezogen hatte, schlug jetzt eine andere Richtung ein, wenn auch hierin formeller wie inhaltlicher Aufschwung nicht zu verkennen ist. Aber gerade in der Literatur machte sich jetzt im allgemeinen ein Zug ins breite Gebiet der niederen Volksliteratur geltend, welcher den Buchdruckern keine oder nur sehr wenig Gelegenheit bot, ihr Leistungsvermögen zu zeigen und auch zur Geltung zu bringen.

Dazu ist insbesondere die Aufklärungsliteratur mit ihren seichten Producten, sind ephemere Zeitungen, längst vergessene und vermoderte Flugblätter, Predigtkritiken voll polemischen und persönlichen Charakters, namentlich aber jene übergroße Zahl von Broschüren zu rechnen, »wovon schier keine einzige« — um mit dem Wortlaute eines Hofdecretes zu reden — »an das Tageslicht gekommen ist, welche der hiesigen Gelehrsamkeit hätte Ehre gemacht, oder dem Publico einige Belehrung verschafft«[717] und die, ohne

[716] Ign. Beidtel, Über österreichische Zustände in den Jahren 1740 bis 1792. S. 20. (Aus dem VII. und VIII. Bande der Sitzungsberichte der k. k. Akademie der Wissenschaften besonders abgedruckt.) Doch ist dies mit einiger Beschränkung zu behaupten. Es erschienen damals Martins, Jacquins, Metzburgers u. a. gediegene Werke.

[717] R. Kink, Geschichte der kaiserlichen Universität zu Wien. (Wien, 1854.) I. 1. S. 566.

Zweifel unter der Einwirkung einer unerlaubten Nachsicht der Unterbehörden, in einer solchen Weise überhand nahm und ausartete, dass sie das Höchste und Heiligste nicht mehr verschonte.[718]

Diese Gattung Literatur beherrschte nun unter Josef II. vordringlich den lauten Markt, was zwar eine vorübergehende Erweiterung und Vermehrung der Buchdruckereien, richtiger gesagt, Winkelbuchdruckereien, aber auch den technischen Rückgang ihrer Leistungen zur Folge hatte. Den stärksten Nutzen hatten außer den Buchdruckern noch die Krämer, denn das meiste jener Schmutzliteratur, die kaum über die Linien Wiens hinausgelangte, wurde Maculatur. Es ist dies ein wesentliches und charakteristisches Axiom für die Beurtheilung der typographischen Herstellung der Geistesproducte jener Zeit.

Wir haben keine Geschichte der Wissenschaften und der Literatur in Wien zu schreiben, aber auf jene Momente derselben, welche in vielfacher Beziehung eine Veränderung der Verhältnisse der Buchdrucker hervorriefen, müssen wir doch einigermaßen verweisen, wie auch schon an anderen Stellen unseres Werkes geschah.

Die durch Maria Theresia begründete, von ihrem Sohne Josef II. fortgesetzte Reform des Schulwesens brachte eine erhebliche Vermehrung der Unterrichts- und Schulbücher mit sich, die zunächst, wenngleich sie als Druckwerke qualitativ keine besondere Beachtung verdienen, quantitativ als Erwerbsquelle für einige Buchdrucker nicht zu unterschätzen waren. Man darf aber nicht vergessen, dass es erst die Anfänge einer ausgebreiteteren Schulbildung und der hiezu erforderlichen Bücher sind, mit denen wir es hier zu thun haben, und dass erst die besser organisierten Mittelschulen eine höhere Geistesbildung in weiteren Kreisen hervorriefen und die Lern- und Leselust weckten. Es sind also für uns pädagogisch interessante, doch typographisch einfach hergestellte Normalschulbücher und einige besser ausgestattete Lehrbücher für die Gymnasien und den damals verbreiteten Privatunterricht, auf die hier aufmerksam zu machen war. Aber auch diese Drucke gaben den Buchdruckern noch keine besondere Gelegenheit, ihre Leistungsfähigkeit in bedeutender Weise zu erproben.

In der kirchlichen und theologischen Literatur waren in der Zeit der Aufklärung Richtungen, die früher unbeachtet geblieben, oder noch ganz außer dem Kreise der Forschung gelegen waren, in Wort und Schrift vertreten; wir meinen die Hermeneutik und Patrologie, die Dogmatik und Moral, besonders aber das Kirchenrecht und die Pastoral und ein Zweig der letzteren, die Kirchen- und Schulkatechese, welche »eine besonders gepflegte Eigenthümlichkeit der österreichischen Theologie wurde.« Die Werke ihrer Hauptvertreter wurden zum größten Theile in Wiener Officinen gedruckt.

Weit mehr aber als alle diese Werke beschäftigten solche juridischen und medicinischen Inhalts, welche seit der Reform der Studien der Jurisprudenz und der Medicin an der Wiener Universität veröffentlicht wurden, so besonders für Polizei- und Cameralwesen, für Natur- und Kirchenrecht und für römisch-civilistische Jurisprudenz, die Buchdrucker Wiens. Die Entwicklung der Justizgesetzgebung und andere Codificationen, endlich auch die für den administrativen Dienst aller Kategorien nöthigen Drucksachen gaben der Buchdruckerei reichliche Beschäftigung.

Weniger literarische Bearbeitungen sind in den Gebieten der Mineralogie, Botanik, Zoologie, in der Mathematik und Physik um jene Zeit zu verzeichnen; in dem ersteren heben wir des ehemaligen Jesuiten Franz Gueßmann, auch eines tüchtigen Physikers und Astronomen, zweibändiges Werk über die Mineraliensammlung des Hofrathes Mitis (1785)[719] hervor, aus den anderen wissenschaftlichen Disciplinen, und zwar aus dem Gebiete der Meteorologie den zweiten Theil von Liesganiggs hochinteressanten »Untersuchungen über das Wahrscheinliche der Wetterkunde« (1781) und das »Calendarium chronologicum«, aus der Geologie Gueßmann's Werk: »Über das Alter unserer Erde« (1782 und 1783), aus jenem der Mathematik und Physik die bemerkenswerten Schriften eines Ignaz Georg Freiherrn von Mezburg (Institutiones mathematicae in den Jahren 1775 bis 1790), Biwald (Institutiones physicae), Walcher (Nachrichten über die Arbeiten am Donaustrudel zur Sicherung der Schiffahrt, gewidmet Kaiser Josef II.) und Josef Edlen von Herbert (Verschiedene Schriften und Abhandlungen über elektrische Erscheinungen).

[718] Pezzl, l. c.

[719] Dr. Anton Mayer, Geschichte der geistigen Cultur in Niederösterreich (Wien, 1878) I, S. 324 u. s. w.

Eine für die mathematischen und physikalischen Wissenschaften höchst wertvolle Zeitschrift, wenn wir sie so nennen dürfen, waren damals die »Beiträge zu verschiedenen mathematischen und physikalischen Wissenschaften« von einigen österreichischen Gelehrten in Wien.

In höherem Maße, als in den anderen naturwissenschaftlichen Zweigen, rief in der Medicin die intensivere Pflege einer praktischen Richtung, gegenüber der rein theoretischen, einen auffallenden Fortschritt der einschlägigen Literatur hervor. Berühmte praktische Ärzte sind mit Wiener Drucken dabei vertreten: Max Stoll mit seiner »Ratio medendi in nosocomio practico Vindobonensi« und den »Aphorismen über die Erkenntnis und Heilung der verschiedenen Fieberkrankheiten«, Johann Hunczowsky mit seiner »Anweisung zu chirurgischen Operationen«, Thaddäus Bayer mit Handbüchern über die allgemeine Pathologie, Semiotik, Hygiene und Therapie, Josef Jac. v. Plenk, einer der fruchtbarsten Schriftsteller in der medicinisch-chirurgischen Literatur, mit seinen Lehr- und Vorlesebüchern, endlich Pascal Josef Ferro mit mehreren Schriften zur Naturgeschichte der Volkskrankheiten.

Diese wissenschaftliche Literatur fällt in die Zeit von 1780 bis 1790[150] und gieng von ausgezeichneten Vertretern der Wissenschaft in Wien aus; sie vollzählig anzuführen, wurde nicht angestrebt, da einzig und allein in Umrissen dargestellt werden sollte, wie die geistigen Strömungen unter Josef II., von den schönen Idealen in der typographischen Herstellung großangelegter Werke in der Zeit Maria Theresiens abgelenkt, in die praktisch-nüchterne Richtung nach Wesen und Form hineingedrängt wurden.

Eine der eigenartigsten literarischen Erscheinungen der Josefinischen Zeit waren, wie gesagt, die zahlreichen Broschüren, Zeitungen u. dgl., deren Herstellung und Vertrieb allein schon die Buchdruckerei und den Buchhandel, nur was die geschäftliche Seite betrifft, wesentlich hoben. Denn Josef II. schützte den inländischen Verfasser und Verleger eines Werkes in wirksamer Weise, gestattete bekanntlich einem jeden Buchdrucker auch den Nachdruck fremder und erlaubter ausländischer Bücher als freies Gewerbe, wenngleich das Werk schon von einem inländischen bereits aufgelegt worden wäre (Hofdecret vom 13. Jänner 1781 und vom 17. October 1787), untersagte dagegen den Verkauf des ausländischen Nachdrucks der in den Erbländern verlegten Bücher (Allerh. Entschließung vom 3. Mai 1780). Er erlaubte ferner noch den Hausierhandel mit inländischen erlaubten Druckwerken durch solche erbländische Unterthanen, welche die Bewilligung der Landesstelle hierzu erwirkt hatten (Hofdecret vom 24. December 1788 und 14. April 1789), welches Zugeständnis jedoch wegen zahlreicher Umtriebe und Unterschleife bald zurückgenommen und untersagt wurde (Hofdecret vom 20. Jänner 1790). Noch einschneidendere Maßregeln zur Erleichterung und Hebung der Buchdruckerei waren alle jene Verordnungen, welche eine beschränkte Pressfreiheit bezweckten und sonstige wesentliche Erleichterungen in der bisher strenge geübten Censur zur Folge hatten.

Eine eigenthümliche Erscheinung in der damaligen Literatur bildeten Zeitungen und Broschüren, welche in einer bis dahin unbekannten Menge sich vervielfältigten, da beide durch das Patent vom 11. Juni 1781, wenngleich nicht formell, doch dem Wesen nach freigegeben waren.

Die Zeitungen, deren es im Jahre 1774 schon zwanzig öffentliche gab,[151] waren bald groß, bald klein, erschienen als Tages-, Wochen- und Monatsblätter und zeigten sich entweder als vollinhaltliche Nachdrucke auswärtiger Zeitungen (der »Erlanger Realzeitung«, der »Regensburger Zeitung«, der »Neuwieder Zeitung« und »Leydener Zeitung«), oder waren aus vielfachen Quellen zusammengestellt und nur mit wenigen Original-Nachrichten ausgestattet; ihr Inhalt diente fast ausschließlich einer allbeliebten Klatschsucht.[152]

[150] L. c. die betreffenden Abschnitte.

[151] Außer den schon S. 112 dieses Werkes angeführten Zeitschriften nennen wir noch folgende: »Wiener Allerlei«, »Encyklopädisches Journal« mit einem Anhange, betitelt: »Historisch-politischer Mercur« (4 Hefte); »Der Christ in der Fasten«, geistliche Wochenschrift, herausgegeben vom Aschermittwoche bis zum heiligen Osterfeste; »Der Mädchenfreund« (Wochenschrift); »Der Kinderfreund« (Wochenschrift); »Alles unter einander, wie's mir einfällt«, eine poetisch-prosaisch-kritische und satirische Wochenschrift, die alle anderen übertrifft und die Lobrede der Ruhmsäule der Literatur genannt werden könnte; »Recensionen und Auszüge aus den besten literarischen Journalen Europas« (Wochenschrift); »Der kluge Zeitvertreib in Feierstunden« (Wochenschrift); »Der Wiener Allerley« (Monatschrift); »Der Künstler« (Wochenschrift); »Die Meinungen der Babette«, ein periodisches Blatt, enthaltend politische Sachen, die Literatur, das Theater und allgemeine Anmerkungen (aufgesetzt von einem Frauenzimmer); »Handbuch in vier Sprachen für die Jugend«, mit Kupfern (Wochenblatt); »Geschichte eines verrufenen Siebenmachers« (Wochenblatt). (Neues Archiv für Geschichte, Staatenkunde, Literatur und Kunst. 1830, II. Jahrgang XXI, als Fortsetzung, S. 8.)

[152] Das Hauptquellenwerk über das damalige Zeitungswesen ist: Dr. Johann Winckler, »Die periodische Presse Österreichs.« Wien 1875.

Als täglich erscheinende Zeitungen erwähnen wir: »*Neueste Nachrichten*«, Auszug aus allen europäischen Zeitungen (1782); die »*Briefasche*«; der »*Aufrichtige Postklapperbothe*«, später die »*Post von Wien*« (seit 1783); das »*Wiener Blättchen*« (seit 1784); »*Tagebuch aller Neuigkeiten*« (seit 1786; auch an Sonn- und Feiertagen); der »*Wiener Bothe*« (seit 1786); die »*Neuesten Wiener Nachrichten*« (seit 1788); die »*Correspondence Universelle*« (seit 1788); der »*Rapport von Wien*«, seit 1789 der »*Neueste Rapport von Wien*«; »*Zeitung aller Welttheile*« (seit 1789); »*Wiener Früh- und Abendblatt*«, zweimal täglich, eines der größten damaligen Tagesblätter (seit 1. September 1786). Als politische Wochenblätter oder politisch-literarische Revuen sind zu nennen: das »Journal für Freimaurer«; die »Wiener Fama« (seit 1782); die »Wiener Wochenschrift« (seit 1782); »Ephemerides Vindobonenses« (seit 1782 zuerst lateinisch, seit 1786 deutsch), mit einer politisch-literarischen Halbmonat-Revue; die »Provinzial-Nachrichten« (seit 1784 mehr gemeinnützigen Inhalts); die »Briefe eines Eipeldauers«; »Der Beobachter« (seit 1781); »Der politische Zuschauer« (seit 1787); das »Neue Staaten-Journal« (seit 1788); das »Patriotische Blatt« (seit 1788); die »Gazette de Vienne« (eine französische Ausgabe der »Wiener Zeitung«); »Extrait ou Esprit des toutes les Gazettes« (seit 1788); »Almanac universel, chronologique, politique, historique, literaire« (seit 1785), »Magyar kurir« und »Hadi Törtenetek« in ungarischer Sprache, letztere mit Original-Correspondenzen vom ungarisch-türkischen Schauplatze.

Den Inhalt dieser Wochenschriften bildeten vornehmlich die Reformen Kaiser Josefs II., die kirchenpolitischen Fragen, der Staatshaushalt, die Volkswirtschaft, die landwirtschaftliche Industrie und die mannigfachen Gewerbs- und Handelsverhältnisse, endlich auch noch die politische Lage.

Ausschließlich mit Josefs Reformen auf staats- und kirchenpolitischem Gebiete beschäftigten sich: die »Wiener Kirchenzeitung«, das »Zeitungsblatt für Geistliche«, der »Katholische Kirchenbote«, die »Geistliche Zeitung«, »Wöchentliche Wahrheiten für und über die Prediger«, »Kritische Bemerkungen über den religiösen Zustand der k. k. Staaten« (beide als »Prediger-Kritik«), »Wunderbarer Balsam zum Gebrauch der durch die Kritik verwundeten Prediger«, der »Kirchenbote für Religionsfreunde aller Kirchen«, ein historisch-undogmatisches Religionsjournal, das »Zeitungsblatt für Geistliche«.

Neben diesen Zeitschriften gab es auch solche, welche entweder ausschließlich die Belletristik pflegten (»Unterhaltungen für die Wiener im Sommer und im Winter« [1782], »Wiener Mannigfaltigkeiten«. Ein wöchentliches Leseblatt für Gelehrte und Ungelehrte [1785]), oder mit der Unterhaltung auch die Belehrung verbanden (»Der Freund angenehmer und nützlicher Kenntnisse« [1787]), oder als Jugendschriften für Eltern und Kinder erschienen (»Der Kinderfreund« [1781], »Der katholische Kinderfreund« [1786], das »Wochenblatt für Kinder« [1787], »Die Welt in Bildern«. Ein Wochenblatt zum Vergnügen und Unterricht der Jugend [1787]). Auch für die Damenwelt war durch Zeitungen gesorgt (»Damen-Journal« [seit 1784], ein »Journal für Österreichs Töchter« [1785], ein »Journal von und für Damen« [1786], ein »Bildungs-Journal für Frauenzimmer« [1787] ein »Blatt für Frauenzimmer« [1789]). Den Fragen und Interessen des Theaters gewidmet, erschien aber nur eine einzige Zeitung: Das »Wiener kritische Theater-Journal«. Die gemütliche Seite des Wiener Humors brachten zum Ausdrucke: »Der Wienerische Zuschauer« (1786) und »Eipeldauers Briefe an seinen Herrn Vetter in Kagran« (1785 bis 1821). Fachwissenschaftliche und gelehrte Zeitschriften waren: »Die erbländischen Staatsanzeigen« (seit 1784), das »Historisch-genealogisch-statistische Archiv« (seit 1784), das »Allgemeine statistische, historische und literarische Journal« (seit 1785 Monatsblatt); speciell für Kriegsgeschichte und Kriegswissenschaften: Das »Neue militärische Journal« (seit 1788 Monatsblatt); für Medicin: Das »Medicinische Wochenblatt« (seit 1781) und die »Medicinische Monatsschrift« (seit 1789); für die Land-, Forst- und Hauswirtschaft: Die »Wiener ökonomische Zeitung« (seit 1785 monatlich, seit 1786 auch in ungarischer Sprache); für die Industrie und den Handel: Das »Journal des Luxus und der Moden« (seit 1786 monatlich), die »Illustrierte Moden-, Fabriken- und Gewerbszeitung« (1787–1789), die »Wiener Handlungs-Zeitung oder Wöchentliche Nachrichten vom Handel, Manufacturwesen und Ökonomie« (seit 1784 zweimal wöchentlich).

Weit mehr noch als die Zeitungen, ja »gleichwie Pilze nach einem warmen Sommernachtsregen« waren jetzt an allen Ecken und Enden der Stadt Wien Broschüren emporgeschossen, die sich vielfach gegen religiöse Missbräuche und Übergriffe und andere zahlreiche Übelstände wendeten, in schroffster Weise deren Abhilfe verlangten, in den meisten Fällen aber voll nichtssagenden, rohen, täppisch gemeinen und schmutzigen Inhaltes waren und somit jeden nur etwas gebildeten Menschen ihrer Widerlichkeit wegen abstoßen mussten. Der «Broschüren-» oder «Büchelschreiber», unberufene Leute, die sich aber berufen fühlten, zu kritisieren, Menschen und Verhältnisse zu belehren und zu bessern, zu beschimpfen und zu schmähen, in der abgeschmacktesten und schmutzigsten Form dem Publicum vorzuschwatzen, gab es jetzt in Menge. Vom April 1781 bis September 1782 erschienen allein 1172 Broschüren oder, wie auch Blumauer sagt, Maculaturen.

Josef II, der in der Freigebung der Presse nicht minder von den besten Absichten erfüllt war, hatte sich über solche Zustände wiederholt und bitter geäußert. Er befahl daher, um einigermaßen der Flut zu steuern, dass vor der Herausgabe einer jeden Broschüre sechs Ducaten erlegt werden müssen, welche bei der Verwerfung des Werkes durch die Centralbehörde verfallen und dem Armen-Institute zuzuwenden seien;[753] «um aber endlich einmal die Sudler, die schon seit der bestehenden Pressfreiheit so viel Unsinn und wenigstens so viel abgeschmacktes Zeug zur Schande der sogenannten aufkeimenden Nationalliteratur und Aufklärung hervorgebracht haben, künftig zu mäßigen und auch künftig dergleichen Schrifteinführung hintanzuhalten», hielt er es für das wirksamste Mittel, die verschiedenen öffentlichen Tages- und Wochenblätter und sämmtliche Broschüren, dann Komödien, mit einem Stempel zu belegen, dessen Erträgnisse zur Errichtung «eines so nothwendigen als nutzbaren sogenannten Pädagogii oder Schul-Institut zur Bildung der Schullehrer» verwendet werden sollte.[754]

Diese Erlässe des Kaisers geben beredtes Zeugnis für seinen Missmuth über die Ergebnisse aller Bestrebungen, durch eine möglichste Freigebung der drückenden Censurbestimmungen die Literatur zu heben. Paralysiert durch die nüchternen Anschauungen für wissenschaftliche und künstlerische Zwecke, hatte sich die ernste Wissenschaft von größeren Aufgaben für exclusive Kreise abgewendet und diente, wenn auch durch wertvolle, aber einfacher ausgestattete Werke, mehr der Allgemeinheit. Die nunmehr freigewordene periodische und ephemere Presse, die jetzt rasche und weite Verbreitung fand, artete dagegen vielfach in eine Schmutzliteratur aus.

Die nur wenig beschränkte Pressfreiheit wurzelte in dem Censurgesetze vom 11. Juni 1781.[755] Durch dasselbe wurde die bisherige Censur-Commission aufgehoben und dafür die Bücher-Censur-Haupt-Commission für alle Erbländer in Wien als rein weltliches Institut unter dem Präsidium des Hofrathes Johann Grafen von Chotek eingesetzt; diese allein hatte jetzt über die Zulassung aller auswärtigen Werke, insoferne sie nicht wissenschaftlichen oder artistischen Inhalts waren, zu entscheiden, auch allein die Druckbewilligung für alle inländischen Druckwerke von einiger Bedeutung, welche auf die Gelehrsamkeit, Studien und die Religion einen wesentlichen Einfluss haben, zu ertheilen; die Zeitungen aber, «als minder wichtige Dinge», sollten nach dem Wunsche des Kaisers, der Wahrheit auf die Spur zu kommen, nur kurz untersucht werden.

Eine weitergehende, ja tief einschneidende Bestimmung, um die bisherigen Censurgesetze noch mehr zu erleichtern, enthielten die Hofdecrete vom 24. und 26. Februar, 1. und 13. April 1787, «wodurch den hiesigen Buchdruckern zwar erlaubt werden könne, ein Manuscript vor erhaltenem admittitur abzudrucken und daher auch ein schon abgedrucktes Werk bei der Censur um die Zulassung einzureichen.» Um aber der Verbreitung von Büchern, welche vor dem admittitur gedruckt und nachmals bei der Censur verworfen werden sollten, Einhalt zu thun, wurde zugleich Folgendes festgesetzt: «Wenn ein Werk vorher gedruckt, die Censur darüber nachgeholt, demselben aber das admittitur versagt wird, so hat derjenige, welcher das nicht zugelassene Werk zur Censur gebracht hat, für die Nichtverbreitung im Lande dieser seiner Auflage dergestalt zu haften, dass ohne weitere Untersuchung von ihm für jedes wo immer gefundene Exemplar eine Strafe von 50 Gulden eingetrieben werden soll.»

Entgegen dem Geiste und den Absichten dieses für die Freiheit der Presse belangreichsten Gesetzes, kamen neben dem Guten, das es unbedingt förderte, viele Missbräuche und entehrende Auswüchse der

[753] Hofdecret vom 25. April 1785.

[754] Kaiserliche Resolution vom 11. Jänner 1789. — Hofdecret und Regierungsverordnungen vom 16. Jänner, 17. und 20. April 1789.

[755] Dr. Adolph Wiesner, Denkwürdigkeiten der österreichischen Censur vom Zeitalter der Reformation bis auf die Gegenwart. Stuttgart, 1847.

Presse zutage, die eine Gegenströmung hervorrufen mussten, um so nachhaltiger, als auch auf anderen Gebieten die Reformen Josefs von den gehofften Resultaten nicht begleitet waren. Mit Hofdecret vom 20. Januar 1790 wurde daher jenes vom 24. Februar 1787 widerrufen. »Da aber diese Erlaubnis — so hieß es jetzt — sehr gemissbraucht wurde, so haben Seine Majestät verordnet, dass künftig, sowie vormals die Ordnung bestand, wieder nur Handschriften zur Censur gebracht werden mögen, und der Abdruck derselben, ehe die Zulassung erfolgt, gänzlich verboten sein solle«.[756] Eine strenge, sich darauf beziehende Ergänzungsbestimmung erfolgte nach Josefs Tode — wie wir schon hier bemerken wollen — mit Hofdecret vom 2. September 1790, wornach in Zukunft jeder Buchdrucker, der eine Schrift vor dem von der Behörde erhaltenen admittitur in Druck nimmt, seines Gewerbes, ohne Unterschied, er möge von solchem Werke ein Exemplar in den Umlauf gebracht haben oder nicht, verlustiget, wenn er aber einige Abdrücke davon bereits hinausgegeben, für jedes derselben noch insbesondere mit der in der Verordnung vom 20. Januar 1790 bereits ausgemessenen Strafe von 50 Gulden belegt werden solle.[757]

Neben diesen Verordnungen, die in großen Zügen die Normen für das Verhalten der Censurbehörden gegenüber den Erzeugnissen der Presse und den Buchdruckern, welche die geistigen Werke durch den Druck vervielfältigten, enthielten, lief noch eine Reihe von administrativen Vorschriften für letztere, so z. B., dass Vignetten der im Druck erscheinenden Broschüren und Bücher der Censur unterliegen (18. April 1782), dass Bücher zum Gebrauche der Schulen ohne Vorwissen der Studien-Commission zum Drucke nicht zuzulassen seien (Hof-Entschließung vom 14. Februar 1785), dann dass Oblatorien der Handelsleute ohne Passierung des Wechselgerichtes nicht gedruckt werden dürfen (Verordnung vom 10. Juni 1785) u. dgl. m.

Fassen wir Alles, was Josef II. während seiner Selbstregierung (1780 bis 1790) für den Aufschwung und die Ausbreitung der Buchdruckerei in Wien directe und indirecte gethan hatte, in Kürze zusammen, so kommt zunächst in Betracht, dass er die von seiner Mutter Maria Theresia eingeleiteten legislativen Bestimmungen, welche die Beziehungen der Buchdrucker zu den Gewerbebehörden (Magistrat und Regierung) regelten, nicht nur nicht ins Stocken gerathen ließ, sondern vielmehr von einem freieren Standpunkte aus fortsetzte und die Schranken, die der Buchdruckerei bisher noch gezogen waren, beseitigte. Wir haben auch die Reihe jener Verordnungen kennen gelernt, durch welche der Kaiser in bester Absicht der Gewerbefreiheit unbedingten Spielraum ließ und die Buchdruckerei und den Buchhandel zu freien Gewerben und Künsten erklärte. So lange die Buchdrucker vollauf zu thun hatten, auch an allen Ecken und Enden Wiens Buchdruckereien mit und ohne Betriebsfond, mit und ohne fachmännische Bildung ihrer Besitzer entstanden, Gesellen und Lehrjungen in großen und kleinen Officinen hinlängliche Beschäftigung und Verdienst fanden, merkte man freilich nicht, welche Gefahren lauerten, wenn Wissenschaft und Literatur wieder Rückschritte machten. Aber davon war unter Josefs Regierung noch keine Rede. Die Milderung der strengen Censurbestimmungen, die nahezu volle Pressfreiheit, die der Kaiser gewährt hatte, hatten die Wissenschaft und die verschiedenen Zweige der Literatur, besonders die politische Tagesschriftstellerei auf eine bis dahin ungekannte Höhe gehoben.

Die Ausschreitungen der einheimischen Presse, die mitunter maßlos und verletzend auftretende freigeistige Richtung in der Literatur, später auch der Umschwung in den politischen Verhältnissen Frankreichs, welcher in der auswärtigen, vor allen in der französischen Presse einen Widerhall fand, bestimmte Josefs Bruder und Nachfolger, Kaiser Leopold II., bezüglich der Presse und Literatur nach und nach in die früheren beschränkten Bahnen einzulenken und die Censur mit wenigen Abänderungen wieder in ihre Rechte einzusetzen.

Das Hofdecret vom 1. September 1790, welches eine einschränkende Erläuterung zum zweiten Absatze des Josefinischen Censurgesetzes gab, war die erste Emanation der Legislative in jenem Geiste. Mit Hofdecret vom 8. Februar 1791 erhielten sodann die Professoren die Censur der Bücher im Erziehungs- und Unterrichtswesen, und mit jenem vom 15. September d. J. ward verordnet, dass in

[756] Normalienbuch des Wiener Magistrates in politicis vom 1. Januar 1790 bis 31. December 1790, S. 17. Registratur des Wiener Magistrates.
[757] L. c. S. 234 und Registratur des Wiener Magistrates, Fasc. 8, Nr. 535.

Zukunft jeder Buchdrucker, der eine Schrift vor dem von den Behörden erhaltenen »admittitur« in Druck nimmt, seines Gewerbes ohne Unterschied, möge er von einem solchen Werke ein Exemplar in den Umlauf gesetzt haben oder nicht, für verlustig erklärt, wenn er aber einige Abdrücke davon bereits hinausgegeben, für jedes derselben noch mit einer Geldstrafe belegt werden.[758] Zwar wurde der Zeitungsstempel der einheimischen Tagespresse wieder aufgehoben (Hofdecret vom 7. September 1791), was eine Erleichterung im Preise und demgemäß eine Vermehrung derselben zur Folge hatte, aber durch Hofdecret vom 11. März 1792 ward sie schon wieder wesentlich eingeschränkt, ja der Zeitungsstempel mit dem Patente vom 5. October 1802 neuerdings, wenngleich ermäßigt, eingeführt worden.[759] Mit Hofdecret vom 16. December 1792 wurden die Geschäfte der bisherigen Bücher-Censur-Haupt-Commission, die mit 1. Januar 1792 aufzuhören hatte, an die österreichische Hofkanzlei übertragen. Weitere Einschränkungen erfolgten durch die Hofdecrete vom 14. Januar 1792 und 20. Februar 1792, wodurch den Buchdruckern bekannt gemacht wurde, dass künftighin von fliegenden Blättern und kleineren Werken das Manuscript in duplo eingereicht werden soll und eines, um Zusätze zu vermeiden, bei der Censur zur Controle zurückzubehalten sei,[760] dann durch jene vom 27. und 29. März und 12. October 1792; letzteres verbot strenge, Bücher und Zeitungen, die von der französischen Revolution eine günstige Schilderung machen und den Grundsätzen der Monarchie entgegen sind, »welche zu einer Verwirrung und Erhitzung der Gemüther durch unsinnige Ideen und fanatischen Schwindelgeist .... führen könnten«, weder zu drucken noch zu dulden. Endlich gehören noch hieher die Regierungsverordnung vom 15. April 1793 und die Hofdecrete vom 23. Mai[761] und November 1793, die Regierungsverordnung vom 15. März und das Hofdecret vom 26. August 1794.[762] Die erneuerte Censurordnung vom 22. Februar oder General-Censurverordnung vom 30. Mai 1795, wie sie auch genannt wurde, fasste schließlich alle diesfalls ergangenen Verordnungen und Vorschriften für Buchdrucker und Buchhändler zusammen,[763] um diese in Rücksicht auf die Censur vor Irrungen zu bewahren; jeder Buchdrucker musste sich dieselbe beischaffen und zu seiner unverbrüchlichen Richtschnur aufbewahren. Darnach durfte neben anderen Bestimmungen keiner auch nur das Mindeste in Druck legen, ohne zuvor das Manuscript in einer lesbaren Schrift und richtig paginiert, auch mit einem weißgelassenen Rande versehen, beim Revisionsamte eingereicht und die Zulassung zum Drucke erhalten zu haben. Buchdrucker, Verleger oder Verfasser, auf deren Kosten Schriften gedruckt wurden, mussten Namen, Charakter und Wohnung am Anfange des Manuscriptes oder bei neuer Auflage des Originals leserlich beisetzen. Das Manuscript musste beim Revisionsamte eingereicht und ohne Wahl und Erforschung des Censors die Censurentscheidung ruhig abgewartet werden. Gleiches hatte auch vom Nachdrucke zu gelten. Am Manuscripte durfte dann bei Strafe nichts mehr geändert werden, die Rechtschreibung oder Fehler im Stile, deren Verbesserung den Sinn nicht änderte, allein ausgenommen u. s. w.[764] Diejenigen aber, welche dagegen handelten, wurden mit mehr oder minder harten Strafen belegt.

Alle diese Verordnungen nach ihren hemmenden Wirkungen auf das geistige Leben näher zu würdigen, liegt ausser dem Rahmen dieses Werkes. In dem Grade aber, als die einheimische Presse fast mundtodt gemacht wurde, als selbst ernste Männer der Wissenschaft durch die strengen Censurverfügungen von jetzt an mit ihren Werken mindestens Behinderungen ausgesetzt waren und daher viele von ihnen lieber still und verborgen blieben, denn im Dienste der Wissenschaft zur Feder zu greifen, als die Literatur der geistigen Bevormundung — oder wie es euphemistisch im Censurgesetze hieß: »den Regeln der Klugheit« — der Censoren verfallen, nicht selten in ihren edlen Blüten sich verstümmelt sah: da begann auch die Buchdruckerei von ihrem geschäftlichen Umfange und ihrer gewerblichen Höhe unter Josef II. herabzustürzen.

[758] Normalienbuch des Wiener Magistrates vom 1. Januar 1731 bis 31. Januar 1741, S. 234. — Registratur des Wiener Magistrates, Fasc. 8, Nr. 535.
[759] Wiesner, Denkwürdigkeiten der österreichischen Censur, S. 169.
[760] Registratur des Wiener Magistrates, Fasc. 8, Nr. 138.
[761] Barth v. Barthenheim, Admin. Pol. I., 156.
[762] Wiesner l. c. S. 56, Note 2.
[763] Regier. Currend. vom 3. Juni 1795.
[764] Wiesner, l. c. S. 193 ff. — Barth v. Barthenheim, Oesterreichische Gewerbs- und Handelsgesetzkunde, V. S. 377 ff. — Wiesner, Die periodische Presse Österreichs.

Aber die einschränkenden Gesetzesbestimmungen waren mit den erwähnten noch nicht erschöpft, ihnen folgten neuerdings solche, die tief in die Pressverhältnisse eingriffen. Da sind zunächst die Regierungs-Verordnung vom 15. März und das Hofdecret vom 26. August 1794 zu erwähnen; ferner die Hofdecrete vom 6. October 1796,[765] 21. Jänner 1797, 19. März, 3. und 31. Mai, 11. August und 13. September 1798 und vom 6. April 1799. Im Jahre 1801 trat eine Recensurierungs-Commission ins Leben, »die nicht, wie unter Josef geschah, verbotene Werke dem Verkehre zurückgab, sondern erlaubte verbot.«[766] Auch die Hofdecrete vom 1. Jänner, 10. April und 18. November 1803 waren nicht minder von einschneidender Wirkung. Auch der zweite Theil des Strafgesetzes (mit 1. Jänner 1804 in Wirksamkeit getreten) bestimmte in den Paragraphen 57–69 genau alle Fälle, wo Censursübertretungen als schwere Polizeiübertretungen zu behandeln sind.[767] Das Hofdecret vom 18. März 1806 verordnete endlich genau, wie mit dem Drucke neuer Werke vorgegangen werden soll, welche Bücher erlaubt und welche nicht erlaubt sind u. dgl. m.

So wurde der josefinische Geist aus Gesetz und Verwaltung verbannt. Wol hatte man von dem im Rufe der Freisinnigkeit stehenden Minister Grafen Stadion, der seit dem Pressburger Frieden (26. December 1805) die Staatsgeschäfte leitete, wenigstens einige Erleichterung in der Handhabung der Censur erwartet, aber selbst die wenigen Pressverordnungen unter ihm beweisen, dass sie nicht in Erfüllung gegangen war. Nur später konnten die Wiener Buchdrucker, welche in den schweren Kriegsjahren 1805 und 1809, als die Franzosen Wien durch einige Zeit besetzt hielten, gleich anderen Gewerbtreibenden auch noch mit Zwangsbeiträgen zur Kriegscontribution hart belastet wurden,[768] sich besserer Erwerbsverhältnisse durch die zeitweilige Aufhebung der Censur erfreuen;[769] diese hatte jedoch auch keinen nachhaltigen Aufschwung in den Wiener Buchdruckereien zur Folge, wenngleich dieselben mit Aufträgen überhäuft waren und sie wegen Mangel an Arbeitskräften oft nicht voll ausführen konnten, da es meistens nur Nachdrucke von schlüpfrigen Romanen, Gedichten, Theaterstücken u. dgl. m. waren.

Verheißungsvoll hatte man daher auch die Vorschrift für die Leitung des Censurwesens und für das Benehmen der Censoren in Folge der a. h. Entschließung vom 10. September 1810 aufgenommen; freudig wurde der später so oft citierte Satz derselben begrüßt: »Kein Lichtstrahl, er komme, woher er wolle, soll in Zukunft unbeachtet und unerkannt in der Monarchie bleiben oder seiner möglichen Wirksamkeit entzogen werden.« Aber diese und noch eine Stelle waren die einzigen in der ganzen Vorschrift, die eine freiere Entwickelung der Presse und Literatur hoffen ließen. Alles Andere, was sich auf das ideelle Verhalten des Censors zum Autor und zu dessen Werke bezog, was die administrativen Verfügungen vom Momente der Überreichung einer Schrift bis zu ihrer Vollendung im Druck enthielt,[770] bewies den Geist willkürlicher Einschränkung und enthielt auch die Ursachen, dass Presse und Literatur in den folgenden Decennien auf so niederer Stufe stehen blieben.

Schriftsteller und Gelehrte, jene in höherem Maße als diese, unterlagen daher vielfachen Belästigungen durch die Censur; wer daher nur immer konnte, entfloh derselben, indem er seine Schriften

[765] Dem Wiener Magistrate wurde aufgetragen, alle Buchdrucker in Ansehung der zu Druckkosten von Hauslehrbüchern [illegible] dahin anzuweisen, dass sie jedesmal selbe den Landesstellen zur Beurtheilung vorlegen sollen.

[766] Wiesner, l. c. S. 187.

[767] Barth v. Barthenheim, l. c. S. 193 ff. Es erklärte den Druck oder Verkauf von Schriften und Kupferstichen ohne Censurbewilligung, das [illegible], den unbefugten oder geheimen Handel mit denselben, die Ausstellung und den Verkauf von Gedichten, Liedern, Gebeten, Kriegsnachrichten, Beschreibungen u. dgl. m. ohne Erlaubnis der Behörde, und das unbefugte Halten einer Winkelbuchdruckerei oder Handpresse mit einer Schriftsorte für eine schwere Polizeiübertretung, welche mit Confiscation, Geld, Arrest, Gewerbsverlust u. s. w. je nach der Größe des Vergehens zu bestrafen ist.

[768] Der französische Commandant von Wien hatte im Jahre 1809 den Wiener Buchdruckern eine Kriegscontribution von 2050 Gulden auferlegt. Sie hatten am 1. October um 9 Uhr morgens auf dem Rathhause zu erscheinen und ein Verzeichnis ihrer »Mitteglieder« beizubringen, wie auch, was ein jeder von der ihm [illegible] auferlegten Contribution zu entrichten und bereits abgeführt hat. »Es muss — hieß es — jedem Mitglied [illegible] bedeutet werden, dass ein jeder den ihn betreffenden Zwangsdarlehensbetrag bis [illegible] um so sicherer abführen müsse, als sonst nach Ablauf des Termins französische Militär-Execution eintreten würde.« (Gremial-Archiv.)

[769] So schrieb die »Wiener Zeitung« 1809: »Da es dieser Epoche vorbehalten ist, alle Censurfesseln zu sprengen, so mag jedermann mit der Censur alle verbotenen Bücher lesen, und die Bühnen stehen allen in den [illegible] Staaten erlaubten Stücken offen. Diese Censurfreiheit dauerte nur bis zum 1. November 1810.

[770] Darunter auch das lästige Erfordernis, dass jede zu censurierende, [illegible] Schrift in zwei Reinschriften überreicht werden musste. In Österreich allein wurde nach dem Hofdecret vom 14. Jänner 1815 das Duplicat gefordert, um beim Revisionsamte nöthigenfalls den Druck mit dem Manuscript vergleichen und den legalen Beweis herstellen zu können, wenn der Verleger oder Verfasser nach der Druckbewilligung Änderungen sich erlaubt hätte. K. Josef hatte die mit der Druckbewilligung versehene einfache Handschrift nach dem Hofdecret vom 11. November 1789 beim Drucker belassen. »Übrigens haben die Buchdrucker,« hieß es daselbst, »mit Imprimatur versehene Exemplare der Manuscripte nach dem Abdrucke derselben wieder zusammenzuheften und im Ganzen ohne Hinweglassung eines Blattes aufzubewahren, um es beim jedesmaligen Abfordern vorzeigen zu können.« Das Übrige siehe bei Wiesner, Denkwürdigkeiten der österreichischen Censur, S. 232, Anm. [illegible]

im Auslande erscheinen ließ. Was im Inlande gedruckt wurde, trug, mit Ausnahme einiger gelehrter Werke, die heute noch von Bedeutung sind, meistens den Stempel der Mittelmäßigkeit oder Plattheit an sich, und daran hatte die Menge in allmählicher geistiger Versumpfung fast allein Gefallen und seine einzige Lectüre. Für bessere Bücher war die Leselust nur geringe, wovon die Nachwehen durch Generationen sich vererbten und heute noch — bei den Tagesblättern abgerechnet — zu spüren sind.

Unter diesen Verhältnissen bestellten die Verleger wenig oder fast gar nichts.[221] Größere Werke, namentlich jene wissenschaftlichen Inhalts, wie die juridischen, theologischen und medicinischen, wurden von der Censur weniger betroffen. Käufer derselben waren aber selbstverständlich nur Gelehrte, Geistliche, Ärzte, höhere Beamte und Bibliotheken. Die Geschichtsliteratur lag beinahe ganz darnieder. Von Seite der Industrie, des Handels und der Gewerbe geschah äußerst wenig, weder für eine directe oder indirecte Pflege selbst nur der einschlägigen Fachliteratur, noch zur Hebung der Buchdruckerei im Allgemeinen. Diese beschäftigte sich, von jenen grösseren Werken, so auch von den hebräischen und den orientalischen Drucken eines Anton Edlen von Schmid, der Staatsdruckerei, eines J. P. Sollinger u. a. überhaupt abgesehen, vorwiegend mit dem Drucke von Almanachen, Kalendern, Taschenbüchern, Gedichten, Erbauungsschriften und Legendensammlungen, Gebetbüchern, Normalien, Gesetzen, Theaterstücken, Adressen, Parten, Anschlag- und Speisezetteln u. dgl.

Almanache und Kalender bildeten in hervorragendem Maße seit der theresianischen und josefinischen Zeit einen ganz bedeutenden Erwerbs- und Industriezweig in Wien, für welchen nicht allein die Buchdrucker, sondern auch Künstler und Buchbinder beschäftigt waren. «Der Geschichtschreiber musste interessante Geschichten, der Dichter gute und schlechte Verse, der Kupferstecher niedliche Kupfer und Küpferchen (sic), die Göttin der Mode ihre neuesten Erfindungen, der Sticker seine Dessins und die Geschicklichkeit des Buchbinders ihren ganzen Reichthum am geschmackvollen Einbande liefern.»[222] Im Jahre 1797 betrug ihre Zahl schon 55 und steigerte sich in den folgenden Jahren fortwährend.[223]

[221] Wiesner, l. c., S. 159.

[222] Beschreibung der Handlung und des Industriefleißes der k. k. Haupt- und Residenzstadt Wien; oder mercantilischer Wegweiser durch Wien und das Erzherzogthum Österreich. (Wien bei Anton Pichler, 1803, S. 179 f.

[223] Wir nennen sie in folgender Reihe: Der Hundertjährige Kalender vom Jahre 1797 bis 1899. — Wirthschaftskalender der [illegible] für Hauswirthe. — Wiener Immenkalender zum Nutzen und Vergnügen. — Österreichischer Toleranzbote, d. i. neu eingerichteter allgemeiner Reichskalender für alle Religionsgesellschaften in den k. k. Staaten. — Allgemeiner Schreib-, Haus- und Wirthschaftskalender. — Neuester Schreibkalender. — Österreichischer Provinzialkalender. — Kleiner Landwirthschaftskalender. — Kalender der Liebe und Zärtlichkeit. — Zeitvertreibskalender in vermischten Unterhaltungen für Gesellschaften. — Kalender mit Arien und Scenen aus dem Tyroler Wastel. — Blumenstrauß [illegible] zum Neujahrsgeschenke. — Symbolischer Taschenkalender. — Der kleine Sackkalender. — [illegible]kalender. — [illegible]kalender. — Räthselkalender. — Kalender mit besonders auserlesenen Trachten [illegible] Nationen. — Wiener Schreibkalender zum Gebrauche aller Religionen und Stände. — Neuer Kalender. — Neuester Modealmanach. — Fingerkalender. — Terpsichore: ein Almanach für junge Damen. — Almanach zur Völker- und Länderkunde. — Toilettenkalender für Frauenzimmer. — Wiener Taschenkalender für Katholiken und Protestanten. — Almanach für das schöne Geschlecht. — Sackkalender mit Räthseln, Anekdoten, auserlesenen Taschenspielen und andern Kunststücken. — Taschenkalender voll [illegible]. — Modetaschenkalender für Personen beiderlei Geschlechts. — Neujahrsgeschenk zum nützlichen Vergnügen für Deutschlands edle Herzen. — Neuer Taschenkalender für Personen beiderlei Geschlechts. — Neu eingerichteter Volkskalender. — Wiener Räthselkalender. — Österreichischer Schreibkalender. — Kalender mit [illegible] am Rhein gelegenen Städten und Festungen. — K. k. Hof- und Ehrenkalender. — Eine Nuss zum Neuen Jahr. — Alt und neuer Crakauer und auf Wien berechneter Schreibkalender. — Neuer Crakauer Fingerkalender. — Wiener Taschenbuch. — Almanach in Querformat. — Tafelkalender. — Historischer Taschenkalender. — Das Waldmädchen; oder Wiener Ballkalender. — Gallerie der Nationen; ein Taschenkalender. — Almanach für Wiens edle Töchter. — Außerdem noch acht Almanache in französischer Sprache. Zu diesen Druckerzeugnissen kamen in den folgenden Jahren: [illegible]almanach auf das glückliche Jahr 1798. Von v. Perinet. Mit 8 Kupfern. — Almanach für Theaterfreunde, mit Arien aus Opern. — Hundert Küsse zum Aufheben. — Almanach, der für zwei gelten kann; mit 22 Kupfern, 2 Titelblättern und 2 Musiknoten für Clavier. — Rosenknospen für Deutschlands Jünglinge und Mädchen; mit 11 Kupfern. — Der Zauber des Orpheus; für Musik und Dichtkunst. — Emma, das Muster weiblicher Vollkommenheit. — Taschenkalender für Liebende und Heiratslustige. Mit 12 Monatskupfern (Heiratsanträge darstellend). — Kosmographischer Almanach. — Der Patriot; oder allgemeiner österreichischer Volkskalender zur Veredlung des Herzens. — Almanach [illegible]; mit 7 Kupfern. — [illegible] Herrenalmanach mit 12 [illegible] Blumen-Monatskupfern. — Neujahrsgeschenke zum sittlichen Vergnügen für Deutschlands edle Herzen. — [illegible]kalender. — Dosenkalender für Liebhaber des Schnupftabaks. — Beweglicher Kalender, in Gestalt einer Visitenkarte. — Visitenkarte für Damen etc. — Eine Nuss zum neuen Jahr. — [illegible]kalender. — Deutsch-französischer Kalender. — v. Zimmerl's allgemeiner Almanach für Kaufleute. — Von den Almanachen der nächsten Decennien nennen wir: Almanach für Freundinnen romantischer Lectüre. Mit Kupfern. — Almanach und Taschenbuch zum geselligen Vergnügen. Mit Kupfern. — Der Blumenkorb. Mit Kupfern. — Der Freund des schönen Geschlechtes. Ein angenehmer Almanach von Josef Ritter von Seyfried. — Iduna. Ein Almanach. Mit Kupfern. — Mignon-Almanach. Ein Trachten-Almanach (ausländischer). Sowohl in deutscher als in französischer Sprache. Mit Kupfern. — Der serbische Almanach Zabavnik. Herausgegeben und gedruckt auf Kosten des Demeter Davidovich bei den Mechitharisten. (Er erschien seit 1814.) — An Kalendern dieser Zeit seien noch erwähnt: Der Blattkalender. — Der Brieftaschenkalender. — Der Finger-Kalender. — Der Freundschaftskalender. — Der Friedensbote oder österreichischer Nationalkalender für alle Einwohner des österreichischen Staates. Ein Zeitbuch. — Hauskalender (ermunternder und erheiternder) für das österreichische Kaiserthum, vorzüglich aber für Freunde des Vaterlandes etc. Dieser Kalender, bei Strauß gedruckt und erschienen, galt als der beste Kalender Wiens. — [illegible], zwei beliebte Kalender, bei Anton Schmid gedruckt. — Kalender zum Gebrauche des österreichischen kaiserlichen Hofes. — Österreichischer Kalender in 16° (auch kleiner Kremser Bote genannt), wurde bei R. Ph. Bauer gedruckt, ebenso wie der österreichische Schreibkalender oder [illegible] Kremser Bote. Der Wiener Bote und noch m. a. Schreib- und Taschenkalender, sowie die Schematismen, als deren Muster der Hof- und Staatsschematismus angesehen wurde. ([illegible]: Merkwürdigkeiten der Haupt- und Residenzstadt Wien etc. I. [illegible], Wien 1823, S. 79 ff.). Von den Kalendern erschienen der «Friedensbote» und der «Wiener Bote» 1824 nicht mehr, jedoch wurde in diesem Jahre ein neuer Kalender, der «Universalkalender» ausgegeben.

Hierher gehören auch die so beliebten Taschenbücher, unter welchen wieder die historischen mitunter wertvolle Aufsätze zur österreichischen Geschichte, zur Geschichte und Genealogie hervorragender Geschlechter des Landes u. s. w. enthielten, so das Taschenbuch für die vaterländische Geschichte von Hormayr und Mednianský, das genealogische Taschenbuch von Emanuel Weber. Der Lectüre und Unterhaltung galten in erster Linie: «Aglaja», mit Original-Aufsätzen bekannter Dichter (herausgegeben von Schreyvogel), «Erato» (herausgegeben von Ebersberg), «Klio», mit heiteren Gedichten, aber auch mit historischen Aufsätzen, das «Sträußchen» von Castelli, das «Veilchen», guten Menschen geweiht (von J. C. Unger), endlich das Taschenbuch für Schauspieler und Schauspielfreunde.

Zeitungen, Theaterstücke und auch kleinere Druckschriften wurden besonders strenge censuriert. Der Punkt 3 der bekannten Karlsbader Beschlüsse vom 20. September 1819, welcher die Bestimmung enthielt, dass «über periodische Schriften und solche, welche nicht über zwanzig Bogen betragen, einstweilen auf fünf Jahre eine strengere Censur angewendet werden solle,» hatte Österreich, wenn es hier kundgemacht worden wäre, schon damals wesentliche Erleichterungen gebracht.

Außer den älteren Zeitschriften der josefinischen Zeit, die wir schon kennen gelernt haben und an die wir nachträglich nur noch die «wienerische ökonomische Zeitung» (Monatsblätter, herausgegeben von Hofmann), die «posttäglichen Anzeigen des Frag- und Kundschaftsamtes» (zweimal wöchentlich mit der Wiener Zeitung herausgegeben), die «Kritischen Bemerkungen über den religiösen Zustand der k. k. Staaten» (alle Freitage herausgegeben von Cajetan Tschink) und die «Provinzialnachrichten statistischen und literarischen Inhalts» (zweimal wöchentlich), die «Foglietta di Vienna» (zweimal wöchentlich von Joh. B. del Sasso herausgegeben) anreihen, müssen wir folgende politische, literarische und belletristische Zeitungen, wie sie dann in unserem Jahrhundert erschienen, als die hauptsächlichsten anführen: von ersterer Gattung die «Wiener Zeitung», den «österreichischen Beobachter» (Redacteur J. A. Edl. von Pilat),[774] den «Wanderer» (Ignaz Ritter von Seyfried),[775] den «Magyar Kurir» (ungarische Zeitung),[776] die «Nobine Srbske» (serbische Zeitung, redigiert von Demeter Davidovich),[777] den «Telegraphos» (griechische Zeitung, redigiert von Demetrius Alexandrides);[778] dies waren die einzigen politischen Zeitungen, zu denen sich 1847 das «Fremdenblatt» gesellte. Weit zahlreicher waren die literarischen und wissenschaftlichen Blätter, die aber der Kritik der Censoren weniger ausgesetzt waren. Wir können von diesen folgende verzeichnen: den «Anzeiger» (literarischer),[779] das «Archiv» für Geographie, Historie, Staats- und Kriegskunst (redigiert von Josef Freiherrn von Hormayr),[780] die «Concordia» (Herausgeber Friedrich von Schlegel),[781] das «Conversationsblatt» (redigiert von Franz Castelli),[782] die «Fundgruben des Orients» (Herausgeber Josef Ritter von Hammer),[783] den «Geist der Zeit»,[784] «Hermes» (in neugriechischer Sprache; Redacteur ist Constantinos Kokkinakes),[785] die «Jahrbücher der Literatur»,[786] die «medicinischen Jahrbücher des k. k. österreichischen Staates»,[787] die «Jahrbücher des polytechnischen Institutes» (Herausgeber der Institutsdirector Johann Josef Prechtl),[788] «Calliope» (redigiert von Athanasius Stagirites),[789] die «Ölzweige» (von Georg Passy),[790] die «Annalen der Sternwarte» (herausgegeben von J. J. von Littrow),[791] die

[774] Derselbe wurde 1809 durch Friedrich von Schlegel gegründet und erschien mit Ausnahme der höheren Festtage täglich.

[775] Hat 1814 begonnen und fristete später nur kümmerlich seine Existenz.

[776] Enthielt meist nur Übersetzungen aus anderen politischen Zeitungen.

[777] Erschien seit 1813, etwa durch zehn Jahre.

[778] Erschien seit 1812 und brachte alle 14 Tage eine literarische Beilage.

[779] Erschien seit 1819 und enthielt, wie der Name schon andeutet, Bücherverzeichnisse, Recensionen, Nachrichten von lebenden und verstorbenen Schriftstellern, Entdeckungen und Untersuchungen in Wissenschaften und Künsten, Gewerbe und Ausbildung wissenschaftlicher Institute u. s. w.

[780] Erschien seit 1810.

[781] Erschien seit 1820 und strebte mit Unterstützung von Gelehrten und wissenschaftlich gebildeten Männern [illegible] Begründung des Lebens und [illegible] des Zeitalters an.

[782] Begonnen 1812 durch Franz Gräffer.

[783] Erschienen seit 1810 in Großfolio mit Kupfern geziert.

[784] Erschien zuerst bei Trattner in [illegible], seit 1813.

[785] Hat 1811 begonnen und schon vom Anfange an eine streng wissenschaftliche Richtung, namentlich in der Geschichte, Philologie, Philosophie etc., eingeschlagen. Sie war für die Levante berechnet, mit der sie auch in weitverzweigter literarischer Verbindung stand.

[786] Wurden 1818 von Matthäus von Collin begonnen.

[787] Erschienen seit 1811.

[788] Erschienen seit 1819.

[789] Erschien seit 1819, meist philologischen, geographischen und [illegible] Inhalts.

[790] Haben 1816 begonnen, religiösen Sinn zu wecken, ist Zweck der Erzählungen, Gedichte, philosophischen Aufsätze u. dgl. m.

[791] Erschienen seit dem Jahre 1813 in Fol. mit [illegible] Karten.

»Verhandlungen der Landwirthsgesellschaft in Wien«,[792] die »Zeitschrift für Physik und verwandte Wissenschaften« (redigiert von Andreas Baumgartner),[793] die »Zeitschrift für österreichische Rechtsgelehrsamkeit und politische Gesetzkunde« (redigiert von Dolliner und Kudler),[794] die »theologische Zeitschrift« (redigiert von Jakob Frint),[795] die »allgemeine österreichische Zeitschrift für den Landwirth, Forstmann und Gärtner«,[796] das »österreichische Wochenblatt für Industrie, Gewerbe und Landwirthschaft«,[797] die »Gesundheitszeitung« (redigiert von Dr. A. D. Bastler),[798] die »österreichische Zeitung für Geschichts- und Staatenkunde« (redigiert und herausgegeben von J. P. Kaltenbäck),[799] die »österreichische militärische Zeitschrift« (Redacteur Major J. B. Schels),[800] die »neue theologische Zeitschrift« (redigiert von Josef Pletz),[801] die »vaterländischen Blätter für den österreichischen Kaiserstaat« (redigiert von Dr. Franz Sartori),[802] die »Wiener allgemeine Literaturzeitung«,[803] die »österreichische Zeitschrift für Staats- und Rechtswissenschaft«,[804] die »allgemeine Bauzeitung«,[805] den »Jurist«,[806] die »Verhandlungen des niederösterreichischen Gewerbevereines«,[807] das »österreichische pädagogische Wochenblatt«,[808] den »Bahnhof«,[809] die »Zeitschrift der Gesellschaft der Aerzte«,[810] die »österreichische Blätter für Literatur, Kunst und Geschichte«,[811] endlich die »österreichische Zeitschrift für Pharmacie«.[812]

Einer strengeren Censur, wie die für die oben erwähnte Gattung von Zeitschriften, waren wieder die Blätter belletristischen Inhalts unterworfen. Wir rechnen dazu die »Wiener allgemeine Theaterzeitung« und das »Unterhaltungsblatt für Freunde der Kunst, Literatur und des geselligen Lebens« (redigiert von Adolf Bäuerle)[813] die »Wiener Zeitschrift für Kunst, Literatur, Theater und Mode« (redigiert von Friedrich Witthauer),[814] den »Telegraph«, das österreichische Conversationsblatt für Kunst, Literatur, geselliges Leben, Theater u. s. w. (redigiert von W. Lembert),[815] den »Sammler« (redigiert von Josef Edlen von Portenschlag-Ledermayer, später J. Ritter von Seyfried und Braun),[816] den »österreichische Zuschauer« (redigiert von J. S. Ebersberg),[817] den »allgemeinen musikalischen Anzeiger« (redigiert von J. F. Castelli),[818] die »Mittheilungen aus Wien« (redigiert von Franz Pietznigg),[819] das »österreichische Morgenblatt« (redigiert von N. Österlein),[820] die »Wiener Galante«,[821] das »Wiener Sonntagsblatt«,[822] den »Spiegel«,[823] den »Hanns Jörgel«,[824] den »Humorist« (redigiert von Saphir),[825] die »Allgemeine musikalische Zeitung«, (redigiert von Fried.

792 Erschienen seit dem Jahre 1816.
793 Erschien in den Jahren 1826–1837.
794 Kudler übernahm mit Dolliner die Redaction nach Wagner's Tod 1831.
795 Erschien seit 1818 für die jüngere katholische Geistlichkeit.
796 Erschien seit dem Jahre 1829 (bis 1850).
797 Erschien seit dem Jahre 1833.
798 Erschien seit dem Jahre 1830.
799 Erschien seit 1835 (Fortsetzung des Hormayr'schen Archivs) und erhielt besonders gediegene Aufsätze.
800 Erschien seit 1818 und umfasste alle Zweige der Kriegswissenschaft.
801 Erschien seit dem Jahre 1828 (Mayer, geistige Cultur, S. 265, Note 150).
802 Erschienen seit 1807 und wurden von der k. k. Censurhofstelle selbst geleitet. Mit Schluss des Jahres 1820 hörten sie auf.
803 Erschien seit dem Jahre 1838.
804 Erschien seit dem Jahre 1825.
805 Erschien seit dem Jahre 1836.
806 Erschien seit dem Jahre 1839.
807 Erschienen seit 1840 und tragen heute den Titel »Wochenschrift des n. ö. Gewerbevereines«.
808 Erschien seit dem Jahre 1842.
809 Erschien seit dem Jahre 1843.
810 Erschien seit dem Jahre 1845.
811 Erschienen seit dem Jahre 1845.
812 Erschien seit dem Jahre 1847.
813 Erschien seit 1806, mit Illustrationen und oft auch farbigen Modebildern. Vgl. oben S. 304 dieses Werkes.
814 Erschien seit 1816 unter Johann Schickh und brachte wöchentlich ein von J. Kerker gezeichnetes und von Franz Stöber gestochenes Modebild in Farben nebst erklärendem Text.
815 Erschien seit dem Jahre 1836.
816 Erschien seit 1809. Brachte viel Nachdruck aus den grösseren Journalen Deutschlands.
817 Erschien seit 1824 und war vorwiegend für die studierende Jugend berechnet.
818 Erschien seit 1829 (–1840).
819 Erschienen seit 1832. Für die Culturgeschichte Wiens sehr schätzbar.
820 Erschien seit dem Jahre 1836.
821 Erschien seit dem Jahre 1843.
822 Erschien seit dem Jahre 1836.
823 Erschien seit dem Jahre 1828.
824 Erschien seit 1831. Der Hanns Jörgel war an Stelle der Briefe des jüngsten Eipeldauers an seinen Herrn Vetter in Kakran getreten, die von Josef Richter ins Leben gerufen wurden. Später war auch Adolf Bäuerle Redacteur.
825 Erschien seit 1837 und fand gleich vom Anfange an grossen Beifall, der sich erhielt, daher eine grosse Auflage.

Aug. Kaune,[826] die «Wiener Elegante»,[827] die «illustrirte Zeitung für die Jugend»,[828] das «Wiener Meubel-Journal».[829] Der «Adler» von Groß-Hoffinger war der Censur erlegen.

Auf allen diesen Zeitschriften lastete mehr oder weniger schwer die willkürliche, regellose Allgewalt des Censors, gegen die anzukämpfen und das geistige Eigenthum zu vertheidigen, es keinen competenten Gerichtshof gab. Die Nachtheile dieses Systems traten daher auch auf dem ganzen weiten Gebiete der vaterländischen Literatur zu Tage. Je harmloser und platter literarische Erzeugnisse waren, um so leichter entschlüpften sie der censurierenden Feder; wehe dem aber, was geistreich erdacht gewesen, oder was die bessernde Hand an bestehende Übelstände welcher Art immer legen wollte: es erweckte die Bedenken des Censors und entgieng selten der Verstümmelung oder Ablehnung. Und selbst bei ernsten Producten der Wissenschaft, mussten die Aufgaben strenge abgesteckt sein, wollten ihre Verfasser nicht in unangenehme Conflicte mit den Censoren gerathen. Nur Schmid's hebräische Drucke, die ganze orientalische Literatur, mathematische und astronomische Schriften u. dgl. m. entzogen sich der ämtlichen Censur und waren minder verletzenden Fach-Recensenten und Sachverständigen anvertraut. Wie groß waren aber erst die Nachtheile für die Buchdrucker und Buchhändler. Von Jahr zu Jahr schleppte sich gleichmäßig und mühsam eine bestimmte Anzahl gleichartiger Bücher durch die Wiener Pressen hindurch: denn Neues ward verhältnismäßig nur selten unternommen, zumal der österreichische Leser von damals, ohne Urtheil und geläuterten Geschmack, mit altem Kohl nicht ungern vorlieb nahm. Wer nach besserer Kost verlangte, wusste sich ja dieselbe auf Umwegen aus dem Auslande zu verschaffen. Dagegen waren die Druckverbote für das Inland strenge, und der Druck selbst erlaubter Werke für den vaterländischen Schriftsteller mit nicht geringen Schwierigkeiten verbunden. Wie zahm waren noch im Hinblicke auf so erniedrigende Zustände die «pia desideria eines österreichischen Schriftstellers»[830] und die Denkschrift von 98 hervorragenden Wiener Schriftstellern[831] an die Regierung vom 11. März 1845, worin man mit gewichtigen Gründen doch gar nichts Anderes verlangte, als eine Revision der Censurgesetze. Wie arg mussten die österreichischen Presszustände gewesen sein, wenn Männer von so hoher literarischer und wissenschaftlicher Bedeutung, wie wir sie in diesem Schriftstücke unterzeichnet finden, sich in der maßvollsten Weise dagegen erhoben.

[826] Erschien seit 1841.
[827] Erschien seit 1842.
[828] Erschien seit 1846.
[829] Erschien seit 1847.
[830] Leipzig 1842. Verfasser derselben war der Dichter Bauernfeld.
[831] U. a. Anastasius Grün (Anton Graf Auersperg), Grillparzer, Steichamer, Kaltenbrunner, Zedlitz, Rank, Hammer-Purgstall, Feuchtersleben, Bekitauski, Skoda, Schuh, Ettingshausen, Fenzl, Ladislaus Pyrker, Prechtler, Karajan, Bergmann, Schlager, Kudler, Leopold Neumann, J. N. Elsenberg, Partsch, Ferdinand Graf von Colloredo.

VIERTES CAPITEL.

DIE OFFICINEN VON 1848 BIS 1882. — DEREN EINRICHTUNG UND TECHNISCHE FORTSCHRITTE. — SOCIALES.

KNAPP vor dem Frühlingseinzuge des Jahres 1848 brach unter Sturmesbrausen auch die neue Ära freiheitlicher Entwicklung auf geistigem, politischem und socialem Gebiete an. Was Männer der Wissenschaft, Literatur und Kunst, was hervorragende Politiker und warme Menschenfreunde längst ersehnt und erstrebt, wofür sie geduldet und gerungen hatten: es war nun mit Einem Male in den Märztagen jenes denkwürdigen Jahres verwirklicht worden. Die «pia desideria» österreichischer Schriftsteller und Männer der Wissenschaft waren durch die am 14. März erfolgte Aufhebung der Censur erfüllt worden. Als am Abende dieses Tages (halb sechs Uhr) ein vom k. k. n.-ö. Regierungs-Präsidenten Johann Talatzko Freiherrn von Gestieticz unterzeichnetes Placat angeschlagen wurde, des Inhalts: «Seine k. k. Apostol. Majestät haben die Aufhebung der Censur und die alsbaldige Veröffentlichung eines Pressgesetzes[432] allergnädigst zu beschließen geruht,» jauchzten auch die Geister auf und begrüßten freudig den Frühling einer neuen Epoche im Völkerleben.

Nächst den literarischen Kreisen wurden die Buchdrucker von dieser neuen Gestaltung der Censur- und Pressverhältnisse berührt. Ihrer Freude darüber gaben auch Einige in Jubelrufen Ausdruck.[433] Sie erkannten sogleich, dass in der voraussichtlich gewaltig anschwellenden Zeitungs- und Broschüren-literatur ihre Thätigkeit am meisten werde in Anspruch genommen werden und nahmen zu der Frage Stellung, inwieferne bei diesem freien Zuge der Presse auch das moralische Moment von ihrer Seite in Betracht gezogen werden müsste und wie sie daher der Regierung zu beweisen hätten, dass sie der Freiheit nicht minder würdig seien. Die «Wiener Zeitung» vom 17. März enthielt denn auch bereits eine darauf zielende Erklärung in Form eines Aufrufes: «An die Buchdrucker der österreichischen Monarchie» über das einzuschlagende Verhalten der Buchdrucker gegenüber den künftigen Presserzeugnissen.[434]

Fast allen Wiener Buchdruckern hatte die Censurfreiheit reichliche Arbeit gebracht,[435] so dass, um sie zu bewältigen, sogar Kräfte von auswärts herbeigezogen werden mussten. Neben den Drucksorten

[432] Das Patent vom 15. März sagte: «Die Pressfreiheit ist durch Unsere Erklärung der Aufhebung der Censur in derselben Weise gewährt, wie in allen Staaten, wo sie besteht.» Im Paragraph 1 der Pressordnung vom 31. März ist ausdrücklich bestimmt: «Alle auf die Censur von Druckschriften und Bildwerken sich beziehenden Gesetze und Verordnungen sind aufgehoben.» Am 18. Mai 1848 erschien dann eine provisorische Verordnung über das Verfahren in Pressachen.

[433] Wir verzeichnen C. Ph. Haubers «Jubelruf eines Schriftsetzers bei der Aufhebung der Censur in Österreich am 15. März 1848» und «Die Presse an ihre Erlöser. Dankbar dargebracht von Ulrich Klopf sen. und A. Eurichs Buchdruckerei.» (Helfert, Parnass, S. 56 und 62.)

[434] «Wir fühlen uns,» heisst es darin, «nach bewilligter Pressfreiheit gedrungen, unseren Collegen die Mittheilung zu machen, dass wir seit gestern alles, was uns zum Drucke übergeben wird, alsogleich zur Öffentlichkeit bringen, mit einziger Ausnahme aller Persönlichkeiten und Beleidigungen gegen wen und was immer enthaltende Schriften, die wir unter keiner Bedingung in Druck legen, selbst vor Erscheinen des Pressgesetzes, und wir fordern unsere sämmtlichen Collegen dazu auf, ihr Möglichstes zu thun, um der Regierung zu zeigen, dass wir ihr Vertrauen zu verdienen streben, und wohl Pressfreiheit, aber unter keiner Bedingung Pressfrechheit wünschen. Wir fanden uns gedrungen, Obiges unseren sämmtlichen Collegen zur Kenntnis zu bringen, und werden stets nach Kräften dazu beitragen, der Presse eine nach Möglichkeit würdige Haltung zu geben. Carl Gerold & Sohn.»

[435] Das erste censurfreie Blatt und auch das erste, das im Drucke erschien, war L. A. Frankl's Lied: «Die Universität» (1 Blatt 8°), das bei Josef Stöckholzer von Hirschfeld, zum zweiten- und drittenmal censurfrei bei U. Klopf sen. und Alexander Eurich gedruckt wurde. (Helfert, Der Wiener Parnass im Jahre 1848, S. XX.)

für den Privat- und Geschäftsgebrauch war es insbesonders jene große Menge von Flugblättern und Flugschriften, Aufrufen, Kundmachungen, Compagniebefehlen der Nationalgarden und Akademischen Legion, von Freiheitsliedern, Liedern der Wiener Freiwilligen und Akademischen Legion, von Gedichten und Epigrammen, von Placaten amtlichen und politischen Inhalts, welche reichlich Arbeit für die Buchdruckerpressen gaben, dann aber auch jene vielen Zeitungen in den verschiedensten Formaten, deren im Gewoge der politischen Kämpfe fast an jedem Tage neue erschienen — im Ganzen betrug ihre Zahl 227, nach Helfert's: Die Wiener Journalistik, 217, wenn man aber die wechselnden Titel ein und derselben Zeitung als verschiedene Zeitungen rechnet, 265 — denn der Productionshast dieser über Nacht entstandenen Publicisten, von welchen die meisten unbeholfen genug die Gansekiele führten, war auf mehr als halbem Wege die plötzlich erwachende Lesewuth des Publicums entgegengekommen, das, nach der neuen, ungewohnten Speise lechzend, Alles, wenn auch noch so Unreifes und Wurmstichiges verschlang und an alles Gedruckte noch wie an Orakelsprüche glaubte.[illegible]

Wir haben bereits in einem früheren Capitel bei jeder der Buchdruckereien Wiens, wie sie zu Anfang des Jahres 1848 bestanden, die Zeitungen aufgezählt, die daselbst gedruckt wurden.

Die alte Ghelen'sche Officin druckte bekanntlich die »Wiener Zeitung«, 1848 eine Zeit lang auch die »Presse«, dann die Zeitschrift »Die Universität«;[illegible] die Sollinger'sche Officin, sowie jene von Keck & Sohn erscheinen mit je 3 Zeitungen verzeichnet; bei Benko wurden 5, bei Johann N. Friedrich und Höfel je 6, bei Raffelsberger 9, bei Wallishausser und Überreuter je 10 und bei den Mechitharisten 11 Zeitungen gedruckt. Stöckholzer von Hirschfeld war mit 12, Dorfmeister, sowie Schmidtbauer & Holzwarth waren mit je 13, Grund, Leß und Pichler mit je 14, Ludwig mit 18 Zeitungen vertreten. Die meisten Zeitungen druckten Sommer (Strauß), 27, Klopf & Eurich, 23, und Edler von Schmid, 32.

Neben dem mehr oder minder correcten, meistens aber sehr flüchtigen Zeitungssatz hatte hingegen der Werksatz nicht nur keinen Aufschwung genommen, sondern sogar Rückschritte gemacht. Der höhere Unterricht war ja fast ganz unterbrochen, die Universität den meisten Theil des Jahres hindurch geschlossen, die Akademische Jugend, statt in den Hörsälen, auf der Straße zu finden; die Professoren waren, wenn sie sich nicht activ an der Bewegung betheiligten, von Wien fortgezogen. Wer hatte in der immer fortschreitenden Bewegung, die zuletzt nichts Gutes ahnen ließ, noch ein Interesse für die Wissenschaft? Es wurden daher in dieser Zeit fieberhafter Thätigkeit, die wohl vielen Erwerb, doch wenig Vortheile für die Buchdruckerei als Kunst brachte, fast gar keine größeren Werke gedruckt. Dem geschäftlichen Aufschwunge der Wiener Buchdruckerei blühte daher auch nur insolange der Erfolg, als die Bewegung des Jahres 1848 andauerte; mit ihrem Ende war es um den einseitigen, ohnehin in dieser Form noch wenig zukunftverheißenden Betrieb vollends geschehen. Bald nach der Hetzendorfer Proclamation des Fürsten Windischgrätz vom 23. October 1848, welche unter Nr. 4 verfügte, dass auf die Dauer des Belagerungszustandes alle Zeitungsblätter zu suspendieren sind, mit Ausnahme der »Wiener Zeitung«, welche sich bloß auf officielle Mittheilungen zu beschränken hatte, gingen selbst die wenigen noch erscheinenden Tagesblätter ein, und vom 29. October bis 3. November erschien in Wien keine einzige Zeitung mehr, auch die »Wiener Zeitung« nicht.[illegible]

Am 10. November 1848 schrieb Blasius Höfel an H. G. Enders in Neutitschein: »Die Zeitungsdruckerei ist aus; die Officin des Edlen v. Schmid, welcher die »Constitution« druckte, ist gesperrt; dem berühmten Mechaniker Wurm wurden seine Zeichnungen und Modelle zerschlagen und verbrannt, darunter eine ganz vollendete Setzmaschine, das größte Meisterwerk der Mechanik.«[illegible] Da die Buchdrucker sich verpflichtet hatten, keine Revolutionsschriften zu drucken, sich aber daran nicht hielten und dennoch solche druckten, so gingen am Anfange des Jahres 1849 die Behörden daran, die Buchdruckereien zu vermindern und setzten als Caution für eine Zeitung die Summe von 10000 Gulden fest.[illegible]

[illegible] Winckler, Die periodische Presse Oesterreichs, S. 66.

[illegible] Oesterreichische Tribüne für Kirche, Staat und sociales Leben. Akademische Zeitung der österreichischen Monarchie als Centralorgan für Lern- und Lehrfreiheit u. s. w. Von Dr. Heinrich [illegible]. Nur vom Nr. 1—5. (Helfert, Die Wiener Journalistik im Jahre 1848, S. 138, 241.)

[illegible] Winckler, l. c., S. 76.

[illegible] Schreiben des Blasius Höfel im Besitze des Herrn Enders in Neutitschein.

[illegible] Schreiben des Blasius Höfel vom 21. April 1849, ebenda befindlich.

Im April 1849 stand es um die Wiener Buchdruckereien bis auf fünf (die k. k. Hof- und Staatsdruckerei, Carl Gerold, die Mechitharisten-Buchdruckerei, A. Pichlers Witwe und Johanna Grund) recht kümmerlich. Die alte Buchdruckerei des Jahn war sammt seinen Habseligkeiten im Cridawege versteigert worden, Lell war in Haft genommen, Schmidtbauer & Holzwarth hatten gesperrt, die größeren Buchdruckereien, wie die des Sommer, Überreuter, Benko u. a., waren in Schulden gerathen, Sollinger war gestorben und das Geschäft gieng schlecht, ebenso stand es um Hirschfeld. Das war ein trübes Bild, das Blasius Höfel, der ebenfalls fünftausend Gulden in jenem Jahre verloren hatte, von der damaligen Wiener Buchdruckerei entwarf;[811] es war aber der Wahrheit entsprechend.

Diese beklagenswerte Lage, in welcher sich die Wiener Buchdruckerei mehr als andere Gewerbe befand, besserte sich erst mit den Jahren. Die Zeitungen politischen Inhalts, welche nach der Besiegung des blutigen October-Aufstandes an die Öffentlichkeit traten, waren, so lange der Belagerungszustand dauerte, strengen militärischen Ausnahmsmaßregeln unterworfen. »Ihre Existenz beruhte lediglich auf einer jederzeit widerruflichen Erlaubnis der Militärbehörde und war davon abhängig, dass sie ihre Haltung und Sprache mit den Anforderungen des von der Stadt-Commandantur gehandhabten Belagerungszustandes in Einklang brachten.«[812] — Daran änderte auch das Pressgesetz vom 13./14. März 1849 nichts, und das durch die Verordnung vom 6. Juli 1851 begründete Verwarnungssystem führte strenge administrative Maßregeln gegen die etwaige freie Sprache der Presse ein. In Folge dessen nahm die Zahl der politischen Zeitungen ab, während die der nichtpolitischen Blätter und der Fachpresse sich erheblich steigerte, so dass 1849 schon wieder 71 Zeitungen, im Jahre 1850 wohl nur 59, dagegen 1851 wieder 68 und im Jahre 1852 63 Zeitungen erschienen.

Mit dem Werksatze gieng es in den Wiener Buchdruckereien ziemlich flau, denn noch lagen Wissenschaft und Literatur, die jenem ja die reichste Gelegenheit zur Bethätigung und Entfaltung geben, fast ganz darnieder. Das Wenige, was in diesem Zweige der Typographie noch geleistet wurde, ging aus der Staatsdruckerei und zwei oder drei größeren Officinen hervor.

Seit dem Jahre 1852 erfuhr aber die geistige Strömung eine entschiedene und nachhaltige Wendung zum Besseren. Die erwachende literarische Thätigkeit war zunächst durch die Schulreform hervorgerufen worden, und seit der Umgestaltung und Ausdehnung des ganzen Unterrichtswesens nahm auch der Druck von Schulbüchern stetig zu. Nicht minder brachten die wissenschaftlichen und gemeinnützigen Institute und Vereine, welche seit den Fünfziger und Sechziger Jahren entstanden, ferner die Reorganisierung der öffentlichen Verwaltung, sowie die stete Vermehrung der Tages- und Wochenblätter und der Monatsschriften, endlich auch der Aufschwung des Kalenderwesens — im Jahre 1880 betrug z. B. die Zahl der gestempelten Kalender 522036 — von Jahr zu Jahr den Buchdruckereien immer mehr Beschäftigung zu. Dabei darf wohl nicht unbeachtet bleiben, dass drückende Fesseln einen noch größeren Aufschwung hemmten und die gesteigerten Papier- und Lohnpreise, die größeren Steuern und Lebensmittelpreise, welche namentlich Deutschland gegenüber, das betreffs seiner Buchdruckereien weit günstiger gestellt war, billiger arbeitete und darum leichter Zeitungen und Bücher nach Österreich einführte, schwer in die Wagschale fielen. Trotzdem hatte, wie gesagt, das Zeitungswesen vom Jahre 1855 an bei aller presspolizeilichen Beschränkung und der Einführung des Zeitungsstempels (1858) — der eine noch höhere Entwickelung der Journalistik hinderte — einen so bedeutenden Aufschwung genommen, dass die Herausgabe einiger großer Tagesblätter allmählich zu wirtschaftlichen Unternehmungen sich entfaltete, welche eigene, mit den neuesten Erfindungen ausgestattete Zeitungsdruckereien bedingten und auch Privatdruckereien, in welchen größere Tages-, Wochen- und Monatsblätter gedruckt wurden, hinter jenen, was die Vervollkommnung ihrer technischen Anlage betraf, nicht mehr zurückbleiben konnten.

Den Wiener Buchdruckern kamen also, wie gesagt, alle jene Reformen und literarischen Bestrebungen wesentlich zu Nutzen. Indem sich nun ihr Geschäftsbetrieb steigerte, mussten sie, um größeren Anforderungen entsprechen und der Concurrenz von Deutschland her begegnen zu können, ihre Officinen

811 Schreiben des Blasius Höfel vom 21. April 1849, im Besitze des Herrn [illegible]
812 Winckler, Die periodische Presse Österreichs, S. [illegible]

in technischer Beziehung ebenfalls besser ausrüsten, und hierin blieben selbst die Besitzer kleiner Buchdruckereien nicht zurück. Auch in dieser Richtung vollzog sich ein merkwürdiger Umschwung: fast alle Wiener Buchdruckereien richteten sich damals mit Lettern und Pressen auf den modernen Fuß ein.

Aus dieser, wenngleich nothgedrungen nur in Umrissen gezeichneten Darstellung ergibt sich schon, wie die Buchdruckereien Wiens seit Mitte der Fünfziger Jahre nach der technischen wie geschäftlichen Seite hin sich immer mehr vervollkommneten. Unter den mehrfachen Ursachen dieser erfreulichen Erscheinung sind hier vor Allem die Entfaltung des geistigen Lebens in Wissenschaft und Kunst und die Reform der Hoch- und Mittelschulen hervorzuheben, welche den Druck zahlreicher Lehrbücher für die Schulen und eine reiche wissenschaftliche Literatur hervorriefen. Im Kriegsjahre 1866 stockten wohl, wie auch anderwärts, die Aufträge für die Buchdruckereien, die aber bald wieder zu weit größerer Bethätigung ihrer Leistungsfähigkeiten herangezogen wurden. Begünstigt nämlich durch wirtschaftliche und politische Verhältnisse, namentlich durch die Entstehung vieler Banken, Verkehrsanstalten und industrieller Unternehmungen, kam ein bisher nie gekannter Aufschwung in alle Zweige der Typographie und der graphischen Künste, so dass man nicht unberechtigt sagen darf, es war für die Wiener Buchdrucker ein goldenes Zeitalter herangebrochen. Bis zum Jahre 1872 war dieser Zustand des Blühens im Allgemeinen ein normaler, ein gesunder, weil noch in gesunden Verhältnissen begründet. Mit der Erweiterung der Volksbildung, der Reform der Schule, in dem regen wissenschaftlichen Leben der damals entstehenden fachwissenschaftlichen Vereine, in der Herstellung illustrierter Werke, Annoncen und Preiscourants, endlich zahlloser Wertpapiere für Banken, Eisenbahnen u. dgl., war eine Fülle von Arbeit und Erfolgen für die Wiener Buchdruckerei gegeben, wie kaum zu einer anderen Zeit, und ließen auch eine längere Dauer erwarten; aber inzwischen zeigten sich schon die Symptome schwindelhaften Gründerthums. Die Buchdruckereien waren mit Arbeiten überbürdet, und da man sie nicht alle bewältigen konnte, kamen viele Aufträge für Werksatz ins Ausland; die Löhne und Preise waren hoch bemessen und wurden gerne bezahlt, wenn man nur Arbeiter genug bekam und die bestellte Arbeit auch zur rechten Zeit erhalten konnte. Die Maschinenfabriken, Schriftgießereien und Papierfabriken hatten vollauf zu thun, und der Bedarf, dem hier nicht entsprochen werden konnte, ward durch Deutschland gedeckt. Aber der Schwindel, die unsinnig in die Höhe getriebenen Course gehaltloser Wertpapiere und eine zu milde Auffassung in der Handhabung des Gewerbegesetzes durch die Behörden, wenn es sich um die Ertheilung von beschränkten Concessionen handelte, bargen bereits große Gefahren für die Buchdruckerei in sich; sie traten auch wirklich ein, als der Aufschwung durch die furchtbare Mai-Katastrophe von 1873 sein Ende fand, gerade zur Zeit, als die Weltausstellung eröffnet wurde.

Durch den Zusammensturz von Banken und industriellen Unternehmungen, durch das Sinken der Course und die Entwertung der Börsenpapiere sowie durch zahlreiche Insolvenzerklärungen, wurden auch die Wiener Buchdruckereien directe und indirecte schwer betroffen. Zunächst zeigte sich dies darin, dass die Aufträge sich verminderten und die Arbeiten ins Stocken geriethen, in erster Linie dort, wo man für jene Anstalten den Bedarf an Drucksorten und Wertpapieren zu decken, oder die im letzten Jahrzehnt erscheinenden Zeitungen, von denen viele nunmehr wieder eingingen, zu drucken hatte.

Diese bedenkliche Lage machte sich 1874 bei dem stetig zunehmenden Mangel an Aufträgen bereits in weiteren Kreisen der Buchdrucker überaus fühlbar und ließ auch für die nächsten Jahre wenig Gutes erwarten; der solide Werksatz war oft gewinnreicheren Tages- und Gründeraufträgen hintangesetzt, vielfach ins Ausland gedrängt worden und nun schwer wieder zurückzuführen; zudem waren viele neue Officinen eröffnet und alte mit bedeutendem Kostenaufwande erweitert worden. Es darf daher nicht Wunder nehmen, dass größeren Aufträgen gegenüber jetzt eine maßlose und nicht immer anständige Concurrenz, welche die Preise herabdrückte, platzgriff, so dass statt der früheren hohen Preise, jetzt die denkbar niedrigsten bezahlt wurden. Bei dieser unglaublich gesteigerten Concurrenz trat noch die das Ganze schädigende Sucht, sich nichts entgehen zu lassen, zu Tage: mit wenigen Ausnahmen wollte jetzt jede Officin Alles herstellen, den Werk- und Illustrationsdruck so gut wie den Accidenzdruck, den Druck mercantiler Arbeiten, gerade so wie den Tabellen- und Placatendruck und den Kunstdruck. Mehr denn früher traten jetzt auch die Nachtheile hervor, welche den Buchdruckern durch die große Zahl der Besitzer beschränkter Concessionen mit amerikanischen Tretpressen im Accidenzfache zugefügt wurden.

Der Vorstand des Deutsch-österreichischen Buchdruckervereines in Wien beschwerte sich daher in einer 1877 an das k. k. Ministerium des Innern gerichteten und wohlbegründeten Eingabe über die Nachtheile, welche sich durch die in den letzten Jahren so zahlreich erfolgte Verleihung von Concessionen an Papierhändler, Buchbinder u. s. w. zur Haltung sogenannter Tretpressen (amerikanischer Schnellpressen) in mehrfacher Beziehung ergeben haben, und bat zugleich, an Nicht-Buchdrucker keine Concessionen mehr zu ertheilen. Seitdem nämlich die Maschinenfabrikanten Tretpressen von solcher Vollkommenheit und Größe lieferten, dass man mittelst derselben nicht bloß, wie früher, Visit- und Adresskarten, Briefköpfe und Couverts, sondern auch größere Drucksorten, als Circulare, Programme, Flugschriften, Statuten, Placate u. dergl. herstellen könne, bereiteten die Inhaber derartiger Druckpressen den eigentlichen Buchdruckern eine fühlbare Concurrenz, indem sie denselben gerade die kleinen Accidenzarbeiten entziehen, welche der Buchdruckerei bisher eine laufende Einnahme sicherten und die Regiespesen zu einem guten Theile deckten. Die Besitzer solcher Tretpressen seien zumeist Leute, welche weder die speciellen Fachkenntnisse, noch die allgemeine Bildung besäßen, welche für die Ausübung der Buchdruckerei erforderlich sind. Dieser Übelstand habe zur weiteren Folge, dass die Arbeiten der Schnellpressen-Druckereien einer correcten und geschmackvollen Ausstattung entbehren, für welche die Typographie das Publicum empfänglich machte. Ebenso leide darunter die Ausbildung der Lehrlinge, die hier nur vorübergehend verwendet und ausgenützt werden und dann den Anforderungen nicht genügen können, welche man an einen Buchdruckergehilfen stellen müsse. Diese Eingabe blieb erfolglos.

Was den Zeitungsdruck anbelangt, so waren auch diesem die Verhältnisse im Allgemeinen nicht sehr günstig. Die Mehrzahl der Fachblätter, nur für Fachkreise berechnet und darum auch meistens Bibliotheken nur entlehnt, hätte, wenn ihnen nicht aus Privat- oder Vereinsmitteln die entsprechenden Kosten oder Subventionen zugeflossen wären, zu Grunde gehen müssen. Und auch diese Beiträge waren bei einzelnen Vereinen mitunter recht bescheiden; aus Mangel an größeren Mitteln konnte daher manches Project, das der Buchdruckerei theilweise wieder zu Gute gekommen wäre, gar nicht zur Ausführung gelangen. Auch die Tagespresse, von den gelesensten großen Blättern abgesehen, hatte in ihrer Gesammtheit gerade kein beneidenswertes Los. Der Zeitungsverschleiß deckte häufig nicht die Herstellungskosten und der Erlös aus den Inseraten vermochte mit wenigen Ausnahmen den Unternehmungen das Deficit nicht zu tilgen. Solche Journale müssen daher oft durch bedeutende Opfer einer politischen Partei, der sie dienen, erhalten werden oder gehen in das Eigenthum von Banken über, welche sich dann ihrer als eines Mittels zur Verfolgung ihrer speciellen geschäftlichen Interessen bedienen, um auf diesem Wege die Kosten hereinzubringen, welche ihnen die Herausgabe des Blattes verursacht.[illegible])

Ende der Siebziger Jahre mehrten sich wohl wieder die Arbeiten, aber so manche Hindernisse standen noch immer im Wege, um einen durchgreifenden Aufschwung herbeizuführen und die frühere, arbeitsreiche, glückliche Zeit wieder zurückzubringen.

Im Jahre 1848 gab es bekanntlich 27 Buchdruckereien; von diesen bestanden bis 1882 unter der alten historischen Bezeichnung nur noch Gerold, Wallishausser, Ulrich, Gorischek (Grund), Klopf, die k. k. Staatsdruckerei, die Druckerei der Nationalbank; alle anderen kamen damals schon infolge Besitzwechsels unter fremden Namen vor, so Überreuter (jetzt Salzer), Pichler (jetzt Köhler), Sollinger (jetzt Steyrermühl), Sommer (jetzt Vernay), Keck-Höfel (jetzt Winternitz-Fromme), Benko-Förster (jetzt R. v. Waldheim), Mechitharisten (jetzt Heinrich), die Edlen von Ghelen'schen Erben (jetzt Druckerei der »Presse«), Franz Edler von Schmidt (jetzt Adalbert della Torre), Dorfmeister (jetzt Witwe della Torre).

Indem wir nunmehr an die Aufzählung und Darstellung der Officinen von 1848 bis 1882 schreiten,[illegible]) wollen wir nur bemerken, dass die Besitzer beschränkter Concessionen nicht berücksichtigt werden konnten.

[illegible]) Vgl. einzelne eingehendere Berichte über den Stand der Buchdruckerei in den Jahresberichten der n.-ö. Handels- und Gewerbekammer.

[illegible]) Der Verfasser hält es für seine Pflicht, an dieser Stelle allen jenen Buchdruckereibesitzern, welche so gefällig waren, ihm nähere Daten oder mitunter Ergänzungen zu seinen bisherigen Aufzeichnungen zukommen zu lassen, aufs verbindlichste zu danken. Dabei sieht er sich veranlasst zu bemerken, dass als Grenze der Darstellung das Jahr 1882 bilden musste und daher sämmtliche über diese Zeit hinaus reichenden Mittheilungen bei Seite gelegt wurden.

GHELEN'SCHE ERBEN (1848–1858). Die Officin der v. Ghelen'schen Erben, welche sich in den gräflich Traun'schen Häusern auf der Landstraße (Traungasse) befand, befasste sich bekanntlich in erster Linie mit der Herstellung der amtlichen »Wiener Zeitung«. Die v. Ghelen'schen Erben als Unternehmer dieses officiellen Regierungsorganes hatten zuletzt das Privilegium auf dasselbe am 18. October 1847 gegen einen Pachtschilling von 32.000 Gulden auf weitere zehn Jahre, also bis 31. December 1857, erhalten. Dieser Vertrag erschien aber durch die 1848 gewährte Pressfreiheit, besonders durch das allmähliche Umgehen des Inseraten-Monopoles von Seite einiger Zeitungen, in mancher Richtung gefährdet, so dass endlich der Vertreter der Ghelen'schen Erben, v. Rambach, bei der Regierung Beschwerde erhob.[815] Aus politischen und anderen Gründen sah sich diese nun veranlasst, die »Wiener Zeitung« ganz in staatliche Obsorge zu nehmen und die Redaction des Haupt-, wie des Abendblattes durch ihre Organe besorgen zu lassen, weshalb auch der Pachtschilling um 10.000 Gulden erhöht und »wegen Verlegung und Herausgabe der Wiener Zeitung« der Vertrag mit Geltung vom 1. Juli 1848 bis 31. December 1851 erneuert wurde. Die v. Ghelen'schen Erben konnten aber gegenüber der stetig anwachsenden Concurrenz den hohen Pachtschilling nur schwer aufbringen; die Rückstände desselben wuchsen auch von einem Quartal zum andern immer höher an,[816] so dass jene trotz mehrfacher Herabminderungen des Pachtschillings schließlich nicht nur nicht mehr in der Lage waren, ihren Verpflichtungen gegenüber dem Staate nachzukommen, sondern ihnen das Finanz-Ministerium am 2. October 1857 sogar einen Sustentationsbeitrag von 900 Gulden »aus den Erträgnissen des Druckes und Verlages der Wiener Zeitung« gewähren musste, damit für die noch übrige Zeit des Pachtverhältnisses das Personale der Officin mit ihren Löhnen befriedigt werden könnte. Der Pachtvertrag zwischen den v. Ghelen'schen Erben und der Regierung wurde daher auch nicht mehr erneuert. Am 17. December 1857 wurde die »Wiener Zeitung« bereits in der k. k. Hof- und Staatsdruckerei gedruckt und ging vom 1. Jänner 1858 ganz in die Regie des Staates über. Damit war auch das Schicksal der alten Ghelen'schen Buchdruckerei besiegelt; sie konnte nicht mehr fortbestehen. Im Jahre 1858 kaufte Zang ihre sämmtlichen Einrichtungen und bewarb sich um das historisch-denkwürdige Privilegium derselben, das ihm auch verliehen wurde. Noch ein Jahr zuvor (September 1857) wurde von Seite der Ghelen'schen Officin ein chronologisches Verzeichnis hinausgegeben, worin die hier beschäftigten Personen nach ihrer Classification summarisch zusammengestellt erscheinen. Es geht unter Anderem daraus auch hervor, wie patriarchalisch das Verhältnis zwischen den Besitzern und den Beschäftigten sein musste, da die meisten von ihnen sich schon lange daselbst befanden.[817]

MECHITHARISTEN-BUCHDRUCKEREI (1848–1873). Vgl. S. 184–187 dieses Bandes. — Nachträglich sei bemerkt, dass diese Druckerei, welche sich am Neubau, Mechitharistengasse Nr. 4, befindet, im Jahre 1873 an die Herren Carl Seidl & Felix Mayer und im Jahre 1877 an den Papierhändler W. Heinrich verpachtet wurde. Vgl. S. 356 und 359.

[815] Vgl. hierüber als Hauptquelle Freiherr v. Helfert: »Die Wiener Journalistik im Jahre 1848«, Wien 1877, S. 81 f.

[816] Im October 1850 minderte die Regierung den Pachtschilling auf 31.000 Gulden herab, hob den Stempel für die »Wiener Zeitung« auf, gestattete eine Erhöhung des Pränumerationspreises für das Hauptblatt und bewilligte Fristen und Erleichterungen in der Abfuhr des [illegible]. Trotzdem war 1857 die Schuld der Ghelen'schen Erben auf 53.425 Gulden angewachsen und keine Aussicht vorhanden, dieselbe im ordentlichen Wege abzutragen, so dass die [illegible] Finanz-Procuratur den ministeriellen Auftrag erhielt, die Sequestration gegen die Pächter durchzuführen. (A. a. O. S. 276 f.)

[817] In jenem Verzeichnisse finden sich nun folgende Personen angeführt: [illegible]

K. K. HOF- UND STAATSDRUCKEREI. Deren Thätigkeit vom Jahre 1848–1882 wurde bereits in diesem Bande, S. 170–176, geschildert.

CARL GEROLD (1848–1854). Vgl. in diesem Bande S. 189 f. und S. 328.

DRUCKEREI DER K. K. PRIV. ÖSTERR. NATIONALBANK (Österr.-Ungar. Bank). Vgl. in diesem Bande S. 197 ff.

L. GRUND'SCHE BUCHDRUCKEREI (JOHANNA GORISCHEK) (1848–1858). Vgl. oben S. 199 und 220. — Zur Ergänzung führen wir an, dass Johanna Grund im Jahre 1794 zu Göllersdorf in Niederösterreich geboren wurde. 1826 zählte ihre Officin 4 Pressen, 1 Factor, 10 Gehilfen und 7 Lehrlinge; 1830 8 Pressen, 1 Factor, 26 Gehilfen und 7 Lehrlinge und besaß 180 Centner Lettern.[548] — Als Berichtigung fügen wir bei, dass Franz Gorischek, der Schwager und Geschäftsführer der Johanna Gorischek, sein Befugnis nicht ausführte, wohl aber für dasselbe bis zu seinem Tode die Steuern bezahlte. — Franz Gorischek wurde zu St. Veit bei Montpreis in Steiermark im Jahre 1806 geboren. Er studierte in Cilli drei lateinische Schulen und begab sich im Jahre 1823 nach Wien, wo er sich auf Sprachen und die Botanik verlegte. 1829 widmete er sich der Buchdruckerei und wurde am 24. März 1830 freigesprochen. (Registratur der k. k. n. ö. Statthalterei, Fasc. B. 7, Z. 8854 ad 571 ex 1830.) — Vgl. S. 332.

JOH. PAUL SOLLINGER (1848–1849). Vgl. oben S. 200–202 und S. 322.

A. PICHLERS WITWE (1848–1851). Vgl. oben S. 203 f. und S. 327.

SCHMIDTBAUER & HOLZWARTH (1848–1850). Dieselben druckten im Jahre 1848 außer den schon S. 205 f. dieses Werkes angeführten Zeitungen noch folgende: »Die Gegenwart« (seit 1847. Redacteur Andreas Schumacher); »Das Fremdenblatt« (von Nr. 60 am 19. Februar 1848 an, Redacteur Gustav Heine); »Der Radicale« von Becher (mit Robert Blum und Messenhauser als Mitarbeiter); »Der Wiener Arbeiter-Courier« (Redacteure Rölke und Waldecker); »Die Geißel«; »Die österreichische Zeitschrift für Pharmacie« (Redacteur M. S. Ehrmann); »Die Friedenszeitung« (1849–1850). Im Jahre 1850 starb Edler v. Schmidtbauer und das Geschäft wurde von Josef Holzwarth fortgesetzt. Vgl. S. 323.

JOSEF KECK & SOHN (1848–1849). Vgl. oben S. 209. — Zur Ergänzung des Obigen können wir noch Folgendes mittheilen: Josef Keck war zu Etzenberg in Baiern im Jahre 1791 geboren und hatte in Regensburg die Buchdruckerei erlernt. Am 24. Januar 1812 war er bei Gerold eingetreten und bekleidete später durch neun Jahre (1821–1830) den Posten eines Factors. Als er sich um das Ackermann'sche Privilegium bewarb, war er 39 Jahre alt, Eigenthümer von zwei schuldenfreien Häusern im Werte von 12000 Gulden, der lateinischen und französischen Sprache mächtig und besaß vorzügliche Zeugnisse von Hammer-Purgstall, Kopitar, Prechtler u. a. Gelehrten.[549] Vgl. S. 321.

JOSEFINE WALLISHAUSSER (1848–1854). Vgl. oben S. 209 f. und S. 328.

FERDINAND JAHN (1848–1855). Vgl. oben S. 210 f. — Zur Ergänzung berichten wir noch: Jahn wurde zu Mariahilf in Wien im Jahre 1790 geboren, erlernte ordentlich die Buchdruckerei und leitete die Officin seiner Eltern, die ihm auch mit Regierungsdecret vom 23. April 1835 verliehen wurde.[550] Vgl. S. 329.

ANTON BENKO (1848–1857). Vgl. oben S. 211. — Dem Gesagten wäre noch beizufügen: Benko wurde im Jahre 1792 zu Wien geboren, erlernte ordnungsgemäß die Buchdruckerei und befand sich durch 29 Jahre, darunter 11 Jahre als Factor, in der v. Haykul'schen Officin, um deren Verleihung er sich schließlich auch bewarb.[551] Vgl. S. 330 (Friedrich Förster).

ULRICH KLOPF & A. EURICH (1848–1858). Vgl. oben S. 213. — Dem oben Berichteten haben wir noch nachzutragen: Ulrich Klopf war im Jahre 1789 zu Wien geboren und erlernte bei Weimar

548 Registratur der k. k. niederösterreichischen Statthalterei, Fasc. B. 7, Nr. 2008.
549 L. c. Nr. [illegible].
550 L. c. Nr. 13471.
551 L. c. Nr. 35593/1744.

die Buchdruckerei. Im Jahre 1801 legte er den Burgereid ab, betrieb durch fünf Jahre das Starkemachergewerbe, worauf er durch 13 Jahre einen Visier Kammerhandel betrieb. Erst dann ging er in die Officin Strauß.[852] Enrich hatte die Buchdruckerei erlernt, die Officin seines Vaters in Linz durch mehrere Jahre geleitet und war dann verantwortlicher Geschäftsleiter der Buchdruckerei Ulrich Klopf.[853] Vgl. S. 331.

JOHANN N. FRIEDRICH (1848 1850). Vgl. oben S. 213 f. — Als Ergänzung zu Obigem erwähnen wir: Friedrich war im Jahre 1784 zu Freudenthal in Österreichisch-Schlesien geboren und besuchte die Normalschule daselbst. Er erlernte Gutenbergs Kunst und wurde 1801 als Setzer freigesprochen.[854] Vgl. S. 322.

CARL ÜBERREUTER (1848 1866). Vgl. oben S. 214. — Dem oben Gesagten fügen wir bei, dass Carl Rauch, Adoptivsohn des Georg Überreuter, im Jahre 1807 geboren war. Vgl. S. 343.

FRANZ EDLER VON SCHMID (1848-1849). Vgl. oben S. 215 f.

JOSEF STÖCKHOLZER VON HIRSCHFELD (seit 1848). Vgl. oben S. 216 f. — Nachträglich wäre noch anzuführen: Hirschfeld war zu Wien im Jahre 1806 geboren, erlernte die Buchdruckerei, bei der er 1825 freigesprochen wurde, und reiste in die Schweiz und nach Baiern. — Bevor er Buchdruckerei-Besitzer wurde, gab er das bekannte österreichische naturhistorische Bilder-Conversations-Lexikon heraus.[855] Nach Stöckholzer's im Jahre 1869 erfolgtem Tode ging die Buchdruckerei an seine Witwe über, welche sie unter der alten Firma fortführte. Das Geschäft ging jedoch immer mehr zurück und konnte schon im Jahre 1882 nur mehr durch ausserordentliche Mittel aufrecht erhalten werden. Nach dem Anfang 1883 erfolgten Tode der Besitzerin gerieth die Druckerei in Concurs und ward vollständig aufgelöst.

JOSEF LUDWIG (1848-1858). Vgl. oben S. 217 f. — Dem oben Gesagten fügen wir noch bei: Ludwig war im Jahre 1806 geboren, wurde 1825 freigesprochen und 1840 verantwortlicher Factor bei seiner Mutter Anna Ludwig. Vgl. S. 323 (Druckerei der Presse).

ADALBERT DELLA TORRE (1848-1871). Vgl. oben S. 218 f. und unten S. 330.

MICHAEL LELL (1848-1858). Vgl. oben S. 220 f. und unten S. 330 (Eduard Sieger).

FRANZ RAFFELSBERGER (1848-1861). Vgl. oben S. 221 f.

BLASIUS HÖFEL (1848-1849). Vgl. oben S. 225 ff. — Eine wertvolle Bereicherung zu unserem Aufsatze gibt die »Biographische Skizze von Blasius Hofel« aus der Feder des k. k. Hauptmannes J. Riedl in den »Mittheilungen der Gesellschaft für Salzburger Landeskunde«, Salzburg 1864 (IV. Vereinsjahr), S. 289-304. Vgl. S. 321 (Keck & Pierer).

FERDINAND ULRICH (1848-1879). Vgl. oben S. 228. — Als Ergänzung erwähnen wir noch: Ferdinand Ulrich erlernte 1818 1822 bei seinem Vater die Buchdruckerei und begab sich dann zu Brockhaus in Leipzig und Sauerländer in Aarau, von wo er 1829 wieder nach Wien zurückkehrte.[856] — Als Buchdruckerei-Factor war er um Verleihung des Leopold Grund'schen Befugnisses und um jenes des Martin Christian Adolph eingeschritten. Der Magistrat entschied aber, dass Ulrich, wenngleich er die Qualification besitze, abzuweisen sei, da die Zahl der Buchdrucker nicht vermehrt werden solle. Noch wiederholt wurde Ulrich mit seinem Ansuchen um ein Befugnis abgewiesen. (Registratur der k. k. n. ö. Statthalterei, Fasc. B. 7, ad 35965), ex 1833. Decret vom 23. August 1833.) Vgl. S. 360 (Carl Fischer).

LEOPOLD SOMMER (1848 1868). Vgl. S. 229 ff. dieses Werkes. — Als Ergänzung führen wir noch an, dass Sommer im Jahre 1812 zu Klein Zell in Niederösterreich geboren wurde, die Buchdruckerei bei Strauß erlernte, im Jahre 1831 freigesprochen wurde und so lange noch in dessen Officin verblieb, bis er nach Carl Dittls Tode (15. September 1836) Factor bei Magdalena Strauß wurde. — Um die Mitte der Fünfziger Jahre hatte Sommer die Pappendeckelfabrik zu Guggenbach in Steiermark käuflich erworben

[852] Registratur der k. k. n.-ö. Statthalterei, Fasc. B. 7, Nr. 8851.
[853] L. c. Nr. 44874 [illegible].
[854] L. c. Nr. 8524.
[855] L. c. ad 1298.
[856] L. c. Nr. 37265 ad 4093.

und in eine Papierfabrik verwandelt, was ihn, da die Einrichtung den Voranschlag weit überstieg, in finanzielle Verlegenheit brachte, welche erst nach einem Decennium behoben wurde. — Damals wurden in Sommers Officin nachfolgende Tagesblätter gedruckt: «Der Wanderer» (1850–1857); «Die Volksschule» (1850–1881); «Magyar Szaito» (1855–1856); «Die Gegenwart» (1858–1859); «Das Vaterland» (1859–1862); die Wochenblätter: «Der Kikeriki» (mit kurzen Unterbrechungen seit 1861); «Der Hans Jörgel» (bis 1874). Vgl. S. 345.

AUGUSTIN DORFMEISTER (1848–1864). Vgl. oben S. 232 f. — Als Ergänzung und theilweise Berichtigung des Obigen wäre noch zu erwähnen: Dorfmeister übernahm mit 1. November 1856 den Druck des von Gustav Heine herausgegebenen «Fremdenblatt» und errichtete hierzu eine Filial-Druckerei in der Stadt, Riemerstraße, unter der verantwortlichen Leitung seines Factors Georg Anderler, wo auch noch die «Ostdeutsche Post» gedruckt wurde. Dorfmeister hatte mit Heine auf lange Jahre Contract gemacht und einen Druckpreis vereinbart, der sich nachträglich als ein zu geringer herausstellte, so dass er mit bedeutenden Verluste arbeitete. Er suchte sich im Proceßwege seiner Vertrags-Verpflichtungen zu entledigen, verlor jedoch den Proceß und sah sich im Jahre 1859 genöthigt, um weiteren Verlusten zu entgehen, die Druckerei an Heine zu sehr geringem Preise abzutreten. Diese, sowie anderweitige Verluste veranlaßten Dorfmeister auch sein Hauptgeschäft im Jahre 1864 aufzugeben und den Nichtbetrieb anzumelden. Im Jahre 1871 übernahm er die verantwortliche Leitung der della Torre'schen Buchdruckerei, welchen Posten er bis zu seinem am 15. Mai 1882 erfolgten Tode bekleidete.

DRUCKEREI DES ÖSTERREICHISCHEN LLOYD (1848–1861). Der Bevollmächtigte des Österreichischen Lloyd, Eduard Warrens, bewarb sich gegen Schluss des Jahres 1848 um ein Buchdruckerei-Privilegium zur Herausgabe eines seit 26. September 1848 in Wien von F. Bodenstedt und J. Löwenthal redigierten und herausgegebenen Journals, das die Gesellschaft des Lloyd unter dem Titel «Lloyd» in Triest schon seit dem Jahre 1835 herausgab.[857] Dieses Journal war ursprünglich rein staatswirtschaftlichen Inhaltes, verband damit aber um das Jahr 1848 im Geiste der neuen Zeit auch eine politische Tendenz von echt patriotischer Färbung. Nachdem die Gesellschaft des Lloyd schon seit dem Jahre 1835 in Triest ein eigenes Buchdruckerei-Privilegium mit dem Hoftitel für diese Stadt besaß, so konnte die niederösterreichische Regierung um so weniger Anstand nehmen, ihr das einfache Buchdruckerei-Privilegium für Wien zu verleihen, als die Wichtigkeit des ganzen Lloyd-Institutes mit jener seines Journals gleichen Schritt hielt. Die Wiener Buchdrucker, denen es nach der Ansicht der Regierung gleichgiltig sein konnte, ob der österreichische Lloyd in Triest oder in Wien sein Journal druckte, und die in keiner Richtung etwas verloren, waren selbstverständlich gegen die Verleihung eines solchen Privilegiums und ergriffen den Recurs. Mit Decret des Handelsministeriums vom 23. December 1848, Z. 880, wurde derselbe aber zurückgewiesen und der Gesellschaft des Lloyd das Privilegium ertheilt. Das Journal «Der Lloyd», das nun mit eigenen Pressen in der Stadt, Augustinerstrasse, wo heute die Gistel'sche Officin sich befindet, gedruckt wurde, erhielt ein größeres Format und reicheren Inhalt. Zum verantwortlichen Geschäftsführer wurde Paul Pretsch aufgestellt und von der Regierung als solcher bestätigt. Im Jahre 1850 folgte an dessen Stelle Josef Massanetz. Über Einschreiten der russischen Regierung, welche sich wegen eines Artikels schwer beleidigt fühlte, wurde die Druckerei des «Lloyd» 1861 eingestellt und ging am 24. Mai d. J. durch Kauf an den bisherigen Mitarbeiter dieses Blattes J. Löwenthal auf eigene Rechnung über.[858] Vgl. S. 335.

KECK & PIERER (1849–1862). Nach Josef Kecks Tode (1849) führte dessen Witwe Josefine Keck in Verbindung mit ihrem Sohne Karl als öffentlichem Gesellschafter und verantwortlichen Leiter die Officin fort,[859] wozu beide 1850 die behördliche Bewilligung erhalten hatten.[860] Die Buchdruckerei, welche sich in

857 Registratur der k. k. niederösterreichischen Statthalterei, Fasc. B. 2, Nr. 55364/1848. — Registratur des Wiener Magistrates, Fasc. II. 64, Nr. 16511 ex 1848.

858 Statthaltereidecret vom 24. Mai 1861. (Registratur der k. k. n. ö. Statthalterei, Nr. [illegible] ex 1861.)

859 Registratur des Wiener Magistrates, Fasc. II. 64, Nr. [illegible], 1850.

860 L. c. Nr. [illegible].

der Leopoldstadt nächst der Ferdinandsbrücke an der Donau, im sogenannten Schödlerhofe (Nr. 4), befand, erschien bald darauf unter der protokollierten Firma *Keck & Pierer*, welche eine Commandite der Pierer'schen Hofbuchdruckerei in Altenburg war und von Karl Keck, dann Eugen und Victor Pierer, jeder für sich, gezeichnet wurde. — Mit der Buch- und Kunstdruckerei in Farben waren auch eine xylographische Anstalt, dann eine Schrift- und Stereotypengießerei, die vormals dem Blasius Höfel gehörte, in Verbindung. Aus dieser Anstalt giengen Werke in den bekanntesten Sprachen, dann Drucke in Congrevemanier, in farbigen Holzschnitten und in Hautreliefplatten hervor. — Im Jahre 1852 wurden Keck & Pierer vom Kunst- und Handlungsgremium wegen unbefugten Verlages von Musikalien angezeigt, der Recurs des Gremiums ward jedoch abgewiesen.[861] Drei Jahre darauf legte Josefine Keck das Privilegium der Buchdruckerei und Schriftgießerei zurück, um welches sich Victor Pierer bewarb, der aber noch vor der Erledigung seines Ansuchens starb.[862] Josefine Keck behielt nun wieder ihr Privilegium bei, und 1858 zeichneten Karl Winternitz, emer. Professor, und Johann Biehler, Civil-Ingenieur, während die öffentliche Gesellschaft aus Josefine Keck, Karl Winternitz, Johann Biehler und Josef Skiwa bestand. Im Jahre 1862 legte Josefine Keck ihre Buchdrucker-Concession zurück.[863] Vgl. S. 336 (Carl Winternitz).

ANNA SOLLINGER [SOLLINGERS WITWE] (1849–1854). Nach dem Tode des Joh. Paul Sollinger führte dessen Witwe Anna Sollinger als Universalerbin die Buchdruckerei unter der Firma Sollingers Witwe fort. Sie war um die behördliche Bewilligung, zugleich auch um die Bestätigung ihres Bruders Ferdinand Gruber als verantwortlichen Geschäftsleiters eingeschritten und hatte in beider Hinsicht die Genehmigung erhalten.[864] Ferdinand Gruber war ein tüchtiger und unternehmender Geschäftsmann, der unter schwierigen Verhältnissen, wie sie namentlich nach dem Jahre 1848 in der Buchdruckerei sehr fühlbar waren, die Sollinger'sche Buchdruckerei auf der früheren bewährten Stufe zu erhalten bestrebt war. Er verlegte zunächst die Buchdruckerei in die innere Stadt (Tuchlauben Nr. 438), erweiterte dieselbe, gleichwie auch die in der Josefstadt (Herrengasse Nr. 206 und 207) befindliche Schriftgießerei mit sechs Gießmaschinen. In der vortrefflichsten Weise unterstützte ihn dabei der ausgezeichnete Factor Josef Türke. Der alte Verlag Sollingers wurde nach Möglichkeit beibehalten und in der Officin gedruckt, namentlich gingen fast alle im Braumüller'schen Verlage erscheinenden Lehrbücher daraus hervor. Auch im Accidenzsatze wurden viele Aufträge mit Erfolg ausgeführt. Ferdinand Gruber trat 1851 krankheitshalber von der Geschäftsleitung zurück[865] und starb noch im selben Jahre, am 3. December. Anna Sollinger übergab nun ihre Buchdruckerei an Josef Neidl, der Karl Scheffler als Geschäftsführer in derselben aufstellte. Die Buchdruckerei machte aber schon in kurzer Zeit solche Rückschritte, dass ihr guter Ruf in bedenkliche Gefahr kam. Anna Sollinger übernahm sie nun wieder selbst[866] unter der Oberleitung des altbewährten Oberfactors Josef Türke. 1854 gieng die Buchdruckerei mit allen Zugehörigkeiten durch Kauf an Ludwig Zamarski über. Vgl. S. 328.

FERDINAND FRIEDRICH (1850–1876). Derselbe hatte nach dem Tode seines Vaters Johann N. Friedrich (1850) mit Zustimmung des Magistrates als Gewerbebehörde die väterliche Officin übernommen.[867] Nach einigen Jahren verband er sich mit Franz Klopf (Ferdinand Friedrich & Franz Klopf), an welchen er 1857 sein Befugnis zu verpachten[868] und eine Filialofficin einzurichten beabsichtigte.[869] Schon im folgenden Jahre richtete er letztere auf der Landstraße (Nr. 5 und 6), 1859 aber im dortigen Eisenbahn-Viaduct (Magazin Nr. 44 und 46) und 1865 in der Rochusgasse Nr. 6 ein. Friedrich legte am 25. Juli 1876 seine Concession zurück. (Gremialarchiv.)

[861] Registratur des Wiener Magistrates, Fasc. II. 64, Nr. 2001.
[862] L. c. Nr. 9512.
[863] L. c. Nr. 154415.
[864] L. c. Nr. 4691. — Ferdinand Gruber wollte anfangs die Sollinger'sche Buchdruckerei unter seinem Namen übernehmen, wurde aber abgewiesen. (L. c. Nr. 3999 ex 1850.) — Anna Sollinger um Gewährung der Hälfte an die dem P. Paul Sollinger eigenthümliche Hälfte der verkauften Buchdruckerei. (L. c. Nr. 3799 ex 1850.)
[865] L. c. Nr. 69799.
[866] L. c. Nr. 19977 ex 1853.
[867] L. c. Nr. 44389 (Jahr 1850).
[868] L. c. Nr. 22543 ex 1855.
[869] L. c. Nr. 11967, 16561.

JOSEF HOLZWARTH (1850–1871).[570] Nach dem Tode Schmidtbauers im Jahre 1850 setzte Holzwarth die alte Schmidtbauer'sche Buchdruckerei allein fort und beschäftigte sich seit dem Jahre 1860 auch mit dem Drucke hebräischer Werke. 1857 wurden bei ihm gedruckt: Die «Börsenzeitung» (Red. Henop) und die «Schnellpresse». Im December 1866 zeigte er dem Magistrate an, dass er schon seit 19. Februar d. J. die Buchdruckerei nicht mehr betreibe,[571] während welcher Zeit sich ein gewisser C. M. Helmak um die Übernahme derselben bewarb.[572] Da aber die Unterhandlungen sich zerschlugen, zeigte Holzwarth 1867 wieder den Fortbetrieb seiner Buchdruckerei[573] an, die er nun bis 1871 fortführte. Er starb am 17. Mai 1878 im allgemeinen Krankenhause in Wien. Vgl. S. 351.

FRIEDRICH MANZ (1850–1859). Der Buchhändler Friedrich Manz bewarb sich im Jahre 1850 um die Bewilligung zur Ausübung des von Ignaz Inredy von Ounorowitza erkauften Buchdruckereibefugnisses, welches er auch erhielt.[574] Bis Manz sich aber selbständig einrichtete — es war dies im November 1854 — liess er bei Keck & Sohn drucken. 1854 zeigte er die Eröffnung eines Ausgabelocales für die bei ihm gedruckte politische Zeitschrift «Donau» an.[575] Im Jahre 1858 bewarb sich Manz um ein selbständiges Befugnis,[576] wurde im folgenden Jahre abgewiesen, erhielt selbes aber im Ministerial-Recurswege zugestanden.[577] Er übte sein Befugnis jedoch nicht aus, da er das Geschäft bereits im Jahre 1859 an Jacob & Holzhausen verkaufte, die es im Juni d. J. übernahmen. Manz scheint später die Absicht gehabt zu haben, neuerlings eine Druckerei zu errichten, da er mit Magistratsdecret vom 19. November 1863 eine Concession auf Grund der Anzeige des Weiterbetriebes erhielt.[578] Manz starb im Jahre 1866. Die Repräsentanz der Friedrich Manz'schen Verlassenschaft zeigte laut Ministerialdecretes vom 17. März 1867 an, dass sie die Buchdruckerei nicht betreibe und ganz aufgebe.[579] — Die Manz'sche Officin, welche sich auf dem Neubau in der Breitegasse befand, und welcher der tüchtige Factor Carl Claus, früher Setzerfactor in der k. k. Staatsdruckerei, vorstand, beschäftigte sich zumeist mit dem Werksatze, doch ward auch der bessere Accidenzsatz gepflegt. Sie genoss deshalb den Ruf, eine der ersten Officinen Wiens zu sein. Vgl. S. 332 (Jacob & Holzhausen).

DRUCKEREI DER «PRESSE» (seit 1851). Während der Februar-Revolution im Jahre 1848 wurde in Paris nebst anderen Fabriks-Etablissements auch die grosse Zang'sche Wiener Kunstbäckerei demoliert. August Zang, ein geborner Wiener und ehemaliger k. k. Officier, verließ bald darauf Paris und kam nach Wien, wo er, als die Volksbewegung schon in hohen Wogen ging, ein neues Blatt, die «Presse», nach dem Muster von Girardins «La Presse» am 15. Mai 1848 gründete. Obwohl in Wien schon eine grosse Zahl neuer Tagesblätter erschien, so erregte doch die erste Nummer, die am 3. Juli 1848 ausgegeben wurde, geradezu Aufsehen, einerseits durch das Format in Groß-Folio, anderseits durch den reichhaltigen Stoff, den sie bot, und fand reißenden Absatz; sie war von dem Gründer des Blattes, August Zang, als Herausgeber und von Leopold Landsteiner als Redacteur gezeichnet. An ihrer Spitze trug sie das Motto, das sie heute noch führt: «Gleiches Recht für Alle.» Dasselbe war insoferne ein glückliches, als den extremsten Parteien weder nach rechts noch nach links Concessionen gemacht wurden. Das Feuilleton, das sich seither als eine Wiener Specialität ausgebildet hat, stammte aus der Feder des bekannten Schriftstellers Hieronymus Lorm. In der zweiten Nummer der «Presse» stellte sich das erste Inserat ein, das Gesuch eines jungen Doctors der Rechte um eine Stelle als Hofmeister oder Correpetitor, da es bis dahin nur der officiellen «Wiener Zeitung» gestattet war, Inserate aufzunehmen. Die ersten

[570] Holzwarth wurde im Jahre 18[illegible] in Wien geboren und verbrachte seine Lehrjahre bei Eurich in Linz, wo er als Setzer noch durch einige Zeit verblieb. Als er in seine Vaterstadt wieder zurückgekommen war, trat er in [illegible], dann Sollingers Officin ein, hierauf als Factor in jene des Josef Edlen von Schmidtbauer, mit dem er auch 1845 den schon bekannten Gesellschaftsvertrag abschloss.

[571] Registratur des Wiener Magistrates, Fasc. II. 64, Nr. 143077.

[572] L. c. Nr. 5[illegible].

[573] L. c. Nr. 14[illegible].

[574] L. c. Nr. 61[illegible].

[575] «Vorwärts», Jahrgang 1879, Nr. 13 f.

[576] und [577] Registratur des Wiener Magistrates, Fasc. II. 64, Nr. 1[illegible].

[578] L. c. Nr. 114231.

[579] Registratur des Wiener Magistrates, Fasc. II. 64, Nr. 35421 ex 1848, Nr. 7[illegible] ex 1849.

Nummern der «Presse» wurden in der Buchdruckerei der v. Ghelen'schen Erben gedruckt,[87] in der zweiten Hälfte August ging dieselbe aus der Officin Ulrich Klopf & Alex. Eurich, vom 1. bis 5. September wieder aus jener der v. Ghelen'schen Erben hervor. Die Auflage steigerte sich aber von Tag zu Tag, so dass letztere Officin, welche auch seit jeher die «Wiener Zeitung» druckte, die Auflage der «Presse» nicht mehr bewältigen konnte. Der Druck wurde daher der Buchdruckerei Carl Gerold's Sohn übertragen, welche eine eigene Filiale im Sina'schen Hause in der Wollzeile hierfür einrichten ließ, während im Hauptgeschäfte von Gerold auf dem Dominikanerplatze damals noch die täglich erscheinenden Zeitungen «Ostdeutsche Post», «Fremdenblatt» und der «Soldatenfreund» gedruckt wurden. In Folge der October-Revolution und der Belagerung Wiens waren große Störungen in der technischen Herstellung der Zeitungen eingetreten, weil viele Schriftsetzer sich dem damals bestehenden bürgerlichen Künstlercorps angeschlossen hatten und durch Wachdienst u. dgl. ihren Berufspflichten entzogen wurden. Am 26. October 1848 erschien die «Presse» nur in reducierter Ausgabe, da das Setzerpersonale am Kampfe gegen Windischgrätz theilnahm, und am folgenden Tage wurde gar keine Nummer, am 28. die letzte in der Größe eines halben Bogens ausgegeben. Erst am 7. November erschien die «Presse» wieder, aber so farblos, wie nur immer das Säbelregiment gestattete. Unter diesen Umständen verkaufte Gerold, der ohnedies noch vier Zeitungen druckte, die Druckerei der «Presse», die zwar unter der Firma Gerold, doch unter der verantwortlichen Leitung Lotts gedruckt wurde, an August Zang. Im Jahre 1849 hatte dieses Journal trotz Belagerungszustand und Nichtausfolgung der fremden Zeitungen große Erfolge zu verzeichnen. Seine Entwickelung hatte Fortschritte gemacht, da es namentlich für die Interessen der Volkswirtschaft und in finanziellen und industriellen Fragen kräftig eintrat und das Feuilleton und die künstlerischen Kritiken mit Ernst pflegte. Im December 1849 wurde die «Presse» trotzdem im Belagerungsrayon unterdrückt; ihre letzte Nummer kam am 8. December heraus und gleichzeitig wurde sie auch in Ungarn verboten. In den letzten Tagen desselben Monates erschien sie nun in Brünn, wohin der Herausgeber unter großen pecuniären Opfern mit der Redaction und der Druckereieinrichtung übersiedelt war. Die Druckfirma war jetzt Carl Winiker. Bald wurde die «Presse» auch in Italien verboten. Obgleich ihre meisten Abonnenten treu geblieben waren, so baten doch viele Staatsbeamte, sie ihnen nicht mehr zuzusenden, weil sie sich keinen Unannehmlichkeiten aussetzen wollten. In vielen Städten, namentlich in Wiener-Neustadt, wurden die Leser der «Presse» sogar insultiert und die Besitzer öffentlicher Locale fürchteten sich, sie aufzulegen. Auch an Winiker wurde so lange gedrängt, bis er den weiteren Druck verweigerte. Zum Glück für den Herausgeber fand sich nun in einem Vororte von Brünn ein Greisler, ein ehemaliger Buchdruckereibesitzer, auf dessen Namen die «Presse» eine kurze Zeit lang gedruckt wurde. Die Folge davon war, dass am 4. December 1850 die letzte Nummer in Brünn erschien und der Herausgeber bessere Zeiten abwarten wollte. Mit Erlaubnis des Ministers Bach durfte die «Presse» im September 1851 wieder in Wien erscheinen, und zwar wie früher im Formate von «La Presse». Drucker war der Buchdruckereibesitzer Josef Ludwig, Herausgeber August Zang; beide standen in einem Gesellschaftsverhältnisse unter der Firma J. Ludwig & August Zang zu einander.[88] Von dieser Zeit an datiert der eigentliche Aufschwung der «Presse». Gleichzeitig wurde von Zang das Haus in der Gärtnergasse Nr. 6 auf der Landstraße angekauft und daselbst sowohl die Druckerei, als Redaction, Administration und Expedition vollständig eingerichtet. Factor war Ludwig Lott, Revisor und verantwortlicher Redacteur Josef Mitter, Hauptredacteur Julius Hirsch, während August Zang dem volkswirtschaftlichen Theile des Blattes seine Feder lieh. Mit der «Presse» wurde die damals sehr beliebte Romanbibliothek, allwöchentlich ein Heft, zu ungewöhnlich billigem Preise abgegeben und «Der kleine Capitalist» erschien als Sonntagsbeilage. Alle diese Ausgaben wurden auf vier Sigl'schen Doppelmaschinen gedruckt, welche durch eine Dampfmaschine von sechs Pferdekräften in Bewegung gesetzt wurden. Wie sehr damals alle Kräfte angespannt waren, beweist

[87] Interessant ist, was Helfert in seinem Buche «Die Wiener Journalistik im Jahre 1848», S. [illegible], hierüber erzählt. [illegible] Redacteur der «Wiener Zeitung», August Schmidl, [illegible] Chef der Ghelen'schen Buchdruckerei, [illegible] «Presse» zum Drucke übernommen habe, wodurch nur Störungen und Unzukömmlichkeiten im Drucke der «Wiener Zeitung» hervorgerufen wurden.

[88] Registratur des Wiener Magistrates Fasc. [illegible]

der Umstand, dass z. B. das Abendblatt viermal gesetzt werden musste, um den Druck rechtzeitig bewerkstelligen zu können. Viele Verdienste hatte sich der technische Leiter Ludwig Lott erworben, der aber in Folge eines Conflictes mit Zang im Jahre 1854 freiwillig zurücktrat, worauf J. Schwarz als Factor in der gleichen Stellung folgte. Während dieser ganzen Zeit änderte die «Presse» mehrmals das Format und erhielt erst mit dem Rücktritte des Julius Hirsch von der Redaction und mit dem Eintritte von Michael Etienne und Dr. Max Friedländer in dieselbe, 1855, die jetzige, von allen späteren großen politischen Blättern angenommene Gestalt und Eintheilung. Etienne und Friedländer, im Vereine mit dem Redacteur Lecher und dem Feuilleton-Redacteur Friedrich Uhl, nebst einer Reihe gediegener interner und externer Mitarbeiter, unter letzteren Ernst Kossak, Alfred Meißner, Ferdinand Kürnberger, Sigmund Engländer, Emil Ranzoni, Julius Rodenberg u. a., lieferten zündende Artikel und glänzende Beiträge, so dass die Zahl der Abonnenten rasch die Höhe von 28.000 erreichte. Im Jahre 1856 wurden in der Druckerei der «Presse» noch Mauroners «Corriere Italiano» und Varris «Teufel in Wien», ein illustriertes Wochenblatt, gedruckt, die aber beide schon nach einem Jahre eingingen. Ein Jahr lang wurde hier auch Zangs Zwei Groschen-Kalender gedruckt. Dass bei solchen Anforderungen die Sigl'schen Maschinen nicht mehr genügen konnten, ist selbstverständlich und es wurden daher 1858 in Paris drei Perreau-Maschinen angekauft und aufgestellt.[362] Der Druck war aber nicht ganz zufriedenstellend, was Ludwig Lott, der an Stelle des 1858 ausgetretenen Schwarz, von Zang wieder als Factor berufen worden war, später veranlasste, die Maschinen in zweicylindrige umändern zu lassen. Noch im Jahre 1858 kaufte Zang das Privilegium und die gesammte Einrichtung der ehemaligen v. Ghelen'schen Buchdruckerei, die deshalb in Stillstand gerathen war, weil die «Wiener Zeitung» nunmehr von der Staatsdruckerei gedruckt wurde. Da jenes Privilegium noch ein von der Universität ertheiltes, verkäufliches und personelles war und im Laufe der langen Jahre von einem Erben auf den anderen übergegangen war, ohne jedesmal grundbücherlich einverleibt worden zu sein, so kostete es viele Zeit und mussten alle Instanzen durchgemacht werden, bis das neue Erwerbsrecht in Kraft trat.[363] Von jetzt an lautete die Firma: *«Druckerei der Presse»*. Im Jahre 1860 zeigte Josef Ludwig den Nichtbetrieb seines Befugnisses an[364] und wurde Ludwig Lott zum verantwortlichen Geschäftsleiter bestellt. Zwei Jahre darnach besuchte August Zang London, wo er Gelegenheit fand, in einer Druckerei die Papierstereotypie kennen zu lernen, für welches Verfahren er sofort die vollständigen Apparate bestellte und dieselben nebst drei Stereotypeuren nach Wien in seine Druckerei kommen ließ. Von dieser Zeit an wurde die «Presse» nur mehr mittelst Platten gedruckt. Die Vortheile stellten sich nicht nur durch das Wegfallen jedes Doppelsatzes heraus, sondern auch dadurch, dass die Lettern, welche früher viermal im Jahre erneuert werden mussten, nun drei bis vier Jahre andauerten. Obwohl diese neue Erfindung einigem Misstrauen begegnete, so beeilten sich dennoch die meisten großen Druckereien, sämmtliche Zeitungsdruckereien in erster Linie, dieselbe einzuführen, denn gleichwie die erste Walze statt der Ballen die späteren Maschinen möglich machte, so war die Papierstereotypie die Vorläuferin der Rotationsmaschine.[365] In so vorzüglicher Weise die «Presse» ihrem Berufe oblag, denn die tägliche Auflage war auf 34.000 Exemplare gestiegen, so erfolgte für das Blatt im Jahre 1864 doch eine Katastrophe, welche für seine Existenz verhängnisvoll zu werden drohte, indem wegen persönlicher Zerwürfnisse mit August Zang nicht nur Etienne und Dr. Friedländer, sondern auch ein Theil der übrigen Redaction, fast das ganze Administrations- und Expeditions-Personale, ja sogar der langjährige Metteur, Christoph Reisser, und der Corrector R. Geyer kündigten und austraten. Etienne, Friedländer und O. Werthner gründeten dann die «Neue Freie Presse», in deren Redaction die eben Genannten eintraten und welche am 1. October 1864 zum erstenmale erschien. Obwohl nun Zang die äußersten Anstrengungen machte, wöchentlich dreimal eine Romanbeilage, «Die

[362] Diese Maschinen waren dreicylindrig und hatten ein Format von 32 × 48 Zoll, lieferten daher acht Columnen Schön- und Widerdruck, je [illegible] tausend Exemplare per Stunde.

[363] Die Benützungsberechtigung wurde als eine verkäufliche mit dem Normalwerte von 2000 Gulden Bancozettel oder [illegible] Gulden Wiener Währung oder [illegible] Gulden ö. W. anerkannt. (L. c. Nr. [illegible].)

[364] Registratur des Wiener Magistrates, Fasc. [illegible], Nr. [illegible].

[365] Nur durch die Papierstereotypie war es überhaupt möglich, dass während des großen Setzerstrikes im Jahre 1870 sämmtliche Wiener Blätter, allerdings sehr reduciert, erscheinen konnten, indem die «Presse» Matrizen und Platten lieferte.

Feierstunden, und täglich den «Localanzeiger» mit erscheinen liess, so konnte er doch nicht verhindern, dass die «Presse» im ersten Jahre nach jenem Ereignisse 8000 Abonnenten verlor. Auch der fortwährende Wechsel der Chefredacteure (Dr. Seyfert, Tuvora, Ritter von Geitler, Krawani, Dr. Dreger, Lecher, welcher später ebenso wie Mitter zur «Neuen Freien Presse» übertrat) und der damit verbundene Tendenzwechsel, trugen dazu bei, dem neuen Blatte viele Abonnenten der «Presse» zuzuführen. Alle diese Umstände verleideten Zang die «Presse» derart, dass er dieses Blatt sammt dem Hause und der ganzen Einrichtung verkaufte. Im Jahre 1867 zeigte er dem Magistrate auch an (Decret vom 25. September), dass er seine Buchdruckerei nicht mehr betreibe und ganz zurücklege, weil er sie an Josef Ritter v. Geitler aus Prag, sowie die k. k. priv. allgemeine österreichische Bodencredit-Anstalt, verkauft habe. Nach dem Statthalterei Erlasse vom 18. September 1867 hatte dieselbe das verkäufliche, im Kammerhandelbuche III, Fol. $903^1/_2$ inneliegende, vormals v. Ghelen'sche Buchdruckergewerbe, zufolge Kaufvertrages vom 14. April 1867 von dem letzten Eigenthümer August Zang an sich gebracht und als Factor Franz Krtsmáry bestätigt.[586] Im Jahre 1869 trat Josef Ludwig ganz zurück und mit Statthalterei Erlass vom 12. November d. J., Z. 31143, ward dem Dr. Carl Dreger die Bewilligung zum Betriebe der ehemaligen v. Ghelen'schen Buchdruckerei ertheilt; ebenso zeigte im folgenden Jahre Geitler an, dass er die Concession zurücklege und nicht mehr ausübe.[587] Chefredacteur wurde jetzt der Oberfinanzrath Dr. Hofmann, welcher Lecher wieder bestimmte, als Hauptredacteur einzutreten. — Inzwischen wurden in Wien die ersten Vorbereitungen zur Weltausstellung gemacht, was Ludwig Lott, der die oberste Leitung der Druckerei in Händen hatte und dem mit Statthaltereidecret vom 9. Juni 1871, Z. 14430 die Concession für die Ghelen'sche Druckerei ertheilt worden war, veranlasste, sich schon zeitlich um den Druck des Ausstellungs-Kataloges, von dem er sich ein reiches Erträgnis und viele Vortheile für die «Presse» versprach, zu bewerben. Nach mehreren Verhandlungen wurde denn die Druckerei der «Presse» ausersehen, die Herstellung des Ausstellungs-Kataloges zu übernehmen, was aber, um sie auch den Zeitverhältnissen entsprechend zu reorganisieren, mit enormen Vorbereitungen und Kosten verbunden war.[588] Lott, welcher die Druckerei der «Times» in London besucht hatte, bestellte nach dem Muster derselben zwei Walter-Pressen, die ersten Rotationsmaschinen, die in Wien in Betrieb gesetzt wurden. Auf diesen Maschinen wurde nun im Jahre 1873 der Katalog der Weltausstellung gedruckt. Während letzterer hatte die «Presse» im Prater auch ein eigenes Bureau. Die «Presse» wurde dann längere Zeit nur auf englischem Papier gedruckt, indem erst die Papierfabrik in Pitten die erforderlichen Maschinen aufstellen musste, um hinlänglich festes Rollenpapier erzeugen zu können. Nachdem dies gelungen, lieferte diese Fabrik für die «Presse» ununterbrochen den Bedarf. Ludwig Lott, der selbst eine Druckerei (chromotypographisches Atelier) eingerichtet hatte, kündigte im Jahre 1875 seine Stelle. Die Statthalterei ertheilte in Folge dessen mit Decret vom 30. September 1875, Z. 27771, dem aus der Bodencredit-Anstalt, dem Wiener Bankvereine, ferner Otto Graf Chotek, Altgraf Franz Salm zu Salm-Reifferscheid, Baron Franz Hopfen und Baron Louis Haber bestehenden Consortium, als dem neuen Eigenthümer des im Kammerhandelsbuche Fol. $903^1/_2$ und $904^1/_2$ inneliegenden verkäuflichen Ludwig Lott'schen Buchdruckereigewerbes, die Bewilligung zum Fortbetriebe derselben. An Lott's Stelle wurde zur obersten technischen Leitung der mehrjährige Geschäftsleiter des «Fremdenblatt», J. Eisenmenger, berufen. Nach dessen allzu frühem Tode

[586] Registratur des Wiener Magistrates, Fasc. II. 61. Nr. 74612.

[587] L. c. Nr. [illegible].

[588] Bei dem Umstande, als für den Hauptkatalog eine Auflage von 300.000 bis 500.000 Exemplaren in Aussicht genommen wurde, reiste Lott eigens nach England, um die neuen Rotationsmaschinen zu studieren, denn nur solche konnten riesige Auflagen bewältigen. Lott entschied sich für die Waltermaschinen, auf welchen auch die «Times» gedruckt wurde, und bestellte zwei derselben um den Preis von 30.000 Gulden. Im Druckereigebäude wurden inzwischen viele und sehr kostspielige Veränderungen vorgenommen. Um Raum für die Setzer zu schaffen, wurde das anstossende, rückwärtige Haus gekauft, wurden Wände durchbrochen und durch Adaptierung ein grosser Setzersaal hergestellt. Für die Waltermaschinen baute man im Hofe einen Salon und für dieselben wurde eine zwanzigpferdige Dampfmaschine, sowie die nöthigen Kessel bei Sigl bestellt, wie auch ein Kesselhaus auf [illegible] Dampfkessel von grossen Dimensionen hergestellt werden mussten. Dies alles, sowie die Beischaffung der nöthigen Regale, Kästen, bei 300 Centner [illegible] Antiqua und aller sonstigen Utensilien, ergab eine ganz ausserordentliche Arbeit und erforderte die äusserste Energie, um zu bewältigen. Die bestimmten Termine wurden eingehalten, allmählig ging das Werk seiner Vollendung entgegen und bei der Eröffnung der Weltausstellung am 1. Mai 1873 konnte das erste Exemplar des Katalogs Sr. Majestät dem Kaiser überreicht werden. Leider entsprach der pecuniäre Erfolg den riesigen Anstrengungen nicht, denn einmal wurden von dem Hauptkataloge nur 20.000 Exemplare gedruckt, wodurch allein schon der ganze Calcul gestört war und dann verschlang der Satz unverhältnismässig hohe Summen. Auch der Druck auf den Walterpressen liess Manches zu wünschen übrig, trotzdem das Rollenpapier ebenfalls von England geliefert worden war.

und einer kurzen Zwischenzeit, während welcher der Revisor und verantwortliche Redacteur, Franz Krtsmáry, für die Druckerei zeichnete, wurde der seit Christoph Reißers Austritt als Metteur angestellte Leopold Kugler als Druckereileiter aufgestellt (October 1876). Dieser warf vor allem den überflüssigen, durch den Ausstellungs-Katalog angesammelten Ballast wieder über Bord und reducierte die Localitäten dem Bedarfe entsprechend. Im Jahre 1881 trat Regierungsrath Dr. Hofmann zurück und Adolf Nassau, ein mehrjähriger Redacteur der «Neuen Freien Presse», übernahm die Chefleitung. Aber auch diesem geschäftskundigen Manne, welcher verschiedene Neuerungen, darunter die Herausgabe eines Verbungsblattes, Änderung des Papierbezuges (Fabrik Schlöglmühl) und Vereinfachung der Stereotypie einführte, war es nicht gelungen, der «Presse» ihre frühere Bedeutung zu verschaffen. Noch im November 1881 wurde Ritter v. Wiener von der jetzigen Eigenthümerin der «Presse», der Länderbank, zum leitenden Chef ausersehen.

ANTON SCHWEIGER (1851–1867). Schweiger war längere Zeit als Setzer in der k. k. Hof- und Staatsdruckerei, später als Factor der k. k. priv. Kunst- und Buchdruckerei von Blasius Höfel beschäftigt, wo er überall eine gute Schule durchgemacht hatte. Bereits im Jahre 1848 hatte er sich um ein Befugnis für eine Buchdruckerei beworben,[889] das er unter den damaligen politischen Verhältnissen aber erst im Jahre 1851 erhielt, wo seine Firma (k. k. priv. Buchdruckerei des Anton Schweiger) auch protokolliert wurde. Eine Specialität seiner Buchdruckerei, welche sich in der Magdalenenstrasse Nr. 4 befand, war der Mercantildruck. In Volksliedern mit Musiknoten machte derselbe ebenfalls grössere Geschäfte und gingen aus seiner Officin einige gute Musiknoten-Setzer hervor. Schweiger starb im Jahre 1867 und seine Concession kam an den Buchhändler L. W. Seidel, öffentlichen Gesellschafter der Firma L. W. Seidel & Sohn.[890] Vgl. S. 345.

A. PICHLER'S WITWE & SOHN (1851–1869). Im Jahre 1851 trat Franz Pichler in das Geschäft seiner Mutter ein, und lautete seither die Firma *A. Pichler's Witwe & Sohn*. Nach dem im Jahre 1865 erfolgten Tode der Elisabeth Pichler übernahm ihr Sohn die Leitung der Officin und erhielt mit Statthaltereidecret vom 14. Februar 1866 die nachgesuchte Concession. Franz Pichler führte die Druckerei unter der bisherigen Firma in dem gleichen Locale, Margarethenplatz Nr. 2, fort.[891] Mit Decret derselben Behörde vom 28. Mai 1869, Z. 14339, wurde der zu Breitingen in Sachsen gebürtige Wilhelm Köhler als Geschäftsleiter bestätigt. Ihre Hauptbeschäftigung hatte die Pichler'sche Officin in dem Drucke des eigenen Verlages, der sich ganz der pädagogischen Richtung zuwendete. Der grosse Aufschwung desselben nahm die Thätigkeit Pichlers, der für die Druckerei nie ein besonderes Interesse zeigte, derart in Anspruch, dass er im Jahre 1869 sich veranlasst sah, die Druckerei an seinen erprobten Geschäftsführer Wilhelm Köhler zu verkaufen.[892] Vgl. S. 349.

MICHAEL AUER (1853–1869). Derselbe hatte im Jahre 1853 die Buchdruckerei des Christian Friedrich Schade gekauft (ein verkäufliches Universitätsbefugnis) und zugleich der Behörde den Betrieb derselben unter der verantwortlichen technischen Leitung des Franz Grey angezeigt;[893] auch hatte er um die Bestätigung des Anton Türke als verantwortlichen Factors gebeten, was 1854 und 1855 bewilligt wurde.[894] Im Jahre 1857 bewarb sich Auer um die Erlaubnis, eine Filiale seiner Buchdruckerei errichten zu dürfen. Im Jahre 1861 verkaufte er seine Buchdruckerei an F. B. Geitler, bewarb sich aber 1866 um eine neue Concession, die er auch mit Statthaltereidecret vom 24. October 1866 erhielt. Mit Statthaltereidecret vom 27. August 1868 erscheint Ludwig Gössinger zum verantwortlichen Geschäftsleiter bestellt;[895] im September des folgenden Jahres legte aber Auer auch diese zweite Concession zurück, nachdem er die Druckerei an ein Consortium verkauft hatte.[896] Vgl. S. 335 (F. B. Geitler) und S. 348 (Erste Wiener Vereinsdruckerei).

[889] Registratur des Wiener Magistrates, Fasc. 54, Nr. 33624 ex 1848, Nr. 7894 ex 849.
[890] L. c. Nr. 153192.
[891] L. c. Nr. 1033.
[892] L. c. Nr. 37080.
[893] L. c. Nr. 61157.
[894] L. c. Nr. 56446.
[895] L. c. Nr. 95381.
[896] L. c. Nr. 77416.

CARL GEROLDS SOHN (seit 1854). Moriz Gerold[illegible] war im Jahre 1854 nach dem Tode seines Vaters Carl Gerold um das Privilegium auf die erkaufte väterliche Officin, die einen alten Ruf hatte und die er seit 1843 in Gemeinschaft mit seinem Bruder Friedrich als Compagnon des Vaters, seit Ostern 1849 aber selbständig betrieb, bei der Behörde eingeschritten und hatte die Bewilligung 1855 erhalten.[illegible] Die Firma lautete von da ab *Carl Gerold's Sohn*. Moriz Gerold war, trotzdem er vom Hause aus Buchhändler war, eifrig bestrebt, den altererbten Ruf der Officin nicht nur zu erhalten, sondern auch zu erhöhen, wobei er von den Factoren Budill, Tierbacher, Johann Hammater und Carl Kneisel kräftigst unterstützt wurde. Unter seinen Arbeiten steht wohl unbestritten obenan jene große Reihe von wissenschaftlichen Publicationen und Fachzeitschriften mit ihrem anerkannt schönen Werksatze, sowohl eigenen Verlags, als auch von Privaten, worunter, wie der Verlagskatalog erweist, wahre Prachtwerke sich befinden; aber auch der Accidenzsatz lieferte viele schöne Proben. Die Buchdruckerei zählt ausserdem den hohen Adel, sowie Firmen, Bankinstitute und Versicherungs-Anstalten zu ihren langjährigen und treuen Kunden. Als das Geschäft im Jahre 1875 sein hundertjähriges Jubiläum feierte, wurde Moriz Gerold in den Adelstand erhoben. Die Officin verblieb im eigenen Hause, Stadt, Barbaragasse Nr. 2.

JOHANN BAPTIST WALLISHAUSSER III (seit 1854). Derselbe hatte im Jahre 1854 das Befugnis auf die mütterliche Officin, in der nur eine Schnellpresse und zwei Handpressen sich befanden, erhalten.[illegible] Er inaugurierte den Antritt der selbständigen Geschäftsleitung mit der ziemlich kostspieligen Herstellung eines von Dr. Johann N. Vogl verfassten und von E. Elsinger illustrierten Festgedichtes in typographischem Farbendruck zur Feier der Vermählung Sr. Majestät des Kaisers im Jahre 1854. Im Herbste desselben Jahres erschien in Wallishaußers Verlag die von A. Varry redigierte Wochenschrift »Der Teufel in Wien«; außerdem wurden nach und nach folgende Wochenschriften in Wallishaußers Officin gedruckt: »Figaro«, »Mußestunden«, »Gerichtshalle«, »Wiener allgemeine medicinische Zeitung«, »Volkswirth«, »Neueste Erfindungen«, »Huges Jagdzeitung«, »Jäger-Hans-Jörgel«, »Deutsche Küche«, »Frater Hilarius«, »Cursalon« u. a. wöchentlich oder halbmonatlich erscheinende Zeitschriften. Im Jahre 1858 versuchte Wallishaußer nach dem Pariser Vorbilde auch in Wien ein täglich erscheinendes Theaterblatt »Zwischen-Act« in den Theatern einzubürgern, musste aber in Folge der Concurrenz des »Fremdenblatt« mit bedeutenden Verlusten nach elfjährigem Kampfe das Erscheinen dieses Journals einstellen und verlor in Folge derselben Concurrenz im Jahre 1869 sogar den Druck der Hoftheaterzettel, welchen Wallishaußers Firma durch nahezu siebzig Jahre besorgt hatte. Wallishaußer hatte gleichzeitig auch Verlagsgeschäfte mit größtentheils belletristischen Werken von Adolf Bäuerle, Eduard Breier, Adolf Schirmer, Josef Weilen versucht, wobei jedoch keine materiellen Erfolge zu erzielen waren. Zur Entschädigung gelang es ihm, die ziemlich umfangreiche Drucksortenlieferung für die k. k. Telegraphen-Anstalt, sowie die Marinesection des k. k. Kriegs-Ministeriums und die Herstellung des beinahe gesammten Fahrkartenbedarfes für die ins Leben getretenen Transportunternehmungen, sowie die Drucksortenlieferung für verschiedene Corporationen, Vereine und Gesellschaften zu erhalten. Durch die Gründung der »Wiener Ankündigungs-Säulen« wurde auch der Placatdruck in umfangreichem Maasse betrieben. Wallishaußers Officin, welche die Bezeichnung »k. k. Hoftheater-Buchdruckerei« führt, hat sich denn auch in Folge dieser ausgebreiteten Geschäfte im Laufe der Jahre beträchtlich vergrössert. Als Beweis für das patriarchalische Verhältnis, welches in dieser Officin zwischen Principal und Gehilfen herrscht, ist der Umstand anzusehen, dass viele der letzteren daselbst seit 15 bis 25 Jahren in Condition stehen. — Das Hauptgeschäft befindet sich im eigenen Hause, Josefstadt, Lenaugasse Nr. 19, während eine Filiale in der Stadt, Dorotheergasse Nr. 7, eingerichtet ist.

LUDWIG CARL ZAMARSKI (1854–1881). Im Jahre 1854 veräußerte die Witwe Sollinger ihre Buchdruckerei an Ludwig Carl Zamarski. Dieser ließ, nachdem er die Bewilligung zum Betriebe erhalten[illegible]

[illegible] Moriz Ritter von Gerold war am 23. November 1815 in Wien geboren. Er erlernte den Buchhandel bei F. A. Brockhaus in Leipzig und trat dann in die großen Verlagsbuchhandlungen Jügel in Frankfurt a. M., Treuttel & Würtz in Paris und Black & Armstrong in London ein, bis er 1842 nach Wien kam. (»Österreichische Buchdrucker-Zeitung«, Jahrgang 1883, Nr. 47.)

[illegible] Registratur des Wiener Magistrates, Fasc. II. 64, Nr. [illegible].

[illegible] L. c. Nr. [illegible].

[illegible] L. c. Nr. [illegible].

und sich im folgenden Jahre mit Carl Dittmarsch verbunden hatte, dieselbe durch den Factor Reiß völlig umgestalten. Alle Schriften wurden nach dem Auer'schen Kegel umgegossen und die bisherigen Pressen durch neue ersetzt. Da mit der Buchdruckerei auch die graphischen Fächer verbunden werden sollten, die Concession aber an den Befähigungsnachweis geknüpft war, so verbanden sich Zamarski & Dittmarsch mit dem Steindrucker Anton Hartinger und mit dem Kupferdrucker Ferdinand Bauer.[778] Nachdem aber mit dem neuen Gewerbegesetze (1859) solche Beschränkungen aufhörten, löste sich auch die Verbindung mit diesen beiden auf. Die Firma lautete seit 1858 «Typographisch-literarisch-artistische Anstalt von L. C. Zamarski & C. Dittmarsch». Die Druckerei, welche mittlerweile aus der Stadt in die Windmühlgasse (Nr. 3) verlegt worden war, wurde nunmehr vergrößert, durch eine Schrift- und Stereotypengießerei erweitert und neu eingerichtet (mehr als 1000 Centner neue Schrift);[779] 1864 wurde eine Dampfmaschine zum Betriebe von zwanzig Druckmaschinen aufgestellt[780] und seit 1866 die Lithographie unter der Leitung von V. Türke (dem Bruder des einstigen Leiters von Sollingers Officin) und nach dessen Tode (1867) von A. Franz betrieben. Durch tüchtige Kräfte unterstützt, hob sich die Anstalt zu hoher Blüte, so dass sie, nachdem sie später alle graphischen Fächer in sich vereinigte, als eine der bedeutendsten in Österreich und Deutschland betrachtet werden konnte. Der typographische Farbendruck auf Maschinen und Handpressen fand unter der Leitung Heinrich Knöflers eine ganz besondere künstlerische Pflege. Vielen Anklanges erfreute sich das illustrierte Wochenblatt «Der Feierabend» (in der späteren Folge «Haus- und Familienbuch») und Bestellungen auf Farbendruckbilder kamen selbst aus England, Schweden und Amerika. Ende 1865 trennte sich Dittmarsch von Zamarski und letzterer blieb alleiniger Besitzer des weit verzweigten Geschäftes. Fünf Jahre darnach übersiedelte die Anstalt in ihr eigenes großes Haus in der Windmühlgasse Nr. 43, das auf das praktischeste eingerichtet und für sämmtliche graphische Zweige mit allen Hilfsmitteln der modernen Technik ausgestattet worden war. Zur Herstellung heliographischer und photolithographischer Erzeugnisse wurde ein eigenes photographisches Atelier eingerichtet. Auf Grund der großen Lieferungsverträge mit den meisten Bahnen zur Anfertigung ihrer Manipulations-Drucksorten, dann mit Banken und großen Geldinstituten, für welche die buntfarbigen Wert- und Creditpapiere gedruckt wurden, hatte diese Officin ein so reichhaltiges Materiale an Schriften und Maschinen zusammen bekommen, dass sie als die größte Privatdruckerei Wiens bezeichnet werden konnte. Im November 1871 erhielt die Anstalt den k. k. Hoftitel. Der ausgedehnte und vielseitige Betrieb stand seit dem Jahre 1858 unter der umsichtigen Direction von Albert Pietz. Am 30. März 1873 vereinigten sich die Firmen L. C. Zamarski und H. Engel & Sohn zu einer Actiengesellschaft («Druckerei-Verein»), welche den gesammten Fundus instructus dieser Firmen übernahm; die früheren Besitzer derselben legten ihre seinerzeit erworbenen Druck-Concessionen zurück. Diese Verbindung dauerte aber nur kurze Zeit und fand wieder eine Trennung in die früheren Firmen statt. Eine der hervorragendsten artistischen Unternehmungen der Officin Zamarski ist die bekannte «Neue Illustrierte Zeitung». Im Jahre 1881 verkaufte Zamarski seine sämmtlichen Geschäftszweige und Einrichtungen an die Actiengesellschaft «Steyrermühl», welcher Kaufvertrag mit 1. Jänner 1882 Rechtskraft erhielt. Vgl. S. 354.

ANNA JAHN (1855–1859). Die Buchdruckerswitwe Anna Jahn zeigte nach ihres Mannes Tod 1855[781] den Fortbetrieb der Officin an, bat im folgenden Jahre um die Bestätigung des Anton Löwer als verantwortlichen Geschäftsleiters und zeigte unter einem die Errichtung einer Filiale an.[782] Im Jahre 1859 legte Anna Jahn ihre Concession zurück und Anton Löwer schritt um die Concession zur Übernahme der Jahn'schen Officin ein.[783] Vgl. S. 333.

[778] Registratur des Wiener Magistrates, Fasc. II. 61 Nr. [illegible].

[779] Die Abtheilungen waren: 1. Die Buch- und Kunstdruckerei mit 8 Schnellpressen und 14 Handpressen, 2 Glättpressen und 2 Satiniermaschinen; 2. die Schrift- und Stereotypengießerei; 3. Lithographie und Farbendruck mit 10 Pressen; 4. die Kupfer- und Stahlstichdruckerei; 5. Atelier für Xylographie; 6. Atelier für den Stahlstich; 7. Kunst- und Landkartenverlag; 8. eigener und Commissionsverlag.

[780] Registratur des Wiener Magistrates, Fasc. II. 61, Nr. [illegible].

[781] L. c. Fasc. II. 61, Nr. [illegible].

[782] L. c. Fasc. II. 64, Nr. [illegible].

[783] L. c. Fasc. II. 61, Nr. 5166, 5117 und 19.313.

ALEXANDER ANDRIĆ (1856–1859). Derselbe bewarb sich schon 1855 um die Concession, eine Buchdruckerei für serbische Schriften errichten zu dürfen, wurde aber abgewiesen und erhielt im folgenden Jahre die beschränkte Bewilligung, eine Buchdruckerpresse halten zu dürfen. 1857 bewarb er sich um ein unbeschränktes Buchdruckereibefugnis, wurde 1858 wegen Gewerbsstörung angezeigt und stellte 1859 nochmals das Ersuchen um Erweiterung seines beschränkten Befugnisses, das er aber noch im selben Jahre zurücklegte.[906] Andrić druckte nur seine Zeitschrift »Svetovid«.

EDUARD SIEGER (seit 1856). Derselbe wurde zu Wien am 12. December 1810 geboren, trat am 1. April 1826 in das Papiergeschäft seines Vaters ein und war später bei Gottlieb Haase & Söhne in Prag bedienstet. Am 30. August 1836 wurde er Gesellschafter des väterlichen Geschäftes, betheiligte sich später auch an dem Geschäfte F. A. Kunike sel. Witwe, welches Trentsensky leitete. Am 1. November 1843 übernahm nun Sieger die im Jahre 1818 gegründete lithographische Anstalt Trentsenskys selbständig unter der Firma *Eduard Sieger*. Am 17. October 1851 erhielt dieselbe den Titel »K. k. landesbefugte lithographische Anstalt von Eduard Sieger«. Am 1. August 1856 übernahm dieser auch die Buchdruckerei von Michael Lell, für welche er die Concession mit Statthaltereidecret vom 9. April 1862 erhielt.[907] Sieger starb am 21. Jänner 1876. Seine Söhne, die Brüder Eduard und Robert Sieger, führten die Buchdruckerei und die lithographische Anstalt unter der alten Firma fort (concessioniert mit Statthaltereidecret vom 11. Mai 1876, Z. 11740). Ersterer übernahm das Papiergeschäft und den Drucksorten-Verlag in der Stadt, Domgasse, während Robert später die Concession für die Buch- und Steindruckerei (Statthaltereidecret vom 12. October 1881) und die technisch-artistische Leitung der Officin übernahm; er erwarb auch den Titel eines k. k. Hoflieferanten (Decret vom 3. December 1883), sowie das Recht, den kaiserlichen Adler und den Titel »k. k. privilegiert« in der Firma zu führen (Statthalterei-Decret vom 30. November 1892). Die Druckerei befindet sich seit 1872 im eigenen Hause, Landstrasse, Marxergasse Nr. 19 und 21. Obgleich in Siegers Officin der Schwerpunkt auf die Lithographie gelegt wird, so leistet dieselbe doch auch im Buchdrucke und insbesondere im Accidenzsatze Musterhaftes, und keine Wiener Officin verfügt wohl über eine so große Mannigfaltigkeit der dazu gehörigen Typen. Ein Lehrbuch für die französische Sprache mit äußerst compliciertem Satze und das Werk »Kaiser Franz I.« sind vortreffliche Leistungen derselben.[908]

FRIEDRICH FÖRSTER (1857–1864). Nachdem Benko sein Buchdruckerei-Privilegium zurückgelegt hatte, bewarb sich Friedrich Förster um dasselbe,[909] das er auch erhielt. Später verband sich Friedrich mit seinem Bruder Moriz und beide, die 1862 auch das Bürgerrecht der Stadt Wien erhalten hatten, führten die von ihrem Vater begründete artistische Anstalt unter der Firma »Förster'sche artistische Anstalt« weiter.[910] Im Jahre 1864 brachte R. v. Waldheim, der in der Förster'schen Anstalt seine »Illustrierte Zeitung« u. a. drucken ließ, dieselbe durch Kauf an sich und Friedrich Förster legte seine Concession zurück.[911] Vgl. S. 339.

LUDWIG MAYER (1857–1882). Der Buchhändler Ludwig Mayer bewarb sich im Jahre 1856 um ein Buchdruckereibefugnis,[912] das er 1857 erhielt. Im Jahre 1865 stellte derselbe bei der Regierung das

[906] Registratur des Wiener Magistrates, Fasc. II. 64, Nr. 2121, 11789.

[907] L. c. Nr. 9585.

[908] Wir können nicht umhin, auf eine patentierte Specialität — wenngleich nicht der Typographie — der Sieger'schen Officin zu verweisen, nämlich die Elfenbein-Imitation (Ivoirit) und die Holz-Intarsien-Imitation durch Holzdruck. Erstere besteht aus Plättchen, welche entweder auf Holz oder Carton hergestellt werden können und vorläufig zumeist mittels schwarzer Farbe und Anwendung des lithographischen Druckes hergestellt werden; jedoch ist dies auch auf jedem anderen graphischen Wege möglich. Der bedruckte Carton wird nun entweder auf Holz gespannt, oder wenn die Plättchen sehr dünn bleiben sollen, als solcher selbst mit einer Masse überzogen, geschliffen und poliert, wodurch ein naturgetreues Aussehen von Elfenbein-Einlagen in Ebenholz hervorgerufen wird, welche zu Buchdeckeln, Schmuckkästchen u. s. w. verwendet werden. Die Holz-Intarsien-Imitation, bestehend in dem Bedrucken von Holz-Fournieren jeder Stärke mit Farben, unterscheidet sich wesentlich in der Bearbeitung von jener des Ivoirits und zeigt nur jenen Grad von Dauerhaftigkeit, welcher überhaupt polierten Holzgegenständen eigenthümlich ist, stellt sich daher bedeutend billiger als Ivoirit. Eine weitere Specialität der Sieger'schen Firma sind die auf lithographischem Wege erzeugten Riesen-Plakate in der Grösse bis zu 135 Centimeter Breite und 310 Centimeter Höhe in Farbendruck, also in einem Formate, wie es bisher noch nirgends gedruckt wurde, und wegen Mangel an so grossen Steinen auf Zinkplatten hergestellt werden muss.

[909] Registratur des Wiener Magistrates, Fasc. II. 64, Nr. 27538.

[910] L. c. Nr. 63161, 63162.

[911] L. c. Nr. 19635.

[912] L. c. Nr. 111310.

Ansuchen, es möge sein bisheriger Factor Rudolf Brzezowsky zum verantwortlichen Geschäftsleiter bestätigt werden, was auch geschah.[914] Diese Officin pflegte den Accidenz- und Werksatz, letzteren besonders für den Verlagsbuchhandel Mayer & Comp., druckte 19 Jubiläumsschriften der verschiedensten Regimenter der k. k. Armee, zahlreiche Broschüren und grössere Verlagswerke, Gebetbücher u. dgl. An Zeitschriften wurden hier gedruckt: «Der österreichische Volksfreund» (1857–1874); «Die Wiener Kirchenzeitung» (seit 1857); «Kapistran», ein Volksblatt (seit 1867); «Die österreichische Literaturzeitung» (1857–1872); «Monika», Zeitschrift für Lehrerinnen (1872–1877); «Vergissmeinnicht», Jugendschrift (seit 1862); «Turnzeitung» (1878–1880); «Wiener Salonblatt» (seit 1879). Im Jahre 1882 legte Ludwig Mayer seine Concession zurück[915] und verkaufte die Buchdruckerei an seinen um dieselbe verdienten und erfahrenen Geschäftsleiter Rudolf Brzezowsky.

FRANZ KLOPF JUN. (1858–1864). Derselbe bewarb sich im Jahre 1858 um das von Franz Ad. Gorischek zurückgelegte Buchdruckereibefugnis, welches ihm auch verliehen wurde.[916] Klopf starb im Jahre 1864.[917] Vgl. S. 339.

ALEXANDER EURICH (1858–1877). Eurichs Officin war bekanntlich im Jahre 1834 durch Ulrich Klopf begründet worden, richtiger gesagt, Klopf hatte dieselbe übernommen. In diese war dann 1846 Alexander Eurich aus Linz eingetreten und hatte ein Compagniegeschäft mit Klopf (Klopf & Eurich) eingegangen. Als dieser 1858 gestorben war, bewarb sich Eurich um das alleinige Befugnis, das er auch erhielt (1859)[918] und bis zum Jahre 1877 ausübte,[919] wo er es zu Gunsten seines Sohnes Alexander Eurich jun. zurücklegte, der auch die Concession erhielt. Vgl. S. 359.

H. ENGEL & SOHN, k. k. Hofbuchdruckerei und Hoflithographie (seit 1858). Die unter dieser Firma betriebene Officin wurde durch Hermann Engel im Jahre 1837 als lithographisches Institut begründet. Dasselbe arbeitete bis zum Jahre 1845, den damaligen Verhältnissen entsprechend, nur mit einem Lithographen und zwei Handpressen. In dem letztgenannten Jahre erregte die Ausstellung der Firma gelegentlich der unter dem Schutze Kaiser Ferdinands I. veranstalteten Gewerbe-Ausstellung ziemliches Aufsehen und wurden speciell die Arbeiten der numismatischen Graviermaschine in hohem Grade gewürdigt. — Im Jahre 1847 begründete Hermann Engel mit Josef Ritter v. Wertheimer den «Wiener Geschäftsbericht», welches Blatt im Jahre 1848 nach der Occupation Wiens durch die kaiserlichen Truppen dem Gründer schwere Stunden bereitete. Bis zu jener Zeit befasste sich das lithographische Institut mit der Herstellung von Accidenzen, führte aber auch schon damals größere Aufträge, wie beispielsweise die graphische Darstellung der Geschichte der Nordbahn, ein Werk im Umfange von neun Tafeln, jede Tafel in 18 bis 24 Farben, ferner Wertpapiere, wie die Como-Rentenscheine, aus. Im Jahre 1854 erfolgte der Eintritt des ältesten Sohnes Wilhelm in das Geschäft, dem später dessen Brüder Josef und Emil folgten. — Im Jahre 1857 adaptierte Hermann Engel, der Gründer der Firma, die Räume des Hauses in der Weintraubengasse Nr. 11 für die Zwecke der Lithographie und verband damit 1858 die Errichtung einer kleinen Abtheilung für die Buchdruckerei, wofür demselben jedoch unter keinen Umständen die Bewilligung, sie auf eigenem Namen auszuüben, verliehen wurde. Um der Form zu genügen, schloss der älteste Sohn Wilhelm mit dem damaligen Buchdrucker Anton Löwer einen Vertrag, und die typographische Abtheilung wurde nun unter der Firma A. Löwer & W. Engel bis zur Freisprechung des letzteren, der sich einer kurzen Lehrzeit unterziehen musste, fortgeführt. Die typographische Abtheilung wurde mit einer Schnellpresse und sechs Handpressen ausgerüstet, welches Inventar genügte, um sofort das berühmte Werk «Missale Romanum» in Prachtfarbendruck mit Holzschnitten von H. Knöfler, unter der technischen Leitung von H. Reiß, ausführen zu können. Am 8. Mai 1866 starb der Gründer

[914] Registratur des Wiener Magistrates, Fasc. II. 61, Nr. 6876.

[915] Magistrats-Entscheidung vom 2. Mai 1882.

[916] Registratur des Wiener Magistrates, Fasc. II. 81, Nr. 7494.

[917] l. c. Nr. 1634.

[918] l. c. Nr. 6563.

[919] Mit Statthalterei-Erlass vom 15. September 1872 wurde der Schriftsetzer Karl Fröhlich als verantwortlicher Geschäftsleiter bestellt, nachdem dieser Posten vorher durch Gottlieb Haase bekleidet worden war.

der Firma, Hermann Engel, der sich um den Fortschritt im Gebiete der Lithographie große Verdienste erworben hat. Ein namhafter Aufschwung der nun unter der Firma H. Engel & Sohn vereinigten beiden graphischen Officinen erfolgte im Jahre 1869. Da die vor zwölf Jahren geschaffenen Räume den gestellten Anforderungen nicht mehr genügten, wurde 1872 mit einem Kostenaufwande von nahezu einer halben Million Gulden ein Neubau in der Circusgasse aufgeführt und mit dem alten Gebäude in der Weintraubengasse in Verbindung gebracht. — In der Gründerepoche wurde das Etablissement von einem Consortium von Banken angekauft und mit der seinerzeitigen Firma L. C. Zamarski in eine Actiengesellschaft mit einem Grundcapitale von 3,000000 Gulden umgewandelt. Der jedoch bald hierauf erfolgte finanzielle Zusammensturz (1873) und der sich allgemein regende Wunsch nach Liquidationen machten wieder eine Trennung beider Geschäfte nothwendig. — Die Specialität der Firma H. Engel & Sohn bildet nach wie vor die Erzeugung von Wertpapieren, die eben in den Jahren 1869 bis 1873 in einem nie geahnten Umfange durchgeführt wurde. Aufträge kommen nicht nur von vielen in- und ausländischen Banken, sondern auch von den Regierungen Ungarns, Serbiens, Japans u. a. Auch der Drucksortenbedarf für hervorragende Transport-Unternehmungen wird durch diese Firma gedeckt. Im Jahre 1875 wurde ihr vom k. k. Obersthofmeisteramte der Hoftitel (K. k. Hofbuchdruckerei und Hoflithographie) verliehen.

JACOB & HOLZHAUSEN (1858–1864). Adolf Holzhausen[920] hatte sich im Jahre 1858 mit Hermann Jacob, Buchhalter der Hof- und Universitäts-Buchhandlung W. Braumüller,[921] verbunden, um in dessen Gemeinschaft die von Friedrich Manz erkaufte Buchdruckerei, die damals drei Löser'sche Maschinen und fünf Pressen beschäftigte,[922] fortzuführen. Holzhausen, nach seiner fachlichen und vielseitigen Bildung selbst ein ausgezeichneter Typograph, war die Seele derselben und besaß vornehmlich die Gabe, den rechten Mann an den rechten Platz zu stellen. Dadurch kam das technische Können des Einzelnen erst recht zur Geltung und trug nicht wenig dazu bei, der Officin den geschäftlichen Erfolg und einen hohen Ruf in weiten Kreisen zu verschaffen. Dieselbe zeichnete sich namentlich im Accidenzfache aus, wo die bewährten Accidenzsetzer Josef Peis[923] und Theodor Reiß beschäftigt waren. Nicht minder war auch schon der Holzhausen'sche Werksatz anerkannt, welcher von einem reichen Vorrath der besten Typen und einer großen Sorgfalt in der Herstellung eines reinen und gleichmäßigen Druckes Zeugnis gab. Druckerfactor war Gustav König,[924] eine überaus bewährte Kraft, der an Stelle des früher bei Manz thätigen Michael Götz getreten war; Puschmann und Franz Weibel waren ausgezeichnete Drucker dieser Officin. Im December des Jahres 1864 trennte sich Holzhausen von Jacob und führte von da ab die Officin allein fort. Vgl. S. 342.

CARL GORISCHEK (1858–1871). Derselbe bewarb sich 1860 um die Bewilligung, eine Buchdruckerei halten zu dürfen,[925] und erhielt dieselbe im folgenden Jahre zur Ausübung des ihm durch Erbschaft zugefallenen Johanna Gorischek'schen verkäuflichen Universitäts-Befugnisses; zugleich wurde Franz Geitner als verantwortlicher Geschäftsleiter genehmigt. Im Jahre 1863 erhielt Gorischek das Wiener Bürgerrecht. Nachdem er im Jahre 1871 gestorben, führte seine Witwe das Geschäft fort. Vgl. S. 351.

PHILIPP BENDINER (1859–1864). Derselbe bewarb sich 1858 um ein Buchdruckereibefugnis, wurde aber 1859 abgewiesen.[926] Im folgenden Jahre schritt er nochmals um ein solches ein und erhielt

[920] Adolf Holzhausen ward am 2. Jänner 1822 zu Braunschweig geboren. In der dortigen Officin von Johann Heinrich Meyer machte er seine Lehrjahre durch, arbeitete 1848 bei H. G. Voigt in Wandsbeck und 1849 und 1850 bei Gebrüder Jänecke in Hannover; 1850 bis 1851 war er bei H. O. Persiehl in Hamburg, ging dann nach Leipzig, wo er bis 1852 bei Teubner und Brockhaus im Geschäfte stand. Ende des Jahres 1852 kehrte er nach Hamburg zurück, und verblieb daselbst bis 1858 als Factor der H. G. Voigt'schen Buchdruckerei.

[921] Registratur des Wiener Magistrates, Fasc. II. 44, Nr. 58735.

[922] »Vorwärts«, Jahrgang 1879 (XIII.), Nr. 45 ff.

[923] Josef Peis war 1823 zu Leitomischl geboren und wurde in frühester Jugend nach Wien gebracht. Hier erlernte er bei Augustin Dorfmeister die Buchdruckerei und conditionirte dann bei Manz unter Götz, wo ihn Jacob & Holzhausen übernahmen. (Registratur des Wiener Magistrates, Fasc. II 44, Nr. 16.)

[924] Gustav König, 1834 zu Gotha geboren, machte seine Lehrzeit als Drucker daselbst durch und war dann bei Breitkopf & Härtel in Leipzig thätig. Zu Ende des Jahres 1858 kam er nach Wien, zuerst in die Officin Zamarski, bald darauf zu Holzhausen. (»Vorwärts«, Jahrgang 1879 [XIII.] Nr. 45.)

[925] Registratur des Wiener Magistrates, Fasc. II 44, Nr. 111607.

[926] L. c. Nr. 87069.

es auch. 1863, wo er die Transferierung seiner Buchdruckerei anzeigte, finden wir ihn in Verbindung mit Schlößberg[927] (Bendiner & Schlößberg). Schon im folgenden Jahre starb Bendiner.[928] Vgl. S. 339.

ANTON LÖWER (seit 1859). Derselbe erhielt die Concession zur Fortführung der Jahn'schen Officin im Jahre 1859.[929] 1862 zeigte er die Eröffnung einer Filialdruckerei, Neubau, Mariahilferstraße Nr. 120, an,[930] die er im folgenden Jahre in die Stadt, Himmelpfortgasse Nr. 9, verlegte. Im Jahre 1863 verkaufte er seine Filiale an Dr. Carl Biel. Vgl. S. 337.

DRUCKEREI DES »FREMDEN BLATT« (seit 1859; seit 1873 »ELBEMÜHL«). Die erste Nummer des »Fremden-Blatt der k. k. Haupt- und Residenzstadt Wien« erschien am 1. Juli 1847, einen halben Bogen stark, und wurde auf den Schnellpressen der Officin des Stöckholzer von Hirschfeld gedruckt, welche den Druck bis zum 25. September 1849 besorgte.[931] Im Juli 1848 zeichnete zum erstenmale Gustav Norden (recte Gustav Heine) als »Herausgeber und verantwortlicher Redacteur«.[932] Vom 26. September d. J. bis zum 31. October 1856 ward das »Fremden-Blatt« bei Carl Gerold gedruckt. Vom 1. November d. J. an übernahm den Druck Augustin Dorfmeister, der zu diesem Zwecke in der Stadt, Riemerstraße, eine eigene Filiale seiner Buchdruckerei unter der verantwortlichen Leitung des Factors Georg Anderler errichtete, die im Jahre 1859 in das Eigenthum des bisherigen Herausgebers des »Fremden-Blatt«, Gustav Heine, überging.[933] Die Schriften lieferte jetzt die Schriftgießerei Keck & Sohn (Pierer) und zum Drucke wurden zwei einfache und eine Doppelmaschine mit Handbetrieb aus der Maschinenfabrik G. Sigl verwendet. 1861 wurde zum Betriebe der Maschinen ein Locomobile von vier Pferdekräften aufgestellt.[934] Im Jahre 1862 schritt Gustav Heine um die Bewilligung ein, Druck und Verlag des »Fremden-Blatt« unter der verantwortlichen Leitung seines Factors Georg Anderler führen zu dürfen.[935] 1863 übersiedelte dann die Druckerei in G. Heine's eigenes Haus, Wollzeile Nr. 17, wo außer den zwei einfachen noch zwei Doppelschnellpressen aufgestellt wurden, denen später noch eine vierte als Reserve folgte. Die Schriften wurden nun von Meyer & Schleicher geliefert und nebst dem einen Locomobile ein zweites mit sechs Pferdekräften aufgestellt. Nach dem im Jahre 1868 erfolgten Austritte des Factors Georg Anderler übernahm Josef Eisenmenger die Leitung der Druckerei, unter welchem auch die Stereotypie eingeführt wurde. 1869 wurden die zwei Locomobile durch zwei andere von je acht Pferdekräften ersetzt und 1872 wurde eine neue Reactionsmaschine von Pierre Alauzet in Paris aufgestellt. Im Jahre 1873 verkaufte Gustav Heine das »Fremden-Blatt« nebst Druckerei an die Papierfabriks- und Verlagsgesellschaft »Elbemühl«, welche die Concession mit Statthaltereidecret vom 24. Februar 1874, Z. 4244, für Buch-, Holz- und Steindruck erhielt; gleichzeitig wurde Josef Eisenmenger als verantwortlicher Geschäftsleiter bestätigt. Heine legte seine Concession mit dem Bedeuten zurück, dass er dieselbe von jetzt an nicht mehr ausübe. (Magistrats-Rathschlag vom 23. November 1873.) 1875 erfolgte der Austritt des Geschäftsleiters Josef Eisenmenger, an dessen Stelle Adalbert Gschwandner, der bisherige technische Leiter der »Deutschen Zeitung«,[936] trat, der 1879 starb. Die verantwortliche Geschäftsleitung übernahm jetzt Anton Rimrich. Statt zweier Sigl'schen Doppelmaschinen wurden 1881 und 1882 zwei Rotationsmaschinen

[927] Registratur des Wiener Magistrates, Fasc. II. 61, Nr. 53113.
[928] L. c. Nr. 11969.
[929] L. c. Nr. 5166.
[930] L. c. Nr. 15798.
[931] Mit kurzer Unterbrechung, nämlich vom 29. Februar (Nr. 60) bis 29. März 1848 (Nr. 88), wo Edl. von Schmidbauer & Holzwarth den Druck besorgten. (Helfert, die Wiener Journalistik im Jahre 1848, S. 284 und 286.)
[932] Helfert l. c. sagt mit Bezug darauf S. 156: »Gustav Norden's »Fremden-Blatt«, ursprünglich ein einfacher und trockener Ausweis der Ankunfts- und Abreise-, Etablissements-, [illegible] und Theater-Anzeiger, hatte am 4. Mai, Nr. 123, mit einer [illegible] Rubrik »Tages-Neuigkeiten« begonnen, worin erst in [illegible] Kürze und [illegible] allerhand Nachrichten, auch politische, gebracht wurden. Allmählich trat eine Kritik, auch nicht Polemik, [illegible] in [illegible] Richtung hinzu; die Rubrik gewann [illegible] an Ausdehnung, füllte gegen Ende September mit [illegible] und fetter Überschrift die ganze vierte Seite, bis sie zuletzt an die Spitze der jeweiligen Nummer trat und sich über die erste und zweite Seite derselben ausdehnte. Die knappe Form seiner Mittheilungen, für die große Masse des Publicums leicht und bequem, trug das Meiste zur wachsenden Beliebtheit und Verbreitung dieses Journals bei.«
[933] Heine war bereits 1858 um die Befugnis zur Errichtung einer Druckerei, ausschließlich zum Drucke des »Fremden-Blatt« dienend, eingeschritten. (Registratur des Wiener Magistrates, Fasc. II. 61, Nr. 11561.)
[934] Heine war jetzt auch um eine unbeschränkte Buchdruckerei-Concession eingeschritten (L. c. Fasc. II. 64, Nr. 16186) und erhielt dieselbe mit Statthalterei-Decret vom 21. Mai 1863.
[935] Registratur des Wiener Magistrates, Fasc. II. 64, Nr. 67916.
[936] Adalbert Gschwandner hatte schon mit Statthaltereidecret vom 20. December 1873 eine Concession für eine Buchdruckerei erhalten.

vom Koenig & Bauer in Oberzell bei Würzburg aufgestellt. Die Druckerei besorgt auch den Druck der Theaterzettel für die k. k. Hoftheater und Privattheater.

DRUCKEREI DER »KONSTITUTIONELLEN VORSTADT-ZEITUNG« (seit 1860). Schon im Jahre 1848 erschien ein Volksblatt unter dem Titel: »Wiener Vorstadt Zeitung« (Redacteur Lindberg), das aber nur kurze Zeit, vom 14. bis 24. September, bestand[577] und mit der von J. Seidlitz begründeten, seit März 1855 erscheinenden periodischen Zeitschrift »Vorstadt Zeitung« nichts gemein hat. Diese letztere wurde in den ersten Tagen, nachdem sie an die Öffentlichkeit kam, in der Officin Ferdinand Friedrich gedruckt, von da an aber durch einige Zeit bei Keck & Pierer. Seidlitz starb noch im ersten Jahre der Gründung und nun übernahm der Buchhändler Eduard Hügel das Blatt, unter welchem es einen bedeutenden Aufschwung nahm und der es bis zu dessen Verkauf an die Actien-Gesellschaft »Steyrermühl« behielt. Mit 1. Januar 1856 änderte die »Vorstadt Zeitung« den Titel in »Wiener Vorstadt Zeitung« (nebst einer illustrierten Sonntags-Beilage: »Die Feierstunden«) und mit Beginn des constitutionellen Lebens in Österreich im Jahre 1861 in jenen: »Konstitutionelle Vorstadt-Zeitung«, während welcher Metamorphose der Druck der Officin des Augustin Dorfmeister übertragen wurde. Da nun Ende der Fünfziger Jahre der Leserkreis sich bedeutend erweitert hatte, stellte sich die Errichtung einer eigenen Druckerei als nothwendig heraus, welche im Jahre 1860 durch L. C. Zamarski & Dittmarsch auf der Landstraße, Marxergasse Nr. 15, auch eingerichtet wurde, und zwar als Filiale ihrer großen Officin. Anfangs druckte man nur auf Sigl'schen Doppelmaschinen, im Jahre 1868 wurden aber zwei Perrot'sche Reactionsmaschinen aufgestellt, nach drei Jahren noch eine Marinoni'sche Presse, welche im Frühjahr 1879 durch eine Augsburger Rotationsmaschine ersetzt wurde. Mit Statthalterei-Decret vom 26. März 1869, Z. 8021, wurde Wilhelm Zingel zum verantwortlichen Geschäftsleiter bestellt.[578] Das Blatt wurde 1872 an die Papierfabriks- und Verlags-Gesellschaft »Steyrermühl« verkauft, welche die Druckerei im Jahre 1881 in den »Steyrerhof« verlegte, das Schriften-Materiale ganz umgiessen liess und eine zweite Rotationsmaschine aufstellte.

DIE DRUCKEREI DER KAISERLICHEN »WIENER ZEITUNG« (seit 31. October 1860). Der letzte Vertrag, welchen die v. Ghelen'schen Erben mit der Regierung betreffs des Druckes der »Wiener Zeitung« abgeschlossen hatten, sollte bis 31. December 1857 dauern. Da dieselben aber ihrer financiellen Schwierigkeiten wegen — das Ärar hatte in der zweiten Hälfte d. J. bereits 52 625 Gulden zu fordern — nicht mehr im Stande waren, ihren Verpflichtungen nachzukommen, so erhielt die k. k. Finanz-Procuratur vom Finanzministerium den Auftrag (2. September 1857, Z. 32 081), »an den Pächter zunächst im Wege der Sequestration das Amt zu handeln und auf eben diesem Wege für die Herausgabe der »Wiener Zeitung« bis zum Ablaufe des Vertrages, d. i. 31. December d. J., Sorge zu tragen.«[579] Der Director der k. k. Hof- und Staatsdruckerei, Regierungsrath Alois Auer, wurde nun als Sequester aufgestellt, die Redaction verblieb aber bei Dr. Leopold Schweitzer. Auf dem Hauptblatte der »Wiener Zeitung« vom 17. December 1857 erschienen die v. Ghelen'schen Erben zum letzten Male als Drucker, während das Abendblatt desselben Tages bereits die k. k. Hof- und Staatsdruckerei als Drucker nennt. Die Nummer vom 1. Januar 1858 enthielt folgende Einladung zur Pränumeration: »Die hohe Staatsverwaltung hat Druck und Verlag der »Wiener Zeitung« an die k. k. Hof- und Staatsdruckerei übertragen und dafür gesorgt, dass dieses Unternehmen unter möglichst günstigen Verhältnissen sich kräftig heben und seine einflussreiche Wirksamkeit erweitern und erhöhen könne. Es ist Sorge getragen, dass dieses älteste aller Blätter der Haupt- und Residenzstadt Wien und des Kaiserstaates, den Bedingungen seiner Stellung und seines Charakters stets entsprechend, von nun an in seinem Inhalte reicher, mannigfaltiger und anziehender werde. *Die neue Ausstattung der Zeitung wird mit den Typen der k. k. Hof- und Staatsdruckerei in würdiger Weise erfolgen.*« Die Hof- und Staatsdruckerei besorgte nun in einer eigens dafür eingerichteten Abtheilung den Druck der »Wiener Zeitung« bis in das Jahr 1860. Bereits im

[577] Helfert, die Wiener Journalistik im Jahre 1848, S. 216, 300.

[578] Zingel hatte auch eine Buchdruckerei-Concession mit Statthalterei-Decret vom 25. Februar 1869, Z. 5201 erhalten. (Registratur des Wiener Magistrates Fasc. II. 84, Z. 170019 ex 1868 und 10621 ex 1869.)

[579] Helfert, »Die Journalistik im Jahre 1848«, S. 274 f.

Januar d. J. erhielt der Hofsecretär Dr. Anton Beck, der die Administration der »Wiener Zeitung« führte, eine Belohnung für die glücklichen Erfolge während seiner Administration, und im Februar begannen die Verhandlungen wegen Enthebung der k. k. Hof- und Staatsdruckerei vom Drucke der »Wiener Zeitung«. Die ministerielle Zustimmung erfolgte im October d. J. Am 30. October 1860 erschien die »Wiener Zeitung« noch mit der Bezeichnung: »Druck der k. k. Hof- und Staatsdruckerei.« Am folgenden Tage, 31. October, hieß es: *Druckerei der kaiserlichen »Wiener Zeitung«*. Es war für den Druck dieses Regierungsorganes, mit Requisiten der Hof- und Staatsdruckerei, eine eigene Druckerei in der Herrengasse Nr. 7 eingerichtet worden. Anfangs befanden sich daselbst drei einfache Sigl'sche Maschinen, später kamen noch zwei gleicher Art von Koenig & Bauer hinzu. Ausser der »Wiener Zeitung« wurden anfangs daselbst noch gedruckt, die Steckbriefe für die Polizei, die Zeitschrift »Austria«,[240] selbstverständlich die einige Zeit mit der »Wiener Zeitung« hinausgegebene »wissenschaftliche Beilage«[241] derselben, die »Österreichische Gerichtszeitung«, die »Donau-Zeitung« im letzten Jahre ihres Erscheinens (1863), dann das »Wiener Journal«, woraus das »Wiener Familien-Journal« entstand.

JACOB LÖWENTHAL (1861–1866). Derselbe hatte die Buchdruckerei des »Lloyd« am 24. Mai 1861[242] durch Kauf an sich gebracht. Zum verantwortlichen Geschäftsleiter wurde W. Jacobi bestellt. Die Druckerei, in welcher außer dem Zeitungs- auch der Werksatz hergestellt wurde, befand sich fortwährend in dem Locale, wo ehedem der »Lloyd« gedruckt wurde. Im December 1866 ging die Löwenthal'sche Buchdruckerei durch Kauf an den Geschäftsleiter W. Jacobi über. Im Jänner 1867 zeigte Löwenthal an, dass er seine Buchdruckerei nicht mehr betreibe und ganz aufgegeben habe.[243] Vgl. S. 343.

ANTON MASSANETZ (1861–1866). Derselbe erhielt die Concession mittelst Statthaltereidecretes vom 15. Juni 1861.[244] Im October 1864 zeigte er den zeitweisen Nichtbetrieb an,[245] im October 1866 aber, dass er die Buchdruckerei überhaupt ganz aufgegeben habe.[246]

MAXIMILIAN LETTERIS (1861–1866), Redacteur der »Wiener Mittheilungen«, erhielt die Concession mittelst Statthaltereidecretes vom 21. November 1861[247] und legte dieselbe im Jahre 1866 zurück.[248]

FRIEDRICH BENEDICT GEITLER VON ARMINGEN (1861–1874). Derselbe bewarb sich im Jahre 1861 um die Bewilligung zum Betriebe des Buchdruckereigewerbes von Michael Auer, welcher sein Befugnis als verkäufliches zurückgelegt hatte, und zugleich um die Bestätigung des Josef Bayer als verantwortlichen Geschäftsleiters, welcher in dieser Eigenschaft auch bis 1869 verblieb.[249] Am 16. April 1874 zeigte Geitler an, dass er die Buchdruckerei ganz aufgebe und nicht mehr betreibe. Der Betrieb wurde eingestellt und das Materiale zerstreut.

FEODOR FREUND (1861–1866). Derselbe bewarb sich im Jahre 1861 um ein Buchdruckereibefugnis[250] und zeigte im Mai des folgenden Jahres die Ausübung desselben an. Am 27. April 1866 machte er der Behörde den Nichtbetrieb seiner Buchdruckerei bekannt.[251] Er hatte dieselbe an Ad. Ungar von Szent-Miklosy überlassen und war nach Amerika ausgewandert. Vgl. S. 344.

SIGMUND FALK stellte 1861 die Bitte um eine Buchdruckerei-Concession,[252] die er auch erhielt, aber nicht ausübte; er legte dieselbe 1864 zurück.[253] Am 20. Jänner 1870 zeigte der Pester Magistrat

240 »Austria.« Wochenschrift für Volkswirtschaft und Statistik. Der 1. Jahrgang 1860 wurde noch in der Hof- und Staatsdruckerei gedruckt.

241 »Österreichische Wochenschrift für Wissenschaft, Kunst und öffentliches Leben.« 1863 und 1864. Neue Folge: »Österreichische Wochenschrift für Wissenschaft und Kunst.« 1872.

242 Registratur des Wiener Magistrates, Fasc. II. 61, Nr. 15085.

243 l. c. Nr. 13790.

244 l. c. Nr. 14784.

245 l. c. Nr. 113572.

246 l. c. Nr. 55140.

247 l. c. Nr. 105612.

248 l. c. Nr. 62321.

249 l. c. Nr. 53072.

250 l. c. Nr. 16067.

251 l. c. Nr. 54004.

252 l. c. Nr. 18251.

253 l. c. Nr. 148929.

an, dass Falk sein Buchdruckergewerbe in Wien nicht mehr ausübe.[954] Derselbe hatte nämlich vorher schon die Pester Actien-Buchdruckerei eingerichtet und war mit der Direction derselben betraut worden.

LUDWIG WOHLRAB (1861–1880) schritt im Jahre 1860 um ein Buchdruckereibefugnis ein,[955] das er 1861 erhielt; im selben Jahre bewarb er sich auch um die Bewilligung, Ankündigungstafeln errichten zu dürfen.[956] Im April 1866 zeigte er den zeitweisen Nichtbetrieb seiner Buchdruckerei an.[957] Wohlrab starb am 30. Juni 1880. Seine Witwe führte die Buchdruckerei fort. Vgl. S. 361.

PETER LUTSCHANSKY (1862–1863), Geschäftsleiter der Friedrich'schen Buchdruckerei, bewarb sich im Jahre 1861 um eine Buchdruckerei-Concession,[958] die er auch mit Decret der Statthalterei vom 8. Jänner 1862 erhielt. Zugleich schritt er um Genehmigung des Heinrich Spitzer als Buchdruckerei-Pächters ein; es trat aber an Stelle eines Pachtes ein Gesellschafts-Verhältnis unter der Firma *Lutschansky & Spitzer*, welche Verbindung nur bis in den Anfang des Jahres 1863 dauerte, da Heinrich Spitzer, dem die Druckerei gehörte, der aber keine eigene Concession besass, den Setzer Ignaz Plachy schon im Jahre 1862 veranlasst hatte, sich um eine Concession zu bewerben.[959] Am 14. Februar 1880 legte Lutschansky seine Concession zurück. Vgl. unten (Ignaz Plachy).

BERTRAM PHILIPP HORNUNG (seit 1862), Hornung, Rastrierer und Buchbinder, hatte mit Statthaltereidecret vom 19. März 1862 die Concession für eine Handpresse bekommen. Nachdem er dieselbe noch im September d. J. zurückgelegt hatte, bewarb er sich neuerdings um ein Befugnis, aber zum unbeschränkten Betriebe einer Buchdruckerei, das er mit Statthaltereidecret vom 15. April 1870 erhielt, aber schon am 10. December d. J. wieder zurücklegte.[960] Mit Statthaltereidecret vom 8. November 1878 erhielt er neuerlich eine Concession, doch gab er zu Protokoll, dass er dieselbe vorläufig nicht auszuüben gedenke. Diese Druckerei beschäftigt sich mit mercantilen Drucksorten und Accidenzen.

MARCUS MUNK, Papierhändler (seit 1862). Derselbe schritt 1862 um die Concession für eine Buchdruckerei in Wien ein,[961] und erhielt eine solche mit Statthaltereidecret vom 19. November 1862; als verantwortlicher Leiter wurde R. Thimm bestellt. Die Druckerei wird in der Leopoldstadt, Obeengasse Nr. 2, zur Herstellung aller typographischen Arbeiten betrieben.

IGNAZ PLACHY (1862–1863). Derselbe bewarb sich um eine Buchdrucker-Concession,[962] die er mit Statthaltereidecret vom 16. Juli 1862, Z. 30215, auch erhielt. Im März 1863 zeigte er an, dass er seine Buchdruckerei mit Heinrich Spitzer unter der Firma *Plachy & Spitzer*, Landstrasse, Reisnerstrasse Nr. 3, eröffnet habe. Dieses Verhältnis dauerte jedoch nur einige Monate, da sich Spitzer um eine eigene Concession bewarb und Plachy die seinige nach kurzem Nichtbetriebe[963] im Jahre 1865 wieder zurücklegte.[964] Vgl. S. 337 (Heinrich Spitzer).

CARL WINTERNITZ (1862–1867). Derselbe, früher Oberrealschullehrer, hatte die Keck & Pierer'sche Buchdruckerei an sich gebracht und mit Statthaltereidecret vom 19. November 1862 die Bewilligung zum Betriebe derselben unter der Firma *Carl Winternitz & Comp.* erhalten.[965] Der bisherige technische Leiter, Anton Turke, erhielt 1863 die Bestätigung als Oberfactor.[966] Die Buchdruckerei übersiedelte im Jahre 1866 in die Leopoldstadt, Glockengasse Nr. 2. Im März 1867 zeigte Winternitz dem Magistrate an, dass er dieselbe ganz aufgegeben habe und nicht mehr betreibe; er hatte sie nämlich an Carl Fromme verkauft.[967] Vgl. S. 344.

954 Registratur des Wiener Magistrates. Fasc. II. 61. Nr. 1293.
955 l. c. Nr. 5808.
956 l. c. Nr. 2068.
957 l. c. Nr. 16087.
958 l. c. Nr. 11284.
959 l. c. Nr. 12146.
960 l. c. Nr. 21731.
961 l. c. Nr. 21868.
962 l. c. Nr. 36593.
963 l. c. Nr. 13306.
964 l. c. Nr. 14795.
965 l. c. Nr. 6298.
966 l. c. Nr. 30455.
967 l. c. Nr. 17245.

WILHELM ULLMANN (1863–1875), Rastrierer, erhielt die Concession zur Errichtung einer Buchdruckerei für Wien mit Statthaltereidecret vom 13. Februar 1863, Z. 5974. Dieselbe wurde in der Leopoldstadt, Ferdinandstraße Nr. 16, betrieben. Ullmann starb im Juli 1875 (Gremial-Archiv).[968]

MICHAEL PRÖGLHÖF (seit 1863) erhielt die Concession zum Betriebe der Buchdruckerei (in Sechshaus) mit Statthaltereidecret vom 27. Juli 1863, Z. 76933. Mercantil-Drucksorten und Placate bildeten die Haupt-Erzeugnisse dieser Officin. Pröglhöf starb im Jahre 1878 und wurde das Geschäft von seiner Witwe Magdalena unter der alten Firma fortgeführt.

DR. CARL BIEL (1863–1867). Biel war in Graz 1834 geboren, hatte daselbst studiert und auch das Doctorat der Philosophie erlangt. Er war bei Löwe in Wien als Buchdrucker eingetreten und hatte 1863 dessen Buchdruckerei übernommen, für welche er mit Statthaltereidecret vom 19. October 1863 die Concession bekam. Er wies einen Betriebsfond von 10.000 Gulden aus und war mit 60 Gulden besteuert. Die Buchdruckerei befand sich anfangs in einem sehr ungünstigen Locale im Dominikanergebäude, wurde aber 1867 in die Zollergasse am Neubau verlegt, wo später auch mit deren Materiale Hummel's »Gemeinde-Zeitung« gedruckt wurde.[969] Noch im selben Jahre zeigte Biel den Nichtbetrieb an,[970] legte jedoch die Concession erst am 4. Februar 1873 ganz zurück.[971] An größeren Arbeiten wurden hier gedruckt: Landsteiners »Morgenpost« und Grass' »Wanderer«.

HEINRICH SPITZER, Redacteur der »Wiener Geschäftszeitung« (1863–1865). Derselbe schritt 1863 um die Concession für eine Buchdruckerei ein, die er mit Statthaltereidecret vom 24. Juni 1863, Z. 25048, erhielt und zeigte noch im selben Jahre deren Eröffnung,[972] 1865 deren Übersiedelung auf die Landstraße, Reisnerstraße Nr. 3, sowie im März 1866 deren Nichtbetrieb an.[973] Er hatte dieselbe, nachdem er in Concurs gerathen war, am 1. October 1865 an E. Jasper verkauft. Von dem völligen Aufgeben seiner Buchdruckerei erstattete Spitzer erst am 22. November 1872 die Anzeige. Vgl. S. 341 (Emilie Jasper).

DRUCKEREI DER »NEUEN FREIEN PRESSE« (seit 1864). Die Gründung dieses größten und einflussreichsten österreichischen Journals (Morgen- und Abendblatt in Groß-Folio) erfolgte, wie schon oben erwähnt wurde, durch den Austritt von Dr. Max Friedländer, Michael Etienne und Adolf Werthner nebst anderen Journalisten aus der Redaction der »Presse«. Den Druck besorgte Stöckholzer von Hirschfeld in einer mit größter Beschleunigung eigens für diesen Zweck in der Gisclastraße eingerichteten Filiale, bis schon nach kurzer Zeit der Aufschwung der neuen Zeitung die Unternehmer zur Erwerbung einer selbstständigen Druckerei und Ablösung des von Hirschfeld beigestellten Druckmateriales bestimmte. Da dieselben sich nicht selbst um die Concession bewerben wollten, so veranlassten sie den zum Druckereileiter in Aussicht genommenen Christoph Reißer, dies zu thun. Derselbe erhielt auch die Concession mit Statthalterei-Decret vom 23. November 1864,[974] auf Grund deren im Hause Gisclastrasse Nr. 11 eine vollständige Zeitungsdruckerei eingerichtet wurde. Die erste Nummer der »Neuen Freien Presse« erschien am 1. September 1864 und wurde in einer Auflage von 4000 Exemplaren ausgegeben; binnen drei Monaten hatte die Zahl der Abonnenten sich schon auf 8000 erhöht und dann in rascher Folge auf 30.000 gesteigert, bis im Jahre 1873 eine Auflage von 35.000 Exemplaren erreicht wurde. Der Druck erfolgte anfangs auf Sigl'schen Doppelschnellpressen und war noch unmittelbarer Typendruck; bereits 1866 wurde die Stereotypie mit Papiermatrizen eingeführt.[975] Bei der Vermehrung der Auflage genügten jedoch die

[968] Registratur des Wiener Magistrates, Fasc. II. 64. Nr. 14844.
[969] L. c. Nr. 20471.
[970] L. c. Nr. 9652. Biel war zu Grunde gegangen.
[971] L. c. Nr. 1953.
[972] L. c. Nr. 1953.
[973] L. c. Nr. 11143.
[974] L. c. Nr. 17912.
[975] Die Technik der Papier-Stereotypie und deren Bedeutung für den Zeitungssatz kann in Kürze nicht besser charakterisiert werden, als es in der von der Redaction der »Neuen Freien Presse« im Jahre 1873 auf dem Weltausstellungsplatze ausgegebenen Broschüre: »Neue Freie Presse«, Geschichtliche und statistische Skizzen u. s. w. geschieht. »Der fertige Schriftsatz«, heißt es daselbst S. 4, »kommt [illegible] in einer [illegible] Rahmen geschlossen in die Stereotypie und wird hier auf eine ebene eiserne Platte gelegt. Auf den Satz wird eine Lage von ungefähr sechs Bogen verschiedener Papiergattungen, welche durch einen [illegible] eigens bereiteten Kleister (Pasta genannt) zu einem Körper verbunden, durchfeuchtet und geschmeidig gemacht sind, gelegt; diese Papierlage durch starkes Schlagen mit Bürsten in die Zwischenräume des Schriftsatzes getrieben, unter die Presse

deutschen Pressen mit Fundamentdruck nicht mehr, daher man darauf bedacht sein muste, größere Räumlichkeiten und leistungsfähigere Maschinen zu beschaffen. Dies geschah denn auch durch den Bau eines eigenen Geschäftshauses auf einem Stadterweiterungsgrunde in der Fichtegasse Nr. 11, welcher nach den Angaben Reißers in praktischer Weise ausgeführt wurde. Bereits am 1. September 1869 konnte das neue Heim bezogen werden, welches als Musteranstalt für die Herstellung eines großen Journals eingerichtet worden war. Das Parterre dient der Administration, der zweite Stock der Redaction für ihre Geschäfte, während die Setzerei, welche durchaus mit neuem Materiale von Meyer & Schleicher in Wien ausgestattet wurde, im ersten Stocke untergebracht ist. Der Druckersaal und die Stereotypie sind in das Souterrain verlegt. Zum Drucke wurden zwei sechsfache Rotations-Schnellpressen von Marinoni in Paris mit Schön- und Widerdruck aufgestellt, die von sechs Einlegern bedient wurden und auf denen zweiseitig je 8000 Exemplare in der Stunde (Format 36/48 Zoll) gedruckt werden konnten. Sie wurden dann später nach dem System Reißer-Becker vom Maschinen-Fabrikanten G. Sigl in Wien für den Druck mit endlosem Papier umgebaut und liefern in der Stunde 9000 Exemplare mit Schön- und Widerdruck. Im Jahre 1872 wurden englische Falzmaschinen eingeführt, welche, nachdem sie eine Zeit lang selbständig gearbeitet hatten, nach den Angaben Reißers und Beckers mit den Druckmaschinen verbunden wurden, so dass letztere nun, je nach Belieben, entweder die bedruckten Bogen ungefalzt auslegen oder auch in Quartformat falzen und in Körbe abführen können. Später wurde mit den Maschinen noch ein Transporteur verbunden, welcher die gefalzten Exemplare übernimmt und mittelst Gurten durch einen Canal direct in das Expeditionslocale im Hochparterre leitet. — Im Jahre 1873 war auf dem Weltausstellungsplatze für die »Neue Freie Presse« ein eigener Pavillon errichtet worden, in welchem auf einer von G. Sigl gebauten Rotationsmaschine unter der Aufsicht des verantwortlichen Leiters der Druckerei, Christoph Reißer, die »Internationale Weltausstellungs-Zeitung« öffentlich gedruckt wurde, um dem Publicum das Getriebe der Herstellung einer großen Zeitung zur Anschauung zu bringen. Damals bestand das Personale der Setzerei aus 65 Setzern, 7 Metteurs, 6 Correctoren, 2 Revisoren, 1 Setzerfactor und einer entsprechenden Anzahl von Lehrlingen; im Ganzen aber zählte die Druckerei 100 bis 150 technische Gehilfen und Arbeiter. In demselben Jahre gieng die »Neue Freie Presse« in das Eigenthum der »Österreichischen Journal-Actiengesellschaft« über, welche den Director der Druckerei, Christoph Reißer, zum verantwortlichen Geschäftsleiter einsetzte, bestätigt mit Statthalterei-Decret vom 4. März 1875, Z. 5701. Seit Februar 1880 ist der Setzersaal mit elektrischem Lichte durch Bogenlampen vortheilhaft beleuchtet.

CARL FINSTERBECK, Handlungs-Geschäftsführer (1864–1877). Derselbe erhielt die Concession für eine Buchdruckerei, die er von Anton Massanetz gekauft hatte, mit Statthaltereidecret vom 7. September 1864 und zugleich die Bewilligung, Carl Fasol als verantwortlichen Geschäftsleiter derselben aufzustellen.[86] Die Buchdruckerei, in welcher Werk- wie Accidenzsatz ausgeführt wurde, befand sich im niederösterreichischen Landhause, Herrengasse Nr. 13. Hier wurden zeitweilig gedruckt: die »Blätter des Vereines für Landeskunde von Niederösterreich«, die Mittheilungen der »Geographischen Gesellschaft« und des heraldisch-genealogischen Vereins »Adler«, sowie der erste Band des Kataloges der k. k. Familien-Fideicommiss-Bibliothek. Am 1. December 1877 zeigte Finsterbeck an, dass er sein Geschäft, das er an Carl Fischer verkauft hatte, zurücklege. Fischer führte dasselbe unter der Leitung des bisherigen Factors Leopold Bergmann und unter der Firma Bergmann & Comp. fort. Vgl. S. 359.

FRIEDRICH KAISER, Steindrucker (seit 1864). Derselbe erhielt die Buchdruck-Concession mit Statthaltereidecret vom 8. Juni 1864, Z. 22479.[87] Die Officin, welche sich zumeist mit dem Accidenz-

geschoben, erhitzt und dann sammt dem Satze auf den Trocken-Apparat gelegt, wo das Papier, zu einer steinharten Masse erhärtet, nach fünf Minuten abgehoben werden kann und nun die Gussform (Matrize) für die Clichés bildet. Um letztere herzustellen, dient der sogenannte Giessflasche. [illegible] wird geöffnet, die Matrize hineingelegt, wieder zugemacht und das aus Blei, Zinn, Regulus etc. bestehende flüssige Metall durch das Mundloch hineingegossen. Nach ein paar Minuten ist das Cliché soweit erkaltet, dass es herausgenommen, der Anguss mittelst Säge abgearbeitet, das Cliché gehobelt, gedreht und ausgestochen werden kann, worauf es vollkommen druckfertig ist. Dieses ganze hier beschriebene Procedere der Stereotypie mit Papier nimmt einen Zeitraum von ungefähr zwanzig Minuten pro Cliché in Anspruch, während bei der älteren Methode mit Gypsmatrizen [illegible] viele Stunden erforderlich waren, weshalb die Stereotypie erst durch die Einführung der Papiermatrizen für den Zeitungsdruck brauchbar gemacht worden ist.

[86] Registratur des Wiener Magistrates Fasc. II, 64, Z. 112957.

[87] L. c. Nr. [illegible]

drucke beschäftigte, befand sich in der Dreilaufergasse Nr. 9. Friedrich Kaiser starb aber schon im Jahre 1866.[878] Seine Witwe Marie Kaiser führte das Geschäft unter der gleichen Firma fort, was ihr mit Statthaltereidecret vom 23. November 1866 bewilligt und gleichzeitig Josef Pirkl zum verantwortlichen Factor bestellt wurde, dem mit Statthalterei-Erlaß vom 6. Januar 1873 Eduard Benesch folgte. Im November 1872 übersiedelte das Geschäft in die Mariahilferstrasse Nr. 115 und wurde zugleich bedeutend vergrössert. Seit dieser Zeit befaßt sich die Officin mit der Herstellung von Accidenzarbeiten, mit dem Drucke von Werken, Broschüren und Wochenschriften.

MATHIAS MOSSBECK, Kupfer- und Steindrucker (1864–1866). Derselbe erhielt die Buchdruckerei-Concession mit Statthaltereidecret vom 7. December 1864;[879] im November 1866 zeigte er an, dass er die Buchdruckerei nicht mehr ausübe[880] und ganz aufgebe, dagegen die Steindruckerei wieder betreibe.

ANNA KLOPF (seit 1864). Nach dem Tode ihres Mannes Franz Klopf im Jahre 1864 bewarb sich dessen Witwe Anna Klopf um die Fortführung der Buchdruckerei und um die Anstellung ihres Sohnes Alfred Klopf zum verantwortlichen Geschäftsleiter, was auch mit Decret der Statthalterei vom 11. Juli 1864, Z. 32139, bewilligt wurde.[881] In dieser Officin, welche sich in der Gumpendorferstraße Nr. 147 befindet, wird fast ausschließlich der Accidenzsatz betrieben.

JACOB SCHLOSSBERG, Buchhändler (seit 1864), erhielt die Concession mit Statthaltereidecret vom 7. September 1864, Z. 35563.[882] Der Hauptbetrieb dieser Officin ist der hebräische Werksatz; es werden jedoch auch alle anderen Drucksorten hergestellt. Im Jahre 1871 verpachtete Schlossberg dieselbe an den Papier-, Schreib- und Zeichnen-Requisitenhändler Georg Brög, welcher im Recurswege bald eine eigene Concession erhielt. (Ministerial-Erlass vom 21. Juli 1871, Z. 7093.) Schlossberg eröffnete noch im Jahre 1871 neuerdings eine Officin, die er seither betreibt.

RUDOLF VON WALDHEIM[883] (seit 1864). Waldheim begründete am 15. März 1855 in Verbindung mit dem Xylographen F. W. Bader zunächst eine xylographische Anstalt unter der Firma *R. von Waldheims xylographische Anstalt*, deren Thätigkeit am 15. Mai d. J. mit einigen Schülern und Gehilfen Baders begann. Die damaligen Zeitverhältnisse waren für diesen Kunstzweig wol keine günstigen, und Hofrath Auer, Director der Staatsdruckerei, welcher durch zehn Jahre für die xylographische Abtheilung dieses Institutes unter der tüchtigen Leitung Friedrich Exters große Opfer mit wenigen Erfolgen gebracht hatte, stellte für das Gelingen ebenfalls nicht viel Hoffnung in Aussicht; wurde ja der geringe einheimische Bedarf an Holzschnitt-Illustrationen meistens durch das Ausland gedeckt und die einheimischen Erzeugnisse, Kalender-Illustrationen, einfache Vignetten für Gebetbücher u. dgl. m. waren meistens ganz bedeutungslos und nach schablonenhaften Zeichnungen durchgeführt. Aber der gemeinsame Fleiß der neuen Unternehmer, das richtige Verständnis der graphischen Künste, das sich v. Waldheim schon früher angeeignet hatte, sein mit feinem ästhetischen Sinne verbundener Unternehmungsgeist und die exacte fachmännische Leitung durch Bader,[884] sowie dessen Heranbildung begabter frischer Kräfte brachten die junge Schöpfung in kurzer Zeit in Ruf und Ansehen. Die Zahl der Beschäftigten, theils Schüler, die später selbständig und mitunter als bewährte Kräfte sich zur Geltung emporrangen, theils tüchtige Holzschneider aus dem Auslande, stieg immer mehr. Auch ein Kreis junger, schöpferischer Künstler bildete sich durch die Mitwirkung an diesen Unternehmungen; derselbe weist Namen auf, die heute als glänzende

[878] Registratur des Wiener Magistrates, Fasc. II. 64, Nr. 155100.
[879] Erhält den Betrieb seiner Buchdruckerei an. (L. c. Nr. 14997.) — Zeigt die Transferirung seines Geschäftes an. (L. c. Nr. 20355.)
[880] Registratur des Wiener Magistrates, Fasc. II. 64, Nr. 14995.
[881] L. c. Nr. 18451.
[882] L. c. Nr. 11064.
[883] Wurzbach, Biographisches Lexikon, XXVII, 121–125.
[884] F. W. Bader hatte anfangs die Graveurkunst nach allen Richtungen erlernt, darnach aber mit besonderer Vorliebe einem gründlichen Studium des strengen figuralen Holzschnittes, wie er am Beginne der Fünfziger Jahre in Dresden im Atelier Hübners nach Zeichnungen der damals bedeutenden Illustratoren Ludwig Richter, J. Schnorr von Carolsfeld, Overbeck, Cornelius, Andreae, W. von Kaulbach gepflegt wurde, sich zugewendet. Am 5. Mai 1855 war er nach Wien gekommen, wo er schon nach zehn Tagen ein Atelier einrichtete und Gehilfen aus dem Auslande sich verschrieb. Im Frühjahre 1855 wurden die ersten Schüler aufgenommen. Den Anstoß zur Verbindung Waldheims mit Bader gab des Ersteren beabsichtigte Herausgabe einer kleinen Sammlung typischer Köpfe aus dem Wiener Volksleben nach Zeichnungen von Zampis.

bezeichnet werden, so die Maler F. Laufberger, L. C. Müller, E. v. Lichtenfels, L'Allemand, A. von Grottger, F. Kriehuber, C. Swoboda, J. Brunner, Architekt Franz Springer u. a. Alsbald bemächtigte sich auch die heimische Industrie, welche den nunmehr so entwickelten Holzschnitt kennen und schätzen gelernt hatte, desselben, um illustrierte Musterbücher und Preis-Courants in die Welt zu senden und bald erwiesen sich die Leistungen der Wiener Xylographen in allen Richtungen des Faches als dem Auslande ebenbürtig. Die Verlagsthätigkeit wurde angeregt, und es ist anzunehmen, dass vier Jahre nach der Gründung des Waldheim'schen Ateliers nur mehr wenige Holzschnitte für den inländischen Bedarf außerhalb Österreichs angefertigt wurden. Damals entstanden in Waldheims Verlage u. a. folgende illustrierte Unternehmungen: »Der Figaro«, 1856, zu dessen Herausgabe sich Waldheim mit Karl Sitter verbunden hatte; das Familienblatt »Die Mußestunden«, 1859; »Waldheims Illustrierte Zeitung«, 1862. Da der Druck derselben in Försters Buchdruckerei und Lithographie hergestellt wurde, war Waldheim mit den Brüdern Friedrich und Moriz Förster in Verbindung getreten und hatte auch deren Officin (die »Förster'sche artistische Anstalt«) im Jahre 1864 erworben.[*] Waldheim richtete dieses im Niedergange befindliche Institut unter der Firma *Waldheim & Förster* neu auf, bei welchem Anlasse F. W. Bader die Oberleitung sämmtlicher Abtheilungen der nunmehr vielseitigsten graphischen Anstalt in Wien übernahm und ihr später als Gesellschafter beitrat. Dadurch war jetzt Waldheim die Gelegenheit geboten, die bisher so mühevolle Anstrengung zur Erzielung eines guten Illustrationsdruckes mit größerem Erfolge auf eigenem Gebiete anzuwenden, eine Aufgabe, die ungemein wichtig war, indem es bis dahin noch sehr oft vorkam, dass gute Schnitte durch den Druck verdorben wurden. Am 21. December 1865 erlosch die bisherige Firma und lautete von da ab *R. von Waldheim*. Im Jahre 1867 begann auch in der Typographie ein bedeutender Aufschwung sich geltend zu machen, hervorgerufen durch ein überaus reges gewerbliches und industrielles Leben, wie nicht minder durch erweiterte Handelsbeziehungen und die sich eben entfaltende Kunstindustrie. Durch weittragende Unternehmungen (1867–1873) vermehrten sich überdies die Aufträge noch in solcher Zahl, dass Waldheim die Buchdruckerei und die sonstigen Abtheilungen seiner Anstalt, welche sich in der Leopoldstadt in der Taborstraße Nr. 52 befindet, fortwährend vergrößern und für die Kunstabtheilungen durch einen eigenen Anbau sorgen musste. Die Buchdruckerei wurde durch die Erwerbung der besten Schnellpressen zu einer der leistungsfähigsten im Inlande erhoben. Als Geschäftszweige der so entwickelten artistisch-typographischen Anstalt führen wir außer der Xylographie und Buchdruckerei nebst Schriftgießerei und Stereotypie noch an: die Steindruckerei, die Gravieranstalt, die Chromolithographie, die Galvanographie endlich die Metallographie und Kartographie. Es ist selbstverständlich, dass aus einer mit allen technischen Hilfsmitteln so gut ausgestatteten Officin nicht nur Prachtwerke, sondern auch viele für die commerciellen Fächer bestimmte, mehr oder weniger kunstgerecht ausgeführte Arbeiten im Accidenz- und Werksatze hervorgingen: Werthpapiere (Actien, Cassascheine, Obligationen, Couponsbogen), Musterbücher, Zeichnenvorlage-Werke u. dgl. m. Von ersteren nennen wir: die »Votivkirche in Wien«,[*] die »Bronzen aus der Zeit der italienischen Renaissance« von Valentin Teirich, und dessen »Cabinet«. Typographisch wie künstlerisch vortrefflich durchgeführt sind auch die vielen kunstgewerblichen und Vorlagewerke, als: »Kunstgewerbliche Vorlageblätter für Real-, gewerbliche Fach- und Fortbildungsschulen« von Professor J. Storck (Separat-Ausgabe aus den »Blättern für das Kunstgewerbe«); — »Vorlagen für Gold- und Silberarbeiten, für Arbeiten aus Eisen, für Glas-, Buchbinder- und Bronze-Arbeiten, für Möbel und Decoration und Textil-Arbeiten«; — Andel, »Ornamentale Formenlehre« (2 Bände); — »Kunstgewerbliche Flugblätter«; — »Ornamente antiker Thongefäße zum Studium und zur Nachbildung für die Kunstindustrie, sowie für Schulen«; — »Elementar-Zeichenschule« von Josef Grandauer; — »Neue und neueste Wiener Bau-Constructionen etc. Herausgegeben von den Fachlehrern der bautechnischen Abtheilung der k. k. Staats-Gewerbeschule in Wien unter Leitung des Directors Gustav Gugitz (Ferdinand Sitte)«; — »Vorlageblätter für den Unterricht im Maschinenzeichnen an Gewerbeschulen und gewerblichen Fortbildungsschulen« von Professor Josef Weiner;

[*] Registratur des Wiener Magistrates. Fasc. II 64 Nr. [illegible].

[*] Denkschrift des Baucomités, veröffentlicht zur Feier der Einweihung am 24. April 1879. Verfasst von Dr. Moriz Thausing.

— »Muster stilvoller Handarbeiten« von Emilie Bach u. s. w. — Periodisch erscheinende Verlagswerke sind: Die »Allgemeine Bauzeitung« mit Abbildungen;[897] die »Blätter für Kunstgewerbe«, gegründet von V. Teirich, nachmals redigiert von Professor Josef Storck; »Der Conducteur«, officielles Coursbuch der österreichisch-ungarischen Eisenbahnen; »Figaro«, mit Beilage »Wiener Luft«, humoristisches Wochenblatt; »Mittheilungen des k. k. Kriegs-Archivs«, herausgegeben von der Direction des k. k. Kriegs-Archivs; »Mittheilungen über Gegenstände des Artillerie- und Geniewesens«, herausgegeben von dem technisch-administrativen Militär-Comité; »Organ der militär-wissenschaftlichen Vereine«, herausgegeben vom Ausschusse des militär-wissenschaftlichen Vereines in Wien; »Streffleurs österreichisch-militärische Zeitschrift«.

EMILIE JASPER (1865–1872). Dieselbe hatte die Buchdruckerei des Heinrich Spitzer gekauft und am 1. October 1865 übernommen. Sie meldete sodann beim Wiener Magistrate den Betrieb dieser Buchdruckerei an und bewarb sich um die Concession,[898] welche ihr mit Statthaltereidecret vom 11. März 1866 unter der verantwortlichen Geschäftsleitung des Factors Ludwig Hauswirth ertheilt wurde. Das Geschäft, welches die Druckfirma *E. Jasper* führte, wurde noch im Jahre 1865 nach der Landstrasse, Heumarkt Nr. 7, verlegt. Im Jahre 1872 übertrug Emilie Jasper dasselbe ihrem Sohne und zeigte im Juni d. J. dem Magistrate an, dass sie die Buchdruckerei nicht mehr betreibe.[899] Vgl. S. 353.

HEINRICH REISS[900] (1865–1875). Reiß, einer der hervorragendsten Vertreter des Kunstdruckes (Buntdruck, Chromotypographie), war 1864 um eine Concession zur Ausübung desselben eingeschritten,[901] welche er auch mit Statthaltereidecret vom 26. April 1865 erhielt. Reiß, der frühzeitig für sein Fach sich begeisterte und dann auch die Technik desselben vollends beherrschte, hatte schon im Jahre 1849 den Gedanken gefasst, ein kunstreich ausgeführtes Missale in Farbendruck herzustellen, worin ihn besonders der Stadtpfarrer von Heilbronn und der Pfarrer von Neckarsulm bestärkten. Durch lange und eingehende Studien der Technik und einer großen Reihe der besten Vorbilder hatte er sich für sein hohes Ziel, dem er sich mit Geist und materiellem Gute vollends hingab, ja dieses schliesslich opferte, hinlänglich vorbereitet, nämlich für die Herausgabe eines kunst- und prachtvoll ausgestatteten Missales. Zu diesem Zwecke war er 1859 nach Wien gekommen, wo er die meiste Förderung sich erhoffte. Während der vorbereitenden Arbeiten machte er mit namhaften Künstlern Reisen in österreichische und baierische Klöster, um daselbst die besten und zierlichsten Vorbilder an Miniaturen des Mittelalters im Originale kennen zu lernen. Die k. k. Hofbibliothek und die Ambraser-Sammlung boten ihm selbstverständlich ein unendlich reiches Materiale. Als Vorläufer seines großen Missale erschienen: 1864 das gewöhnliche Missale, dann eine Sammlung der schönsten Miniaturen des Mittelalters aus dem XIV. und XV. Jahrhunderte (4°), eine Sammlung gothischer Initiale aus dem XIV. und XV. Jahrhunderte, sowie zwei Gebetbücher in deutscher und französischer Sprache mit Miniaturen. Im Anfange der Siebziger Jahre konnte endlich Reiß die Ausführung seiner eigentlichen Aufgabe: das grosse Missale,[*] als beendet betrachten. Dasselbe ist das Vorzüglichste, sagt Jacob (»Die Kunst im Dienste der Kirche«, Landshut 1870), was in der Zeit der Restauration kirchlicher Kunst hervorgebracht wurde. Fast alle der 90 Miniaturen im sattesten und reichsten Farbenschmucke — zu einem Bilde wurden oft bei 15 Platten verwendet — sind von Knöfler's Meisterhand geschnitten und wurden auf der Buchdruck-Handpresse gedruckt. Sie zählen zu dem schönsten, was in dieser Richtung geschaffen wurde. Wahre Perlen sind die beiden großen Titelbilder: »Abendmahl« und »Christus am Kreuze«. Reiß erntete für seine vielfachen Mühen und außerordentlichen Opfer reiches Lob und erhielt viele wohlverdiente Auszeichnungen. Aber es fehlte doch Vieles, damit

[897] Vgl. oben S. 211. — Gegründet von Professor Ludwig Förster, redigiert unter Mitwirkung der Architekten Emil Ritter von Förster, Theophil Ritter von Hansen, Oberbaurath Friedrich Freiherr von Schmidt von August Köstlin.

[898] Registratur des Wiener Magistrates, Fasc. II. 63, Nr. 46458.

[899] L. c. Nr. 74518

[900] Reiß ist am 28. April 1799 in Tübingen geboren und entstammte einer alten Buchdruckerfamilie. Nachdem er ebenfalls die Buchdruckerei in der [illegible] Officin erlernt hatte, begab er sich nach Frankreich, Belgien u. s. w. und übernahm jene nach seiner Rückkunft 1828. Nachdem er nachher verschiedene große Buchdruckereien in Stuttgart und Augsburg geleitet hatte, kam er 1850 nach Wien in die k. k. Hof- und Staatsdruckerei und leitete von Mai 1854 bis 1856 die Buchdruckerei L. [illegible]. — Reiß starb am 25. Februar 1875. (»Österreichische Buchdrucker-Zeitung«, Jahrgang 1875, S. 71.)

[901] Registratur des Wiener Magistrates, Fasc. II. 63, Nr. 11897.

[*] Missale Romanum ex Decreto sacrosancti Concilii Tridentini restitutum S. Pii V. Pontif. jussu editum . . . Initialibus, Libellis et imaginibus variis coloribus splendidissime exornatum. Vindobonae, sumptibus editoris Henrici Reiß MDCCCLXXII. Folio, mehr als 700 zweispaltige Seiten.

dieses groß angelegte Werk voll des herrlichsten Bilderschmuckes auch als ein «typographisches Denkmal ersten Ranges» angesehen werden könnte. «Derartige Werke dürfen nicht Noth leiden und müssen in den Händen eines Herausgebers sein, dem es möglich ist, bis ans Ende ruhig auszuhalten».[793] — Reiß' Druckerei, in welcher nur der Kunstdruck gepflegt wurde, kam im Jahre 1875 an Ludwig Lott, den früheren Leiter der Druckerei der «Presse». Vgl. S. 357.

LUDWIG JOLSDORF (1865–1876). Derselbe erhielt die Concession mit Statthaltereidecret vom 22. März 1865[794] und wurde mit Decret derselben Behörde vom 2. April 1876 als verantwortlicher Geschäftsleiter in der concessionierten Buchdruckerei der Ernestine Spitzer bestätigt.

ADOLF HOLZHAUSEN (seit 1865). Im December 1864 trennte sich Holzhausen von Hermann Jacob und bewarb sich um die Concession zum selbständigen Betriebe der bisher von ihm in Verbindung mit Jacob geführten Buchdruckerei, welche er mit Statthaltereidecret vom 24. Mai 1865, Z. 19214, erhielt.[795] Die 1864 in Wien errichtete Agentur der englischen Bibelgesellschaft benützte gleich vom Anfange an die Holzhausen'sche Officin ausschließlich für die Herstellung ihres sehr bedeutenden Bedarfes an Bibeln, namentlich in den slavischen Sprachen, für welche Holzhausen den Originalsatz ausführte und von Meyer & Schleicher die galvanischen Platten herstellen ließ. Das Kriegsjahr 1866 hatte, wie bekannt, in allen Gewerben, so auch in den Buchdruckereien Wiens, vielfache Störungen im Betriebe und manchen Rückschritt hervorgerufen. Holzhausens Officin hatte ebenfalls darunter zu leiden, begann aber bald eine gegen ihren früheren Stand weit höhere Bedeutung zu erreichen und ihr Ruf gelangte über Österreichs und selbst Deutschlands Grenzen hinaus zur verdienten Geltung. Es waren aber hier immer vorzügliche Kräfte in allen Zweigen typographischer Technik unter sehr tüchtiger Leitung vereinigt,[796] und Holzhausen machte es sich auch zur Aufgabe, seinen Typenschatz für europäische und außereuropäische, namentlich orientalische Sprachen, reichlich zu vermehren. Die aus seiner Officin hervorgegangenen Werke tragen daher alle einen streng ernsten Charakter und zeigen überdies eine geschmackvolle Anordnung des Satzes, für welchen geeignete Setzer unter der Leitung des Factors Josef Langschwert herangebildet wurden, einen tadellosen und gleichmäßigen, bei Prachtwerken (Illustrationsdrucken) einen in jeder Beziehung geradezu meisterhaften Druck. Der Accidenzsatz der Officin Holzhausens genoss stets einen guten Ruf, wird aber weit durch den vielsprachigen und vorzüglichen Werksatz übertroffen. Von diesem erwähnen wir vorerst die ungarische Gesetzessammlung von Moriz Ráth, ferner den seit 1868 in Flor gekommenen orientalischen Satz, der selbst in Paris hoch geschätzt ist, von woher auch ganz besondere Aufträge kamen, Hyrtls Corrosions-Anatomie (gr. 4°) mit ihrem vorzüglichen Drucke, dann Dr. Heitzmanns Anatomischen Atlas mit mehr als 600 Holzschnitten im Texte. Die ausgezeichnetsten Leistungen der Holzhausen'schen Officin sind aber die sämmtlichen im Auftrage des k. k. Oberstkämmereramtes hergestellten Prachtwerke.[797] Holzhausens Officin, welche sich im VII. Bezirke, Breitegasse Nr. 8, befindet, führt seit 1880 den Titel «K. k. Hof- und Universitäts-Buchdruckerei».

[793] Karl Lorck, Handbuch der Geschichte der Buchdruckerkunst, 2. Theil (Leipzig, 1883), S. 431.

[794] Registratur des Wiener Magistrates, Fasc. II. 44, Nr. 19558.

[795] L. c. Nr. 23471.

[796] Der tüchtige Factor Wilhelm Köhler war schon am 25. Februar 1865 ausgetreten, dagegen Josef Pola an seine Stelle gekommen, den [illegible] 1875 ablöste. Wir nennen noch die Correctoren Koczander, Böhm und Alexander Schwartz, Wahlsteen und Josef Postalka, Langschwert, Semmelroth und Julius Hennig, die Accidenzsetzer Josef Theodor Reiß, Nickel u. a., dann die ausgezeichneten Druckerfactore und Maschinenmeister Gustav König, Kradl u. a.

[797] Die hervorragendsten Kunstwerke der Schatzkammer des österreichischen Kaiserhauses. Auf Allerhöchsten Befehl Seiner Majestät des Kaisers unter Leitung des k. k. Oberstkämmerers Franz Grafen Crenneville herausgegeben von Quirin Leitner, k. k. Schatzmeister. Mit 100 Tafeln Original-Radierungen. Wien, 1870–1873. (Textdruck von Adolf Holzhausen.) Gr.-Fol. — Die Schatzkammer des Allerhöchsten Kaiserhauses, beschrieben von Quirin Leitner, k. k. Regierungsrath und Schatzmeister. Wien, 1878. Kl.-8°. (Es ist dies die neue Auflage des Kataloges der Schatzkammer, eine illustrierte Ausgabe.) — Monographie des k. k. Lustschlosses [illegible]. Auf Allerhöchsten Befehl Seiner Majestät des Kaisers unter Leitung des k. k. Oberstkämmerers Franz Grafen Crenneville herausgegeben von Quirin Leitner, k. k. Regierungsrath. Wien, 1875. Gr.-Fol. — Monographie des kaiserlichen Lustschlosses Laxenburg. Auf Allerhöchsten Befehl Seiner Majestät des Kaisers unter Leitung des k. k. Oberstkämmerers Franz Grafen Crenneville herausgegeben von Quirin Leitner, k. k. Regierungsrath. Wien, 1878. Gr.-Fol. — Freydal. Des Kaisers Maximilian I. Turniere und Mummereien. Herausgegeben mit Allerhöchster Genehmigung Seiner Majestät des Kaisers Franz Josef I. Unter der Leitung des k. k. Oberstkämmerers Franz Grafen von Crenneville herausgegeben von Quirin von Leitner. Wien, 1880–1882. Gr.-Fol. — Die Jahrbücher der kunsthistorischen Sammlungen des Allerhöchsten Kaiserhauses, ebenfalls unter der Leitung des k. k. Oberstkämmerers von Quirin von Leitner herausgegeben, deren erster Band im Jahre 1883 erschienen ist, fallen nicht mehr in den Zeitraum, den sich dieses Werk gesteckt hat.

MORIZ GANS VON LUDASY (1866–1880), Eigenthümer der «Debatte», erhielt mit Statthaltereidecret vom 9. November 1866 für den Druck der «Debatte» und der «Wiener medicinischen Presse» die Bewilligung.[998] Mit Statthaltereidecret vom 27. December 1866 wurde demselben eine beschränkte Concession ertheilt. Mit Statthaltereidecret vom 8. Juli 1869, Z. 18702, wurde Leopold Schwichowetz als verantwortlicher Geschäftsleiter und mit Statthaltereidecret vom 28. October d. J., Z. 30264, der Schriftsetzer Julius Heinrich Lange aus Leipzig in gleicher Stellung bestätigt. Im Jahre 1871 wurde diese Buchdruckerei, welche in der Leopoldstadt, Glockengasse Nr. 2 bestand, beinahe vollständig durch Brand vernichtet. Nach ihrer Herrichtung und Änderung des Titels der Zeitung «Debatte» in jenen der «Tagespresse» wurde die Druckerei in der Alservorstadt, Türkenstraße, fortgeführt, aber nach dem Eingehen der Zeitung das Material vollständig zersplittert. Im Juni 1880 zeigte Gans von Ludasy an, dass er die Buchdruckerei ganz aufgegeben habe und nicht mehr betreibe. (Magistrats-Rathschl. vom 25. Juni 1880, Z. 35848.)

WILHELM JACOBI (seit 1866). Jacobi, welcher die Löwenthal'sche Buchdruckerei übernommen hatte, erhielt mit Statthaltereidecret vom 27. December 1866, Z. 41407, die Bewilligung zum Betriebe einer Buchdruckerei. Als verantwortlicher Geschäftsleiter wurde Ernst Hermann Büsing mit Statthaltereidecret vom 21. Juni 1867, Z. 17536 bestätigt.[999] Jacobi errichtete dann zwei Filialen, und zwar eine im k. k. Telegraphenamte und eine in der Burggasse zum Drucke der Gemeindezeitung, mit 34 Gehilfen. Im Hauptgeschäfte in der Stadt, Augustinerstrasse Nr. 12, waren bei 70 Gehilfen beschäftigt. Im April 1870 verkaufte Jacobi die grosse Druckerei an Szeps, respective an das «Neue Wiener Tagblatt», die zweite Druckerei an Josef Kaiser; mit der dritten Druckerei, die Jacobi selbst behielt, zog er auf den Schottenring Nr. 6. Jacobi druckt zumeist Accidenzarbeiten, Wochen- und Monatsschriften. Am 1. April 1870 zeigte er den zeitweiligen Nichtbetrieb seiner Concession, am 24. Jänner 1871 den Wiederbetrieb an. Mit Erlass der k. k. Statthalterei vom 3. Mai 1882, Z. 19981, wurde Josef Kaiser als verantwortlicher Leiter bestellt.

CARL ÜBERREUTER'SCHE BUCHDRUCKEREI UND SCHRIFTGIESSEREI [M. SALZER] (seit 1866). Matthäus Salzer, Chef der Firma Matthäus Salzer & Söhne, Besitzer der Stattersdorfer Papierfabrik und Miteigenthümer der k. k. privilegierten Ebenfurther, Ober-Eggendorfer und Wiener-Neustädter Papierfabriken von Leopold Fr. Leidesdorf & Comp. etc., brachte durch Kauf die Carl Überreuter'sche Buchdruckerei und Schriftgießerei sammt Verlag am 1. März 1866 an sich, zu deren fernerem Betriebe er mit Statthaltereidecret vom 23. Mai 1866 die Bewilligung erhielt.[1000] Den Zeitverhältnissen entsprechend, wurden von dem neuen Besitzer unter der verantwortlichen Leitung des Buchdruckerei-Directors Wilhelm Fickert die Lettervorräthe auf 1135 Centner Schrift mit 29.100 Matrizen erhöht, sowie die Werkvorrichtungen bedeutend vermehrt, im Jahre 1869 die Papier-Stereotypie eingerichtet, 1871 eine neue Doppel-Schnellpresse zum gleichzeitigen Drucke von vier Formatgrößen, dann eine zweite Lettern-Gießmaschine in Betrieb gestellt und 1872 ein großer, lichter Pressensaal für 12 Schnellpressen, 10 Handpressen, sowie ein Maschinenhaus für den Dampfbetrieb aller Maschinen eingerichtet. Im Jahre 1875 besaß die Druckerei 10 Schnellpressen, 8 Handpressen,[1001] 1 Satinier- und 1 Papier-Schneidemaschine, 2 Gießmaschinen und 1 Handgießofen. Schon die Überreuter'sche Officin hatte in der letzten Zeit einen ganz ansehnlichen Militär-Drucksortenverlag zu besorgen und große Auflagen von Gebetbüchern und Kalendern (pro 1882 den 128. Jahrgang des «Krakauer-Kalenders» in 200.000 Exemplaren) zu drucken; auch der Copiendruck und Accidenzen gaben reichliche Beschäftigung. Von Zeitungen wurden hier gedruckt: «Der Volksfreund», 1856; «Kikeriki», 1860; das Damen-Mode-Journal «Iris», 1864, bei welchem die ersten Zinkätzungen von Angerer als Illustrationen in Verwendung kamen; «Öffentliche Sicherheit» von

998 Registratur des Wiener Magistrates, Fasc. II. 61, Nr. 134580.

999 L. c. Nr. 138358.

1000 L. c. Nr. 6494.

1001 «Österreichische Buchdrucker-Zeitung», Jahrgang 1874 [illegible] — Die erste eiserne Handpresse von [illegible] in Wien wurde 1841 aufgestellt; die erste Schnellpresse, die noch im Betriebe ist, wurde von Leo Müller in Wien besorgt, die weiteren Schnellpressen stellten H. Löser, G. Sigl und die Maschinenfabrik in Augsburg bei.

Liederbücher, 1869; »Veterinärkunde«, seit 1853; »Verhandlungen der k. k. zoologisch-botanischen Gesellschaft«, 1843; die »Pharmaceutische Zeitschrift«, 1847; »Botanische Zeitschrift«, 1851; »Zeitschrift der Gesellschaft der Ärzte«, 1858. Nachdem diese Officin an Salzer übergegangen, waren die namhaftesten Druckwerke jene für den medicinischen,[1082] naturwissenschaftlichen,[1083] juridischen und historischen Verlag des Buchhändlers Braumüller. Nach dem am 4. Januar 1878 erfolgten Ableben des Matthäus Salzer übernahmen dessen Söhne Matthäus und Franz Salzer die Buchdruckerei und Schriftgießerei wozu sie die Concession mit Statthaltereidecret vom 17. Juni 1878, Z. 18186, erhielten. Als verantwortlicher Geschäftsführer wurde Wilhelm Fickert bestätigt. Unter der obersten Geschäftsführung von Franz Salzer bestand die frühere Firmierung fort, der Betrieb ward aber vergrößert, der Geschäftskreis durch neues Materiale und neue Werkvorrichtungen erweitert, der Militär-Drucksortenverlag besonders gepflegt. Die in der inneren Stadt, Dorotheergasse, befindliche Überreuter'sche Verlagshandlung ward mit der eigenen Papierfabriks-Niederlage auf dem Stefansplatze Nr. 4 vereinigt, dann im November 1880 die bis dahin sich noch in den Händen der Überreuter'schen Erben befindliche Realität, IX., Alserstraße 24, in welcher die Buchdruckerei untergebracht ist, käuflich erworben. Für die Carl Überreuter'sche Officin (M. Salzer) ist es charakteristisch, dass im Jahre 1882 ein Setzer bereits seit 46, ein Druckerfactor seit 14, je ein Setzer seit 40, 30 und 28, ein Beamter seit 27, ein Maschinenmeister seit 26, sieben Personen in verschiedenen Stellungen seit 25 Jahren u. s. w. thätig waren.

G. AD. UNGAR & COMP. (seit 1866). Dr. Gustav Adolf Ungar, welcher die Druckerei von Feodor Freund übernommen hatte, erhielt die Concession mit Statthaltereidecret vom 18. Jänner 1866, doch mit der Einschränkung auf den Druck seiner »Nationalzeitung«[1084] und unter der verantwortlichen Leitung des Buchdruckers Feodor Freund, mit Statthaltereidecret vom 30. Mai d. J., Z. 18894, unter der verantwortlichen Leitung des Johann Knischek.

CARL FROMME (seit 1867). Derselbe erhielt mit Statthaltereidecret vom 27. Februar 1867 die Bewilligung zum Betriebe der von ihm durch Kauf erworbenen Buchdruckerei, Schriftgießerei und Stereotypie des Carl Winternitz, welche damals mit drei Maschinen und zwei Handpressen arbeitete.[1085] Mit Statthaltereidecret vom 17. April d. J. wurde auch der bisherige verantwortliche Leiter, Anton Türke, als solcher bestätigt,[1086] welchem Josef Vogl folgte. In der Fromme'schen Officin wurde der kunstmäßige Accidenzsatz zu einer staunenswerten Bedeutung, namentlich in dem reichen Genre der Kalender, gebracht, die hier mit exquisitem Geschmacke für alle Stände, für fast alle Berufsclassen typographisch mustergiltig hergestellt wurden. Die vielsprachigen Portemonnaie-Kalender, welche 1873 in der Rotunde ausgestellt waren, hatten daher mit vollem Rechte allseitige Aufmerksamkeit und Beifall erregt. Fromme hat das Verdienst, den österreichischen Kalenderverlag begründet zu haben, der sowohl durch seine typographische Ausstattung, als auch durch die wachsende Ausdehnung nahezu einzig in seiner Art dasteht.[1087] Als Beispiel der schönsten Leistungen des Accidenzsatzes in Fromme's Buchdruckerei gilt das Ehrendiplom des Wiener Factorenvereines. Auch auf die Schriftgießerei hatte Fromme viele Sorgfalt verwendet, wobei er von dem genialen Stempelschneider Carl Brendler thatkräftigst unterstützt wurde. Fromme's Buchdruckerei und Schriftgiesserei erweiterten sich mit den Jahren immer mehr; da es ihm aber bei seiner vielseitigen Thätigkeit schwer fiel, der Schriftgießerei die nöthige Sorgfalt zuzuwenden und der starken Concurrenz neu auftauchender Firmen begegnen zu können, verkaufte er dieselbe im Jahre 1874 an Brendler.

[1082] Arlt, »Die Krankheiten des Auges«; [illegible], »Atlas der [illegible] Topographie des Auges«; [illegible], »Therapie der Knochenbrüche«; [illegible], »Mikroskopische Morphologie«, »Anatomischer Atlas«, »Compendium der Chirurgie«, [illegible] u. a.

[1083] [illegible], »Lehrbuch der niederen Geodäsie«, [illegible]; [illegible], »Technische Physik«; [illegible], »Grundzüge der modernen Chemie«; [illegible], »Atlas der Krystallformen des Mineralreiches«, »Lehrbuch der physikalischen Mineralogie« u. a.

[1084] Registratur des Wiener Magistrates, Fasc. II. ad, Nr. [illegible] ex 1866.

[1085] L. c. Nr. [illegible].

[1086] L. c. Nr. [illegible].

[1087] »Österreichische Buchdrucker-Zeitung«, Jahrgang 1894, S. 331 f.

Am 2. Mai 1876 wurde Fromme's Officin mit dem Hoftitel ausgezeichnet. Hier wird der Werkdruck besonders aber der Accidenz-Farben- und Illustrationsdruck gepflegt.

DRUCKEREI DER »GEMEINDE-ZEITUNG« (seit 1867). Ferdinand Hummel, der Eigenthümer und Herausgeber dieser Zeitung, erlangte die Bewilligung zum Drucke derselben mit Statthaltereidecret vom 27. Juni 1867.[illegible] Im Jahre 1872 zeigte Hummel an, dass er seine Buchdruckerei, die er an die Unionbank verkauft hatte, nicht mehr betreibe.[illegible] Im selben Jahre erscheint Josef Pfundheller als Herausgeber und Redacteur der »Gemeinde-Zeitung«, welcher die Concession mit Statthaltereidecret vom 17. März 1872, Z. 6654, unter Genehmigung des Rudolf Oppenheimber als verantwortlichen Geschäftsleiters erhielt. Dieses Verhältnis scheint aber nach zwei Jahren gelöst worden zu sein, denn die Unionbank erhielt eine eigene Concession mit Statthaltereidecret vom 16. Juli 1874, Z. 20.660, wobei gleichzeitig Rudolf Oppenheimber zum verantwortlichen Leiter der Buchdruckerei bestätigt wurde. Im Jahre 1875 verkaufte wieder die Bank die Druckerei an den Consistorialrath Dr. Albert Wiesinger, welcher die Concession mit Statthaltereidecret vom 4. Juni 1875, Z. 14874, erhielt, indem gleichzeitig Carl Schmid als verantwortlicher Geschäftsleiter eingesetzt wurde. Mit Statthaltereidecret vom 19. Mai 1882, Z. 22085 wurde Carl Sagn als verantwortlicher Geschäftsleiter bestätigt. Dr. Albert Wiesinger cultiviert nebstbei auch den Werkdruck.

LUDWIG WILHELM SEIDEL (seit 1867), Buchhändler. Derselbe hatte die Buchdruckerei von Anton Schweiger & Comp. gekauft und erhielt die angesuchte Bewilligung mit Statthaltereidecret vom 18. December 1867, Z. 39865. Die Buchdruckerei, welche unter der verantwortlichen Leitung des Josef Schrecker und nach dessen Tode (8. December 1881) unter jener von Franz Kreisel stand, wurde wie bisher in der Magdalenenstrasse Nr. 4 und unter der Firma *L. W. Seidel & Sohn* betrieben. Der neue Besitzer vergrösserte sie wesentlich. Es wurden zwei Schnellpressen, sowie zwei eiserne Handpressen aus der Maschinenfabrik Löser in Wien aufgestellt. Namentlich wurde hier der Zeitungs- und Werksatz für Seidels militärischen Verlag hergestellt, auch zahlreiche Schriften des k. k. Kriegsministeriums und der k. k. Kriegsschule gingen aus Seidels Pressen hervor; desgleichen der »Oesterreichische Schulbote« (1851–1872), der »Zeitgeist« (1861–1863), »Union« (1863–1874), »Medicinische Zeitschrift« (1859–1861), die »Blätter des Vereines für Landeskunde von Niederösterreich«, die »Topographie« desselben Vereines, eine Zeit lang auch die »Mittheilungen der k. k. Geographischen Gesellschaft in Wien«. Eine hervorragende Leistung dieser Officin ist die illustrierte Festschrift[illegible] der historischen Vereine Wiens aus Anlass der Habsburgfeier am 27. December 1882, welche unter den schwierigen Verhältnissen des Strikes von 1882–1883 durchgeführt wurde.

JACOB WEINER (seit 1867), Steindrucker. Derselbe bewarb sich um das Befugnis einer Buchdruckerei, wurde aber abgewiesen und erhielt es erst im Recurswege mit Statthaltereidecret vom 27. November 1867, auf Grund des Ministerial-Erlasses vom 25. November 1867. Weiner betreibt sein Geschäft, dessen Specialität der Placatendruck ist, in der Alservorstadt, Türkenstrasse Nr. 4.

L. SOMMER & COMP. (1868–1877). Vgl. S. 229 und 320. Bekanntlich hatte Leopold Sommer im Jahre 1868 seinen Stiefsohn Emil Hochenadel als Compagnon in seine Buchdruckerei aufgenommen und ihm, der Gutenbergs Kunst erlernt hatte, auch die technische Leitung übertragen. Die Gründungsepoche 1870–1873 ließ aber den Unternehmungsgeist Sommers nicht in Ruhe und so fasste er den Entschluss, die Druckerei in ein Actienunternehmen umzuwandeln, welche Idee bei einigen Geldmännern lebhaften Anklang fand. Da jedoch der bisherige Umfang der Officin für ein Actienunternehmen der damaligen Zeit zu gering war, so beschloss Sommer, nachdem ihm bedeutende Summen zur Verfügung gestellt waren, welche durch den Verkauf wieder zurückgezahlt werden sollten, dieselbe durch einen bedeutenden Zubau zu vergrößern und eine Lithographie und Chromolithographie nebst Verlag einzurichten. Der Neubau war aber noch nicht trocken, die Einrichtung noch nicht vollendet, als im Mai 1873 die finanzielle Krisis eintrat, wodurch alle Hoffnungen auf die Realisierung durch eine Actiengesell-

[illegible] Registratur des Wiener Magistrates, Fasc. II. 44, Nr. 57329.

[illegible] Magistrats-Rathschl. vom 2. Juli 1872.

[illegible] Festschrift zur sechshundertjährigen Gedenkfeier der Belehnung des Hauses Habsburg mit Österreich. Von den historischen Vereinen Wiens. Wien 1882. Zweifache Ausgabe in 4 und 8°.

schaft vernichtet wurden und Sommer die ungeheuere Last der ihm zu diesem Zwecke zur Verfügung gestellten Summen zu tragen hatte. Hierzu kam, dass andere grössere Buchdruckereien, welche sich in jener Zeit wirtschaftlichen Aufschwunges fast ausschließlich mit der Herstellung von Wertpapieren befasst hatten, sich nunmehr auch auf andere Arbeiten werfen mussten, und so entstand für Sommer, welcher damals fast alle größeren Aufträge von Drucksorten für Bahnen lieferte, eine schwere Concurrenz, welche es ihm unmöglich machte, sich aufrecht zu erhalten und seinen Verpflichtungen nachzukommen, wodurch er Ende 1875 zum Concurse gedrängt wurde. Diese Katastrophe überlebte Sommer nicht lange; er starb im April 1880. Die Druckerei, welche im Executionswege verkauft wurde, ging sammt dem Hause an Johann N. Vernay über. In Sommers Officin wurden außer verschiedenen anderen Zeitschriften gedruckt: »Das Wiener Blatt« (1872–1873); »Die Bombe« (1870–1881); »Der Floh« (mit Unterbrechungen 1872–1881). Vgl. S. 360.

MORIZ BETTELHEIM (seit 1868). Diese Buchdruckerei wurde 1868 unter der Firma M. Bettelheim & Hugo Gerbers gegründet, welch' letzterer aber 1870 aus dem Gesellschaftsverbande austrat. Mit Statthaltereidecret vom 5. Mai 1870, Z. 11.689, erhielt nun Bettelheim eine neue Concession für das Buchdruckereigewerbe und trat Josef Pick in ein Gesellschaftsverhältnis mit Bettelheim; die Firma lautete bis 1882 *M. Bettelheim & J. Pick.*

HEINRICH KNÖFLER (seit 1868),[1811] Xylograph, hatte mit Statthaltereidecret vom 21. Jänner 1868 die Concession für eine Buchdruckerpresse zum Drucke seiner eigenen xylographischen Arbeiten erhalten. Dieser Kunstzweig des farbigen Holzschnittes (Chromoxylographie) wurde von ihm zu so hoher Vollendung gebracht, dass seine Erzeugnisse wegen der Sicherheit und Sauberkeit der Technik, noch mehr aber wegen der wunderbaren Harmonie und des Schmelzes der Farben, welche das Eigengut seiner malerischen Begabung waren, nicht nur im Inlande größtes Ansehen genossen, sondern auch allenthalben im Auslande Bewunderung erregten und Knöfler ohne Widerspruch den Ruf des ersten Meisters in seinem Fache einbrachte. Mit besonderer Vorliebe behandelte derselbe religiöse Genrebilder, von denen fast jedes als ein Meisterstück zu betrachten ist. Er machte zuerst 24 Miniaturen (Namensheilige) und führte dann die »geistliche Rose« nach Führich in 16 Miniaturbildern aus, welche hauptsächlich in Frankreich die vollste Anerkennung fanden. Viele Hunderte von Miniaturen gingen in verhältnismäßig kurzer Zeit aus seiner Anstalt hervor. Von den grossen Bildern sind besonders nennenswert: Die »Eucharistie«, ein figurenreiches Bild nach Führichs Schüler Mögele, »Maria mit dem Kinde« nach Schraudolf, »Josef mit dem Jesukinde« nach Lochner, »Herz Jesu« und »Herz Mariä«, »St. Anna« und der »Schutzengel« nach Baumeister, die »heilige Monika«, die Mutter des großen Kirchenlehrers St. Augustin, dessen Original in der Beuroner Benedictiner Schule gemacht wurde, u. s. w. Als für Wien gefertigte Bilder sind von besonderem Werthe: Das Porträt des Kardinal Erzbischofes Kutschker und das Marienfenster in dem Werke »Die Votivkirche«. Knöfler hat auch die herrlichen Initiale zum Reiß'schen Missale geschnitten und zum Theile gedruckt; von ihm rühren ebenso die zahlreichen Farbendruckbilder für die großen katholischen Verlagsfirmen Manz und Pustet in Regensburg sowie für viele französische Verlagsfirmen her. Das in vollendeter Technik und heller Farbenfrische prangende Titelbild des vorliegenden Werkes zählt ebenfalls zu den schönsten Leistungen seiner Kunst. — Seine Officin befindet sich auf der Wieden, Belvederegasse Nr. 16.

ALEXANDER SCHARF (seit 1868). Derselbe erhielt mit Statthaltereidecret vom 6. Mai 1868 das Befugnis, eine Buchdruckpresse zum Drucke der von ihm herausgegebenen Journale halten zu dürfen.[1812]

[1811] Knöfler, zu [illegible] im Herzogthume Sachsen-Altenburg 1821 geboren, sollte bei seinem Vater das [illegible] erlernen, zeigte aber schon früh eine entschiedene Neigung für Zeichnen und Malen. Entgegen dem väterlichen Willen ging er nach Meissen, wo er bei einem Maler der berühmten Porzellanfabrik im Porzellanmalen sich ausbildete. Nach mehreren Wanderjahren in Deutschland begab er sich nach Wien, wo er an Professor Anton R. v. Perger einen warmen Förderer fand, sich der Xylographie zuwendete und [illegible] in das eben eingerichtete Atelier [illegible] als dessen erster Schüler eintrat. Er machte sich aber bald selbständig und schnitt 1854 für den Dittmarsch'schen »Novellen-Almanach« die Laufberger'schen Zeichnungen. Seine ersten Versuche im Farbendrucke waren »ein Kopf eines alten Mannes«, [illegible], Schmetterlinge, Blumen u. s. w., welche er den Druck mit der Hand auf [illegible] Papiere herstellte. Später wurden solche Bilder in dem 1861 bei Zamarski eingerichteten xylographischen Atelier, dem Knöfler durch zwei Jahre vorstand, gedruckt. Er lieferte eine große Anzahl farbiger Holzschnitte für die illustrierte Zeitung »Feierabend« und einige Prämienbilder für den Dittmarsch'schen Kalender. (»Österreichische Buchdrucker-Zeitung«, Jahrgang 1876 (IV.), S. 34 f., und Jahrgang 1886 (XIV.), S. 319 ff. — »Journal für Buchdruckerkunst«, Jahrgang 1876, Nr. 4 und 5. — Zeitschrift für Xylographen, Jahrgang 1886, Nr. 42.)

[1812] Registratur des Wiener Magistrates ([illegible], Nr. [illegible]).

Mit Statthaltereidecret vom 1. Juli 1868, Z. 19914, wurde dasselbe für das Buchdruckereigewerbe überhaupt erweitert und der Metteur-en-pages Franz Markl zum verantwortlichen Geschäftsleiter im Sinne des § 58 der Gewerbe-Ordnung bestellt. Mit Statthaltereidecret vom 24. Juni 1874, Z. 17927, wurde Edmund Mayer als verantwortlicher Leiter bestätigt. Die Officin, welche ursprünglich nur zu Zwecken der «Wiener Sonn- und Montags-Zeitung» und des gleichfalls von A. Scharf herausgegebenen Verlosungsblattes «Fortuna» etabliert wurde, erweiterte im Laufe der Jahre ihren Wirkungskreis und ist nun im Stande, alle in das Buchdruckerfach einschlagenden Arbeiten zu liefern. Die Officin wurde im Jahre 1872 in das eigene Haus, Stadt, Wipplingerstrasse Nr. 38, verlegt.

LEOPOLD HAHN (1869–1874). Der Xylograph Hahn erhielt das Befugnis einer Buchdruckerei mit Statthaltereidecret vom 21. März 1869, Z. 7578, zeigte aber nach längerer Unterbrechung (er hatte seine Druckerei an Adalbert Switirsch abgetreten) 1873 den Wiederbetrieb (Magistrats-Rathschlag vom 19. August 1873) an und bestellte Hermann Hamber zum verantwortlichen Geschäftsleiter (Ministerial-Verordnung vom 9. August 1873, Z. 13302). Bald darauf verständigte er neuerdings die Behörde vom Nichtbetriebe, sowie dass er die Buchdruckerei ganz aufgebe. (Magistrats-Rathschl. vom 27. August 1874.)

ADALBERT SWITIRSCH (1869–1871), Xylograph, erhielt das Buchdruckereibefugnis mit Statthaltereidecret vom 17. Mai 1869, Z. 13245, und errichtete sein Geschäft in der Alserstraße Nr. 18, übersiedelte aber im Mai 1871 in die Alserstraße Nr. 32. Mit Statthaltereidecret vom 1. Juni 1870, Z. 15207, wurde Johann Ponschab als verantwortlicher Geschäftsleiter bestellt. Switirsch verkaufte seine Buchdruckerei, die einen geringen Umfang hatte, noch im Jahre 1869 an ein Consortium von Gehilfen, das sie anfangs unter der Firma Switirsch, aber erst vom Jahre 1871 an unter der Firma «Genossenschafts-Buchdruckerei» fortführte und wesentlich vergrößerte. Switirsch legte die Concession 1873 zurück. (Magistrats-Rathschlag vom 3. Juli 1873.) Vgl. S. 350 (Genossenschafts-Buchdruckerei).

DRUCKEREI DES «NEUEN WIENER TAGBLATT» (1869–1872). Heinrich Pollak, welcher im Vereine mit Moriz Szeps das «Neue Wiener Tagblatt» gegründet und die Druckerei des Wilhelm Jacobi in der Stadt, Augustinerstraße Nr. 12, gekauft hatte, erhielt ein Buchdruckereibefugnis mit Statthaltereidecret vom 13. März 1869, Z. 5770; zugleich wurde Wilhelm Zingel als verantwortlicher Leiter genehmigt.[1013] Im Jahre 1872 wurde die Zeitung an die Actiengesellschaft «Steyrermühl» verkauft, welche die Druckerei in den Steyrerhof verlegte, die Dampfmaschine, Transmissionen etc. aber an Gottlieb Gistel abtrat. Pollak legte seine Concession am 4. August 1872 zurück. (Magistrats-Rathschlag.) Vgl. S. 354.

HUGO GERBERS (1869–1874). Das Ministerium des Innern verlieh im Einvernehmen mit dem Ministerium der Landesvertheidigung und öffentlichen Sicherheit mit Erlass vom 15. Februar 1869 (Statthaltereidecret vom 18. Februar 1869, Z. 5072) dem Hugo Gerbers die Concession für eine Buchdruckerei. Sein Compagnon Josef Ludwig besaß bereits eine solche Concession.[1014] Im folgenden Jahre zeigte Gerbers den Nichtbetrieb (Magistrats-Rathschlag vom 22. October 1870, Z. 84172) und 1871 den Wiederbetrieb an (l. c. 21. April 1871, Z. 48025),[1015] stellte aber nach fast drei Jahren den Betrieb wieder zeitweise ein (Magistrats-Rathschl. vom 13. März 1874) und legte Anfangs 1876 die Bewilligung ganz zurück.

LEO FEIN (seit 1869) erhielt die Bewilligung mit Statthaltereidecret vom 2. Februar 1869, Z. 1966.[1016] Nachdem er seine Druckerei an Matuschka überlassen hatte, zeigte er den zeitweisen Nichtbetrieb an (Magistrats-Rathschl. vom 3. November 1877), betrieb aber eine nicht concessionierte Buchdruckerei in der n.-ö. Landes-Zwangsarbeits-Anstalt in Weinhaus.

ROLLINGER & MÖSSMER (seit 1869). Die Concession zum Betriebe der Buchdruckerei wurde mit Statthaltereidecret vom 3. August 1869, Z. 21835, an Hans Mößmer ertheilt, der im Vereine mit

[1013] Registratur des Wiener Magistrates, Fasc. II. 64, Nr. 150140 ex 1868. — Im Jahre 1870, wo die Firma Pollak & Szeps besteht, finden wir eine Bestellungsgenehmigung des Adolf Holzhausen als Druckereileiter verzeichnet (l. c. Nr. 108130), im folgenden Jahre Jacob Louis Rohnsdorf.

[1014] L. c. Nr. 118698.

[1015] L. c. Nr. 51891.

[1016] L. c. Nr. 150121.

dem Buchbinder und Rastrierer F. Rollinger in Meidling, Hauptstraße 17, die Officin errichtete. Zum verantwortlichen Geschäftsleiter wurde Christian Winter aufgestellt. Die Druckerei leistet sowohl im Accidenz-, wie im Werkdrucke Vorzügliches; in letzterem ragen die »Geschichtsquellen der Stadt Wien« besonders hervor.

ERSTE WIENER VEREINS-BUCHDRUCKEREI, registrierte Genossenschaft mit unbeschränkter Haftung (seit 1869). Ein Consortium von Buchdruckern und Schriftgießern, hervorgegangen aus dem über Anregung Carl Simmons am 19. Januar 1868 zu diesem Zwecke begründeten Sparvereine, brachte im April 1869 die Michael Auer'sche Buchdruckerei, welche zwei Schnellpressen im Betriebe hatte, um den Preis von fl. 24000 käuflich an sich und erhielt die Concession unter obiger Firma mit Statthaltereidecret vom 13. August 1869, Z. 2256. Im Jahre 1870 wurde in dieser Officin die Stereotypie eingeführt und im folgenden Jahre gab es schon fünf Schnellpressen und drei Handpressen. Als verantwortlicher Geschäftsleiter wurde Anfangs Carl Simmon bestätigt, später der Schriftsetzer Carl Dilk (Statthaltereidecret vom 5. Januar 1872, Z. 35001) und Wilhelm Führich (Statthaltereidecret vom 7. Januar 1879, Z. 39451), welchem im Jahre 1880 abermals Carl Simmon folgte (Statthaltereidecret vom 7. Mai 1880, Z. 16116). Diese Buchdruckerei betreibt seit ihrem Beginne alle in das Fach der Buchdruckerei einschlägigen Arbeiten und hat einen hervorragenden Antheil an der Herstellung der Verlagswerke von A. Hartleben. An Zeitschriften werden gedruckt: »Der Freimüthige« seit 1870; der »Vorwärts« (1870–1871, dann seit 1881); »Die Bombe« (1871–1873); »Der Sprudel« (seit 1871); »Die volkswirtschaftliche Presse« (1871–1874); »Hand in Hand« (1871–1873); »Association« (1871–1876); »Der Zeitgeist« (1872–1877); das »Freie Volksblatt« (1873–1878); »Geflügel-Zeitung« (seit 1879); »Bienen-Zeitung« (seit 1880); »Wiener Caricaturen« (seit 1881).

JOSEF KAISER (seit 1869). Kaiser, verantwortlicher Redacteur der »Glocke«, erhielt mit Statthalterei-Erlass vom 7. October 1869, Z. 27942, die Concession für die Buchdruckerei, legte dieselbe aber zurück (Magistrats-Rathschl. vom 12. April 1878), deren Wiederverleihung mit Statthaltereidecret vom 25. Jänner 1879, Z. 150, neuerlich erfolgte. Er betreibt sein Geschäft in der Nibelungengasse Nr. 13, nachdem er dazu einen Theil der aufgelösten Jacobi'schen Buchdruckerei übernommen hatte.

WILHELM ZÖLLER (seit 1870). Zöller, welcher eine Concession zum Betriebe einer Steindruckerei mit Statthaltereidecret vom 2. November 1862, Z. 45583 (17. Jänner 1863, Z. 133417), erhalten hatte, wurde mit Statthaltereidecret am 14. Juni 1870, Z. 15887 (G. Z. 80025), auch die Buchdruckerei-Concession verliehen. Im Jahre 1876 verband er sich mit Ig. Neufeld und lautete die Firma *Wilh. Zöller & Neufeld.* Das Geschäft wird seit 1872 in Mariahilf, Barnabitengasse Nr. 7 betrieben. Im Jahre 1880 trat Ig. Neufeld aus und lautet seither die Firma *Wilhelm Zöller.*

DR. HUGO CZERMAK VON NORDHAUSEN (1870–1872), Advocaturs-Concipient. Derselbe erhielt mit Statthaltereidecret vom 30. October 1870, Z. 31548, die Bewilligung zum Betriebe einer Buchdruckerei[947] und für eine Filial-Buchdruckerei mit Statthaltereidecret vom 17. April 1872, Z. 9551. Er betrieb sein Geschäft in Währing, Gürtelstrasse Nr. 11, verkaufte es aber im Jahre 1872 an J. C. Fischer und legte seine Concession 1881 zurück (Magistrats-Rathschl. vom 17. Mai 1881.) Vgl. S. 354 (J. C. Fischer & Comp.).

JOHANN HERZ (1870–1876), ein Pester Buchdrucker. Derselbe erhielt mit Statthaltereidecret vom 20. November 1870, Z. 33602, die Concession für Wien, legte dieselbe aber 1876 zurück. (Magistrats-Rathschl. vom 15. November 1876.)

CARL VOGT (1870–1876). Derselbe erhielt mit Ministerial-Entscheidung vom 29. September 1871, Z. 25311, die Bewilligung zum Betriebe einer Buchdruckerei, welche die Firma *Vogt & Schwarzenberger* trug.[948] Die Gesellschaft, welcher auch durch einige Zeit Hugo Hoffmann und Carl Simmon angehörten und welche nebstbei die Schriftgießerei betrieb, errichtete im Jahre 1872 eine Filiale in der Breitegasse Nr. 4, welche dann Hugo Hoffmann selbständig übernahm; Schwarzenberger trennte sich jedoch

[947] Dr. Czermak war schon 1866 um eine Concession eingeschritten. (Registratur des Wiener Magistrates, Fasc. II. 64, Nr. [illegible])

[948] Die Firma lautete auch: C. Vogt, Schwarzenberger & Comp. (Registratur des Wiener Magistrates, Fasc. II. 64, Nr. [illegible])

nach einigen Jahren und Vogt zeigte den Nichtbetrieb an. (Magistrats-Rathschl. vom 18. Februar 1876.) Im Jahre 1877 legte derselbe die Concession ganz zurück. (Magistrats-Rathschl. vom 29. August 1877.)

ADOLF & SIGMUND OSTERSETZER (1870–1876). Sigmund Ostersetzer besaß bereits seit 1861 eine Steindruckerei (Statthaltereidecret vom 22. November und 5. December, Z. 48194, resp. 127520). Am 1. Juni 1870 erhielt Adolf Ostersetzer die Concession für eine Buchdruckerei mit Statthalterei-decret vom 1. Juni 1870, Z. 15884. Laut Magistrats-Rathschlag vom 10. November 1876, Z. 21311, gab dieser da er eigentlich der Concessions-Inhaber war, den Betrieb der Buch- und Steindruckerei ganz auf.

FRANZ EIPELDAUER (seit 1870). Eipeldauer, Privatier, erhielt mit Statthaltereidecret vom 18. October 1870, Z. 29583, die Bewilligung für eine Buchdruckerei, welche sich in der Leopoldstadt, grosse Schiffgasse Nr. 4, befindet. Verantwortlicher Geschäftsleiter ist Eduard Doll. Diese Officin befasst sich hauptsächlich mit dem Drucke von Zeitungen, Kalendern u. dgl., meistens für die clericalen Kreise. So das täglich erscheinende feudal-clericale Blatt «Das Vaterland» u. a.

JOH. ED. GOLDMANN (seit 1870), Steindrucker und Privilegiums-Inhaber. Derselbe erhielt mit Statthalterei-Erlass vom 4. Februar 1870, Z. 1651, die Bewilligung, das Buchdruckereigewerbe ausüben zu dürfen. Dasselbe wird unter der Firma *Joh. Ed. Goldmann & Co.*, Wiedener Hauptstraße Nr. 51, in geringem Umfange betrieben und beschäftigt sich ausschließlich mit Accidenzdruck.

CHRISTIAN KAPPES (seit 1870). Derselbe erhielt die Concession zum Betriebe der Buchdruckerei mit Statthaltereidecret vom 1. Juni 1870, Z. 15210. Diese Officin befaßt sich mit der Herstellung von Wochenblättern und Accidenzen, sowie von Stickmustern in Schwarz- und Buntdruck.

WILHELM KÖHLER (seit 1870). Wilhelm Köhler, Factor der Buchdruckerei Pichler, erhielt mit Statthaltereidecret vom 17. September 1870, Z. 27144, die Bewilligung zum Betriebe der von ihm im Jahre 1869 angekauften Buchdruckerei Pichler. Köhler organisierte und vergrößerte das Geschäft, das er im Jahre 1876 in sein Haus, Mariahilf, Mollardgasse Nr. 41, verlegte. Einen Hauptzweig desselben bildet der Werksatz, wissenschaftliche Fachzeitschriften und Accidenzen, besonders auch Preiscourante mit Illustrationen u. a. m.

OTTO MAASS (seit 1870). Maass, Inhaber des handelsgerichtlich protokollierten Inseraten-Expeditions-geschäftes Haasenstein & Vogler, erhielt eine Concession mit Statthaltereidecret vom 14. Februar 1870, Z. 3787.[369] Er betrieb sein Geschäft anfangs auf der Landstrasse, Ungargasse, und verlegte dasselbe 1872 in die Stadt, Wallfischgasse Nr. 10. Verantwortlicher Geschäftsleiter ist J. Koblischek. Factor F. Kulla. Die Officin beschäftigt sich zumeist mit dem Drucke von Zeitschriften (u. a. «Centralblatt für Eisenbahnen und Dampfschiffahrt» seit 1871; die «Wiener Bäcker- und Conditor-Zeitung», seit 1876; die «Oesterreichisch-ungarische Müller-Zeitung», seit 1878) und Accidenzarbeiten; sie besitzt vier König & Bauer'sche Schnellpressen, zwei amerikanische Tretpressen und einen Langen & Wolf'schen Gasmotor.

GEORG MOSER (seit 1870). Georg Moser war durch lange Jahre Geschäftsleiter bei Eduard Sieger. Derselbe erhielt mit Statthaltereidecret vom 1. Juni 1870, Z. 15885, die Bewilligung, eine Buch-druckerei eröffnen zu dürfen. Er betreibt außer der Buchdruckerei noch die Steindruckerei und befasst sich ausschließlich mit der Herstellung von Accidenzarbeiten, die sich durch Geschmack auszeichnen. Die Officin befindet sich in Mariahilf, Gumpendorferstrasse Nr. 57.

EDUARD MUSIL (seit 1870), Papierhändler und Rastrierer. Derselbe erhielt die Bewilligung mit Statthaltereidecret vom 22. September 1870, Z. 27394. Am 1. Mai 1872 gieng diese Buchdruckerei in das Eigenthum der «Neusiedler Actiengesellschaft für Papierfabrication» über, deren Central-Director Musil wurde und die im Vereine mit der in demselben Hause betriebenen Rastrieranstalt und Geschäftsbücher-

[369] Registratur des Wiener Magistrates, Fasc. II 44, Nr. 15848, 21612.

Fabrik den Namen »Fabrik Mittersteig« erhielt. Das Geschäft, welches sich hauptsächlich mit dem Accidenzdrucke befasst, befindet sich auf der Wieden, Mittersteig 13.

DRUCKEREI DER MORGENPOST (1871–1875). Leopold Landsteiner erhielt mit Statthaltereidecret vom 1. Februar 1871, Z. 2747, die Bewilligung zum Drucke seiner »Morgenpost«; gleichzeitig wurde Conrad Girdi als verantwortlicher Geschäftsleiter bestellt.[1878] Mit Statthaltereidecret vom 23. September 1871 bekam Landsteiner die unbeschränkte Concession. Er starb am 22. Februar 1875 und seine Witwe Fanny Landsteiner zeigte den Weiterbetrieb an. (Magistrats-Registratur vom 14. September 1876.) Mit Ministerial-Erlass vom 10. April 1875, Z. 4548, wurde J. Massanetz und mit Statthaltereidecret vom 30. Juli 1876 Josef Reinsch, hierauf Anton Saxberger zum verantwortlichen Geschäftsleiter ernannt. Im Jahre 1876 verkaufte Fanny Landsteiner die Druckerei an Josef Ruzicka und legte im Jahre 1877 die Concession zurück. (Magistrats-Registratur vom 1. August 1877.) Ruzicka trat aber die Druckerei an Skrejskofsky aus Prag zum Drucke seiner Zeitung »Die Tribüne« ab.

CARL SIMMON (1871–1876), Buchdruckerei-Geschäftsleiter. Derselbe erhielt die Bewilligung mit Statthaltereidecret vom 5. December 1871, Z. 34595. Simmon, der als Leiter der Druckerei der »Deutschen Zeitung« angestellt war, hatte die Concession auf eigenen Namen erworben. Nach Auflösung der Zeitungs-Unternehmung im Jahre 1874 zeigte Simmon den zeitweiligen Nichtbetrieb an (Magistrats-Rathschlag vom 26. Juli 1874, ebenso l. c. vom 17. October 1875) und legte endlich die Concession ganz zurück. (L. c. vom 29. December 1877.)

ARWED STEMLER (1871–1876). Derselbe erhielt die Bewilligung mit Statthaltereidecret vom 9. December 1871, Z. 33776. Er betrieb sein Geschäft anfangs allein, verband sich aber 1872 mit August Lorius.[1879] 1875 zeigte er den zeitweiligen Nichtbetrieb an (Magistrats-Rathschlag vom 23. October 1875), im folgenden Jahre aber, dass er seine Concession ganz zurücklege. (Magistrats-Rathschlag vom 22. Februar 1876.) Vgl. S. 353 (Stemler & Lorius).

EVA DELLA TORRE (1871–1882), Witwe des verstorbenen Adalbert della Torre, führte das Buchdruckereigewerbe unter der alten Firma und unter der verantwortlichen Leitung des concessionierten Buchdruckers Augustin Dorfmeister fort. (Magistrats-Rathschl. vom 22. Mai 1871, Z. 54075.) Eva della Torre starb im Jahre 1882, fast gleichzeitig mit ihrem Geschäftsführer Augustin Dorfmeister. Des Letzteren Witwe, Theresia, brachte das Geschäft käuflich an sich, erhielt auch die Concession, die von den della Torre'schen Erben zu ihren Gunsten zurückgelegt wurde, und betreibt seither die Druckerei mit ihrem Sohne Friedrich als verantwortlichen Geschäftsleiter unter der Firma *Ad. della Torre's Buchdruckerei (A. Dorfmeister's Witwe)*.

GEORG BRÖG (seit 1871) hatte anfangs die Schlossberg'sche Buchdruckerei gepachtet,[1880] erhielt jedoch im Recurswege eine eigene Concession. (Ministerial-Erlaß vom 21. Juli 1871, Z. 7093.) Brög pflegte den Werksatz, besonders in orientalischen Sprachen. Folgende Werke heben wir als bemerkenswert hervor: »Faust«, »Des Heuchlers Freude«, »Des Windes Heulen«, »Hamlet« von P. Smolensky; »Othello« von J. E. S.; »Der Todtentanz« von Dr. S. Rubin; »Jerusalem« von A. M. Luncz; »The Massorah« und »Sopherim« by Ch. D. Ginsburg; »Kimchis Psalmen« von Pr. Dr. Schiller-Szinessy; »Aramäische Pflanzennamen« von Dr. Immanuel Löw; »Aruch Completum« von Dr. Alexander Kohut; »Die Institutionen des Judenthums« von Rabbi Moses Bloch.[1881]

GENOSSENSCHAFTS-BUCHDRUCKEREI (seit 1871). Die Productiv-Genossenschaft der Buchdrucker und Schriftgiesser hatte bekanntlich schon im Jahre 1869 die Switirsch'sche Buchdruckerei käuflich erworben, erhielt aber erst mit Statthaltereidecret vom 21. Februar 1871, Z. 3801, die Concession zum Betriebe einer eigenen Druckerei, als deren verantwortlicher Leiter Johann Poschalb von

[1878] Registratur des Wiener Magistrates, Fasc. II. 66, Nr. 166?8.
[1879] L. c. Nr. 152?3.
[1880] L. c. Nr. 171??.
[1881] Siehe die Beilagen zu diesem Werke.

der Behörde bestätigt wurde. Das seit 1871 als Productiv-Genossenschaft bestandene Geschäft, wurde 1875 auf Grund des Gesetzes vom 9. April 1873 unter dieser Firma in das Genossenschafts-Register beim Wiener Handelsgerichte eingetragen. Mit Statthaltereidecret vom 24. Juni 1882, Z. 26955, wurde Heinrich Gallos zum verantwortlichen Leiter der Buchdruckerei, die sich noch im alten Locale, IX. Bezirk, Alserstrasse Nr. 32 befindet, bestellt. Dieselbe befaßt sich mit der Herstellung von mercantilen Drucksorten, Werken und Zeitschriften und besaß 1882 drei Schnellpressen und eine Handpresse von L. Kaiser, eine Handpresse von G. Sigl und eine Tiegeldruckpresse von G. Bernhardt & Sohn.

PAUL GERIN (seit 1871). Derselbe erhielt mit Statthaltereidecret vom 30. Juli 1871, Z. 20290, die Bewilligung zum Betriebe einer Buchdruckerei und 1878 die Bewilligung zur Steindruckerei. Gerin beschäftigt sich zumeist mit Accidenzarbeiten, dann auch mit mercantilen Drucksorten. Von Zeitungen, die hier gedruckt werden, sind nennenswerth: die »Mittheilungen des Jagdschutzvereines« und die »Feuerwehr-Signale«. Die Officin befindet sich in der Leopoldstadt, Circusgasse Nr. 13.

THERESIA GORISCHEK (seit 1871). Theresia Gorischek, Witwe nach dem am 11. April 1871 verstorbenen Karl Gorischek, zeigte den Fortbetrieb der k. k. Universitäts-Buchdruckerei unter der alten Firma an, was mit Statthaltereidecret vom 24. Jänner 1872, Z. 982, genehmigt wurde. Der Hauptbetriebszweig dieser Officin besteht in der Herstellung von Schulbüchern in fast allen Idiomen der österreichischen Monarchie. Das Statthaltereidecret vom 18. Juli 1878, Z. 20240, genehmigte den Fortbetrieb des verkäuflichen, von Theresia Gorischek zur anderen Hälfte käuflich erworbenen Buchdruckerei-Gewerbes und wurde Franz Geitner als verantwortlicher Geschäftsleiter bestellt. Die Officin befindet sich in Margarethen, Obere Bräuhausgasse Nr. 16.

JOSEF HEINRICH HOLZWARTH JUN. (seit 1871). Derselbe erhielt mit Statthaltereidecret vom 8. Juni 1871, Z. 15777, die Concession zum Betriebe der von seinem Vater übernommenen Buchdruckerei,[824] die hauptsächlich den Druck von Wochenschriften, Broschüren, sowie von Werken aller Art und Accidenzen besorgte. Holzwarth zeigte den zeitweisen Nichtbetrieb an. (Magistrats-Rathschl. vom 30. Juni 1876.)

H. HUPPMANN (seit 1871). Derselbe erhielt die Concession mit Ministerial-Erlaß vom 7. September 1871, Z. 13238. Nach seinem im Jahre 1874 erfolgten Tode führte seine Witwe Josefa, welche sich bald darauf mit Josef Hoyer wiederverehelichte, das Geschäft unter der alten Firma fort und wurde ihr Gatte als verantwortlicher Leiter von der Gewerbebehörde bestätigt. (Statthaltereidecret vom 7. Juni 1874, Z. 16165.) Diese Officin, welche in Mariahilf, Getreidemarkt Nr. 13 betrieben wird, beschäftigt sich mit der Herstellung von Wochenblättern, mercantilen Drucksorten und als besonderer Specialität mit dem Drucke von Placaten.

ANTON NEUMANN (1871–1874). Neumann, Administrator des politischen Blattes »Die Zukunft« erhielt die Bewilligung, eine Buchdruckerei eröffnen zu dürfen; als deren technischer Leiter wurde[825] Emanuel Sykora bestellt. Neumann hatte das von Meyer & Schleicher beigestellte Setzer-Materiale für ein großes politisches Tages-Journal übernommen, welches aber wegen der im Jahre 1873 eingetretenen Krisis nicht ins Leben gerufen wurde.

ERICH GONSCHOROFSKY, Journalist (1872–1874). Derselbe erhielt eine Concession mit Statthaltereidecret vom 5. Jänner 1872. Als technischer Leiter wurde Paul Gonschorofsky aufgestellt. Erich Gonschorofsky zeigt 1874 den Nichtbetrieb an, sowie dass er die Buchdruckerei ganz aufzugeben gesonnen sei. (Magistrats-Rathschl. vom 23. August 1874.) — Gonschorofsky erhielt eine neue Concession zum Fortbetriebe der Buchdruckerei mit Statthaltereidecret vom 13. Jänner 1876, Z. 301, für welche wieder Paul Gonschorofsky zum technischen Leiter bestimmt wurde.

[824] Registratur des Wiener Magistrats, Fasc. II, 64, Nr. 5191.
[825] L. c. Nr. 11078.

WODIANER & WAIZNER (1872 1875). Philipp Wodianer, ein Pester Buchdruckerei-Besitzer, erhielt die Concession für Wien[978] mit Statthaltereidecret vom 28. Mai 1872, Z. 13619, woselbst er das Geschäft mit Moriz Waizner unter der Firma *Wodianer & Waizner* betrieb. Ludwig Weinberger wurde als verantwortlicher Geschäftsleiter bestätigt. (Statthaltereidecret vom 24. März 1873, Z. 4985.) Wodianer zeigte im Jahre 1876 den Nichtbetrieb an, worauf Moriz Waizner nach erlangter Concession mit Statthaltereidecret vom 15. August 1875, Z. 22595, die Buchdruckerei unter eigenem Namen weiterführte. (Magistrats-Rathschl. vom 17. Februar 1876.) Dieselbe befand sich in der Stadt, Giselastraße Nr. 11. Vgl. S. 358.

BERG & SINGER (seit 1872). Ottokar Franz Berg (Ebersberg), Schriftsteller, und Franz Singer, Buchhändler, erhielten mit Statthaltereidecret vom 12. März 1872 die Bewilligung für eine Buchdruckerei, welche sie unter der Firma *Berg & Singer* in der Stadt, Wallfischgasse, zum Zwecke der Herausgabe des »Illustrirten Wiener Extrablatt« errichteten. Im November 1872 übersiedelte dieses Blatt in die Alservorstadt, Berggasse Nr. 31, welches Haus noch im selben Jahre Eigenthum Singers wurde. Als verantwortlicher Geschäftsleiter wurde zuerst Julius Herbeck bestellt, dann mit Statthaltereidecret vom 17. März 1873 Wilhelm Oberhofer, dem später Conrad Groß folgte. Seit 1. Jänner 1874 lautete die Firma *F. J. Singer*. In der Zeit von 1872 bis 1877 wurde das Blatt nach einander mit einer englischen und zwei Doppelmaschinen von Müller, einer Augsburger Doppelmaschine, einer einfachen Sigl'schen Maschine und einer von Marinoni, von der Mitte des Jahres 1877 unter der Leitung des Julius Oberhuber auf zwei Augsburger Rotationsmaschinen gedruckt. Seit dem Jahre 1881 ist Edgar von Spiegel Herausgeber und Chefredacteur des »Illustrirten Wiener Extrablatt«. Unter seiner Leitung erreichte dasselbe eine bis jetzt in Österreich noch nicht dagewesene Auflage.

JOSEF RUZICZKA (seit 1872). Ruziczka erhielt mit Statthaltereidecret vom 25. März 1872 die Concession und wurde Anton Saxberger zum verantwortlichen Geschäftsleiter bestellt. Er beschäftigte sich zumeist mit dem Drucke von Accidenz- und Mercantil-Arbeiten, übernahm dann auch Wochenschriften und erwarb im Juli 1876 die Einrichtung der Landsteiner'schen Druckerei der »Morgenpost«, welche er seither druckt. Seine Officin befindet sich IX, Kolingasse 20.

GESELLSCHAFTS-BUCHDRUCKEREI[979] (seit 1872). Anfangs mit beschränkter, vom 1. Jänner 1875 an mit unbeschränkter Haftung. Die Productiv-Genossenschaft von Buchdruckern Wiens (III., Erdbergerstraße 3) erhielt mit Statthaltereidecret vom 18. September 1872, Z. 27263, eine Concession für eine Buchdruckerei, deren Betrieb im November 1872 unter dem Obmanne der Genossenschaft Josef Postolka begann und als deren verantwortlicher Geschäftsleiter der Schriftsetzer Hugo Hoffmann bestellt wurde. Mit Statthaltereidecret vom 3. April 1873, Z. 8394, erscheint der Corrector und Schriftsetzer Josef Postolka als solcher bestätigt. Die Officin beschäftigt sich mit der Herstellung von Werken, Zeitschriften und mercantilen Arbeiten. Von Zeitschriften erwähnen wir: die »Mittheilungen des medicinischen Doctoren-Collegiums«, die »Assecuranz- und Schifffahrts-Correspondenz«, den »Vorwärts«, »Volksbote«, die »Hutmacher-Zeitung«, »Weltpost«, »Landstraßer Bürgerzeitung«, Bösendorfer's »Musik-Zeitung«, »Vögel- und Aquarienkunde«, »Das Parlament«, »Sammelwerk für Kanzelberedsamkeit«; dann Assecuranz-Kalender u. s. w.

GOTTLIEB GISTEL & COMP. (seit 1872). Gistel, am 19. October 1825 zu Regensburg in Baiern geboren, war langjähriger Factor der Alexander Eurich'schen Buchdruckerei. Er erhielt mit Statthaltereidecret vom 5. Jänner 1872, Z. 35338, die Bewilligung zur Errichtung einer eigenen Buchdruckerei, welche er unter der Firma *Gottlieb Gistel & Comp.* betreibt und die sich in der Stadt, Augustinerstraße Nr. 12 befindet. Sie war ursprünglich zum Drucke des am 29. Februar 1876 eingegangenen Journals »Neues Fremdenblatt«, das früher von der Firma Eurich hergestellt wurde, gegründet worden. Da im Juni 1872 die Eigenthümer des »Neuen Wiener Tagblatt« den Steyrerhof käuflich an sich brachten und ihre Redaction, Administration

[978] Wodianer war schon im Jahre 1866 um eine Concession eingeschritten. (L. c. Nr. 12958.)

[979] Die anfänglich auf 5 Jahre berechnete Spargesellschaft begann im Mai 1869 mit einer Einzahlung von [illegible] Gulden, und zwar von [illegible] Mitgliedern, die sich am 25. September d. J. als Spargesellschaft »Gutenberg« [illegible] constituirten. [illegible] 1871 verringerte sich die Zahl der Mitglieder bis auf 22, erhöhte sich aber bald wieder auf 45. Am 7. Jänner 1872 wurde die Errichtung einer Buchdruckerei beschlossen und am 3. März d. J. das Genossenschafts-Statut berathen.

und Druckerei dahin verlegten, so konnten am 24. Juni die dadurch freigewordenen Localitäten in der Stadt, Augustinerstraße Nr. 12, sammt Dampfmaschinen und Transmissionen für die neu zu errichtende Buchdruckerei übernommen werden. Am 1. Juli 1872 begann der Druck des «Neuen Fremdenblatt». Gistel erweiterte jedoch alsbald seinen Geschäftskreis und befasste sich auch mit dem Werk- und Accidenzsatze, sowie mit dem Drucke von Wochenschriften. Schon im folgenden Jahre vollzog sich die allmälige Umwandlung von der reinen Tageszeitungs-Druckerei in eine Werk-Druckerei. Größeren Werksatz lieferte Gistel seit 1872 für die Verlagsfirma Urban & Schwarzenberg, deren gesammten medicinischen Verlag er druckte, wodurch ihm nach und nach Gelegenheit geboten wurde, alle Zweige der Illustrations-Technik zu pflegen und auszubilden.[1027] Für die genannte Firma druckte er u. a. noch: Die Wochenschrift «Wiener medicinische Presse», ferner das große epochemachende Lieferungswerk «Real-Encyklopädie der gesammten Heilkunde» von Prof. Dr. A. Eulenburg in Greifswalde, sowie viele reich illustrierte medicinische Werke. Auch für die Verleger Alfred Hölder und A. Hartleben war er stark beschäftigt. Gottlieb Gistel ist auch Mitbegründer der seit 1874 bestehenden Fachschule für Buchdruckerei- und Schriftgießerei-Lehrlinge.

FRIEDRICH JASPER[1028] (seit 1872). Jasper erhielt die Concession mit Statthaltereidecret vom 31. Juli 1872, Z. 21322. Er erweiterte die von seiner Mutter übernommene Buchdruckerei, die damals nur über einen geringen Lettenvorrath und drei Maschinen verfügte, und trat mit den großen Verlagsfirmen A. Hartleben und Alfred Hölder in Verbindung, für welche er den Werksatz in umfangreichem Maße pflegte. Im Herbste 1873 ging Jasper nach Stuttgart, um im Illustrationsdrucke sich auszubilden, den er fortan als Specialität in seiner Officin betrieb. Zu diesem Zwecke stellte er im Laufe der Jahre vier Maschinen von König & Bauer in Oberzell auf und fand in seinem Ober-Maschinenmeister P. Olmühl einen tüchtigen Förderer dieser Bestrebungen. Der Druck des illustrierten Familienblattes «Die Heimat» und einer Reihe illustrierter Werke für die erwähnten Verlagsfirmen, geben Zeugnis von der Leistungsfähigkeit dieser Officin auf dem Gebiete des Illustrationsdruckes. Mit dem im Jahre 1878 erfolgten Eintritte des Factors Anton Wisboschill wurde auch dem feineren Accidenzsatze besondere Pflege zugewendet. Eine Folge davon war, dass die Officin nebst vielen andern einschlägigen Arbeiten auch einen großen Theil der Schriftproben der Wiener Schriftgießereien zum Drucke erhielt, die vielfach in reichem Farbendrucke ausgeführt wurden. Seit 1873 wird in Jasper's Officin auch die «Österreichische Buchdrucker-Zeitung» gedruckt und seit 1879 ist die Stereotypie eingerichtet. Im Jahre 1881 wurde Jasper auch der Druck von «Wiens Buchdruckergeschichte (1482—1882)» sowie vieler Beilagen für dieses Werk übertragen. — Die Officin verblieb in ihrem alten Locale, Landstraße, Heumarkt 7.

AUGUST LORIUS (seit 1872). Lorius war Schriftsetzer und verantwortlicher Geschäftsleiter der Zamarski'schen Buchdruckerei-Filiale. Er erhielt mit Statthaltereidecret vom 19. August 1872, Z. 22190, die Concession für eine Buchdruckerei für Accidenzarbeiten, Wochenschriften, Broschüren u. dgl. m., welche er mehrere Jahre unter der Firma *Stauder & Lorius* im VI. Bezirke, Hornbostelgasse Nr. 4, betrieb, dann aber unter eigenem Namen fortführte; 1877 gieng selbe an Carl Rauch durch Kauf über. Vgl. S. 359. Lorius hatte schon vorher die Concession für eine zweite Buchdruckerei mit Statthaltereidecret vom 14. Juni 1876, Z. 17301, erhalten, welche er noch heute fortführt. (Vgl. S. 359, Carl Rauch.)

THEODOR MAYER (1872—1876). Mayer, Privatier, erhielt die Concession mit Statthaltereidecret vom 7. September 1872, Z. 25074; als verantwortlicher Geschäftsleiter wurde der Schriftsetzer Robert Neidherr aufgestellt. Theodor Mayer starb 1876.

RAIMANN & ZELLMAYER (seit 1872). Die Concession zum Betriebe der Buchdruckerei und Lithographie wurde an Rudolf Raimann mit Statthaltereidecret vom 28. Mai 1872, Z. 14001, ertheilt. Diese Firma beschäftigt sich zumeist mit Accidenzdruck.

1027 Vgl. Denkblatt zum zehnjährigen Bestande der Buchdruckerei Gistel & Comp. in Wien vom Personale der Officin am 21. Juni 1882.

1028 Friedrich Jasper, 1842 zu Wien geboren, widmete sich nach absolvierter Realschule dem [illegible], trat aber auf Veranlassung seines Vormundes im Jahre 1862 zur Buchdruckerei über, indem gleichzeitig seine Mutter die [illegible] Druckerei käuflich erwarb. Er verbrachte seine Lehrzeit in der mütterlichen Officin und übernahm nach seiner im Jahre 1868 erfolgten Freisprechung die Leitung des Geschäftes, das ihm am 1. Juli 1872 von seiner Mutter ganz abgetreten wurde.

»STEYRERMÜHL« [»NEUES WIENER TAGBLATT«] (seit 1872). Die Papierfabriks-Actiengesellschaft »Steyrermühl« erhielt mit Statthaltereidecret vom 1. October 1872, Z. 23064, die Concession zum Betriebe einer Buchdruckerei und Steindruckerei, für welche Jacob Louis Höhndorf zum verantwortlichen Geschäftsleiter bestellt wurde. Sie erwarb von Heinrich Pollak und Moriz Szeps das »Neue Wiener Tagblatt«, kaufte den Steyrerhof in der Stadt, Rothenthurmstraße, und richtete in demselben eine Zeitungs- und Accidenzdruckerei ein, welche unter der verantwortlichen Leitung Höhndorf's stand. Das »Neue Wiener Tagblatt« wurde nach Übernahme durch die Gesellschaft auf zwei Marinoni'schen Maschinen gedruckt, die im Jahre 1881 durch zwei Augsburger Rotationsmaschinen ersetzt wurden. Nach dem Austritte Höhndorf's wurde Carl Hammater zum verantwortlichen Geschäftsleiter ernannt (Statthaltereidecret vom 24. Juli 1879, Z. 23252). Im Jahre 1882 erwarb die »Steyrermühl« die Druckerei der »Vorstadt-Zeitung« und die artistische Anstalt von L. C. Zamarski, sowie den damit verbundenen Verlag der »Neuen Illustrierten Zeitung« und vergrößerte das in Mariahilf, Windmühlgasse Nr. 43, betriebene Geschäft. Über ihr Ansuchen, aus Anlass der Übernahme der von L. C. Zamarski bisher betriebenen Buch- und Steindruckerei, erhielt sie weitere zwei Concessionen zum Betriebe von Buch-, Stein-, Holz- und Stahldruck.

FRIEDMANN WEHLE (1873–1875), öffentlicher Gesellschafter der Buchdrucker-Firma G. Ad. Ungar & Comp. Derselbe erhielt die Concession mit Statthaltereidecret vom 15. Mai 1873, Z. 14361, welche er 1875 wieder zurücklegte. (Magistrats-Rathschl. vom 19. September 1875.)

JOHANN GAWLITZA (1873–1876). Derselbe erhielt die Concession mit Statthaltereidecret vom 20. Mai 1873, Z. 14899, übte dieselbe jedoch nicht aus, sondern legte sie im Jahre 1876 zurück. (Magistrats-Rathschl. vom 5. Jänner 1876.)

ROBERT NEIDHERR (1873–1874). Derselbe erhielt die Concession mit Statthaltereidecret vom 22. Mai 1873, Z. 10635. Neidherr war schon im October 1874 in Concurs gekommen.

GUSTAV KNAUS (1873–1876). Knaus erhielt die Concession mit Statthaltereidecret vom 19. November 1873, Z. 32638. Die Firma lautete *Knaus & Kreidemeis*. Im Jahre 1876 zeigte ersterer die Zurücklegung der Concession an (Magistrats-Rathschl. vom 8. April 1876), da die Buchdruckerei an Joh. L. Bondi verkauft worden war. Vgl. S. 358.

CARL FRITZ (1873–1880). Derselbe erhielt mit Statthaltereidecret vom 21. Juni 1873, Z. 6610, die Concession zur Errichtung einer Buchdruckerei. Dieselbe befand sich in Rudolfsheim; ihr Betrieb bestand größtentheils in eigenen Verlagsartikeln, als: Kleine Romane, Gebetbücher, Legenden u. s. w. Nach dem im Jahre 1880 erfolgten Tode des Carl Fritz führte dessen Witwe das Geschäft fort. Vgl. S. 361.

ANTON DOCTOR [DORR] (seit 1873). Die Concession erhielt Dorr, mit welchem sich Anton Doctor gesellschaftlich verband, mit Statthaltereidecret vom 9. October 1873, Z. 19990. Die Officin befindet sich im Vororte Hernals, Palffygasse Nr. 3, und beschäftigt sich mit der Herstellung kleinerer Arbeiten.

DRUCKEREI DES »GREMIUM DER BÖRSE-SENSALE« (seit 1873). Das Gremium der Börse- oder Effecten-Sensale erhielt eine Concession mit Statthaltereidecret vom 17. December 1873, Z. 35539. Die verantwortliche technische Leitung wurde Ferdinand Weiler, später Adolf Friedmann, übertragen. Die Buchdruckerei besorgt ausschließlich den Druck des amtlichen Coursblattes, der Drucksorten des Gremiums der Börsen-Sensale und der Börsekammer und befindet sich im Börsengebäude.

J. C. FISCHER & COMP. (seit 1873). Concessioniert mit Statthaltereidecret vom 3. Februar 1873, Z. 3048. Johann Christoph Fischer, vormals Buchhändler, hatte sich mit dem Buchdruckerei-Betriebe durch mehrjährige Thätigkeit im Comptoire von Adolf Holzhausen vertraut gemacht, 1872 die ehemals Czermak'sche Officin in Währing, Gürtelstraße erworben. Er erweiterte das Geschäft und führte es unter der Firma *J. C. Fischer & Co.* mit Alexander Schwartz als Factor fort. Fischer's Bekanntschaft in Buchhändlerkreisen führte ihm zahlreiche Arbeiten zu. Im Jahre 1878 übersiedelte er in die Stadt, Schottenring Nr. 16, wo er im Souterrain des Börsengebäudes mit sieben Maschinen arbeitet.

HERMANN GRESSER (seit 1873). Derselbe erhielt die Concession mit Statthaltereidecret vom 26. Juli 1873, Z. 20061. Er betrieb sein Geschäft, das anfangs nur geringen Umfang hatte, in der Alservorstadt, Hörlgasse Nr. 5. Bald aber erweiterte sich dasselbe und wurde mit zwei Schnellpressen und vier amerikanischen Pressen nebst den nöthigen Hilfsmaschinen betrieben; es wurden meistens Fachzeitschriften, Accidenz- und Mercantil-Arbeiten gedruckt.

GREINER'S NEFFE [WOLFGANG HERBECK] (seit 1873). Herbeck erhielt die Concession mit Statthaltereidecret vom 4. Juni 1873, Z. 16444, und wurde gleichzeitig Josef Waldeben als verantwortlicher Geschäftsleiter bestätigt. Die Firma lautet »*M. Greiner's Neffe, W. Herbeck*« und erhielt im Jahre 1879 den Hoftitel. Die Officin, welche sich anfangs auf der Landstraße, Beatrixgasse Nr. 28, befand, übersiedelte 1878 in die Stadt, Landhausgasse Nr. 1, und befasst sich außer allen Buchdruckarbeiten zumeist mit dem Drucke von Vorschriften und Schreibheften zum Schönschreibe-Unterricht in der Volksschule, für den Greiner'schen Verlag, zu welchem Zwecke diese Anstalt eigentlich gegründet wurde.

JOHANN HERNFELD (seit 1873). Derselbe erhielt die Concession zum Betriebe der Buchdruckerei mit Statthaltereidecret vom 17. März 1873, Z. 3799. Die Hauptarbeiten der kleinen Officin sind mercantile Drucksachen.

HUGO HOFFMANN (seit 1873). Hoffmann erhielt die Concession mit Statthaltereidecret vom 7. September 1873, Z. 25029. Er besitzt jene Officin auf dem Neubau, Breitegasse Nr. 4, welche als Filiale von Vogt & Schwarzenberger gegründet wurde, und beschäftigt dieselbe viel mit Gelegenheits-Arbeiten in slavischer Sprache.

ANTON OPPELN (seit 1873). Derselbe erhielt die Concession für Buch- und Steindruckerei mit Statthaltereidecret vom 14. November 1873, Z. 32172. Das Geschäft, das sich anfangs auf dem Neubau, Breitegasse Nr. 19, später Mariahilferstrasse Nr. 45, befand, betreibt Mercantil-Arbeiten und als Specialität die Erzeugung von Siegelmarken.

CH. L. PRÄTORIUS (seit 1873). Christian Ludwig Prätorius erhielt die Concession mit Statthaltereidecret vom 2. Juni 1873, Z. 16443, zur Drucklegung des von ihm herausgegebenen »Medicinisch-chirurgischen Centralblattes«. Prätorius betreibt seine Buchdruckerei, in welcher er übrigens auch andere Zeitungen druckt, als »Mittheilungen des Vereines der Ärzte Niederösterreichs«, »Österreichische Monatsschrift für Thierheilkunde« (1876), »Wiener Evangelisches Gemeindeblatt« (1874), »Donau-Nixen« (1875) in geringem Umfange im eigenen Hause auf der Landstraße, Hühnergasse Nr. 5.

CHRISTOPH REISSER (seit 1873), Director der Druckerei der »Neuen Freien Presse«. Derselbe erwarb nach Schluss der Weltausstellung im Jahre 1873 die Druckerei der »Weltausstellungs-Zeitung«, um dieselbe zu einer Werk- und Accidenzdruckerei zu erweitern, weshalb er sich um eine zweite Concession bewarb, die ihm auch mit Statthaltereidecret vom 23. November 1873 ertheilt wurde.[illegible] Mit Statthaltereidecret vom 9. Jänner 1874, (Z. 37596, wurde Josef Bayer zum verantwortlichen Geschäftsleiter bestellt. Beide verbanden sich unter der Firma *Chr. Reißer & Jos. Bayer* und eröffneten das Geschäft in der Stadt, Albrechtgasse Nr. 4. Im Jahre 1879 schied Bayer aus dem Geschäfte aus und an seine Stelle trat Max Werthner, der Sohn des Herausgebers der »Neuen Freien Presse«, Adolf Werthner. Die neue Firma lautete: *Chr. Reißer & M. Werthner*, welche bald darauf ein Haus in Margarethen, Webgasse Nr. 16, erwarb und dasselbe für die Buchdruckerei und Lithographie umgestaltete und einrichtete. Die Officin, welche sich rasch vergrößerte, beschäftigt sich zumeist mit dem Drucke von Zeitschriften und Werken. Auch auf dem Gebiete des Illustrationsdruckes liefert sie Erwähnenswerthes.

LUDWIG SCHÖNBERGER (seit 1873), Schriftsteller, erhielt die Concession mit Statthaltereidecret vom 17. October 1873, Z. 29881. Er hatte seine Officin, in welcher Heinrich Heine als verantwortlicher Factor aufgestellt wurde, anfangs in der Stadt, Börsegasse Nr. 12, dann Schottenring Nr. 18 und druckt meistens Drucksorten für Assecuranz-Gesellschaften, auch Wochenschriften und Accidenzen.

[illegible] Nr. 14985.

W. STEIN (seit 1873). Stein erhielt die Concession für eine Buchdruckerei mit Statthaltereidecret vom 4. Juni 1873, Z. 16011, und wurde der Buchdruckerei-Factor Emil Bremer als verantwortlicher Leiter derselben bestätigt. Die Officin, welche sich anfangs in der Stadt, Wildpretmarkt Nr. 8, befand, übersiedelte später in die Wipplingerstraße Nr. 29. Die Hauptbeschäftigung derselben besteht in Accidenz- und Werksatz, darunter viele illustrierte Werke, und dem Drucke von Zeitschriften.

OBERHOFER & KLEIN (1874–1876). Wilhelm Oberhofer erhielt die Concession mit Statthaltereidecret vom 28. August 1874, Z. 25162. Die Officin, welche unter obiger Firma betrieben wurde, befasste sich mit dem Drucke von Accidenzen und Mercantil-Arbeiten, daher auch die Firma »Wiener Mercantil-Buchdruckerei«. Sie befand sich zuerst auf der Mariahilferstraße Nr. 104, später Wipplingerstraße Nr. 7 und dann Maria Theresienstraße 18. Oberhofer zeigte den zeitweisen Nichtbetrieb an (Magistrats-Rathschlag vom 8. Juli 1876) und wurde später verantwortlicher Leiter der Mechitharisten-Buchdruckerei. (Statthaltereidecret vom 8. April 1882, Z. 15572.)

FRANZ ROLL (1874–1876). Demselben wurde die Concession mit Statthaltereidecret vom 4. November 1874, Z. 35429 ertheilt, er legte sie aber schon 1876 zurück (Magistrats-Rathschl. vom 19. August 1876).

WALDEMAR POLATSCHEK (1874–1876), concessioniert mit Statthaltereidecret vom 15. Jänner 1874, Z. 35283, zeigt die Zurücklegung 1876 an. (Magistrats-Rathschl. vom 5. November 1876.)

CARL SEIDL & FELIX MAYER (1874–1877), welche die Mechitharisten-Buchdruckerei gepachtet hatten, erhielten die Concession mit Statthaltereidecret vom 21. Februar 1874, Z. 4242. Seidl war vorher Buchhalter dieser Buchdruckerei, Mayer Metteur des »Neuen Wiener Tagblatt«. Verantwortlicher Leiter war Carl Seidl. Im Jahre 1877 übernahm der Papierhändler W. F. Heinrich die Pachtung der Buchdruckerei und stellte Seidl als verantwortlichen Leiter auf; da derselbe am 17. August 1877 starb, legte Mayer die Concession zurück. (Magistrats-Rathschl. vom 18. August 1877.)

CARL DITTMARSCH (1874). Dittmarsch hatte die Concession mit Statthaltereidecret vom 14. Februar 1874, Z. 3536, für eine »Literarisch-artistische Anstalt«, insbesonders für Chromolithographien, erhalten; übte aber sein Befugnis nicht aus.

M. ENGEL & SÖHNE (seit 1874). Dieselben erhielten die Concession für eine Buchdruckerei mit Statthaltereidecret vom 17. September 1874, Z. 27632; bald darauf wurde auch eine Lithographie eingerichtet. Sie beschäftigen sich mit der Herstellung aller in diese Fächer einschlagenden Artikel, insbesondere mit der Ausführung von Geschäftsbüchern. Concessions-Inhaber ist Moriz Engel.

F. S. HUMMEL [NEUIGKEITS-WELT-BLATT] (seit 1873). Ferdinand Hummel, der frühere Herausgeber der »Gemeinde-Zeitung«, erhielt mit Statthalterei-Erlass vom 17. Juli 1873, Z. 20553, eine neue Concession, auf Grund deren er eine Druckerei für das »Neuigkeits-Welt-Blatt« einrichtete. Die erste Nummer erschien im Jänner 1874 als täglich erscheinendes Blatt, das auf drei Augsburger Doppelmaschinen gedruckt wurde, die im Jahre 1881 durch zwei Augsburger Rotationsmaschinen ersetzt wurden. Vom Jahre 1879 an erscheint auch eine illustrierte Ausgabe dieses Blattes. Die Officin, als deren verantwortlicher Geschäftsleiter Rudolf Oppenheimer bestellt wurde, befindet sich am Neubau, Kaiserstraße Nr. 10.

ANTON KEISS (seit 1874). Derselbe war früher Factor der Mechitharisten-Druckerei und erhielt die Concession zum Betriebe einer Buchdruckerei mit Statthaltereidecret vom 22. Januar 1874, Z. 725. Als Factor wurde Carl Krapfenbauer aufgestellt. In dieser Officin, welche sich in der Eschenbachgasse Nr. 11 befindet, werden zumeist Wochenschriften gedruckt.

FRANZ X. PITSCH (seit 1874). Derselbe erhielt die Concession zum Betriebe der Buchdruckerei mit Statthaltereidecret vom 4. November 1874, Z. 31684. Hauptererzeugnisse derselben, die sich in der Leopoldstadt, anfangs Pfarrgasse Nr. 3, dann »Auf der Haide« Nr. 13, befindet, sind Accidenzen.

PLAUT & COMP. (seit 1874). Im Jahre 1873 kaufte Wilhelm Jacobi in Gemeinschaft mit Jacob Plaut und Karl Pensens die Filiale der kaiserlichen Staatsdruckerei (mit Lithographie und Schriftgießerei in Lemberg und brachte dieselbe nach Wien. Sie sollte in eine Commandit-Druckerei verwandelt werden. Mit Statthaltereidecret vom 21. Jänner 1874, Z. 1952, erhielten die Genannten die Bewilligung zum Betriebe einer Buchdruckerei und lithographischen Anstalt unter der Firma: *Wiener Commandit-Druckerei und -Schriftgießerei* unter der verantwortlichen Leitung des Wilhelm Jacobi. Dieser trat aber noch, bevor die Anstalt in Betrieb kam, aus. Pensens starb plötzlich und Plant übernahm nun die ganze Officin auf eigene Rechnung. Mit Statthaltereidecret vom 16. Juli 1874, Z. 20665, wurde Gotthelf Ludwig Ostermann als verantwortlicher Leiter bestätigt. Hauptsächlich sind es Wochenschriften, jedoch auch alle anderen typographischen Arbeiten, mit denen sich diese Officin, zuerst Schottenring Nr. 8, dann Maria Theresienstraße Nr. 15, beschäftigt.

J. STOCKINGER & AL. MORSACK (seit 1874). Die Concession zum Betriebe einer Buchdruckerei wurde an Jacob Stockinger mit Statthaltereidecret vom 28. August 1874, Z. 25104, ertheilt.

ERNST KOBLIŽEK (1875–1876). Derselbe, Factor in der Druckerei des Heinrich Feitzinger, Concession mit Statthaltereidecret vom 18. December 1875, Z. 36203; am 10. September 1876 zeigte er die Zurücklegung an.

JANKO KOWATSCHEFF (1875–1877). Derselbe, ein türkischer Staatsangehöriger, erhielt mit Statthaltereidecret vom 3. April 1875, Z. 8553, die Concession zum Betriebe einer Buchdruckerei mit cyrillischen Lettern zum Drucke von Werken in bulgarischer Sprache. Ferner wurde demselben die Concession eines vollständigen Buchdruckereigewerbes mit Statthaltereidecret vom 10. d. M., Z. 1219, ertheilt, er legte sie aber am 8. Jänner 1878 zurück.

LUDWIG LOTT (1875–1880). Nachdem Lott im Jahre 1875 von dem Posten eines technischen Leiters der «Presse» zurückgetreten war, brachte er noch im selben Jahre nach dem Tode des Heinrich Reiß dessen Kunstbuchdruckerei käuflich an sich. Lott, welcher seine beiden Söhne als Gehilfen, den einen als Xylographen, in seiner Officin beschäftigte, erhob die Chromotypographie, bei welcher er gleich Heinrich Knöfler noch der Handpresse sich bediente, zu noch größerem Rufe, als dies durch Reiß bisher geschah. Denn die Handpresse allein ermöglicht es, weit mehr den Charakter der alten Miniaturmalerei und Holzschnitte zu wahren, auf welchen ja die Chromoxylographie das meiste Gewicht legt, und hier die schönsten Erfolge erzielt hat. Von Lott's Werken dieser Art nennen wir nur: «Das letzte Abendmahl», «Christus am Kreuze», mit Maria und Johannes unter demselben. Um sich neue Absatzgebiete zu verschaffen, beschickte Lott im Jahre 1876 die Ausstellung in Philadelphia und blieb einige Jahre in Amerika, während seine Söhne das Geschäft fortführten. Trotz allen Anstrengungen erzielte er aber nicht die gewünschten Erfolge und verlegte sich auf den Druck von Blech-Affichen in Farben. Im Jahre 1880 verkaufte er die Buchdruckerei an die Firma Eduard Sieger und gab seinen Namen zur Fortführung der von den Brüdern Rubinstein, Buchhändler, gekauften Eurich'schen Officin her.

HERMANN MELCHIOR (1875–1881). Derselbe erhielt die Concession mit Statthaltereidecret vom 23. Mai 1875, Z. 13648. Melchior war eine Koryphäe des Accidenzdruckes und hatte sich als solche schon in den Officinen Keck & Pierer, dann bei Manz, wo er mit Theodor Claus ein Mitbegründer des Rufes dieser Officin wurde, wie auch als Factor der Sommer'schen Buchdruckerei bewährt. Für den selbständigen Betrieb besaß er somit die ausgezeichnetste Befähigung, leider aber nicht die hiezu erforderlichen materiellen Mittel. Melchior starb am 1. Jänner 1881. Vgl. S. 361.

JOHANN GMEINER (seit 1875). Derselbe erhielt die Concession mit Statthaltereidecret vom 19. Mai 1875, Z. 12060.

JOSEF KLAMBAUER (seit 1875). Derselbe erhielt die Concession zum Betriebe seiner Buchdruckerei im Vororte Sechshaus (Hauptstraße 28) mit Statthaltereidecret vom 6. Februar 1875, Z. 3022. Diese Officin befasst sich zumeist mit Accidenzen.

R. SPIES & COMP. (seit 1875). Die Concession zum Betriebe einer Buch- und Steindruckerei wurde Rudolf Spies mit Statthaltereidecret vom 14. Mai 1875, Z. 11956, ertheilt. Die Officin, als deren Factor

Emanuel Schönang aufgestellt und mit welcher auch eine Steindruckerei verbunden wurde, wird in der Nibelungengasse betrieben und befasst sich zumeist mit dem Drucke von Eisenbahn-Arbeiten, Wochenschriften, Accidenzen und lithographischen Etiquetten. Dieselbe war Anfangs in bescheidenem Umfange gegründet worden, entwickelte sich aber fort und fort, so daß sie im Jahre 1878 circa 40 und im Jahre 1880 bereits 60 Personen beschäftigte.

MORIZ WAIZNER (seit 1875). Derselbe, vormals Compagnon der Firma Wodianer & Waizner, übernahm nach dem Ausscheiden Philipp Wodianer's das Geschäft auf eigene Rechnung und erhielt die Concession mit Statthaltereidecret vom 5. August 1875, Z. 22565. Die Druckerei befindet sich in der Stadt, Giselastraße Nr. 11.

SAMUEL SCHWEIZER (1876–1882). Derselbe erhielt die Concession für die Buchdruckerei mit Statthaltereidecret vom 23. August 1876, Z. 25119. Die Officin, in welcher früher schon die Steindruckerei ausgeübt wurde (mit Statthaltereidecret vom 25. Jänner 1870, Z. 1091), befand sich zuerst auf der Landstraße, Kolbnitzgasse Nr. 10, später in der Pragerstraße Nr. 8. Schweizer starb Anfangs des Jahres 1882 und wurde Carl Platz als verantwortlicher Geschäftsleiter der Witwe Marie Schweizer bestätigt. (Statthaltereidecret vom 10. Mai 1882, Z. 20406.)

JOH. L. BONDI & SCHMID (seit 1876). Gegründet 1873 unter der Firma Knaus & Kreidenweis, wurde diese Buchdruckerei im Jahre 1875 von Johann L. Bondi übernommen und am 1. Jänner 1876 in die Gesellschaftsfirma Bondi & Schmid umgewandelt, wozu mit Statthaltereidecret vom 5. Jänner 1876, Z. 38455, die Bewilligung ertheilt wurde. Accidenzen, Werk- und Zeitungsdruck sind die Erzeugnisse dieser Officin.

SIGMUND DEUTSCH (seit 1876). Derselbe, concessioniert mit Statthaltereidecret vom 4. Juni 1875, Z. 14970, für Buch- und Steindruck, zeigte erst im folgenden Jahre seinen Betrieb an. (Magistrats-Registratur vom 22. Februar 1876.) Die Officin, welche sich in Mariahilf, Kasernengasse Nr. 11, befindet, beschäftigt sich mit dem Accidenzdrucke.

JOSEF EBERLE & COMP. (seit 1876). Josef Eberle erhielt die Concession zum Betriebe der Buchdruckerei mit Statthaltereidecret vom 21. Juni 1876, Z. 17993. Diese Firma, welche auf dem Neubau, Westbahnstraße Nr. 9, sich befindet und die den Musiknotendruck und die Lithographie in großem Umfange betreibt, bedient sich der Buchdruckerei zumeist nur als Hilfsmittel zur Herstellung von Umdrucken etc.

DOMINIK HABERNAL (seit 1876). Derselbe erhielt die Concession zum Betriebe der Buchdruckerei mit Statthaltereidecret vom 7. August 1876, Z. 22709, und beschäftigt sich mit Accidenz- und Mercantil-Arbeiten. Die Officin befindet sich unter der Firma Habernal & Comp. im I. Bezirke, Führichgasse Nr. 3.

MORIZ KNÖPFLMACHER (seit 1876). Derselbe erhielt die Concession zum Betriebe der Buchdruckerei mit Statthaltereidecret vom 18. Juli 1876, Z. 141619, und befasst sich vorzugsweise mit dem Druck von Zeitschriften. Diese Officin, in der Leopoldstadt, Obere Donaustraße Nr. 63, hatte zu Anfang des Jahres 1874 M. Zahn im Vereine mit dem Salzburger Buchhändler Dittes gegründet. Noch im selben Jahre ging dieselbe aber an die Firma *Obecholfer, Jeltsch & Ausländer* über. Ersterer war Factor, Letzterer Buchhalter beim Journal „Extrablatt", Jeltsch Factor bei Waldheim. Mit 1. September 1875 trat Knöpflmacher an Stelle Ausländer's ein und führte seit 1. Mai 1876 das Geschäft für eigene Rechnung. Hier wird in einer eigenen Abtheilung für hebräischen Druck das zweimal in der Woche erscheinende politische Blatt „Wiener Israelit" gedruckt.

STERN & STEINER (seit 1876). Die Concession zum Betriebe der Buchdruckerei wurde an Ignaz Stern mit Statthaltereidecret vom 16. Juni 1876, Z. 16107, ertheilt. Das Geschäft, mit welchem eine Steindruckerei verbunden ist, wird in der Gonzagagasse Nr. 20 betrieben und befasst sich ausschließlich mit dem Drucke von mercantilen und Accidenz-Arbeiten.

JOHANN KREISSEL (1877–1878). Derselbe, Disponent, bekam die Concession mit Statthaltereidecret vom 4. Februar 1877, Z. 2441, legte dieselbe aber schon am 1. Februar 1878 zurück.

ERNST LOHWAG (1877–1878). Derselbe wurde mit Statthaltereidecret vom 20. April 1877, Z. 12715, concessioniert und legte die Concession am 10. März 1878 zurück.

ALEXANDER EURICH'S NACHFOLGER (1877–1882). Alexander Eurich jun. führte zunächst nach dem Tode seines Vaters die väterliche Officin fort, wozu er die Concession mit Statthaltereidecret vom 22. August 1877, Z. 25117, erhielt; er übte dieselbe als Concessionär mit seinem Bruder August als Compagnon unter der Firma *Alexander Eurich's Nachfolger* bis zum October 1879 aus, wo letzterer austrat, da die Brüder Rubinstein die Buchdruckerei gekauft hatten. Dieser Gesellschaftsvertrag, Alexander Eurich als Concessionär und die Käufer als Compagnons, dauerte nur bis 22. März 1880, wo August Eurich an Stelle seines Bruders Alexander — die Statthalterei-Bewilligung erfolgte mit Decret vom 22. März 1880, Z. 9992 — als verantwortlicher Geschäftsleiter trat, dem im Mai 1881 Ludwig Lott in gleicher Eigenschaft folgte.

L. BERGMANN & COMP. (seit 1877). Carl Finsterbeck hatte seine Buchdruckerei im Jahre 1877 an Carl Fischer verkauft, als deren Concessionär durch Statthaltereidecret vom 23. October 1877, Z. 32448, der bisherige Factor Finsterbeck's, Leopold Bergmann, erscheint. (Commandit-Gesellschaft »L. Bergmann & Comp.«) Nach dessen Tode im Jahre 1879 folgte als Concessionär mit Statthaltereidecret vom 30. November 1879, Z. 38943, Hermann Fehl in Compagnie mit Carl Fischer, welches Gesellschaftsverhältnis bis 1882 dauerte, wo als Concessionär Arthur Fahnauer erscheint, der die Concession mit Statthaltereidecret vom 26. November 1881, Z. 46794, erhielt. Die Officin L. Bergmann & Comp. gewann erst grössere Bedeutung seit dem Jahre 1881, von wo ab sie sich hauptsächlich mit dem Drucke von Tagesblättern, »Wiener Handelsblatt« (seit 1879) »Tribüne« (seit 1879) sowie Wochenblättern, »Der Floh« (1880), »Der junge Kikeriki« u. dgl. beschäftigt. Die Druckerei befindet sich in der Alservorstadt, Universitätsstraße Nr. 6 und 8.

WILHELM FRIEDRICH HEINRICH (seit 1877). Derselbe hatte die Mechitharisten Buchdruckerei an sich gebracht und erhielt die Concession mit Statthaltereidecret vom 21. April 1877, Z. 11644. Der Buchdruckerei-Concessions-Inhaber Carl Seidl wurde als Geschäftsleiter ernannt und nach dessen am 17. August 1877 erfolgten Tode der Schriftsetzer Heinrich Schefzig zum verantwortlichen Leiter bestellt. (Statthaltereidecret vom 23. Februar 1880, Z. 6103.) Als Letzterer gestorben, wurde der Corrector Julius Grzeziczek als verantwortlicher Leiter der Buchdruckerei mit Statthaltereidecret vom 28. December 1881, Z. 50156, aufgestellt. Ihm folgte Wilhelm Oberhofer, welcher durch Statthaltereidecret vom 8. April 1882, Z. 15572, in dieser Eigenschaft bestätigt wurde.

ALFONS MATUSCHKA (1877). Derselbe erhielt die Concession mit Statthaltereidecret vom 23. September 1877, Z. 29089, für Buchdruckerei und Lithographie. Die Officin, welche er von Leo Fein übernommen hatte, befand sich auf der Wieden, Carlsgasse Nr. 16, später Mariahilf, Gumpendorferstraße Nr. 11. Matuschka legte noch am 20. December 1877 seine Concession zurück.

CARL RAUCH (seit 1877). Derselbe erhielt die Concession mit Statthaltereidecret vom 25. December 1877, Z. 39112. Die Officin, welche er von August Lorius übernahm, befasst sich größtentheils mit der Herstellung von Zeitschriften und Werken pädagogischen Inhalts: »Freie pädagogische Blätter«, »Schulbote«, die »Illustrierte österreichische Jugend-Bibliothek« u. s. w.

M. SCHINKAY (seit 1877). Die Concession zum Betriebe der Buchdruckerei wurde Michael Schinkay mit Statthaltereidecret vom 25. Juli 1877, Z. 22154, ertheilt. Als verantwortlicher Leiter wurde C. Schwarzenberger und als Factor Carl Mayer bestellt. Die Officin befindet sich im VII. Bezirke, Myrthengasse Nr. 11.

JOHANN N. VERNAY (seit 1877). Derselbe, Nachfolger von L. Sommer & Comp., hatte das Geschäft käuflich erworben und erhielt die Concession mit Statthaltereidecret vom 1. Juli 1877, Z. 20043; gleichzeitig wurde Emil Hochenadel als verantwortlicher Geschäftsleiter genehmigt. Vernay steht an der Spitze einer »Commandit-Gesellschaft für Buchdruckerei, Lithographie, Schriftgießerei und Stereotypie« und betreibt das Geschäft in dem von Sommer erbauten Hause in der Alservorstadt, Mariannengasse Nr. 17. Die Officin befaßt sich zumeist mit dem Drucke von Arbeiten für Verkehrs-Institute und deckt den Drucksorten-Bedarf der Commune Wien.

JOSEF LUDWIG ABRAMOWITZ (seit 1878). Abramowitz erhielt die Concession mit Statthaltereidecret vom 1. Juni 1878, Z. 16297, und betreibt seine Officin in der Leopoldstadt, Praterstraße Nr. 7. Der hauptsächlichste Betrieb besteht in Herstellung mercantiler Drucksorten.

CARL BURKERT (seit 1878). Burkert erhielt die Concession mit Statthaltereidecret vom 1. Juni 1878, Z. 15221, und befasst sich zumeist mit dem Drucke von kleinen Zeitschriften, Broschüren etc. Das Geschäft wird am Alsergrund, Maximilianplatz Nr. 14, betrieben.

JULIUS DÖRNER (seit 1878). Julius Adolf Dörner wurde mit Statthaltereidecret vom 13. Mai 1878, Z. 14254, für Buch- und Steindruckerei concessioniert und hatte die von W. Soukup & Comp. schon seit dem Jahre 1848 geführte Steindruckerei (Magistrats-Bathschl. vom 8. December 1878) übernommen. Er betreibt sein Geschäft nun als Buch- und Steindruckerei am Neubau, Neubaugasse Nr. 20 und verlegt sich ausschließlich auf Accidenz- und Mercantildruck.

A. REISSER & COMP. (seit 1878). August Reißer erhielt die Concession mit Statthaltereidecret vom 21. Jänner 1878, Z. 1938, und betrieb das Geschäft anfangs unter der Firma *Reißer & Eibner* in der Stadt, Seilerstätte Nr. 19; später übersiedelte er dann in die Johannesgasse Nr. 25 und zuletzt in die Krugerstraße Nr. 18. Die Officin, welche mit einer Steindruckerei verbunden ist, beschäftigt sich zumeist mit Accidenz- und Illustrationsdruck, ist aber auch für den Werk- und Zeitungssatz eingerichtet.

IGNAZ UNGER (seit 1878), auch Besitzer einer Papier- und Drucksorten-Handlung. Derselbe erhielt die Concession mit Statthaltereidecret vom 8. Mai 1878, Z. 13748, betreibt sein Geschäft Wieden, Margarethenstraße Nr. 30, und befasst sich hauptsächlich mit Accidenz-Arbeiten.

EMIL M. ENGEL (seit 1879). Engel erhielt die Concession mit Statthaltereidecret vom 24. Juli 1879, Z. 23251, für Buch- und Steindruckerei und betreibt dieselben in der Stadt, Schottenring Nr. 23; Engel befasst sich zumeist mit dem feinen Accidenzdrucke und dem Drucke seiner patentierten Kalender-Specialitäten.

CARL FISCHER (seit 1879). Fischer, der Schwiegersohn des Buchdruckers Ferdinand Ulrich (II), erhielt die Concession mit Statthaltereidecret vom 18. December 1879, Z. 40785. Er war auch verantwortlicher Leiter der Ulrich'schen Officin, die nach dem am 18. Juni 1872 verstorbenen jungen Hermann Ulrich wieder an den Vater und nach dessen am 3. October 1879 erfolgten Tode auf ihn übergegangen war. In dieser Officin wurden die Holzpressen erst in den Jahren 1846 und 1851 durch Aufstellung von zwei eisernen Handpressen (Sigl und Löser), und erst im letzteren Jahre durch eine Löser'sche Schnellpresse verdrängt. Der Betrieb erstreckt sich auf Accidenz- und Werksatz. An Zeitungen wurden hier gedruckt: Die »Literatur-Zeitung« (1870–1873); die »Allgemeine österreichische Schulzeitung« (1869–1876); »Neues Evangelisches Kirchen- und Schulblatt« (1880), früher »Evangelisches Kirchen- und Schulblatt« (1875–1880); »Der Tourist« (1877–1880). Fischer betreibt sein Geschäft Wieden, Hauptstraße Nr. 54.

HERMANN LIEBERMANN (seit 1879). Liebermann erhielt die Concession zum Betriebe der Buchdruckerei mit Statthaltereidecret vom 25. August 1879, Z. 27212, und verlegte sich ausschließlich auf den Accidenzdruck. Die Officin befindet sich auf der Mariahilferstraße Nr. 11.

JOSEF MOSSBECK (seit 1879). Derselbe erhielt die Concession zum Betriebe der Buchdruckerei und Lithographie mit Statthaltereidecret vom 22. März 1879, Z. 8877. Die Buchdruckerei, welche sich in Mariahilf, Hirschengasse Nr. 6, befindet, wird hier zum größten Theile als Hilfsgewerbe zur Lithographie ausgenützt.

ALOIS ČERNY (seit 1880). Derselbe wurde concessioniert mit Statthaltereidecret vom 3. October 1880, Z. 36246. Er befasst sich hauptsächlich mit der Ausführung von Accidenz- und Mercantil-Drucksorten. Die Druckerei befindet sich in der Josefstadt, Piaristengasse Nr. 6.

CARL FRITZ' WITWE (seit 1880); neuerdings lautet die Firma *Fritz' Witwe & J. Nöll*. Sidonie Fritz führt seit dem Ableben ihres Mannes Carl Fritz auf Grund des Concessionsdecretes der Statthalterei vom 9. April 1880, Z. 11925, die Buchdruckerei fort. Verantwortlicher Geschäftsleiter ist Anton Massanetz. Der Betrieb dieser Officin, welche sich noch in Rudolfsheim, Dreihausgasse Nr. 16, befindet, ist derselbe wie unter Carl Fritz.

FRANZ KARST VON KARSTENWERTH (seit 1880). Karstenwerth erhielt die Concession mit Statthaltereidecret vom 21. März 1880, Z. 9891, ausschließlich zum Drucke der beiden Zeitschriften »Sport« und »Wochen-Renn-Kalender«, sowie der vom Jockey Club benöthigten Drucksorten und Accidenzarbeiten, und betreibt sein Geschäft unter der Leitung des Factors Johann Kreuzer auf der Landstraße, Seidlgasse Nr. 15.

DRUCKEREI DER »WIENER ALLGEMEINEN ZEITUNG« (seit 1880). Dr. Theodor Hertzka erhielt eine Concession mit Statthaltereidecret vom 27. Februar 1880, Z. 6106, für Buch- und Steindruckerei zum Zwecke der Herstellung der »Wiener Allgemeinen Zeitung«, deren Eigenthümer Dr. Hertzka ist. Die Officin, welcher A. B. Hau als verantwortlicher Leiter vorsteht, führt den Namen Druckerei der »Wiener Allgemeinen Zeitung« und wird in der Stadt, Schottenring Nr. 14, betrieben.

LUD. WOHLRAB'S WITWE (seit 1880). Anna Wohlrab, erhielt mit Statthaltereidecret vom 30. September 1880, Z. 35763, die Genehmigung, die Buchdruckerei ihres Mannes unter der verantwortlichen Geschäftsleitung ihres Sohnes, Ludwig Wohlrab jun., weiter zu führen. Dieselbe wird am Alsergrund, Nussdorferstraße Nr. 74, betrieben.

FERDINAND KLEBINDER (seit 1881). Klebinder, Redacteur und Herausgeber der »Wiener Bürgerzeitung«, erhielt die Concession mit Statthaltereidecret vom 21. Januar 1881, Z. 2199.

H. MELCHIOR & COMP. (seit 1881). Nach H. Melchior's Tode, am 1. Januar 1881, setzte dessen Witwe, Franziska Melchior, mit Genehmigung der Statthalterei durch Decret vom 3. April 1881, Z. 13997, für Rechnung der minderjährigen Kinder, die Buchdruckerei fort (Wieden, Mozartgasse Nr. 4), als deren verantwortlicher Geschäftsleiter Christian Friedrich Möckel aufgestellt wurde. Die Hauptbeschäftigung liegt in Accidenzen und Mercantil-Drucksorten.

THEODOR PHILIPP (seit 1881). Derselbe erhielt die Concession zum Betriebe der Buchdruckerei mit Statthaltereidecret vom 5. October 1881, Z. 39055, und beschäftigt sich mit dem Drucke von Broschüren, Wochenblättern und Accidenzen. Die Druckerei befindet sich in der Währingerstraße Nr. 58.

JACOB SCHÖN (seit 1881). Derselbe erhielt die Concession mit Statthaltereidecret vom 2. April 1881, Z. 12921. Diese Buchdruckerei, zu Baja in Ungarn gegründet, von dort nach Fünfkirchen, dann nach Pettau in Steiermark, endlich nach Währing, Kreuzgasse Nr. 51, verlegt, befindet sich jetzt in Ottakring, Yppengasse Nr. 4 und beschäftigt sich hauptsächlich mit dem Drucke von Accidenzen und Broschüren.

Im Anschlusse an obige Aufzählung der Wiener Officinen bis zum Jahre 1882 wiederholen wir die Bemerkung, dass in dieses Verzeichnis die Besitzer von beschränkten Concessionen nicht aufgenommen wurden. Es sind dies zumeist Papierhändler, welchen die Befugnis ertheilt wurde, auf Tiegeldruckpressen kleine mercantile Arbeiten, wie Visit- und Adresskarten, Briefköpfe, Converts, Papiersäcke etc., herzustellen. Da aber solche Concessionswerber, deren es im Jahre 1882 in Wien circa achtzig gab, die Buchdruckerkunst nicht erlernten, und weder ein Buch drucken dürfen noch können, so zählen sie auch nicht zu den Buchdruckern und stehen außerhalb des Rahmens der Buchdrucker-Geschichte Wiens.

Die erste Officin in Wien, welche eine Schnellpresse aufstellte, war die der Ghelen'schen Erben. Es geschah dies 1832 für den Druck der »Wiener Zeitung«. Im nächsten Jahre folgte J. P. Sollinger; 1836 stellte A. Pichler's Witwe eiserne Hand- und Schnellpressen auf und 1837 vollzog sich Gleiches durch Sommer's Bemühungen in der Officin von Strauss' Witwe, nicht ohne deren Widerstreben gegen die Neuerungen mit eisernen Pressen. Zwei Jahre darnach folgte Johanna Grund (Gorischek). Die meisten derartigen Umwandlungen geschahen in den Wiener Officinen aber erst zwischen 1840 und 1850. Voran steht da unter der Leitung ihres neuen Directors Auer die k. k. Hof- und Staatsdruckerei, die eigentlich verhältnismäßig spät den andern Officinen folgte. Im Jahre 1841 ließ Überreuter die erste eiserne Handpresse und 1844 die erste Schnellpresse aufstellen. 1848 war bei Wallishausser eine Sigl'sche Schnellpresse in Thätigkeit. Unter den Privat-Buchdruckereien dürfte wol Sollinger dem Fortschritte am meisten gehuldigt haben, indem er bereits 1848 sechs Schnell- und zehn eiserne Handpressen im Betriebe hatte. Noch am Anfange der Fünfziger Jahre gab es aber in kleinen Officinen nur die alten Holzpressen, und selbst in Officinen mittleren Ranges war hie und da noch eine solche Presse zu finden. Dann ging es aber rasch vorwärts, und merkwürdigerweise auch so gründlich, dass nicht einmal ein Musterexemplar erhalten wurde und die Buchdrucker im Jahre 1879 für ihre Gruppe im Festzuge eine alte Holzpresse aus Ofen entlehnen mussten.

Die Sommer'sche Buchdruckerei war die erste in Wien, in welcher der Dampf zum Betriebe der Schnellpressen benützt wurde.

Die erste Schnellpressenfabrik in Wien und in Österreich war die von Helbig & Müller (s. oben S. 238 f.), welche nach des Letzteren Tode im Jahre 1843 von der Witwe, nachmals verehelichte Etterich, fortgeführt wurde; die Firma lautete: Maschinenwerkstätte der k. k. ausschliessl. priv. neuesten Wiener Buchdrucker-Schnellpressen, Weissgärber, Kegelgasse Nr. 40. Als tüchtige Maschinenbauer in diesem Fache sind zunächst die Mechaniker und Maschinenfabrikanten H. Löser und G. Sigl zu nennen. Löser, der unter Helbig & Müller schon Monteur war und von Müller testamentarisch zum Werkführer eingesetzt wurde, etablierte sich, nachdem das dem Helbig & Müller ertheilte Privilegium durch G. Sigl gestürzt war, im April 1848 selbständig in der Windmühlgasse. Schon sechs Wochen vor Löser's Austritt hatte auf dessen Veranlassung L. Kaiser, der auch bei Helbig & Müller arbeitete, diese Werkstätte verlassen, um bei ihm die Modelle anzufertigen. 1852 zog Löser nach Erdberg; Kaiser wurde 1851 Monteur und nach Löser's Ableben, 1865, in Gemeinschaft mit Fried, Geschäftsleiter. Beide übernahmen 1867 die Fabrik auf eigene Rechnung unter der Firma *H. Löser's Maschinenfabrik, Kaiser & Fried*, welche sie nach Verlauf von einem Jahre auf die Landstraße, Ungargasse, übertrugen. Ende 1872 trat Fried aus und die Fabrik ging in den alleinigen Besitz von Ludwig Kaiser über; seit 1879 befindet sich dieselbe im Bezirke Landstraße, Untere Weißgärberstraße Nr. 22, im eigenen Gebäude.

Für die Wiener Buchdrucker wurde die Fabrik G. Sigl's, der auch bei Leo Müller als Gehilfe, dann als Monteur bei Aufstellung von Schnellpressen in Arbeit gestanden, von ganz besonderer Bedeutung. »Er war der Erste, der in Österreich Doppelschnellpressen und grössere einfache Maschinen mit Kreisbewegung baute, und auch unbestreitbar der Erfinder der lithographischen Schnellpresse, deren erstes allerdings noch mangelhaftes Exemplar schon 1850/51 für H. Engel in Wien gebaut wurde.«

Ausserdem fertigten noch in Wien eiserne Buchdruckpressen an: Jacob Friedrich Paris, der zumeist Visitkarten-Pressen baute, und Gustav Pfannkuche, welcher eine k. k. ausschl. priv. Maschinenfabrik für Buchdruckpressen und lithographische Pressen mit elastischem Drucke besass. Kleinere Maschinen (Tiegeldruckpressen) mit verbessertem Systeme baute auch G. Bernhardt.

Die meisten Wiener Maschinen und Pressen stammten aber aus den Fabriken Helbig & Müller und G. Sigl; dieser vollendete 1870 den Bau seiner tausendsten Schnellpresse, die er wohl alle nicht in Wien allein gebaut hatte, da er schon von 1840 bis 1846 in Berlin eine Schnellpressen-Fabrik besaß. Auch die Maschinen-Fabrikanten H. Löser, L. Kaiser & Fried, Josef Anger, in neuerer Zeit noch Carl Neuburger in Wien, lieferten den Buchdruckern zahlreiche Pressen. Überdies wurden auch vom Auslande viele Maschinen bezogen, da man dort weit mehr auf Verbesserungen bedacht war und fortwährend neue

Rahmen einschlug, wenngleich nicht geleugnet werden kann, dass die Wiener Maschinenfabrikanten heute große Anstrengungen machen, um der auswärtigen Concurrenz Stand halten zu können. Es war ein Missgriff Sigl's, der, im Fache der Buchdruckpressen in den Fünfziger Jahren viel beschäftigt, stets grössere Pläne und Verbesserungen in anderer Richtung im Auge hatte und daher mehr und mehr vom typographischen Schauplatze verdrängt wurde, und dem auch sein Versuch, Rotationsmaschinen zu bauen, anfangs misslang. In den Wiener Buchdruckereien findet man daher Schnellpressen der verschiedensten Formen und Constructionen, außerdem Rotationsmaschinen, aus den Fabriken von Koenig & Bauer in Oberzell bei Würzburg, der grossen Augsburger Maschinenfabrik »Augsburg«, dann von Hippolyt Marinoni und Pierre Alauzet in Paris. Ludwig Lott brachte in seiner Eigenschaft als technischer Leiter der Druckerei der »Presse« bekanntlich die ersten zwei englischen Walter-Maschinen nach Wien.

Die grossen Officinen Wiens waren bestrebt, in ihrer technischen Einrichtung, hinter denen des Auslandes nicht zurückzubleiben. Wir erinnern nur an die k. k. Hof- und Staatsdruckerei, an die Officinen Holzhausen, Waldheim, Fromme, Jasper, Steyrermühl (Zamarski), oder an die vortrefflich eingerichteten Druckereien der »Neuen Freien Presse«, der »Presse«, des »Tagblatt« und »Extrablatt«. Welch' ein verändertes Bild bieten in dieser Beziehung aber solche Officinen am Anfange der Achtziger Jahre gegen jene noch vor einem halben Jahrhundert. Jetzt umfangreiche, lichte Räume, ja ganze mehrstockige Häuser der Kunst Gutenberg's gewidmet, und welch' ein bewunderungswürdiges Schauspiel bietet der Druckersaal der Gegenwart, gegen die beschränkten, dumpfigen und niedrigen Arbeitszimmer von ehedem. Heute treibt der Dampf Schnellpressen und Rotationsmaschinen, ein genial erdachtes System von Hebeln und surrenden und wirbelnden Rädern, und hunderte von geschäftigen Menschenhänden arbeiten in einander. Und was verrichten heute nicht alles Papierschneide- und Falzmaschinen gegen einst, wo dies alles so schwerfällig durch Menschenhände geschah.[180]

Ehedem besaßen die meisten Buchdruckereien auch Schriftgießereien, theils um den eigenen Bedarf zu decken, theils um Schriften an kleinere Officinen abzugeben; so war es der Fall — von der Hof- und Staatsdruckerei abgesehen — bei den Officinen Pichler, Johanna Grund (Gorischek), Strauß (Sommer, Vernay), Überreuter (M. Salzer), Benko (Waldheim), Sollinger (Zamarski, Steyrermühl), von Haykul, Schade, bei den Mechitaristen und in neuerer Zeit auch bei Fromme u. a. Von selbständigen Schriftgießereien gab es in Wien in den Vierziger Jahren nur jene von M. D. Schiel & Sohn und Jacob Fidler. Die großen Anforderungen jedoch, welche an die nunmehr mit Maschinen arbeitenden Buchdruckereien bezüglich der Anzahl der einzurichtenden Formen, besonders aber wegen der Menge der Schriften für stehenden Satz, für die sich mehrenden Accidenzen u. s. w. gestellt wurden, mussten naturgemäß zur Errichtung großer selbständiger Schriftgießereien führen, deren Besitzer in der Lage waren, für sie alle und jede Opfer zu bringen. Da Schriftgießereien und Buchdruckereien im Aufschwunge und Niedergange sich so ziemlich das Gleichgewicht halten, so konnte auch der Geschäftsgang der selbständigen Schriftgießereien bis 1873 ein blühender genannt werden, wobei nur der Mangel an geschulten Arbeitern häufig sehr schwer empfunden wurde; von dieser Zeit ab zeigt sich aber ein auffallender Stillstand, ja Rückgang bis gegen die Achtziger Jahre.

Als die erste dieser selbständigen Schriftgießereien in Wien wurde die von *Friedrich Winter* 1856 gegründet, welche nach dessen Tode, 1875, an seinen Sohn Albert überging. Dieselbe befasst sich mit

180 Wir lassen einen alten, würdigen Kenner der früheren Zeit zu ihrer trefflichen Schilderung sprechen. »Gewöhnlich standen« so sagt derselbe, »im [illegible] Locale auf der einen Seite die Pressen, auf der anderen die Regale für die Setzer, durch einen schmalen Raum [illegible], so dass zwei Pressen knapp neben einander gehen konnten. Die Regale waren gewöhnlich schwarz angestrichen, ebenso die Pressen. Das Auf- und Zumachen des Deckels, das Aufeinanderschlagen der Ballen, später das Geräusch der Walzen beim Verreiben der Farbe, das Knarren der Presse, wenn der Bengel angezogen wurde, verursachte einen solchen Lärm, dass man sich erst daran gewöhnen musste, um sich dem Zunächststehenden verständlich zu machen. Dazu kam noch eine äußerst ungesunde Luft zum Einathmen. Fenster konnten nicht geöffnet werden, nicht nur wegen der Zugluft, sondern weil dem Drucker die Bogen der Auflage weggeweht worden und auch das gefeuchtete Papier [illegible]. Dieses, mit Steinen beschwert, stand bei jeder Presse, der Geruch der Farbe, des Öls, womit Schienen und Spindeln der Presse geschmiert wurden, der Geruch des Terpentins, der zuweilen in Anwendung kam, [illegible] — die Drucker waren, besonders im Sommer[illegible], bei ihrer schweren Arbeit förmlich in Schweiß gebadet — auch nicht zur Verbesserung der zum Einathmen bestimmten Luft bei. Dazu kam aber noch, dass die gedruckten feuchten Auflagen von der Presse weg auf Stricken zum Trocknen aufgehängt wurden, welche über Kästen und Pressen im ganzen Arbeitslocale gespannt waren. So sahen mit geringen Abweichungen die meisten Druckereien der früheren Zeit aus.« Johann [illegible] »Aus der guten alten Zeit« (Reminiscenzen an das Druckerleben Alt-Wiens), im »Vorwärts«, Zeitschrift für Buchdrucker und verwandte Interessen, [illegible] Jahrg. 1881, Nr. 16 (22. April).

Galvanoplastik und betreibt als besondere Specialitäten die Erzeugung von Messinglinien und Kupferplatten zum Farbendruck.

Im Jahre 1862 errichtete die Leipziger Schriftgießer-Firma J. G. Schelter & Giesecke, in Verbindung mit dem Buchdrucker Adolf Meyer[1032] als stillen Gesellschafters und unter dessen Leitung in Wien eine Filiale. Bei dem damals eintretenden Aufschwunge der Buchdruckerei fand dieses Unternehmen bald so reichlichen Zuspruch, besonders durch die Einrichtung eigener Druckereien für die großen Zeitungen »Neue Freie Presse«, »Tagblatt«, »Fremden-Blatt«, »Deutsche Zeitung«, etc., dass es seine ursprüngliche Einrichtung von vier Gießmaschinen, bis zum Jahre 1870 auf 25 erhöhen konnte, ungeachtet der inzwischen in Wien ins Leben gerufenen ähnlichen Concurrenz-Unternehmungen mehrerer deutschen Gießereifirmen. Im Jahre 1870 übernahm Adolf Meyer mit Carl Schleicher, welcher ein tüchtiger Schriftgiesser[1033] und der bisherige technische Leiter des Geschäftes war, den vollen Besitz desselben auf eigene Rechnung, unter der Firma *A. Meyer & Schleicher*. Bei den 1873 nöthig gewordenen Erweiterungen des Geschäftes durch Gießmaschinen, darunter auch einer englischen Complet-Gießmaschine, der ersten in Österreich, dann durch die Ausdehnung der Stereotypie und Einrichtung einer Galvanoplastik im größeren Maßstabe stellten sich die bei der Gründung in Anspruch genommenen Geschäftsräume auf der Landstraße, Löwengasse Nr. 40/50, als unzureichend heraus; im Jahre 1881 fand aber das Geschäft seine Unterkunft in den Souterrainlocalitäten des neuen Börsegebäudes am Schottenring, wo die von ihm beschäftigten 36 Gießmaschinen, 1 Completmaschine, hydraulische Pressen für Galvanoplastik, 2 Stereotypöfen etc. in den ausgedehnten Räumlichkeiten vortheilhafte Aufstellung fanden.[1034] In der Erzeugung neuen Materials zur formellen Verbesserung der Werke der Buchdruckerpresse entwickelte die Firma A. Meyer & Schleicher eine ersprießliche Thätigkeit. Die von ihr zuerst als Originale in den Verkehr gebrachten stilvollen Kopfleisten und Schlussstücke als Illustrationsobjecte vieler Drucksorten, die »Wiener« (anderwärts »Florentiner« benannte), dann die »Venetianer-Einfassung« und die »Holbein-Bordüre«, auch die sonstigen Einfassungen, verzierten Initiale und Garnituren kleiner Einfassungen, sind hier besonders erwähnenswert.

Die im Jahre 1865 errichtete Schriftgiesserei *J. H. Rust & Comp.*, ebenfalls eine Filiale einer Gießerei in Offenbach, hat zuerst den Pariser Kegel in größerem Maße in Österreich-Ungarn, in den Donauländern und im Orient eingeführt und eine bedeutende Anzahl von guten Original-Erzeugnissen geschaffen. Zu den meisten Antiquaschriften wurden auch die russischen, serbischen, bulgarischen und griechischen Figuren geschnitten. Von den Einfassungen und Ornamenten sind zu nennen: Die Rad-Einfassung, die Renaissance-Einfassung, die Künstler-Einfassung u. s. w. Sehr viele in- und ausländische Gießereien haben Matrizen von diesen Original-Erzeugnissen bezogen und die Rust'sche Gießerei bekam dadurch im Tauschwege wieder viele Originalmatrizen deutscher, französischer, englischer und amerikanischer Gießereien. Die Fabricate der Firma J. H. Rust & Comp. finden Absatz in allen europäischen Ländern und werden auch nach Asien und Amerika exportiert; in Wien hat sie die meisten Tretpressendruckereien eingerichtet. Die Schriftgießerei befindet sich im eigenen Hause in Margarethen, Griesgasse Nr. 10.[1035]

Gleich der Rust'schen Schriftgießerei hat auch die 1870 errichtete k. k. Hofschriftgießerei *Poppelbaum* (Inhaber Bernhard Poppelbaum), ursprünglich Zweigniederlassung einer Frankfurter Firma,[1036] sich

[1032] *Adolf Meyer* ist im Jahre 18[illegible] in der Hofbuchdruckerei Trowitzsch & Sohn in Frankfurt a. d. Oder als Setzer in die Lehre getreten und hat sich dort, wie in der Buchdruckerei unter gleicher Firma in Berlin, durch seine Leistungen als Accidenzsetzer hervorgethan. [illegible] im Jahre 1857 von der Firma J. G. Schelter & Giesecke [illegible] Wien, im Jahre 1862.

[1033] Die Technik des Schriftgusses hat Schleicher [illegible] Fortschritte, [illegible] Verbesserung der [illegible] Hohlmaschinen, [illegible] [illegible] u. dgl. m. zu verdanken.

[1034] Damals beschäftigte die Officin 36 Gießmaschinen, 1 Completmaschine, hydraulische Pressen für Galvanoplastik, 2 Stereotypöfen etc.

[1035] Johann Heinrich Rust gründete, nachdem er seine Lehrzeit als Schriftgießer bei J. M. Hirsch & Comp. in Offenbach a. M. beendet [illegible] Berger, [illegible] in Nürnberg und [illegible] bei [illegible] in Prag als Gießer, Fertigmacher, Justirer und Zurichter zugebracht hatte, unter Mithilfe seines Vaters 1846 eine Schriftgießerei in Offenbach a. M. unter der Firma J. H. Rust. Im Jahre 1862 verband er sich mit seinem Schwager Georg Josberg unter der Firma J. H. Rust & Comp. 1865 gründeten dieselben unter gleicher Firma eine Filiale in Wien, wohin auch J. H. Rust seinen Wohnsitz verlegte. [illegible] wurden die beiden Geschäfte getrennt. Dem Wiener Geschäfte trat Paul Sohns, ein gelernter Buchdrucker, als Gesellschafter bei und seit dieser Zeit erscheint der alte Firmatitel wieder J. H. Rust & Comp.

[1036] Die Frankfurter Firma war Benjamin Krebs' Nachfolger (Inhaber Hermann Poppelbaum). Die Gießerei in Wien, von Bernhard Poppelbaum und Karl [illegible] gegründet, welche früher bei Benjamin Krebs thätig gewesen, befand sich bei ihrer Gründung — 1. Jänner 1870 — auf der Landum die Fortentwicklung des Schriftgusses in Wien, ja in Österreich überhaupt nicht wenig verdient gemacht. Im Laufe der letzten Jahre entstand hier eine Anzahl von Schriften und Einfassungen, welche zu den besten Producten der Stempelschneiderei gezählt werden. Besonders wurde der Schnitt von Brotschriften gepflegt, von denen die im Frankfurter Hause geschnittene Koch'sche Fractur und die Französische Antiqua namentlich bekannt sind und von den meisten großen Gießereien (auch von der k. k. Hof- und Staatsdruckerei in Wien) in Matrizen bezogen wurden. Von den verschiedenen Schriftgattungen heben wir besonders die moderne Steinschrift, die Rundschriften, dann hebräische und griechische Schriften hervor; von Einfassungen verdienen die Universal-Einfassung, Relief-Ornamente, Italienische Einfassung, Albrecht Dürer-Leisten und Alphonso-Borduren erwähnt zu werden.[1027]

Unter den eigentlichen Wiener — nicht von auswärts gegründeten — Schriftgießereien sind jene der k. k. Staatsdruckerei, dann die von Joh. N. Vernay, Zamarski, Waldheim und Fromme durch ihre vorzüglichen Leistungen viel bekannt und geschätzt. Fromme's Schriftgießerei, eine Schöpfung Hofer's, die an die Keck'sche Officin übergieng, hat der geniale Graveur und Stempelschneider Carl Brendler, dessen Vater sich schon als Stempelschneider um die Wiener Schriftgießerei besondere Verdienste erworben hatte, reorganisiert und geleitet. Im Jahre 1876 kaufte Brendler diese Schriftgießerei und verband sich mit Harler unter der Firma *Brendler & Harler*.[1028] Nach dem im Jahre 1879 erfolgten Tode Harler's führte Carl Brendler das Geschäft allein fort, bis im Jahre 1882 Arthur von Marklowsky-Pernstein eintrat und die Firma *Brendler & Marklowsky* lautete. Brendler schnitt vorzügliche orientalische Schriften, auch als der Erste stenographische Typen, und zwar für K. Faulmann.[1029] Zu seinen schönsten Leistungen sind unstreitig die Schreibschriften zu zählen, die an Correctheit und Schwung alles vorher Dagewesene übertreffen. Brendler hat für die österreichische Stempelschneidekunst und Schriftgießerei in jeder Beziehung bahnbrechend gewirkt, und der Wiener Schriftgießerei im Osten und Süden unserer Monarchie, ja selbst im Oriente neuen Absatz und vollste Würdigung errungen. Viele Abschläge seiner Stempel werden auch nach Belgien, Frankreich, Italien und Spanien abgegeben.

Die vierte größere selbständige Schriftgießerei ist jene von J. Pollak, die sich seit dem Jahre 1878 im eigenen Hause, Leopoldstadt, Klanggasse Nr. 2, befindet. Pollak, ein gelernter Buchdrucker, war früher Reisender bei Meyer & Schleicher und gründete im Jahre 1872 im Vereine mit dem Schriftgießer E. Rudhard aus Offenbach unter der Firma *Rudhard & Pollak* und in bescheidenen Verhältnissen die Gießerei. Das Geschäft erweiterte sich immer mehr und erwarb sich namentlich auswärts eine ansehnliche Kundschaft. Im Jahre 1881 trat Rudhard aus und Pollak führt das Geschäft allein fort.

Als Schriftgießereien sind noch zu erwähnen jene von Eduard Huth (gegründet 1864, welcher im selben Jahre noch die verbesserte Papier-Stereotypie einführte), Adolf Gutenberg (1874), Oscar Lassig (seit 1876), Carl Dick und Leopold Nowak.

Die Druckfarbe wird jetzt auch nicht mehr wie früher in den Officinen selbst bereitet, sondern in grossen Quantitäten aus eigenen Farbefabriken bezogen. Bei den Anforderungen, die seit der Einführung der Schnellpressen an die Officinen bezüglich der Menge und der Feinheit des Druckes gestellt werden, besonders beim Illustrations- und besserem Werkdrucke, würde die alte Farbenerzeugung kaum mehr ausreichen, ja gar nicht mehr möglich sein. In Wien gab es schon in den Dreißiger und Vierziger Jahren eigene Bezugsquellen für Druckfarbe. Gegenwärtig bestehen in Österreich zwei große Farbefabriken, die ihre Fabricate an Wiener Buchdruckerfirmen abgeben, jene von J. E. Breidt in Hamerling bei Schärding in Oberösterreich, im Jahre 1844 gegründet, und seit 1870 die von Friedrich Wüste in Pfaffstetten bei

straße (Ungargasse 22), und besaß zwei Gießmaschinen. Die Firma lautete Poppelbaum & Bauer. Schon zwei Jahre darnach war das Inventar auf 18 Maschinen angewachsen, so dass die Gießerei in andere, größere Räume — Margarethen, Mittersteig 10 — übertragen werden musste. Am 1. April 1875 wurde sie vom Frankfurter Hause unabhängig und nahm einen ungeahnten Aufschwung, der nur dadurch beeinträchtigt wurde, dass Bauer wegen Krankheit austreten musste und bald darauf starb. Damals hatte die Firma 35 Maschinen und mehr als 100 Hilfsarbeiter, ohne jedoch [illegible] den Lieferungsverbindlichkeiten nachkommen zu können. Durch Decret der k. k. n.-ö. Statthalterei vom 28. Mai 1887 wurde dem Geschäfte der Hoftitel verliehen.

[1027] Außer dem Gusse von Schriften betreibt die k. k. Hofschriftgießerei Poppelbaum als Specialität die Anfertigung von Formmaterial für Buchdruckereien, und zwar von eigenen Schließ- und Formatstegen, Unterlage- und Facettenstegen für Stereotypplatten. Zu ihren ständigen Abnehmern zählt sie die Staatsdruckereien von Wien, Pest, Bukarest und Sophia, die Landesdruckerei in Sarajevo und die Druckerei der k. k. Wiener Zeitung.

[1028] Registratur des Wiener Magistrates, Fasc. II. 61. Nr. 170129.

[1029] Diese Typen wurden in L. C. Zamarski's Officin gegossen, wo auch die ersten Drucke gemacht wurden. (Österreichische Buchdrucker-Zeitung, Jahrg. 1873, S. 121, 1886, S. 250.)

Baden, welche namentlich feine Qualitaten liefert.[1040] Für den Illustrationsdruck wird die Farbe auch aus deutschen, französischen und englischen Fabriken bezogen, deren Qualitaten immer noch als die feinsten und ersten zu betrachten sind.

Der meiste Verbrauch des Papieres, auch für den Zeitungsdruck, wird heute durch die Papierfabriken, Schlöglmühl, Steyrermühl und Ellsemühl, die Neusiedler, Pittener, Heinrichsthaler, Ebenfurther, Marschendorfer, Theresienthaler, Stattersdorfer und andere Papierfabriken gedeckt. Vom Auslande beziehen die Wiener Officinen nur geringe Quantitäten. Das Papier, welches für alle besseren Arbeiten von den Fabriken satiniert geliefert wird, kommt seit den letzten zehn bis zwölf Jahren fast ausnahmslos ungefeuchtet zum Drucke.

Die Ausstattung der Bücher seit dem Jahre 1848 nach der rein typographischen wie typographisch-decorativen Seite hängt mit der Entwicklung des gesammten industriellen, geistigen und künstlerischen Lebens, nicht minder aber auch mit den technischen Errungenschaften für den Buchdruck zusammen, namentlich seit die Maschine bei diesem zur Herrschaft gekommen. Die Technik des einheimischen und fremden Satzes, in erster Linie der orientalischen Sprachen, hat gegen früher große Vorzüge aufzuweisen, wozu nicht wenig auch das Studium guter Vorlagen aus classischer Zeit und die heutige schulmäßig gepflegte Geschmacks- und Stilbildung das Ihrige dazu beitragen. Dass hier noch andere Factoren, wie Typen, Papier und Farbe mitwirken müssen, um einem Buche vom Standpunkte des Buchdruckers den Stempel der Vollkommenheit aufzuprägen, ist wohl selbstverständlich. Wenngleich langsam, haben sich nun die Wiener Officinen zu solchem Ansehen emporgerungen, dass ihre Erzeugnisse hinter denen anderer Staaten nicht zurückstehen. Man denke nur an die geradezu kolossalen Erfolge der Hof- und Staatsdruckerei auf der ersten Weltausstellung zu London und vergegenwärtige sich die auswärtigen Aufträge, welche an die hervorragendsten Wiener Officinen gelangen, wenn es sich um ganz specielle Leistungen in der Typographie handelt. Wien hat eben Buchdruckereien und lithographische Anstalten aufzuweisen, deren Leistungen in den von ihnen vertretenen Specialitäten fast unübertroffen dastehen, ja einzelne haben eine solche Stufe der Vollkommenheit erreicht, dass selbst das Ausland sie als Meisterleistung anerkennt. Solcher Art ist der fremdsprachliche Satz der Hof- und Staatsdruckerei und der Officin Holzhausen (besonders in den asiatischen Sprachen), sind die mustergiltigen Beispiele des Werksatzes aus der letzteren Officin (Jahrbücher der Kunstsammlungen des allerhöchsten Kaiserhauses u. s. m.), des Fromme'schen und Jasper'schen Accidenzsatzes, sind die hervorragenden Leistungen der Officinen Waldheim, Zamarski (Steyrermühl) und Gerold. Und wie einstimmig reicht nicht das Ausland den höchsten Preis der Anerkennung den in wunderbarer Vollendung prangenden Bildern Knöflers, diesen herrlichen Erzeugnissen aus Gutenbergs Presse. Ja selbst Firmen zweiten Ranges geben sich alle Mühe, setzen Fleiss und Fähigkeiten daran, ihren Erzeugnissen eine Vollendung zu geben, die ihnen auf allen Ausstellungen des In- und Auslandes Anerkennung und achtungsvolle Erfolge gebracht haben.

Noch müssen wir hier eines hochentwickelten, kunstmäßigen Accidenzsatzes, der wohl mehr Anspruch auf gerechte Bewunderung, denn auf praktische Verwertung erheben darf, gedenken, nämlich der Erfindung des stigmatischen oder Punktsatzes (Stigmatypie) von Carl Fasol,[1041] einem Wiener Typographen. Mit den einfachsten Mitteln, nur durch eine genial ausgedachte Combination von Punkten, auf Viertelpetit-Kegel gegossen, und mit Zuhilfenahme einer einfachen Farbenscala (lichtgelb, dunkelgelb, lichtroth, roth, dunkelroth) hat Fasol seine Specialität des Typensatzes zu hoher Vollendung gebracht. Sein »Blumenstück« (auf der Pariser Ausstellung 1867), sein »Buchdruckerwappen« und »Gutenberg-Porträt«, die »Kirche Wasily Blaschenny in Moskau«, vor Allem aber sein »Album für Buchdruckerkunst«, sind sprechende Beweise dafür und haben in fachmännischen Kreisen allseitige Bewunderung und Anerkennung gefunden.

[1040] Die erste Farbe, welche Reith nach Wien brachte, verkaufte er an Strauss sel. Witwe, es waren zwei Pfd., die er auf einem [illegible] von Passau herabführte und für die er 20 fl. erhielt. (»Österreichische Buchdrucker-Zeitung«, Jahrg. 1873, S. 166.)

[1041] Karl Fasol wurde im Jahre 1815 zu [illegible] im [illegible] geboren. Durch [illegible] Familienverhältnisse gezwungen, erlernte er bei Landes in Pressburg die Buchdruckerei [illegible] 1830. Nachdem er noch einige Zeit daselbst [illegible] hatte, begab er sich auf Reisen nach Deutschland, Belgien, die Schweiz und Frankreich, in dessen Hauptstadt er längere Zeit verblieb. Nach Wien zurückgekehrt, nahm er unter anderem auch eine Stelle in der Staatsdruckerei an und besuchte nebenbei fleißig das Polytechnicum. Später finden wir ihn in den Buchdruckereien Zamarski und Fogel, dann bei [illegible] als Factor, mit [illegible] er zu Carl Fromme'schen [illegible]. Von 1841 an widmete sich Fasol [illegible]. (»Österreichische Buchdrucker-Zeitung«, Jahrgang 1877, S. 81, f. 86 f.)

Die Lithographie, deren Vertreter in Wien in nicht geringer Zahl vorhanden sind — an und für sich und im Verhältnis zu den kleinen Absatzquellen (die österreichischen Provinzen, dann Serbien, Moldau und Walachei), schon ein Übelstand, der nicht zu übersehen ist — hat auch seit den Fünfziger Jahren schwere Zeiten durchkämpfen müssen, da überdies noch die ungünstigen Preisverhältnisse, die theueren Materialien, welche aus dem Auslande (Leder, Farbe und Walzen aus Frankreich, der Stein aus Bayern) bezogen werden, namentlich aber die überragende Concurrenz von Deutschland und Frankreich, die Entwicklung derselben bedrängten. Um die Schrift- und Ornamentlithographie war es weit besser bestellt; hier war eine Concurrenz mit dem Auslande nicht zu scheuen und nicht zu besorgen. Anders aber verhielt es sich mit bildlichen Darstellungen, weil die Mehrzahl der schöpferischen Künstler es im geraden Gegensatze zu Deutschland und Frankreich nicht der Mühe wert fanden — und zwar zu ihrem eigenen Schaden — auch mit reproducierenden Künstlern Hand in Hand zu gehen. Der lithographische Farbendruck befand sich schon seit längerer Zeit in besserer Lage. Während das Inland hinsichtlich der Kunstblätter mit Schwarzdruck von den bezüglichen Etablissements in Paris, London, Berlin, München und Mainz bereits in dem Maße überflügelt wurde, dass an eine Beseitigung dieser Concurrenz kaum mehr zu denken ist, bestand bis vor wenigen Jahren auf dem Gebiete des lithographischen Farbendruckes gerade das umgekehrte Verhältnis. Das von Anton Hartinger vom Jahre 1844 an unter dem Titel »Paradisus Vindobonensis« herausgegebene Blumenwerk, dann Leopold Müllers »Portefeuille für Kunstfreunde« und die »Antiquedaderperunnas« (beendigt 1851) sind ebenso viele glänzende Belege der vortrefflichen Leistungen des Inlandes.[1012]

Anton Hartinger (Vater und Sohn), Eduard Sieger, H. Engel & Sohn, Reiffenstein & Rösch, Heinrich Gerhard, Ludwig Förster u. A. haben auf dem Felde der Lithographie und namentlich des Farbendruckes schöne Erfolge aufzuweisen und hierin Wien gar manches Ehrenreis, vom Auslande gebührend gereicht, errungen.

Was den Holzschnitt betrifft, so verweisen wir zunächst auf dasjenige, was wir oben S. 339 ff. über Waldheim's xylographisches Institut gesagt haben. Anknüpfend daran ergibt sich nun zunächst, dass dasselbe unter der fachmännischen Leitung F. W. Baders in den Sechziger Jahren bei Künstlern und Kunstfreunden, wie auch in kunstgewerblichen Kreisen, einen solch' achtunggebietenden Namen sich errungen, dass es für die Herstellung illustrierter Bücher mit figuralem Schmuck wie mit Porträts, mit Landschaften als auch mit Ornamenten, mit Facsimiles, mit archäologischen, naturwissenschaftlichen, gewerblichen und physikalischen Gegenständen, von vielen Seiten mit Aufträgen bedacht wurde. Was die k. k. Hof- und Staatsdruckerei mit ihrer xylographischen Abtheilung, trotz der vortrefflichen Begabung und vorzüglichen Leistungen Exter's nicht erreichte: hier in Waldheims xylographischem Institute war es gelungen, für den Holzschnitt einen günstigen Boden zu seiner weiteren Entwicklung zu bereiten; hier war demselben in Wien eine zukunftsreiche Stätte geschaffen. Gegen Ende des Jahres 1869 trennte sich Bader von Waldheim und gründete ein eigenes Institut für den Holzschnitt, das bald einen solchen Aufschwung nahm, dass demselben ohne irgend welche Beirrung des Waldheim'schen Institutes nennenswerte Aufträge auch von den Provinzen und selbst vom Auslande (Leipzig und Stuttgart) zukamen. So giengen in der Zeit von 1869 bis 1875 außer Tausenden von Holzschnitten jeder Art mehrere Werke hervor, welche im Gebiete der Kunst, der Kunstindustrie und der Wissenschaft nach ihrer künstlerischen Auffassung und technischen Durchführung, allseitige Anerkennung fanden. Der »Illustrierte Katalog der Ornamentstich-Sammlung des k. k. österreichischen Museums für Kunst und Industrie« von Franz Schestag, ausgegeben bei der Eröffnung dieses Institutes (gr. 8°, 16 Bog. Renaissance-Schrift und 54 Holzschnitte), der »Katalog der Kunstsammlungen des Königs von Schweden«, von J. Falke, »Albrecht Dürer, sein Leben und seine Kunst« von Moriz Thausing, und die »Zoologie« von L. K. Schmarda mit über 600 äußerst zarten, mitunter mikroskopisch kleinen Holzschnitten. Ferner als Kunstblätter in einem für gute Arbeiten bisher nicht zur Anwendung gekommenen Formate: eine Totalansicht von Wien im Jahre 1873 (77 cm. hoch, 122 cm. lang) und eine solche des Weltausstellungsplatzes (63 cm. hoch, 95 cm. lang,

[1012] Bericht der Handels- und Gewerbekammer von Niederösterreich, Jahr 1857 bis 1860, S. 364 f.

gedruckt bei Carl Fromme), das Porträt des Kaisers Franz Josef I. anläßlich der 25jährigen Regierungs-Jubelfeier, welche Bilder in jeder Richtung ein günstiges Urtheil fanden. Ferner erschienen im gewerblichen Fache Musterabbildungen der fürstlich Salm'schen und der K. Ph. Waagner'schen Kunstgießerei, der Faber'schen Spitzen-Fabrik, endlich der Clayton & Shuttleworth'schen Maschinenfabrik, welch' letztere Arbeit als mit englischen gleichwerthig bezeichnet wurde, ein umso ehrenderer Ausspruch, wenn man bedenkt, wie weit es die Engländer in dieser Richtung gebracht haben.

Merkwürdigerweise kamen die illustrierten und belletristischen Blätter in Österreich nicht recht zur Geltung und hatten überdies noch gegen Deutschlands Import eine schwere Concurrenz zu bestehen. Der deutschen Kunst und Literatur stehen da nämlich ganz Deutschland und Deutsch-Österreich offen, während dieses, auf sich fast allein angewiesen, nur schwer geschäftliche Geltung sich erringt und Absatz findet.

Die v. Waldheim'sche Anstalt brachte während dieser Zeit vornehmlich in den von Valentin Teirich gegründeten »Blättern für Kunstgewerbe« Holzschnitte, welche zu den besten gehören, wie sie nur in dieser Richtung geschaffen werden können.

Bald darauf brach sich, nachdem manche misslungene Versuche vorangegangen waren, das Photographieren unmittelbar auf die Holzplatte immer mehr Bahn und zeigte sich nicht allein als Copiermittel für Vergrösserung und Verkleinerung, sondern namentlich auch wegen der unübertrefflichen Treue, für Facsimilearbeiten als eine ausgezeichnete Förderung für das xylographische Fach.

In der Zeit des sogenannten wirthschaftlichen Aufschwunges waren auch einige andere xylographische Anstalten entstanden, und zwar die von E. v. Brunn, Paar & Biberhofer u. A., worunter namentlich die letztere sich auszeichnete, und zwar besonders durch Paar's Thätigkeit, die vornehmlich im figuralen Fache als ausserordentlich und eigenartig bezeichnet werden kann, so dass es kaum möglich sein wird, seinen genialen Leistungen weder im In- noch im Auslande etwas Gleiches an die Seite zu stellen. Vor Allem sind es die Porträts, sowie die Abbildungen nach neuen Gemälden von lebenden Künstlern, welche Hermann Paar, der sich später von Franz Biberhofer wieder trennte, für die mit rühmenswertem Eifer aufstrebende »Neue Illustrierte Zeitung« in Wien derart künstlerisch und selbständig ausführte, dass man diese Arbeiten geradezu als eine neue Erscheinung bezeichnen kann. Ebenso hatte sich Paar mit zwei Farben-Holzschnitten: Brustbild eines alten Mannes (»Bildnis eines Unbekannten«) nach Jan van Eyck, und »Kegelspieler« nach van Ostade, welche er für die Gesellschaft der vervielfältigenden Künste ausführte, ganz besonders ausgezeichnet. Er erscheint in dieser Richtung vielseitiger, als sein Meister Knöfler, welcher ausschließlich im Farbenholzschnitt arbeitet und bekanntlich darin eine außerordentliche, ja meisterhafte Technik erreicht hat. Mit dem Wiederaufleben des Holzschnittes hatte sich die alte Kunst des farbigen Holzschnittes in verjüngter und ganz hervorragender Weise entwickelt.[180]

Im Jahre 1875 hatte somit der Holzschnitt in Wien einen Standpunkt erreicht, welcher in den genannten Meistern als ein achtunggebietender bezeichnet werden kann; auch das Ausland hat der Wiener Schule ihre volle Anerkennung gezollt, indem z. B. als Vorstände des Closs'schen Ateliers in Stuttgart und in dem Gresslier's in London, Schüler Baders angestellt wurden.

1875 fand wieder eine Vereinigung Baders mit Waldheim statt. Ersterer trat als Compagnon ein, übertrug sein Personal und seine Kunden auf die neue Firma und übernahm die artistisch-technische Oberleitung des ganzen Institutes. Gleichzeitig mit dieser Verbindung fand die Ausscheidung eines kleineren Theiles des Personals aus dem Bader'schen Institute und die Neugründung einer Anstalt durch dasselbe unter der Firma: Günther, Grois & Röcker statt (1876), deren Thätigkeit mehr als eine rein geschäftliche zu bezeichnen ist,[181] und die auch namhafte Aufträge für das Ausland ausführten.

[180] Die Holzschnitte des XV. und XVI. Jahrhunderts wurden nicht allein von gleichzeitigen Malern mehr oder minder gut [illegible]; die ältesten Beispiele geben uns Lucas Kranach und Hans Burgkmair. Die Vollendung fällt in die Blütezeit des deutschen Holzschnittes, in die zweite Hälfte des XVI. Jahrhunderts.

[181] Holzschnitte hatte von ihnen [illegible] in Prof. Alex. Hauser's »Stillehre der architektonischen Formen«, in der »Geschichte der Akademie der bildenden Künste«, Festschrift von Carl v. Lützow, Illustrationen, Vignette und Initiale nach H. Bültemeyer und Jos. Schönbrunner.)

In den letzten Siebziger Jahren ging die Verwendung des Holzschnittes aus verschiedenen Gründen wieder zurück, namentlich, weil die Hochätzung, die Photolithographie und überhaupt die chemigraphischen Vervielfältigungsmittel sich bezüglich der Menge der Arbeiten sehr bemerkbar machten; überdies trug auch der allgemeine geschäftliche Niedergang seit dem Jahre 1873 nicht wenig dazu bei.

Das um diese Zeit gegründete illustrierte Familien-Journal «Die Heimat» (eine Nachbildung der «Gartenlaube») kann hier nicht viel in Betracht kommen, da anfangs nur wenige Illustrationen von Wiener Holzschneidern herrührten. Erst als Franz Bilerhofer sein eigenes Atelier auflöste und die Leitung des xylographischen Ateliers der «Heimat» übernahm (1877), wurde dies auch für die österreichischen Xylographen einigermassen besser.

Die artistische Richtung des Waldheim'schen Institutes machte sich jetzt über Anregung Bader's namentlich auf landschaftlichem Gebiete bemerkbar, und zwar mit Ansichten aus dem Riesengebirge nach Zeichnungen von J. Mařak, welche in ihrer Durchführung derart gesteigert sind, dass französische Stimmen sich dahin äußerten (anlässlich der Pariser Ausstellung 1878): «Diese Arbeiten gehörten nicht in die Gruppe der Kunstindustrie, sondern in jene der schönen Künste». Gegenüber solchem Ausspruch kann man mit Recht darauf verweisen, wie in vielen Fällen der Holzschnitt für die Buch-Illustration doch weit geeigneter sei, als die Radierung oder der Stich, zumal seine Erzeugnisse oft auch so vorzüglich sind, dass sie den Stich ersetzen, und sich überdies weit harmonischer mit dem Buchdrucke vereinigen.

Noch eines hervorragenden Illustrationswerkes müssen wir Erwähnung thun, das im Jahre 1879 im Verlage von R. v. Waldheim erschienen ist: «Die Votivkirche in Wien», Denkschrift des Baucomités, veröffentlicht zur Feier der Einweihung am 24. April 1879 und verfasst von Dr. Moriz Thausing. Sämmtliche Holzschnitt-Illustrationen wurden unter der speciellen Leitung Baders durchgeführt. Dieselben gehören in zweifacher Richtung zu den schwierigsten Aufgaben, die je gestellt wurden, indem einerseits der Schnitt größtentheils nach Zeichnungen von Josef Schönbrunner, Custos der erzherzoglich Albrecht'schen Kunstsammlung (Albertina), oder durch Photographie-Übertragung, direct von plastischen oder gemalten Objecten abgenommen, ohne Ergänzung der Zeichnung geschehen, anderseits das ganze Werk in einer verhältnismäßig kurzen Zeit vollendet sein musste.

Da es bisher nur möglich war, sowohl für die typographische Ornamentik, als auch für die Bild-Illustrierung eines Buches vom Holzstocke des Xylographen Abdrücke auf der Buchdruckerpresse zu machen, so wurden in neuerer Zeit mannigfache Versuche unternommen und auch mehrere Verfahren erfunden, die darin bestehen, die Photographie in der Buchdruckerei direct zu verwerten, das ist mit Zuhilfenahme der Buchdruckerpresse zur Herstellung der verschiedensten Druckwerke, ganz besonders aber für den Facsimiledruck zu benützen. Die ersten derartigen Versuche wurden mit den Tiefplatten gemacht, ohne jedoch zu einem befriedigenden Resultate zu kommen. Dieses erzielte man erst durch die Hochplatten oder die Zinkhochätzung (Zinkographie), um welche sich der ehemalige Factor der k. k. Hof- und Staatsdruckerei, Paul Pretsch,[193] wesentliche Verdienste erworben hat. Die k. k. Hof-Photographische Kunstanstalt Angerer & Göschl, welche in Wien diesen Zweig des Reproductionsverfahrens eingeführt und weiter entwickelt hat, leistet jetzt für Illustrationen in Chemigraphie, Phototypie, Chromotypie und Chromolithographie ganz Vorzügliches. Ihre hierin erzielten Erfolge sind jenen des Auslandes nicht nur ebenbürtig, sondern übertreffen sie sogar in mancher Beziehung.

193) Paul Pretsch wurde als der Sohn eines bürgerlichen Gold- und Silberarbeiters im Jahre 1808 zu Wien geboren. Er widmete sich der Buchdruckerei und ging nach seinen Lehrjahren auf Reisen nach Deutschland und Belgien, nach einem [illegible]jährigen Aufenthalte in Jassy kam er in die Hof- und Staatsdruckerei, wo er bald eine Factorstelle erhielt. In den Jahren 1849, 1850 und 1851 hielt er sich in London auf, wo er in [illegible] und Weltausstellungs-Angelegenheiten zu thun hatte. Um seine Ideen der Druckfähigmachung von Photographien (Photogalvanographie) mit Erfolg verwirklichen zu können, verließ er 1854 die Staatsdruckerei und begab sich neuerdings nach London, wo er bis Ende 1863 verblieb. Seine Erfindung wurde einer Compagnie [illegible] «Patent Photo-Galvanographic Society» zur Verwerthung überlassen, durch welche 1856 fünf Hefte Groß-Folio ([illegible] Blatt) unter dem Titel: «Photographic Art Treasures» hinausgegeben wurden. Nach vielen widerwärtigen Ereignissen und bitteren Enttäuschungen — u. a. verfolgte ihn Fox Talbot auf Grund eines Patentes für seine Erfindung, Photographien durch Ätzung druckbar zu machen, was bei Pretsch ja gar nicht der Fall war — kehrte er leidend nach Wien zurück, wo er erst 1863 seine Thätigkeit wieder aufnehmen konnte; dieselbe war nun hauptsächlich darauf gerichtet, Photographien auf Kupferdruckplatten zu erzeugen und davon Abdrücke zu erzielen, die in ihrer Wirkung den geschabten [illegible] ähnlich wären. 1871 machte er im Militär-geographischen Institute Versuche, Landkarten auf der Buchdruckpresse vervielfältigen zu können. Auf der Weltausstellung 1873 hatte die Staatsdruckerei Hochdruckplatten von ihm ausgestellt. Pretsch starb am 29. August 1873. Wurzbach, Biographisches Lexikon, XXIII. 290. — «Österreichische Buchdrucker-Zeitung», I. 236.)

In früheren Zeiten waren Holzschnitt und Kupferstich die einzigen Kunstzweige, welche zur Illustrierung von Büchern verwendet wurden; in den ersten Decennien unseres Jahrhunderts kam dann noch die Lithographie hinzu. Heute sind der farbige Holzschnitt (Chromoxylographie) und die farbige Lithographie (Chromolithographie), ferner die Phototypie, der Lichtdruck, Heliogravure etc. hinzugetreten, die für die Buch-Illustration die vielseitigste und dankbarste Verwertung finden.

Die Stellung der Buchdruckerei innerhalb der gewerblichen (commerciellen) Gesetzgebung blieb bis zum Jahre 1860 dieselbe, wie wir sie schon auf Grund jener alten Hofdecrete und Regierungsverordnungen in einem früheren Abschnitte nach den vorhandenen Quellenbelegen kennen gelernt haben. Die Wiener Buchdrucker hatten daher noch immer als ihre Vertreter nur Repräsentanten, welche die inneren Angelegenheiten ordneten und den äußeren Verkehr, besonders jenen mit den Behörden, vermittelten.

Am 1. Mai 1860 trat nun die mit kaiserlichem Patente vom 20. December 1859 erlassene Gewerbe-Ordnung (Reichsgesetzblatt Nr. 227) in Rechtswirksamkeit, wodurch die Gremial- oder Genossenschaftsfrage und andere damit zusammenhängende Fragen, welche von der Regierung bisher nie gesetzlich zugestanden, sondern nur im Zwange der Verhältnisse stillschweigend geduldet, oder im Schosse der Berathungs-Commissionen unerledigt verblieben waren, endlich einer gesetzlichen Regelung zugeführt wurden. Nach § 15, Absatz 1, der Gewerbe-Ordnung wurde die Buchdruckerei unter die concessionierten Gewerbe eingereiht und später auch dem Pressgesetze vom 17. December 1862 (Reichsgesetzblatt Nr. 6 ex 1863) unterworfen. Die Buchdrucker bilden also erst jetzt *gesetzlich* eine Genossenschaft (Gremium), daher sich auf sie der Passus im § 106 der Gewerbe-Ordnung bezog: *»und insoferne er (der gemeinschaftliche Verband) noch nicht besteht, ist er . . . . . durch die Gewerbsbehörde herzustellen.«*

In Vollzug dieser Bestimmung wurden noch im Jahre 1860 die Wiener Buchdrucker aufgefordert (Statthalterei-Erlaß vom 8. September 1860, Z. 3147, Praes.), die Genossenschaft, oder das Gremium zu bilden und den Statuten-Entwurf vorzulegen.

Das Gremium der Buchdrucker besteht nach § 106 der Gewerbe-Ordnung aus Mitgliedern (Principalen) und Angehörigen des Gewerbes. Zur Leitung der Geschäfte ist eine »Vorstehung« (Vorstand, Vorstand-Stellvertreter und Ausschüsse) berufen, die auf drei Jahre von der Versammlung der fünfzig Vertrauensmänner gewählt wird.

Im äußeren Rathssaale des Magistrates fand unter dem Vorsitze des Genossenschafts-Commissars die Wahl der Vorstände und Ausschüsse des Gremiums statt. Mit Decret des Magistrates vom 2. Mai 1861, Z. 44774, wurde die Wahl der Vorstände bestätigt und jene der Ausschüsse zur Kenntnis genommen.

Ungeachtet der Einsprache mehrerer Gewerbsgruppen waren anfangs alle Pressgewerbe in der Genossenschaft der Buchdrucker vereinigt worden. Diese überreichte am 2. Juli 1861 ihre Statuten zur Genehmigung der k. k. n.-ö. Statthalterei, welche aber mehrere Paragraphe beanständete, so dass neuerdings eine umgearbeitete Vorlage stattfinden sollte; dieselbe verzögerte sich aus mancherlei Gründen bis zum Jahre 1865.[1016] Ehe nun die Vertrauensmänner der Genossenschaft selbst in die Berathung der Statuten eingingen, beschlossen sie, gestützt auf die Wahrnehmung, dass die Genossenschaft aus zu verschiedenartigen, nicht naturgemäß zusammengehörigen Elementen zusammengesetzt sei und deshalb keine ersprießliche Wirksamkeit entwickeln könne, um die Trennung derselben in fünf abgesonderte Genossenschaften nachzusuchen, und zwar 1. in jene der Buchdrucker, Buchdruckpressen-Inhaber, Schriftgießer und Xylographen; 2. der Steindrucker und Steindruckpressen-Inhaber; 3. der Kupferdrucker

1016 Die von den gewählten fünfzig Vertrauensmännern des Gremiums durchzuführende Statutenänderung unterblieb aus mehreren Gründen, zumal, weil eben damals im Abgeordnetenhause des Reichsrathes über das VII. Hauptstück der Gewerbe-Ordnung, welches von den Genossenschaften handelt, eingehende Verhandlungen gepflogen wurden, und beim Herrenhause des Reichsrathes jedoch keine endgiltige Beschlussfassung erzielt wurde, dann aber, weil der inzwischen am 9. Juli 1863 erfolgte Tod des Johann Haas, Inhabers einer Stein- und Buchdruckerei-Unternehmung, welcher den Buch- und Steindruckern ein schuldenfreies Haus als ein Legat testamentarisch hinterließ, dieselben bestimmte, die Verlassenschafts-Abhandlung abzuwarten, bevor man die definitive Feststellung der Statuten im Sinne des Statthalterei-Erlasses durchführen würde. Nicht wenig trugen auch die Schwierigkeiten, welche sich während des kurzen Bestandes des Gremiums für eine gleichartige Behandlung seiner Mitglieder ergaben, dazu bei, endlich und hauptsächlich die von vielen Seiten laut gewordenen Wünsche um Ausscheidung der dem Gremium einverleibten ungleichartigen Gruppen und Trennung der so widersprechenden Interessen. (Gremial-Archiv Nr. 1913 u. 1914.)

und Kupferdruckpressen-Inhaber, Kupferstecher und Stichplattenzurichter; 4. der Spielkarten-Erzeuger und 5. der Daguerreotypeure, Photographen und Galvanoplastiker. Nach mehreren Erhebungen und Besprechungen beantragte der Magistrat in seinem Berichte vom 14. Mai 1866, Z. 149039, an die n.-ö. Statthalterei die Trennung des Gremiums in drei Genossenschaften durch die Vereinigung der Gruppen 1, 2 und 3 in Eine Genossenschaft. Mit Rücksicht auf die erhobenen Wünsche der einzelnen Gewerbegruppen und die mehrfache Gemeinsamkeit der gewerblichen Interessen[1017] bewilligte die Statthalterei mit Erlaß vom 11. Juli 1877, Z. 22545, die vom Magistrate vorgeschlagene Trennung, in Folge dessen die Buchdrucker mit den Stein- und Kupferdruckern, dann mit den Buch-, Stein- und Kupferdruckpressen-Inhabern, den Schriftgießern, Xylographen, Kupferstechern und Stichplattenzurichtern nunmehr Eine Genossenschaft bilden. Diese führt den Namen »Gremium der Buch-, Stein- und Kupferdrucker« und ist ihr Wirkungskreis über den Polizei-Rayon Wien ausgedehnt.

Seit dem Inslebentreten des Gewerbegesetzes bekleideten bis zum Jahre 1882 folgende Principale die Stelle eines Gremialvorstehers: Eduard Sieger (1861–1871), Adolf Holzhausen (1871–1874), R. v. Waldheim (1874–1877) und Adolf Holzhausen (seit 1877).

Das Jahr 1848 hat innerhalb seiner freiheitlichen Entwickelung auch das Vereinswesen gefördert.

Wir verfolgen dasselbe nur insoferne weiter, als es aus zweifachem, edlem Streben entstanden ist und gepflegt wurde: einmal, um im Geiste der Humanität den kranken, arbeitsunfähigen und reisenden Gehilfen, den Witwen und Waisen der Buchdrucker eine Unterstützung zu reichen, dann aber auch, um sich fachmännisch fortzubilden und die allgemeine Bildung zu erweitern.

Der um die Buchdrucker Wiens so verdienstvolle Carl Scherzer[1018] gründete schon im September 1848 aus Mitgliedern des Unterstützungsvereines der Buchdrucker und Schriftgießer Wiens den ersten Leseverein der Wiener Buchdrucker, genannt »Gutenberg-Verein«. Außer dem edlen Streben, in den Buchdruckern das Interesse für Kunst und Wissenschaft, soweit diese ihre Berufssphäre berühren, zu wecken und zu erweitern, wofür eine rasch anwachsende Bibliothek gegründet wurde, sollten auch die materiellen Interessen gewahrt werden. Für letztere war bereits ein Fond beisammen. Die Eröffnungsfeier fand am 1. October,[1019]

[1017] [illegible]

[1018] [illegible]

[1019] [illegible]

die constituierende Versammlung am 5. October statt, bei welcher Scherzer zum Präsidenten gewählt wurde. Infolge der Ereignisse der nächsten Tage schon ward die Thätigkeit des Vereines eingestellt, den Mitgliedern jedoch Bibliothek und Vereinsvermögen belassen. Letzteres wurde nun zur Gründung einer Invalidencassa bestimmt, die einen integrierenden Bestandtheil der schon bestehenden Krankencasse des Unterstützungsvereines bilden sollte. Der Statutenentwurf des so erweiterten Unterstützungsvereines wurde im Frühjahre 1851 der Behörde zur Genehmigung vorgelegt und die provisorische Einsammlung von Beiträgen zum Invalidenfonde fortgesetzt, welchem Freunde und Gönner namhafte Spenden widmeten, so dass er um diese Zeit bereits aus 3000 Gulden bestand. Vorstand dieser Cassen war ebenfalls Dr. Carl Scherzer. Ohne jeden Bescheid auf die Statuten erfolgte aber im Frühjahre 1852 die Beschlagnahme der Bücher und Gelder dieses Fondes und die Confiscierung der über 1200 Bände starken Bibliothek, sammt dem Mobilar, durch die Polizei. Die Krankencasse blieb unbehelligt. Das mit Beschlag belegte Geld wurde der niederösterreichischen Statthalterei zur Aufbewahrung und Fructificierung übergeben. 1853 und 1854 wurden vergebliche Versuche gemacht, den confiscierten Invalidenfond wieder zu erhalten. Die k. k. n.-ö. Statthalterei gab aber mit Erlaß vom 23. März 1866, Z. 8307, dem Unterstützungsvereine bekannt, dass, nachdem der sogenannte Gutenberg-Verein niemals eine behördliche Bewilligung erhalten habe, und bei dem Mangel von behördlich genehmigten Statuten, auch im »administrativen Wege nicht entschieden werden könne, ob die Gesuchsteller über dieses Vermögen zu verfügen berechtigt seien, denselben vielmehr vorbehalten bleibe, ihre Ansprüche auf das demnächst in gerichtliche Verwahrung übergehende Vereinsvermögen, noch vor der Verjährungszeit im gerichtlichen Wege geltend zu machen.«

Der Ausschuss des Unterstützungsvereines der Buchdrucker und Schriftgießer Wiens überreichte also durch den Abgeordneten Dr. v. Mühlfeld im Jahre 1867 an das Haus der Abgeordneten eine ausführlich motivierte Petition, in welcher schließlich gebeten wurde, demselben den im Jahre 1852 mit Beschlag belegten Invalidenfond zurückzuerstatten. Der Petitionsausschuss des Abgeordnetenhauses leitete diese Petition an das Ministerium des Innern mit dem Ersuchen, Erhebungen in dieser Angelegenheit zu pflegen. In der Sitzung des Abgeordnetenhauses vom 8. November 1867 wurde nun demselben von Seite des Ministeriums die aufklärende Antwort zu Theil, über welche der Abgeordnete Dr. Mandelblüh Bericht erstattete und die auch eine für den Unterstützungsverein günstige war.[1050]

Der schon erwähnte Verein zur Unterstützung erkrankter Buchdrucker und Schriftgießer Wiens bestand ohne Störung bis 1855, in welchem Jahre er durch die Defraudation des Cassiers nahezu zum Ruin geführt wurde und demselben sicher auch nicht entgangen wäre, wenn sich nicht in Franz Graßberger, Ludwig Lott und Adam Schmitt thatkräftige Männer gefunden hätten, welche das lecke Schiff wieder über Wasser brachten und den Verein, wohl nicht ohne Opfer von Seite der bisherigen Mitglieder, für die Humanität retteten. Ungehindert und segenbringend wirkte derselbe wieder fort, und um so segensvoller, als die Regierung im Jahre 1867 auch das Vermögen des Lese- und Unterstützungsvereines »Gutenberg« wieder freigab, das der Verein 1868 erhielt.[1051]

zum letzten Male entfaltet. (»Österreichische Buchdrucker-Zeitung«, 1875, S. 32.) Bei Gelegenheit dieser Feier erschienen auch zwei Fest-Dichtungen: »Feierliche Eröffnung des Buchdruckerei-Vereines ›Gutenberg‹ in Wien. Gedichtet von C. Ph. [illegible], vorgetragen vom Setzer Laimer«; »Meine Gedanken bei der feierlichen Eröffnung des Gutenberg-Vereines der Wiener Buchdrucker und Schriftgießer«, Meinen verehrten Collegen, den Mitgliedern des Vereines, gewidmet von Wilhelm Fickert. (Reschauer, Der Wiener Parnaß im Jahre 1848, S. 526.)

[1050] Die Note der Regierung an das Abgeordnetenhaus lautet (1. October, Z. 4551): In Erwiderung der geehrten Zuschrift vom 21. September 1867, Z. 299, A. H., bin ich in der Lage dem löblichen Präsidium Folgendes mitzutheilen: »Das bisherige Vorgehen der Staatsverwaltung bezüglich ..., Vereines, welches mit der Auflösung [illegible] verwahrt und fructificiert, und dessen Ausfolgung an ... mehrmals abgelehnt wurde, beruhte auf einem rechtlichen Bedenken .... Bei der geringen Wahrscheinlichkeit jedoch, dass solche Rechtsansprüche, welche bisher nicht angemeldet worden, vor Ablauf der gesetzlichen Verjährungszeit noch nicht mit Erfolg geltend gemacht werden würden, hat das Ministerium des Innern im Einvernehmen mit den anderen Ministerien, [illegible] mit einem an die niederösterreichische Statthalterei ergangenen Erlasse vom 21. August d. J., Z. 14113, erklärt, dass es keinem Anstande unterliege, das fragliche Vermögen .... einem seiner ursprünglichen Widmung entsprechenden Zwecke zuzuführen und dasselbe namentlich dem bestehenden Unterstützungsvereine der Buchdrucker und Schriftgießer Wiens zuzuweisen, wenn das Gremium der Wiener Buch-, Stein- und Kupferdrucker, welches nach dem Gesetze und seinen Statuten zur Gründung und Beaufsichtigung von Anstalten für die Unterstützung seiner verarmten oder erkrankenden Angehörigen berufen ist und auch mit den Verhältnissen des Unterstützungsvereines am nächsten bekannt sein muss, sich damit einverstanden erklären und zugleich die Verpflichtung übernehmen würde, für etwa doch mit Erfolg geltend gemachte Rechtsansprüche auf dieses Vermögen zu haften.« Übrigens wurde dem Gremium die Erstattung [illegible] Vorschläge freigestellt.

[1051] Laut Specification bestand derselbe aus 6230 Gulden in Werthpapieren und 2924 Gulden 41½ Kreuzern in Baren, zusammen also aus 9154 Gulden 41½ Kreuzern. Am 15. Jänner 1868 wurde der confiscierte Fond bei der n.-ö. [illegible] durch Wilhelm Zengel und Ludwig Lott [illegible] Resultat, wenn auch mit vieler Mühe doch endlich glücklich erreicht, was für die Buchdrucker hocherfreulich. (Gremial-Archiv Nr. 969.)

Am 3. April 1864 wurde der «Fortbildungsverein für Buchdrucker» gegründet, welchem sofort 214 Mitglieder beitraten, deren Zahl bis zum Jahresschlusse auf 700 stieg. Der erste Ausschuss bestand aus den Herren: G. Engel, Vorsitzender; A. Troizsche, Stellvertreter; L. Hauswirth, F. Faul, Schriftführer; J. Th. Reiß, Cassier; F. Faß, C. Simmon, Bibliothekare; E. Böhm, J. Eisenmenger, A. Schulz. Alsbald entwickelte sich ein reges Vereinsleben. Unterrichtsstunden wechselten mit Vorträgen, am 5. Juli 1864 wurde eine reichhaltige Bibliothek der Benützung übergeben und im September ein Gesangscurs eröffnet, aus welchem in kurzer Zeit ein trefflicher Sängerchor hervorging, der schon ein Jahr später bei der ersten Arbeiter-Industrie-Ausstellung eine silberne Medaille errang. Im Jahre 1867 wurde ein Vereinsorgan unter dem Titel «Vorwärts!» ins Leben gerufen, dessen erste Nummer am 6. November erschien und als dessen erster Redacteur Josef Mitter sich unterzeichnete. Dieses Blatt, welches das Motto: «Durch Wissen zum Sieg» gewählt hatte, wurde seither wöchentlich einmal ausgegeben und vertrat, namentlich in Zeiten von Tarifbewegungen, in scharfer Weise die Interessen der Gehilfenschaft nicht nur Wiens, sondern auch der übrigen österreichischen Druckorte.

Die Bedeutung des Vereines wuchs von Jahr zu Jahr, so dass derselbe bereits im Jahre 1868 eine Tarifregulierung mit günstigem Ausgange auf friedlichem Wege durchführen konnte. Von weniger günstigem Erfolge war der im Jahre 1870 zum Zwecke einer Tariferhöhung eingeleitete Strike. Das Misslingen desselben liess die Idee auftauchen, den Fortbildungs- mit dem Unterstützungsvereine zu verschmelzen, um hernach bei ähnlichen Anlässen mehr Nachdruck auf die Mitglieder ausüben zu können. Der Kampf um diese Verschmelzung wurde durch zwei Jahre mit grosser Heftigkeit geführt, bis im Jahre 1873 die Anhänger der Vereinigung den Sieg errangen und ein neuer Verein entstand,[162] der «Verein der Buchdrucker und Schriftgießer Niederösterreichs», welcher neben humanitärem Wirken und der Fortbildung auch die sociale Frage in sein Programm aufnahm. Jener Theil der Buchdrucker Wiens aber, welcher dieser Cumulierung nicht zustimmte, gründete einen neuen Verein unter dem Titel: «Unterstützungsverein der Buchdrucker und Schriftgießer Niederösterreichs», dem die Principale einen Gründungsfond von beiläufig 15.000 Gulden und alle bis zu dieser Zeit an den alten Verein geleisteten Beiträge zuwendeten. Der neue Verein prosperierte derart, dass er mit Ende des Jahres 1881 ein Capital von fl. 145.000 Notenrente besaß.

Im Jahre 1872 gründeten die Buchdruckerei- und Schriftgießerei-Factore Wiens zu gemeinsamen fachlichen Besprechungen, geselligen Zusammenkünften und zur Vertretung ihrer gemeinsamen Interessen den «Verein der Buchdruckerei- und Schriftgiesserei-Factore Wiens», aus welchem im Jahre 1875 auch ein Pensionsverein hervorging, der, durch Gönner gefördert, bald einen hinreichenden Fond erwarb. Um diesen Verein haben sich Albert Pietz, Gottlieb Gistel und Rudolf Brzezowsky Verdienste erworben.

Im Jahre 1877 vereinigten sich auch die Mitglieder der k. k. Hof- und Staatsdruckerei und der Druckerei der kaiserlichen «Wiener Zeitung» zu einem Pensions- und Unterstützungsvereine.

Bis zum Jahre 1872 besaßen die Wiener Principale, außer dem Gremium, keinerlei Vereinigung zur Vertretung ihrer Interessen. Das Gremium hatte zwar in den Jahren 1868 und 1870 die von den Gehilfen eingeleiteten Tarifbewegungen in die Hand genommen und zum Abschlusse gebracht, aber schon während des Strikes im Jahre 1870 hatte es sich gezeigt, dass demselben durch seine Statuten zu enge Grenzen gezogen seien, um die Interessen der Principale gegenüber den Gehilfen, die in ihrem Fortbildungsverein eine zielbewusste Vertretung für den Strike besaßen, kräftig entgegentreten zu können. Es hatte sich daher schon damals die Nothwendigkeit gezeigt, dass die Principale außerhalb des Gremiums für die Dauer des Strikes eine Vereinigung mittelst Vertrages abschlossen, die auf gegenseitiger Unterstützung basierte und der es zu danken war, dass die Gehilfen ihren Strike, ohne das erstrebte Resultat erreicht zu haben, beenden mussten. Als nun das Jahr 1873 mit seiner Weltausstellung in Sicht war und die drohenden Vorzeichen einer neuen Tarifbewegung im Gehilfenvereine auftauchten, stellte Friedrich Jasper im Herbste 1872 in einer Gremialversammlung den Antrag, zum Schutze der bedrohten Interessen sowohl Einzelner wie auch der Gesammtheit, einen Verein zu gründen, der jedoch seine

[162] Die Statuten wurden von der niederösterreichischen Statthalterei am 15. Februar 1873 genehmigt.

Wirksamkeit nicht auf Wien beschränken, sondern über die ganze diesseitige Reichshälfte ausdehnen sollte. Dieser Antrag wurde angenommen, ein Actions-Comité gewählt und von demselben der »Deutsch-österreichische Buchdrucker-Verein« gegründet, dessen Statuten am 16. December 1872 vom Ministerium des Innern genehmigt wurden. Die ersten Vorstände dieses Vereines waren Moriz Gerold und Carl Fromme.

Der neue Verein nahm sofort die Tarifregelung auf, trat mit dem Gehilfenvereine in Verbindung, wodurch es gelang, auf friedlichem Wege eine Tariferhöhung zustande zu bringen. In seiner Action wurde der »Deutsch-österreichische Buchdrucker-Verein« durch sein Organ, die »Österreichische Buchdrucker-Zeitung«, kräftig unterstützt.

In den Jahren 1874, 1875, 1876 und 1880 hatte dieser Verein wiederholt Gelegenheit, die Principalität in Tarifangelegenheiten zu vertreten, und seinem Bestande und Wirken ist es wohl zu verdanken, dass der Strike vom Jahre 1876 abermals zu Gunsten der Principale endete.

Die bei Gründung des Deutsch-österreichischen Buchdrucker-Vereines verfolgte Absicht, einen Centralpunkt zu schaffen, welcher die Interessen aller Principale der diesseitigen Reichshälfte zu vertreten hätte, wurde nicht erreicht. Das Mittel zum Zwecke wäre die Errichtung von Kreisvereinen in den Kronländern gewesen, die in einem Verbandsverhältnisse unter der Leitung der Reichshauptstadt stehen sollten. Dieses Ziel fand jedoch unter den Provinz-Buchdruckern nicht die genügende Unterstützung, und die zuerst in den Provinzstädten sich zeigende Theilnahmslosigkeit gegen den Verein machte auch unter den Wiener Mitgliedern Fortschritte. Da dessen Hauptzweck, die Abwehr zu weit gehender Tarifforderungen seitens der Gehilfen, durch die allgemeinen Verhältnisse gegenstandslos geworden war, so löste sich der Verein über Beschluss der Versammlung vom 24. März 1881 wieder auf. Seiner Initiative waren die Gründung der »Österreichischen Buchdrucker-Zeitung«, der »Lehrlings-Fachschule« und des »Graphischen Clubs« entsprungen.

Die »Österreichische Buchdrucker-Zeitung« war als das Organ des Vereines aufgestellt worden, das zunächst dessen Zwecken dienen, aber auch die Interessen der Berufsgenossen innerhalb und außerhalb der Kreise schützen und fördern sollte. In ihr Programm war ferner aufgenommen, alles in den Kreis einer Erörterung zu ziehen, was in technischer Beziehung für die Leser wünschens- und beachtenswert wäre. Die erste Nummer erschien am 4. Februar 1873. Die Redaction führte anfangs Josef Mitter, von Nummer 5 an der Buchdrucker Friedrich Jasper; diesem folgte im Jahre 1877 Josef Heim;[1053] vom Jahre 1879 an (Nummer 10 vom 6. März) war Carl Dittmarsch an die Spitze der Redaction getreten. Den Druck dieses wöchentlich erscheinenden Blattes besorgte ununterbrochen die Officin Friedrich Jasper.

Die Errichtung einer »Lehrlings-Fachschule« für Wien wurde in der Generalversammlung des »Deutsch-österreichischen Buchdrucker-Vereines« vom 25. Mai 1873 beschlossen, und zwar zunächst auf der Basis des Entwurfes des Vereinsvorstandes. Da sich jedoch der Errichtung einer im größeren Umfange geplanten Fachschule mannigfaltige Schwierigkeiten entgegenstemmten, vertagte der Verein die Angelegenheit, was die Anreger dieser Idee veranlaßte, die Schule privatim und vorläufig für ihre eigenen Lehrlinge zu errichten. Statut und Lehrplan wurden mit Erlass des niederösterreichischen Landesschulrathes vom 30. December 1874, Z. 7724, bewilligt. Im ersten Schuljahre (1874/75) wurde der Unterricht in zwei Classen, von da an in drei Classen, und zwar an Sonntagen von 9 bis 11 Uhr vormittags, von Montag bis Freitag (inclusive) von ½7 bis ½9 Uhr abends ertheilt. Derselbe erstreckte sich auf die deutsche und auf fremde Sprachen, dann auf die Stenographie und auf den Fachunterricht: Lesen von Manuscripten[1054] und Correcturen, sowie Erklärung von deren Zeichen, die Grundregeln des Satzes und Druckes, endlich Kenntnis der Materialien und Hilfsmittel einer Druckerei. Der Zweck dieses

[1053] Seit Josef Heim die Redaction der »Buchdrucker-Zeitung« niedergelegt hat (1879), giebt er die »Freien Künste« heraus, ein »Fachblatt für Lithographie, Steindruckerei und Buchdruckerei«, das am 1. und 15. jeden Monats erscheint.

[1054] Um diesen in didaktischer Hinsicht schwierigen Unterricht zu erleichtern, wurde die Photolithographie — zum ersten Male zu Schulzwecken — verwendet. Es wurde nämlich eine Serie von Manuscripten, welche in [illegible] Scala, von der reinen Kanzleischrift bis zur nahezu unleserlichen Gelehrtenschrift, die Schüler zur Fähigkeit im Lesen anleiten sollen, ausgewählt und photographisch copiert, dann auf Stein übertragen und in der ausreichenden Anzahl angefertigt.

Unterrichtes besteht darin, die Lehrlinge der Buchdruckereien in der weiteren Ausbildung, besonders in Beziehung auf ihren Beruf, zu unterstützen. Zur Überwachung der inneren und äußeren Schulangelegenheiten wurde ein eigenes Schulcomité eingesetzt,[1055] dessen Obmann, Gottlieb Gistel, sich um die Gründung dieser Schule, wie auch um deren fernere Entwickelung hervorragende Verdienste gesammelt hat. Bereits nach Ablauf des ersten Schuljahres stand dieselbe in Betreff der Erreichung ihres vorgesteckten Zieles und des Schulbesuches[1056] einzig in ihrer Art da, ja sie genoss den Ruf einer Musteranstalt, der sich in den folgenden Jahren immer mehr verbreitete, so dass sich viele Freunde der Buchdruckerkunst, selbst aus Russland, Schweden, Dänemark, Deutschland und Frankreich, an den Schulausschuss um Mittheilungen über die Organisation dieses Institutes wendeten. Bei der Pariser Weltausstellung im Jahre 1878 und bei der Ausstellung des Niederösterreichischen Gewerbevereines in Wien im Jahre 1880 erhielt sie für ihre Leistungen (Schülerarbeiten) je eine Bronzemedaille.

Im Jahre 1877 wurde im Deutsch-österreichischen Buchdrucker-Vereine der Gedanke angeregt, von Zeit zu Zeit Vorlesungen über Fachthemata zu veranstalten und gesellige Abende ins Leben zu rufen, auch eine technische Bibliothek, welche die sämmtlichen Fachjournale und die Buchdruck-Literatur enthalten sollte, anzulegen, endlich zur Veredlung des Geschmackes und Aneiferung der Schaffenslust eine permanente Mustersammlung der besten graphischen Arbeiten in Typographie, Xylographie und Lithographie zum vergleichenden Studium bereit zu halten. Diese Idee fand im Gremium der Buch-, Stein- und Kupferdrucker, wie auch im Vereine der Buchdruckerei- und Schriftgießerei-Factore lebhaften Anklang und die erforderliche materielle Unterstützung. Daraus entstand der «Graphische Club», dessen Tendenz und Aufgaben eben in diesen drei Richtungen gekennzeichnet sind. Die constituierende Versammlung fand am 31. October 1878 statt. Der Club bezog im Mezzanin des Hauses Nr. 22 in der Mariahilferstraße entsprechende Localitäten, die er vollständig einrichtete und die als Sitzungs- und Versammlungsort nicht nur für das Gremium und die genannten Vereine, sondern auch für den Unterstützungsverein und die zu verschiedenen Zwecken eingesetzten Comités dienten. Zur Bildung der in Aussicht genommenen Bibliothek spendeten der Deutsch-österreichische Buchdrucker-Verein und der Factoren-Verein ihre fachlichen Bücher-Bestände, die durch Schenkungen seitens der Mitglieder wesentlich vermehrt wurden. Es entwickelte sich auch bald im Graphischen Club eine rege Thätigkeit, welche bewies, dass die bei Gründung desselben bestehende Absicht, einen Centralpunkt und ein Heim für das hochentwickelte Vereinsleben der Wiener Buchdrucker zu schaffen, eine glückliche war. Als am 24. März 1881 der «Deutsch-österreichische Buchdrucker-Verein» sich auflöste, trat er sein Organ, die «Österreichische Buchdrucker-Zeitung», an den «Graphischen Club» ab.

Im Jahre 1874 gründeten die Drucker und Maschinenmeister, 1880 die Zeitungssetzer Wiens eigene Clubs, theils für gesellige Zusammenkünfte, theils aber — und dies in erster Linie — zur Förderung und Wahrung ihrer gemeinsamen Interessen, wenn solche in fachlichen oder socialen Fragen berührt wurden.

Im Kreise der Wiener Buchdrucker entstand noch der «Männergesangverein Gutenbergbund». Schon 1866 hatte der Buchdruckereileiter Josef Eisenmenger im Fortbildungsvereine für Buchdrucker den Antrag eingebracht, einen Gesangsverein ins Leben zu rufen.[1057] Die Idee fand solchen Anklang,

1055 Das Schulcomité bestand vom Anfange an aus: Gottlieb Gistel (Obmann), Wilhelm Kohler, Buchdruckereibesitzer, Rudolf Brzezowsky, Buchdruckerei-Geschäftsführer, dann Buchdruckereibesitzer, E. Böhm, Mitglied der Ersten Wiener Vereinsbuchdruckerei [illegible], Director der Ersten Wiener Vereinsbuchdruckerei, Friedrich Jasper, Buchdruckereibesitzer, und Albert [illegible], Director der L. C. Zamarski'schen Buchdruckerei «Steyrermühl».

1056 Der Schulbesuch veranschaulicht folgende Tabelle:

Schuljahr	I. Classe	II. Classe	III. Classe	Zusammen	
1874/75	53	29	—	82	Schüler
1875/76	58	55	13	126	
1876/77	49	50	37	136	
1877/78	a) 53, b) 50 } 103	55	51	209	
1878/79	51	a) 55, b) 52 } 106	39	199	
1879/80	82	53	a) 40, b) 45 } 85	219	
1880/81	90	58	66	204	

1057 Damals bestand unter den Wiener Buchdruckern ein Quartett ([illegible], Leo und Egloff). — Vgl. Festschrift zur Feier des IV. Säculums der Einführung der Buchdruckerkunst in Wien am 24. und 25. Juni 1882. Wien. Herausgegeben von Ludwig [illegible], S. 15.

dass alsbald 105 Setzer und Druckergehilfen sich zum Eintritte meldeten und als Sängerchor constituierten. Da derselbe aber stets in einem gewissen Abhängigkeitsverhältnisse vom Fortbildungsvereine stand,[1056] so drang ein grosser Theil der Sänger auf eine Loslösung. So entstand aus dem »Sängerchor« der Buchdrucker Wiens der »Männergesangverein Gutenbergbund«, dessen Statuten im März 1868 von der Statthalterei genehmigt wurden. Als solcher traten die Sänger — 34 an der Zahl — zum ersten Male, am 20. September 1868, bei Gelegenheit der ersten Gründungs-Liedertafel öffentlich auf. Der Verein wuchs nicht nur in der Zahl seiner ausübenden, sondern auch unterstützenden Mitglieder und fand in seinem ersten Vorstande, dem Buchdruckereibesitzer J. B. Wallishauser, einen beliebten und opferbereiten Mann. Am 27. Juni 1869 beging der »Gutenbergbund« unter grosser Theilnahme seiner Mitglieder und Freunde die Fahnenweihe. Am Anfange des Jahres 1882 zählte derselbe 80 ausübende,[1057] gegen 700 unterstützende und 18 Ehrenmitglieder.

Aus allem dem geht hervor, dass bei den Wiener Buchdruckern das Vereinswesen zum Zwecke der Humanität und der Bildung, sowie zur Vertretung gemeinsamer Interessen, sich in einer Weise entfaltet hat, wie bei keiner anderen Genossenschaft. Schöne Beispiele der Opferwilligkeit, reichliche Erfolge nach vielen Richtungen hin, wären da noch zu verzeichnen.

Was nun die Lohnverhältnisse in den Wiener Druckereien anlangt, so blieben sich dieselben vom Jahre 1848 bis zum Jahre 1868 nahezu gleich. Für den Werksatz wurden per 1000 *n* 8 kr. C.-M., später 14 kr. ö. W. bezahlt. Erst in den letzteren Jahren, wo das Zeitungswesen bedeutenden Aufschwung nahm, wurden für den Zeitungssatz per 1000 *n* 16 kr. bezahlt. — Im Jahre 1868 wendeten sich die Gehilfen wegen Tariferhöhung an das Gremium. Unter Intervention des Vorstehers Eduard Sieger wurde durch beiderseitige Vereinbarung festgesetzt, dass bei Werksatz für die Grade Petit bis Cicero per 1000 *n* 17 kr., bei Zeitungssatz 19 kr. fortan bezahlt werden sollen. Auch in den Nebenbestimmungen erfuhr der Tarif namhafte Erhöhungen. — Im Jahre 1870 traten die Gehilfen abermals wegen Lohnerhöhung an das Gremium heran. Da die Verhandlungen jedoch zu keinem Ziele führten, indem jene das Angebot der Principale als nicht annehmbar bezeichneten, so inscenierten sie einen allgemeinen Strike, der in den Zeitungsdruckereien von Erfolg war, indem die Principale eine Erhöhung des Preises für 1000 *n* auf 22 kr. zugestanden. In den Werkdruckereien kehrten die Gehilfen nach sechs Wochen an ihre Plätze zurück, ohne dass sie etwas erreicht hätten. Die Principale führten nun den von ihrer Commission ausgearbeiteten und von den Gehilfen verworfenen Tarif ein, der für 1000 *n* 18 kr. festsetzte. — Am 4. März 1872 trat ein durch Vereinbarung zu Stande gekommener Tarif in Kraft, der die Buchstabenberechnung an Stelle jener nach *n* einführte und den Grundpreis für 1000 Buchstaben bei Werksatz mit 19 kr. und bei Zeitungssatz mit 23 kr. festsetzte. Gleichzeitig wurde die Sonntagsarbeit bei Zeitungen eingestellt und zur Beilegung von Tarif-Streitigkeiten ein Tarif-Schiedsgericht eingesetzt. — Um für die Zeit der Weltausstellung vor einem Strike gesichert zu sein, boten die Principale den Gehilfen eine Tariferhöhung an, die vom 7. April 1873 ab auf ein Jahr festgesetzt wurde. Zufolge getroffener Vereinbarungen betrug der Preis für 1000 Buchstaben: im Werksatze für Fracturschrift 22 kr., für Antiquaschrift 23 kr., im Zeitungssatze 27 kr. außerdem wurde ein Minimum des Wochenlohnes von fl. 12 festgesetzt. — Im Februar 1874 machten die Principale den Gehilfen den Vorschlag, den deutschen Normaltarif einzuführen, der für alle Orte gleiche Ansätze normierte und die verschiedenen Theuerungsverhältnisse durch Localzuschläge ausglich. Dadurch sollte den Provinzstädten die Möglichkeit, mit Wien eine gleiche Tarifbasis zu erhalten, geboten und die Taktik der Gehilfen, bei Tarifberathungen einseitige Errungenschaften anderer Druckorte auch in Wien durchzubringen, unmöglich gemacht werden. Dieser Vorschlag wurde angenommen und der Einheitspreis für 1000 Buchstaben mit 15 kr. festgesetzt. Der Localzuschlag für Wien wurde für die Werkdruckereien mit 35%, für die Zeitungsdruckereien mit 66⅔% bestimmt. Das Minimum des Wochenlohnes betrug inclusive Localzuschlag 13 fl. 16 kr. Die Giltigkeit des Tarifes wurde bis 30. Juni 1876, jene des Localzuschlages bis

[1056] Die Sänger hatten die Verpflichtung, außer dem doppelten wöchentlichen Vereinsbeitrag an den Fortbildungsverein bei jeder Gelegenheit, so oft es der Ausschuss desselben wünschte, mitzuwirken. L. c.

[1057] Im Jahre 1881 hatten auch die Zeitungssetzer einen Gesangverein errichtet. L. c.

30. April 1875 vereinbart. — Im Frühjahre 1875 kündeten die Principale den Localzuschlag in der Absicht, denselben herabzusetzen. Da die Gehilfen die Anerbietungen der Principale zurückwiesen, unter diesen aber selbst Differenzen entstanden waren, so verblieb der Tarif noch bis Juni 1876 in gleicher Höhe. Vor seinem Ablaufe hatten die Principale den deutschen Normaltarif gekündet, weil bei dem Umstande, als die deutschen Buchdrucker es ablehnten, bei seiner Revision die österreichischen zuzulassen, die erhofften Vortheile sich als illusorisch erwiesen. Nun sollte ein österreichischer Normaltarif geschaffen werden. Der von den Principalen ausgearbeitete Entwurf, der bei einem Normalpreise von 15 kr. per 1000 Buchstaben, für Wien $33^{1}/_{3}$% Localzuschlag festsetzte und die Nebenbestimmungen des Tarifes vereinfachte, wurde von den Gehilfen abgewiesen. Da die Principale erklärten, dass die Reduction des Tarifes durch die allgemeinen Verhältnisse bedingt sei, strikten die Gehilfen. Aber die Mehrzahl jener führte mit 1. Juli 1876 den von ihrer Commission ausgearbeiteten Tarif ein und nach sieben Wochen kehrten die Gehilfen zu ihren Plätzen zurück. Der Tarif beruhte aber nicht auf Vereinbarung, und so sagten sich mit der Zeit viele Principale von demselben los, oder änderten einzelne Paragraphe desselben ab, so dass eine Tarif-Anarchie entstand, die immer unleidlichere Zustände herbeiführte. Das veranlasste den «Deutsch-österreichischen Buchdrucker-Verein», der seit dem Jahre 1873 die Tariffragen geleitet hatte, im Frühjahre 1879, die Gehilfen aufzufordern, neuerdings in Tarifverhandlungen einzutreten, welcher Schritt auch vom Erfolge begleitet war. Es wurde ein Wiener Tarif geschaffen, der den Tausendpreis bei Werksatz mit 20 kr. festsetzte und die Höhe des Wochenlohnes dem freien Übereinkommen überliess. Derselbe war mit 1. Januar 1880 in Kraft getreten und führte wieder geordnete Verhältnisse in den Wiener Officinen herbei.

Außer den oben genannten zwei typographischen Zeitschriften, dem «Vorwärts» und der «Österreichischen Buchdrucker-Zeitung», den einzigen Organen, die sich halten konnten, da sie von einer Partei gestützt wurden, erschienen in Wien noch einige andere fachliche Blätter, die wir der Vollständigkeit halber noch erwähnen wollen. Das erste in Wien gedruckte Fachblatt war bekanntlich die «Österreichische Typographia, Journal für Arbeiter von Arbeitern». Als verantwortlicher Redacteur zeichnete der Setzer Josef Hermann Hüllisch; gedruckt wurde dasselbe in der Mechitharisten-Buchdruckerei. Von diesem Blatte erschienen sieben Nummern in Quart-Format, darunter sechs Doppelnummern, die erste am 2. Juli, die letzte am 13. August 1848. Wie der Redacteur in seinem Schlussworte sagt, haben ihn die steten Angriffe aus den Kreisen seiner Collegen bewogen, das weitere Erscheinen des Blattes einzustellen. — Am 5. August 1848 erschien die erste Nummer des «Österreichischen Buchdrucker-Organs», herausgegeben von dem Setzer C. Ph. Hueber. Auch von dieser Zeitschrift kamen nur elf Nummern in Octav-Format heraus, deren letzte das Datum des 24. October 1848 trägt. Dieselbe wurde bei A. Pichler's Witwe gedruckt und scheint in Folge der October-Ereignisse eingegangen zu sein. Sie enthält sehr interessante Berichte über die Gründung des «Gutenberg-Vereines» in Wien. — Im Jahre 1855 erschien, wie auf dem Blatte angeführt ist, «unter dem technisch-artistischen Einflusse des Directors der k. k. Hof- und Staatsdruckerei, Herrn Regierungsrathes Auer, der «Gutenberg, Zeitschrift für Buchdrucker, Schriftgießer, Zeichner, Holzschneider, Graveurs, Stein- und Kupferdrucker, Galvanographen, Stilographen, Chemitypisten, Photographen, Galvanoplastiker, Glasätzer, Buchbinder etc.» Das Blatt wurde zwei Mal monatlich in Folio ausgegeben, im Verlage von M. Auer, dem Bruder des Obigen, der dasselbe auch druckte. Diese sehr gediegene Zeitschrift erlebte aber nur zwei Jahrgänge, deren zweiter zur Hälfte 1856, zur Hälfte 1857 gedruckt wurde. Obgleich der erste Jahrgang durchwegs die Jahreszahl 1855 trägt, ist doch wohl anzunehmen, dass diese Zeitung mit 1. Juli 1855 begann und mit 15. Juni 1857 zu erscheinen aufhörte. Eine Reihe von Kunstbeilagen, welche die verschiedenen graphischen Druckverfahren zur Anschauung bringen, sind dem Blatte beigegeben.[1064] — Nach achtjähriger Pause, in der die Wiener Buchdrucker kein

[1064] Als ein halbes Fachblatt muss auch die polygraphisch illustrierte Zeitschrift «Faust» bezeichnet werden, die vom Jahre 1854 ab als Halbmonatsschrift im Verlage von M. Auer erschien. Dieses, unter der Einflussnahme des Regierungsrathes Alois Auer stehende Blatt, kann als Vorläufer des «Gutenberg» betrachtet werden, da es sich gleichfalls die Aufgabe gestellt hatte, alle in der k. k. Hof- und Staatsdruckerei gepflegten graphischen Verfahren zur Darstellung zu bringen. Der «Faust» suchte jedoch einen weiteren Leserkreis und brachte daher mehr Unterhaltungs-Lectüre als der «Gutenberg», der als reines Fachblatt anzusehen ist.

Fachblatt besaßen, gab der Setzer Eduard Popel die »Österreichische Typographia, Zeitschrift für Buchdrucker, Schriftgießer, Xylographen und Lithographen« heraus, ein zweimal monatlich erscheinendes Blatt in Quart-Format, dessen erste Nummer am 15. Februar 1865 ausgegeben wurde und das mit Nr. 9 des zweiten Jahrganges am 30. Juni 1866 wegen zu geringer Unterstützung einging, nachdem der Herausgeber dem Unternehmen namhafte Opfer gebracht hatte. Gedruckt wurde das Blatt anfangs von Heinrich Spitzer, von Nr. 3 des zweiten Jahrgangs ab, von E. Jasper. Am 1. November 1868 erschien die erste Nummer des »Keiltreiber, Politisch-humoristisch-satyrische Zeitschrift für Typo-, Litho-, Photo-, Steno-, Xylo-, Kalli- und sonstige Graphen, Schriftgießer, Stereotypeure und alle Anderen, die für oder gegen den Druck sind«. Dieses zweimal monatlich in Octav-Format erscheinende Blatt, ward von Fr. A. Troizsche als Herausgeber und verantwortlichen Redacteur gezeichnet, dem mit Nr. 32 vom 20. Februar 1870 Arwed Stemler folgte. Nach diesem übernahm Carl Hussar die Redaction und im Jahre 1873, mit dem VI. Jahrgange, stellte diese Zeitschrift ihr Erscheinen ein. Unter dem Titel »Der Buchdrucker, Organ der Wiener Buchdrucker- und Schriftgießer Gehilfen«, gab Franz Schiffer vom 11. Juli 1876 ab ein wöchentlich erscheinendes Blatt in Octav-Format heraus, das die damalige Tarif-Bewegung unterstützen sollte, jedoch mit Nr. 12 vom 27. September 1876 sein Erscheinen einstellte.

FÜNFTES CAPITEL.

DIE GEISTIGEN STRÖMUNGEN IN WIEN VOM JAHRE 1848 BIS 1882 UND DIE BUCHDRUCKERKUNST IM DIENSTE DERSELBEN. — DER BUCHHANDEL.

Die Wechselbeziehungen zwischen Wissenschaft und Literatur einerseits und der Typographie und den graphischen Künsten anderseits zeigen sich in keiner Epoche der Buchdruckergeschichte Wiens so mannigfach verwoben und interessant, wie in den Jahren 1848 bis 1882. In diese Zeit drängen sich zusammen die vollste Reaction auf politischem und geistigem Gebiete während des Militär- und Polizeiregiments, daneben durchgreifende Reformen im gesammten Unterrichtswesen, dann das freiheitliche System mit seinen parlamentarischen Wandlungen, ein steter Fortschritt in wissenschaftlichen Disciplinen und in den verschiedenen Zweigen der Kunst, endlich ein kolossaler Aufschwung des wirtschaftlichen Lebens, welchem eine eben so grosse Krisis folgte. Von allem dem wurde die Typographie Wiens nachhaltig berührt und die Phasen ihrer damaligen inneren und äußeren Entwickelung lassen sich auch nur aus dem natürlichen Zusammenhange mit all' jenen Erscheinungen des politischen, geistigen und materiellen Lebens erklären.

Literatur, Wissenschaft und Kunst bedürfen zu ihrem Blühen und Gedeihen, gleich den Pflanzen, eines guten Erdreichs und frischer Luft. Wie nun, um bei diesem Bilde zu verbleiben, die zarten Keime und Triebe oft durch rauhe Stürme und Fröste in ihrer frühen Entwickelung gehemmt werden und sich erst, wenn wärmere Lüfte sie umwehen, entfalten: so ergieng es auch den Schöpfungen geistiger Cultur seit 1848. Militär- und Polizeigewalt, die schon ihrem Wesen nach jede freie Regung, mochte sie selbst unbefangenem Denken entsprossen sein, unterdrückten und wenig Unterschied zwischen Aufbau und Umsturz machten, waren nicht weckend, fördernd oder positivem Schaffen hold. Viel edle Keime geistiger Thätigkeit wurden nun auch in jener Zeit erstickt, oder in ihrem Wachsthume gehemmt. Unkraut wucherte daher leichter, denn die Nutzpflanze und die duftende Gabe der Flora auf den Feldern geistiger Cultur gedeihen konnte. Neben den geistigen Kräften schlummerten nicht minder die materiellen, soweit sie doch jene fördern sollten. Erst mit der Zeit drang der Widerstand gegen die allen Fortschritt ertödtenden Mächte durch, und im Sonnenscheine der Freiheit entfalteten sich allmählich Literatur, Wissenschaft und Kunst. Die periodische Presse, voran die fachliche, wuchs in stetiger Zahl, und mit der Ausbreitung des Vereinswesens und der Reform des gesammten Unterrichts entwickelte sich überhaupt ein regeres literarisches Leben, das in manchem Wettkampfe mit Deutschland hinter diesem auch nicht zurückstand. Die Reform der Universitätsstudien, namentlich der juridischen und historischen Disciplinen, rief eine reiche kritische und positive Fachliteratur ins Leben, die wieder anregend auf weitere Kreise einwirkte. Die Hilfswissenschaften der Geschichte und die Kunstgeschichte, die Naturwissenschaften und die geographischen Fächer, gaben jetzt den graphischen Künsten reichliche Gelegenheit, sich zu entwickeln und zur Geltung zu bringen. Das war auch die Zeit der technischen Umgestaltung der Wiener Buchdruckereien, um den erhöhten Anforderungen in Qualität und Quantität entsprechen zu können.

Indem wir uns im Folgenden mit den Beweisen und näheren Details für die nur angedeuteten Phasen der geistigen Strömungen und namentlich deren Beziehungen zur Buchdruckerei befassen, treten wir zunächst an die Erscheinungen der Tages- und Fachpresse heran, die, wie kaum ein anderer Factor in der Literatur, im öffentlichen und privaten Leben unserer Zeit, von einer ganz besonderen Bedeutung geworden ist und in ihrer stets fortschreitenden Vermehrung und Ausbildung auch einen wesentlichen, ja nicht selten bestimmenden Einfluss auf das Denken und die Anschauung der Menge in den verschiedensten Zweigen materieller und geistiger Cultur ausübt. Außer der politischen Tages- und der wissenschaftlichen und künstlerischen Fachpresse sind es nahezu alle wirtschaftlichen, finanziellen, gewerblichen und industriellen Zweige, denen eigene Wochen- und Monatsblätter gewidmet sind, die schon ihrem Titel nach allgemeine, wie specielle Erörterungen bringen. In solcher Weise haben die Land- und Forstwirtschaft, die Pferdezucht und der Sport ihre eigene Presse, sowie auch das Post-, Verkehrs- und Versicherungswesen, die einzelnen Gewerbe, die Berufs- und Erwerbsclassen, die großen und kleinen Gemeinwesen, ja die einzelnen Stände (der Lehr-, Nähr- und Wehrstand, der Adel) durch berufene und unberufene Organe, meistens Wochen- und Monatsblätter, eine gleichartige Vertretung gefunden haben. Dieser Bedeutung entsprechend regelt sich nun ihr Bestand nach seiner innern und äußern Seite, und was sie hervorgerufen, wirkt bildend und vermehrend wieder auf sie selbst zurück. Die Ab- und Zunahme ihres Absatzes im Publicum oder die Auflage, die wechselnde Zahl der Tages- und Wochenblätter, sowie auch der Monatsschriften, namentlich aber die Fachpresse, sei es, dass diese von Einzelnen, sei es, dass sie von Vereinen und Gesellschaften ins Leben gerufen wurde, ist nichts Anderes, denn ein Bild dieser wechselseitigen Wirkung von Presse und Publicum.

Die periodische Presse oder Literatur ist aber auch für die Entwickelung einer Specialität des Buchdruckes, nämlich des Zeitungsdruckes, bedeutungsvoll geworden. Die großen Tagesblätter, von Banken ins Leben gerufen und erhalten, besitzen meistens für ihre Herstellung nach den neuesten Principien und mit dem Aufwande reicher Mittel, für ihre Zwecke großartig eingerichtete Gebäude. Die Fachpresse hingegen wieder erfordert nicht selten eine eigenartige Sorgfalt in der Herstellung des Satzes (mathematischer Satz, fremdsprachlicher Satz) oder in der Zurichtung für den Druck von Illustrationen — was auch von den illustrierten Wochenblättern gilt — die auf die technische Vervollkommnung einer Officin in vielen Fällen nicht erfolglos blieb.

Dies Alles gilt ganz besonders von Wien, wo die periodische Presse seit dem Jahre 1848 mit wenigen Unterbrechungen sich vermehrt und fachlich entwickelt hat. Um nun ein vollständiges und möglichst richtiges Bild ihrer Wandelbarkeit in der Zeit von 1848 bis 1882 zu geben, haben wir nach sicheren statistischen Daten[180] die umstehende Tabelle entworfen, welche uns die wichtigsten Phasen ihres Auf- und Niederganges vor Augen führt und zur Grundlage einer näheren Auseinandersetzung über jenen modernen Zweig der Literatur diente.

Zunächst ist zu bemerken, dass die periodische Presse, die politische, wie die nicht politische, seit dem Jahre 1848 bis 1882 im fortwährenden Wachsen begriffen ist. Ihre höchste Ziffer erreichte sie am Beginne des Jahres 1882, wo nämlich 503 Zeitungen erschienen. Die kleinste Ziffer ist am Beginne des Jahres 1848 verzeichnet, 35 Zeitungen. Diese Rubrik des Standes der periodischen Presse am Beginne eines jeden Jahres (I), übereinstimmend mit jener des jährlichen Schlusses (V), beweist überhaupt die ganz bedeutende Zunahme von mehr als des Vierzehnfachen. Mit Ausnahme der Zeit von 1861 auf 1862, respective 1862 auf 1863, dann 1866 auf 1867, sowie 1873 auf 1874, wo in Folge der Kriegsereignisse und der wirtschaftlichen Krisis ein, wenn gleich unbedeutender Rückgang zu verzeichnen ist, dann von 1878 auf 1879, respective 1879 auf 1880, wo schon in kürzester Zeit eine entsprechende Zunahme folgte, erfreute sich die Presse eines fortwährenden Aufschwunges. Die abnehmenden Ziffern sind 2, 6, 4, 40 (wirtschaftliche Krisis) und 17. Zunächst kommt der Zuwachs von 76 Zeitungen im Jahre 1879 auf 1880, von 68 Zeitungen 1880 auf 1881 und von 50 Zeitungen 1877 auf 1878. Eine fortwährende

[180] Vom Jahre 1848 bis 1873 hat [illegible] mehrfach erwähntes Buch die Grundlage der Zusammenstellung. Die Ausweise von 1874 bis 1880 sind den Officien-, Gremial- und amtlichen Aufschreibungen entnommen, die sich gegenwärtig im Gremial-Archive befinden.

STAND DER PERIODISCHEN DRUCKSCHRIFTEN VON 1848 BIS 1882.

Jahr	I. Stand zu Anfang des Jahres	II. Im Laufe des Jahres neu hinzugekommen	III. Noch im selben Jahre wieder eingegangen	IV. Im Laufe des Jahres überhaupt eingegangen	V. Am Schlusse des Jahres verblieben	VI. Gesammtziffer der im Jahre erschienenen Zeitschriften
1848	35	192	173	183	44	227
1849	44	26	8	22	48	70
1850	48	11	3	11	48	59
1851	48	21	5	10	59	69
1852	59	4		7	56	63
1853	56	9	4	9	56	65
1854	56	14	2	7	63	70
1855	63	20	5	11	72	83
1856	72	9	1	8	73	81
1857	73	13	3	11	75	86
1858	75	22	6	14	83	97
1859	83	16	2	13	86	99
1860	86	17	1	3	100	103
1861	100	23	7	18	105	123
1862	105	33	14	35	103	138
1863	103	48	18	27	124	151
1864	124	42	14	33	133	166
1865	133	49	28	53	129	182
1866	129	50	28	54	125	179
1867	125	53	22	31	147	178
1868	147	55	29	45	157	202
1869	157	53	15	37	173	210
1870	173	85	24	33	225	258
1871	225	80	24	45	260	305
1872	260	94	28	91	263	354
1873	263	92	43	132	223	355
1874	223	66	11	30	259	289
1875	259	98	38	71	286	357
1876	286	94	31	75	305	380
1877	305	65	19	43	327	370
1878	327	90	14	41	376	417
1879	376	64	13	81	359	440
1880	359	100	4	24	435	459
1881	435	98	3	30	503	533
1882	503					

Zunahme (von 44 bis 105 Zeitungen) weisen die Jahre 1848 bis 1861 — also ein Zeitraum von 13 Jahren — auf. Im Jahre 1861 auf 1862 ist der erste Rückgang, nämlich von 2 Zeitungen, zu verzeichnen. Vom Schlusse des Jahres 1848 bis zum Beginne von 1882 hat überhaupt die periodische Presse, trotz Schwankungen innerhalb der einzelnen Jahre um 459 Nummern und gegen den Anfang des Jahres 1848 um 468 Zeitschriften zugenommen.

Die meisten neuen Zeitungen im Laufe eines Jahres erschienen 1848, nämlich 192, die wenigsten im Jahre 1852, nämlich nur 4; im Jahre 1880 kamen 100 neue Zeitungen heraus, woran sich die Jahre 1881 und 1875 mit je 98, 1872 und 1876 mit je 94, 1878 mit 90 neuen Zeitungen u. s. w. reihen. In den Fünfziger Jahren bewegte sich die jährliche Zunahme mehr sprungweise, so 1849: 26, 1850: 11, 1851: 21, dagegen 1852 nur 4, 1855: 20, 1856 wieder nur 9; von 1850 bis 1870 ist aus unserer Tabelle eine ununterbrochen fortschreitende Zunahme von 16 bis 85 Zeitungen ersichtlich. Von den 192 neuen Zeitungen, die 1848 erschienen, giengen noch im selben Jahre 173, überhaupt aber 183 Zeitungen ein, mithin waren von den alten Zeitungen auch noch 10 verschwunden. Aus einem weiteren Vergleiche der Rubriken (II und III) ergiebt sich der Gegensatz hierzu, indem von 100 neuen Zeitungen des Jahres 1880 nur 4, und von 98 des Jahres 1881 nur 3 im selben Jahre wieder aus der Öffentlichkeit verschwanden, so dass seit 1879 auch der Zuwachs der periodischen Presse einer gewissen Sicherheit sich erfreute. Freilich fielen in diesen beiden Jahren von den alten Zeitungen 20 (1880) und 27 (1881) ab, was aber gegenüber dem bedeutenden Zuwachse und dem minimalen Wegfalle nicht viel zu bedeuten hat. Die wirtschaftliche Krisis des Jahres 1873 zeigt sich aber nicht so sehr darin, dass von den neu erschienenen Zeitungen nur 49 sich erhielten, sondern dass überhaupt 132 Zeitungen eingiengen, also 89 von den Ende 1872 noch bestandenen Zeitungen in den Orcus mit hinuntergerissen wurden. Die 4 neu erschienenen Zeitungen des Jahres 1852 erhielten sich und von den 9 des Jahres 1856 und 17 des Jahres 1860 verschwanden nur je 1, von den 14 des Jahres 1854 und 16 des Jahres 1859 nur je 2. Verhältnismäßig am meisten erhielten sich die neuen Zeitungen für's selbe Jahr noch 1878 (76), 1872 (66), 1876 (63), 1870 (61) u. s. w.

Nach einem Vergleiche der Rubriken III und IV können wir ferner den Schluss ziehen, dass von den länger als ein Jahr erscheinenden Zeitungen die meisten, 89, wie schon erwähnt wurde, im Jahre 1873 eingiengen; auffallender Weise kommt dem das Jahr 1879 zunächst mit einem Verluste von 68 Zeitungen, diesem schließt sich das Jahr 1872 an, in welchem 73 solcher Zeitungen abfielen. Im Allgemeinen hält sich der Verlust neuer und bestehender Zeitungen durchschnittlich im Jahre so ziemlich das Gleichgewicht. — Die selbstverständlich mit Ausschluss der Zahlen 35 und 503 gleichen Ziffern der Rubriken I und V geben im alljährlichen Vergleiche mit geringen Ausnahmen ebenfalls ein Bild steter Zunahme, nur ist von 1862 auf 1863 ein Rückgang von 2, 1865 auf 1866 ein solcher von 6, 1866 auf 1867 von 4, 1873 auf 1874 von 40 und von 1879 auf 1880 von 17 Zeitungen zu verzeichnen. Wenn wir schließlich die Gesammtziffer der in einem Jahre erschienenen Zeitschriften ins Auge fassen, so sind es eigentlich nur 7 Jahre, in denen die periodische Literatur Wiens Rückschritte machte, nämlich von 1849 auf 1850 um 11 Nummern, von 1851 auf 1852 um 6, von 1855 auf 1856 um 2, von 1864 auf 1865 um 3 und von 1866 auf 1867 um 1 Zeitung, von 1873 auf 1874 aber um 66, von 1877 auf 1878 um 10 Zeitungen. — Die bedeutendste Zunahme erfolgte wol von 1881 auf 1882 (71), dann von 1874 auf 1875 (68); zunächst kommen dann die Jahre 1871 auf 1872 (51), 1869 auf 1870 (48), 1877 auf 1878 und 1870 auf 1871 (je 47).

Ein nachhaltiger Impuls zum Aufschwunge geistigen Culturlebens in Österreich war mit der Reform des gesammten Unterrichtswesens, von der Volksschule an bis zur Universität hinauf, in den Fünfziger und Sechziger Jahren gegeben. Im niederen Schulwesen begriff dieselbe nicht nur die Umgestaltung der bestehenden und die Gründung von neuen Schulen in sich, namentlich in Wien, sondern auch die Erweiterung der Schulpläne auf der Basis neuer Methode und mit Einbeziehung neuer Unterrichtsgegenstände (Heimatskunde, Geographie, Naturwissenschaften), wobei insbesonders der Pflege des Anschauungsunterrichtes die vollste Beachtung zugewendet wurde. Im Mittelschulwesen war die Neugestaltung eine noch intensivere. Die

Gymnasien erhielten eine neue Organisierung und einen erweiterten Unterrichtsplan, demgemäß frühere Gegenstände umfassender gelehrt werden sollten, was eine veränderte Didaktik im pädagogischen Systeme dieser Schulen zur Folge hatte, und neue Gegenstände nach den Anforderungen und Aufgaben der modernen Bildung eingefügt wurden. Die Realschulen und Realgymnasien, so recht die Kinder der neuen Zeit, waren überhaupt erst zur Vorbildung für das Polytechnicum, der späteren technischen Hochschule, und zur Erlernung der Realien ins Leben gerufen worden. In Folge dieser extensiven wie intensiven Umgestaltung der niederen und mittleren Schulen entwickelte sich auch eine reichhaltige Schulbücher-Literatur, an welcher die Wiener Typographie namentlich seit der Aufhebung des Schulbücherzwanges ihren Antheil hat; wir erinnern — von der Volksschule abgesehen — nur an die Lehrbücher von Baumgartner, Kner, Kunzek, Lichtenfels, Schmidl, Zippe, Mocnik, Schabus, Fellöcker, Schinnagl, Mozart, Reichel u. a. Auch erfolgte die Gründung einer eigenen Zeitschrift für die österreichischen Gymnasien, dann einer solchen für die Realschule, sowie damals auch mehrere Schulzeitungen und eine große Anzahl von Schulprogrammen ins Leben gerufen wurden.

Ein besonders reges wissenschaftliches Leben war seit den Fünfziger Jahren an der juridischen und philosophischen Facultät der Wiener Universität hervorgerufen worden. Die medicinische Facultät erfreute sich nämlich schon lange eines Weltrufes sowohl nach der praktischen als auch literarischen Seite ihrer Mitglieder. Die in jenen beiden Facultäten berufenen Lehrer waren jetzt jeder in seinem Fache nicht nur selbstschaffend, sondern regten durch ihr Beispiel wie durch die Methode ihrer Forschung die Jugend zum Selbststudium und zur Fortbildung an, wodurch eine namhafte Zahl derselben der Literatur zugeführt wurde und eine ehrenvolle Stellung sich errang. Die classischen Sprachen, die Archäologie, das römische Recht, das österreichisch bürgerliche Recht, das Strafrecht und der Strafprocess, die Nationalökonomie, besonders aber die Geschichte und ihre Hilfswissenschaften, diese im Institute für österreichische Geschichtsforschung unter der Leitung Sickels, fanden jetzt eine höchst beachtenswerte Pflege und die diesbezügliche Literatur errang sich im In- und Auslande volle Anerkennung. Auch auf dem Gebiete der Naturwissenschaften hatte sich seit Baumgartner ein reges wissenschaftliches Streben in Wien entfaltet, wie nie zuvor.

Die im Jahre 1849 gegründete kaiserliche Akademie der Wissenschaften vereinigte die Elite der Männer der Wissenschaft in sich. Beweise mannigfaltiger und zahlreicher Leistungen sind aus ihren schon bändereichen Publicationen zu ersehen.

Aber auch außerhalb der Universität und der Akademie der Wissenschaften hatte die Literatur in der Jurisprudenz, in der Geschichte, in der Kunstgeschichte, im Erziehungs- und Unterrichtswesen, ja man kann sagen in allen wissenschaftlichen Disciplinen einen überraschenden Aufschwung genommen. Wien, die Heimstätte aller wahren Wissenschaft und Kunst, der Sitz der kaiserlichen Akademie der Wissenschaften und der Universität, wurde nun auch der Sitz einer Reihe von Vereinen und Gesellschaften, in welchen das geistige Leben in früher nie gekannter und geahnter Weise gedeiht. Neben den von der Regierung zu wissenschaftlichen Zwecken gegründeten Staatsinstituten, der kaiserlichen Akademie der Wissenschaften, der k. k. statistischen Centralcommission, der k. k. Centralcommission für Erforschung und Erhaltung der Kunst- und historischen Denkmale, der k. k. geologischen Reichsanstalt, der k. k. Centralanstalt für Meteorologie und Erdmagnetismus, welche alle durch ihre Publicationen in der wissenschaftlichen Welt eine hervorragende Stelle einnehmen, sind solche wissenschaftliche Vereine und Gesellschaften seit dem Jahre 1848 in einer namhaften Zahl entstanden, welche auch durch gediegene Schriften die Principien ihres Ursprungs, sowie die im Schoße ihrer Mitglieder concentrierte wissenschaftliche Thätigkeit in würdiger Weise kennzeichnen. Aus der Zeit vor dem Jahre 1848 ragten noch herüber: Die k. k. Landwirtschafts-Gesellschaft in Wien (1807),[1062] die Gartenbau-Gesellschaft (1827),[1063] der Verein zur Beförderung der bildenden Künste (1832)[1064] und der niederösterreichische Gewerbeverein (1839).[1065] Seit 1848

[1062] Zeitschrift.
[1063] Zeitschrift der Gartenbau-Gesellschaft (Garten-Zeitung).
[1064] Aus diesem Vereine ging die Gesellschaft für vervielfältigende Kunst hervor.
[1065] Wochenschrift des niederösterreichischen Gewerbevereines.

entstanden: Der Österreichische Ingenieur- und Architekten-Verein (1848),[1066] die Zoologisch-botanische Gesellschaft (1851),[1067] der Österreichische Reichsforstverein (1852),[1068] der Alterthumsverein zu Wien (1853),[1069] die Geographische Gesellschaft (1856),[1070] der Verein zur Verbreitung naturwissenschaftlicher Kenntnisse (1860),[1071] der Allgemeine österreichische Apothekerverein (1861),[1072] der Verein für Landeskunde von Niederösterreich (1864),[1073] der Verein für Psychiatrie und forensische Psychologie (1868),[1074] der Österreichische Touristenclub (1869),[1075] die Anthropologische Gesellschaft (1869),[1076] die Numismatische Gesellschaft (1870),[1077] die Heraldisch-genealogische Gesellschaft «Adler» (1870),[1078] der Ornithologische Verein (1876),[1079] der Wissenschaftliche Club (1876),[1080] der Österreichische Alpenclub (1878),[1081] die Gesellschaft für die Geschichte des Protestantismus in Österreich (1879),[1082] der Niederösterreichische Landes-Obstbau-Verein (1880).[1083]

Das wissenschaftliche Leben in Vereinen und Gesellschaften ist mithin nach den verschiedensten Richtungen und auch wirkungsvoll vertreten. Mit der Reform und Entfaltung des gesammten Unterrichtswesens, welche hier nur angedeutet werden konnten, sowie mit der Blüte wissenschaftlicher Disciplinen außerhalb der Kreise der Universität und der kaiserlichen Akademie der Wissenschaften sind aber die geistigen Strömungen selbstverständlich nicht erschöpft. Es wäre noch Vieles anzuführen, was an größeren und kleineren Werken aus der Philosophie, Jurisprudenz, Medicin und Theologie in Wien seit der Mitte der Fünfziger Jahre selbständig erschienen ist. Der einschlägige Verlag Braumüllers allein schon giebt uns einigermassen ein Bild von der intensiven und extensiven Bedeutung des seitherigen wissenschaftlichen Lebens daselbst. Der Bestimmung unseres Werkes nach konnten wir uns aber nur darauf beschränken, auf sie hingewiesen zu haben; denn eine noch wichtige Frage, die zu beantworten vorliegt, ist die, welchen Antheil hat die Wiener Typographie sowohl vom geschäftlichen Standpunkte aus, als auch nach der Seite ihrer technischen Entwickelung und Leistungsfähigkeit an dieser geistigen Bewegung.

Dass die Blüte der Literatur und Wissenschaft den Buchdruckern Wiens ebenfalls nach Maß reichliche Gelegenheit zu verdienen gegeben hat, ist unbestreitbar, braucht und kann ja auch nicht ziffermäßig erwiesen werden. Auch jene geistigen Strömungen haben ihren guten Theil beigetragen, dass die Buchdruckereien sich vermehrten oder vergrößerten, und manche ihrer Besitzer einen namhaften Theil ihres ständigen Geschäftes darauf basierten. Von noch größerer Bedeutung aber, als der materielle Gewinn erscheint der Anstoß, welchen Literatur, Wissenschaft und reproducierende Künste auf die Hebung des Wiener Buchdruckes nach seiner technischen und ästhetischen Seite gegeben haben. Und hierin ist die Zeit von 1848–1882 vielleicht die ereignisreichste Epoche in Wiens Buchdruckergeschichte, wie wir ja bereits oben (Seite 366) auf diesen Aufschwung im Allgemeinen aufmerksam gemacht haben.

Einerseits die technische Bewältigung großer Auflagen mit Zuhilfenahme der verschiedenartigsten Maschinen, anderseits die typographische und ästhetisch geschmackvolle Ausstattung der Bücher je nach ihrer inneren Bedeutung oder äußeren Veranlassung, unterscheiden die Arbeiten der heutigen Typographie von jenen der älteren. Dadurch allein ist es auch möglich geworden, dass heute selbst Volksbücher für

[1066] Zeitschrift des Ingenieur- und Architekten-Vereines.
[1067] Mittheilungen.
[1068] Österreichische Vierteljahresschrift für Forstwesen.
[1069] Berichte und Mittheilungen des Alterthumsvereines zu Wien.
[1070] Mittheilungen der k. k. Geographischen Gesellschaft in Wien.
[1071] Schriften des Vereines zur Verbreitung naturwissenschaftlicher Kenntnisse in Wien. (Populäre Vorträge aus allen Fächern der Naturwissenschaft.)
[1072] Zeitschrift für Pharmacie.
[1073] «Blätter des Vereines für Landeskunde von Niederösterreich», Topographie von Niederösterreich, Festschriften u. s. w.
[1074] Jahrbücher für Psychiatrie.
[1075] Die Österreichische Touristen-Zeitung, Panoramen, Karten und Touristenführer.
[1076] Mittheilungen der Anthropologischen Gesellschaft nebst Supplementheften.
[1077] Numismatische Zeitschrift.
[1078] Jahrbücher.
[1079] Mittheilungen des Ornithologischen Vereines in Wien.
[1080] Mittheilungen.
[1081] Österreichische Alpen-Zeitung.
[1082] Jahrbücher.
[1083] Der Obstzüchter.

das Auge weit gefälliger hergestellt werden. Ohne Zweifel sind aber für die Ausstattung größerer Werke neben den technischen Fortschritten in der Buchdruckerkunst die Buchdrucker-Fachschule, das k. k. österreichische Museum für Kunst und Industrie, die Gesellschaft für vervielfältigende Kunst, Ausstellungen u. dgl. m. von ganz besonderem Einflusse und maßgebend gewesen. Die typographische Ornamentik hat, vom Holzschnitte abgesehen, durch stilgerechte Auszeichnungsschriften, Leisten, Vignetten und Linien in den Schriftgießereien eine hohe Vollendung erreicht, und auch bei der Ausführung der Alphabete in allen Sprachen — der Muttersprache, wie der fernliegendsten — wird den historischen und künstlerischen Anforderungen vollste Rechnung getragen.

Dass die Fachschule die Lehrlinge in Gutenbergs Kunst selbst für die ästhetische Seite ihres Berufes empfänglicher und verständniskräftiger macht, steht außer Frage und die Folgen davon werden sich immer mehr noch zeigen. Aber auch die «Gesellschaft für vervielfältigende Kunst» und das k. k. österreichische Museum äußern, wenngleich nur indirect, ihre Wirkung auf die typographische und decorative Ausstattung eines Buches, namentlich des illustrierten. Ein mit schönen Stichen, Radierungen oder Holzschnitten ausgestattetes Buch verlangt denn auch eine mehr sorgfältige, eine kunstmäßig typographische (auch typometrische) Durchführung, soll nicht die Kluft zwischen beiden zu auffällig sich zeigen. Was nun jene Gesellschaft für den Aufschwung des Illustrationswesens in Büchern selbstthätig oder aneiferud gewirkt hat, ist in Fachkreisen lange schon bekannt. Wie Bücher solcher Art in guter alter Zeit hergestellt wurden, und dass solche auch heute von Zeit zu Zeit der Öffentlichkeit übergeben werden: dafür ist wieder das k. k. österreichische Museum für Kunst und Industrie durch Wort und Schrift, in Vorträgen und durch Rathschläge schon wiederholt wirkungsvoll eingetreten.

An der Spitze der hervorragenden typographischen Leistungen des Wiener Buchdruckes sind die unter der Ägide Sr. Majestät des Kaisers und im Auftrage des Oberstkämmerers erscheinenden Publicationen über die Schatzkammer und die kaiserlichen Lustschlösser zu verzeichnen, welche in der Officin Holzhausen hergestellt wurden. Was reproducierende Künstler nur immer Ausgezeichnetes zur Illustrierung dieser auch inhaltlich hochstehenden Werke beitragen konnten, was der Buchdrucker an Wahl der Typen, Anordnung des Satzes und Reinheit des Druckes zu leisten im Stande war, ist hier geschehen. Wahre Prachtwerke, die ihres Gleichen suchen! Auch die Festschriften (z. B. über die Votivkirche, die kaiserliche Akademie der bildenden Künste, der historischen Vereine Wiens, etc.), welche in den Siebziger und im Anfange der Achtziger Jahre erschienen sind, können nicht minder den besten Leistungen eines oft schwierigen Werksatzes beigezählt werden. Wir verweisen dann noch auf die Publicationen der kaiserlichen Akademie der Wissenschaften, der k. k. Centralcommission zur Erforschung und Erhaltung der Kunst- und historischen Denkmale, des Wiener Alterthums-Vereines, des Vereines für Landeskunde von Niederösterreich und der k. k. Gesellschaft «Adler». Die k. k. Hof- und Staatsdruckerei, die Firmen Holzhausen, Waldheim, Gerold, Fromme, Jasper u. a. haben hierin so Vorzügliches geleistet, dass es selbst mit den besten Erzeugnissen des ausländischen Buchdruckes verglichen und ebenbürtig befunden werden kann. Auch die großen Verlagsbuchhändler (Braumüller, Gerold, Hölder, Seidel, Manz, A. Hartleben, Lehmann & Wentzel u. a.) waren jetzt, durch solche Beispiele angeeifert, bestrebt, ihre Verlagswerke in schöner, mitunter selbst splendider typographischer Ausstattung, ja als Prachtwerke, erscheinen zu lassen. Die Verlagsbuchhandlung Braumüller durfte — neben Gerold — das Verdienst für sich in Anspruch nehmen, eine der ersten gewesen zu sein, welche einer solchen typographischen, wie künstlerischen Ausstattung ihrer Verlagswerke (durch in Text gedruckte Holzschnitte, Tafeln in Lithographie, Photographie oder Stich) eine ganz besondere Sorgfalt zuwendete. Die Folge davon war, dass eine große Zahl literarischer Notabilitäten nicht nur der einheimischen, sondern auch fast sämmtlicher außerösterreichischen Hoch- und Fachschulen für Braumüller's Verlag gewonnen wurden. Selbst die gewöhnlichen Handbücher, deren früher vernachlässigte Außenseite oft dem inneren Werte des Buches gerade nicht förderlich war, weisen nun eine zierliche Ausstattung auf, durch die sie dem auswärtigen Verlage mindestens gleichgestellt werden können.

Der Verlag der Wiener Buchhändler hat sich seit der Mitte der Fünfziger Jahre überhaupt auch in bemerkenswerter Weise vermehrt. Für Geschichte sind Wilhelm Braumüller[1081] und Gerold & Comp. obenan zu nennen, für Theologie Braumüller, Ludwig Mayer und die Mechitharisten (Heinrich Kirsch), für Medicin Braumüller, Urban & Schwarzenberg, für die militärischen Wissenschaften Ludwig Seidel & Sohn, für Land- und Forstwirthschaft Faesy & Frick, für Kunst und Kunstgeschichte Gerold & Comp., Braumüller und v. Waldheim, für Rechts- und Staatswissenschaften, Philosophie und Naturwissenschaften W. Braumüller und Manz, für Geographie, Reisewerke, Pädagogik und Unterrichtsbücher Alfred Hölder, für schöne Wissenschaften, Sprachwissenschaft und Literaturgeschichte Gerold & Comp., Franz Leo & Comp. (Carl Konegen), für Technologie Lehmann & Wentzel. Was die Menge und Mannigfaltigkeit des Verlages, die oft sorgfältige typographische Ausstattung desselben anbelangt, ragt, wie gesagt, die Hof- und Universitätsbuchhandlung W. Braumüller in erster Linie hervor.

[1081] Braumüller's Verlag z. B. betrug 1879 1850 Werke in 1445 Bänden in fast allen Wissenschaften. Von diesen Werken erschienen 226 in mehreren Auflagen, darunter Hyrtl's Anatomie in 14 Auflagen.

NACHTRAG

ZUM ERSTEN UND ZWEITEN BANDE

WIENER DRUCKE AUS DEN JAHREN 1485 ODER 1486.

BALD nach dem Erscheinen des ersten Bandes dieses Werkes erhielt ich von dem Herrn Grafen Alexander Apponyi auf Schloss Lengyel bei Tolnanegie in Ungarn ein ebenso ehrendes, als interessantes Schreiben (ddto. 7. November 1883). In demselben kommt Graf Apponyi, der bekanntlich ein ausgezeichneter Bibliophile ist und in seiner gewählten und reichhaltigen Bibliothek neben «Hungarica» auch über fünfzig ältere Wiener Drucke sein Eigen nennt, auf die schon bei Denis (Wiens Buchdruckergeschichte bis 1560, S. 304) erwähnte Canonisations-Bulle des Markgrafen Leopold des Heiligen von P. Innocenz VIII. aus dem Jahre 1484 zu sprechen, über welche Denis nichts weiter sagt, wenngleich dieselbe auf der Garelli'schen Bibliothek, deren Vorstand er war, sich befand.

Graf Apponyi, der außer dieser Bulle auch den Tractatus distinctionum aus dem Jahre 1482 besitzt, meint nun, dass, nach Typen und anderen Merkmalen zu urtheilen, in der Bulle von 1484 sicher ein Wiener Druck vorläge. Damit war die schwierige Ursprungsfrage dieses Druckes, über welche ich beim Erscheinen des ersten Bandes von Wiens Buchdruckergeschichte 1482—1882 noch kein bestimmtes und, so weit möglich, abschließendes Urtheil abgeben wollte, neuerdings in Fluss gekommen und hat kritische Untersuchungen zur Folge gehabt. Bevor ich selbst meine Ansicht darüber darlege, möge hier die gründliche Auseinandersetzung meines Freundes Dr. Wilhelm Haas, Scriptor an der Wiener Universitäts-Bibliothek, Platz finden, welche mir auch zu diesem Zwecke übergeben wurde. Dieselbe lautet folgendermassen:

«Anlässlich der Heiligsprechung des Markgrafen Leopold IV. aus dem Hause der Babenberger «durch P. Innocenz VIII. im Jahre 1485 erschienen verschiedene Schriften, welche auf diesen feierlichen «Act Bezug hatten. Mehrere derselben sind ohne Angabe des Druckortes erschienen und wurden «verschiedenen Druckern zugeschrieben. So finden wir im Supplement au manuel du libraire et de «l'amateur de livres. — Dictionaire de Géographie ancienne et moderne à l'usage du libraire et de «l'amateur de livres .. par un bibliophile. Paris, 1870, 8° Colonne 1454 : Col. 920 Neoburgense Claustrum. «Ce n'est point au XVIe Siècle, mais au XVe, qu'il convient de reporter l'imprimerie conventuelle de «Klosterneuburg, si nous acceptons le renseignement donné par notre érudit. libraire M. Edw. Tross «(VIe cat. de 1868 n° 3788 et 4e cat. 1869 n° 2857–58): Bulla Canonizationis San | cti Leopoldi «Marchionis: | Innocentius Epus servus servorum dei. Ad ppe tuam rei memoriã . . . „ A la fin: Datu «Rome Apud sancto petrũ ' Anno incarnacionis dominice. Millesimo quadrigẽ | tesimo octuagesimo quarto. «Octavo Idus Januarij põ | tificatus nostri. Anno primo. s. l. pet. in 4° de 4 ff. à 34 lign. par page. «M. Tross dit formellement que cette pièce rare fut exécutée au monastère de Klosterneuburg et signale «même un second tirage avec quelques differences; nous avons decrit jadis au catal. Solar une pièce «sortie bien probablement des mêmes presses: Defensorium Canonizationis S. Leopoldi r. l. n. d. in 4° «(Cat. rais. n° 1814).»

«Diese Notiz veranlasste mich, nicht nur die Bulle und das Defensorium, sondern mehrere auf «diesen kirchlichen Act bezügliche, ohne Druckort erschienene Schriften einer genauen Prüfung zu unterziehen. Dass viele derselben zu Rom, am Orte der Heiligsprechung, und zu Passau, als dem Sitze des »Diöcesanbischofs von Österreich, gedruckt wurden, ist leicht begreiflich; ebenso hätte die Annahme, »dass einige dieser Schriften zu Klosterneuburg gedruckt wurden, viel für sich, da dieses Kloster es sich »sehr angelegen sein ließ, nachdem Leopold in die Zahl der Heiligen versetzt war, seine öffentliche Ver»ehrung zu verbreiten, weshalb die Heiligsprechung mit des Papstes Erlaubnis auch in der Salzburger-, »Grazer- und Prager-Erzdiöcese verkündet wurde.[1] Dass nun das Kloster irgend einen Buchdrucker in »die Stadt Klosterneuburg oder gar in seine Räume kommen ließ, der diese Bullen hier druckte, hätte »mithin etwas für sich und scheint auch Tross zu »seiner Behauptung geführt zu haben. Gerade sowie »Propst Poltzmann hundert Jahre später (1591) den »Buchdrucker Nassinger nach Klosterneuburg hatte »kommen lassen, um im Stifte »Poltzmann's Compendium vitæ et miraculorum Sancti Leopoldi« zu »drucken, könnte man wohl annehmen, es habe schon »Propst Jacob 1485 Ähnliches gethan. Doch darüber »fehlt jede auch nur annähernd sichere Nachricht. »Weder bei Zeibig in seiner Abhandlung über die »Klosterneuburger Bibliothek und das Archiv, noch »sonst irgendwo findet sich darüber auch nur die ge»ringste Notiz. Ebenso erfolgte auf eine schriftliche An»frage im Stifte selbst, ob sich etwa in den Ausgaben-»Verzeichnissen im Archive irgend eine Andeutung »über die Berufung eines Buchdruckers finde, durch »die Güte des hochw. Herrn Archivars nur die Ant»wort, dass keine derartige Notiz zu finden sei und »auch die leider unvollständigen Rechnungen des »Kämmerers nichts diesbezügliches enthielten. Dass »die fragliche Bulle in Klosterneuburg gedruckt »wurde, lässt sich also nicht erweisen. Dagegen ist »es möglich, dass der Med. Dr. Eberhard Ulrich »von Klosterneuburg, der im Jahre 1486 Rector der »Wiener Universität war und sich die Verbreitung »der Verehrung des heiligen Leopold sehr angelegen »sein ließ, den Wiener Buchdrucker zum Abdrucke »dieser Bullen veranlasste und *dass dieselben in Wien »gedruckt wurden.* Jedenfalls steht es fest, dass der »Wiener Buchdrucker vom Jahre 1482 durch diese »Drucke seine Thätigkeit auch im Jahre 1485 oder »1486 erweist.«

Nr. 108. Titelseite der Canonisationsbulle des Markgr. Leopold d. Heiligen. Nach dem Originale in der k. k. Universitäts-Bibliothek zu Wien.

»Die genaue textliche Beschreibung des An»fanges der Bulle ist aus dem beigegebenen Facsimile zu ersehen.«

»I. *a)* Explicit f. 4b . . Datu Rome. Apud sanctum petrum | Anno incarnationis dominice. Millesimo quadringe | tesimo octuagesimo quarto.«

»Octauo Idus Januarij pō | tificatus nostri. Anno primo. || «

»4 ff. s. n. fol. v. p. s. cust. s. l. & a. g. ch. 4 ff. (Universitätsbibliothek, Hofbibliothek.)«

»I. *b)* Davon existiert eine zweite Ausgabe, die sich nur durch ein Majuskel bei (Innocencius und »in der Schlusszeile po | tificatus nostri. Anno primo |) unterscheidet. Diese beiden Stücke sind die von

[1] Max. Fischer, Merkwürdigere Schicksale des Stiftes Klosterneuburg. S. 221.

«Tross erwähnten. Denis, Wiens Buchdruckergeschichte bis 1560, S. 304, führt diesen Druck an, ohne «sich jedoch weiter in eine Untersuchung des Druckortes einzulassen.»

«Ich fand dazu noch eine zweite Bulle:»

«II. Bulla pro publicacione transactionis S. Leopoldi.»

«Incipit f. 1 b: (f. 1 a vacat) J Nnocencius Epūs seruus seruorum dei. Ad futuram rei memoriā. «Thesauri sacratissie passionis domini | ce. que in ecclisticis sacramentis reconditū di , uine pietatis «misericio p suorum Salute fideliū in ; eterne vite premium erogari disposuit. meritis || .»

«Explicit f. 2 a: Datū rome apud sāctū petrū an , no Incarnacionis dominice Millesimo quadringētesiō «oct ' nagesiō quinto Quinto deciō kl' «marcij pontificatus nostri Anno secundo.»

«F. 2 b (jedoch verkehrt): Bulla. «p publicacione Trāsactio | nis Scti «Leopoldi. Marchionis.»

«S. l. & typ. n. et s. a. s. p. n. «2 ff. 34 & 32 l. ch. g. (Hain. Nr. 9195 «giebt Rom als wahrscheinlichen Druck- «ort an, ohne jedoch diese Incunabel «gesehen zu haben.) Sie ist jedoch in «Druck, Typen und Papier ganz gleich «den früheren und rührt daher von «demselben Buchdrucker her.»

«Bei diesen drei Stücken fehlen «zwar die Signaturen, wie sie die an- «deren Wiener Drucke aus dem Jahre «1482 haben, ebenso Ort und Jahr. «Doch stimmen Typen und Papier in «allen überein, so dass es zweifellos «ist, *dass sie von demselben Buchdrucker «gedruckt wurden, von dem wir die fünf, «resp. sechs Wiener Drucke aus dem «Jahre 1482 kennen.*²»

citer ɔsiderari vñotho ut dicit clausiōēꝫ supsitiei p lineas ad angulū uł
pūctū ter iatas. ꝛ ut ē allectiuū corpis Et sic de qrta specie q̄ lītas ꝛ sic sū
mit positiue Aliomō priuatiue ꝑ natura intrinsica corporis specificā
do ad vlteriores ptes corporis. ꝛ ut sic nō dīt a corpe ꝛ sic pꝫ rīspōsio
Sed qꝛ multi negāt vnū cori latiōꝫ posse poni i actuali exītia sine reli
quo Et sīlr q̄ rlatio possꝫ separi a suo fūdamento Ideo restat hec ꝓba
re Et arguo sic nā fūdamentū ꝛ obiectū ad qd̄ terminatur rlatio vel se
hꝫ ad ipsā rlatiōēꝫ i genere cāe efficiēd finał for ł uł materiał Si efficiē
tis ucł finał habeo ꝓpositū q̄ prima cā omneꝫ taleꝫ causaliteteꝫ supple
re potest ꝛ p ɔn̄s rlatiōēꝫ manent on sine fūdamento ꝛ terio ꝛ obiecto
Quicqd enim potest prima cā mediate scōa potest p se ipsā in mediate
Specialit ꝓbo q̄ potest terminare i altero extremoꝝ Nā primū idepē
dens potest terminare ōꝫ dependētiā rqsitā ad actualeꝫ exītiā alteri⁹
cui⁹ cūꝫ Sꝫ ex suppletiōꝫ rquisiti ad actualeꝫ exītiaꝫ arguit sufficienter
possibilitas sepatiōis ergo ꝛc maior pꝫ cū primomō q̄ primū i depen
dens a nullo dependet simpliciter. ꝛ ideo potest omneꝫ dependentiam
terminare sufficiēt Ratio enī idepēdētie alicui⁹ ab alio est pcise ratio ter
minādi depēdentiā illi⁹ ad ipsū Cū scōo primū i dependēs ꝯtinet vtuali
ter ēminū siue obiectū rlaiciōis Ideo potest tminar rlatiōēꝫ alias nō su
ficiēt ɔtineret obiectū vtualit Si materiał qro uł erūt ei⁹ materia ex
q̄ uł i q̄ Nō ex q̄ qꝛ accīs materiā nō hꝫ it impossibile ē enim ex substātia
fieri nō subēꝫ uł etiā rlatiōꝫ uł aliud accīs Sꝫ nec i q̄ cū etiā accīa abso
luta hēāt hāc q̄ re nō ponūtur isepabilia sicut rspectiā cū n̄ra appeat di
uersitas qntū ad talē depēdētiaꝫ causaleꝫ Si i genere cāe formał sicut ex
mgr̄ rndit ille q me docuit i theologia Contra saluatis semp reuerētia
tāti doctoris tūc enim absolutū eēt itrinsecū rspectiō ꝓn̄s formalit re
spectiuum esset formaliter absolutū Tūc etiā pdicamēta nō essent per se
ptes subiectiue entis. cū etiā nō eēnt ētia per se ꝫ agregata p accīs Tūc etiā eē
formał uō esset qd simplex sꝫ ꝯpositū ex materia ꝛ forma Tūc etiā cū qlī
bet res sit formaliter illud qd ē per suā formā sequtur q̄ rspect⁹ eēt for
malit rspect⁹ per absolutū Deductio omniū istoꝝ leuiter pꝫ

Nr. [illegible]. Probe eines Theiles einer Seite des [illegible]. Nach dem Originale in [illegible].

Dieser historischen Auseinandersetzung habe ich nichts hinzuzufügen. Auffallend bleibt nur und das wird Jedermann zugeben – dass trotz aller eifrigen Nachforschungen kein neuer Wiener Druck aus dem Decennium von 1482–1492 außer den schon vor hundert Jahren bekannten in irgend einer Bibliothek aufgefunden wurde. Wir stehen da ohne Zweifel vor einer merkwürdigen Thatsache. Vielleicht wird es einmal noch gelingen, von der Thätigkeit dieses unbekannten Wiener Buchdruckers irgendwo durch Zufall einen weiteren Beleg aufzufinden, aber die Hoffnung ist nur eine geringe. Ich habe bereits im ersten Bande dieses Werkes (S. 9 ff.) hervorgehoben, wie ungünstig die geistigen und politischen Zustände in den Jahren 1482–1490 für die Stadt Wien, besonders aber für die Universität gewesen sind und wie dieselben die Anfänge der Typographie hemmten und hemmen mussten. Wenn nun die fraglichen Bullen aus der Presse jenes Druckers

² Vergl. Denis, Wiens Buchdruckergeschichte. Wien 1782, S. 1 f. Denis Nachtrag S. 37 ff. — Mayer, Wiens Buchdruckergeschichte, I. Band. Wien 1883, S. 14–20

hervorgiengen, was auch ich auf Grund eigener Untersuchungen jetzt als sicher annehme, und zugestandenermassen in Wien gedruckt wurden, so zeigen sie schon aus jenem Grunde nicht nur keinen Fortschritt, sondern eher einen Rückgang in der Technik, was einen Schluss auf eine unterbrochene, jedenfalls aber ganz unbedeutende Beschäftigung in der Zeit von 1482–1485 zulässt.[1]

Um die typographische Vergleichung der fraglichen Drucke — der Drucke von 1482 und der Bulle von 1484 — zu erleichtern, wurden Facsimile derselben nebeneinander gestellt. (S. Nr. 108 und Nr. 109.)

WINTERBURGER.

(Zu Bd. I, S. 21.)

Der in bibliographischen Kreisen rühmlich bekannte einer. Bibliothekar des Benedictinerstiftes Göttweig, P. Gottfried Reichart, hat dem Verfasser von Wiens Buchdruckergeschichte einige (mit Ausnahme von Nr. 3) weder bei Denis (Wiens Buchdruckergeschichte bis 1560) noch im I. Bande dieses Werkes vorkommende oder ausführlicher behandelte Wiener Incunabeln (Winterburger-Drucke), die er auf seinen vieljährigen Reisen in auswärtigen Bibliotheken gesammelt und beschrieben hat, zur Verfügung gestellt, um hier veröffentlicht zu werden.

Bezeichnend und lehrreich ist, dass auch P. Gottfried Reichart, der eine bedeutende Zahl von deutschen, französischen, belgischen und englischen Bibliotheken nach Incunabeln aufs genaueste durchforscht hat, weder

1. einen Wiener Druck *vor* 1482 gefunden hat, noch
2. die Lücke zwischen 1482 bis 1492 durch neue Funde auszufüllen vermochte.

1492.

1. AULUS PERSIUS FLACCUS, *Satyrae septem.* Fol. 1a (in Missaltypen): »Persius«. Fol. 1b vac. — Fol. 2a (sign. a 2): »Auli Flaci Persij satyra prima. | (N) *Ec fonte labra prolui caballino.* Nec in bicipiti somniasse parnasso | Memini: ut repente sic poeta prodirem (etc.)« Fol. 13a: »Tecum habita: noris quam sit tibi curta supellex. Satyra sexta. Vatibus hic non est centum sibi poscere voces. Fol. 20b (lin. 4 sq.) Schluss und Colophon: Jam decies redit in rugas: depinge ubi sistam | Inventus crysippe tui finitor acervi. — Impressum Wienne anno dni. 1.4.9.2.« 4°, goth. 20 ff. (18 Verse). Sign. a—b4, c—c2. (K. k. Hofbibliothek zu Wien. — Vgl. *Denis* l. c. S. 691, Nr. 744.)

1496.

2. JOSEPHUS GRÜNBECK, Artium Mag.: *Prognosticum ex conjunctione Saturni et Jovis atque decennali revolutione Saturni.* Fol. 1a: »Prenosticon siue (vt alij volunt) Judicium Ex | conjunctione | Saturni et Jouis Decennalique revolutione Saturni Ortu et fine antichristi ac aliqs quibusdam interpositis (etc.)«. In der Mitte eines mit astronomischen Figuren bedeckten Quadrates: »Figura celi tempore conjunctionis Saturni et Jouis in scorpione | 1484 25 die nouem | bris Hora 12 mi. 0« . Fol. 2a (sign. aij) die Dedication: »Reverendissimo in Christo patri et dno dno. Cristo | foro insignis ecclesie Patavi. preposito meritissimo Joseph | grunpeck artium magister felicitatem optat«. Fol. 15b (zu Ende) das Colophon: »Finit pronosticon ex siderea conjunctione Saturni et Jouis | Decennalique revolutione einsdem saturni feliri omnine Per Joha. | nem Winterburg in inclita wienensi ciuitate taliter effigiatum | Anno domini. MCCCCLXXXXVI«. Fol. 16a (lin. 1—3): »Addiciones ad pronosticon precedens de [illegible] | [illegible] Sumpte ex iudicijs astronomicis excellentissimi | quondam viri magistri Cristanni ex Clagenfurt 1496.« Fol. 16b (in den letzten drei Zeilen) Schluss des Ganzen: »Et sic quamvi nulla spes tantis humane prosperitatis quantum ad celestem influenciam impostermm expectandum: pauca lucida intervalla evenient. Laus deo«. 4°, ma, goth. 16 ff. (39 lin.) Signat. a—biij und c—cij. (K. k. Hofbibliothek in Wien. — Vgl. *Denis*, Nachtrag, S. 6–9.)

[1] Je mehr wir uns auf Grund der Quellen in die damalige Lage Wiens vor, während und nach der Belagerung durch König Mathias versetzen, um so grösser treten die Schwierigkeiten, die der Einführung und Verbreitung der Buchdruckerkunst darwider sich in den Weg legten, vor unsere Augen. Selbst unter normalen politischen Verhältnissen hätte die gerade in Wien einflussreiche Zeche der Schreiber und Handschriftenhändler, die, wie überall in Universitätsstädten, nur mit Neid und Argwohn die neue Kunst verfolgte, derselben alle erdenklichen Hindernisse bereitet. Aber dies ist hier gewiss nicht das allein Entscheidende gewesen. Wenn man erfährt, wie es um die Universität, welche doch bei der Einführung der Buchdruckerkunst [illegible] in Frage kam, in den Jahren 1481 bis 1490 gestanden, der wird zugeben, dass die [illegible] Lücken in den Erstlingsdrucken Wiens bis auf Winterburger sich in erster Linie doch nur daraus erklären lassen. Im Jahre 1481 hatte nämlich die Pest eine namhafte Zahl Studenten hinweggerafft, in Folge dessen viele von ihnen und auch Professoren die Stadt verliessen, die Hörsäle geschlossen wurden. Kaum hatten sich wieder einige Studenten zusammengefunden, als der Krieg Friedrichs IV. mit Mathias Corvinus ausbrach und die Belagerung Wiens erfolgte (December 1484 bis Juni 1485). Auswärtige Studenten waren nicht mehr zugegen; die Vorlesungen, Disputationen, Promotionen u. dgl. unterblieben jetzt, so dass es überhaupt kein Leben mehr an der Universität gab. Dieselbe hatte keine Sympathien für Mathias und dieser wieder nicht für sie. Da die Professoren ihm nicht huldigten, waren ihre Gehalte so lange gesperrt, bis im Jahre 1488 eine Aussöhnung zu Stande kam. Die [illegible] Universitätsleben: Pest, Belagerung, ein [illegible] Fürst, der für sie keine Neigung empfindet, ein Stillstand jeden geistigen Lebens innerhalb und ausserhalb der Universität; Maximilian hingegen, der [illegible] Fürst, voll Liebe und Begeisterung für Wissenschaft und Kunst, namentlich für den an der Hochschule auftretenden Humanismus, das erstehende geistige Leben allseits — sie alle erklären das [illegible] Auftreten der Buchdruckerkunst in Wien erst im letzten Decennium des XV. Jahrhunderts. Vgl. Aschbach, Geschichte der Wiener Universität. II. Bd. S. 7 ff. — Vgl. auch den ersten Band dieses Werkes S. 9 ff.)

1497.

Im Bücher-Auctionskataloge von A. Einsle (Katalog Nr. XLV) fand sich unter Nr. 821 folgendes Bruchstück eines Winterburger Druckes:

3. ADERLASTAFEL. MCCCCXCVII (roth). «Als man zalt nach der geburt Christi . . . ist ain gemaine jar . . . Erwelt tag zu aderlassen, ertzney ze nemen, vnd ze baden etc.» (roth).

«Des Jenners	Des Heumons
Des Hornungs	Des Augstmons
Des Mertzens	Des Herbstmonas.

Diese Monatsüberschriften roth. Weiteres fehlt. Auf der anderen Seite umgekehrt:

«Marcij	Augusti
Aprilis	Septembris
Maji	Octobris
	Novembris
	Decembris

Impressum wienne per Johannem winterburg». Fol. Auch diese Monatsüberschriften roth. Am oberen Rande und an der rechten Seite ist je eine schwarz-weisse Bordure angebracht; wo beide in der rechten Ecke zusammentreffen, ist ein rothes Initial. Unten befinden sich die Wappen der Stadt Wien: das eine zeigt ein weisses Kreuz im rothen Felde, das andere den schwarzen Reichsadler im goldenen Felde. Ein drittes Wappen führt den österreichischen Bindenschild. Das hier beschriebene Blatt ist die Hälfte eines Einblattdruckes, welcher auf der Vorderseite deutschen, auf der Rückseite lateinischen Text hatte. Der Druck fand in der Weise statt, dass man zum Widerdruck nicht von rechts nach links, sondern von oben nach unten umwendete. Dadurch enthält dieses Fragment sämmtliche Monate des Jahres zur Hälfte deutsch, zur Hälfte lateinisch. Die Schrift ist gothisch.

1499.

4. ORDO PRO MISSIS DE REQUIEM (s. Missale Defunctorum). Fol. 1a: «Ad Lectorem. | Vt veniam poenas defunctis rite animabus | Sepe deo mentis munera pura feras | Sic eadem pietas sera te morte sequetur | Nam redeunt donis uberiora datis». Fol. 2a, col. 1: «S (xylogr.) I enim credimus | Christus mortuus | est: et resurrexit ita | et deus eos (etc.)». Fol. 7a (col. 2, lin. 9, in Majuskelschrift): «venisti (roth) Offertorium | (mit kleinen Typen) Domine iesu Christe rex glorie: libe- | ra animas omnium fidelium defunctorum | de manu inferni: etc.». Fol. 8a. Die «Praefatio communis» mit Noten auf den vier Linien. Fol. 9a (in Missaltypen) beginnt der Canon: «T (xylogr.) E igitur clementissime | pater per Jesum Christum | filium tuum dom. etc.». Fol. 16b (lin. 18) das Colophon (roth in Minuskeln): «Finit feliciter Vienne». Fol. sm. goth. 16 ff. (35 lin., der Canon auf 18 lin.) Sign. a–b. Roth und schwarz gedruckt, mit dreierlei Typengrössen; die Initialen zu der Klein-Type sind aber aus der Majuskelschrift genommen. (Bisher einzig bekanntes Exemplar im Cistercienser-Kloster Schlierbach in Oberösterreich.)

1500, 14. August.

5. BAPTISTA MANTUANUS (Ord. Carmelit.). *Carmen contra poetas impudice loquentes.* Fol. 1a: «Baptiste Mantuani ordinis fra | trum Beate Marie Virginis | de Monte Carmeli sacre | Theologie Doctoris | et Poete et Orato | ris celeberrimi | contra Poe | tas Impudice | loquentes | Divinum | Car | me | n | Carmen ad Lectorem | Assis modo se quem mentis traxerit ardor (etc.)». Fol. 1b: «Sunt quibus eloquii dat aurea vena poeta: | Sed cadit in sordes: inficitque luto». Fol. 4b (Vers 17 sq.) Schluss und Colophon: «Tunc helicona bibes: castisque rigabere Lymphis. | Si mens in nervo non erit illa tuo. | Finis Vienne Die XIIII | Augusti | MD». 4°. sm. rom. 4 ff. (23 lin.) Die Typen sind dieselben, wie im Horatius Flaccus, aber mit dem Namen des Druckers Jo. W. (Kgl. Hof- und Staatsbibliothek zu München.)

1500.

6. DUODECIM REGULAE GRAMMATICALES ANTIQUORUM. Fol. 1a erste Zeile in Missaltypen, die folgenden in Majuskeln): «R e g u l e   g r a m m a t i c a l e s | Antiquorum cum earundem declarationibus | et multis argumentis positis circa unam- | quamque regulam in specialis». Darunter ein Holzschnitt (ein römischer Lehrer, der stehend aus einem Buche liest). Fol. 24b, col. 2 (nach sechs Zeilen Text) das Colophon: «Expliciunt regule grammati | cales antiquorum cum earundem | declarationibus ac argumen | tis Impresse Vienne per Jo | hannem winterburg. 1500. 4°. sm. goth. 24 ff. (2 col., 44 lin.) Sign. aij–diij (vier Ternionen). Die Überschriften der zwölf Regeln, sowie der Anfang eines jeden Argumentes in Majuskeln, der übrige Text mit Winterburgers kleinster gothischer Type gedruckt. (K. k. Hofbibliothek in Wien.)

Ca. 1490.

7. AELIUS DONATUS ROMANUS. *Rudimenta grammatices.* Fol. 1a (sign. j): «A (Holzschnitt) Lectio que pars. Est no | men. quare: quia est perforatoria etc.». Fol. 4a (sign. 4), lin. 17 sq.: «A (xylogr.) Ro que pars est verbum, quia est perforatoria sine etc.». Fol. 8b (lin. 28–31) Schluss und Colophon: «dolorem Nota quattuor sunt significatores interiectionis etc. Impressum Wienne p J. w.». 4°. sm. goth. 8 ff. (30 lin.) Das erste grosse Initiale neunzeilig, die übrigen dreizeilig eingedruckt. Sign. j–4. (Kgl. Hof- u. Staatsbibliothek zu München. Vgl. *Mayer*, Wiens Buchdruckergeschichte, I. Bd., S. 29, Nr. 14.)

1492.

8. CALENDARIUM (pro anno 1493). «A Nno salutis nostre. M. cccc. Lxxxxiii. primo a bisexto Indicti | one. xi. Litera dominicalis. F | Aureus numerus. vij. Ciclus so | laris xxiij. (etc.)». Lin. 6 (mit grosser Type): «Cum omnis appropriatio rerum terrenarum | ad res celestes, ratione concordantie et | (kleine Type) similitu | dinis in aliqua proprietate sit secundum illud vulgare. Effectus | semper sue cause similitudinem gerit iuxta accidentia que | fiunt in hoc mundo (etc.)». Lin. 28–31

(roth gedr.): (mit grosser Type) »Multos (das folgende mit kleiner Type) perfecte (etc.) . . . . super meridiano viennensi . . . . calculavi | (etc.)«. Zu Ende (in erster Columne, roth, mit grosser Type): »Eclipsis lune vniuersalis (klein) in vicesimo secundo grado Libre prima die aprilis | pro caput draconis hora xiij Minuto xxxij«: (in zweiter Columne gleichlautend gedruckt): »Eclipsis solis octo punctorum, | in gradu vigesimo sexto Libre, decimo die octobris (etc. etc.)«. Im Pat. Fol. goth. Höhe 53.2 Cm., Breite 34 Cm. (Kgl. Hof- und Staatsbibliothek zu München.)

Vor 1500.

9. CANONES *poenitentiales extracti e Summa de casibus conscientiae Astesani de Ast.* (Fratris Ord. Minorum.) Fol. 1a Titelüberschrift (erste Zeile in grösserer Type): »Textus canonum penitencialium cunctis | curam animarum haben- | tibus multum salubris atque perutilis de verbo | ad verbum po- | ne, de summa fratris astensis ordinis minorum extractum«. Fol. 2a (sign. aij): »Incipiunt canones penitentiales extracti de verbo | ad verbum de summa fratris Astensis ordinis minorum li. quinto titulo 32«. Fol. 8a (lin. 19, 20) Schluss des Ganzen: »inribus. Et sic intelligitur illud extra de accu. accusasti. | et de spon. | dilectus et similia etc.«. 4°. min. goth. 8 ff. (33 lin.) Mit Sign. aij—aiiij. Das einzige Initiale (C), vierzeilig, fehlt. (Kgl. Hof- und Staatsbibliothek zu München. — Vgl. *Mayer*, Wiens Buchdruckergeschichte, I. Bd., S. 22, Nr. 9.)

Vor 1500.

10. QUINTUS HORATIUS FLACCUS. *Epistola ad Pisones de arte poetica.* Fol. 1a (Titelaufschrift in grösserer goth. Type): »Horacij Flacci venusini po | ete de diuina sacratissimorum | poetarum arte compendi | osum et multiplici | eruditione refer- | tum opus feli- | citer in- | choat«. Fol. 10b (Vers. 9 sq.) Schluss und Colophon: »Quem vero arripuit: tenet occiditque legendo | Non missura cutem nisi plena cruoris hirudo« | Qu. Horatii flacci artis poeticae finis. | Impress. Vienne Per Io. W.«. 4°. ma. rom. 10 ff. (26 Verse) Sign. aii—bii. Das einzige Initiale (H) klein vorgedruckt. (Kgl. Hof- und Staatsbibliothek zu München.)

1500.

11. AUGUSTINUS DATUS, *Senensis, Grammaticus. Elegantiae minores. Edit. secunda Vienn.* Fol. 1a (in Missaltypen): »Elegantie minores | Augustini Dati etc.«. Fol. 2a (sign. a2): »Augustini Dati senensis isago- | gicus libellus in eloquentie precepta, ad Andream domini | Christofori filium. C ogitarem Redimus iam dudum | a plerisque viris etiam disertissimis persuasi. | tum demum arte quempiam in dicendo | nonnullam adipisci, si veterum sectarum (etc.)«. Fol. 16b (nach lin. 13): cxxxviij. De ordine plurium sine coniunctione«. Fol. 24b (nach sieben Zeilen Text): »Augustini Dati Senensis oratoris | primarij Isagogicus libellus in eloquentie | sive precepta Explicitus est.« 4°. ma. goth. 24 ff. (36 lin.) Sign. a2—e4. Das einzige grosse Initiale (C) auf Fol. 2a achtzeilig xylographisch eingedruckt. (K. k. Hofbibliothek in Wien. — Kgl. Hof- und Staatsbibliothek zu München. — Stiftsbibliothek in Göttweig.)

1500.

12. GEORGIUS DE PEURBACH (s. Purbachius), *Viennensis. Opus Algorismi.* Edit. Princeps. Fol. 1a (in Missaltypen): »Algorismus«. Fol. 2a (sign. a2): »Opus Algorismi Jocundissimum Magistri Georgij Peurbachij, | Wiennensis (preceptor singularis Magistri Joannis de monte regio) | sacreque mathematice inquisitoris subtilissimo summa cum utilitate editum«. Fol. 6a (lin. 8): »Finis Algorismi Magistri Georgij de Peurbach«. Danach: »De Regula aurea sine de tre«. Dieser dritte und letzte enigma schliesst in lin. 25: »onus quero radicem quadratam ostendit quesitum«. (Ohne Colophon.) 4°. ma. goth. 6 ff. (37 bis 38 lin.) Sign. a2—a3. Das erste grössere Initiale (S) siebenzeilig, xylographisch eingedruckt. (Kgl. Hof- und Staatsbibliothek zu München.)

1500.

13. GEORGIUS DE PEURBACH (s. Purbachius), *Viennensis. Opus Algorismi.* Edit. II. Fol. 1a (in Missaltypen): »Algorismus«. Fol. 2a (ohne Signatur) beginnt: »Opus Algorismi Jocundissimum Magistri Georgij peurbachij, Wiennensis preceptoris singularis Magistri Joannis de monte regio) | sacreque mathematice inquisitorie suptilissimo summa cum utilitate editum«. Fol. 5b (nach lin. 27): »Finis Algorismi Magistri Georgii de Peurbach. | De Regula Aurea sine de tre. | Impressum Vienne per Joannem Winterburge«. 4°. ma. goth. 6 ff. (39—40 lin.) Sign. blos: iij, auf Fol. 3a. Die Aufschriften mit grösserer Type gedruckt. Das erste grosse Initiale (S), siebenzeilig, xylographisch eingedruckt, die übrigen, zweizeilig, fehlen. (Kgl. Hof- und Staatsbibliothek zu München.)

LUCAS ALANTSEE.

(Zu Bd. I, S. 28 f.)

1500, Juni 30.

Magister Johannes Mornach, Licenciat beider Rechte und Artistendecan, und die übrigen Magister dieser Facultät der Baseler Hochschule bezeugen auf Bitten des *Lucas Alantsee* aus *Schongau* in der Augsburger Diöcese zu dessen anderweitiger Empfehlung, dass selber an der Artisten-Facultät genannter Hochschule immatriculiert und den vorgeschriebenen Studien [specielle Aufführung derselben] zu vollkommener Befriedigung seiner Lehrer obgelegen. — Anhang. Siegel des Artisten-Facultäts-Decanates zu Basel an Pergamentstreifen. — Unterzeichnet: Nicolaus Haller, Universitäts-Notar. (Lat. Orig. Pergam. im Archive der Wiener Universität.)

LEONHART ALANTSEE.

(Zu Bd. I, S. 25 f.)

1512, 12. Mai. Kaiser Maximilian giebt über Bericht der Wiener Universität, wie sie ain arbait in den siben freien kunsten, dardurch die gruntlich und kurzlich begriffen und den schulern zu nuzperkait und gutem raichen und kumen muge, habe aufrichten lassen, seinen Getreuen Leonharten Alantsee und n seinen bruder, unsern burgern zu Wienn, die solch arbait und puecher drugkhen lassen, auf 6 Jahre das Privilegium des Verkaufes derselben zu einem von der Universität zu normierenden Preise. — Geben am mitwoch nach dem sonntag Cantate anno etc. im 1512. Gedenkbuch 18, fol. 125—125'.

Ebenda fol. 171', 172 der Befehl des Kaisers an die Artistenfacultät in Wien, den Preis dieser Bücher zu bestimmen. — Geben am erchtag nach sonntag Vocem Jocunditatis (Mai 18) anno etc. im 1512. (Jahrbücher der kunsthistorischen Sammlungen des A. h. Kaiserhauses, III. Bd., 2. Thl., Reg. Nr. 2686.)

HIERONYMUS VIETOR.

(Zu Bd. I, S. 22.)

Wolgeboren, hochgelert gestreng edl fest genädig herrn. Auf ansinnen vnd schreiben deß kayserlichen regimentz zw Stranbyng haben eur gnaden Wenedicten puchpinter sambt seiner hausfrau vmb jer frevlig schriften jeren ordenlichen richter der hochen schul hie jn wolbewarte purgerliche fenkhnus, die an genugsame purgschaft nit auszulassen, verschaffen, dieweill sy aber pede jn solicher herter schwerer vnd tebiger[1] fenkhnus ligenn, das zw pesorgen pledichait vnd vnnermugenhait nach jer schwachen perschonen, wo sy etlich tag noch der massen jn finsternus vnder der erden pehalten daß mit denm lebenn pezallenn müsten, so hab ich mich aus pruederlicher pflicht so uil beworwenn vnd herrn Lasla Edlasperger[2] neben mein zu purgenn erlangt, ist darauf mein untertenig diemietig hochfleissig pet vnd begeren eur gnaden wellen mit herrn rekhtor verschaffenn, damit mein prueder jn ein stuben gelassenn, sich dj purgen mit jm der purgschaft halben vnterreden mugen, wan pisher aller zugang vnd red gespert gewest, kein menschen zu jm lassen wellenn mit dem er sich vmb erledigung bewerben hette mugen, auch damit sein magnificentz sich an denn angezaigten purgen zwsambt ierer peder verschreibung genuegen vnd denn purgen nach jerer peder khanlent ferschreibung an verzug ausgeben welle; das will jch, auch mein pruder, vnterteniges fleis mit vnserer pet gegen got vnd sunst aller vnser vermuglichait vmb euer gnaden geflissen sein zu uerdienenn. Euer gnaden vnterteniger Jeronimus Viettor puchtrukher. (Von aussen:) Jeronimus Viettor puechtrukhers suplicacion. (Original im Archiv der Wiener Universität, Fasc. III, Parteiensachen, Lit. V.)

JOHANN SINGRIENER DER ÄLTERE.

(Zu Bd. I, S. 96 f.)

1524, 24. April. Der Vitzthum Georg Khienberger erhält den Auftrag, dem Hannsen Singruener, buchtrukher, fur hundert mandat die strassenraüberei betreffend, so er gedrukht hat, aines per 3 denare, macht in summa 10 schilling denare, gegen Quittung zu bezahlen. Gedenkbuch 22, fol. 17.[3]

1524, 27. April. Auftrag an denselben, dem Hansen Singruener, puechtrukher, für funfhundert generalmandat, die der pettler und markgrenger halben ausgangen sein, das drugkerlon, nämlich 6 Pfund 2 Schilling Pfennige gegen Quittung zu bezahlen. Gedenkbuch 24, fol. 21'.

1524, 27. April. Auftrag an denselben, dem Hannsen Singruener, buechdrukher, fur 1450 generalmandat und valvacionzedeln, so jezo der neuen munz halben ausgeschikht werden, eins um drei denare ze zalten, thut 18 talenta ain schilling denare gegen Quittung zu bezahlen. Gedenkbuch 22, fol. 18.

1524, 30. Juli. Auftrag an denselben, dem Hannsen Singruener, buechdruckher, das drukerlohn von sibenhundert generalmandaten, so in disem monet auf die ander valvacion der fraembden munzen ausgangen sein, per Stück 3 Pfennige, zusammen 8 Pfund 6 Schilling Pfennige gegen Quittung zu bezahlen. Gedenkbuch 21, fol. 29'.

[1] tebig [tebig], tebig = dumpf, mit erhebter Luft und Beleuchtung, feucht, düster; von Stuben, Kellern, Gefängnissen gebräuchlich. Vgl. Schmeller, Bayerisches Wörterbuch I, S. 581.

[2] Die Edlasberger waren ein in Wien bekanntes Rittergeschlecht. Ladislaus von Edlasperg war 1521, dann in den Jahren 1532 bis 1535 Stadtrichter in Wien. (K. Weiss, Geschichte Wiens, 2. Aufl., II. Bd., S. 446.) Im Jahre 1545 widmete der Dominikaner Johann Vischer aus Eichstätt seinen [illegible] Sittenspiegel Dem Edlen und Strengen Herren Lasla von Edlasperg, der Kaiserl. und Königl. Majestat Rat und der Stat Wienn in Österreich Richter. (Mayer, Wiens Buchdruckergeschichte, I. Bd., S. 47, Nr. 96.) Im Jahre 1548 erscheint er als oberster kgl. Maj. rat und hansgraf in Österreich. (Jahrbuch der Kunstsammlungen des A. h. Kaiserhauses, IV. Bd. 2. Thl. Reg.-Nr. 4110 und 4112.)

[3] Jahrbücher der kunsthistorischen Sammlungen des A. h. Kaiserhauses III. und V. Bd. 2. Thl. Reg.-Nr. 2905, 2918, 2920, 2966, 2962, 2919, 3012, 4012.

1524, 1. September. Auftrag an denselben, dem Hannsen Singrener, buechdrukher, sein drukherlon von 100 mandata den Jorgen Strein betreffend, mer umb 175 mandat die lehen betreffend, ains per drei denare, zusammen 3 Pfund 3 Schilling 15 Denare zu bezahlen. Ebenda. fol. 32'.

1524, 29. October. Auftrag an denselben, dem Hannsen Singrener, buchdruckher, von 824 landtagsbrieven sein drukherlon benentlich fünf phunt ain schilling sechs denare und seinen gesellen zu vertrinkhn 2 schilling denare gegen Quittung auszuzahlen. Gedenkbuch 24, fol. 36.

1525, 16. Jänner. Auftrag an denselben, dem Hansen Singrener, buchdrukher, und seinen gesellen das druckherlon von sibenhundert und zwainzig landtagsbriefen benenntlichn vier phunt und sechs schilling pfening gegen Quittung zu bezahlen. Gedenkbuch 22, fol. 37.

1525, 4. April. Auftrag an denselben, dem Hannsen Singrener, puechdrukher, von 500 mandata wider die zigeuner und ander umbschwaifer, mer funfzig mandat wider die strassrauber das drukerlon, nämlich 7 Pfund 10 Denare und dessen Gesellen 2 Schilling Denare Trinkgeld zu bezahlen. Ebenda. fol. 37.

1525, 7. April. Auftrag an denselben, dem Hansen Singrener, buechdrukher, von hundert und 30 briefen auf die landleut ob der Enns betreffend die strassrauberei und betlerei zu drukhn 1 Pfund 5 Schilling Denare gegen Quittung zu bezahlen. Ebenda. fol. 40.

1525, 3. Juli. Auftrag an denselben, dem Hansen Singrener, buechdrukher, von zwaihundert und sechzig generalmandata, betreffend die aufrüerigen pawrn das drukherlon benanntlich drei guldin reinisch 15 kreuzer und seinen Gesellen zu vertrinkhn 15 kreuzer auf sein quitung zu bezahlen. Ebenda. fol. 43.

1526, 14. Juli. Auftrag an denselben, dem Hansen Singrener, puechdruckher, das bemelt drukherlon, benenntlichen neun phunt phenning gegen Quittung zu bezahlen. Gedenkbuch 24, fol. 85'.

1526, 6. September. Bestätigung der Statthalter und Hofräthe von Niederösterreich, dass die niederösterreichische Raitkammer dem Hansen Singrener, puchtruckher albie zu Wienn, für sein truckherlon von ainhundert mandaten, betreffend die warnung der Turkhn zehen schilling phenning bei dem einnemergeneral zu bezalen verordnet habe und der Auftrag an Georg Khiemlseer, diese 10 Schillinge zu bezahlen. Ebenda. fol. 89'.

1526, 23. November. Wien. Eine gleiche Bestätigung, dass die niederösterreichische Raitkammer dem Hansen Singrener, puechtruckher albie zu Wien, von ainhundert mandaten betreffend, das dieser zeit khaiserlai traid, leds, harnasch noch ander waffen gen Hungern zu furen, für sein truckherlon 10 Schilling Pfennige angewiesen habe. Ebenda. fol. 98

Ebenda der Auftrag an Georg Khiemlseer, die genannte Summe auszubezahlen, vom gleichen Datum.

1526, 29. December. Auftrag an den Vizthumb in Niederösterreich, dem Buchdrucker Hansen Singrener 12 Pfund 4 Schilling Pfennige truckherlon von den . . . . briefen die vertrag zwischen Hungern und Österreich betreffend, gegen Quittung zu bezahlen. Ebenda. fol. 98.

1527, 2. März, Wien. Auftrag an Veit Zollner, dem Hansen Singrener, puechtruckher, . . . sechs phunt 2 schilling denare truckherlohn, von den mandaten die Wälhisch muns und vleischordnung betreffend auf sein bekhantnus zu bezahlen. Gedenkbuch 24, fol. 107.

1527, 11. März, Wien. Bestätigung der Statthalter und Regenten von Niederösterreich, dass die niederösterreichische Raitkammer mit ihrer Zustimmung dem Hansen Singrener, puechtruckher albie zu Wienn, sein truckherlon von 400 mandaten lateinisch, betreffend die Hungrisch handlung, von ainem mandat 3 denare, das in aller Summa 5 phunt denare bringt, bei Veit Zollner angewiesen habe. Ebenda. fol. 109a.

1527, 26. März, Wien. Gleiche Bestätigung der Statthalter und Regenten von Niederösterreich wegen Auszahlung von Druckerlöhnen im Betrage von 10 Schilling Denaren von ainhundert mandaten, betreffend die valvation der suncell und sepamarell. Ebenda. fol. 109b.

1527, 1. April, Wien. . . . . wegen Auszahlung von 10 Pfund 4 Schilling Pfennige von ainhundert newer pollicei und ordnung der handwerker und dienstvolkh der Niderösterreichischen lande aus ursahn, das derselb Singrener an bemelten pollicein und ordnungen in der eil bei tag und nacht truckhen müssen. Ebenda. fol. 110.

1527, 10. April, Wien. Ein vollkommen gleiches Stück wegen Auszahlung von 41 Pfund, 5 Schilling, 10 Pfennigen für 500 newer pollicei und ordnung der handwercher und dienstvolkh per Stück zu 20 Pfennigen gerechnet. Ebenda. fol. 111'.

1527, 9. April, Wien. . . . . wegen Auszahlung von 10 Schilling Pfennigen von ainhundert mandaten, darinnen die newen gröften und weingartbärn abzuton und hinforan ze machen verpoten werden . . . . Ebenda. fol. 113'

1527, 3. Mai, Wien. . . . . wegen Auszahlung derselben Summe von ainhundert mandaten, antreffend das dhain traid weder auf wasser oder lande aus kgl. maj. landen gefurt noch verkauft werde . . . . Ebenda. fol. 121

1527, 5. Juli, Wien. . . . . wegen Auszahlung von 8 Pfund, 4 Schilling, 20 Pfennigen Druckerlohn für 412 lateinischen grossen regalmandaten betreffend graf Hannsen von Zips und seines anhangs unbilliche handlung, so bemelte khonigl. maj. jetzo in Hungarn gebraucht, von ainem mandat 5 phenning. Ebenda fol. 126'.

1527, 21. November, Wien. . . . . wegen Auszahlung von 3 Pfund für 140 gedruckte Mandate, darinnen die kgl. maj. derselben crönung beschehen ze sein verkhunden und derhalben got ir lob und dankh procession und lobämter ze halten bevolhen, auch von ainhundert gedrückhten mandaten die newen gröften und weingartbärn abzethun beruerend, von ainem mandat 3 denare . . . . Ebenda. fol. 128.

1527, 14. December, Wien. . . . . wegen Auszahlung von 10 Pfund, 4 Schilling, 26 Pfennigen für 1344 Landtagsbriefe, so jetzo in die funf Niderösterreichischen lande auf die landleut sonderlichen gefertigt worden, per Stück zu 3 Heller, zusammen 8 Pfund, 3 Schilling, 6 Pfennigen, ferner für 150 gedruckte Mandate, darinnen die geringen muns und paczen, so sich der graf von Serin in Crabathen ze slahen und ze munzen understanden, die furen in ir maj. erblanden nicht mer ze nemben noch auszegeben verpotn, per Stück ze 3 Pfennigen, zusammen 15 Schilling, auch bemelts Syngreners khnechten der druckherel, so mit eingemelten landtagbriefen und ain zeit her mit kgl. maj. gedruckhten briefen vil mue gehabt, für iren vleis zu bibalia 20 kreizer. Ebenda.

1528, 3. Jänner, Wien. Statthalter und Regenten von Niederösterreich bekennen, dass die niederösterreichische Raitkammer mit ihrer Zustimmung dem Wiener Buchdrucker Hansen Singrüener als Druckerlohn für 1000 Mandate, betreffend die widertauffen personen, das dieselben niemand behause, hofe, trenkhe und sich meniglich von solchen verfuerischen personen verhuette, per Stück 2 Pfennige, zusammen 8 Pfund, 2 Schilling, 20 Pfennige bei Veit Zollner angewiesen habe.

Gedenkbuch 24, fol. 138.

1528, 22. Jänner, Wien. Eine ähnliche Bestätigung desselben wegen Auszahlung von 12 Pfund 4 Schilling Pfennigen Druckerlohn für 1500 gedruckte Mandate, betreffend, das alle geistlichkhait hiefuran der Regenspurgerischen reformation gemäss leben geloben und nachkhomben und darwider niemands bewären sollen. Ebenda fol. 139–139'.

Die diesbezüglichen gleichartigen Aufträge an Veit Zollner ebenda fol. 138'–139'.

1528, 15. Februar, Wien. Weitere Aufträge an Veit Zollner, dem Buchdrucker Hansen Singrüener als Druckerlohn für 200 Mandate der widertaufer halben, denen die kgl. maj. zwai monat lang Frist lässt, sich darinnen zu pössern und revociren etc., 20 Schilling Pfennige zu geben. Ebenda.

1528, 11. März, Wien. König Ferdinand I. verbietet allen Buchdruckern seiner Erbländer und Königreiche unter Androhung einer Strafe von 10 Mark reinen Goldes in den nächsten 10 Jahren den Nachdruck der von dem Wiener Buchdrucker Joannes Singrenius herauszugebenden *missalia ac horas canonicas secundum ritum Romane vel alterius ecclesie*, welche er proximo publicare intendat. Datum Vienne die 11. mensis martii anno 1528. Reichsreg. Ferd. I., Bd. 1, fol. 145.

1528, 18. April, Wien. Dann wegen Auszahlung von 10 Pfund, 3 Schilling, 10 Pfennigen Druckerlohn für 1250 Mandate, verkhundung der visitation, so di kgl. maj. furgenomen, und den verpoten furkhauf belangent. Ebenda.

1528, 2. Mai, Wien. Dann wegen Auszahlung von 2 Pfund, 4 Schilling Pfennige für 300 Mandate der frembden petler halben und 60 Pfennigen Trinkgeld für seine Knechte. Ebenda.

1528, 7. Juni, Wien. Dann wegen Auszahlung von 2 Pfund, 7 Schilling, 6 Pfennigen druckherlon von zwainzickhig puechlen, die regenspurgerisch reformacion betreffend. Ebenda.

1528, 18. August, Wien. Ein Auftrag der Statthalter und Regenten von Niederösterreich an die niederösterreichische Raitkammer, dem Wiener Buchdrucker Hansen Singrüener für 200 gedruckte Mandate vonwegen des hochwirdigen durchleuchtigen hochgebornen Fürsten und herrn herrn Ernst, administrator des stifts Passau etc., prediger und gesandten, so sein furstlich gnaden in seiner gnaden bisthumb in Österreich under und ob der Enns schickhen wirdet, ferner für 200 Mandate, betreffend die puechfuerer und puechdruckher, das dieselben kainn verpoten puech weiter fueren, druckhen oder fail haben sollen, und zum dritten zwaihundert mandat bemelnd die lanlleut, so in anderen landgerichten und herrschaften underthanen haben, die mit der widertauf und dergleichen verfurlichen leern befleckht sein, per Mandat 2 Pfennige, zusammen 5 Pfund Pfennige bei Veit Zollner anzuweisen, sowie der diesbezügliche Zahlungsauftrag an Veit Zollner vom gleichen Datum.

Gedenkbuch 24, fol. 146', 143, 145 und 150.

1528, 22. December, Wien. Ein Auftrag an Veit Zollner, dem Buchdrucker Hansen Singrüener 8 Pfund, 2 Schilling, 10 Denare Druckerlohn für 400 Mandate, Polnisch topleckher und Unter precen betreffend auch die erstreckhung, verleihung der lehen belangend, gegen Quittung auszuzahlen. Ebenda fol. 156.

1530, 31. December, Wien. Auftrag an Veit Zollner, Kammermeister in Niederösterreich, dem Hansen Singrüener, puechtrukher, das drukherlon von ainhundert mandaten, den ausgang des Aussewischen salz betreffend, per Stück 3 Pfennige, zusammen 10 Schilling Pfennige zu bezahlen. Gedenkbuch 35, fol. 53.

1531, 31. Jänner, Wien. Ein Auftrag an denselben, Hansen Singrüener, puechdrukher zu Wienn, sein drukherlon von 500 *instrucionen* zu der emlathanstellung in die Waldische march per Stück 3 Pfennige, zusammen 6 Pfund, 2 Schilling Pfennige gegen Quittung zu bezahlen. Ebenda. fol. 52'.

1531, 10. Februar, Wien. Ein weiterer Auftrag, dem Hansen Singrüener, puechtrukher, von den jungst ausgangen 200 general mandaten, das aufpot, musterung und anders betreffend, per Stück 5 Pfennig, zusammen 4 Pfund, 1 Schilling, 10 Pfennige gegen Quittung zu bezahlen. Ebenda. fol. 54.

1531, April, Wien. Ein weiterer Auftrag an denselben, dem Hansen Singrüener, von 1050 mandaten die Widertaufer und warnung der gemainen mans vor der Türkhen ubertzug betreffend, 21 Pfund, 6 Schock Denare gegen Quittung zu bezahlen.

Ebenda. fol. 56.

1531, 7. Juni, Wien. Ein weiterer Auftrag an denselben, den Hansen Singrüener, puechtrukher alhie zu Wienn, sein drukherlon von etlichen landtagbriefen auch generalmandaten, die erhievor vonwegen der Widertaufer und warnung des Turkhen einzugs halben auf der regierung bevelch gedrukt, 36 Pfund, 7 Schilling, 9 Pfennige von dem nechsten gelt, so in das cammermaisterambt gefelt, gegen Quittung zu bezahlen. Ebenda. fol. 76.

1531, 8. Juli, Wien. Ein Auftrag, dem Hansen Singrüener, puechdrukher und burger zu Wienn, das drukherlon von den bevelhen und generalln, so zu beschreibung und ervorderung der ross und wägen zu der artellerie ausgangen, per Stück 2 Pfennige, zusammen für 530 Stücke 4 Pfund, 2 Schilling, 10 Pfennige gegen Quittung zu bezahlen. Ebenda. fol. 77'.

MICHAEL ZIMMERMANN.

(Zu Bd. I, S. 71 f.)

Das Original des Zimmermann'schen Wappenbriefes von 1559 besass Herr Emil Moser, Professor an der Landes-Oberrealschule in Graz. Über gütige Verwendung des Herrn Universitäts-Professors Dr. A. Luschin von Ebengreuth und Vermittlung des Verfassers von Wiens Buchdruckergeschichte ist dieser Wappenbrief käuflich in den Besitz des Gremiums der Wiener Buchdrucker gekommen. — Das Wappen ist in dem freigelassenen Raume nicht eingezeichnet, wohl aber zeigt die Urkunde alle übrigen Merkmale einer wirklichen Ausfertigung, Unterschriften u. s. w. Das Siegel ist verloren gegangen.

1561 Mai 10.
(Zu Bd. I, S. 75.)

Hans von Tau, kais. Rath und Stadtrichter zu Wien, beurkundet, dass in der streitigen Sache des *Michael Zimmermann* (als dessen Gewalttrager Joh. Haunstain, Procurator erscheint) gegen Hans Lauttensakh (dessen Bürge Magister Johann Paimpel ist) wegen schuldiger 25 fl. Rhein. von dem Bürgermeister und Rath der Stadt Wien am 16. December 1560 entschieden wurde und dieser Bescheid von der niederösterreichischen Regierung am 21. April 1562 bestätigt und zu Recht erkannt ward, dass zur Tilgung der genannten Schuld die von Andreas Holtzwart und Hans Walther geschätzten Druck-Exemplare des H. Lauttensakh verwendet und etwaiger Abgang an den 25 fl. von dem Bürgen des Schuldners, Mag. Joh. Paimpel, ersetzt werde. (Orig.-Perg. mit des Stadtrichters anhängendem Siegel im Archive der Wiener Universität.)

(1565.)

WAPPEN. In der Rechnung über die Ausgaben für das Leichenbegängnis des Kaisers Ferdinand I. zu Wien und Prag kommt unter anderen vor: »Micheln Zimmermann, buechdruckher zu Wienn, das drukherlon von ainer anzall der grossen und clainen khaiserlichen wappen zu der begankhnus bezalt 44 gulden 10 kreuzer.« (Reichsacten Nr. 202. — Jahrbücher der kunsthistorischen Sammlungen etc. IV. Bd., 2. Thl., Reg.-Nr. 4781.)

RAPHAEL HOFHALTER.
(Zu Bd. I, S. 86.)

1561, 4. März, Wiener-Neustadt. In der strittigen handlung zwischen Raphaeln Hofhalter, burger und buechdruckher zu Wienn, clager an ainem und Claudio Portir, seinem gewesenn diener, andworter anders tails, so für das statgericht alhie zue Neustat schriftlich und müntlich fürkhumen und daselbst veralschieden, auch solche veralschiedung von obgedachten Raphael Hofhalter für herrn burgermaister und rath zur Neustat appelirt worden, erkhennen hierauf, jeezgenante burgermaister und rath nach vernemung und genuegsamer erwegung alles, so bei dem statgericht einkhumen, den bei gericht ergangnen abschied für billich und rechtmässig und lassen es dabei beleiben, doch dem beschwärten thail sein appellation hervorbehalten. (Wiener-Neustädter Rathsprotokoll S. 245'. — Jahrbücher der kunsthistorischen Sammlungen etc., IV. Bd., 2. Thl., Reg.-Nr. 3612.)

CASPAR STAINHOFER.
(Zu Bd. I, S. 101.)

LANDKARTE. 1566, 26. October, Wien. Hanns Georg Khuefstainer, niederösterreichischer Vitzthum, wird beauftragt, hernach benannten personen bemeldlichen Casparn Stainhofer puechdruckher, umb die Hungerische mappa ain gulden, Marxen Möller, puechpinter, vonwegen aufziehung derselben zu der leinbat funfundvierzig khreitzer und dann Danieln Mehlmann der illuminierung halber der Hungerischen mappa halben drei gulden und dreissig khreitzer, in Summa 5 Gulden 15 Kreuzer zu bezahlen. (Gedenkbuch 99, fol. 97'. — Jahrb. der kunsthistorischen Sammlungen etc. V. Bd., 2. Thl., Nr. 4397.)

1566.
(Zu Bd. I, S. 101.)

BITTGESANG. »*Ein Bittgesang zu | Gott Vater, Sun, vnd heili | gen Geist, inn gegenwirtiger | Türckennoth. Im thon: Aus tiefer | noth etc. Vor der Predig | zu singen Anno 1566. | Sampt | Zwayen Schönen Christlichen Gebe | ten, gegen dem Erbfeind dem Tür- | cken Got vmb hilff an zuruefen. | Mit Röm. Kay. Mt. etc. Gnad vnd Priuilegien | nit Nachzutrucken.* (Am Ende:) *Gedruckt zu Wienn in Osterreich | durch Caspar Stain- | hofer.* Kl. 8°, 8 num. Bl., das letzte weiss. Auf dem Titel das kaiserliche Wappen. Bl. 2a bis 3a der Bittgesang in 7 siebenzeiligen Strophen: »O Trewer Gott in ewigkeit | Vnser Vatter vnd Herre | Zu Dir schrayt die gantz Christenheit | Dein Gnad vns nicht versperre u. s. w.«, Bl. 3b weiss, Bl. 4a—5b: »Ein Christliche, Schöne, andechtige Gebet . . . . von der Cantzl fürzusprechen verordnet. Anno 1566«. Bl. 6a—7b: »Ein Hausgebett in diser Niderösterreichen Lande aus befelch vnd verordnung der Röm. Kay. Mt. etc. täglich vnder dem Geleutt der Türggenglocken zu sprechen. Anno 1566«. Das Gebet schließt mit den Worten: »Denn Dein ist das Reich, die Krafft, vnd die Herrlichkeit von Ewigkeit zu ewigkait Amen«. (In der Bibliothek des Herrn Grafen Alexander Apponyi in Lengyel, dessen gütiger Mittheilung wir die Kenntnis dieses Stückes verdanken.)

MICHAEL APFFEL.
(Zu Bd. I, S. 172, an Nr. 207 anschliessend.)

Von der niderösterreichischen regierung wegen dem herrn rectori vnnd consistorio alhiesiger vniversitet anczuzaigen: die fürstl. Durchl. etc. herr Ernst erzherzog zu Österreich vnser gnedigister herr haben weyllendt doctoris *Paulj Fabricij* hinterlassnen wittib gnedigist verwilligt, das die calender auf das neunzigist jarr, doch auf vorgehunde inspection auf ir verlag getruckht werden, dass man sy hiemit erindern wöllen. Actum Wienn den vierten Tag Julij anno etc. im neunundachtzigigsten. *In tergo:* 5. Juli 1589 (praesent.). N. dem herrn rectorj vund consistorio alhiesiger vniversitet zuezustellen». (Archiv der Wiener Universität, Fasc. III. Parteiensachen, Lit. F., Nr. 6.)

WOLF HALBMEISTER.

1594.

(Zu Bd. I, S. 188.)

HOLTZMANN, DANIEL. *Warhafftige gute Newe Zeitung, auss dem Obern Krayss der Cron Vngern. Von dem (von Gott gegebnen) Glückhafften, Sieg vnd Eroberung, der starcken Vestin, Statt vnd Schloss, Villegk, welches der Turck mit vil hundert Dörffer vnd Landtgerichten, biss in die Einundviertzig Jar lang Inn gehabt, etc. Gedachtes Villegk ist diess 1593. Jar den 23. Novembris, vnd hernach 12. Furnemder, Vesten und Schlösser, etc. Durch den Wolgebornen Herren, Herren Christoffen, Freiherren von Tieffenbach, zu Fürnholtz vnd Mayrhofen, Röm. Kay. May. etc. Kriegs Raht vnd Feldt Obristen, im Obern Krayss der cron Vngern, etc. vnd Herrn Niclasen Palffy, Freyherrn auff Ibiserpurg, etc. Sampt andern hernach sehr benannten, Herrn Obristen Hauptleuthen, vnd Christenlichen Kriegsleuchten Erobert worden. Aus Warhafftigen schreiben, zusamen Colligiert vnd gestelt: Durch Danieln Holtzman Teutschen Poeten von Augspurg. Gedruckt zu Wienn in Osterreich, bei Wolff Halbmaister Brieffmaler im Freyhofshof. M.D.XCIIII.* 4 Bl. 8°. Ajj 6 Bl. Custod. (Niederösterreichische Landesbibliothek.)

GEORG HIEBER.

1594.

(Zu Bd. I, S. 190.)

Über diesen Formschneider in Wien ist bisher nichts bekannt geworden.

ZEITUNG. *Zeittung auss dem Läger Newgrad, den 10. Martij, Anno 1594. Wie die selbig Vestung vnter der Fürst. Durch. Herrn Matthie, Ertzhertzogen zu Osterreich, etc. Kriegs Administration, nach beschehenem starken schiessen vnd ausgestandenem Sturmb, von dem Erbfeindt dem Turcken auffgegeben, vnd durch vnser Kriegsvolk abermal durch Gottes genad erobert worden, wie hernach weitter zuvernemen ist.* Darunter ein Holzschnitt (primitiv), darstellend die Beschießung. Darunter: *Mit genedigister Bewilligung. Gedruckt zu Wienn in Osterreich, bei Georg Hieber, Formschneider.* Titelbl. 3 Bl. Sign. Aij Aiij 8°. s. a. (1594.) (Niederösterreichische Landesbibliothek.)

LEONHARD FORMICA.

(Zu Bd. I, S. 172.)

Leonhard Formica war ohne Testament gestorben und hatte zwei Kinder hinterlassen, einen vierzehnjährigen Sohn, Matthäus, und eine eilfjährige Tochter, Anna. Vormund über dieselben war Dr. phil. et medic. Georg Wilhelm Rechberger. — Formica hatte die Buchdruckerei von Apfel vor 15 Jahren um den Betrag von 700 Gulden gekauft. Bei seinem Tode war die Einrichtung sehr abgenützt, auch soll früher schon um 200 Gulden Zeug nach Neustadt verkauft worden sein. *Die Witwe, Margarethe Formikin, hatte ihm von ihrem Vater, «Georg Wiesensteyger», ebenfalls eine Druckerei zugebracht,* die auf 110 Gulden angeschlagen wurde. Diese «Wiesensteyger'sche» Buchdruckerei findet sich also hier zum ersten Male erwähnt.[1]

Schätzung.

1.	Buchdruckerei (die Wiesensteyger'sche mit 110 fl. inbegriffen)	circa 400 fl.
2.	Buchhandlung sammt den vorhandenen gebundenen und ungebundenen Büchern	circa 300 fl.
3.	Allgemeine Fahrnis (Leinwand, Bettgewand, Küchengeschirr)	circa 100 fl.
4.	Im ungarischen Gelde baar	150 fl.
5.	Ausständiges Geld	111 fl. 4 β 21 ₰
6.	Silbergeschmeide	12 fl. 6 β
	Summe . .	1074 fl. 2 β 21 ₰
1.	Die Witwe verlangte dagegen als Priorität . . . . 325 fl. (50 fl. Heiratsgut, 50 fl. Widerlage, 110 fl. väterliche Buchdruckerei, 150 fl. von ihrem Vater ererbt.)	
2.	Schulden	744 fl. 2 β 12 ₰
	Verblieben den Kindern . . .	330 fl. — 9 ₰

(Archiv der Wiener Universität, Verlassenschaftsacten, Fasc. 52.)

[1] In dem Monatsblatte des Alterthums-Vereines zu Wien, IV. Jahrgang, Nr. 11, ist eine interessante Notiz enthalten, in welcher auch der Name Georg Wiesensteiger vorkommt. Es heisst daselbst: «das Verzeg mit Georg Wiesensteiger, David [illegible], [illegible] und dem [illegible] [illegible] [illegible] nämlich Jacob Mayr (Mayr, Mayer, Maler und Formschneider) — um 1575 behufs Herstellung von neuen Mustern des [illegible] und [illegible], wofür ihnen 325 Gulden gegeben werden.» Wiesensteiger dürfte also der Drucker dieses Werkes gewesen sein.

NICOLAUS PIERIUS

(Zu Bd. I, S. [illegible])

Am 10. November 1604 bestimmte das Universitats-Consistorium als geschworene Schätzleute für die Verlassenschaft des verstorbenen Buchdruckers und Buchhändlers Nicolaus Pierius den Johann Lindenberger, «bey St. Stephan Kirchen professorn vnnd gerichts procuratorij», und den Buchdrucker Ludwig Bonnoberger. Dieselben beendeten die Schatzung am 27. November d. J. und übergaben das specificierte und taxierte Inventarium dem Universitätsnotar M. Peter Hoffmann. (Archiv der Wiener Universitat, Verlassenschaftsacten, Fasc. 49.)

FRANZ KOLB

(Zu Bd. I, S. [illegible])

Franz Kolb hatte sein Testament am 18 October 1600 gemacht und starb am 24. Janner 1602. Zwei Tage spater wurde das Testament eröffnet, in welchem er seinen Willen kund gab, bei St. Stephan begraben zu werden. Darin kommt noch folgender Passus vor: seinen nächsten «Befreundten obern und niedern Stands» vermachte er nach «Stadt und Landgebrauch» 6 Gulden 60 Pfennige. Die Witwe Regina Kolb heiratete dann Ludwig Bonnoberger, dem sie auch die Buchdruckerei zubrachte. Ihre Tochter aus erster Ehe war Elisabeth Kolb. (Archiv der Wiener Universitat, Verlassenschaftsacten, Fasc. 50.)

LUDWIG BONNOBERGER.

(Zu Bd. I, S. [illegible])

Bonnobergers Testament datiert vom 27. April 1614. Darin heißt es: «mein tödter leichnamb soll altem kristlichem katholischen gebrauch nach zu St. Stephan in dem geweihten Erdreich ehrlich bestattiget und begraben werden.» In die vier Spitäler: Bürgerspital, Klagbaum, St. Marx und Siechenals sind je 5 Gulden «von Hand zu Hand auszutheilen». Ferner bestimmte er «zur Kirchen-Zier» nach St. Stephan, zu den Predigern, den Barfüßern und den Kapuzinern je 20 Gulden, der Bürgerspitalkirche ein Altartuch und 10 Gulden, nach St. Lorenzen und St. Jacob je 10 Gulden, nach St. Michael 20 Gulden, in die Spitäler 20 Gulden, im Ganzen also 150 Gulden. Die Stieftochter Elisabeth Kolb erhielt 20 Gulden und einen silbernen Kettengürtel, die Schwägerin Apollonia Schmidin baare 10 Gulden; in die «Hausarmenleuth Lade» vermachte er 5 Gulden. «Seinen nächsten befreundten schaffte und legierte er nach «Landt und Stattgebrauch» 5 Gulden 60 Pfennige.» Die Gesellen Hans Paumann und Gregor Gelbhaar erhielten jeder einen doppelten Ducaten. Die Buchdruckerei, auf welche Bonnoberger laut Quittungen 450 Gulden verwendet hatte, vermachte er seiner Hausfrau Regina.* Die Testamentseröffnung fand am 16. August 1614 im Beisein der Wittib und ihrer Tochter Elisabeth statt. (Archiv der Wiener Universitat, Verlassenschaftsacten, Fasc. 49, Lit. B.)

HANS FIDLER

(Zu Bd. I, S. [illegible])

Schätzung der Buchdruckerei durch Matthäus Formica.

«Truckh Preß sambt zwo Rameu vnd zway ramell 15, Gichten Breder vnd zur Preß andere Zugehör	40 fl.
Mehr 6 Zentner Buchstaben jeder pr. 15 fl.	90 fl.
Zway Mosiert Latinisch Alphabeth, daß ains gegossen, daß ander geschnitten, jedes pr. 2 fl.	4 fl.
Mehr 6 große geschnittene Buchstaben, je pr. 12 kr.	1 fl. 12 kr.
» drey in Holez groß geschnittene J, jedes pr. 1 fl. 30 »	4 fl. 30 kr.
15 Figuren in die Hauer Practica, aine pr. 15 kr.	3 fl. 45 kr.
Meßen lini 36	1 fl. 45 kr.
Mehr Neun Buchstaben kosten Jeder pr. 1 fl.	9 fl.
	154 fl. 12 kr.»

(Archiv der Wiener Universitat, Verlassenschaftsacten, Fasc. 52.)

* In erster Ehe mit Franz Kolb verheiratet.

MATTHÄUS FORMICA.

(Zu Bd. I, S. 214.)

Die Schätzung der Buchdruckerei des Matthäus Formica fand am 18. Februar 1640 statt. Als Schätzmeister erscheinen Elias Keubach, Buchdrucker, Johann Schalmayr, Schriftgießer, und der Buchdrucker Matthäus Rictius. Im Ganzen waren 46 Centner 60 Pfund Schriften vorhanden, die sich auf 53 Gattungen vertheilten. Wir finden darunter Cicero Fractur und Antiqua, Tertia Antiqua, Tertia Fractur, Figuralnoten, Tertia Cursiv, Garmond Fractur und Cursiv und Antiqua, Cicero gebrochen, Text Fractur und Antiqua, lateinische Versalien, deutsche Canon, Parangon Cursiv, Tertia Schwabacher, Cicero Cursiv und Graecum, Mittel Antiqua und Mittel Schwabacher, Mittel Cursiv und Cicero Schwabacher, allerlei «Rößel», Garmond Ziffern und Linien, Cicero Quadrate, Tertia Spatia, Polnische Rößel u. dgl. m. Da der Centner Schrift durchschnittlich mit 14 Gulden berechnet wurde, so gab der Schriftenvorrath einen Wert von 652 Gulden 40 Kreuzern. Die Kinder Formica's wollten nun die Buchdruckerei nicht übernehmen und sie vielmehr dem Cosmerovius käuflich überlassen, da dieselbe, wie sie erklärten, schon ziemlich abgenützt wäre, vieles nur nach dem Gewichte genommen werden könnte, um umgegossen zu werden. Erst auf vieles Zureden bequemte sich Cosmerovius zum Ankaufe. — Die Tagsatzung fand am 3. Juli 1641 statt. Nach dem dabei vorgelegten Heiratsbriefe der Formikin vom 21. November 1627 hatte sie 300 Gulden zu erhalten; zu gleichen Verhältnissen stand sie an die «Gwehr» geschrieben, und zwar an das Haus des Formica in Gumpendorf. Ferner behauptete sie, zwischen ihr und Formica wäre abgeredet worden, dass die «Fahrnus ein gleiches guett sein solle». Zur Abfertigung wünschte sie für sich zwei Theile, für die drei Kinder,* deren Vormund der Buchdrucker Gregor Gelbhaar war, einen Theil. Die ganze Verlassenschaft machte 3387 Gulden 20 Kreuzer aus; jedes Kind erhielt 600 Gulden und nach dem Tode der Magdalena Formikin 900 Gulden. Am 1. März 1642 war alles geordnet. (Archiv der Wiener Universität, Verlassenschaftsacten, Fasc. 52.)

1622.

(Zu Bd. I, S. 215.)

FORTEGUERRA, SEBASTIANO, *Ragguaglio della Felicissima Coronatione della Augustissima Imperatrice Eleonora in Regina d'Ungheria Seguita in Edenburgh alli 26. di Luglio 1622: Al Serenissimo Signore il Sig: Duca di Mantova, e di Monferrato. Scritto da Sebastiano Forteguerra Capellano Cesareo.* | *In Vienna d'Austria appresso Matteo Formica, 1622.* 4°. 10 unnum. Bll., deren letztes weiss. Auf dem Titelblatte der kaiserliche Adler. Der Bericht dtto. Ödenburg, 27. Juli. (In der Bibliothek des Herrn Grafen Alexander Apponyi in Lengyel.)

CASPAR VON RATH.

1628.

(Zu Bd. I, S. 221.)

FRIEDENSSCHLÜSSE. *Series Conditionum et Pacificationis Articulorum Quae sub Divi Rudolphi quondam Romanorum Imperatoris . . . . Regimine, ... tractatae & jam tandem, Regnante Sacra Ferdinandi Secundi Romanorum Imper. Maiestate & Sultano Murath Han Turcarum Moderno Imperatore continuae, & utriusque Diplomatum ac Syngrapharum appositione ratificatae sunt et stabilitae. Cum Consensu Suae Caes. Majest.* | *Viennae Austriae, Typis et sumptibus Caspari ab Rath Bibliopolae. Anno M.DC.XXVIII.* 4°. 55 SS., die letzte weiss. Titel in einer Einfassung. (In der Bibliothek des Herrn Grafen Alexander Apponyi in Lengyel.)

MICHAEL RICKHES (RICKES).

1635.

(Zu Bd. I, S. 223.)

FESTSPIEL. *Emulacion de los Elementos y aplauso de los Dioses, con que Solemnizaron las damas de S. R. M. de la Reyna de Ungria, los felices sucessos de la Cesarea Mag. del invictissimo Emperador Ferdinando Segundo, Alcancados por la S. R. Mag. del Rey. de Ungria, con ocasion . . . de Su Victoriosa venida a esta corte.* | *En Vienna de Austria, Por Miguel Riccio al Unbeck, Anno M.DC.XXXV.* 4°. 20 unnum. Bll., deren letztes weiss. Der Titel ist von einem Rahmen umgeben; auf der Rückseite des Titels befindet sich das Verzeichnis der im allegorischen Festspiele oder vielmehr im Ballet (baylete) mitwirkenden spanischen und österreichischen Damen. Bl. 2a—3a die «Argumenta» der neun Scenen italienisch, dann das Festspiel spanisch, mit Ausnahme der durch die Donau gesprochenen Worte, die deutsch sind. (In der Bibliothek des Herrn Grafen Alexander Apponyi in Lengyel.)

MARIA COSMEROVIN (VERWITWETE FORMIKIN).

(Zu Bd. I, S. 232.)

Maria Cosmerovin war nur drei Jahre verheiratet. Am 9. April 1643 errichtete sie ihr Testament und starb am 19. Juni d. J. Am folgenden Tage wurde dasselbe eröffnet. Maria Cosmerovin bestimmte darin Folgendes: 1. Wünschte sie neben ihrem früheren «Ehewürth» Matthaeus Formica auf dem St. Stephans-

* Diese drei Kinder waren Rosina, Maria und Magdalena Formica.

Freithofe begraben zu werden; 2. vermachte sie ihrem Vater und ihrem Bruder zu Linz jene 70 Gulden, die ihr der Buchdrucker Caesar in Krakau schuldig sei und ihrer Schwester zu Linz jene 20 Reichsthaler, welche ihr derselbe Buchdrucker schuldig geworden; 3. »verschaffte« sie ihren beiden Töchtern aus erster Ehe, Rosina und Maria Formikin, alles Silbergeschmeide, »Ringe und güldene Kettlein samt ihrem Schatzgelt in Thalern und Dukaten, so sich auf 300 Gulden belaufen möchte, wie auch alle Leinwand, die in ganzen Stücken und nicht angeschnitten ist«; 4. die Buchdruckerei von Formika soll Cosmerovius bis zur Vogtbarkeit der Töchter genießen und einer jeden jährlich zum Unterhalte 50 Gulden, nach ihrer Vogtbarkeit aber die Buchdruckerei »in der Schwäre vndt guette der Buchstaben, wie es nach ihres Vorigen Ehewürths todt zu ihrer Verehlichung gefunden Vnd angetretten, nemblichen mit gueten Buechstaben sambt den matrizen abzutreten«, dagegen ihre Kinder ihr den dritten Theil, »waß solche truckherey ausser des nach ihres Vorigen Ehewürths sel. Todt vorhandtenen Vorraths an Papier, Werth In baaren Gelde hinauszugeben« schuldig sein. Würden aber die Töchter die Buchdruckerei nicht übernehmen können (verheiratet oder in einem solchen Stande) oder wollen, soll er zwei Drittel von obangegebenem Werte hinauszahlen, das dritte Drittel ihm verbleiben. Die übrige Fahrnis soll in drei Theile getheilt werden, zwei für die Töchter, einen für Cosmerovius. Die zwei Töchter sollen Universalerben sein.« Unter den Zeugen befanden sich der Hofbuchdrucker Gregor Gelbhaar und der Buchhändler Severus Esch. – Das Inventar wurde aufgenommen am 19. März, 6. und 30. April, 28. Mai und 9. August 1644. (Archiv der Wiener Universität, Verlassenschaftsacten, Fasc. 52.) Schätzmeister waren die Buchdrucker Matthäus Rickhes und Elias Kenbach. Das Inventar wies aus:

Silber	355	fl.		
Gold, Edelgestein und Bargeld	1312	»		
Kleider	295	»		
Leinen, Tisch- und Bettwäsche	408	»		
Allerlei Fahrnis . . .	63	»		
56 Ries Papier	475	»		
Geschirr . . .	76	»		
57 Centner 3 Pfund Schriften	963	»	52	kr.
3 Pressen mit Tiegel, Spindel und Fundament à 50 fl. .	150	»		
Andere Utensilien	24	»	53	»
» » . .	112	»	10	»
In Holz geschnittene Buchstaben	140		8	»
Haus in Gumpendorf sammt Grundstück, schon von Formica gekauft	1000	»		
	5375	fl.	3	kr.

JOHANN B. SCHÖNWETTER.

(Zu Bd. II, S. 15.)

In den Protokollen in Hofsachen des k. k. Obersthofmeisteramtes (k. k. Haus-, Hof- und Staatsarchiv, Vol. 1723–1725, Fol. 2017) findet sich folgende Stelle:

»Johann Bapt. Alexander Schönwetter von Hinnpach übergibt ein projectum wegen der Kays. Hoff-Buchdruckerei.« — »Denen Herrn Bibliothek Praefectis vmb Bericht vnd Gutachten zuzustellen.« Der kaiserl. Obersthofmeister. Wienn, den 23. Februar 1724.« (Gefällige Mittheilung des Herrn Directors Dr. *Albert Ilg*.)

MATHIAS ANDREAS SCHMIDT.

(Zu Bd. II, S. 42.)

Nr. 110. Druckerstock des M. A. Schmidt.

Auf mehreren Drucken des Mathias Andreas Schmidt findet sich der nebenstehend abgebildete Druckerstock. Die Typographia sitzt mit dem Rücken gegen den Setzkasten gekehrt, den Winkelhaken in der Linken haltend, während ihre Rechte den von einem Putten, zu dessen Füßen noch Homer und Ovid liegen, dargereichten Virgil nimmt. Im Hintergrunde sehen wir die Presse, neben dem Setzkasten liegen die Druckballen, unter dem Bilde aber lesen wir: »Mortuis vitam reddo« (den Todten gebe ich das Leben zurück).

BUCHDRUCKEREI DES TAUBSTUMMEN-INSTITUTES.

(Zu Bd. II, S. 89.)

Die Hofresolution vom 18. Jänner 1793 sagt ausdrücklich: «Diese Buchdruckerei ist zwar dermalen zu belassen, soll aber, sobald sich eine schickliche Gelegenheit bietet, sie mit Vortheil zu veräußern oder in Pacht zu geben, aufgelassen werden, wodurch das Institut doch einen Nutzen daraus ziehen könne.» Bei der am 16. Juni 1813 abgehaltenen öffentlichen Versteigerung des dem Taubstummen-Institute gehörigen «Personal-Buchdruckerei-Befugnisses» erstand Anton Strauß dieses Recht, das er aber nur einige Zeit ausübte und dann seinem Factor Leopold Grund in Afterpacht gab. (Registratur der k. k. n. ö. Statthalterei, Fasc. B. 6, Z. 10106/764.)

JOHANN GEORG BINZ.

(Zu Bd. II, S. 122.)

Die *Vorsteher* der hiesigen privilegierten Buchdrucker erbitten sich vom Magistrate die Entscheidung, ob Binz, der bei zwanzig Jahre seine Buchdruckerei nicht mehr ausgeübt habe, von derselben gegenwärtig noch Gebrauch machen könne. Der Magistrat erklärte in seiner Antwort, ihm sei eine Verordnung, welche die Erlöschung durch dreijährigen Nichtbetrieb bestimme, nicht bekannt. Die Buchdrucker erwähnen auch Gremiallasten, von denen aber nach dem Ausspruche der Regierung, niemand wisse, worin sie denn bestehen. (Registratur der k. k. n. ö. Statthalterei, Fasc. B. 6, Nr. 10478/787 vom 2. April 1816.)

JOSEF ÖHLER.

(Zu Bd. II, S. 131.)

Josef Öhler hat sein Privilegium seit 1799 nicht mehr betrieben. Er starb am 5. August 1816 im allgemeinen Krankenhause. — Hofkanzlei-Decret vom 21. April 1817 über den Recurs des Buchdrucker-Gremiums wegen Besetzung des Öhler'schen Befugnisses. (Registratur der k. k. n. ö. Statthalterei, Fasc. B. 6, Z. 13657.)

ANTON STRAUSS.

(Zu Bd. II, S. 152.)

Als Factor bei der hebräischen Abtheilung in der Strauß'schen Officin, später der gesammten Officin, wird Johann Constant genannt. Derselbe war 1783 zu Wien in der Josefstadt geboren, besuchte die drei Normal- und drei lateinische Schulen, worauf er bei Josef Hraschanzky die Buchdruckerei erlernte. Er war am 19. März 1800 freigesprochen worden und verblieb noch sechs Jahre bei demselben, worauf er ein Jahr und fünf Monate in der Taubstummen-Instituts-Druckerei als Setzer stand; von hier kam er zu Strauß. (Archiv der k. k. n. ö. Statthalterei, Fasc. B. 7, Nr. 8654 ad 571 ex 830.)

ANTON VON HAYKUL.

(Zu Bd. II, S. 162.)

Haykul hatte die Buchdruckerei in Hermannstadt erlernt. (Registratur der k. k. n. ö. Statthalterei Fasc. B. 7, ad 1508.)

GEORG HOLZINGER.

(Zu Bd. II, S. 191.)

Holzingers Rechtsstreit mit dem Ärar, der bereits seit acht Jahren anhängig war, wurde 1839 beendigt und wurden demselben seine Buchdruckerei-Requisiten zurückgestellt. (Registratur der k. k. n. ö. Statthalterei, Fasc. B. 7, Z. 54357.)

DEMETER DAVIDOVICH.

(Zu Bd. II, S. 194.)

Davidovich, ein Illyrier, hatte an der Universität die Rechte und das dritte Jahr Medicin absolviert, als er, der seit 1812 eine serbische Zeitung herausgab, im Monate April 1816 den Druck derselben dem Thaddäus Edlen von Schmidtbauer übertrug. Er arbeitete an dem Satze selbst mit und gieng dem Setzer, der noch ungeübt war, an die Hand. Davidovich verlangte nun auf Grund dessen die Freisprechung, zu welcher aber Schmidtbauer nicht zu bewegen war, sondern eine Lehrzeit von mindestens drei Monaten bedingte. Davidovich war schließlich damit einverstanden und wurde am 13. Jänner 1817 in Gegenwart des Factors Martin Adolph, eines Setzers und zweier Buchdruckergesellen von Schmidtbauer freigesprochen. Nun unterhandelte Davidovich mit dem Buchdrucker Zweck wegen eines Gesellschaftsvertrages, der sich aber zerschlug. Mittlerweile hatte er aus Zeitungen den angebotenen Verkauf der Geißler'schen Buchdruckerei in Retz erfahren, die er erwarb und Zweck zum Tausche anbot. Die Wiener Buchdrucker, welche davon Kenntnis erlangten und auch erfahren hatten, wie Davidovich Buchdrucker geworden, erhoben Klage, baten um Cassierung des Lehrzeugnisses wie auch um Nichtigkeitserklärung des Vertrages mit Zweck. Der Magistrat hob beides auf, wogegen Davidovich den Recurs ergriff. (Registratur der k. k. n. ö. Statthalterei, Fasc. B. 7, Z. 10601/789.)

CHRISTIAN FRIEDRICH SCHADE.

(Zu Bd. II, S. 195.)

Schade versteuerte seine Buchdruckerei, befasste sich aber vorwiegend mit der Schriftgießerei und Landwirtschaft in Himberg. (Registratur der k. k. n. ö. Statthalterei. Fasc. B. 7. 1839. Z. 54357/250.)

FRANZ LUDWIG.

(Zu Bd. II, S. 196.)

Franz Ludwig war von 1788 an bis 16. Mai 1816 ununterbrochen Buchdrucker; er war zuletzt bei Strauß sechs Jahre Factor und acht Jahre Director und Leiter der Feldbuchdruckerei, die jedoch nicht in Ausübung gelangte. Seit 1816 war er stiller Gesellschafter des Johann Schnierer und zur Hälfte Eigenthümer der Requisiten und Arbeiten desselben. (Registratur der k. k. n. ö. Statthalterei, Fasc. B. 6, Z. 15940.)

MARTIN CHRISTIAN ADOLPH

(Zu Bd. II, S. 203.)

M. Chr. Adolph war 1783 geboren und hatte die Buchdruckerei erlernt. Actenmäßig finden wir ihn durch zweieinhalb Jahre als Setzer in der Staatsdruckerei und anderthalb Jahre als Factor bei Schmidtbauer. Im Jahre 1823 kaufte er mit obervormundschaftlicher Bewilligung und «bona fide» die ehemalige Davidovich'sche Buchdruckerei in Retz (1817–1819), indem er zugleich den dortigen Magistrat um die Bewilligung bat, dieselbe ausüben zu dürfen. Das Kreisamt gab aber die Einwilligung hiezu nicht, da die Buchdruckerei von 1819 bis 1823 nicht bestanden habe und auch nicht nothwendig sei. Im Jahre 1826 bewarb sich Adolph, Buchdrucker in Retz, um ein Privilegium für Wien. Die Regierung nahm keinen Anstand, ihm bei sich darbietender Gelegenheit zur Einziehung der einer Allerhöchsten Vorschrift in Retz zuwider bestandenen Buchdruckerei ein Personalbefugnis zu verleihen, zumal auch die Zahl der Buchdruckereien Wiens in der letzten Zeit sich wirklich vermindert habe. Gegen Einziehung seines in Retz bisher befindlichen verkäuflichen Buchdruckereigewerbes wurde Adolph auch ein Personalbefugnis für Wien verliehen. Am 13. September 1826 gab er zu Protokoll: Er habe im Baron Wetzlar'schen Hause auf der Wieden an der Wien (Nr. 546) beim «grünen Lamm» Wohnung genommen, woselbst er auch sein Buchdruckerei-Befugnis auszuüben gedenke. — Die privilegierten Buchdrucker Wiens waren dagegen. — Über ihn und seine Frau, Aloisia Adolph, wurde aber schon 1832 der Concurs eröffnet, der am 18. März 1836 beendet erscheint. Die Buchdruckerei wurde nicht aufgegeben, aber Adolph hielt sich damals in den dürftigsten Umständen in Pest auf. (Registratur der k. k. n. ö. Statthalterei, Fasc. B. 7, ad 1598, Z. 4457/20, ad 2410.)

F. STÖCKHOLZER VON HIRSCHFELD'S SEL. WITWE.

(Zu Bd. II, S. 207.)

Heinrich Böck war früher Factor bei Strauß, dann bei B. Ph. Bauer und zuletzt Geschäftsführer in der k. k. Hof- und Staatsdruckerei. Im Jahre 1833 bat Anna Stöckholzer von Hirschfeld, ihren Sohn Josef als verantwortlichen Factor anstellen zu dürfen, wurde jedoch abgewiesen, weil er noch nicht das zwanzigste Jahr zurückgelegt hatte. (Registratur der k. k. n. ö. Statthalterei, Fasc. B. 7, Z. 69108/4281.)

ANTON MAUSBERGER.

(Zu Bd. II, S. [illegible])

Anton Mausberger war am 23. Februar 1800 auf der Landstraße geboren. Am 1. Mai 1817 war er von seinem Vater als Setzer freigesprochen worden, bei welchem er noch neun Monate und drei Wochen verblieb. Hierauf brachte er drei Monate bei Strauß zu, kehrte aber wieder in die Officin seines Vaters zurück, der ihn am 1. April 1819 zum Compagnon nahm. — Anton Mausberger war der lateinischen, französischen und italienischen Sprache kundig. — Die väterliche Officin zählte, als er sie übernahm, 5 Pressen und waren 7 Setzer und 7 Druckergesellen beschäftigt. (Registratur der k. k. n. ö. Statthalterei, Fasc. B. 7, Z. 31505 ad 5886.)

FERDINAND ULRICH (II.)

(Zu Bd. II, S. [illegible])

Ferdinand Ulrich war 1833 um die Verleihung des Leopold Grund'schen Befugnisses oder um jenes des Martin Christian Adolph eingeschritten. Der Magistrat anerkannte zwar, dass Ulrich die erforderliche Qualification besässe, doch wolle er — Magistrat — die Buchdruckereien nicht vermehren. Ulrich wurde auch mit Regierungsdecret vom 23. August 1833 und über nochmaliges Ansuchen am 4. October d. J. abgewiesen. (Registratur der k. k. n.-ö. Statthalterei, Fasc. B. 7, Z. 35965.)

PERSONEN-REGISTER.

52*

SACH-REGISTER.

VERZEICHNIS DER TEXT-ILLUSTRATIONEN.

Alle Illustrationen, bei welchen die Art der Reproduction nicht angeführt ist, sind Zinkotypen von Angerer & Göschl in Wien. Die Bibliotheken, denen die Originale entlehnt wurden, sind in Parenthese beigefügt.

Nr. Seite

KUNSTBEILAGEN

von

WIENER OFFICINEN.

VERZEICHNIS.[1]

Nr.

1. Titelblatt. Zeichnung von *Wasser*; Heliogravure des k. k. militär-geographischen Institutes; Druck der Gesellschaft für vervielfältigende Künste.
2. Kaiser Franz Josef I. Photogravure aus der k. k. Hof- und Staatsdruckerei nach einem Wachsmodell des k. k. Münz- und Kammer-Graveurs *J. Scharff*.
3. Wappen der Buch- und Steindrucker. Entworfen vom k. k. Hauptmann *Friedrich Heyer von Rosenfeld* in Wien; photolithographischer Farbendruck der k. k. Hof- und Staatsdruckerei.
4. Josef Victor von Scheffel. Zeichnung von *Eduard Engerth*; Radierung von *Th. Hrnčir*; Druck von *Franz Kargl*.
5. Naturselbstdruck, zweifärbig, aus der k. k. Hof- und Staatsdruckerei.
6. Einfahrt in den Golf von Buccari-Portoré. Aquarell-Imitation. Schnellpressendruck der k. k. Hof-Kunstdruckerei von *C. Reiffenstein*.
7. Charakterkopf. Holzschnitt nach einer Zeichnung von *J. Schmid* von *F. W. Bader*; Druck von *Friedrich Jasper*.
8. Der heil. Ambrosius und Kaiser Theodosius. Stich von *J. M. Schmutzer* nach dem Gemälde von P. P. Rubens im k. k. Belvedere in Wien. Schnellpressen-Lichtdruck von *J. Löwy*, k. k. Hofphotograph.
9. Die Fachblätter. Photolithographie von *Emil M. Engel*.
10. Die Carl Ueberreuter'sche Buchdruckerei und Schriftgießerei *M. Salzer* in Wien. Typographischer Farbendruck der Officin.
11. Statistik der Buchdruckerei von *Gottlieb Gistel & Comp.* Typographischer Farbendruck der Officin.
12. Wiener und Venetianische Einfassung im Jahre 1882. — Erste Wiener Vereinsbuchdruckerei. — Schriftgießerei *A. Meyer & Schleicher*. Typographischer Farbendruck der *Ersten Wiener Vereinsbuchdruckerei*.
13. Fremdsprachliche Satzproben der Buchdruckerei *Georg Brög*.
14. Die artistische Anstalt von *R. v. Waldheim*. Typographischer Farbendruck der Officin.
15. Holzschnitte aus *R. v. Waldheims* artistischer Anstalt. (Aus dem Lehrbuch der Zoologie von C. Claus.) Druck der Officin.
16. Holzschnitt aus *R. v. Waldheims* artistischer Anstalt. (Aus der illustrierten Wochenschrift »Zlata Praha«.) Druck der Officin.
17. Photolithographie aus *R. v. Waldheims* artistischer Anstalt. (Aus den »Blättern für Kunstgewerbe«.) Druck der Officin.
18. Gedenkblatt der Schriftgießerei *Brendler & Marklowsky*. Typographischer Farbendruck der k. k. Hofbuchdruckerei *Carl Fromme*.
19. Heliotypie von *C. Angerer & Göschl*, nach einer Federzeichnung von *Albrecht Dürer*. Druck der Buch- und Kunstdruckerei *Steyrermühl*.

20 u. 21. Heliotypien nach Kreidezeichnungen von *C. Angerer & Göschl*. Druck von *Friedrich Jasper*.

22. Schriftproben der k. k. Hof-Schriftgiesserei *Poppelbaum*. Farbendruck von *Friedrich Jasper*.
23. Das Wappen der Buchdrucker. Holzschnitt von *L. Grosse*, nach dem Entwurf von *Alexander von Dachenhausen*. Druck von *Friedrich Jasper*.
24. Gedenkblatt der Buch- und Steindruckfarben-Fabrik von *F. Wüste* in Pfaffstätten bei Wien. Nach einem Entwurfe von *L. E. Petrovits*, in Holz geschnitten von *Franz Biberhofer* und photozinkographisch verkleinert von *C. Angerer & Göschl*. Druck von *Friedrich Jasper*.
25. Illustrationsprobe, nach einer Federzeichnung von *Heinrich Kilian Ritter von Gayersperg*, photozinkographiert von *C. Angerer & Göschl*. Druck von *Friedrich Jasper*.

[1] Wie sich aus diesem Verzeichnisse ergibt, sind einige grössere Officinen nicht vertreten, da deren Besitzer trotz mehrfacher Zusagen nichts eingesendet haben.

KUNSTBEILAGEN
WIENS
BUCHDRUCKER-GESCHICHTE.

FRANZ JOSEPH I.

Photogravure aus der k. k. Hof- und Staatsdruckerei nach einem Wachsmodell des k. k. Hof- u. Kammer-Medailleurs A. Scharff

Wappen der Buchdrucker.

Entworfen vom k. k. Hauptmann Heinrich Hugo von [illegible] in Wien

Wappen der Steindrucker.

Photo-lithographischer Farbendruck der k. k. Hof- und Staatsdruckerei

Wappenbeschreibung.

I. Wappen der Buchdrucker.

Im goldenen Schilde ein goldbewehrter und beschienter, roth gezungter, schwarzer Doppeladler, welcher in der rechten Klaue ein unten eisern bespitztes, rothes Tenakel mit daran befestigtem weißen Manuscripte, auf welchem der schwarze Buchstabe G (Gutenberg bedeutend) erscheint, mit der linken Klaue aber einen eisenfarbenen Winkelhaken, beide schräge auswärts gekehrt, hält. Der goldgekrönte Stechhelm mit schwarzgoldener Decke trägt einen wachsenden goldenen, auch goldbewehrten, an Kopf, Hals und Flügeln schwarzen Greif mit rother Zunge (in der Abbildung erscheint dieselbe wegen des willkürlich roth gewählten Hintergrundes, um sich von diesem abzuheben, golden), der in den Klauen zwei mit den Beiderflächen aufeinanderliegende roth bestielte (aus gleichem Grunde wie die Zunge des Greifen, in der Abbildung golden tingirt) schwarze Buchdruckerballen pfahlweise hält.

Kaiser Friedrich III. soll den Buchdruckern das beigefügte Wappen verliehen haben, jedoch ist weder im k. k. österreichischen Haus-, Hof- und Staats-Archive, noch dem Adelsarchive, im k. k. österreichischen Ministerium des Innern, wo sich die meisten (übrigens fehlen viele) Concepte der Wappenbriefe noch befinden, hierüber etwas zu finden. Indeß ist als gewiß anzunehmen, daß das fragliche Wappen schon seit undenklicher Zeit bei den Buchdruckern im Gebrauche steht.

II. Wappen der Steindrucker.

Quer getheilter Schild: oben in Gold ein goldbewehrter und beschienter, roth gezungter, wachsender schwarzer Doppeladler. Unten in Schwarz eine auf der längern Seite ruhende viereckige, mit dem schwarzen Buchstaben S (Senefelder bedeutend) bezeichnete lithographische goldene Platte. Der goldgekrönte Stechhelm, mit schwarzgoldener Decke, trägt einen wachsenden goldbewehrten und rothgezungten goldenen Greif, mit schwarzem Kopf, Hals und Flügeln, der mit den Klauen, an rothen Griffen, eine schwarze Steindruckerwalze pfahlweise vor sich hält.

Hiebei ist zu bemerken, daß beide Hintergründe (hier Vorhänge) willkürlich in Farben und als Vorhänge, im Geschmacke des fünfzehnten Jahrhunderts, gewählt worden sind und keiner genauern Bestimmung unterliegen.

Das Wappen der Steindrucker wurde von dem k. k. österreichischen Hauptmann Friedrich Heyer von Rosenfeld in Wien, dem Buchdruckerwappen entsprechend abgeändert und beide von demselben entworfen und gezeichnet.

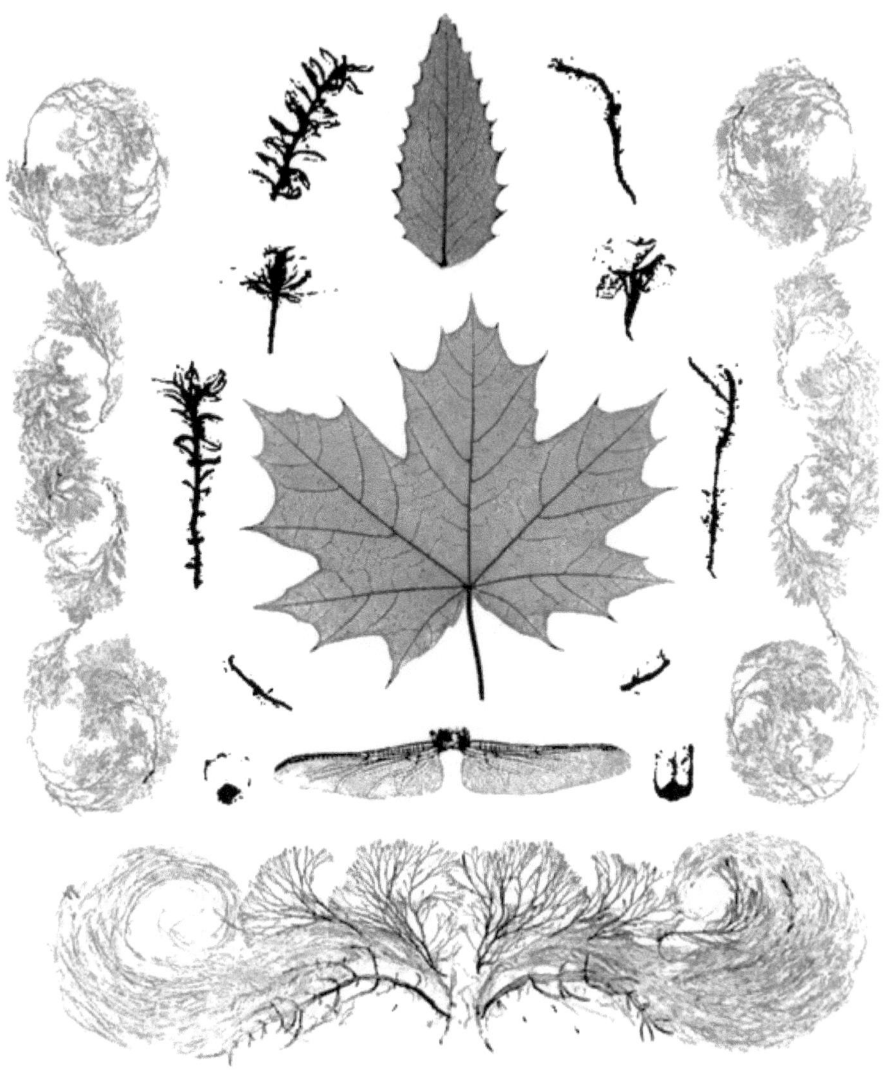

[illegible] Staatsdruckerei [illegible] Wien

EINFAHRT IN DEN GOLF VON BUCCARI-PORTORÉ

F. W. BADER IN WIEN.

CHARAKTERKOPF

HOLZSCHNITT NACH EINER ZEICHNUNG VON J. SCHMID.

F. W. BADER IN WIEN.

CHARAKTERKOPF

HOLZSCHNITT NACH EINER ZEICHNUNG VON J. SCHMID.

Gestochen von [illegible] M. Schmutzer

DER HEIL. A[illegible],

[illegible]

Schnellpressen-Lichtdruck von J. Löwy, k. k. Hof-Photograph in Wien

FACHBLÄTTER

Photo-Lithographie von Emil M. Engel in Wien
I., SCHOTTENRING 23.

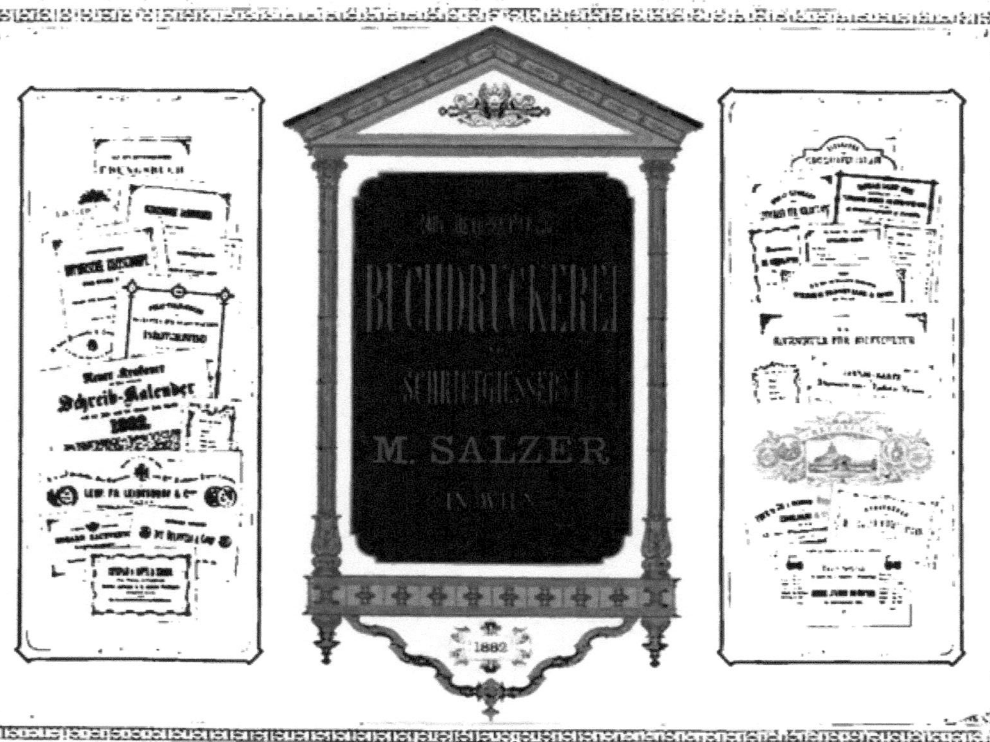
BUCHDRUCKEREI
SCHRIFTGIESSEREI
M. SALZER
IN WIEN
1882
Schreib-Kalender
1882

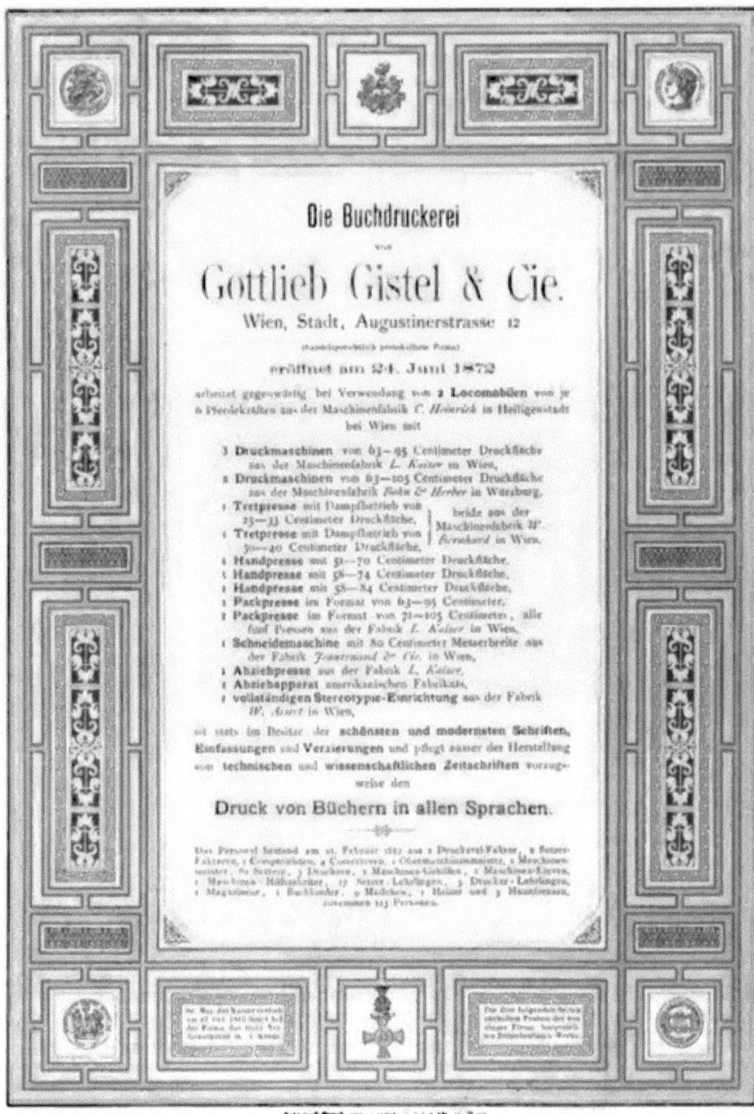

Die Buchdruckerei

von

Gottlieb Gistel & Cie.

Wien, Stadt, Augustinerstrasse 12

(handelsgerichtlich protokollirte Firma)

eröffnet am 24. Juni 1872

arbeitet gegenwärtig bei Verwendung von **2 Locomobilen** von je 6 Pferdekräften aus der Maschinenfabrik *C. Heinrich* in Heiligenstadt bei Wien mit

- 3 **Druckmaschinen** von 63—95 Centimeter Druckfläche aus der Maschinenfabrik *L. Kaiser* in Wien,
- 2 **Druckmaschinen** von 63—105 Centimeter Druckfläche aus der Maschinenfabrik *Bohn & Herber* in Würzburg,
- 1 **Tretpresse** mit Dampfbetrieb von 25—33 Centimeter Druckfläche,
- 1 **Tretpresse** mit Dampfbetrieb von 30—40 Centimeter Druckfläche, (beide aus der Maschinenfabrik *W. Bernhard* in Wien,)
- 1 **Handpresse** mit 51—70 Centimeter Druckfläche,
- 1 **Handpresse** mit 58—74 Centimeter Druckfläche,
- 1 **Handpresse** mit 58—84 Centimeter Druckfläche,
- 1 **Packpresse** im Format von 63—95 Centimeter,
- 1 **Packpresse** im Format von 71—105 Centimeter, alle fünf Pressen aus der Fabrik *L. Kaiser* in Wien,
- 1 **Schneidemaschine** mit 80 Centimeter Messerbreite aus der Fabrik *Jouvermand & Cie.* in Wien,
- 1 **Abziehpresse** aus der Fabrik *L. Kaiser*,
- 1 **Abziehapparat** amerikanischen Fabrikats,
- 1 **vollständigen Stereotypie-Einrichtung** aus der Fabrik *W. Assert* in Wien,

ist stets im Besitze der **schönsten und modernsten Schriften, Einfassungen** und **Verzierungen** und pflegt ausser der Herstellung von **technischen** und **wissenschaftlichen Zeitschriften** vorzugsweise den

Druck von Büchern in allen Sprachen.

Das Personal bestand am 21. Februar 1882 aus 1 Druckerei-Faktor, 2 Setzer-Faktoren, 1 Comptoiristen, 4 Correctoren, 1 Obermaschinenmeister, 1 Maschinenmeister, 80 Setzern, 3 Druckern, 1 Maschinen-Gehilfen, 1 Maschinen-Eleven, 1 Maschinen-Hilfsarbeiter, 17 Setzer-Lehrlingen, 3 Drucker-Lehrlingen, 1 Magazineur, 1 Buchbinder, 9 Mädchen, 1 Heizer und 3 Hausdienern, zusammen 113 Personen.

Satz und Druck von Gottlieb Gistel & Cie. in Wien.

Die Bürgerschule.

STATISTISCHE MONATSCHRIFT.

Zeitschrift für Schul-Geographie.

ZEITSCHRIFT für das REALSCHULWESEN.

Oesterreichische Zeitschrift für Berg- und Hüttenwesen.

WIENER KLINIK

RUNDSCHAU.

Allgemeine Zeitschrift für Bierbrauerei und Malzfabrikation.

ZEITSCHRIFT für das PRIVAT- und ÖFFENTLICHE RECHT DER GEGENWART.

Der Lieferant.
Deutsche Kunst & Musik-Zeitung
Oesterreichische Oekonomist.
Der Metallarbeiter
Der Blecharbeiter.
Journal für Gas-Industrie.
CARL PATAKY
Wiener
Medizinische Presse.
Montan-Zeitung
Oesterreichisches Handels-Journal.
DIE POST.
Müller-Zeitung

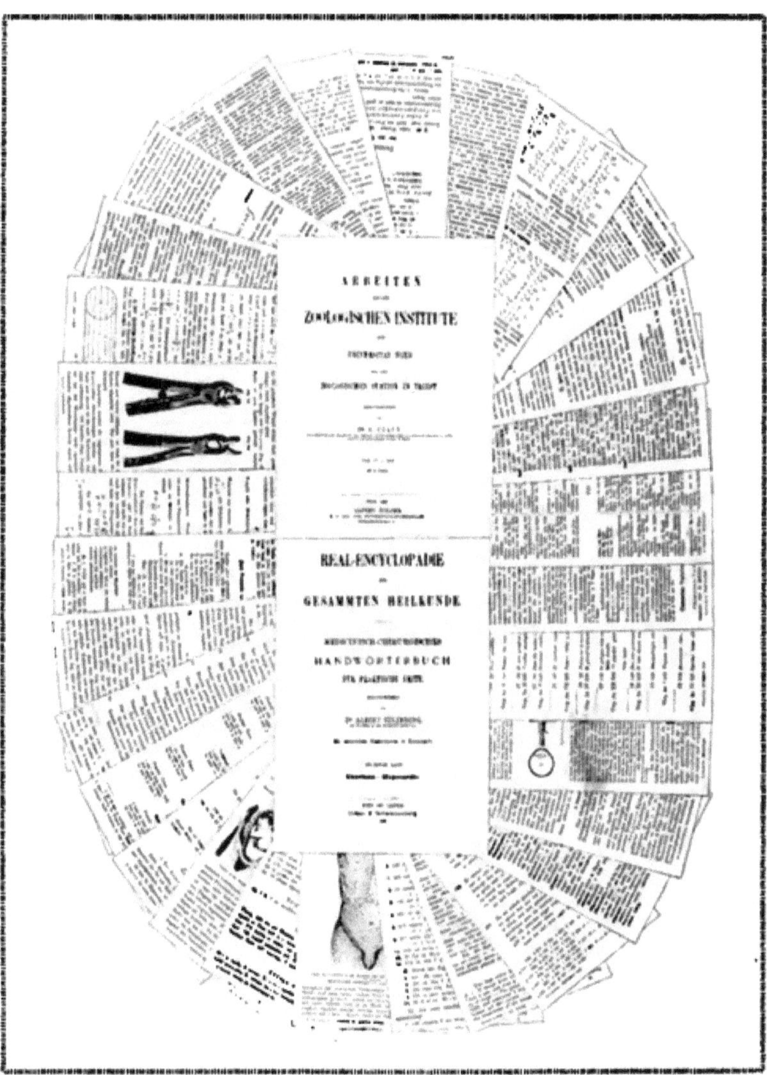

Photo-Zinkographie von Angerer & Göschl.

Wiener und Venetianische Einfassung

im Jahre 1882.

In allen Zweigen des Kunstgewerbes macht sich das Bestreben geltend, sich an die schönen Vorbilder vergangener Kunstepochen zu halten und aus ihrem unermeßlichen Borne zu schöpfen. Auch die Schriftgießerei konnte sich der allgemeinen Strömung nicht entziehen, und so sehen wir in den beiden oben genannten Einfassungen einen Beleg für unsere Anschauung.

Die „Wiener Einfassung" ist einer Buchverzierung aus der Officin der Brüder Giovanni und Gregorio de Gregorius in Venedig entnommen. Jede Linie dieses noch heute mustergültigen Erzeugnisses athmet classischen Geist und läßt ein geradezu staunenswerthes Auffassen der Antike ersehen. Es ist das schönste und effectvollste aller Bücherornamente Italiens im Zeitalter der Renaissance, und seine erste Anwendung erfolgte im „Herodot" der oben genannten Druckerei 1494.

Noch reizender präsentirt sich die „Venetianische Einfassung". Dieselbe erscheint so durchaus modern, daß vielleicht kein Leser dieser Zeilen bei Betrachtung des Randes vermuthet, daß die Hauptmotive der Einfassung einem Titelrande des Terentius entnommen wurden, gedruckt 1499 bei L. Soardi in Venedig. Wir erblicken in der Wiedergeburt dieses schönen Randes ein vierhundertjähriges Jubiläum, sowie ein Erkennungszeichen des wahrhaft Schönen, daß es, sich immer verjüngend, ewig schön bleibt. Der praktische Vorzug beider Einfassungen liegt darin, daß jeder Setzer, der ein offenes Auge für den richtigen Anschluß besitzt, sofort einen Rand, eine Kopfleiste damit herstellen kann, die sich immer gefällig darstellen werden.

1482—1882

Erste Wiener Vereins Buchdruckerei

1882

Erste Wiener Vereins-Buchdruckerei.

Bedeutungsvoll für das Vereinsleben der Buchdrucker Wiens wurden die Vorträge, welche der nachmalige Abgeordnete Dr. Max Menger anfangs 1866 über genossenschaftliche Selbsthilfe in ihren Kreisen hielt. Es erschien nemlich bald darauf im „Vorwärts!“ ein mit K. Simmon gezeichneter Aufsatz, welcher zur Gründung einer Productiv-Genossenschaft einlud. Dieser Einladung folgten 40 Männer, welche beschlossen, ein Capital von 25.000 fl., zerfallend in 100 Antheile zu je 250 fl., durch wöchentliche Einlagen von 1 fl. aufzubringen und am 3. Februar 1868 die erste Einzahlung leisteten. Schon nach Ablauf eines Jahres wurde die M. Auer'sche Buchdruckerei käuflich erworben und zur Leitung des Geschäftes eine aus den Herren Karl Simmon und Karl Dölk bestehende Direction gewählt. Dieses Ereigniss brachte die Mitgliederzahl bald auf 91 mit 100 Antheilen. Die günstigen Verhältnisse der damaligen Zeit ermöglichten eine rasche Entwicklung des jungen Geschäftes, und vor Ablauf des zweiten Betriebsjahres war die Anzahl der Schnellpressen von 2 auf 5 gestiegen, eine Stereotypie eingerichtet und das Arbeitspersonale mehr als verdoppelt. Diese erfreulichen Verhältnisse dauerten bis anfangs 1874, wo sie durch die ungünstige allgemeine Lage eine Trübung erfahren. Von 1880 an trat jedoch eine entschiedene Wendung zum Bessern ein, und sind gegenwärtig die Betriebsmittel der Vereins-Buchdruckerei in vollster Beschäftigung. Im Jahre 1882 zählte die Genossenschaft 54 Mitglieder mit 74 Antheilen. Direction und Aufsichtsrath bilden die Herren: Karl Simmon, Director, Rudolf Gött, Cassier; F. Böhm, A. Bienbaum, J. Dietz, A. Geyer, L. Kugler, A. Marschall, L. Meyer, Ph. Rohn, K. Zettler.

Schriftgiesserei A. Meyer & Schleicher.

Die Schriftgiesserei J. G. Schelter & Giesecke in Leipzig errichtete im Jahre 1862 eine Filiale in Wien, für welche Herr Adolf Meyer der Firma als Gesellschafter beitrat und die Leitung mit Herrn Carl Schleicher als Factor bis zum Jahre 1870 ausübte. Es war dies die erste Begründung einer nicht mit Buchdruckerei vereinten Schriftgiesserei in Oesterreich, und erheischte die Ausführung der zahlreichen Aufträge schon in den ersten acht Jahren die Erweiterung des Betriebes auf 20 Giessmaschinen. Im Jahre 1870 übernahmen die bisherigen Leiter unter ihrer eigenen Firma A. Meyer & Schleicher das Geschäft und erweiterten dasselbe, so dass im Jahre 1882 bei 33 Giessmaschinen, ausgedehnter Galvanoplastik, Stereotypie, Messinglinien-Fabrikation und Erzeugung von kleinen Buchdruckerei-Utensilien circa 100 Arbeiter in Verwendung stehen. Der ausgegebene Schriftproben-Band zeigt auf 220 Probeblättern den Besitz von ungefähr 120.000 Matrizen für circa 1200 verschiedene Schriftsorten. Die Mehrzahl hervorragender Wiener Zeitungen entnahm ihre erste Einrichtung in Lettermaterial dieser Schriftgiesserei und gehört zu deren bleibender Kundschaft, nicht minder die meisten bedeutenden Druckereien der Hauptstädte wie der Provinzen Oesterreich-Ungarns, ebenso Rumäniens. In den letzten Jahren hat die Firma durch Production von Kopfleisten, Initialen und Einfassungen im Renaissancestyl, wovon die hier angewendeten unter dem Namen „Wiener“ und „Venetianische Einfassung“ hervorragend sind, zur Verbesserung der Geschmacksrichtung in den Druckereien nicht unwesentlich beigetragen und zu Nachahmungen in diesem Genre auch im Auslande angeregt.

[illegible]

„Faust“ von P. Smolensky.

[illegible]

„Des Heuchlers Freude“ von P. Smolensky.

[illegible]

[illegible]

„Die Institutionen des Judenthums“ v. d. Rabb. Moses Bloch.

[illegible]

[illegible]

„Othello“ von J. E. S.

[illegible]

„Der Todtentanz“ von Dr. S. Rubin.

[illegible]

„Des [illegible]“ von P. Smolensky.

[illegible]

„Jerusalem“ von A. M. Luncz.

Buchdruckerei Georg Brög, Wien.

Book	Ref.			Word		Ref.	Text
Josh.	XIII 22	דסמיך	ל׳	אל־חלליהם			
Numb.	XXXI 8		ל׳	על־חלליהם			במדבר
Jerem.	XXXI 12	דסמיך	ל׳	אל־טוב			ראשי המטות [illegible]
Hos.	X 11		ל׳	על־טוב			[illegible]
Numb.	XIV 14	דסמיך	ל׳	אל־יושב	Numb.	XXXI 12	את־השבי ואת המלקוח
Zech.	XII 10		ל׳	על־יושב			[illegible]
Numb.	XVIII 3	דסמיך	ל׳	אל־כלי	„	XXXI 22	את־הנחשת את הברזל
1 Chron.	IX 28		ל׳	על־כלי	„	XXXII 13	עד תם כל הדור העשה הרע
Exod.	IX 14	דסמיך	ל׳	אל־לבך			[illegible]
Prov.	VI 21		ל׳	על־לבך			אלה מסעי [illegible]
1 Sam.	XVII 49	דסמיך	ל׳	אל־מצחו			[illegible]
Exod.	XXVIII 38		ל׳	על־מצח	„	XXXIV 13	אשר תתנחלו אתה
Numb.	XVII 28	דסמיך	ל׳	אל־משכן			[illegible]
„	I 50		ל׳	על־משכן	„	XXXIII 3	ממחרת הפסח

„The Massorah“ by Ch. D. Ginsburg.

הלכה ז: אין כותבין לא עברית, ולא ארמית, ולא יונית. בכל הכתבים לא יקרא בו. עד שתהא כתיבה אשורית.

[illegible]

[illegible] (*Babylon Sanhedrin* 21 *b*, with *Jerusalem Megilla* I 9). Hence Origen and St. Jerome, who derived their information from their Jewish teachers, record the same thing. Origen remarks [illegible] Ἔσδραν [illegible] μετὰ τὴν αἰχμαλωσίαν *they say, that Ezra used other letters after the exile* (Montfaucon, *Hexapla* II 94) and St. Jerome says »it is certain, that Ezra the Scribe and teacher of the law, after Jerusalem was taken, and the temple was restored under Zerubbabel, found other letters, which we now use; since up to that time the characters of the Samaritans and of the Hebrews were

to you the forgotten characters of the Mishnas to the law» (*Zech.* IX 12). [illegible] (*Jerusalem Megilla* I 9; *Babylon Sanhedrin* 22 *a*.). In accordance therewith R. Jehudah I. and those Rabbins who deny that the square characters are Assyrian, take אשורית to be an appellative and make it denote *the happy the blissful, erect*, or *beautiful characters*.

It will be seen from the above, that *Raatz, Libonah*, and *Samaritan* are simply different epithets for the same characters. The appellation *Raatz* or *Sera*-

„Sopherim“ by Ch. D. Ginsburg.

(א) למנצח על אילת השחר מזמור לדוד: [illegible]

[illegible]

(ב) אלי אלי למה עזבתני [illegible]

[illegible]

„Kimchis-Psalmen“ von Fr. Dr. Schiller-Szinessy.

Buchdruckerei Georg Brög, Wien.

Für נרד HL 1,12 [illegible] 4,13 [Hex. [illegible]] [illegible] Mc 14, Joh 12, [illegible] νάρδου [illegible] νάρδος πιστική. Geop 99, [illegible] 48, [illegible] [DMG 26,..]. 49,14 [illegible] 48,14 [illegible] 119,13 [illegible] das [illegible] für [illegible] 8. [illegible] punctirt auch ed. Urmia. Nöld.]

[illegible] : BB 587 [illegible]
سنبل الطيب: 930 [illegible] وهي سنبل الطيب 587 [illegible]
سنبل الطيب [illegible] جبريل سنبل القصاير [illegible] دهن الناردين وهو دهن السنبل. 618:
[illegible] سنبل الطيب: [illegible] سنبل قلبطي: [illegible]
[illegible] سنبل رومي: [illegible]
[illegible] 587 [illegible]
[illegible] سنبل جبلي [illegible] 619: [illegible]
[illegible] سنبل جبلي 776:
[illegible] من اسماء السنبل الجبلي:

[illegible]

Verbena, Eisenkraut?

Uebersetzung von περιστερεών D 548 = رعى الحمام. BB: 920 [illegible]
[illegible] رعى الحمام: 754 [illegible] رعى الحمام [illegible]
[illegible] قال جبريل ان اسم [illegible] رعى الحمام [illegible] 788: [illegible] [sonst syr. geschr.]
[illegible] رعى الحمام [illegible] 725: [illegible]
[illegible]
[illegible]
رعى الحمام [illegible]:

„Aramäische Pflanzennamen" von Dr. Immanuel Löw.

[illegible] N. p. Eukolos = Εὔκολος (der Genügsame, Anspruchslose [illegible]

[illegible]

1 [illegible] Blei [illegible]

[illegible]

[illegible] Lehrer [illegible]

[illegible]

[illegible] (Metoro 1) [illegible] beschimpfen [illegible] ungeziemend [illegible] aka, agaba, [illegible]

2 [illegible] (verdreht, ungeformt sein [illegible]

[illegible]

„Aruch Completum" von Dr. Alexander Kohut.

Buchdruckerei Georg Brög, Wien.

אֵלֶּה

הָאוֹתִיּוֹת שֶׁבָּהֶמָּה יוּחְקוּ סִפְרֵי לְשׁוֹן הַקֹּדֶשׁ

גם פסוקים פסוקים מהספרים שנדפסו

בבית הדפוס הערוך בכל שפות בני קדם

אשר להאדון

געארג בראג בוויען

המנהל והמפקח

פרץ בן משה סמאלענסקין.

עוד בָּנוּ כֹּחַ לִחְיוֹת. אִם נֵאָגֵד אֲגֻדָּה
אִם נִהְיֶה כְּאִישׁ אֶחָד לְתוֹרָה וְלִתְעוּדָה.
לֹא לְהִלָּחֵם וְלִטְרֹף בְּקֶרֶב וּמִלְחָמָה.
כִּי אִם בְּשָׁלוֹם מִבְּלִי הָמִית כָּל־נְשָׁמָה.
ודברה למשרתיה אז מודעת:
הם ידעו לעשות הפצה בלי מגרעת...
לאלפי העניים אין נפשם כואבת
ונפש הנאורים בנו כצר נצבת..

„Palästina" von I. Teller.

הֵן כִּי זֶה סֵבֶל כְּבֵית הַסֹּהַר הֻלְּאנוּ.
זִרְעַ עָרִיצִים. לַעַג הַשַּׁאֲנַנִּים.
כְּכָאוֹב־נֶפֶשׁ אִיהֶבֶת וְלֹא נֶאֱהֶבֶת.
אִי־כִּשְׁפָּם. גַּאֲוַת שׁוֹטְטִים אַבִּירֵי לֵב.
מְצוֹת לְחַיֵּי הַיּשֶׁר מִידֵי עָוֶל.
לוּ קִנְאָה יָדוֹ לָשִׂים קֵץ לְכָל אֵלֶּה
בְּלַהַב תְּקִיָּה! כִּי זֶה כֶּסֶף רֹאשׁוֹ לָשֵׂאת
עוֹל תְּלָאוֹת אֵלֶּה. יְאָנַח. יָשׁוּת.
כי יעשה בבקר בבקר כאין מעצור
איך יערב לבני הלהם נגדו ולא בחכמה!
הלא השא החטא לאלהי שבים
תאשם לפת. תפשע בבריאה כלה
ויתהלך נגד הרעה. יום יום נראה מה הירדם
כהכת הראשון עד אחרון על עפר יתת.
חק הוא וכן יהי! לכן איתך אבקש:
הרחק יגורשא מלבך והאר אלי פניך

„Hamlet" von P. Smolensky.

Buchdruckerei Georg Brög, Wien

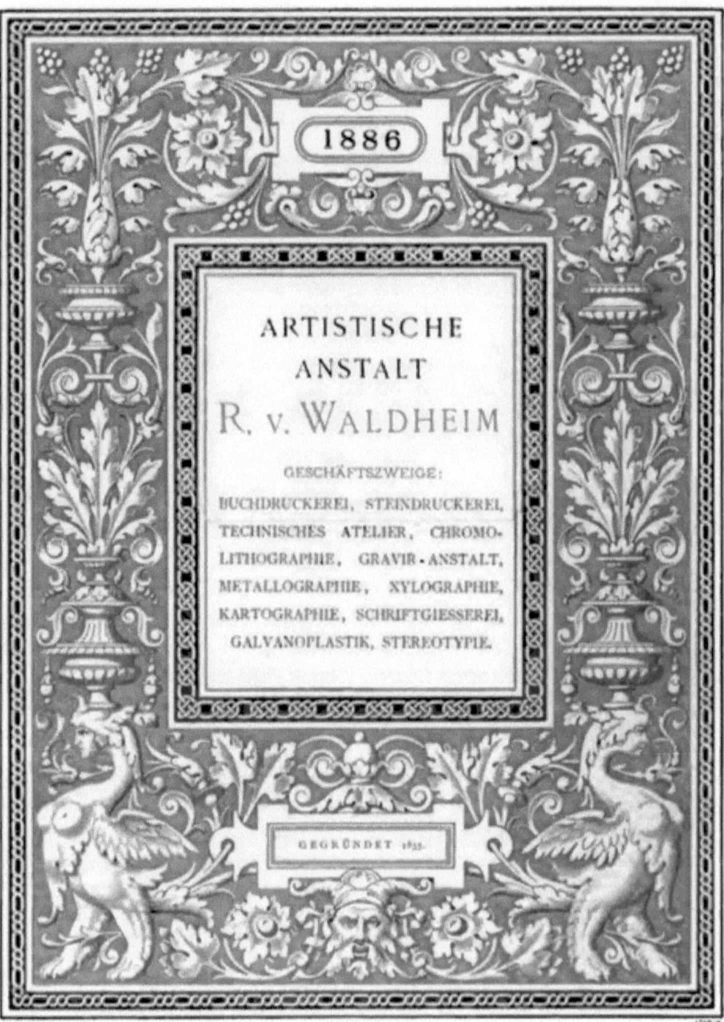
1886
ARTISTISCHE
ANSTALT
R. v. WALDHEIM
GESCHÄFTSZWEIGE:
BUCHDRUCKEREI, STEINDRUCKEREI,
TECHNISCHES ATELIER, CHROMO-
LITHOGRAPHIE, GRAVIR-ANSTALT,
METALLOGRAPHIE, XYLOGRAPHIE,
KARTOGRAPHIE, SCHRIFTGIESSEREI,
GALVANOPLASTIK, STEREOTYPIE.
GEGRÜNDET 1855.

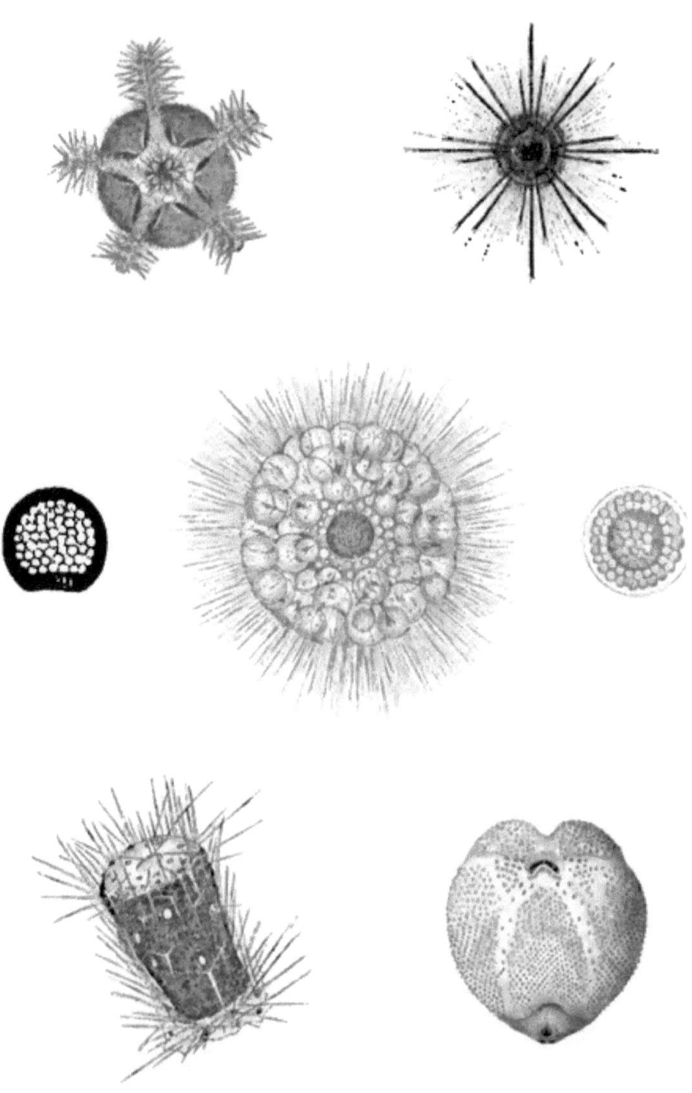

HOLZSCHNITTE AUS R. v. WALDHEIM's ARTIST. ANSTALT

(FÜR „LEHRBUCH DER ZOOLOGIE" VON C. CLAUS).

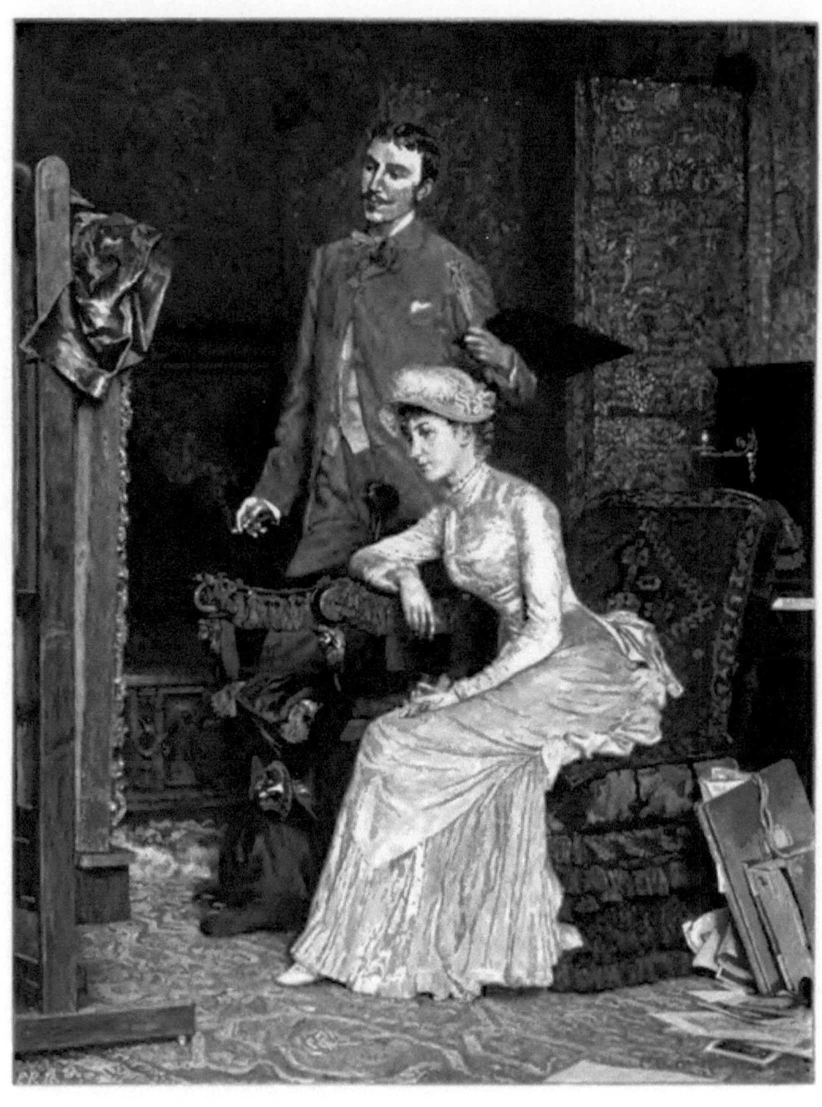

HOLZSCHNITT AUS R. v. WALDHEIM'S ARTIST. ANSTALT

(FÜR DIE ILLUSTRIRTE WOCHENSCHRIFT „ZLATÁ PRAHA", VERLAG J. OTTO, PRAG).

PHOTOLITHOGRAPHIE AUS R. v. WALDHEIM'S ARTIST. ANSTALT

(FÜR „BLÄTTER FÜR KUNSTGEWERBE", VERLAG VON R. v. WALDHEIM, WIEN)

GEDENKBLATT
DER
SCHRIFTGIESSEREI
BRENDLER & MARKLOWSKY
ZUR
400 JÄHRIGEN JUBELFEIER
DER
EINFÜHRUNG DER BUCHDRUCKERKUNST
IN WIEN
Нидерланды
Стихотворение
Московскій
Encyklopädie
مشيتك ليتقدس

Heliotypie von C. Angerer & Göschl in Wien

HELIOTYPIE VON C. ANGERER & GÖSCHL IN WIEN.

HELIOTYPIE VON C. ANGERER & GÖSCHL IN WIEN.

Gegründet
im Jahre 1870
GOLDENE MEDAILLE LINZ
AUSTRIA
1881.
K. k. Hof-
Schriftgießerei
Poppelbaum
Wien
V. Mittersteig 10
SILBERNE MEDAILLE
Messinglinien-Fabrik
Graviranstalt
Mechanische Werkstätte
Galvanoplastik

Diamant Antiqua

[illegible]

[illegible]

[illegible]

Petit Mediaeval.

Die Beschäftigung der Verstandeskraft hat auf den innern Menschen denselben wohlthätigen Einfluss, den die Sonne auf die Natur ausübt. Sie zerstreut die Wolken des Gemüthes, erleuchtet und erwärmt, und hebt den Geist allmälig zu einer kraftvollen Ruhe. — Lebe, um zu lernen; lerne, um zu leben.

Der Mensch, welcher arbeitet, ist der Einzige, welcher zu leben verdient. Die Arbeit ist das grosse Element, in welchem der Mensch frei und gesund athmet. Die Arbeit allein ist wahres Vergnügen; was uns vom Thiere unterscheidet, ist unsere Fähigkeit zur geistigen That.

Studiren hat alle Vergnügungen und Charaktere der Leidenschaften, ohne ihre Nachtheile; es macht möglichst unabhängig von Menschen und Schicksal, einig mit sich selbst, mässig, zufrieden und schuldlos.

Petit Griechisch.

Ὁποίου εἴδους καὶ ἂν ἦναι ἡ τυραννία, γίνεται πάντοτε ὀλέθρια εἰς τὸν λαόν· ἐξολεστάτη ὅμως καὶ κινδυνωδεστάτη ἄλλη δὲν δύναται νὰ ὑπάρξῃ παρὰ τὴν δημοκρατίαν, διότι, ὅλαι αἱ ἄλλαι ὅταν ὑπερβῶσι πάσης ἀδικίας καὶ βίας τὰ ἐνδεχόμενα ὅρια, κρημνίζονται ἀμέσως, ἀφ' οὗ πλέον καταντήσωσιν ἀνυπόφοροι

εἰς τὸν λαόν. Μετὰ τὸν πόλεμον εἰρήνη. — Οὔτε συμπόσιον χωρὶς ὁμιλίας οὔτε πλοῦτος χωρὶς ἀρετῆς ἡδονὴν ἔχει. Τόξα ἦν τὰ ὅπλα τῶν Σκυθῶν. Παροιμίαι εἰσίν· Τοῦ Κροίσου πλοῦτος, καὶ Κροκοδείλου δάκρυα. Αἱ τῶν ποταμῶν ἐκβολαὶ καὶ εἰς ποταμούς εἰσι καὶ εἰς λίμνας καὶ

εἰς τὸν ὠκεανόν. Τὰ σκῆπτρα σφαλλά ἐστι δυναστείας. [illegible] Φεῦγε τοὺς φωνὰς κινδύνους. Χαῖρε, ὦ ξένε. — Πάτερ ἡμῶν, ὁ ἐν τοῖς οὐρανοῖς, ἁγιασθήτω τὸ ὄνομά σου· ἐλθέτω ἡ βασιλεία σου·

Nonpareille Hebräisch.

[illegible]

[illegible]

[illegible]

Perl Fraktur.

[illegible]

Der Mensch, welcher arbeitet, ist der Einzige, welcher zu leben verdient. [illegible]

[illegible]

Petit Schwabacher.

Die Beschäftigung der Verstandeskräfte hat auf den innern Menschen denselben wohlthätigen Einfluß, den die Sonne auf die Natur ausübt. Sie zerstreut die Wolken des Gemüthes, erleuchtet und erwärmt, und hebt den Geist allmälig zu einer kraftvollen Ruhe. — Wissen ist Macht.

Der Mensch, welcher arbeitet, ist der Einzige, welcher zu leben verdient. Die Arbeit ist das große Element, in welchem der Mensch frei und gesund athmet. Die Arbeit allein ist wahres Vergnügen; was uns vom Thiere unterscheidet, ist unsere Fähigkeit zur geistigen That.

Studiren hat alle Vergnügungen und Charaktere der Leidenschaften, ohne ihre Nachtheile; es macht möglichst unabhängig von Menschen und Schicksal, einig mit sich selbst, mäßig, zufrieden und schuldlos.

Garmond Current-Handschrift.

Die Beschäftigung der Verstandeskräfte hat auf den innern Menschen denselben wohlthätigen Einfluß, den die Sonne auf die Natur ausübt. Sie zerstreut die Wolken des Gemüthes, erleuchtet und erwärmt, und hebt den Geist allmälig zu einer kraftvollen Ruhe.

Der Mensch, welcher arbeitet, ist der Einzige, welcher zu leben verdient. Die Arbeit ist das große Element, in welchem der Mensch frei und gesund athmet. Nur die Arbeit ist wahres Vergnügen; was uns vom Thiere unterscheidet, ist unsere Fähigkeit zur geistigen That.

Studiren hat alle Vergnügungen und Charaktere der Leidenschaften, ohne ihre Nachtheile; es macht möglichst unabhängig von Menschen und Schicksal, einig mit sich selbst, mäßig, zufrieden und schuldlos.

Nonpareille Russisch, Serbisch, Bulgarisch.

[illegible]

[illegible]

[illegible]

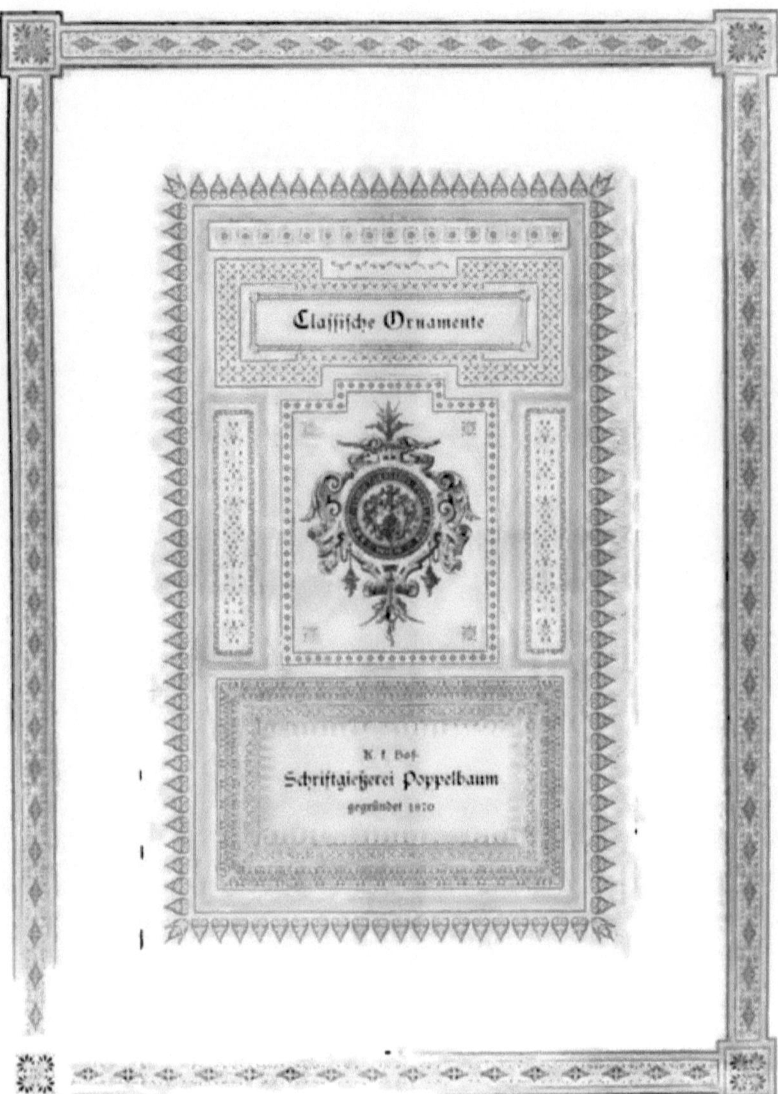
Classische Ornamente
K. k. Hof-
Schriftgießerei Poppelbaum
gegründet 1870

Wappen der Buchdrucker

entworfen von

Alexander v. Dachenhausen.

(Im goldenen Felde ein schwarzer Doppel-Adler mit Heiligenschein, mit rothem Schnabel, rother Zunge und rothen Beinen und Krallen, in der rechten Klaue ein Tenakel mit Manuskript, auf welchem der schwarze Buchstabe G erscheint, in der linken einen Winkelhaken, beides in natürlicher Farbe, haltend. Helmzier: Ein wachsender goldener Greif, mit rothem Schnabel, Zunge und Krallen, mit beiden Pranken zwei Buchdruckerballen gegeneinander pressend. Helmdecken: schwarz-golden.)

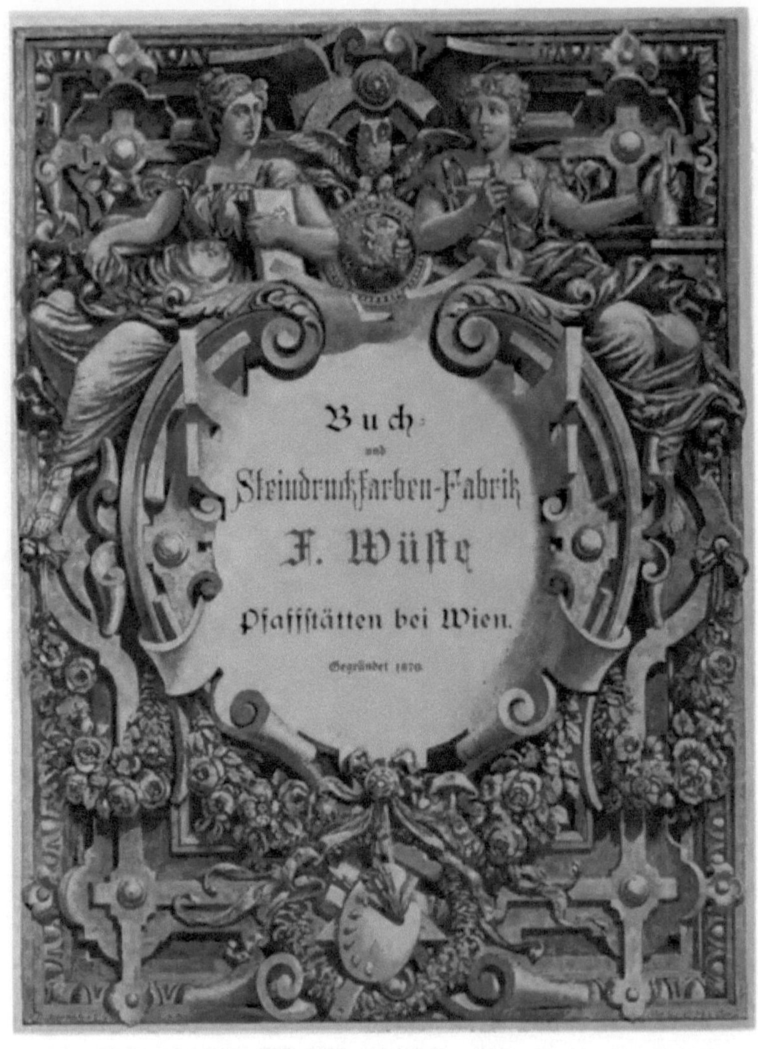

Entworfen und gezeichnet von [illegible]. – in Holz geschnitten von Franz [illegible]. [illegible] von Angerer & Göschl, Wien
Gedruckt von Friedrich Jasper in Wien mit Farbe [illegible].

Photo-Zinkographie von Angerer & Göschl.

Druck von Friedrich Jasper in Wien.

FEDERZEICHNUNG VON HEINRICH KILIAN RITTER von GAYRSPERG